헝가리 지도
(Magyarország térképe)

한국어-헝가리어 사전
KOREAI-MAGYAR KÉZISZÓTÁR

책임집필 박수영

한국외국어대학교 출판부

연구책임자 **박수영**
책임연구원 **유진일**
공동연구원 **이상동, 김지영**

헝가리어 번역 및 교정 Osváth Gábor
Szűts Zoltán

헝가리어 최종 교정 및 감수 Kovács Sándor

이 사전은 2006년 정부(교육과학기술부)의 재원으로 한국연구재단의 지원을 받아 수행된 연구임(KRF-2006-326-A00023)
This dictionary was supported by the National Research Foundation of Korea Grant funded by the Korean Government(KRF-2006-326-A00023)

머리말

'한국어-헝가리어 사전'을 만 5년여의 작업을 통해 세상에 내 놓게 되었다. 지난 2006년 학술진흥재단(현재 한국연구재단)의 사전편찬 연구지원을 받아 시작한 작업이 여러 가지 어려운 여건에도 불구하고 예정대로 완성이 되어 다행스럽고 뿌듯한 마음을 금할 길이 없다.

지난 2000년에 출간된 '헝가리어-한국어 사전'(박수영, 이상협 편저)이 듣기와 읽기에 필요한 사전이라면, '한국어-헝가리어 사전'은 말하기와 쓰기에 필수적인 사전이다. 이로써 한국에 헝가리학이 도입된 지 20년이 지난 시점에 우리는 한국어와 헝가리어의 양 방향 사전을 갖게 되었다.

'한국어-헝가리어 사전'은 한국인이 헝가리어로 말하거나 쓰기를 하는 데 실질적으로 도움이 되는 사전이 될 수 있도록 다음의 두 가지 원칙에 따라 구성했다. 하나는 우리말 표제어에 한자를 병기하지 않는 것과 다른 하나는 용언중심의 표제어로 배열하는 것이다.

첫 번째 원칙과 관련해서, 대부분의 한국어-외국어 사전들이 국어사전의 표제어 배열 관행에 따라 한자어 표제어에 한자를 병기하고 있는데, 한국어-헝가리어 사전에서는 한자를 완전히 배제했다. 이는 한글세대의 한국인들에게나 한국어를 배우는 헝가리인들에게는 전혀 도움이 되지 않을 뿐 아니라 헝가리어로 한국어 표제어의 뜻풀이를 하므로 불필요하기 때문이다. 한자병기를 하지 않는 데서 나타나는 동음어 문제는 사용빈도가 낮은 낱말과 자립적으로 쓰이지 않는 한자어 어근을 표제어로 삼지 않음으로써, 또한 용언중심의 표제어 배열이라는 두 번째 원칙에 의해 상당부분 해소될 수 있었다.

두 번째 원칙인 용언 중심의 표제어 배열은 우리말을 헝가리어로 풀이하는데 있어서 필수적이다. 한국어가 명사중심의 언어라고 하면, 헝가리어는 동사중심의 언어이다. 즉 한국어에는 한자어 명사어근이 중심이 되어 '하다'가 결합된 용언이 많고, 헝가리어에는 동사어근에 파생접사가 결합하여 파생된 명사가 많다. 중요한 것은 표제어 자체의 뜻풀이가 아니라 이를 헝가리어로 어떻게 표현하는 가이다. 따라서 동사중심의 헝가리어에 맞추어 한국어의 '한자어근-하다'를 표제어로 올리고, 한자어근은 별도의 표제어가 아니라 일종의 역파생어로 해석하여 용언의 뜻풀이 안에 포함시켰다. 이는 한자병기를 하지 않는데서 오는 중의성을 최소화할 수 있는 장점도 갖고 있다.

이러한 원칙 아래 이 사전의 거시구조라 할 수 있는 표제어의 선정과 배열 그리고 용례의 틀을 통일성 있게 구성했다. 표제어는 '현대 국어 사용 빈도 조사'(2002, 국립국어원 자료)를 기초로 선정하였고, 뜻풀이에 제시된 용례는 '한컴 사전'을 기초로 구성했음을 밝혀둔다. 헝가리어 풀이부분은 네 명의 저자들이 분담하여 번역하였고, 작업의 각 단계에서 헝가리 원어민의 교정과 감수를 받았다.

이 사전이 나오기 까지 많은 분의 도움을 받았다. 가장 먼저 헝가리어 풀이부분에 번역과 교정을 도와주신 헝가리 부다페스트의 오스바트 가보르 Osváth Gábor 선생님, 쉬츠 졸탄Szűts Zoltán 선생님, 그리고 사전 작업의 마지막 단계에까지 헌신적으로 작업에 참여해주신 한국외국어 대학교 헝가리어과 코바치 샨도르 Kovács Sándor 선생님께 감사의 말씀을 드린다. 또한 공동 연구원은 아니지만 사전 마무리 작업에 정보통신기술 용어 부록을 작성하고 최종 교정 작업에 적극적으로 힘을 보태준 김보국 선생에게 고마움을 전한다.

무엇보다 '한국어-헝가리어 사전'이 출판되기까지 무언의 격려와 지지를 해주신 헝가리어과의 이상협 선생님을 비롯하여 여러 선생님들, 연구보조원으로 참여한 학생들과 재학생 모두와 함께 사전 출판의 기쁨을 나누고 싶다.

2011년 12월 연구책임자

일러두기

1. 표제어의 범위와 참고한 책

이 사전의 표제어는 약 30000 단어이며, 표제어 선정에 기초가 된 자료는 다음과 같다.

1) 현대 국어 사용 빈도 조사(2002, 담당 연구원 조남호), 국립국어연구원
2) 국립국어연구원 표준국어대사전(1999) 상.중.하. 두산동아
3) Magyar Értelmező Kéziszotár(1992, 9판: 헝가리어 설명 사전) I, II권 Akadémiai Kiadó
4) O. Nagy Gábor-Ruzsiczky Éva (1980) Magyar Szinonima Szótár'헝가리 유의어 사전', Akadémiai Kiadó
5) Országh László-Nagy Tamás (2004, 3판) Angol Magyar Nagyszótár'영어-헝가리어 대사전' Akadémiai Kiadó
6) Országh László-Futász Dezső-Kövecses Zoltán (2006, 3판) Magyar Angol Nagyszótár'헝가리어-영어 대사전', Akadémiai Kiadó

2. 표제어 배열과 표시

1) 표제어는 한글 자모순서에 따라 배열했으며, 다음과 같다.

초성: ㄱ, ㄲ, ㄴ, ㄷ, ㄸ, ㄹ, ㅁ, ㅂ, ㅃ, ㅅ, ㅆ, ㅇ, ㅈ, ㅉ, ㅊ, ㅋ, ㅌ, ㅍ, ㅎ

중성: ㅏ, ㅐ, ㅑ, ㅒ, ㅓ, ㅔ, ㅕ, ㅖ, ㅗ, ㅘ, ㅙ, ㅚ, ㅛ, ㅜ, ㅝ, ㅞ, ㅟ, ㅠ, ㅡ, ㅢ, ㅣ

종성: ㄱ, ㄲ, ㄳ, ㄴ, ㄵ, ㄶ, ㄷ, ㄹ, ㄺ, ㄻ, ㄼ, ㄽ, ㄾ, ㄿ, ㅀ, ㅁ, ㅂ, ㅄ, ㅅ, ㅆ, ㅇ, ㅈ, ㅊ, ㅋ, ㅌ, ㅍ, ㅎ

2) 표제어는 기본적으로 문장에서 자립적으로 쓰이는 단어들로 구성했다. 따라서 자립적으로 쓰이지 않는 명사어근은 표제어로 제시하지 않았다.

보 기 **가능** (X) : **국어사전에서는 명사로 표시하지만, 문장에서는 자립적으로 쓰이지 않는다.**

가능성 명 lehetőség, eshetőség, valószínűség

3) 표제어가 '하다' 용언인 경우, 어근과 '하다'의 사이를 -(이음표)로 표시하고, 어근은 뜻풀이 부분에서 ~로 표시했다.

보 기 **가능-하다** 형 lehetséges; megvalósítható; 실행 ~한 계획 lehetséges terv; ~하다면 ha lehetséges, amennyire csak lehet, a lehetőségekhez mérten; 나는 그 일이 ~하다고 믿는다 Bízom benne, hogy lehetséges.; ~한 범위 내에서 너를 돕겠다 Segítek neked, amennyire csak lehet / tudok.; ~하게 하다 lehetővé tesz; ~해지다 lehetővé válik

보 기 **갑갑-하다** 형 unalmas, fullasztó; ~해 죽겠다 halálra unja magát; 방이 ~해 못 견디겠다, 문 좀 열어라 Kérem, nyissa ki az ablakot, megfulladok ebben a szobában!

보 기 **고전-하다** 동 nehéz ellenféllel versenyzik; ~ 명 elkeseredett küzdelem, szoros verseny; ~ 끝에 이기다 szoros küzdelem után győzött, szoros küzdelemben győzött; 선거에서 상당히 ~했다 A választásokon szoros verseny alakult ki.

4) 동음어는 표제어의 오른쪽 위에 작은 글자(위첨자)1, 2, 3로 구분해서 배열했다. 이 때 표제어의 품사에 따라 명 (명사), 동 (동사), 형 (형용사), 부 (부사) 순서로 배열했다.

보 기 **갓**[1] 명 lószőrből készült hagyományos koreai kalap

갓[2] 부 frissen; ~ 구운 빵 frissen sült kenyér; ~ 결혼한 부부 friss házasok; ~ 들어온 뉴스를 전해드리겠습니다 Ismertetem a friss híreket.; ~ 지은 밥 tűzforró rizs

보 기 **걸다**[1] 동 ❶ felfüggeszt, felakaszt; 모자를 못에 ~ szegre akasztja a kalapját; ❷ letétbe helyez; kockáztat; 계약금을 ~ kifizeti / leteszi a letétet; 그것에 백만원을 걸겠다 Egy millió vont teszek rá.; 목숨을 걸고 싸우다 az élete árán is küzd

걸다[2] 형 termékeny; bőséges; 땅이 ~ a talaj termékeny (termőföld); 땅을 걸게 하다 termékennyé teszi a talajt, trágyázza a talajt; 잔치 음식이 ~ a lakoma bőséges

보 기 **걷히다**[1] 동 eltűnik; 구름이 바람에 ~ a felhők eltűntek a szélben

걷히다[2] 동 begyűjt, összegyűjt; 돈이 ~ a pénzt összegyűjtötték

5) 표제어의 품사가 한국어 문법에서 불분명하거나 다중품사에 속하는 경우에는 품사표시를 생략했다. 또한 한국어의 수사와 관형사도 별도로 표시하지 않았다. 이는 헝가리어로 뜻풀이를 하는데 있어서 품사적 특성이 드러나지 않는 예가 많기 때문이다.

❶ 공식[2], 공동, 국제:

국어사전에서는 이들 한자어 표제어를 명사로 분류하고 있으나, 쓰임에 있어서는 관형사에 가깝다.

보 기 **공식[1]** 명 képlet; 수학 ~ matematikai képlet
공식[2] hivatalos; ~ 방문을 하다 hivatalos látogatást tesz; ~ 반응을 보이다 hivatalos választ ad

보 기 **공동** közös, társas; együttműködő; ~으로 közösen, együttműködésben; ~으로 부담하다 közösen viselik a terheket / költségeket; ~ 책임을 지다 osztozik a felelősségben

보 기 **국제** nemzetközi; 이 사건은 ~적 관점에서 살펴봐야 한다 Ezt az eseményt nemzetközi szemszögből kell vizsgálni.

❷ 각종 (명), 가지가지 (명), 가지각색 (명), 갖은 (관)

이들 유의어는 한국어에서는 품사가 서로 다른데 반해 헝가리어에서는 일관되게 형용사들이다.

보 기 **각종** mindenféle, sokféle, mindenfajta; ~ 경기 mindenféle sport; 저희 상점에는 ~ 모자가 있습니다 mindenféle kalapunk van raktáron; 모임에는 ~ 직업의 사람들이 모였다 Mindenféle foglalkozású ember összegyűlt a találkozón.

보 기 **가지가지** mindenféle, különféle

보 기 **가지각색** mindenféle, különböző; 그 가게에서는 ~의 물건을 판다 Mindenfélét árulnak abban a boltban.

보 기 **갖은** mindenféle, mindenfajta; ~ 양념 mindenféle fűszer

❸ 두 (관형사), 둘 (수사), 마흔(수사, 관형사)

수를 나타내는 표제어의 경우 한국어에서는 관형사와 수사로 구분하거나, 이중품사로 규정하고 있으나, 헝가리어에서는 넓은 의미의 명사에 속하는 수사들이다

보 기 **두** kettő, két; ~ 가지 종류 kétfajta, kétféle; ~ 배 kétszer, dupla; ~ 번 kétszer; ~ 번째 második; ~ 가지 해석이 가능하다 Kétféle értelmezés lehetséges.

보 기 **둘** kettő, két; ~로 ketté; ~씩 kettesével; ~다 mind a kettő; (부정) egyiket se; ~로 나누다 / 자르다 kettéoszt vmit; ~중에 하나를 고르다 a kettő közül egyet választ; ~도 없는 친구다 elválaszthatatlan barátok; ~다 괜찮다 Mindkettő jó.

보 기 ·**마흔** negyven; 그는 ~이 넘었다 Elmúlt negyvenéves.; 그는 ~살에 교수가 되었다 Negyvenévesen professzor lett.

6) 한국어 동사의 능동형, 수동형, 사동형은 대응하는 헝가리어 단어가 없을 경우에는 별도의 표제어로 배열하지 않았다.

보 기 **개선-되다** 동 javul; 작업 환경이 많이 ~되다 sokat javulnak a munkakörülmények

개선-하다 동 javít, orvosol, korrigál; ~ 명 javulás; ~의 여지가 있다 van még lehetőség a javulásra; 그는 교수법을 많이 ~했다 Sokat javított a tanítási módszerén.

보 기 **강화-되다** 동 erősödik; 양국 관계가 ~되다 erősödik a két ország közötti kapcsolat

강화-하다 동 erősít; ~ 명 erősítés; 근육을 ~하다 erősíti az izmait; 국경 경비를 ~하다 erősíti a határ védelmét; 군대를 ~하다 erősíti a hadsereget

보 기 **발효-되다** (X)

발효-시키다 (X)

발효-하다 동 ❶ erjeszt; ~ 명 erjesztés; 포도를 ~시키다 bort erjeszt; 이스트로 밀가루 반죽을 ~시키다 lisztgombócot élesztővel erjeszt ❷ hatályba lép; ~ 명 hatályba lépés; 평화 조약의 ~에 따라 a békeegyezmény hatályba lépését követően; 조약은 내년 1월부터 ~된다 Az egyezmény jövő év januárban lép hatályba.

4. 표제어의 뜻풀이

헝가리어 대용어는 정확한 뜻을 이해하고 사용할 수 있도록 가능한 한 용례를 통해 제시하였다.

1) 다의어의 경우는 ❶ ❷ ❸으로 구분하여 뜻을 풀이하였다.

보 기 **격** 명 ❶ (문법) eset; 목적~ tárgyeset; ~변화 esetragozás ❷ rang, állás, státusz; osztály; ~이 떨어지다 lefokozzák; ~이 올라가다 előléptetik; ~에 맞다 ranghoz illik; ~이 다르다 más osztályú / rangú

보 기 **개다** 동 ❶ kiderül, kitisztul; 날이 ~ kiderül az ég ❷ összehajt; 이불을 ~ összehajtja a paplant ❸ vízzel kever; 진흙을 ~ vízzel keveri az agyagot

2) 유의어인 경우에는 쉼표(,)로 표시한다. 의미의 차이가 많이 날 때는 세미콜론(;)으로 구분했다.

보 기 **개성** 명 egyéniség, személyiség; jellem; ~이 강한 사람 erős egyéniségű ember; ~이 없다 nincs egyénisége; ~을 존중하다 tiszteli a jellemét

3) 헝가리어 뜻풀이 표현이 하나 이상일 때 구절인 경우에는 쉼표(,)로 구분하고, 문장의 경우에는 마침표.(또는 그 밖의 문장부호 ?, !)로 구분했다.

보 기 **그대로** 부 úgy, ahogy van, változatlanul, érintetlenül; ~ 두다 úgy hagyja, ahogy van; érintetlenül hagy vmit; 나는 들은 ~ 말해주었다 Úgy mondtam el, ahogyan hallottam.; ~ 두는 편이 좋다 Jobb úgy hagyni, ahogy van.; ~ 두면 큰일이 날지도 모르겠다 Ha úgy hagyjuk, lehet, hogy nagy baj történik.; 나는 ~의 네가 좋다 Úgy szeretlek, ahogy vagy.; ~ 누워 계십시오! Feküdjön csak tovább nyugodtan!; ~ 앉아 계십시오! Maradjon csak ülve!

4) 기능동사와 같이 다른 단어와 구를 이루면서 의미가 드러나는 경우에는 용례를 통해 뜻풀이를 했다.

보 기 **걸다**[1] 동 말을 ~ megszólít / leszólít vkit; 거리에서 외국인이 말을 걸어왔다 egy külföldi szólított meg az utcán; 전화를 ~ felhív; 나는 그녀에게 전화를 걸었다 Felhívtam őt.; 재판을 ~ bíróságra viszi az ügyet, perbe fog vkit; 시비를 ~ provokál vkit; 문에 자물쇠를 ~ kulcsra zárja az ajtót, lelakatolja az ajtót; 다리를 ~ elgáncsol, felbuktat; 희망을 ~ benne van minden reménye, reményt fektet vkibe / vmibe; 제동을 ~ fékez, a fékre lép, behúzza a féket; 최면을 ~ megbabonáz, hipnotizál

5) 용례가 속담인 경우, 해당 헝가리 속담이 있으면 제시하고, 그렇지 않으면 헝가리어로 번역했다.

보 기 소 잃고 외양간 고치는 격이다 eső után köpönyeg (헝가리 속담)

보 기 그것은 공중에 누각을 짓는 격이다 falra hányt borsó, légvárakat épít (헝가리 속담)

보 기 바늘 가는 데 실 간다 Ahová a tű megy, a cérna is mindig odamegy.(한국 속담 번역)

보 기 바늘 도둑이 소도둑 된다 (속담) Aki tűt lopott, később tehenet fog lopni.(한국 속담 번역)

ㄱ

가건물 명 pavilon, ideiglenes építmény, könnyűszerkezetes épület

가게 명 bolt, üzlet; ~를 열다 boltot / üzletet nyit

가격 명 ár; 할인 ~ kedvezményes / akciós ár

가격표 명 árlista

가계 명 megélhetés; ~를 유지해 나가다 biztosítja a megélhetést

가계부 명 családi költségvetési napló

가곡 명 dal, ének

가공-하다[1] 동 feldolgoz, kezel; ~ 명 feldolgozás; ~ 공장 feldolgozóüzem; ~ 식품 feldolgozott élelmiszer; 이 천은 방수 ~이 되어 있다 Ezt a ruhát víztaszító szerrel kezelték.

가공-하다[2] 형 félelmetes, rettenetes; elképesztő; 핵무기의 ~할 힘 az atomfegyver félelmetes ereje

가관 nevetséges, színpadias, komikus; 그것 참 ~이다 igazán nevetséges látvány

가구[1] 명 család; ~당 családonként

가구[2] 명 bútor

가급적 lehetőleg, lehetőség szerint; ~이면 amint lehet; ~ 조속한 회답을 주시면 고맙겠습니다 Mihamarabbi válaszát előre is köszönöm.

가까스로 부 csakhogy, épphogy, alig; 영어 시험에 ~ 합격하다 épphogy átmegy az angol vizsgán; ~ 모면하다 egy hajszálon múlik; ~ 싸움을 말리다 alig tudja szétválasztani őket

가까워지다 동 közeledik, közel kerül; 성탄절 / 봄이 ~ közeledik a karácsony / tavasz; 배가 육지에 ~ a hajó közeledik a szárazföldhöz, a hajó megközelíti a szárazföldet; 그들 사이가 ~ közel kerülnek egymáshoz

가까이 부 majdnem, csaknem, közel; 이것은 만 원 ~ 든다 Ez majdnem tízezer vonba kerül.; 우리는 30년 ~ 부부로 살아왔다 Majdnem / csaknem harminc éve vagyunk házasok.; 우리는 30년 ~ 이곳에서 살아왔다 Közel harminc éve ezen a helyen lakunk.; 좀더 ~ 오세요! Jöjjön kicsit közelebb!; 그는 간밤에 11시 ~ 되어 돌아왔다 Tegnap nem sokkal tizenegy óra körül ért haza.

가까이-하다 동 közeledik, barátkozik; 그는 여자를 ~하지 않는다 Ő nem közeledik a nőkhöz.; 나쁜 사람들과는 ~하지 마라 Ne barátkozz rossz emberekkel!

가깝다 형 közeli, közvetlen; 가까운 이웃 közeli / közvetlen szomszéd; 학교는 우리 집에서 ~ Az iskola közel van a lakásunkhoz.

가꾸다 동 gondoz, művel, ápol, termeszt;

ㄱ

정원을 ~ kertet művel; 야채를 ~ zöldséget termeszt; 외양을 ~ ápolja külsejét

가끔 부 időnként, időről időre, néha; 그는 ~ 나에게 들른다 Néha meglátogat engem.; 나는 ~ 그로부터 소식을 듣는다 Időről időre híreket kapok róla.; 요즘 그를 ~ 만납니다 Az utóbbi időben csak néha látom.

가나다 ábécé; betű; ~순으로 정렬하다 ábécé- / betűrendbe szed / rendez

가난뱅이 명 szegény ember, a szegények; ~ 실 새 없다 szegény embert az ág is húzza

가난-하다 형 szegény; ~ 명 szegénység; 찢어지게 ~하다 nyomorban él; szegény mint a templom egere; ~속에 죽다 szegénységben / szegényen hal meg

가내공업 명 családi vállalkozás

가냘프다 형 vékony, karcsú, kecses; 가냘픈 목소리로 vékony hangon; 가냘픈 여자 손으로 kecses női kézzel; 허리가 ~ karcsú a dereka

가누다 동 kontroll; 몹시 취해서 몸을 가누지 못하다 részegség / ittasság miatt elveszti az önkontrollját

가느다랗다 형 vékony, vékonyka, hajszálvékony; 가느다란 팔 vékony kar; 가느다란 목소리 vékonyka hang; 가느다란 실 hajszálvékony fonál

가늘다 형 vékony, karcsú; finom; 가는 목소리 vékony hang, cérnahang; 가는 목 vékony nyak; 가는 허리 karcsú derék; 가는 모래 finom homok; 가는 체 finom szűrő; 가는 목소리로 말하다 vékony hangon beszél; 그녀의 입술이 가늘게 떨고 있었다 Finoman remegett az ajka.; 눈을 가늘게 뜨고 보다 összehúzott szemmel néz

가늠-하다 동 felmér; ~ 명 felmérés; 형세를 ~하다 felméri a helyzetet; 그 일이 언제 끝날지 아직 ~할 수 없다 Nem tudják felmérni, hogy mikor ér véget az ügy.

가능성 명 lehetőség, valószínűség, eshetőség,

가능-하다 형 lehetséges; megvalósítható; 실행 ~한 계획 lehetséges terv; ~하다면 ha lehetséges, amennyire csak lehet, a lehetőségekhez mérten; 나는 그 일이 ~하다고 믿는다 Bízom benne, hogy lehetséges.; ~한 범위 내에서 너를 돕겠다 Segítek neked, amennyire csak lehet / tudok.; ~하게 하다 lehetővé tesz; ~해지다 lehetővé válik

가다 동 megy, elmegy; 지하철 / 버스로 ~ metróval / autóbusszal megy; 학교에 가는 지름길 az iskolába vezető legrövidebb út; 일본 가는 배 Japánba tartó hajó; 시간이 감에 따라 az idő múlásával; 창문에 금이 ~ elreped / megreped az ablak; 그 여자에게 마음이 ~ megkedveli a nőt; 손해가 ~ veszteséget szenved; 구김이 ~ összegyűrődik; 주름(살)이 ~ ráncolódik

가다듬다 동 rendbe tesz / hoz, összeszedi magát; köszörül; 옷매무새를 ~ rendbe hozza a ruháját; 정신을 ~ összeszedi magát, rendbe szedi a gondolatait; 목소리를 ~ köszörüli a torkát

가닥 명 실 한 ~ egy szál cérna; 한 ~의 빛 / 희망; fénysugár, reménysugár

가담-하다 동 csatlakozik vmi rossz ügyhöz, rossz ügy mellé áll, részt vesz vmiben / vmin; ~ 명 részvétel; 그는 이 음모에 ~했다 Csatlakozott ehhez az összeesküvéshez.; 그는 폭동에 ~한 혐의로 구속되었다 Letartóztatták a zavargásokban való feltételezett részvétele miatt.

가도 명 út, pálya; 상승 ~를 달리다 felfelé ível a pályája; 출세 ~를 달리다 felkapaszkodik a ranglétrán, a siker felé vezető úton halad

가동-하다 동 működésbe hoz, beindít; ~ 명 működtetés, beindítás; ~ 시간 működési idő; ~을 중단하다 megszünteti a működést, leállítja a működést / működtetést

가두 명 utca, út; ~에서 az utcán; ~ 서명을 받다 aláírásokat gyűjt az utcán; ~ 시위 utcai tüntetés

가두다 동 lecsuk, bebörtönöz, börtönbe zár; 살인자를 감옥에 ~ lecsukják a gyilkost

가득 부 tele; ~ 있다 tele van vmivel; ~ 담다 telerak; teleönt; (자동차) 기름을 ~ 넣다 teletankol

가뜩이나 부 azonfelül, ráadásul

가라앉다 동 leülepedik, lesüllyed; 설탕이 커피잔 바닥에 ~ A cukor leülepedett a kávéscsésze aljára.; 배가 바다에 ~ A hajó lesüllyedt a tengerfenékre.

가라앉히다 동 csillapít, csendesít; 통증을 ~ csillapítják a fájdalmat; 흥분을 ~ csendesítik az indulatot

가락 명 노래~ dallam, melódia

가랑비 명 szitáló eső; ~가 내리다 szitál, szemerkél

가랑이 명 다리~ lábszár; 바지 ~ nadrágszár

가래 명 köpet; ~를 뱉다 nyálat köp

가래침 명 köpet

가려내다 동 kihúz; kiszemez, kiválogat; 쌀에서 돌을 가려내다 kiszemezi a kövecskéket a rizsből; 풀에서 잡초를 ~ a fű közül kihúzza a gazt

가련-하다 형 ~한 신세 sajnálatra méltó sors; ~한 사람 szánni való (ember)

가렵다 형 viszket; 나는 코가 / 온몸이 ~ viszket az orrom / mindenem

가령 부 például

가로 명 vízszintes; ~와 세로 vízszintes és függőleges

가로등 명 utcai / köztéri lámpa

가로막다 동 útban van, akadályoz; 한 남자가 나를 ~ Egy férfi útban van nekem. Egy férfi akadályozza a kilátást.

가로수 명 út menti fák

가로수길 명 fasor

가로지르다 동 átlósan keresztez

가로채다 동 elragad, megkaparint, megszerez; 남의 돈을 ~ mások pénzét megkaparintja

가루 명 por; 분필 ~ krétapor; 꽃~ virágpor

가르다 동 megoszt, megbont; 편을 ~ egységet megbont

가르치다 동 oktat, tanít, jól megleckéztet vkit; 학교에서 역사를 ~ történelmet tanít az iskolában

가르침 명 tanítás, tan, lecke

가리다[1] 동 rejtőzik, rejtőzködik; eltakar, elrejt; 건물에 ~ az épület mögött rejtőzik; 사소한 것에 본질이 ~ a részletekben rejtőzik a lényeg; 얼굴을 ~ eltakarja / elrejti az arcát

가리다[2] 동 megkülönböztet, kitüntet, kiemel; 시비를 ~ megkülönbözteti a jót a rossztól

가리키다 동 mutat; 시계가 열 시를 ~ tíz órát mutat az óra; 손가락으로 북쪽을 가리켰다 Az ujjával észak felé mutatott.

가마 명 kemence, kályha

가마니 명 zsák; 쌀 두 ~ két zsák rizs

ㄱ

가마솥 명 üst, kondér, bogrács

가만있다 동 nem mozdul, nyugton marad

가만히 부 ~ 말하다 halkan beszél, suttog; ~ 서 있다 mozdulatlanul áll

가망 명 remény, biztató kilátás, lehetőség; 치료될 ~이 있습니까? Van remény a gyógyulásra?

가면 명 maszk, álarc; álca, lepel; ~을 쓰다 felölti az álarcot

가면무도회 명 álarcosbál

가명 명 álnév

가문 명 család; ~의 영광 a család dicsősége

가물거리다 동 pislákol, elhomályosul; 가물거리는 불빛 pislákoló fény; 글씨가 가물거린다 Csak homályosan látja a betűket.

가뭄 명 szárazság, aszály; ~ 피해 aszálykár; ~에 단비 aranyat érő eső; ~이 심한 지역 사람들이 굶주리고 있다 Az aszály sújtotta vidék lakosai éheznek.; 오랜 ~으로 농사를 망쳤다 Az elhúzódó szárazság miatt tönkrement a termés.

가미-하다 동 fűszerez, ízesít; 해학을 ~한 담화 humorral fűszerezett beszélgetés

가발 명 paróka; ~ 쓴 사람 parókás ember; ~을 쓰다 parókát visel

가방 명 (kézi)táska, retikül; hátizsák; 어린 학생이 큰 ~을 들고 간다 a kis diák nagy táskát hord; 운동선수는 ~을 싼다 a sportoló bepakol a táskába; 여행자가 ~을 메고 떠난다 a turista hátizsákkal utazik

가볍다 형 könnyű, egyszerű; csekély, kevés, kicsi; meggondolatlan; nevetséges, gyenge, jelentéktelen; 가벼운 짐 könnyű csomag; 가벼운 감기 enyhe megfázás; 가벼운 상처 kisebb sérülés / horzsolás; 가벼운 형벌 enyhe büntetés; 가벼운 식사 könnyű étel; 가벼운 상대 gyenge ellenfél; 체중이 ~ kis testsúlyú; 그는 나보다 5킬로 ~ öt kilóval könnyebb nálam; 가볍게 여기다 kevésre tartja; 나는 그때 가벼운 실망을 느꼈다 Egy kicsit csalódott voltam.; 너의 책임은 결코 가벼운 것이 아니다 nem kicsi a felelősséged; 가벼운 발걸음으로 könnyű léptekkel; 가볍게 굴다 meggondolatlanul cselekszik; 문을 가볍게 노크하여라 gyengéden kopog; 정도가 ~ kismértékű; 입이 ~ nagyszájú

가부 명 igen vagy nem; ~ 간에 알려주기를 바란다 Remélem, tudatod velem, hogy igen vagy nem.

가부장 명 családfő, patriarcha: ~적 사회 patriarchális társadalom

가불 명 előleg; ~을 신청하다 előleget kér

가사[1] 명 háztartás; ~를 돌보다 háztartást vezet; ~에 얽매이다 lefoglalja / leköti a háztartás vezetése

가사[2] 명 dalszöveg; 곡이 ~에 꼭 어울린다 a dallam illik a szöveghez; 나는 ~를 잊어버렸다 Elfelejtettem a dalszöveget.

가산세 명 késedelmi kamat

가산-하다 동 hozzáad, összead; ~ 명 hozzáadás, összeadás, hozzátétel, kiegészítés; 원금에 이자를 ~하다 az eredeti tőkéhez / kölcsönhöz hozzáadja a kamatot; 그 표는 특별 요금이 ~된다 a jegyet felárral árulja

가상 képzeletbeli, feltételes, virtuális; ~의 적(국) képzeletbeli ellenség; ~ 현실 virtuális valóság

가석방 명 feltételes szabadlábra helyezés

가설 명 feltevés, elmélet; ~에 근거하여

feltéve, hogy; ~을 세우다 elméletet állít fel; 그의 ~은 증명되었다 Elmélete beigazolódott.

가설무대 명 szabadtéri színpad

가세-하다 동 segít, erősít, támogat; ~ 명 segítség, támogatás; ~하러 가다 segítségére siet

가소롭다 형 nevetséges, vicces, 그가 작가가 된다니 ~ Olyan vicces, hogy író akar lenni.

가속기 명 gázpedál

가속도 명 gyorsulás

가속되다 동 gyorsul, felgyorsul

가속-하다 동 gyorsít, felgyorsít, gázt ad

가수 명 énekes

가스 명 gáz

가스레인지 명 gáztűzhely

가슴 명 mellkas, mell; szív; ~이 넓은 széles mellkasú; ~을 쭉 펴다 mellkasát kidomborítja; ~이 아프다 Szúr a mellem. Szúr a szívem. Fáj a szívem.

가슴둘레 명 mellbőség

가슴앓이 명 szívfájdalom

가시 명 (장미 따위의) tüske, (물고기의) szálka; ~ 덤불 tövisbokor; ~ 면류관 töviskoszorú; ~ 철망 szögesdrót; 손가락에 ~가 박히다 szálka megy a kezébe; ~를 빼다 kihúzza a tüskét; 목에 ~가 걸리다 torkán akad a szálka; ~ 돋친 말을 하다 szúrós szavakat mond; 그의 말에는 ~가 있다 éles nyelve van; 그는 나를 눈엣~로 여긴다 Szálka vagyok a szemében.

가시거리 명 látótávolság

가시광선 명 látható sugár

가시다[1] 동 elmos, lemos, kiöblít; 그릇을 ~ elmossa az edényt, 입을 ~ kiöblíti a száját

가시다[2] 동 elmúlik, eltűnik; 두통이 ~ elmúlik a fejfájása; 이 약을 먹으면 아픔이 곧 가신다 Ez a gyógyszer elmulasztja a fájdalmat.

가식 명 tettetés, álnokság, hamisság, szimuláció, kétszínűség; ~적 tettetett, hamis; ~적 태도 kétszínű viselkedés

가야금 명 kajagüm (koreai húros hangszer, hasonló a citerához)

가연성 명 éghetőség

가열-하다 동 felforral; melegít, hevít, forrósít; 우유를 ~하여 살균하다 tejet forral pasztörizál

가엾다 형 elesett, szegény, sajnálatra méltó; 가여운 고아 szegény árva

가옥 명 ház, ingatlan; ~ 대장 telekkönyv; ~ 매매 ingatlan-adásvétel

가요 명 dal; 대중 ~ népszerű dal / nóta, sláger

가요제 명 dalfesztivál

가운 명 talár, köntös, köpeny; 판사의 ~ bírói talár

가운데 ❶ 명 közép; 책상 ~ asztal közepe; 방 ~에 a szoba (kellős) közepén; ~를 싹둑 자르다 félbevág; 길 ~로 걸어가다 az út közepén megy; 가난한 생활 ~ a nyomor kellős közepén, szenvedések közepette ❷ (후치사) között, közül 둘 ~ 하나를 택하다 a kettő közül választ; 많은 ~에서 하나를 가지다 egyet kiválaszt a sok közül; 이 ~서 어떤 것이든지 셋을 취하라 Ezek közül válassza bármely hármat!

가운뎃손가락 명 középső ujj

가위 명 olló; ~로 자르다 ollóz

가위눌리다 동 rémálmok gyötrik

가을 명 ősz; ~에 ősszel

가을바람 명 őszi szél

가을철 명 őszi évszak

ㄱ

가이드 명 idegenvezető

가입비 명 beiratkozási díj

가입-하다 동 csatlakozik; feliratkozik, tartozik; ~ 명 csatlakozás, felvétel, belépés, feliratkozás; 협회에 ~하다 társaság tagja lesz, csatlakozik a klubhoz, felveszik a klubba; 그 클럽에 ~하기란 매우 어렵다 nehéz bekerülni a klubba; 그녀는 나에게 2천만원 보험에 ~해 달라고 부탁했다 Azt kérte tőlem, hogy kössek húsz millió vonos életbiztosítást.

가장[1] 명 családfő

가장[2] 부 a legextrémebben; ~ 많이 a legtöbb; ~ 중요하다 a legfontosabb; ~ 용감히 싸우다 a legbátrabban vív / küzd; 나는 이것을 ~ 좋아한다 Ezt szeretem a legjobban.

가장무도회 명 maszkabál

가장자리 명 vminek a széle; 책상 ~ az asztal széle

가장-하다 동 álcázza / tetteti magát; 의사로 ~하다 orvosnak álcázza magát; 여자로 ~하다 nőnek álcázza magát

가장행렬 명 karnevál

가재 명 királyrák, ~는 게 편이라 A zsák megleli a foltját. Megtalálja zsák a foltját.

가전제품 명 elektromos háztartási gépek / berendezések

가정 명 család; ház; ~ 경제 háztartás; ~ 교육 családi nevelés; ~ 방문 családlátogatás; ~의 붕괴 a család szétesése; ~의 행복 családi boldogság; ~을 가지다 családot alapít; ~을 꾸려나가다 háztartást vezet; 가난한 ~에 태어나다 szegény családba születik; 엄격한 ~에서 자라다 szigorú családban nevelkedik; ~ 풍파가 끊이지 않는다 állandóan / folyamatos(an) nézeteltérések vannak abban a családban; ~ 비극 családi tragédia; ~ 사정으로 családi okok miatt, családi okokból; ~ 상비약 házi orvosság

가정교사 명 házitanító

가정교육 명 családi nevelés

가정법원 명 családjogi bíróság

가정부 명 házvezetőnő, bejárónő

가정불화 명 családi viszály

가정주부 명 háziasszony

가정폭력 명 családon belüli erőszak

가정-하다 동 feltételez; ~ 명 feltételezés, hipotézis; ~법 (문법) feltételes mód; 그렇다고 ~하더라도 네가 잘못이다 Feltéve, hogy igaz, még mindig te vagy a hibás.

가정환경 명 családi körülmények

가져가다 동 elvisz, magával visz; elvesz; 이 책을 네 형한테 가져가거라 Vidd el ezt a könyvet a bátyádnak!; 누가 내 연필을 가져갔지 Ki vette el a ceruzámat?

가져오다 동 hoz; 우산을 가져왔습니다 Hoztam az ernyőt.; 물을 한 잔 가져오너라 Hozzál egy pohár vizet!; 돈을 얼마나 가져왔느냐 Mennyi pénzt hoztál magaddal?; 좋은 결과를 ~ jó eredményt hoz

가족 명 család, családtag; ~이 많다 nagy családja van; ~의 일원이 되다 családtaggá válik; 너의 ~은 몇 사람이나 되느냐 Hányan vagytok a családodban?

가족법 명 családtörvény; 여성에게 불리한 ~을 개정하도록 정부에 요구하다 követelik a kormánytól, hogy változtassa meg a nőket hátrányosan érintő családtörvényt

가죽 명 (állati) bőr, prém; 뼈와 ~만 남다

csont és bőr marad; 사람의 ~을 쓴 짐승 báránybőrbe bújt farkas

가죽가방 명 bőrtáska

가죽구두 명 bőrcipő

가중-하다 동 súlyosbít; súlyosbodik; 형이 ~되다 súlyosbítja az elítélt büntetését; 사회적 불만이 ~되다 a társadalmi elégedetlenség súlyosbodik

가지[1] 명 (fa)ág; ~를 꺾다 ágat hajt; ~를 자르다 levágja az ágat

가지[2] 명 törökparadicsom, padlizsán

가지[3] 명 féle, fajta; 이 꽃에는 두 ~가 있다 Ennek a virágnak két fajtája van.; 이것은 그것과 한 ~ 책이다 Ez ugyanolyan fajta könyv, mint a másik.

가지가지 mindenféle, különféle

가지각색 mindenféle, különböző; 그 가게는 ~의 물건을 판다 Mindenfélét árulnak abban a boltban.

가지다 동 van; fog, tart; 손에 무엇을 가지고 있느냐 Mi van a kezedben?; 강도는 식칼을 가지고 있었다 A betörőnél egy konyhakés volt.; 꼭 가지고 있어라 erősen fogja; 애를 ~ áldott állapotban van, gyereket vár, teherbe esett; 새끼를 ~ vemhes

가지런히 부 egyenletesen, szabályosan

가지치기 명 elágazás

가짜 명 hamis; hamisítvány; 이 물건은 ~이다 Ez a termék hamisítvány.; 이 서명은 ~이다 Ez az aláírás hamis.

가책 명 lelkiismeret-furdalás; 양심의 ~으로 죄를 자백하다 A lelkiismeretfurdalás vallomásra kényszeríti.

가축 명 állat, jószág; ~ 병원 állatorvosi rendelő; ~ 사료 takarmány; ~들이 들판에서 풀을 뜯고 있다 Az állatok a mezőn legeltek.

가출-하다 동 elszökik otthonról, elhagyja az otthonát; ~ 청소년 elszökött gyerek; 요즈음 많은 아이들이 ~한다 Manapság sok gyerek szökik el otthonról.

가치 명 érték; ~ 없는 értéktelen

가치관 명 értékszemlélet; 현대 사회에서는 전통적 ~이 약해진다 A hagyományos értékszemlélet gyengül a mai társadalomban.

가칭 명 ideiglenes név, tervezett cím

가택연금 명 házi őrizet

가톨릭 명 katolikus

가파르다 형 meredek; 가파른 절벽 meredek szikla; 가파른 산길 meredek hegyi út

가풍 명 családi tradíció, hagyomány

가해자 명 elkövető

가혹-하다 형 kegyetlen, brutális, durva; ~한 형벌 kegyetlen büntetés; 그렇게 어린 아이에게 매질을 하다니 ~하다 kegyetlenség így megverni a gyerekeket

각[1] minden; ~ 사람에 하나씩 mindenkinek egyet-egyet; ~ 열 사람씩 minden tíz ember; ~ 방에 두 사람씩 들어 있다 Minden szobában két ember lakik.

각[2] (수학) szög; 내~ belső szög; 외~ kiegészítő szög; 직~ derékszög

각각 minden, valahány; külön; 사람은 ~ 제 할 일이 있다 Minden embernek a saját feladatát kell ellátnia.; 갈 때는 같이 갔으나 돌아올 때는 ~ 따로 왔다 Együtt mentünk, de mindannyian egyedül tértünk haza.; ~ 책상을 하나씩 가지고 있다 Valamennyiüknek saját asztala van.

각계 명 a társadalom minden rétege; ~ 인사 mindenféle ember; ~를 대표하는 명사들 a társadalom minden rétegét képviselő nevezetességek; ~의 의견을

ㄱ

듣다 A társadalom minden rétegének a véleményét meghallgatja.

각계각층 명 a társadalmi ranglétra minden foka; ~의 사람이 모였다 A társadalmi ranglétra minden fokáról összegyűltek emberek.

각고 명 fáradságos / kemény munka; 십 년 동안의 ~ 끝에 그는 목표를 달성했다 A célt tíz év kemény munkájával érte el.

각광 명 dicsfény, reflektorfény; ~을 받다 reflektorfénybe kerül; 매스컴의 ~을 받고 있다 A média reflektorfényében úszik.

각국 명 minden ország; ~에서 대표 한 사람씩 minden országból egy-egy képviselő; ~은 2명의 대표를 대회에 파견한다 Minden ország két-két képviselőt küldött.; ~의 주한 대사가 그 파티에 참석했다 Minden ország Koreába akkreditált nagykövete részt vett a partin.

각기 부 mind; 사람은 ~ 장점과 단점이 있다 Mindenkinek van jó és rossz oldala.

각도 명 szög; szemszög, nézőpont; ~를 재다 megméri a szöget; 이러한 ~에서 본다면 ebből a szemszögből nézve

각료 명 kormánytag, miniszter; ~ 회의 kormányülés; 한일 ~ 회담 koreai-japán kormányülés

각막 명 szaruhártya; ~ 이식 szaruhártya-átültetés

각목 명 tonfa (harcművészetekben használt fegyver)

각박-하다 형 szívtelen, könyörtelen

각별-하다 형 különleges, kivételes; ~히 különösen, kivételesen; ~한 사랑 különleges szeretet; ~히 조심하다 különös óvatosságot igényel; ~히 대우하다 kivételesen bánik vele

각본 명 forgatókönyv; ~을 쓰다 forgatókönyvet ír, dramatizál

각색-하다 동 dramatizál, adaptál, filmre visz; 이 영화는 소설을 ~한 것이다 Ez a film egy regény adaptációja.

각서 명 jegyzék; ~의 교환 jegyzékváltás; ~를 보내다 jegyzéket küld

각설탕 명 kockacukor

각성제 명 stimuláns, serkentőszer

각성-하다 동 ráébred, felnyitja vki szemét; ~ 명 ráébredés; 영적 ~ ráébredés; 그 사건은 국민을 크게 ~시켰다 Az az esemény felnyitotta az állampolgárok szemét.

각시 명 menyecske, menyasszony

각양각색 különböző

각오-하다 동 elszánt (vállalja a rosszat is), felkészül (a legrosszabbra); ~ 명 hajlandóság, készség, elszántság; 그것은 ~한 바이다 Felkészültem a következményekre.; 그 일을 완수할 ~가 되었느냐 Megvan-e benned a kellő elszántság a munka elvégzésére?; 나는 최선을 다할 ~이다 Kész vagyok a legjobbat adni magamból.; 나는 죽음을 ~하고 있었다 Felkészültem a halálra.

각운 명 sorvégi rím

각인-되다 동 vésődik; 나에게 ~되었다 belém vésődött

각자 명 mindenki; ~는 의무를 다하라 Mindenki a saját kötelességét tegye!; ~ 자기 생각을 말하다 Mindenki kifejtette a saját véleményét.; ~ 부담으로 하다 Mindenki a magáét fizeti.

각종 mindenféle, sokféle, mindenfajta; ~ 경기 mindenféle sport; 저희 상점에는 ~ 모자가 있습니다 mindenféle kalapunk van raktáron; 모임에는 ~ 직업의 사람들이 모였다 Mindenféle foglalkozású ember összegyűlt a találkozón.

각주 명 lábjegyzet; ~를 넣다 lábjegyzettel ellát

각지 명 mindenütt, mindenfelé ☞ **각처**

각질 명 bőrkeményedés; ~을 제거하다 eltávolítja a bőrkeményedést

각처 명 mindenütt, mindenfelé, különböző hely(ek); 전국 ~에서 az ország minden szegletéből / sarkából; ~에 사람을 보내다 Mindenhová üzenetet küld.; ~ 사람이 다 모였다 Mindenfelől jöttek emberek.

각축 명 küzdelem, rivalizálás, verseny; 선거에서 다른 입후보자와 ~을 벌이다 A választáson szoros küzdelemben megmérette magát a másik jelölttel szemben.

각축장 명 küzdőtér

간[1] 명 ~을 하다 sóz; ~이 짜다 el van sózva, elsózták; ~이 싱겁다 nem elég sós; ~이 맞다 jól megsózott; 국의 ~을 보다 Megkóstolja a levest, hogy lássa, elég sós-e.

간[2] 명 máj; bátorság, bátor; ~이 크다 bátor

간간이 부 időnként, néha-néha, időről időre; ~ 오는 손님 időszakos látogató; ~ 그런 일이 일어난다 időről időre megtörténik; ~ 소나기가 오겠습니다 Időnként záporok lesznek.

간격 명 időköz, intervallum; 버스는 10분 ~으로 옵니다 A busz 10 perces időközönként / 10 percenként jön.; 두 사람 사이에 ~이 생겼다 A két ember elhidegült / eltávolodott egymástól.

간결-하다 형 tömör és velős; 저자는 ~한 문체로 잘 알려져 있다 a szerző ismert a tömör és velős stílusáról

간계 명 fortély

간곡-하다 형 őszinte; ~한 권고 őszinte tanács; ~히 타이르다 őszintén beszél vkivel

간과-하다 동 elnéz, nem vesz észre; 과실을 ~하다 elnézi a hibát; 물가 상승은 ~할 수 없는 중대 문제다 Az áremelkedés nem olyan probléma, amelyet nem veszünk észre.

간단명료-하다 형 egyszerű és átlátható, rövid és érthető; ~하게 대답하다 rövid és érthető választ ad

간단-하다 형 egyszerű, rövid, könnyű, kicsi; ~한 식사를 하도록 하자 Együnk valami egyszerűt / könnyűt!; 이유는 매우 ~하다 az ok nagyon egyszerű; 이 기계는 조작이 ~하다 ezt a gépet könnyű kezelni

간단히 부 röviden, könnyen; ~ 말하다 röviden magyarázza; 네가 생각하는 것처럼 일이 그렇게 ~ 진행되지는 않을 게다 A dolgok nem mennek olyan könnyen, mint gondoltad.

간담회 명 (nem hivatalos) találkozó

간략-하다 형 egyszerű, rövid; ~하게 egyszerűen, röviden; ~한 보고 rövid beszámoló; ~하게 하다 egyszerűsít, egyszerűvé tesz

간만 명 apály és dagály

간밤 명 tegnap este, előző este; ~에 곳곳에 도둑이 들었다 Tegnap este sok betörés volt.

간병-하다 명 beteget gondoz; 헌신적으로 ~하다 beteget odaadással gondoz; 그들은 극진히 부친을 ~하였다 Odaadással gondozták beteg apjukat.

간부 명 vezetők, döntéshozó káderek;

ㄱ

~ 회의 vezetői tanácskozás / tanácsülés

간사 명 titkár, menedzser

간사-하다 형 ravasz; ~한 놈 ravasz alak

간석지 명 dagályterület; ~를 개간하다 dagályterületet elhódít/művelés alá vesz

간선 명 fővonal; ~ 도로 főútvonal; 이 도로는 양국 간 교통의 ~이다 Ez az út a két ország közötti forgalom főútvonala.

간섭-하다 동 beavatkozik, beleavatkozik; ~ 명 beavatkozás; 남의 일에 ~하다 beavatkozik más dolgába; 내정에 ~하다 beleavatkozik más ország belügyeibe; 내 일에 ~하지 마라 Ne avatkozz a dolgaimba! Ne üsd bele az orrod a dolgaimba!

간소화-하다 동 egyszerűsít; 정부기구를 ~하다 egyszerűsíti a kormányzati rendszert

간수 명 börtönőr

간식 명 uzsonna; nassolás; ~을 안 먹기로 하다 lemond az uzsonnáról

간신 명 köpönyegforgató, kétszínű

간신히 부 nehezen, alig, hajszálon múlik; ~ 도망하다 hajszálon múlt, hogy megszökött; ~ 이기다 nehezen nyeri meg a játszmát; ~ 합격하다 alig megy át a vizsgán

간악-하다 형 gonosz; ~한 무리 gonosz emberek, martalócok

간암 명 májdaganat

간염 명 májgyulladás, hepatitisz; ~ 예방 접종 hepatitisz elleni védőoltás; 바이러스성 ~ vírusos májgyulladás; B형~ hepatitisz B

간이식 명 májátültetés

간이역 명 kisállomás

간장[1] 명 szójaszósz; ~을 치다 szójaszószt tesz vmire

간장[2] 명 a máj és a belek; (마음) szív; ~을 녹이다 rabul ejt; 그녀의 미소는 뭇 남자의 ~을 다 녹여버린다 A mosolya rabul ejt minden férfit.

간절-하다 형 őszinte; komoly, nyomatékos; ~한 부탁 nyomatékos kérés; ~한 호소 nyomatékos felhívás; ~한 충고 őszinte tanács; ~한 소원 forró vágy

간절히 부 őszintén, tiszta szívből; ~ 권하다 tiszta szívből ajánl; ~ 바라다 őszintén remél

간접선거 명 közvetett választások

간접세 명 közvetett adó

간접적으로 közvetetten, másodkézből, indirekt módon; ~ 듣다 másodkézből értesül vmiről; 나는 그 사건에 ~ 관계되어 있다 Közvetetten vagyok érintett az ügyben.

간주곡 명 közjáték, intermezzo

간주-하다 동 vki vminek vesz / tart vmit, vmi számít vminek; 계약이 취소된 것으로 ~하다 a szerződést érvénytelennek tartja; 불참자는 불합격으로 ~된다 Akik nem jelennek meg, bukottnak számítanak.

간지럽다 형 csiklandós; 발이 ~ a lábam csiklandós; 낯이 ~ elpirul a szégyentől

간지럽히다 동 csiklandoz; 간지럽히지 마라 Ne csiklandozz!

간직-하다 동 őriz, hord, biztonságba helyez; 가슴속 깊이 ~하다 szívén visel; 이것은 금고에 ~해 두어라 Helyezd ezt biztonságba!; 훌륭한 선물, 길이 ~하겠습니다 Sokáig megőrzöm majd a kedves ajándékot.

간질 명 (의학) epilepszia; ~ 환자 epi-

ㄱ

lepsziás; ~ 발작을 일으키다 epilepsziás rohama van

간질이다 동 csiklandoz; 겨드랑이를 ~ csiklandozza a hónalját; 발바닥을 ~ csiklandozza a talpát

간척지 명 lecsapolással nyert földterület

간첩 명 kém, ügynök; ~을 색출하다 leleplezi a kémet

간첩행위 명 kémkedés; ~ 혐의로 잡히다 kémkedés gyanújával elfogják

간청-하다 동 kér, kérelmez; ~ 명 kérés, kérelem; ~에 의하여 kérelmére, kérésére; ~을 들어주다 teljesíti a kérését; 허가해 주기를 ~하다 engedélyt kér a hatóságtól

간추리다 동 összefoglal, lerövidít; 간추린 összefoglalt, lerövidített; 간추리면 összefoglalva

간파-하다 동 belelát vkibe, olvas más gondolataiban; 한눈에 그가 협잡꾼임을 ~했다 Azonnal/Már legelőször láttam, hogy csaló.; 나는 그의 생각을 ~하지 못했다 Nem láttam bele a gondolataiba.

간판 명 tábla, hirdetőtábla; ~을 내걸다 hirdetőtáblát akaszt ki; ~을 내리다 bezárja a boltot

간편-하다 형 egyszerű, könnyű; ~한 방법 könnyű módszer; ~하게 könnyen; 다루기 ~한 könnyen kezelhető

간행-하다 동 kiad, publikál; ~ 명 publikáció; 신문을 ~하다 újságot ad ki; 새 잡지가 ~되다 új folyóiratot adnak ki; 정기 ~물 periodika

간호사 명 nővér; 수~ főnővér

간호-하다 동 ápol; 침식을 잊고 ~하다 önfeláldozóan ápol beteget; 그는 극진히 ~한 보람도 없이 어젯밤에 죽었다 A gondos ápolás ellenére tegnap éjjel elhunyt.

간호학교 명 nővérképző iskola

간혹 부 néha, időnként, alkalmanként, időről időre; ~ 들르다 időről időre benéz; 그는 ~ 늦는다 néha késik

갇히다 동 le van csukva, be van zárva; 유치장에 ~ be van zárva egy cellába, rács mögé dugták

갈가리 부 darabokban, darabokra; ~ 찢다 darabokra tép

갈겨쓰다 동 firkant, firkál, sietősen ír; 편지를 ~ levelet firkant

갈고닦다 동 csiszol, csiszolgat; 기술을 ~ technikáját/képességét csiszolja

갈구-하다 동 szomjazik, vágyakozik; 평화를 ~하다 békére vágyakozik

갈기다 동 üt, ver, vág, lecsap; 몽둥이로 ~ bottal ver; 채찍으로 ~ ostorral ver; 호되게 ~ jól megver, elpáhol

갈다[1] 동 cserél, változtat; 이름을 ~ nevet változtat; 낡은 부품을 새것으로 ~ a régi alkatrészeket újakra cseréli; 어항의 물을 ~ vizet cserél az akváriumban

갈다[2] 동 élesít, csiszol, fen, dörzsöl, fényesít, finomít, darál, köszörül; 도끼를 ~ fejszét köszörül; 커피 원두를 ~ kávét darál; 이를 ~ feni a fogát vmire; 밭을 ~ felszántja a földet

갈대 명 nád

갈대밭 명 nádas

갈등 명 konfliktus, baj; 마음의 ~ lelki konfliktus; ~이 생기다 konfliktus keletkezik

갈라놓다 동 feloszt, szétszed, elválaszt, elszakít; 갈라놓을 수 없는 elválaszthatatlan, elszakíthatatlan; 반으로 ~ kettéválaszt; 두 사람을 ~ szétválaszt két embert

갈라서다 동 különválik, elválik; 남편과 갈라선 지 오래다 már jó ideje elvált a férjétől; 저 부부는 노상 갈라서자는 말을 한다 A házaspár állandóan a válásról beszél.

갈라지다 동 elválik, elágazik; el van választva; 그는 아내와 갈라졌다 Elvált a feleségétől.; 길이 두 갈래로 갈라진다 Az út kettéágazik.

갈래 명 elágazás, részleg, fiók; 두 ~길이 되다 Az út kétfelé ágazik.

갈리다 동 ❶ változtat, kicserél, levált; 교육부 장관이 새로 갈렸다 Az oktatási minisztert leváltották.; 내각은 갈려도 외교 방침에는 변함이 없다 A miniszter-csere nem befolyásolja a kormány külpolitikáját. ❷ oszlik, szétválik, elágazik; 두 패로 ~ két csoportra vannak osztva; 그 당은 여러 파로 갈렸다 a párt két frakcióra szakadt; 샛길은 이 큰길에서 갈린다 a mellékút itt ágazik le a főútról

갈림길 명 keresztút, elágazás, fordulópont; ~로 접어들다 az elágazáshoz ér; 너는 지금 인생의 ~에 서 있다 Most állsz életed fordulópontjánál.; 이것이 성패의 ~이다 ezen a ponton múlik a siker

갈망-하다 동 szomjazik vmire, őszintén vágyik vmire; ~ 명 vágy, kívánság, szomj; 지식에 대한 ~을 만족시키다 kielégíti a tudásszomját; 그들은 자유를 ~하고 있다 nagyon vágynak a szabadságra

갈매기 명 sirály

갈비 명 borda; ~ 구이 sült borda; 소의 ~ marhaborda

갈비찜 명 bordapörkölt

갈비탕 명 bordaleves

갈빗대 명 borda, bordázat; ~를 부러뜨리다 eltöri a bordáját

갈색 명 barna; ~이 된 lebarnult; 햇볕에 탄 ~ 피부 napbarnította bőr

갈수록 부 az idő múlásával; ~ 태산이다 egyre rosszabb és rosszabb idők jönnek; 세월이 ~ 고향이 그립다 Az idő múlásával egyre erősebb honvágyam lesz.; 형세가 ~ 나빠진다 egyre rosszabbra fordulnak a dolgok

갈아입다 동 átöltözik; 여름옷으로 ~ nyári öltönybe átöltözik; 갈아입을 것이 아무것도 없다 nincs mibe átöltöznöm; 목욕 후 옷을 갈아입고, 그녀는 외출했다 Megfürdött, átöltözött, majd kiment.

갈아타다 동 átszáll; vált; 대전에서 호남선으로 ~ Tedzsonnál átszáll a Honám vonalra.; 지하철을 세 번 ~ háromszor átszáll a metrón; 말을 ~ lovat vált

갈증 명 szomj, szomjúság; ~이 나다 szomjas; ~을 풀다 oltja a szomját; ~이 나게 하다 szomjas lesz tőle; ~을 호소하다 szomjúságra panaszkodik

갈채 명 taps, ováció; 우레와 같은 ~ tapsvihar; ~를 받다 tapsot érdemel; 만장의 ~를 받다 vastapsot kap; ~에 답하다 megköszöni a tapsot; ~로써 맞이하다 tapssal fogad; 훌륭한 연기에 ~를 보내다 megtapsolja a csodálatos szereplést

갈치 명 ezüstös sertefarkú hal (Trichiurus lepturus)

갈피 명 könyv két lapjának a köze; 책 ~에 사진을 끼워 두다 képet tesz a könyv lapjai közé; ~를 잡을 수 없다 ennek se füle, se farka; 그가 하는 말은 전혀 ~를 잡을 수 없다 Nem értem az érvelését.

갉아먹다 동 rágcsál; 빵 껍질을 ~ kenyérhéjat rágcsál; 개가 뼈다귀를 갉아먹고 있

다 A kutya a csontot rágcsálja.

감 명 datolya

감각 명 érzék, érzékenység; ~ 기관 érzékszerv; ~ 마비 érzékbénulás; ~ 세포 érzékelő sejt; ~ 식물 mimóza (Mimosa pudica); ~ 신경 érzőideg; ~ 중추 érzékelő központ; ~이 둔하다 érzéketlen; ~이 예민하다 érzékeny; ~을 잃다 érzéketlenné válik; 그의 손은 ~ 이 없다 nem érzi a kezét; 화가는 색채에 대한 ~이 있어야 한다 A festőnek jó érzéke kell, hogy legyen a színekhez.; 그녀는 문학에 대한 섬세한 ~을 가지고 있다 jó érzéke van az irodalomhoz

감격-하다 동 meghatott; ~적(인) megható, szívszorongató; ~적 장면 szívszorongató jelenet; ~적인 연설 megható beszéd; ~하게 하다 meghat vkit; 그 책을 읽고 그녀는 ~의 눈물을 흘렸다 A könyv könnyekig meghatotta.; 그녀의 따뜻한 환영에 우리는 크게 ~했다 Nagyon meghatott minket a meleg fogadtatás.

감금-하다 동 bezár, letartóztat; ~ 명 bezártság, elzártság, fogda; 방에 ~하다 bezár a szobába; 자택에 ~하다 házi őrizet alá helyez

감기 명 influenza, megfázás; 가벼운/지독한 ~ enyhe/súlyos megfázás; ~ 들다, ~에 걸리다 megfázik; ~로 누워 있다 ágynak dől a megfázástól; ~ 기운이 있다 egy kicsit meg van fázva; ~에 걸려 열이 있다 lázas megfázással megbetegszik; ~에 걸리기 쉽다 könnyen megfázik; ~가 떨어지지 않다 nem tud kilábalni a megfázásból; ~ 걸리지 않도록 조심해요 Vigyázz, meg ne fázz!; ~가 유행하고 있다 influenzajárvány van; 그에게서 ~를 옮았다 Tőle kaptam el az influenzát.

감기다 동 ❶ lecsukódik, leragad; 졸려서 눈이 ~ lecsukódik a szeme az álmosságtól; 죽은 사람의 눈을 감겨주다 lecsukja a halott szemét ❷ rátapad, feltekeredik, felcsavarodik; 젖은 옷이 몸에 ~ rátapadt a nedves ruha; 코트 자락이 바퀴에 ~ A kabátja széle rácsavarodott a kerékre.

감기약 명 megfázás elleni gyógyszer

감다 동 ❶ becsuk; 눈을 굳게 감고 csukott szemmel; 나도 모르게 눈을 감았다 Ösztönösen becsuktam a szemem.; 눈을 ~ (비유적) örökre lehunyja a szemét ❷ 머리를 ~ hajat mos; 미역 ~ megfürdik ❸ felteker; 실을 실패에 ~ fonalat teker az orsóra; 붕대를 ~ sebet bekötöz; 감은 것을 풀다 kiteker, kikötöz

감당-하다 동 valamilyen képességgel rendelkezik, megbirkózik; 난국을 ~해내다 megbirkózik a nehéz helyzettel; 나의 월급으로는 높은 생활수준을 ~하지 못한다 A bérem nem képes fedezni a magasabb életszínvonal költségeit.

감독기관 명 eljáró/illetékes szervek

감독-하다 동 felügyel, ellenőriz; rendez; ~ 명 felügyelet, irányítás, ellenőrzés, kontroll; 학생을 ~하다 diákokat felügyel; 시험을 ~하다 vizsgán felügyel; 그는 ~ 소홀로 좌천당했다 Alacsonyabb beosztásba helyezték a felügyelet elhanyagolása miatt.; 기관은 정부의 ~을 받게 되었다 A szervet a kormány irányítása alá helyezték.

감돌다 동 körbejár, kanyarog; levegőben lóg; 강이 산모퉁이를 감돈다 A folyó a hegyek között kanyarog.; 희미한 봄기운이 감돌고 있다 a tavasz szele van a levegőben; 중동에는 전운이 감돌고 있다

A háború a levegőben lóg a Közép-Keleten.

감동-하다 [동] meghatott, megragadott; ~적 megható; ~을 주다 könnyekig meghat; 그 노래는 ~ 없이는 들을 수가 없다 Mindig meghatódom, ha ezt a dalt hallom.; 관객은 ~하여 눈물을 흘렸다 A nézők könnyekig meghatódnak.

감량-하다 [동] fogy; ~ [명] fogyás; (운동 선수 등이) ~에 애를 먹다 nehezen fogy; 나는 5킬로 정도 ~하여야 한다 Öt kilót kell fogynom.

감리교 [명] metodista egyház

감명 [명] mély benyomás; ~을 받다 mélyen meghatott; ~을 주다 mély benyomást gyakorol vkire; 그의 연설은 청중들에게 깊은 ~을 주었다 A beszéde mélyen meghatotta a közönséget.; 이 책은 내게 거의 ~을 주지 못했다 Ez a könyv nem érintett meg.

감미롭다 [형] édes; 감미로운 음악 édes melódia, kellemes zene

감방 [명] börtönzárka, börtöncella; ~에 처넣다 börtönzárkába / -cellába zár

감별-하다 [동] megkülönböztet; ~ [명] megkülönböztetés; A와 B를 ~하다 megkülönbözteti A-t B-től; 병아리의 암수를 ~하다 megkülönböztetik a csibék nemét

감봉-하다 [동] csökkenti vkinek a fizetését; ~ [명] fizetéscsökkentés; 그는 20만원을 ~당했다 Kétszázezer vonnal csökkentették a fizetését.

감사-하다[1] [동] hálás, megköszön vmit; ~ [명] hála, köszönet; ~의 표시로서 köszönet / hála jeléül; ~의 눈물을 흘리다 hálakönnyeket hullajt; 조언해주셔서 ~합니다 hálás vagyok a tanácsáért; 협력해주신 데 대해 ~를 드립니다 Hálás vagyok az együttműködéséért.; 경청해 주셔서 ~합니다 Köszönöm figyelmüket!; 무어라고 ~해야 할지 모르겠습니다 nem tudom meghálálni

감사-하다[2] [동] auditál, ellenőriz; ~ [명] ellenőrzés, auditálás; ~보고 audit jelentés; ~증명 audit bizonyítvány; 엄중한 ~ szigorú ellenőrzés

감상[1] [명] benyomás; vélemény; ~을 말하다 elmondja a benyomásait; ~을 묻다 megkérdezi a véleményét; 한국에 대한 ~은 어떻습니까 Mi a benyomása Koreáról?; 나는 그녀에게 그녀의 최신작에 관하여 ~을 말했다 Elmondtam, mi a benyomásom a legutóbbi munkájáról.

감상[2] [명] érzés, érzelem; ~적이 되다 elérzékenyül; 그런 ~적인 생각은 그만둬 Tedd félre az érzéseidet!

감상-하다 [동] megbecsül, értékel; élvez; 영국시를 ~하다 értékeli az angol költészetet; 나의 취미는 음악 ~이다 a hobbim a zenehallgatás

감색 [명] sötétkék

감성 [명] érzékiség, érzelem

감성지수 [명] érzelmi együttható, érzelmi koefficiens

감소-하다 [동] csökken, esik; ~ [명] csökkenés, esés, redukció; 인구의 ~ népességcsökkenés; 전년보다 십억 원의 ~ egymilliárd vonos csökkenés az előző évhez képest; 수출이 작년의 3분의 2로 ~하였다 Az export az előző év kétharmadára csökkent.; 화물 자동차의 수요가 급격히 ~되었다 A teherautók iránti kereslet drámaian csökkent.

감속-하다 [동] sebességet csökkent, lelassít; ~ [명] sebességcsökkentés, lassítás;

~ 장치 lassító fogaskerékmű, fordulatcsökkentő áttétel / szerkezet; 눈 비 올 때 ~ 운행 Csúszós úton lassítson!

감수성 명 érzékenység; ~이 예민한 érzékeny; ~이 둔한 érzéketlen

감수-하다[1] 동 bír, tűr, elvisel; 비난을 ~하다 bírja a kritikát; 이런 대우는 ~할 수 없다 Nem tűröm az ilyen bánásmódot.; 모욕을 ~하다 lenyeli a sértést

감수-하다[2] 동 lerövidíti az életét, megrövidíti az életét; 그 사고를 당했을 때는 꼭 십년 ~하는 느낌이었다 Úgy érzem, hogy a baleset után tíz évet öregedtem.

감시자 명 megfigyelő, ellenőr

감시-하다 동 ellenőriz, megfigyel; ~ 명 megfigyelés; 행동을 ~하다 figyeli a mozdulatát; ~를 게을리하다 elmulasztja figyelni; 엄중히 ~당하다 szigorú megfigyelés alatt áll; 대기 오염에 대하여 엄격한 ~가 필요하다 Szigorúan kell ellenőriznünk a légszennyeződést.; ~의 눈을 피하다 kicselezi a rendőrségi megfigyelést

감싸다 동 burkol; megóv a bajtól, védelme alá vesz; pártját fogja vkinek; 담요로 몸을 ~ takaróba burkolja magát; 아버지는 언제나 나를 감싸 주셨다 Az apám mindig a szárnyai alá vett.; 아무도 나를 감싸 주는 사람이 없다 Senki sem fogja pártomat.

감안-하다 동 figyelembe vesz vmit, elgondolkozik vmin, megfontol vmit, tekintettel van vmire; 그가 어리다는 점을 ~해야 한다 Figyelembe kell venned a fiatalságát.; 교통 체증을 ~해서 일찍 출발하겠다 a dugóra tekintettel / figyelemmel korán indulok

감언이설 명 mézesmázos szavak; ~로 꾀다 mézesmázos szavakkal becsapja

감염-되다 동 megfertőződik; ~ 명 fertőzés; ~ 경로 a fertőzés útja; ~원 a fertőzés forrása; 공기 ~ légúti fertőzés; 위험한 사상에 ~되다 veszélyes eszméktől fertőzött; 그 병은 ~된다 ez a betegség fertőző

감옥 명 börtön, fogda; ~살이하다 börtönbüntetését tölti

감원-하다 동 állományt csökkent, munkaerőt leépít; ~ 명 munkaerő-leépítés; 공무원을 대폭 ~하다 Drasztikusan csökkenti a közalkalmazottak számát.

감자 명 krumpli, burgonya; 햇~ újkrumpli; ~ 튀김 sült krumpli; ~ 껍질을 벗기다 krumplit pucol / hámoz

감정 명 ❶ érzék, érzelem, szenvedély; ~ 이입 együttérzés; ~적인 érzéki; ~의 노예 az érzékek rabja; 일시적인 ~에 이끌리어 szenvedélytől hajtva; ~을 상하게 하다 megbántja vki érzelmeit; ~을 드러내다 elárulja az érzelmeit; ~을 억누르다 féken tartja az érzelmeit; ~을 자극하다 felkavarja vki érzelmeit; ~을 표현하다 kifejezi az érzelmeit; 인간은 ~의 동물이다 az ember érzelmi lény; 나는 ~을 감추려고 애썼다 Megpróbáltam elrejteni az érzelmeimet.; 나는 그녀의 ~을 상하게 한 것 같아 걱정이다 Félek, talán megsértettem az érzéseit.; 그녀는 우리들의 이성보다는 오히려 ~에 호소했다 Inkább az érzelmeinkre, nem az eszünkre apellált. ❷ harag, neheztelés, elégedetlenség; ~이 있다 haragot tart vkivel

감정인 명 becsüs, szakértő

감정-하다 동 becsül; ~ 명 becslés, hitelesítés; ~ 가격 becsült érték; ~을 의뢰하다 szakértő véleményét kéri; 필적을 ~하다

ㄱ

szakértői véleményt ad vki kézírásáról; 허위 ~을 하다 hamis értékbecslést ad; 전문가가 나의 골동품의 가치를 ~했다 Egy szakértő felbecsülte a régiségeimet.

감지-하다 동 érzékel; ~ 명 érzékelés, tudomásul vétel; 위험/지진을 ~하다 veszélyt/földrengést érzékel; 동물에게는 위험을 ~하는 특별한 능력이 있는 것 같다 Az állatok különleges képességgel rendelkeznek a veszély érzékelésére.

감쪽같이 부 szemrebbenés nélkül; ~ 속이다 szemrebbenés nélkül hazudik

감초 명 (식물) édesgyökér; 약방에 ~ minden lében kanál; kulcsember

감촉 명 tapintás, érintés; 꺼칠꺼칠한 ~ durva tapintású; ~이 부드럽다 puha tapintású/érintésű

감추다 동 elrejt, álcáz, leplez, titkol, titokban tart; 감추지 않고 nyíltan; 문 뒤로 몸을 ~ az ajtó mögé bújik; 보이지 않는 곳에 ~ elrejt vmit mások szeme elől; 나이를 ~ titkolja a korát; 놀람을 ~ leplezi a meglepettségét; 사실을 ~ elrejti a tényt; 잘못을 ~ leplezi a hibáját; 신분을 ~ titkolja/álcázza kilétét; 그녀는 마음의 동요를 감출 수 없었다 Nem tudta tökéletesen leplezni zavarát.

감칠맛 명 jó íz; vonzalom; ~이 있다 ízes; ~이 있는 술 testes rizsbor; ~이 있는 국 ízletes leves; 이 문장에는 ~이 있다 Van valami vonzó ebben a mondatban.

감탄문 명 felkiáltó mondat

감탄부호 명 felkiáltójel

감탄-하다 동 csodálkozik, felkiált a meglepetéstől; ~ 명 csodálat, felkiáltás; ~할 만한 csodálatos; ~할 만한 공연 csodálatra méltó előadás; 그의 성실성에 ~했다 Elcsodálkoztam az őszinteségén.

감퇴-하다 동 elveszít; ~ 명 vesztés, veszteség, csökkenés; 기억력 ~ memóriavesztés; 식욕이 ~하다 elveszíti az étvágyát

감투 명 hivatalnokok által viselt lószőrsapka; ~ 싸움 befolyásos helyért folyó küzdelem; ~를 쓰다 állami hivatalnokká válik

감행-하다 동 mer, merészel; 공격을 ~하다 támadást mer indítani

감회 명 mély érzelem, szentimentális; ~에 젖다 szentimentálissá válik

감흥 명 érdeklődés; ~을 돋우다 felkelti az érdeklődését; ~을 깨뜨리다 megöli az érdeklődését; 이 소설은 나에게 아무런 ~도 주지 않는다 Ez a regény nem érdekel.

감히 부 merészen, bátran; ~ 나에게 그런 말을 하다니 Hogy merészelsz ilyet mondani?; 그들은 ~ 공격을 못했다 Nem mertek támadni.; 아무도 ~ 그 유령이 나오는 집에 들어가려 하지 않았다 Senki sem mer bemenni a kísértetházba.

갑 명 doboz, csomag; 담배 한 ~ egy csomag cigaretta

갑갑-하다 형 unalmas, fullasztó; ~해 죽겠다 halálra unja magát; 방이 ~해 못 견디겠다, 문 좀 열어라 Kérem, nyissa ki az ablakot, megfulladok ebben a szobában!

갑골 명 teknősbéka páncélja; ~ 문자 teknősbéka páncéljába vésett kínai írás

갑론을박 명 érvek és ellenérvek, pro és kontra; ~을 하다 ellene és mellette érvel; ~으로 결론이 나지 않았다 Nem jutottunk semmilyen következtetésre az érvek és ellenérvek megvitatása után.

갑문 [명] gát, zár; ~식 운하 mesterséges csatorna gátja

갑상선 [명] pajzsmirigy; ~ 기능항진증 pajzsmirigy-megnagyobbodás

갑상선염 [명] pajzsmirigygyulladás

갑상선종 [명] pajzsmirigydaganat

갑상선호르몬 [명] pajzsmirigyhormon

갑옷 [명] páncél(ruha); ~비늘 a páncél pikkelyei; ~을 입은 무사 páncélos harcos; ~을 입다 felveszi a páncélt

갑자기 [부] hirtelen, váratlanul; ~ 나타나다 hirtelen megjelenik; ~ 웃음을 터뜨리다 váratlanul nevetésben tör ki; ~ 죽다 váratlanul meghal; ~ 돌아서다 váratlanul visszafordul; ~ 방문하다 váratlan látogatást tesz; ~ 시험을 치르다 váratlanul tesztet írat; ~ 일이 생겨서 참석을 못 합니다 Egy váratlan ügy miatt nem tudok jelen lenni.

갑작스럽다 [형] hirtelen, váratlan; 갑작스러운 일 váratlan dolog; 갑작스러운 질문 váratlan kérdés; 갑작스러운 죽음 hirtelen halál; 갑작스러운 방문 váratlan látogatás; 그 일이 너무나 갑작스러워서 우리는 더욱 더 당혹했다 Az egész váratlansága lepett meg minket leginkább.

갑절 [명] kétszeres, dupla; 그 ~되는 kétszer annyi; 길이가 ~이다 kétszer olyan hosszú, mint; 그는 나보다 나이가 ~이다 kétszer olyan idős, mint én; 나의 수입은 이전의 ~이나 늘었다 A fizetésem mára a duplájára emelkedett.; 이것은 그것보다 ~이나 좋다 Ez kétszer olyan jó, mint a másik.; 남보다 ~ 일하다 kétszer olyan keményen dolgozik, mint mások

갑판 [명] fedélzet; ~으로 가다 a fedélzetre megy; 파도가 ~을 쓸었다 A hullámok lesöpörték a fedélzetet.

갑판장 [명] fedélzetmester

값 [명] ár, érték; ~이 싼 olcsó; ~이 오르다 / 내리다 nő / csökken az ára; ~을 올리다 / 내리다 növeli / csökkenti az árat; ~을 유지하다 tartja az árát; ~을 매기다 meghatározza az árat; ~을 묻다 megkérdezi az árat; 물건 ~을 치르다 fizet az áruért; ~을 깎다 leveri az árat; ~이 얼마면 되겠습니까 Mennyit adna érte? Mennyiért venné meg? Milyen áron venné meg?

값나가다 [동] drága, értékes; 값나가는 물건 értékes holmi / tárgy, értékcikk; 값나가는 물건을 몽땅 도둑맞았다 Az összes értékes tárgyat ellopták.

값지다 [형] értékes; 이 책은 내게 매우 값진 것이다 ez a könyv nagyon értékes számomra; 그녀는 이미 가지고 있던 값진 물건들을 모두 팔아버렸다 Már minden értékét eladta.

갓[1] [명] lószőrből készült hagyományos koreai kalap

갓[2] [부] frissen; ~ 구운 빵 frissen sült kenyér; ~ 결혼한 부부 friss házasok; ~ 들어온 뉴스를 전해드리겠습니다 Ismertetem a friss híreket.; ~ 지은 밥 tűzforró rizs

갓난아기 [명] újszülött csecsemő

강 [명] folyó; ~ 건너에 át / túl a folyón; ~을 끼고 a folyó mentén; ~을 거슬러 올라가다 felmegy a folyón; ~을 건너다 átkel a folyón; 이 ~은 황해로 흐른다 Ez a folyó a Sárga tengerbe ömlik / torkollik.

강가 [명] folyópart; 맞은편 ~ a folyó túloldala; ~의 호텔 folyóparti szálloda; 그녀의 집은 ~에 있다 A háza a parton áll.

강간-하다 동 megerőszakol; ~ 명 nemi erőszak; ~ 미수 erőszakkísérlet; ~범 nemi erőszaktevő; ~죄 megerőszakolás

강경-하다 형 kemény, határozott, erős; ~하게 keményen, határozottan; ~ 노선 kemény vonal; ~한 결의문 kemény határozat; ~한 태도를 취하다 határozott álláspontot képvisel; ~한 수단을 취해야 한다 határozott lépéseket kellene tennünk; ~하게 의견을 주장하다 határozottan ragaszkodik a véleményéhez; ~하게 반대하다 határozottan ellenez vmit

강구-하다 동 megfontol; 적당한 수단을 ~하다 megfontolja a megfelelő lépéseket

강국 명 nagyhatalom; 5대 ~ az öt nagyhatalom

강남 명 a Han folyó déli része Szöulban; ~ 지역 a Han folyó déli részének körzete (Szöulban)

강낭콩 명 veteménybab

강단 명 pulpitus, szónoki emelvény, szószék; ~에 서다 pulpituson / szónoki emelvényen áll; ~에서 내리다 elhagyja a szónoki emelvényt

강당 명 előadóterem; aula, díszudvar; 졸업식은 ~에서 거행되었다 A diplomaosztó az aulában volt.

강도[1] 명 erő, intenzitás, szilárdság; ~ 높은 훈련 intenzív edzés / tréning; 그의 비평의 ~ a kritikájának az ereje; 암반의 ~를 조사하다 megvizsgálja a szikla szilárdságát

강도[2] 명 rabló, betörő; betörés, rablás; 은행 ~ bankrabló; 무장 ~ fegyveres rabló; 살인 ~(죄) rablógyilkosság; 이인조 ~ rablópáros; 우리 집에 ~가 들었다 Betörő járt a házamban; 요즈음 여러 은행들이 ~를 당했다 Számos bankot raboltak ki az utóbbi időben.

강도질-하다 동 betörést követ el, rablást követ el, kirabol vmit

강력-하다 형 erős, hatalmas; ~한 폭발물 erős robbanószer; ~한 지지자 erős támogató; ~한 엔진 erős motor; 그 운동은 대중의 ~한 지지를 얻었다 Az a mozgalom a közvélemény erős támogatását szerezte meg / élvezi.; ~ 비타민제 erős vitaminkoncentrátum; ~ 접착제 erős ragasztó

강령 명 program, platform; 정당의 ~ pártprogram; 십대~ 10 pontos pártprogram

강매-하다 동 ráerőszakol árut vkire; ~하는 사람 erőszakos eladó; 그는 그 책을 그녀에게 ~했다 Ráerőszakolta a könyvet a vevőre.

강물 명 folyó; folyóvíz; ~이 붇다 A folyó szintje emelkedik.

강박감 명 kényszer; ~은 사람을 편히 놔두지 않는다 nem hagyja békén a kényszer

강박관념 명 rögeszme, kényszerképzet

강변 명 folyó mente, folyópart; ~의 식당 folyó menti étterem

강변도로 명 folyó menti út; ~가 통제되고 있다 A folyó menti út le van zárva.

강북 명 a Han folyó északi része Szöulban; ~지역 a Han folyó északi részének körzete (Szöulban)

강사 명 előadó; 대학 ~ egyetemi előadó; 시간 ~ óraadó, megbízott előadó

강산 명 táj, tájkép; 금수~ gyönyörű táj; 십년이면 ~도 변한다 Tíz év alatt minden táj megváltozik.

강세 명 hangsúly; emelkedő árfolyam,

tőzsdei hossz; agresszív magatartású; ~(가) 있는 음절 hangsúlyos szótag; ~를 두다 hangsúlyt fektet vmire, hangsúlyoz; ~ 시장 emelkedő árfolyamú piac; 시황은 ~를 보이고 있다 A piac emelkedő árfolyamot produkál.; ~로 나오다 agresszívan viselkedik

강수 명 csapadék, esőzés; ~ 확률 a csapadék valószínűsége

강수량 명 csapadékmennyiség; 오늘 서울의 ~은 30밀리미터였다 A mai csapadékmennyiség 30 milliméter volt Szöulban.; 올 여름에는 ~이 적었다 Ezen a nyáron kevés volt a csapadék mennyisége.

강습 명 képzés, tanfolyam; ~을 받다 képzést kap; 한국 요리 ~ koreai ételfőző tanfolyam; ~을 하다 tanfolyamot tart

강아지 명 kutyakölyök, kiskutya

강압 명 elnyomás; ~적 elnyomó, kényszerítő; ~적 통치 elnyomó hatalom; ~ 수단 kényszerítő eszköz

강약기호 명 a hangsúly jele

강연료 명 az előadás díja

강연자 명 előadó

강연-하다 동 előad, előadást tart; ~ 명 előadás; ~을 듣다 előadást hallgat; 라디오로 ~하다 a rádióban tart előadást; ~을 청탁하다 meghív előadást tartani; 도덕 교육에 관하여 ~하다 előadást tart az erkölcsi nevelésről

강요-하다 동 kikényszerít, kierőszakol; ~ 명 kikényszerítés, kierőszakolás; 복종을 ~하다 engedelmességre kényszerít vkit; 약속을 ~하다 kényszerít vkit az ígérete betartására; 사직을 ~하다 lemondásra kényszerít vkit; 사직을 ~당하다 lemondásra kényszerül

강의록 명 az előadás szövege

강의실 명 előadóterem, tanterem

강의-하다 동 előadást tart; ~ 명 előadás; ~를 시작하다 elkezdi az előadást; ~를 준비하다 előkészíti az előadást; 영어로 ~하다 angolul tartja az előadást

강인-하다 형 erős, kemény; ~한 의지 erős akarat; ~한 저항 kemény / erős ellenállás

강점-하다 동 megszáll, elfoglal; ~ 명 megszállás; 적이 나라를 ~하다 az ellenség elfoglalta az országot

강제 명 kényszer; ~노동 kényszermunka; ~ 수용소 munkatábor, koncentrációs tábor; ~ 퇴거 kilakoltatás

강조-하다 동 hangsúlyoz, kiemel, nyomatékosít, aláhúz; ~ 명 nyomaték, hangsúly, kiemelés; 크게 ~하다 nagyon hangsúlyoz; 지나치게 ~하다 túlhangsúlyoz; 국방의 중요성을 ~하다 hangsúlyozza a honvédelem fontosságát; 이 책의 가치는 아무리 ~해도 지나치지 않다 Ennek a könyvnek az értékét nem lehet eléggé hangsúlyozni.

강좌 명 tanfolyam, kurzus; 음악 ~ zenei tanfolyam; 특별 ~ speciális tanfolyam; ~를 개설하다 megnyitja a tanfolyamot

강철 명 acél; ~ 제품 acéláru

강철판 명 acéllemez

강타-하다 동 lesújt, keményen üt; 폭풍우가 서울을 ~했다 Vihar sújtott le Szöulra.

강풍 명 erős szél; szélvihar; ~이 불다 erős szél fúj

강-하다 형 erős; ~한 성격 erős jellem; ~한 나라 erős ország; 의지가 ~한 사람 erős akaratú ember

강해지다 동 erősödik; 폭풍우가 점점 강해졌다 A vihar fokozatosan erősödött.

ㄱ

강행-하다 동 kikényszerít, rákényszerít; ~ 명 kikényszerítés; 호우 속에서 경기를 ~했다 A vihar ellenére kikényszerítette a további játékot.; 저물가 정책을 ~하다 olyan politikát kényszerít ki, amely az árakat alacsonyan tartja

강화-되다 동 erősödik; 양국 관계가 ~되다 erősödik a két ország közötti kapcsolat

강화-하다 동 erősít; ~ 명 erősítés; 근육을 ~하다 erősíti az izmait; 국경 경비를 ~하다 erősíti a határ védelmét; 군대를 ~하다 erősíti a hadsereget

갖가지 mindenféle, mindenfajta

갖다 동 rendelkezik, birtokol vmit, birtokában van vminek; 특권을 갖고 있다 előjoggal rendelkezik; 그는 사업상의 지식을 충분히 갖고 있다 elég ismerettel rendelkezik az üzlethez

갖은 mindenféle, mindenfajta; ~ 양념 mindenféle fűszer

갖추다 동 rendelkezik, birtokol; 그녀는 영문학에 관해 상당한 지식을 갖추고 있다 Az angol irodalommal kapcsolatban megfelelő ismeretekkel rendelkezik.; 나는 그 대학 지원에 필요한 서류를 다 갖추었다 Minden papírral rendelkezem, ami a felvételhez szükséges.

같다 형 ugyanaz, azonos, ugyanolyan, egyforma, megegyező; 같은 단어를 몇 번이나 말하다 sokszor mondja / ismétli ugyanazt a szót; 봄 같이 따뜻한 날씨 a tavaszihoz hasonló langyos idő; 동물 같은 행동 állatokhoz hasonló viselkedés; 숫자가 ~ azonos a szám; 그와 나는 키가 거의 ~ Ő és én egyforma magasak vagyunk.; 그 딸은 엄마와 얼굴이 거의 ~ A lány az arcát az anyjától örökölte.

같아지다 동 kiegyenlítődik, megegyezik; 다시 계산한 후에 합계가 같아졌다 Az újraszámolás után a két összeg megegyezett.

같이 부 együtt; egy időben, ugyanakkor; (접속사) mint; 우리 ~ 가자 Menjünk együtt!; 두 가지 일을 ~ 하지 말아라 Ne csinálj két dolgot egy időben!; 그는 나를 어린애 ~ 취급한다 Úgy kezel engem, mint egy gyermeket.

같이-하다 동 osztozik, megoszt; 고락을 ~하다 osztozik az örömében és bánatában; 일생을 ~하다 megosztja vele az életét; 의견을 ~하다 egy véleményen vannak

갚다 동 megad, visszafizet, megtérít; 빚을 ~ megadja a kölcsönt; 나중에 (복수로) 갚아주겠다 Majd még visszafizetem neki!

개[1] 명 eb, kutya; ~집 kutyaól, kutyaház, kutyakennel; 사냥~ vadászkutya; 주의하세요, ~가 물어요 Vigyázz, a kutya harap!

개[2] 명 darab; 열 ~ tíz darab; 비누 세 ~ három darab szappan

개가-하다 동 újra megházasodik; ~ 명 újraházasodás, új házasság, újbóli férjhezmenetel (여자의 경우); 그는 ~를 권했다 Azt tanácsolta, hogy házasodjon meg újra.; ~한 여자 újra férjhez ment nő

개간-하다 동 termővé tesz, művelésre alkalmassá tesz; ~ 명 termővé tétel, művelésre alkalmassá tétel; 우리는 황무지를 ~했다 Termővé tettük a pusztát.

개개인 명 egyének, mindenki, minden egyes személy

개고기 명 kutyahús

개관-하다 동 nyit, megnyit; ~ 명 nyitás, megnyitás; 공식 ~ hivatalos nyitás; ~식 megnyitási ceremónia

개교-하다 동 iskolát alapít; ~ 명 iskola-alapítás; ~ 기념일 az iskola alapításának évfordulója; 이 학교는 100년 전에 ~했다 Az iskolát 100 éve alapították.

개구리 명 béka; ~ 헤엄 mellúszás; 식용 ~ ehető béka; 우물 안의 ~ szűk látókörű ember; ~가 울기 시작했다 A béka brekegni kezdett.

개구쟁이 명 lurkó, csibész, kópé

개그 명 humor, vicc, gag; ~를 하다 viccet mond

개그맨 명 humorista

개나리 명 aranyfa, forsythia

개념 명 fogalom; 추상적 ~ elvont fogalom; 기본 ~ alapfogalom; ~ 정의 fogalommeghatározás; 우리는 자유에 대한 ~을 명확히 해야 한다 Tisztáznunk kell a szabadság fogalmát.

개다 동 ❶ kiderül, kitisztul; 날이 ~ kiderül az ég ❷ összehajt; 이불을 ~ összehajtja a paplant ❸ vízzel kever; 진흙을 ~ vízzel keveri az agyagot

개도국 명 fejlődő ország

개량-하다 동 feljavít, nemesít, tökéletesít; ~ 명 feljavítás, nemesítés; 품종 ~ fajta nemesítése; 농지 ~ talajjavítás; 품질을 ~하다 feljavítja a minőséget

개막전 명 nyitómeccs

개막-하다 동 megnyit, megkezd; ~ 명 megnyitás, megnyitó; ~ 연설 megnyitó beszéd; ~식 megnyitó ünnepség; ~일 a megnyitó napja; 체육 대회는 4월 1일에 ~된다 Az atlétikai verseny április elsején kezdődik.

개미 명 hangya; ~ 구멍 hangyaboly

개발도상국 명 fejlődő ország

개발-하다 동 fejleszt, fejlődik; ~ 명 fejlesztés, fejlődés; 아시아 ~ 은행 Ázsiai Fejlesztési Bank; 경제 ~ 5개년 계획 ötéves gazdaságfejlesztési terv

개밥 명 kutyaeledel

개방-하다 동 megnyit; ~ 명 megnyitás; ~ 경제 nyitott gazdaság; 시장을 ~하다 megnyitja a piacot

개방화 명 megnyitási irányvonal

개벽 명 a világ teremtése; ~ 이래로 a világ teremtése óta

개별적 egyéni, magán; 우리는 ~으로 면접을 보았다 Egyenként kérdeztek minket.

개봉관 명 premier mozi

개봉-하다 동 felnyit, felbont; ~ 명 felbontás, felnyitás; 편지를 ~하다 felnyitja a levelet

개선-되다 동 javul; 작업 환경이 많이 ~되다 sokat javulnak a munkakörülmények

개선책 명 orvosolási intézkedés, jóvátételi intézkedés; ~이 마련되어 있다 megvan a jóvátételi intézkedés

개선-하다 동 javít, orvosol, korrigál; ~ 명 javulás; ~의 여지가 있다 van még lehetőség a javulásra; 그는 교수법을 많이 ~했다 Sokat javított a tanítási módszerén.

개설-하다 동 beszerel; bevezet; létrehoz; 전화를 ~하다 beszereli a telefont; 연구소를 ~하다 létrehozza a kutatóintézetet

개성 명 egyéniség, személyiség; jellem; ~이 강한 사람 erős egyéniségű ember; ~이 없다 nincs egyénisége; ~을 존중하다 tiszteli a jellemét

개성파 명 különös személyiség

개시-하다 동 kezd, megnyit, indít; ~ 명 kezdés, megnyitás, indítás; ~ 시간 kezdési idő

개업식 명 vállalkozásindítási ünnepség

개업의(사) 명 gyakorló orvos

개업-하다 동 üzletet nyit; ~ 명 (vállalkozás) megnyitás; 식료품점을 ~하다 élelmiszerboltot nyit

개연성 명 valószínűség; ~이 높다 nagyon magas a valószínűsége, nagyon valószínű

개요 명 összefoglalás, szinopszis, vázlat, körvonal; 사건의 ~를 말하다 körvonalakban mutatja az eseményt; ~를 말하면 nagy általánosságban beszélve

개운-하다 형 vki felfrissül vmitől; vmi felfrissít vkit; megkönnyebbül vmitől; 자고 나니 머리가 ~하다 felfrissítette az alvás, felfrissült az alvástól; 더운 물에 목욕을 하면 ~할 것이다 A forró fürdő majd felfrissít.; 그 일을 해결하고 나면 ~해질 것이다 Tisztázd a dolgokat, és megkönnyebbülsz!

개울 명 patak

개울가 명 patak partja; ~에는 많은 나무가 자란다 A patak partján sok fa nő.

개월 명 hónap; 그는 5 ~ 동안 해외에 있었다 5 hónapig külföldön volt.

개의-하다 동 foglalkozik vmivel / vkivel, törődik vmivel / vkivel; ~치 마세요! Ne törődjön vele!

개인 명 magán-, személy(-i) / (-es), privát; ~ 택시 magántaxi, privát taxi; ~ 회사 magáncég; ~ 투자자 magánbefektető; ~ 주택 magánház; 나 ~으로서는 그렇게 생각지 않는다 Az én magánvéleményem más.; ~ 정보에 관한 보호 személyes adatok védelme; ~ 지도를 하다 magánórát ad; ~적 egyéni; ~적인 이해 egyéni érdek

개인전 명 ❶ magánkiállítás; 이 갤러리에서는 내일부터 ~이 열린다 Ebben a galériában holnaptól magánkiállítás nyílik. ❷ egyéni verseny, egyéni mérkőzés, egyéni meccs; 그는 ~에서 우승을 했다 Megnyerte az egyéni számot.

개인주의 명 individualizmus, az egyéniség kultusza; ~와 이기주의는 다르다 Az individualizmus és az egoizmus nem ugyanaz.

개인주의자 명 individualista

개입-하다 동 beleszól, részt vesz, beavatkozik; ~ 명 beavatkozás; 논쟁에 ~하다 beleszól a vitába; 적극적으로 ~하다 aktívan részt vesz a vitában; 원화를 안정시키려고 정부가 적극적으로 ~하고 있다 A kormány aktívan beavatkozik a von stabilizációjába.

개점 명 üzlet megnyitása; 그 가게의 ~ 날짜는 12월 1일이다 Az üzletnyitás ideje / napja december elseje.

개정-되다 동 módosul, megújul; 다음과 같이 ~되었다 a következők szerint módosult; 그 사전은 부분적으로 ~되었다 A szótár egy része megújult.

개정안 명 módosítási javaslat

개정-하다 동 ❶ módosít, átalakít; ~ 명 módosítás, átalakítás; 연금제도의 ~이 필요하다 A nyugdíjrendszer átalakítása szükséges.; 헌법을 ~하다 módosítja az alkotmányt; ~된 시행령의 발효 a módosított végrehajtási utasítások / rendelkezések hatályba lépése; 민법의 일부를 ~하다 a polgári jogot részben módosítják; ~ 세율 módosított adókulcsok; ~ 운행 시간표는 이달 1일부터 실시된다 A módosított menetrend elseje után lép életbe.; 그 책은 지금 ~ 중이다 A könyvet most dolgozzák át.; ~ 증보판 átdolgozott és bővített kiadás ❷ megnyitja a tárgyalást; ~ 기일 tárgyalási nap; 법정은 오후 1시에 ~되었다 A tárgyalás 13 órakor kezdődött.

개조-하다 동 átalakít, átformál; ~ 명 átalakítás, átformálás; 창고를 공장으로 ~하다 a raktárat gyárrá alakítja át; 이것은 주택을 사무실로 ~한 것이다 Ez egy irodává átalakított lakóépület.

개죽음 명 értelmetlen halál; 그의 죽음은 완전히 ~이었다 A halála teljesen értelmetlen volt.

개중 között, közt; ~에는 좋은 책도 있고 나쁜 책도 있다 Van köztük jó és rossz könyv is.

개찰구 명 jegykapu; 회전식 ~ forgatókorlát, forgatósorompó

개척자 명 úttörő, élharcos

개척-하다 동 termővé tesz; ~ 명 termővé tétel, művelésre alkalmassá tétel; 황무지를 ~하다 termővé teszi a vadont; 새로운 시장을 ~하다 új piacot talál / nyit

개천 명 patak, ér, csermely

개체 명 egyén; ~ 변이 egyéni változat; ~ 발생 egyedfejlődés

개최국 명 rendező ország

개최-하다 동 rendez, szervez; ~ 명 szervezés, rendezés; 2002년에는 한국과 일본이 월드컵을 ~했다 2002-ben Korea és Japán rendezte a futball világbajnokságot.

개통-되다 동 forgalomnak átenged/megnyit, forgalomba helyez, megnyit; 새 터널은 내일 ~된다 Az új alagutat holnap helyezik forgalomba.; 사고 구간은 5시간 후에 다시 ~되었다 A sérült útszakaszt a baleset után öt órával nyitották meg.

개펄 명 dagály által elöntött terület

개편안 명 módosítási tervezet

개편-하다 동 átdolgoz, átszervez, átalakít, módosít, változtat; ~ 명 átalakítás, módosítás, változtatás; 정부 기구 ~ kormányátalakítás; 사전을 ~하다 átdolgozza a szótárat; 오케스트라를 ~하다 átalakítja a zenekart

개표 명 szavazatszámlálás; ~ 결과 a szavazatszámlálás eredménye; ~율 a megszámlált szavazatok aránya; ~ 참관인 szavazóbizottsági tag

개학 명 tanévnyitás

개학식 명 tanévnyitó (ünnepség)

개헌-하다 동 módosítja az alkotmányt; ~ 명 alkotmánymódosítás; ~ 운동 mozgalom az alkotmány módosításáért; ~ 저지 투쟁 az alkotmány módosítása elleni harc; ~을 제출하다 beadja az alkotmány módosítására irányuló javaslatát / tervezetét

개혁 명 reform; 사회 ~ szociális reform; ~에 착수하다 reformot kezd; 교육제도의 ~을 제안하다 az oktatási rendszer reformját javasolja

개혁안 명 reformtervezet

개혁파 명 reformista csoport

개화기 명 a virágzás évszaka; 벚꽃의 ~는 4월이다 A cseresznyevirágzás áprilisban van.

객관성 명 objektivitás; 그 연사의 말에는 ~이 없다 Az előadó beszédében nincs objektivitás.

객관적 objektív, tárgyilagos; ~ 사실 objektív tény; ~ 방법 objektív módszer; ~ 묘사 objektív ábrázolás; ~으로 말해서, 그의 결정은 공평하지가 않다 Ha tárgyilagos akarok lenni, akkor azt kell mondanom, hogy nem volt pártatlan / elfogulatlan.

객관주의 명 objektivizmus, tárgyilagosság

객석 명 nézőtér, nézőtéri ülés

객실 명 szállodai szoba, hotelszoba

객지 명 idegen hely; ~에서 idegenben; ~ 생활을 하다 idegenben él; ~에서 죽다 idegenben hal meg

객차 명 személyvonat

객체 명 tárgy; 그 연구의 ~ a kutatás tárgya

갤러리 명 galéria; 국립 ~ Nemzeti Galéria

갯가 명 patakpart, a patak partja; 아이들이 지금 ~에서 놀고 있다 A gyerekek most a patak partján játszanak.

갯벌 명 tengerparti földsáv; ~에는 많은 조개가 있다 A tengerparti földsávon sok kagyló van.

갱년기 명 változókor

갱신-하다 동 megdönt; megújít, renovál; ~ 명 megújítás, renoválás; 계약 ~ a szerződés megújítása; 계약을 ~하다 megújítja a szerződést; 기록을 ~하다 megdönti a rekordot; 그녀는 100미터 평영에서 한국 기록을 ~했다 Az a nő megdöntötte a 100 méteres koreai országos rekordot mellúszásban.

갸륵-하다 형 dicséretre méltó, dicséretes; ~하게도 dicséretre méltóan; ~한 행실 dicséretre méltó tett; ~한 생각 dicséretre méltó gondolat; 왕은 그 아이의 생각을 ~하게 여겨 죄를 용서했다 A király, a gyermek gondolatát dicséretre méltónak tartván, megbocsátotta bűnét.

갸름-하다 형 ovális; ~한 얼굴 ovális arc

갸우뚱-하다 동 elbillent; 머리를 ~하다 elbillenti a fejét

거구 명 óriás termet; 150kg의 ~ 150 kg-os óriás

거금 명 nagy összeg; ~을 투자하다 nagy összeget befektet; ~을 요하다 nagy öszszegre van szüksége; 그는 ~을 들여 그 빌딩을 샀다 Nagy összegért vásárolta meg az épületet.

거기 부 ott; ~에서 기다려라! Ott várj! ~에 거주하다 ott tartózkodik

거꾸로 부 fordítva; 우산을 ~ 세우다 fordítva tartja az esernyőt; 펜을 ~ 쥐다 fordítva fogja a tollat; 우표를 ~ 붙이다 fordítva ragasztja fel a bélyeget; ~ 하지 마시오! Ne tessék fordítva csinálni!

거느리다 동 eltart vkit; 대가족을 ~ nagy családot tart el, nagy családról gondoskodik; 왕은 많은 하인을 거느린다 a királynak sok szolga van alárendelve

거닐다 동 ballag, bandukol; 공원을 ~ ballag a parkban; 바닷가를 ~ ballag a tengerparton

거대-하다 형 óriási; ~한 파도 óriási hullám

거동 명 viselkedés, magaviselet; ~이 수상하다 gyanúsan viselkedik; ~이 수상한 사내 gyanús viselkedésű férfi

거두다 동 nyer, arat, begyűjt; elvégez; befogad; 그 시합에서 한국 팀이 승리를 거두었다 A koreai csapat nyerte a mérkőzést. A koreai csapat győzelmet aratott.; 밀을 ~ aratja a búzát; 1인당 1000 원씩 거두었다 Személyenként 1.000 vont gyűjtöttek.; 그 소녀는 눈물을 거두었다 A lány abbahagyta a sírást.; 아주머니는 고아 두 명을 가족으로 거두었다 Az asszony családtagként fogadta be a két árvát.

거두어들이다 동 ☞ **거둬들이다**

거둬들이다 동 arat; 밀을 ~ aratja a búzát

거들다 동 segít, támogat; 그 아이는 항상 아버지의 일을 거들었다 A gyerek mindig segítette apját a munkájában.

거들떠보다 동 hederít, ránéz vkire; 거들떠보지도 않다 rá sem pillant; 그를 찾아갔으나 거들떠보지도 않았다 Felkerestem, de rám sem hederített.; 그 아가씨는 너를 거들떠보지도 않을 거다 A kisasszony rád se fog nézni. Nem fogod érdekelni a kisasszonyt. Rád sem fog hederíteni a kisasszony.

거듭 부 ismét, újra; ~ 묻다 ismét kérdez; ~ 읽다 ismét olvas; ~ 말하다 ismét mond vmit; ~ 폐를 끼쳐 미안합니다 Bocsánatot kérek, hogy ismét zavarom önt.

거듭나다 동 újjászületik; 마치 거듭난 느낌이다 Úgy érzem magam, mintha újjászülettem volna.

거듭되다 동 megismétlődik; 해마다 홍수가 거듭되고 있다 Minden évben megismétlődik az árvíz.

거듭-하다 동 megismétel, ismétel; 그는 암호를 세 번이나 ~했다 Háromszor is megismételte a jelszót.

거뜬히 부 könnyen, könnyedén; 철수는 그 20킬로 짜리 금고를 ~ 들어올렸다 Csalszu könnyedén felemelte a 20 kilós páncélszekrényt.

거래은행 명 számlavezető bank; 내 ~은 S은행이다 Az én számlámat az S Bank vezeti.

거래자 명 üzleti partner, kereskedő

거래-하다 동 ügyletet lebonyolít, üzletel; ~ 명 ügylet, üzlet, üzletkötés, tranzakció; 현금 ~ készpénzügylet; 증권 ~ tőzsdeügylet; 무역 ~ külkereskedelmi ügylet; 신규 ~ új ügylet; 신용 ~ hitelügylet; ~ 비용 a tranzakció költsége; ~를 하다 ügyletet bonyolít le vkivel; 너는 이 자동차를 가지고 밑지는 ~를 했다 Ezzel az autóval rossz üzletet csináltál.

거론-하다 동 felvet, említ; ~ 명 említés; ~할 만한 említésre méltó 학생은 그 문제를 또 ~했다 A diák ismét felvetette a problémát.

거룩-하다 형 szent; ~한 삶을 살다 szent életet él; ~한 하나님 Szent Isten!

거르다[1] 동 kiszűr; 불순물을 ~ kiszűri a szennyeződéseket; 나무 숯은 오염물질을 거른다 A faszén kiszűri a szennyező anyagot.; 영희는 원두커피를 채로 거른다 Janghi leszűri a darált kávét a szűrővel.

거르다[2] 동 kihagy, átugrik; 나는 매일 아침 식사를 거른다 Mindennap kihagyom a reggelit.

거름 명 trágya, ganéj; 화학비료 műtrágya; ~을 주다 trágyáz, ganézza a földet

거름흙 명 trágyázott talaj

거리[1] 명 utca, út; 창문들이 ~로 나있다 Az ablakok az utcára néznek.; 세 번째 ~에서 좌회전 하세요 A harmadik utcánál kanyarodjon balra!

거리[2] 명 távolság; ~를 두다 tartja a távolságot; 그것은 상당히 먼 ~에 있다 nagy távolságra van; 안전 ~를 유지하세요 Tartsa be a követési távolságot!; 소년은 그 여자로부터 ~를 유지했다 A fiú távolságot tartott a nőtől.

거리[3] 명 anyag; 국~ levesbe való anyag; 일~ tennivaló

거리감 명 a távolság érzete

거만-하다 형 arrogáns, pimasz, pökhendi, öntelt; ~ 명 arrogancia, pimaszság, pökhendiség, önteltség; 그는 ~ 때문에 성공하지 못할 것 같다 Nem fog sikerülni az önteltsége miatt.; 그는 나에게 ~했다 Nagyon arrogáns volt velem.

거머리 명 pióca

거머쥐다 동 megragad, megfog, megmarkol, kezébe szorít; 그는 좋은 기회를 거머쥐었다 megragadta a jó alkalmat / az esélyt

거문고 명 gamungo (hathúros koreai vonós hangszer)

거물 명 magas beosztású személy, főnök, fejes (비속어)

거미 명 pók

거미줄 명 pókháló; ~ 투성이의 pókhálós; ~로 뒤덮이다 a pókháló belep vmit, pókhálósodik; ~을 치다 pókhálót sző / fon

거부권 명 vétójog

거부-하다 동 megtagad; ~ 명 megtagadás, vétó; 명령을 ~하다 megtagadja a parancsot

거북이 명 teknős(béka)

거북-하다 형 kínos, kellemetlen; ~한 상황에 처하다 kellemetlen helyzetbe kerül

거세다 형 erős; 파도가 ~ erős a hullám

거스르다 동 ellenáll, ellentmond; visszaad; felvált; 부모의 뜻을 ~ ellentmond a szülei akaratának; 유행을 ~ szemben áll a divattal; 바람을 거슬러 나아가다 szembe megy a széllel; 잔돈을 거슬러 주다 aprót ad vissza; 만 원짜리를 거슬러 줄 수 있겠습니까? Fel tudna váltani tízezer vont?; 신경을 ~ az idegeire megy, idegesít, felbosszant; 당시로 거슬러 올라가 생각하면 visszatekintve a múltba; 근원으로 거슬러 올라가다 visszavezeti a gyökereihez

거스름돈 명 visszajáró (pénz); 만 원짜리 지폐를 내고 받은 ~ visszajáró tízezer vonból; ~을 받다 visszajárót kap; ~은 가지세요 Tartsa meg a visszajárót!

거슬리다 동 zavar; 그의 태도가 나한테 ~ a viselkedése zavar engem

거시경제학 명 makroökonómia

거실 명 nappali (szoba)

거액 명 hatalmas vagyon; igen nagy összeg; ~의 부채 nagy adósság; ~을 탕진하다 hatalmas összegeket emészt fel

거역-하다 동 nem fogad szót, ellenkezik vkivel; ~ 명 engedetlenség, szófogadatlanság, ellenkezés; 부모의 말을 ~했다 Nem fogadott szót a szüleinek.; 신의 뜻을 ~하다 ellenkezik Istennel

거울 명 tükör

거위 명 lúd, liba

거위간 명 libamáj

거의 부 majdnem, csaknem, közel, szinte; ~ 전부 majdnem mind; ~ 2천명에 달하는 종업원 közel kétezer alkalmazott; ~ 대개의 경우 majdnem minden esetben; ~ 불가능하다 szinte lehetetlen; ~ 죽어가다 szinte már haldoklik; 그것을 믿는 사람은 ~ 없다 aligha hiszi el valaki is; ~ 희망이 없다 aligha van remény; 조카는 나와 ~ 체격이 같다 Az unokaöcsém majdnem akkora, mint én.; 나는 ~ 그를 못 만난다 Alig látom (őt).

거인 명 óriás, titán, kolosszus

거장 명 nagy mester, nagy művész, maestro; 그는 20세기 음악계의 최대 ~이다 Ő a legnagyobb mester a XX. század zenéjében.

거저 부 ingyen, semmiért, fizetés nélkül, térítés nélkül, grátisz; ~ 주다 semmiért cserébe ad; 남의 것을 ~ 가져가다 térítés nélkül elvesz; ~ 일하다 a semmiért dolgozik; ~ 주어도 싫다 Ezt nem fogadhatom el ingyen.; 그 일은 ~ 해 드리겠습니다 Ingyen megcsinálom, nem kérek juttatást a munkámért.; 이 물건은 ~나 마찬가지다 Ez szinte ingyen van.

거절-하다 visszautasít, elutasít; helytelenít; ~ 명 visszautasítás, elutasítás; 신청을 ~하다 elutasítja a kérvényt; 면회를 ~하다 elutasítja a látogatási kérvényt

거점 명 bázis, központ; ~을 만들다 bázist alakít ki vhol; 당사는 아프리카에 영업 ~을 가지고 있다 A cég regionális központot alakít ki Afrikában.

거주-하다 동 él, lakik, tartózkodik; ~ 명 tartózkodás, lakhely; ~ 증명서 tartózkodási engedély; ~ 지역 lakónegyed; 6개월 이상 ~한 외국인 huzamos tartózkodási engedéllyel rendelkező külföldi; ~ 이전의 자유 lakhelyváltoztatási jog

거죽 명 külső, felszín, felület; 이 천은 어느 쪽이 ~입니까? Melyik a szövet külseje?

거지 명 koldus; ~처럼 되다 koldusbotra jut; ~생활을 하다 koldulásból él; ~ 취급을 하다 koldusként kezel

거짓 명 hazugság; hamis, kitalált; ~이 없는 őszinte, igaz; ~ 웃음 hamis mosoly; ~ 눈물을 흘리다 hamis könnyeket ejt; 그의 말엔 ~이 없다 minden szava igazság; 그의 행동은 그의 말이 ~임을 말한다 Cselekedetei meghazudtolják a szavait. Bort iszik, vizet prédikál.; 이 광고에는 ~이 있다 ez a reklám hazudik

거짓말쟁이 명 hazug (ember)

거짓말-하다 동 hazudik, nem mond igazat; ~ 명 hazugság

거참 ó, nahát, hű; ~, 비가 또 온다 Nahát, megint esik (az eső)!

거창-하다 형 óriási, hatalmas, nagyszabású; ~한 건물 hatalmas / óriási épület; ~한 계획 nagyszabású terv; ~한 소리하지 마라 Ne vágj fel! Ne nagyképűsködj!

거처 명 lakhatás, lakhely; ~를 알아내다 felkutatja a lakhelyét

거추장스럽다 형 terhes, zavaró, nehézkes, idegesítő; 이 짐은 가지고 다니기가 ~ ezzel a csomaggal nehézkes utazni; 거추장스럽게 여기다 zavarónak tart vmit; 거추장스럽게 굴다 idegesít, zavar; 우산 가지고 다니는 것이 ~ Zavaró / Nehézkes folyton ernyőt hordani magammal.; 그는 어린애 데리고 다니는 것을 몹시 거추장스럽게 여긴다 Tehernek tartja mindenhová magával cipelni a gyerekeket.

거치다 동 átmegy, keresztezi az útját; 하와이를 거쳐 Hawaiin keresztül; 시험을 거치지 않고 vizsga nélkül; 많은 사람의 손을 거쳐 sok kézen keresztül; 그 기차는 대전을 거쳐서 간다 A vonat Tedzsonon keresztül megy.

거칠다 형 durva, vad, erőszakos, kemény; 거친 살결 kemény bőr; 거친 바다 vadul hullámzó tenger; 거친 성미 erőszakos természet; 거친 천 durva szövet; 살결을 거칠게 하다 durvává teszi a bőrt; 거칠게 짜다 durva öltésekkel varr; 거친 말투를 쓰다 durván beszél; 그녀의 손은 고된 일로 ~ a keze durva a kemény munkától; 문장이 ~ csiszolatlan / nyers a stílusa; 바다가 거칠어지다 feltámad a tenger; 바람이 거칠게 분다 tombol a szél

거침없이 부 vakmerően, őszintén; ~ 말하다 őszintén beszél; ~ 거짓말하다 vak-

ㄱ

merően hazudik

거품 명 hab, buborék; ~ 경제 buborékgazdaság; 물~ hab; 맥주 ~ sörhab; 비누 ~ szappanbuborék; ~이 있는 habos, buborékos; ~이 꺼지다 kipukkan a buborék; 입에서 ~을 내뿜다 habzik a szája

거품기 명 habverő

거행-하다 동 teljesít, véghez visz; (ünnepséget) tart / rendez; 분부대로 ~하겠습니다 Teljesítem a parancsot / az óhajt.; 졸업식을 ~하다 diplomaosztót tart; 결혼식을 ~하다 esküvőt tart; 결혼식은 교회에서 ~되었다 templomban celebrálják az esküvőt; 식은 예정대로 ~되었다 Az ünnepség a terv szerint zajlott.

걱정스럽다 형 gondterhelt; 걱정스러운 일 gondok, bajok; 걱정스러운 얼굴 gondterhelt arckifejezés; 걱정스러운 얼굴을 하다 gondterheltnek látszik; 그녀는 걱정스러운 듯 말없이 그들을 바라보았다 Gondterhelten és szótlanul nézett rájuk.

걱정-하다 동 aggódik, szorong, nyugtalankodik; szemrehányást tesz; ~ 명 gond, aggodalom, törődés, szorongás; szidás, leckéztetés; ~ 거리 gondok, aggódnivaló; 나라 ~ aggodalom az ország ügyei miatt; 돈 ~ anyagi gondok; 살림 ~ megélhetési gondok; 집안 ~ családi problémák; 쓸데없는 ~ hiábavaló / felesleges aggodalom; ~ 없는 gondtalan; ~ 끝에 병이 들다 belebetegszik az aggodalomba; ~ 없다 nincs miért aggódnia, gondtalan; 사소한 일에 ~하다 aggodalmaskodik; ~해 주셔서 고맙습니다 Köszönöm az aggodalmát!; 그는 ~이 돼 잠을 못 잤다 Álmatlan éjszakája volt az aggodalomtól.; 그건 ~할 만한 일이 못 된다 nincs oka az aggodalomra; 무슨 ~이 있느냐 Mi a gond?; ~ 마라 Ne aggódj!; 그는 부모에게 ~만 끼치고 있다 csak gondot okoz a szüleinek; 돈을 많이 쓴다고 아버지께서 밤낮 ~하신다 Apám mindig szemrehányást tesz, hogy túl sok pénzt költök.

건강-하다 형 egészséges; ~ 명 egészség; ~ 보험 egészségbiztosítás; ~ 진단 orvosi vizsgálat; 정기 ~ 진단 rendszeres orvosi vizsgálat; ~에 해롭다 ártalmas az egészségre; ~에 주의하다 vigyáz az egészségére; ~을 해치다 egészségkárosodást szenved; ~을 유지하다 megőrzi az egészségét; ~을 회복하다 visszanyeri az egészségét; 그는 ~ 상의 이유로 사임했다 Egészségügyi okokra hivatkozva mondott le.; ~ 보험에 가입하다 egészségbiztosítást köt; ~ 상태가 나쁘다 rossz egészségügyi állapotban van; ~ 진단을 받다 egészségügyi vizsgálatnak veti alá magát

건국-하다 동 államot alapít; ~ 명 államalapítás; ~ 이념 államalapítási alapelvek; ~ 기념일 az állam alapításának napja

건너가다 동 átmegy, átkel, átvág, átszel; 길을 ~ átmegy az úton; 바다를 ~ átkel a tengeren

건너다보다 동 átnéz, odanéz; 남의 것을 ~ megkívánja a másét

건너뛰다 동 átugrik; 개울을 ~ átugorja az árkot; 담을 ~ átugrik a falon; 페이지를 ~ átugrik pár oldalt

건너오다 동 átjön

건너편 명 túloldal

건널목 명 útkereszteződés; ~ 차단기 sorompó; ~ 개폐기 없음 sorompó nélküli vasúti kereszteződés

건널목지기 명 sorompóőr, bakter

건네주다 동 átvisz; átad; 편지를 ~ átadja a levelet; 나룻배가 승객을 강 건너편으로 건네준다 A komp átviszi az utasokat a folyó túloldalára.

건달 명 semmirekellő, haszontalan

건드리다 동 fogdos; megfog, megérint, hozzányúl; idegesít; 온갖 핑계를 대며 그를 건드렸다 A legkülönbözőbb ürügyekkel fogdosta őt; 아무의 신경을 ~ az idegeire megy; 이 물건을 건드리지 마라 Ne nyúlj hozzá!

건립-하다 동 felépít, emel, létrehoz; ~ 명 építés; ~ 중이다 építés alatt van; 동상을 ~하다 szobrot emel, állít

건망증 명 amnézia, emlékezetkiesés

건물 명 épület

건반 명 billentyűzet; ~ 악기 billentyűs hangszer; ~ 음악 billentyűs zene

건방지다 형 öntelt, szemtelen, arcátlan, pimasz; 건방지게 szemtelenül, arcátlanul; 건방진 태도 arcátlan magatartás; 건방지게 굴지마라! Ne játszd az eszed!

건배 명 pohárköszöntő, tószt; ~를 제의하다 pohárköszöntőt mond; ~ Egészségünkre! Fenékig!; 자, 그녀의 건강을 위해 ~합시다 Igyunk az egészségére!

건설업 명 építőipar

건설업자 명 építési vállalkozó

건설-하다 동 épít; ~ 명 építés, építkezés; ~계획 építési terv; ~비 építési költség

건성 명; ~으로 대답하다 szórakozottan válaszol; ~으로 덤벼들다 elvállal valamit, anélkül, hogy értene hozzá; 그는 내 말을 ~으로 듣고 있었다 alig figyelt oda rám; 내가 ~으로 여기에 와 있는 줄 아느냐? Úgy gondolod, hogy ok nélkül vagyok itt?

건수 명 az ügyek száma; 도난 ~ a betöréses ügyek száma; 취급 ~ a folyamatban lévő ügyek száma; 교통사고 ~ a közúti balesetek száma

건어물 명 szárított hal

건의-하다 동 ajánl, javasol, előterjeszt, beadványt benyújt; ~ 명 ajánlat, ajánlás, javaslat, beadvány; 그의 ~는 많은 표 차로 채택되었다 A beadványt nagy többséggel elfogadták.

건장-하다 형 erős, szilárd, robusztus; ~한 체격의 erős testalkatú, megtermett

건전-하다 형 egészséges, józan, kiegyensúlyozott, stabil; ~한 재정 kiegyensúlyozott költségvetés; ~한 상식 józan ész; ~한 생활을 하다 józan, kiegyensúlyozott életet él; ~한 정신은 ~한 신체에 깃든다 Ép testben ép lélek.

건전지 명 szárazelem

건조기 명 szárítógép

건조-하다 형 száraz, aszalt; ~ 명 szárazság; ~ 식품 aszalt / szárított élelmiszer; ~한 데 둘 것 száraz helyen kell tartani / tartandó; 공기가 매우 ~하다 a levegő nagyon száraz

건지다 동 kihúz; megment; visszaszerez; 시체를 ~ kihúzza a hullát a vízből; 물에 빠진 시계를 건져내다 kihalássza a vízbe süllyedt órát; 물에 빠진 사람을 ~ kihúzza a vízbe esett embert; 의사는 그 소녀의 생명을 건졌다 Az orvos megmentette a lány életét.; 암의 조기 발견으로 나는 목숨을 건졌다 A rák időben történő felfedezése mentette meg az életemet.; 파산에서 너를 건질 수 있는 사람은 나뿐이다 Csak én tudlak megmenteni a csődtől.; 그녀는 파산 직전에

ㄱ

있던 회사로부터 그녀의 돈을 건질 수 있었다 Sikerült visszaszereznie a pénzét a csőd szélén álló cégtől.

건축 명 építés

건축가 명 építész, építő

건축공학 명 építészet

건축기사 명 építészmérnök

건축물 명 épület, építmény

건포도 명 mazsola

걷기 명 gyaloglás

걷다[1] 동 gyalogol, jár; 비틀비틀 ~ inogva megy; 걷게 되다 járni kezd; 여기서 우체국까지는 걸어서 몇 분 걸리느냐 Mennyi idő elsétálni/elgyalogolni a postáig?

걷다[2] 동 elvesz, levesz; felgyűr; bont, eltávolít; 테이블보를 ~ leveszi a terítőt; 빨래를 빨래줄에서 ~ leveszi a ruhát a szárítókötélről; 셔츠 소매를 걷어 올리다 felgyűri az ingujját; 천막을 ~ sátort bont

걷어차다 동 rúg; 정강이를 ~ sípcsonton rúg; 문을 ~ berúgja az ajtót

걷히다[1] 동 eltűnik; 구름이 바람에 ~ a felhők eltűntek a szélben

걷히다[2] 동 begyűjt, összegyűjt; 돈이 ~ a pénzt összegyűjtötték

걸다[1] 동 ❶ felfüggeszt, felakaszt; 모자를 못에 ~ szegre akasztja a kalapját; ❷ letétbe helyez; kockáztat; 계약금을 ~ kifizeti / leteszi a letétet; 그것에 백만원을 걸겠다 Egymillió vont teszek rá.; 목숨을 걸고 싸우다 az élete árán is küzd; ❸ 말을 ~ megszólít / leszólít vkit; 거리에서 외국인이 말을 걸어왔다 Egy külföldi szólított meg az utcán.; 전화를 ~ felhív; 나는 그녀에게 전화를 걸었다 Felhívtam őt.; 재판을 ~ bíróságra viszi az ügyet, perbe fog vkit; 시비를 ~ provokál vkit; 문에 자물쇠를 ~ kulcsra zárja az ajtót, lelakatolja az ajtót; 다리를 ~ elgáncsol, felbuktat; 희망을 ~ benne van minden reménye, reményt fektet vkibe / vmibe; 제동을 ~ fékez, a fékre lép, behúzza a féket; 최면을 ~ megbabonáz, hipnotizál

걸다[2] 형 (땅이) termékeny; bőséges; 땅이 ~ a talaj termékeny (termőföld); 땅을 걸게 하다 termékennyé teszi a talajt, trágyázza a talajt; 잔치 음식이 ~ a lakoma bőséges

걸레 명 felmosórongy; 마른 ~ portörlő; 방바닥을 ~로 닦다 ronggyal mossa fel a padlót

걸레질-하다 동 feltöröl, felmos; ~ 명 feltörlés, felmosás

걸려들다 동 befog, elfog; 새가 그물에 걸려들었다 A háló befogta a madarat.; 범인들은 일제 검거에 ~ A razzia során elfogták a bűnösöket.

걸림돌 명 akadály; 높은 관세는 자유 무역의 큰 ~이다 A magas vámok a szabadkereskedelem nagy akadályai.

걸맞다 형 illik hozzá, összeillik vkivel / vmivel; 걸맞은 혼인이다 A férj és feleség összeillenek.; 신분에 걸맞게 살다 a rangjához illően / méltóan él

걸상 명 pad, szék

걸어가다 동 gyalog megy, sétál

걸어오다 동 gyalog jön; 낯선 사람이 내게로 걸어와서 길을 물었다 Odalépett hozzám egy ismeretlen ember, és megkérdezte tőlem a helyes irányt.

걸음 명 léptek, lépés, séta, tempó; 한 ~ 한 ~ lépésenként; 거북이 ~으로 csigalassúsággal; ~을 걷다 gyalogol; ~을 재촉하다 felgyorsítja a lépteit; ~을 늦추다

lelassítja a lépteit; ~을 멈추다 megáll; 한 ~ 나서다 / 물러서다 egy lépést tesz előre / hátra; 그 ~으로는 해질녘까지 목적지에 닿지 못하겠다 Ebben a tempóban nem érsz oda sötétedés előtt.; 천릿길도 한 ~부터 Lassan járj, tovább érsz!

걸음마 명 járás, tipegés; ~를 하다 járni kezd; ~ (아기에게) Tipegj ide! Lépj még egyet! Gyere a mamához!

걸작 명 remekmű; 이 그림은 샤갈의 ~이다 ez Chagall remekműve; 이것은 그의 일생의 ~이다 Ez élete remekműve.; 그 재담은 정말 ~이다 Az a beszéd remek volt.

걸치다 동 tart, terjed, szétszór, széthúz, fedez; terít; 월요일에서 금요일에 걸쳐 hétfőtől péntekig tartott; 몇 해에 걸쳐 éveken keresztül, több éven át; 양대륙에 ~ két kontinensre is kiterjed; 그의 지식은 다방면에 걸쳐 있다 a tudása sok területre kiterjed; 책상에 다리를 ~ felteszi a lábát az asztalra; 벽에 사다리를 ~ létrát támaszt a falhoz; 외투를 ~ vállára teríti a kabátját

걸프 명 öböl

걸프전 명 öbölháború

걸핏하면 부 gyakran; ~ 성내다 gyakran dühöng, mindenért felkapja a vizet; 나는 ~ 소화불량에 걸린다 Gyakran emésztési zavaraim vannak.

검거-하다 동 letartóztat, őrizetbe vesz; felszámol; ~ 명 letartóztatás; 부정부패로 ~되었다 korrupció miatt tartóztatták le; 선거법 위반으로 ~되었다 A választási törvény megsértése miatt tartóztatták le.; 다수의 마약 중독자가 ~되었다 Nagyszámú drogfogyasztót tartóztattak le.; 경찰은 데모대를 ~했다 A rendőrség őrizetbe vette a tüntetőket.

검다 형 fekete, sötét; sötét lelkű; 검은 머리 fekete haj; 검은 눈동자 fekete szem; 검게 타다 (볕에) lebarnul, leég; 검게 칠하다 feketére fest; 속이 검은 사람 sötét lelkű ember

검도 명 vívás; ~ 도장 vívóiskola; ~ 사범 vívómester

검문-하다 동 ellenőriz, átvizsgál; ~ 명 ellenőrzés; 교차로 바로 앞에서 ~을 받았다 Az útkereszteződés előtt ellenőrzés céljából megállítottak.; 뺑소니차가 ~에 걸렸다 A cserbenhagyó gázolót elfogták az ellenőrzés során.

검붉다 형 vörös; 검붉은 장미 vörös rózsa

검사 명 ügyész; ~장 főügyész; ~는 피고인에게 종신형을 구형하였다 Az ügyész életfogytig tartó szabadságvesztés büntetést kért a vádlottra.

검사-하다 동 megvizsgál, ellenőriz; ~ 명 vizsgálat, auditálás, ellenőrzés, teszt; 안전 ~ biztonsági ellenőrzés; 위생 ~ egészségügyi ellenőrzés; 자동차 ~ gépjármű-ellenőrzés; ~를 받다 vizsgálat alatt áll; 눈 ~를 하다 megvizsgáltatta a szemét; 이 우물물은 수질 ~를 받아야 한다 Ennek a kútnak a vizét meg kell vizsgálni.; 입국하기 위해서는 세관 ~를 받아야 한다 Minden, az országba beutazó utasnak át kell esnie a vámvizsgálaton.; 이 기계는 ~에 합격할 수 있을까 Ez a gép átment a vizsgán?; 시력을 ~하다 megvizsgálja vkinek a látását

검색-하다 동 rákeres; átvizsgál; ~ 명 keresés, hivatkozás; 컴퓨터 ~하다 számítógépes keresés; 책명을 컴퓨터로 ~할 수 있게 되었다 A könyvek címére már számítógéppel is rá lehet keresni.; 공항

에서는 모든 짐을 ~한다 A repülőtéren minden csomagot átvizsgálnak.

검소-하다 형 szerény, egyszerű; ~한 생활 szerény élet

검역 명 karantén, vesztegzár; ~ 증명서 karanténbizonyítvány; ~을 받다 karantén / vesztegzár alatt áll; ~을 마치다 kijön a karanténból

검역소 명 karantén

검은돈 명 piszkos pénz

검정색 명 fekete szín

검증-하다 동 vizsgál, ellenőriz; ~ 명 ellenőrzés, vizsgálat; 현장 ~ helyszíni vizsgálat; 실험결과가 그 가설을 ~하였다 A kísérleti eredmények igazolták a hipotézist.

검지 명 mutatóujj

검진 명 orvosi vizsgálat; 종합 ~ átfogó orvosi vizsgálat; ~을 받다 orvosi vizsgálatra megy

검찰 명 ügyészség; ~당국 ügyészi szervek; ~총장 államügyész; ~측과 변호인측 vád és védelem; 나는 ~측 증인으로 소환되었다 A vád tanújaként idéztek be.; ~ 당국에 의하면 az ügyészség szerint

검출-되다 동 kimutatható; kimutat; 그의 혈액에서 알코올이 ~되었다 alkoholt mutattak ki a vérében

검토-하다 동 vizsgál, tanulmányoz; ~ 명 vizsgálat, tanulmányozás; ~중이다 vizsgálat alatt áll; (더) ~를 요하다 további vizsgálat szükséges; 정부는 그 대책을 ~하고 있다 A kormány vizsgálja, hogy milyen lépéseket kell tennie.

검표 명 jegyellenőrzés

검표원 명 jegyellenőr

겁 명 félelem, rémület; ~(이) 많다 félős; ~(이) 없다 nem ismer félelmet; ~(을) 먹다 fél, retteg; ~(을) 주다 megfélemlít, megijeszt, megrémít; 그는 잔뜩 ~을 먹고 있었다 megbénult a félelemtől; 그녀는 ~을 먹고 떨었다 remegett a félelemtől

겁나다 동 fél, megijed, retteg; 겁나서 울다 félelmében sír, sír a félelemtől; 선생님에게 들킬까봐 겁났다 Féltem, hogy a tanár úr megtudja.

겁내다 동 fél, iszonyodik; 겁내지 않고 félelem nélkül; 고양이는 물을 겁낸다 A macska fél a víztől.

겁쟁이 명 gyáva, félénk; 그는 아주 ~다 gyáva, mint a nyúl

겉 명 felszín, külszín, megjelenés, külső, külsőség, látszat; ~으로(는) látszólag, megjelenésében, külsőleg; 사물의 ~만 본다 csak a dolgok felszínét látja / nézi; ~만 보고 판단하다 külső alapján ítéli meg; ~으로는 태연한 체하다 kívülről nyugodtnak tűnik; ~으로 보아서는 훌륭하다 Amennyire látom, jól néz ki.

겉돌다 동 nem keveredik, nem vegyül; nem jön ki vele; 기름과 물은 서로 겉돈다 az olaj nem keveredik a vízzel

겉표지 명 borítólap

게 명 rák (víziállat)

게다가 부 ráadásul, sőt, tetejébe, plusz még; 그는 학식도 있고, ~ 가르치기도 잘한다 Nagy tudása van, plusz még jól is tanít.

게릴라 명 gerilla

게시판 명 hirdetőtábla; üzenőfal

게으르다 형 lusta, hanyag, hányaveti, lomha, rest, tétlen, tohonya, tunya; 게으른 사람 lusta alak, léhűtő; 게을러지다 ellustul

게으름 명 lustaság

ㄱ

게을리-하다 동 elhanyagol; 공부를 ~하다 elhanyagolja a tanulást

게이트 명 kapu

게임 명 játék, játszma; ~ 이론 játékelmélet; ~을 하다 játékot űz; ~에 이기다 / 지다 megnyeri / elveszti a játékot; 이길 가망이 없는 / 있는 ~을 하다 vesztett / megnyert játszmát űz; 일방적인 ~ egyoldalú játék

게임기 명 játékszer

게재-하다 동 betesz, közöl, publikál, megjelentet; ~ 명 publikáció; 기사를 ~하다 közöl egy cikket; 내 기사가 5월호에 ~되었다 A cikkem a májusi számban jelent meg.

겨냥-하다 동 megcéloz, célba vesz; irányoz, ráirányít; 잘못 ~하다 eltéveszti a célt, rosszul céloz

겨드랑이 명 hónalj, hón; ~에 끼다 a hóna alatt hordja; ~를 간질이다 megcsiklandozza a hónalját; ~에 땀이 나다 izzad a hónalja

겨레 명 nép, nemzet

겨루다 동 összemér vmit vmivel, vetélkedik vkivel, megbirkózik vmivel, megmérkőzik vkivel; 솜씨를 ~ összeméri a képességeit; 서로 힘을 ~ összemérik az erejüket

겨우 부 üggyel-bajjal, úgy-ahogy, majdnem; csak, már csak; ~ 합격하다 éppenhogy megfelel a vizsgán; ~ 기차 시간에 대다 alig éri el a vonatot; ~ 도망치다 nehézségek árán szökik meg

겨우내 부 egész télen; ~ 서울에 있었다 Tavaly egész télen Szöulban maradtam.

겨울 명 tél

겨자 명 mustár; ~를 친 mustáros; ~씨 mustármag

격 명 ❶ (문법) eset; 목적~ tárgyeset; ~변화 esetragozás ❷ rang, állás, státusz; osztály; ~이 떨어지다 lefokozzák; ~이 올라가다 előléptetik; ~에 맞다 ranghoz illik; ~이 다르다 más osztályú / rangú ❸ 소 잃고 외양간 고치는 ~이다 eső után köpönyeg; 그것은 공중에 누각을 짓는 ~이다 falra hányt borsó, légvárakat épít

격감-하다 동 drasztikusan csökken; ~ 명 nagyfokú csökkenés, nagy visszaesés; 지원자가 ~했다 Nagy visszaesés volt a jelentkezők számában.; 매출이 ~했다 Az eladások drasztikusan csökkentek.

격동-하다 동 durván összeráz; ~ 명 erős megrázkódtatás, felfordulás; ~의 시대 zavaros idők; ~하는 사회 정세 gyorsan változó társadalmi helyzet

격려-하다 동 bátorít, biztat, ihlet, ösztönöz; ~ 명 ösztönzés; ~사 bátorító szavak; 아무의 말에 ~되어 más szavaitól felbátorodva; 더욱 노력하도록 ~하다 további erőfeszítésekre bátorít

격렬-하다 형 heves, vehemens, ádáz, tüzes, indulatos, forró; ~하게 hevesen, vehemensen, elkeseredetten; ~한 싸움 ádáz harc, heves csata; 논쟁은 ~해졌다 Hevessé vált a vita.

격리-하다 동 elszigetel, elzár, elkülönít, elválaszt, izolál; ~ 명 elszigeteltség, különválasztás, elzártság; 문명과 ~된 작은 마을 a civilizációtól elszigetelt, parányi falu; 그는 성홍열에 걸렸으므로 ~해야 한다 Skarlátban szenved, ezért el kell különíteni.; 흉악범은 사회로부터 완전히 그리고 영원히 ~되어야 한다 A bűnözőket el kell szigetelni a társadalomtól teljesen és végleg.

ㄱ

격변-하다 동 gyorsan változik, hirtelen változik; ~ 명 hirtelen változás; ~하는 국제 정세에 대처하다 alkalmazkodik a gyorsan változó nemzetközi helyzethez

격식 명 forma, rend; ~상 a rend kedvéért; ~을 차리다 tartja magát a formához; ~을 중히 여기다 ragaszkodik a formákhoz

격언 명 szólás, szállóige; ~에도 있듯이, 「시간은 돈」이다 Ahogy a mondás tartja, az idő pénz.

격일 명 minden másnap; ~로 másnaponként

격정 명 pátosz, szenvedély, erős érzelem, hév; ~적 szenvedélyes, lobbanékony; ~을 누르다 visszafogja / elfojtja a szenvedélyét

격차 명 különbség, különbözet, eltérés; 도시와 농촌의 생활수준 ~ a városi és a falusi életkörülmények közti különbség; 소득의 ~를 없애다 kiegyenlíti a keresetek közötti különbségeket

격투 명 közelharc, dulakodás, kézitusa; ~ 끝에 강도를 잡다 Dulakodás után letartóztatták a betörőt.

격-하다 형 heves, izgatott, dühös, dühödt, haragos; ~한 감정 heves / kitörő érzelem; ~하기 쉬운 lobbanékony; ~하여 말도 못하다 izgalmában egy szót se tudott szólni

겪다 동 átmegy vmin, tapasztal, megél vmit; 어려움을 ~ megtapasztalja a nehézségeket; 수많은 고난을 겪었다 számos megpróbáltatáson ment át; 여러 가지 일을 ~ sok mindent tapasztal; 그 도시는 지난 10년간 큰 변화를 겪었다 Az elmúlt tíz év alatt nagy változáson ment át a város.

견고-하다 형 erős, szilárd, masszív; ~한 기초 erős alapok; ~한 도덕심 erős / szilárd erkölcsi érzék; 적의 방비는 예상외로 ~했다 Az ellenség védelme sokkal erősebb volt a vártnál.

견디다 동 elvisel, kiáll, kibír, elbír, tűr, megtűr; 그럭저럭 ~ békességgel megtűr; 어떤 날씨에도 ~ mindenféle időjárást elvisel; 소음을 견디지 못하다 nehezen tűri / viseli a zajt; 끝까지 ~ a végsőkig kitart; 어머니를 뵙고 싶어 못 견디겠다 Nem bírom ki, hogy ne lássam az anyámat!; 이러한 더위는 견딜 수 없다 Nem bírom az ilyen hőséget!

견문 명 információ, ismeret, tudás, tapasztalat; ~을 넓히다 bővíti a tudást; ~을 쌓기 위해 여행을 떠났다 Utazni indult, hogy ismereteket gyűjtsön.

견본 명 minta, mintadarab, mutatvány; ~과 같다 megegyezik a mintával; ~과 다르다 eltér a mintától; 귀사가 청구하신 ~을 가격표와 함께 소포로 발송 했습니다 Elküldtük a kért mintát csomagban, s mellékelve az árjegyzéket is.

견제-하다 동 ellenőrzés alatt tart; ~ 명 ellenőrzés, próba; ~와 균형 ellenőrzés és egyensúlyozás

견주다 동 összehasonlít, összevet; versenyez, összemér; 견주어 보면 összehasonlítva vmivel; 길이를 견주어 보다 öszszeméri a hosszát; 힘을 ~ összemérik az erejüket vkivel

견지 명 szempont, álláspont, szemszög, nézőpont; 도덕적 ~ morális szemszögből; 다른 ~에서 고찰하다 más szemszögből megvizsgál

견직물 명 selyemáru; ~ 공장 selyemkészítő üzem

견학-하다 동 tanulmányi célból meglátogat vmit; 우리는 텔레비전 방송국을 ~했다 Tanulmányi célból meglátogattunk egy tv-adót.

견해 명 álláspont, vélemény, nézet; ~차이 véleményeltérés, nézetkülönbség; ~를 나타내다 leszögezi az álláspontját, véleményt mond; ~를 달리하다 más nézeten van vkivel, nem ért egyet a véleményével

결과 명 okozat, következmény, eredmény; 원인과 ~ ok és okozat; 그 ~(로서) annak a következtében; 최종 ~ végső eredmény; ~에 대해 책임을 지다 vállalja a következményeit; 좋은 ~를 얻다 jó eredményt hoz; 선거 ~는 예측할 수 없다 A választás eredményét nem lehet előre megjósolni.; 시험 ~는 오늘 발표된다 A vizsgaeredményt ma teszik közzé.

결국 부 végül, végre, végső soron, végeredményben; ~ 기차를 놓치고 말았다 végül lekéstem a vonatot; 우리들의 시도는 ~ 실패로 끝났다 Az erőfeszítésünk végül kudarccal végződött.

결단-하다 동 eldönt, elhatároz; ~ 명 döntés, elhatározás, eltökélés, eltökéltség, erély; ~을 내리다 döntést hoz; ~력 있는 사람 határozott / elszánt ember

결렬-되다 동 félbeszakad, félbemarad; 노사간의 교섭은 ~됐다 A vezetőség és a szakszervezet közti tárgyalások félbeszakadtak.

결론 명 következtetés, konklúzió; ~에 도달하다 következtetésre jut; 조급하게 ~을 내리다 túl korán von le következtetéseket; 어떤 ~에 이를지 아무도 모른다 Senki sem tudja, milyen következtetésre jut.

결리다 동 izomláza van; 어깨가 ~ izomláza van a vállában; 옆구리가 ~ izomláza van az oldalában

결말 명 vég, végkifejlet, kimenetel, befejezés; megoldás; 행복한 ~ boldog vég; ~을 내다 véghezvisz, megold, befejez; 그 사건의 ~을 알고 있느냐? Tudod-e, hogy mi lett az ügy vége?

결백-하다 형 tiszta, ártatlan, bűntelen; ~ 명 tisztaság, ártatlanság, bűntelenség; 누구의 ~을 입증하다 bebizonyítja az ártatlanságát; ~한 사람 ártatlan

결부-하다 동 kapcsol, összeköt; ~되다 kötődik / fűződik vmihez; 행복을 돈과 ~시켜 생각하다 a pénzzel összefüggésben gondol a boldogságra

결산-하다 동 elszámol, számlát rendez; ~ 명 elszámolás; ~ 보고 számlakivonat

결석-하다 동 hiányzik, mulaszt, távol marad; ~ 명 hiányzás, távollét, mulasztás; 무단 ~ igazolatlan hiányzás, lógás (속어); ~재판 bírósági tárgyalás az egyik fél távollétében; 그는 이틀 ~했다 két napot mulasztott / hiányzott az iskolából; ~입니다 nincs jelen

결선투표 명 végső szavazás, döntő szavazás; ~를 하다 végső szavazásra bocsátja a dolgot

결승전 명 döntő (mérkőzés)

결실 명 gyümölcsözés; 그 정책은 ~을 맺었다 az a politika gyümölcsöt hozott; 그의 노력은 ~을 거두었다 Az erőfeszítései meghozták a gyümölcsüket.

결심공판 명 végső ítélet

결심-하다 동 eldönt, elhatároz, elhatározza magát, elszánja magát, eltökéli magát, rászánja magát; ~ 명 elhatározás, döntés, elszántság, eltökéltség; 굳은 ~ eltökélés; ~을 굳게 하다 eltökél vmit; ~을 번복하다 megváltoztatja a döntését; 그의 ~이 흔들리고 있다 elbizonytalanodott a döntésében; 그는 담배를 끊기로 ~했다 Elhatározta, hogy leszokik a dohányzásról.

결여 명 hiány; 경험의 ~ a gyakorlat hiánya; 동정과 이해의 ~ az együttérzés és megértés hiánya; 그의 답변에는 성의가 ~되어 있다 Az őszinteség hiányát érzem a válaszában.

결연히 부 bízvást, bátran

결의-하다 동 elhatároz, eltökél, eldönt; ~ 명 elhatározás, eltökélés; 중대한 ~를 하다 döntő elhatározásra szánja el magát; ~ 사항 határozat; 회의에서 ~된 사항은 다음과 같다 Az értekezleten a következő határozat született.

결점 명 hiba, hiányosság, fogyatékosság, baj, hézag, károsodás; meghibásodás; ~이 있는 hibás; ~이 없는 hibátlan; 나는 늘 내 ~을 고치려고 노력하고 있다 Igyekszem kijavítani a hibáimat.

결정권 명 döntési jog; 대표자에게 ~을 주다 a képviselőt döntési joggal ruházza fel; ~은 너에게 있다 A kezedben van a döntés / a döntés joga.

결정적(으로) végleges, döntő, visszavonhatatlan; ~인 증거 döntő bizonyíték

결정-하다 동 dönt, elhatároz, eltökél; ~ 명 döntés, elhatározás, határozat, eltökélés; ~을 미루다 elhalasztja a döntést; 위원회는 그 문제에 관하여 중대한 ~을 내렸다 A bizottság fontos döntést hozott a kérdésben.; 방침을 ~하다 döntést hoz, milyen lépéseket kell tennie; 날짜를 ~하다 kijelöl egy időpontot; 그의 후임은 이미 결정되었습니까? Eldöntötték már, ki lesz az utóda?

결제-하다 동 elszámol, fizet, szaldíroz; 어음 ~를 재촉당하고 있다 Felszólítottak, hogy fizessem ki a váltót.

결코 부 dehogy, hogyisne, egyáltalán nem, semmiképpen; 그는 ~ 나쁜 사람은 아니다 egyáltalán nem rossz ember; ~ 그를 용서할 수 없다 Egyáltalán nem tudok megbocsátani neki.; 결과는 ~ 만족할 만한 것이 아니었다 Az eredmény egyáltalán / semmiképpen nem volt kielégítő.

결탁-하다 동 összejátszik; ~ 명 összejátszás; 업자와 ~하다 összejátszik a kereskedővel; 모두가 ~하여 그걸 내게 숨기려하고 있는 것 같다 Úgy tűnik, mindnyájan összejátszottak ellenem abban, hogy eltitkolják azt előlem.

결투-하다 동 párbajozik, párbajt vív vkivel; ~ 명 párbaj, párviadal, párharc; ~를 신청하다 párbajra kihív; ~에 응하다 párbajra kiáll vkivel

결판-나다 동 eldől; 두 사람 사이의 싸움은 아직 ~이 나지 않았다 A két ember közötti vita még nem dőlt el.

결핍 명 hiány, szűkösség, szükség, szegénység; 애정 ~ szeretethiány; 비타민 ~ vitaminhiány

결핍증 명 hiánybetegség

결함 명 hiba, fogyatékosság; 성격상의 ~ jellemhiba; ~없는 hibátlan, tökéletes; 그것은 기계 상 ~이었다 Az géphiba volt.

결합-하다 동 egyesül; kötődik, kapcsolódik, fűződik; ~ 명 egyesülés; kapcsolódás, kötés; 분자의 ~ molekulakötés; A와 B를 ~하다 A egyesül B-vel.; 기름과

물은 쉽사리 ~하지 않는다 Az olaj és a víz nem elegyednek.

결혼식 명 esküvő, lakodalom, menyegző, lagzi

결혼-하다 동 összeházasodik, házasságot köt, házasságra lép, egybekel; ~ 명 házasság, nász, egybekelés, frigy; ~에 실패하다 sikertelen házasságot köt; ~을 약속하다 eljegyez; ~을 축하하다 gratulál a házasságához; ~ 기념일 házassági évforduló; ~ 반지 jegygyűrű; ~ 비용 esküvői költségek; ~ 선물 nászajándék; ~ 청첩장 esküvői meghívó; ~ 피로연 lakodalom, mennyegző; ~ 행진곡 nászinduló; ~한 지 3년 되다 három éve házas; 그녀는 작년에 코바치씨와 ~했다 Tavaly kötött házasságot Kovács úrral.; 그(녀)는 평생 ~하지 않았다 Élete végéig agglegény / hajadon maradt; 그 어머니는 딸들을 모두 ~시켰다 Az anya férjhez adta valamennyi lányát.

겸손-하다 형 szerény, alázatos; ~ 명 szerénység, alázat; ~한 사람 szerény ember; ~하게 행동하다 szerényen viselkedik

겸연쩍다 형 megalázott, megaláztatott; 겸연쩍어 하다 szégyelli magát

겸-하다 동 kettős, kombinált; 김선생님은 영어와 음악 선생을 ~하고 있다 Kim úr angol- és énektanár is.

겸허-하다 형 szerény, alázatos; ~하게 szerényen; ~하게 잘못을 인정하다 szerényen elismeri a hibáját

겹겹이 부 rétegenként; soronként; 종이로 ~ 싸다 több réteg papírba csomagolja

겹치다 동 egybeesik; egymásra tesz; 내의 두 벌을 겹쳐 입다 egymásra vesz két fehérneműt; 책이 겹쳐 놓여 있다 a könyvek halmokban hevernek; 두 모임이 겹쳤다 a két találkozó egybeesik; 공휴일이 또 일요일에 겹친다 a munkaszüneti nap újra vasárnapra esik

경각심 명 éberség

경건주의 명 pietizmus

경건-하다 형 jámbor, istenfélő, ájtatos, áhítatos; ~하지 않은 profán

경계 명 határ; ~를 봉쇄하다 lezárja a határokat; 이 강이 우리 도시와 인접 도시의 ~를 이룬다 Ez a folyó képezi a határt a mi városunk és a szomszédos város között.

경계태세 명 riadókészültség; 우리는 어제부터 24시간 ~에 들어갔다 Tegnap óta 24 órás riadókészültségben vagyunk.

경계-하다 동 vigyáz, óv, véd; ~ 명 őrség; elővigyázatosság, óvintézkedés; ~를 강화하다 megkettőzi az őrséget; ~를 늦추다 csökkenti az őrséget / védelmet; ~ 신호 riadójel; 지진이 일어나면 화재와 해일을 ~해야 한다 Földrengés esetén óvintézkedéseket kell tennünk tűzvész és szökőár ellen.

경고-하다 동 figyelmeztet; ~ 명 figyelmeztetés, intelem; 그에게 잘못을 되풀이하지 말라고 ~했다 Figyelmeztettem, nehogy ugyanolyan hibákat kövessen el.; 그들은 나의 ~를 무시하고 산에 올랐다 Nem vették komolyan a figyelmeztetésemet, és felmásztak a hegyre.

경공업 명 könnyűipar

경과-하다 동 eltelik, letelik, lejár, eljár, lepereg, lezajlik; ~ 명 lejárat, lefolyás; folyamat, alakulás, átmenet; 유효기간이 ~하다 lejár az érvényességi ideje; 수술 후의 ~ a műtét utáni fejlemények; 그 후 20년이 ~했다 Húsz év telt el azóta.

ㄱ

경관[1] 명 ☞ **경치**
경관[2] 명 ☞ **경찰관**
경구개음 명 palatális hang
경기 명 konjunktúra, gazdasági helyzet; ~ 부양책 a gazdaságot fellendítő intézkedés; ~ 순환 gazdasági körforgás; ~ 침체 gazdasági hanyatlás; ~가 회복되다 a gazdasági helyzet javul; 시장 ~가 좋아지고 있다 a piacgazdaság szárnyal; 국내 ~는 뚜렷한 회복의 조짐을 보이고 있다 a hazai gazdaság magához tér; 정부는 ~ 부양책을 검토하고 있다 A kormány azt fontolgatja, hogyan lendítse fel a gazdaságot.
경기장 명 pálya, sportpálya, stadion
경기-하다 동 mérkőzik, játszik; ~ 명 mérkőzés, meccs, játszma, verseny, vetélkedő; 실내 ~ teremjátékok; ~에 이기다 / 지다 megnyeri / elveszíti a mérkőzést; ~에 참가하다 részt vesz a vetélkedőben
경단 명 gombóc; ~을 빚다 gombócot gyúr
경력 명 karrier, vkinek a szakmai múltja, előélete; 다채로운 ~을 가진 사람 sokoldalú szakmai tapasztalattal rendelkező ember; ~이 좋다 / 나쁘다 szakmai előélete kifogástalan / kifogásolható; 그는 외교관으로서 오랜 ~이 있는 사람이다 Diplomataként hosszú szakmai múlt áll mögötte.
경련 명 görcs; ~을 일으키다 görcsben van vmije, görcsöl vmije, görcsbe áll vmije, beleáll a görcs vmijébe; 달리기 도중에 발에 ~이 일어났다 Futás közben beleállt a görcs a lábamba
경례 명 szalutálás, tisztelgés; 모자를 들어 ~를 하다 emeli a kalapját; ~에 답하다 fogadja / viszonozza a tisztelgést
경로 명 útvonal, csatorna; folyamat; 외교 ~ diplomáciai csatorna; 정식 ~를 통해서 hivatali úton keresztül; 감염 ~는 아직 밝혀지지 않았다 a fertőzés útja még ismeretlen
경로-사상 명 időseknek kijáró tisztelet; ~석 időseknek fenntartott szék; ~ 우대권 időseknek szóló ingyenbérlet
경륜 명 kerékpárverseny; ~ 선수 kerékpárversenyző
경륜장 명 kerékpár versenypálya
경리-하다 동 könyvel; ~ 명 könyvelés, könyvelő; ~과 könyvelési osztály; ~ 사원 könyvelő; 그(녀)는 회사의 ~를 담당하고 있다 Ő a cég könyvelője.
경매 명 aukció, árverés; leütés; ~ 가격 leütési összeg; 그 그림은 200만원에 ~되었다 A képet az árverésen 2 millióért vitték el.; 나는 그것을 ~에서 샀다 Árverésen vettem.
경멸-하다 동 megvet, lenéz; ~ 명 megvetés, lenézés, szemrehányás; ~하는 표현 megvető tekintet; ~하는 눈으로 보다 szemrehányóan néz; 가난한 사람을 ~하지 마라 Ne nézd le a szegényeket!
경미-하다 형 kisebb, jelentéktelen, komolytalan; ~한 부상을 입다 kisebb sérülést szenved
경보 명 riasztó, vészjelző; riadó; 화재 ~ tűzriadó; 화재~기 tűzjelző készülék / berendezés; ~를 울리다 beindítja a vészjelzőt; ~를 해제하다 lefújja a riadót; ~장치가 제대로 작동되지 않았다 Nem működött a riasztórendszer.
경비[1] 명 költség; ~ 절감 költség lefaragása; ~가 많이 들다 költséges, drága; ~를 줄이다 csökkenti a költségeket; 이 기획의 성공을 위해서는 ~를 아끼지 않을

생각이다 Nem sajnálom a költségeket, a lényeg / cél, hogy sikeres legyen a projekt.

경비² 명 őrség, biztonsági szolgálat; ~(를) 서다 biztonsági szolgálatban van; ~가 엄중하다 szigorúan őrzik; ~를 해제하다 visszahívják az őröket; 국경의 ~를 강화하다 megerősítik a határok védelmét

경비원 명 őr, biztonsági őr

경비정 명 őrcsónak

경비함 명 őrnaszád

경사 명 örömteli esemény, ünnepelni való esemény; ~가 겹치다 egymást követő örömteli események

경사-지다 동 lejt; ~ 명 lejtő; 40도의 ~ 40 fokos lejtő; ~진 lejtő, lejtős; 그 땅은 해변 쪽으로 완만하게 ~져 있다 A talaj a tenger felé lejt.

경솔-하다 형 meggondolatlan, elsietett; ~ 명 gondatlanság, sietség; ~하게 행동하다 meggondolatlanul viselkedik

경수로 명 könnyűvizes reaktor

경시-하다 동 lebecsül, lenéz, nem tart sokra, alábecsül vmit; ~ 명 lebecsülés, lenézés; 고유의 문화를 ~하다 lebecsülik a saját kultúra jelentőségét; 너의 생명을 ~해서는 안 된다 Nem szabad a saját életedet lebecsülni / alábecsülni.

경악-하다 동 megrémül, meg van döbbenve; ~ 명 rémület, megdöbbenés, meglepettség, sokk; 세상을 ~하게 한 사건 világot megrázó esemény

경연 명 verseny; 민요~대회 népdalverseny

경영-하다 동 vállalatot vezet, céget irányít; ~ 명 vállalatvezetés, menedzsment; 그것은 미국인이 ~하는 식당이다 Az egy amerikai által vezetett étterem.; 우리 회사는 ~ 합리화가 필요하다 A cégünk a vezetőség ésszerűsítésére szorul.

경영학 명 üzletvezetéstan, vállalatvezetés, menedzsment (mint tudomány)

경우 명 eset, körülmények; 필요한 ~ szükség esetén; 어떤 ~에도 minden esetben; 대개의 ~에 az esetek többségében; ~에 따라서 esetenként, bizonyos körülmények között; 비가 올 ~ 소풍은 취소한다 eső esetén a kirándulás elmarad; 이 규칙은 모든 ~에 적용된다 Ez a szabály minden esetre vonatkozik.

경위 명 részletek, körülmények; 사건의 ~ az eset körülményei; 그 간의 ~를 말씀드리죠 Elmondom, mi történt ebben az időszakban.

경유-하다 동 vmin keresztül megy; 프랑크푸르트를 ~하여 부다페스트에 가다 Budapestre Frankfurton keresztül megy

경이롭다 형 tüneményes, csodás; 경이로운 속도 tüneményes gyorsaság; 대자연의 경이로움 a természet csodája

경작자 명 földműves, paraszt

경작지 명 művelhető terület; megművelt terület

경작-하다 동 földet művel; ~ 명 földművelés

경장 명 rendőrtiszt

경쟁심 명 versenyszellem

경쟁-하다 동 versenyezik; ~ 명 verseny; ~ 상대 rivális, versenyző; 선의의 ~ baráti vetélkedés; 회사들은 가격 ~을 하고 있다 a cégek árversenybe szálltak

경적 명 vészjelző, duda, kürt; ~금지 tilos a kürt használata; ~을 울리다 kürtöl, dudál

ㄱ

경전 명 szent irat; 이슬람 ~ Korán

경제 명 gazdaság; ~ 발전 gazdasági fejlődés; ~ 사정 gazdasági helyzet; ~ 성장 gazdasági növekedés; ~ 협력 gazdasági együttműködés; ~ 협력 개발 기구 (OECD) Gazdasági Együttműködési és Fejlesztési Szervezet; 그녀는 ~에 대한 관념이 전혀 없다 Nincs érzéke a gazdasághoz.

경제적 gazdaságos; 가스는 전기보다 ~이다 A gáz gazdaságosabb a villanynál.

경제학 명 közgazdaságtudomány

경주-하다 동 versenyt fut; ~ 명 futóverseny; 100미터 ~ 100 méteres síkfutás; ~용 자전거 versenykerékpár

경지 명 megművelt föld; ~ 면적 megművelt terület

경직-되다 동 megmerevedik, megdermed; 그의 다리가 ~되었다 Megmerevedett a lába.; 그녀의 얼굴은 공포로 ~되었다 Az arca megdermedt a félelemtől.

경찰 명 rendőrség; ~에 넘기다 átad vkit a rendőrségnek; ~에 연행되다 beviszik a rendőrségre; ~에 자수하다 feladja magát a rendőrségen

경찰견 명 rendőrkutya

경찰관 명 rendőr; 30명의 ~이 사고 현장에 파견되었다 A baleset helyszínére harminc rendőrt vezényeltek.

경찰국가 명 rendőrállam

경찰서 명 rendőrség, rendőrkapitányság; (파출소) rendőrőrs

경찰서장 명 rendőrkapitány

경청-하다 동 figyel, nagy figyelmet fordít vmire; ~ 명 nagy / feszült figyelem; 그들은 연사의 이야기를 ~했다 Minden figyelmüket az előadóra fordították.

경치 명 táj; kilátás, látvány, panoráma; 겨울 ~ téli táj; 창문에서 내다보는 ~는 장관이다 Az ablakból remek a kilátás.

경쾌-하다 형 fürge, gyors; könnyed; ~한 리듬 élénk ritmus; ~한 발걸음으로 könnyed / fürge léptekkel

경향 명 tendencia; 한국인의 평균 수명은 해마다 늘어나는 ~이 있다 A koreaiak átlagéletkora növekvő tendenciát mutat.

경험-하다 동 tapasztal; ~ 명 tapasztalat, gyakorlat; 내 ~으로는 tapasztalatom szerint; ~을 살리다 hasznát veszi a tapasztalatainak; 나는 외국에서 많은 어려움을 ~했다 Sok nehézséget tapasztaltam külföldön.

경호원 명 testőr

경호-하다 동 őriz, véd, kísér; ~ 명 kíséret; ~ 하에 있다 testőrök kísérik

곁 명 közel, mellett; ~에 앉다 mellé ül; ~에 살다 mellette lakik

곁들이다 동 körít; fűszerez; 생선 요리에 야채를 ~ halat zöldséggel körít; 그녀는 항상 강연에 재치있는 유머를 곁들인다 Az előadásait mindig szellemes humorral fűszerezi.

계곡 명 völgy, kanyon

계급 명 osztály, rendfokozat, katonai rang; ~ 사회 osztálytársadalom; ~ 투쟁 osztályharc; 지배 ~ uralkodó osztály; 노동자 ~ munkásosztály; 상류 ~ a felsőbb osztály; 중류 ~ középosztály; 하류 ~ az alsóbb osztály; 그는 2 ~ 특진했다 két rendfokozattal léptették elő; ~ 의식이 강하다 erős osztályöntudata van

계급장 명 ismertetőjel, jelvény

계기 명 lehetőség, alkalom; 이것을 ~로 megragadva ezt a lehetőséget; 그것을 ~로 나는 담배를 끊었다 Megragadva a lehetőséget leszoktam a dohányzásról.

계단 명 lépcső; ~을 오르다 felmegy a lépcsőn; ~을 헛디디다 megcsúszik a lépcsőn; ~을 2개씩 뛰어 올라가다 kettesével veszi a lépcsőket

계란 명 tojás ☞ **달걀**

계략 명 trükk, terv, csapda, csel; ~에 빠지다 csapdába esik, csel áldozata lesz

계모 명 mostoha, mostohaanya

계몽주의 명 felvilágosodás

계몽-하다 동 felvilágosít vkit vmiről, nevel; ~ 명 felvilágosítás, nevelés; 민중을 ~하다 neveli a néptömegeket

계부 명 mostoha, mostohaapa

계산기 명 számológép, kalkulátor

계산대 명 pénztár, kassza

계산-하다 동 számol, becsül; ~ 명 számolás, kalkuláció; ~을 잘못하다 rosszul / hibásan számol; 요금은 거리로 ~한다 A viteldíj a távolság függvénye.

계속 부 tovább, egymás után, folyamatosan, megállás nélkül; ~되는 장마 folyamatos monszuneső; ~ 세 번 háromszor egymás után

계속-하다 동 folytat; ~ 명 folytatás; 대화를 ~하다 folytatja a beszélgetést; 5일 동안이나 비가 ~해서 내렸다 Öt napig megállás nélkül esett.

계승-하다 동 örököl, öröklődik; ~ 명 örökösödés; 왕위를 ~하다 örökli a trónt; 스페인 왕위 ~ 전쟁 a spanyol örökösödési háború

계시 명 jelenés, kinyilatkoztatás, apokalipszis; 신의 ~ isten jelenései, kinyilatkoztatásai

계시다 동 vki van vhol; 서울에 얼마나 계셨습니까 Mennyi ideig volt Szöulban?

계시록 명 a Jelenések Könyve

계약 명 szerződés; 4년 ~으로 4 éves szerződéssel; ~ 기간 a szerződés időtartama; ~ 위반 szerződésszegés; ~ 해지 szerződés felbontása; ~을 어기다 megszegi a szerződést; ~을 이행하다 teljesíti a szerződést; 3년 ~으로 고용되다 3 éves szerződéssel alkalmazták

계약금 명 előleg, letéti díj, kaució

계엄 명 statárium; ostromállapot; ~을 선포하다 / 해제하다 statáriumot hirdet / eltöröl

계열사 명 a cégcsoport tagja, leányvállalat, fiókvállalat

계절 명 évszak; ~의 변화 évszakváltás

계좌 명 bankszámla; ~ 번호 számlaszám; ~를 개설하다 számlát nyit

계집아이 명 kislány

계층 명 réteg; 고소득 ~ magas keresetű (társadalmi) rétegek; 그는 모든 ~의 사람들에게 인기가 있다 A társadalom minden rétegében népszerű.

계통 명 leszármazás, eredet

계통수 명 családfa

계획표 명 írott terv

계획-하다 동 tervez; ~ 명 terv, tervezés; ~ 경제 tervgazdaság; 포괄적인 ~ átfogó terv; 5개년 ~ ötéves terv; ~중이다 tervezés / megfontolás alatt van; ~적 szándékos; ~으로 szándékosan

고갈-하다 동 elapad, kimerül, kiszipolyoz; ~ 명 kimerültség, kiszipolyozás; 그의 창작력은 ~되었다 elapadt a fantáziája, kimerült az alkotóereje; 나라의 자원을 ~시키다 kiszipolyozza az ország erőforrásait

고개 명 tarkó, fej; hegygerinc; ~를 끄덕이다 bólint, biccent; ~를 (쳐)들다 felemeli

ㄱ

a fejét; ~를 숙이다 lehajtja a fejét; ~를 넘다 átkel a hegygerincen

고객 명 vevő; ~이 많다 nagy vevőköre van; ~ 만족도 vevőelégedettségi mutató

고결-하다 형 nemes, nemes lelkű

고고학 명 régészet

고고학자 명 régész

고교생 명 felső középiskolás (diák)

고구마 명 édesburgonya, édeskrumpli; 군 ~ sült édeskrumpli

고국 명 szülőföld, hon; ~산천 a szülőföld hegyei és folyói; ~에 돌아오다 visszatér a szülőföldjére; ~을 그리워하다 honvágya van

고궁 명 ősi palota

고귀-하다 형 nemes, előkelő; ~한 집안에서 태어나다 nemes / előkelő családba születik

고급 명 felső osztály, előkelő; jól képzett; ~ 공무원 állami főtisztviselő; ~ 장교 főtiszt; ~ 인력 jól képzett munkaerő; 저 호텔은 부다페스트에 있는 최~ 호텔 중의 하나이다 Ez az egyik legelőkelőbb budapesti szálloda.; 그 식당은 ~이다 Az étterem nagyon előkelő.

고기 명 hús; 소~ marhahús; 돼지~ sertéshús; 양~ birkahús; 닭~ csirkehús; ~ 요리 húsétel; 돼지~를 먹다 sertést eszik; 닭~를 먹다 csirkét eszik

고기압 명 magas légnyomás; 대륙성 ~ kontinentális magas légnyomás; ~이 발달하다 magas légnyomás alakul ki

고기잡이 명 halászat

고깃간 명 hentesbolt

고깃국 명 húsleves

고깃배 명 halászcsónak, halászhajó

고꾸라지다 동 elbotlik vmiben, elbukik; 돌에 걸려 ~ megbotlik egy kőben

고난 명 szenvedés, nehézség; ~을 극복하다 túljut a nehézségeken, leküzdi a nehézségeket

고뇌 명 agónia, baj, szenvedés; 얼굴에 ~가 서리다 kiül az arcára a szenvedés

고단-하다 형 fáradt, kimerült; 그들은 ~해 보인다 fáradtnak tűnnek

고달프다 형 fárasztó, kimerítő, kemény; 고달픈 삶 kemény élet; 어부의 삶은 매우 ~ A halászok élete rendkívül fárasztó.

고대 명 régi idők, régi korok, ókor, régmúlt; ~문학 régi irodalom

고대사 명 ókori történelem

고대-하다 동 türelmetlenül vár; ~하던 소식 rég várt hírek; 고향에서 소식이 오기를 ~하고 있다 türelmetlenül várja az otthoni híreket

고도 명 magasság; (비행기가) ~를 낮추다 csökkenti a magasságát

고도성장 명 gyors növekedés

고독-하다 형 magányos; ~ 명 magány; ~을 느끼다 magányosnak érzi magát; ~한 생활을 하다 magányosan él, magányban él.

고되다 형 kemény, nehéz, fárasztó; 고된 생활 kemény élet; 일이 ~ a munka nehéz / fárasztó

고드름 명 jégcsap; 처마에 ~이 달리다 jégcsap lóg az ereszről

고등학교 명 felső középiskola

고등학생 명 felső középiskolás

고딕 명 gótikus

고래 명 bálna; ~ 기름 bálnaolaj

고래잡이 명 bálnavadászat

고려-하다 동 megfontol, meggondol; foglalkozik vmivel; ~ 명 megfontolás ~해야 할 점 megfontolandó dolog; 신중

히 ~하다 komolyan meg kell fontolni; ~할 가치가 없다 nem érdemes foglalkozni vele

고령 명 hajlott kor, öregkor; ~에도 불구하고 hajlott kora ellenére

고령화 명 elöregedés; ~ 사회 elöregedő társadalom

고루 부 egyenlően, egyformán; ~ 나누다 egyenlő részekre oszt

고르다[1] 형 egyforma, egyenlő; 고르지 않은 egyenlőtlen; 고르게 egyformán; 땅이 ~ egyenletes talaj; 요즘 날씨가 고르지 못하다 A napokban változó az időjárás.

고르다[2] 동 ❶ elegyenget, elsimít; 땅을 ~ elegyengeti a talajt ❷ kiválaszt; 가장 좋은 것을 ~ kiválasztja a legjobbat

고름 명 genny; ~을 짜다 kinyomja a gennyet; ~이 나오다 kifakad a genny

고리[1] 명 gyűrű, karika; 열쇠 ~ kulcskarika; ~ 모양의 gyűrű formájú

고리[2] 명 magas kamat, uzsorakamat; ~로 빌리다 uzsorakamatra vesz fel kölcsönt

고리대금 명 uzsora; ~업을 하다 uzsorakölcsönt ad

고리대금업자 명 uzsorás

고릴라 명 gorilla

고립-시키다 동 elszigetel; ~ 명 elszigetelés, elszigeteltség; 국제적 ~ nemzetközi elszigeteltség; 그 마을은 폭설로 ~되었다 A hóvihar elszigetelte / elzárta a falut.

고마움 명 hála; 병이 나야 비로소 건강의 ~을 안다 Csak akkor tudjuk meg, mekkora áldás az egészség, amikor megbetegedtünk.

고마워-하다 동 hálás vkinek vmiért; 그것을 알면 그는 매우 ~할 것이다 Hálás lesz, ha ezt megtudja.

고막 명 dobhártya; ~이 터지다 beszakad a dobhártyája

고맙다 형 hálás; 고마운 말씀 hálás szavak; 고맙지만 사양하겠습니다 köszönöm, mégse; 고맙습니다 hálás vagyok

고모 명 nagynéni (apai ágon)

고모부 명 nagybácsi (apai ágon)

고목 명 öreg fa, kiszáradt fa

고무 명 gumi

고무줄 명 gumiszalag

고무풍선 명 luftballon, lufi

고무-하다 동 biztat, bátorít, lelkesít, feltüzel; 기계 공업의 장래는 매우 ~적이다 A gépgyártás jövője biztató.

고문 명 tanácsos, tanácsadó; 기술 ~ technikai tanácsadó; 외국인 전문가를 ~으로 초빙하다 külföldi szakértőt tanácsadóként alkalmaz

고문서 명 régi kéziratok

고문서학 명 kézirattan, paleográfia

고문-하다 동 megkínoz, meggyötör; ~ 명 kínzás; ~ 치사 kínzás általi halál; ~으로 죽다 halálra kínozzák; 죄수의 대부분이 ~을 당했다 A foglyok többségét megkínozták.

고물[1] 명 szójababliszt; 떡에 콩 ~을 묻히다 rizssüteményt szójababilisztbe forgat

고물[2] 명 lom, kacat, ócskaság

고물상 명 ócskás üzlet, ócskapiac

고민-하다 동 aggódik, gyötör vkit; ~ 명 aggodalom, szenvedés, gyötrelem, agónia; 큰 ~이 있다 gondterhelt; ~ 끝에 병들다 betegre aggódja magát; 그의 얼굴에 ~하는 빛이 나타났다 rá van írva az arcára az aggodalom; 사랑 때문에 ~하다 szenved a szerelemtől, szerelem gyötri; 그는 한평생 돈 문제로 ~했다 Egész életében pénzgondok gyötörték.

고발인 명 feljelentő

고발장 명 feljelentés

고발-하다 동 feljelent; ~ 명 feljelentés; 누구를 ~하다 feljelentést tesz vki ellen; 경제 범죄로 사장이 ~되었다 A gazdasági bűncselekményei miatt feljelentették az igazgatót.

고백서 명 írott vallomás

고백성사 명 a gyónás szentsége

고백-하다 동 vall, megvall; meggyón; ~ 명 vallomás, gyónás; 신앙~ hitvallás; 죄를 ~하다 megvallja bűnét, meggyón; 나는 그녀에게 사랑을 ~했다 Szerelmet vallottam neki.

고별 명 búcsú

고별사 명 búcsúbeszéd

고별식 명 búcsúztató

고부간 명 az anyós és meny közötti viszony; ~의 갈등은 한국 가정의 특성이라 생각된다 Az anyós és meny közötti összetűzések jellemzők a koreai családokra.

고분 명 ősi sír, sírkamra; ~을 발굴하다 régi sírt feltár

고분고분-하다 형 engedelmes, szófogadó; ~ 부 engedelmesen, szófogadóan, szelíden, béketűrően; 부모님의 말을 ~ 잘 듣다 engedelmesen szót fogad a szüleinek

고비 명 mélypont, válság; ~를 넘기다 túl van a mélyponton; 환자는 ~를 넘겼다 a beteg túl van a válságon

고삐 명 kantár, gyeplő; ~를 당기다 meghúzza a kantárt; ~를 늦추다 lazít a kantáron

고사 명 vizsga, teszt; ~장 vizsgaterem; ~를 치르다 vizsgázik, tesztel

고사리 명 saspáfrány, sasharaszt (Pteridium aquilinum); ~같은 손 a baba pici kis keze

고상-하다 형 nemes, kifinomult, elegáns; ~한 취미 kifinomult ízlés; 그는 취미가 ~하다 az ízlése kifinomult

고생-하다 동 szenved; ~ 명 szenvedés, nehézség, gond; ~을 같이하다 osztozik a gondjában; ~이 많다 nehézségei vannak; 그는 ~이란 것을 모른다 Az élet nehézségei teljesen ismeretlenek számára; ~해서 번 돈 keservesen megkeresett pénz; 병으로 ~하다 betegségben szenved; ~한 보람이 있었다 szenvedéseinek meglett a gyümölcse

고성능 명 magas hatékonyság; 그 보트는 ~ 엔진을 갖추고 있다 a csónak erős motorral van felszerelve

고소공포증 명 tériszony, magasságtól való félelem

고소인 명 vádló, felperes

고소장 명 vádirat, írott feljelentés

고소-하다[1] 형 ízletes, finom; 참깨를 볶는 ~한 냄새 pörkölt szezámmagaroma

고소-하다[2] 동 megvádol, feljelent, jogi lépéseket tesz, bepanaszol; ~ 명 vád, feljelentés; ~를 취하하다 visszavonja a vádat; 주거 침입으로 ~하다 feljelent vkit birtokháborításért; 사기로 ~당하다 csalással vádolják; 그녀는 그를 자동차 절도죄로 ~했다 Megvádolta, hogy a férfi ellopta a kocsiját.; 그녀는 명예훼손으로 그 신문을 ~했다 Becsületsértésért jelentette fel a lapot.

고속 명 nagy sebesség, gyorsaság; 최~으로 달리다 teljes sebességgel halad

고속도로 명 autópálya

고속버스 명 expresszbusz

고속철도 명 gyorsvasút, IC

고수부지 명 ártér

고수-하다 동 kitart, ragaszkodik hozzá; 의견을 ~하다 ragaszkodik a véleményéhez

고스란히 부 érintetlen(ül), hiánytalanul; teljesen; ~ 남다 érintetlen marad

고슴도치 명 sündisznó

고승 명 főpap

고시 명 vizsga, teszt; ~를 치르다 vizsgázik

고사하다 동 bejelent, közöl; 가격을 ~하다 bejelentik az árakat

고심-하다 동 keményen dolgozik; ~하여 kemény munkával; ~한 끝에 kemény munka árán

고아 명 árva; ~가 되다 árván marad; 그는 교통사고로 부모를 잃고 ~가 되었다 Árva lett, miután elvesztette a szüleit egy balesetben.

고아원 명 árvaház

고안-하다 동 kigondol, kitervel, kieszel, kitalál; 폐기물을 재활용하는 방법을 ~하다 kitalál egy módszert a hulladékok újrahasznosítására

고압 명 magasfeszültség, magas nyomás; ~ 가스 nagynyomású gáz; ~ 전류 erősáram

고압선 명 magasfeszültségű vezeték

고압적 erőskezű; ~으로 erőskezűen; ~인 태도 erőskezű viselkedés

고액 명 nagy összeg; ~권 nagy címletű bankjegy; ~ 납세자 nagy adózó; ~ 소득자 nagy jövedelmű

고약-하다 형 rossz, csúnya, undorító; ~한 냄새 undorító szag; ~한 성미 rossz természet

고양시키다 동 felemel, emel; 팀의 사기를 ~ emeli a csapat hangulatát

고양이 명 macska, cica; ~가 야옹야옹 운다 a macska nyávog; ~ 목에 방울을 단다 macska nyakába csengőt akaszt

고역 명 nehéz feladat / munka; ~을 치르다 nehéz feladattal birkózik meg, beleizzad a munkába

고열 명 magas láz; ~이 나다 magas láza van; ~에 시달리다 magas lázban szenved

고온 명 magas hőmérséklet; 이 자기는 ~에서 구운 것이다 Ezt a porcelánt magas hőmérsékleten égették ki.

고온다습 명 magas átlaghőmérsékletű és nedvességtartalmú éghajlat

고요-하다 형 csendes, nyugodt; ~ 명 csend, nyugalom; 폭풍 전의 ~ vihar előtti csend; ~한 바다 nyugodt tenger; ~히 nyugodtan, csendesen; 쥐 죽은 듯이 ~하다 halotti csend van

고용-하다 동 felvesz, alkalmaz; ~ 명 alkalmazás; ~된 사람 alkalmazott; ~한 사람(고용주) alkalmazó, munkaadó; ~ 계약 munkaszerződés; ~계약서 írott munkaszerződés; ~관계 munkáltatói viszony; ~기간 munkában eltöltött időszak, a munkaviszony időtartama; ~보험 vállalati nyugdíjpénztár; ~조건 munkavállalási feltételek; 완전 ~ teljes foglalkoztatás; 여성의 ~기회가 매우 많아졌다 A nők munkavállalási lehetőségei kibővültek.; 나는 그녀를 비서로 ~했다 Titkárnőnek vettem fel.

고원 명 fennsík; ~지대 fennsík

고위 magas szintű, magas rangú; ~ 관리 magas rangú tisztviselő, hivatalnok, főtisztviselő

고위급 명 magas szintű; ~ 회담 magas

ㄱ

szintű tárgyalás

고위층 명 magas rangú tisztviselők, magas rangú hivatalnokok

고유명사 명 tulajdonnév

고유-하다 형 egyedi, jellemző; 인간의 ~한 속성 az ember jellemző tulajdonságai

고을 명 körzet, járás; ~ 원님 járási bíróság

고의 명 szándékosság; ~로 szándékosan; ~가 아닌 nem szándékosan; ~인지 우연인지 szándékosan vagy véletlenül; ~로 의무를 태만히 하다 szándékosan elhanyagolja a kötelességét; ~적 szándékos, megtervezett

고이 부 óvatosan, csendesen, békésen; ~ 잠들다 békésen elalszik; ~ 다루다 óvatosan kezel; ~ 잠드소서 Nyugodjék békében!

고인 명 az elhunyt, a halott; ~이 된 néhai; ~이 된 김씨 a néhai Kim úr; ~의 유족 az elhunyt családja; ~이 되다 meghal, elhuny

고작 부 legfeljebb, maximum; ~ 3년 가다 legfeljebb 3 évet bír ki, 3 évig tart; ~ 20세밖에 안 된다 legfeljebb 20 éves; 이 극장의 수용 인원수는 ~ 200명에 불과하다 A színház befogadóképessége legfeljebb 200 fő.

고장[1] 명 körzet, hely, lakhely, szülőhely; környék; ~의 특산품 jól ismert helyi termékek; 담배의 ~ dohánytermesztő körzet; 나는 이 ~에서 자랐다 Ezen a környéken nőttem fel.

고장[2] 명 meghibásodás, hiba; ~이 나다 meghibásodik; ~난 차 meghibásodott autó; 기계 ~ műszaki hiba; 기관 ~으로 열차가 연착했다 A vonat a mozdony meghibásodása miatt állt.; 이 차는 어디가 ~났습니까? Mi a baja az autónak?

고전 klasszikus

고전문학 명 klasszikus irodalom

고전음악 명 klasszikus zene, komolyzene

고전-하다 동 nehéz ellenféllel versenyzik; ~ 명 elkeseredett küzdelem, szoros verseny; ~ 끝에 이기다 szoros küzdelem után győzött, szoros küzdelemben győzött; 선거에서 상당히 ~했다 A választásokon szoros verseny alakult ki.

고정-하다 동 rögzít, lezár; ~ 명 rögzítés, fixálás; ~ 관념 rögeszme; ~ 수입 fix kereset; ~된 rögzített, állandó; 그 작가는 ~ 독자를 가지고 있다 Az írónak állandó olvasóköre van.

고조되다 동 fokozódik; 기분이 ~ fokozódik a hangulat

고지 명 magaslat, domb; 적의 ~를 점령하다 elfoglalja az ellenség által tartott magaslatot

고지서 명 utalvány, értesítés; ~를 받다 megkapja az értesítést; 등록금 ~ tandíjcsekk

고지-하다 동 hivatalos értesítést kiküld vkinek

고지식-하다 형 naiv, őszinte, egyszerű, becsületes; ~한 사람 naiv ember; ~하게 일하다 becsületesen dolgozik; 그는 너무 ~하다 együgyűen naiv

고질병 명 krónikus betegség

고집 명 önfejűség, makacsság; ~이 세다 makacs, önfejű

고집-하다 동 ragaszkodik vmihez; ~ 명 ragaszkodás; 자기 의견을 ~하다 ragaszkodik a véleményéhez, fenntartja ragaszkodását vmihez; 네가 정 ~한다면, 이 돈은 은행에 넣겠다 Beteszem a pénzt a bankba, ha ragaszkodsz hozzá.

고찰-하다 동 vizsgál; ~ 명 vizsgálat; 사회 문제에 관한 ~ társadalmi probléma vizsgálata; 사건의 역사적 의의를 ~하다 megvizsgálja az esemény történelmi jelentőségét; 그것은 여러 각도에서 ~할 필요가 있다 több szempontból kell megvizsgálni

고체 명 szilárd anyag; ~ 연료 szilárd üzemanyag

고초 명 szenvedés, nehézség; ~를 겪다 nehézségei vannak

고추 명 paprika; 작은 ~가 맵다 Kicsi a bors, de erős.

고추장 명 koreai csípőspaprika-paszta

고춧가루 명 őrölt pirospaprika

고충 명 szenvedés, nehézség; 남의 ~을 헤아리다 együttérez a szenvedéseivel

고층 명 magas szint; ~ 건물 toronyház, felhőkarcoló

고치다 동 megjavít, kijavít; meggyógyít; megváltoztat; 새는 지붕을 ~ kijavítja a kilyukadt tetőt; 병을 ~ meggyógyítja a betegséget; 나쁜 버릇을 ~ leszokik a rossz szokásáról

고통 명 kín, szenvedés, agónia, fájdalom; 정신적 / 육체적 ~ lelki / testi szenvedés; ~없이 죽다 szenvedés nélkül hal meg; ~을 짊어지다 elviseli a szenvedést; ~스러운 나머지 신음 소리를 내다 fájdalmában nyög

고프다 형 éhes; 배(가) ~ éhes; 나는 배가 고파 죽겠다 éhes vagyok, mint a farkas, rettentő éhes vagyok

고함 명 kiáltás, ordítás; ~을 치다 kiált, ordít, kiabál; 성나서 ~을 치다 dühösen kiabál; 오라고 ~을 지르다 azt kiáltja, hogy jöjjön

고행자 명 aszkéta

고행-하다 동 sanyargatja önmagát, penitenciát gyakorol; ~ 명 aszkézis, önsanyargatás

고향 명 szülőföld, szülőfalu, szülőhaza; ~에 돌아가다 hazatér a szülőföldjére; ~을 그리워하다 honvágya van; ~을 떠난 지 몇 년이나 되느냐 Hány éve hagytad el a szülőföldedet?

고혈압 명 magas vérnyomás, hipertenzió; ~ 환자 magas vérnyomásban szenvedő beteg; 나는 ~이다 Magas a vérnyomásom.

고희 명 hetvenéves; ~ 잔치를 하다 megünnepli a hetvenedik születésnapját

곡물 명 gabona; ~ 창고 csűr, gabonatároló, siló

곡선 명 görbe (vonal); ~을 그리다 görbe vonalat ír le; ~을 하나 그리시오 Rajzoljon egy görbét!

곡식 명 ☞ **곡물**

곡예 명 akrobata, mutatvány, trükk

곡예사 명 akrobata, mutatványos

곤경 명 nehézség, baj, nehéz helyzet; ~에 빠지다 nehéz helyzetbe kerül; ~에서 구해내다 nehéz helyzetből kiment vkit, kihúz vkit a csávából

곤두서다 동 égnek áll, feláll; 그 얘기에 머리털이 곤두서는 것 같았다 A történettől égnek állt a hajam.

곤란-하다 형 bonyolult, nehéz; ~ 명 nehézség; 호흡에 ~을 느끼다 nehezére esik a levegővétel; ~한 사정 bonyolult helyzet; 그런 짓을 하면 너의 입장이 ~해진다 ezzel nehéz helyzetbe kerülnél

곤봉 명 bot, ütő; ~으로 때리다 bottal ver

곤욕 명 sértés, támadás, inzultus; megszégyenítés; ~을 당하다 megszégyení-

ㄱ

tésben részesül

곤충 명 bogár, rovar; ~ 채집 rovargyűjtemény; ~ 채집하러 가다 bogarakra vadászik

곤충학 명 rovartan

곤충학자 명 rovartankutató

곧[1] 부 rögtön, azonnal, abban a pillanatban; könnyen; 지금 ~ 간다 rögtön jövök; 서울 가거든 ~ 편지해라 Írjál abban a pillanatban, hogy megérkeztél Szöulba!; ~ 봄이다 A tavasz rögtön itt van.

곧[2] 부 más szóval, vagyis; 이곳이 구세주, ~ 그리스도가 태어난 곳이다 Ez az a hely, ahol a Megváltó, vagyis Krisztus született.

곧다 형 egyenes, őszinte; 곧은 성격 egyenes jellem; 곧은 길로 나가다 egyenes életet él; 아무리 가난해도 곧게 살아야 한다 Bármennyire is szegények vagyunk, egyenes életet kell élnünk.

곧바로 부 egyenesen, rögtön; ~ 집에 돌아가다 egyenesen hazamegy

곧이곧대로 부 őszintén; ~ 말(을) 하다 őszintén beszél

곧잘 부 elég jól, gyakran, szokásosan; 책을 ~ 읽다 elég jól olvas; 그 여자는 노래를 ~ 부른다 ő elég jól énekel; 그 녀석이 ~ 쓰는 수법이다 Ez a fickó szokásos trükkje.

곧장 부 egyenesen, közvetlenül, késedelem nélkül; ~ 집으로 돌아가다 egyenesen hazamegy; ~ 떠나다 késedelem nélkül indul

골[1] 명 velő, gerincvelő, agy; 작은 ~ nyúltagy; ~이 아프다 fáj a feje; ~이 비다 üres a feje

골[2] 명 völgy

골[3] 명 gól; ~을 넣다 gólt szerez, (농구에서) kosarat szerez; ~ 라인 gólvonal; ~키퍼 kapus

골격 명 csontváz; ~이 건장한 사람 jó felépítésű

골고루 부 ☞ **고루**

골다 동 코를 ~ horkol

골다공증 명 csontritkulás; ~ 증세가 나타나다 csontritkulási tünetek jelentkeznek

골대 명 kapufa

골동품 명 régiség, antikvitás; ~ 상점 régiségbolt

골라내다 동 kiválaszt, szortíroz

골목 명 mellékutca, mellékút; 막다른 ~ zsákutca; 그 집은 막다른 ~에 있다 A ház egy zsákutcában van.

골목대장 명 bandavezér, galerifőnök

골몰-하다 동 alámerül, belemerül; 그는 매일 밤 연구에 ~해 있다 minden este belemerül a tanulásba

골문 명 gól, kapu

골반 명 medence (testrész)

골방 명 hátsó szoba; ~ 신세가 되다 a hátsó szobába kerül

골자 명 veleje, lényege, magva vminek; 문제의 ~ a kérdés veleje / lényege; 계획의 ~를 설명하겠습니다 Elmagyarázom a terv lényegét.

골절-되다 eltöri a csontját; ~ 명 csonttörés; 팔이 ~되다 eltöri a karját

골짜기 명 völgy, szakadék

골치 명 fejfájás; ~ 아프다 fáj a feje; ~ 아픈 문제 fejfájást okozó (nehéz) kérdés; ~(를) 앓다 fejfájás gyötri; 그 사람일로 ~(가) 아프다 megfájdult tőle a fejem

골키퍼 명 kapus

골프 명 golf

골프장 명 golfpálya

곪다 동 elgennyed, meggyűlik, megérik; 종기가 ~ megért a kelés

곰 명 medve; 흰~ jegesmedve; ~의 가죽 medvebőr; ~쓸개 medveepe

곰곰히 부 ~ 생각하다 mélázik, tűnődik vmin

곰팡이 명 penész; 푸른 ~ zöld penész; 온통 ~가 슬었다 penészréteg van rajta

곱다[1] 형 dermedt, zsibbadt; 추위로 곱은 손가락 a hidegtől elzsibbadt ujjak; 추위로 손가락이 곱아 숟가락을 잡을 수 없었다 Annyira elzsibbadtak az ujjaim a hidegtől, hogy nem tudtam fogni a kanalat.

곱다[2] 형 szép, gyönyörű; gyengéd, kedves, aranyos; 고운 꽃 gyönyörű virág; 고운 말 kifinomult nyelvezet; 마음씨가 ~ gyengéd szívű, melegszívű; 살결이 ~ selymes bőre van

곱셈-하다 동 szoroz; ~ 명 szorzás

곱슬머리 명 göndör, hullámos haj; 그녀는 ~다 A haja természetesen göndör / hullámos.

곳 명 hely; 불편한 ~ nem megfelelő hely; 안전한 ~ biztonságos hely; 이~ 저~ itt és ott; 사는 ~을 알리다 megmondja a lakóhelyét / címét

곳간 명 raktár; ~에 넣다 elraktároz

곳곳 명 itt is, ott is, mindenhol; ~에서 모여들다 a világ minden tájáról összegyülekezik

공[1] 명 labda; ~을 던지다 dobja a labdát; ~을 차다 rúgja a labdát; ~을 튀기다 pattintja a labdát; ~을 잡다 elkapja a labdát

공[2] 명 ❶ közügy; ~과 사를 구별하다 elválasztja a magán- és a közügyeket; ~적으로 책임을 지다 hivatalosan felelős vmiért ❷ herceg, királyfi; 에든버러 ~ Edinburgh hercege ❸ érdem; 특히 ~이 있는 사람 különleges érdemeket szerzett személy, különleges érdemekkel rendelkező ember; ~을 세우다 érdemeket szerez

공간 명 tér, hely; 시간과 ~ idő és tér; 또 한 대의 차가 들어갈 만한 ~이 있느냐 Van elég hely még egy kocsinak?; 이 책상은 그리 많은 ~을 차지하지 않는다 Ez az asztal nem foglal majd el túl sok helyet.

공갈죄 명 zsarolás (mint bűn)

공갈-하다 동 fenyeget, zsarol; ~ 명 fenyegetés, zsarolás; 그는 ~혐의로 체포되었다 zsarolás vádjával vették őrizetbe; ~하여 돈을 빼앗다 pénzért zsarolja; 죽이겠다고 ~치다 azzal fenyegeti, hogy megöli

공감-하다 동 együttérez vkivel; ~ 명 szimpátia, együttérzés; ~을 불러일으키다 szimpátiát vált ki belőle; ~을 얻다 elnyeri a szimpátiáját

공개-하다 동 nyilvánossá tesz, kiállít, leleplez, nyilvánosságra hoz; ~ 방송 nyilvános adás; ~ 수사 nyilvános bűnügyi nyomozás; ~석상에서 연설하다 nyilvánosság előtt beszél; 주민들은 정보의 ~를 요구하고 있다 A lakosok követelik, hogy az információkat hozzák nyilvánosságra.; 그 공원은 일반에게 ~되어 있다 a park nyitva áll a nagyközönség előtt; 재산을 ~하다 nyilvánosságra hozza a vagyonnyilatkozatát

공격-하다 동 támad; ~ 명 támadás; 정부 정책을 ~하다 támadja a kormány politikáját; ~을 개시하다 támadást indít; 적은 미사일 ~을 개시했다 az ellenség raké-

ㄱ

tatámadást indított; 기습 ~ meglepetésszerű támadás, rajtaütés

공경-하다 명 tisztel, becsül; ~ 명 tisztelet, hódolat, nagyrabecsülés; 어른을 ~하다 megtiszteli az időseket

공고-하다 동 értesít, közöl; ~ 명 értesítés, hivatalos közlemény; 입시 날짜는 내일 ~될 것이다 A felvételi vizsga időpontját holnap közlik hivatalosan.

공고히 부 ~ 하다 megerősít, megszilárdít; 기초를 ~ 하다 megerősíti az alapokat; 두 정상은 양국 간의 우호 관계를 ~ 하기로 약속했다 A két államfő megállapodott / megegyezett abban, hogy megszilárdítják a két ország közötti baráti kapcsolatokat.

공공기관 명 közintézmény

공공시설 명 közösségi létesítmények

공공연-하다 형 nyitott, nyílt, nyilvános, köztudott; ~한 비밀 nyílt titok; ~한 사실 köztudott tény

공공연히 부 nyíltan; ~ 비난하다 nyíltan bírál

공공요금 명 közüzemi díjak

공공장소 명 köztér

공공재산 명 közvagyon

공과금 명 közüzemi díj

공과대학 명 műszaki egyetem

공관 명 rezidencia; 총리 ~ a miniszterelnök rezidenciája; 재외 ~ külképviseletek

공교롭다 형 véletlen, váratlan; 정말 공교로운 일치로군 Micsoda véletlen egybeesés!

공구 명 eszköz, szerszám; ~ 상자 szerszámos láda

공군 명 légierő

공군기 명 a légierő gépe

공군기지 명 légibázis

공권력 명 kormányhatalom; ~을 행사하다 a kormány hatalmát gyakorolja vmivel szemben

공금 명 közvagyon, közpénzek; 그는 ~을 횡령했다 elsikkasztja a közvagyont; ~ 횡령 a közvagyon elsikkasztása

공급-하다 동 ellát, szolgáltat; ~ 명 ellátás; 인력을 ~하다 ellát munkaerővel; 기름 ~을 받다 ellátják kőolajjal; 수요와 ~ kereslet és kínálat; 석탄의 ~이 중단되다 akadozik a szénellátás

공기[1] 명 lég, levegő; hangulat; 신선한 ~를 마시다 friss levegőt szív, beszívja a friss levegőt; 험악한 ~ fagyos hangulat; ~가 빠진 leeresztett (gumi)

공기[2] 명 tál, tálka, üres edény; 밥 한 ~ egy tálka rizs; 밥을 ~에 담아 내오다 főtt rizst szolgál fel tálban

공기업 명 állami vállalkozás

공기총 명 légpuska

공단 명 ipari park

공대 명 műszaki egyetem

공동 közös, társas; együttműködő; ~으로 közösen, együttműködésben; ~으로 부담하다 közösen viselik a terheket / költségeket; ~ 책임을 지다 osztozik a felelősségben

공동성명 명 közös nyilatkozat

공동주택 명 társasház

공동체 명 közösség; ~ 의식 közösségi szellem; 촌락 ~ faluközösség

공동출자 명 közös befektetés

공들이다 nagy erőfeszítést tesz; 공들여서 gondosan, gondos munkával

공략-하다 동 megtámad, megszáll, elfoglal; ~ 명 támadás, megszállás; 적의 진지를 ~하다 megtámadja az ellenség állásait

공로 명 érdem; ~가 있는 érdemes; ~를 인정하다 elismerik az érdemeit; ~로 상을 받다 kitüntetik az érdemeiért

공로상 명 szolgálatért járó érdemrend / kitüntetés

공룡 명 dinoszaurusz; ~ 시대 a dinoszauruszok kora

공리주의 명 haszonelvűség

공립 명 köz; közintézmény; 이 학교는 ~이 아니다 Ez az iskola nem közintézmény.

공립학교 명 állami iskola

공명 명 rezonancia; ~을 일으키다 rezonanciát hoz létre

공명선거 명 tiszta választás

공명심 명 hírnévre való éhség; ~에 불타다 hírnévre éhezik, nagyon vágyik a hírnévre

공명판 명 rezonátor

공모자 명 összeesküvő, tettestárs

공모-하다 동 összeesküszik vmire; ~ 명 összeesküvés, összejátszás, összebeszélés; ~하여 vkivel összeesküvésben; 그들은 내 재산을 횡령하기 위해 ~했다 Összejátszottak, hogy elbitorolják a javaimat.

공무 명 hivatalos kötelesség, államügy; ~집행을 방해하다 akadályozza a hivatalnokokat a kötelességük végzésében; ~로 인한 부상 kötelesség (szolgálat) teljesítése közben szerzett sérülés; ~를 집행하다 kötelességét teszi / teljesíti; ~를 태만히 하다 elhanyagolja a kötelességét

공무원 명 (köz)tisztviselő, hivatalnok, hivatalos személy; 국가 ~ államhivatalnok; 지방 ~ önkormányzati tisztviselő; ~이 되다 közhivatalt vállal

공문서 명 hivatalos dokumentum; ~ 서식 hivatalos iratok

공백 명 vákuum; 정치적 ~ politikai vákuum; ~을 메우다 betölti a vákuumot

공범 명 bűnrészes, tettestárs; ~으로 기소되다 az ügy során bűnrészességgel vádolták; ~으로 체포되다 bűntársként kapják el

공범죄 명 bűnpártolás, bűnrészesség

공복 명 éhgyomor, éhség; ~으로는 일할 수 없다 nem tud éhgyomorral dolgozni; ~을 채우다 éhségét csillapítja

공부방 명 tanulószoba

공부벌레 명 magoló (személy), biflázó (személy), könyvmoly

공부-하다 동 tanul; ~ 명 tanulás; 시험 ~를 하다 vizsgára tanul / készül; 그는 밤늦게까지 ~한다 késő estig tanul; 나는 대학에서 영문학을 ~했다 Az egyetemen angol irodalmat tanultam.

공사 명 munka és magánélet, hivatalos és magánügyek; ~를 구별하다 elválasztja a munkáját és a magánéletét

공사-하다 동 épít; ~ 명 építés; ~ 현장 építési terület; ~중이다 építés alatt áll

공산권 명 a kommunista blokk

공산당 명 kommunista párt

공산주의 명 kommunizmus

공산주의자 명 kommunista

공산품 명 ipari termékek

공상 명 fantázia, képzelgés; 아이들은 ~의 세계를 좋아한다 A gyerekek szeretik a fantáziavilágot.

공상과학소설 명 sci-fi, tudományos-fantasztikus regény

공생 명 szimbiózis, együttélés

공생관계 명 szimbiotikus kapcsolat

공세 명 agresszió, offenzíva, támadás; 테러 ~ terrortámadás; 질문 ~를 받다 kérdések kereszttüzébe kerül

공소 명 vád; ~를 제기하다 vádat emel vki ellen; ~를 기각하다 ejti a vádat

공소장 명 írásos vádirat

공손-하다 형 udvarias, illedelmes, tisztelettudó; ~ 명 udvariasság, illem, tisztelettudás; ~한 태도 illedelmes magatartás; ~하게 말해라 Beszélj tisztelettudóan!

공습 명 légitámadás; ~으로 집이 불타 없어지다 kiégett a ház a légitámadás során

공습경보 명 légiriadó; ~를 해제하다 lefújják a légiriadót

공시가격 명 hivatalosan felbecsült érték

공시적 szinkronikus

공시-하다 동 közhírré tesz, hivatalosan bejelent; 총선거 투표일이 ~되었다 Hivatalosan is bejelentették az országgyűlési választások időpontját.

공식[1] 명 képlet; 수학 ~ matematikai képlet

공식[2] hivatalos; ~ 방문을 하다 hivatalos látogatást tesz; ~ 반응을 보이다 hivatalos választ ad

공신 명 hűséges alattvaló, érdemekkel rendelkező / bíró alkalmazott; ~을 포상하다 megjutalmazza az arra érdemes alkalmazottakat

공신력 명 közbizalom; 은행의 ~ a bank iránti közbizalom; ~을 잃다 elveszíti a közbizalmat

공약 명 nyilvános ígéret, választási ígéret; ~을 하다 nyilvános ígéretet tesz; ~을 지키다 / 어기다 megtartja / megszegi a nyilvános ígéretet; 선거 ~처럼 믿을 수 없는 것은 없다 A választási ígéretek csupán megtévesztések.

공언-하다 동 nyilvánosan kihirdet, megvall; 그는 자기가 휴머니스트라고 ~한다 Humanistának vallja magát.

공업 명 ipar; ~ 원자재 ipari nyersanyagok; ~용의 ipari használatú; ~ 기술 ipari technológia; ~을 진흥시키다 fellendíti az ipart

공업국 명 ipari ország

공업화-하다 동 iparosít; iparosodik; ~ 명 iparosítás; iparosodás

공여-하다 동 biztosít, ellát; 무기를 ~하다 fegyverekkel ellát

공연-하다 동 nyilvánosan előad; ~ 명 előadás; 정기 ~ rendszeres előadás

공영 명 állami vezetés; ~ 기업 állami vállalat ~ 주택 önkormányzati lakás

공예 명 kézművesipar, kézművesség

공예품 명 kézzel készített munka

공용 közös használatra; 이 수도는 ~이다 Ez a vízcsap közös használatra való.

공원 명 park, városkert; 국립~ nemzeti park; ~을 만들다 parkot épít

공유재산 명 közös vagyon

공유-하다 동 megoszt; 정보를 ~하다 megosztja az információkat

공익 명 közjólét; ~ 사업 közjóléti munka; ~을 위해 힘쓰다 aktívan kiveszi a részét a közösségi munkából / feladatokból

공인-하다 동 hitelesít, jogosít, legalizál; ~ 명 hivatalos elismerés / engedély; ~을 받다 hivatalos engedélyt kap; 이 기록은 아직 ~되지 않았다 Ezt a rekordot hivatalosan még nem hitelesítették.

공인회계사 명 bejegyzett könyvelő

공자 명 (중국의, 기원전 552-479) Konfucius; ~의 konfuciánus; ~의 가르침 Konfucius tanítása, konfucianizmus

공작 명 ❶ gépgyártás; ~ 기계 szerszámgép ❷ manőver, művelet, akció; 정치 ~ politikai manőver / akció

공작금 명 műveleti alapok

공작시간 명 technika óra; ~에 책꽂이를 만들다 technika órán könyvespolcot készít

공작원 명 ügynök, kém

공장 명 gyár, üzem

공장장 명 gyárigazgató, üzemvezető

공정 명 munkafolyamat, gyártási folyamat, gyártás menete; ~ 관리 munkafolyamat ellenőrzése; 여러 ~을 거치다 különböző folyamatokon megy keresztül

공정가격 명 tisztességes ár, hatósági ár; ~으로 팔다 hatósági áron ad el

공정거래 명 tisztességes kereskedelem; ~ 위원회 Tisztességes Kereskedelem Bizottsága

공정-하다 형 igazságos, pártatlan; ~ 명 igazságosság, pártatlanság; ~을 기하기 위해 a pártatlanság érdekében, részrehajlás nélkül

공제-하다 동 kivon, elvesz, csökkent; ~ 명 csökkentés, kivonás; ~액 csökkentett összeg; 기초 ~ alapvető csökkentés; 필요 경비로 30%를 인세에서 ~하다 A kötelező költségek miatt a tiszteletdíj 30%-át levonják.

공조-하다 동 együttműködik; ~ 명 együttműködés

공존-하다 동 együtt él; ~ 명 együttélés; 평화 ~ békés együttélés, békés egymás mellett élés

공주 명 királylány

공중 명 lég, levegő; ~의 légi; ~에(서) a levegőben; ~ 높이 떠오르다 magasra emelkedik a levegőben

공중도덕 명 közerkölcs; ~을 지키다 figyelembe veszi a közerkölcs szabályait

공중목욕탕 명 nyilvános fürdő

공중제비-하다 동 szaltózik; ~ 명 szaltó; 뒤로 ~하다 hátraszaltózik; 비행기가 2번 ~했다 A repülő duplaszaltót csinált a levegőben.

공중폭발 명 légrobbanás

공직 명 államhivatal; ~에 있다 hivatalt vállal; ~에서 물러나다 lemond a hivataláról

공직자 명 hivatalnok, tisztviselő

공짜 명 ingyen, grátisz; 나는 그것을 친구에게 ~로 주겠다 Ingyen adom egy barátomnak (azt).

공채 명 nyilvános pályázat (munkára); ~ 광고를 하다 nyilvános pályázatot hirdet az állás betöltésére

공책 명 füzet

공천자 명 a párt jelöltje, pártjelölt

공천-하다 동 kinevez, megnevez, jelöl; ~ 명 párt által való jelölés; 후보자를 ~하다 hivatalosan megnevezi a jelöltjét

공청회 명 nyilvános meghallgatás; ~를 열다 nyilvános meghallgatást tart

공출-하다 동 leszállít; 쌀을 ~하다 leszállítja a rizst (a kormánynak)

공터 명 üres terület, üres telek

공통점 명 közös tulajdonság, valami közös; ~이 있다 van bennük valami közös; ~이 없다 nincs semmi közös bennük

공판 명 bírósági tárgyalás; ~에 부치다 bíróságra viszi az ügyet; ~에 회부되다 tárgyalásra kerül

공판기록 명 bírósági jegyzőkönyv

공판정 명 bíróság, törvényszék
공평무사 명 igazságosság és érdekmentesség
공평-하다 형 igazságos, pártatlan, nem részrehajló; ~ 명 egyenlőség, igazságosság; ~하게 igazságosan, nem részrehajlóan; ~을 기하다 mindent megkísérel, hogy az igazság győzzön
공포 명 félelem, rémület, horror, pánik; ~증 pánikbetegség; ~에 떨다 remeg a félelemtől
공포영화 명 horrorfilm
공표-하다 동 nyilvánosságra hoz; 시험 성적을 ~하다 nyilvánosságra hozzák a vizsgaeredményeket
공학 명 műszaki tudományok
공학박사 명 a műszaki tudományok doktora
공항 명 repülőtér, légikikötő; 그 비행기는 ~을 떠났다 A gép felszállt a repülőtérről.
공항버스 명 repülőtéri busz
공해[1] 명 környezetszennyezés, szennyezés, ártalom; ~를 방지하다 megakadályozza a környezetszennyezést; 산업 ~ ipari szennyezés; 서울은 소음 ~로 시달리고 있다 Szöul zajártalomtól szenved.
공해[2] 명 nyílt tenger, nemzetközi vizek; ~ 상에서 핵실험을 하다 nukleáris kísérleteket végez a nemzetközi vizeken
공허함 명 üresség, hiányérzet; 인생의 ~을 느끼다 érzi az élet ürességét
공헌-하다 동 hozzájárul, segítséget nyújt vmiben / vmihez; ~ 명 hozzájárulás; 그는 스포츠 발전에 많은 ~을 했다 Ő nagyban hozzájárult a sport fejlődéséhez.; 대외 무역에 크게 ~하다 sok segítséget nyújt a külkereskedelemnek
공화국 명 köztársaság
공황 명 pánik, ijedtség, pénzügyi krízis; 주식 ~ tőzsdei pánik; ~ 상태에 있다 pánikba esik; ~을 극복하다 kilábal a krízisből
공휴일 명 ünnepnap, szabadnap, szünnap; ~은 1년에 며칠 있느냐 Hány szabadnap van egy évben?
곶감 명 aszalt datolya
과감-하다 형 merész, radikális; ~한 조처를 취하다 radikális lépéseket tesz, merész intézkedéseket hoz
과감히 부 merészen
과거[1] 명 államvizsga a Csoszan dinasztia idejében
과거[2] 명 a múlt; ~시제 múlt idő
과거사 명 elmúlt ügyek; 이제 그것은 ~이다 Ez már lezárt ügy.
과격-하다 형 radikális, extrém; kimerítő; ~한 운동 kimerítő gyakorlat; ~ 분자 radikális elemek
과녁 명 célpont; ~을 맞히다, ~에 맞다 eltalálja a célpontot
과대망상 명 megalománia, nagyzási hóbort
과대평가 명 túlbecsülés
과도기 명 átmeneti időszak; 사춘기는 어린이에서 어른으로 이르는 ~이다 A kamaszkor átmeneti időszak a gyerekkor és a felnőttkor között.
과도정부 명 átmeneti kormány
과도-하다 형 túlzó; ~하게 túlzóan; ~한 음주는 해롭다 a túl sok ivás veszélyes
과로 명 túlhajszoltság
과목 명 tantárgy
과민-하다 형 túlérzékeny, túlbuzgó; ~ 명 (túl)érzékenység; 신경 ~ neurózis

과반수 명 vminek a többsége, vminek több mint a fele; ~의 투표에 의해 결정하다 a szavazatok többsége alapján dönt; ~를 차지하다 többsége van

과부 명 özvegy; 그녀는 25세에 ~가 되었다 25 évesen lett özvegy.

과세-하다 동 adózik; ~ 명 adózás

과소비 명 túlfogyasztás

과소평가-하다 동 alábecsül; ~ 명 alábecslés

과수 명 gyümölcsfa; ~를 재배하다 gyümölcsfákkal foglalkozik

과수원 명 gyümölcsös (kert)

과시-하다 동 fitogtat vmit, felvág vmire / vmivel, henceg vmivel, dicsekedik vmivel; ~ 명 hencegés, felvágás, dicsekvés; 권력을 ~하다 felvág a hatalmával; 그는 언제나 자기 지식을 ~하다 fitogtatja a tudását, felvág a tudásával

과식-하다 명 túleszi magát; ~ 명 túl sok evés; ~하여 병이 나다 betegre eszi magát; ~은 지나치게 체중을 늘린다 A túl sok evés hizlal. A túl sok evés következménye a túlsúly / hízás.

과실 명 hiba, gondatlanság, mulasztás; 업무상의 ~ kötelességmulasztás; 그건 ~이 아니라 고의로 한 짓이다 Nem véletlenül, hanem szándékosan tették.

과언 명 túlzás; 그는 전형적인 신사라고 해도 ~이 아니다 Nem túlzás, ha azt mondom, hogy ő úriember.

과업 명 feladat, dolog; ~을 수행하다 teszi a dolgát, elvégzi a feladatát

과연 valóban, igazán

과열 명 túlfűtés; 보일러가 ~됐다 a bojler túlfűtött; ~ 입시 경쟁 túlfűtött verseny a bejutásért (az egyetemre)

과오 명 hiba; ~를 범하다 hibázik, hibát követ el; 그녀는 자신의 ~를 인정하려 하지 않았다 Nem akarja elismerni a hibáját. Nem ismerné el a hibáját.

과외공부 명 iskolán kívüli tanulmányok

과일 명 gyümölcs; 금단의 ~ tiltott gyümölcs

과잉 túl(zás); ~ 보호 túlzott féltés / aggódás, túlzó gondoskodás; ~ 생산 túltermelés; ~ 충성 túlzott hűség, kutyahűség; ~ 투자 túlzó befektetés; 인구 ~ túlnépesedés

과자 명 sütemény; 손님에게 차와 ~를 내놓다 teát és süteményt szolgál fel a vendégeknek

과장 명 részlegvezető; 학~ tanszékvezető

과장광고 명 túlzó reklám

과장법 명 hiperbola

과장-하다 동 túloz, eltúloz, nagyzol, felvág; ~ 명 nagyzolás, túlzás; ~하여 túlozva; 사실을 ~하다 eltúlozza a tényeket; 그녀를 천재라고 말해도 ~이 아니다 Nem túlzás azt mondani, hogy zseni.

과정 명 folyamat; kurzus; 이들 동물은 흥미 있는 진화의 ~을 밟아왔다 Ezek az állatok az evolúció érdekes folyamatán mentek keresztül.; 심의 ~에서 그것은 밝혀질 것이다 A vita folyamán világossá válik majd.; 의무 교육 ~을 마치다 túl van a kötelező képzési folyamaton; 박사 ~을 하다 doktori képzésben vesz részt; 위의 사람은 본교 소정의 ~을 수료하였음 A fent megnevezett teljesítette valamennyi előírt kurzust.

과제 명 feladat; ~를 주다 feladatot ad; 정부가 해결해야 할 커다란 ~이다 Óriási feladat, amelyet az államnak kell megoldania.

ㄱ

과중-하다 형 túlterhelt, túl nehéz; ~한 노동 túl nehéz munka

과즙 명 gyümölcslé

과표 명 becsült adóalap

과표액 명 adóköteles összeg

과학 명 tudomány; ~적 tudományos; 사회 ~ társadalomtudomány; 자연 ~ természettudomány

과학자 명 tudós

과히 부 túl, túlságosan, túlzottan; ~ 걱정 마라 Nem kell túlaggódni! Ne reagáld túl!

관객 명 néző, hallgatóság, közönség

관건 명 lényeg, lényeges pont, kulcspont; 논쟁의 ~ a vita lényege, lényeges pont a vitában; 해결의 ~을 쥐고 있다 a megoldás kulcsát tartja a kezében

관계 명 kapcsolat, viszony, vonatkozás, összefüggés; 무엇과 ~되어서 vmivel kapcsolatban, vmire vonatkozólag, vmit illetően; 전혀 ~가 없는 semmilyen kapcsolatban nincs vmivel, egyáltalán nem érintett vmiben; 모든 ~가 깨지다 minden kapcsolat megszakad; 외교 ~ diplomáciai kapcsolat

관계당국 명 illetékes hatóság

관계자 명 érintett személy, illetékes személy

관공서 명 kormányhivatal, hivatali helyiség

관광 명 látnivalók megtekintése; utazás; körutazás; városnézés; 유럽 ~ európai körutazás

관광객 명 turista

관광(산)업 명 turizmus

관광지 명 nevezetes dolog, érdekes látnivalók; ~를 돌아보다 megnézi a látnivalókat

관념 명 ❶ eszme, gondolat, elképzelés; 고정 ~ rögeszme ❷ érzet, érzék; 시간 ~이 없다 nincs időérzéke

관념론 명 (filozófiai) idealizmus

관념적 ideális, ideológiai; ~ 행복 ideális boldogság

관대-하다 형 nagylelkű, nemes lelkű; ~함 명 nagylelkűség; ~한 태도 nagylelkű hozzáállás

관두다 동 abbahagy, megszüntet

관람권 명 belépőjegy

관람료 명 belépőjegy ára

관람-하다 동 megtekint, megnéz, látogat; ~ 명 megtekintés, megnézés, látogatás; 일반인의 ~을 허용하다 betekintést enged a közönségnek; ~ 시간 látogatási / nyitvatartási idő; 무료 ~ ingyenes megtekintés

관련-하다 동 kapcsolatban van, összefügg, vonatkozik, illet; 밀접한 ~이 있다 szorosan összefügg vmivel; 이 문제는 너와 ~이 없다 Ez nem vonatkozik rád.; 이 문제와 전혀 ~이 없다 Egyáltalán nem függ össze ezzel a problémával.; 이와 ~하여 ezzel kapcsolatban, ebben a vonatkozásban

관례 명 szokás, konvenció; 사회적 ~ társadalmi konvenció; ~에서 벗어나다 szokástól eltér; ~가 되다 szokássá válik; 국제 ~ nemzetközileg elfogadott normák és gyakorlatok

관료 명 hivatalnok

관료주의 명 bürokrácia

관리 명 tisztviselő, tisztségviselő

관리과 명 adminisztrációs osztály

관리인 명 gondnok, házfelügyelő, házmester

관리자 명 ügyintéző, menedzser, adminisztrátor

관리-하다 동 felügyel, ellenőriz; igazgat, kezel; ~ 명 felügyelet, ellenőrzés, kontroll; 정부 ~하에 두다 a kormány felügyelete alá helyez; 외환 ~ valutaellenőrzés; 품질 ~ minőségellenőrzés; ~ 부족으로 인하여 az ellenőrzés hiánya miatt; 이 운동장은 자치단체가 ~한다 Ezt a sportpályát az önkormányzat igazgatja.

관망-하다 동 figyelemmel kísér vmit; kivár; 사태를 ~하다 figyelemmel kíséri az események alakulását

관목 명 bokor, bozót

관문 명 kapu; ellenőrző pont; akadály; 인천국제공항은 한국의 ~이다 Az Inchon Nemzetközi Repülőtér Korea kapuja.; 인생에는 극복해야 할 많은 ~이 있다 Az életben sok leküzdendő akadály van.

관사 명 (문법) névelő; 부정 ~ határozatlan névelő; 정~ határozott névelő

관서(지방) 명 Korea észak-nyugati területe

관성 명 tehetetlenség; ~의 법칙 tehetetlenségi törvény

관세 명 tarifa, vámtarifa

관습 명 szokás; ~적 szokásos, szokványos, megszokott

관심 명 érdeklődés, érdek; 공동의 ~ közös érdek

관심사 명 érdekesség, érdeklődésre számot tartó dolog; 논쟁의 주요 ~는 ...이다 a vita fő érdekessége az, hogy...

관악기 명 fúvós hangszer

관여-하다 동 részt vesz vmiben, köze van vmihez; ~ 명 részvétel, részesedés; 정부의 정책 결정에 ~하다 részt vesz a politikai döntéshozatalban; 네가 ~할 바가 아니다 Semmi közöd hozzá!

관용 명 nagylelkűség, odaadás; 행복한 결혼생활을 유지하기 위해서는 ~과 인내가 필요하다 A boldog házasélet megőrzéséhez odaadás és türelem szükséges.

관용어 명 kifejezés, idióma

관자놀이 명 halánték

관장 명 igazgató, felügyelő

관장-하다 동 igazgat, kezel; 사무를 ~하다 igazgatói teendőket lát el

관저 명 hivatalos székhely

관절 명 ízület

관절염 명 ízületi gyulladás

관점 명 álláspont, nézőpont, szemszög; 내 ~에 따라 álláspontom szerint; ~의 차이 álláspontok különbözősége; 다양한 ~에서 이 문제를 보자 Lássuk ezt a problémát különböző nézőpontokból!

관제 명 irányítás, kormányzás, kontroll; 지상 ~ földi irányítás

관제사 명 légi irányító (személy)

관제탑 명 irányítótorony

관조-하다 동 szemlélődik; szemlél; ~ 명 szemlélődés; 자연을 ~하다 a természetet szemléli

관중 명 közönség, nézők, hallgatóság; 그 시합에는 ~이 5만 명이 들었다 50.000 néző volt a meccsen.

관직 명 hivatalnoki tisztség, hivatalnoki poszt; ~에 있다 kormányhivatalnokként dolgozik

관찰력 명 megfigyelőképesség, észlelőképesség

관찰-하다 동 megfigyel, észlel; ~ 명 megfigyelés, észlelés

관철-시키다 동 megvalósít, teljesít, véghajt, véghezvisz; 목적을 ~시키다 megvalósítja a célját

ㄱ

관측소 명 megfigyelőállomás

관측-하다 동 megfigyel vmit; ~ 명 megfigyelés; 기상 ~을 하다 meteorológiai megfigyelést végez; ~ 자료 megfigyelési adatok

관통-하다 동 áthalad, áthatol, átüt; 터널이 산을 ~하다 Az alagút a hegy alatt halad át.; 총알이 팔을 ~하다 A karján golyó hatolt át.; ~상 golyó ütötte / okozta seb

관할권 명 hatáskör, illetékesség

관할-하다 동 vezet, igazgat, felügyel; illetékes vmiben; ~ 명 illetékesség; ~ 관청 illetékes hivatal

관행 명 gyakorlat, szokás; 국제적 ~ nemzetközi gyakorlat; 사업상의 ~ üzleti gyakorlat; 일반적인 ~ szokásos munkamenet

관현악단 명 zenekar; ~ 반주 zenekari kíséret

괄목-하다 동 figyelmesen megnéz, figyelmesen megvizsgál

괄호 명 zárójel; ~ 안에 넣다 zárójelbe tesz, zárójelez

광견병 명 veszettség; ~ 예방주사 veszettség elleni (védő)oltás

광경 명 látvány(osság), kép, táj; jelenet

광고비 명 reklámköltség

광고업계 명 reklámszakma világa, reklámszakmai körök

광고주 명 hirdető

광고-하다 동 hirdet, reklámoz, hirdetést tesz közzé, hirdetést ad fel; ~ 명 hirdetés, reklám

광기 명 őrület, téboly, őrültség

광내다 동 fényesít, políroz; 구두를 ~ cipőt fényesít

광년 명 fényév

광대 명 bohóc; ~ 노릇을 하다 bohóckodik

광대뼈 명 arccsont; ~가 나오다 magasan van az arccsontja

광명 명 napfény, fénysugár, napsugár; 맹인에게 ~을 찾아주다 a vaknak visszaadja a látását; 어둠 속에서 ~을 찾다 fénysugarat lát a sötétben; 그녀의 앞날에는 ~이 있다 fényes jövő áll előtte

광물 명 ásvány

광물계 명 ásványvilág

광물질 명 ásványi anyag

광물학 명 ásványtan, kőzettan

광물학자 명 ásványtudós, mineralógus

광범위-하다 형 kiterjedt, széleskörű; ~한 영향을 미치다 széleskörű befolyást gyakorol vmire / vkire; 태풍의 피해는 ~한 지역에 미쳤다 A tájfun okozta károk nagy körzetre terjedtek ki.

광복 명 függetlenség visszanyerése, felszabadulás

광복절 명 Függetlenség Napja, Korea függetlenségének ünnepe (augusztus 15-e)

광부 명 bányász, bányamunkás

광산 명 bánya; ~을 경영하다 bányát működtet; ~에 투자하다 bányába beruház; ~주(식) bányászati értékpapír; ~ 채굴권 bányaművelési engedély / jog

광산촌 명 bányászfalu, bányafalu

광산학 명 bányatan

광선 명 fény; sugár; ~ 분색기 fényszóró; ~ 요법 fénygyógyászat, fénnyel való gyógykezelés; 태양 ~ napsugár; 레이저 ~ röntgensugár; ~의 굴절 fénytörés, sugártörés

광속 명 fénysebesség

광시곡 명 rapszódia; 헝가리 ~ *Magyar rapszódia*

광신 명 vakbuzgóság, fanatizmus; ~적

(으로) vakbuzgó(n), megszállott(an), fanatikus(an); 그의 신앙은 ~에 가깝다 A hite szinte már fanatizmus.

광신자 명 vakbuzgó, megszállott, fanatikus

광업 명 bányászat, bányaipar

광역 명 széles terület, nagy terület; ~ 지방의회 선거 területi választás

광의 명 átfogó ész, átfogó értelem; ~로 해석하다 átfogóan / széleskörűen értelmez

광장 명 tér, köztér; ~ 공포증 tériszony

광주리 명 kosár

광채 명 fény, csillogás, ragyogás; ~가 나다 fénylik, csillog, ragyog; 그녀의 눈은 ~를 잃었다 Kiveszett a ragyogás a szeméből.

광택 명 fény, ragyogás, csillogás; ~ 사진 fényes fotó; ~ 있는 fényes; ~ 없는 fakó, fénytelen; ~을 잃다 elveszti a fényét

광학 명 optika, fénytan; ~ 기계 optikai műszer; ~ 현미경 fénymikroszkóp

광활-하다 형 tágas, kiterjedt, terjedelmes; ~한 평야 tágas mező; ~한 대양 tágas / végtelen óceán

괘씸-하다 형 undorító, felháborító, udvariatlan; ~한 놈 undorító gazember; 나에게 사과를 요구하다니 ~하다 Felháborító, hogy a bocsánatkérésemet követeli.

괜스레 부 hiába, oktalanul, ok nélkül; ~ 애쓰다 hiába igyekszik; ~ 울다 ok nélkül sír

괜찮다 형 nem rossz, elviselhető, tűrhető; szabad (csinálni vmit), nem bán, nem ellenez; nincs akadálya / nehézsége; mindegy; 남들이 뭐라고 하든 ~ Nem bánom, mit mondanak.; 차가 없으면 커피도 ~ Ha nincs tea, kávé is jó.; 괜찮으시다면 내일 찾아뵙고 싶습니다 Ha nem zavarná, holnap szeretném meglátogatni.; 내일 오후는 괜찮습니다 Holnap délután jó.; 괜찮으시다면 댁의 전화번호를 알려주시겠습니까 Ha nem gond, megadná a telefonszámát?; 질문을 해도 괜찮습니까 Meg szabad kérdeznem?

괭이 명 kapa; csákány

괴다 동 ❶ összegyűlik; 빗물이 웅덩이에 ~ Az esővíz összegyűlik a mélyedésben.; 눈물이 눈에 ~ Könny gyűlik össze a szemében. ❷ támaszt, alátámaszt, megtámaszt, kitámaszt; 손으로 턱을 ~ a kezével megtámasztja az állát; 쓰러져 가는 벽을 기둥으로 ~ az összeomló falat oszloppal megtámasztja / alátámasztja

괴력 명 csodálatos (testi) erő, óriási erő; ~을 발휘하다 megmutatja óriási / hatalmas erejét

괴로움 명 szenvedés, gyötrelem, gyötrődés, fájdalom; 가난의 ~ a szegénység okozta szenvedés; 마음의 ~ lelki fájdalom; 육체적인 ~ testi fájdalom

괴로워-하다 동 szenved, gyötrődik, gyötri magát, kínozza magát; 슬픔으로 ~하다 bánat gyötri

괴롭다 형 fájdalmas, gyötrelmes, kínos, fárasztó; 괴로운 세상 gyötrelmes világ; 괴로운 여행 fárasztó utazás; 나는 괴로운 입장에 서게 되었다. Kínos helyzetbe kerültem.

괴롭히다 동 kínoz, zaklat, gyötör, kegyetlenkedik; 원수를 ~ zaklatja az ellenséget; 동물을 ~ állatot kínoz

괴물 명 szörny, szörnyeteg; 바다의 ~ tengeri szörny

ㄱ

괴상-하다 형 furcsa, szokatlan, különös, rendkívüli; ~한 일 nagyon furcsa dolog

괴성 명 visítás, sikítás, üvöltés; ~을 지르다 visít, sikít, üvölt

굉장-하다 형 gyönyörű, nagyszerű, pompás, pazar; borzasztó, rettenetes, szörnyű; ~한 건물 pompás épület; ~한 인파 rettenetes / elképesztő nagy tömeg

굉장히 부 nagyon, rettenetesen, borzasztóan; ~ 덥다 borzasztóan meleg

교가 명 az iskola dala; 학생들이 일어나서 ~를 부른다 A diákok felállva éneklik az iskola indulóját.

교감 명 igazgatóhelyettes

교감-하다 동 együttérez, megérti vkinek az álláspontját; ~ 작용 együttérzés

교과 명 tantárgy; ~ 과정 tanmenet, curriculum

교과서 명 tankönyv; 역사 ~ történelem tankönyv

교관 명 katonai oktató

교내 명 az iskola területe; ~ 폭력 iskolán belüli erőszak; ~에서는 조용히 해 주십시오 Legyen szíves csendben maradni az iskolában!

교단 명 ❶ rend; 프란체스코 ~ ferences rend, ferencesek ❷ katedra, szószék

교대자 명 váltótárs

교대-하다 동 váltják / felváltják / leváltják egymást; ~ 명 váltás, csere; 8시간 ~ 근무 nyolcórás műszakváltás; ~로 váltásban; 누구 나와 ~해 줄 사람 없느냐 Nincs valaki, aki fel tudna váltani engem?

교도관 명 őr, őrség

교도소 명 börtön, fogház; ~에서 탈옥하다 megszökik a börtönből; ~에 수감하다 börtönbe küld / zár, bebörtönöz

교란-하다 동 zavar, zaklat, háborgat; ~ 명 zaklatás, zavarás, zavargás; ~ 작전 zaklató taktika; 민심을 ~하다 közfelháborodást okoz

교량 명 híd; ~ 공사 hídépítés; ~을 놓다 hidat épít, áthidal; ~ 통행금지 tilos átmenni a hídon

교류-하다 동 kicserél; váltakozik; ~ 명 csere, váltakozás; 동서 문화의 ~ kulturális csere Kelet és Nyugat között; ~ (전기) váltakozó áram; ~ 발전기 váltóáram-fejlesztő

교리 명 tan, doktrína, (vallási) dogma; ~ 문답 katekizmus, káté

교만-하다 동 felvág vmire, kérkedik vmivel; ~ 명 gőg, fennhéjázás, arrogancia, nagy önérzet; 그의 ~한 태도를 참을 수 없다 Nem bírom a fennhéjázását / gőgösségét.

교무 명 iskolai ügyek

교무과 명 tanulmányi osztály

교문 명 iskolakapu

교민 명 külföldön élő állampolgár

교배-하다 동 keresztez; ~ 명 keresztezés; ~종 hibrid, keresztezett (növény, állat)

교복 명 iskolai egyenruha

교사 명 tanár, oktató

교살-하다 동 megfojt; felakaszt; ~ 명 megfojtás; akasztás

교섭-하다 동 tárgyal, egyezkedik; ~ 명 tárgyalás, egyezkedés; ~ 위원 a tárgyaló delegáció / küldöttség tagja; 남북한 간의 ~ Észak- és Dél-Korea közötti tárgyalás; 외교적인 ~ diplomáciai tárgyalás; ~의 결렬 tárgyalás megszakítása / felfüggesztése

교수 명 egyetemi oktató; 조~ adjunktus; 부~ docens; 정~ egyetemi tanár, professzor

교실 명 tanterem

교양 명 műveltség; ~ 과목 fakultáción kívüli tantárgy

교역-하다 동 ☞ **무역하다**

교외 명 külváros, előváros; ~ 거주자 külvárosi lakó, elővárosban lakó; ~선 열차 helyi érdekeltségű vasút (HÉV); 서울 근처의 ~에 살다 Szöul mellett egy külvárosban lakik.

교우 명 iskolatárs

교원 명 tanár, oktató

교육대학 명 tanítóképző főiskola

교육부 명 Oktatási Minisztérium

교육비 명 tandíj

교육자 명 pedagógus, oktató, tanító

교육제도 명 oktatási rendszer

교육-하다 동 oktat, tanít, iskoláztat; ~ 명 oktatás, közoktatás; ~법 oktatási törvény; ~세 oktatási / képzési adó; ~ 위원회 oktatási bizottság

교육학과 명 pedagógiai tanszék

교의 명 tan, doktrína, dogma

교인 명 hívő, vallás követője; 기독교 ~ keresztény hívő

교장 명 (iskola)igazgató

교장실 명 (iskola)igazgatói iroda

교재 명 tananyag, tanítási segédanyag; ~를 준비하다 előkészíti a tananyagot; 헝가리어 신문을 ~로 사용하다 magyar újságot tananyagként használ fel

교정 명 iskolai udvar

교정-하다 동 javít, helyesbít; ~ 명 javítás, helyesbítés, korrektúra; 세밀히 ~을 보다 gondosan javít; ~에서 오자를 놓치고 넘어가다 nem veszi észre a hibát a javítás során; ~을 세 번 보다 háromszor nézi át

교제-하다 동 barátkozik vkivel, ismerkedik vkivel; ~ 명 barátkozás; ~ 범위가 넓다 széles baráti köre van; ~를 끊다 megszakít egy kapcsolatot

교직 명 tanári pálya, tanári hivatás; ~에 몸을 담다 tanári pályára lép

교차되다 동 kereszteződik

교차로 명 kereszteződés

교착어 명 agglutináló nyelv

교체-하다 동 kicserél, lecserél; ~ 명 csere; változás, változtatás; 선수를 ~하다 lecseréli / leváltja a játékost; 낡은 타이어를 새것으로 ~하다 kicseréli a kopott kerékabroncsot az újra

교통 명 forgalom, közlekedés; ~ 법규 közlekedési szabály; ~ 혼잡 forgalmi akadály; ~ 신호 forgalmi jelzőlámpa; ~이 혼잡하다 nagy a forgalom

교통경찰 명 közlekedési rendőr

교통난 명 közlekedési nehézségek, forgalmi nehézségek; ~에 시달리다 közlekedési nehézségek miatt szenved

교통량 명 forgalom sűrűsége

교통사고 명 közlekedési baleset

교통수단 명 közlekedési eszköz

교편 명 tanári pálca; ~을 잡다 tanárként dolgozik

교포 명 külföldön élő honfitárs; 재미~ Amerikában élő honfitárs / koreai etnikumú egyén; 재일~ Japánban élő honfitárs / koreai etnikumú egyén

교향곡 명 szimfónia

교향악단 명 szimfonikus zenekar

교화-하다 동 oktat, felvilágosít; civilizál; ~ 명 oktatás; civilizálás; ~ 운동 népművelő mozgalom; 원주민을 ~하기 위해 많은 선교사가 파견되었다 Sok hittérítőt küldtek, hogy civilizálják a benn-

ㄱ

szülötteket.

교환-하다 동 cserél, kicserél; ~ 명 csere, (üzenet)váltás; ~으로 cserébe; 의견 ~ véleménycsere; ~ 교수 csereprofesszor, vendégtanár

교활-하다 형 ravasz, fortélyos, furfangos

교황 명 pápa

교회 명 egyház; templom; ~ 음악 egyházi zene; ~에 가다 templomba megy

교훈 명 utasítás, tanulság; ~을 어기다 megszegi az utasítást; ~적 tanító, didaktikus; ~적 이야기 tanmese, didaktikus történet

구 kilenc

구가-하다 동 megénekel, dicsőít vmit; ~ 명 megéneklés, dicsőítés; 평화를 ~하다 megénekli / dicsőíti a békét

구간 명 szakasz; 지하철 요금은 1~에 900 원이다 A metródíj 900 von szakaszonként.

구개음 명 palatális hang; 연- / 경~ a lágy / kemény szájpadlás

구개음화 명 (문법) lágyítás, palatalizálás, jésítés

구걸-하다 동 kéreget, alamizsnát kér, koldul

구겨지다 동 összegyűrődik; 종이가 ~ összegyűrődik a papír

구경-하다 동 megtekint, megnéz; ~ 명 megtekintés; 서울에는 ~할 만한 것이 많다 Szöulban nagyon sok látnivaló van.

구국 명 ország megmentése; ~운동 az ország megmentésére szervezett mozgalom

구금-하다 동 fogva tart; őrizetbe vesz, letartóztat; ~ 명 fogva tartás; letartóztatás; 자택에 ~되다 házi őrizetben van; 그는 경찰서에 ~되었다 Fogva tartották a rendőrségen.

구급 명 elsősegély; ~ 조치를 하다 elsősegélyt nyújt; ~ 상자 elsősegélydoboz

구급약 명 elsősegélygyógyszer

구급차 명 mentőautó; ~ 전화는 114 a mentők telefonszáma 114

구기다 동 összeráncolódik, összegyűr; 구겨진 종이 összegyűrt papírdarab

구더기 명 hernyó, lárva, féreg

구덩이 명 üreg, gödör, lyuk, mélyedés

구도 명 kompozíció; ~가 좋다 jó a kompozíció

구도자 명 igazságkereső, aki az igazság után jár

구도-하다 동 keresi az igazságot, az igazság után jár; 열심히 ~하다 igyekszik megtalálni az igazságot

구독-하다 동 előfizet; ~ 명 előfizetés; ~자 előfizető; 잡지를 ~하다 folyóiratra fizet elő

구두 명 cipő; 굽이 높은 ~ magas sarkú cipő; ~를 신다 / 벗다 cipőt felhúz / lehúz; ~가 낀다 a cipő szorít;; ~ 밑창을 갈다 megtalpaltatja a cipőjét; ~의 끈을 매다 beköti a cipőjét, cipőt beköt; ~ 주걱 cipőkanál

구두약 명 cipőpaszta; ~을 칠하다 cipőpasztát ken

구두쇠 명 fösvény, zsugori, fukar; 그는 ~라서 돈을 내지 않을 것이다 Mivel fukar, nem fog adni pénzt.

구두점 명 írásjel; ~을 찍다 kiteszi az írásjeleket

구렁이 명 nagy, szürke, hosszú kígyó; csavaros észjárású; ~ 담 넘어가듯 하다 titokban / lopva csinál vmit

구레나룻 명 oldalszakáll, pofaszakáll; ~가 있는 사내 oldalszakállas férfi; ~가

있다 oldalszakálla van

구령-하다 동 vezényel, parancsot ad; 장교가 "차려"하고 ~을 내렸다 A tiszt "Vigyázz!"-t vezényelt.

구르다 동 ❶ gurul, gördül; ~ 명 gurulás; 바위가 ~ a szikla gurul ❷ dobbant, toppant; 아이가 발을 ~ a gyerek dobbant a lábával

구름 명 felleg, felhő; 검은 ~ sötét felhő; ~ 낀 felhős; 하늘에는 ~ 한 점 없다 Teljesen felhőtlen az ég.

구릉 명 domb, halom; (kis) hegy

구리 명 vörösréz; réz; ~ 철사 vörösréz drót

구리빛 명 vörösesbarna szín

구매자 명 vevő, vásárló; ~의 기호에 따라 a vásárló ízlése szerint

구매-하다 동 megvásárol, beszerez, megvesz; ~ 명 vásárlás, bevásárlás; ~ 가격 vételi ár; ~ 부서 beszerzési osztály

구멍 명 lyuk, üreg

구멍가게 명 kis üzlet / bolt; ~를 하고 있다 kis üzlete van

구면 명 régi / jó ismerős; 그와 나는 ~이다 régóta ismerjük egymást

구미[1] 명 étvágy, ízlés; ~가 당기다 étvágyat gerjeszt; ~에 맞다 az ízlésének megfelel

구미[2] 명 Európa és Amerika, a Nyugat; ~인 európaiak és amerikaiak; ~의 európai és amerikai, nyugati

구민 명 a kerület lakója

구박-하다 동 szigorúan bánik vkivel; 의붓딸을 ~하다 szigorúan bánik a mostohalányával

구별-하다 동 megkülönböztet, különbséget tesz; ~ 명 megkülönböztetés, különbségtétel, különbség; ~을 하지 않다 nem tesz különbséget; A와 B를 ~하기 힘들다 nehéz A-t B-től megkülönböztetni

구부리다 동 lehajol, meghajol, meghajlik; görnyed; hajlít, elgörbít; 몸을 구부려 주워 올리다 lehajol és felvesz vmit; 쇠는 뜨거워지면 잘 구부러진다 A vas akkor hajlik jól, ha forró.; 몸을 구부리고 걷다 görnyedve megy; 철선을 구부려 고리를 만들다 körbe hajlítja a fémdrótot

구분-하다 동 oszt, feloszt, beoszt, besorol; ~ 명 osztás, felosztás; 네 개의 큰 그룹으로 ~하다 négy nagy csoportba oszt; 도서관에 있는 서적들은 주제별로 ~되어 있다 A könyvtári könyvek tematikusan vannak besorolva.

구비-하다 동 eleget tesz vminek, kielégít vmit; birtokában van vminek; 모든 조건을 ~하다 minden feltételt kielégít

구사-하다 동 (nyelvet) jól tud, rendelkezik vmivel; ~ 명 ügyes használat; 풍부한 어휘를 ~하다 gazdag szókinccsel rendelkezik; 영어를 자유로이 ~하다 folyékonyan beszél angolul

구상-하다 동 tervez, tervet készít, vázol; ~ 명 ötlet, elképzelés; terv, koncepció, elgondolás; 유럽 연합의 새로운 ~ az Európai Unió új koncepciója

구석 명 sarok, zug, szöglet; zárt hely; oldal, nézőpont; 방 한 ~에 앉다 leül a szoba sarkába; ~방 a legbelső szoba; 나쁜 ~도 있다 rossz oldala is van

구석구석 부 mindenhol, minden sarokban; ~ 찾아보다 mindenhol keres, mindent felforgat; 이 도시를 ~ 잘 알다 jól ismeri az egész várost

구석기 명 paleolit, csiszolatlan kőkorszak; ~시대 őskőkor, csiszolatlan kőkorszak

구설수 명 pletyka, híresztelés, szóbeszéd, mendemonda

구성물 명 alkotóanyag

구성요소 명 alkotóelem

구성원 명 tag, testrész

구성-하다 동 összeállít; megfogalmaz; elrendez; ~ 명 szerkezet, összeállítás; 가족~ családszerkezet; 위원회는 5명의 위원으로 ~된다 a bizottság öt tagból áll

구세대 명 idősebb nemzedék

구세주 명 a Megváltó, az Üdvözítő

구속력 명 jogerő; 법적 ~이 없다 nem jogerős

구속-하다 동 bezár, őrizetbe vesz; korlátoz, megszorít; ~ 명 bezárás, letartóztatás, őrizetbe vétel; 표현의 자유를 ~하다 korlátozza a szólásszabadságot

구수-하다 형 ízletes, jóízű, jó, kellemes; érdekes, elragadó, bűbájos; ~한 냄새 kellemes illat, étvágygerjesztő illat; ~한 이야기 nagyon érdekes történet; ~한 사람 elragadó ember

구술-하다 동 tollba mond, diktál vmit; ~ 명 tollbamondás, diktálás; ~시험 szóbeli vizsga; 사장은 편지를 ~하여 비서에게 쓰게 했다 Az igazgató egy levelet diktált a titkárnőnek.

구슬 명 üveggyöngy, gyöngyszem, gyöngy; ~이 서 말이라도 꿰어야 보배 A gyöngy értékes, de csak átfűrva lesz ékszer.

구슬땀 명 csupa veríték; ~을 흘리며 일하다 csupa veríték munka közben, verejtékes munkát végez

구시대 명 régi korszak

구식 명 régi mód, régi divat

구실[1] 명 szerep; kötelesség, kötelezettség; 제 ~을 하다 saját szerepét játssza, teljesíti a kötelességét; ~을 못하다 nem teljesíti a kötelességét, kiesik a szerepéből

구실[2] 명 kifogás, mentség, ürügy; 그럴듯한 ~ elfogadható kifogás; 그는 언제나 이 ~ 저 ~을 붙여 할 일을 안 한다 Valamilyen ürüggyel mindig elkerüli a munkát.; 그것은 ~에 불과하다 csak kifogás / ürügy; 누구와 만날 약속이 있다는 ~로 그는 집을 나왔다 Azzal az ürüggyel ment el otthonról, hogy valakivel találkozója van.

구십 kilencven

구약성서 명 Ótestamentum, Ószövetség

구역 명 kerület, zóna, térség

구역질-하다 동 émelyeg, undorodik vmitől, hányingere van; ~ 명 hányinger, émelygés; ~을 나게 하다 hányingert okoz; 그 냄새에 ~이 난다 az a szag hányingert okoz

구원-하다 동 segít, könnyít, enyhít; ~ 명 segítség, megmentés, jóvátétel; ~을 청하다 segítséget kér

구월 명 szeptember (szept.)

구인난 명 munkaerőhiány

구인광고 명 álláshirdetés; munkahely ajánlása

구입-하다 동 vesz, vásárol; ~ 명 vétel, vásárlás; 도서 ~ könyvvásárlás; ~ 가격 vételár

구전문학 명 népköltészet

구절 명 bekezdés, paragrafus; versszak, strófa

구제-하다 동 segít, segélyez; ~ 명 segítség, segély, segélyezés

구조 명 szerkezet, struktúra, szervezet, felépítés; ~상의 szerkezeti, szervezeti, strukturális; 문장의 ~ mondatszerkezet; 인체의 ~ az emberi test felépítése; ~는 간단하다 a szerkezet nagyon egyszerű

구조공학 명 épülettervezés

구조식 명 (화학) kémiai képlet

구조조정 명 újjáalakítás, átszervezés

구조주의 명 strukturalizmus; ~ 언어학 strukturális nyelvészet

구조-하다 동 megment, kiment, segít; ~ 명 megmentés, kimentés, segítség; 물에 빠진 사람을 ~하다 kiment vkit a vízből; ~를 요청하다 segítséget kér; ~작업 mentési munkálatok

구직 명 álláskeresés, munkakeresés; ~ 신청을 하다 állásra jelentkezik; ~ 인구 álláskeresők száma

구직자 명 álláskereső

구차스럽다 형 nagyon szegény, szűkölködő, nyomorgó; aljas, szánalmas; 살림이 ~ nyomorban él; nagy szegénységben él; 구차한 목숨 érdemtelen élet; 구차한 변명 szánalmas mentegetőzés

구청 명 kerületi hivatal, helyi hivatal; ~ 직원 kerületi hivatalnok

구체적 konkrét, kidolgozott, részletezett; ~인 안을 제시하다 konkrét tervet benyújt; ~인 개념 konkrét fogalom; ~인 사실 konkrét tény; ~으로 말하면 konkrétan szólva

구체화-하다 동 megvalósít, véghezvisz; 계획을 ~하다 megvalósítja a tervet; 그 계획은 곧 ~될 것이다 Az a terv minden bizonnyal megvalósul majd.

구축-하다 동 épít; ~ 명 építés, építkezés; 기반을 ~하다 alapot épít, alapoz

구출-하다 동 ment, megment, kiment; ~ 명 megmentés, kimentés, mentés; ~ 작전 mentési terv; 위기에서 ~되다 kimentették a veszélyből, megmenekült a veszélytől

구치소 명 fogház, börtön, fegyház

구타-하다 동 ver; ~ 명 verés; 머리를 ~하다 fejbe ver vkit

구태여 부 szándékosan, akarattal; 그렇다면 ~ 말리지 않겠다 Ha ragaszkodsz hozzá, én nem foglak visszatartani / lebeszélni.

구토-하다 동 hány, okád; ~ 명 hányás

구하다[1] 동 keres, akar, megkíván, óhajt; megkövetel, kér, igényel, folyamodik vmihez; 방을 ~ szobát keres; 조언을 ~ tanácsot kér; 어떤 일자리를 구하느냐 Milyen munkát keres?; 구하라, 그러면 얻을 것이다 Aki keres, az talál.

구하다[2] 동 megment, kiszabadít, meggyógyít, kigyógyít; 인명을 ~ emberi életet ment; 병에서 ~ kigyógyítja a betegségből; 구할 도리가 없다 Nincs semmilyen gyógymód.

구현-하다 동 megtestesít, megvalósít, megjelenít; ~ 명 megtestesítés, megvalósítás; 그 조각상은 조각가의 감정을 ~하고 있다 Az a szobor megtestesíti a szobrász érzelmeit.

구호 명 jelszó, jelige, mottó; ~를 내걸고 jelszóval védett; 헝가리 개혁주의 문학의 ~는 조국과 진보였다 A magyar reformkor jelszava a "Haza és haladás" volt.

구호물자 명 segélyszállítmány

구호사업 명 mentési munkálatok

구호소 명 segélyhely

구호자금 명 segélyalap

구호활동 명 segélyező tevékenység

구획-하다 동 feloszt, eloszt, szétoszt; ~

ㄱ

명 felosztás, elosztás, szétosztás; 세 구역으로 ~하다 három kerületre feloszt

국 명 leves; ~을 먹다 levest eszik

국가 명 ország, állam, nemzet; ~에 이바지하다 szolgálja az államot

국가공무원 명 állami köztisztviselő

국가권력 명 államhatalom

국가대표팀 명 az ország válogatott csapata

국가보안법 명 államvédelmi törvény

국가사회주의 명 államszocializmus

국가시험 명 államvizsga

국가연합 명 államszövetség

국가재정 명 állami pénzügy

국가적(인) 형 országos, állami

국가정보원 명 nemzetbiztonsági hivatal

국경 명 határ, államhatár, országhatár; ~ 밖에 határon kívül / túl; ~을 굳게 지키다 megerősíti a határt; ~을 넘어 도망치다 átszökik a határon; 사랑에는 ~이 없다 a szerelemben nincs határ

국경경비대 명 határőrség

국경도시 명 határváros

국경선 명 határvonal; határterület

국경수비대 명 határőr

국경지대 명 határvidék, határsáv

국경침범 명 határsértés

국경표 명 határkő, határoszlop

국고 명 államkincstár, állampénztár; ~에서 부담하다 az államkincstárból fizet

국고보조 명 az államkincstár támogatása, az államkincstár segélye; ~ 보조를 받고 있다 támogatást kap az államkincstártól

국고수입 명 állami jövedelem, államkincstári bevétel

국고채권 명 államkötvény

국군 명 állami hadsereg, nemzeti hadsereg; 내일 다채로운 ~의 날 행사가 거행된다 Holnap a honvédelem napja alkalmából számos rendezvényre kerül sor.

국기 명 nemzeti zászló; 한국 ~를 단 선박 koreai zászlót viselő hajó; ~를 게양하다 nemzeti zászlót húz fel / von fel; ~에 대한 경례 a nemzeti zászló üdvözlése

국기게양식 명 zászlófelvonási ünnepség

국내 명 belföld

국내선 명 belföldi légijárat

국내외 명 országon belül és kívül, belföld és külföld, határon innen és határon túl; ~에 유명한 belföldön és külföldön is híres

국도 명 országút

국력 명 állami erő, az ország ereje; ~을 신장하다 gyarapítja / növeli az állam erejét

국립 nemzeti; ~공원 nemzeti park; ~ 극장 nemzeti színház

국면 명 helyzet, állapot, szakasz; 전쟁 ~ háborús helyzet; 중대한 ~을 맞다 nagyon fontos szakaszhoz ér

국무위원 명 államminiszter

국무회의 명 államtanács; ~에 회부하다 benyújt vmit az államtanácsnak

국무총리 명 miniszterelnök

국문 명 koreai írás, koreai nyelv; koreai irodalom

국문과 명 koreai irodalmi tanszék; 나는 ~ 학생이다 Koreai irodalom szakos vagyok.

국물 명 lé (leves folyékony része)

국민 명 nemzet, nép; állampolgár; 한국 ~ koreai nemzet

국민개병(제도) 명 általános hadkötelezettség (rendszere)

국민성 명 nemzeti jellegzetesség, nem-

zeti jellemző vonás
국민연금 명 állami nyugdíj
국민총생산 명 nemzeti / társadalmi össztermék, bruttó nemzeti termék
국민총소득 명 nemzeti jövedelem
국민총지출 állami kiadások
국방 명 honvédelem, nemzetvédelem; 자주 ~ független honvédelem
국방군 명 nemzetvédelmi erők
국방부 명 Honvédelmi Minisztérium
국방비 명 honvédelmi kiadások
국보 명 nemzeti kincs, nemzeti vagyon; ~로서 보존하다 nemzeti kincsként megőriz; 이 그림은 ~급이다 Ez a kép a nemzeti kincsek / értékek közé tartozik.
국빈 명 állami vendég; ~ 대우를 하다 államilag vendégként kezelik
국사 명 nemzeti történelem; (한국의) koreai történelem
국산 명 belföldön készült; hazai termék; ~의 hazai, belföldi; 이 포도주는 ~이다 Ez a bor hazai termék.
국산화 명 belföldi gyártásra szánás
국선 hivatalosan kijelölt, hivatalosan kirendelt; ~ 변호인 hivatalból kirendelt védőügyvéd
국수 명 tészta; ~를 끓이다 tésztát főz
국수주의 명 nacionalizmus, ultranacionalizmus
국어 명 nyelv, államnyelv; koreai nyelv; 여러 개 ~로 번역되다 sok nyelvre lefordították
국어사전 명 koreai értelmező szótár
국어학 명 koreai nyelvészet, koreai nyelvtudomány
국영화-하다 동 államosít; ~ 명 államosítás
국왕 명 király, uralkodó; 스웨덴 ~ svéd király
국외 명 határon túli terület, külföld
국유화 명 államosítás
국익 명 állami érdek, nemzeti haszon; ~을 우선하다 elsőbbséget ad az állami érdeknek
국자 명 merítőkanál, merőkanál; ~로 국을 뜨다 kimeri a levest a merőkanállal
국장 명 főosztályvezető
국적 명 nemzetiség, állampolgárság; 이중~(자) kettős állampolgárságú; ~을 취득하다 megszerzi az állampolgárságot; ~을 상실하다 elveszíti az állampolgárságot; 너의 ~은 어디냐 Milyen állampolgárságú vagy?; 무~자 hontalan ember
국적법 명 állampolgársági törvény
국제 nemzetközi; 이 사건은 ~적 관점에서 살펴봐야 한다 Ezt az eseményt nemzetközi szemszögből kell vizsgálni.
국제선 명 nemzetközi járat
국제연합 명 Egyesült Nemzetek Szervezete (ENSZ)
국제통화기금 명 Nemzetközi Valutaalap, IMF
국제화 명 nemzetköziesítés, nemzetközivé tétel; 그 문제는 ~될 가능성이 있다 Ez a kérdés nemzetközivé válhat.
국채 명 államadósság
국책 명 állami politika, államvezetés, államirányítás; ~에 따라 az állam politikája értelmében; 수출은 ~으로 장려된다 Az állami politika ösztönzi / előmozdítja az exportot.
국토 명 ország; terület, (föld)birtok
국토개발 명 földbirtok fejlesztése
국토분단 명 terület felosztása

ㄱ

국한-하다 동 korlátoz, megszorít
국호 명 ország neve
국화꽃 명 krizantém
국회 명 országgyűlés, parlament; ~를 소집하다 országgyűlést összehív / egybehív; ~를 해산하다 feloszlatja az országgyűlést
국회의원 명 parlamenti képviselő, országgyűlési képviselő; (미국) a kongresszus tagja, szenátor
국회의장 명 az országgyűlés elnöke, házelnök
군 명 katona; katonaság, haderő, hadsereg; ~에 입대하다 katonának áll, bevonul; ~에 복무하다 katonai szolgálatot teljesít
군가 명 katonadal, katonaének
군고구마 명 sült édesburgonya
군국주의 명 militarizmus, katonai berendezkedés
군대 명 haderő, hadsereg; 그는 ~에 있다 a hadseregben szolgál
군대행진곡 명 katonai induló, menetdal
군데군데 부 itt-ott, néhány helyen; ~ 눈이 쌓이다 hó gyűlt össze itt-ott; 장지문에 ~ 구멍이 나 있다 néhány lyuk van a tolóajtón
군락 명 falucsoport
군림-하다 동 uralkodik vmin / vkin; túlsúlyban van; 재계에 ~하다 uralkodik a pénzügyi világon
군번 명 dögcédula (katonai azonosító szám)
군복 명 katonai egyenruha; ~ 차림의 강도 katonai egyenruhát viselő tolvaj; ~을 벗다 leveszi a katonai egyenruhát
군부 명 katonai kormányzat; ~의 횡포 katonai zsarnokság / önkény
군부대 명 katonai alegység
군비 명 fegyverzet, hadi felszerelés; ~를 갖추고 있다 fel van készülve a háborúra
군사 명 katona; katonai, hadi; ~기밀 hadititok; ~기지 katonai bázis, támaszpont; ~동맹 katonai szövetség; ~분계선 katonai demarkációs vonal; ~작전 hadművelet; ~훈련 hadgyakorlat; 그들은 ~ 목적으로 그 부지를 이용하고 있다 Azt a területet katonai célra használják.; ~ 행동을 개시하다 katonai akciót indít
군사력 명 katonai erő
군사령관 명 hadvezér, fővezér, főparancsnok
군수산업 명 hadiipar
군수품 명 hadianyag, lőszer
군악대 katonazenekar
군의관 명 katonaorvos
군인 명 katona; 그가 ~이라는 것을 곧바로 알았다 Azonnal észrevettem / rájöttem / felismertem, hogy ő katona.
군자 명 úr, nemesember; ~ 대로행이라 A nemes lélek mindig a helyes úton jár.
군자국 명 olyan ország, ahol nemes jellemek élnek
군정 명 katonai közigazgatás; ~하에 두다 katonai közigazgatás alá helyez
군주 명 király, uralkodó
군주국 명 monarchia; 입헌~ alkotmányos monarchia; 절대~ abszolút monarchia
군중 명 (nép)tömeg; ~을 헤치고 나아가다 tolakodva átmegy a tömegen; 경찰은 ~을 해산시켰다 a rendőrség feloszlatja a tömeget
군중공포증 명 tömegfóbia, tömegiszony
군중심리 명 tömegpszichózis

ㄱ

군청 명 járási hivatal

군축 명 lefegyverzés, leszerelés; fegyverzetcsökkentés; 점진적 ~ fokozatos fegyverzetcsökkentés; 우리는 ~ 협정에 등을 돌릴 수 없다 Nem fordíthatunk hátat a leszerelési egyezménynek.

군함 명 hadihajó, csatahajó; ~을 건조하다 hadihajót épít; ~을 파견하다 csatahajót kirendel

군항제 명 hadikikötői fesztivál

굳다 형 szilárd, erős; megmerevedett, meredt, dermedt; 굳은 땅 szilárd talaj; 굳은 결심 szilárd elhatározás; 굳은 의지 erős akarat; 굳은 표정 merev arckifejezés; 굳게 약속하다 határozottan megígér; 문은 굳게 닫혀 있었다 Az ajtó szorosan volt zárva.

굳세다 형 erős, határozott; 마음이 굳세어 유혹에 넘어가지 않다 Erős a lelke, és nem enged a csábításnak.

굳어지다 동 erősödik, határozottá válik, megszilárdul; 마침내 내 마음에서 사임하겠다는 결심이 굳어졌다. A szívemben végre megerősödött a döntés, hogy lemondok.

굳이 부 határozottan, szilárdan, makacsul; ~ 원하신다면 ha makacsul, erősen akarja; ~ 돌아가겠다면 말리지는 않겠다 Ha makacsul ragaszkodik ahhoz, hogy visszamenjen, én nem fogom visszatartani.

굳히다 동 megszilárdít, megerősít; 젤리를 차게 해서 ~ a zselét hűtéssel szilárdítja; 우정을 ~ megerősíti a barátságot; 그녀는 작가로서의 지위를 ~ írói hírnevét megszilárdítja / megerősíti

굴[1] 명 (조개류) osztriga; 생~ nyers osztriga; 깐 ~ héj nélküli osztriga

굴[2] 명 alagút; vacok, odú, lyuk (nyúlé), rókalyuk; barlang, üreg, búvóhely, rejtekhely; 열차가 ~에 들어가다 a vonat bemegy az alagútba; 토끼가 ~을 파다 a nyúl üreget / lyukat ás; ~ 속에 살다 barlangban lakik; 도둑 ~ tolvaj rejtekhelye / búvóhelye

굴곡 명 görbülés, görbület, kanyar, kanyarulat, tagoltság; ~이 많은 도로 kanyargós út; 한국의 남해안은 ~이 심하다 Korea déli tengerpartja erősen tagolt.

굴다 동 cselekszik, viselkedik; 못 견디게 ~ tűrhetetlenül viselkedik; 그 아이는 언제나 제멋대로 군다 Az a gyerek folyton önfejűen cselekszik.

굴뚝 명 kémény, kürtő; ~을 청소하다 kéményt söpör/tisztít; 사고 싶은 마음은 ~ 같지만 돈이 모자란다 Igazán szeretném megvenni, de nem elég rá a pénzem.

굴뚝새 명 (조류) ökörszem

굴러가다 동 gurul, elgurul; 공이 ~ gurul a labda

굴레 명 kantár, zabla, fék, kötőfék; kötelék, korlátozás, megszorítás; akadály(oztatás); ~를 씌우다 felkantároz; zaboláz, megfékez, féken tart; ~를 벗기다 leveszi a kantárt; ~에서 벗어나다 megszabadul a köteléktől

굴리다 동 gurít, gördít, görget; széthány vmit; befektet; pénzt kölcsönöz; üzemben tart, működtet; 공을 ~ labdát gurít; 바위를 언덕에서 ~ sziklát görget le a hegyről; 눈을 굴려 큰 눈사람을 만들다 havat görgetve nagy hóembert készít; 책을 함부로 내 ~ széthányja a könyveit; 돈을 ~ kamatra pénzt kölcsönöz; pénzt fektet be (okosan); 그는 버스를 세 대 ~ Három autóbuszt üzemeltet.

굴복-하다 동 megadja magát vkinek, enged, meghódol vki előtt, behódol vkinek; ~ 명 megadás, meghódolás, behódolás; 압력에 ~하다 enged a nyomásnak

굴속 명 barlang belseje, üreg belseje; ~ 같다 olyan sötét, mint a barlang; nagyon sötét

굴욕 명 megalázás, sértés, lealacsonyítás; ~을 느끼다 megalázottságot érez; ~을 당하다 vkit megaláznak, vki sértést szenved el; ~을 참다 tűri a megaláztatást / sértést

굵다 형 vastag, nagy; durva; kemény; 굵은 몽둥이 vastag bot; 굵은 실 durva fonal; 굵은 팔 vastag kar; 올이 굵은 천 durva textil; 굵게 하다 vastagít; 그녀는 다리가 ~ vastag lába van

굵어지다 동 vastagodik; vastagszik, mélyül; 목소리가 ~ mélyül a hangja

굶다 동 böjtöl, (일부러) koplal; éhezik; 굶어 죽다 éhen hal; 많은 사람이 ~ sok ember éhezik; 종일 굶었다 Egész nap nem ettem semmit, koplaltam.

굶주리다 동 éhezik, éhség kínozza; 사랑에 굶주린 아이 szeretetre éhező / szeretetéhes gyermek; 음식에 ~ koplal

굶주림 명 éhezés, éhség; ~을 면하다 elkerüli az éhezést; ~에 시달리다 éhségtől szenved; 전쟁 통에 많은 어린이가 ~으로 죽었다 A háborúban rengeteg gyermek éhen halt.

굽 명 pata; sarok; 갈라진 ~ hasított pata; 발~ 자국 pata nyoma; ~이 높은 구두 magas sarkú cipő

굽다[1] 동 megsüt, roston süt, pirít; szárít, aszal, éget; 덜 구운 közepesen átsütött; 김을 ~ szárított algát pirít; 고기를 잘 ~ jól átsüti a húst; 너무 ~ túlsüt; 재목을 ~ fát kiszárít; 벽돌을 ~ téglát éget; 숯을 ~ faszenet éget

굽다[2] 형 meghajlik; kanyarog; 굽은 나무 meghajlott fa; 굽은 길 kanyargó út, kanyarodó ösvény; 길은 거기서 왼쪽으로 굽어 있다 Az út ott kanyarodott balra.

굽어보다 동 lenéz, alánéz; 그 언덕에서 읍내를 굽어볼 수 있다 Arról a hegyről ráláthatunk a falura.

굽이치다 동 kanyarog; hullámzik; 파도가 굽이치는 바다 hullámzó óceán; 냇물이 골짜기를 굽이쳐 흐른다 A patak kanyarogva folyik a völgyön keresztül.

굽히다 동 meghajlít, begörbít; feláldoz, felad; 팔꿈치를 ~ behajlítja a könyökét; 무릎 굽히기 운동을 하다 térdhajlító gyakorlatot végez; 원칙을 ~ feladja az elveit, enged az elveiből; 주장을 굽히지 않다 nem adja fel a véleményét / álláspontját

굿 명 sámánrítus, "kut"; ~을 하다 sámánrítust lebonyolít / végrehajt

굿판 명 sámánrítus

궁 명 palota, kastély; (점성) egy a 12 állatövi jel közül; (음악) a legalacsonyabb hangjegy (dó) (a koreai régi zenei skálán: pentaton); (서양장기) király (sakkban)

궁궐 명 királyi palota; ~ 같은 집 olyan a ház, mint egy palota

궁극 végleges, végső; ~의 목적 végső cél; ~의 승리 végső diadal / győzelem

궁금증 명 kíváncsiság; ~을 참지 못해 드디어 상자 안을 들여다보았다 Nem bírtam a kíváncsiságommal, végül belenéztem a ládába.

궁금-하다 kíváncsi vmire, szeretne tudni vmit; 시험 결과가 ~하다 Nagyon kíváncsi vagyok a vizsgaeredményre.; 그에게 무슨 일이 일어났는지 ~하다 Kíváncsi vagyok, mi történt vele.

궁둥이 명 fenék, far, ülep, hátsó rész; ~가 무겁다 lassan cselekszik; 여자 ~를 쫓아다니다 hajkurássza a lányokat

궁리-하다 동 gondol(kodik), elmélkedik, megfontol; ~ 명 gondolkodás, gondolat, megfontolás; 온갖 ~를 해 보아도 묘안이 없다 Végiggondoltam, mégsem jutott eszembe igazán jó ötletet.; 그는 어떻게 하면 돈벌이가 될까 하고 ~했다 Nagyon gondolkozott, hogyan kereshetne pénzt.; 아무리 ~해도 더 좋은 수가 없다 Sokat gondolkodtam, de nincs jobb megoldás.

궁술 명 íjászat; ~을 배우다 íjászatot tanul; ~대회 íjászverseny

궁술가 명 íjász

궁전 명 palota, kastély

궁중 명 udvar, királyi udvar; ~문학 udvari művészet

궁지 명 kellemetlen helyzet, nehéz helyzet, baj; ~에 몰리다 bajba keveredik, nehéz helyzetbe kerül; 그는 ~에 몰려 있다 kellemetlen helyzetben van

궁핍-하다 형 szegény, nyomorúságos; ~ 명 szegénység, nyomor, szűkölködés; ~한 생활 nyomorúságos élet; ~한 생활을 하다 szegénységben él; 그 지역의 주민은 수도와 가스도 없는 ~한 생활을 하고 있다 Annak a vidéknek a lakosai nyomorúságosan élnek víz és gáz nélkül.; ~해지다 elszegényedik, szegénységbe / szegénysorba süllyed

궁합 명 házassági harmónia, amit a jövendőmondó jósol meg; ~을 보다 házassági harmóniát megjósol; ~이 맞는 부부 jól összeillő házaspár

권고-하다 동 tanácsol, ajánl, javasol; ~ 명 tanács, ajánlás, javaslat; 의사의 ~로 az orvos tanácsa szerint; 사직을 ~하다 lemondást tanácsol / ajánl

권력 명 hatalom, erő; 국가 ~ államhatalom, az állam ereje; ~을 제멋대로 휘두르다 hatalmat tetszése szerint gyakorol; (공식적인) ~을 남용하다 hivatalos hatalmával visszaél; ~ 남용을 저지르다 hivatalos hatalommal való visszaélést követ el

권력관계 명 hatalmi viszonyok

권력세습 명 hatalom átörökítése

권력자 명 hatalommal bíró személy

권리 명 jog; ~와 의무 jog és kötelesség; ~를 요구하다 jogot követel; ~를 취득하다 jogot szerez; ~를 상실하다 jogot elveszt; ~를 갖고 있다 joga van vmihez

권선징악 jóságra buzdít és bünteti a rosszat

권세 명 hatalom, erő, fennhatóság, hatás, befolyás; ~를 얻다 hatalmat szerez; ~를 부리다 hatalmat gyakorol

권위 명 tekintély, presztízs; 어버이의 ~ szülői tekintély; ~가 있다 tekintéllyel bír, tekintélyes; 요즘 선생님들은 학생들에게 예전 같은 ~가 없다 Az utóbbi időben a tanároknak nincs akkora tekintélyük a diákok előtt, mint korábban.

권위주의 명 tekintélyelvűség

권유-하다 동 rábeszél vmire, meggyőz vmiről, megkér vmire, ajánl vmit; ~ 명 rábeszélés, meggyőzés; 보험 가입을 ~하다 biztosítás megkötésére rábeszél, biztosítás megkötését ajánlja

권익 명 jog és érdek; ~을 보호하다 vkinek

ㄱ

a jogait és érdekeit védi / óvja

권장-하다 동 serkent, biztat, buzdít, támogat; 지방 산업을 육성하도록 ~하다 serkenti a vidéki ipar fejlesztését

권총 명 pisztoly; ~을 겨누다 pisztolyt ráfog vkire; ~을 쏘다 elsüti a pisztolyt, lő a pisztollyal

권총강도 명 fegyveres rabló, fegyveres bandita, pisztolyos rabló

권태 명 unalom, unatkozás; ~를 느끼다 megun vmit, ráun vmire

권태기 명 kölcsönös unalom, válságos időszak a házasságban

권투-하다 동 bokszol; ~ 명 ökölvívás, boksz; ~선수 ökölvívó, bokszoló; ~경기 ökölvívó-mérkőzés, bokszmeccs

권-하다 동 ajánl, javasol, tanácsol, kínál; 담배를 피우지 말라고 ~하다 Javasolja, hogy szokjon le a dohányzásról.; 담배를 ~하다 cigarettával kínál vkit; 술을 ~하다 itallal kínál vkit; 책을 ~하다 egy könyvet ajánl vkinek

권한 명 hatáskör, illetékesség; ~을 주다 meghatalmaz, felhatalmaz, feljogosít; ~이 있다 hatásköre van arra, hogy...; illetékes abban, hogy...; 나에게는 그것을 할 ~이 없다 Nem vagyok illetékes.

권한대행 명 helyettes, megbízott

궤도 명 pálya; keringési pálya; 기차가 ~를 벗어나다 A vonat kisiklott a pályáról.; ~에 오르다 pályára áll; ~에 올리다 pályára állít; ~면 keringési pálya íve; ~운동 keringési pályán való mozgás

궤변 명 okoskodás, szójáték; ~을 늘어놓다 okoskodik, szójátékot csinál

궤변가 명 szofista

귀 명 fül; ~가 어둡다 nagyothall; ~가 아프다 fáj a füle; ~가 먹다 megsüketül, süket, siket; ~에 익다 ismerős a hangja; 책 ~를 접다 szamárfülez, behajtja a könyv lapját

귀가-하다 동 hazajön, hazatér; ~ 명 hazatérés, hazajövetel; ~ 도중에 hazatérés közben; ~ 후 hazajövetel után; ~가 늦다 későn jön / ér haza; 몇 시에 ~하느냐 Mikor jössz haza?

귀걸이 명 fülbevaló

귀국-하다 동 hazatér, saját országába jön, saját országába tér vissza; ~ 명 visszatérés a hazába; ~ 길에 오르다 elindul a hazájába

귀금속 명 nemesfém

귀금속상 명 ékszerész, ékszerbolt

귀납 명 rávezetés, indukció; ~적으로 추리하다 induktív módon okoskodik

귀납법 명 indukció, indukciós módszer

귀담아듣다 동 figyelmesen hallgat

귀뚜라미 명 tücsök

귀머거리 명 süketnéma

귀빈 명 VIP-vendég

귀빈실 명 VIP-lakosztály, VIP-szállás

귀성 명 hazalátogatás (ünnepi alkalomkor); 설날에는 ~ 차량으로 도로가 매우 혼잡하다 Holdújévkor a hazalátogatók autóival vannak tele az országutak.

귀신 명 ördög; szellem; ~이 곡할 일이다 meglepően / váratlanul megváltozik; ~도 모른다 az ördög se tudja

귀양 명 száműzés, száműzetés; ~살이 하다 száműzetésben él; ~ 가다 száműzetésbe megy; ~이 풀리다 letelik a száműzetése

귀여워-하다 동 szeret, imád, dédelget; 어린아이를 ~하다 szereti a kisgyerekeket; 개를 ~하다 kutyát dédelget

귀엽다 형 aranyos, szeretni való; 그 아기

가 너무 ~ az a csecsemő nagyon aranyos
귀의-하다 동 áttér; 가톨릭으로 ~하다 áttér a katolikus hitre; 그는 불교에 ~했다 Áttért a buddhizmusra / buddhista hitre.
귀이개 명 fülpiszkáló, fültisztító
귀인 명 nemesember
귀족 명 nemes, nemesség, arisztokrácia; ~정치 az arisztokrácia uralma, oligarchia
귀중품 명 értéktárgy
귀중-하다 형 drága, értékes, becses
귀지 명 fülzsír; ~를 파내다 fület tisztít
귀찮다 형 bosszantó, kellemetlen; 귀찮은 듯이 bosszús képpel; 귀찮게 굴다 bosszantó módon cselekszik / viselkedik; 귀찮게 굴지 말고 내버려 두게 Ne bosszantsál, hagyj békén!
귀청 명 dobhártya; középfül
귀추 명 az események alakulása; ~를 지켜보다 figyelemmel kíséri az események alakulását; ~를 보고 결정하도록 하자 Nézzük, hogyan alakulnak a dolgok, azután határozzunk / döntsünk!
귀퉁이 명 szegély, perem, karima; sarok; 탁자 ~ asztal sarka
귀-하다 형 nemes, magas rangú, tiszteletre méltó, nagytiszteletű; becses, értékes, drága; ~한 집안의 사람 nemes családból származó ember; ~한 경험 értékes tapasztalat
귀환-하다 동 visszatér; ~ 명 visszatérés; 전선에서 무사히 ~하다 a frontról épségben / sértetlenül visszatér
귓가 명 a fülkagyló íve
귓바퀴 명 fülkagyló, külső fül
귓불 명 fülcimpa; ~이 두툼하다 vastag fülcimpája van
귓속 명 fül belseje
귓속말 명 súgás; ~을 하다 halkan beszél vkinek a fülébe; 서로 ~을 하다 egymásnak súgnak
규격 명 minta, modell, szabvány, típus; hiteles mérték, alapmérték, szabványminta; ~에 맞지 않다 nem üti meg a mércét
규명-하다 동 megvizsgál, kivizsgál, átvizsgál; ~ 명 megvizsgálás, alapos vizsgálat; 죄상을 ~하다 bűnügyi vizsgálatot végez; 그 사건은 아직 충분히 ~되지 않았다 Az esetet még nem vizsgálták meg eléggé.
규모 명 méret, mérték; 대~로 nagy méretben; 전국적인 ~로 országos méretekben; 사업의 ~가 축소되었다 A kereskedelem mérete csökkent.
규범 명 norma; ~문법 előíró (normatív) nyelvtan; 행동의 ~이 되다 a cselekvés mintájává válik
규약 명 szabály; ~을 정하다 szabályt meghatároz / felállít; ~을 어기다 / 지키다 szabályt megszeg / betart
규율 명 szabály, előírás, szabályozás; fegyelem, fegyelmi szabályzat; ~을 지키다 fegyelmet betart; 그 학교는 ~이 엄하다 Abban az iskolában (nagyon) szigorú fegyelem van.
규정-하다 동 előír, meghatároz; ~ 명 előírás, rendszabály, szabályozás; cikkely; 제5조 ~에 따라 그녀는 처벌되었다 Az 5. cikkely szerint büntetést érdemelt.
규제-하다 동 szabályoz, kontrollál; korlátoz, megszorít; ~ 명 szabályozás, megszorítás, korlátozás; ~ 해제 korlá-

tozások megszüntetése; 소비성 품목의 수입을 ~하다 szabályozza a fogyasztási cikkek importját

규칙 명 szabály, előírás, szabályozás; 교통 ~ közlekedési szabály: ~ 동사 (문법) szabályos ige; ~ 위반 szabálysértés; ~대로 하다 a szabályok szerint cselekszik; ~적인 생활을 하다 rendes életet él; 예외 없는 ~은 없다 minden szabály alól van kivétel; 예외는 ~을 강하게 한다 (헝가리 속담) A kivétel erősíti a szabályt.

규칙성 명 szabályosság, szabályszerűség

규탄-하다 동 elítél vmit, bírál vmit; ~ 명 elítélés, helytelenítés; 부정을 ~하다 elítéli a hűtlenséget; 정부의 실정을 ~하다 elítéli a kormány helytelen politikáját

규합-하다 동 összehív, összegyűjt; ~ 명 összehívás, gyülekezés; 그는 함께 일할 동지를 ~했다 Összegyűjti azokat az embereket, akikkel együtt fog dolgozni.

균등-하다 형 egyenlő, azonos, egyenletes, egységes; 기회 ~주의 az egyenlő lehetőségek ideológiája; 비용을 ~하게 부담하다 költséget megosztva egyenlő arányban fizet

균열-하다 동 meghasad, megreped, megszakad; ~ 명 hasadás, repedés, hasíték, rés; 지진으로 도로면에 여기저기 ~이 생겼다 Az utakon sok repedés van a földrengés miatt.

균일-하다 형 egységes, egyenlő, azonos; ~ 명 egyenlőség, egységesség; ~요금 azonos díj; ~한 제도 egységes rendszer; 천원 ~ 상점 ezer vonos bolt; ~하게 하다 egységesít, egységessé tesz

균형 명 egyensúly; mérleg; ~ 발전 kiegyensúlyozott fejlődés; 수급의 ~ kereslet és kínálat közötti egyensúly; 그는 몸의 ~을 잃고 넘어졌다 Elvesztette az egyensúlyát és elesett.; ~을 잡다 kiegyensúlyoz, egyensúlyba hoz; ~이 잡혀 있다 egyensúlyban van

귤 명 mandarin; narancs; ~나무 mandarinfa; ~껍질 mandarin héja

그 az, ő; ~ 사람은 키가 크다 / 작다 Az az ember magas / alacsony.

그것 명 az; ~은 사실이다 Az igaz.; 나는 ~을 잘 알고 있다 Azt jól tudom.

그곳 ott; 이곳과 ~, 어디에서 살 것이냐? Te itt vagy ott fogsz élni?

그네 명 hinta; trapéz, kötélhinta; ~를 뛰고 있다 hintázik

그네뛰기 명 hintázás

그녀 명 ő (nő)

그늘 명 árnyék; háttér; felügyelet, védelem; sötétség, homály, homályosság; 나무 ~에서 쉬다 a fa árnyékában pihen; 부모 ~에서 자라다 a szülők felügyelete alatt nő fel; 그는 평생을 ~에서 살았다 Egész életében sötétségben élt.

그대로 부 úgy, ahogy van; változatlanul, érintetlenül; ~ 두다 úgy hagyja, ahogy van; érintetlenül hagy vmit; 나는 들은 ~ 말해주었다 Úgy mondtam el, ahogyan hallottam.; ~ 두는 편이 좋다 Jobb úgy hagyni, ahogy van.; ~ 두면 큰일이 날지도 모르겠다 Ha úgy hagyjuk, lehet, hogy nagy baj történik.; 나는 ~의 네가 좋다 Úgy szeretlek, ahogy vagy.; ~ 누워 계십시오! Feküdjön csak tovább nyugodtan!; ~ 앉아 계십시오 Maradjon csak ülve!

그들 명 ők; ~은 우리 이웃이다 Ők a

szomszédaink.

그때 akkor, abban az időben; ~ 김씨가 왔다 Pont akkor jött Kim úr.

그때그때 időről időre; 그는 ~ 의견을 바꾼다 időről időre változtatja / váltogatja a véleményét

그래 ❶ igen, jól van; helyes; ~ 좋다 Igen, jól van. ❷ Mi? Micsoda? Hogyhogy?; ~ 어쨌단 말이오 Micsoda?, Mit mondott?

그래그래 igen, igen; jó, igaz; ~, 네 말이 옳다 Igen, igen, igazad van!

그래서 és; azért, ezért; ~ 어찌 되었느냐 És mi történt?; 어머니가 아프시다. ~ 내가 대신 왔다 Anyám beteg, ezért én jöttem helyette.

그래야 csak akkor; 이렇게 하시오. ~ 잘 될 거요 Így csinálja, csak akkor sikerül!

그래야만 csakis akkor, ha ...; csakis abban az esetben, ha ...; 약을 잘 드십시오, ~ 회복 됩니다 Szedje rendesen a gyógyszert, csakis akkor gyógyulhat meg.

그래도 mindazonáltal, mégis

그래프 명 grafikon, grafikus ábrázolás, ábra; 우리가 1번 ~를 보면 Ha az egyes ábrát nézzük, ...

그래픽 명 grafikon, ábra, illusztráció; ~이 담긴 책 illusztrált könyv

그램 명 gramm; 햄 200 ~ húsz deka(gramm) sonka

그러게 igen, hogyne, hát persze, igenis

그러나 de, pedig; 해가 난다, ~ 추운 날씨다 Süt a nap, de hideg idő van.

그러니까 ezért, ennek következtében; 늦게 일어났다, ~ 지각을 했다 Későn keltem fel, ezért elkéstem az iskolából.

그러면 nos, tehát, ezért; ~ 내일 오지요. Nos, akkor holnap jövök; ~ 나는 어찌해야 하나? Akkor tehát mit kell tennem?

그러므로 ezért, emiatt, tehát, következésképpen, így hát; 나는 생각한다. ~ 나는 존재한다 "Gondolkodom, tehát vagyok."

그럭저럭 부 így vagy úgy, valahogy(an); csaknem; ~ 산다 valahogy(an) megélek; 여기 온 지도 ~ 5년이 된다 Már csaknem öt éve annak, hogy idejöttem.

그런 ilyen, olyan, ilyenfajta, olyanfajta

그런대로 부 a maga módján; meglehetősen, tűrhetően; valahogyan, így vagy úgy; ~ 쓸만한 사나이 helyes férfi a maga módján; 그는 연금으로 ~ 살아간다 valahogyan megél a nyugdíjából

그런데 de, azonban, mégis

그런저런 ilyen-olyan

그럴듯-하다 형 hihető, valószínű; csinos, megfelelő, értékes; 말로는 ~하다 szavai alapján ez hihető; ~하게 말하다 hihetően beszél; ~한 거짓말을 하다 hihető hazugságot mond; 그의 설명은 ~하게 들렸다 A magyarázata hihetőnek hangzott.; ~한 모자 csinos kalap; ~한 연설 megfelelő beszéd; ~한 음식 jó étel

그럴싸-하다 형 ☞ **그럴듯하다**

그럼[1] 부 akkor, nos, hát akkor; ~ 가자 Hát, akkor menjünk!; ~ 내일 또 전화하겠습니다 Akkor holnap telefonálok.

그럼[2] igen, ez az; ~ 그렇고말고 Igen, az igaz.; ~ 그는 참말 큰 부자다 Igen, ő igazán / valóban gazdag.

그렇고말고 valóban, igazán, tényleg, csakugyan, persze, természetesen

그렇기때문에 ezért, ennek következtében; 그는 약속을 잘 지키지 않는다. ~ 친구가 없다 Nem tartja be az ígéreteit, ezért nincs barátja.

그렇다 형 úgy van, igaz, helyes; 그렇습니까? Igaz? Helyes?

그렇지않으면 különben, másképpen; 열심히 공부해라, ~ 낙제할 거야 Tanulj szorgalmasan, másképpen megbuksz!

그렇지만 de, azonban, ennek ellenére

그루 명 tönk, rönk, (fa)törzs, tuskó, csonk; vetés, veteményezés; 나무 ~ fa tönkje, fatuskó; 라일락 두 ~ két orgonabokor; ~ 갈이 másodvetés

그루터기 명 (fa)tönk, tuskó

그룹 명 csoport

그르다 형 helytelen, rossz; 그른 짓 helytelen cselekedet

그르치다 동 elront, tönkretesz vmit, hibázik, hibát követ el; 판단을 ~ hibásan ítél; 계획을 ~ elrontja a tervet; 일생을 ~ elrontja az életét; 건강을 ~ tönkreteszi az egészségét

그릇 명 edény

그릇되게 부 rosszul, tévesen, helytelenül, hibásan; ~ 전하다 hibásan továbbít / közöl vmit; 다른 사람의 말을 ~ 듣다 rosszul érti mások szavait / beszédét

그리[1] (그 곳으로) arra (a helyre), oda; ~ 가겠다 oda megyek; ~ 가려면 어느 길로 가야 되느냐 Ha oda akarok eljutni, merre / melyik úton kell mennem?

그리[2] olyan, ilyen, annyira, ennyire, úgy, így; ~ 크지 않다 nem olyan / annyira nagy; ~ 성내지 마라 Ne légy olyan / annyira dühös!

그리고 és, meg, azután: 방을 먼저 치우고, ~ 공부를 시작했다 Előbb kitakarította a szobát, azután kezdett tanulni.; 그는 연필 둘과 공책 둘, ~ 지우개 하나를 샀다 Vett két ceruzát, két füzetet és egy radírt.

그리다 동 lerajzol, lefest, vázol; elképzel, gondol; hiányzik; 그림을 ~ képet rajzol; 눈썹을 ~ festi a szemöldökét; 당신 집의 위치를 약도로 그려 주시겠어요 Lerajzolná vázlatosan a lakása helyét?; 미래의 세계를 마음속에 ~ a jövő világát elképzeli a szívében; 애인을 ~ hiányzik a barátnője / szerelme

그리스도 명 Krisztus, Jézus

그리움 명 sóvárgás, epekedés, vágyódás, honvágy; 고향에 대한 ~으로 나는 힘들다 A honvágyam miatt szenvedek.

그리워하다 동 hiányzik; 그 학생은 고향을 ~한다 Annak a diáknak hiányzik a hazája.; 여자친구를 ~하다 Hiányzik a barátnőm.

그린벨트 명 zöldövezet

그림 명 kép, festmény; 피카소의 ~ Picasso képe; ~ 같은 festményhez hasonló, gyönyörű; ~의 떡 a vágy elérhetetlen tárgya

그림자 명 árnyék, árny; tükörkép; ~를 드리우다 árnyékot vet; 거울에 보이는 자기 ~ a tükörben látható árnyéka vkinek; 호수에 비친 산의 ~ a hegy tükörképe a tóban

그림책 명 képeskönyv

그립다 ☞ **그리워하다**; 떨어져 있으면 더 그립다 Minél messzebb van, annál jobban hiányzik.

그만 부 ameddig, addig, egy bizonyos fokig; rögtön, mindjárt, azonnal; a legjobb, kiváló, az első; ~ 울어라 Ne sírj tovább!; ~ 먹어라 Ne egyél többet!; ~ 가자 Menjünk már!; 그는 나를 보더니 ~ 달아났다 Azonnal elfutott, ahogy engem meglátott.; ~ 입 밖에 내다 meggondolatlanul kimond vmit, kicsúszik a száján; 감기에는 휴식이 ~이다 Az influenza legjobb gyógyszere a pihenés.

그만두다 동 abbahagy, otthagy, megszüntet; lemond, leköszön; 그만두십시오! Hagyja abba! Elég!; 농담 그만둬라! Hagyd abba a viccelődést! Elég a viccből / a tréfából!; 그만두는 것이 좋겠다 jó lenne abbahagyni; 일을 ~ abbahagyja a munkát; 싸움을 ~ abbahagyja a veszekedést; 학교를 ~ otthagyja az iskolát; 교장직을 ~ lemond / leköszön az igazgatói tisztségről / igazgatóságról

그만큼[1] 부 annyi, ennyi; ~ 말했는데도 annak ellenére, hogy annyiszor elmondtam; 그가 ~ 공부를 열심히 했으니 시험에 떨어지지 않을 것이다 Azért nem bukik meg a vizsgán, mert annyira szorgalmasan tanult.

그만큼[2] 부 ugyanannyi, ugyanolyan mértékű; 내가 사과 1kg을 주었더니 그는 나에게 배를 ~ 주었다 Egy kilogramm almát adtam neki, ő ugyanannyi körtét adott nekem.

그물 명 háló, kelepce, csapda; hálózat; ~을 던지다 hálót vet; ~에 걸리다 kelepcébe esik; 철도가 ~처럼 전국에 퍼져 있다 A vasúthálózat kiterjed az egész országra.; 그는 정적이 쳐놓은 ~에 걸렸다 Beleesett a csapdába, amelyet az ellensége állított fel.

그믐달 명 holdsarló

그사이 közben, azalatt; ~에 점심을 먹을 수 있다 Azalatt ebédelhetünk.; ~에 그는 달아났다 Közben elfutott.

그새 ☞ **그사이**

그야말로 부 igazán, valóban, tényleg, csakugyan; ~ 네가 잘못이다 Tényleg te vagy a hibás!; ~ 그 자리에 적임자이다 Arra a pozícióra / posztra valóban ő a legalkalmasabb.; ~ 힘든 일이다 valóban nehéz ügy; ~ 내가 원하던 것이다 Ez pont az, amire vágytam!; 불꽃놀이는 ~ 장관이었다 A tűzijáték tényleg igazi látványosság volt.

그에 반해 ellenben, annak ellenére; 노래는 못한다, ~ 춤은 잘 춘다 Nem jól énekel, ellenben jól táncol.; 말로는 약속 했지만, ~ 실천은 못 한다 Szóban megígérte, de ennek ellenére nem cselekszik.

그와 같은 ugyanaz, azonos, ugyanolyan; ~ 색의 옷 ugyanolyan színű ruha

그와 반대로 ellenkező irányban, ellentétesen

그윽-하다 형 édes, illatos; magányos, csendes, félreeső; 장미의 ~한 향기 a rózsa édes illata; 골짜기의 ~한 곳 völgy félreeső helye; 절에서 울려오는 ~한 종소리 a templomból áradó magányos harangszó

그을다 형 kormos; napbarnított; 연기에 그을은 벽 kormos fal; 햇볕에 그을은 얼굴 napbarnított arc

그을음 명 korom; ~이 끼다 bekormoz, összekormoz

그저 csak; változatlanul, tétlenül; közepes, tűrhető, úgy-ahogy; 비가 ~ 오고 있다 egyre csak esik; ~ 자꾸 두드리다 minden ok nélkül ütlegeli; 그는 ~ 앉아만 있다 tétlenül ül, csak úgy üldögél; 그는 ~ 이름뿐인 총재이다 Ő csak névlegesen igazgató.; 영화가 재미있었느냐 ~ 그렇더라 Érdekes volt a film? Tűrhető.; ~ 살려만 주십시오 Kérem, hagyjon életben!

그지없다 형 végtelen, határtalan; 그지없

는 기쁨 végtelen / leírhatatlan / kimondhatatlan öröm; 그 경치는 아름답기 ~ a kilátás leírhatatlanul gyönyörű

그치다 동 eláll, megszűnik, abbamarad; csendes lesz, elcsendesül, elnémul; véget ér; 비가 ~ eláll az eső; 내가 방에 들어가자 그들은 얘기를 뚝 그쳤다 Ahogy / alighogy beléptem a szobába, rögtön véget vetettek a beszélgetésnek.

그토록 부 annyira, olyannyira; ~ 잘해 주시니 고맙습니다 Nagyon köszönöm, annyira kedvesen csinálta.; ~ 심한 병은 아니다 nem annyira / olyan súlyos betegség

극[1] 명 dráma, játék, színdarab, színmű; ~에 출연하다 szerepel egy drámában

극[2] 명 sark(pont), tetőpont, csúcspont; 북~ Északi-sark; 남~ Déli-sark

극광 명 sarki fény, Aurora borealis

극단 명 (szín)társulat; 지방 순회 ~ vándorló (szín)társulat

극단적 túlzó, szélsőséges, szertelen, túlzott

극대화-하다 동 maximálisan kihasznál, maximalizál; ~ 명 maximalizálás; 우리는 이윤을 ~해야 한다 Maximalizálnunk kell a profitot.

극도 명 tetőpont, csúcspont, véglet, a lehető legtöbb, a legvégső; ~에 이르기까지 a végsőkig

극락 명 buddhista paradicsom, mennyország; a legnagyobb boldogság, tökéletes boldogság

극명-하다 형 tiszta, világos, áttetsző, érthető; világosan kijelent; ~한 사실 tiszta tény

극복-하다 동 meghódít, legyőz, úrrá lesz vmin; ~ 명 hódítás, legyőzés; ~하기 어려운 meghódíthatatlan, legyőzhetetlen; 병을 ~하다 legyőzi a betegséget; 온갖 어려움을 ~하다 minden nehézséget legyőz / leküzd

극본 명 forgatókönyv, szövegkönyv

극비 명 szigorú titok, szigorúan bizalmas; ~서류 szigorúan bizalmas dokumentum / irat; 그에게 ~의 서한을 보냈다 Szigorúan bizalmas levelet küldtem neki.

극성-스럽다 형 türelmetlen, indulatos, heves, rámenős, elhamarkodott, túlzó, szélsőséges; 자녀 교육에 ~스러운 어머니 a gyerekei oktatásában túlzó anya; 모기떼가 ~이다 sűrűn rajzanak a szúnyogok

극소수 명 nagyon kevés

극심-하다 형 szigorú, túlzott, szörnyű, súlyos, kemény, rideg; ~한 더위 szörnyű / rettenetes / kutya meleg; ~한 추위 dermesztő / kutya hideg; ~한 피해를 입다 súlyos veszteséget szenved

극악-하다 형 szörnyűséges, rettenetes; 그의 ~ 무도한 행위는 용서할 수 없다 Szörnyűséges tette nem bocsátható meg.

극영화 명 játékfilm

극지방 명 sarki környezet

극작가 명 drámaíró

극작-하다 drámát ír; ~ 명 drámaírás

극장 명 színház, filmszínház, mozi; 원형 ~ körszínház, amfiteátrum; 개봉 ~ bemutató / premier mozi

극적 drámai; ~인 장면 / 정경 drámai jelenet / látvány; 두 사람은 ~으로 다시 만났다 A két ember drámai körülmények között találkozott újra.

극진-하다 형 rendkívüli, kimagasló; 그는

어머니에 대한 효성이 ~하다 Rendkívül hűséges az anyjához. Anyja iránti gyermeki szeretete kimagasló.

극치 명 tetőpont, csúcs(pont); 예술의 ~ a művészet csúcsa; ~에 이르다 tetőponthoz ér

극한 명 határ, korlát; szélsőség, véglet; 인내의 ~에 달하다 türelme végéhez ér; ~ 상황에 놓이다 szélsőséges helyzetbe kerül

극한값 명 határérték; végső ár

극히 부 rendkívül, nagyon; ~ 드물게 nagyon ritkán; 그것은 ~ 중요한 문제이다 Nagyon fontos probléma.

근거 명 alap, megalapozottság; 그 소문은 전혀 ~ 없는 것이다 Az a hír teljesen alaptalan / megalapozatlan.

근거리 명 közeli táv(olság), rövid táv; ~에 있다 nagyon közel van; ~ 경주 rövidtávfutás

근검절약 명 szorgalom és takarékosság

근교 명 város környéke, elővár0s, külváros; 서울 ~에 Szöul elővárosában; 서울 및 그 ~ Szöul és a külvárosai

근교농업 명 elővár0s, külváros

근년 명 az utóbbi években

근대 명 modern időszak, modern korszak; ~의 modern, korszerű, mai

근대성 명 modernség, korszerűség

근대적 modern, korszerű, mai; ~인 건물 modern épület; 지금도 사회 곳곳에는 전~인 관습이 남아 있다 A társadalmunkban még ma is mindenhol fennmaradtak a premodern szokások.

근대화 명 modernizálás, korszerűsítés; 완전히 ~된 공장 teljesen modernizált gyár; 한국은 지난 50년간 급속히 ~되었다 Korea gyorsan modernizálódott az utóbbi ötven év alatt.

근래 명 az utóbbi időben, napjainkban, az utóbbi években; ~의 a legutóbbi; ~에 없던 일이다 olyan dolog / esemény, ami nem fordult elő az utóbbi időben; ~에 없던 큰 비가 왔다 Olyan nagy eső esett, amilyen nem volt az utóbbi években.

근력 명 izomerő; energia, életerő; ~을 강화하는 운동 izomerősítő gyakorlat

근로 명 munka; ~에 대한 보수 a munka ellenértéke; ~ 소득자의 세금을 올리다 a bérből és fizetésből élők adóját emelik; 이런 싼 보수로는 ~의욕이 상실된다 Ilyen alacsony fizetéssel a dolgozók / munkások munkakedve elvész.

근로계층 명 dolgozó rétegek, munkásrétegek

근로기준법 명 a munka törvénykönyve

근로소득 명 jövedelem

근로자 명 dolgozó, munkás; ~의 날 a munka ünnepe

근면-하다 형 szorgalmas; ~ 명 szorgalom; ~하게 szorgalmasan; 그는 ~과 노력으로 성공하였다 Szorgalommal és erőfeszítéssel sikert ért el.

근무-하다 동 dolgozik; ~ 명 munka, szolgálat; ~를 게을리 하다 elhanyagolja a munkát / szolgálatot; 내가 (당직) ~를 하다 ügyeletes vagyok, ügyeletet tartok; 충실히 ~하다 hűségesen / kitartóan dolgozik; 통역으로 ~하다 tolmácsként dolgozik

근방 명 szomszédság, környék, közelség; 집 ~에 학교가 하나 있다 A ház / lakás környékén van egy iskola.

근본 명 alap, lényeg, eredet

근본원리 명 alapelv

근본적 alapos, alapvető, lényeges; ~ 문제 alapvető probléma; 그 문제는 ~으로 잘 해결되었다 Alapjában véve sikerült megoldani a problémát.; 사건을 ~으로 조사하다 Az esetet alaposan megvizsgálja / kivizsgálja.

근사-하다 형 nagyszerű, kitűnő, remek, pompás; ~한 아이디어로군 Milyen kitűnő ötlet!

근성 명 természet, jelleg, sajátosság, lelki alkat, vérmérséklet; ~이 나쁜 rossz természetű; 궁하면 진짜 ~이 나오는 법이다 Szükségben mutatkozik meg az ember valódi jelleme.

근세 명 modern idő, modern kor

근속-하다 동 folyamatosan egy munkahelyen dolgozik, tartósan egy munkahelyen dolgozik; ~ 명 tartós / folyamatos munka(viszony); 10년 ~ 사원 tíz éve folyamatosan dolgozó alkalmazott; ~수당 törzsgárdapótlék

근심-하다 동 aggódik, nyugtalankodik vmi miatt; ~ 명 aggódás, aggodalom, nyugtalanság, gond; ~ 없이 살다 gondtalanul él; 집안에 ~이 떠날 날이 없다 Mindig van valami baj otthon.; 아들의 건강을 ~하다 aggódik a fia egészsége miatt

근원 명 alap, gyökér, eredet, kezdet, keletkezés, forrás, kiindulás; 모든 사회악의 ~ minden társadalmi baj gyökere / eredete; ~을 캐다 a gyökeréig leás

근원적 alapvető, gyökeres

근육 명 izom; ~이 잘 발달한 izmos, fejlett izomzatú; 수영은 거의 모든 전신 ~을 움직이게 한다 Az úszás megmozgatja a test szinte minden izmát.

근육통 명 izomfájdalom

근자 명 ~에 napjainkban, mostanság, manapság, a mi időnkben; legújabban, mostanában, nemrég, múltkor, az utóbbi időkben

근절-하다 동 gyökerestől kitép, gyökerestől kiirt, megsemmisít, véget vet; ~ 명 gyökerestől való kitépés, kiirtás; 사회악을 ~하다 kiirtja a társadalmi romlottságot

근친 명 közeli rokon, vérrokon

근친상간 명 vérfertőzés

근해 명 parti vizek; 한국 ~를 정찰하다 a koreai parti vizeken őrjáratozik

근해어업 명 part menti halászat; 부산의 ~ buszani part menti halászat

근황 명 jelenlegi helyzet, jelenlegi körülmények; ~을 알려 주십시오 Tudassa kérem, hogy megy a sora!

글 명 betű, írásjel; mondat; irat, cikk; ~을 배우다 tanulja a betűket; ~을 쓰다 ír egy cikket; megfogalmaz vmit; ~을 모르다 írástudatlan, analfabéta

글귀 명 szószerkezet; kifejezés

글머리 명 előszó, bevezetés

글썽거리다 동 a szeme könnybe lábad, kicsordul a könnye; 눈물이 글썽거릴 정도로 웃다 kicsordul a könnye a nevetéstől

글쎄 nos, hát, lássuk csak, hadd halljam; ~ 좀 기다려 봅시다 Hát, várjunk egy kicsit!; ~ 그 옷이 그에게 잘 맞을는지 Lássuk csak, hogy hogy áll neki a ruha!; ~ 모르겠어, 가야 할지 말아야 할지 Hát, nem tudom, menjek-e vagy sem.

글쓰기 명 írás; fogalmazás

글씨 명 betű; kézírás; 알아보기 힘든 ~ olvashatatlan kézírás; ~를 잘 쓰다 szép kézírása van

글씨체 명 kézírás stílusa

글자 명 betű, írásjel, írásjegy; ~ 그대로 szó szerint; betűről betűre; ~ 한 자 모르다 írástudatlan, analfabéta

글짓기 명 fogalmazás

긁다 동 megkarmol, megvakar, megdörzsöl; gereblyéz; gáncsoskodik vkivel, bírál vkit, kritizál vkit; 긁어 부스럼 내다 szükségtelenül bajt okoz, kellemetlen helyzetet teremt magának; 가려운 데를 ~ megvakarja, ahol viszket; 낙엽을 ~ összegereblyézi a lehullott leveleket; 돈을 긁어모으다 sok pénzt (össze)kuporgat; 바가지를 긁어 남편을 못살게 굴다 túlságosan kritizálja a férjét

금[1] 명 vonal, egyenes; recsegés, recscsenés, hasadás, repedés; ~을 긋다 vonalaz, vonala(ka)t húz, csíkoz; 벽에 생긴 ~ falon lévő rés; 당 내부에서 ~이 생기다 A pártban megosztottság alakult ki.; 둘 사이에 ~이 갔다 A két emberkapcsolatában törés keletkezett.

금[2] 명 arany; ~의 aranyból készült

금가락지 명 aranygyűrű

금고 명 páncélszekrény, széf; ~에 넣다 a páncélszekrénybe teszi a pénzt; ~를 잠그다 bezárja a páncélszekrényt

금고털이 명 kasszafúrás, kasszafúró

금관악기 명 rézfúvósok

금기 명 tabu

금기어 명 tabuszó

금년 명 ez az év, az idei év, a mostani év; ~ 여름 ezen a nyáron; ~은 윤년이다 Ez az év szökőév.

금리 명 kamat, haszon, kamatláb; ~를 올리다 / 내리다 kamatot emel / csökkent; ~가 높다 / 낮다 a kamatláb magas / alacsony

금리인상 명 kamatemelés

금메달 명 aranyérem; ~을 수여하다 aranyérmet ad

금물 명 tilalom, eltiltás, tiltott dolog; 환자에게 담배는 ~이다 A betegnek tilos dohányoznia.

금발 명 szőke, szőke haj; ~의 szőke hajú; 그(녀)는 ~이다 neki szőke haja van, ő szőke (hajú)

금방 부 éppen most, imént, ebben a pillanatban; mindjárt, rögtön; 그녀는 ~ 나갔다 nemrég ment el

금붕어 명 aranyhal

금빛 명 aranyszín

금상첨화 "virágot tesz a hímzésre"; fokozza vminek a szépségét / ragyogását

금성 명 Vénusz, hajnalcsillag, esthajnalcsillag

금세 부 egy pillanat múlva, azonnal, tüstént, rögtön, rögvest; ~ 돌아오겠다 azonnal visszajövök; ~ 대답하다 rögvest válaszolok; ~ 가겠다 tüstént elmegyek

금속 명 fém; 철은 유용한 ~이다 A vas hasznos fém.

금속공학 명 fémmegmunkálás

금속탐지기 명 fémkereső

금액 명 összeg; 큰 ~ nagy összeg

금언 명 mondás, szállóige

금연석 명 nemdohányzó hely

금연운동 명 dohányzásellenes mozgalom

금연-하다 동 abbahagyja a dohányzást; ~ 명 tilos dohányozni; dohányzás abbahagyása; 의사는 나에게 ~을 권했다 Az orvos azt ajánlotta nekem, hogy ne dohányozzak.

금요일 명 péntek

금욕주의 명 aszkétaság, aszketizmus, önsanyargatás

금욕주의자 명 aszkéta

금욕-하다 동 elfojtja a vágyait, aszkéta módon él; ~ 명 önmegtartóztatás, önsanyargatás, aszketizmus

금융 명 pénzügy; pénzpiac; ~기관 pénzügyi szerv

금융계 명 pénzügyi világ

금융권 명 pénzügyi körök, a pénzügy világa

금일 명 ma; ~ 휴업 ma zárva van

금전 명 pénz, készpénz; aranyérme; ~(상의) 문제 pénzügyi probléma; 그들은 ~상의 문제로 크게 다퉜다 Egy pénzügyi problémán vitatkoztak.

금전출납계 명 pénztáros, bankpénztáros

금전출납부 명 pénztárkönyv

금주 명 ez a hét; ~의 프로그램 heti műsor

금주령 명 szesztilalmi törvény

금주-하다 동 nem iszik alkoholt; ~ 명 tartózkodás az italoktól, absztinencia

금지령 명 tilalmi rendelet, embargó

금지-하다 동 tilt, megtilt vkinek vmit, eltilt vkit vmitől; ~ 명 tilalom, (el)tiltás; 주차 ~ tilos parkolni; 출입 ~ tilos belépni; 통행 ~ Tilos az átjárás!; 흡연을 ~하다 eltiltották a dohányzástól, megtiltották a dohányzást; ~ 조항 tilalmat tartalmazó paragrafus/szakasz

금품 명 pénz és értéktárgy; ~을 주다 pénzt és értéktárgyat ajándékoz; ~으로 매수하다 megveszteget pénzzel és vmilyen értékes tárggyal

금-하다 동 betilt vmit, megtilt vkinek vmit, eltilt vkit vmitől; visszatart, megakadályoz vkit, korlátoz; 눈물을 ~할 수 없다 Nem tudja visszatartani a könnyeit.

금혼식 명 aranylakodalom, ötvenéves házassági évforduló; ~을 올리다 aranylakodalmat megünnepel

급격-하다 형 hirtelen, váratlan; 지난 10년 사이에 전자 산업은 ~한 진보를 이룩했다 Az elektronikai ipar az elmúlt tíz évben gyors / hirtelen fejlődésnek indult.

급격히 부 hirtelen, egyszer(re) csak; 밤이 되면 기온이 ~ 떨어진다 Ha este van, a hőmérséklet hirtelen lezuhan.

급급-하다 형 törekvő, irányuló; 돈벌이에 ~하다 pénzkeresésre törekvő

급기야 부 végre, végül; ~ 그는 바라던 대학에 입학했다 Végre sikerült beiratkozni a vágyott egyetemre.

급등-하다 동 hirtelen emelkedik, hirtelen felszökik; ~ 명 hirtelen emelkedés; 물가가 ~했다 Az árak hirtelen megemelkedtek / felszöktek.

급류 명 zúgó, zuhatag; ~를 타다 átkel / átevez a zúgón / zuhatagon

급변-하다 동 hirtelen változik; ~ 명 hirtelen / gyors változás; 세계정세가 ~하다 a világ hirtelen változik; 병세가 ~했다 A beteg állapota hirtelen megváltozott / rosszabra fordult.

급선무 명 a legsürgetőbb teendő / feladat, sürgősen elvégzendő munka; 문제 해결이 ~이다 A probléma megoldása a legsürgősebb teendő.

급성 heveny; ~ 맹장염 heveny vakbélgyulladás; ~ 폐렴 heveny tüdőgyulladás / mérgezés

급소 명 életfontosságú szervek; érzékeny pont; ~를 때리다 az életfontosságú szerveket üti; ~를 찌르다 érzékeny pontot üt

급속 gyors, sebes; ~한 성장 gyors növekedés; ~냉동 gyorsfagyasztás

급속도 명 nagy sebesség

급식아동 명 iskolában étkező gyerekek; napközis gyerekek, menzás gyerekek

급식-하다 동 étkeztet, étkezést biztosít; ~ 명 étkeztetés; 학교 ~ iskolai étkeztetés

급여 명 fizetség, fizetés, bér; járandóság; segély; 실업 ~ munkanélküli segély; 현물 ~ természetbeni járandóság

급여소득 명 kereset, munkából származó jövedelem

급여소득자 명 fizetést kapó, alkalmazott

급여수준 명 bérszínvonal

급여체계 명 bérrendszer

급우 명 osztálytárs

급증-하다 동 gyorsan növekszik / növekedik / nő; ~ 명 gyors növekedés; 교통사고의 ~ a közlekedési balesetek számának gyors növekedése; 흉악범죄의 ~ a súlyos bűncselekmények számának gyors növekedése

급진적 alapvető, gyors, radikális

급커브 명 éles kanyar; ~를 틀다 hirtelen kanyarodik

급-하다 형 sürgős, sürgető; súlyos; türelmetlen; meredek, lejtős; ~한 일 sürgős dolog; ~한 환자 sürgősségi beteg; 돈이 ~하다 sürgősen kell a pénz; ~한 성미 türelmetlen természetű; 경사가 ~한 언덕 meredek hegy

급히 부 gyorsan, sietve, sietősen, kapkodva; ~ 먹는 밥에 목이 멘다 (속담) Aki kapkod, kétszer dolgozik.

긋다 동 húz, von; jelez, megjelöl; 줄을 ~ vonalat húz

긍정문 명 állító mondat

긍정적 igenlő, jóváhagyó, helyeslő, pozitív; ~ 대답 igenlő válasz

긍정-하다 동 állít, helyesel; megerősít, igennel válaszol; ~ 명 jóváhagyás, igenlés, helybenhagyás; ~도 부정도 하지 않다 nem mond "igent" vagy "nemet"; 증인은 사실을 ~했다 A tanú megerősítette a tényeket.

긍지 명 büszkeség, önérzet, méltóság; ~를 느끼다 büszkeséget érez; 그는 자기 일에 ~를 가지고 있다 Büszke a munkájára.

기[1] 명 energia, (élet)erő, vitalitás; ~가 없다 nincs életereje; ~를 쓰다 összeszedi minden erejét; 그는 성적을 올리려고 ~를 쓰고 공부하고 있다 Minden erejével tanul, hogy jó eredményt érjen el.

기[2] 명 zászló, lobogó; jelzőzászló; ~를 올리다 zászlót felvon; ~가 바람에 펄럭이고 있다 a zászló lobog a szélben

기간 명 határidő, végső időpont, terminus; 짧은 ~ rövid határidő; ~을 연장하다 határidőt meghosszabbít; ~이 지나다 a határidő lejár

기간산업 명 kulcsiparágak, főiparágak

기간시설 명 infrastruktúra

기강 명 hivatali fegyelem; jogrend, közrend; ~을 지키다 jogrendet fenntart, fenntartja a rendet

기개 명 lélek, szellem, lelkesedés, hevesség, bátorság

기계 명 gép, műszer, készülék, szerszám; 의료 ~ orvosi műszer; 이 ~가 고장이 났다 Ez a gép elromlott.; ~적 mechanikus, gépies, automatikus; ~적인 대답 gépies válasz; ~적으로 공부하다 gépiesen bemagol

기계공학 명 gépgyártás

기계문명 명 gépi civilizáció, technikai civilizáció

기계체조 명 szertorna

기계화 명 gépesítés; ~ 농업 gépesített mezőgazdaság

기고-하다 동 publikál; 신문에 ~하다 újságban publikál

기관 명 szerv, érzékszerv; motor, hajtómű; 몸의 여러 ~ a test különböző szervei; 청각 ~ hallószerv; 정당의 ~ pártszerv; 전기 ~ villanymotor; ~ 고장 motorhiba

기관사 명 mozdonyvezető, masiniszta

기관실 명 motorház, gépterem

기관장 명 közigazgatási szerv igazgatója / vezetője

기관지 명 hivatalos közlöny; 정당의 ~ pártlap; 정부 ~ kormánylap

기관차 명 mozdony

기관총 명 géppuska, gépfegyver

기관투자가 명 intézményes befektető

기괴-하다 형 furcsa, különös, titokzatos, rejtelmes, rejtélyes; gyötrő, elviselhetetlen, mértéktelen, szörnyű; ~한 일 furcsa dolog; ~한 소식 szörnyű hír; ~한 소문 vad híresztelés

기교 명 (művészeti) technika; ügyesség, tehetség, készség; ravaszság, fortély, furfang, mesterkedés; művészeti kiválóság; 이 그림은 ~에 있어서 조금도 흠잡을 데가 없다 Ez a kép művészeti szempontból hibátlan.

기구 명 ❶ szerszám, eszköz, műszer; felszerelés; készülék; gépezet; 조리 ~ konyhai eszköz, konyhaedények ❷ szervezet; szerkezet; 국제 ~ nemzetközi szervezet; 경제 ~ gazdasági szerkezet

기권율 명 a nem szavazók aránya

기권자 명 nem szavazó, szavazástól tartózkodó; lemondó

기권표 명 üres szavazócédula

기권-하다 동 lemond, felad; ~ 명 lemondás, feladás; 그녀는 수영 경기 도중에 ~했다 Az úszóverseny közben feladta a küzdelmet.

기근 명 éhínség, éhség, éhezés; ~에 시달리다 éhínségtől / éhségtől szenved; ~ 지역 éhínség sújtotta terület

기금 명 alap, alapítvány; 구제 ~ segélyalapítvány; ~을 설립하다 alapítványt létrehoz /tesz

기기 명 gép, készülék, műszer; 정밀 ~ precíziós műszer

기꺼이 부 szívesen, készségesen

기껏해야 부 legfeljebb; ~ 1km legfeljebb 1km; ~ 3점밖에 못 받을 것이다 Legfeljebb csak hármast kaphatok.

기념관 명 emlékcsarnok, emléképület

기념비 명 emlékoszlop, emlékmű

기념사진 명 emlékfénykép, emlékfotó

기념식 명 emlékünnepség

기념품 명 emléktárgy

기념-하다 동 megemlékezik vkiről / vmiről, megünnepel vkit / vmit; ~ 명 emlék, megemlékezés; ~의 emlékkel / megemlékezéssel kapcsolatos; 결혼 ~으로 사진을 찍었다 Fényképeket készítettünk, hogy megőrizzük a házasságkötést.

기념행사 명 megemlékező rendezvény; 여러 가지 ~를 마련하다 különféle emlékünnepségeket rendez

기능주의 명 funkcionalizmus; ~적 funkcionalista

기능직 명 szakképzést igénylő foglalkozás, műszaki szolgálat

기능-하다 동 működik, ténykedik, ellátja hivatalát, üzemben van; ~ 명 funkció, feladat, szerep, rendeltetés, működés; ~ 검사 működési teszt; ~ 저하 működési hiba, működészavar; ~적 működési, működéshez tartozó, funkcionális; ~을 발휘하다 funkciót betölt, teljesíti a funkcióját; ~이 정지되다 a működés leáll

기다 동 csúszik, mászik, kúszik; 기는 놈 위에 나는 놈 있다 (속담) Mindig van valaki, aki (kicsit) jobban tudja csinálni.; 교통 정체로 차는 시속 10km로 기어갔다 A nagy forgalom miatt az autók csak tíz kilométeres sebességgel tudnak haladni.

기다랗다 형 hosszú, hosszadalmas, terjengős; 기다란 지팡이 hosszú bot

기다리다 동 vár vkit / vmit, vár vkire / vmire; 오래 ~ sokáig vár; 조금만 기다려 주십시오 Várjon egy kicsit, legyen szíves!; 세월은 사람을 기다리지 않는다 Az idő nem vár az emberre.; 기다리고 기다리던 날이 왔다 A várva várt nap eljött.; 조속한 회답을 기다리겠습니다 Azonnali választ várok / kérek!

기대다 동 támaszkodik vmire, nekidől vminek; 몸을 벽에 ~ nekitámaszkodik a falnak; 부모에게 ~ a szüleire támaszkodik

기대-하다 동 vár, elvár, kíván, remél; ~ 명 vár(akoz)ás, kilátás, remény, előérzet, sejtés; ~에 반하여 várakozás ellenére; ~에 어긋나다 nem váltja be a reményt; 그 영화는 내가 ~했던 만큼 좋지 않다 Az a film nem annyira jó, mint vártam / reméltem.

기도원 명 imaház

기도-하다[1] 동 imádkozik, könyörög, esedezik, esdekel; ~ 명 ima, imádság, könyörgés; 그는 어머니의 건강 회복을 위해 하느님께 ~했다 Az anyja gyógyulásáért imádkozott Istenhez.

기도-하다[2] 동 megkísérel vmit, próbálkozik vmivel, kigondol vmit; ~ 명 kísérlet, megkísérlés, terv; 자살을 ~하다 öngyilkosságot kísérel meg; 음모를 ~하다 összeesküvést sző / szervez

기독교 명 kereszténység, keresztyénség

기독교인 명 keresztény, keresztyén hívő

기동경찰 명 rohamrendőrség

기둥 명 pillér, oszlop; támasz; 가로등의 ~ lámpaoszlop; 한 집안의 ~ a család támasza

기득권 명 szerzett jog

기득권층 명 szerzett jogokkal rendelkező réteg(ek)

기량 명 ügyesség, tehetség, adottság; ~을 닦다 tehetséget fejleszt / csiszol; 그녀는 ~은 충분하나 경험이 부족하다 Tehetséges, de nincs tapasztalata.

기러기 명 vadlúd, vadliba

기력 명 energia, (élet)erő; akaraterő; ~이 왕성한 energikus, erőteljes; ~이 다하다 elfogy minden energiája

기록보관소 명 irattár, archívum

기록-하다 동 feljegyez, lejegyez, írásba foglal; ~ 명 feljegyzés; jegyzet, jegyzék; dokumentum; rekord; 정확한 ~ pontos feljegyzés; 세계 ~ világrekord; 공식 ~ hivatalos rekord; ~을 세우다 / 깨다 rekordot felállít / megdönt; 일기에 그의 사고와 경험을 ~하다 gondolatait és tapasztalatait feljegyzi a naplójába

기류 명 légáramlat; 불안정한 ~ kiszámíthatatlan / szeszélyes légáramlat

기르다 동 felnevel; táplál; tenyészt, termeszt; növeszt; fejleszt, növel; 아기를 모유로 ~ anyatejjel eteti / táplálja a csecsemőt; 낳은 정보다 기른 정 a nevelőszülő kedvesebb az igazi / édes szülőnél; 곡식과 가축을 ~ gabonát termeszt, állatot tenyészt; 머리를 길게 ~ hosszú hajat növeszt; 콧수염을 기르고 있다 bajuszt visel; 국력을 ~ az állam erejét fejleszti / növeli; 좋은 습관을 ~ jó szokást alakít ki

기름 명 olaj, benzin; zsír (돼지기름); 샐러드용 ~ salátaolaj; ~ 묻은 olajos; 생선을 ~에 튀기다 halat olajban kisüt; 이 고기에는 ~이 많다 Ez a hús zsíros.

기름띠 명 olajfolt, olajszennyeződés; 그 ~는 연안을 따라 60km나 되는 해면에 퍼졌다 Ez az olajszennyeződés 60 négyzetkilométerre terjedt ki.

기름지다 형 zsíros, olajos; termékeny, termő, gazdag; 기름진 음식 zsíros étel; 기름진 땅 termékeny talaj / föld

기리다 동 dicsér, dicsőít, magasztal; 스승의 덕을 ~ a tanár jóságát dicséri

기린 명 zsiráf; mesebeli, szerencsét hozó állat

기마 명 lovaglás

기마민족 명 lovas nemzet

기막히다 동 elképed, meghökken, elámul; lélegzetelállító; 기막힌 일 meghökkentő dolog; 기가 막혀 말이 안 나오다 annyira meghökkent, hogy nem talált szavakat; a döbbenettől nem talált szavakat; 기막힌 미인 lélegzetelállítóan szép

기만-하다 동 becsap, megcsal, hiteget, ámít, rászed, félrevezet, orránál fogva vezet; ~ 명 becsapás, csalás, rászedés, félrevezetés, megtévesztés, kijátszás; 헛된 희망으로 자기 자신을 ~하다 csalfa reménnyel hitegeti magát

기만행위 명 csalás

기말고사 명 félév végi vizsga, félévi vizsga

기묘-하다 형 különös, furcsa, idegen, ismeretlen; ~한 그림 furcsa kép; ~하게 느끼다 furcsán érzi magát, idegennek érzi magát; ~하게도 különösképpen, furcsán

기미 명 (elő)jel; 이것은 안 좋은 ~이다 ez rossz jel

기밀 명 titoktartás, diszkréció; titok; 군사 ~ hadititok; ~을 지키다 titokban tart vmit; ~을 알게 되다 megismeri a titkot, be van avatva a titokba; ~의 titkos, titokban tartott, elrejtett, rejtélyes

기밀누설 명 titok kiszivárgása; 그는 국가 ~죄로 어제 기소되었다 Tegnap tartóztatták le állami titok kiszivárogtatása miatt.

기밀사항 명 bizalmas dolog, titkos dolog; 이것은 ~이므로 절대로 입 밖에 내서는 안 된다 Nem szabad elmondani senkinek, mivel ez titkos dolog.

기반 명 alap, alapzat; pozíció, helyzet; 과학적 ~ tudományos alap / megalapozottság; 가족은 사회의 ~을 이룬다 A család a társadalom alapját / legkisebb egységét képezi.; 그 사실에 ~을 둔 의견 arra a tényre alapozott vélemény; ~을 잡다 megveti a lábát, megállja a helyét, tartózkodik vhol; ~을 잃다 elveszti a lába alól a talajt, kicsúszik a talaj a lába alól; 선거 ~을 넓히다 gyarapítja a törzsválasztók számát, szélesíti a törzsválasztók körét

기반시설 명 infrastruktúra

기발-하다 형 konvencióhoz nem ragaszkodó, mesterkéletlen, eredeti, nem megszokott; ~한 착상 eredeti ötlet

기법 명 technika, módszer, eljárás; 영화의 ~ filmtechnika; ~상의 문제 technikai probléma

기별-하다 동 bejelent vmit vkinek; ~ 명 hír, jelentés, értesítés, közlés; 미리 ~하다 előre bejelent vkinek vmit; 아무 ~도 없이 minden előzetes értesítés nélkül; 좀 더 일찍 ~해 주었으면 좋았을 것을 Jó lett volna, ha korábban értesít.

기본 명 alap, alapzat, talp; 영어를 ~부터 공부하다 angol nyelvet tanul az alapoktól kezdve; ~적 alapvető; ~적 인권 alapvető emberi jog(ok)

기본급 명 alapbér

기본어휘 명 alapszókincs

기본요금 명 alapdíj

기본적으로 부 alapvetően, alapjában véve, lényegében, tulajdonképpen; 자네 이론에 몇 가지 잘못은 있지만, ~는 옳다 Az elméletedben van néhány hiba, de alapjában véve helyes.

기부자 명 adományozó

기부-하다 동 adományoz; ~ 명 hozzájárulás, adomány, donáció; ~금을 모금하다 adományt összegyűjt

기분 명 kedv, hangulat; 유쾌한 ~으로 jókedvűen; 오늘은 내가 ~이 별로 좋지 않다 Ma nincs különösebben jó kedvem / hangulatom.

기분전환-하다 동 kikapcsolódik, pihen, relaxál; ~ 명 kikapcsolódás, felfrissülés, felüdülés; 음악을 듣는 것은 ~에 좋다 A zenehallgatás kellemes kikapcsolódás / felfrissülés.

기분파 명 hangulatember

기뻐-하다 동 örül, örvendezik; 성공을 ~하다 örül a sikernek; 만나게 되어 기쁩니다 Örülök, hogy megismerkedhettünk.; ~할 줄 모르는 사람은 불쌍하다 Az örülni képtelen emberek szerencsétlenek.

기쁘다 형 boldog, vidám, örvendetes, örömteli; 기쁜 소식 örvendetes hír; 그 소식을 들으니 ~ örömmel hall vmit; 기뻐서 울다 örömében sír, sír az örömtől

기쁨 명 örvendezés, öröm, boldogság, vidámság

기사 명 leírás; hír, cikk; 나는 정치 ~에 관심이 없다 Nem érdekelnek a politikai hírek / politikai témájú újságcikkek.; 신문의 모든 ~가 선거 이야기이다 Mindegyik újságcikk a választásokkal foglalkozik. Az újság minden cikke a választásokkal kapcsolatos.

기상 명 légkör, atmoszféra, idő(járás); ~의 변화 időváltozás; ~을 관측하다 időjárást előre jelez, időjárási megfigyeléseket végez

기상경보 명 időjárási riadó

기상관측 명 időjárási előrejelzés

기상대 명 meteorológiai intézet

기상예보 명 időjárás-jelentés, meteorológiai jelentés / előrejelzés

기상이변 명 szokatlan idő(változás)

기상천외-하다 형 meglepő, hihetetlen, bámulatos, különös, furcsa, szokatlan

기상-하다 동 felkel; ~ 명 felkelés; 아침 일찍 ~하다 kora reggel felkel; 우리는 아침 5시에 ~한다 reggel 5-kor felkelünk

기색 명 megjelenés, arckifejezés, külső; jel, szín; 아픈 ~이다 rossz színben van, betegnek látszik; 좋은 ~이다 jó színben van, jól néz ki

기생 명 kiszeng (a vendégeket dallal, tánccal, hangszeres zenével szórakoztató fiatal hölgy)

기생집 명 olyan (vendég)fogadó, ahol kiszengek szórakoztatják a vendégeket

기성복 명 készruha

기성세대 명 idősebb nemzedék, idősebb generáció

기성작가 명 befutott író

기성정당 명 működő politikai pártok, aktív politikai pártok

기성품 명 készáru

기세 명 lelkesedés, rajongás, elragadtatás, életerő, energia; ~ 좋게 lelkesen, erőteljesen; 맹렬한 ~로 rettenetes életerővel; ~를 꺾다 elkedvetlenít, elbátortalanít vkit

기소자 명 vádló, feljelentő, felperes

기소장 명 vádirat

기소-하다 동 vádol, vádat emel vki ellen, vádiratot nyújt be; ~ 명 bűnvádi eljárás, perbefogás; ~되어 있다 vki be van perelve, vád alá van helyezve; ~를 기각하다 elutasítja a vádat, megszünteti az eljárást

기수 명 zászlótartó, zászlóvivő

기숙사 명 kollégium, diákotthon

기술 명 technika, ügyesség, jártasság; 최신 ~ a legújabb / legutóbbi technika; ~적 technikai, műszaki, technológiai; ~적 어려움 technikai nehézség

기술문법 명 leíró nyelvtan

기술자 명 technikus, gépkezelő

기술제휴 명 technikai együttműködés, műszaki együttműködés

기술-하다 동 leír, ecsetel; ~ 명 leírás; ~할 수 없는 leírhatatlan; 정확하게 ~하다 hűen ír le vmit; 그의 외모를 ~하실 수 있습니까 Le tudja írni az illető külsejét / kinézetét?

기슭 명 láb, alsó rész; folyópart, part(vidék); 강 ~에 a folyó partján; 산 ~에 있는 집 a hegy lábánál lévő ház, a hegy alján fekvő ház

기습-하다 동 rátámad, lerohan; ~ 명 lerohanás; 한 나라를 ~하다 lerohan egy országot, váratlanul / meglepetésszerűen megtámadja az országot

기실 부 valóban, valójában, tényleg; 큰소리는 치지만 ~ 그는 아무 것도 모른다 Bőszen kiabál, de valójában semmit sem tud.

기아 명 éhség, éhínség, éhezés; ~를 면하다 elkerüli az ínséget; 많은 죄수들이 ~에 허덕이고 있다 sok rab éhségtől szenved

기압 명 légnyomás; 고~ magas légnyomás

기압계 명 légnyomásmérő, barométer

기압골 명 depressziós zóna, kis légnyomású csatorna / terület

기압배치 명 légnyomás eloszlása

기어가다 동 csúszik, mászik, kúszik; vánszorog; 차들은 시속 10km로 기어갔다 Az autók tíz kilométeres sebességgel vánszorogtak.

기어오르다 동 felmászik, felkapaszkodik, felkúszik; 산을 ~ hegyre felmászik, hegyet megmászik

기어이 부 mindenképpen, mindenáron, feltétlenül; végre, végül is; ~ 돌아가겠다면 말리지는 않겠다 Ha mindenképpen haza akar menni, én nem tartom vissza.; ~ 그는 반대했다 Mindenáron ellenezte.; 세 시간이나 기다렸지만 그는

~ 오지 않았다 Mintegy három órát vártam, de végül nem jött le.

기억력 명 emlékezet, emlékezőtehetség, memória; ~이 좋다 jó emlékezőképesség; ~을 잃다 elveszti az emlékezetét; 나이가 들면 ~이 나빠진다 Ha megöregszünk, az emlékezőtehetség romlik/gyengül.

기억상실 명 emlékezetkiesés, emlékezőképesség elvesztése

기억상실증 명 amnézia

기억용량 명 memória, memóriaegység, tároló (egység)

기억-하다 동 emlékszik vkire / vmire, észben tart vmit; ~ 명 emlékezet, emlékezés, emlékezőtehetség; 내 ~에 의하면 emlékezetem szerint; 내 ~이 틀림없다면 ha jól emlékszem; 그것은 내 ~에서 사라졌다 teljesen elfelejtettem, kiment a fejemből; 전에 어디선가 그를 한번 만난 것을 ~하고 있다 Úgy emlékszem, egyszer találkoztam vele valahol valamikor.

기업 명 vállalat, vállalkozás, társaság; 민간 ~ magánvállalkozás

기업가 명 vállalkozó

기업화-하다 동 üzleti alapokra helyez, kereskedelmi forgalomba hoz; iparosít; ~ 명 kereskedelmi / üzleti alapokra helyezés, kereskedelmi forgalomba hozás; iparosítás

기여-하다 동 hozzájárul vmihez, elősegít vmit, közreműködik vmiben; ~ 명 hozzájárulás, közreműködés; 대외무역에 크게 ~하다 fontos szerepet játszik a nemzetközi kereskedelemben

기염 명 lelkesedés, rajongás, elragadtatás, felbuzdulás; ~을 토하다 lelkesen beszél

기온 명 hőmérséklet, hőfok; 평균~ átlagos hőmérséklet; ~의 변화 hőmérséklet-változás; ~의 급하강 hirtelen hőmérséklet-zuhanás

기와 명 (tető)cserép, zsindely; ~ 지붕 cseréptető, cserépfedél

기와집 명 cserépfedeles ház

기왕(에) mivel ez már megtörtént; ~이면 ha ez már megtörtént, ha már így van, így esett; ~ 경기에 참가하려면, 최선을 다해라 Ha már egyszer úgy döntöttél, hogy részt veszel a mérkőzésen, akkor játssz a legjobb tudásod / tehetséged szerint!

기용-하다 동 kinevez, kijelöl; újra alkalmaz, újból felvesz; ~ 명 kinevezés, kijelölés; 교수로 ~하다 egyetemi tanárnak nevez ki; 내각에 ~되다 kinevezik miniszterré / a kabinet tagjává

기우 명 oktalan aggódás, oktalan aggodalom, oktalan nyugtalanság, alaptalan félelem, alaptalan riadalom; rettegés; rossz előérzet, balsejtelem; ~일지 모르겠으나 Az csak alaptalan félelem lehet, de ...

기운 명 ❶ erő, erősség, energia, kitartás, életerő, vitalitás, lélek; ~이 없다 nincs ereje; ~을 회복하다 (élet)erőre kap; ~이 넘치다 jó erőben van, tele van energiával; 너무 피곤해서 말할 ~이 없었다 Nagyon fáradt volt, ezért nem volt ereje beszélni. ❷ jel, szimptóma; 봄~ a tavasz jele; 술~이 있다 szesz / alkohol hatása alatt van, látszik rajta az ital hatása

기울다 동 támaszkodik vmire, nekidől vminek; hajlik vmire; lejt, lefelé dől,

ㄱ

lehanyatlik; hajlandó, hajlamos vmire; 벽의 그림이 오른쪽으로 기울어져 있다. A falon levő kép jobbra dől / billen.; 해가 ~ a nap lenyugszik; 나는 그것에 동의하는 쪽으로 기울어 있다. Hajlok a megegyezésre.

기울이다 동 ❶ elhajlít, megdönt; 오른쪽으로 ~ jobbra hajlít ❷ szentel vkit / vmit vminek, áldoz; 귀를 ~ fülét hegyezi; 연구에 온 정성을 ~ kutatásra teszi fel az életét

기웃거리다 동 beles / betekint. bekukucskál; 가게를 ~ beles / betekint a boltba; 누가 있나 방을 ~ beles a szobába, hogy van-e ott valaki; 열쇠구멍으로 ~ bekukucskál a kulcslyukon

기원 명 eredet, forrás, kiindulópont; ~을 더듬다 forrásáig / eredetéig visszavezet vmit; 라틴 ~을 가진 단어 latin eredetű szó

기원전 명 időszámításunk előtt (i. e.); Krisztus előtt (Kr. e.); ~ 3세기에 i. e. 3. században

기원-하다 동 imádkozik, könyörög, esedezik, esdekel; 병의 회복을 ~하다 gyógyulásért imádkozik; 하느님께 ~하다 imádkozik / könyörög Istenhez

기원후 명 időszámítás után (i. u.), Krisztus után (Kr. u.)

기이-하다 형 különös, furcsa, idegen, ismeretlen; ~한 소문 furcsa hír; 이 글씨체는 나에게 ~하다 Nem ismerem ezt az írást. Számomra ez a kézírás idegen.

기인-하다 동 okoz, keletkezik, származik, ered, létrejön, kezdődik; 이 병은 과로에서 ~한다 Ez a betegség a túlmunkából származik / ered.

기일 명 lejárat napja, esedékesség ideje, határidő; 납부 ~ fizetési nap; ~을 지키다 betartja a határnapot / határidőt

기입-하다 동 leír, feljegyez; kitölt, beír; ~ 명 leírás, feljegyzés; kitöltés; 답은 뒷면에 ~하시오 Írja be a választ a túloldalon!; 이 항목들을 ~하여 주십시오 Ezeket a pontokat töltse ki!

기자 명 újságíró; riporter; tudósító (특파원); 한국 신문의 ~ koreai újságnál dolgozó újságíró

기장 명 vezető pilóta, főpilóta

기재-하다 동 leír, feljegyez; ~ 명 feljegyzés; 장부의 ~사항은 모두 정확해야 한다 A számlakönyvben le- / feljegyzett tételek legyenek pontosak!

기저귀 명 pelenka; 일회용 ~ papírpelenka, pelenkabetét; 아기의 ~를 갈다 kicseréli a csecsemő pelenkáját

기적[1] 명 gőzsíp, gőzkürt, sziréna; ~ 소리와 함께 gőzsíp hangjával; ~을 울리다 szirénát megszólaltat

기적[2] 명 csoda, csodálatos dolog; ~적으로 csodálatosan, csodásan; ~을 행하다 csodát tesz

기절-하다 동 elájul, eszméletét veszti; elgyengül; ~ 명 ájulás, ájultság; ~하여 쓰러지다 ájultan esik össze; 그녀는 공포로 ~했다 félelmében elájult

기점 명 kiindulópont, rajtkő; 이 철도의 ~은 부산이다 A vasútvonal kiindulópontja Buszan.

기존 meglevő, létező, fennálló; ~의 시설 meglevő berendezés(ek); ~ 법률 fennálló / hatályos törvények

기준 명 (alap)mérték, minta, szabvány; ismertetőjel; kritérium; ~에 맞추다 szabványosít, standardizál; 동일한 ~으로 모든 사람을 판단할 수는 없다 Nem lehet minden embert ugyanazzal a mértékkel mérni / szemlélni.

기증자 명 ajándékozó, adományozó

기증-하다 동 adományoz, ajándékoz vkinek; ~ 명 hozzájárulás, adomány, ajándék, donáció; 그는 장서를 모교에 ~했다 könyveket ajándékozott / adományozott az iskolájának

기지 명 (군사) támaszpont, bázis; telek, táborhely; 군사 ~ katonai támaszpont / bázis; 연료 ~ üzemanyagbázis; 보급 ~ ellátási bázis / pont; ~를 폐쇄하다 bezár egy támaszpontot

기지개 명 kinyújtás, kiterjesztés, kifeszítés; ~를 켜다 kinyújtózik, nyújtózkodik

기지촌 명 katonai bázis körüli település

기질 명 jellem, természet, vérmérséklet; 나쁜 ~의 rossz természetű

기차 명 vonat; vasúti kocsi; ~로 vonattal; 부산행 ~ buszani vonat; ~를 타다 felszáll egy vonatra; ~가 늦게 도착하다 a vonat késik / késve érkezik

기척 명 jel, előjel, utalás; 누군가 다가오는 ~이 있었다 Éreztem, hogy valaki közeledik.; 그러한 ~은 전혀 없다 egyáltalán nincs jele

기체 명 (물리) gáz; 공기는 여러 가지 ~로 구성되어 있다 a levegő többféle gázból tevődik össze

기초 명 alap, bázis; ~과학 alaptudomány; ~ 연구 alapkutatás; 이 건물은 ~가 튼튼하다 Ennek az épületnek erős az alapja.

기초대사 명 alapanyagcsere

기치 명 zászló, lobogó; jelszó, jelmondat

기침-하다 동 köhög; ~ 명 köhögés, köhintés; 마른 ~ száraz köhögés; 갑자기 ~이 나서 말을 할 수 없었다 Nem tud beszélni, mert hirtelen rájött a köhögés.; 가볍게 ~하다 köhécsel

기타[1] 명 többi, más; és a többi (약자 stb.); 다섯 명은 교실에서 공부하고 ~ 학생들은 밖에서 놀고 있었다 Öt diák tanult a tanteremben, a többiek kint játszottak.

기타[2] 명 gitár; ~를 치다 gitározik, gitáron játszik

기특-하다 형 dicséretes; ~한 마음씨 dicséretes szándék; 불평 한마디 안하다니 정말 그녀는 ~하다 Milyen dicséretes, hogy egyáltalán nem panaszkodik.

기틀 명 alapstruktúra; alap, bázis; alapítvány; 성공의 ~을 마련하다 előkészíti a siker alapját, megalapozza a sikert

기품 명 nemesség, fennköltség, emelkedettség; ~이 있는 nemes, fennkölt; 그에게는 ~이 있다 Nemes lelkű ember.

기피자 명 kötelességmulasztó (ember), kötelessége elől kitérő, kötelessége alól kibújó

기피-하다 동 kibújik, kihúzza magát, elkerül; ~ 명 kibújás, elkerülés; 병역~ katonai szolgálat alóli kibújás, a katonai szolgálat elkerülése; 책임을 ~하다 kibújik a kötelesség alól

기필코 부 biztosan, bizonyára; kétségtelenül; mindenképpen; 그는 ~ 성공할 것이다 bizonyára sikerül; 나는 ~ 그것을 해 낼 것이다 Mindenképpen megcsinálom.

기-하다 동 ❶ meghatározza / megszabja a határidőt; 이 달 말을 ~해 납부하다 a határidőt betartva kifizeti a hónap végén a pénzt ❷ megcéloz vmit, tör vmire, törekszik vmire; 만전을 ~하다 tökéletességre tör

기하학 명 geometria; ~적 geometriai; ~적 모양 geometriai forma

기한 명 határidő, végső időpont; határvonal; 유효~ érvényes határidő; ~을 연장하다 meghosszabbítja a határidőt; 이 계약의 ~은 1년이다 Ez a szerződés egy év után jár le.

기행문 명 útleírás, úti jegyzet(ek)

기형 명 formátlanság, deformáltság, (el)torzulás; ~적(인) torz, deformált; 선천성 ~ születésnél szerzett deformáltság

기형아 명 torz gyerek

기호[1] 명 jel, nyom; 발음 ~ kiejtési / fonetikus jel; 화학~ kémiai (vegy)jel

기호[2] 명 íz, ízlelés, ízlés; tetszés, kedv; ~에 따라 kedv szerint; 이 포도주는 내 ~에 안 맞는다 ez a bor nem tetszik / ízlik nekem

기호품 명 kedvenc étel; kedvenc ital

기호학 명 jeltan, szemiotika, szemiológia

기혼 형 házas; (남자의 경우) nős, (여자의 경우) férjes / férjezett; 그는 ~이다 ő már nős

기회 명 lehetőség, alkalom; 절호의 ~ remek lehetőség; ~를 놓치다 elveszít / elszalaszt egy lehetőséget

기회균등 명 egyenlő esély; 교육의 ~ egyenlő esély a tanulásra

기회주의 명 alkalmazkodás, megalkuvás, opportunizmus

기회주의자 명 megalkuvó, opportunista

기획예산처 명 tervezési és költségvetési minisztérium

기획-하다 동 tervez, tervet készít; ~ 명 tervezés, tervkészítés

기후 명 éghajlat, klíma; ~조건 klimatikus / éghajlati feltétel; 온화한 ~ mérsékelt éghajlat; 해양성 / 대륙성 ~ tengeri / kontinentális éghajlat; 열대성 ~ trópusi éghajlat; ~ 변화 klímaváltozás

기후학 명 klimatológia, éghajlattan

기후학자 명 klimatológus, éghajlatkutató

긴급-하다 형 sürgős, sürgető; ~ 조치 szükségintézkedés(ek); ~ 사태 vészhelyzet, szükséghelyzet, válságos helyzet; ~한 구조가 필요하다 sürgős segítségre szorul

긴밀-하다 형 közvetlen, szoros, belső, bizalmas, meghitt; ~한 친구 bizalmas / meghitt barát; ~한 관계 szoros kapá csolat

긴박-하다 형 feszes, feszült, sürgős, égető; ~한 순간 feszült / izgalmas pillanat; ~한 목소리 feszült hang

긴요-하다 형 létfontosságú, életbevágó, nélkülözhetetlen, elengedhetetlen, lényeges; ~한 자료 fontos adatok; ~한 것 a lényeg, lényeges dolog; 이 계획을 이루기 위해서는 우리들의 협력이 ~하다 A terv megvalósítása érdekében az együttműködésünk nagyon fontos.

긴장완화 명 feszültség enyhülése; 한반도의 ~ az Észak és Dél-Korea közötti feszültség enyhülése; 그는 세계의 ~를 위해 정상 회담을 제안했다 Ő ajánlotta a csúcstalálkozót a feszültség enyhítése érdekében.

긴장-하다 동 feszül; ~ 명 feszültség; 두 나라 사이의 ~ két ország közötti feszültség; 정신적 ~ szellemi feszültség; 근육이 ~하다 az izom megfeszül; ~관계 feszült viszony

길 명 ❶ út, utca; mód, eszköz, módszer; 지름~ rövidebb út, levágás, átvágás, rövidítés; ~을 잃다 eltéved; 잘못된 ~로

접어들다 eltéveszti az utat, rossz felé megy; ~을 내다 utat nyit / ad / enged; 이 ~을 곧장 가시오 Menjen egyenesen ezen az úton!; 가는 ~ 내내 egész úton; 성공으로 가는 ~ siker felé vezető út; 먼 ~을 가야 한다 hosszú / nagy utat kell megtennie, messzire kell mennie; 학자가 되는 ~은 열심히 공부하는 것 이외는 없다 Az egyetlen módja annak, hogy tudósok lehessünk: a szorgalmas tanulás. ❷ (길이 단위) kil; hosszmérték; (ember) magasság; mélység; 열 ~ 물속은 알아도 한 ~ 사람 속은 모른다 (속담) Nagyon nehéz kitalálni az ember igazi szándékát / érzéseit.

길가 명 az út széle, az út mente; 그들은 ~에 서서 이야기를 하고 있었다 az út mentén állva beszélgettek

길거리 명 út, utca; ~를 쏘다니다 ide-oda sétál az utakon; ~에서 노는 것은 위험하다 Az úton játszani veszélyes.

길다 형 hosszú; 다리가 ~ hosszú a lába; 치마가 2cm ~ a szoknya két centiméterrel hoszszabb; 그녀는 머리가 ~ hosszú haja van; 길고 짧은 것은 대봐야 안다 (속담) Csak a megmérettetés dönti el, ki az igazán erős / tehetséges.; 긴 세월 hosszú idő; 인생은 짧고 예술은 ~ "Az élet rövid, a művészet hosszú." (Hippokratész); 사람은 길게 두고 봐야 안다 Egy ember megértéséhez hosszú idő szükséges.

길들이다 동 fényesít, kitisztít, csiszol; megszelídít, idomít; megszokik vmit, hozzáidomul vmihez; 신발을 반짝이게 ~ cipőt kitisztít; 동물을 ~ állatot megszelídít; 외국생활에 길들여지다 megszokja a külföldi életet, hozzászokik a külföldi élethez

길목 명 út sarka, utcasarok; fontos hely, stratégiai pont; ~에 있는 가게 sarkon álló bolt, sarki bolt; ~을 돌다 befordul a sarkon; ~을 지키다 stratégiai pontot véd; ~에 군인들이 배치되었다 katonákat állítottak a fontos helyekre

길바닥 명 út, úttest, pályatest; ~에 쓰러지다 elesik az úton

길어지다 동 hosszabbodik

길이 명 hosszúság, hossz; hosszú időre; mindörökké; 방의 ~ szoba hosszúsága; ~~ sokáig, hosszú ideig / időre; ~ 기억하다 sokáig emlékszik vmire

길일 명 szerencsés nap; ~을 택하다 szerencsés napot választ (esküvőre)

길잡이 명 útjelző tábla; útmutató, kalauz; 산의 갈림길에 있는 ~ a hegyi keresztúton levő irányjelző; 헝가리 문학의 ~ kalauz / útmutató a magyar irodalomhoz

길쭉-하다 형 hosszúkás, (meglehetősen) hosszú; ~한 지팡이 hosszúkás bot; 얼굴이 ~하다 hosszúkás arca van

김[1] 명 gőz, pára; 물이 끓으면 ~이 올라온다 Ha forró a víz, gőz száll fel (belőle).

김[2] 명 tengeri alga; 마른 ~ szárított alga; ~을 재다 algát olajjal és sóval ízesít / süt

김치 명 kimcsi (koreai ételnév); ~를 담그다 kimcsit készít; 한국 음식의 기본은 ~이다 A koreai étrend alapja a kimcsi.; ~국부터 마시다 (비유적) Ne igyál előre a medve bőrére!

김치찌개 명 kimcsipörkölt

깁다 동 megfoltoz, foltot tesz vmire; 기운 옷 foltozott ruha; 누덕누덕 기운 양말 össze-vissza foltozott zokni

ㄱ

깃 명 gallér, kabáthajtóka; 부드러운 ~ puha gallér; 덧댄 ~ rávarrt / rádolgozott gallér; takaró felső oldala

깃들이다 동 fészkel, fészket rak, tanyázik, befészkeli magát, lepihen; (비유적) lakik, rejtőzködik; 건전한 신체에 건전한 정신이 깃들인다 Ép testben ép lélek.

깃발 명 zászló, lobogó; ~을 휘날리다 zászlót lenget; ~을 올리다 zászlót felvon; 민주주의의 ~을 내걸고 a demokrácia zászlóját kitűzve

깃털 명 (madár)toll, tollazat, pehely; ~처럼 가볍다 pehelykönnyű; 같은 ~을 가진 새끼리 모인다 Madarat tolláról, embert barátjáról.

깊다 형 mély, alapos; súlyos, komoly; 깊은 동굴 mély barlang; 깊은 바닥(심연) a legmélyebb rész; 깊은 생각 mély gondolat; 인간 본성에 대한 깊은 통찰력 az emberi természet alapos megértése; 깊은 잠 jó / mély alvás; 깊은 상처 súlyos seb; 깊은 병 súlyos betegség; 깊은 관심 alapos érdeklődés; 깊은 밤 éjfél, az éjszaka sötétje; 밤이 깊어지다 késő este lett; 깊은 우정 bizalmas barátság; 깊은 관계 szoros kapcsolat

깊숙이 부 mélyen; 장 속 ~ 넣다 mélyen be- / eltesz a szekrénybe

깊숙-하다 형 magányos, elzárt; ~한 곳 magányos hely

깊어지다 동 elmélyül, mélyebb lesz, mélyebbé válik; 밤이 ~ az éjszaka sötétebb lesz / előrehalad

깊이[1] 명 mélység, vminek a mélye; ~ 측정기 mélységjelző, mélységmérő

깊이[2] 부 mélyen, mélyrehatóan, alaposan; szívélyesen; ~ 파다 mélyen ás; ~ 연구하다 mélyrehatóan tanulmányoz; ~ 감사드립니다 szívből köszönöm

까다 동 meghámoz (손으로); megnyír (칼로); kibújik, kikel, kikölt; ledörzsöl, lehorzsol, lemorzsol; ver, üt, rúg; 감자 껍질을 ~ burgonyát meghámoz; 콩을 ~ babot fejt; 옥수수 껍질을 ~ kukoricát foszt; 벼 껍질을 ~ rizst hántol; 막 알을 ~ (병아리가) csak most bújik ki; 팔꿈치를 ~ felhorzsolja a könyökét; 그의 다리를 ~ megrúgja a lábát

까다롭다 형 nehéz, fárasztó; szigorú; finynyás, válogatós; 까다로운 문제 nehéz / fárasztó kérdés; 까다로운 규칙 szigorú szabály; 이 학교는 규칙이 ~ Ennek az iskolának szigorúak a szabályai.; 음식이 ~ finnyás / válogatós az ételekben

까닭 명 ok, indíték, alap; körülmények; 아무 ~ 없이 minden ok nélkül; 내가 사과해야 할 ~이 없다 Nincs miért bocsánatot kérnem.

까마귀 명 varjú; ~ 날자 배 떨어진다 (속담) A körte leesik, amikor a varjú felszáll. (két dolog mindenféle összefüggés nélkül egy időben történik)

까마득-하다 형 nagyon messzi, távoli; ~한 옛날에 nagyon régen; 일이 완성되려면 아직 ~하다 A munka elvégzése / befejezése még sokáig tart.

까맣다 형 fekete; 까만 머리 fekete haj; 까맣게 타다 feketére / kormosra sül; 그 일을 까맣게 잊었다 Teljesen elfelejtettem ezt a dolgot.

까먹다 동 hámoz / fejt / foszt és eszik; kiad, elkölt; elfelejt; 귤을 ~ meghámozza a mandarint és megeszi; 그는 밑천을 다 ~ minden pénzét elköltötte; 약속을 ~ elfelejtette az ígéretét

까불다 동 elhamarkodottan cselekszik; 까불지 말고 좀 가만히 있거라 Ne cselekedj elhamarkodottan, maradj nyugton!

까치 명 szarka

까치걸음 명 tyúklépés

까투리 명 fácántyúk

깍듯이 부 udvariasan, előzékenyen, tisztelettudóan, tiszteletteljesen; ~ 인사하다 tiszteletteljesen köszön

깎다 동 ❶ levág; lekaszál, lenyír; csökkent, kisebbít; 머리를 ~ levágatja a haját; 잔디를 ~ füvet nyír; 수염을 ~ borotválkozik; 양털을 ~ juhot megnyír ❷ farag, hántol; 나무를 ~ fát farag; 비용을 ~ költséget lefarag; 좀 값을 깎아 주세요 Adja olcsóbban!: 깎을 수 없다 nem lehet alkudni, alkunak nincs helye ❸ meghámoz; 사과껍질을 ~ meghámozza az almát ❹ megszégyenít, megbecstelenít; 못된 짓으로 아비의 낯을 ~ rossz cselekedettel megszégyeníti az apját

깐깐-하다 형 akaratos, önfejű, makacs, konok; körültekintő; hajlíthatatlan, komoly; ~하게 굴다 komolyan cselekszik

깔개 명 párna, vánkos; gyékényfonás; szőnyeg; 거실에 ~를 깔다 a nappaliban szőnyeget terít le

깔깔거리다 동 hangosan kinevet, hahotázva nevet

깔깔웃다 hahotázva nevet

깔끔-하다 형 csinos, elegáns, ízléses; jó alakú, arányos, rendes; ~한 사람 arányos ember; 옷맵시가 ~하다 elegánsan öltözik

깔다 동 leterít; kirak, burkol; 카페트를 ~ szőnyeget leterít; 길에 자갈을 ~ utat kövez, burkol

깔때기 명 tölcsér; ~꼴의 tölcsér alakú

깔리다 동 szétterjesztett, kiterjesztett; szétszórt, elszórt; 낙엽이 깔린 길 lehullott levéllel/avarral borított út

깔보다 동 lenéz; lebecsül, alábecsül; fitymál, semmibe vesz; 남의 능력을 ~ más ember tehetségét fitymálja; 나를 그렇게 깔보지 마라 Ne vegyél engem semmibe!

깜깜-하다 형 sötét, koromsötét; semmit nem tud; ~한 어둠 koromsötét; ~한 밤 szurokfekete éjszaka; 나는 수학은 ~하다 semmit sem tudok / értek matematikából

깜박 부 ❶ gondatlanul, figyelmetlenül; egy percet, egy kicsit; hirtelen; 편지 부치는 것을 ~ 잊다 figyelmetlenségből elfelejtettem a levelet elküldeni; ~하는 사이에 (csak) egy perc alatt ❷ egészen, teljesen; ~ 속다 teljesen / nagyon becsapták

깜박거리다 동 reszket; pislog; 불이 ~ reszket a láng; 눈을 ~ pislog (a szemével)

깜짝 부 meglepően, meglepetést keltően; ~ 놀랄 만한 비싼 가격 meglepően magas ár; ~ 놀라게 하다 meglep, megrémít vkit; 아이구 ~이야 Micsoda meglepetés!, Elképesztő!; 고양이가 아이를 ~ 놀래키다 A macska megijesztette a gyereket.; 그 소식을 듣고 ~ 놀랐다 Azon a híren nagyon csodálkoztam / meglepődtem.

깡그리 부 teljesen, egészen, kivétel nélkül; ~ 가져가다 mindent elvisz; ~ 잊어버리다 egészen / teljes mértékben elfelejtette

ㄱ

깡충깡충뛰다 동 ugrándozik, ugrálva fut; 토끼가 ~ a nyúl ugrálva fut, a nyúl ugrándozik

깡통 명 kanna, bödön, konzervdoboz; 빈 ~ üres kanna; ~을 따다 kinyitja a bödönt; ~을 차다 szegény lett

깡통따개 명 konzervnyitó

깡패 명 csavargó; gengszter; semmirekellő; ~집단의 싸움 gengszterháború

깨끗이 부 ❶ tisztán, rendesen, gondosan, szépen; becsületesen, ártatlanul; ~ 닦다 tisztára töröl; ~ 쓰다 szépen ír; ~ 살다 becsületesen él ❷ teljesen, egészen, tökéletesen; ~ 잊다 egészen elfelejt; 빚을 ~ 갚다 az egész tartozást kifizeti; 그는 요리를 ~ 다 먹었다 az ételt mind megette; 우리는 그 계획을 ~ 단념했다 Mi arról a tervről teljesen lemondtunk.

깨끗-하다 형 tiszta; 방이 ~하다 tiszta a szoba

깨다[1] 동 tör, megtör; elszakít; megszeg. áthág, megsért; 접시를 ~ eltör egy tányért; 얼음을 ~ feltöri a jeget; (도둑이) 창문 유리를 깨고 침입하다 ablakot betörve behatol; 침묵을 ~ megtöri a csendet; 계약을 ~ megszeg egy szerződést; 올림픽 기록을 ~ megdönti az olimpiai csúcsot

깨다[2] 동 felébred, magához tér; észhez tér; józan lesz; 꿈에서 ~ álomból felébred; 그는 아직도 환상에서 깨어나지 못하고 있다 még nem ébredt fel álmából; 그가 술이 깰 때까지 기다리자 Addig várjunk, amíg kijózanodik / józan lesz!

깨닫다 동 rájön, ráébred vmire, megért vmit; 닥쳐오는 위험을 ~ ráébred a közelgő veszélyre; 내가 실수하였음을 즉시 깨달았다 Azonnal megértettem, hogy hibáztam.; 그 문제에 관하여 ~ tisztában van a problémával

깨물다 동 megharap, megcsíp, megmar; 개가 다리를 ~ a kutya megharapja a lábat; 뱀이 ~ a kígyó megmar; 벌레가 ~ a rovar megcsíp

깨소금 명 szezámmag és só keveréke; ~으로 양념하다 szezámmaggal és sóval ízesít; 정말 ~ 맛이다 Legszebb öröm a káröröm.

깨어나다 동 ☞ 깨다[2]

깨우다 동 felébreszt, felkelt, felráz, felserkent; 내일 아침 6시에 깨워주시오! Ébresszen fel, kérem, holnap reggel 6-kor!; 과거의 기억을 ~ felidézi a múlt emlékeit / múltat

깻잎 명 szezámlevél

꺼내다 동 ❶ kivesz, kiszed, kihúz vmit vmiből; 주머니에서 수첩을 ~ előveszi a noteszt a zsebéből ❷ felvet; 어려운 문제를 ~ nehéz kérdést vet / hoz fel

꺼리다 동 tabunak nyilvánít; megkerül, kikerül vkit / vmit; 어려움을 ~ megkerüli a nehézségeket; 꺼리지 않고 자기 의견을 말하다 nyíltan megmondja a véleményét

꺼림칙-하다 형 nyugtalan, kellemetlen, kényelmetlen; ~한 일 kellemetlen dolog; 양심에 ~하다 feldúlt / nyugtalan lelkiismeret

꺼지다 동 ❶ kialszik, kihuny; 불이 ~ tűz kialszik ❷ elsüllyed, lemerül, alámerül, elmerül vmibe; 발 밑 땅이 ~ meghasad a lába alatt a föld; 배가 ~ gyomor üres lesz ❸ eltűnik, láthatatlanná válik, elveszik; 여기서 꺼져 Tűnj innen! Takarodj!

꺼칠-하다 형 fáradt, megviselt, meggyötört; ~한 얼굴 megviselt arc

꺾다 동 ❶ letör, leszakít, félbeszakít, megszakít; 나뭇가지를 ~ faágat letör; 막대를 둘로 ~ botot kettétör; 말허리를 ~ félbeszakítja a beszédet ❷ fordul, változtat; 핸들을 좌/우로 ~ kormányt jobbra/balra forgat ❸ felad, enged; 고집을 ~ enged a makacsságából ❹ behajt; 깃을 ~ gallért behajt ❺ elcsüggeszt, elkedvetlenít, elbátortalanít vkit; megver, legyőz; 기를 ~ elveszi a kedvét/lelkesedését vmitől, elkedvetleníti; 우리 팀이 그들을 ~ csapatunk megveri az ellenfelet

껄끄럽다 형 egyenetlen, durva; kellemetlen; 껄끄러운 옷감 durva ruhaanyag; 껄끄러운 관계 nem jó/kellemetlen kapcsolat/viszony

껌 명 rágógumi; 풍선~ felfújható rágógumi

껍데기 명 héj ☞ **껍질**; kagyló

껍질 명 héj, fakéreg; 오렌지 ~ narancshéj; 빵 ~ kenyérhéj; ~째 먹다 a héjával együtt eszi, héjastól eszi

껴안다 동 megölel; 그들은 서로 꼭 껴안았다 Szorosan megölelték egymást.

껴입다 동 melegen/rétegesen öltözik/öltözködik; 내의를 두 장 ~ két fehérneműt vesz fel

꼬꼬댁-거리다 동 kotkodácsol, kotkodál, kukorékol; ~ 명 kotkodácsolás, kotkodálás, kukorékolás

꼬다 동 összefon, kicsavar, megcsavar, kiforgat; 머리카락을 ~ hajat fon; 말을 ~ kiforgatja a szavak eredeti értelmet

꼬리 명 ❶ farok, fark, faroktoll; ~가 길면 밟힌다 Ha folyamatosan rosszul csinálja, végül/előbb-utóbb mindenki észreveszi.; ~가 긴 hosszú farok; 말~를 잡다 szaván fogja; ~를 치다(유혹하다) csalogat, csábít; 사건이 ~를 물고 일어났다 baleset baleset után történt ❷ nyom, sáv, csík; 제트기가 길게 ~를 남기다 A sugárhajtású repülőgép hosszú csíkot hagy maga után.

꼬마 명 kisgyerek; ~ 자동차 kisautó

꼬박 부 szünet nélkül, szüntelen(ül), megszakítás nélkül, egyfolytában, folyamatosan, szakadatlanul, folytonosan; ~ 사흘 동안 három napig folyamatosan, teljes három napig, három napig egyfolytában; ~ 하룻밤을 새우다 egész éjszaka nem alszik

꼬부라지다 동 kanyarodik, görbül, hajlik; 꼬부라진 길 kanyargó út; 늙어 허리가 ~ az öregség miatt/az idők során meggörbült a háta; 술에 취해 혀가 ~ az ivástól a beszéde szakadozottá vált

꼬이다 동 összegubancolódik; összecsavarodik, összetekeredik, összebonyolódik; 실이 ~ a fonal összegubancolódik

꼬집다 동 csíp, csipkelődik, megcsipked; 세게 ~ erősen megcsíp; 아픈 데를 ~ érzékeny pontra tapint; 꼬집어 말하다 csípősen beszél

꼬치 명 ❶ kis/rövid nyárs ☞ **꼬챙이**; 고기를 ~에 꿰다 húst nyársra tűz ❷ nyársra húzott étel; ~ 안주 nyárson sült étel

꼬투리 명 ❶ hüvely (növényé); (콩의) ~를 까다 babot fejt ❷ gyökér, ok, eredet; 무엇이 ~가 되어 싸웠는가 Milyen okból verekedtek? Miért verekedtek?; ~를 잡다 cinikusan keresi a másik em-

ㄱ

ber hibáját

꼭 부 ❶ szoros(an), sűrű(n); ~ 붙이다 szorosan ragaszt; 몸에 ~ 끼는 스커트 túl(ságosan) szoros szoknya ❷ pontosan, tökéletesen; pontban; ~ 들어맞다 tökéletesen összeillő; ~ 같은 시간에 pontosan ugyanabban az időben, pontban ugyanakkor ❸ szilárdan, erősen; 손을 ~ 잡다 erősen fog kezet; 그는 신문지를 끈으로 ~ 묶었다 Madzaggal szorosan összekötötte / összekötözte az újságpapírt.; 두 사람은 ~ 닮았다 A két ember nagyon hasonlít egymásra. ❹ biztosan, bizonyosan, bizonyára, mindenképpen; 너는 ~ 시험에 합격할 거야 A vizsgád minden bizonnyal sikerülni fog.; ~ 가겠다 mindenképpen elmegyek, biztosan / feltétlenül menni fogok

꼭대기 명 tető, csúcs, orom, a legmagasabb pont; vezető poszt; 산~ hegycsúcs; 직원으로서 오를 수 있는 ~에 오르다 mint alkalmazott / alkalmazottként, a legmagasabb posztra kerül

꼭두각시 명 báb, marionett, bábu; eszköz; ~ 놀음 bábjáték; 남의 ~ 노릇을 하다 mások bábjaként cselekszik / létezik

꼭지 명 fogantyú, gomb; csap, vízcsap, gázcsap; 수도 ~를 틀다 / 잠그다 vízcsapot kinyit / elzár

꼭지점 명 vminek a csúcsa; 삼각형의 ~ háromszög csúcsa

꼴 명 alak, forma; alakzat; külső forma, külalak

꼴찌 명 alsó rész, alj, fenék, a legalsó; a legutolsó; ~로 오다 legutoljára érkezik; 그녀는 반에서 ~ 이다 Ő az osztály legrosszabb tanulója.

꼼꼼-하다 형 gondos, figyelmes, alapos, óvatos, körültekintő, precíz

꼼꼼히 부 gondosan, figyelmesen, óvatosan, körültekintően, precízen; 일을 ~ 하다 gondosan végzi a munkát; ~ 검사하다 figyelmesen / alaposan megvizsgál

꼼장어 명 angolna

꼼짝없이 부 elhagy(at)ottan, tehetetlenül; magára hagyva; ~ 굶고 있다 elhagyottan éhezik, magára hagyva éhezik

꼼짝-하다 동 megmozdul, megmoccan; ~도 할 수 없다 meg sem tudott moccanni; 그는 ~ 않고 집에 들어박혀 있다 Ő mindig a lakásában van, ki sem mozdul.

꼽다 동 az ujján megszámol; 날짜를 ~ dátumot számol; 손꼽아 기다리다 várva vár; 이 마을에서 부자로는 그를 첫째로 꼽는다 Ő számít a falu leggazdagabb emberének.

꼿꼿-하다 형 egyenes, egyenesen álló, kiegyenesedett; ~한 자세 egyenes testtartás / törzs; becsületes, tisztességes

꽁무니 명 hátulsó rész; fenék, far, ülep; ~를 빼다 visszariad, meghátrál; ~가 빠지게 달아나다 gyáván elrohan

꽁초 명 csikk, cigarettavég, cigarettacsutka; ~를 버리다 csikket / cigarettavéget eldob

꽂다 동 betesz, behelyez, beilleszt, bedug, beüt; 열쇠를 자물쇠 구멍에 ~ a kulcsot bedugja a zárba; 머리에 비녀를 ~ hajtűt tűz a hajába; 내 차 타이어에 못이 꽂혀있었다 Egy szeg állt bele az autóm kerekébe.

꽃 명 virág; ~을 꺾다 virágot szed; ~이

만개하다 kivirágzik; 들~ vadvirág, mezei virág

꽃꽂이 명 virágkötés, ikebana; ~를 하다 virágot köt; ~를 배우다 virágkötést tanul

꽃다발 명 virágcsokor; 그녀에게 장미 ~을 바치다 rózsacsokrot ad

꽃무늬 명 virágminta; ~가 있는 카페트 virágmintás szőnyeg, virágmintával díszített szőnyeg

꽃밭 명 virágoskert, díszkert

꽃병 명 váza, virágváza; 장미를 ~에 꽂다 a rózsát vázába teszi; ~ 받침 vázaalátét

꽃씨 명 virágmag

꽃잎 명 (virág)szirom, viráglevél; ~ 넷이 있는 négy szirma van; ~이 없는 szirom nélküli; 장미 ~ rózsaszirom

꽃집 명 virágbolt; ~ 주인 virágárus, virágkereskedő

꽃피다 동 virágzik, virágba borul

꾀 명 eszesség, értelem, lelemény, ötlet; ~가 있는 leleményes, ötletes

꾀꼬리 명 sárgarigó; ~같은 목소리 olyan gyönyörű hang, mint a sárgarigóé; a sárgarigóéhoz hasonlóan gyönyörű hang

꾀다 동 csábít, vonz, csalogat, kecsegtet; 정치가를 돈으로 ~ politikust pénzzel csábít / megveszteget; 나쁜 짓을 하게 ~ rosszra / gonoszra csábít vkit

꾀죄죄-하다 형 kopott, rongyos, elhasznált, piszkos, rendetlen; ~한 옷 piszkos ruha; 행색이 ~하다 az alakja / külseje rendetlen

꾀-하다 동 tervez, kigondol, tervbe vesz, próbál, szándékozik; 반란을 ~하다 felkelést tervez; 그녀는 자살을 ~했으나 실패했다 Öngyilkosságot kísérelt meg, de nem sikerült.

꾸다 동 ❶ 꿈을 ~ álmodik, ábrándozik, álmodozik vmiről; 꿈을 꾸고 있는지 생시인지 모르다 Nem tudom, álmodom-e vagy sem.; 어젯밤에는 나쁜 꿈을 꾸었다 Tegnap éjjel rossz álmom volt. Tegnap éjjel rosszat álmodtam. ❷ 돈을 ~ pénzt kér kölcsön; 토지를 저당 잡히고 돈을 ~ jelzálogkölcsönt vesz fel a földjére; 교실에서 그녀는 꾸어다 놓은 보릿자루 같다 A tanteremben nem beszél semmit / megnémul.

꾸러미 명 csomag, batyu, csomó, köteg; 옷 ~ ruhacsomag; 열쇠~ kulcscsomó; ~를 풀다 kicsomagol; 달걀 한 ~ tíz darab tojás

꾸리다 동 ❶ összecsomagol, becsomagol, bebugyolál, összeköt; 짐을 ~ csomagot készít; 이삿짐을 ~ költözés céljából összecsomagol; 여장을 ~ utazására becsomagolja a holmit ❷ vezet, irányít; 살림을 ~ háztartást vezet; 간신히 회사를 ~ nehezen vezeti a vállalatot

꾸며내다 동 kohol; 꾸며낸 koholt, koholmány

꾸미다 동 ❶ csiszol, átdolgoz; díszít, szépít, kiszínez; elkészít; 식탁을 꽃으로 ~ virágokkal díszíti az asztalt; 얼굴을 곱게 ~ az arcát kifesti / csinosítja; 문장을 ~ szépíti a stílusát ❷ tettet, mutat, színlel, szimulál, látszatot kelt; 화난 척 ~ tetteti a haragot; 이해 못 하는 척 꾸미지 말아라! Ne tégy úgy, mintha nem értenéd! ❸ kigondol, kitervez, kitalál, forral, kiötöl; 꾸민 이야기 kitalált történet, fikció, kitaláció; 말을 ~ hazudik; 음모를 ~ összeesküvést tervez, konspirál vki ellen ❹ alakít, formál, ké-

ㄱ

szít, szervez; 새 내각을 ~ új kormányt alakít; 위원회를 ~ bizottságot alapít ❺ ír; 서류를 ~ dokumentumot ír / készít

꾸벅꾸벅졸다 동 szundikál, szunyókál, elbóbiskol

꾸역꾸역 (nagy tömegben) özönlő, hemzsegő, nyüzsgő; ~ 모여들다 nagy tömegben özönlik vhova; 관객은 경기장으로 ~ 들어왔다 A nézők elözönlötték a sportpályát.

꾸준-하다 형 folytonos, kitartó, állandó; ~한 노력 folytonos törekvés

꾸준히 부 állandóan, folytonosan, kitartóan; ~ 공부하여 시험에 합격했다 Kitartóan tanult, és átment a vizsgán.

꾸지람 명 szidás, feddés, dorgálás, korholás; ~을 듣다 szidást kap; 심하게 ~을 하다 alaposan / jól összeszid vkit

꾸짖다 동 összeszid, leszid, megszid, megfedd; 호되게 ~ hevesen szid / korhol

꿀 명 méz; ~같이 달다 édes, mint a méz; mézédes; ~ 먹은 벙어리 nem árulja el a titkát

꿀벌 명 méh; ~을 치다 méheket tart, méhészkedik

꿀벌통 명 méhkas, kaptár

꿇다 동 behajt; 무릎을 ~ térdet behajlít, térdre borul; 무릎 꿇고 기도하다 térdre borulva imádkozik

꿈 명 álom, remény, illúzió, becsvágy; 좋은 / 나쁜 ~ jó / rossz álom; ~이 아닌가 하고 몸을 꼬집어 보다 megcsípi magát, hogy megállapítsa, ébren van-e, vagy álmodik; 인생은 한갓 ~에 지나지 않는다 Az élet is csak egy álom.

꿈꾸다 동 álmodozik, ábrándozik; 고향에 가는 것을 ~ hazatérésről álmodik; 꿈꾸며 인생을 보내다 álmodozással tölti az életét; 무엇이 되기를 꿈꾸느냐 Milyen életpályáról ábrándozol / álmodozol?

꿋꿋-하다 형 erős, szilárd, hajlíthatatlan; ~한 마음 erős lélek

꿩 명 fácán; ~사냥 fácánvadászat

꿰다 동 befűz; felszúr, átszúr, áttör; 바늘에 실을 ~ tűbe fonalat fűz; 꼬챙이에 ~ nyársra felszúr, felnyársal

꿰뚫다 동 ❶ áttör, átszúr, keresztülszúr; 적진을 ~ az ellenség vonalait áttöri ❷ átlát vmin, belát, betekintést nyer vmibe; 거짓말을 꿰뚫어 보다 átlát a hazugságon

꿰매다 동 megvarr, összevarr, megtűz; 세 바늘 ~ három öltéssel összevarr; 옷을 ~ ruhát megvarr

끄다 동 ❶ elolt, kiolt, elfojt, elnyom; 모래로 불을 ~ homokkal tüzet elolt; 소방대원이 불을 껐다 A tűzoltó eloltotta a tüzet. ❷ ki- / lekapcsol, elzár; TV를 ~ kikapcsolja a tévét; 가스를 ~ elzárja a gázt

끄덕이다 동 bólint, biccent: 머리를 ~ megbiccenti a fejét; 고개를 끄덕여 승낙하다 Helyeslően bólint.

끄르다 동 kibont, kicsomagol; 단추를 ~ kigombol; 여행 가방을 ~ bőröndöt kicsomagol

끄집어내다 동 kivesz, kihúz, kinyújt; 가방에서 책을 ~ kiveszi a könyvet a táskából; 그 자료에서 결론을 ~ az anyagból levonja a következtetést

끄트머리 명 vég, végződés; ~에 서다 a legvégén áll; ~에서 두 번째 az utolsó előtti

끈 명 zsineg, kötél, madzag; kapcsolat, összefüggés; ~으로 묶다 madzaggal /

zsineggel megköt; 도와줄 ~이 없느냐 Nincs valami kapcsolatod, aki segíteni tudna?

끈기 명 türelem, béketűrés, kitartás; ragadósság, nyúlósság, nyálkásság, ragacsosság; ~ 있다 türelmes, hosszan tűrő; ~ 있게 türelmesen, hosszan tűrően; 그는 ~가 없다 nincs türelme; ~ 있는 쌀 ragadós / ragacsos rizs

끈끈-하다 형 ragadós, nyálkás; nyúlós; 셔츠가 땀으로 ~하다 ragad az ing az izzadságtól / verítéktől

끈질기다 형 állhatatos, kitartó, szívós, makacs; ragadós, tapadós; 끈질긴 사람 türelmes ember; 끈질기게 저항하다 makacsul ellenáll

끊다 동 ❶ vág, megvág, elvág; kikapcsol; megszakít, abbahagy; 실을 ~ fonalat elvág; 전화를 끊지 마세요 Kérem, tartsa a vonalat!; 요금 체납으로 전화국에서 전화를 끊었다 A telefontársaság kikapcsolta a telefonvonalat a fizetés elmulasztása miatt.; 한 구절씩 끊어 읽다 megszakítva olvas egy-egy szövegrészt; 그의 부친은 그와 관계를 끊었다 Az apja megszakította a kapcsolatot vele.; 담배를 ~ abbahagyja a dohányzást, felhagy a dohányzással ❷ megvesz, megvásárol; forgalomba hoz; 기차표를 ~ vonatjegyet vesz; 옷감을 ~ ruhaanyagot vesz; 백만 원짜리 수표를 ~ kiad egy 1 millió vonról szóló elismervényt

끊어지다 동 elszakad, meghasad, törik, összezúzódik; elválik, abbahagy, véget ér, bevégződik; leáll, megszűnik; 실이 ~ fonál elszakad; 홍수로 제방이 끊어졌다 Az árvíz áttörte a gátat / töltést; 부부 인연이 ~ a házassági kapcsolat véget ér; 교통이 ~ a forgalom leáll; 만일 석유의 수입이 끊어지면 한국 경제는 큰 타격을 받을 것이다 Ha a kőolajimport leáll, a koreai gazdaságot nagy csapás éri.; 그의 소식은 3년이나 끊어져 있다 Nem hallottam a hírét / felőle három évig.; 숨이 ~ meghal; 그는 바로 숨이 끊어졌다 Azután (ő) hirtelen meghalt.

끊이다 동 szűnik; 비가 끊이지 않고 계속 내리다 szünet nélkül / szüntelenül esik az eső

끊임-없다 형 szüntelen, állandó, szakadatlan, folytonos; ~없이 szüntelenül, állandóan, folytonosan; ~없는 노력 szüntelen törekvés; 우리 사무실 앞에는 차의 흐름이 ~없다 Az irodánk előtt autók jönnek-mennek szakadatlanul.; ~없이 지껄이다 állandóan beszél; ~없이 전화벨이 울리다 szüntelenül csörög a telefon

끌다 동 ❶ húz, von, vonszol; vonz, csábít, csalogat; 발을 질질 ~ húzza a lábát; 그녀는 코트를 바닥에 끌면서 걸었다 a kabátját maga után húzza a földön; 수레를 ~ szekeret húz; 사람들의 시선을 ~ emberek figyelmét magára vonja; 손님을 ~ a vendéget csábítja / csalogatja (a boltjába); 자기 식당으로 사람들을 ~ embereket hívogat / csábít a saját éttermébe; 그녀에게 마음이 끌린다 vonzódik hozzá ❷ megnyújt, tologat; prolongál; 오래 끌어온 협상 hosszúra nyúlt megbeszélés; 그들은 돈의 지불을 끌고 있다 tologatják a fizetési határidőt ❸ bevezet, beszereltet; 수돗물을 ~ beszerelteti a vízvezetéket; 가스를 ~ bevezetteti a gázt

ㄱ

끌어내다 동 kicipel, kihúz, kihurcol; 의자를 방에서 ~ széket kicipel a szobából; 진실을 ~ kiszedi az igazságot vkiből

끌어당기다 동 közelebb húz, odahúz, csábít; 의자를 난로가로 ~ széket a kályhához húz; 소매를 ~ a kabátujjánál fogva magához húzza

끌어안다 동 megölel, átkarol, átölel, magához szorít; 어린애를 ~ megölel egy gyereket

끌어올리다 동 felhúz, felvon, felemel, felszed; 펌프로 물을 ~ vizet felpumpál; 그물을 끌어올리니 많은 물고기가 가득했다 Amikor a hálót felszedték / felhúzták, tele volt hallal.

끓다 동 ❶ forr; 물이 ~ forr a víz; 피가 ~ forr a vére; 승리했을 때는 흥분으로 피가 끓는 기분이었다 Amikor győztünk, az izgalomtól szinte forrt a vérünk.; 방이 절절 ~ a szoba túl meleg, a szoba felforr a melegtől ❷ összegyűlik, összejön; 가래가 ~ összegyűlik a köpet

끓어오르다 동 felforr, túlforr, kiforr; 물이 이내 ~ a víz nemsokára felforr; 분노로 피가 ~ dühében szinte forr a vére

끔찍-하다 형 rettenetes, szörnyű, borzasztó, rémes, borzalmas; heves, forró; ~하게 무겁다 szörnyen nehéz; 사고 현장은 ~했다 A baleset helyszíne borzasztó volt.; ~한 사랑 heves / tüzes szerelem; 딸을 ~하게 키우다 a lányát nagy szeretettel neveli

끝 명 vég, végpont, befejezés; határ, korlát; 혀~ a nyelv vége / hegye / csúcsa; 머리~에서 발~까지 tetőtől talpig; 이야기를 ~까지 듣다 végighallá gatja a történetet; ~이 좋아야 모든 것이 좋다 Minden jó, ha a vége jó.; 욕망의 ~ vágyainak a határa; 인간의 진보에는 ~이 없다 Az emberi haladásnak nincs határa.

끝나다 동 befejeződik, bevégződik, véget ér; 모임이 ~ a gyűlés befejeződik / véget ér; 여름 방학이 끝나가고 있다 a nyári szünet véget ér; 그의 시도가 헛수고로 ~ Minden próbálkozása sikertelenül végződik.; 체류기간이 ~ a tartózkodási idő letelik

끝내 부 végül, végre; ~ 자신의 임무를 완수하다 végre teljesíti a kötelességét; 나는 그녀를 2시간이나 기다렸으나 그녀는 ~ 나타나지 않았다 Két óráig vártam rá, de végül nem / mégsem jött el.

끝내다 동 befejez, bevégez; 근무를 ~ munkát befejez; 대학 과정을 ~ egyetemi diplomát kap / szerez; 숙제를 끝냈니 Befejezted a házi feladatot? 그는 감사하다는 말로 연설을 끝냈다 Köszönetnyilvánítással fejezte be / zárta le a beszédet.

끝마치다 동 befejeződik, véget ér, bevégződik

끝맺다 동 befejez, elvégez, bevégez; 이야기를 ~ befejezi a beszédet; 그는 여러 가지 일을 시작은 하지만 아무것도 끝맺지 못한다 Mindenbe belefog, de semmit sem fejez be.

끝머리 명 vég, befejezés; 보고서 ~에 a jelentés végén; 편지 ~에 감사의 말을 썼다 A levél végére köszönő szavakat írtam.

끝없다 형 végtelen, határtalan, korlátlan, örökös, örökkévaló; 끝없는 대양 végtelen óceán

끝없이 부 végtelenül, határtalanul, korlátlanul, örökösen; ~ 넓은 하늘 végtelenül nagy ég; 그들의 논쟁은 ~ 이어졌다

vitájuk hosszúra nyúlt

끝장 명 vég, eredmény, következmény, kimenetel; ~이 나다 véget ér, befejeződik; 그도 이젠 ~이다 most mindent elvesztett; 이 문제를 ~내자 Ezt a problémát oldjuk meg!

끼 명 étkezések számát jelző szó; 매일 세 ~를 먹다 mindennap háromszor eszik; 한 ~에 달걀 세 개를 먹다 egy étkezéskor három tojást eszik

끼니 명 evés, étkezés; napi háromszori étkezés; ~때 étkezési idő; ~마다 minden étkezéskor; ~를 거르다 egy étkezést kihagy/ elmulaszt

끼다 동 ❶ képződik, gomolyog; 안개가 ~ köd képződött, köd van, köd gomolyog; 산봉우리에 자욱이 낀 구름 a hegytetőn sűrű felhők vannak; 실내에 담배 연기가 자욱이 ~ a szobában cigarettafüst gomolyog ❷ borít, takar, fed; 이끼가 ~ moha borítja; 선반에 먼지가 잔뜩 끼어 있다 a polcot por fedi; 때가 ~ piszkos lett ❸ beszorul, odaszorul vmihez, helyezkedik vmi között, részt vesz; 손가락이 문틈에 ~ az ujj beszorul az ajtóba; 두 사람 사이에 끼게 되다 két ember közé szorul ❹ hord, visel, felvesz; 반지를 ~ gyűrűt hord; 책을 겨드랑이 아래에 ~ könyvet a hóna alatt hord / cipel; 그는 그녀와 팔짱을 끼고 걸었다 karonfogva sétálnak; 어린애를 끼고 자다 gyereket a karjában tartva alszik ❻ körít, környez, megkörnyékez; 바다를 끼고 a tengerpart mentén; 왕을 끼고 királyi támogatással

끼어들다 동 betolakszik, benyomakodik vhova; 줄에 ~ sorban nyomakodik / tolakszik; 남의 이야기에 끼어들지 말아라 Ne szakítsd félbe más ember beszédét!

끼얹다 동 fröcsköl, spriccel; 물을 ~ vizet fröcsköl

끼우다 동 betesz, beilleszt, bedug, behelyez; 사진을 ~ fényképet behelyez vhova; 창문틀에 유리를 ~ beteszi az üveget az ablakkeretbe; 열쇠를 ~ kulcsot illeszt / dug / tesz a zárba; 플러그를 콘센트에 ~ bedugja a dugót a konnektorba; 이 반지에 다이아몬드를 ~ gyémántot illeszt (ebbe) a gyűrűbe

끼치다 동 okoz, kelt, előidéz; hat vkire / vmire, hatással van vmire; 해를 ~ bajt okoz; 불편을 끼쳐 죄송합니다 Nagyon sajnálom, hogy kellemetlenséget okoztam.; 그의 충고는 소년들에게 좋은 영향을 끼쳤다 A tanácsa jó hatással volt a fiúkra.; 소름이 ~ libabőrös lesz; 그 이야기는 소름 끼치는 것이다 az a történet ijesztő, ezért libabőrös lesz tőle

낄낄거리다 동 kuncog, vihog, kacarászik; 아이들이 ~ a gyerekek kuncognak / nevetgélnek: 무엇 때문에 낄낄거리느냐? 난 하나도 우습지 않아 Miért vihogsz? Nekem / Szerintem egyáltalán nem vicces.

낌새 명 az események folyása, vminek a jele; ~를 채다 megérzi a dolgot, ráébred vmire; ~를 보이다 jelét adja vminek; 우리가 무엇을 하고 있는지 그도 이젠 ~를 챈 모양이다 Most kezdi gyanítani / kezd ráébredni, hogy mit csinálunk.

낑낑거리다 동 nyög, nyöszörög, sóhajt(ozik), panaszkodik; 무거운 짐을 지고 ~ nyög a nehéz terhe miatt

ㄴ

나 én; ~에게 nekem; ~를 engem; ~의 것 enyém; ~는 한국인이다 Én vagyok koreai.; 엄마가 ~에게 사과 하나를 주었다 Anyám adott nekem egy almát.; ~를 사랑하느냐 Szeretsz (engem)?

나가다 [동] ❶ kimegy, elindul; 방에서 ~ kimegy a szobából; 여기서 나가라! Menj ki innen!; 어머니는 쇼핑하러 나가셨다. A mama elment vásárolni.; 경기에 ~ indul a sportversenyen ❷ kiköltözik; 이 집에서 ~ kiköltözik ebből a házból; 주인은 우리에게 다음 달에 나가라고 했다. A házigazda / tulajdonos azt mondta, hogy jövő hónapban költözzünk ki. ❸ dolgozik, jár vhova (dolgozni); 관청에 ~ hivatalban dolgozik; 그는 어디에 나가지요 Hol dolgozik?; 금주 토요일에 회사에 나가겠다. Ezen a héten szombaton dolgozom a vállalatnál. ❹ kilép, halad, előremegy, előrejut, fejlődik; 대통령 선거에 ~ jelölteti magát az elnökválasztáson ❺ elad, árul; 잘 나가는 책 jól fogyó könyv; 이 신문이 제일 많이 나간다 ezt az újságot veszik a legtöbben ❻ fogy, elmegy, elolt; lyukas lesz; 전기가 ~ elmegy az áram; (양말의) 엄지발가락이 ~ a zokni lyukas a nagyujjánál; 정신이 ~ elment az esze; 돈이 다 ~ az összes pénz elfogyott ❼ kerül vmibe; 2만원 나가는 물건 kétszázezer vonba kerülő áru; 무게가 10kg ~ a tömege tíz kiló

나귀 [명] szamár

나그네 [명] utas, utazó, csavargó, vándor, vendég; ~ 생활 vándor(ló) élet

나그네새 [명] költöző madarak, vándormadarak ☞ **철새**

나날이 [부] napról napra; ~ 따뜻해지다 napról napra melegebb lesz; 정세가 ~ 악화되어 간다 A helyzet napról napra rosszabbodik.

나누다 [동] oszt, szétoszt; megoszt; osztályoz, besorol, rangsorol; 나눌 수 없는 oszthatatlan; 둘로 ~ kettéoszt; 선생님은 아이들을 세 그룹으로 나누었다 A tanár a gyerekeket három csoportba osztotta.; 음식을 ~ megosztja az ételt; 둘이서 비용을 ~ ketten megosztják a költséget; 기쁨을 ~ megosztja az örömét vkivel; 선인과 악인을 ~ szétválasztja a jó és a rossz embereket

나눗셈 [명] osztás; ~을 배우다 osztást tanul

나다니다 [동] eljár, kimegy, csavarog; 밤낮 ~ éjjel-nappal csavarog; 밖으로 ~ eljár otthonról

나돌다 [동] ❶ ☞ **나다니다** ❷ közismertté válik

나뒹굴다 [동] hánykolódik, forgolódik, izeg-mozog

나들이 명 rövid látogatás; 내 아내가 친정에 ~ 갔다 A feleségem látogatóba ment a szülői házba.

나라 명 ❶ ország, állam, nemzet, haza; 조용한 아침의 ~ a csendes reggelek országa; ~를 사랑하다 szereti a hazáját / nemzetét; 미지의 ~로 들어가다 ismeretlen országba megy ❷ világ; 꿈~ álomvilág; 동화 ~ mesevilág

나란히 부 sorban, egymás mellett, egyformán, egyenlően; ~ 앉다 egymás mellett ülnek; 영어 성적에서 그들은 어깨를 ~ 한다 Angol nyelvből egyforma eredményt értek el.

나루 명 rév; ~를 건너다 átkel a réven; 배 삯을 내자 사공이 ~를 건네주다 Kifizeti az átkelési díjat, miután a révész átviszi a túlsó partra.

나루터 명 rév; ~에 도착하다 révbe ér

나룻배 명 komp, átkelőcsónak, átkelőhajó; ~로 강을 건너다 komppal átkel a folyón; 강 건너로 사람들을 ~로 날라다 주다 az embereket komppal átviszi a folyó másik partjára; ~ 사공 révész, révkalauz

나르다 동 hord, elvisz, elszállít; 손으로 짐을 ~ kézben elvisz egy csomagot; 이 짐은 너무 무거워서 혼자서는 나를 수 없다 Ez a csomag túl nehéz, nem tudom egyedül elvinni.

나른-하다 형 fáradt, erőtlen, bágyadt, gyenge, lankadt; 몸이 ~하다 fáradt vagyok, gyengének érzem magam; 길을 많이 걸었더니 ~하다 Sokat gyalogoltam, ezért nagyon fáradt vagyok.

나름 attól függően, hogy...; 네 인생은 네 하기 ~이다 Életed attól függ, hogyan élsz.

나리 명 ❶ liliom; 참~ tigrisliliom; 흰~ fehér liliom ❷ úr, uram; 주인 ~ gazda uram, gazduram; 시장 ~ polgármester úr

나머지 ❶ maradék, maradvány; ~ 사람들 a maradék ember; ~ 일은 내일 하도록 하자 Csináljuk meg holnap a hátramaradó / hátramaradt / hátralévő munkát!; 빚 갚고 난 ~로 컴퓨터를 샀다 Kifizettem a tartozást, azután a maradékból vettem egy számítógépet. ❷ eredményképpen, miatt; 사랑한 ~a túlzott szere- tete miatt; 당황한 ~ zavarában; 질투한 ~ 그녀는 남편을 죽였다 Férjgyilkossá lett féltékenység miatt.

나무 명 fa; ~가 우거진 산 fával sűrűn borított hegy; ~를 심다 fát ültet; 자기 발밑의 ~를 자르다 maga alatt vágja a fát; ~로 된 책상 fából készült asztal, faasztal

나무껍질 명 kéreg

나무꾼 명 favágó

나무라다 동 megszid, összeszid, korhol, dorgál, megfedd; 엄하게 ~ szigorúan megszid; 경솔한 행동을 ~ figyelmetlensége miatt leszidja; 어머니의 요리 솜씨는 나무랄 데가 없다 Anyám szakácsművészetét nem lehet bírálni.

나물 명 zöldség, konyhakerti növény; 시금치 ~ spenótsaláta; ~을 많이 먹으면 건강해진다 Ha sok zöldséget eszik, egészséges lesz.

나뭇가지 명 faág, ágacska; ~ 많은 나무에 바람 잘 날 없다 Ha a fának sok ága van, mindig szenved a szélben. (a sok gyereke miatt sok gondja van)

나뭇잎 명 levél, falevél

나발 명 trombita ☞ **나팔**; ~을 불다 szétkürtöl vmit

나병 명 lepra, bélpoklosság; ~에 걸렸다 bélpoklos / leprás lett; ~ 환자 수용소 lepratelep

나병균 명 leprabacilus

나병환자 명 leprás

나부끼다 동 lobog, csattog; 바람에 ~ lobog a szélben; 온 거리에 깃발이 나부끼고 있었다 Az út mentén mindenhol lobognak a zászlók.

나부랭이 명 ❶ darabok, apró-cseprő holmik, maradék; 종이 ~ papírdarab ❷ alacsony rangú, jelentéktelen; 귀족 ~ alacsony rangú nemes; 관리 ~ jelentéktelen / alacsony hivatal

나비 명 lepke, pillangó; ~ 넥타이 csokornyakkendő; ~처럼 날다 repül, mint a lepke; ~가 꽃을 찾아다니다 a lepke virágokat keres (a férfi udvarol a nőnek)

나빠지다 동 rosszabbodik; elront, tönkretesz; 그들 사이가 ~ a kapcsolatuk rossz lett / rosszra fordult; 환자의 병세가 갑자기 ~ a beteg állapota rosszabbodik / romlik

나쁘다 형 rossz, hibás, gonosz, helytelen; káros, ártalmas; gyenge; 나쁜 짓 rossz cselekvés; 마음씨가 ~ a lelke gonosz; 길이 몹시 ~ az út nagyon rossz; 나쁜 징조 rossz jel, ómen; 자네에게 나쁜 소식이 있네 rossz hírem van számodra; 눈에 ~ ártalmas a szemnek; 흡연은 건강에 ~ a dohányzás ártalmas az egészségre; 그는 심장이 ~ rossz a szíve, szívbaja van; 감기로 인해서 몸 상태가 ~ az influenza miatt rossz egészségi állapotban van; 질이 나쁜 포도주 gyenge minőségű bor; 이 상품은 품질이 ~ ennek az árunak rossz a minősége; 머리가 ~ buta, fafejű; 나는 기억력이 ~ gyenge az emlékezőtehetségem

나사 명 csavar, sróf; ~를 풀다 csavart megold / kilazít; 머리의 ~가 빠졌다 nincs ki mind a négy kereke

나서다 동 ❶ kijön, megjelenik, feljön, előtűnik; 무대에 ~ színpadon megjelenik; 남 앞에 나서기를 싫어하다 nem szeret mások előtt mutatkozni, kerüli az embereket; 선두에 ~ élre áll; 지원자가 한 사람도 나서지 않았다 senki nem pályázott ❷ elmegy, kilép, elhagy, elkezd; 집을 ~ otthonról elmegy; 교정을 ~ el- / otthagyja az iskolát, befejezi a tanulmányait; 사회개혁에 ~ társadalmi reformot indít; 대통령 후보로 ~ jelölteti magát elnöknek ❸ közbelép, beavatkozik; 남의 일에 나서기 좋아하다 szeret beleavatkozni mások dolgába; 네가 나설 자리가 아니야 Ez nem a te dolgod.

나아가다 동 előremegy, halad, fejlődik, továbbmegy; 40km로 ~ negyven kilométert halad; 그녀는 무대 중앙으로 나아갔다 előrement a színpad közepére; 시대보다 앞서 ~ megelőzte a korát; 실험은 계획대로 나아가고 있다 A kísérlet a tervek szerint halad.

나아지다 동 jobb lesz, javul; 건강이 ~ javul az egészsége; 학교 성적이 ~ javul a vizsgaeredménye

나약-하다 형 gyenge, döntésképtelen, határozatlan; ~함을 보이다 határozatlanságot mutat; 그는 ~한 사내다 ő gyenge, döntésképtelen férfi

나열-하다 동 megszámlál, felsorol; 통계 숫자를 ~하다 statisztikai adatokat felsorol

나오다 동 ❶ kijön; megjelenik, mutatkozik, megmutatja magát, előkerül; 집에서 ~ kijön a házból; 법정에 ~ megjelenik a bíróságon; 대중 앞에 ~ kiáll a tömeg elé; 잃어버린 책이 ~ az elvesztett könyv előkerül / megkerül; 우리는 어이가 없어 말이 안 나왔다 Meglepetésünkben nem találtunk szavakat.; 술과 밥이 나왔다 Étellel és itallal vendégeltek meg.; 그녀의 눈에서 눈물이 ~ ömlik a könny a szeméből; 책이 방금 나왔다 Most jelent meg a könyv.; 다음 호가 곧 나온다 A következő szám nemsokára megjelenik.; 그 섬은 지도에 안 나와 있다 Az a sziget nincs rajta a térképen.; 그는 회사에서 나왔다 Ő elkerült a vállalattól / cégtől. ❷ származik; 라틴어에서 ~ a latinból származik; 어디서 그런 말이 나오느냐 Honnan származik ez a híresztelés? ❸ fellép vmilyen módon, cselekszik, előjön vmivel; 뻔뻔하게 ~ szemtelenül lép fel, szemtelen módon cselekszik; 그가 어떻게 나오나 두고 보자 Várjuk meg, mit fog csinálni / hogyan cselekszik / mivel jön elő!; 여권이 ~ útlevelet kap; 월급은 매달 20일에 ~ minden hónap huszadikán kapnak fizetést; 10을 5로 나누면 2가 나온다 tízet öttel osztva kettőt kapunk; tízet osztva öttel kettő az eredmény; tíz osztva öttel, egyenlő kettő; 이 문제는 답이 안 나온다 ennek a problémának nincs megoldása; 시험에 열 문제가 나왔다 a vizsgán tíz kérdés volt; 사진이 잘 안 나왔다 Ezt a fényképet rosszul csinálták.

나이 명 év, (élet)kor; ~에 상관없이 korhatár nélkül; ~를 먹다 öreg lett, megöregedett; 중년의 ~ középkorú; 나잇값을 해라 Légy tekintettel a korodra!; ~가 몇 살이냐 Hány éves vagy?

나이트클럽 명 (éjszakai) mulató(hely), pub

나이프 명 kés; 잭~ zsebkés

나일론커튼 명 nejlonfüggöny

나중 jövő, következő, későbbi; 맨 ~ 열차 a legutolsó vonat; ~ 생각을 하다 a jövőre gondol; 그는 ~에 온다 később jön; ~에는 어떻게 되든 내 알 바 아니다 nem érdekel, hogy később mi lesz; 그 일에 관해서는 ~에 자세히 이야기 하겠다 Azt a dolgot később részletesen elmagyarázom.; ~에 가겠다 később meglátogatom (Önt)

나직이 부 halkan, gyengén; ~ 노래하다 halkan énekel; ~ 말하다 halkan beszél

나직-하다 형 alacsony, halk, gyenge; ~한 목소리로 halk hangon

나체 meztelen, csupasz, ruhátlan, fedetlen test, pucér; akt; 나는 그녀의 ~ 사진을 찍었다 Akt(fény)képet készítettem / csináltam róla.

나치즘 명 nácizmus

나침반 명 iránytű

나타나다 동 megjelenik; megmutatkozik, előkerül, jelentkezik, előtűnik; 불쑥 ~ hirtelen megjelenik; 달이 구름 사이에서 나타났다 A hold megjelent / felbukkant a felhők között.; 그녀는 약속 시간에 나타나지 않았다 Nem jelent meg a megígért időben.; 그 행동에 그의 성격이 잘 나타나 있다 A viselkedésében jól megmutatkozik a természete. A viselkedéséből kitűnik a természete.; 현대 생활의 갖가지 스트레스는 몸의 병으로 나타난다 A modern élet sokféle stresszhatása betegségekben jelentkezik.; 범

행의 결정적 증거가 될 흉기가 아직 나타나지 않았다 A bűntény döntő bizonyítéкául szolgáló fegyver még nem került elő.; 잃었던 물건이 ~ az elveszett tárgy előkerül; 약효가 곧 나타났다 A gyógyszer hatása azonnal jelentkezett.; 이 작은 산촌은 지도에 나타나 있지 않다 Ez a kis hegyi falu nincs rajta a térképen.

나타내다 동 megmutat, kifejez, elárul; 정체를 ~ megmutatja igazi / valódi természetét; 그는 그 회의에 모습을 나타내지 않았다 Nem jelent meg azon a gyűlésen.; 음악에서 두각을 나타내다 a zenében egyedülálló tehetséget mutat; 생각을 말로 ~ gondolatait beszéddel fejezi ki; 그는 감정을 겉으로 나타내지 않는다 érzelmeit nem fejezi / mutatja ki; 이 그림은 무엇을 나타내느냐 Mit fejez ki / ábrázol ez a kép?

나팔 명 kürt, harsona; ~을 불다 kürtöt fúj; ~ 소리가 울려 퍼졌다 A kürt hangja felcsendült.

나팔관 명 (해부) méhkürt; petevezeték

나팔꽃 명 kerti folyondár

나흘 명 négy nap

낙 명 öröm, élvezet, gyönyörűség; szórakozás; 여행을 ~으로 삼다 utazásnak örül; 독서하는 것 외에 그에겐 ~이 별로 없다 Az olvasáson kívül nincs más öröme / szórakozása.

낙관-하다 동 derűlátóan / rózsaszínben / optimistán lát vmit; ~적 optimista, derűlátó, bizakodó, reménykedő; ~적으로 생각하다 optimistán / derűlátóan gondolkozik; 너무 ~하지 마라 Ne légy túlságosan optimista!

낙농업 명 tejgazdaság, tehenészet; ~에 종사하다 tejgazdaságot működtet

낙농제품 명 tejtermékek

낙담-하다 동 elcsügged, elkedvetlenedik; 그녀는 그 소식을 듣고 크게 ~했다 A hírt (meg)hallva nagyon elcsüggedt.

낙서-하다 동 firkál; ~ 명 firka, firkálás; 벽의 ~를 지우다 a falon levő firkálást letörli / eltávolítja; ~금지 firkálni tilos

낙선-하다 동 ❶ elbukik a választáson, vereséget szenved a választáson; ~ 명 választási vereség / bukás; 3 표차로 ~하다 Három szavazattal szenvedett vereséget.; 그는 총선에서 ~했다 A parlamenti választáson elbukott. ❷ elutasít, nem fogad el; 현상 소설에 응모했으나 ~했다 Indultam / részt vettem a regényírói pályázaton, de nem értem el eredményt / helyezést.; 그가 출품한 그림은 ~했다 A benyújtott festményt elutasították / nem fogadták el.

낙엽 명 lehullott levél, avar; ~을 긁어모으다 összegyűjti a lehullott leveleket; ~을 밟으면서 산책했다 Az avart taposva sétáltam.

낙오자 명 lemaradó / lemorzsolódó személy; vesztes / gyenge ember; 인생의 ~가 되다 vesztessé válik az életben; 그 행군에서 많은 ~가 생겼다 Sok katona lemaradt a menetben.

낙원 명 Paradicsom, Éden; 지상의 ~ földi paradicsom; 그 섬은 새들의 ~이다 Az a sziget a madarak paradicsoma.

낙인 명 (beégetett) bélyeg / jegy, billog; ~을 찍다 megbélyegez, billogoz; (비유적) 그는 사기꾼으로 ~이 찍혔다 csalónak bélyegezték

낙제-하다 동 megbukik, nem sikerül neki a vizsga; ~ 명 bukás a vizsgán; ~점수 elégtelen jegy / osztályzat; 두 과목에 ~

하다 két tantárgyból megbukik; 그는 뛰어난 학자이긴 하지만 남편으로서는 ~다 Ő kiváló tudós, de férjként megbukott / sikertelen.

낙지 명 polip

낙천가 명 optimista, derűlátó, bizakodó

낙천주의 명 optimizmus, derűlátás, bizakodás

낙타 명 teve; 단봉 / 쌍봉 ~ egypúpú / kétpúpú teve; ~의 혹 teve púpja

낙태-하다 동 elvetél (magzatot), abortál; ~ 명 vetélés; abortálás; ~ 수술을 하다 terhességet megszakít, abortuszt végez

낙하산 명 ejtőernyő; ~을 펴다 kioldja az ejtőernyőt; 우리는 추락하는 비행기에서 ~으로 탈출했다 A zuhanó repülőgépből ejtőernyővel menekültünk meg.; ~ 부대 ejtőernyős osztag

낙하-하다 동 lehull, leesik, lezuhan; 수직으로 ~하다 függőlegesen zuhan

낙향-하다 동 falura / vidékre költözik; 그는 서울을 떠나 시골로 ~했다 Elhagyta Szöult, és vidékre költözött.

낙후-되다 동 elmarad, lemarad, hátramarad, visszamarad; 그 나라는 문화가 ~되어 있다 Annak az országnak elmaradott a kultúrája.

낚다 동 fog, kifog; 나는 대어를 낚았다 Nagy halat fogtam.; 이 강은 고기가 잘 낚인다 Ebben a folyóban sok halat lehet fogni.

낚시꾼 명 halász, horgász

낚시찌 명 parafaúszó, pedző

낚시터 명 horgászhely, halászhely

낚시-하다 동 horgászik; ~하러 가다 horgászni megy; ~ 도구 horgászfelszerelés

낚싯대 명 horgászbot

낚싯바늘 명 horog

낚싯밥 명 csali, csalétek; 낚싯바늘에 ~을 달다 a horogra csalit tesz / akaszt

낚싯줄 명 horgászzsinór

낚아채다 동 elkap, elragad vkitől vmit, kikap; 그는 내게서 편지를 낚아챘다 Kikapta a levelet a kezemből.

난 명 ❶ rovat; kitöltendő pont az űrlapon; 스포츠~ sportrovat; 이 ~에 기입하지 말 것 Ezt a pontot ne töltse ki! Ezt a pontot hagyja üresen! ❷ orchidea ☞ **난초** ❸ háború; forradalom, felkelés, lázadás; ~을 일으키다 háborút kirobbant ❹ probléma, nehézség, baj, elégtelenség, hiány; 교통~ közlekedési nehézség / probléma; 식량~ élelmiszerprobléma, élelmezési nehézség; 주택~ lakásprobléma, lakáshiány; 취업~ elhelyezkedési nehézségek

난간 명 rács, kerítés, léckerítés, korlát; 다리 ~ híd korlátja; ~에 기대다 rácsra támaszkodik

난감-하다 형 tűrhetetlen, kibírhatatlan, elviselhetetlen; 살아나갈 일이 ~하다 az élet kibírhatatlan; 무어라고 대답을 해야 할 지 매우 ~했다 Rettentő zavarban voltam, nem tudtam, mit válaszoljak.

난관 명 gát, akadály, válaszfal; nehézség, holtpont: ~에 봉착하다 holtpontra jut; akadályba ütközik; ~을 극복하다 nehézséget / akadályt legyőz / elhárít

난동 명 felfordulás, zavargás, lázadás; 취객이 술집에서 ~을 부렸다 A részeg vendég felfordulást okozott a kocsmában.; ~을 진압하다 elfojt / lever egy lázadást

난로 명 kályha, kemence, tűzhely; 벽~

kandalló; ~를 때다 tüzet gyújt / rak a kályhában

난류 명 meleg tengeri áramlat

난리 명 nyugtalanság, zavargás, összetűzés; ~가 나다 háború tör ki, zavargás kezdődik; 그 소식을 듣고 온 집안에 ~가 났다 A hír hallatán az egész ház felbolydult.

난립-하다 형 rendetlenül sorakozik vhol, összezsúfolódik vhol; özönlik; ~ 명 zsúfoltság; 높은 빌딩이 ~해 있다 sok magas épület zsúfolódik össze

난무-하다 동 vadul uralkodik; 이 도시에는 폭력이 ~하고 있다 Erőszak uralkodik ebben a városban.

난민 명 menekültek; 팔레스타인 ~ palesztin menekültek; ~ 수용소 menekülttábor

난방 명 fűtés; 중앙 ~ központi fűtés; 지역 ~ körzeti fűtés; ~으로 방은 곧 따뜻해졌다 A fűtés hatására a szoba gyorsan felmelegedett.; 우리는 ~용 석유난로를 사용한다 Mi olajkályhával fűtünk.

난산-하다 동 nehezen szül meg; ~ 명 nehéz szülés; 그녀는 ~을 했다 Nehezen szült.

난색 명 rosszallás, nemtetszés, elítélés; 그는 우리들의 제의에 ~을 보였다 Nemtetszéssel fogadta a javaslatunkat.

난생처음 부 életében először; ~ 당하는 일 olyan dolog, amivel (az) életében először szembesül; 그는 ~ 바다를 보았다 Ő életében először látta a tengert.

난소 명 petefészek; ~암 petefészekrák

난자 명 pete; magrügy, magkezdemény

난잡-하다 형 szemérmetlen, obszcén; 그 주간지에는 ~한 기사가 가득하다 Az a hetilap tele van szemérmetlen cikkekkel.

난장이 명 törpe

난장판 명 káosz, zűrzavar; 그 소식으로 온 집안은 ~이 되었다 A hírt hallva az egész háznép felbolydult.

난제 명 nehéz probléma, bonyolult kérdés; 환경보호는 오늘날 해결해야 할 ~ 중 하나이다 A környezetvédelem jelenleg egyike a megoldandó nehéz problémáknak.

난처-하다 형 zavarodott, zavarban lévő, tépelődő, tanácstalan; ~한 표정으로 zavart arckifejezéssel; 너를 ~하게 할 생각은 아니었다 Nem szándékoztalak / akartalak zavarba hozni.

난청 명 hallásprobléma, hallási nehézség; 이 부근은 TV ~구역이다 ezen a környéken a tv-adás nehezen fogható

난초 명 orchidea

난폭-하다 형 heves, erőszakos, durva, goromba, agresszív; ~하게 hevesen, erőszakosan, durván; ~한 짓을 하다 durván cselekszik; ~ 운전 agresszív vezetés; ~하게 행동하다 gorombán / durván cselekszik; 차를 ~하게 운전하지 마라 Ne vezess olyan agresszíven!

난해-하다 형 nagyon nehéz megérteni, nagyon nehéz megoldani; ~한 글 nehezen érthető irat / cikk

낟알 명 (gabona) mag, (gabona) szem

날[1] 명 ❶ nap; ~이 감에 따라 a napok múltával; ~마다 naponta, naponként; napról napra; ~이 밝다 a nap felvirrad; ~이 저물다 besötétedik; ~이 길어지다 a nap hosszabb lesz; 나는 미국에서 보낸 즐거웠던 ~들이 생각났다 Emlékszem az Amerikában töltött boldog napokra. ❷ idő, időjárás; 오늘은 ~이 좋다 ma jó idő van; 등산하기 아주 좋은 ~이다 tökéletes nap a hegymászásra ❸ időpont, dátum; 출발하는 ~을 정하다 kitűzi az indulás napját; 혼인~이 정해졌다 Az esküvő dátumát kitűzték.; 실패하는 ~에는 내가 책임을 져야 한다 A kudarc napján vállalnom kell a felelősséget.; 세상에서 전쟁이 없어지는 ~이 곧 올 것이다 Biztosan eljön majd az a nap, amikor véget ér a háború.

날[2] 명 penge; 칼~ kés pengéje; ~이 예리하다 / 무디다 a penge nagyon éles / életlen; ~을 세우다 élesíti a pengét

날[3] nyers; nem főtt; ~달걀 nyers tojás; 고기를 ~로 먹는 것을 좋아하는 사람들도 있다 Olyan ember is van, aki a húst nyersen szereti enni.

날개 명 szárny; ventilátor; 비행기의 오른쪽 ~ a repülőgép jobb szárnya; ~를 펼치다 szárnyat kitár

날갯죽지 명 szárnyízület; ~가 늘어지다 lehajló szárnya van

날다 동 repül, száll; 높게 ~ magasan száll; 날아가다 elszáll, elrepül; 날아다니다 ide-oda röpdös / röpköd

날뛰다 동 ugrik, ugrál; 기뻐 ~ örömében ugrál; 지금은 좋아서 날뛸 때가 아니다 Most nincs itt az ideje, hogy örömünkben ugrándozzunk.; 말이 갑자기 날뛰기 시작했다 A ló hirtelen vágtatni kezdett.

날렵-하다 형 fürge, gyors; ~하게 부 gyorsan, fürgén, mozgékonyan; 동작이 ~하다 gyors mozgású

날리다 동 ❶ elereszt, felröpít; lobog, libeg; 연을 ~ sárkányt ereget; 깃발이 바람에 날리고 있다 A zászló lobog a szélben. ❷ elpazarol, elveszít, elveszteget; 도박으로 재산을 ~ szerencsejátékkal elpazarolja a vagyont

날마다 부 mindennap, naponta, naponként

날쌔다 형 gyors, élénk, mozgékony, fürge; 동작이 ~ fürge mozgású

날씨 명 idő(járás); 좋은 ~ jó idő; 궂은 ~ rossz / kellemetlen idő; ~가 변덕스럽다 az időjárás változékony; ~를 예보하다 előre jelzi / megjósolja az időjárást; 오늘은 겨울 ~ 같군요 Ma az időjárás olyan, mint télen.

날씬-하다 형 karcsú, sudár, vékony; 몸매가 ~하다 karcsú és vékony

날아가다 동 ❶ elszáll, elrepül; 기러기 떼가 북녘 하늘로 날아갔다 A vadlibacsapat elrepült észak felé. ❷ szertefoszlik, eloszlik; 모든 희망이 날아갔다 Minden reményünk szertefoszlott.

날아다니다 동 ide-oda röpdös, ide-oda röpköd; 그는 비행기로 전국을 날아다녔다 Az egész országot bejárta repülőgéppel.

날아들다 동 berepül, befut, megérkezik; 참새가 방안으로 날아들었다 A veréb berepült a szobába.; 모르는 사람으로부터 이상한 편지가 날아들었다 Egy idegentől furcsa levél érkezett.

날짜 명 dátum, időpont; ~를 당기다 előrehozza az időpontot; ~를 정하다 kijelöl / kitűz egy időpontot; 이 영수증에는 ~가 없다 Ezen a számlán nincs dátum. Ez a számla nincs dátumozva.

날짜변경선 명 időzóna

날카롭다 형 ❶ éles, hegyes, élénk; 이 칼의 날은 매우 ~ Ennek a késnek a pengéje nagyon éles. ❷ átható, metsző, kínos; 형사는 날카로운 눈매를 하고 있었다 A detektívnek átható / metsző pillantása van.; 그 학생은 선생님에게 날카

로운 질문을 했다 A diák kínos kérdést tett fel a tanárnak.

날품팔이 명 napidíjas, napszámos

낡다 형 régi, koros, öreg, idejétmúlt; elkoptatott; elavult; 낡은 표현 elavult kifejezés; 그것은 낡은 생각이다 az régimódi gondolkodás; 이것은 낡은 건물이다 ez egy öreg épület

남 명 dél

남극 명 Déli-sark; ~탐험 déli-sarki expedíció

남기다 동 ❶ otthagy, hátramarad; 좋은 인상을 ~ kedvező benyomást hagy maga után; 아내를/빚을 남기고 죽다 feleséget/tartozást hátrahagy; 그에게 쪽지를 ~ feljegyzést hagy a számára; 이름을 후세에 ~ nevét hagyja az utódoknak; 그녀는 아들에게 큰 재산을 남겼다 Nagy vagyont hagyott a fiaira.; 나만 남겨 놓고 모두 놀러 나갔다 Engem hátrahagyva mind kimentek játszani. ❷ spórol, takarékoskodik, tartalékol; 용돈을 ~ spórol vmennyit a zsebpénzből; 여행을 위해 얼마간의 돈을 ~ vmennyi pénzt spórol az utazásra

남김없이 부 egészen, összesen, hiánytalanul, maradéktalanul; 자네가 알고 있는 것을 ~ 말해다오 Mondd el hiánytalanul/teljesen, amit tudsz!; 한 방울도 ~ az utolsó cseppig

남다 동 marad, megmarad, visszamarad, hátravan; 먹고 남은 케이크 megmaradt sütemény; 늦게까지 회사에 ~ későig marad az irodában; 그는 서울로 일하러 떠났지만 가족은 집에 남았다 Elment Szöulba munkát vállalni, de a családja otthon maradt.; 10에서 6을 빼면 4가 남는다. Ha tízből hatot kivonunk, négy marad.; Tízből hat, egyenlő négy.; 최후까지 살아~ az utolsó pillanatig életben marad; 아마 이 사건은 오래 내 기억에 남을 것이다 Ez az esemény bizonyára sokáig megmarad az emlékezetemben.; 그것을 천만 원에 팔면 이익이 얼마 남느냐 Ha tízmillió vonért eladod, mennyi a hasznod?

남다르다 형 különös, szokatlan, rendkívüli; kiváló; 그녀는 기억력이 ~ Kitűnő emlékezete van. Kitűnő az emlékezete.; 그는 어딘지 남다른 데가 있다 Van benne valami furcsa/különös.

남달리 부 szokatlanul, rendkívülien, kivételesen, páratlanul; ~ 손재주가 뛰어나다 rendkívüli a kézügyessége; ~ 고집이 세다 páratlanul makacs, nagyon konok

남동생 명 öcs

남몰래 부 titokban; rejtve, hogy senki ne tudja/lássa

남성 명 férfi; hímnem;; ~ 호르몬 férfihormon

남성복 명 férfiruha

남아돌다 동 bőven van; 쌀이 ~ bőven van rizs

남용-하다 동 visszaél vmivel, helytelenül/rosszul használ fel vmit, rossz célra fordít vmit; ~ 명 visszaélés; 권력의 ~ hatalommal való visszaélés; 직권 ~죄 (법률) hivatali visszaélés; 직권을 ~하다 hivatali hatalmával visszaél

남자 명 férfi; ~다운 férfias; 저 ~는 누구지 Ki az a férfi?

남장-하다 동 férfinak öltözik; ~ 명 férfinak öltözés; 그녀는 자주 ~을 한다 Ő gyakran férfiruhába öltözik.

남짓-하다 형 egy kicsivel több, valamivel több; 30명 ~ kicsivel több harmincnál; 나는 2시간 ~하게 기다렸으나 그녀는 오지 않았다. Valamivel több, mint két órát vártam, de nem jött.

남쪽 명 dél; ~ 나라 déli ország; ~으로 가다 délre megy; 그 도시는 서울에서 ~으로 약 40km 떨어진 곳에 있다 Az a város Szöultól délre, körülbelül negyven kilométerre helyezkedik el / fekszik.

남탕 명 férfifürdő

남편 명 férj; ~을 잃다 elveszíti a férjét, özvegyasszonnyá válik

남향 명 délre néző; ~집 délre néző ház

납 명 ólom; ~중독 ólommérgezés

납득-하다 동 megért, elfogad, meggyőződik vmiről, beleegyezik vmibe; ~ 명 megértés, beleegyezés; ~시키다 meggyőz vkit vmiről; 너의 그런 설명으로는 ~이 안 간다 Azt a magyarázatodat nem tudom elfogadni.; 내가 ~할 수 있도록 설명해 주시오 Kérem, magyarázza el, hogy megérthessem!; 그녀는 그에게 그의 잘못을 ~시켰다 Meggyőzte őt arról, hogy hibázott.

납부-하다 동 számlát befizet; ~ 명 befizetés; 분할 ~ részletfizetés; ~ 기한 fizetés határideje, fizetési határidő; 1학기 수업료를 ~하다 az első félévi tandíjat befizeti

납북-하다 동 elhurcol / elrabol Észak-Koreába; ~ 어부 Észak-Koreába elhurcolt halász

납작-하다 형 lapos, sík, sima; vékony, egyenletes

납작해지다 동 összelapul; lehengerel; 승용차가 대형트럭과 충돌하여 납작해졌다. A személyautó a nagyméretű teherautóval történt összeütközés következtében összelapult.; 그와의 토론에서 나는 코가 납작해졌다 Vitatkoztam vele, de teljesen lehengerelt / alulmaradtam a vitában.

납치-하다 동 elhurcol, elrabol vkit; eltérít (repülőgépet); 그는 범죄 용의자에게 ~되었다 A gyanúsított személy elrabolta őt.; 여객기 ~범 repülőgép-eltérítő (személy); ~된 여객기의 승객들 az eltérített repülőgép utasai

납품-하다 동 árukat szállít; ~ 명 áruszállítás; 이것은 K상사에 ~할 상품이다 Ezek az áruk a K üzletbe szállítandók.

낫 명 sarló, kasza; ~으로 풀을 베다 sarlóval füvet vág; ~ 놓고 기역자도 모른다 még az ábécét sem tudja, teljesen tudatlan, írástudatlan

낫다[1] 형 jobb, mint; meghalad, megelőz; 누구보다도 ~ mindenkit megelőzve, mindenkinél jobb; 그것보다 이것이 훨씬 ~ ez jobb, mint az; 그는 나보다 나은 월급을 받는다 A fizetése jobb az enyémnél / mint az enyém.; 무어라도 있는 것이 없는 것보다 ~ A valami jobb a semminél. Jobb, mint a semmi.

낫다[2] 동 javul, meggyógyul, helyreáll; begyógyul, beforr; 저절로 ~ önmagától meggyógyul; 상처는 낫지 않았다 A seb nem forrt / gyógyult be; 이 약으로 병이 나았다 Ettől a gyógyszertől javult az állapota.

낭독-하다 동 hangosan olvas, felolvas, elmond, elszaval; ~ 명 elmondás, szavalás; 시를 ~하다 verset mond / szaval

낭떠러지 명 szirt, szikla, parti sziklafal; 깎아지른 ~ hegyes szikla; ~에서 떨어지다 leesik a szirtről; 그 차는 ~에서 추락했다 Az autó lezuhant a szikláról.

낭만적 romantikus

낭비-하다 동 pazarol vmit; ~ 명 pazarlás, elfecsérelés; ~를 줄이다 pazarlást csökkent; 그의 노력도 결국 시간 ~로 끝났다 Végül az ő erőfeszítései is időpazarlásnak bizonyultak.; ~벽이 있다 hajlamos a pazarlásra; ~하지 말고 저금해라 Ne pazarold a pénzt, inkább takarékoskodj!

낭자 명 lány, leány(zó)

낭패 명 nehéz helyzet, baj, zavar, tanácstalanság; ~를 보다 nehéz helyzetben van, bajba kerül; 차가 고장나서 ~다 Baj van, az autó elromlott.

낮 명 nap, nappal; dél; 대~, 한~ fényes nappal; 그는 ~에는 일하고 밤에는 학교에 다닌다 Nappal dolgozik, és este jár iskolába.

낮다 형 ❶ alacsony; lapos; 물은 낮은 데로 흐른다 a víz az alacsonyabb hely felé folyik; 그들의 생활수준은 ~ az életszínvonaluk alacsony; 나는 혈압이 ~ alacsony a vérnyomásom; 오늘은 온도가 ~ ma alacsony a hőmérséklet. ❷ mély; gyenge; 낮은 음 mély hang; 낮은 목소리로 suttogva, halk hangon

낮잠 명 sziesztа, delelés; szundikálás; ~을 자다 szieszt ázik, delel; szundikál

낮추다 동 leszállít, alacsonyabbra tesz, csökkent; 값을 ~ leszállítja az árat; 온도를 ~ alacsonyabbra állítja a hőmérsékletet; 속도를 ~ sebességet csökkent; 소리를 ~ csökkenti a hangerőt

낯 명 arc, ábrázat; tekintet; ~을 찡그리다 fintorog, grimaszt vág; ~이 익다 az arca jól ismert; 그는 웃는 / 환한 ~으로 들어왔다 mosolygós / derült arccal jött be; 내 무슨 ~으로 그들을 대할 수 있겠느냐 Ezután hogyan nézzek / nézhetnék a szemükbe?

낯빛 명 arcszín

낯설다 형 idegen, ismeretlen; 낯선 곳 idegen hely; 낯선 땅에서 일하다 idegen földön dolgozik; 거리에서 낯선 사람이 내게 인사를 했다 Az utcán egy ismeretlen ember köszönt nekem.

낯익다 형 ismerős; 낯은 익으나 이름은 모르겠다 Ismerős az arca, de nem tudom a nevét/de nem jut eszembe a neve/de nem ugrik be a neve.

낱낱이 부 egyenként, egyesével; minden, részletesen, pontról pontra, teljesen; 물건을 ~ 세다 az árut egyesével megszámolja; ~ 예를 들다 egyenként példát ad; ~ 이름을 들다 egyenként nevén szólít; 친구를 ~ 찾아보다 minden barátot meglátogat; 나는 그것에 관하여 ~ 그에게 말했다 Pontról pontra elmondtam neki mindent ezzel kapcsolatban.; ~ 캐묻다 részletesen kérdez; ~ 보고하다 részletesen kijelent

낱말 명 szó

낱알 명 (gabona)szem, (gabona) mag

낳다 동 szül; megkölykezik; 갓 낳은 알 imént tojt tojás; 그녀는 어제 아들을 낳았다 Fiút szült tegnap.; 고양이는 1년에 몇 번 새끼를 낳느냐 Hányszor kölykedzik a macska évente?; 좋은 결과를 ~ jó eredményt ér el; 그는 한국이 낳은 가장 훌륭한 과학자이다 Ő a Koreában valaha született legnagyobb tudós.; 그 뉴스는 갖가지 억측을 낳았다 Az a hír sok találgatásra adott okot.; 소문이 소문을 낳는다 egyik pletyka szüli a másikat

내 én; ~가 가겠다 én megyek; ~ 책 az én könyvem; ~ 것 enyém; 그 빨간 코트

는 ~ 것이다 Az a piros kabát az enyém.; 이것은 ~ 일이므로 여러분께 염려 끼치고 싶지 않다 Ez az én ügyem, nem szeretném önöket felizgatni (vele).

내각 명 minisztertanács, kormány, kabinet; 거국 ~ párton kívüli kabinet, szakértői kormány; ~을 개편하다 átalakítja a kormányt; 1년에 두 번이나 ~이 바뀌었다 Egy évben kétszer változott a kormány.; ~ 책임제 parlamentáris kormányzati rendszer; ~ 총사퇴 az egész kabinet lemondása

내걸다 동 kiakaszt, kitesz; 문패를 대문에 ~ névtáblát kitesz / kiakaszt a főbejáratnál; 그는 목숨을 내걸고 해저로 잠수했다 Életét kockáztatva / kockára téve lemerült a víz alá.

내과 명 belgyógyászat; ~ 질환 belgyógyászati probléma

내과의사 명 belgyógyász

내기-하다 동 fogad; ~ 명 fogadás, tét; 큰 ~에 이기다 / 지다 nagy értékű fogadást megnyer / elveszít; ~에 응하다 fogadásba belemegy; 우리 ~하자 Fogadjunk!

내년 명 jövő év; ~에 jövőre; ~ 봄 jövő tavasz

내놓다 동 ❶ kitesz, kihoz, kirak; kiállít; 책상을 밖으로 ~ az asztalt kiteszi; 아이가 배를 내놓고 자고 있다 a gyerek kitakart hassal alszik; 그림을 전시회에 ~ a képet kiállítja a kiállításon.; 우리는 연말까지 몇 가지 신제품을 시장에 내놓을 것이다 Év végéig néhány új terméket dobunk piacra.; 손님 앞에 갖가지 요리를 ~ különféle ételeket rak ki a vendég elé ❷ bemutat, felmutat; 운전면허증을 ~ bemutatja a jogosítványát ❸ feláldoz; 연구를 위해 기꺼이 전 재산을 내놓겠다 A kutatás érdekében szívesen feláldozom az egész vagyonomat.

내다 동 불을 ~ tüzet gyújt; 그는 귀가 중에 사고를 냈다 Hazamenetel közben balesetet okozott.; 선배 티를 ~ felvág / kérkedik azzal, hogy idősebb; 소설을 잡지에 ~ regényt jelentet meg egy folyóiratban; 회고록을 ~ kiadja az életrajzát; 원서를 ~ kérvényt bead / beküld; 그는 사표를 냈다 beadta / benyújtotta a lemondását; 소문을 ~ pletykát útnak indít / megszellőztet; 그 일은 한 마디도 입 밖에 내지 않았다 Azzal a dologgal kapcsolatban egy szó nem hagyta el a számat; 시간을 ~ időt szakít vmire; 시간을 내주셔서 고맙습니다 Köszönöm, hogy időt szakított rám.; 구멍을 ~ lyukat üt; 길을 ~ utat nyit / csinál; 세금을 ~ adót fizet; 물건값을 ~ kifizeti az árut; 식사대는 카드로 냈다 A hitelkártyámmal fizettem az ételért.; 비용을 각자가 냈다. Mindenki a saját részét fizette.; 점심값은 제가 내겠습니다. Én fizetem az ebédet.; 모를 ~ rizspalántát elültet; 큰 소리를 ~ hangot kiad; 이번에 이 근처에 가게를 냈다 Most nyitottunk egy üzletet ezen a környéken.; 열차는 서서히 속력을 냈다 A vonat lassan gyorsult.

내다보다 동 kinéz; 거리를 ~ kinéz az útra; 창밖을 ~ kinéz az ablakon

내다보이다 동 bentről látszik; 창으로 바다가 내다보인다 az ablakon át a tenger látszik; 환히 ~ tisztán látszik

내달 명 jövő hónap; ~ 1일은 월요일이다 A jövő hónap elseje hétfő.

내던지다 동 eldob, kidob; otthagy, abbahagy, cserbenhagy; 일을 ~ abbahagyja a munkát; 그는 왕위를 내던지고 그녀와 결혼했다 Otthagyta a trónt, és házasságot kötött (azzal) a nővel.

내디디다 동 előrelép, halad, előremegy; 한 걸음 앞으로 ~ előremegy egy lépést; 인생의 첫 걸음을 잘못 ~ Élete első (nagy) lépését elhibázta.

내란 명 polgárháború, lázadás, felkelés; ~을 일으키다 lázadást szít; ~ 음모 összeesküvés lázadás céljából

내려가다 동 lemegy, ereszkedik, leszáll; csökken; 서둘러 산을 ~ lesiet a hegyről; 가격이 ~ az ár csökken / lemegy; 원화에 대한 달러 가치가 내려갔다 Az amerikai dollár értéke csökkent a koreai vonnal szemben.; 열이 내려가기 시작했다 A lázam kezdett csökkeni / lemenni.; 나의 학교 성적이 내려갔다 Az iskolai jegyeim / osztályzataim romlottak.

내려놓다 동 letesz, levesz, lerak; 불에서 냄비를 ~ az edényt leveszi a tűzről; 트럭에서 짐을 ~ a csomagot lerakják / lerakodják a teherautóról

내려다보다 동 lenéz, lefelé tekint; 창문에서 거리를 ~ az ablakon át lenéz az utcára; 우리 학교는 바다를 내려다보는 언덕 위에 있다 Az iskolánk egy dombon van, ahonnan lehet látni a tengert.

내려서다 동 lejön, lelép vhonnan

내려앉다 동 leül alacsonyabb ülésre, lefelé bukik, lecsúszik; leesik, összeomlik, elsüllyed; 의자에서 마루로 ~ a székről a padlóra ül; 홍수로 다리가 내려앉았다 Az árvíz miatt összomlott a híd.; 도로의 지반이 약 6cm 내려앉았다 Az út hat centimétert süllyedt.

내려오다 동 lemegy, leszáll; 아래층으로 ~ lemegy az alsó emeletre; 그것은 그의 선조 대대로 내려온 비법이었다 Az egy titkos recept, amely nemzedékről nemzedékre szállt / öröklődött a családjában.

내력 명 vki múltja, életpálya, karrier; ~을 캐다 a múltja iránt érdeklődik, a múltjában kutat

내륙 명 belföld, az ország belseje

내리 부 kezdettől végig, egyfolytában, folyamatosan; ~ 이기다 folyamatosan győz; 비가 사흘 ~ 왔다 Három napig egyfolytában esett (az eső).

내리깔다 동 lesüt (szemet); 눈을 얌전하게 내리깔고 szerényen lesütött szemmel

내리다 동 esik; leszáll, kiszáll; csökken; lelohad; ereszt; 방금 내린 눈 frissen esett hó; 비가 ~ esik az eső; 그녀는 말에서 내렸다 lóról leszáll; 다음 정류장에서 내립니다 A következő megállónál leszállok.; 물가가 ~ az árak csökkennek; 부기가 ~ a duzzanat lelohadt; 이 나라에서는 아직 민주주의가 뿌리를 내리지 못했다. Ebben az országban a demokrácia még nem tudott gyökeret ereszteni.

내리막길 명 lejtő

내리치다 동 leüt, lecsap

내림굿 명 a sámán szellemet megidéző rítusa

내림세 명 csökkenő tendencia / irányzat (árak); ~를 보이다 csökkenő tendenciát mutat; 마침내 물가는 ~가 되었다 Végül az árak csökkeni kezdtek.

내막 명 kulisszatitok; ~을 알고 있다 ismeri a kulisszatitkokat

내맡기다 동 megbíz vkit vmivel; 재산관리를 그에게 ~ megbízza a vagyona kezelésével; 자녀의 교육을 선생님에게만

내맡겨서는 안된다 A gyerekek nevelését nem szabad csak a tanárokra bízni.

내면 명 belső, vminek a belseje; ~ 세계 belső világ

내몰다 동 kihajt, kiűz, kikerget, eltávolít; 세든 사람을 ~ eltávolítja a bérlőt (a házból)

내밀다 동 kiugrik, kiáll, előrenyúlik; kidug, kifeszít; benyújt, felad; 손을 불쑥 ~ hirtelen kezet nyújt; 구원의 손길을 ~ segítő kezet nyújt vkinek; 창밖으로 머리를 내밀지 마시오 Kihajolni tilos!

내버려두다 동 elhagy, otthagy; 병을 치료하지 않고 ~ kezeletlenül hagyja, nem kezelteti a betegségét; 내버려두게나 시간이 해결할 걸세 Hagyd az egészet! Az idő majd megoldja.; 제 마음대로 하게 ~ engedi, hadd csináljon, amit akar

내버리다 동 eldob, kidob, elvet; 그건 돈을 거저 내버리는 것과 같은 짓이다 az csak pénzkidobás

내보내다 동 kiküld, kibocsát; elbocsát, kienged; kiűz, kikerget; 고양이를 방에서 ~ kikergeti a macskát a szobából; 졸업생을 사회로 ~ végzősöket bocsát ki a világba; 세입자를 ~ elküld a házból egy bérlőt

내복 명 fehérnemű, alsónemű, alsóruha

내복약 명 gyógyszer belső használatra, gyógyszer belsőleg

내부 명 belső, benn levő, belül elhelyezett; 집의 ~ ház belseje, házbelső; ~ 사정에 밝다 jól ismeri a hátteret; 건물 ~가 몽땅 타버렸다 Az épület belseje teljesen kiégett.; ~ 고발 besúg; ~ 고발자 besúgó

내분 명 belső viszály; 정당의 ~ a párt belső viszálya; ~을 일으키다 belső viszályt okoz; ~에 시달리다 belső viszályok gyötrik

내빼다 동 menekül, szökik, megfutamodik; 이런 때는 내빼는 것이 상책이다 Ilyen esetben a legbölcsebb dolog megfutamodni.

내뿜다 동 kiont, kilövell, kiokád; elfúj, elolt; 화산이 불을 ~ a vulkán lávát okád / lövell ki; 석유가 지면위로 내뿜어지고 있다 a kőolaj a felszínre tör

내사 명 titkos kutatás / vizsgálat; 지금 ~ 중이다 Most titkos vizsgálat folyik.

내색-하다 동 elárulja az érzelmeit; ~ 명 érzelmeket tükröző arckifejezés; 아무 ~도 하지 않다 Semmilyen érzelmet nem mutat.; 그는 불평 따위를 전혀 ~하지 않았다 Nem mutatta a panasz semmi jelét.

내성 명 (의학) tűrőképesség, türelem, tűrés; ~이 있다 türelmes, tűrő; ~이 생기다 kialakul a tűrőképessége vmivel szemben

내성적 befelé forduló, nem közlékeny; 성격이 ~이다 befelé forduló természete van; ~인 사람 nem közlékeny ember

내세 명 túlvilág, másvilág; 현세와 ~ a világ és a túlvilág; ~를 믿다 hisz a túlvilágban / másvilágban

내세우다 동 állít, felléptet; 후보자로 ~ felléptet (jelöltet); 그에게는 내세울 만한 재주가 없다 Nincs említésre méltó tehetsége.

내쉬다 동 kilélegzik; 숨을 천천히 ~ lassan kilélegzik

내신 명 iskolai bizonyítvány; ~성적 bizonyítványban levő osztályzatok

내실 명 lényeg; 규모의 확대보다는 ~을 기하는 것이 더 중요하다 a méretnél sokkal fontosabb a lényeg

내심 szívből; ~ 기뻐하다 szívből örül; ~ 후회하다 szívből sajnál

내연기관 명 belső égésű motor

내오다 동 kivesz, kihoz; 의자를 뜰로 ~ a széket kihozza a kertbe

내외[1] 명 házaspár, férj és feleség; ~ 금실이 좋다 A házaspár nagyon szereti egymást.; ~분 ön és a párja

내외[2] körülbelül, nagyjából; 일주일 ~ körülbelül egy hétig; 비용은 2만원 ~일 것이다 A költség / kiadás körülbelül húszezer von lesz.

내용 명 tartalom, összetétel; jelentés; 형식과 ~ forma és tartalom; 책의 ~ könyv tartalma; 사건의 ~ eset részletei; ~이 풍부 / 빈약하다 a tartalom gazdag / szegény; 회담의 ~은 극비에 붙여졌다 A konferencia tartalmát titkosították.

내의 명 fehérnemű, alsónemű, alsóruha

내일 명 holnap; 오늘 할 수 있는 일을 ~로 미루지 마라 Amit ma megtehetsz, ne halaszd holnapra!

내장 명 bél, belső szervek, belső részek, zsiger(ek); ~파열 bélátfúródás; ~ 공사 belsőépítészeti munkálatok

내전 명 polgárháború

내정 명 belügy; ~에 간섭하다 beavatkozik a belügyekbe; ~ 불간섭 a belügyekbe való be nem avatkozás; ~에 밝은 beavatott, bennfentes

내정-하다 동 nem hivatalosan / informálisan eldönt; 그는 차기 사장으로 ~되었다 Nem hivatalosan ő lett az elnök.

내조-하다 동 támogatja a férjét; ~ 명 a feleség támogatása; 그의 성공은 부인의 ~에 힘입은 바 크다 A sikere sokban köszönhető / tulajdonítható a felesége támogatásának. A sikeréhez sokban hozzájárult felesége támogatása.

내주다 동 kiad, átad, fizet, adományoz; megad; 여권을 ~ útlevelet kiad; 버스에서 노인에게 자리를 내주었다 A buszon átadtam a helyet egy öreg embernek.; 정권을 ~ átadja a kormányhatalmat

내지 -tól -ig, A és B között; 비용은 5만원 ~ 6만원일 것이다 A költség ötvenezer és hatvanezer von között lesz.; 그것은 1주일 ~ 2주일이면 도착할 것이다 Egy vagy két hét múlva megérkezik.

내쫓다 동 kikerget, kiűz; elbocsát, elküld, felmond; 고양이를 방에서 ~ kikergeti a macskát a szobából; 학생을 학교에서 ~ elbocsát egy diákot az iskolából; 종업원을 ~ felmond egy alkalmazottnak

내출혈 명 belső vérzés

내키다 동 kedve van, hajlik vmire; 마음 내키는 대로 a maga kedve szerint; 마음이 내키지 않다 nincs kedve hozzá, nem tetszik neki; 오늘은 저녁 준비할 마음이 내키지 않는다 Ma nincs kedvem vacsorát főzni.

내팽개치다 동 kidob, eldob; 그녀는 화가 나서 재떨이를 바닥에 내팽개쳤다 Dühében ledobta a hamutartót a padlóra.

내포-하다 동 tartalmaz, magába(n) foglal, magában rejt; 그것은 여러 가지 문제를 ~하고 있다 Az sokféle problémát rejt magában.

냄비 명 serpenyő, lábas, tepsi; ~ 뚜껑 fedő

냄새 명 illat, zamat, aroma; szag; 좋은 ~ jó illat; 커피의 향긋한 ~ kávé aromája; 상한 고기의 ~ romlott hús szaga; ~를 맡다 megszagol, kiszaglász; 그에게선 술 ~가 난다 a lehelete alkoholszagú;

그의 방은 담배 ~가 배어 있었다 a szobája dohányszagot áraszt, árad a füstszag a szobájából, bűzlik a szobája a dohánytól; 감기가 들어서 ~를 못 맡는다 Az influenza / a megfázás miatt nem jó a szaglásom.

냅킨 명 szalvéta, asztalkendő; ~을 무릎 위에 펴다 a térdére teszi az asztalkendőt

냇가 명 patakpart; 맞은편 ~ túlpart, a patak túloldala; ~의 버들 patakparti fűzfa

냇물 명 patakvíz; ~을 긷다 patakvizet visz; ~을 건너다 átgázol a patakon

냉각기 명 hűtő, hűtőberendezés, hűtőkészülék

냉기 명 hideg, hűvösség, lehűlés

냉담-하다 형 érzéketlen, közömbös, kőszívű, hidegvérű

냉동실 명 hűtőkamra

냉동차 명 hűtőkocsi

냉동-하다 동 fagyaszt, befagyaszt vmit; ~ 명 befagyás, megfagyás, fagyasztás; 급속 ~ gyorsfagyasztás; ~ 식품 mélyhűtött/mirelit élelmiszer; ~ 창고 hűtőraktár, hűtőház; ~ 컨테이너 hűtőtartály; 완전히 ~되다 fenékig befagy, teljesen megfagy

냉랭-하다 형 barátságtalan, hideg, hűvös; ~하게 대하다 hűvösen kezel vkit

냉면 명 hideg metélt, hideg tészta

냉방-하다 동 légkondicionál, klimatizál; ~장치 klímaberendezés, légkondicionáló berendezés

냉소 명 gúnymosoly, gúnyos mosoly; ~적으로 웃다 gúnyosan mosolyog

냉수 명 hideg víz

냉장고 명 hűtőszekrény, frizsider

냉전 명 hidegháború

냉정-하다 형 higgadt, kimért; kőszívű, hidegvérű; ~하게 행동하다 higgadtan viselkedik; ~하게 대하다 hidegvérűen bánik vkivel

냉철-하다 형 éleselméjű; ~한 사람 éleselméjű ember; ~한 판단을 하다 éleselméjű döntést hoz

냉큼 부 azonnal, rögtön, közvetlenül

냉혈동물 명 hidegvérű állatok, halvérű állatok

냉혹-하다 형 kegyetlen, könyörtelen, brutális; 그에게 ~한 일이었다 Kegyetlen dolog volt vele szemben.

너 te

너구리 명 mosómedve

너그럽다 형 türelmes, elnéző, nagylelkű, megbocsátó; 너그러운 생각 nagylelkű gondolkodás; 너그러운 사람 nagylelkű / nemes lelkű ember

너끈히 부 könnyen, nehézség nélkül, könnyűszerrel, kényelmesen; 그 차에는 여섯 사람이 ~ 탄다 A kocsiban kényelmesen elfér hat ember.

너나없이 부 mindenki

너머 부 túl vmin; 국경 ~ a határon túl; 길 ~ 산다 a túloldalon lakik, az utca másik oldalán lakik

너무 부 túl; ~ 젊다 túl fiatal; ~ 많다 túl sok

너무나 ☞ **너무**

너무-하다 형 túlzott, elérhetetlen; ~한 요구 túlzott / elérhetetlen kívánságok; 이건 ~하다! Ez már több a soknál!

너비 명 szélesség; 강 ~는 2 km이다 A folyó szélessége 2 km.

너트 명 anyacsavar, csavaranya

너희 ti; ~들은 학생이다 Ti diákok vagytok.

넉넉-하다 형 elég, gazdag, bővelkedik vmiben, termékeny (talaj), gazdag, bő(séges), dús; ~하게, ~히 elég(gé); ~하지 않다 nem elég, nem elegendő

넋 명 lélek

넋두리 명 morgás, zúgolódás

넌지시 부 céloz(gat)va, titkosan

널다 동 kiterít, kitereget; elterít; 침대시트를 ~ kiteríti az ágyneműt; 젖은 옷을 ~ kiteregeti a nedves ruhákat; 밀을 바닥에 ~ elteríti a búzát a felületen

널리 부 széles körben; ~ 알리다 széles körben közöl

널브러지다 동 lefekszik

널빤지 명 deszka, panel

널찍-하다 형 széles, vmilyen szélességű, nagy; ~한 스크린 széles vászon

넓다 형 széles, bő, tág; 넓은 범위에서 széles körben; 시야가 넓은 széles látókörű; 넓은 의미에서 tágabb értelemben

넓어지다 동 kitágul, bővül, kiszélesedik; 동공이 ~ kitágul a pupillája

넓이 명 szélesség

넓적다리 명 comb

넓히다 동 szélesít, bővít, tágít; kitágít, terjeszt; 과학 지식의 영역을 ~ kitágítja / kiszélesíti tudományos ismereteinek határát; 그들은 해마다 그들의 사업을 넓히고 있다 Minden évben tovább terjeszkednek a cégükkel.

넘겨받다 동 átvesz, megkap; 내가 열쇠를 넘겨받았다 A kulcsot átvettem.

넘겨주다 동 átad; 권력을 ~ átadták a hatalmat

넘기다 동 ❶ 책장을 ~ lapoz ❷ átugrik, kihagy, elhagy, mellőz; 책의 재미없는 부분을 ~ átugorja a könyv unalmas részeit ❸ megad, felad, átad; 조건 없이 ~ feltétel nélkül átad / kiad vmit; 누구의 영향권 아래로 ~ átad vmit vkinek a felügyelete alá

넘나들다 동 gyakran meglátogat; gyakran felkeres; 권문세가의 문턱이 닳도록 ~ gyakran meglátogatja a befolyásos embereket

넘다 동 átmegy, lejár, felülmúl, meghalad, túllép (jogot); 나이 50세가 ~ ötvenéves elmúlt, több mint ötvenéves; 누구의 권한을 ~ túllépi a hatáskörét; 제한속도를 ~ a megengedettnél gyorsabban hajt / halad; 강물이 둑을 ~ a folyó kilépett a medréből

넘보다 동 mohón megkíván, sóvárog vmi után, bűnös vágyai vannak ☞ **탐내다**

넘어가다 동 ❶ átmegy, áthalad, átutazik (országon), átkel (folyón); 화제가 딴 데로 ~ egyik témától halad a következőig; 그럼 다음 장으로 넘어 갑시다 Haladjunk tovább a következő fejezetre!; 계략에 ~ átjátszik vmit vkinek ❷ elesik, feldől, felborul; 폭풍으로 정원의 나무가 넘어갔다 A vihar kidöntötte a kerti fákat. ❸ lemegy; 해가 ~ lemegy a nap ❹ tönkremegy, csődbe megy; 회사가 ~ a vállalat csődbe megy; 불경기로 많은 중소기업이 넘어갔다 A gazdasági válság miatt sok kisvállalkozás csődbe ment.

넘어뜨리다 동 ledönt, felbukik, legyőz, buktat; 건물을 ~ ledönt épületet; 그녀는 실수로 방안의 스탠드를 넘어뜨렸다 Véletlenül felbukott egy állólámpában.; 우리는 마침내 상대팀을 넘어뜨렸다 Végül legyőztük az ellenfelet.; 그들은 부패한 정권을 넘어뜨렸다 Megbuktatták a korrupt kormányt.

넘어서다 동 túl van vmin, elmúlik; 어려운

고비를 ~ túl van a nehéz / kritikus időszakon; 60 고개를 ~ túl van a hatvanon

넘어오다 동 lejön, kihány; átlép, áthoz; száll; 음식물이 속에서 ~ kihányja / kiokádja az ételt; 국경을 ~ átlépi a határvonalat; 내 손으로 ~ a kezembe kerül vmi; 차감잔액이 금년도로 ~ A fennmaradó összeget áthozták erre az évre.

넘어지다 동 elesik, leesik, elvágódik, leborul, felbukik; 돌부리에 걸려 ~ felbukik egy kőben; 벌렁 ~ hanyatt /a hátára esik; 쿵하고 넘어졌다 Egy tompa puffanással elesett.

넘치다 동 túlcsordul vmin, túlfolyik vmin; kiárad, kiömlik; 개울이 ~ kiáradt a patak; 잔이 ~ kiömlött a pohár; 넘칠 때까지 csordultig van vmivel; 생동감이 넘치는 életerős, életvidám, élettől duzzadó; 애교가 철철 ~ tele van vonzerővel, bűbájos

넣다 동 betesz, beszúr; 그 줄에 한 단어를 ~ beszúr egy szót a sorba; 감옥에 ~ börtönbe zár vkit; 돈을 은행에 ~ beteszi a pénzt a bankba; 손에 ~ hozzájut vmihez; 공에 바람을 ~ felfújja a labdát; 계약서에 반드시 이 조항을 넣어주시오 Az a kérésünk, hogy ez a paragrafus is kerüljön be a szerződés szövegébe.

네 igen

네거리 명 kereszteződés, keresztút; válaszút; ~에서 válaszúton; kereszteződésben; ~에 가게를 내다 boltot nyit a kereszteződésnél; ~에서 왼쪽으로 돌다 Fordulj balra a kereszteződésnél!

네댓 négy-öt

네덜란드 명 Hollandia; ~의 holland; ~ 사람 a hollandok

네모나다 형 négyoldalú, négyszögletes, négyszögű; 네모난 탁자 szögletes asztal ☞ **네모지다**

네모지다 형 négyzet alakú; négyszögletes

네발동물 명 négylábú állatok

네온 명 neon(gáz); ~ 조명 neonvilágítás

네온등 명 neonfény

네트 명 háló ☞ **그물**

네트워크 명 hálózat; 비즈니스 ~ üzletlánc; ~ 컴퓨터 hálózati számítógép

네티즌 명 informatikai hálózatot igénybe vevő személy, netizen

넥타이 명 nyakkendő

넷 négy

넷째 negyedik

년[1] 명 nő, némber, nőszemély ☞ **여자**

년[2] 명 év, esztendő; 매~ minden év(ben) / esztendő(ben); 몇 ~간 jó néhány / pár évig; 1 ~간 유효한 허가 egy évig érvényes engedély; 90 ~대에 a kilencvenes években

녘 felé; 북~ észak felé; 남~ dél felé; 새벽 ~에 hajnalban; 해질 ~ alkony, napnyugta, naplemente

노고 명 fáradozás, erőfeszítés, nehéz / fárasztó szolgálat; ~에 보답하다 szolgálataiért megjutalmaz vkit, jutalmazza vkinek a szolgálatait

노골적 leplezetlen, közvetlen; ~인 힌트 leplezetlen célzás; ~으로 말하다 leplezetlenül beszél; 저 그림은 너무 ~이다 Az a kép túl provokatív.

노끈 명 madzag, zsineg, spárga, zsinór, kötél

노년 명 időskor; ~에 időskorban

노동당 명 munkáspárt

노동력 명 munkaerő, munkás

노동법 명 munkatörvény

노동부 명 Munkaügyi Minisztérium; ~ 장관 munkaügyi miniszter
노동운동 명 munkásmozgalom
노동자 명 munkás
노동쟁의 명 sztrájk, munkabeszüntetés
노동절 május elseje, a munka ünnepe
노동조합 명 szakszervezet
노동-하다 동 dolgozik, munkálkodik; ~ 명 munka; ~ 계약 munkaszerződés; ~ 시장 munka(erő)piac; 육체 ~ kétkezi / fizikai munka; 숙련 ~ szakmunka; 하루 8시간 ~ napi nyolcórás munka; ~ 시간 munkaidő; ~ 생산성 a munka termelékenysége; ~ 환경 munkakörnyezet; 무~ 무임금 규칙 a 'ha nincs munka, nincs fizetés' törvénye
노란색 명 sárga szín
노랗다 형 sárga
노래-하다 동 énekel, dalol; ~ 명 dal, ének; ~를 잘 부르다 jól énekel
노랫말 명 dalszöveg
노려보다 동 dühösen néz, mereven bámul vkit, haragos / ellenséges pillantást vet vkire; 그는 화가 나서 나를 노려봤다 Dühösen nézett rám. Dühös pillantást vetett rám.
노력-하다 동 törekszik vmire, próbálkozik vmivel, erőfeszítéseket tesz vmire; ~ 명 törekvés, igyekezet, erőfeszítés, próbálkozás
노련-하다 형 tapasztalt, ügyes, gyakorlott, jártas vmiben; ~한 조종사 tapasztalt pilóta
노령 öreg, koros, idős; ~ 연금 öregségi nyugdíj; ~화 사회 öregedő társadalom
노루 명 őz
노르웨이 명 Norvégia; ~의 norvég; ~ 사람 a norvég
노른자위 명 tojássárgája
노름 명 szerencsejáték, hazárdjáték; ~을 하다 szerencsejátékot játszik, hazardírozik
노름꾼 명 szerencsejátékos, hazárdjátékos
노릇 명 funkció, szerep; 선생 ~을 하다 tanári szerepet tölt be
노리다 동 megcéloz vmit, ráirányít vmire; szán vmit vmire; 그는 사장자리를 노리고 있다 Az elnöki posztot célozta meg.; 그는 도망칠 기회를 노리고 있다 Minden figyelmét a szökésre irányítja.
노망 명 szenilitás; szenilis állapot; 내 할아버지는 ~이 드셨다 A nagyapám szenilis lett. A nagyapám zsémbes vénember.
노모 명 öreg édesanya
노벨상 명 Nobel-díj
노부부 명 öreg házaspár
노부인 명 idős asszony
노비 명 szolga, rabszolga
노사 명 vezetőség és munkásság, tőkések és munkásság; ~ 관계 a vezetőség és a munkásság közti kapcsolatok; ~의 주장에는 아직 큰 차이가 있다 Még nagy különbség van a munkások és a vezetőség követelései között.
노새 명 öszvér
노선 명 útvonal; irány(vonal); 버스 ~ autóbuszvonal, autóbuszjárat; 서울로 가는 버스 ~ Szöulba tartó autóbusz útvonala; 강경 ~을 취하다 kemény vonalat képvisel; 당의 ~을 따르다 követi a pártvonalat; 독자적인 ~을 밟다 saját útját követi
노쇠-하다 형 elaggott, megvénült; roskatag, megrokkant (személy); ~한 노인

roskatag aggastyán; 어머니도 이젠 ~하셨다 Az édesanyám megrokkant a kora miatt.

노숙자 명 hajléktalan

노안 명 megromlott látás; ~인 사람 megromlott látású ember; ~이 되다 a látása az idővel megromlik / meggyengül

노안경 명 domború szemüveg, konvex szemüveg

노여움 명 harag, düh, méreg; ~을 억누르다 visszafojtja a dühét

노여워-하다 동 feldühödik, felbőszül, dühbe gurul; 쉽게 ~하다 könnyen feldühödik

노예 명 rabszolga; ~와 같은 rabszolgai; ~ 반란 rabszolgalázadás, rabszolgafelkelés; ~ 근성 szolgalelkű, alázatos; ~ 상인 rabszolga-kereskedő

노예제도 명 rabszolgarendszer, rabszolgaság; ~ 폐지론 abolicionizmus; ~ 폐지론자 abolicionista

노예해방 명 rabszolga-felszabadítás; ~ 선언 rabszolga-felszabadítási proklamáció

노을 명 izzás, parázs(lás), izzó ragyogás, vöröslő fény; ~진 하늘 a lenyugvó naptól vöröslő / izzó égbolt

노이로제 명 neurózis

노인 명 öreg, idős ember

노인네 명 vénember

노임 명 munkabér, fizetés

노점 명 kioszk

노점상 명 utcai árus; 여자 ~ kofa

노조 명 szakszervezet

노조원 명 szakszervezeti tag

노처녀 명 vénlány, vénkisasszony, aggszűz

노총각 명 agglegény

노출-되다 동 lelepleződik, ki van téve vmi; kitesz; ~ 명 kitevés, leleplezés; 누구를 위험에 ~시키다 vkit veszélynek tesz ki

노출증 명 exhibicionizmus; ~ 환자 exhibicionista, magamutogató

노크-하다 동 kopogtat

노트 명 füzet

노파 명 öregasszony, vénasszony

노파심 명 alaptalan aggódás, indokolatlan nyugtalanság, ok nélküli balsejtelem

노후 명 nyugdíjaskor

녹 명 rozsda; ~을 문질러 벗기다 levakarja a rozsdát; ~을 방지하다 megóv a rozsdától; 쇠붙이에는 ~이 잔뜩 슬어 있었다 A rozsda mélyen beleette magát a fém alkatrészekbe.

녹다 동 olvad, elolvad, feloldódik; 입속에서 ~ (valósággal) elolvad a szájban; 녹아서 물이 되다 vízzé olvad; 눈이 햇볕에 녹았다 A hó elolvadt a napon.; 그 금속은 열에 녹는다 A fém hő hatására megolvad.; 소금은 물에 녹는다 A só feloldódik a vízben.; 몸이 차차 녹는다 Fokozatosan felmelegszem.

녹말 명 dextrin, keményítő

녹말가루 명 dextrinpor, keményítő

녹색 명 zöld

녹슬다 동 megrozsdásodik, berozsdásodik; 수분은 쇠붙이를 녹슬게 한다 A víztől berozsdásodik a vas.; 너의 재능을 녹슬게 하지 마라 Ne hagyd, hogy kárba vesszen a tehetséged!

녹음-하다 동 felveszi a hangot, rögzíti a hangot; ~ 명 hangfelvétel, hangrögzítés; 음성과 화면 ~ hang- és képfelvétel; ~ 테이프 hangszalag

녹이다 동 olvaszt, felolvaszt; 냉동식품을 ~ fagyasztott élelmiszert kiolvaszt; 버터를 ~ vajat olvaszt; 눈을 ~ felolvasztja a havat; 소금/설탕을 물에 ~ a sót/cukrot feloldja a vízben; 쇠를 ~ vasat olvaszt; 동정은 그의 마음을 녹였다 A szánakozás meglágyította a szívét.; 몸을 ~ felmelegíti magát

녹차 명 zöld tea

녹화-하다 동 felveszi a képet; 드라마를 비디오에 ~하다 felveszi a tévéjátékot/drámát videóra; ~ 방송 felvételről sugárzott tévéműsor; ~ 방송을 하다 felvételről sugárzott tévéműsort adnak ☞ **녹음**

논 명 rizsföld; ~을 갈다 felszántja a rizsföldet; ~에 물을 대다 öntözi/elárasztja a rizsföldet; ~에 모를 심다 kiülteti a rizspalántákat

논농사 명 rizsföldművelés; ~를 짓다 rizsföldet művel, beveti a rizsföldet

논두렁 명 rizsföld gerince; ~길 a rizsföldek közötti út

논란 명 vitatott kérdés/ügy, probléma, vitapont; 그것은 ~거리가 될 것이다 Ez komoly téma lesz. Ez parázs vita lesz.

논리 명 logika; ~적 logikus, ésszerű; 비~적인 nem következetes, logikátlan, illogikus, ésszerűtlen; ~적 추리 logikus következtetés, levezetés, dedukció; ~적 사고 logikus gondolkodás; ~적 필연성 logikai szükségszerűség, kényszerűség; ~를 무시하고 a logikáját leszámítva; 너는 ~적으로 생각해야 한다 Logikusan kell gondolkodnod.

논리학 명 logika; 귀납 ~ induktív/rávezető logika; 기호 ~ szimbolikus logika; 순수 ~ elméleti logika; 연역 ~ deduktív/következtetéses logika; 형식 ~ formális logika

논문 명 dolgozat, tanulmány; értekezés; 박사 ~ doktori értekezés, disszertáció

논밭 명 rizsföld

논법 명 logika; 그것 참 묘한 ~이로군 igen furcsa/különös logika; 그의 ~은 언제나 똑같다 a logikája mindig változatlan; 삼단 ~ szillogizmus ☞ **논리**

논설 명 szerkesztőségi vélemény, szerkesztőségi cikk, vezércikk

논술 명 esszé, kistanulmány; ~ 시험 esszévizsga

논외 명 ~의 문제다 nem tartozik a tárgyhoz/a kérdéshez

논의-하다 동 vitatkozik, megbeszél, megtárgyal; ~ 명 vita, vitatkozás, megvitatás; ~ 중인 문제 a szóban forgó kérdés; 장시간의 ~ 후에 vminek a hosszan tartó megvitatása után; 그 문제는 내일 ~될 것이다 A kérdés vitájára holnap kerül sor.; 정치상의 ~ politikai vita; 어제 학과 회의에서 그 문제에 대해 ~했다 A tegnapi tan- széki értekezleten tárgyaltunk a kérdésről.

논자 명 bíráló, vitatkozó, disputáló

논쟁 명 vita, vitatkozás, disputa; ~ 중인 a vita tárgyát képező ügy, a szóban forgó ügy; ~이 필요 없는 vitathatatlan, nem vitás, vitán felüli; 법률상의 ~ jogi vita, jogvita; 열띤 ~ forró/túlfűtött vitatkozás; ~에 가담하다 vitában részt vesz

논점 명 vitapont; ~을 분명히 하다 tisztázza a vitapontokat

논지 명 tézis, vélemény lényege; 나는 그 논문의 ~를 이해할 수 없다 Nem értem az értekezésnek a lényegét.

논평-하다 동 bírál, kommentál, hozzáfűz; ~ 명 bírálat, kritika, megjegyzés, kommentár; 무엇에 대해 ~하다 megjegyzést fűz vmihez, megjegyzést tesz vmire; 나는 ~할 게 없다 Nincs megjegyzésem. Ehhez nincs mit hozzáfűzni.; 나는 그것에 대해 ~하고 싶지 않다 Ehhez nem kívánok hozzáfűzni semmit.

논-하다 동 megvitat, megbeszél; 어떤 주제를 ~하다 vmilyen tárgyról szól

놀다 동 játszik, szórakozik; 숨바꼭질하며 ~ bújócskát játszik; 기계가 놀고 있다 A gépet nem használják.; 태아가 모태에서 논다 A magzat mozog a méhben.

놀라다 동 meglepődik, megijed, meghökken, csodálkozik; 놀라기 잘하는 ijedős; 이건 전혀 놀랄 일이 아니다 Ezen nincs mit meglepődni.; 놀라지 마라! Ne ijedj meg!; 놀라는 것보다 걱정하는 것이 낫다 (준비가 중요하다) jobb félni, mint megijedni

놀라움 명 meglepetés, meglepődés

놀라워-하다 ☞ **놀라다**

놀랍다 형 meglepő, bámulatos, döbbenetes; 놀랍지 않다 nem meglepő

놀리다 동 ❶ enged / hagy játszani vkit; 어린 애들을 집안에서 ~ A gyereket hagyja otthon játszani.; 아이를 밖에 데리고 나가 ~ Elviszi a gyereket játszani. ❷ használatba nem vett, nem használt; 건물을 ~ Nem használja az épületet.; 땅을 ~ föld parlagon / műveletlenül marad ❸ évődik, tréfálkozik vkivel; ugrat, húz vkit; 너는 나를 놀리는 거지! Te csak ugratsz!

놀아나다 동 átjátszik, kicsapongó életet él; 남의 장단에 ~ vki másnak a kezére játszik vmit, átjátszik vmit vkinek

놀음 명 játék

놀이 명 játék, játszás; 술래잡기 ~를 하다 bújócskát játszik; 뱃~ hajókirándulás

놀이방 명 óvoda

놀이터 명 játszótér; 우리 아파트 앞에 ~가 있다 A lakásom előtt egy játszótér van.

놈 명 pasas; 나쁜 ~ rossz pasas

놋쇠 명 réz, bronz; ~로 만든 rézből való, bronzból való; ~ 그릇 rézedények

농가 명 falusi ház, parasztház

농경 명 mezőgazdaság, földművelés; ~의 agrár, mezőgazdasági; ~ 민족 agrárnép; ~ 사회 agrártársadalom; ~ 시대 agrárkorszak ☞ **농업**

농경지 명 farmnak való föld

농공 명 mezőgazdaság és ipar

농과대학 명 mezőgazdasági főiskola, agráregyetem

농구 명 kosárlabda

농기계 명 mezőgazdasági gép, agrárgép

농기구 명 mezőgazdasági eszköz, agráreszköz

농노 명 jobbágy; ~ 해방 jobbágyfelszabadítás

농담-하다 동 megtréfál vkit, kigúnyol, gúnyt űz vkiből; ~ 명 tréfa, vicc; 전통적인 ~ hagyományos tréfa; ~으로 끝나다 tréfával üti el a dolgot; 무엇에 대해 ~하다 tréfálkozik / viccelődik vmin; 그런 식으로 ~하지 마라 Ugyan, ne vicceljen!; 그는 ~할 수 있는 사람이 아니다 Nem olyan ember, akivel tréfálni lehet.; ~이 진담이 된다 Amit csak viccnek szántak, valóra vált.

농도 명 sűrűség; 차의 ~ tea sűrűsége

농락-하다 명 tréfál, játszik; 사랑을 ~해서는 안 된다 A szerelemmel nem szabad játszani.; 그는 ~당할 사람이 아니다 Vele nem lehet játszani.

농림부 명 Földművelésügyi (Mezőgazdasági) és Erdészeti Minisztérium; ~ 장관 földművelésügyi (mezőgazdasági) és erdészeti miniszter

농민 명 paraszt, földműves, gazdálkodó; ~ 봉기 parasztlázadás, parasztfelkelés

농민층 명 paraszti osztály, parasztság

농번기 명 mezőgazdasági főidény

농법 명 mezőgazdasági technika

농부 명 gazdálkodó, paraszt, földműves

농사꾼 명 földműves, gazdálkodó, paraszt ☞ **농부**

농사철 명 mezőgazdasági idény, mezőgazdasági szezon

농사-하다 동 gazdálkodik; ~ 명 gazdálkodás, földművelés

농산물 명 mezőgazdasági termény / termék; ~ 가격 mezőgazdasági termény ára; ~ 전시회 mezőgazdasági termény kiállítása / bemutatója

농산품 명 ☞ **농산물**

농성-하다 동 sztrájkot folytat

농아 명 süketnéma (ember); ~용 글자 (점자) vakírás, Braille-írás; ~용 언어 (수화) ujjbeszéd, jelbeszéd (süketnémáké); ~ 학교 süketnémák iskolája

농약 명 permetezőszer; ~ 살포기 permetezőgép

농어민 명 földműves / földművelő és halász

농어촌 명 mezőgazdasági és halászfalvak

농업 명 mezőgazdaság, gazdálkodás, földművelés

농작물 명 ☞ **농산물**

농장 명 tanya, farm; 집단 ~ kollektív mezőgazdasági üzem, termelőszövetkezet, téesz, tsz, kolhoz; ~을 경영하다 farmot irányít, farmja van, gazdálkodik; ~ 관리인 mezőőr

농지 명 mezőgazdaságra való/alkalmas föld; ~ 개량 mezőgazdaságra való/alkalmas föld javítása; ~ 개혁 mezőgazdaságra való alkalmas föld megújítása / reformja

농촌 명 mezőgazdasági település, falu; ~의 falusi, vidéki; ~ 개발 mezőgazdasági fejlesztés; ~ 생활 falusi életforma

농축산물 명 mezőgazdasági és állattenyésztési termék

농토 명 ☞ **농지**

농한기 명 mezőgazdasági holtszezon, elő- és utószezon

높다 형 magas; 높은 곳에 지은 집 magaslatra épített ház; 고개를 높이 들다 magasan hordja az orrát; 높은 이자로 빌린 돈 magas kamatra kölcsönvett pénz; 높은 습도 nagy nedvességtartalom; 높은 수준의 magas szint; 한국과 일본 사이에는 긴장이 높아지고 있다 Korea és Japán között fokozódik a feszültség.; 물가가 ~ magas az ára; 부다페스트에서는 집세가 아주 ~ Budapesten nagyon drága a lakások bérleti díja.; 내 혈압은 정상보다 훨씬 ~ A vérnyomásom sokkal magasabb a normálisnál.

높다랗다 형 magas; 높다란 하늘 magas égbolt ☞ **높다**

높아지다 동 emelkedik, izgul, növekszik; 가격이 ~ emelkedik az ára, drágul; 열이 ~ emelkedik a láz / hőmérséklet; 지위가 ~ a rangsorban előlép / emelkedik

높이[1] 명 magasság; ~ 조정 magassági

szabályozás; ~가 3 피트인 három metrikus magas(ságú); 무엇의 ~를 측정하다 megméri vmi magasságát

높이² 부 magasban, fel, fenn, fent; 하늘 ~ a magasban, a levegőbe(n), az égbe(n)

높이다 동 emel, felemel; 한 건물의 높이를 ~ egy emeletet ráépít egy épületre; 가격을 ~ felemeli az árat; 누구의 지위를 ~ magasabb tisztségbe / állásba helyez vkit; 말을 ~ megtisztelő kifejezést / szót használ

높이뛰기 명 magasugrás

높임말 명 megtisztelő kifejezés / szó, udvariassági kifejezés

놓다 동 odatesz, odarak, elhelyez; 책을 책상 위에 ~ az asztalra teszi a könyvet; 어떤 상태 속에 ~ vmilyen állapotba helyez vmit

놓아두다 동 ☞ **놓다**

놓아주다 동 szabadlábra helyez, szabadon enged, szabaddá tesz, kiszabadít; 새를 ~ szabadon enged egy madarat; 죄수를 ~ szabadlábra helyez egy rabot, elenged egy foglyot; 잡았던 물고기를 ~ visszaengedi a halat a vízbe

놓이다 동 elhelyez, tesz, rak, rendez vmit; 대포가 사격 위치에 ~ lőállásba helyezi az ágyút; 문제가 의제로 ~ napirendre vesz / tűz egy kérdést; 나쁜 상황에 ~ rossz helyen / helyzetben van; 마음이 ~ megkönnyebbült

놓치다 동 lekésik, elszalaszt; eltéveszt, elhibáz, nem talál (ütés); 목표 / 핵심을 ~ célt téveszt; 길을 ~ eltéved; 배를 ~ lekési a hajót; 버스를 ~ lekési az autóbuszt; 기회를 ~ elszalaszt egy alkalmat / lehetőséget; 공을 ~ nem tudja elkapni a labdát; 나는 한마디도 놓치지 않으려고 주의해서 들었다 Minden erőmmel odafigyeltem, nehogy elmulasszak akár egy szót is.; 놓친 물고기는 커 보이게 마련이다 Az a hal, amit elszalasztunk, mindig hatalmas.

뇌 명 agy

뇌리 명 agy; ész; ~에 스치다 eszébe jut; ~에 새겨지다 megmarad az emlékezetében

뇌물 명 kenőpénz, csúszópénz, megvesztegetés; ~이 통하는 megvesztegethető; ~이 안 통하는 megvesztegethetetlen; ~을 주다 kenőpénzt ajánl vkinek, megveszteget vkit

뇌사 명 agyhalál; ~ 상태의 agyhalott

뇌사자 명 agyhalott páciens / beteg

뇌신경 명 agyideg

뇌신경세포 명 agysejtek

뇌염 명 agyvelőgyulladás

뇌우 명 égzengés, zivatar

뇌파 명 agyhullám

누구 ki

누그러지다 동 lecsendesedik, enyhül; 바다 / 폭풍우가 ~ a tenger / vihar lecsendesedik; 화가 ~ a haragja / dühe lecsendesedik; 추위가 ~ a hideg idő már enyhül; 소나기가 오고 나서 더위가 좀 누그러진 듯하다 Hűvösebbnek tűnik így a zápor eső után.

누나 명 nővér

누누이 부 mindig, gyakran

누님 명 ☞ **누나**

누다 동 똥을 ~ székel, szarik, székletet produkál, könnyít magán; 오줌을 ~ vizel, hugyozik, pisil

누더기 명 rongy, foszlány, cafat; ~를 걸치다 rongyokban jár, rongyokat visel

누렇다 형 sárga
누룽지 명 odakozmált rizs az edény aljáról
누르다 동 lenyom, megnyom, legyőz, elfojt; 초인종을 ~ megnyomja a csengőt; 감정을 ~ elnyomja / elfojtja vki érzelmeit
누리다 동 élvez vmit, örül, örvend vminek, kedvét leli vmiben, tetszik vkinek vmi, kedvel, szeret, szívesen tesz; 작업 후 휴식을 ~ munka után élvezi a pihenést; 건강을 ~ jó egészségnek örvend; 장수를 ~ hosszú életnek örvend
누명 명 indokolatlan gyanúsítás, ok nélküli gyanú; ~을 쓰다 tévesen gyanúsítanak vkit; ~을 씌우다 hamisan / igazságtalanul vádol vmivel vkit; ~을 벗다 tisztázza magát a téves gyanúsítás alól
누설-하다 동 kiszivárogtat, leleplez; ~ 명 kiszivárgás; 군사기밀의 ~ katonai titok kiszivárgása / kipattanása; 기밀을 ~하다 kiszivárogtat egy titkot; 국가기밀이 ~되었다 Kiszivárgott egy államtitok.
누수-하다 동 a víz szivárog, elfolyik, csöpög; ~ 명 vízszivárgás; ~를 막지 않으면 안된다 Meg kell állítani a vízszivárgást.
누에 명 selyemhernyó; ~치기 selyemhernyó-tenyésztés
누에고치 명 selyemhernyógubó
누이 명 nővér
누적-되다 동 felhalmozódik, felgyűlik; ~되는 felhalmozott, felhalmozódó; ~ 적자가 5억원에 이르렀다 A felhalmozódott veszteség elérte az 500 millió vont.
누추-하다 형 szegényes; nyomorúságos; ~한 집에서 살다 szegényes lakásban él
눈[1] 명 szem; ~을 감다 szemet huny
눈[2] 명 hó; ~이 내리다 esik a hó; ~ 덮인 havas; ~ 덮인 산봉우리 havas hegycsúcs
눈가 명 szem körvonala; ~의 주름 ráncok a szem körül, szarkaláb
눈곱 명 csipa; ~이 낀 눈 csipás szem; 눈에 ~이 끼다 csipás szemű, csipás / gennyes a szeme; ~만하다 nagyon kicsi
눈길 명 havas út; ~을 피하다 elkerüli a havas utat
눈꺼풀 명 szemhéj; 윗 / 아랫 ~ felső / alsó szemhéj; ~이 실룩거리다 rángatózik a szemhéja
눈꼽 명 ☞ **눈곱**
눈대중 명 szemmérték, ránézés; 그 나무의 높이는 ~으로 약 8미터가 된다 Az a fa ránézésre durván nyolc méter magas.
눈동자 명 szembogár, pupilla
눈두덩 명 a szemhéj kidomborodó része; ~이 붓다 megdagadt / feldagadt a szem, kelés van a szemén
눈뜨다 동 kinyitja a szemét, felébred, ráébred / rádöbben vmire; 비 소리에 ~ a felhőszakadás zajára ébred fel; 성에 ~ ráébred a szexuális vágyaira; 진실에 ~ rádöbben az igazságra; 냉혹한 현실에 ~ rádöbben az élet zord valóságára; 무엇에 대하여 ~ tudatában van vminek
눈망울 명 szemgolyó; ~을 굴리다 forgatja a szemét
눈매 명 vkinek a nézése, szemei; ~가 시원하다 ragyogó szemei vannak
눈멀다 동 megvakul; 눈먼 사람 vak ember; 눈먼 사랑 vak szerelem; 돈에 ~ elvakítja a pénz
눈물 명 könny; sírás; 거짓 ~ krokodilkönnyek; ~이 날 때까지 웃다 a könnye is kicsordul a nevetéstől; 기쁨의

~을 흘리다 örömkönnyeket hullat; ~ 젖은 눈으로 könnyes szemmel; ~ 어린 목소리로 könnyektől elfojtott hangon; ~이 쏟아지다 kibuggyan a könnye; ~이 글썽글썽 하다 könnybe lábad a szeme; ~을 참지 못하다 nem tudja visszatartani a könnyeit; 연기 때문에 ~이 나왔다 A füst miatt könnyezik a szemem.; ~없이는 그 말을 들을 수가 없다 Nem tudjuk végighallgatni sírás nélkül.

눈물겹다 형 szívszaggató, könnyező, könnybe lábadt; 눈물겨운 이야기 / 광경 szívszaggató történet / jelenet; 나는 그의 눈물겨운 노력에 감동을 받았다 A szívszaggatóan őszinte próbálkozásai mély benyomást tettek rám.

눈물샘 명 könnymirigy

눈발 명 hópehely; 굵은 ~ nagy hópelyhek; 굵은 ~이 날린다 nagy pelyhekben hull a hó

눈보라 명 hóvihar, hóförgeteg, hófúvás; ~ 치다 hóvihar van; ~를 만나다 meglepte a hóvihar; 열차는 ~에 갇혀 꼼짝 못했다 A vonatot megállásra kényszerítette a hóvihar.

눈부시다 형 káprázatos, vakító, ragyogó; 눈부신 태양 vakító nap; 눈부시게 하얀 káprázatosan fehér; 현대 과학은 눈부신 발달을 했다 A modern tudomány megdöbbentő fejlődésen ment át.

눈빛 명 tekintet, pillantás; ~이 날카로운 남자 metsző / kemény tekintetű férfi; 그 애가 거짓말을 하고 있다는 것을 ~으로 알 수 있다 A tekintetéből / pillantásából látom, hogy a fiú hazudik.

눈사람 명 hóember; ~을 만들다 hóembert épít / csinál

눈사태 명 lavina; ~ 로 목숨을 잃은 등산가가 많다 Sok hegymászó halt meg a lavinában.

눈살 명 ránc (ráncolódás) vkinek a szemöldökei között; ~을 찌푸리다 összehúzza a szemöldökét

눈시울 명 a szemhéj széle; 나는 ~이 뜨거워졌다 A könnyek előtörni készültek a szememből.

눈썹 명 szemöldök; 반달 같은 ~ ívelt szemöldök; ~을 찌푸리다 összehúzza a szemöldökét; 그는 그 광경을 보고서도 ~ 하나 까딱 안했다 Még a szeme se rebbent a látványra.

눈알 명 szemgolyó; ~을 굴리다 forgatja / meresztgeti a szemét

눈자위 명 a szem széle

눈짓 명 szempillantás, pislogás; ~으로 알리다 jelez a szemével

눈초리 명 pillantás, tekintet; 의심하는 ~로 보다 gyanakvó szemmel / tekintettel néz vmit; 그는 무서운 ~로 나를 노려보았다 Indulatos pillantást vetett rám.

눈총 명 metsző tekintet, metsző pillantás, éles pillantás; gyűlölet; 그런 짓을 하면 남의 ~을 맞을 뿐이다 Így téve gyűlöletet generált.

눈치 명 érzék, gyors észjárás; ~가 없다 nincs érzéke hozzá (hogy vmit megcsináljon); ~가 빠르다 éles eszű; ~ 코치다 알다 jól tájékozott a helyzetről; ~ 코치도 모르다 vak, nem vesz tudomást a helyzetről

눈칫밥 명 kelletlenül adott étel, vonakodva adott étel

눌리다 동 le van nyomva, elfojtott, legyőzött; 적의 수에 ~ a nagyszámú ellenség legyőzte őket

눕다 동 fekszik, lefekszik; 몸져 ~ betegen

ágyban fekszik; 풀밭 위에 ~ lefekszik a fűre

눕히다 동 lefektet vkit; 아이를 재우려고 ~ lefektet egy gyereket aludni; 때려 ~ leüt vkit, egy ütéssel lever

뉘앙스 명 finom árnyalat; 그 말에는 미묘한 ~의 차이가 있다 A beszéd jelentésében van egy árnyalatnyi különbség.

뉘우치다 동 bán vmit, sajnál vmit; 죄를 ~ bánja a bűnét; 그는 뉘우치는 빛이 조금도 없다 Jelét sem adja megbánásnak.

뉴스 명 hírek

뉴질랜드 명 Új-Zéland; ~ 사람 új-zélandi ember

느긋-하다 형 elégedett; nyugodt, ellazult; ~한 기분 elégedett érzés; 일과 후의 커피 한 잔은 기분을 ~하게 해준다 Egy csésze kávé ellazít munka után.

느끼다 동 érez; 추위/더위를 ~ érzi a hideget/meleget; 아픔을 ~ fájdalmat érez; 슬픔을 ~ szomorúságot érez; 다리에 갑작스런 통증을 느꼈다 Hirtelen fájdalmat éreztem a lábamban.; 그녀는 미행당하고 있음을 느꼈다 Érezte, hogy követik.

느끼-하다 형 맛이 ~하다 olajos/zsíros; ~한 국 zsíros leves; 기름진 음식을 먹었더니 속이 ~하다 Megfeküdte a gyomrát a zsíros étel.

느낌 명 érzés, érzet, benyomás; 아픈 ~ fájdalomérzet; 좋은/나쁜 ~을 주다 kedvező/kedvezőtlen benyomást tesz vkire; 무언가 이상한 ~이 들었다 Valahogy furcsán éreztem magam.; 아무래도 길을 잘못 든 ~이 든다 Az az érzésem, hogy rossz úton jártunk.

느낌표 명 felkiáltójel

느닷없다 형 vmi váratlan, hirtelen, nem várt dolog; 느닷없는 방문 váratlan látogatás vkitől; 느닷없는 물음에 나는 매우 당황했다 Teljesen zavarba hozott a váratlan kérdése.

느닷없이 부 váratlanul, hirtelen; meglepetésszerűen; figyelmeztetés nélkül; ~ 나타나다 váratlanul megjelenik; ~ 덤벼들다 hirtelen ráveti magát vkire

느려지다 동 lelassul

느리다 형 lassú; 동작이 ~ lassan mozog, lassú mozgású; 걸음이 ~ lassan gyalogol; 계산이 ~ lassú a számolásban; 굼벵이처럼 ~ Olyan lassú, mint egy csiga.

느릿느릿 부 lassan; lomhán, tunyán; ~ 나아가다 lassan halad; 교통이 혼잡해서 ~ 운전할 수밖에 없었다 A nagy forgalom miatt nagyon le kellett lassítanom.

느슨-하다 형 laza, pontatlan, hibás, fegyelmezetlen, hanyag; ~하게 lazán, tágan, bőven; 경계심이 ~한 탓에 소매치기를 당했다 Kiloptak vmit a zsebemből, mert figyelmetlen voltam.

느슨해지다 동 meglazul, lelazul, lazává válik; 시합이 끝나자 마음이 느슨해졌다 Nyugodtnak éreztem magam, miután a játék véget ért.

느타리 명 ~ 버섯 csiperkegomba

느티나무 명 gyertyánfa

늑골 명 borda

늑대 명 farkas; ~의/같은 farkasszerű; ~ 울음소리 farkasordítás, farkasüvöltés

늑장 명 késlekedés, gondatlanság; ~을 피우다 késlekedik

늘 부 mindig, állandóan; 그는 ~ 늦게 온다 Mindig későn jön.; 그에게 전화를 할 때마다 ~ 통화중이다 Akármikor próbálom hívni, mindig foglalt a vonal.; 그는 부모에게 ~ 걱정만 끼친다 Ő állandó nyugtalanság forrása a szülei számára.

늘다 동 nő, növekedik; gyarapodik; 이 도시의 인구는 최근 급속히 늘었다 A város lakossága rohamosan növekedett az elmúlt években.; 수출이 작년에 30% 늘었다 A múlt évben harminc százalékkal nőtt az export.; 영어실력이 ~ angol tudása gyarapodik

늘리다 동 növel, hozzáad vmit, felemel; 재산을 ~ növeli a vagyonát, hozzáad a vagyonához; 인원을 ~ növeli a személyzetet, emeli a személyzet számát; 경찰은 순찰차를 늘렸다 A rendőrség növelte a járőrkocsik számát.

늘씬-하다 형 키가 ~하다 magas és vékony, karcsú; 그 패션모델은 몸매가 매우 ~했다 A modellnek nagyon vékony / karcsú alakja volt.

늘어나다 동 meghosszabbodik, kitágul, hosszabbra nő, megnyúlik; 고무줄이 ~ gumiszalag megnyúlik; 열을 받으면 대개의 금속은 부피가 늘어난다 Hő hatására a legtöbb fém kitágul.

늘어놓다 동 ❶ elrendez, sorba rak vmit; 책을 한 줄로 ~ egy sorba rendezi a könyveket ❷ szétszór, széthagy vmit; 옷을 방에 ~ széthagyja a ruháit a szobában ❸ felsorol; 불평을 ~ sorolja a panaszait; 아무의 결점을 ~ sorolja vkinek a fogyatékosságait / hibáit

늘어뜨리다 동 leenged, lelógat; 줄을 지붕에서 ~ leengedi / lelógatja a kötelet a tetőről; 머리를 ~ leengedi a haját

늘어서다 동 sorban áll, felsorakozik; 두 줄로 ~ két sorban áll; 많은 젊은이들이 음악회표를 사려고 늘어서 있었다 Egy csomó fiatal állt sorba, hogy jegyet vegyen a koncertre.

늘어지다 동 ❶ lekonyul, lelóg; 축 늘어진 버드나무 lekonyuló fűzfa ❷ kifárad, kimerült lesz; 그는 과로로 축 늘어졌다 A túlórázás miatt teljesen kimerült.; 팔자가 ~ kényelmes életet él, jómódban él; 늘어지게 자다 Addig alszik, ameddig csak szeretne.

늙다 동 öregedik, öregszik, öreggé válik; 나날이 늙어가다 napról napra öregebb lesz, napról napra öregebbé válik; 그는 요 몇 해 사이에 눈에 띄게 늙었다 Láthatóan megöregedett ezekben az években.; 나이보다 늙어 보이다 sokkal idősebbnek látszik a koránál, idősnek tűnik a korához képest

늙은이 명 öregember; ~ 같은 말을 하다 úgy beszél, mintha nagyon öreg volna

늠름-하다 형 bátor, hősies, határozott, férfias; ~한 태도 bátor viselkedés; ~한 데가 있다 határozott / férfias tekintete van

능가-하다 동 felülmúl vkit, felülemelkedik vmin, fölényben van vkivel szemben; 수에 있어서 적을 ~하다 túlerőben van az ellenséggel szemben; 그는 기량에서 아버지를 ~했다 Képességeiben felülmúlta az apját.

능동적 aktív; ~인 태도 aktív viselkedés; 이 문제에는 ~으로 대처해야한다 Ebben a dologban kezdeményezned kellene.

능력 명 képesség, készség, tehetség; 지적 ~ szellemi képesség / tehetség; ~을 발휘하다 megmutatja a képességeit; 그에게는 그 일을 할 ~이 없다 Ő nem képes rá, hogy elvégezze azt a munkát.; 이 공장은 월 5만대의 TV생산 ~이 있다 Ez a gyár ötvenezer tévékészülék gyártására képes havonta.

능률 명 hatékonyság, teljesítmény; ~을

올리다 növeli a hatékonyságot; ~을 저하시키다 csökkenti a hatékonyságot; 인원수는 많은 데도 일의 ~은 오르지 않았다 A nagyszámú munkás ellenére sem nőtt a hatékonyság / teljesítmény.

능사 명 megfelelő munka, alkalmas munka; 돈을 버는 것만이 장사꾼의 ~는 아니다 A pénzszerzés nem a kereskedők legmegfelelőbb munkája.

능선 명 hegygerinc; ~을 따라 내려오다 a hegygerinc mentén jön le

능숙-하다 형 vki jó vmiben, ügyes / jártas vmiben, képzett, gyakorlott, szakképzett, tapasztalt, szakértő; ~해지다 jártassá válik vmiben; 그는 불어를 ~하게 말한다 Folyékonyan beszél franciául.

능히 부 könnyen, nehézség nélkül; ügyesen, tehetségesen; 그는 어떤 일도 ~ 해낼 수 있는 사람이다 Ő olyan ember, aki bármire képes.; 그는 ~ 그런 못된 짓을 할 수 있는 거친 녀석이다 Elég durva ahhoz, hogy olyan aljas, hitvány dolgot tegyen.

늦가을 명 késő ősz

늦다[1] 형 késő; lassú, késedelmes, el van maradva, lemaradt; 집에 늦게 돌아오다 későn ér / jön haza; 늦어서 죄송합니다 Elnézést kérek a késésért.; 일을 바로잡기에는 너무 늦었다 Már túl késő kijavítani a dolgokat.; 그를 찾아가기에는 시간이 너무 ~ Túl késő meglátogatni őt.

늦다[2] 동 késik, elkésik vhonnan, lassan jár; 약속 시간에 2시간 ~ két órát késik vkinek az eljegyzéséről; 기차가 5분 늦었다 A vonat öt percet késett.; 이 시계는 하루에 10분이 ~ Ez az óra tíz percet késik egy nap alatt.

늦어지다 동 el van halasztva / odázva, elhalasztották / elodázták; 결정이 ~ el van halasztva a döntés

늦잠 명 elalvás; ~을 자다 elalszik; 오늘 아침에는 ~을 자서 아침도 못 먹고 집을 나섰다 Ma reggel elaludtam, és reggeli nélkül mentem el otthonról.

늦잠꾸러기 명 álomszuszék

늦추다 동 meglazít, lelassít, elhalaszt, meghosszabbít; 고삐를 ~ lazít a gyeplőn; 넥타이를 ~ meglazítja a nyakkendőjét; 자동차가 다리 위에서 속도를 늦추었다 A kocsi lelassított a hídon.; 마감날짜를 이틀 ~ Két nappal meghosszabbítja a határidőt.

늪 명 láp, mocsár

니스 명 lakk, fényezés; ~를 칠하다 lakkoz vmit

ㄷ

다가가다 [동] közeledik, közel megy, odalép vkihez; 등 뒤로 몰래 ~ a háta mögé oson; 다가가서 보다 közelről néz egy képet

다가서다 [동] közelebb jön; 나에게 바싹 다가서라 Gyere közel hozzám!; 안쪽으로 다가서 주세요 Menjen beljebb, kérem!

다가오다 [동] közeledik, közelebb jön, odajön, megközelít; 육지로 ~ közeledik a szárazföldhöz; 시험이 ~ közeledik a vizsga ideje; 낯선 사람이 다가왔다 Egy idegen odajött hozzám.; 새해가 다가왔다 Az új év itt van a küszöbön.

다각적 sokoldalú, különféle; ~으로 különféle szempontból; ~인 관점에서 생각하다 különböző szempontból megfontol vmit

다각형 [명] sokszög; ~의 sokszögű

다과회 [명] összejövetel

다국적 többnemzetiségű, multinacionális; ~ 기업 multinacionális vállalat

다국적군 [명] többnemzetiségű haderő

다그치다 [동] ösztönöz, sürget, unszol, kényszerít; 다그쳐 묻다 válaszra kényszerít

다급-하다 [형] nagyon sürgős, sürgető, halasztást nem tűrő, küszöbön álló; ~한 일로 sürgős/halaszthatatlan ügyben

다녀가다 [동] meglátogat, benéz vkihez; 어제 김씨가 다녀갔다 Kim úr tegnap meglátogatott.

다녀오다 [동] visszatér a látogatásból; 나는 수원에 좀 다녀오겠다 Szuvonig fogok futni.; 다녀왔습니다 (인사말) Helló, itt vagyok!

다니다 [동] jár vhova, közlekedik; látogatják egymást; 배가 ~ a hajó jár/közlekedik; 서울 · 대전 간을 다니는 직행버스 közvetlen buszjárat Szöul és Tedzson között; 회사에 ~ egy vállalatnál dolgozik; 나는 자전거로 학교에 다닌다 Kerékpárral járok iskolába.

다다르다 [동] megérkezik, elér, eljut vhova, vmire jut; 목적지에 ~ eljut/elér a céljához; 같은 결론에 ~ ugyanarra a következtetésre jutnak

다닥다닥 [부] tömörülésben, összezsúfoltan; 집들이 ~ 붙어있다 A házak összezsúfoltan állnak.

다당제 [명] többpártrendszer

다독거리다 [동] megpaskol, megvereget; 그는 나의 등을 다독거렸다 Megpaskolta a hátamat. Vállon veregetett.

다듬다 [동] rendbe tesz, megigazít, elrendez vmit, megjavít; 머리를 ~ elrendezi a haját; 옷매무새를 ~ rendbe teszi magát, megigazítja a ruháját

다듬이 명 sulykoló
다듬이돌 명 sulykolásnál használt lapos kő
다락방 명 padlás
다람쥐 명 mókus; ~ 쳇바퀴 돌듯하다 mókuskerékben van, örökké ugyanazt a dolgot ismétli
다량 명 nagy tömeg, nagy mennyiség; ~으로 nagy mennyiségben, tömegben; ~의 수면제를 먹다 nagy adag altatót bevesz; ~의 방사능이 검출되다 nagy mennyiségű radioaktivitást észleltek
다루다 동 kezel, működtet; intéz, irányít, igazgat, foglalkozik vmivel; bánik; 다루기 어려운 문제 nehezen kezelhető probléma; 이 기계는 다루기가 쉽다 Ezt a gépet könnyű kezelni / működtetni.; 깨지는 물건은 조심히 다루어라 Óvatosan kezelje a törékeny árucikkeket!; 그것은 매우 까다로운 문제여서 신중히 다루어야 한다 Ez egy nagyon kényes kérdés, amivel óvatosan kell bánni.; 문제를 신중히 ~ komolyan veszi a problémát; 그의 연설이 신문에 크게 다루어졌다 A beszéde nagy hangsúlyt kapott az újságokban.
다르다 형 más, eltérő, különböző vkitől / vmitől; különbözik, eltér, nincs összhangban vmivel; 성격이 ~ személyiségük eltérő; 의견이 ~ különböző / eltérő véleménye van; 크기가 ~ méretben különböznek; 서로 ~ egymástól különböznek; 품질에 따라 값이 ~ Az árak a minőség szerint változnak.; 번역문은 원문과 다소 다른 데가 있다 A fordítás néhány ponton eltér az eredetitől.; 그것은 전혀 다른 문제다 Az teljesen más kérdés / probléma.; 이것은 약속과 ~ Ez nincs összhangban az ígéretével.; 그는 말과 행동이 ~ Egy dolgot mond, és egy másikat tesz.
다름없다 형 azonos, egyívású, hasonló, nincs különbség, nem eltérő; nem változó; 전과 다름없는 우정 nem változó barátság; 이 시계는 신품이나 ~ Ez az óra olyan jó, mint egy új.; 그 두 사람은 부부나 ~ Olyanok, mintha férj és feleség lennének.; 이것은 나에겐 사형선고나 ~ Ez felér egy halálos ítélettel számomra. Ez egyenlő a halálos ítélettemmel.; 그가 완쾌된 건 기적이나 ~ A gyógyulása szinte csodának számít.
다리 명 ❶ láb; ~가 짧은 rövid lábú; ~를 꼬다 keresztezi a lábait, keresztbe teszi a lábait; ~를 다치다 megsebesíti a lábát, megsérül a lába; ~를 오므리다 maga alá húzza a lábát; ~를 뻗고 앉다 kinyújtott lábbal ül; ~가 셋 달린 테이블 háromlábú asztal; 안경 ~ szemüveg szárai ❷ híd; ~를 놓다 hidat épít; ~를 건너다 hídon átmegy
다리다 동 kivasal; 옷을 ~ ruhákat vasal
다리미 명 vasaló
다림질-하다 동 kivasal; ~ 명 vasalás
다만 부 csak, csupán; de, azonban; 그건 ~ 소문에 불과하다 Ez csupán egy szóbeszéd.; 언어를 숙달하는 길은 ~ 연습뿐이다 A gyakorlás az egyetlen útja / módja egy nyelv elsajátításának.; 할인해드립니다만 ~ 선불하는 조건입니다 Adok Önnek árengedményt, de csak ha előre fizet.
다목적 többcélú
다목적댐 명 többcélú gát, többféleképpen felhasználható gát
다물다 동 becsuk, bezár; 입을 꼭 다물고

szorosan zárja az ajkait, összeszorítja a száját; 그는 입을 꼭 다물고 말을 하지 않았다 Nem mondta meg, szorosan csukva tartotta a száját.

다발 명 csokor, köteg; 꽃~ virágcsokor, bokréta; ~로 팔다 kötegben árusít, csokorban árul, csomagban árul

다방 명 teaház, teázó, kávéház, kávézó

다방면 többféle, minden irány; ~의 취미 többféle hobbi; ~으로 többféle részből; 그는 ~에 취미를 가진 사람이다 Szerteágazó érdeklődésű. Ő egyetemes érdeklődésű ember.

다부지다 형 köpcös, masszív, testes; 다부진 체격 köpcös testalkat

다분히 부 kétségtelenül, igazán, valóban; 그는 시인의 소질이 ~ 있다 Ő igazán tehetséges költő lesz.

다섯 öt; 우리 ~이 같이 간다 Öten együtt megyünk.

다섯째 ötödik; ~ 사람 az ötödik ember

다소 부 kicsit, többé-kevésbé, bizonyos mértékig, miképp(en); ~ 춥다 kicsit fázik; 그 일에는 그도 ~ 책임이 있다 Ami azt illeti, többé-kevésbé ő is felelős azért.; 아직 ~ 희망이 있다 Van még valami remény.; 그는 ~ 이기적인 데가 있다 Ő kicsit önző / egoista.; 그는 ~ 초조한 듯했다 Némiképp türelmetlennek látszott.

다소곳-하다 형 udvarias, szerény, csendes; ~이 머리를 숙이다 szerényen lehajtja a fejét; ~하게 하라는 대로 하다 csendesen engedelmeskedik

다수 명 többség, a nagyobb rész; ~를 위해서 소수를 희생하다 feláldozza a keveset a sokért; 압도적인 ~ elsöprő / döntő többség; ~의 횡포 a többség egyeduralma; 절대 ~로 abszolút többséggel

다수결 명 többségi döntés; ~로 정하다 többségi döntéssel határoz, többségi szavazással dönt

다수당 명 kormánypárt; ~의 당수 a kormánypárt elnöke

다스리다 동 uralkodik, kormányoz, vezet; 나라를 ~ kormányozza / vezeti az országot; 집안을 ~ vezeti a háztartást; 죄를 ~ bünteti a bűncselekményt

다시 부 újra, megint; ~ 한번 még egyszer

다시마 명 tengeri hínár

다양성 명 különféleség, változatosság, választék, sokféleség

다양-하다 형 sokféle, különböző, különféle; ~한 직업의 사람들 különféle foglalkozású emberek; 그는 취미가 ~하다 szerteágazó érdeklődésű.

다음 következő; jövő; második, később, legközelebb; ~ 주 a következő / jövő hét; ~ 정거장 a következő megálló; 그 ~으로 가장 좋은 것 a második legjobb dolog; ~과 같다 a következő(képpen) van; 너는 ~에 데리고 가마 Legközelebb elviszlek.

다이빙-하다 동 fejest ugrik, beugrik (vízbe); ~ 명 ugrás, fejesugrás, műugrás; ~대 ugródeszka; ~ 선수 műugró

다이아몬드 명 gyémánt; ~ 반지 gyémántgyűrű; ~를 깎다 gyémántot csiszol

다이어트 명 diéta, fogyókúra; 그들은 ~ 중이다 Fogyókúrán vannak.; 의사는 그녀에게 ~를 하도록 권했다 Az orvos diétát rendelt el számára.

다잡다 동 szigorúan fog vkit; 학생들을 ~ szigorúan fogja a diákokat; 마음을 ~ összeszedi magát

ㄷ

다정다감-하다 형 érzelmes, érzelgős, szenvedélyes; ~한 남자 finom érzésű férfi

다정-하다 형 kedves, barátságos, melegszívű; ~한 사람 melegszívű ember; 그는 ~하게 내 손을 잡았다 Melegen megszorította a kezemet.

다중 többszörös, multi-; összetett; ~ 매체 multimédia; ~ 인격 összetett személyiség

다지다 동 ❶ megalapoz, megszilárdít; 땅을 ~ megszilárdítja a talajt; 나라의 기틀을 ~ lerakja a szilárd nemzeti alapokat; 젊었을 때 학문의 기반을 다져 놓아야한다 Akkor kell a tudásodat megalapoznod, amikor fiatal vagy. ❷ darál, apróra vág; 다진 고기 darált hús; 마늘을 ~ fokhagymát apróra vág

다짐-하다 동 megígér, szavát adja vkinek; ~ 명 ígéret, szavatolás, fogadalom; 그는 내달까지는 빚을 갚겠다고 ~했다 Megígérte, hogy visszafizeti a tartozását a következő hónapban.; 나는 그것을 어느 누구에게도 말하지 않겠다고 ~한다 Ígérem neked, hogy senki másnak nem fogom elmondani.

다짜고짜 부 váratlanul, hirtelen, egyszerre csak; minden előzetes értesítés nélkül; se füle, se farka; ~ 사람을 치다 váratlanul megüt egy személyt

다채롭다 형 sokszínű, változatos, tarka; különféle, vegyes, sokféle; 다채로운 경력 színes / változatos életpálya; 가을에는 다채로운 학교 행사가 열린다 Sokféle iskolai esemény lesz ősszel.

다치다 동 megsérül, sérülést szenved; 다리를 ~ megsérül a lába; 다치게 하다 megsért, megsebesít vkit; 그는 넘어져서 무릎을 다쳤다 Az eséstől megsérült a térde.

다큐멘터리 명 dokumentumfilm

다투다 동 vitatkozik, összezördül, veszekszik; 사소한 일로 ~ egy jelentéktelen ügyön vitatkozik; 그녀는 애들 문제로 남편과 다투었다 Veszekszik a férjével a gyermekeik miatt.

다툼 명 veszekedés, vitatkozás, verseny, konkurencia, vetélkedés; 법정 ~ bírósági / jogi vita

다품종 명 többfajta

다-하다 동 ❶ elfogy, kifogy vmi, kimerül, elfogyaszt; 힘이 ~하다 kimerül / elfogy az energiája; 목숨이 ~할 때까지 적과 싸우다 Az utolsó leheletéig harcol az ellenséggel. ❷ befejez, bevégez, teljesít; 일을 ~하다 befejezi a munkáját; 최선을 ~하다 megtesz minden tőle telhetőt, mindent elkövet; 의무를 ~하다 teljesíti a kötelességét

다함께 부 mind együtt, együttesen

다행-하다 형 szerencsés; ~히 szerencsére; ~히 다친 사람은 없었다 Szerencsére senki sem sérült meg.; 날씨가 좋아서 ~이었다 Szerencsére jó időnk volt.; 이것은 우리나라를 위해 참으로 ~한 일이다 Ez nagy szerencse az országunknak.

다혈질 lobbanékony, hirtelen haragú

닥치다 동 közeledik, fenyeget; 눈앞에 닥친 위험 fenyegető veszély; 위험이 그녀에게 닥쳐왔다 Veszély fenyegeti őt.; 전혀 뜻하지 않은 재난이 그에게 닥쳤다 Egy teljesen váratlan katasztrófa / csapás áldozata lett.

닥터 명 doktor

닦다 동 felmos, megmos; megtöröl, letöröl, feltöröl; kifényez, políroz; 걸레로 바닥을 ~ felmosóronggyal felmossa a padlót; 이를 ~ megmossa a fogait; 수건으로 얼굴을 ~ törölközővel megtörli az arcát; 눈물을 ~ letörli a könnyeit; 이마의 땀을 ~ letörli az izzadságot a homlokáról; 구두를 번쩍번쩍하게 ~ kifényezi a cipőjét

단[1] csak, csupán; ~ 한번 csak egyszer, egyetlenegyszer; ~ 3년 동안에 csupán három éven belül; 나는 지난해 ~ 하루도 학교를 결석한 일이 없다 Egy napot sem hiányoztam az iskolából az elmúlt évben.

단[2] 명 ❶ nyaláb, csomó ☞ **다발**; 시금치 두 ~ két köteg spenót ❷ hasáb; 4~(짜리) 광고 négyhasábos reklám; 이 지면은 3~으로 되어 있다 Három hasáb van ezen a lapon.

단가 명 egységár; 생산 ~ a termék egységára

단거리 명 rövid táv(olság); ~ 사격 rövid / közeli lőtávolság; ~ 경주 rövidtávfutás; ~ 선수 rövidtávfutó, vágtázó, sprinter

단결권 명 szerveződés joga (szakszervezetbe)

단결-하다 동 egyesül, összefog, egyesít, összeköt, összekapcsol; ~ 명 összefogás, összetartás, szolidaritás; 굳게 ~되어 있다 szorosan szövetkezik, erősen kötődnek egymáshoz; 난국에 대처하기 위해 ~하다 Összefognak a problémák megoldása érdekében.

단계 명 szakasz; 초기 ~에 있다 korai szakaszban van; 그 계획은 아직 실험 ~에 있다 A projekt kísérleti szakaszban van.; 교섭은 최종 ~에 이르렀다 A tárgyalások az utolsó szakaszukba értek.; 당국은 그 제도를 ~적으로 도입할 예정이다 A hatóságok fokozatosan be akarják vezetni a rendszert.

단골 명 törzsvásárló, törzsvendég, törzsközönség; 오랜 ~ régi vásárló, törzsvásárló, régi ügyfél; ~이 되다 rendszeres vásárlója lesz vminek

단골집 명 kedvenc / megszokott bolt

단과대학 명 főiskola; kar

단기 명 rövid lejáratú, rövid idejű; 지연된 시간을 ~간 내에 만회해야 한다 Rövid távon pótolnunk kell az elvesztett időt.; ~ 과정 rövid tanfolyam / kurzus

단념-하다 동 lemond vmiről; 출세를 ~하다 lemond a karrierjéről; 해외에 가는 것을 ~하다 lemond arról, hogy külföldre utazzon

단단-하다 형 kemény, szilárd; erős, tömör; szűk, szoros, feszes; ~해지다 megkeményedik, megszilárdul; ~한 기초 szilárd alap; 그는 영어 기초가 ~하다 Jó alapokkal rendelkezik az angol nyelvben.

단단히 부 szorosra, erősen; ~ 매다 szorosra fűz, erősen megköt

단도 명 tőr; gyilok; ~를 들고 tőrrel a kézben; ~로 찌르다 tőrrel megszúr / ledöf

단도직입적으로 부 egyenesen, őszintén, tisztán, nyíltan; ~ 말하다 egyenesen beszél / megmond

단독 egyedül, függetlenül; ~으로 egyedül, segítség nélkül; függetlenül, önállóan; ~으로 일을 하다 segítség nélkül cselekszik; 여당은 그 안건을 ~ 심의했다 A kormányzó párt egyedül / önállóan megtárgyalta a törvényjavaslatot.

단두대 명 nyaktiló, vesztőhely, akasztófa; ~에 오르다 a nyaktiló alá megy

단둘 csak ketten; 방에는 ~ 밖에 없다 Csak két ember van a szobában.; 그들은 항상 ~이서 낚시하러 간다 Ők ketten mindig együtt mennek horgászni.

단락 명 paragrafus, szakasz, cikk(ely); vég, befejezés, végződés, záradék, befejező rész; 이 ~은 너무 길어서 이해하기 어렵다 Ez a paragrafus túl hosszú ahhoz, hogy követni lehessen.; ~을 짓다 végigvisz, lezár vmit

ㄷ

단련-하다 동 edz, nevel, fejleszt; ~ 명 edzés; gyakorlat, nevelés; 정신의 ~ mentális gyakorlás; 심신을 ~하다 edzi / fejleszti a testét és tudatát

단말기 명 terminál, munkaállomás

단맛 명 édesség, édes íz; ~이 들다 édes ízű lett

단면 명 metszet, szelvény; fázis, oldal; 이 사건은 현대 사회의 어두운 ~을 나타내고 있다 Az eset rámutat a modern társadalom árnyoldalaira.

단면도 명 szelvény, keresztmetszet, osztott ábra

단모음 명 monoftongus, rövid magánhangzó

단무지 명 sós / ecetes lében eltett, pácolt retek

단박 부 egyszerre, hirtelen, azonnal, rögtön, közvetlenül; 일을 ~에 해치우다 azonnal befejezi a munkát

단발머리 명 rövid haj, kefefrizura

단백질 명 fehérje; 동물성 / 식물성 ~ állati / növényi fehérje; ~이 풍부하다 fehérjében gazdag

단상 명 emelvény, dobogó, pódium; ~에 서다 az emelvényen, dobogón, pódiumon áll

단서 명 kezdet, indítás, fonal, első lépés; nyom, kulcs; 문제 해결의 ~ az első lépés a kérdés megoldása felé, a kulcs a probléma megoldásához; ~를 놓치다 elveszti a fonalat

단세포 egysejtű, egyszerű; ~ 식물 / 동물 egysejtű növény / állat; 그의 사고방식은 매우 ~적이다 Gondolkodásmódja szánalmasan egyszerű.

단속반원 명 ellenőrző csoport / egység tagja

단속-하다 동 felügyel, ellenőriz, felülvizsgál; ~ 명 felügyelet, ellenőrzés; ~ 대상 az ellenőrzés tárgya; 테러 행위를 ~하다 ellenőrzés alatt tartja a terrorista tevékenységeket

단수 명 egyes szám; 3인칭 ~ egyes szám harmadik személy; ~로 쓰이다 a szót egyes számban használja

단순-하다 형 egyszerű; ~하게 생각하다 a dolgokat egyszerűen és könnyedén veszi; ~한 사람 egyszerű, naiv, együgyű ember; 사태를 ~하게 생각하지 마라 Ne vedd a helyzetet félvállról! Ne vedd a helyzetet egyszerűen és könnyedén!

단순화-하다 동 leegyszerűsít, egyszerűbbé tesz, megkönnyít; ~ 명 leegyszerűsítés, egyszerűvé válás; 생활을 ~하다 megkönnyíti az életét

단시일 명 rövid idő; ~에 néhány napon belül, rövid idő alatt; 사회 개혁은 ~에 이루어지는 것이 아니다 A társadalmi reform nem lehet sikeres rövid távon.

단식투쟁 명 éhségsztrájk; ~을 하다 éhségsztrájkot folytat / kezd

단식-하다 동 böjtöl; ~ 명 böjt; ~을 중지하다 abbahagyja a böjtöt; 그녀는 4일간 ~했다 Négy napig böjtölt.

단신 ❶ egyedül; kíséret / kísérő nélkül; ~ 상경하다 egyedül megy Szöulba ❷ alacsony termet

단아-하다 형 elegáns, előkelő, finom, választékos, díszes, ízléses; ~ 명 elegancia, választékosság, finomság, ízlésesség; 옷차림이 ~하다 ízlésesen öltözik

단어 명 szó, szókincs, szókészlet; ~ 실력을 늘리다 gyarapítja a szókincsét; ~를 많이 알고 있다 nagy szókincse van, sok szót tud / ismer

단언-하다 동 megerősít, állít; ~ 명 állítás; ~할 수는 없다 Nem mondhatok biztosat.; 그런 일이 일어날 것이라고 ~하다 biztos, hogy megesik az ilyesmi; 그가 거기 있었다고는 ~할 수 없다 Nem tudom határozottan állítani, hogy ott volt.

단역 명 mellékszerep, kisebb szerep; ~을 하다 kisebb szerepet játszik

단연 부 döntően, minden tétovázás nélkül, határozottan, kereken; ~ 거절하다 kereken elutasít; ~ 부정하다 határozottan tagad vmit

단원 명 ❶ egység, lecke, feladat; 이 교과서는 10 ~으로 되어 있다 A tankönyv tíz egységből áll. ❷ tag; 오케스트라 ~ zenekari tag, zenekar tagja

단위 명 egység; névérték, címlet; 계산 ~ számítási egység; 사회의 기본 구성 ~로서의 가족 a család mint a társadalom alapegysége; 한국의 화폐 ~는 원이다 Korea pénzegysége a von.; ~ 면적 당 területi egységenként

단일 egységes, egyetlen, egyedüli, homogén; 미국은 ~ 민족의 나라가 아니다 Az Amerikai Egyesült Államok faji értelemben nem homogén nemzet.; 남북한 ~팀 egységes dél- és észak-koreai válogatott csapat; ~ 환율 egységes átváltási árfolyam; ~ 후보 egyedüli / egyetlen jelölt

단일호봉 명 bérjegyzék, bértáblázat

단일화-하다 동 egybefoglal, egyesít, egységessé tesz; ~ 명 egyesítés

단전호흡 명 hasi légzés

단절-하다 동 megszakít, elválaszt; ~ 명 megszakítás, elválasztás; 세대 간의 ~ generációs szakadék; ~되다 megszakad; 양국간의 국교가 ~되었다 A két ország között megszakadtak a diplomáciai kapcsolatok.

단점 명 hiba, gyengeség; hiányosság, fogyatékosság; ~을 고치다 jóváteszi a hibáját; 자기의 ~을 깨닫다 tudatában van gyengeségének, tudomással bír gyengeségéről

단정-하다 형 rendes, ízléses; ápolt; 옷차림이 ~한 사람 ápolt / jól öltözött személy; 옷차림이 ~치 못하다 ápolatlan

단조롭다 형 egyhangú, monoton; 단조롭게 말하다 monoton hangon beszél; 단조로운 생활을 하다 monoton életet él

단지[1] 명 fazék, edény, bödön; 꿀~ mézes bödön

단지[2] 명 아파트 ~ lakótelep; 주택 ~ lakóövezet, lakópark

단지[3] 부 csupán, csak, egyedül; 그것은 ~ 돈의 문제일 뿐이다 Ez csupán pénz kérdése.; 그는 ~ 친절할 뿐 아니라 정직하기도 하다 Nemcsak jóindulatú, de becsületes is.

단짝 명 cimbora, pajtás, haver

단체 명 csoport, társaság, párt, testület; szervezet, szövetkezet, szövetség, társaság, társulat, egyesület, egylet; ~를

만들다 csoportot / társaságot megszervez; ~로 관람하다 csoportosan mennek a színházba; ~ 행동을 취하다 csapatként viselkedik

단체교섭(권) közös megállapodás joga

단체협약 명 kollektív szerződés

단추 명 gomb; ~를 달다 gombot felvarr / rögzít; ~를 채우다 odaerősíti a gombot; ~가 떨어지다 leszakad a gomb

단추구멍 명 gomblyuk

단축-하다 동 megrövidít, csökkent, redukál; ~ 명 rövidítés, csökkentés, redukálás; ~수업 rövidített iskolai órák; 노동 시간의 ~을 요구하다 rövidebb munkaórákat követel

단층 명 törés, réteg (geológia)

단층집 명 egyszintes ház

단편소설 명 novella, elbeszélés

단편영화 명 rövidfilm

단편적 töredékes, hiányos; ~적 지식 hiányos tudás

단풍 명 jávorfa, juharfa

단풍잎 명 skarlátvörös őszi levelek; ~이 들다 vörösre színez, őszi színeket visz fel; ~이 한창이다 A skarlátvörös őszi levelek ilyenkor a legszebbek.; 설악산은 가을 ~으로 유명하다 A Szorakszan híres az őszi lombkorona csodálatos színeiről.

단행본 명 könyv, egyes kötet; ~으로 내다 kiadja könyv formájában

단행-하다 동 véghezvisz, végrehajt, teljesít; ~ 명 véghezvitel, végrehajtás, teljesítés; 내각 개편을 ~하다 véghezviszi a kormány átalakítását; 다국적군은 적에 대한 공습을 ~했다 A nemzetközi csapatok légitámadást hajtottak végre az ellenséges célpontok ellen.

단호-하다 형 szilárd, tömör, erős, tartós, elhatározott; ~한 태도를 취하다 határozott álláspontot képvisel

단호히 부 határozottan, kereken, nyíltan, hevesen; ~ 거절하다 kereken visszautasít vmit; 나는 그 법안에 ~ 반대한다 Határozottan ellenzem a törvényjavaslatot.

닫다 동 bezár, becsuk, lezár; beszüntet; 문을 ~ bezárja / becsukja az ajtót; 창문을 꼭 ~ szorosan becsukja az ablakot; 가까이에 수퍼마켓이 생겨 많은 소매점이 문을 닫아야 했다 Mivel egy szupermarket nyílt a közelben, sok kiskereskedőnek be kellett zárnia.

닫아걸다 동 bezár, lezár, becsuk, elzár; 문을 안으로 ~ bezárja az ajtót belülről; 방문을 닫아걸고 나오지 않다 magára zárja a szobát

닫히다 동 csukódik, bezárul, záródik; 저절로 ~ magától záródik / csukódik; 문이 ~ az ajtó becsukódik / bezárul; 가게는 닫혀 있었다 Az üzlet be volt zárva.; 바람에 문이 쾅 닫혔다 A szél becsapta az ajtót.

달 명 ❶ hold; 그믐~ fogyó hold; 반~ félhold; 보름~ telihold; 초승~ növekvő hold; ~이 뜨다 A hold felkel.; ~이 밝다 A hold fényesen ragyog. ❷ hónap; 지난 ~ múlt hónap; 다음 ~ következő / jövő hónap; 한 ~에 한번 egyszer egy hónapban, havonta; ~마다 minden hónapban, havonta; 그녀는 임신 여섯 ~이다 hathónapos terhes / állapotos

달갑다 형 kielégítő, elégséges, elegendő, kívánatos; 달갑지 않은 손님 nem szívesen látott vendég

달걀 명 tojás; 삶은 ~ főtt tojás, kemény

tojás; ~을 부치다 tojást süt, tükörtojást csinál; ~을 까다 lehántja egy (főtt) tojás héját

달구다 동 felmelegít, felhevít; 쇠붙이를 ~ vasdarabot hevít / tüzesít; 프라이팬을 ~ felmelegíti / előmelegíti a serpenyőt

달구어지다 동 felhevül, felmelegedik

달님 명 a Hold, holdacska

달다[1] 동 ❶ lógat, felakaszt, felfüggeszt; kapcsol; 문패를 ~ feltesz egy névtáblát; 창문에 커튼을 ~ az ablakra függönyt tesz; 기관차에 객차를 ~ a személyvonatot a mozdonyhoz kapcsolják; 가슴에 훈장을 ~ kitüntetést visel a mellén ❷ mér; 무게를 ~ megméri a súlyt; 달아서 팔다 vmit súlyra elad ❸ felforral, felfőz, felhevít; elpirul, elvörösödik; 쇠가 ~ a vas forró / tüzes; 얼굴이 달아오르다 ég az arca; 화끈 단 얼굴로 kipirult arccal, elpirulva

달다[2] 형 édes, jóízű; 맛이 ~ édes íze van, édes ízű; 달게 하다 megédesít, megcukroz; 단 것을 좋아하다 édesszájú, szereti az édességet / édeset

달라붙다 동 tapad, ragaszkodik vmihez, kitart, ragad; 벽에 착 ~ a falhoz tapad; 여자에게 성가시게 ~ tolakodóan lebzsel egy lány körül ☞ **들러붙다**

달라지다 동 megváltozik; 마음이 ~ megváltozik a véleménye; 시대와 함께 풍속과 습관도 달라진다 Az erkölcsök és szokások idővel változnak.; 지난 10년간 서울은 많이 달라졌다 Szöul sokat változott az utóbbi tíz évben.

달랑 부 ~ 혼자만 남다 egyedül marad, egyedül hagyják

달래다 동 lecsillapít, lecsendesít; 달래기 쉬운 lecsillapítható, kibékíthető; 우는 애를 ~ lecsendesíti a síró gyereket; 가까스로 달래어 집으로 돌려보냈다 Nehezen tudtam meggyőzni, hogy menjen haza.

달러 명 dollár; ~로 지급하다 dollárban fizet; ~ 부족 dollárhiány / deficit; ~ 시세 a dollár átváltási árfolyama

달려가다 동 fut, szalad, rohan; 현장으로 ~ fut / szalad / rohan a színhelyre; 그들은 그녀를 도우려고 달려갔다 Rohantak, hogy segítsenek neki.

달려들다 동 lecsap vmire, ráveti magát vmire, nekifog vminek; 고양이가 쥐한테 ~ a macska ráveti magát a patkányra; 세 사람이 그 일에 달려들어 하루만에 끝냈다 A három ember nekifogott a munkának, és egy nap alatt befejezték.

달력 명 naptár

달리 부 különbözően, változóan; másképpen, más módon, eltérően; 글 뜻을 ~ 해석하다 Különböző módon értelmezik a mondat jelentését; ~ 물어 볼 사람이 없다 Nem volt más, akit megkérdezzen.; ~ 방법이 없다 nincs más lehetőség; 헝가리는 한국과 ~ 여름에 비가 많이 오지 않는다 Magyarországon, Koreától eltérően nyáron nem esik sok eső.

달리기 명 futás; futóverseny; ~를 하다 részt vesz egy futóversenyen; 백 미터 ~ 100 méteres síkfutás

달리다 동 ❶ fut, szalad, rohan; vezet, hajt, nógat; 말이 ~ fut egy ló; 말을 ~ lovon vágtat; 전속력으로 ~ teljes sebességgel rohan; 달리는 차에서 뛰어내리다 kiugrik egy mozgó / robogó járműből ❷ lógat, lóbál; függ vmitől; megbízik vkiben, vkire számít / támaszkodik; 처마에 고드름이 달려 있다

Jégcsapok lógnak az ereszről.; 사과가 가지에 ~ almák függnek az ágon; 결정은 너에게 달려 있다 A döntés tőled függ.; 계약의 수락 여부는 조건 여하에 달려 있다 A szerződés elfogadása a feltételektől függ. ❸ hozzáfűz, hozzátold; ráfüggeszt, ráakaszt, hozzáerősít; 꼬리표가 달린 트렁크 bőrönd a hozzáerősített címkével; 이 책에는 색인이 달려 있지 않다 Ebben a könyvben nincs tárgymutató.

달리-하다 동 különbözik, eltér; 대우를 ~하다 másként bánik vkivel; 관점을 ~하다 más szemszögből látja a dolgokat; 나는 그 문제에 관해 너와 의견을 ~한다 Ebben a kérdésben eltérő véleményen vagyok veled / különbözöm tőled.

달밤 명 holdfényes este, holdvilágos éj; ~에 산책하다 sétál a holdfényben; 밝은 ~이다 Ez egy szép holdfényes este.

달빛 명 holdfény, holdsugár, holdvilág; ~이 밝다 tiszta a hold fénye; ~을 받다 úszik a holdfényben / holdvilágban; 커튼을 열어젖히자 ~이 흘러들었다 Amikor a függöny el volt húzva, besütött a szobába a holdfény.

달성-하다 동 elér, megvalósít, teljesít, elvégez; ~ 명 megvalósítás, elvégzés; 목적을 ~하다 eléri / megvalósítja a célját; 그 목표는 ~하기 힘들다 A kitűzött célt nehéz megvalósítani / elérni.; 이렇게 해서 이 위업은 ~되었다 Így sikerült megvalósítani ezt a nagyszerű munkát.

달아나다 동 elfut, elszökik; elmenekül, megszökik; 밤을 타 ~ elszökik az éj leple alatt; 빚을 진 채 ~ elszökik az adóssága elől, megszökik a hitelezője elől; 경관을 보더니 그는 달아났다 A rendőrséget meglátva elmenekült.; 졸음이 달아나게 커피를 마셨다 Ittam egy kávét, hogy elűzzem az álmosságot.

달아오르다 동 forróvá válik, forrósodik; ég; 부끄러움에 얼굴이 ~ szégyentől ég az arca

달이다 동 leforráz, kifőz; 약을 ~ leforrázza a gyógynövényeket; 차를 ~ leforrázza a teát

달콤-하다 형 édes, mézesmázos; 맛이 ~하다 édes íze van; ~한 말 mézesmázos szavak; édes beszéd; ~한 말로 속이다 mézesmázos szavakkal félrevezet vkit ☞ 달다[2]

달팽이 명 csiga; 식용 ~ ehető / római csiga, éticsiga; ~ 껍질 csigaház

달-하다 동 megérkezik, elér; 전쟁 전 수준에 ~하다 eléri a háború előtti szintet; 손실은 3,000만 원 이상에 ~한다 A becsült veszteség elérte a 30 millió vont.

닭 명 tyúk; kakas; 싸움 ~ harci kakas; ~이 먼저냐 달걀이 먼저냐 하는 문제 'a tyúk vagy a tojás volt előbb' típusú kérdés; ~이 울다 kakas kukorékol

닭고기 명 csirkehús, baromfihús

닮다 동 hasonlít, üt vkire; 아들은 아버지를 닮았다 A fiú az apjára hasonlít / ütött.; 나는 아버지보다 어머니를 더 닮았다 Jobban hasonlítok anyámra, mint apámra.; 전혀 닮은 데가 없다 nem viseli el a legkisebb hasonlóságot sem; 그들은 성격이 닮았다 Jellemükben nagyon hasonlóak.; 부부는 서로 닮는다 A férj és a feleség egymásra hasonlít.; 부자가 꼭 닮았다 a fiú kiköpött az apja, a fiú pont úgy néz ki, mint az apja

닳다 동 elkopik, elhasználódik; 닳아빠진 구두 elhasznált / kopott cipő; 닳고 닳은

사람 elhasznált / kiégett ember; 구두 뒤축이 ~ A cipő sarka elkopott.

담 명 fal; ~을 타고 넘다 felmászik / felugrik a falra; ~ 너머로 보다 átnéz a falon

담그다 동 áztat, átitat; 더운 물에 발을 ~ meleg vízben áztatja a lábát; 술을 ~ rizspálinkát főz

담기다 동 그릇에 물이 담겨 있다 Tele van vízzel az edény.; 그 말에 무슨 뜻이 담겨 있느냐 Mit ért ezalatt?

담다 동 바구니에 과일을 ~ gyümölcsöt tesz a kosárba; 그녀의 말에는 진심이 담겨 있다 Sugárzik a szavaiból az őszinteség.

담담-하다 형 nyugodt, közömbös, közönyös, érdektelen, szenvtelen; ~한 태도로 임하다 közömbös magatartást tanúsít vmi iránt; ~한 어조로 말하다 nyugodt hangon beszél

담당자 명 ügyintéző

담당-하다 동 megbíz, vállal egy ügyet; 사건을 ~하다 magára vállalja az ügyet; 나는 수학을 ~하고 있다 A matematika tanításával vagyok megbízva.

담력 명 bátorság, elszántság, merészség; ~을 시험하다 próbára teszi vkinek a bátorságát; 나는 그녀의 ~에 놀랐다 Meglepett a merészsége / bátorsága.

담배 명 dohány; cigaretta; szivar; ~ 한 갑 egy doboz cigaretta; ~ 연기 cigarettafüst; ~에 불을 붙이다 rágyújt egy cigarettára; ~를 끊다 leszokik a dohányzásról; ~를 비벼 끄다 elnyomja a cigarettáját; ~ 피워도 괜찮습니까 Zavarná, ha rágyújtanék?

담배꽁초 명 cigarettavég, szivarvég

담뱃불 명 tűz, gyufa vkinek a pipájához, cigaretta fénye; ~을 붙이다 meggyújtja a cigarettáját; ~ 좀 얻읍시다 Kaphatnék tüzet?

담뱃재 명 cigarettahamu; ~를 털다 leveri a hamut a cigarettájáról

담벼락 명 fal felülete; ~하고 말하는 셈이다 Falra hányt borsó, amit mondasz neki.

담보 명 jelzálog, elzálogosítás; ~ 대출 biztosított hitel; zálogkölcsön; ~를 잡고 돈을 빌려 주다 jelzálog fejében pénzt kölcsönöz; 나의 집은 1000만원 ~로 잡혀 있다 Tízmillió von jelzálog van a házamon.

담수 명 édesvíz

담수어 명 édesvízi hal

담요 명 pokróc, takaró; ~로 몸을 싸다 betakarózik egy pokróccal

담임 명 osztályfőnök; ~ 선생 osztályfőnök; 금년 우리 반 ~은 어느 분이냐 Ki az osztályfőnök idén?

담쟁이 명 borostyán, repkény; ~가 덮인 벽 borostyánnal borított fal

담판-하다 동 megtárgyal; ~ 명 tárgyalás; ~을 개시하다 megnyitja a tárgyalásokat; ~ 중이다 tárgyalás alatt van vmi; 그들은 임금 인상 건으로 회사 측과 직접 ~을 지었다 Közvetlen tárgyalásokat folytattak a céggel a béremelésről.

담합-하다 동 kartellezik; összejátszik vkivel, illegálisan megegyezik; ~ 명 kartell, illegális megegyezés

답 명 megoldás; válasz, felelet; 내 ~이 옳으냐 Helyes a válaszom?; 전화로 아무리 불러도 ~이 없었다 Többszöri telefonos megkeresésre sem érkezett válasz.

답답-하다 형 ❶ levegőtlen, fülledt; 가슴이 ~하다 nehezen kap levegőt, nehéz a mellkasa; ~한 분위기 nyomasztó légkör, feszültséggel teli légkör; 극장은 초만원이어서 ~했다 A színház túlzsúfolt és levegőtlen volt.❷ szűk látókörű; ~한 사고 방식 szűklátókörű gondolkodás; 그가 망설이는 것이 ~했다 Türelmetlen voltam a tétovázása miatt.

답례-하다 동 visszaköszön; fogadja az üdvözlést / köszöntést; ~ 명 válaszüdvözlés, fogadjisten; ~로 그를 방문했다 Most ő következett a látogatásban.; ~로 무엇을 선물할까 Mit adjak neki cserébe az ajándékáért?

답변-하다 동 válaszol, felel, magyaráz; ~ 명 válasz, magyarázat, felelet; ~을 요구하다 magyarázatot vár vkitől; 질문에 ~하다 válaszol a kérdésére

답사 명 válaszbeszéd, köszöntő; 졸업식에서 ~를 읽다 felolvassa a válaszbeszédet a diplomaosztón

답사-하다 동 megtekint, szemrevételez, áttanulmányoz; ~ 명 áttanulmányozás, terepvizsgálat, terepszemle, felderítés; 그 섬을 현지 ~하다 terepszemlét tart a szigeten; 학생들은 고적 ~를 했다 A diákok áttanulmányozták a történelmi helyszínt.

답습-하다 동 követ, hasonlóan cselekszik, utánoz vmiben; ~ 명 utánzás, hasonlítás; 종래의 전통을 ~하다 követ / ragaszkodik egy régi hagyományhoz

답안지 명 vizsgalap

답장-하다 동 válaszol egy levélre, elküldi a választ vkinek / vki levelére; ~ 명 válaszlevél, válasz egy levélre; ~을 기다립니다 Várom a válaszát.; 즉시 ~해 주십시오 Legyen szíves, postafordultával válaszoljon a levelemre!

답-하다 동 válaszol vmire; 질문에 ~하다 válaszol egy kérdésre; 환호에 ~하다 reagál az éljenzésre

닷새 명 öt nap; 초~ a hónap ötödik napja

당 명 párt; ~간부 pártkáder, pártfunkcionárius; ~에 들어가다 belép egy pártba; ~을 조직하다 pártot alakít; ~에서 탈퇴하다 kilép egy pártból

당구 명 biliárd; ~를 치다 biliárdozik

당구공 명 biliárdgolyó

당구대 명 biliárdasztal

당구장 명 biliárdterem

당구채 명 dákó

당국 명 hatóság; 관계 ~ az érintett hatóságok; ~의 승인을 얻다 megszerzi a hatóságok jóváhagyását; 학교 ~ iskolai vezetés / vezetőség

당근 명 sárgarépa; 아무를 설득하기 위해 ~과 채찍을 함께 쓰다 a ‘húzd meg, ereszd meg‘ módszert alkalmazza egy személy meggyőzésére / befolyásolására

당기다 동 húz, von, hurcol; kifeszít (egy kötelet); 밧줄을 ~ meghúzza a kötelet; 방아쇠를 ~ meghúzza a ravaszt; 자석은 쇠를 당긴다 A mágnes vonzza a vasat.; 결혼 날짜를 사흘 ~ Három nappal előrébb hozza az esküvő dátumát.

당뇨병 명 cukorbaj, cukorbetegség, diabétesz; ~ 환자 cukorbeteg

당당-하다 형 méltóságteljes, nagyszabású, fenséges, nyílt; ~한 태도 méltóságteljes hozzáállás

당당히 부 nagyszerűen, méltóságteljesen, fenségesen; nyíltan; 시험에 ~ 합격하다 nagyszerűen levizsgázik

당대 명 élettartam; azok a napok, azok az idők; ~에 부자가 되다 meggazdagodik az élete során

당돌-하다 형 merész, bátor, vakmerő; ~한 말씀이지만 그 일은 제가 해 보겠습니다 Lehet, hogy merész dolog részemről, de megpróbálom kezelni a helyzetet.

당번 명 szolgálat; 내가 오늘 ~이다 Ma én vagyok szolgálatban.; 매주 한 번씩 ~을 해야 한다 Hetente egyszer kell szolgálatban lennem.

당부-하다 동 kér, kíván, megkér; ~ 명 kérés; 뒷일을 ~하다 megkér vkit, hogy gondoskodjon a későbbiekről; 신신 ~하다 könyörögve kér

당분간 부 jelenleg, egy ideig; ~ 바쁘다 Jelenleg eléggé elfoglalt vagyok.; ~ 비는 오지 않을 게다 Egy ideig nem fog esni.

당사국 명 az érintett ország

당사자 명 az érintett személy; ~간의 해결 peren kívüli egyezség; 결혼 ~ a szerződő felek egy házasság esetében

당선자 명 felvett jelölt, sikeres pályázó, a megválasztott; díjnyertes

당선작 명 díjnyertes mű

당선-하다 동 megnyeri a választást; ~ 명 választási győzelem, pályázati győzelem; 백표 차로 ~되다 százas szavazattöbbséggel megnyeri a választást.; 대통령에 ~되다 megválasztják elnöknek; 그의 ~은 무효가 되었다 a megválasztását érvénytelenítették; 무투표 ~되다 szavazás nélkül választ meg; 그녀는 현상 논문에서 1등으로 ~되었다 Megnyerte az első díjat az esszéversenyben.

당숙 명 az édesapja unokafivére, nagybácsi, bácsi

당시 abban az időben, akkoriban; ~의 국무총리 az akkori miniszterelnök; 그 소설은 ~에 대단히 인기였다 A regény nagyon népszerű volt a maga idejében.

당신 drága (drágám), kedves (kedvesem); ő, saját maga; 할아버지 ~께서 손수 지으신 집이다 Ez az a ház, amit nagyapám saját maga épített.

당연-하다 형 természetes, elfogadható, méltányos; nyilvánvaló; ~한 의무 természetes kötelesség; ~한 일로 받아들이다 magától értetődőnek vesz vmit; 그가 화를 내는 것은 ~하다 Természetes, hogy mérges.; 그가 그 제안을 거절하는 것은 ~하다 Nyilvánvaló, hogy vissza kellene utasítania az ajánlatot.

당연히 부 magától értetődően, megérdemelten, természetesen; 그는 ~ 벌을 받아야 한다 büntetést érdemel

당원 명 párttag; ~이 되다 belép egy pártba; ~ 명부 párttaglista

당장 부 azonnal, rögtön, egyszerre, hirtelen, közvetlenül; ~ 나가라 Menj innen, most azonnal!; 돈이 ~ 필요하다 Most azonnal akarom a pénzt.; ~이라도 비가 올 것 같다 Akármelyik pillanatban elkezdhet esni.

당좌예금 명 folyószámla, betéti számla

당직 명 szolgálatban van / ügyel, ügyeletes; ~ 수당 ügyeleti díj; ~이다 ügyeletben van; ~ 의사 ügyeletes orvos, éjszakás orvos

당직자 명 pártfunkcionárius, pártalkalmazott

당첨-하다 동 díjat nyer; ~ 명 díjnyertes; 복권에 ~되다 nyereményt nyer a lottón

당-하다 동 elszenved, eltűr, elvisel, megenged; felér vmivel / vkivel; 사고를 ~하다 balesetet szenved; 패배를 ~하다 vereséget szenved; 구타를 ~하다 megütik, elverik, alapos ütést kap; 거절 ~하다 elutasítják, visszautasítják; 그것은 ~해 보지 않은 사람이면 모른다 Aki még nem tapasztalta, annak elképzelhetetlen.; 힘으로는 아무도 그를 ~할 수 없다 Senki sem ér fel hozzá erőben.

당해 megfelelő, érintett; ~ 관청 a megfelelő / illetékes hatóság, az érintett hatóságok

당혹스럽다 형 meghökkent, zavarban van, tanácstalan, zavarodott

당황-하다 동 zavarban van, felzaklatott, siettetett; ~하여 계산이 틀렸다 Siettemben elkövettem egy hibát a számolásban.; 뜻하지 않은 그의 방문에 모두 ~했다 Felzaklatta őket a váratlan látogatása.; 그는 어떤 일이 닥쳐도 ~하는 일이 없다 Sohasem jön zavarba.

닻 명 horgony; ~을 올리다 felhúzza a horgonyt; 배는 ~을 내리고 있었다 A hajó le volt horgonyozva.

닿다 동 érint, hozzányúl, elér; megérkezik; 배가 목적지에 ~ a hajó elér a célkikötőbe; 손이 땅에 닿을 때까지 몸을 앞으로 굽혀라 Hajolj előre, hogy a kezed érje a földet!; 어린이 손이 닿지 않는 곳에 보관할 것 Tartsa gyermekektől elzárt helyen! Gyermekektől távol tartandó!

대[1] 명 ❶ bambusz ☞ **대나무** ❷ állvány; 보면~ kottaállvány; 화장~ toalettasztalka ❸ ütés, csapás; 한 ~에 egy ütésre, egy ütéssel, egy csapásra; 한 ~ 먹이다 megüt vkit, bemos vkinek ❹ nemzedék; 60년 ~ a hatvanas évek; 그녀는 30 ~이다 a harmincas éveiben jár; 여러 ~에 걸쳐 több nemzedéken át / keresztül; ~를 잇다 a vérvonalat továbbviszi; ~가 끊어지다 vérvonal megszakad, kihal a család egyik ága ❺ szár, szál; darab; 담배 한 ~ egy szál cigaretta; 비행기 한 ~ egy repülőgép ❻ szint; 수입이 1억 달러 ~를 돌파했다 Az import meghaladta a 100 millió dolláros szintet. ❼ ~가 세다 makacs, kitartó; ~가 약하다 félénk, határozatlan

대[2] 형 nagy; ~서울 Nagy Szöul; ~승리 nagy győzelem

대[3] kontra, vmi / vki ellenében; vhova irányuló; 민주주의 ~ 공산주의 demokrácia kontra kommunizmus; ~미 수출 USA-ba irányuló export; 5~ 3으로 한국 팀이 이겼다 Az állás 5:3 volt a koreai csapat javára.

대가 명 nagy mester, nagy / kimagasló / kiváló tudós; 그림의 ~ nagy művész, nagy festő; 음악의 ~ nagy zeneművész, virtuóz

대가리 명 fej (állati); 생선 ~ halfej

대가족 명 nagycsalád; ~을 거느리다 nagy családot tart el; ~ 제도 nagycsaládos rendszer / szerkezet

대각선 명 átló; ~의 átlós

대감 명 őméltósága

대강 부 futólag, nagyjából, felületesen, körvonalazva; ~ 훑어보다 futólag átnéz; 일을 ~ 하다 felületesen / nagyjából megcsinál vmit; ~ 말하다 körvonalazva mond

대강당 명 nagy előadó (terem), auditorium maximum

대개 부 általában, a legtöbb esetben; 나는 ~ 7시에 일어난다 Általában hétkor kelek fel.; 나는 일요일에는 ~ 집에 있습니다 Általában otthon vagyok vasárnap.

대견-하다 형 elegendő, kielégítő; ~스럽게 여기다 nagyra tart vkit, megelégedettséget érez

대결-하다 동 összeütközik; ~ 명 ütközet, összeütközés; 가능하다면 ~을 피하고 싶다 El akarom kerülni az összeütközést, ha lehetséges.; 두 사람간의 법정 ~은 피할 수 없었다. Egy bírósági ütközet elkerülhetetlen volt kettejük között.

대공 명 légvédelem; ~ 미사일 légvédelmi rakéta.

대구 명 tőkehal; ~알 tőkehalikra

대군 명 nagy(méretű) katonaság

대권 명 a legfelső hatalom,; ~을 장악하다 a legfelsőbb hatalommal rendelkezik

대궐 명 királyi palota

대규모 명 nagy méret, nagy mérték; ~로 nagymértékben; ~로 밀수하다 nagyban csempészik

대금 명 ár, költség, díj; ~을 치르다 fizet egy dologért, megfizeti az árát vminek

대기 명 légkör, atmoszféra, levegő; ~중의 산소 légköri oxigén, oxigén az atmoszférában / légkörben; ~ 상태가 불안정하다 a légköri körülmények változékonyak

대기권 명 atmoszféra; ~ 밖으로 로켓을 발사하다 kilő egy rakétát az űrbe

대기실 명 váróterem

대기업 명 nagyvállalat

대기-하다 동 figyel és vár egy lehetőségre, készenlétben áll; ~ 명 várás, várakozás; ~ 상태에 있다 készenlétben áll vmi; ~ 명령을 받다 parancsra készenlétben áll vmire; ~ 발령 utasítás, hogy hagyja el a helyét és várjon a továbbiakra; 그 병원에서는 응급 환자를 대비해서 간호사가 24시간 ~하고 있다 Abban a kórházban az ápolók huszonnégy órás készenlétben állnak a sürgős esetek fogadására.

대꾸-하다 동 válaszol

대나무 명 bambusz

대낮 명 fényes nappal, napközben, délben; ~에 napközben, fényes nappal; ~처럼 밝다 napnál is világosabb; világos, mint a nap

대뇌 명 nagyagy, agyvelő

대다 동 odatart, tesz; odailleszt; 수화기를 귀에 ~ a füléhez tartja a telefonkagylót; 청진기를 가슴에 ~ a sztetoszkópot a mellkasára teszi; 벽에 판자를 ~ táblát szerel a falra; 나무에 등을 ~ a hátát egy fához támasztja; 진열품에 손대지 마시오 Ne érjen a kiállított tárgyakhoz!; 기차 시간에 ~ idejében eléri a vonatot; 그는 술을 전혀 입에 대지 않는다 egyáltalán nem iszik bort; 투기에 손을 ~ rászokik / rákap a spekulációra

대다수 명 a nagyobb része vminek, a többség; ~를 차지하다 túlnyomó többséget alkot; 주민 ~는 농업에 종사하고 있다 A lakosság többségében gazdálkodással foglalkozik.; ~의 사람들은 그렇게 생각하지 않는다 A legtöbb ember nem így gondolja.

대단-하다 형 nagyszerű, nagyfokú, jelentékeny, nagymértékű; hatalmas; ~한 금액 hatalmas összeg; 자네 ~한 배짱이로군 Nagyon merész vagy!; 나는 그것에 ~한 흥미를 가지고 있다 Engem nagyon érdekel ez.

대담-하다1 형 bátor, merész; ~하게 bátran, merészen; ~한 무늬가 있는 옷 merész mintázatú ruha; 그는 때때로 ~한 발언을 한다 Ő néha merész nézeteket fejt ki.

대담-하다2 동 elbeszél, társalog vkivel,

interjúban részt vesz; ~ 명 나는 버르너 씨와 그 계획에 관해 장시간 ~했다 Hosszan elbeszélgettem (Barna úrral) a tervről.

대답-하다 동 felel, válaszol vkinek; 질문에 ~하다 kérdésre felel, megválaszol egy kérdést; 싫건 좋건 확실한 ~을 해주시오 Határozott választ kérek: igen vagy nem?; 전화를 했으나 아무런 ~이 없었다 Nem volt válasz a hívásomra.

대대 명 zászlóalj; ~ 훈련을 하다 zászlóaljkiképzést végez el

대대로 부 nemzedékről nemzedékre

대대장 명 zászlóaljparancsnok

대대적 nagy, nagyszabású; ~으로 사업을 하다 nagyszabású vállalkozásba kezd

대도시 명 nagyváros

대동맥 명 artéria, főverőér; 경부선은 서울과 부산을 잇는 교통의 ~이다 (비유적) A Gyongbu-vonal a főverőér Szöul és Buszán között.

대동-하다 동 vki kíséretében utazik, magával visz (egy személyt); 그는 비서를 ~하고 일본으로 떠났다 Titkára kíséretében Japánba ment.

대들다 동 ráförmed vkire, szembefordul; 윗사람에게 ~ ráförmed a főnökére, szembefordul a felettesével

대들보 명 (tartó)gerenda; kereszt- / mestergerenda; oszlop, pillér

대등-하다 형 egyenrangú, egyenlő

대략 부 körülbelül, nagyjából, durván, nagy vonalakban; ~ 실정이 이렇다 Nagyjából ez a jelenlegi helyzet.

대량 명 tömeg, nagy mennyiség, hatalmas mennyiség; ~ 살상무기 tömegpusztító fegyver(ek); ~ 구입 vásárlás nagy tételben; ~ 생산 tömegtermelés, nagyszabású termelés; ~ 실업 magas / nagyfokú munkanélküliség; ~ 학살 tömeggyilkosság; ~ 해고 tömeges elbocsátás, nagyszámú elutasítás; 한국은 석유를 ~으로 수입하고 있다 Korea nagy mennyiségben importál kőolajat.

대령 명 ezredes (육군), százados (해군), repülőezredes

대로 명 főút, főútvonal

대륙 명 kontinens, földrész; ~성 기후 kontinentális éghajlat; ~ 횡단 철도 transzkontinentális vasút, egy kontinenst átszelő vasút

대리석 명 márvány; ~기둥 márványoszlop / pillér

대리인 명 képviselő; 법정 ~ jogi képviselő

대리점 명 kirendeltség

대리-하다 동 helyettesít vkit; ~ 명 helyettesítés; ~를 보내다 helyettest / képviselőt küld; 그는 지금 이 연구소에서 소장 ~로 근무하고 있다 Ő most már helyettes vezető ebben a laboratóriumban.; ~ 대사 diplomáciai ügyvivő; ~ 운전사 pótsofőr; ~ 위임장 ügyvédi megbízólevél, meghatalmazás

대립-하다 동 ellenez vmit, szembesül vmivel; ~ 명 szembesítés, szembenállás, ellenállás; ellentét, konfliktus; ~개념 ellentétes fogalom; ~관계 ellenséges viszonyok; 노사 간 첨예한 이해 ~ éles érdekellentét a munkások és a vezetés között

대망 명 nagy remény, legfőbb ambíció; ~을 품다 tele van ambícióval, magasra céloz, nagyravágyó, felfelé tekint; ~을 이루다 megszerzi az ambíciói tárgyát, eléri a célját; ~의 여름방학이 왔다 A régóta várt nyári vakáció elérkezett.

대머리 명 kopasz; 일찍 ~가 된 túl korán kopaszodó

대면-하다 동 találkozik; ~ 명 találkozás; 나는 어제 그녀와 첫 ~을 가졌다 Tegnap találkoztam vele először.

대명사 명 névmás; 인칭 ~ személyes névmás; 의문 ~ kérdő névmás; 지시 ~ mutató névmás

대목 명 a legfontosabb alkalom, a legforgalmasabb csúcsszezon, forgalmas üzleti időszak; 섣달 ~ az év végi rohanás időszaka, az év végi hajrá; ~을 보려고 물건을 쌓아 두다 elraktározza az árut, hogy elég legyen a forgalmasabb időszakra

대문 명 kapu, főbejárat

대문자 명 nagybetű; ~로 쓰다 nagybetűkkel ír le (egy szót)

대번에 부 egyszerre, azonnal; könnyen, tétovázás nélkül; ~ 알아맞히다 azonnal kitalál; 돈을 ~ 다 써버리다 egyszerre elkölti a pénzét

대법원장 명 a legfelsőbb bíróság elnöke

대변 명 széklet, ürülék; ~을 보다 székel, kiüríti a beleit; ~ 검사 székletvizsgálat; ~ 검사를 하다 megvizsgálja a székletét

대변인 명 szóvivő; 국방부 ~ a Honvédelmi Minisztérium szóvivője

대변-하다 동 vmi érdekében szól, vki nevében beszél / mond; 어머니를 위해 아들이 ~했다 A fiú az anyja nevében / érdekében beszélt.

대본 명 forgatókönyv, librettó, szövegkönyv; ~을 쓰다 forgatókönyvet / szövegkönyvet ír

대부 명 keresztapa

대부분 ❶ 명 a nagyobb / legjobb része vminek, túlnyomó része, a nagy része vminek; 손님의 ~은 여자였다 A vevők nagy része nő volt. ❷ 부 többnyire; 손님은 ~ 여자들 이었다 A vevők többnyire nők voltak.; 참석자는 ~ 대학생들 이었다 A résztvevők többnyire egyetemisták voltak.

대부-하다 동 hitelt vesz fel; ~ 명 kölcsönadás, hitel; 은행 ~ bankhitel

대비 명 összehasonlítás, párhuzam; vminek az ellentéte; 붉은색과 검은색의 ~가 인상적이다 A piros és a fekete ellentéte nagyon hatásos.

대비-하다 동 óvintézkedéseket tesz, előkészít vmit vmire; 명 ~ előkészítés; gondoskodás, ellátás; védekezés; 화재에 ~하다 óvintézkedéseket tesz tűz ellen; 노후를 ~하기 위해 그는 저금을 시작했다 Elkezdett pénzt gyűjteni az öregkorára.

대사 명 ❶ fontos / súlyos ügy ❷ kiváló / nagyszerű buddhista pap, mester; 원효 ~ Vonhjo mester ❸ nagykövet; 그는 주한 ~로 임명되었다 Kinevezték koreai nagykövetnek.; ~급 회담을 열다 nagyköveti / nagykövetségi szintű találkozót tart ❹ szöveg; ~를 잊다 elfelejti a szövegét; ~를 틀리다 elfuserálja / elrontja a szövegét; ~없는 역을 하다 néma szerepet eljátszik

대사관 명 nagykövetség; ~을 설치하다 nagykövetséget nyit vhol

대상 명 ❶ nagy díj, fődíj; ~을 받다 megnyeri a fődíjat, fődíjjal jutalmazzák ❷ tárgy; 과세의 ~ adóköteles birtok; 연구의 ~ vizsgálatának tárgya; 비평의 ~이 되다 bírálat tárgya lesz vmi; 선망의 ~이 되다 irigység tárgyává válik

ㄷ

대서양 명 Atlanti-óceán; 북~ 조약기구 Észak-atlanti Szerződés Szervezete (NATO); ~의 atlanti

대선 명 elnökválasztás

대설 명 erős / nagy hóesés, hóvihar; 동해안 지방에는 ~이 내렸다 Erős hóesés volt a Keleti-tengerparton.

대성당 명 katedrális, nagytemplom

대수롭다 형 fontos, értékes

대수학 명 algebra

대승불교 명 mahájána buddhizmus

대승적 széles; ~ 견지 széles látókör / kitekintés, szélesebb szemszög / látószög

대신 vmi helyett; cserébe; 내 ~ 오늘 저녁 음악회에 가거라 Menj el helyettem a ma esti koncertre!; 내 ~ 편지 좀 써 다오 Írj helyettem egy levelet!; 영어 ~ 독일어를 배우겠다 Németet fogok tanulni az angol helyett.; 그는 수표 ~ 현금을 주었다 készpénzt adott a csekk helyett; 값이 비싼 ~ 품질이 좋다 Költséges / Drága, de jó minőségű.

대신-하다 동 helyettesít vkit, vki helyét elfoglalja; 어떤 기계도 인간을 ~할 수 없다 Egyetlen gép sem tudja helyettesíteni az embert.; 그를 ~할 사람이 없다 Nincs senki, aki őt helyettesíteni tudná.; ~에 이 책을 너에게 주겠다 Cserébe neked adom ezt a könyvet.

대안 명 alternatív ötlet / ajánlat / terv; ~을 제시하다 alternatívát vet fel

대야 명 mosdótál

대양 명 óceán, tengerek; ~을 항해하다 behajózza az óceánt

대여-하다 동 kölcsönöz, bérel; ~ 명 kölcsönzés; 무료로 ~하다 ingyen kölcsönad

대역 명 beugró; ~을 하다 beugrik szerepbe; 그는 햄릿 ~을 연기했다 A *Hamlet* szerepébe ugrott be.

대열 명 sor; ~을 정돈하다 sorba áll; ~을 지어 행진하다 sorban menetel

대왕 명 nagy király; 알렉산더 ~ Nagy Sándor király; 세종 ~ Nagy Szedzsong király

대외관계 명 külkapcsolatok

대외정책 명 külpolitika

대용-하다 동 helyettesít vmivel, használ; ~ 명 helyettesítés; 이 빈 깡통을 재떨이 ~으로 써라 Használd ezt az üres dobozt hamutartóként / hamutartó helyett!

대우-하다 동 bánik vkivel; ~ 명 bánás; fogadás; 정중하게 ~하다 kedvesen / udvariasan bánik vkivel; 나쁘게 ~하다 hidegen / rosszul bánik vkivel

대웅전 명 fő szent hely, szentélyi templom

대원 명 tag; 소방 ~ a tűzoltóság tagja, tűzoltó

대위 명 kapitány, százados; (fő)hadnagy

대응각 명 egybevágó szög

대응-하다 동 ❶ megfelel; ~ 명 일대일 ~ teljes megfelelés, egy az egyben ugyanaz; 그것에 ~하는 말은 이것이다 Ez az annak megfelelő szó. ❷ szembesül vmivel; ~ 명 szembesülés; 새로운 정세에 ~하다 új helyzettel szembesül

대의원 명 képviselő; kiküldött, megbízott

대의제도 명 képviseleti rendszer

대인공포증 명 antropofóbia, beteges félelem az emberektől

대인관계 명 személyes kapcsolatok

대일 Japánnal, a japánokkal kapcsolatos; ~ 감정이 극히 나쁘다 A japánokkal kapcsolatos érzelmek nagyon negatívak.; ~ 무역 kereskedelem Japánnal; ~ 무역적자 / 흑자 kereskedelemi hiány / többlet Korea és Japán között

대입-하다 동 behelyettesít; ~ 명 behelyettesítés

대자보 명 hirdetőújság, plakát; 많은 학생들이 대학 캠퍼스에서 ~를 읽고 있다 Számos diák olvas egy plakátot a főiskola területén.

대작 명 nagyszerű munka, mestermű, remekmű; nagyszabású munka

대장[1] 명 tábornok, admirális, főnök

대장[2] 명 vastagbél

대장균 명 vastagbélbacilus

대장경 명 Tripitaka, buddhista szentírások teljes gyűjteménye (szutrák)

대장부 명 hős, bátor férfiú, férfiasság; ~라면 그런 짓은 못한다 Legyen benned annyi férfiasság, hogy ne csinálj ilyen dolgokat.

대장장이 명 kovács

대전 명 világháború; 2차 세계~ második világháború, II világháború (II.vh.)

대접-하다 동 vendégül lát vkit; szívélyesen fogad vkit; ~ 명 vendégfogadás, vendégszeretetet; 오찬 ~을 받다 ebédre vendégül lát; 나는 그들에게 저녁을 ~했다 Vendégül láttam őket vacsorára.; 따뜻한 ~에 감사드립니다 Nagyon hálás vagyok a kedves vendégszeretetéért.

대조-하다 동 összevet, összehasonlít, szembeállít; ~ 명 összevetés, összehasonlítás; ellentét; ~를 이루다 ellentétbe állít; 번역을 원문과 ~하다 összeveti a fordítást az eredetivel; 과거와 현재를 ~하다 szembeállítja a múltat és a jelent; 그녀의 반응은 이버의 그것과는 완전히 ~적이었다 A reakciója teljesen ellentétes volt Évaéval.

대주교 명 érsek; 에스테르곰 부다페스트 ~ esztergom-budapesti érsek

대중 명 embertömeg; nyilvánosság; ~적 népszerű, a tömegeknek való; ~의 지지를 얻다 a nyilvánosság támogatásával rendelkezik, a tömegek támogatják

대중가수 명 népszerű énekes

대중가요 명 népszerű dal, sláger

대중교통 명 tömegközlekedés

대중문화 명 tömegkultúra

대중오락 명 tömegszórakoztatás; ~으로서 영화의 가치 a filmgyártás tömegszórakoztató értéke

대중운동 명 tömegmozgalom; ~을 일으키다 tömegmozgalmat elindít

대중음악 명 népszerű zene, popzene, könnyűzene, tömegzene

대중집회 명 tömeggyűlés

대중화-하다 동 népszerűvé válik, népszerűsít vmit

대지 명 telek; ~면적 a telek területe; ~의 선정 hely kiválasztása; 내 집의 ~는 100 평방미터이다 Az én telkem száz négyzetméter nagyságú.

대책 명 ellenintézkedés, ellenterv; 비상 ~ rendkívüli / sürgős ellenintézkedések; ~을 강구하다 megfontolja az ellentervet; ~을 세우다 ellenintézkedést kezel

대처-하다 동 megbirkózik vmivel; 식량 부족에 ~하다 megbirkózik az élelmiszerhiánnyal; 난국에 ~하다 megbirkózik egy nehéz helyzettel; 그녀는 그 문제에 냉정히 ~했다 Nyugodtan kezelte a problémát.

대천사 명 arkangyal

ㄷ

대청소 명 nagytakarítás
대체로 부 általában, főleg
대체-하다 동 helyettesít; ~ 에너지 alternatív energia(forrás); 각종 ~ 에너지원의 사용 különböző alternatív energiaforrások felhasználása
대초원 명 puszta, sztyepp, préri, szavanna
대추 명 kínai datolya; ~나무 kínai datolyafa
대출금 명 kölcsön, hitel(összeg)
대출-하다 동 kölcsönöz vkinek; ~ 명 kölcsönzés; 신용 ~ fedezet, biztosíték nélküli kölcsön; 도서를 ~하다 könyvet kikölcsönöz; 부당 ~ törvénytelen előleg, gondatlanul adott kölcsön
대충 부 nagyjából; ~ 알고 있다 nagyjából tud; 끝내는 데 ~ 열흘이 걸릴 것이다 Nagyjából tíz nap kell a befejezéséhez.; ~ 훑어보다 áttekint vmit, átfut
대칭 명 szimmetria; ~적(으로) szimmetrikus(an); 좌우 ~ tükörszimmetria
대통령 명 államfő, köztársasági elnök; ~의 임기 elnöki időszak; ~에 당선되다 megválasztották elnöknek; ~에 취임하다 elnöki esküt tesz; 그는 ~ 선거에 출마한다 Indulni fog az elnökválasztáson.; ~ 당선자 a megválasztott elnök; ~ 직선제 közvetlen elnökválasztási rendszer; ~ 5년 단임제 ötéves elnöki időszak / ciklus
대통령후보자 명 elnökjelölt
대패 명 gyalu
대패질-하다 동 gyalul vmit
대팻날 명 gyalupenge
대팻밥 명 gyaluforgács, faforgács
대포 명 ágyú; ~ 소리 ágyúdörej; 그들은 적을 향해 ~를 쏘았다 Ágyúval lőtték az ellenséget.
대포알 명 ágyúlövedék, ágyúgolyó
대폭 부 teljes szélességben; ugrásszerű; 가격의 ~ 인상 ugrásszerű áremelkedés; 비 때문에 과일가격이 ~ 올랐다 A gyümölcs ára ugrásszerűen megemelkedett az eső miatt.; 계획이 ~ 변경되었다 Drasztikus változás történt a tervben.
대표작 명 mestermunka, vki legfontosabb műve
대표-하다 동 képvisel, jelképez; ~ 명 képviselet; képviselő, küldött, delegáció; 그는 한국을 ~하여 회의에 참석했다 Ő képviselte Koreát a konferencián.; 집안을 ~하여 인사하다 köszönetet mond a család nevében; 무역 ~부 kereskedelmi kirendeltség
대피소 명 menedék, búvóhely
대피-하다 동 menedéket keres vhol, menedéket talál vhol; 폭풍우를 피하여 안전한 항구에 ~하다 A hajó menedéket talált a vihar elől egy csendes kis öbölben.
대하다 동 szemtől szemben áll, személyesen találkozik; bánik vkivel; 그녀와 나는 테이블을 사이에 두고 마주 대하고 앉았다 Az asztal két végén, egymással szemben ültünk.; 그는 우리를 친형제처럼 대했다 Testvérként bánt velünk.
대하여 valamivel kapcsolatban, valamiről; 한국에 ~ 이야기하다 Koreáról beszélget; 사랑에 대한 소설 szerelmes regény, szerelemről szóló regény; 선생님에 대한 태도 a tanárhoz való hozzáállás; 질문에 대한 대답 válasz a kérdésre; 자식에 대한 어머니의 사랑 a gyermeke iránti anyai szeretet
대하증 명 leukorrhea, hüvelygyulladás
대학교 명 egyetem; főiskola; ~1(2, 3,

4, 5)년생 első- (másod-, harmad-, negyed-, ötöd-)éves; ~에 들어가다 felveszik főiskolára / egyetemre; ~에 다니다 főiskolára / egyetemre jár; ~를 졸업하다 lediplomázik, diplomát szerez az egyetemen

대학교수 명 egyetemi oktató / tanár, professzor

대학교육 명 egyetemi oktatás, felsőoktatás; ~을 받다 felsőfokú képzésben részesül; ~을 받은 főiskolát / egyetemet végzett, felsőfokú végzettségű

대학병원 명 egyetemi kórház, klinika

대학생 명 egyetemista, egyetemi hallgató

대학원 명 egyetem posztgraduális intézete, egyetem doktorképző intézete, doktori iskola

대학입시 명 főiskolai felvételi vizsga, egyetemi felvételi vizsga

대학졸업식 명 diplomaosztó ünnepség

대합실 명 váróterem; előcsarnok

대항-하다 동 szembeszáll, ellenáll, szembeszegül, ellenszegül, dacol; ~ 명 szembenszállás; ellenállás, vetélkedés; 영어에서 그녀에게 ~할 수 있는 사람은 이 학급에서 아무도 없다 Senki nem veheti fel vele a versenyt az osztályban az angol terén.

대행기관 명 ügynökség, képviselet

대행-하다 동 helyettesként hajt végre vmit, megbízottként hajt végre vmit; ~ 명 helyettesítő végrehajtás; 업무를 ~하다 üzletet helyettesít, üzletet köt vki helyett

대형 nagy méret; ~버스 nagyméretű busz

대화-하다 동 beszélget, társalog vkivel; ~ 명 beszélgetés, párbeszéd, társalgás, dialógus; 남북 ~ Dél és Észak közötti párbeszéd / dialógus; ~와 협상의 모든 문호를 닫다 elzárkózik a párbeszéd és tárgyalás elől

대회 명 tömeggyűlés, nagygyűlés; kongresszus; bajnokság, verseny; 당~ pártkongresszus; 전국 스키~ nemzeti sí-bajnokság; ~를 열다 megnyitja a bajnokságot

댐 명 gát, duzzasztógát; 다목적 ~ több- / multifunkciós gát; ~을 건설하다 duzzasztógátat épít a folyón, felduzzasztja a folyót; ~이 붕괴되었다 átszakadt a gát

댕기다 동 gyújt, meggyújt; 불을 ~ tüzet gyújt / csihol; 그는 담배를 한 개비 꺼내어 불을 댕겼다 Elővett egy cigarettát és meggyújtotta.

더 부 ~ 많이 több; ~ 오래 hosszabb ideig; ~ 멀리 messzebb, távolabb; 훨씬 ~ 많이 sokkal több; 조금만 ~ egy kicsivel több; 좀 ~ 가면 왼쪽에 그 집이 있다 Ha egy kicsit tovább megy, a bal oldalon lesz a ház.; 나는 ~ 할 말이 없다 Nincs több mondandóm.; 그는 나보다 키가 ~ 크다 Magasabb, mint én.;작년보다 ~ 춥다 Hidegebb van, mint tavaly.; 그는 나이보다 ~ 늙어 보인다 Idősebbnek látszik, mint amennyi valójában. Idősebbnek látszik a koránál.; 그는 나보다 일을 ~ 빨리 한다 Gyorsabban dolgozik, mint én.

더구나 부 ráadásul, ezek mellett, mindemellett; ezenfelül; mi több, továbbá, sőt;; 비가 오는데 ~ 바람까지 분다 Esik az eső, ráadásul a szél is fúj.; 그 집이 마음에 들지 않았다. ~ 값도 너무 비쌌다 Nem tetszett a ház, ráadásul az ára is túl magas volt.

더군다나 부 ☞ **더구나**

더듬거리다 동 tapogatózik, matat vmi után; 책을 찾느라 어두운 방을 ~ vakon tapogatózik egy könyv után a sötét szobában; 지팡이로 길을 더듬거리며 가다 (séta)bottal tapogatózva megy

ㄷ

더듬다 동 tapogat; 전등의 스위치를 더듬어 찾다 tapogatózik a villanykapcsoló után; 기억을 ~ kutat / keresgél az emlékezetében; 말을 ~ dadog, hebeg

더디다 형 lassú, le van lassulva, visszamaradott; elkésik, késésben van; 걸음이 ~ lassan megy, lassan halad, lassú járású; 금년에는 봄이 ~ Idén későn tavaszodik.

더러 부 néhány; néha, időnként, időről időre; 세상에는 그런 사람이 ~ 있다 Van néhány, ilyen ember (is) a világon.; 모임에는 여자들도 ~ 있었다 Néhány nő is részt vett a találkozón.; ~ 길에서 그를 만난다 Vele találkozik / összefut az utcán.; 의견의 차이도 ~ 생긴다 Néha vannak nézetkülönbségek. A véleménykülönbségek időről időre vannak.

더러움 명 piszok, kosz

더러워지다 동 koszos lesz, piszkos lesz, beszennyeződik; szennyezett lesz; bepiszkolódik; 매연으로 더러워진 공기 füsttel szennyezett levegő; 흰 양말은 쉬이 더러워진다 A fehér zokni könnyen bepiszkolódik.

더럭 부 egyszerre, hirtelen, azonnal; 겁이 ~ 나다 hirtelen elfogja a rémület

더럽다 형 piszkos, koszos, mocskos; hitvány, aljas, szemérmetlen; 더러운 옷 koszos ruha; 더러운 손으로 만지지 마라 Tartsd távol a piszkos kezedet ettől! Ne fogd meg piszkos kézzel!; 더러운 돈 tisztességtelen pénz

더럽히다 동 beszennyez, bepiszkol, bemocskol; szégyent hoz vmire / vkire; 옷을 ~ bepiszkolja a ruháját; 담배 연기는 방 안의 공기를 더럽힌다 A cigarettafüst beszennyezi a szoba levegőjét.; 조상의 이름을 ~ szégyent hoz az ősei hírnevére / jó hírére

더미 명 kupac, halom, domb; 돌 ~ kőhalom; 쓰레기 ~ szemétkupac

더블 명 dupla; ~ 베드 franciaágy, duplaágy

더없이 부 végtelenül, határtalanul; ~ 기뻐하다 határtalanul örül

더욱 부 több, minél több, egyre több; egyre kevesebb; ~ 더 még több; ~ 중요한 것은 mi több, ami még fontosabb; ~ 노력하다 még jobban erőlködik; 높이 올라갈수록 공기는 ~ 희박해진다 Minél magasabbra megyünk, annál ritkább a levegő.

더욱이 부 valamint, ezek fölött, ezek mellett, ráadásul, különösképpen, sőt; ~ 곤란한 것은 ami még ennél is rosszabb; 그는 잘 알아듣는데다가 ~ 한번 배운 것은 잊어버리지 않는다 Jó a felfogása, sőt, amit egyszer megtanult, azt nem is felejti el.☞ **더욱**

더워지다 동 melegedik, melegszik

더위 명 hőség, meleg idő(járás); napszúrás; 찌는 듯한 ~ párás hőség; 한낮의 ~ 속에 a déli hőségben; ~를 먹다 napszúrást kap

더하기 명 összeadás

더-하다[1] 형 több; 독하기는 그것보다 이 술이 ~하다 Ez az ital erősebb, mint a másik.; 두통이 ~하다 rosszabbodik a fejfájás

더-하다[2] 동 összegez, összead, hozzáad; 거기에 둘을 ~하다 kettőt hozzáad (ahhoz)

덕 명 jóság, erény, erkölcs; ~을 갖추다 erényes, jóságos

덕담 명 jókívánság

덕분 명 lekötelezettség, hála

덕택 명 lekötelezettség, hála; ~으로 vkinek / vminek köszönhetően; 이 일을 잘 해낼 수 있었던 것은 모두 자네 ~일세 Ennek a munkának a sikere teljes mértékben neked köszönhető.; 오늘 이렇게 된 것은 모두 아버지 ~이다 Ami lett belőlem, azt mind apámnak köszönhetem.

덕행 명 erkölcsös magaviselet / magatartás; erkölcsösség; ~으로 알려지다 híres az erényességéről

던지기 명 dobás, hajítás

던지다 동 dob, hajít, vet; 소년은 개에게 뼈를 던져 주었다 A fiú dobott egy csontot a kutyának.; 깨끗한 한 표를 ~ tiszta / tisztességes szavazatot ad vkire

덜 부 nem eléggé, nem teljesen, kevésbé; ~ 구워진 félig megsült (hús, hal, kenyér); ~ 익은 과일 félérett gyümölcs; 이 고기는 ~ 구워졌다 Ez a hús csak félig sült át.; 오늘은 어제보다 ~ 춥다 Nincs olyan hideg, mint tegnap.; 이 책은 생각했던 것보다 ~ 재미있다 Ez a könyv nem olyan érdekes, mint ahogy gondoltam.

덜다 동 kivon, levon, elvesz, kivesz, kiszed; csökkent, könnyít, enyhít, mérsékel, csillapít; lefarag; 스물에서 열다섯을 ~ húszból tizenötöt kivon; 너무 많으니 좀 덜어라 Ez túl sok, vegyél el belőle egy kicsit!; 고통을 ~ csillapítja vkinek a fájdalmát / szenvedéseit; 그렇게 하면 비용을 덜 수 있다 Így le tudod faragni a költségeidet.; 그릇의 물을 ~ kiönt egy kis vizet az edényből

덜덜 부 ~ 떨다 reszket, remeg vmitől; 추워서 ~ 떨다 reszket a hidegtől; 무서워서 ~ 떨다 reszket a félelemtől, remeg a rémülettől; 무릎이 ~ 떨린다 remeg a térdem; 아버지는 화가 나서 손을 ~ 떨었다 Apám keze remegett a dühtől.

덜미 명 tarkó, nyakszirt, bőr vkinek a nyakán ☞ **뒷덜미**

덜-하다 csökken, kisebb lesz, kevesebb lesz, enyhül, mérséklődik; csökkent; 그 약 덕택에 아픔이 ~하다 A gyógyszer enyhített a fájdalmon.; 지출을 ~하다 (le)csökkennek a kiadásait

덤벼들다 동 ráveti magát vkire, nekitámad / nekiugrik vkinek, ráugrik vkire; 개가 나에게 덤벼들었다 Rám támadt egy kutya.; 집에 가니 아이들이 반가워 덤벼들었다 Amikor hazaértem, a gyerekek örvendezve megrohantak.; 여럿이 덤벼들어 일을 순식간에 해치웠다 Néhányan nekiviselkedtek és rövid úton elintézték (azt).

덤비다 동 kapkodva cselekszik, siet; 급하게 덤빌 일이 아니었다 Nem kellett volna kapkodva elintézni.; 덤비지 마라 Ne kapkodj!

덤핑 명 dömping; ~방지 관세 dömpingellenes vám; 외국제 강철에 대한 ~ 방지책 dömpingellenes intézkedések a külföldi acél ügyében; 해외시장에서 ~공세를 취하다 agresszív dömpingtevékenységet folytat a tengeren túli piacokon

덥다 형 meleg, forró; lázas; 날이 ~ Meleg van.; 오늘도 덥겠다 Ma is meleg lesz.;

더워서 잠을 잘 수 없다 Olyan meleg van, hogy nem tudok aludni.; 몸이 ~ lázas; 더워서 땀이 나다 izzad a hőségtől

덥석 부 egy gyors mozdulattal, gyorsan, hirtelen, váratlanul, rögtön; ~ 잡다 vmi után kap; 손을 ~ 쥐다 hirtelen megszorítja / megmarkolja vkinek a kezét

덧붙이다 동 hozzáfűz; ragaszt, fixál, rögzít; 벽에 판자를 ~ deszkát erősít a falra; 덧붙여 말하다 hozzáfűz vmit; 그녀의 설명에 아무 것도 덧붙일 것이 없다 Nincs hozzáfűznivalóm a magyarázatához.

덧셈 명 hozzáadás, összeadás

덧없다 형 rövid életű, tünékeny, múlandó; múlékony; 덧없는 세월 múlandó idő

덧없이 부 múlóan, tovatűnően, múlékonyan, észrevétlen; 세월이 ~ 가다 Az idő észrevétlen múlik.

덩굴 명 inda, vessző; 포도 ~이 나무를 감고 있다 A szőlőtőke a fa köré csavarodik.

덩굴식물 명 kúszónövény; indás növény, futónövény

덩달다 동 vakon követ másokat; 큰애가 우니 작은애도 덩달아 운다 Ha az idősebbik gyerek sír, és a fiatalabbik is követi a példáját.

덩어리 명 rög, rakás; 금~ aranyrög, aranyrúd; 큰 바위 ~가 길을 막았다 Egy kőrakás elzárta az utat.; 골치 ~ zűrös alak

덩이 명 ☞ **덩어리**

덩치 명 testfelépítés, méret; ~가 큰 사람 nagy testű személy

덫 명 csapda, kelepce; trükk, fortély; ~을 놓다 csapdát állít; ~에 걸리다 csapdába esik; 쥐~ egérfogó

덮개 명 fedő, takaró; huzat; ~가 있는 befedett, betakart; ~를 벗기다 kitakar

덮다 동 betakar, befed, belep vmit; 구름이 산꼭대기를 ~ A hegy tetejét eltakarják a felhők.; 뚜껑을 ~ fedővel befed / lefed; 눈이 들판을 덮었다 A földeket belepte a hó.; 책을 ~ becsukja a könyvet

덮이다 동 be van fedve vmivel, be van takarva vmivel, el van rejtve vmi, be van borítva vmivel; 뚜껑이 ~ be van fedve a fedővel, le van borítva a fedővel

덮치다 동 lefog, lecsap vkit; rátör vmire; támad, rajtaüt; 솔개가 병아리를 ~ egy vörös kánya lecsap egy csirkére; 폭풍우가 갑자기 배를 덮쳤다 Vihar tört rá a hajóra.; 엎친 데 ~ A baj sosem jár egyedül.

데다 동 meg van égve, le van forrázva vmi; megégeti / leforrázza magát vki; 덴 자국 égési sérülés nyoma; 덴 데 쓰이는 연고 égési sérülésre való kenőcs; 욕조의 물은 델 정도로 뜨거웠다 A fürdőkádban lévő víz égetően forró volt.; 그 사람한테는 한번 단단히 데었다 Nagyon rossz élményem van vele kapcsolatban.

데려가다 동 elvisz vkit; elvezet vkit; elrabol; 아이를 아저씨 댁에 ~ elviszi a gyereket a bácsihoz; 매일 아침 그는 양을 목장으로 데려갔다 Minden reggel a legelőre vitte / terelte a juhokat.; 경찰관이 그를 경찰서로 데려갔다 A rendőr bevitte (őt) a rendőrkapitányságra.

데려오다 동 magával hoz vkit; 아이를 학교에서 집으로 ~ hazahozza a gyermekét az iskolából; 의사를 ~ orvost hoz magával

데리다 동 kíséri vki, magával visz vkit;

가족을 데리고 피난하다 elmenekül a családjával; 그를 서둘러 병원으로 데리고 가다 sietve kórházba viszi, kórházba siet vkivel

데모-하다 동 tüntet; ~ 명 tüntetés, demonstráció; ~대 csapat tüntetők; ~에 가담하다 csatlakozik egy tüntetéshez; ~를 해산시키다 feloszlat / elfojt egy tüntetést

데우다 동 felmelegít; 물을 ~ vizet melegít; 국을 ~ felmelegíti a levest

데이터베이스 명 adatbázis

데이트-하다 동 randizik / találkozgat vkivel

데치다 동 előfőz vmit; 야채를 끓는 물에 ~ forró vízben előfőzi a zöldségeket

덴마크 Dánia; ~어 dán (nyelv); ~ 사람 dán (ember)

도 명 ❶ fok; fokozat, szint; 75 ~의 각 75 fokos szög; 북위 / 남위 38~ északi / déli szélesség 38 fok; 동경 20~ keleti hosszúság 20 fok; 체온이 40~까지 올라갔다 Negyven fokra szökött fel a láza.; 물은 섭씨 100~에서 끓는다 A víz 100 Celsius-fokon forr. ❷ megye, tartomány; 도립병원 megyei / tartományi kórház ❸ ~를 지키다 mérsékelt, józan, önuralmat gyakorol, megtartja a mértéket; ~를 닦다 fejleszti az erkölcsi érzékét; ~를 깨닫다 rájön az igazságra, megvilágosodik

도가니 명 olvasztótégely; 흥분의 ~가 되다 megőrül az izgalomtól

도교 명 taoizmus

도교신자 명 taoista

도구 명 eszköz, szerszám; ~ 상자 szerszámosláda; 선전 ~ a propaganda eszköze; 가재 ~ háztartási eszköz

도금-하다 동 bearanyoz; ~ 명 aranyozás, átfestés; ~한 것이 벗겨졌다 Lejön / Lekopik az aranyozás.

도기 명 kerámia, porcelán

도깨비 명 kísértet, szörny, szellem, fantom; 저 낡은 집에는 ~가 나온다고 한다 Úgy hírlik, hogy azt a régi házat kísértetek lakják.

도깨비불 명 foszforeszkálás; lidércfény, bolygótűz

도끼 명 fejsze, balta; ~ 자루 fejsze nyele, fejszenyél

도난 rablás; ~ 당하다 vkit / vmit kirabolnak; vmit ellopnak; 경찰에 ~신고를 하다 bejelent egy rablást a rendőrségen; ~ 차량 lopott járművek

도난경보기 riasztóberendezés

도달-하다 동 elér, megérkezik, eljut vhova; ~ 명 elérés, megérkezés, eljutás; 한밤중에 목적지에 ~하다 az éjszaka közepén éri el az úticélját; 같은 결론에 ~하다 ugyanarra a következtetésre jut

도대체 Mi a csudát beszél? Mi a csudának?, Mi az ördögért?; ~ 너는 누구냐 Ki a csuda vagy?; ~ 그의 말은 알아들을 수가 없다 Érthetetlen, amit mond.; ~ 재산이 있는가 Van egyáltalán bármilyen tulajdona / vagyona?; 너 ~ 여기서 뭣을 하느냐 Mi a csudát csinálsz itt?; ~ 무슨 영문인지 모르겠다 Nem tudom, hogy mi a csudáról szól ez az egész.

도덕 명 erkölcs, moralitás; ~적 erkölcsi, morális; ~적으로 erkölcsileg;

도덕관념 명 erkölcsi érzék; ~이 강한 사람 erős erkölcsi érzékkel bíró személy, igen erkölcsös személy

도도-하다 동 gőgös; büszke; öntelt; ~한 태도 gőgös hozzáállás; ~하게 굴다 gőgösen viselkedik

도둑 명 tolvaj, rabló, betörő; 어젯밤 옆집에 ~이 들어 현금과 보석을 훔쳐갔다 Tegnap éjjel betörtek a szomszéd házba, és elvitték a pénzt és az ékszereket.; ~을 맞으려면 개도 안 짖는다 (속담) Szegény embert még az ág is húzza. Csőstől jön a baj.; ~이 제 발 저리다 (속담) Hazug embert hamarabb utolérik, mint a sánta kutyát.

도둑고양이 명 kóbor macska

도둑질-하다 동 ellop vmit vkitől; rablást követ el; 가난 때문에 저지른 ~ a megélhetés érdekében elkövett lopás; ~하러 들어가다 betör egy házba; 상점의 물건을 ~하다 lop egy boltból

도라지 명 harangvirág gyökere; ~를 캐다 kiássa a harangvirág gyökerét

도라지꽃 명 harangvirág

도랑 명 árok; ~을 파다 árkot ás; ~을 파서 물이 빠지게 했다 Ástunk egy árkot, hogy elvezessük a vizet.

도래-하다 동 érkezik, jön, megjelenik; ~ 명 érkezés, megjelenés; 마침내 행동을 취할 때가 ~했다 Itt az ideje, hogy tegyünk valamit.

도려내다 동 kitágít, kivág, levág; 사과의 썩은 곳을 ~ kivágja az alma rohadt részét

도련님 명 fiatal férfi; a férj nőtlen öccse, fiatal sógor

도로[1] 명 út, utca; ~를 보수하다 javítja az utat; 이 근처는 ~사정이 나쁘다 Errefelé rosszak az utak.; ~공사 útjavítás, útépítés; ~공사 중이다 útépítés alatt van; ~청소 úttakarítás; ~포장 útburkolat, kövezet

도로[2] 부 vissza; 오던 길을 ~ 가다 ugyanazon az úton megy vissza, ahonnan jött.; 잃었던 돈을 ~ 찾다 visszakapja az elveszett pénzét; 그 책을 책장에 ~ 꽂아라 Tedd vissza a könyveket a polcokra!

도로교통 명 közúti közlekedés

도로표지 명 útjelző tábla; országúti jelzőtábla

도리어 부 ellenkezőleg, ellentétben, annál inkább; ~ 아우가 형보다도 크다 A várakozással ellentétben az öcs magasabb, mint a bátyjánál.

도리질-하다 동 rázza a fejét; 아이가 ~하다 ingatja a fejét egy gyerek

도마 명 vágódeszka, konyhai deszka

도마뱀 명 gyík

도망-가다 동 elmenekül, elfut, elrohan, megszökik; ~ 명 menekülés, rohanás, szökés; 간신히 ~치다 Nagy nehezen megszökik; 빚을 지고 ~하다 elmenekül a kifizetetlen adóssága elől

도맡다 동 magára vállalja az egészet; 모든 책임을 혼자서 ~ a teljes felelősséget magára vállalja

도매 nagybani, nagykereskedelmi; ~ 가격 nagykereskedelmi ár; ~시장 nagybani piac

도면 명 rajz; tervrajz, vázlat; ~을 그리다 tervet rajzol, tervrajzot készít

도무지 부 egyáltalán (nem); teljesen, egészen; ~ 알 수 없다 Egyáltalán nem tudom megérteni.; 그는 ~ 부끄러운 줄 모른다 Teljesen elvesztette a szégyenérzetét.; 그의 말은 ~ 알아들을 수가 없다 Érthetetlen, amit mond.; ~ 그를 믿을 수가 없다 nem lehet neki hinni; 그의 이름이 ~ 생각나지 않았다 Sehogyan se jutott eszembe a neve.

도미 명 vörös keszeg; arany keszeg

도박꾼 명 szerencsejátékos; 사기 ~ hamiskártyás, hamisjátékos
도박장 명 játékbarlang, kaszinó, játékterem
도박-하다 동 szerencsejátékot űz, pénzben játszik, kockáztat; ~ 명 szerencsejáték; ~으로 돈을 잃다 Pénzt veszít szerencsejátékon
도발-하다 동 kihív, provokál, uszít; ~ 명 kihívás, provokáció, uszítás; ~적인 provokatív, kihívó; 전쟁을 ~하다 háborút kiprovokál; ~적인 언사를 쓰다 kihívó, provokatív nyelvezetet használ
도배장이 명 tapétázó (munkás);
도배지 명 tapéta
도배-하다 동 tapétáz; ~ 명 tapéta; 방을 새로 ~하다 újratapétázza a szobát; 벽과 천정을 ~하다 kitapétázza a falakat és a plafont
도보 명 gyaloglás; ~로 여행하다 gyalogosan utazik; ~여행은 혼자 하는 것이 좋다 Gyalogtúrára egyedül érdemes menni.
도사리다 동 rejtőzik vmi, vmi gyökerezik vhol
도산-하다 동 csődbe megy; ~ 명 csőd; 불경기로 많은 회사가 ~했다 A gazdasági válság miatt nagyon sok cég csődbe ment.
도살-하다 동 leöl, lemészárol; ~ 명 mészárlás; ~업 mészáros mesterség / munka; ~자 mészáros; ~장 vágóhíd, mészárszék; 양들이 식육용으로 ~되었다 A juhokat a húsukért vágták le.
도서 명 könyv, kiadvány; ~ 목록 könyvjegyzék, könyvtári jegyzék; 많은 ~를 구입하다 sok könyvet vásárol; ~를 모으다 gyűjti a könyveket
도서관 명 könyvtár; 공공 ~ közkönyvtár;
도서관장 명 könyvtárigazgató
도성 명 főváros; királyi város, kastélyváros
도수 명 dioptria; fok, mérték; ~가 높은 안경 sok dioptriás szemüveg; 안경 ~를 맞추다 a szemüveg mértékét / erősségét igazítják
도시 명 város; ~국가 városállam; 전원 ~ kertváros, vidéki város
도시가스 명 városi földgáz
도시락 명 ebéd; uzsonnáskosár; ~을 먹다 megeszi az ebédjét; ~을 싸다 bepakolja az uzsonnáskosarat
도시인 명 város polgár, városi ember
도시화-하다 동 urbanizálódik, városiasodik; ~ 명 urbanizáció, városiasodás
도식 명 grafikon, ábra, diagram, séma; ~으로 나타내다 grafikon formában mutat be vmit, grafikusan / diagramszerűen ábrázol.
도심 명 belváros, város központja; ~의 호텔 belvárosi szálloda; 서울 ~에 살다 Szöul központjában lakik; ~지역의 교통체증을 덜다 csökkenti a forgalmi dugót a belvárosban; 서울의 ~은 땅값이 비싸다 Az földárak Szöul központjában nagyon magasak.
도야-하다 동 alakít, fejleszt; ~ 명 alakítás, fejlesztés; 인격을 ~하다 alakítja a jellemét
도약 명 ugrás; fellendülés; 경제발전의 초기 ~단계에 들어서있다 A gazdasági fejlődés a fellendülés korai szakaszában van.
도약운동 명 ugrógyakorlat
도약종목 명 ugróverseny
도약판 명 ugródeszka
도와주다 동 segít vkinek, segítséget

nyújt vkinek; 숙제를 ~ segít a házi feladatában; 차에 타는 것을 ~ besegít vkit a kocsiba; 차에서 내리는 것을 ~ kisegít vkit a kocsiból; 그녀가 사다리에서 내려오는 것을 도와주었다 Segítettem neki lemászni a létráról.; 가난한 사람을 ~ segítséget nyújt a szegényeknek, megsegíti a rászorulókat

도외시-하다 동 figyelmen kívül hagy vmit; nem foglalkozik vmivel, nem számít; 여론을 ~하다 figyelmen kívül hagy a közvéleményt; 그는 비용을 ~하고 이 집을 지었다 A költségeket figyelmen kívül hagyva építette fel ezt a házat.

도요새 명 szalonka

도움 명 segítség; ~을 요청하다 segítséget kér vkitől, vkinek a segítségét kéri; 많은 ~이 되다 sok segítséget jelent; 나는 자네 ~이 필요하다 Szükségem van a segítségedre.

도움닫기 명 nekifutás

도움말 명 súgó, útmutatás

도읍 명 királyi udvar; ~을 정하다 királyi udvart tart vhol

도입-하다 동 bevezet, behoz; ~ 명 bevezetés, behozás; 외국으로부터 새 기술을 ~하다 új technológiát hoz be külföldről, új külföldi technológiát vezet be

도자공 명 fazekas, keramikus

도자기 명 kerámia, porcelán; ~ 공장 kerámiagyár; ~ 제조업 kerámia, fazekasság

도장 명 pecsét; ~을 찍다 pecsétel‌

도저히 부 egyáltalán, nehezen, teljesen, abszolút; ~ 비교가 안 되다 egyáltalán nem hasonlítható össze; 그 시는 ~ 이해할 수가 없다 Az a vers érthetetlen.; 나는 그런 일은 ~ 이해할 수 없다 Ezt nem bírom megérteni, ez számomra érthetetlen.

도적 명 ☞ **도둑**

도전-하다 동 kihív; ~ 명 kihívás; 아무도 그의 ~에 응하지 않았다 Senki sem fogadta el a kihívását.; 나는 수영에서 세계 기록에 ~할 생각이다 Meg akarom dönteni a világrekordot úszásban.

도중 vmi közben, az út alatt, útközben, félúton; 식사 ~에 étkezés közben; 이야기하던 ~에 a beszélgetés közben; 집에 돌아가는 ~에 hazafelé jövet, hazafelé félúton; ~에 되돌아오다 félúton visszafordul; ~에 들르다 útközben benéz vkihez

도지사 명 tartományi kormányzó

도착-하다 동 megérkezik, odaér; ~ 명 érkezés; ~하는 대로 mihelyt megérkezik, ahogy megérkezik; 현장에 ~하다 a helyszínre érkezik; 무사히 ~하다 szerencsésen megérkezik, épségben megérkezik

도처 부 mindenütt, mindenhol; 세계 ~로부터 a világ minden tájáról, a világ minden szögletéből; 그는 ~에서 환영을 받았다 mindenhol szívesen látták; 비슷한 광경을 ~에서 볼 수 있다 Ugyanazt a tájat láthattuk mindenhol.

도청 명 megyeháza; ~ 소재지 megyeszékhely, tartományi székhely

도청-하다 동 lehallgatja a telefonvonalat; lehallgatja az ellenség hírközlő vonalát / hírközlését; ~ 명 lehallgatás, hallgatózás; 경찰은 피의자의 전화를 ~했다 A rendőrség lehallgatta a gyanúsított telefonját.

도출-하다 동 levon; 합의를 ~하다 megegyezésre jutnak, megegyezést kötnek egymással

도취-하다 동 megrészegedik vmitől; el van bájolva, el van varázsolva vmitől; el van ragadtatva vmitől; el van bűvölve, extázisban van vmitől; elmerül a mámorban / gyönyörben; ~ 명 mámor, extázis, elragadtatás; 그들은 승리에 ~하여 밤새 마시고 춤추었다 A győzelem mámorában megrészegülve egész éjjel ittak és táncoltak.

도토리 명 makk

도통 부 egyáltalán (nem), teljesen; ~ 모르다 egyáltalán nem tud; 요즘 그녀를 ~ 못 만났다 Az utóbbi időben egyáltalán nem találkoztam vele.

도트 명 pont

도포 명 koreai díszöltözet

도표 명 ábra, diagram, grafikon; ~로 나타내다 diagrammál, grafikonnal ábrázol

도피처 명 menedékhely; fedezék, búvóhely

도피-하다 동 menekül, szökik; ~ 명 menekülés, szökés; 현실로부터 ~하다 elmenekül a valóság elől

도합 összesen, mindennel együtt, mindent egybevetve; ~ 2백명 összesen 200 ember, mindent egybevetve 200 fő

도형 명 diagram, ábra, rajz; 입체 ~ térbeli ábra; 기하학적 ~ mértani ábra

도화지 명 rajzlap

독[1] 명 korsó, kancsó, köcsög; ~안에 든 쥐가 되다 egérfogóba került, kilátástalan csapdába került

독[2] 명 méreg; ~이 있다 mérgező; ~이 퍼지다 a méreg kifejti hatását, hat a méreg

독감 명 influenza; ~에 걸리다 elkapja az influenzát, influenzás lesz; ~예방접종을 받다 beoltják influenza ellen, influenza elleni oltást kap; 전국적으로 ~이 유행하고 있다 Országszerte tombol az influenza.

독과점 명 monopólium (egyeduralom) és oligopólium; ~ 품목 monopolisztikus és oligopolisztikus termék

독단적 önkényes, önhatalmú, zsarnoki; 아무와도 상의하지 않고 ~으로 행동하다 senkivel sem tanácskozuk, hanem önkényesen cselekedik

독려-하다 동 felbátorít, felkarol, ösztönöz, pártfogol; 부하를 ~하여 일을 서둘다 ösztönzi az embereit, hogy felgyorsítja / megsiettesse a munkát; 코치는 그들이 최선을 다하도록 ~했다 Az edző bátorította / biztatta őket, hogy a legjobbat hozzák ki magukból.

독립국 명 független ország, szuverén állam

독립-하다 동 függetlenné válik, saját lábára áll; ~ 명 függetlenség, önállóság; ~을 선언하다 kinyilatkoztatja a függetlenségét; ~하여 생계를 꾸려가다 önállóan keresi a kenyerét, a saját lábára áll; ~하여 살만한 수입이 있다 eleget keres ahhoz, hogy egyedül megéljen;

독방 명 egyágyas szoba; egyszemélyes cella, zárka; ~에 감금되다 magánzárkába kerül; ~을 쓰다 magánzárkában van

독백-하다 동 magában beszél, magának beszél, monologizál; ~ 명 monológ, magánbeszéd

독버섯 명 mérges gomba

독사 명 mérges kígyó, vipera

독살-하다 동 megmérgez vkit, méreggel gyilkol meg vkit; ~ 명 mérgezés; ~사건

mérgezéses ügy / eset

독서광 명 könyvmoly, könyvfaló

독서실 명 olvasóterem,

독서-하다 동 könyvet olvas; ~ 명 olvasás; ~를 좋아하다 szeret olvasni; 요즘 젊은이들은 별로 ~를 하지 않는다 Napjainkban a fiatalok nem sokat olvasnak.

ㄷ

독성 명 mérgező hatás, méregtartalom; ~이 있는 mérges, mérgező, toxikus

독소 명 méreganyag, káros anyag, toxin

독수리 명 sas, keselyű

독신 명 egyedülálló; agglegény, nőtlen; vénkisasszony; 평생을 ~으로 살다 nőtlen marad egész életében, egész életében agglegény / vénkisasszony marad; 저분은 ~입니까 아니면 결혼한 사람입니까 Ő nőtlen / egyedülálló vagy házas ember?

독신자 명 nőtlen személy, hajadon, agglegény, hajadon, vénkisasszony

독신주의 명 cölibátus, a magányos élet kultusza

독약 명 méreg, mérgező gyógyszer, mérgező szer; ~을 타다 mérget tesz vmibe; mérget kever

독일 명 Németország; ~의 német; ~ 사람 németek, német polgár

독일어 명 német nyelv

독자[1] 명 az egyetlen gyermek; 그는 3대 ~이다 Ő az egyetlen fiúgyermek a család előző három nemzedékében

독자[2] 명 olvasóközönség; olvasó; ~가 많다 nagy olvasottságú, nagy olvasóközönséggel bíró

독자란 명 olvasói rovat, az olvasók rovata; levelek a szerkesztőhöz

독자적 független; ~인 입장에서 független álláspontból; ~ 행동을 취하다 a maga útján jár, másoktól függetlenül cselekszik

독자층 명 olvasói réteg; olvasóközönség; 신문들은 각각 ~이 다르다 Mindegyik újságnak megvan a maga olvasóközönsége.

독재 명 diktatúra, egyeduralom, önkényuralom, parancsuralom, zsarnokság; ~ 정치를 펴다 diktatúrát létesít; 당시 우리나라는 군부 ~가 행해지고 있었다 Akkoriban az országunk katonai diktatúra alatt volt.

독재자 명 diktátor, egyeduralkodó, zsarnok, autokrata

독점-하다 동 kisajátít, monopolizál, kizárólagosan birtokol vmit; ~ 명 kizárólagos tulajdon, monopólium; ~적 kisajátító, monopolisztikus; kizárólagos, egyedüli; 시장을 ~하다 kisajátít / monopolizál a piacot; 인기를 ~하다 kisajátítja a népszerűséget; ~욕이 강하다 ki akar sajátítani vmit

독주회 명 szóló koncert, szólóest

독창성 명 eredetiség, egyediség, kreativitás; 그는 ~이 풍부하다 Bővelkedik kreativitásban.

독창적 eredeti, egyedülálló, egyedi, páratlan, kivételes; 이것은 실로 ~인 생각이다 Ez egy igen eredeti ötlet.

독촉-하다 동 sürget vkit / vmit; szorongat vkit; ~ 명 sürgetés; 답장하라고 ~하다 sürgeti a választ; 그에게 빚의 상환을 ~했다 Sürgettem, hogy fizesse ki a tartozását.

독특-하다 형 jellegzetes, különleges, egyedi; ~한 방법으로 문제를 해결하다 egyedi módon old meg egy problémát / feladatot; 이 관습은 한국의 ~한 것이다

Ez a szokás jellegzetesen koreai.

독-하다 형 éles, erős, intenzív; ~한 냄새 erős szag; ~한 감기 erős megfázás; 마음을 ~하게 먹고 공부하다 nagy elhatározással tanul

돈 명 pénz; összeg; vagyon; ~걱정 pénzügyi gondok, pénzbeli gondok; ~을 벌다 pénzt keres; ~을 모으다 pénzt takarít meg; pénzt tesz félre, pénzt gyűjt (össze), pénzt halmoz fel; ~을 꾸다 pénzt kér kölcsön; ~을 갚다 megad, megfizet, visszafizet; ~을 내다 fizet vmiért, megfizet / kifizet vmit; ~을 투자하다 pénzt fektet be; ~을 출자하다 pénzt ajánl fel, pénzt kínál vmiért; ~을 물 쓰듯 하다 nem tud bánni a pénzzel; úgy költi a pénzt, mintha korlátlannul állna rendelkezésére; 쉽게 번 ~은 쉽게 없어진다 Megkaptam, elköltöttem. Könnyen jött pénz, könnyen megy.; 이것은 결국 ~의 문제이다 Ez végső soron pénzkérdés.; 그녀는 아이들 교육에는 돈을 아끼지 않는다 Nem sajnálja a pénzt a gyermekei oktatására.

돈가스 명 rántott hús, rántott szelet

돈벌이 명 pénzkeresés, pénzcsinálás; ~에 급급하다 beleszakad a pénzcsinálásba; még több, hogy pénzt keressen,

돈지갑 명 pénztárca, erszény

돋구다 동 felhalmoz; gerjeszt, felkelt; 흙을 ~ halomba rak, földet felhalmoz; 흥미를 ~ felkelti / feléleszti vkinek az érdeklődését vmi iránt

돋다 동 kikel, kisarjad; kijön, megjelenik; 싹이 ~ kirügyezik, rügyeket hajt, rügyeket sarjaszt, rügybe borul; 그런 것을 먹으면 두드러기가 돋는다 Ha ilyet eszel, kiütéssel leszel.

돋보기 명 nagyítóüveg, nagyító; olvasószemüveg; ~를 끼다 olvasószemüveget visel / tesz fel

돋보이다 동 kihangsúlyoz; 돋보이게 하다 előnyösen mutat meg vmit; 그 옷은 그녀의 자태를 한층 더 돋보이게 한다 A ruhák előnyösen hangsúlyozza ki az alakját.; 회색 옷은 붉은 타이를 돋보이게 한다 Egy szürke öltöny jól kihangsúlyoz egy piros nyakkendőt.

돋우다 동 felemel, megnövel; felfordít; 목청을 ~ felemeli a hangját; 화를 ~ feldühít vkit, dühbe gurít vkit; 등잔의 심지를 ~ felcsavarja a lámpa kanócát

돋치다 동 kifakad, kibújik; 가시 돋친 말 csípős megjegyzés; 날개가 ~ szárnyakat kap; 날개 돋치듯 팔리다 úgy viszik, mint a cukrot

돌 명 kő; kavics; kődarab; 둥근 ~ kerek kő; 모난 ~ szögletes kő; ~에 새기다 kőbe vés; ~을 던지다 követ dob / vet vkire

돌격-하다 동 megrohamoz, lerohan, támad, ostromol; ~ 명 roham, ostrom, támadás; 적을 향해 ~하다 lerohanja az ellenséget

돌계단 명 kőlépcső, kőlépcsőfok; ~을 올라가면 학교건물이 있다 Egy kőlépcsősor vezet az iskola épületéhez.

돌고래 명 delfin

돌기 명 kiálló, kiugró, kidomborodó, dudorodó rész, daganat

돌기둥 명 kőpillér, kőoszlop

돌다 동 megfordul, körbefordul, forog, kering; 뱅뱅 ~ körbejár, körbe-körbe forog; 팽이가 ~ A pörgettyű forog.; 왼쪽으로 ~ a bal oldalra fordul, balra fordul / forog; 감기가 ~ körbejár az influenza; 소문이 ~ szóbeszéd kering; 지

구는 태양의 주위를 돈다 A Föld a Nap körül kering.; 내 차례가 돌아왔다 Rám került a sor.; 다시 봄이 돌아왔다 Újra eljött a tavasz. Újra itt a tavasz.; 머리가 잘 돌지 않다 nem jól jár az esze, lassú észjárású / felfogású; 그런 짓을 하다니 자네 돌았나 Bolond vagy, hogy ilyet tettél!; 눈물이 핑 ~ könnyek szöknek a szemébe, könnybe lábad a szeme

돌담 명 kőfal; ~을 두르다 körülvesz kőfallal

돌덩이 명 kő, ködarab; ~같다 kemény mint a kő, kőkemény

돌려놓다 동 visszafordít; 책상을 ~ visszafordítja az asztalt

돌려받다 동 visszakap; 친구에게서 책을 돌려받았다 visszakaptam a könyvet a barátomtól.

돌려보내다 동 visszaküld; visszaenged, elküld; 그 상품이 견본과 달라서 돌려보냈다 Az árut visszaküldték, mert nem felelt meg a mintának.; 문에서 손님을 ~ az ajtónál elküld egy vendéget

돌려주다 동 visszaad, visszavisz; megad, visszafizet; 빌린 책을 ~ visszavisz egy kölcsönkért könyvet; 돈을 ~ megadja a kölcsönkért pénzt, visszafizeti a pénzt

돌리다 동 ❶ forgat, körbehajt; 팽이를 ~ pörgettyűt hajt, pörget ❷ fordít, visszamegy; vált, megváltoztat; 발길을 ~ visszafordul az úton; 화제를 ~ témát vált a beszélgetésben, megváltoztatja a beszélgetés tárgyát ❸ körbead, kiküld, kioszt; 초대장을 ~ hívókat küld szét; 신문을 ~ újságot hord ki; ❹ működtet; 공장을 ~ üzemet működtet, gyárat üzemeltet

돌멩이 명 kő, kavics

돌발 váratlan; meglepetésszerű; ~ 사고 váratlan baleset; meglepetésszerű eset; 구급대는 ~사고에 대비하고 있다 A mentőosztag fel van készülve a váratlan balesetekre.

돌보다 동 gondoz vkit, gondoskodik vkiről; 환자를 ~ gondoskodik egy betegről, beteget ápol; 가축을 ~ marhát gondoz; 가정을 돌보지 않다 nem gondoskodik a családjáról, elhanyagolja a családját

돌솥 명 kőedény

돌아가다 동 ❶ visszamegy, visszatér; 집으로 ~ hazamegy, hazatér; 고향으로 ~ visszatér a szülőföldjére / szülőhelyére; 먼저 이야기로 ~ visszatér korábbi mondanivalójához ❷ másra hárít vmit; 실패의 책임이 그에게로 돌아갔다 A kudarc miatti felelősséget őrá hárították.; 전쟁이 적의 승리로 ~ A csata az ellenség győzelmével végződik. ❸ meghal; 아버지께서 돌아가신지 20년이 된다 Már 20 éve, hogy apám elhunyt. ❹ működik; 공장이 ~ működik a gyár

돌아눕다 동 megfordul, a másik oldalára fordul; 벽 쪽으로 ~ a fal felé fordul

돌아다니다 동 járkál, körbejár, barangol, kószál vhol; 어디를 돌아다녔니 Hol jártál?, Hol kószáltál?

돌아다보다 동 visszanéz, hátranéz

돌아보다 동 visszatekint vmire, visszanéz vmire; 지난 일을 ~ visszanéz / visszatekint a múltra; 그녀는 뒤도 안 돌아보고 방을 나갔다 Kiment a szobából anélkül, hogy visszatekintett volna.

돌아서다 동 megfordul, visszafordul, hátat fordít; 그녀는 갑작스레 돌아서서 나를

보았다 Hirtelen megfordult és rám nézett.; 그녀는 나를 보고 돌아섰다 Ahogy meglátott, fordított nekem.

돌아오다 동 visszajön, visszatér; 돌아오지 않는 다리 a vissza-nem-térés hídja; 성공하여 고향에 ~ sikeresen tér vissza a szülőhelyére; 차례가 ~ sorra kerül

돌연변이 명 mutáció

돌연사 명 hirtelen halál

돌이키다 동 visszaállít, helyrehoz, visszafordít; 돌이킬 수 없는 visszaállíthatatlan, visszafordíthatatlan; 돌이킬 수 없는 잘못을 저지르다 helyrehozhatatlan hibát követ el

돌진-하다 동 nekifut, rárohan, rároht, iramodik; 적을 향해 ~하다 rárohant az ellenségre; 멧돼지가 우리를 향해 ~해 왔다 A vaddisznó felénk iramodott.

돌출-하다 형 kiemelkedik, kimagaslik; ~한 kiemelkedő, kimagasló; 그는 가끔 ~ 행동을 한다 Néha előfordul, ami meglepi az embereket.

돌파구 명 áttörés; ~를 만들다 áttörést ér el; 그가 공격의 ~를 열었다 Utat tört a támadásnak.

돌파-하다 동 áttör, keresztültör; meghalad, túljut vmin; ~ 명 áttörés; felülkerekedés; 적진 / 비상선을 ~하다 áttör az ellenség vonalán / rendőrkordonon; 지원자는 천 명을 ~했다 A jelentkezők száma meghaladta az ezret.

돌풍 명 szélroham; ~에 간판이 날려 넘어지다 A táblát lefújta egy szélroham.

돕다 동 segít vkinek / vkin / vkit; 길 찾는 것을 ~ segít vkinek megtalálni az utat; 형은 내 숙제를 도와주었다 A bátyám segített a házi feladatomban.; 하늘은 스스로 돕는 자를 돕는다 Segíts magadon, az Isten is megsegít.

동 명 kelet; ~쪽의 keleti; ~쪽으로 가다 keletre / kelet felé megy; ~아시아 Kelet-Ázsia; ~이 트다 hajnalodik ☞ **동쪽**

동감 명 egyetértés, szimpátia; 나도 당신과 전적으로 ~입니다 Teljesen egyetértek önnel.

동갑 egyidős, egykorú; 우리는 ~이다 Egyidősek vagyunk.

동거인 명 bérlőtárs, lakótárs

동거-하다 동 együtt él, egy házban lakik; ~ 명 együttélés; 그는 여자친구와 ~하고 있다 A barátnőjével lakik.

동결-하다 동 befagyaszt; ~ 명 befagyasztás; 임금과 물가를 60일간 ~하다 60 napra befagyasztották a piaci áremelkedést.; 예산안이 작년 수준으로 ~되었다 A költségvetést befagyasztották a tavalyi szinten.

동경-하다 동 sóvárog, vágyódik, szomjazik; imád, csodál; ~ 명 vágyódás, sóvárgás; 도시 생활을 ~하다 sóvárog a városi élet után; 그는 학생들의 ~의 대상이다 A diákjai / a diákok csodálják őt.

동계 téli; ~ 방학 téli szünet; ~ 올림픽 téli olimpia

동구 명 Kelet-Európa

동구권 명 a kelet-európai régió

동구밖 명 egy falu környéke

동굴 명 barlang, üreg

동굴벽화 명 barlangrajz

동그라미 명 kör; karika; nulla; ~를 그리다 kört rajzol

동그랗다 형 kerek, kerekded, kör alakú, gömb alakú, gömbölyű; 동그란 얼굴 kerek arc; 눈을 동그랗게 뜨고 kerekre nyílt / nyitott szemmel; 우리 동그랗게 둘러 앉읍시다 Üljünk körbe!

ㄷ

동글납작-하다 형 lapos és kerek; 떡을 ~하게 만들다 lapos, kerek rizssüteményt készít

동급생 명 osztálytárs

동기[1] 명 motiváció, indíték; 행위 / 범죄의 ~ tett / bűncselekmény indítéka; ~부여가 강할수록 학습은 효과가 난다 Minél erősebb a motiváció, annál hatékonyabb a tanulás.

동기[2] 명 ugyanaz az osztály; 우리는 대학 ~다 Ugyanabba az osztályba jártunk a főiskolán.; 그와 나는 입사 ~다 Ő és én ugyanabban az évben léptünk be a céghez.

동기생 명 évfolyamtárs

동남부 명 délkeleti

동네 명 falu, környék, környezet; ~ 어귀에서 falu környékén; ~ 사람 falusiak; 온 ~ 사람들이 구경하러 나왔다 Minden falusi eljött megnézni.

동네방네 명 az egész környék

동년배 hasonló korú, egykorú; ~이다 ugyanannyi idős emberek; ~의 사람들 hasonló korú emberek; 그들은 ~처럼 보인다 Körülbelül ugyanannyi idősek lehetnek.

동동 발을 ~ 구르다 a lábával dobog a földön; 발을 ~ 구르며 분해하다 idegességében / bosszúságában dobog

동등-하다 형 egyenlő, egyenértékű, egyenrangú; ~하게 egyenlően, egyenértékűen, egyenrangúan; 대학 졸업 또는 ~한 학력을 가진 자 főiskolai diplomával vagy azzal egyenértékű végzettséggel rendelkezők; 그는 우리와 ~한 입장에서 이야기 한다 Egyenrangúként beszél velünk.

동떨어지다 형 távol van, messze van vmitől; eltér, különbözik vmitől; 마을에서 동떨어진 곳 egy hely, messze a falutól; 나는 내 취미와는 동떨어진 일을 하고 있다 Olyan munkát végzek, amely nagyon távol áll az érdeklődési körömtől / hobbimtól.; 그의 이야기는 사실과 크게 동떨어진다 Az ő története teljesen eltér a valóságtól.

동란 명 zavargás, lázadás, felkelés; háború; ~을 일으키다 zavargást / felkelést okoz, zavargást idéz elő

동력 명 elektromos áram; 공장에 ~을 공급하다 (elektromos) árammal lát el (egy gyárat); ~으로 움직이다 árammal működik

동료 명 kolléga, munkatárs; 그녀는 ~들과 잘 어울린다 Jól kijön a kollégáival.

동맥 명 artéria, ütőér, verőér; ~의 ütőeres, ütőéri, artériás; ~이 경화되다 elmeszesedik az ütőér / artéria; 철도는 우리나라 산업의 ~이다 a vasút országunk iparának ütőere.

동맥경화증 명 ütőerek elmeszesedése, érelmeszesedés; ~으로 고생하다 Elmeszesedésben szenved.

동맥류 명 verőértágulat, aneurizma

동맹 명 szövetség; ~을 맺다 szövetséget köt vkivel, szövetségre lép vkivel

동맹국 명 szövetséges ország

동맹군 명 szövetséges hadsereg

동메달 명 bronzérem; ~ 획득자 bronzérmes

동면-하다 동 téli álmot alszik, hibernálódik; ~ 명 hibernáció, téli álom; ~ 동물 téli álmot alvó állatok; ~ 장소 téli odú

동무 명 barát, társ, pajtás, koma, cimbora; 길~ útitárs; 말~ beszélgetőtárs; ~가 되다 barátokká válnak

동문 명 öregdiák, osztálytárs, diáktárs

동문회 명 öregdiákok egyesülete

동물 명 állat; ~적인 állati, bestiális; ~적인 본능 állati ösztön; ~ 애호 az állatok iránti szeretet; 인간은 사회적 ~이다 Az ember egy társas állat.

동물병원 명 állatkórház

동물성 állati, állatiasság; ~ 단백질 állati fehérje; ~지방 állati zsiradék

동물원 명 állatkert; 아이들을 ~에 데리고 가다 Elviszi a gyerekeket az állatkertbe

동물학대 명 állatkínzás, állatokkal szembeni kegyetlenkedés

동반자 명 vki kísérője; ~없는 미성년자는 입장하지 못한다 Kíséret nélküli kiskorúaknak tilos a belépés.

동반-하다 동 kísér vkit, társul szegődik; ~ 명 kíséret; 아내를 ~하여 a felesége kíséretében, a feleségével; 그는 부부 ~으로 미국에 갔다 A feleségét magával vitte Amerikába.

동방 명 kelet, keleti irány; ~으로 kelet felé, kelet irányába; 한국은 ~예의지국이다 Korea az udvarias emberek országa Keleten.

동방교회 명 görögkeleti egyház, ortodox egyház

동봉-하다 동 mellékel vmit; ~ 명 melléklet; 당신의 편지와 ~하신 것을 잘 받았습니다 Megkaptam a levelét a melléklettel együtt.; 여기 원서를 ~합니다 A jelentkezési lapomat ezúton mellékelem.

동부 명 keleti rész; ~의 keleti; ~해안 keleti part; 미국의 ~ az USA keleti része; ~로 가다 keletre megy; 그녀는 ~출신이다 Keletről származik.

동북 명 északkelet; ~의 északkeleti; ~으로 északkelet felé, északkelet irányába; 그 집은 ~향이다 A ház északkeleti fekvésű. A ház északkeletre néz.

동사-하다 동 halálra fagy, megfagy; ~ 명 halálra fagyás, megfagyás; 그는 산속에서 오도 가도 못하게 되어 ~했다 Egyedül maradt a hegyekben és halálra fagyott.

동산 명 domb, kert

동상[1] 명 fagyás; ~에 걸린 손가락 megfagyott ujjak; 왼쪽 귀가 ~에 걸리다 megfagy a bal füle

동상[2] 명 szobor; ~을 세우다 szobrot állít (fel)

동생 명 fiatalabb fiútestvér / lánytestvér; 막내 ~ a legfiatalabb öccse / húga; 나한테 ~이 생겼다 Született egy kisöcsém / kishúgom.

동서[1] 명 sógor, sógornő

동서[2] 명 kelet és nyugat, a Kelet és a Nyugat; ~로 흐르다 keletre és nyugatra folyik; 한강은 서울을 ~로 흐르고 있다 A Han folyó keletről nyugati irányba folyik át Szöulon.

동서고금 명 ~을 막론하고 mindig és mindenhol; 이 진리는 ~에 두루 통한다 Az igazság ugyanaz igaz marad minden időben és helyen.

동서남북 명 kelet-nyugat-dél-észak

동성 명 ugyanaz a vezetéknév; ~ 동본 ugyanaz a vezetéknév és ugyanaz a nemzetségi származás

동성애 명 homoszexualitás; leszbikusság

동성애자 명 homoszexuális; 남성 ~ homokos, meleg; 여성 ~ leszbikus, leszbi

동시 szimultán, egyidejű; ~에 ugyanakkor, egyben, egyszerre, egyidejűleg, egyúttal; 등산은 즐거운 운동이지만 ~에

위험도 하다 A hegymászás élvezetes sport, ugyanakkor veszélyes is.; 그는 학자인 ~에 예술가다 Ő tudós és művész is egyben.; ~에 두 가지 일을 하지마라 Ne csinálj egyszerre két dolgot!

동시대 명 kortárs, ugyanaz a kor; ~의 kortárs vkivel; ~에 ugyanabban a korban; ~의 작가들 kortárs írók; 코페르니쿠스의 학설은 ~ 사람들에게는 이해되지 않았다 A kopernikuszi teóriát nem értették a kortársak.

동시통역 명 szinkron / szimultán tolmácsolás; 5개 국어 ~설비 öt nyelven igénybe vehető tolmácsgép

동식물 명 állatok és növények; 많은 ~이 멸종위기에 놓여있다 Sok állat és növény a kihalás szélén áll.

동심 명 gyermek esze, gyermek szíve; gyermek ártatlansága; ~으로 돌아가다 visszaszerzi a gyermeki ártatlanságát; ~에 상처를 주다 megbántja a gyerek érzéseit; 그는 ~으로 돌아가 어린이들과 함께 놀았다 Újra gyereknek érezve magát, játszott a gyerekekkel.

동아리 명 csoport, banda, csapat; klub, kör; 춤 ~ tánccsoport; 그녀는 대학교 영화 ~에 들어갔다 Belépett az egyetemi filmklubba.

동아줄 명 kötél; 용의자의 두 손은 ~로 묶여 있었다 A gyanúsított keze kötéllel volt meg kötve.

동안 amíg, ameddig, a köztes időben, mialatt, míg; 한 주일 ~ egy héten keresztül; 잠깐 ~ rövid idő alatt, rövid ideig, rövid idő múlva; 오랫~ hosszú ideig, sokáig; 얼마 ~ valamennyi ideig; 사는 ~ amíg él, életében; 여러 해 ~ éveken keresztül, sok éven; 지난 5년 ~ az utóbbi öt évben; 여름방학 ~ 삼촌댁에 가 있었다 A nagybátyámnál voltam a nyári szünet alatt.; 최근 10 년 ~ 과학에서 눈부신 발전을 했다 A tudományban káprázatos fejlődés ment végbe az utóbbi tíz évben.; 우리가 일하는 ~에는 아무 소요사태도 없었다 Nem volt semmilyen rendzavarás, amíg dolgoztunk.; 나는 대학에서 공부하는 ~ 여러 가지 좋은 경험을 많이 했다 Amíg a főiskolán tanultam, sok pozitív tapasztalatot szereztem.

동양 명 a Kelet; ~의 keleti; ~학 keleti tanulmányok; ~학자 orientalista

동양인 명 keleti ember

동요 명 gyermekdal; ~ 작가 gyermekdalszerző; ~집 gyerekdalos könyv

동요-하다 동 마음이 ~하다 izgatott, nyugtalan; ~ 명 nyugtalanság, izgatottság; 전국적으로 민심이 ~하고 있다 Országszerte általános a nyugtalan- ság.; 그 소식을 듣고 그는 마음의 ~를 감출 수 없었다 A hírt hallva nem tudta elrejteni az nyugtalanságát.

동원령 명 mozgósítási parancs; 노동력의 ~ a munkaerő mozgósítása; ~을 해제하다 mozgósítási parancsot felold

동원-하다 동 mozgósít; ~ 명 mozgósítás, mobilizáció; 300명의 경찰을 ~하다 300 rendőrt mozgósít; 그 영화는 총 10만 명의 관객을 ~했다 A film százezres közönséget vonzott.; 그 연구를 추진하기 위해 고성능 컴퓨터가 ~되었다 Nagy teljesítményű számítógépeket vettek igénybe annak érdekében, hogy előreléphessenek a kutatásban.

동음이의어 명 homoním, azonos alakúság

동의-하다 동 megegyezik vmiben, beleegyezik vmibe, jóváhagy vmit, igent mond vmire; ~ 명 megegyezés, beleegyezés; hozzájárulás, helyeslés; 고개를 끄떡여 ~를 나타내다 helyeslőleg bólint a fejével; 나는 기꺼이 그 계획에 ~했다 Szívesen hozzájárultam a tervhez.; 그는 아들의 결혼에 ~하지 않았다 Nem egyezett bele a fia házasságába.

동일시-하다 동 azonosít vkit vkivel / vmit vmivel; ~되다 azonosul vmivel

동일-하다 형 azonos, ugyanolyan, egyező, egyöntetű; ~ 명 azonosság, egyformaság, egyöntetűség; ~하게 azonosan, egyöntetűen; 지킬박사와 하이드씨는 ~ 인물이다 Dr. Jekyll és Mr. Hyde egy és ugyanaz a személy.

동작 명 mozgás, mozdulat; viselkedés, gesztus; 느린 ~ lassított mozgás; ~이 민첩하다 / 느리다 gyors / lassú mozgású

동전 명 apró(pénz), érme; 십 원짜리 ~ tízvonos érme; ~ 넣는 구멍 bedobó nyílás; ~ 한 푼 안 남기고 다 쓰다 elkölti vki az összes pénzét

동점 명 ugyanannyi pont, ugyanaz a jegy; 시합은 3대 3의 ~으로 끝났다 A játék 3:3-as döntetlennel ért véget.

동정 명 szüzesség; ~생식 szűznemzés, partenogenezis; ~을 지키다 megtartja a szüzességét

동정녀 명 Szűz Mária

동정-하다 동 együtt érez vkivel, szimpatizál vkivel, részvétet érez vki iránt; ~ 명 szimpátia, részvét, rokonszenv; ~적인 rokonszenves, szimpatikus, melegszívű; 진심으로 ~하다 őszintén együtt érez vkivel, részvétet érez vki iránt

동조-하다 동 rokonszenvezik, szimpatizál vkivel; ~ 명 rokonszenv, szimpátia; 남의 의견에 ~하다 rokonszenvezik vkinek a véleményével; 나는 이 방침에 ~하지 않는다 Nem értek egyet ezzel a irányvonallal / eljárásmóddal.

동지[1] 명 a téli napforduló; ~ 섣달 a leghidegebb téli hónapok; ~ 팥죽 a téli napforduló idején fogyasztott vörösbabkása

동지[2] 명 elvtárs; rokon lélek; bajtárs; ~를 규합하다 összegyűjti a rokon lelkeket

동질성 명 homogenitás; 민족의 ~ nemzeti homogenitás

동쪽 명 keleti oldal; ~의 keleti; ~에 keleten, keletre; ~에서 바람이 불고 있다 keletről fúj a szél; ~ 하늘이 밝아온다 Keleten kezd világosodni az ég(bolt).

동참-하다 동 részt vesz vmiben; 그녀도 그 계획에 ~했다 Ő is részt vett a tervben.

동창 명 öregdiák, volt növendék / diák; 그와 나는 대학 ~이다 Ő és én ugyanarra az egyetemrre jártunk. Ő és én ugyanazon az egyetemen végeztünk.

동창생 명 öregdiák, iskolatárs, osztálytárs, diáktárs

동창회 명 öregdiákok egyesülete, öregdiákok szövetsége, osztálytalálkozó

동체 명 test; törzs; ~착륙 hasleszállás; ~착륙하다 hasra érkezik, hasleszállást hajt végre

동판 명 réztábla, rézlemez; ~ 인쇄 rézmélynyomás

동판화 명 rézmetszet, rézkarc, rézkarc kép

동포 명 honfitárs, polgártárs; 해외 ~ honfitársak a tengerentúlon, tengerentúli honfitársak

동포애 [명] honfitársi szeretet; ~를 보이다 kimutatja a honfitársi szeretetét

동풍 [명] keleti szél

동-하다 [동] megindít, meghat; 그녀의 말에 그의 마음은 크게 ~했다 A szavai nagyon megindították / meghatották (őt).; 그녀는 전혀 ~하는 기색을 보이지 않았다 A viselkedésében semmi nem utalt, hogy nyugtalanságra.

동행-하다 [동] elkísér vkit vhová; együtt megy; ~ [명] együtt utazás, kísérettel utazás; 경찰서까지 ~을 요구하다 megköveteli vkit, hogy kísérje el a rendőrségre; 그와 ~하여 시내까지 갔다 Elkísértem (őt), elmentem vele a városba.; ~하는 세 사람 három útitárs

동향[1] [명] ugyanaz a szülőhely; 그와 나는 ~이다 Ugyanabból a tartományból származik, mint én.

동향[2] keleti fekvésű; ~집 keleti fekvésű ház

동호인 [명] hasonló érdeklődési körű emberek

동호회 [명] hasonló érdeklődési körű emberek klubja

동화책 [명] mesekönyv

동화-하다 [동] asszimilálódik, beolvad; alkalmazkodik vmihez; ~ [명] asszimiláció, beolvadás; 외국 풍습에 ~하다 alkalmazkodik az idegen szokásokhoz / hagyományokhoz

돛단배 [명] vitorlás hajó

돼지 [명] disznó, sertés; ~를 치다 disznókat tenyészt

돼지고기 [명] disznóhús, sertéshús

돼지기름 [명] disznózsír, sertészsír

돼지새끼 [명] malac

돼지우리 [명] disznóól

되게 [부] nagyon, rendkívül; ~ 덥다 rendkívül melege van; ~ 아프다 nagyon fájdalmas, nagyon rosszul van

되뇌다 [동] ismételget; 같은 소리를 ~ folyton ugyanazon lovagol, ugyanazt ismételgeti

되다[1] [동] lesz, válik vmivé; 부자가 ~ gazdaggá válik; meggazdagszik; 3학년이 ~ harmadéves tanuló lesz; 외교관이 ~ diplomata lesz; 작가가 되고 싶어 하다 író szeretne lenni; 커서 무엇이 되고 싶니 Mi szeretnél lenni, ha nagy leszel?; 좋아하게 ~ szeretni kezd vkit / vmit, megkedvel, megszeret; 물이 수증기가 ~ A víz párává válik. A víz elpárolog.; 병이 낫게 ~ újra egészségessé válik, meggyógyul; 그가 미국 간 지 3년 된다 Három éve, hogy Amerikába ment.; 몸무게가 60킬로 된다 Legalább 60 kg. vagyok.; 꿈이 현실로 되었다 Az álom valóra vált.; 경기는 무승부가 되었다 A meccs döntetlenre végződött.; 일이 뜻대로 ~ sikerül a próbálkozása; 장사가 잘 ~ jól megy az üzlet

되다[2] [형] kemény, sűrű; nehéz, intenzív, szigorú; 된 밥 keményre főtt rizs; 된 서리 erős fagy; 된 추위 nagyon hideg időjárás

되도록 [부] ahogy csak lehetséges; ~ 일찍 가거라 Menj, amilyen hamar csak tudsz!; ~ 빨리 오너라 Gyere, amilyen korán csak tudsz!

되돌리다 [동] visszahelyez, visszaállít

되돌아가다 [동] visszamegy, visszatér, visszafordul; 온 길을 ~ visszamegy arra, amerről jött; 도중에서 ~ félútról visszafordul; 나쁜 날씨 때문에 비행기는 공항으로 되돌아갔다 A repülő visszafordult a repülőtérre a rossz időjárás miatt.; 제자리로 ~ visszatér / visszamegy a helyére

되돌아보다 동 hátranéz, hátrales, hátrapillant; visszatekint, visszagondol, visszaemlékezik; 되돌아보지도 않고 방을 나가다 Kimegy a szobából anélkül, hogy visszanézne.; 과거를 ~ visszatekint a múltra, visszagondol a régi napokra; 나의 소년 시절을 되돌아보니 그때가 그립다 Ha visszanézek a gyerekkoromra, hiányzik.

되돌아오다 동 visszajön, visszatér, visszakerül; 제정신으로 ~ észretér, észhez tér; 잃은 물건이 주인에게 되돌아왔다 Az elveszett tárgy visszakerült a tulajdonosához.

되레 부 ☞ **도리어**

되묻다 동 visszakérdez, újra kérdez; 그녀는 나의 질문에는 대답하지 않고, 너라면 어떻게 하겠느냐고 되물었다 Nem válaszolt a kérdésemre, hanem visszakérdezett, hogy én mit tennék a helyében.

되받다 동 visszakap, visszaszerez

되살리다 동 visszahoz vmit; életre kelt vkit, magához térít vkit, újjáéleszt vkit / vmit, visszahoz a halálból; 기억을 ~ visszahozza / felfrissíti / feléleszti vkinek az emlékeit

되살아나다 동 újjászületik, újjáéled

되씹다 동 újra és újra elmond / megrág, rágódik vmin; 한 말을 ~ újra megrág

되찾다 동 visszaállít, helyreállít vmit, visszaszerez, visszanyer; 영토를 ~ területeket nyer vissza; 질서를 ~ helyreállítja / visszaállítja a rendet; 건강을 ~ visszakapja az egészségét

되풀이-하다 동 megismétel, újra megtesz; ~하여 újra és újra, folyamatosan, ismételten; 잘못을 ~하다 elköveti ugyanazt a hibát.; 책을 세 번 ~하여 읽다 Háromszor elolvas egy könyvet.; 역사는 ~된다 A történelem (meg)ismétli önmagát.

된장 명 koreai szójababpástétom

된장국 명 koreai szójabableves

된장찌개 명 szójababragu

두 kettő, két; ~ 가지 종류 kétfajta, kétféle; ~ 배 kétszer, dupla; ~ 번 kétszer, megint, ismét; ~ 번째 második; ~ 가지 해석이 가능하다 kétféleképpen értelmezhető, kétféle értelmezése van

두근거리다 동 hevesen ver, kalapál; 나는 가슴을 두근거리며 보고 있었다 A szívem hevesen vert, amíg néztem.; 두근거리는 가슴을 가라앉히다 lecsillapítja a hevesen verő szívét; 나는 그 소식을 듣고 가슴이 두근거렸다 A hírektől kalapált a szívem.

두꺼비 명 varangy, varangyos béka

두껍다 형 vastag, tömzsi, testes; 두껍게 vastagon; 두꺼운 책 vastag könyv; 두꺼운 벽 vastag fal; 고기를 두껍게 썰다 vastag szeletekre vágja a húst; 두껍게 입다 vastag ruhát vesz fel; 두껍게 하다 megvastagít, vastagabbá tesz vmit; 낯이 ~ szemtelen, arcátlan, pimasz, pofátlan

두께 명 vastagság; ~가 얼마나 되느냐 Mekkora a vastagsága? Mennyire vastag?

두뇌 명 agy, elme; ~가 명석하다 jófejű, elmés, éles eszű; 이 일을 해내려면 우수한 ~가 필요하다 Egy kiváló elme szükséges ennek a feladatnak a végrehajtásához.

두다 동 letesz, lehelyez; hátrahagy, ottfelejt; 책을 집에 두고 오다 Otthon hagyja a könyvét.; 책을 책상 위에 ~ könyvet az asztalra helyez; 모자를 차 안에 두고 왔다 A kalapomat a kocsiban hagytam.; 돈을 금고에 ~ a pénzt egy széfben tartja; 사람을 ~ személyt alkalmaz, szolgát tart; 각부에 장관을 ~ Minden minisztériumba kinevez egy minisztert.; 중점을 ~ hangsúlyoz, hangsúlyt ad, kihangsúlyoz; 차이를 ~ különbséget tesz; 장기를 ~ sakkozik; 바둑을 ~ badukot játszik; 염두에 ~ emlékezetben tart vmit; 너를 두고 하는 말이다 Ez téged jelent.; 그녀 마음대로 하게 내버려 두자 Hagyjuk, hogy úgy tegyen, ahogy akarja.; 맛은 없지만 그냥 먹어 두자 Nincs jó íze, de attól még együk meg.

두더지 명 vakond

두둑-하다 동 némileg vastag, vaskos; bőséges; ~한 사례 bőséges honorárium; 돈이 ~하다 bőven van pénze

두둔-하다 동 mellé áll; 부하를 ~하여 말하다 kiáll az alkalmazottja mellett; 약자를 ~하다 kiáll a gyengébb mellett

두드러기 명 (csalán)kiütés; ~가 돋다 / 나다 csalánkiütést kap; csalánkiütése van

두드러지다 형 szembetűnik, szembeötlik, kitűnik; kiemelkedik; kiváló, kiemelkedő; 두드러진 공적 kiváló szolgálatok / tettek; 두드러진 차이 éles különbség; 두드러진 특징 megkülönböztető jellemvonás; 두드러지게 különösen, szembeötlően; 성적이 두드러지게 좋다 élen jár a tanulmányaiban; 두드러지게 다르다 nagymértékben különbözik vmitől

두드리다 동 kopogtat, üt, döngöl, csap, ver; 환자의 가슴을 ~ megkopogtatja egy beteg mellkasát; 문을 ~ kopogtat az ajtón; 문을 세게 ~ dörömböl az ajtón, döngeti az ajtót; 북을 ~ üti / veri a dobot; 어깨를 ~ vállon ver vkit; 화가 나서 책상을 ~ mérgében az asztalra csap; 못을 두드려 박다 beveri a szeget; 누군가가 문을 두드리고 있다 vki kopogtat az ajtón

두들기다 동 ütöget, csapkod; 두들겨 패 죽이다 halálra ver vkit; 그는 신문에서 두들겨 맞았다 Az újságok támadják / kritizálják.

두레박 명 kútvödör

두려움 명 félelem, aggódás; ~으로, ~ 때문에 félelemből, félelme miatt, félelmében; ~에 휩싸이다 elfogja a félelem; ~을 모르다 nem ismeri a félelmet; ~으로 사시나무처럼 떨다 reszket a félelemtől, mint a nyárfalevél; ~에 질려 실신하다 elgyengül a félelemtől; 그는 ~을 모르는 녀석이다 Nem tudja, mi az a félelem. Nem ismer félelmet.

두려워-하다 동 fél vmitől, retteg, megrémül; aggódik vmi miatt, félelmet érez vmitől; 뱀을 ~하다 fél a kígyóktól; 몹시 ~하다 rettenetesen fél; 죽음을 ~하지 않다 nem fél a haláltól; 항상 ~하다 állandóan fél; 병이 날까 ~하다 fél, hogy megbetegszik; 입시에 떨어질까 ~하다 fél, hogy megbukik a felvételi vizsgán

두렵다 형 fél vmitől; ~ 달아나다 félelmében elmenekül; 나는 그 사람이 ~ Félek tőle.; 나는 죽음이 ~ Félek a haláltól.; 나는 사고가 날까 ~ Félek, hogy esetleg baleset történik.

두루 부 egészében, minden tekintetben, összevéve, körös-körül, alaposan, széles körben; ~ 아는 사실 közismert tény; ~ 살피다 mindent alaposan szemügyre vesz; ~ 알리다 az emberek tudtára ad vmit; 전국을 ~ 돌아다니다 bejárja az egész országot

두루마기 명 hagyományos koreai férfikabát

두르다 동 병풍을 ~ spanyolfalat állít körös-körül; 완장을 ~ karszalagot visel

두리번거리다 동 körülnéz; 눈을 ~ forgatja a szemeit; 누가 보고 있지나 않나 하고 ~ körülnéz, hogy lássa, figyelik-e

두메산골 명 félreeső falu, távoli körzet; ~에서 살다 távol eső vidéken él

두목 명 főnök; vminek a feje, vezér; ~과 부하 a főnök és a bérence, a vezér és a csatlósai

두부 명 tofu; ~ 한 모 egy adag / kocka tofu

두어 körülbelül kettő, körülbelül egy pár; ~ 달 körülbelül két hónap

두텁다 형 meleg, szívélyes, mélyről jövő; 두터운 우정 mély / meleg barátság; 신앙심이 ~ mélyen vallásos

두통 명 fejfájás; 가벼운 ~ enyhe fejfájás; ~이 심하다 szörnyű fejfájása van; ~을 호소하다 fejfájásra panaszkodik

두툼-하다 형 vaskos, terjedelmes; ~한 책 vastag könyv; ~하게 자르다 vastag szeletekre vág

둑 명 töltés, gát, folyópart; 논~ a rizsföldek közötti kis töltés / gát; ~길 töltésút; ~을 쌓다 gátat épít; ~이 터지다 / 무너지다 átszakad / átenged a töltés

둔감-하다 동 érzéketlen, közömbös, tompa; ~ 명 érzéketlenség, közömbösség, tompaság; 그는 ~해서 남의 기분을 모른다 Érzéketlensége miatt nem ismeri mások gondolatait.

둔갑-하다 동 átváltozik vmivé; 사슴으로 ~한 소년 szarvassá változott fiú; 사람으로 ~한 늑대 emberbőrbe bújt farkas

둔-하다 형 érzéketlen, közömbös, tompa; 감각이 ~하다 érzéketlen; 머리가 ~하다 lassú észjárású, tompa eszű; 그는 ~해서 상황을 깨닫지 못한다 Nem érti a helyzetet, mert nem túl gyors észjárású.

둔화-되다 동 elgyengül, lassul, gyengévé válik; ~ 명 lassulás, eltompulás; 국가 경제를 나타낸 도표는 ~를 보여준다 Az ország gazdaságát ábrázoló diagram lassulást mutat.

둘 kettő, két; ~로 ketté; ~씩 kettesével; ~다 mind a kettő; (부정) egyiket se; ~로 나누다 / 자르다 kettéoszt vmit; ~중에 하나를 고르다 a kettő közül egyet választ; ~도 없는 친구다 elválaszthatatlan barátok; ~다 괜찮다 Mindkettő jó.

둘러대다 동 kifogást talál; kifőz, kieszel; 그럴 듯한 이유를 ~ kifőz vmi jó indokot; 그녀는 돈을 갚지 못한 이유를 둘러댔다 Egy halom jó okot sorakoztatott fel, hogy miért nem tudja megtéríteni a pénzt.

둘러보다 동 körbenéz, körbepillant; 좌중을 ~ körbenéz a jelenlévőkön; 그는 방안을 둘러보았다 Körbenézett a teremben.

둘러서다 동 körbeáll; 그들은 부장을 중심으로 둘러섰다 Körbeállták a főnököt.

둘러싸이다 동 körbe van véve, körbe van zárva; 구경꾼에 ~ körbeveszik a nézők; 삼면이 바다로 둘러싸여 있다 Három oldalról tenger veszi körül.; 그 집은 수목에 둘러싸여 있다 A ház fákkal van körbevéve.

둘러앉다 동 körülül, gyűrűben / körben ül; 난롯가에 ~ a kályha körül ül

둘레 명 kerület; 나무 ~ egy fa kerülete; 지구의 ~ a Föld kerülete

둘째 második; másodlagos; ~로 a második helyen, másodikként; 용모는 ~ 문제다 A személyes megjelenés másodlagos fontosságú.; ~ 손가락 mutatóujj

ㄷ

둥글다 형 kerek, gömbölyű; 둥근 탁자 kerek asztal; 둥근 달 telihold; 지구는 ~ A Föld gömbölyű.

둥지 명 fészek; ~를 치다 / 틀다 fészket rak, fészkel; 새들은 저녁 일찌감치 ~로 돌아온다 A madarak kora este repülnek haza a fészekbe.

둥치 명 fatörzs alja; fa töve; 나무 밑 ~를 자르다 kivág egy fát közvetlenül a tövénél, elfűrészel egy fát a gyökerénél

뒤 명 hátsó, hát; hátul, mögött; ~에 később, idővel, utána; ~의 hátsó, mögötti; 맨 ~의 a leghátsó; 바로 ~에 szorosan mögötte, pont mögötte; ~로 넘어지다 hátraesik; 고향을 ~로 하다 vki maga mögött hagyja az otthonát; ~를 따라가다 követ vkit, vki után megy; ~를 밟다 követi vkinek a nyomdokait / nyomát; 닷새 ~ öt nappal később; 지금부터 2주일 ~에 mostantól számítva két hét múlva; ~를 부탁하다 megkér vkit, hogy ügyeljen a dolgaira, amíg ő távol van; ~에 남은 가족 a hátrahagyott család; 전임자의 ~를 이어 사업을 운영하다 Az elődje helyébe lépve vezeti az üzletet.

뒤꿈치 명 sarok; 구두 ~ cipő sarka; 구두 ~가 닳았다 Elkopott a cipőm sarka.

뒤끝 명 utóhatás; 이 술은 ~이 깨끗하지 않다 Az alkoholnak kellemetlen utóhatásai vannak.

뒤늦다 형 megkésik, elkésik; 뒤늦게 túl későn; 뒤늦은 사과를 하다 felajánl egy megkésett bocsánatkérést

뒤덮다 동 fed, takar; 눈이 산을 ~ hó fedi / takarja a hegyeket

뒤덮이다 동 be van fedve vmivel; 온통 눈으로 ~ mindenütt hóval van betakarva; 하늘은 구름으로 뒤덮여 있다 felhők takarják az eget, felhős az ég

뒤돌아보다 동 hátrafordul, hátranéz, visszanéz; 뒤돌아보지 말고 어서 갈 길을 가자 Induljunk el az úton, ne nézzünk vissza!; 뒤돌아보니 그는 아직도 손을 흔들고 있었다 Ahogy hátrafordultam, láttam, hogy még mindig integet.

뒤따르다 동 követ, utánamegy; 많은 소년과 소녀들이 서커스 행렬을 뒤따랐다 Sok fiú és lány követte a cirkuszosok felvonulását.; 누군가 나를 뒤따르고 있는 것 같다 Úgy tűnik, mintha valaki követne engem.

뒤떨어지다 동 lemarad vmiben, hátramarad, visszamarad; 다른 학생들보다 공부가 ~ lemarad a többiek mögött a tanulmányaiban; 시대 / 유행에 ~ nem követi a kort / a divatot

뒤뜰 명 hátsó kert

뒤바뀌다 동 felcserél, elcserél; 순서가 ~ felcseréli a sorrendet; 신이 다른 사람 것과 ~ Elcserélik a cipőjüket.

뒤범벅 명 rendetlenség, mocsok; ~을 만들다 rendetlenséget csinál, összemocskol vmit

뒤섞이다 동 összekeveredik; 서류가 뒤섞이지 않도록 주의하시오 Ügyeljen / vigyázzon arra, hogy az iratok ne keveredjenek össze!; 책상 위에는 책과 서류가 한데 뒤섞여 있었다 A könyvek és papírok mind össze vannak keveredve az asztalon.

뒤엉키다 동 összegabalyodik; összekuszál; összefonódik; 뒤엉킨 실을 풀다 kibogozza az összekuszált csomókat; 그 사건에는 여러 가지 복잡한 사정이 뒤엉켜 있다 Az ügyet megzavarták különféle bonyolult körülmények.

뒤엎다 동 elfordít, átfordít; megmásít; meghiúsít; 판결을 ~ megmásít egy döntést

뒤잇다 동 követ, soron következik; 뒤이어 folyamatosan követve, egyiket a másik után; 인사에 뒤이어 축배를 들었다 A köszöntőbeszédet követően tósztot mondtunk.

뒤적거리다 동 turkál, felforgat, kotorászik; átböngész, lapoz; 서랍을 ~ turkál / kotorászik egy fiókban vmi után; 책을 ~ átböngész / átlapoz egy könyvet

뒤죽박죽 minden össszekeveredett, öszszekuszálódott; ~이 되다 összekeveredik, összezavarodik; ~ 만들다 összezavar, összekever

뒤지다 동 ❶ keresgél, átkutat, kotorászik; 서랍을 ~ kotorászik vmi után a fiókban; 주머니를 ~ keresgél / vájkál vkinek a zsebében; 집안을 ~ átkutat egy házat vmi után; 샅샅이 ~ átkutat minden szegletet ❷ megelőzik, hátra kerül, hátramarad; 시대에 ~ időhátrányba kerül; 유행에 ~ nem követi a divatot

뒤집다 동 kifordít, átfordít; lefordít; felcserél; megmásít; 팬케이크를 ~ megfordítja / feldobja a palacsintát; 스웨터를 뒤집어 입다 kifordítva veszi fel a pulóvert; 판결을 ~ megmásít egy döntést; 학설을 ~ megdönt / megbuktat egy elméletet; 순서를 ~ megcseréli a sorrendet

뒤집어쓰다 동 ráönt, magára húz; 물을 ~ ráönti a vizet; 책임을 ~ magát hibáztatja; 이불을 ~ betakarózik az ágyneművel; 먼지를 ~ kosz fed vkit; 남의 죄를 ~ más helyett viszi el a balhét

뒤쫓다 동 követ, üldöz; 범인을 ~ bűnözőt üldöz; 형사는 사흘 동안이나 용의자를 뒤쫓았다 A nyomozó három napig követte a gyanúsítottat.

뒤처리-하다 동 elrendez vmit, rendet rak / tesz; ~ 명 sorba rakás, elrendezés; 사건의 ~를 하다 elrendez egy ügyet

뒤처지다 동 lemarad; 공부가 ~ lemarad a tanulásban

뒤척이다 동 forgolódik; 밤새 ~ egész éjjel forgolódik (az ágyban)

뒤통수 명 tarkó; ~를 치다 tarkón csap, tarkón vág

뒤틀리다 동 megvetemedik, deformálódik; 목재가 말라 ~ a fa hő hatására megvetemedik

뒤흔들다 동 megráz; meglóbál; megzavar, felzavar; 바람이 나뭇가지를 ~ A szél lóbálja a leveleket.; 지진이 건물을 뒤흔들었다 A földrengés megrázta az épületet.; 세상을 ~ megzavarja a világot

뒷간 명 kerti árnyékszék

뒷걸음질 명 visszafelé lépés, visszafelé menés; ~ 치다 visszafelé megy, visszalép

뒷골목 명 sikátor, mellékutca

뒷날 명 jövő, egy későbbi nap, az elkövetkezendő napok, valamelyik nap; ~을 기약하고 헤어지다 elválik a jövőbeli találkozás reményében; ~로 일을 미루고 későbbi alkalomra halasztja a dolgát

뒷면 명 másik oldal, hátsó oldal, a hátulja; 동전의 ~ az érme másik oldala; 엽서의 ~에 képeslap hátulján; ~을 보시오 Nézd a hátoldalát!

뒷모습 명 hátulról való kinézet; ~이 꼭 형과 같다 hátulról pont úgy néz ki, mint a bátyja; 그가 달려가는 ~을 보았다 Csak a hátát láttam, ahogy elfutott.

뒷문 명 hátsó ajtó; ~으로 도망치다 elmenekül a hátsó ajtón

뒷바라지 명 gondoskodás, segítségnyújtás, háttérből segítés; ~를 해주다 a háttérből segít vkit azzal, hogy ellátja vmivel, gondoskodik vkiről; 아들의 ~를 하다 ellátja a fiát vmivel

뒷받침-하다 동 támogat, segít; bizonyít, alátámaszt, megerősít, megalapoz; ~ 명 támogatás, segítség; bizonyíték, alátámasztás; 증거의 ~이 없는 자백 meg nem erősített vallomás; 진술을 ~하다 megalapozza az állítást; 사실을 ~하는 증거를 확보하다 bizonyítékot szerez a tény alátámasztására; 그에게는 형의 ~이 있었다 A bátyja támogatta őt.

뒷산 명 domb a falu végén, domb vkinek a háza mögött

뒷전 명 hátsó rész, hátulsó rész; ~으로 미루다 későbbre halaszt vmit

뒷짐 명 a kezei összekulcsolása a háta mögött; ~지다 a háta mögött összekulcsolja a kezeit

뒹굴다 동 fetreng; hentereg, hempereg; 잔디밭에서 ~ füvön hentereg / hempereg; 그녀는 낮에는 집에서 뒹군다 Napközben otthon fetreng / hentereg.

드나들다 동 be- és kimegy / jön; 사람들이 자주 ~ az emberek folyton jönnek-mennek; 우리 집에는 매일 드나드는 사람이 많다 Minden nap sok látogatónk van.

드넓다 형 hatalmas, széles, tágas; 드넓은 바다 hatalmas óceán

드높다 형 (nagyon) magas; 하늘에 드높이 magasan fenn az égen; 영업 방침에 대해 비난의 목소리가 ~ Az üzleti politikát hangosan bírálják.

드디어 부 végül, a végén, végül is, végső fokon; ~ 승리를 거두었다 Végül megszerezte a győzelmet.; 우리는 ~ 산 정상에 도달했다 Végül is elértük a hegy tetejét. ☞ **마침내**

드라마 명 dráma, sorozat; 텔레비전 ~시리즈 tévésorozat

드라이브-하다 동 kocsikázik, autózik; 그들은 자동차로 ~를 나갔다 Elmentek kocsikázni egyet.

드러나다 동 ismertté válik; napvilágra kerül; felmerül; feltárul, megmutatkozik; 업적이 ~ vkinek az eredményei ismertté válnak; 술을 마시면 본성이 드러난다 A bor / az alkohol feltárja az ember valós énjét.; 거짓말이 ~ lelepleződik vkinek a hazugsága, kitudódik a csalárdsága; 죄상이 하나하나 ~ A bűnténnyel kapcsolatos tények sorban napvilágot látnak.

드러내다 동 megmutat, elárul vmit; 이를 ~ a fogait mutatja, vicsorog, kimutatja a foga fehérjét; 본색을 ~ elárulja igazi arcát / jellemét; 비밀을 ~ elárulja a titkot

드러눕다 동 lefekszik; 드러누워서 책을 읽다 fekve olvas könyvet

드럼 명 dob

드리다 동 ❶ átad, odaad, ajándékoz; felajánl; 선생님께 선물을 ~ ajándékot ad / küld a tanárának; 아버지께 진지를 ~ vacsorát szolgál fel az apjának; 싸게 드리죠 Olcsón adom.; 기도를 ~ imádkozik vkihez ❷ 보여 ~ megmutat vmit vkinek; 알려 ~ tájékoztat vkit vmiről; 어머니 일을 도와드려라 Segíts az anyukádnak a munkájában!; 그분께 길을 가리켜 드렸다 Megmutattam annak az úrnak az utat. ❸ fon, sodor; 댕기를 ~ copfba fonja vkinek a haját; 세 겹으로 밧줄을 ~ háromfonalú kötelet készít

드리우다 동 függ, csüng, leereszt; 커튼을 ~ leereszti a függönyt; 그림자를 ~ árnyékot vet vmire

드물다 형 ritka, szokatlan; kevés; 인가가 ~ ritkán lakott; 그가 약속 시간에 늦는 일은 ~ Szokatlan volt számára, hogy késik a kitűzött időhöz képest.; 그녀는 보기 드문 미인이다 Ritka szépség.; 사막에서는 비가 오는 일이 ~ Ritkán esik a sivatagban.

드세다 형 túlfűtött, energikus; 드센 사람 túlfűtött ember

득 명 profit, nyereség, haszon; 그런 것을 해도 조금도 ~이 되지 않는다 Nem lesz semmi hasznod belőle, ha megteszed. ☞ **이득**

득실 명 nyereség és veszteség; ~을 고려하다 felméri a nyereséget és veszteséget

득점 명 pontszerzés; gól (sport); ~을 하다 pontot szerez, elér vmit; ~없이 끝나다 gól nélkül ér véget a játék

득표수 명 a szavazatok száma; 그의 ~는 다른 후보자보다 훨씬 많았다 Szerzett szavazatainak száma sokkal magasabb volt, mint a többi jelöltté.

득표율 명 szavazati arány

득표-하다 동 szavazatokat szerez (nyer); ~ 명 szavazatok szerzése / nyerése; 남보다 많이 / 적게 ~하다 több / kevesebb szavazatot szerzett, mint mások

든든-하다 형 megbízható, biztonságos; ~한 사람 megbízható személy; 마음 ~하게 생각하다 nyugalomban érzi magát; biztonságban érzi magát; ~하게 먹다 teleeszi magát; 배가 ~하다 jóllakott, tele a hasa

듣다 동 hall, hallgat; fogad, teljesít; hat, működik; 강의를 ~ előadást hallgat; 라디오를 ~ rádiót hallgat; 음악을 ~ zenét hallgat; 들은 바에 의하면 a hallottak alapján; 부모의 말을 ~ szót fogad a szüleinek; 그는 내 충고를 듣지 않았다 Nem követte / fogadta meg a tanácsaimat; 이 약은 감기에 잘 듣는다 Ez a gyógyszer jó / hatásos a megfázásra.

들 명 mező; ~에 나가 일하다 mezőn dolgozik

들길 명 mezei ösvény

들꽃 명 vadvirág

들끓다 동 összezsúfolódik, forrong; 개미가 개미집에 들끓는다 A hangyák összezsúfolódnak a bolyban.; 시장에는 사람들이 들끓고 있다 A piac zsúfolásig van emberekkel.; 그 문제로 온 마을이 들끓었다 Az egész vidék forrongott a kérdés kapcsán.

들녘 명 sík vidék, mező

들다 동 물이 ~ befolyik, becsorog; 범위 안에 ~ beleesik, belekerül; 볕이 ~ besüt; 병이 ~ megbetegedik, beteg lesz; 빨간 잉크로 물이 ~ piros tintával színeződik a víz; 맛이 ~ ízesebbé válik; 잠자리에 ~ aludni megy, lefekszik; 간밤에 도둑이 들었다 Egy betörő behatolt a házamba

ㄷ

tegnap éjjel.; 보험에 ~ biztosítást köt vmire; 감기가 ~ megfázik; 밑천이 ~ sok pénzbe kerül; 힘이 ~ kemény munkát igényel; 멍이 ~ megsebesül, kék-zöld foltos lesz; 잡념이 ~ haszontalan / világias gondolatok áldozata; 정신이 ~ visszanyeri az eszméletét; 철이 ~ megjön az esze, megfontolttá válik; 풍년 / 흉년이 ~ jó / rossz termés van idén; 마음에 드는 집 tetszetős ház; 저 그림이 마음에 든다 Az a kép tetszik nekem.; 아무의 편을 ~ vkinek a pártjára áll; 칼이 잘 든다 jól vág egy kés; 나이가 ~ idősödik, öregszik, vénül; 손에 지팡이를 ~ sétapálcát visz / fog; 손에 책을 ~ könyvet tart a kezében; 무거운 돌을 ~ felemel egy nehéz követ; 손을 ~ felemeli a kezét; 손 들어! Kezeket fel!; 예를 ~ mond / felhoz egy példát; 맛있게 드십시오 Jó étvágyat!

들뜨다 동 feljön; izgul; 장판이 습기로 ~ a laminált padló a nedvesség miatt feljött; 아이들이 내일 있을 소풍으로 들떠있다 A gyerekek izgulnak a holnapi kirándulás miatt.

들락거리다 동 ingázik, ki- és bemegy / jön

들려오다 동 hallatszik, behallatszik; 멀리서 음악소리가 들려온다 Messziről hallatszik a zene.

들려주다 동 이야기를 ~ elmesél egy történetet

들르다 동 meglátogat vkit, beugrik vkihez; 시간이 있거든 나에게 한번 들러라 Ugorj be, látogass meg, ha van időd!

들리다 동 ❶ hallatszik; hall; hangzik; hírlik; 천둥소리가 들린다 mennydörgés hallatszik; 전화가 잘 들리지 않는다 Nem hallható tisztán a telefon hangja.; 그는 오른쪽 귀가 잘 들리지 않는다 Nem hall jól a jobb fülére.; 들리는 바에 의하면 a hallottak alapján; 역설적으로 ~ ellentmondásosan hangzik; 그들이 이혼했다는 소문이 들린다 Úgy hírlik, elváltak. ❷ 귀신이 ~ meg van babonázva, megszállta az ördög; 감기가 ~ megfázástól szenved, megfázik, influenzás lesz ❸ felemelkedik, felszáll, felvisz; 몸이 공중에 ~ felemelkedik a levegőbe; 보따리를 ~ csomagot vitet vkivel

들소 명 bivaly

들어가다 동 bemegy, belép; 방으로 ~ bemegy / belép egy szobába; 정문으로 ~ a főbejáraton lép be; 바늘귀에 실이 ~ be van fűzve egy cérna a tűbe; 회사에 ~ belép egy céghez; 대학에 ~ felvételt nyer az egyetemre; 돈이 ~ pénz kell / szükséges vmihez; 움푹 ~ besüllyed; 이 방은 오십 명이 들어간다 Ez a szoba 50 férőhelyes.; 요금에는 세금도 들어가 있다 Az ár az áfát is tartalmazza.; 이 음료에는 알코올이 들어가 있지 않다 Ez az ital nem tartalmaz alkoholt.

들어내다 동 kivisz, kihoz; 뜰에 의자를 ~ kivisz a kertbe egy széket

들어맞다 동 illeszkedik; egyetért vmivel, összhangban van vkivel, megegyezik vkivel; igaza van; 두 사람의 의견이 들어맞는다 A két ember véleménye megegyezik / egybevág.; 꿈 / 예언이 ~ valóra válik egy álom / jóslat; 예상이 ~ egy feltevés beigazolódik / igaznak bizonyul

들어서다 동 bemegy, belép; 집 안으로 ~ belép egy házba; 번화가에는 큰 건물들이 들어섰다 Számos hatalmas épület állt a forgalmas utcán.

들어앉다 동 bemegy és leül; visszavonul, hátravonul; 이리 들어앉아라 Gyere be és ülj le bentebb!; 사업을 그만두고 ~ visszavonul az üzleti élettől / üzlettől

들어오다 동 bejön, belép, betör; jut; 수입이 ~ bevételt kap; 눈에 ~ feltűnik, láthatóvá válik; 귀에 ~ a fülébe / tudomására jut; 도둑이 ~ betörő járt vki házában; 사원 한 사람이 새로 들어왔다 Új tag csatlakozott a cégünkhöz.; 월 100 만원의 수입이 ~ Egymillió vonos havi bevétele van.

들어차다 동 megtelik vmivel; tele van vmivel; 이곳은 집들이 들어찼다 Ez egy beépített terület.; 방에 사람이 ~ A szoba tele van emberekkel.

들여놓다 동 behoz, bevisz; készletet gyűjt vmiből, felhalmoz vmit; 차고에 차를 ~ bevisz egy autót a garázsba; 책상을 이 방에 들여놓으시오 Hozd be az íróasztalt ebbe a szobába!; 발을 ~ benne van, tagja lesz vminek; 정계에 발을 ~ elindul a politikai pályán, nekifog a politikai karriernek

들여다보다 동 belenéz, benéz, beleles, belekukkant; benéz, megáll, meglátogat; 자세히 ~ gondosan megvizsgál 빤히 ~ folyamatosan bámul, szemez vkivel; 방안을 ~ bekukucskál / bekandikál egy szobába; 열쇠 구멍으로 ~ átnéz / benéz a kulcslyukon

들여다보이다 동 átlátszik; 속이 들여다보이는 거짓말 nyilvánvaló, átlátszó, leplezetlen hazugság; 속이 빤히 들여다보이는 짓을 하다 átlátszó / gyenge csellel él

들여보내다 동 beenged vkit; 뒷문으로 ~ a hátsó ajtón enged be vkit a házba; 통행권을 가진 사람만을 ~ beengedi az engedéllyel rendelkezőket

들여오다 동 behoz, bevisz; 미국에서 밀을 ~ Búzát hoz be Amerikából.

들이다 동 beenged; alkalmaz; 가정부를 ~ bentlakó házvezetőnőt alkalmaz; 맛을 ~ hozzászokik az ízhez, megszokik egy ízt; 자동차에 길을 ~ bejáratja az autót; 힘을 ~ erőfeszítéseket tesz, minden erejét beleadja; 사람을 방에 들이지 않다 senkit sem enged be a szobájába; 도박에 맛을 ~ rákap / rászokik a (szerencse)játékra; 옷 / 머리에 검정물을 ~ befesti a ruháit / haját feketére; 돈을 ~ pénzt költ

들이닥치다 동 beront vhová, rátör, ráront vkire/vmire; 마을에 폭풍이 들이닥친다 vihar rátör / ráront a vidékre; 뜻하지 않은 손님이 ~ váratlan vendégek esnek be

들이대다 동 felhoz, emel, szegez; 권총을 ~ revolvert szegez vkire, revolvert emel / fog vkire; 증거를 ~ bizonyítékot hoz fel vki ellen

들이마시다 동 megiszik, vedel; belélegez, inhalál, beszív; 물을 ~ vizet vedel; 맥주 한 컵을 단숨에 ~ egy húzásra megiszik egy egész üveg sört; 신선한 공기를 ~ friss levegőt szív be; 담배연기를 깊이 ~ cigarettafüstöt szív le

들이쉬다 동 belélegez, inhalál, beszív; 숨을 깊이 ~ mélyen belélegzik

들이켜다 동 megiszik vmit; 물을 꿀꺽꿀꺽 ~ vizet kortyol; 단숨에 ~ egy kortyra / szuszra / húzásra megiszik egy üveg bort

들쥐 명 mezei egér

들추다 동 leleplez, elárul, felfed; 남의 비밀을 ~ leleplezi / elárulja másnak a titkait; 정체를 ~ felfedi vki igazi / valódi jellemét

들키다 동 lelepleződik, lebukik; 훔치다 ~ lebukik a lopás közben; 우산을 훔치다가 ~ Elkapták egy esernyő elcsenése közben.

들판 명 mező; ~에 나가 일하다 a földön / mezőn dolgozik

듬뿍 부 vastagon; 빵에 버터를 ~ 바르다 vastagon vajat ken a kenyérre, vastagon megvajaz egy kenyeret

듬성듬성 부 gyéren, ritkán; 머리가 ~ 나다 ritkán / gyéren nő a haj; 나무를 ~ 심다 gyéren ülteti a fákat

듯싶다 úgy néz ki, úgy tűnik, úgy látszik; 주인인 듯싶은 사람이 나왔다 A házigazdának látszó férfi kijött.

듯-하다 látszik vmilyennek; 정직한 사람인 ~하다 becsületes embernek látszik; 그녀는 병든 ~하다 Betegnek látszik.; 발화 장소는 부엌인 ~하다 Úgy tűnik, hogy a tűz a konyhában tört ki.; 비가 올 ~하다 Valószínűleg esni fog. Eső várható.; 잡지기사는 정말인 ~하다 Igaznak tűnik / látszik, amit az újság mond.; 저것은 트럼펫 소리인 ~하다 Ez trombitának hangzik.; 어머니는 그 소식을 듣고 안심하신 ~했다 Az anyám megkönnyebbültnek látszott a hír hallatán.; 그는 아직 살아있는 ~하다 Úgy látszik, még életben van.; 이제라도 비를 퍼부을 ~한 구름 vészjósló felhők; 금방 피어날 듯한 장미 egy rózsa éppen kész kinyílni; 슬퍼서 가슴이 미어질 ~했다 A szívem majd megszakad a bánattól.; 비가 쏟아질 ~하다 Esőre áll.; 가랑잎에 불붙는 ~하다 lángra lobban, mint a gyújtós / kanóc; 다람쥐 쳇바퀴 도는 ~하다 Körbe-körbe, mint egy mókus a mókuskerékben; 구렁이 담 넘어가는 ~하다 kimagyarázza magát; 가난한 집에 제사 돌아오는 ~하다 Szegény embert az ág is húzza.

등[1] 명 hát; ~을 돌리다 hátat fordít vminek; 의자의 ~ széktámla

등[2] 명 lámpa, villany; ~을 켜다 meggyújt egy lámpát; ~을 끄다 leoltja / lekapcsolja a villanyt / lámpát; ~이 꺼졌다 kiment a világítás

등[3] így tovább; 그들은 나의 연령, 성명 ~을 물었다 Megkérdezték a korom, a nevem, és így tovább.

등고선 명 magassági vonal, szintvonal; ~을 넣다 / 표시하다 szintvonalakkal jelez / ábrázol; ~ 지도 szintvonaltérkép, szintvonalas térkép

등골 명 a gerinc(oszlop) vonala / íve; gerincvelő; 나는 ~이 오싹했다 Végigfutott a hideg a hátamon.; 자금을 조달하느라 ~이 빠지게 일하다 Minden tőle telhetőt megtesz, hogy előteremtse a pénzt az üzletre.; ~을 빼다 kihasznál vkit, kiszipolyoz vkit

등교-하다 동 iskolába megy; ~ 명 iskolába menet; ~ 시에는 차조심해라 Úton az iskolába figyelj a közlekedési lámpákra!

등급 명 osztály, szint, fok, rang, fokozat; ~을 매기다 osztályoz, rangsorol, besorol, kategorizál; 이 상품에는 품질에 따라 ABC로 ~이 매겨져 있다 Ezek az árucikkek A, B és C kategóriákra vannak osztva a minőségük szerint. Ezek az árucikkek A, B és C kategóriákba vannak besorolva minőségüktől függően.

등기-하다 동 be van jegyezve, regisztrál, bejegyez; ~ 명 regisztráció, bejegyzés; ~가 되어있다 be van jegyezve, iktatva van; 그는 새로 지은 집을 자기명의로 ~했다 Az ő nevén van bejegyezve az újonnan épített ház / a nemrégiben épített ház.

등대 명 világítótorony

등대지기 명 világítótorony-őr

등댓불 명 (világítótorony) jelzőfény

등등 és a többi, stb.; 그녀는 자동차를 사야한다 집을 사야한다는 ~의 요구를 하고 있다 Követeli, hogy vegyek egy autót, egy házat, stb.

등록금 명 regisztrációs díj, tandíj

등록-하다 동 bejegyez, beír, beiktat, regisztrál, bejelentkezik, nyilvántartásba vesz: ~ 명 be- jegyzés, regisztráció, regisztrálás, nyilvántartásba vétel; 주민 ~ lakossági nyilvántartás; 회원으로 ~하다 tagként bejegyez / beír, tagként regisztrál; 그 디자인은 특허청에 ~되어 있다 A modell a Szabadalmi Hivatalnál van bejegyezve / regisztrálva.

등받이 명 háttámla

등본 명 hivatalos másolat; 호적 ~ születési nyilvántartás / anyakönyv másolata, kivonata; ~을 신청하다 születési anyakönyv másolatát / kivonatát kikéri

등불 명 (lámpa)fény; ~을 켜다 felkapcsolja / bekapcsolja a lámpát, felgyújtja; ~을 끄다 kikapcsolja a lámpát; ~ 아래서 글을 읽다 lámpafénynél olvas, lámpafény mellett olvas

등뼈 명 (hát)gerinc; ~ 동물 csigolya

등산가 명 hegymászó, alpinista

등산객 명 hegyi túrázó

등산로 명 hegyi ösvény, hegyi út; 이 산에는 ~가 셋 있다 Ezen a hegyen három ösvény van.

등산-하다 동 hegyet mászik; ~ 명 hegymászás; 나는 때때로 혼자 ~을 간다 Néha egyedül megyek hegyet mászni.

등산화 명 hegymászó bakancs, túracipő

등식 명 egyenlőség (matematikai)

등심 명 hátszín; ~ 스테이크 hátszínsült, vesepecsenye

등용-하다 동 alkalmaz, felvesz; ~ 명 alkalmazás, felvétel; 인재를 ~하다 tehetséges embereket alkalmaz

등잔 명 lámpaolajtartály, lámpa; ~ 밑이 어둡다 A lámpa alatt van a legsötétebb.

등잔불 명 petróleumlámpa fénye

등장인물 명 szereplők, karakterek

등장-하다 동 megjelenik, feltűnik, belép; ~ 명 belépés, megjelenés; 신무기의 ~ az új fegyverek megjelenése / feltűnése

등줄기 명 a gerinc(oszlop) vonala / íve; ~에 식은땀이 흘렀다 Hideg verejték csorgott a gerincemen.

등지다 동 eltávolodik, elhagy, otthagy; hátat fordít; 벽을 등지고 서다 háttal áll a falnak, hátát a falnak veti; 고향을 ~ elhagyja otthonát; 세상을 ~ elmenekül / elzárkózik a világtól, elrejtőzik / elbújik a világ elől; 서로 등진지 오래다 Régóta elfordultak / eltávolodtak egymástól.

등한시-하다 동 elhanyagol vkit / vmit, nem törődik vkivel / vmivel; 교육을 ~하다 elhanyagolja a tanulmányait / képzését.

디디다 동 lép; 외국 땅에 발을 ~ külföldre megy; 정계에 발을 ~ politikai pályára lép

디딤돌 명 lépcsőfok, dobbantó; kapaszkodó; ~을 밟고 fellépve a lépcsőfokra; 실패를 성공의 ~로 삼다 A kudarcát lépcsőfoknak tekinti / tartja a sikerhez.

디렉터리 명 címjegyzék, tartalomjegyzék

ㄷ

디자이너 명 dizájner, stylist, divattervező

디자인-하다 동 divattervet készít; ~ 명 divattervezés; 이 옷은 김씨의 ~에 따라 만든 것이다 Ez a ruha Kim úr terve alapján készült.

디지털 명 digitális

딛다 동 ☞ **디디다**

딜레마 명 dilemma; ~에 빠지다 dilemmába kerül / ragad

따갑다 형 szúró / csípő / égő fájdalma van; 눈이 ~ szúró fájdalom van a szemében; 뙤약볕에 살이 ~ A bőrén érzi a tűző napsugarat.; 벌한테 쏘인 데가 ~ Égő fájdalom a méhcsípés helyén.

따끔-하다 형 szúró, éles; keserű; 바늘로 ~하게 찌르다 megszúr egy tűvel; ~한 맛을 보다 keserű tapasztalata van

따다 동 leszed, letép; kap, nyer, megszerez, átvesz; 꽃을 ~ letép / leszed egy virágot; 금메달을 ~ aranyérmet nyer / szerez; 면허를 ~ jogosítványt megszerez; 학위를 ~ egyetemi diplomát szerez / átvesz; 노름에서 돈을 ~ pénzt nyer a szerencsejátékban

따돌리다 동 kihagy, mellőz, kizár, kiközösít; 나를 따돌리고 저희들끼리만 모임을 가졌다 Kizártak engem a találkozójukról.; 그는 반 친구들에게 따돌림을 받고 있다 Kiközösítették az osztálytársai.

따뜻-하다 형 meleg, langyos; enyhe; 마음이 ~하다 melegszívű; 색이 ~하다 meleg szín; ~한 겨울 enyhe tél; ~한 날씨 meleg idő; ~해지다 felmelegszik; 오늘은 ~하다 ma meleg idő van; 우선 ~한 대접에 감사 드립니다 Először is szeretném megköszönni a szívélyes vendéglátást.

따라가다 동 követ vkit, vki után megy; 아버지를 ~ az apját követi; 강의가 너무 어려워서 따라갈 수 없었다 Az előadás túl nehéz volt, azért nem tudtam követni.

따라다니다 동 fut / szalad / jár vki után; a nyomában van; 여자 꽁무니를 ~ fut egy lány után, egy lány után jár / mászkál; 형사가 ~ a nyomában van egy nyomozó

따라붙다 동 megközelít; utolér, elér; 순찰차가 우리 차를 따라붙고 있었다 Egy rendőrségi autó közelít felénk.

따라오다 동 követ; utolér; 나를 따라 오너라 Kövess!; 영어에서 네가 날 따라오려면 아직 멀었다 Még hosszú idő lesz, míg utolérsz engem angolból.

따로 부 külön, elválasztva, ezenfelül; ~ 살다 külön él, elválasztva él; 방을 ~ 잡아두다 vkinek külön fenntart egy szobát; 방세는 5만 원이고 식비는 ~ 낸다 A szállás 50.000 vonba kerül, ezenfelül az ellátás.

따로따로 부 külön, elválasztva, különkülön, egyénileg; ~ 돌아가다 külön megy; 그 형제는 ~ 살고 있다 A fivérek külön laknak.; 계산은 ~해 주세요 Külön kérjük a számlát, legyen szíves!

따르다[1] 동 követ, vki után jár; engedelmeskedik, szót fogad vkinek; 대세를 ~ az általános / fő irányvonalat követi, úszik az árral; 유행을 ~ követi a divatot, fut a divat után; 지시에 ~ mások utasításait követi; 다수결에 ~ aláveti magát a többség döntésének; 이 개는 누구에게나 잘 따른다 Ez a kutya bárkinek könynyen engedelmeskedik.

따르다² 동 önt, tölt; 주전자의 물을 ~ vizet önt ki egy kannából; 잔에 와인을 ~ megtölt egy poharat borral

따사롭다 형 kellemes meleg; 햇살은 ~ kellemes meleg van a napon; 봄의 따사로운 햇살을 받고 산책했다 Tettem egy sétát a meleg tavaszi napsütésben.

따스-하다 형 langyos meleg; ~한 날씨 langyos idő; ~한 방 meleg szoba

따지다 동 kiszámol; magyarázatot követel vmi miatt; 사실 여부를 ~ kivizsgálja az ügy valóságát; 비용을 ~ kiszámolja a költségeket

딱 부 csak; pontosan; határozottan; 막대기로 ~ 때리다 bottal ütlegel vkit, bottal elver / elpüföl vkit, bottal laposra ver vkit ; 놀라서 입을 ~ 벌리다 csodálkozásában a szája is tátva marad; 옷이 ~ 맞다 a ruha tökéletesen illik rá; ~ 3시에 시작하다 pontosan háromkor kezd; ~ 한마디만 하다 csak egy szót mond; ~ 잘라 거절하다 határozottan elutasítja, kereken visszautasít / megtagad vmit

딱딱-하다 형 kemény, szilárd, merev; kényelmetlen, nyomasztó, feszült; ~한 의자 / 침대 kemény szék / ágy; ~한 껍질 szilárd / kemény héj; ~한 분위기 nyomasztó hangulat

딱지 명 var, heg; 상처에 ~가 지다 var / heg képződik egy seben; ~가 떨어지다 a var leválik / lehámlik egy sebről

딱-하다 형 sajnálatos, szánalmas, sajnálatra / szánalomra méltó, fájdalmas; ~하게 여기다 sajnál / szán vkit; 그 광경은 보기에도 ~했다 Még ránézni is fájdalmas volt.

딴 내 ~은 ami engem illet; részemről; szerintem; 그는 제 ~엔 잘한다고 생각하고 있다 Azt képzeli / hiszi / gondolja, hogy jól csinálja.

딴판 más; 내 예상과는 ~이다 Ez teljesen más, mint amit vártam.

딸 명 vkinek a lánya; 막내 ~ a legkisebb lánya; ~을 낳다 kislányt szül; ~을 시집보내다 férjhez adja a lányát

딸기 명 eper, szamóca; ~를 따다 epret szed; ~밭 eperföld; ~잼 eperlekvár

딸꾹질-하다 csuklik; ~ 명 csuklás; ~을 시작하다 csuklani kezd; ~을 참다 elfogja a csuklás

딸리다 동 tartozik vhova, kötődik vhova; 이 열차에는 식당차가 딸려있다 Egy étkezőkocsi van a vonathoz csatolva.

땀 명 izzadság, veríték; 구슬~ verejtékgyöngyök; 식은~ hideg veríték; éjszakai izzadás; 진~ kínos / kellemetlen izzadás; ~을 흘리다 izzad, verejtékezik; ~을 뻘뻘 흘리다 úszik az izzadságban; 이마의 ~을 씻다 letörli a verítéket a homlokáról; 옷에 ~이 흠뻑 젖다 a ruhái átáztak az izzadtságtól; 그는 이마에 구슬~을 흘리고 있었다 Verejtékcseppek voltak a homlokán.

땅 명 föld; terület; telek; talaj; ~을 파다 földet ás; ~에 묻다 eltemet a földbe; 기름진 ~ termőföld; 메마른 ~ terméketlen föld; 그의 명성은 ~에 떨어졌다 Teljesen elvesztette a hírnevét.

땅값 명 telek ára

땅거미 명 alkonyat, szürkület; ~질 때에 alkonyatkor, szürkületkor

땅굴 명 alagút; ~을 파다 alagutat ás

땅바닥 명 csupasz föld; ~에 앉다 a csupasz földre ül le

땅볼 명 földön guruló labda; ~을 치다 / 잡다 földön guruló labdát üt / kap el

땅콩 명 földimogyoró

땅투기 명 földspekuláció, ingatlanspekuláció

땋다 동 copfba fon, befon (hajat); 머리를 땋아 늘이다 copfban / fonatban hordja a haját

때[1] 명 idő; eset, helyzet, egy pillanat; ~가 되면 a kellő / megfelelő időben, idejében; ~를 가리지 않고 mindenkor, bármikor, minden időben; ~를 정하여 meghatározott időben; 이제 자야할 ~다 Itt az ideje lefeküdni / aludni menni.; 꽃 필 ~ a virágzás ideje / időszaka; 그가 젊었을 ~ ifjúsága idején, fiatalkorában, amikor fiatal volt; ~에 따라서 az alkalomhoz illően, ahogyan az alkalom megkívánja; 그런 쓸데없는 말을 하고 있을 ~가 아니다 Nincs ideje az ilyen haszontalan beszélgetésnek.; 바로 그 ~ 구급차가 왔다 Abban a pillanatban érkezett meg a mentőautó.; 다른 ~ máskor; 어렸을 ~부터 gyermekkora óta; ~를 거르다 evés nélkül megy el

때[2] 명 piszok, kosz, mocsok; 물~ vízkő; ~가 많은 piszkos, mocskos, szennyes, kormos; 옷에서 ~가 빠진다 ruhából eltűnik / kijön a kosz; ~가 묻다 kosz van (rajta), koszos; ~ 묻지 않은 tiszta, ártatlan, makulátlan

때다 동 석탄 / 나무로 불을 ~ szénnel / fával fűt, melegít; 난로를 ~ tüzet rak a kályhában; 방에 불을 ~ befűt / bemelegít egy szobát

때때로 부 néha-néha, időnként; 틈이 있을 때 나는 ~ 그림을 그린다 Néha, amikor ráérek, képeket festek.; 그녀는 ~ 늦는다 Néha késik.

때려치우다 동 felad, felhagy, abbahagy, otthagy; 장사를 ~ otthagyja / feladja az üzletét; 직장을 ~ felmondja az állását

때리다 동 megüt vkit, megver, öklöz; pofon vág vkit; leüt vkit; megtámad; 머리를 ~ fejbe üt vkit; 뺨을 ~ arcon csap, felpofoz vkit; 주먹으로 마구 ~ ököllel ver, ütlegel vki

때마침 부 pont jó időben, a megfelelő időben, pont jókor, a kellő pillanatban; ~ 들어오다 éppen a kellő pillanatban jön be, éppen jókor jön be; ~ 나타나다 jól időzítve jelenik meg

때문 vki / vmi miatt; 나 ~에 miattam; 지진 ~에 a földrengés miatt; 무엇 ~에 왔느냐 Miért jöttél? Mit keresel itt?; 비가 오기 ~에 안 가겠어요 Azért nem megyek, mert esik az eső.

때우다 동 ❶ forraszt, hegeszt; foltoz; 주전자를 ~ megforraszt egy kannát ❷ helyettesít; 도넛으로 점심을 ~ fánkkal helyettesíti a szokásos ebédet

땜질 명 forrasztás, hegesztés ☞ **때우다**

땔감 명 tűzifa

떠나다 동 elindul; elmegy; elhagy, elválik, eltávozik; kilép; 여행길을 ~ útnak indul, útra kel; 아침 일찍 ~ kora reggel indul; 고향을 ~ elhagyja szülőhelyét; 한국을 ~ elhagyja Koreát, távozik Koreából; 공직을 ~ visszavonul a közéletből; 회사를 ~ otthagyja a céget, kilép a cégből/cégtől; 세상을 ~ eltávozik ebből az életből, elhuny, meghal; 그 아이는 엄마 곁을 떠나지 않는다 A gyerek nem mozdul el az anyja mellől.

떠나보내다 동 elküld, elbocsát

떠내려가다 동 sodródva megy lefelé, lefelé úszik a vízen; 물에 채소들이 떠내려 갔다 A zöldségek sodródva mentek lefelé a vízen.

떠넘기다 동 ráerőltet vmit vkire, áthárít; 사장은 그 어려운 과제를 나에게 떠넘겼다 Az igazgató rám erőltette ezt a nehéz feladatot.; 책임을 다른 사람에게 ~ áthárítja a felelősséget másra

떠다니다 동 sodródik; 조류에 ~ sodródik az árral; 그 배는 키도 없이 바다 위에 떠다닌다 A hajó kormány nélkül sodródik a tengeren.

떠돌다 동 bebarangol; járja (a hír); 전국을 ~ bebarangolja az egész országot; 그 아주머니가 이혼했다는 소식이 떠돈다 Az a hír járja, hogy az asszony elvált.

떠돌아다니다 동 barangol, vándorol; 여기저기 ~ barangol ide-oda; 그 작가는 30년간 외국에서 떠돌아다녔다 Az író 30 évig utazgatott külföldön.

떠들다 동 lármázik, zajong; 왜 떠들어 Mit lármázol?; 떠들지 말아라 Ne lármázz!; 엄청나게 ~ szörnyen lármázik

떠들썩-하다 형 hangos, lármás, zajos; ~한 웃음 hangos nevetés; ~한 거리 lármás utca; ~한 무리 zajos társaság; 그 숲은 새들이 지저귀는 소리 때문에 ~했다 Az erdő hangos volt a madarak énekétől.

떠맡기다 동 megbíz; terhel; 그 일을 다른 사람에게 ~ a munkát másik emberre bízza, másik embert bíz meg a munkával; 나는 그 문제를 너에게 떠맡기고 싶지 않다 Nem akarlak terhelni téged a problémával.; 우편료를 고객에게 ~ a postaköltség a vevőt terheli

떠맡다 동 vállal; …에 대한 책임을 ~ vállalja a felelősséget vmiért; 비용을 ~ vállalja a költségeket; 과제를 ~ vállalja a feladatot; 일을 ~ munkát vállal; 사장직을 ~ vállalja az igazgatói munkát

떠먹다 동 kanalaz, kanállal eszik; 수프를 급히 ~ gyorsan kanalazza a levest

떠밀리다 동 tolódik; 군중들은 광장 왼쪽으로 떠밀렸다 A tömeg a tér bal oldalára tolódott.

떠받들다 동 felemel, magasba emel; tisztel; 어린애를 두 손으로 ~ felemeli a gyereket; 한국인들은 일반적으로 부모님을 떠받든다 A koreaiak általában tisztelik a szülőket.

떠받치다 동 megtámaszt; 버팀목이 지붕을 ~ a támpillér megtámasztja a tetőt

떠벌리다 동 eltúloz, felnagyít; nagyobbá tesz; 이야기를 ~ eltúlozza a történetet; 잔치를 ~ nagyobbá teszi az ünnepséget

떠보다 동 tapogatózik vkinél; 피터의 의도를 ~ tapogatózik Péternél a szándéka felől; 선생님의 생각을 ~ tapogatózik a tanárnál a gondolatai felől

떠오르다 동 felemelkedik; eszébe jut; 해가 바다 위로 ~ A nap felemelkedik a tenger fölé.; 나는 그 생각이 전혀 떠오르지 않았다 Az a gondolat egyáltalán nem jutott eszembe.

떠올리다 동 elképzel; 상황을 떠올려보아라 Képzeld el azt a helyzetet!

떡 명 (koreai) rizssütemény; ~을 빚다 rizssüteményt készít

떡갈나무 명 tölgyfa; ~ 상자 tölgyfa doboz; ~ 가구 tölgyfa bútor; ~ 잎 tölgyfalevél; ~ 숲 tölgyerdő

떡국 명 rizssütemény-leves; ~을 끓이다 rizssütemény-levest főz

떡시루 명 rizssüteményt pároló edény

떨구다 동 lehajt; 고개를 ~ lehajtja a fejét

떨다 동 ❶ remeg, reszket; 온몸을 ~ egész testében remeg; 공포로 ~ remeg a félelemtől; 사시나무 떨듯 ~ remeg, mint a nyárfalevél; 추위로 ~ reszket a hidegtől ❷ eltávolít; 비듬을 ~ eltávolítja a korpát; 먼지를 ~ eltávolítja a port ❸ cselekszik; 방정을 ~ könnyelműen cselekszik

떨어뜨리다 동 ❶ ledob; 폭탄을 ~ ledobja a bombát; 고개를 ~ lehajtja a fejét ❷ elereszt, elenged; 공을 ~ elengedi a labdát ❸ elveszt, elveszít; 지갑을 ~ elveszti a pénztárcát ❹ csökkent, lassít; 속도를 ~ csökkenti a sebességet, lassítja a tempót

떨어지다 동 ❶ leesik, lezuhan; 나무에서 ~ leesik a fáról; 가격이 ~ leesik az ár; 애가 ~ abortál ❷ csökken; 가치가 ~ csökken / leromlik az érték ❸ sötétedik; 해가 ~ sötétedik az ég ❹ elveszt; 인기가 ~ elveszti a népszerűségét ❺ nem sikerül; 시험에서 ~ nem sikerül a vizsga, megbukik a vizsgán ❻ elfogy; 돈이 ~ elfogy a pénz ❼ átesik (betegségen), meggyógyul; 감기가 ~ átesik a náthán

떨치다 동 ❶ elterjed; 천하에 명성을 ~ elterjed a hírneve az egész világon; 추위가 맹위를 ~ rettentően hideg ❷ elhesseget; 사악한 생각을 ~ elhessegeti a gonosz gondolatot

떳떳이 부 becsületesen, becsületre méltóan; ~ 행동해라 Cselekedj becsületesen!

떳떳-하다 형 becsületes, becsületre méltó, tisztességes; ~한 방법 becsületes módszer; ~한 요구 becsületes kérés; ~한 행동 tisztességes cselekedet

떵떵거리다 gazdagon él; 그는 로토에 당첨된 후 떵떵거리며 산다 Miután nyert a lottón, gazdagon él.

떼 명 ❶ csoport, banda, csőcselék, tömeg; ~ 지어 오다 tömegesen jön; 양~ juhnyáj; 말~ ménes; 소~ gulya; 물고기~ halraj; 사냥개~ vadászkutya falka; 새~ madárraj ❷ gyep; ~를 입히다 gyeptéglával befüvesít ❸ nógatás; ~를 쓰다 nógat vkit vmiért

떼다 동 eltávolít, leszed; 우표를 ~ eltávolítja a bélyeget; 팜플렛을 ~ eltávolítja a plakátot

떼어놓다 동 szétválaszt, kettéválaszt, szétszakít; 싸우고 있는 사람들을 ~ szétválasztja a veszekedő embereket; 사랑하는 두 사람을 ~ szétválasztja a szerelmespárt

뗏목 명 tutaj; ~을 엮다 tutajt összeállít / épít ; ~을 타고 건너다 tutajon átkel; ~을 타고 강을 내려가다 tutajon lehajózik a folyón; ~으로 물건을 옮기다 tutajon árut szállít

또 még; 그의 가족으로는 아버지 어머니가 있고 ~ 할아버지도 계시다 Él az apja, anyja és még a nagyapja is.; 그는 군인이요 ~ 학생이기도 하다 Ő katona és még diák is.; 비 오는데 ~ 바람까지 분다 Esik az eső, és még a szél is fúj.

또는 vagy; 내일 ~ 모레 holnap vagy holnapután; 이달 ~ 내달에 ebben a hónapban vagy a jövő hónapban; 그 사람이나 ~ 내가 갈 것이다 Ő vagy én fogok menni.

또다시 부 ismét, megint, újra, még; 그는 오늘 ~ 나타나지 않았다 Ő ma megint nem jelent meg.; 일을 ~ 시작하다 ismét elkezdi a munkát; ~ 뵙겠습니다 Látjuk még egymást!; ~ 한 번 még egyszer; ~ 무엇을 도와드릴까요 Segíthetek még valamiben? ~ 한 번 더 일러주시오 Még egyszer mondja el!; ~ 읽다 újraolvas ~ 침묵에 빠지다 ismét elcsendesedik; 이런 실책은 ~ 안 하겠습니다 Ilyen hibát még egyszer nem követek el.

또래 명 kortárs; 내 ~ kortársam; 내 나이 ~의 korombeli; 우리는 같은 ~이다 kortársak vagyunk

또렷-하다 형 ☞ **뚜렷하다**

또박또박 부 pontosan, helyesen; ~ 쓴 글씨 pontosan írott szöveg; ~ 쓰다 helyesen ír; ~ 세다 pontosan számol; ~ 제시간에 오다 pontos időben jön; 빚을 ~ 갚다 pontosan visszafizeti a tartozást

또한 sőt is; 그 책은 재미도 있고 ~ 교훈적이다 Az a könyv érdekes, sőt tanulságos is.; 그는 용기도 있고 ~ 슬기도 있다 Ő bátor, sőt okos is.; 그녀는 아름다울 뿐 아니라 ~ 착하다 Az a nő nemcsak szép, hanem még jóindulatú is.; 나 ~ 그런 일은 하기 싫다 Én sem akarok olyan munkával foglalkozni.; 그것 ~ 문제다 az is probléma; 이것 ~ 쉽지 않다 ez sem könnyű

똑같다 형 ugyanaz, ugyanolyan, azonos; 똑같은 종류 ugyanaz a fajta, azonos fajta; 완전히 ~ teljesen ugyanolyan; 두 사람은 똑같은 날에 죽었다 Mindketten ugyanazon a napon haltak meg.; 우리는 똑같은 것을 생각했다 Ugyanarra gondoltunk.; 네 전화번호는 아직 똑같니 Még mindig ugyanaz a telefonszámod?

똑같이 부 ugyanúgy, ugyanígy; 나는 너와 ~ 할 것이다 Ugyanúgy fogok tenni, mint te.

똑똑-하다 형 ügyes, okos; ~한 사람 okos ember; ~한 생각 okos gondolat; ~한 처사 okos viselkedés

똑바로 부 ❶ egyenesen; ~ 가다 egyenesen megy; ~ 서다 egyenesen áll ❷ helyesen, pontosan; ~ 쓰다 helyesen / pontosan ír; ~ 살아가다 helyesen él; ~ 말하다 pontosan mond vmit; igazat mond vmiről; 사물을 ~ 봐라 Helyesen / Figyelmesen nézd a dolgokat!

똥 명 széklet, szar, ürülék; ~을 누다 / 싸다 székel, szarik, ürít; 배변에는 문제가 없습니까 Rendben van a széklete?

똥구멍 명 végbélnyílás, ánusz

뚜껑 명 fedél, fedő; 상자 ~ dobozfedél, 그릇 ~ edény fedője; 그 ~을 열어라 Emeld fel / Nyisd ki az edény fedőjét!

뚜렷이 부 feltűnően, határozottan, tisztán, élénken; ~ 감소하다 határozottan csökken; ~ 구별되다 világosan különbözik; ~ 인쇄하다 tisztán nyomtat; ~ 기억하다 élénken / tisztán emlékszik

뚜렷-하다 형 feltűnő, világos, élénk, eleven, nyilvánvaló, éles; ~한 구별 feltűnő különbség; ~한 기억 élénk emlékezet; ~한 묘사 eleven leírás; ~한 사실 nyilvánvaló valóság; ~한 대조 éles ellentét; 두 낱말 사이에는 ~한 차이가 있다 A két szó között nyilvánvaló különbség van.

뚜렷해지다 동 nyilvánvalóvá válik, napvilágra kerül; 그의 범죄사실이 뚜렷해졌다 A bűne nyilvánvalóvá vált. A bűne napvilágra került.

뚝배기 명 zománctalan agyagedény

뚫다 동 ❶ kifúr, átfúr, lyukat fúr, lyukat csinál; 귀를 ~ kifúratja a fülét; 이빨에

구멍을 ~ kifúrja a fogat; 추위가 뼈 속까지 뚫고 들어가다 a csontja velejéig átjár vkit a hideg ❷ legyőz, leküzd; 난관을 ~ legyőzi a nehézséget ❸ kijátszik, elkerül vmit; 법망을 ~ kijátssza a törvényt; 감시를 ~ vmi elkerüli vkinek a figyelmét

ㄷ

뚫리다 동 átfúródik; 터널이 ~ átfúródik az alagút; 벽에 큰 구멍이 ~ átfúródik a fal, nagy lyuk keletkezik a falon

뚱뚱-하다 형 kövér, hájas, elhízott, testes; 돼지처럼 ~하다 kövér, mint egy disznó; ~보 hájas alak, dagi; ~한 여자 kövér nő

뛰기 명 ugrás, szökés; 멀리 ~ távolugrás; 높이 ~ magasugrás; 제자리 ~ helyből ugrás

뛰놀다 동 ugrándozik, szökdécsel, ugrabugrál; 아이들이 놀이터에서 뛰놀고 있다 A gyerekek ugrándoznak a játszótéren.

뛰다[1] 동 ❶ fut; 1 킬로미터를 ~ egy kilométert fut ❷ ugrik; 기뻐서 ~ örömében ugrik; 가볍게 ~ könnyedén ugrik ❸ felszökik; 서울의 부동산 가격이 ~ felszöknek a szöuli ingatlanárak; 기름 가격이 ~ felszökik az olaj ára ❹ dobog, lüktet; 가슴이 ~ dobog a szív; 맥박이 ~ lüktet az ér

뛰어가다 동 szalad, fut, rohan; 집으로 ~ hazaszalad; 목표점을 향해 ~ a cél felé fut

뛰어나가다 동 kiszalad, kifut, kirohan; 거리로 ~ kiszalad az utcára; 방에서 ~ kifut a szobából; 짐승이 우리에서 ~ az állat kirohan a / ketrecből

뛰어나다 형 kiváló, nevezetes, kitűnő, kiemelkedő; 뛰어난 사람 kiváló ember; 뛰어난 인물 nevezetes személy; 뛰어난 재능 kitűnő tehetség; 뛰어난 학자 kiemelkedő tudós; 그는 수학에 ~ Ő kiváló matematikából.

뛰어나오다 동 ☞ **뛰어나가다**

뛰어내리다 동 leugrik; 말에서 ~ leugrik a lóról; 창문에서 ~ kiugrik az ablakon; 2층에서 ~ leugrik az emeletről; 그는 달리는 기차에서 뛰어내렸다 Leugrott a száguldó vonatról.

뛰어넘다 동 átugrik; kihagy; 담장을 ~ átugrik a kerítésen; 장애물을 ~ átugrik az akadályon; 도랑을 ~ átugrik az árkon; 책의 지루한 부분들을 ~ kihagyja a könyv unalmas részeit

뛰어놀다 동 ☞ **뛰놀다**

뛰어다니다 동 ugrándozik, szökdécsel; lót-fut, szaladgál, futkározik; 강아지가 눈 위에서 ~ a kiskutya ugrándozik a havon; 일자리를 찾느라 온종일 뛰어다녔다 Egész nap lótott-futott, hogy munkát kapjon / találjon.; 우리는 기부금을 모으려고 뛰어다녔다 Szaladgáltunk adományt összegyűjteni.

뛰어들다 동 beugrik, beleugrik; 물에 ~ vízbe ugrik; 그는 사업에 뛰어들었다 Beleugrott egy vállalkozásba. Fejest ugrott egy vállalkozásba.

뛰어오다 동 futva jön; 한 아이가 우리에게 뛰어왔다 Egy gyerek futva jött hozzánk.; 나는 학교에서 집까지 뛰어왔다 Az iskolából futva jöttem haza.

뛰어오르다 동 felugrik, felemelkedik; 상자 위로 뛰어올라라! Ugorj fel a ládára! 휘발유 가격이 어제보다 2배 뛰어올랐다 A benzinár a kétszeresére emelkedett a tegnapihoz képest.

뜀틀 명 bak; ~을 뛰다 bakot ugrik; ~ 점프

연습 ugrógyakorlat a bakon

뜨거워지다 동 felmelegszik, felforrósodik; 방이 ~ felmelegszik a szoba

뜨겁다 형 forró, lángoló, heves, tűző, égő; 뜨거운 국 forró leves; 몹시 뜨거운 커피 nagyon forró kávé; 햇볕이 ~ tűz a napsugár; 목욕물이 지나치게 ~ túl meleg a fürdővíz; 부끄러워 얼굴이 ~ ég az arca szégyentől

뜨다 ❶ lassú; 동작이 ~ lassú a mozgás ❷ lebeg, úszik; 물 위에 떠 있는 나뭇잎 vízen lebegő falevél; 물에 거품이 ~ lebeg a buborék a vízen; 하늘에 구름이 ~ felhők úsznak az égen ❸ megposhad, megáporodik, (arc) sápadt és dagadt lesz; 비 때문에 쌀이 ~ megposhad a rizs az esőtől; 너무 집에만 들어박혀 있었더니 얼굴이 다 떴다 Mivel nem lépek ki soha a lakásból, az arcom sápadt. ❹ elhagy, elmegy, eltávozik, elutazik, elhuny; 고향을 ~ elhagyja a szülőhelyét; 동네를 ~ elhagyja a faluját; 서울을 ~ elhagyja Szöult; 세상을 ~ elhuny; 자리를 ~ elhagyja a helyet ❺ kivág, kiszakít, kiszab, tálal, kimer, vág; 강에서 얼음을 ~ léket vág a befagyott folyón; 떼를 ~ kiszakítja / feltépi a gyepet; 국자로 국을 ~ levest merőkanállal tálal; 솥에서 더운 물을 떠내다 forró vizet mer ki az üstből; 포를 ~ apró szeletekre vágja a húst ❻ felnyit, tudomást szerez vmiről, tudatára ébreszt, felismer vmit, tisztában lesz vmivel, ráébred vmire; 눈을 ~ felnyitja a szemét; 성에 눈을 ~ ráébred a szexre; 엄연한 현실에 눈을 ~ ráébred a zord valóságra ❼ köt, fon, hurkol; 양말을 ~ zoknit köt; 그물을 ~ hálót fon; 장갑을 ~ kesztyűt köt ❽ másol; 본을 ~ másolatot készít; 사본을 ~ másol

뜨락 명 ☞ 뜰

뜬소문 명 rémhír; ~을 퍼뜨리는 사람 rémhírterjesztő; ~이 돌아다니다 az a rémhír járja, hogy...

뜯다 동 ❶ kopaszt, letép, gyomlál; 닭의 털을 ~ megkopasztja a csirkét; 정원의 잡초를 ~ gyomlálja a kertet ❷ szétszerel, leszerel, szétszed, felfejt; 공장을 ~ leszereli a gyárat; 시계를 ~ szétszedi az órát ❸ 가야금을 ~ játszik a kajagümön (koreai hangszeren); 친구에게서 용돈을 ~ kicsikarja a pénzt a barátjától; 소가 풀을 ~ legel a tehén

뜯어내다 동 letép, levesz, kivesz, leszed; szétválaszt, szétszed; 달력 한 장을 ~ letép egy oldalt a naptárról; 옷에서 실밥을 ~ kiveszi az öltéseket a ruhából; 기계를 ~ darabokra szedi a gépet; 지붕을 ~ leszedi a cserepeket a tetőről

뜯어말리다 동 szétválaszt; 싸움을 ~ szétválasztja a veszekedőket

뜯어보다 동 ❶ kinyit és néz; 편지를 ~ kinyitja a levelet és nézi ❷ alaposan megvizsgál; 집을 이모저모로 ~ alaposan megnézi a lakást; 얼굴을 ~ alaposan megvizsgálja vkinek az arcát

뜰 명 kert, udvar; ~에서 아이들이 놀고 있다 Az udvaron játszanak a gyerekek.

뜸 명 ❶ moxa, égetéses gyógyításmód ❷ párolás; 밥에 ~을 들이다 párolja a rizst

뜻 명 ❶ jelentés; ~이 분명하다 világos a jelentés; 그건 무슨 ~이냐 Mit jelent az? ❷ szándék; 장사할 ~은 조금도 없다 Nem áll szándékomban üzletbe fogni.; 너는 부모의 ~을 결코 어겨서는 안된다 Nem szabad tenned semmit sem a szüleid szándéka ellen. ❸ cél; ~을 이루다 eléri a célját; 그는 ~을 이루지 못하고 죽었다 Meghalt, mielőtt megvalósította volna a célját.

뜻대로 부 szándék szerint; 만사가 우리의 ~ 되었다 Minden megvalósult a szándékunk szerint.; 그 일들은 완전히 그들의 ~ 실현되지는 않았다 A dolgok nem egészen a szándéka szerint valósultak meg.

뜻밖 명 váratlan dolog; ~에 váratlanul; ~의 결과 váratlan következmény; 그의 방문은 전혀 ~이었다 A látogatása teljesen váratlan volt.

뜻하다 동 ❶ jelent; 그것은 무엇을 ~하느냐 Az mit jelent?; 침묵은 때때로 동의를 ~한다 A hallgatás néha beleegyezést jelent. ❷ céloz; 그는 ~한 바를 이루기 위해 열심히 노력했다 Erősen próbálkozott, hogy elérje a célját.

띄다 동 ☞ **띄우다**

띄엄띄엄 부 gyéren, ritkán; 나무들을 ~ 심다 gyéren ültet fákat; 집들이 ~ 있다 ritkán vannak a házak

띄우다 동 ❶ röptet, lebegtet, bocsát, kifejez, felad; 연을 ~ sárkányt röptet; 배를 ~ vízre bocsátja a hajót; 편지를 ~ feladja a levelet ❷ erjeszt; 콩을 ~ babot erjeszt ❸ kihagy, ritkít; 줄/행 사이를 ~ helyet hagy a sorok között; 두 줄씩 ~ kihagyja minden második sort

띠 명 ❶ öv; 가죽~ bőröv; 목성의 ~ a Jupiter öve; ~ 아래를 치다 övön alul üt ❷ állatöv, zodiákus; 그녀는 말~이다 A nő a ló évében született.

띠다 동 hord, visel; 혁대를 ~ övet hord; 가죽 혁대를 ~ bőr derékszíjat visel; 공무를 띠고 hivatalos munka céljából; 중요한 사명을 띠고 fontos feladat végrehajtása céljából

ㄹ

라듐 명 rádium (Ra); ~치료 rádiumos gyógykezelés, radioterápia; ~ 방사 rádiumbesugárzás

라디에이터 명 fűtőtest, hősugárzó, radiátor; 온수 ~ melegvíz-radiátor

라디오 명 rádió; ~ 방송 rádióadás; ~ 방송 종사자 rádiótávírász, rádiós; ~ 방송국 rádióállomás; ~를 듣다 rádiót hallgat; ~ 아나운서 rádióbemondó; ~ 프로그램 rádióműsor

라면 명 rámjon, koreai tésztaleves; 수재민들을 돕기 위해 많은 ~을 보냈다 Sok rámjont küldtek az árvíz áldozatainak megsegítésére.

라벨 명 felirat, címke; ~을 붙이다 felragasztja a feliratot; 그에게는 전과자라는 ~이 붙었다 Rajta van a börtönviselt ember címkéje.

라운드 명 forduló, menet; 제 1 ~ az első forduló; 복싱 ~ bokszmérkőzés menete

라켓 명 ütő, rakett; 테니스 ~ teniszütő; 탁구 ~ asztalitenisz-ütő, pingpongütő

랩 명 rapzene; ~을 부르다 rapzenét énekel, rappel

랭킹 명 ranglista, rangsor; 세계 ~ világranglista; ~ 1위에 오르다 a rangsor első helyére kerül

량 명 mennyiség; 대~으로 nagy mennyiségben; 교통~ forgalmi mennyiség; 생산~ a termelés mennyisége

레스토랑 명 étterem, vendéglő; 이태리 ~ olasz étterem; 중국 ~ kínai étterem

레슨 명 óra, tanítás, oktatás; 피아노 ~ zongoraóra; 댄스 ~ táncóra; 바이올린 ~을 받으러 다니다 hegedűórára jár

레슬링 명 birkózás; ~ 선수 birkózó; 자유형 ~ szabadfogású birkózás; 그레코로만형 ~ kötöttfogású birkózás

레이스[1] 명 verseny; ~ 코스 versenyútvonal; ~가 취소되다 elmarad a verseny

레이스[2] 명 csipke; ~를 짜다 csipkét ver; ~가 달린 블라우스 csipkés blúz

레일 명 sín; 철도 ~ vasúti sín

레코드 명 hanglemez, ~ 수집가 hanglemezgyűjtő; ~ 플레이어 lemezjátszó

레퍼토리 명 repertoár; 그는 폭넓은 ~를 가지고 있다 Neki széles repertoárja van.; 그 작품은 ~에 들어 있지 않다 A mű nincs a repertoáron.

렌즈 명 lencse; 콘택트 ~ kontaktlencse

로봇 명 robot; ~ 공학 robotika; 산업용 ~ ipari robot

로비 명 lobbi, előszoba; ~를 하다 lobbizik, előszobázik

로비스트 명 lobbista

로켓 명 rakéta; 우주 ~ űrrakéta; 액체연료 추진 ~ folyékony üzemanyagú rakéta; 고체연료 추진 ~ szilárd üzemanyagú rakéta 원자력 추진 ~ atommeghajtású rakéta; 일단식 ~ egylépcsős rakéta, egyfokozatú rakéta; ~공학 rakétatudomány, rakétatechnika; ~ 시험장 rakétakísérleti telep; ~ 발사장치 aknavető, rakétavető; ~ 연료 rakéta-üzemanyag; ~탄 rakétabomba, rakétalövedék; ~ 엔진 rakétamotor; ~ 기사 rakétaszakértő, rakétatechnikus

로터리 명 körben forgó

로프 명 kötél, kötélzet; ~를 허리에 묶다 a derekára köti a kötelet

루머 명 ☞ **뜬소문**

룰 명 szabály, előírás; 게임~ játékszabály

룸 명 szoba; 베드~ hálószoba; ~메이트 szobatárs; ~ 서비스 szobapincér-szolgálat

르네상스 명 reneszánsz; ~ 양식 reneszánsz stílus; ~ 건축 reneszánsz építészet

리그 명 liga; ~ 게임 ligamérkőzés; 메이저 ~ profi baseball liga

리듬 명 ritmus; ~ 있는 ritmikus, ütemes; ~ 체조 ritmikus sportgimnasztika; ~감 ritmusérzék

리본 명 pántlika, szalag; 머리에 ~을 묶다 pántlikát köt a hajába; 매듭 ~ szalagcsokor

리셉션 명 fogadás; ~을 열다 fogadást ad, fogadást rendez; ~에 가다 fogadásra megy

리어카 명 kézikocsi

리얼리즘 명 realizmus, valószerűség; 리얼리스트 realista; ~적 realisztikus, valószerű

리터 liter; 물 1~ egy liter víz

리트머스 명 lakmusz; ~종이 lakmuszpapír; ~용액 lakmusz folyadék

립스틱 명 ajakrúzs, szájrúzs, rúzs, szájfesték, ajakpirosító

링 명 szorító, ring; ~에 들어서다 szorítóba lép; 피임용 ~ fogamzásgátló spirál

ㅁ

마 명 ❶ jamgyökér, jamgumó ❷ kender; 아프리카산 ~ afrikai kender; ~직(물) kenderszövet ❸ mi; 올림~ (E#) E-kereszt ❹ démon; ~의 금요일 démoni péntek

마감-하다 동 bezár, befejez; ~ 명 határidő, lapzárta; 편집 ~일 szerkesztői határidő; ~ 후에 도착한 원고 lapzárta után érkezett szöveg; 신청을 이미 ~했다 A jelentkezést már lezárták.; 그 일을 ~했다 Befejezte a munkát.

마구 부 figyelmetlenül, válogatás nélkül, durván; 글을 ~ 쓰다 figyelmetlenül ír; 아무거나 ~ 먹다 válogatás nélkül eszik mindenből; 사람들을 ~ 다루다 durván bánik az emberekkel

마그네틱 명 mágnes; ~ 테이프 mágnesszalag, magnetofonszalag

마나님 명 ☞ **부인**

마냥 부 egyfolytában, állandóan, végig; ~ 자다 egyfolytában alszik ~먹다 teleeszi magát, teletömi a bendőjét; ~ 논다 állandóan játszik; ~ 울다 állandóan sír; ~ 걷다 végig gyalog megy, az egész utat gyalog teszi meg

마네킹 명 manöken, modell

마누라 명 feleség; ~를 얻다 feleségül vesz

마늘 명 fokhagyma; ~ 냄새 fokhagymaszag

마늘뿌리 명 fokhagymafej

마늘쪽 명 fokhagymagerezd

마다-하다 동 elutasít, megtagad, nem szeret vmit csinálni; ~하지 않다 szívesen csinál, szívesen végez vmit; 부엌일도 ~하지 않다 szívesen végez konyhai munkát is

마당 명 udvar, helyszín; helyzet, epizód; 뒷 ~ hátsó udvar; 신부집 ~에서 잔치가 열린다 A menyasszony házának az udvarán lesz a lakodalom.; 토론 ~ a vita helyszíne; 이런 위급한 ~에 그는 자고 있다 Ilyen veszélyes helyzetben ő alszik.; 봉산 탈춤 일곱 ~ A bongszán nevű álarcos tánc hét epizódja.

마당극 명 szabadtéri színdarab

마디 명 csomó; ízület; szó; frázis; 대나무 ~ bambusz csomója; 손 ~ ujjízület; 한 ~ 하겠습니다 Egy szót szeretnék mondani.

마땅-하다 형 megfelelő, illő, kellő, természetes; ~한 표현 megfelelő kifejezés; ~한 예 illő példa

마땅히 부 feltétlenül, természetesen; 자녀들은 ~ 부모님께 순종해야한다 A gyerekeknek feltétlenül engedelmeskedniük kell a szüleiknek.; 너는 마땅히 거기에 있어야한다 Természetesen ott kell lenned.

마라톤 명 maraton; ~ 경기 maratoni futóverseny; ~ 대회 maratoni bajnokság; ~ 선수 maratonista, maratoni futó

마력 명 ❶ lóerő; 이 자동차에는 100 ~짜리 엔진이 장착되어 있다 Ennek a kocsinak 100 lóerős motorja van. ❷ varázslatos erő, mágikus erő; 일반적으로 마법사에게는 ~이 있다 A mágusnak általában varázslatos ereje van.

마련 rendszerint, természetesen; 사람은 죽기 ~이다 Természetes, hogy az ember meghal.; 약은 쓰기 ~이다 A gyógyszerek rendszerint keserűek.

마련되다 동 készül 이 음식은 손님들을 위해 마련되었다 Ez az étel a vendégek számára készült.

마련-하다 동 készít; ~ 명 készítés, készültség; 우리는 이 음식을 손님들을 위해 ~했다 Ezt az ételt a vendégek számára készítettük.

마렵다 형 üríteni akar, vizelni akar; 대변이 ~ üríteni akar; 소변이 ~ vizelni akar, pisilni akar

마루 명 fapadló; hegygerinc; ~를 놓다 lerakja a padlót; ~를 뜯다 felszedi a padlót; ~운동 talajgyakorlat (체조의 종류); 산~에 해가 걸려있다 a hegygerinc felett van a nap

마르다 동 száraz; soványodik, lefogy; 마른 나무 száraz fa; 마른 사료 száraz takarmány; 그 소녀는 병 때문에 많이 말랐다 A lány sokat fogyott a betegsége miatt.

마르크 명 márka (volt német pénznem)

마르크스 명 (Karl) Marx (1818-1883)

마르크스주의 명 marxizmus

마르크스주의자 명 marxista

마름질-하다 동 szab; ~ 명 szabás; 옷감을 ~하다 szabja a kelmét; ~이 바느질보다 어렵다 A szabás nehezebb, mint a varrás.

마무리되다 동 befejeződik, véget ér; 일이 ~ befejeződik a munka

마무리-하다 동 befejez vmit, simít; ~ 명 befejezés, vég, simítás; ~ 손질을 하다 elvégzi vmin az utolsó simításokat; ~ 장비 simító szerszám; 그 일을 ~했어 Befejezted a munkát?; 그것을 4시까지 ~해 주세요 Kérem, fejezze be négy óráig!

마법사 명 mágus, varázsló, boszorkánymester

마비 명 bénulás, paralízis, szélhűdés; 소아 ~ gyermekbénulás, gyermekparalízis; 심장 ~ szívbénulás, szívszélhűdés; 안면 ~ arcbénulás; 뇌성 ~ gutaütés

마비-되다 동 megbénul megdermed (hidegtől), meggémberedik, megkövül (rémülettől stb.); 시내 교통이 완전히 ~되었다 Megbénult a forgalom a belvárosban.; 얼음 때문에 손이 ~되다 jégtől megdermed a kéz; 추위로 손가락들이 ~되었다 A hidegtől elgémberedtek az ujjak.

마비-시키다 동 megbénít, paralizál, megdermeszt (hideg); 국회를 ~시키다 megbénítja az országgyűlést; 얼음이 그의 손을 ~시켰다 A jég megdermesztette a kezét.

마사지-하다 동 masszíroz, dögönyöz; ~ 명 masszázs, masszírozás, dögönyözés; ~사 masszőr; 발 ~ talpmaszszázs; 오일 ~ olajmasszázs; 얼굴 ~ arcmaszszázs; 그녀는 매일 얼굴을 ~한다 A nő mindennap megmasszírozza az arcát.; 좋은 크림으로 ~하다 jó krémmel maszszíroz

마술 명 varázslat, mágia, bűvészet; ~을 부리다 varázsol

마술사 명 mágus, varázsló, boszorkánymester, bűvész

마스카라 명 szempillafesték

마스크 명 álarc, maszk; gézmaszk; ~를 벗다 leveti az álarcot; 보호용 ~ védőmaszk; 펜싱 ~ vívómaszk; 독감이 걸리면 ~를 써야 한다 Influenza esetén gézmaszkot kell viselni.

마시다 동 iszik; belélegzik, leszív; 실컷 ~ eleget iszik; 차를 ~ teát iszik; 물을 ~ vizet iszik; 신선한 공기를 ~ belélegzi a friss levegőt; 담배 연기를 들이 ~ leszívja a dohányfüstöt / cigarettafüstöt

마약 명 kábítószer, drog; ~상 kábítószer-kereskedő, kábítószerárus; ~ 밀매자 kábítószercsempész ~ 남용 kábítószerrel való visszaélés; ~ 거래 kábítószer-kereskedelem; ~을 복용하다 kábítószert szed / fogyaszt, drogozik; 그들은 와인에 ~을 탔다 Kábítószert kevertek a borába.

마우스 명 egér; ~를 컴퓨터에 연결해라 Csatlakoztasd az egeret a számítógéphez!

마을 명 falu; 이웃 ~ szomszédos falu; ~ 사람들 falusi emberek; 외딴 ~ elszigetelt falu

마음 명 lélek, szív, ízlés; ~의 평화 lelki nyugalom; ~ 상태 lelkiállapot; ~을 짓누르다 vmi nyomja a lelkét; ~에서 우러나오는 지원 szívből fakadó támogatás; ~에서 우러나오는 말 a lelkéből fakadó beszéd; ~을 꿰뚫어보다 a lelke mélyére lát / néz; ~에 드는 옷 vkinek tetsző ruha; ~에 안 드는 모자 vkinek nem tetsző kalap / sapka; ~에 드는 사람 vkinek tetsző / szimpatikus ember

마음가짐 명 szellemi beállítottság, állásfoglalás, álláspont; 위험한 상황에는 항상 ~이 가장 중요하다 Veszélyes helyzetben mindig a szellemi beállítódás a legfontosabb!

마음껏 부 olyan mértékben, amennyire jólesik; teljes mértékben; ~ 먹다 teleeszi magát; ~ 울다 jól kisírja magát

마음대로 부 ahogy tetszik, szabadon, önszántából, önként, saját akaratából; 그것은 내 ~ 결정할 수 없습니다 Nem tudom szabadon eldönteni.; 나는 그들이 제 ~ 하게 내버려 뒀다 Hagytam őket a saját akaratuk szerint cselekedni.

마음먹다 동 szándékozik, elhatároz; 뭘 하려고 마음먹고 있니 Mit szándékozol tenni? 그는 10년 안에 위대한 학자가 되기로 마음먹었다 Elhatározta, hogy tíz éven belül nagy tudós lesz.

마음씨 명 természet; 나쁜 ~의 rossz természetű; 좋은 ~의 jóindulatú, előzékeny, jó természetű

마음졸이다 동 aggódik, nyugtalankodik, izgul; 이것 때문에 마음 졸일 필요 없다 nincs ezen mit nyugtalankodni; 그것 때문에 마음 졸이지 마세요 Ne izguljon miatta!

마이너스 명 mínusz; 오 ~ 삼은 이 öt mínusz három az kettő, ötből három az kettő, ötből három egyenlő kettővel; ~ 10도 mínusz 10 fok

마이크 명 mikrofon; 무선 ~ drót nélküli mikrofon; ~ 공포증 mikrofonláz

마주 부 szemben; 그들은 ~ 앉아있다 szemben ülnek egymással; ~ 있는 집 a szemben levő ház, a túloldali ház

마주치다 동 szemben találja magát;

ㅁ

szemben áll, szembetalálkozik, szembenéz; 나는 두 남자와 마주쳤다 Két férfival találtam magam szemben.; 어려움과 ~ nehézséggel áll szemben; 적과 ~ szembenéz az ellenséggel

마중-하다 동 kimegy vki elé; 공항에 ~ 나가다 kimegy a repülőtérre vki elé

마지막 utolsó, vég; 그 거리의 ~ 집 az utolsó ház az utcán; 세상의 ~ a világ vége

마지못-하다 형 kényszerített, kényszerű; ~할 사정 kikényszerített helyzet; ~한 웃음 kényszerű nevetés

ㅁ

마차 명 lovaskocsi, hintó; 쌍두 ~ kétlovas hintó; 자기 ~를 가지고 있다 saját kocsija / hintója van

마찬가지 명 ugyanaz, azonos; ~ 방법으로 ugyanazzal a módszerrel; 그녀가 여기에 오든 안 오든 상황은 ~다 Akár idejön az a nő, akár nem, a helyzet ugyanaz.; 우리는 ~ 의견이다 Azonos véleményen vagyunk.

마찰 명 súrlódás, dörzsölés; ~ 계수 súrlódási együttható; 부모와 자식 간들의 ~ szülők és gyermekek közti súrlódás; 두 정당 간의 정치적 ~ két párt közti politikai súrlódás

마찰력 명 dörzsellenállás

마취 명 érzéstelenítés, anesztézia; 국소 ~ helyi érzéstelenítés; ~ 전문의 érzéstelenítő szakorvos, aneszteziológus, altatóorvos; ~시키다 érzéstelenít

마취제 명 érzéstelenítő, anesztetikum

마취학 명 érzéstelenítéstan, aneszteziológia

마치 부 olyan, mint; 그는 ~ 여우처럼 간교하다 olyan ravasz, mint a róka; ~ 미치광이 같다 olyan, mint egy bolond; 그는 ~ 죽은 사람 같다 Ő olyan, mint egy halott ember.

마치다 동 befejez; 일을 ~ befejezi a munkát; 너 그것을 마쳤니 Befejezted?; 점심 식사를 마치면 나갑시다 Ha befejeztük az ebédet, menjünk ki!

마침 부 pont, épp(en); ~ 그때 pont akkor; ~ 지금 épp(en) most; ~ 무언가 하려고 했었다 Épp(en) tenni akartam valamit.

마침내 부 végül, végre ~ 내 꿈이 실현되었다 Végül az álmom megvalósult.; ~ 전쟁이 끝났다 Végre véget ért a háború!

마침표 명 pont; ~를 찍다 pontot tesz; 그 문장에 ~를 찍어라 Tegyél pontot a mondat végére!

마케팅 명 marketing, piacszervezés, piacbefolyásolás; ~ 비용 marketingköltség; ~ 채널 marketingcsatorna; ~ 리서치 marketingkutatás

마크 명 márka, címke, áruvédjegy, védjegy

마크-하다 동 védekezik; ~ 명 védekezés; 4번 선수를 마크해라 Védekezz a négyes játékossal szemben!

마흔 negyven; 그는 ~살이 넘었다 Elmúlt negyvenéves.; 그는 ~살에 교수가 되었다 Negyvenévesen professzor lett.

막 부 éppen; 영화가 지금 ~ 시작되었다 Éppen most kezdődött a film.; 지금 ~ 손님이 왔다 Éppen most jött a vendég.

막 명 függöny, felvonás; ~이 오르다 felmegy a függöny; ~이 내리다 lemegy a függöny; 제 1~ első felvonás; 그 공연은 정확히 8시에 ~이 오른다 Az előadás pontosan nyolckor kezdődik.

막강-하다 형 erős, hatalmas; ~한 군함 erős csatahajó; ~한 나라 hatalmas ország

막걸리 명 makkolli; ~는 쌀로 만든 한국 전통주이다 A makkolli rizsből készült koreai alkoholos ital.

막내 명 a legfiatalabb gyerek, a legkisebb gyerek; ~딸 / 아들 vkinek a legfiatalabb lánya / fia

막노동 명 fizikai munka; 그 사람은 ~으로 먹고 산다 Fizikai munkából él.

막다 동 betöm, bedugaszol; akadályoz; 구멍을 ~ betömi a lyukat; 병마개를 ~ bedugaszolja az üveget; 경찰들은 도난을 막는다 A rendőrök a lopásokat akadályozzák meg.

막다르다 형 véges, zárt; 막다른 골목 zsákutca

막대기 명 bot; ~에 의지하다 a botjára támaszkodik; ~를 가지고 다니다 bottal jár

막대-하다 형 óriási, hatalmas, mérhetetlen ~한 재산 óriási vagyon; ~한 비용 hatalmas költség; ~한 빚 hatalmas tartozás

막론-하다 függetlenül vmitől, tekintet nélkül vmire; 그 결과의 여하를 ~하고 az eredménytől függetlenül; 지위의 고하를 ~하고 tekintet nélkül a rangra

막막-하다 형 tehetetlen, reménytelen, végtelen; 나는 이 일을 어찌해야 할지 ~하다 Tehetetlen vagyok ebben az ügyben.; ~한 사막 végtelen sivatag

막말 명 durva beszéd, nyers beszéd, alpári beszéd; 그는 항상 ~을 한다 Ő mindig durván beszél.; ~하지 마세요 Ne beszéljen alpárian!

막무가내로 부 makacsul, csökönyösen; 그는 ~ 범죄 사실을 부인했다 Makacsul tagadta a bűnét.; 그는 ~ 자신의 의견을 고집했다 Csökönyösen ragaszkodott a véleményéhez.

막바지 명 vég, utolsó pillanat; 길의 ~ az út vége; 언덕의 ~ a domb teteje

막사 명 kaszárnya, laktanya; 그 ~에는 50명의 군인이 머물고 있다 A kaszárnyában 50 katona lakik.

막상 부 végső elemzésben, mindent számba véve, végül is; ~ 그 가구를 사려고 하니 너무 비쌌다 Amikor végül is meg akartam vásárolni a bútort, az túl drága volt.; ~ 그 일을 시작하자 난 겁이 났다 Amikor mindent számba véve elkezdtem a munkát, megijedtem.

막연-하다 형 bizonytalan, határozatlan, pontatlan, homályos; 그는 ~한 대답을 했다 Bizonytalan választ adott.; 그는 ~히 취직을 하려고 서울로 왔다 A bizonytalanra jött fel Szöulba munkát keresni.

막연히 부 bizonytalanul, határozatlanul, pontatlanul, homályosan; 나는 그 일을 ~ 기억하고 있다 Bizonytalanul emlékszem az eseményre.

막일 명 fizikai munka; 그는 ~을 한다 Fizikai munkát végez.

막중-하다 형 komoly, fontos; ~한 책임 komoly felelősség; 그 일의 성공을 위해 너의 책임이 ~하다 Neked komoly a felelősséged a munka sikerességében.

만[1] 명 öböl; 경기~은 한국에 있다 A Kjonggi-öböl Koreában van.; (중동의) 걸프전 az öbölháború

만[2] tízezer; 이 장난감은 ~원입니다 Ez a játék tízezer von.; 이 도서관에는 ~ 권의 책이 있다 Ebben a könyvtárban tízezer darab könyv van.

만[3] 부 csak, csupán; 아주 조금~ 주세요 Csak egy egész keveset kérek! Csak egy icipicit kérek!; 이 지역에서는 영어~ 해야 합니다 Ezen a területen csak angolul kell beszélni.

만[4] 이 아이는 지금 ~ 5살이다 Ez a gyerek most éppen öt éves.; 그 학생은 ~ 3년간 헝가리에 있었다 Az a diák teljes három évig volt Magyarországon.; 나는 지금 3년 ~에 귀향 한다 Mostantól számítva három év múlva megyek haza.; 오래간 ~입니다 Régen találkoztunk.

만감 명 mindenféle érzés; 그는 그녀를 보자 ~이 교차했다 Ezer érzés rohanta meg, amikor látta azt a lányt.

만기 명 lejárat, megszűnés; ~일 lejárati idő; 이 계약은 내일 ~가 된다 Ez a szerződés holnap lejár.

ㅁ

만끽-하다 동 élvez; 그는 지금 바닷가에서 휴가를 ~하고 있다 Most élvezi a szabadságát a tengerparton.; 그녀는 지금 외국에서 신혼여행을 ~하고 있다 A nő most a nászútját élvezi külföldön.

만나다 동 találkozik; 나는 어제 우연히 옛 친구와 만났다 Tegnap véletlenül találkoztam egy régi barátommal.

만날 부 mindig, állandóan, folytonosan, szakadatlanul, folyamatosan; ~ 빈둥거리고 있다 mindig lopja a napot, mindig tétlenkedik; ~ 비가 온다 szakadatlanul esik az eső

만남 명 találkozás; 우리의 ~은 우연이 아니다 A mi találkozásunk nem véletlen.

만년 명 az élet vége, az élet utolsó évei; egész életében, mindig; 그 여자는 ~에 아주 행복하게 살았다 A nő az élete végén nagyon boldogan élt.; 이 그림은 그의 ~에 완성된 작품이다 Ez a festmény az élete végén készült mű.; 그는 ~ 수위로 일했다 Egész életében portásként dolgozott.

만년필 명 töltőtoll; ~로 서명을 하다 töltőtollal ír alá; ~에 잉크를 채우다 a töltőtollba tintát beletölt

만능 명 mindenhatóság, teljhatalom; ~의 mindenható; ~의 신 a mindenható Isten; ~인 sokoldalú ember, univerzális tehetségű ember

만두 명 mándu (darált hússal és zöldséggel töltött koreai galuska); ~를 빚다 mándut készít; ~국 mánduleves, 찐~ párolt mándu

만들다 동 készít, létrehoz; 맛있는 점심을 ~ finom ebédet készít; 법을 ~ törvényt hoz, törvénykezik; 빵을 ~ kenyeret süt

만들어지다 동 készül; 천천히 ~ lassan készül; 벌써 ~ már készül; 이 가구는 1800년에 만들어졌다 Ez a bútor 1800-ban készült.

만료되다 동 lejár, letelik, megszűnik, véget ér; 이 여권의 유효기간이 이미 만료되었다 Ennek az útlevélnek az érvényessége már lejárt.

만류-하다 동 lebeszél, visszatart; ~ 명 lebeszélés, meggyőzés; 싸우지 말라고 ~하다 lebeszél vkit a verekedésről; 사임을 ~하다 lebeszél vkit a lemondásról; 팔소매를 잡고 ~하다 a kabátujjánál fogva visszatart

만만-하다 형 ❶ könnyű, nem fontos; ~한 일 könnyű munka; ~한 사람 nem fontos ember ❷ telve van; 자신 ~하다 telve van önbizalommal; 패기 ~하다 tele van ambícióval

만무-하다 형 nem lehet; 그것은 사실일 리가 ~하다 Az nem lehet igaz.; 네가 그것을 모를 리 ~하다 Nem lehet, hogy nem tudsz arról.

만물 명 minden teremtett lény, minden tárgy; ~의 영장 minden teremtés ura; ~ 박사 élő lexikon

만사 명 minden; ~ 오케이 minden rendben van; ~가 돈이면 다다 pénzzel mindent meg lehet oldani; ~가 잘 되어간다 minden jól megy

만삭 명 a szülés előtti utolsó hónap; 그녀는 이번 달이 ~이다 A nő a szülés előtti utolsó hónapban van.

만성 명 idültség, krónikusság; ~적 idült, krónikus; ~적 실업 krónikus munkanélküliség

만세 명 Hurrá!, Éljen!; ~, 휴가다 Hurrá, vakáció!; 왕을 위해 ~ 삼창 Háromszoros éljen a királyért!

만약 명 ha; ~ 내가 너라면 ha én a helyedben lennék; ~ 필요하다면 ha szükséges; ~ 내가 새라면 너에게 날아갈 수 있을 텐데 Ha madár lennék, repülhetnék hozzád!

만연-하다 동 elterjed; ~ 명 elterjedés; 병이 ~하다 elterjed a betegség

만원 명 teltség; ~의 telt; ~인 공연장 telt ház; 저희 호텔은 지금 ~입니다 A szállodánkban most telt ház van.

만인 명 mindenki; 이 사실은 ~이 알고 있다 Ezt a tényt mindenki tudja.; 법 앞에 ~이 평등하다 A törvény előtt mindenki egyenlő.

만일 명 ☞ **만약**

만장일치 명 egyhangúlag, egyetértés, vélemények egyezése, nézetazonosság; ~로 egyhangúlag, egyetértőleg; 그 법안은 ~로 가결되었다 A törvényjavaslatot egyhangúlag elfogadták.

만점 명 teljes pont, maximális pontszám, tökéletesség; 그는 시험에서 ~을 받았다 Maximális pontszámot kapott a vizsgán.; 이 식당의 서비스는 ~이다 Ennek az étteremnek a szolgáltatása tökéletes.

만져보다 동 ☞ **만지다**

만족감 명 elégedettség érzése

만족도 명 elégedettség foka

만족스럽다 형 ☞ **만족하다**

만족시키다 동 kielégít; 모든 요구사항을 ~ minden igényt kielégít; 이 상품은 소비자들을 아주 만족시키고 있다 Ez az áru teljesen kielégíti a fogyasztókat.

만족-하다 형 elégedett; ~ 명 elégedettség; 나는 그 시험 결과에 ~하고 있다 Elégedett vagyok a vizsgaeredménnyel.; 나는 그 설명에 ~하지 않는다 A magyarázatát nem tartom kielégítőnek. Nem vagyok megelégedve a magyarázattal.

만지다 동 érint, tapint, hozzányúl; 모자를 ~ a kalapjához nyúl; 만지지 마시오 Tilos megérinteni!

만지작거리다 동 tapogat, pödör; 주머니를 ~ tapogatja a zsebét; 콧수염을 ~ pödri a bajuszát

만찬 명 díszvacsora, vacsora, lakoma, bankett; 최후의 ~ az utolsó vacsora; ~을 열다 vacsorát ad / rendez

만-하다 érdemes, jó vmire; olyan méretű, mint; 그 사람과는 만날 ~하다 érdemes vele találkozni; 쉴 ~한 공원 pihenésre alkalmas park; 이 고양이는 호랑이 ~하다 Ez a macska akkora, mint egy tigris.

만화 명 karikatúra, torzkép, képregény, gúnyrajz; ~를 그리다 karikatúrát készít, torzképet rajzol; ~같은 karikatúraszerű

만화가 명 karikaturista, képregény-rajzoló, gúnyrajzoló

만화영화 명 rajzfilm

만화책 명 képregényt tartalmazó könyv

만홧가게 명 képregényeket kölcsönző

üzlet

만회-하다 동 visszaszerez, visszanyer, újra megszerez, megtalál; ~ 명 visszaszerzés, visszanyerés; 그는 명예를 ~했다 visszaszerezte a becsületét, kiköszörüli a becsületén esett csorbát; 손해를 ~하다 visszanyeri a veszteségét; 친구들로부터 명예를 ~하다 visszanyeri a barátai megbecsülését

많다 형 sok; 많은 사람 sok ember; 아주 많은 사람 nagyon sok ember, jó sok ember, jó sokan; 많은 경우에 sok esetben; 많은 종류 sokféle, sokfajta; 많지 않은 nem sok; 말이 많으면 쓸 말이 적다 Sok beszédnek sok az alja.; 최근에 가족들이 많이 아팠다 Az utóbbi időben sok betegség volt a családban.; 많은 수고가 따르다 sok fáradságba kerül; 그것은 많은 시간을 필요로 한다 az sok időt vesz igénybe; 그는 돈이 ~ Sok pénze van.

많아지다 동 megsokasodik; 거리에 갑자기 사람들이 많아졌다 Hirtelen megsokasodtak az emberek az utcán.; 그는 갑자기 빚이 많아졌다 Neki hirtelen megsokasodott a tartozása.

많이 부 sokkal, nagyon; ~ 더 좋은 sokkal jobb; ~ 유감입니다 Nagyon sajnálom.; 공부를 ~ 하다 sokat tanul

맏딸 명 a legidősebb lány; 저 여자는 선생님의 ~이다 A nő a tanár úr legidősebb lánya.

맏이 명 a legidősebb, legöregebb; 그 사람이 형제들 중 ~다 Ő a legidősebb a testvérei közül.; 그는 ~로서의 책임을 기꺼이 다했다 A legöregebbként szívesen vállalta a felelősséget.

말[1] 명 beszéd, szó; ~을 빨리하는 gyors beszédű; ~이 적은, 과묵한 szűkszavú; 인사~을 하다 üdvözlő szavakat mond; ~을 짧게 요약하다 rövidre fogja a beszédet; 그에게 할 ~이 있다 Beszédem van vele.

말[2] 명 ló; ~경주 lóverseny; ~이 없다면 당나귀라도 좋다, 꿩 대신 닭 Ha ló nincs, a szamár is jó.; ~을 타고 가다 / 다니다 lovon megy / jár; ~을 타고 있다 lovon ül; ~에 올라타다 lóra ül; ~에서 떨어지다 leesik a lóról; ~에서 내리다 leszáll a lóról

말[3] 명 mál (mértékegység, kb. 8 liter)

말[4] 명 vég; 연~ az év vége; 40년대 ~경에 a negyvenes évek vége felé; 이달 ~에 e hó végén; 학년 ~이 다가오다 Végéhez közeledik az (iskola)év.

말기 명 végső stádium, terminális fázis, végső fázis; ~암 végső stádiumban levő rákbetegség; ~암 환자 végső stádiumban levő rákbeteg; 19세기 ~에 a 19. század végén

말끔히 부 tisztán; 마당을 ~ 유지하다 tisztán tartja az udvart; 얼굴을 ~ 씻다 tisztára mossa az arcát

말끝 명 beszéd vége; ~을 흐리다 homályos a beszédének a vége; 그는 ~마다 그 소리다 Ő mindig ezt mondja.

말년 명 az élet vége; ~에 az élet végén; 그녀의 ~은 행복하였다 A nő az élete végén boldog volt.; 그는 ~을 슬프게 살았다 Ő az élete végén szomorúan élt.

말다[1] 동 ❶ összegöngyölít, felgöngyölít; 종이를 ~ papírt felgöngyölít, papírt tekercsbe göngyölít ❷ összekever; 밥을 물에 ~ a rizst összekeveri a vízzel ❸ abbahagy; 그 일을 하다 ~ abbahagyja a munkát

말다[2] ne; 가지 말자 Ne menjünk! 놀지

말고 일하자 Ne játsszunk, dolgozzunk!

말단 명 vminek a vége, a legalacsonyabb: ~ 공무원 a legalacsonyabb rangú közalkalmazott; ~ 기구 a legalacsonyabb szintű szervezet

말더듬다 동 dadog; 말을 더듬으며 변명을 늘어놓다 dadogva hozza fel a mentséget; 그는 말을 더듬으며 용서를 구했다 Dadogva kért bocsánatot.

말뚝 명 cölöp, pózna; ~을 박다 cölöpöt ver

말뜻 명 szó jelentése, szándék; 나는 그 두 단어의 ~의 차이를 정확히 구별하지 못하겠다 Nem tudom megkülönböztetni a két szó jelentését.; 너는 나의 ~을 정확히 잘 모른다 Nem érted világosan a szándékomat.

말라리아 명 malária; ~에 걸린 maláriás; ~열 maláriás láz

말려들다 동 belekeveredik; 싸움에 ~ belekeveredik a veszekedésbe 문제에 ~ bajba keveredik, kutyaszorítóba / csávába kerül

말리다 동 szárít; lebeszél, eltántorít; 옷을 ~ ruhát szárít; 말린 과일 szárított gyümölcs; 과로하는 것을 ~ lebeszél a túl sok munkáról; 싸움을 ~ eltántorít a veszekedéstől

말미 명 idő; ~를 주다 időt ad; ~를 얻다 időt kap / nyer

말미암다 동 származik, miatt; 부주의로 말미암은 사고 figyelmetlenségből származó baleset; 비로 말미암아 오지 못했다 Az eső miatt nem tudott jönni.

말세 명 világvége; ~가 멀지 않았다 Nincs messze a világvége.

말소리 명 hang; ~를 높이다 felemeli a hangját, hangosan beszél; ~를 낮추다 halkabbra fogja a hangját, lehalkítja a hangját; 낮은 ~로 halkan; 부드러운 ~로 szelíd hangon

말썽 명 probléma, zavar, baj, gond; ~을 일으키다 problémát okoz

말썽꾸러기 명 zavarkeltő, zavarcsináló, felforgató, bajkeverő

말씀 명 beszéd; 선생님 ~ a tanár beszéde; 내일은 수업이 없다고 선생님이 ~하셨다 A tanár úr mondta, hogy holnap nincs óra.; 열심히 공부해야 한다고 나의 부모님이 ~하셨다 A szüleim azt mondták, hogy szorgalmasan kell tanulnom.; 선생님께 그 사실을 ~ 드리겠다 A tanár úrnak el fogom mondani az igazságot.; 그 사고가 어떻게 발생했는지 지금 ~ 드리겠습니다 Most elmondom, hogyan történt a baleset.; ~하시는 중 실례 합니다 Elnézést kérek, hogy félbeszakítom / közbeszólok.

말씨 명 beszédmód, beszédmodor; 부드러운 ~ szelíd beszédmód; 상냥한 ~ kedves beszédmodor

말없이 부 szó nélkül, szótlanul; 그 아가씨는 ~ 혼자 벤치에 앉아있다 A kisasszony szó nélkül, egyedül ül a padon.; 그 학생은 ~ 집에 가버렸다 A diák szótlanul ment haza.

말엽 명 vége; 20세기 ~에 a 20. század végén; 헝가리인들은 9세기 ~에 카르파티아 분지에 도착했다 A magyarok a 9. század végén érkeztek a Kárpátmedencébe.

말장난 명 szójáték; ~ 하지 말아라 Ne játssz a szavakkal!

말짱-하다 형 hiánytalan, ép, tökéletes; ~한 옷 hiánytalan ruházat; ~한 그릇 ép tányér; 정신이 ~하다 épeszű, épelméjű

말투 명 ☞ **말씨**

말-하다 동 beszél, mond vmit; 누가 ~하고 있나요 Ki beszél? ~하지 마세요 Ne beszéljen!; ~을 적게 하다 keveset beszél; 너는 너무 쉽게 ~한다 Te túl könynyen beszélsz.; 헝가리어로 ~하다 magyarul beszél

말하자면 tulajdonképpen, mondhatjuk, mondhatni, azt lehet mondani; ~ 그것은 거짓이다 Az tulajdonképpen hazugság.

맑다 형 tiszta; derült; friss; 맑고 푸른 하늘 tiszta kék ég; 맑은 날씨 derült időjárás; 맑은 정신의 épeszű, épelméjű; 맑은 공기 friss levegő

맘 명 ☞ **마음**

맘껏 부 eléggé; ~ 먹었니 Eleget ettél? ~ 잤니 Eleget aludtál?

맛 명 íz; 탁월한 ~ kiváló íz; 좋은 ~ jó íz; ~이 없다 nincs íze; 생선~이 나는 halízű

맛보다 동 megízlel, megkóstol; 음식을 ~ megízleli az ételt; 포도주를 ~ megkóstolja a bort

맛없다 형 nem finom, nem ízletes; 맛없는 음식 rossz ízű / ízetlen étel; 맛없는 과일 rossz ízű / ízetlen gyümölcs

맛있다 형 finom, ízes, ízletes, jóízű; 맛있는 음식 finom étel

망 명 ❶ őrség, megfigyelés; ~보는 사람 őr, őrszem; ~을 보다 megfigyel, figyelmesen néz ❷ háló, hálózat; 참치~ tonhalfogó háló 첩보~ kémhálózat; 철도~ vasúti hálózat

망가뜨리다 동 tönkretesz, eltör, megtör; 그 아이는 장난감을 망가뜨렸다 A gyerek eltörte a játékot.; 슬픔이 그의 몸을 망가뜨렸다 A bánat tönkretette a testét.

망가지다 동 tönkremegy, megrendül, megtörik; 아이가 장난감을 던져서 망가졌다 A játék tönkrement, mert a gyerek eldobta.; 병으로 그의 몸이 망가졌다 A betegség miatt megrendült az egészsége.

망각-하다 동 felejt, feled; ~ 명 elfelejtés, elfeledés, megfeledkezés; 너의 책임을 ~해서는 안된다 Nem szabad elfelejtened a felelősségedet! Nem szabad megfeledkezned a felelősségedről!

망령 명 elhunyt lélek

망명-하다 동 emigrál; ~ 명 emigráció; 1956년에 미국으로 ~했다 1956-ban emigrált Amerikába.; ~ 생활을 하다 emigrációban él

망발 명 ☞ **망언**

망보다 동 őrségben van; 망볼 때 자면 안된다 Amikor őrségben vagy, nem szabad aludnod!

망상 명 tévhit, illúzió; téveszme; ~에 젖어 살다 tévhitben él; …라는 ~에 사로잡혀 있다 abban a tévhitben él, hogy lenne...

망설이다 동 tétovázik, vonakodik, habozik; 망설이지 마라 Ne tétovázz!; …하기를 ~ vonakodik megtenni vmit; 말하기를 ~ habozik megmondani

망설임 명 tétovázás, habozás, határozatlanság; 조금도 ~ 없이 minden tétovázás nélkül

망신 명 becstelenség, szégyen, csúfság, gyalázat, 그는 가족을 ~시키고 있다 szégyent hoz a családjára; ~을 당하다 megszégyenítik, csúffá teszik

망아지 명 csikó

망언 명 ostoba beszéd, csacska beszéd; 그런 ~을 하지 말아라 Ne mondj ilyen ostobaságot!

망연히 부 kifejezéstelenül, üresen; 아이 엄마는 사고 후에 그 아이의 사진을 ~ 바라보았다 A baleset után a gyerek anyja kifejezéstelenül nézte a fia fényképét.; 바보 같은 말을 하자 선생은 ~ 그 학생의 얼굴을 바라볼 뿐 이었다 Amikor a diák ostobán beszélt, a tanár csak kifejezéstelenül nézett rá.

망원경 명 távcső, látcső, messzelátó, teleszkóp; 천체 ~ csillagászati távcső, asztronómiai teleszkóp; 광학 ~ optikai látcső

망치 명 kalapács; 나무 ~ fakalapács; ~질하다 kalapál

망치다 동 elront, tönkretesz, elpusztít; 폭풍우가 과일을 망쳐놓았다 A vihar elpusztította a gyümölcsöket.; 개가 화단을 망쳐놓았다 A kutya tönkretette a virágágyat.; 술이 그의 몸을 망쳐놓았다 Az alkohol elpusztította a testét.

망태 명 hálós szatyor

망-하다 동 elvész, elpusztul, megsemmisül, tönkremegy; 칼에 의해 ~하다 kard által vész el; 회사가 ~하다 tönkremegy a vállalat; 만약 핵전쟁이 일어난다면, 인류는 완전히 ~할 것이다 Ha kitör az atomháború, az emberiség teljesen elpusztul.

맞다[1] 형 helyes, pontos, megfelelő, korrekt, hibátlan, kifogástalan; 맞는 대답 helyes felelet; 그것은 맞는 해결방법이다 az megfelelő megoldás; 도덕적으로 맞는 행위 erkölcsnek megfelelő viselkedés

맞다[2] 동 fogad; kap, vesz, szembeszáll, szembenéz; 손님을 ~ fogadja a vendéget; 주사를 ~ injekciót kap; 아내를 ~ feleségül vesz; 비를 ~ elkapja az eső (őt); 도둑맞은 물건 lopott holmi; 위기를 ~ válságos helyzetbe kerül

맞닥뜨리다 동 szemben áll, szembetalálkozik, szembe találja magát, szembeszáll, szembenéz vmivel; 난관에 ~ nehézséggel áll szemben, nehézséggel találja magát szemben; 적과 ~ szembeszáll az ellenséggel

맞닿다 동 érintkezik; 맞닿은 점 érintkezési pont; 하늘과 바다가 서로 ~ az ég és a tenger érintkezik egymással; 땅과 하늘이 맞닿은 지평선 Horizont, ahol az ég és a föld érintkezik egymással.

맞대다 동 érint; 음극을 양극에 ~ hozzáérinti a katódot az anódhoz

맞먹다 형 egyenértékű, ekvivalens, megfelelő; 3개월 급여와 맞먹는 보너스 háromhavi bérrel egyenértékű jutalom; 1달러는 천백 원과 맞먹는다 egy dollár megfelel 1.100 vonnak

맞벌이 명 kettős jövedelem (a családban); ~를 하다 ketten dolgoznak, az apa és az anya is dolgozik; ~ 가정 kettős jövedelmű család

맞붙다 동 összetart, összeragad; 종이가 ~ a papír összeragad

맞서다 동 szembeszáll, szembenéz; 적과 ~ szembeszáll az ellenséggel; 위험에 ~ szembenéz a veszéllyel

맞선 명 találkozás házasság céljából; ~을 보다 házasság céljából találkozik

맞아떨어지다 동 pontos, helyes; 내 계산이 맞아떨어졌다 A számolásom pontos volt.; 그 사람 생각이 맞아떨어졌다 Annak az embernek a gondolata helyes volt.

맞은편 명 túloldal; 길 ~에 az utca túloldalán; ~ 집 a túloldali ház

맞이-하다 동 ☞ **맞다**[2]

맞장구 명 visszhangozás, visszhangként ismétlés, egyetértés; 그의 의견에 ~를 치다 visszhangként ismétli a véleményét; 그는 그녀의 이야기에 자주 ~쳤다 Gyakran egyetért a nő mondanivalójával.

맞추다 동 újra összeszerel, összeállít, összeilleszt, egyensúlyba hoz, összehasonlít; 뜯어놓은 시계를 ~ újra összeszereli az órát; 자명종을 6시 반에 맞춰라 Fél hétre állítsd be az ébresztőórát! 수지를 ~ egyensúlyba hozza a költségvetést; 입을 ~ csókol; 볼에 입을 ~ puszit ad; 번역본을 원문과 ~ összehasonlítja a lefordított szöveget az eredeti szöveggel

맞춤법 명 helyesírás, ortográfia; ~통일안 helyesírási szabály; 한글 ~통일안 a hangul helyesírási szabályai

맞히다 동 kitalál, eltalál; 잘못 ~ nem talál ki, tévesen becsül meg; 그의 기호를 알아 ~ eltalálja az ízlését; 돌 하나가 그의 이마를 맞혔다 Egy kő a homlokán találta el.; 표적을 ~ célba talál, telibe talál

맡기다 동 rábíz vkire vmit, vmit vki gondjaira bíz; 귀중품을 부모님께 ~ az értéktárgyait rábízza a szüleire; 할머니께 아이를 ~ a gyereket nagyszülei gondjaira bízza; 은행에 돈을 ~ beteszi a pénzt a bankba

맡다 동 ❶ megőriz, vállal, kap; 제 가방을 좀 맡아 주십시오 Legyen szíves megőrizni a táskámat!; 책임을 ~ vállalja a felelősséget; 허가를 ~ engedélyt kap ❷ szagol, kiszagol, kifürkész; 꽃향기를 ~ szagolja a virág illatát; 향수 냄새를 ~ szagolja a parfüm illatát; 그는 우리의 비밀계획에 대해 냄새를 맡았다 Kiszagolta a titkos tervünket.

매[1] 명 pálca, ostor, korbács; ~를 때리다 pálcáz

매[2] 명 sólyom; ~부리 sólyomcsőr, solymász, solymár; ~사냥 solymászat; ~사냥을 하다 sólyommal vadászik

매각인 명 eladó, árusító

매각-하다 동 elad, árusít, értékesít; ~ 명 eladás, árusítás, értékesítés; ~ 공고 eladási hirdetés; ~ 조건 az eladás feltételei; ~ 계정 eladási számla; 비싸게 ~하다 drágán ad el; 집을 ~하다 árulja a házat; 땅을 ~하다 értékesíti a földet

매개물 명 közeg, közvetítő eszköz, közvetítő tényező

매개변수 명 segédváltozó, paraméter

매국노 명 hazaáruló; ~ 짓을 하다 eladja a hazáját, elárulja az országát

매기다 동 megállapítja az árat, beáraz, becsül, értékel; 높은 값을 ~ magas árat állapít meg; 수입품에 높은 관세를 ~ az importárut magas vámmal terheli meg; 점수를 ~ osztályoz, osztályzatot állapít meg; 등급을 ~ osztályoz, kategóriába sorol

매끄럽다 형 sima, egyenletes, sík; 매끄러운 털 sima szőr; 매끄러운 표면 egyenletes felszín

매너 명 modor; ~가 좋은 jó modorú; ~가 좋지 않은 rossz modorú; 이거 도대체 ~가 왜이래 Micsoda modor ez?

매년 부 évenként, évente, minden évben; ~ 한번 évenként egyszer

매니저 명 ügyvezető, igazgató, menedzser, intéző; 그는 ~가 되었다 Ügyvezető lett.

매다 동 ❶ köt, megköt; 말을 나무에 ~ lovat fához köt; 넥타이를 ~ megköti a nyakkendőt; 손을 ~ megköti vki kezét ❷ kigyomlál, gyomtalanít, 밭을 ~ kigyomlálja a földet

매달 부 minden hónapban, hónaponként, havonta; ~의 havi; ~ 두 번씩 havonta kétszer; 그는 ~ 월급의 20%를 저축한다 A havi bérének a húsz százalékát megtakarítja.

매달다 동 felakaszt, felfüggeszt, feltesz; 나무에 램프를 ~ felakasztja a lámpát a fára; 커튼을 ~ felteszi a függönyt

매달리다 동 lelóg; kérlel; 사과나무에 사과가 ~ alma lóg az almafán; 도와달라고 ~ segítségért könyörög; 그는 10시간 동안이나 그 일에 매달렸다 Tíz órán keresztül dolgozott azon a munkán.

매도-하다 동 ❶ sérteget, gyaláz, ócsárol, megcsal, félrevezet; ~ 명 sértegetés, gyalázat, ócsárlás, megcsalás, félrevezetés; 그는 비도덕적이라며 그녀를 ~했다 Sértegette a nőt, mondván, hogy erkölcstelen. ❷ elad, árusít, értékesít; ~ 명 eladás, árusítás, értékesítés ☞ **매각하다**

매독 명 szifilisz, vérbaj; ~에 걸린 szifiliszes, vérbajos

매듭 명 csomó, bog; ~을 만들다 csomóra köt, csomóz, bogoz; ~이 있는 csomós; ~을 풀다 kibogoz, megoldja a csomót

매듭짓다 동 csomóra köt, csomóz, bogoz

매력 명 vonzalom, vonzerő; 신체적 ~ testi vonzerő; ~적인 bájos, vonzó; 성적 ~ nemi vonzalom; ~적인 얼굴 bájos arc; ~적인 외모를 가지고 있다 vonzó külseje van; …에게 ~을 느끼다 vonzalmat érez vki iránt

매료된 형 megigézett, megbűvölt; ~ 시선 megigézett / megbűvölt pillantás

매매 명 vásárlás és eladás, adásvétel; ~가격 vásárlási és eladási ár

매머드 명 mamut; igen nagy, óriás(i); ~ 건물 igen nagy épület; ~ 도시 óriási város; ~ 기업 óriáscég, mamutvállalat

매몰-되다 동 betemet, elföldel; 폭설에 집들이 ~되었다 Az óriási hó betemette a házakat.; 동굴사고로 많은 사람이 흙에 ~되었다 A barlangi baleset során sokakat betemetett a föld.

매물 명 eladó áru, eladó tárgy; ~로 내놓다 áruba bocsát; 이 제품은 ~이 아니다 Ez a termék nem eladó áru.

매번 부 minden alkalommal, kivétel nélkül, mindig; ~ 네가 이긴다 Minden alkalommal nyersz.; ~ 초청해 주셔서 고맙습니다 Köszönöm, hogy mindig meghívsz engem.

매사 명 minden dolog; ~에 mindenben; 그는 ~에 성공했다 Neki minden sikerült.; 그는 ~에 성실하다 Ő mindenben szorgalmas.

매상 명 bevétel; 당일 ~ a napi bevétel; ~ 계정 bevételi számla

매섭다 형 kemény, zord; 매서운 공격 kemény támadás; 매서운 추위 kemény hideg; 매서운 겨울 zord tél

매수 명 lapszám, oldalszám; 복사 ~가 너무 많다 túl sok a nyomtatott lapszám

매수-하다 동 ❶ beszerez, felvásárol, bevásárol; ~ 명 beszerzés, felvásárlás, bevásárlás; ~ 가격 felvásárlási ár; ~ 계획 beszerzési terv; 정부는 금년에 1,000톤의 감자를 ~한다 A kormány az idén 1.000 tonna burgonyát vásárol fel. ❷ megveszteget, lepénzel; ~ 명

ㅁ

megvesztegetés, lepénzelés; 공무원 ~죄 a közhivatalnok megvesztegetésének bűne; 증인을 ~ megvesztegeti a tanút; 국회의원을 ~ lepénzeli a képviselőt

매스컴 명 tömegtájékoztatási eszközök, a média; 현대사회에서 ~의 힘은 점점 증가하고 있다 A modern társadalomban a média ereje fokozatosan nő.

매연 명 füst, korom, kipufogógáz; ~ 많은 도시 füstös város; 자동차 ~ autó kipufogógáza

매우 부 nagyon, igen, olyan; ~ 좋은 igen jó; ~ 가능성이 높은 nagyon valószínű; ~ 기쁘다 igen örvendek, nagyon örülök; ~ 많은 돈 nagyon sok pénz; ~ 빨리 nagyon gyorsan; ~ 아름다운 아가씨 nagyon szép kislány; 오늘은 ~ 덥다 Ma olyan meleg van!

매운탕 명 halászlé; 세게드 생선 ~은 헝가리에서 유명하다 A szegedi halászlé híres Magyarországon.

매월 부 havonta, havonként, minden hónapban; ~ 한번씩 havonta egyszer; ~ 해외로 여행을 가다 havonként utazik külföldre

매일 부 mindennap, naponta, naponként; ~ 두 번씩 naponta kétszer; 이런 일이란 ~ 일어나는 것이 아니다 Ilyen esemény nem mindennap történik.

매입-하다 동 vásárol, vesz, bevásárol, beszerez; ~ 명 vásárlás, vétel, beszerzés; 재~ visszavásárlás, visszavétel; 회사 ~ cégvásárlás, cégvétel; ~ 장부 bevásárlási napló; ~ 계약 adásvételi szerződés; ~ 가격 vételár; ~자 vevő, vásárló

매장 명 árusítóhely, bódé, stand; 화장품 ~ kozmetikai osztály; 식품 ~ élelmiszerosztály

매장-하다 동 temet, elhantol; kitaszít, kizár; ~ 명 temetés, elföldelés, elhantolás; ~지 temető; ~식 temetési szertartás, gyászszertartás; ~허가증 temetési engedély; 그는 사회로부터 ~되었다 Kitaszították őt a társadalomból.

매점 명 ❶ mesterséges áruhiányt teremtő felvásárlás; 밀을 ~하다 felvásárolja a búzát ❷ büfé, bisztró; 학교 ~ iskolai büfé; 역 ~ pályaudvari büfé

매주 부 minden héten, hetenként, hetente; ~ 한번 egyszer egy héten, hetenként egyszer; ~ 토요일 szombatonként

매진-하다 동 igyekszik, fáradozik; ~ 명 igyekezet, fáradozás; 공부에 ~하다 igyekszik a tanulásban

매질 명 ostorozás, korbácsolás; ~을 하다 megostoroz, korbáccsal üt; 사정없는 ~ irgalmatlan megostorozás; 혹독한 ~ kemény megkorbácsolás

매체 명 média; 광고 ~ hirdetési média; 대중 ~ tömegkommunikációs eszköz

매춘 명 üzletszerű kéjelgés, prostitúció

매춘녀 명 prostituált, utcalány

매출 명 eladás, kiárusítás; ~ 경쟁 eladási verseny; ~ 가격 eladási ár

매출액 명 eladási összeg

매표 명 jegyeladás; ~원 jegypénztáros; ~ 시간 jegyeladási idő

매표소 명 jegypénztár, menetjegyiroda

매한가지 egészen/teljesen ugyanaz; 그 둘은 ~ 사람이다 A két ember teljesen ugyanaz a fajta. Egyik kutya, másik eb.

매혹 명 báj; ~적인 bájos, vonzó; ~적인 얼굴 bájos arc; ~적인 몸매 vonzó testalkat

맥락 명 koherencia, kontextus

맥박 명 érverés, pulzus; ~을 재다 megméri a pulzusát; 정상적인 ~ normális pulzus; ~ 박동수 pulzusszám, érlökésszám

맥박계 명 érverésmérő, pulzusmérő

맥없이 부 erőtlenül, lankadtan, élettelenül; ~ 걷다 erőtlenül gyalogol

맥주 명 sör; 흑~ barna sör; 일반 ~ világos sör; 생~ csapolt sör, 병~ üveges sör; ~ 한 잔 주세요 Egy sört kérek!; ~를 양조하다 sört főz

맥주병 명 sörösüveg; ~이 깨지다 eltörik a sörösüveg

맨 ❶ csak, kizárólag; 구경거리는 없고 ~ 사람들뿐이다 Nincs látnivaló, csak emberek vannak.; 연못에 ~ 물고기다 A tóban kizárólag hal van. ❷ a leg-...-bb; ~ 밑 a legalsó; ~ 먼저 a legelején; ~ 처음 a legelső; ~ 아래 선반 a legalsó polc

맨드라미 명 kakastaréj (Celosia) (egynyári dísznövény)

맨몸 명 meztelenség, csupaszság; ~으로 meztelenül; ~으로 자다 meztelenül alszik

맨발 명 meztelen láb, mezítláb; ~의 meztelen lábú, mezítlábas; ~로 다니다 meztelen lábbal jár, mezítláb jár

맨손 명 üres kéz; ~으로 고기를 잡다 puszta kézzel fogja a halat; ~으로 집에 돌아왔다 Üres kézzel jött haza.

맴돌다 동 kavarog, örvénylik, körbeforog, megperdül, pörög; 연기가 ~ kavarog a füst; 풍차의 날개가 빙빙 ~ körbekörbe forog a szélmalom lapátja

맵다 형 csípős, erős; 국이 ~ csípős a leves; 일반적으로 한국 고추는 ~ A koreai paprika általában csípős.

맵시 명 alak, forma, megjelenés; ~있는 몸매 formás testalkat

맷돌 명 malomkő; 윗 ~ felső malomkő, forgó malomkő; 아랫 ~ alsó malomkő, fekvő malomkő; 진퇴유곡의 궁지에 빠지다 két malomkő között őrlődik

맹렬-하다 형 heves; ~ 명 hevesség; ~한 바람 heves szél; ~한 공격 heves támadás

맹목적 vak, meggondolatlan, féktelen, feltétlen; ~ 사랑 vak / feltétlen szerelem; ~ 희생 feltétlen áldozat; ~ 비행 vakrepülés; ~으로 믿다 vakon hisz vmiben

맹세-하다 동 esküszik, esküdözik; ~ 명 eskü; 천지신령에게 ~ égre-földre esküdözik; 하나님께 ~ istenre esküszik

맹수 명 vadállat, nagyvad; ~ 사냥 nagyvad-vadászat; ~ 사냥을 하다 nagyvadra vadászik; ~ 조련사 vadállat-szelídítő

맹인 명 vak; ~ 학교 vakok intézete; ~으로 태어난 vakon született, ~이 되다 megvakul; ~으로 만들다 megvakít

맹장 명 vakbél; ~염 vakbélgyulladás; ~ 수술 vakbélműtét; ~ 수술을 받다 vakbéllel operálják; 그의 ~이 제거되었다 Kivették a vakbelét.

맺다 동 ❶ köt; 매듭을 ~ csomót köt; 계약을 ~ szerződést köt; 동맹을 ~ szövetséget köt ❷ termel, terem, hoz; 열매를 ~ gyümölcsöt terem

맺음말 명 zárszó; ~은 짧을수록 좋다 Minél rövidebb a zárszó, annál jobb.

머금다 동 눈물을 ~ A szeme tele van könnyel.; 얼굴에 웃음을 ~ Mosoly van az arcán. Mosoly sugárzik az arcáról.

머나멀다 형 nagyon távoli, távol fekvő,

nagyon messzi; 머나먼 곳 nagyon távoli hely; 머나먼 길 messzi út; 머나먼 나라 nagyon távoli / messzi ország

머리 명 fej, fő; agy, szellem; ~를 가로젓다 rázza a fejét; 두통 fejfájás; ~가 아프다 fáj a feje; ~가 좋다 okos; ~를 쓰는 일 agymunka, szellemi munka; 골 ~를 썩다 vmin töri a fejét; ~에 떠오르다 megfordul az agyában vmi; 그는 아직 ~에 피도 마르지 않았다 még nem nőtt be a feje lágya; (지식 등을) 억지로 ~에 집어 넣어주다 vkinek vmit a fejébe ver

머리끝 명 fejtető

머리말 명 bevezető, előszó, előhang; ~에 a bevezetőben; ~을 쓰다 előszót ír

머리맡 명 ágy széle, ágy oldala; 환자 ~에 a beteg ágyánál; 간호원은 그 환자의 ~을 결코 떠나지 않았다 Az ápolónő egy pillanatra sem hagyta el a beteg ágyát.

머리카락 명 haj; ~ 건조기 hajszárító

머리칼 명 ☞ **머리카락**

머리털 명 ☞ **머리카락**

머리통 명 koponya, fej; ~이 크다 nagy a koponya; ~이 비다 üres a fej

머릿속 명 a fej belseje

머무르다 동 marad vhol, tartózkodik vhol; 그는 지금 3일 동안 집에 머무르고 있다 Most három napig otthon marad.; 호텔에 ~ szállodában megszáll, szállodában lakik; 친구 집에 ~ a barátja lakásában tartózkodik

머물다 동 ☞ **머무르다**

머뭇거리다 동 tétovázik, habozik, vonakodik; 머뭇거림 없이 minden tétovázás nélkül; 진혀 머뭇거리지 않다 nem tétovázik egy percig sem, nem riad vissza semmitől sem; 그는 그것을 해야 할지 말아야 할지 머뭇거렸다 Habozott, hogy megtegyen-e vmit.

머슴 명 mezőgazdasági munkás, cseléd; ~(을) 살다 mezőgazdasági munkás lett; ~을 두다 cselédet tart; ~방 cselédszoba

머지않아 부 nemsokára, rövidesen, csakhamar; ~ 기차가 도착한다 Nemsokára megérkezik a vonat.; ~ 또 봅시다 A mielőbbi viszontlátásra!

먹 명 tus; ~으로 그린 선 tussal húzott vonal

먹거리 명 ennivaló, élelem, eleség; ~가 떨어지다 elfogyott az ennivaló; ~를 사다 élelmet vásárol

먹구름 명 viharfelhő; ~이 몰려오다 közeledik a viharfelhő

먹다 동 eszik, étkezik, táplálkozik; 고기 스프를 ~ húslevest eszik; 우리는 8시에 저녁을 먹는다 Este 8-kor vacsorázunk.; 많이 ~ sokat eszik; 겁을 ~ rémült, ijedt, riadt, begyulladt; 나이를 ~ öregedik; 마음 ~ szándékozik, tenni akar vmit; 더위를 ~ megbetegedik a melegtől; 기름을 많이 ~ sok benzint fogyaszt; 귀가 ~ süket lesz, megsüketül

먹물 명 kínai tus

먹음직스럽다 형 finom, étvágygerjesztő, ínycsiklandó; 이 음식은 먹음직스러워 보인다 Ez az étel finomnak látszik.

먹이 명 eledel, ennivaló; préda, zsákmány; 맹수가 ~를 쫓다 a vadállat üldözi a prédáját; 동물 ~ állateledel; 동물에게 ~를 주지 마시오 Nem szabad az állatnak ennivalót adni! Tilos az állatokat etetni!

먹이다 동 etet, ételt ad; 환자에게 밥을 ~ rizst etet a beteggel; 아기에게 젖을 ~ csecsemőt szoptat

먼저 부 előbb; 네가 ~ 가라 Menj előbb

te!; 나는 나중에 먹을 테니 ~ 먹어라 Előbb te egyél, én majd később eszem!

먼지 명 por; 먼지가 낀 poros; ~가 끼다 porosodik; ~ 구름 porfelhő; ~ 방지 외투 porköpeny

멀다[1] 동 elveszt; 눈이 ~ elveszti a szeme világát, megvakul; 귀가 ~ süketté lesz; 그는 돈에 눈이 멀었다 Elvakította a pénz.

멀다[2] 형 messzi, távoli, távol fekvő, távol; 먼 친척 távoli rokon; 먼 미래에 a távoli jövőben; 먼 나라 távoli ország; 동아시아 a Távol-Kelet

멀리 부 messze, távol, nagy távolságban; 그 날은 그리 멀지 않다 Az a nap nincsen nagyon messze.; ~ 떨어져 있다 távol esik / van vmitől, nagy távolságban van; ~ 하다 távol tartja magát vmitől

멀리뛰기 명 távolugrás

멀리-하다 동 elkerül, kikerül, kitér, lemond, tartózkodik; 못된 친구를 ~하다 a rossz barátot elkerüli; 탄산음료를 ~하다 tartózkodik a szeszes italtól

멀어지다 동 eltávolodik; elhal; elhidegül; 배가 해변으로부터 ~ a hajó eltávolodik a tengerparttól; 그의 목소리는 점점 멀어져 갔다 A hangja lassan elhalt.; 두 형제는 최근 서로 멀어졌다 A két fivér az utóbbi időben elhidegült egymástól.

멀쩡-하다 형 sértetlen, ép, egészséges; józan, épelméjű; ~한 상태 sértetlen állapot; ~하게 도망치다 ép bőrrel menekül; 정신적으로 ~한 사람 lelkileg ép ember

멀찌이 부 messze, távol, nagy távolságban; 그는 부모님과 ~ 산다 messze lakik a szüleitől; 옆 동네는 여기에서 ~ 있다 A szomszéd falu távol van innen.

멀티미디어 명 multimédia

멈추다 동 megáll, leáll; 내 시계가 멈췄다 Megállt az órám.; 멈춰라 Megállj! 엔진이 ~ leáll a motor

멈칫-하다 동 ☞ **머뭇거리다**

멋 명 szépség; 전혀 ~이 없다 nincs benne semmi szépség; 진정한 ~은 항상 안으로부터 나온다 Az igazi szépség mindig belülről fakad.

멋대로 부 önkényesen, önhatalmúan; ~ 결정하다 önkényesen dönt el; ~ 행동하다 önkényesen viselkedik

멋있다 형 szép, elegáns, divatos, ízléses, sikkes; 멋있는 신사 szép férfi; 멋있는 옷 elegáns ruha; 멋있는 모자 divatos kalap

멋쟁이 명 előkelően öltözködő, elegánsan öltözködő

멋지다 형 divatos, elegáns, választékos ízlésű, sikkes; nagyszerű, remek; ügyes; 멋진 옷 elegáns ruha; 멋진 기술 nagyszerű technika; 멋진 그림 remek festmény; 멋진 생각 ügyes ötlet

멋쩍다 형 kínos, kellemetlen, feszélyező, visszás; 멋쩍은 침묵 kínos csend; 멋쩍게 느끼다 kellemetlenül érzi magát, zavarban van; 우리가 다시 만나면 멋쩍을 것이다 Kínos lenne, ha ismét összetalálkoznánk.

멍 명 zúzódás, ütés nyoma; 팔에 ~이 들다 a kar zúzódik; 눈에 ~이 들다 zúzódást szenved a szem

멍청이 명 bolond, ostoba, tökfej, tökfilkó, fajankó; 지독한 ~ sült bolond; ~ 같은 소리를 지껄이다 ostobaságot beszél; ~ 같은 소리 하지마라 Ne beszélj ostobaságot!

멍청-하다 형 ostoba, buta, csacska, hülye, kótyagos; ~한 놈 Ostoba szamár!;

~하게 굴지 말아라 Ne légy csacsi! 너 어떻게 이렇게 ~하게 말할 수 있어 Hogy mondhatsz ilyen ostobaságot? 내가 이렇게 ~ 하다니 Milyen hülye vagyok! 너 참 ~하다 Te kis buta! Nagy szamár vagy! Hülye vagy!

멍청히 부 ostobán, bután, szamár módon; ~ 쳐다보다 ostobán bámul; ~ 말하다 bután beszél

멍텅구리 명 ☞ **멍청이**

멍하니 부 kábultan, zavartan, szórakozottan, figyelmetlenül, kótyagosan; ~ 바라보다 kábultan néz; ~ 앉아 있다 zavartan ül; ~ 경치를 바라보다 szórakozottan nézi a tájat

멍-하다 형 kótyagos, elkábult; ~한 얼굴 kótyagos arc; ~한 얼굴로 쳐다보다 kába arccal néz

멎다 동 ☞ **멈추다**

메뉴 명 étrend; étlap; 한 주간의 ~ heti étrend; ~를 좀 갖다 주세요 Étlapot kérek!; 그 음식은 ~에 없습니다 Az étel nincs az étlapon.

메다 동 어깨에 ~ vállára vesz, vállára tesz, vállára helyez; 짐을 어깨에 ~ terhet vesz a vállára; 울다 목이 ~ fuldoklik a sírástól

메달 명 érem, kitüntetés, emlékérem; 금~ aranyérem; ~의 뒷면 az érem másik oldala; ~을 받다 érmet nyer, kitüntetést kap

메뚜기 명 szöcske, sáska; ~떼 szöcskehad; ~떼의 공격 sáskajárás

메마르다 형 száraz; 메마른 땅 szárazföld; 메마른 기후 száraz éghajlat

메모리 명 memória(egység), tároló; ~ 카드 memóriakártya; ~ 단위 memóriaegység, tárolóegység

메모장 명 jegyzettömb

메모-하다 동 feljegyez; ~ 명 feljegyzés, jegyzet; ~없이 강의를 하다 jegyzet nélkül tartja az előadást

메밀 명 hajdina; ~ 국수 hajdinatészta

메밀꽃 명 hajdinavirág

메밀묵 명 hajdinapaszta

메시아 명 messiás; ~ 신앙 messianizmus, a megváltásról szóló tan, a megváltásban való hit; ~를 학수고대하다 úgy vár vkit, mint a messiást

메시지 명 üzenet, értesítés, híradás, közlés, tudósítás; ~를 전하다 átadja az üzenetet; ~를 남기다 üzenetet hagy vki részére; ~를 보내다 értesítést küld vki részére

메아리 명 visszhang; ~ 치다 visszhangzik, visszhangot ad

메우다 동 betöm; visszahódít; pótol; 구멍을 ~ betömi a lyukat; 바다를 ~ földet hódít vissza a tengertől; 결손을 ~ pótolja a veszteséget

메이커 명 gyártó, készítő; 자동차 ~ autógyártó; 이 회사는 한국에서 유명한 텔레비전 ~이다 Ez egy híres televíziógyártó vállalat Koreában.

메인 명 fő, a legfontosabb, a leglényegesebb; ~ 테이블 főasztal; ~ 스타디움 központi stadion

메주 명 szójabab maláta; ~를 쑤다 szójababot főz maláta készítéséhez; ~콩 malátához való szójabab

멜로디 명 dallam, melódia; 아름다운 ~ szép dallam; 옛 ~를 흥얼거리나 dúdolja a régi melódiát; 노랫말에 ~를 붙이다 dalamot/zenét ír a dalszövegre

멤버 명 tag; 위원회 ~ a bizottság tagja; ~십 카드 tagsági kártya; ~ 회비 tagdíj

며느리 명 meny

며칠 명 hány nap?, néhány nap, meddig; ~ 동안 néhány nap alatt; ~ 전 néhány nappal ezelőtt; 여기에 ~이나 머물거야 Hány napig / napot marad itt?; 그 일을 하는데 ~ 걸리겠소 Hány nap kellene a munka elvégzéséhez?

멱살 명 nyak(rész), gallér; ~을 잡다 nyakon csíp vkit

면[1] 명 arc, oldal; ~ 전에서 a jelenlétében; 인생의 밝은 ~을 보는 것이 중요하다 Fontos, hogy az élet napfényes oldalát nézzük.; 입방체에는 몇 개의 ~이 있느냐 Hány oldala van a kockának?

면[2] 명 gyapot, pamut; ~방적 공장 pamutfonó; 탈지~ sebkötő gyapot

면[3] 명 mjon, vidéki község mint közigazgatási egység

면담-하다 동 megbeszélést folytat, megbeszél; ~ 명 találkozás (tárgyalás céljából), megbeszélés, beszélgetés; 개인 ~ személyes megbeszélés; 사적인 ~을 하다 bizalmas megbeszélést folytat

면도기 명 borotvakészülék

면도칼 명 borotva

면도-하다 동 borotválkozik, borotvál; ~ 명 borotválkozás; ~용 비누 borotvaszappan; ~ 크림 borotvakrém

면모 명 megjelenés, külső, alak; ~를 일신하다 megváltoztatja a külsejét; 새로운 ~를 띠다 új alakot vesz fel

면목 명 nagyrabecsülés, tisztelet, hírnév, presztízs; ~을 세우다 presztízsre tesz szert, tekintélyre tesz szert; ~을 잃다 megszégyenül, tekintélyét veszti; ~ 없습니다 szégyellem magam

면밀-하다 형 részletes; ~한 정보 részletes tájékoztatás; ~한 조사 részletes vizsgálat

면밀히 부 részletesen; ~ 계획된 사건 részletesen előkészített eset; ~ 살펴보십시오 Részletesen nézze meg!

면사 명 pamutfonal

면세구역 명 vámmentes terület, vámmentes övezet

면세점 명 vámmentes bolt

면세품 명 vámmentes áru

면역 명 immunitás, védettség; ~ 유전학 immungenetika; ~ 체계 immunrendszer; ~ 혈청 immunsavó

면역학 명 immunológia

면적 명 terület; 총 ~ egész terület; 넓은 ~ nagy terület; 좁은 ~ kis terület; 삼각형의 ~ a háromszög területe

면접 명 megbeszélés, interjú; 개인 ~ személyes megbeszélés; 단체 ~ csoportos interjú

면제 명 mentesség; 수수료 ~ illetékmentesség; 세금 ~ adómentesség

면죄부 명 bűnbocsánat, búcsú

면직물 명 pamutszövet; ~업자 pamutszövetgyártó

면책 명 mentesség, immunitás; 외교 ~ 특권 diplomáciai mentesség (kiváltsága), konzuli mentesség (kiváltsága); ~ 조항 mentességi cikkely

면-하다 동 elkerül, kivonja magát, kihúzza magát; 위험을 ~하다 elkerüli a veszélyt, 책임을 ~하다 elkerüli a felelősséget; 처벌을 ~하다 kivonja magát a büntetés alól, kihúzza magát a büntetés alól

면허 명 engedély; 총기 소지 ~ fegyvertartási engedély; 운전 ~ vezetői engedély, gépkocsivezetői engedély

면허증 명 jogosítvány; ~ 검사 jogosítványellenőrzés; ~을 제시하다 jogosítványt bemutat; ~을 요구하다 jogosítványt kér; ~을 따다 jogosítványt szerez

면화 명 gyapotcserje

면화씨 명 gyapotmag; ~ 기름 gyapotmagolaj

면회 명 találkozás, látogatás; ~ 장소 találkozóhely, találkahely; ~를 사절하다 visszautasítja a találkozást; ~사절 tilos a látogatás; ~시간 látogatási idő; ~인 látogató; ~일 látogatási nap

멸망시키다 동 elpusztít, romba dönt; 핵폭탄이 일류를 멸망시킬 수도 있다 Az atombomba elpusztíthatja az emberiséget.; 터키인들이 동로마제국을 멸망시켰다 A törökök romba döntötték a Kelet-Római Birodalmat.

멸망-하다 동 elpusztul, romba dől; ~ 명 bukás, összeomlás; 로마 제국의 ~ a Római Birodalom bukása; ~의 원인 az összeomlás oka; 동로마제국은 터키에 의해 ~했다 A Kelet-Római Birodalom a törökök miatt dőlt romba.

멸시-하다 동 lenéz vkit, megvet vkit; ~ 명 lenézés, megvetés; 가난한 사람들을 ~해서는 안 된다 Nem szabad lenézni a szegényeket.

멸종-하다 동 kihal, kipusztul; ~ 명 kihalás, kipusztulás; ~된 kihalt, kipusztult; 그 민족은 이미 오래전에 ~했다 Az a nép már régen kihalt. 공룡은 ~된 동물이다 A dinoszaurusz kihalt állat.

멸치 명 apróhal; ~ 젓갈 apróhalmártás; ~ 그물 apróhalháló

명 명 ❶ személy, fő; 모두 50 ~이다 összesen 50 személy; 그 좌석에는 세 ~이 앉을 수 있다 az ülésre három személy ülhet ❷ élet; ~이 길다 hosszú az élet

명곡 명 híres zene; ~을 듣다 híres zenét hallgat; ~을 연주하다 híres zeneszámot játszik / előad

명단 명 névsor; ~에 이름을 등재하다 felveszi a nevet a névsorba; 방문자 ~ a látogatók névsora; ~을 만들다 összeállítja a névsort

명당 명 a legjobb hely, ideális hely; 그 왕의 무덤은 ~에 있다 A király sírja a legjobb helyen van.; 여기는 잠을 자기에는 ~이다 Ez ideális hely az alvásra.

명랑-하다 형 vidám, jókedvű, élénk; ~한 목소리로 vidám hangon; ~한 사람 jókedvű ember; ~한 기질 vidám kedélyű; 그 소녀는 항상 ~하다 A kislány mindig vidám.

명령법 명 (문법) felszólító mód

명령어 명 parancsnyelv, forrásnyelv; 컴퓨터 ~는 너무 복잡하다 a számítógép parancsnyelve túl bonyolult

명령-하다 동 parancsol, rendelkezik vkivel, utasít vkit vmire; ~ 명 parancs, rendelkezés, utasítás; 하나님의 ~ isteni elrendelés / parancs; 집행 ~ végrehajtási utasítás; 최고 ~권자 főparancsnok, fővezér; ~ 체계 parancsuralmi rendszer; ~을 받들다 végrehajtja a parancsot; ~을 어기다 megszegi a parancsot, áthágja a parancsot

명료-하다 형 pontos, világos; ~한 분석 pontos elemzés; ~한 해설 világos magyarázat; 그는 항상 ~하게 얘기 한다 Ő mindig világosan beszél.

명명-하다 동 nevet ad, névvel ellát vmit; ~ 명 névadás; ~식 névadó ünnepség; 그는 자기의 이름을 회사이름으로 ~했다 Saját magáról nevezte el a céget; 그는 배이름을 알렉산더호라고 ~했다 Alexander névre keresztelte a hajót.

명목 명 név; tétel; ~ 소득 nominálbérek; 그 ~은 빼라 Hagyd ki azt a tételt!

명문 명 ❶ kitűnő szöveg; aforizma, elmés mondás ❷ nemes család, nemes iskola, nagynevű; 그는 ~ 출신이다 Nemesi családból származik.; 하버드는 ~ 학교다 A Harvard nevezetes egyetem. ❸ kikötés; ~ 규정 kikötési rendelet

명물 명 különlegesség, híres áru; 사과는 대구의 ~이다 Az alma Tegu különlegessége.; 이 식당의 ~은 해산물 요리다 Ennek az étteremnek a specialitásai a tengeri ételek.; 안성의 ~은 유기이다 Anszong híres áruja a sárgaréz.

명복 명 örök nyugalom (a másvilágon); ~을 빌다 vkinek az örök nyugalmáért imádkozik; 그의 ~을 빕니다 Az ő örök nyugalmáért imádkozom.

명백-하다 형 tiszta, evidens, nyilvánvaló; ~한 잘못 nyilvánvaló hiba; ~한 증거 evidens bizonyíték; 그의 의도는 ~하다 A szándéka tiszta.

명백히 부 tisztán, evidensen, nyilvánvalóan; 그것은 ~ 잘못된 행동이다 Az nyilvánvalóan nem helyes cselekedet.; 그의 실수에 대해 ~ 조사해야 한다 A hibáját alaposan meg kell vizsgálni.

명분 명 indoklás, megokolás.; ~을 세우다 megindokol vmit; 그의 행동은 ~이 너무 약하다 A cselekedetének túl gyenge az indokolása.

명사[1] 명 (문법) főnév; 집합 ~ gyűjtőnév; 보통 ~ közös főnév; 고유 ~ tulajdonfőnév; ~구 főnévi szerkezet; ~절 főnévi mellékmondat; ~화 főnevesülés

명사[2] 명 kimagasló ember, kiemelkedő ember; 사회의 ~ a társadalom kimagasló embere; 학계의 ~ a tudomány kiemelkedő embere

명상-하다 동 elmélkedik, meditál; ~ 명 elmélkedés, meditáció; ~생활 elmélkedő / meditatív élet; 철학적인 문제에 관하여 ~하다 filozófiai problémákról elmélkedik

명성 명 hírnév, jó hír, reputáció; ~있는 hírneves, nagy hírű, nevezetes; ~을 얻다 elnyeri a hírnevet; ~을 높이다 növeli a jó hírnevét; ~을 손상시키다 sérti a reputációját / hírnevét / jó hírét

명소 명 híres / nevezetes hely, szép pont; 관광 ~ turisztikai vonzásterület; ~를 구경하다 nevezetes helyet megtekint / megnéz; 관광객들을 ~로 안내하다 A turistákat egy nevezetes helyre vezeti.

명승지 명 látnivaló, szép hely; 한국에는 고적 ~가 많다 Koreában sok történelmi látnivaló van.; ~를 답사하다 meglátogatja a nevezetes helyet

명시-하다 동 pontosan nyilatkozik, megnevez, meghatároz, körülír, megvilágít; ~ 명 pontos nyilatkozat, megnevezés, meghatározás, megvilágítás; ~되지 않은 pontosan nem nyilatkozott; 계약조건들을 ~하다 megvilágítja a szerződés feltételeit

명실공히 névlegesen és valóságosan is; 그는 ~ 그 운동의 지도자다 Ő névlegesen és a valóságban is annak a mozgalomnak a vezetője.

명실상부-하다 동 rászolgál a nevére; ~하지 않다 nem szolgál rá a nevére

명심-하다 동 emlékezetébe vés, emlékezetében tart, emlékezetében megőriz; 그 말을 너는 항상 ~해야 한다 Azokat a szavakat meg kell tartanod az emlékezetedben.; 지각하면 안된다는 점을 ~해라 Vésd jól az eszedbe / emlékezetedbe, hogy nem szabad elkésni.

명언 명 híres mondás, bölcs mondás, szállóige; 예로부터 전해져 오는 ~ régóta ismert, okos mondás; 그거 과연 ~이군 Jaj, milyen bölcs mondás!; ~집 híres mondások gyűjteménye; 불후의 ~ halhatatlan szállóige

명예 명 dicsőség, becsület, jó hírnév; 권력과 ~ a hatalom és a dicsőség; ~를 얻다 dicsőséget szerez; ~를 위하여 becsületből; ~박사 díszdoktor; ~교수 professzor emeritus

명예훼손 명 becsületsértés; ~으로 고소하다 becsületsértési pert indít vki ellen

명왕성 명 Plútó

명의 명 név; ~상 névleg; 단지 ~상의 사장 csak névleg igazgató; 딸 ~의 예금통장 a lánya nevén lévő bankszámla; ~ 이전 névátírás; 내 집을 아들 ~로 샀다 A lakásomat a fiam nevére vásároltam.

명인 명 szakember, szakértő, mester; 바둑의 ~ a baduk mestere; 피리의 ~ a fuvola mestere; ~의 경지에 이르다 mesteri szintre jut

명작 명 mestermű, remekmű; 근래에 가장 유명한 ~ a manapság leghíresebb mestermű; 세계적으로 유명한 ~ az egész világon ismert remekmű

명장 명 ❶ mesterkéz; 안토니오 스트라디바리는 유명한 바이올린 ~이다 Antonio Stradivari híres hegedűkészítő mester volt. ❷ kiváló tábornok; 이순신은 한국이 ~ 중 한사람이다 Li Szunsin az egyik kiváló koreai tábornok.

명절 명 ünnepnap; 부활절 ~ a húsvét ünnepe, húsvéti ünnep; 성탄절 ~ a karácsony ünnepe

명제 명 állítás, kijelentés; 긍정 ~ igenlő állítás / kijelentés; 정언 ~ kategorikus állítás / kijelentés; ~ 함수 kijelentésfüggvény, ítéletfüggvény

명주 명 selyem; 인조 ~ műselyem; ~ 누에 selyemhernyó

명주실 명 selyemszál

명중-하다 동 eltalál, célba talál; ~시키지 못하다 nem talál célba; 돌이 그의 이마에 ~했다 A kő homlokon találta.

명찰 명 névtábla, névjelvény, névjelzés; ~을 붙이다 ráragasztja a névtáblát vmire; ~을 달다 kitűzi a névjelvényt; ~에 이름을 써라 Írd rá a nevedet a névtáblára!

명치 명 hasi idegközpont; ~를 때리는 것은 아주 위험하다 Nagyon veszélyes a hasi idegközpontot megütni.

명칭 명 név; 공식적인 ~ hivatalos név; ~을 바꾸다 átnevez, nevet változtat; ~을 붙이다 nevez

명쾌-하다 형 világos, határozott; ~한 어조 világos hangszín; 그의 ~한 대답이 나에게는 인상적 이었다 Határozott válasza jó benyomást tett rám.

명태 명 sárga tőkehal, sávos tőkehal

명패 명 névtábla; ~를 책상에 놓다 ráteszi a névtáblát az asztalra

명함 명 névjegy, névjegykártya; ~을 전해주다 átadja a névjegyet; 수위실에 ~을 맡기다 otthagyja a névjegykártyát a portán; ~을 만들다 névjegyet készít; ~을 주다 névjegykártyát ad vkinek; ~ 좀 주십시오 Legyen szíves adni egy névjegykártyát!

명확-하다 형 ☞ **명료하다, 명백하다**

명확히 부 ☞ **명백히**

몇 hány; hányan; ~ 사람 hány ember?; ~ 시에 만날까 Hány órakor találkozzunk? ~ 개가 없어 Hány darab hiányzik?; 거기에 ~이 있니 Hányan vannak ott? 여기서 ~이 일합니까 Hányan dolgoznak itt?

몇만 néhány tízezer, több tízezer; 그 전쟁에서 ~ 명의 군인이 죽었다 A háborúban sok tízezer katona halt meg.; 음식부족으로 매일 ~의 아이들이 죽고 있다 Az éhezés miatt naponta sok tízezer gyerek hal meg.

몇몇 néhány; néhányan; ~ 학생은 수업시간에 오지 않았다 Néhány diák nem jött az órára.; ~ 사람은 그 계약서에 동의하지 않았다 Néhány ember nem értett egyet a szerződéssel.; ~은 열심히 일하지 않았다 Néhányan nem dolgoztak szorgalmasan.; ~은 회의에 참석하지 않았다 Néhányan nem vettek részt a konferencián.

몇십 néhány tucat; 광장에 지금 ~ 명이 모여 있다 A téren most néhány tucat ember gyűlt össze.; 최소한 ~ 명의 학생은 그 시험을 통과하지 못할 것이다 Legalább néhány tucat diák nem sikerül átmenni a vizsgán.

몇천 néhány ezer; 이 도서관에는 최소한 ~권의 책은 있다 Ebben a könyvtárban minimum néhány ezer könyv van.; 이 공원에는 ~ 그루의 나무가 있다 Ebben a parkban több ezer fa van.

모[1] [명] új rizspalánta, friss rizspalánta; ~를 심다 új / friss rizspalántát ültet; ~판 új / friss rizspalánta-vetőágy

모[2] mo, öt pont a koreai jut játékban; ~는 윷놀이에서 제일 좋다 A mo a legjobb a koreai jut játékban.

모[3] (tofu)tömb, (tofu)kocka; 두부 두~ 주세요! Két kocka tofut kérek!

모[4] valami; ~ 처 valami hely; ~ 은행 valami bank; 김 ~씨 valami Kim úr, egy bizonyos Kim úr

모가지 [명] ☞ **목**

모계 [명] anyai ág; ~의 anyai ágú; ~ 사회 anyai jogú társadalom, matriarchális társadalom

모공 [명] pórus

모교 [명] vki iskolája, vki egyeteme, alma mater

모국어 [명] anyanyelv; 헝가리어를 ~로 하는 magyar anyanyelvű; 나의 ~는 한국어이다 Az én anyanyelvem a koreai.; 두 개의 언어를 ~로 하는 két anyanyelvű

모금 [명] adománygyűjtés, pénzgyűjtés; ~을 하다 pénzt gyűjt; 가두 ~ utcai pénzgyűjtés; ~ 목표액 a pénzgyűjtés célösszege; ~ 운동 pénzgyűjtési kampány; ~함 pénzgyűjtő doboz; 가난한 사람들을 위해 ~을 하다 pénzt gyűjt a szegények javára

모기 [명] szúnyog; ~에 물린 상처 szúnyogcsípés

모기약 [명] szúnyogirtó, szúnyogriasztó

모기장 [명] szúnyogháló

모깃불 [명] szúnyogok elleni tűz; ~을 피우다 meggyújtja a szúnyogok elleni tüzet; ~을 끄다 kioltja a szúnyogok elleni tüzet

모나다 [형] szögletes, sarkos; 모난 얼굴 szögletes arc; 모난 기둥 szögletes oszlop; 모난 성격 társadalomellenes tulajdonság

모내기-하다 [동] rizst palántáz, rizspalántákat ültet el; ~ [명] rizspalántázás, rizspalánta ültetése

모녀 명 anya és lánya; ~ 관계 anya és lánya kapcsolata; 그 ~는 서로 닮았다 Az anya és a lánya hasonlít egymásra.

모니터 명 monitor; ~ 스크린 a monitor képernyője; 컴퓨터 ~ számítógép-monitor

모닥불 명 máglya; ~을 피우다 meggyújtja a máglyát; ~을 끄다 kioltja a máglyát

모더니즘 명 modernizmus, modern dolgok kedvelése; 포스트 ~ posztmodernizmus

모델 명 modell; 화가 ~ festő modellje; 패션 ~ divatmodell; 사진 ~ fotómodell; ~ 학교 modelliskola

모두 mind; 예외 없이 ~ mind, kivétel nélkül; 그의 가족 ~ mind az egész család; 우리 다섯 ~ mind az öten; 이것은 ~ 거짓말이다 hazugság ez mind; 반짝인다고 ~ 금은 아니다 Nem mind arany, ami fénylik.; 그가 ~ 다 가져가 버렸다 Mindet elvitte.

모든 minden; ~ 면에서 minden tekintetben; ~ 사람은 한번은 죽는다 Minden ember meghal egyszer.; 끝이 좋으면 ~ 것이 다 좋은 것이다 Minden jó, ha jó a vége.; 그는 ~ 것을 다 가지고 있다 Megvan mindene.; ~ 것을 다 고려해서 mindent összevéve; 이것은 그가 할 수 있는 ~것 이었다 Ez volt minden, amit tehetett.

모래 명 homok; ~ 언덕 homokbucka; ~ 땅 homokos föld; ~ 밭 homokos termőföld

모래사막 명 homoksivatag

모래사장 명 homokos part; ~에서 산책을 하다 sétál a homokos parton; ~ 위에 눕다 fekszik a homokos parton

모래섬 명 homoksziget

모래성 명 homokvár

모래시계 명 homokóra

모래알 명 homokszem

모레 명 holnapután; ~까지 그 숙제를 끝내라 Fejezd be holnaputánig a házi feladatot!; 우리는 ~ 외국으로 여행을 간다 Holnapután utazunk külföldre.

모르다 동 nem ismer, nem tud; 나는 그 사람을 모릅니다 Nem ismerem azt az embert; 나는 그것에 대해서 모릅니다 Nem tudok róla.; 자기 자신도 어찌할 바를 모른다 Maga sem tudja, mit kell csinálnia.

모름지기 부 feltétlenül; ~ 젊은이는 노인들을 공경해야 한다 Feltétlenül szükséges, hogy a fiatalok tiszteljék az idősebbeket.

모면-하다 동 elkerül; 위험을 ~하다 elkerüli a veszélyt; 처벌을 ~하다 kivonja / kihúzza magát a büntetés alól

모멸감 명 lenézettség érzése, megvetettség érzése; lekicsinylés, semmibevétel; ~을 느끼다 lenézettséget érez; ~을 주다 lenézettség érzését kelti

모방-하다 동 utánoz, példát követ, mintáz; ~ 명 utánzás, követés; ~ 범죄 olyan bűncselekmény, amely egy másikat utánoz / másol le; ~ 본능 utánzási ösztön; ~할 수 없는 utánozhatatlan, nem utánozható; 이것은 그것을 ~한 것이다 ez azt mintázta; 그의 독특한 필체는 ~할 수가 없다 Az ő sajátos írói stílusa utánozhatatlan.

모범 명 minta, példa, modell; ~적인 példaadó, példaszerű, mintaszerű, példás, példát mutató, irányadó; ~적인 남편 mintaférj, példás / mintaszerű férj; ~적인 가정 példaszerű család;

모범생 명 példaadó diák, példás diák

모범수 명 példás fogoly, mintafogoly

모색-하다 동 keres, kutat; ~ 명 keresés, kutatás; 그 문제의 새로운 해결책을 ~하다 a probléma új megoldását keresi / kutatja; 제 3의 길을 ~하다 harmadik utat keres

모서리 명 sarok, szöglet; 책상 ~ az asztal sarka; ~에 부딪히다 szögletbe ütközik

모성 명 anyaság; ~ 본능 anyai ösztön; ~애 anyai szeretet; ~ 예찬 az anyaság tisztelete; ~ 보호 anyavédelem

모순 명 ellentmondás, összeegyeztethetetlenség; 말의 ~ a beszéd ellentmondásai; ~ 명제 ellentmondó javaslat / állítás; ~ 투성이다 tele van ellentmondással

모순되다 ellentétes vmivel, összeegyeztethetetlen vmivel, ellentmondásos; 모순된 증언 ellentmondásos tanúvallomás; 모순되지 않는 ellentmondásmentes; 현실과 이상은 종종 모순된다 A valóság és az eszmény néha összeegyeztethetetlen egymással.

모스크바 명 Moszkva; ~는 러시아의 수도이다 Moszkva Oroszország fővárosa.

모습 명 alak, alakzat, külső forma, megjelenés, testalkat, termet, póz; ~을 가지고 있다 alakot ölt; 원래 ~을 잃다 elveszti az eredeti alakját; 그것은 어떤 ~이니 Milyen formájú / alakú az?; 앉아 있는 ~ ülő póz

모시 명 hócsalán; ~실 hócsalán fonál; ~옷 hócsalán ruha

모시다 동 szolgálatára áll vkinek; 부모를 ~ szolgálatára áll szüleinek, ellátja a szüleit; 모임에 선생님을 ~ meghívja a tanárt a találkozóra; 손님을 방으로 ~ bekíséri a vendéget a szobába; 조상들을 ~ őseinek hódol; 회장으로 ~ elnökké választják (őt)

모시조개 명 kagyló egyik fajtája

모아지다 동 halmozódik, összegyűlik; 점점 더 많은 돈이 ~ egyre több pénz gyűlik össze; 낙엽이 많이 ~ sok falevél halmozódik fel

모양 명 forma, dísz, megjelenés; magatartás; 코~ az orr formája; ~이 변하다 változik a formája; ~을 내다 feldíszít, díszbe öltöztet, felruház; ~이 좋은 jó megjelenésű; 그 사람의 일하는 ~을 좀 보자 Nézzük, hogyan dolgozik.; 그는 피곤한 ~이다 fáradtnak látszik; 그는 혼자 가는 ~이다 Úgy látszik, hogy egyedül megy.

모양새 명 ☞ **모양**

모여들다 동 gyülekezik, összegyűlik; 떼로 ~ seregestül gyülekezik; 점점 더 많은 신도들이 ~ egyre több hívő gyülekezik; 접시에 많은 개미가 ~ Sok hangya gyűlik össze a tányéron.

모욕-하다 동 megsért, sérteget, bántalmaz; ~ 명 sértés, bántalmazá; ~을 느끼다 sértve érzi magát; 명예에 대한 ~ vkinek a becsületén ejtett sérelem, vkinek a méltóságán esett csorba; ~해서 상처를 주다 az igazságtalanságot sértéssel tetézi, sértést sértésre halmoz

모유 명 anyatej; 아이를 ~로 키우다 csecsemőt anyatejen nevel; ~을 먹이다 anyatejjel szoptat

모으다 동 összegyűjt, összehív, összeszed, toboroz (군인이나 회사원을), gyűjt, beszed; felfog; 친구들을 ~ összehívja a barátait; 모든 힘을 ~ minden erejét összeszedi; 정보를 ~ információt gyűjt; 세금을 ~ adót szed be; 치마를

~ felfogja a szoknyáját

모음 명 magánhangzó; ~ 체계 magánhangzórendszer; 단~ monoftongus, egyelemű magánhangzó; 이중 ~ kettős magánhangzó, diftongus; 반~ félmagánhangzó, félvokális; 단~ rövid magánhangzó; 장~ hosszú magánhangzó; ~ 조화 hangrendi illeszkedés, magánhangzó-harmónia,

모의고사 명 tesztvizsga; ~를 보다 tesztvizsgát tesz; ~ 점수가 좋다 jó a tesztvizsga eredménye

모이다 동 összegyűl(ik), összesereglik; találkozik; összpontosul; 어린이들이 운동장에 ~ A gyerekek összegyűlnek a játszótéren.; 거리에 많은 사람들이 ~ sok ember összesereglik az utcán; 내일 어디서 모일까 Hol találkozzunk holnap?; 우리는 한 달에 두 번 모인다 Havonta kétszer találkozunk.; 빛이 렌즈를 통해 한 점에 모인다 A napsugár a lencsén keresztül összpontosul egy pontba.

모임 명 találkozás, gyűlés, ülés; ~ 공지 körlevél / meghívó a gyűlésre; ~을 열다 az ülést / gyűlést megnyitja; ~장소 találkozóhely, találkahely; ~에 참석하다 részt vesz a találkozón; ~을 갖다 gyűlésezik, ülésezik, értekezletet tart

모자[1] 명 kalap, sapka, ~를 쓰다 felveszi / felteszi a kalapját; ~를 벗다 leveszi a kalapját; 머리에 ~를 쓰고 있다 kalap / sapka van a fején; ~ 벗어 Sapkát le!

모자[2] 명 anya és fia; 그 ~는 서로를 정말 사랑한다 Az anya és a fia nagyon szereti egymást.

모자라다 동 nem elég, nincs elég, hiányzik, nincs meg, hiányol; buta, lassú észjárású, tehetségtelen; 돈이 ~ nincs elég pénz; 정보가 ~ hiányzik az információ; 그는 좀 모자란다 Ő egy kicsit lassú észjárású / tehetségtelen.

모조리 부 ☞ **모두**

모종[1] 명 fiatal fa, csemete, csíranövény, magról nőtt növény, palánta, magonc; 토마토 ~ paradicsompalánta; 딸기 ~ eperpalánta

모종[2] valamiféle, valamifajta; 비밀리에 ~의 협상이 있었다 Valamiféle tárgyalás volt titokban.; ~의 해법을 찾아야 한다 Valamifajta megoldást kell keresnünk.

모질다 형 durva, szívtelen, kegyetlen, kemény; 모진 말 durva beszéd; 모진 사람 szívtelen ember; 재난을 모질게 견디다 szerencsésen túléli a bajt; 모질게 마음먹다 nagy lelkierővel / bátorsággal átvészeli a szerencsétlenséget / bajt; 모진 추위 átkozott / pokoli hideg

모집-하다 동 gyűjt, toboroz, verbuvál; ~ 명 sorozás, toborzás, verbuválás, összeszedés; 직원 ~ munkaerő-toborzás; 군인 ~ katonai sorozás; 새 회원 ~ új tagok toborzása; 후원자들을 ~하다 támogatókat gyűjt / toboroz; 신병을 ~하다 újoncokat toboroz

모처럼 부 hosszú idő után; ~ 날씨가 좋다 Hosszú idő után szép az idő.; ~ 부산에 갔다 Hosszú idő után Buszánba mentem.

모체 명 szülőanya, anya; bölcső; létrehozó; forrás; 그리스는 예술의 ~이다 Görögország a művészetek bölcsője.

모친 명 anya, édesanya; ~이 죽다 meghal az anya; 지금 나의 ~은 혼자 산다 Az anyám most egyedül lakik.

모태 명 anyaméh; ~ 안에 있는 생명 az

anyaméhben levő élet

모퉁이 명 sarok, falkiszögellés; ~에서 돌다 befordul a sarkon; ~돌 sarokpillér; ~에 있는 집 sarkon levő ház, sarokház

모피 명 szőrme, bunda; ~ 코트 szőrmekabát, bunda; ~ 제품 szőrmeáru, szűcsáru

모피상 명 szűcs, szőrmekereskedő

모험 명 kaland, kockázat; ~적인 kalandos; ~ 소설 kalandregény

모험가 명 kalandor, szerencsevadász

모험심 명 kalandvágy

모형 명 minta, modell; 군함 ~ hadihajómodell; 작은 ~ miniatűr modell; ~ 제작자 öntőminta-készítő, mintaasztalos, ~ 설계자 mintarajzoló, mintatervező

모호-하다 형 homályos, bizonytalan, határozatlan; ~하게 homályosan; ~하게 대답하다 homályosan válaszol; ~한 말을 하다 kétértelműen beszél; ~한 설명을 하다 bizonytalan magyarázatot ad

목 명 nyak, torok; 긴 ~ hosszú nyak; ~을 비틀다 kitekeri a nyakát; ~을 자르다 elvágja a nyakát; ~이 마르다 szomjas; ~이 아프다 fáj a torka; 그는 ~이 찢어져라 소리치고 있다 torkaszakadtából kiabál; ~을 조르다 torkon ragad vkit

목각 명 fafaragás; ~ 인형 fababa

목각술 명 fafaragóművészet

목걸이 명 nyaklánc, nyakörv; 진주 ~ gyöngynyaklánc; ~를 하다 nyakláncot visel; 큰 개에게 개~를 매다 nagy kutyára nyakörvet tesznek

목격자 명 szemtanú; 이 사람이 그 사고의 유일한 ~이다 Ez az ember a baleset egyetlen szemtanúja.; 내가 그 사건의 ~이다 Én vagyok az esemény szemtanúja.

목격하다 동 lát; 내가 그 사고를 ~ 했습니다 Én láttam a balesetet.; 그는 자기가 그 사람을 ~했다고 한다 Azt mondja, hogy látta őt.

목공 명 ács; 선박 ~ hajóács; ~일을 하다 ácsmunkát végez

목공소 명 ácsműhely

목공술 명 ácsmesterség

목구멍 명 torok; ~ 염증 torokgyulladás; ~이 아프다 fáj a torka

목덜미 명 tarkó, nyakszirt; ~ 경직 nyakszirtmerevedés

목돈 명 nagy összegű pénz; 그는 3년 동안 일해서 ~을 모았다 Három év munkájával nagy összegű pénzt gyűjtött.; 나에게 지금 ~이 있다 Nekem most nagy összegű pénzem van.; 그는 ~을 은행에서 꺼냈다 Nagy összegű pénzt vett ki a bankból.

목록 명 jegyzék, lista, katalógus; ~을 만들다 jegyzéket készít; 손실 ~ veszteséglista; 장서의 ~을 만들다 katalogizálja a könyveket

목마르다 형 szomjas; 나는 지금 ~ Most szomjas vagyok.; 목 안 마르니 Nem vagy szomjas?

목말라-하다 동 szomjazik, szomjúságtól szenved; 지식에 ~하다 tudásra szomjazik; 그는 사랑에 ~한다 Szomjazik a szerelemre.

목매다 동 felakaszt; 그는 나뭇가지에 목을 맸다 Felakasztotta magát egy fa ágára.; 수건으로 목을 매다 törülközővel felakasztja magát

목발 명 mankó; ~을 짚고 걷다 mankóval jár

목사 명 lelkész, lelkipásztor; 그는 젊은 나이에 ~가 되었다 Ő fiatal korában lett lelkész.

목소리 명 hang; 찢어지는 ~ harsány hang; 날카로운 ~의 éles hangú; 낭랑한 ~의 telt hangú; 슬픈 ~로 szomorú hangon; 큰 ~로 nagy hangon; 낮은 ~로 halk hangon

목수 명 ács; ~일 ácsmunka; ~의 연장 ácsszerszám; ~일을 하다 ácsmunkát végez; 예수는 ~의 아들로 태어났다 Jézus egy ács fiaként született.

목숨 명 élet; 사람 ~ az emberi élet; ~이 달린 문제 élet-halál kérdése, létkérdés; 그 사고로 많은 사람이 ~을 잃었다 A baleset miatt sokan életüket vesztették; ~을 위협하다 az életét kockáztatja

목요일 명 csütörtök; ~에 csütörtökön; ~마다 csütörtökönként

목욕료 명 fürdő belépődíj; 루더시 온천은 ~가 2,000Ft이다 A Rudas fürdő belépődíja 2.000 Ft.

목욕탕 명 fürdő; 온천 ~ gyógyfürdő; 대중 ~ népfürdő, nyilvános fürdő; ~에 가다 fürdőbe megy; 헝가리에는 많은 온천 ~이 있다 Magyarországon sok gyógyfürdő van.

목욕-하다 동 fürdik, fürdőzik; ~ 명 fürdés; ~물 fürdővíz; ~ 가운 fürdőköpeny; 나는 하루에 두 번씩 ~한다 Naponta kétszer fürdöm.; 하루에 최소한 한 번씩은 ~ 하는 것이 좋다 Jó naponta legalább egyszer fürdeni.

목재 명 faanyag, épületfa; ~를 두 조각으로 자르다 kettévágja a faanyagot; ~ 공업 faipar; ~ 벌채 인부 favágó, fatelepi munkás; ~ 운반선 faanyagszállító-hajó

목재상 명 épületfa-kereskedő

목적 명 tárgy, cél, szándék; 인생의 참 ~은 무엇일까 Mi lehet vajon az élet igazi célja?

목적격 명 tárgyeset

목적어 명 tárgy; 간접 ~ közvetett tárgy

목적세 명 céladó

목적지 명 célállomás, úti cél; ~까지는 아직 멀다 még messze van a cél; ~까지 안녕히 가십시오 Kellemes utazást kívánok a célállomásig!

목젖 명 nyelvcsap, uvula; 염증으로 ~이 빨개졌다 Gyulladás miatt az uvula piros lett.

목제품 명 faáru; ~은 플라스틱 제품에 비해 건강에 좋다 A faáru egészségesebb, mint a műanyagáru.

목차 명 tartalomjegyzék; ~를 쓰다 tartalomjegyzéket ír; ~는 큰 글씨로 써라 A tartalomjegyzéket nagybetűvel írd!

목청 명 hangszalag; ~이 울리다 rezeg a hangszalagja; ~을 울리다 rezegteti a hangszalagját; 그는 ~이 좋다 Szép hangja van.

목축 명 állattenyésztés; ~에 알맞은 지방 állattenyésztésre alkalmas vidék; ~을 하다 állattenyésztéssel foglalkozik

목축업자 명 állattenyésztő

목판 명 fanyomódúc; ~으로 책을 인쇄하다 fanyomódúccal nyomtatja a könyvet; 최초의 ~ 인쇄술은 한국에서 시작되었다 A fadúcos könyvnyomtatás Koreában kezdődött.

목표 명 cél, törekvés, szándék; 그의 인생의 ~ életcél, életének legfőbb célja; 최종 ~ végső cél; ~를 달성하다 eléri a célját; ~를 정하다 célt állít maga elé

몫 명 rész, részlet, részesedés; 내 ~ az én részem; 세 ~으로 나누다 három részre oszt; 대화에 한 ~ 끼다 részt vesz a beszélgetésben; 한 ~ 주다 egy részt ad vkinek

몰골 명 rossz alakúság, illetlenség, előnytelenség; ~이 사납다 rossz alakú / formájú, deformált; ~ 사나운 짓 illetlen / helytelen viselkedés; ~ 사나운 복장을 하다 előnytelen ruhát vesz fel, nem jól álló ruhát visel

몰다 동 vezet, hajt, üldöz, terel, visz; 자동차를 ~ autót vezet; 소를 ~ tehenet hajt; 토끼를 ~ nyulat üldöz; 물고기들을 그물 안으로 ~ betereli a halakat a hálóba; 궁지에 ~ sarokba szorít vkit; 살인죄로 ~ gyilkossággal vádol vkit

몰두-하다 동 elmélyed, koncentrál; 책에 ~하다 elmélyed a könyvben; 그는 공부에 정신을 ~하고 있다 A tanulásra koncentrálja figyelmét.; 그는 시끄러워서 생각에 ~하지 못한다 Nem tud koncentrálni a zaj miatt.

몰라보다 동 nem ismer fel; 거의 몰라볼 정도로 그는 많이 변했다 Annyira megváltozott, hogy alig ismertem fel.; 오랫동안 만나지 않은 탓에 몰라봤다 Nem ismertem fel, mert sokáig nem találkoztunk.; 몰라 봐서 죄송합니다 Bocsánatot kérek, hogy nem ismertem fel Önt.

몰락-하다 동 romba dől, elpusztul, összeomlik; ~ 명 romlás, bukás, hanyatlás; 로마 제국의 ~ a Római Birodalom bukása; 중산층의 ~ a középosztály hanyatlása; 서로마제국은 5 세기에 ~했다 A Nyugatrómai Birodalom az 5. században omlott össze.

몰래 부 titokban, rejtetten; ~ 만나다 titokban találkozik vkivel; ~ 방을 나오다 titokban kijön a szobából; ~카메라 rejtett kamera

몰려가다 동 beözönlik, tömegben megy; 신도들은 교황과 만나기 위해 성당으로 몰려갔다 A hívők beözönlöttek a templomba, hogy lássák a pápát.; 학생들이 그 팝스타를 보기위해 공연장으로 몰려갔다 A diákok beözönlöttek a színházba a popsztárt megnézni.

몰려다니다 동 csoportosan járnak, tömegben járnak; 애들이 ~ tömegben járnak a gyerekek; 물고기 떼가 ~ A halraj tömegben úszik.

몰려들다 동 betódul, özönöl; 가게 문을 열자 손님들이 몰려들었다 Amikor kinyitották a boltot, a vendégek betódultak.; 개미들이 빵으로 몰려들었다 A hangyák özönlöttek a kenyérhez.

몰려오다 동 nagy tömegben jön; 전쟁 때 많은 피난민들이 헝가리로 몰려왔다 A háborúban sok menekült özönlött Magyarországra.

몰수-하다 동 elkoboz, lefoglal; ~ 명 elkobzás, konfiskálás, lefoglalás; ~품 elkobzott / konfiskált / lefoglalt áru; 경찰은 밀수품을 즉각 ~했다 A rendőrök rögtön lefoglalták a csempészett árut.; 정부는 그의 재산을 ~했다 A kormány elkobozta a vagyonát.

몰아가다 동 kihajt, elhajt; kényszerít; 바람이 구름을 ~ a szél elűzi a felhőt; 소들을 목초지로 ~ szarvasmarhát hajt ki a legelőre; 그들은 나를 사임하도록 몰아갔다 Ők kényszerítettek engem a lemondásra.

몰아내다 동 kikerget, kiűz, kiforgat, kisemmiz, kitúr; 일자리에서 ~ kitúr vkit az állásából, megfoszt vkit az állásától, eltávolít az állásából; 왕을 왕위에서 ~ megfosztja a trónjától, letaszítja a trónról

몰아넣다 동 betol, szorít, beletesz, belekényszerít; 방안으로 ~ betol a szobába; 궁지에 ~ sarokba szorít vkit; 학생을 한 교실에 ~ a diákokat egy tanterembe szorítják be; 닭을 닭장 안으로 ~ csirkéket kényszerít a tyúkólba / tyúkketrecbe

몰아세우다 동 szid, lehord, korhol; 호되게 ~ szidja, mint a bokrot; 잘못했다고 그를 ~ a hibája miatt lehordja őt; 빚을 갚지 않는다고 ~ korholja, mert nem fizeti a tartozást

몰아치다 동 dühöng, száguld; 밤새도록 폭풍이 몰아쳤다 Egész éjszaka dühöngött a vihar.; 바람이 그 마을에 몰아쳤다 A szél átszáguldott a falun.

몰입-하다 동 elmélyed; 독서에 ~하다 elmélyed az olvasásban; 연구에 ~하다 elmélyed a tanulmányaiban

몸 명 test; ~에 맞는 testhezálló; ~ 상태가 좋다 jó testi erőben van

몸가짐 명 modor, viselkedés; ~이 바른 jó modorú; 귀족 같은 ~ nemes viselkedés

몸값 명 váltságdíj; ~을 요구하다 váltságdíjat követel; ~을 지불하다 váltságdíjat fizet; ~을 지불할 때까지 억류하다 váltságdíj megfizetéséig fogságban tart vkit

몸놀림 명 (test)mozgás; 그의 ~이 가볍다 könnyű a mozgása; 그는 ~이 빠르다 gyors a mozgása

몸담다 동 foglalkozik vmivel; 그는 부동산업에 몸담고 있다 Ő ingatlanüzlettel foglalkozik.; 그녀는 교직에 몸담고 있다 Ő tanítással foglalkozik.

몸뚱이 명 ☞ 몸

몸매 명 alak, figura; 균형 잡힌 ~ harmonikus alak; 날씬한 ~ karcsú alak; ~가 예쁘다 szép az alakja; ~가 예쁜 여자 jó alakú nő

몸무게 명 testsúly; 그의 ~는 60킬로그램이다 A testsúlya 60 kg.; 그는 ~를 줄이기 위해 하루에 한번만 먹는다 Naponta egyszer eszik, hogy a testsúlyát csökkentse.

몸부림-치다 동 vonaglik, gyötrődik; ~ 명 vonaglás, gyötrődés; 고통 속에서 ~치다 kínok között vonaglik; 아픔으로 ~치다 gyötrődik a fájdalomtól

몸살 명 kimerültség, fáradtságból / kimerültségből eredő betegség; ~로 눕다 fáradtsága miatt lefekszik; ~이 나다 kimerültségtől megbetegedik

몸서리-치다 동 remeg, reszket, borzong, vacog; ~ 명 borzongás, reszketés, remegés, vacogás, borzadás, iszonyodás, irtózás; 무서워 ~를 치다 remeg / borzong / vacog a félelemtől; 추위에 ~를 치다 reszket / borzong a hidegtől; 공포로 ~치다 remeg az irtózattól; 그는 아직도 그 생각만 하면 ~친다 Még a gondolatától is borzad / irtózik / iszonyodik.

몸소 부 saját maga, személyesen; ~ 방문하다 saját maga meglátogat vkit; ~ 지휘하다 személyesen adja ki a parancsot; ~ 가다 személyesen megy

몸속 명 test belseje; ~에는 많은 피가 흐르고 있다 a test belsejében sok vér folyik; ~에는 수많은 세포가 있다 a test belsejében számtalan sejt van

몸조리 명 egészséggondozás; 산후의 ~ szülés utáni egészséggondozás; 병원에서 ~를 하다 kórházban lábadozik

몸조심 명 egészség megőrzése; ~해라 Vigyázz az egészségedre!

몸종 명 cseléd, komorna; 그는 많은 ~을 거느리고 있었다 Sok komornája volt.

몸집 명 testalkat; 그는 ~이 아주 크다 Nagyon erős testalkata van.; ~이 크면 일반적으로 행동이 느리다 Ha erős a testalkat, általában lassú a mozgás.

몸짓 명 taglejtés, gesztus, mozdulat; ~을 하다 megmozdul; ~ 언어 gesztusnyelv, jelbeszéd; 과장된 ~으로 túlzott gesztusokkal; ~으로 나타내다 taglejtéssel / jelekkel kifejez; 그 댄서의 ~은 우아하다 A táncos mozdulata nagyon szép.

몸체 명 ☞ **몸집**

몸통 명 törzs; ~ 운동 törzshajlítás; ~이 절구통 같다 A törzse olyan kövér, mint a mozsár hengere.

몹시 부 nagyon, igen, rettenetesen, szörnyen, borzasztóan, rémesen, irtózatosan; ~ 좋은 igen jó; ~ 가난한 nagyon szegény; ~ 부유한 rettenetesen gazdag; ~ 덥다 szörnyen meleg; ~ 아름답다 nagyon szép; 나는 ~ 머리가 아프다 Borzasztóan fáj a fejem.; 나는 ~ 피곤하다 Rettenetesen fáradt vagyok.

몹쓸 rossz, gonosz, erkölcstelen, rosszlelkű, rosszindulatú, ártalmas, káros, kártékony; ~ 사람 rossz ember; ~ 놈 gonosz pofa / alak; ~ 짓 erkölcstelen / gonosz tett; ~ 병 ártalmas / rosszindulatú betegség

못[1] 명 szeg, szög; ~대가리 szeg feje; ~을 박다 szegez, szögez; ~이 박힌 등산화(스파이크화) szeges / szöges cipő; 나무~ faszeg; ~ 뽑개 szögkihúzó

못[2] 명 mesterséges tó, vízmedence; ~을 파다 vízmedencét ás; 그 ~에는 물고기가 많이 있다 Abban a tóban sok hal van.

못[3] 부 nem lehet, nem tud; 일이 많아서 거기에 ~ 가겠다 A sok munka miatt nem tudok odamenni.; 어두워서 책을 ~ 읽겠다 A sötétség miatt nem tudok könyvet olvasni.; 그 책은 가져가지 ~한다 Nem lehet elvinni a könyvet.

못가 명 tópart; ~에 학생들이 앉아있다 A diákok a tóparton ülnek.

못내 부 állandóan, folytonosan; ~ 서러워하다 állandóan búsul / szomorkodik / bánkódik

못되다[1] 형 rossz, gonosz; 못된 놈 rossz ember, semmirekellő alak, haszontalan fráter; 못된 짓 erkölcstelen / gonosz tett

못되다[2] 동 nem ér el, nem jut el; 60이 못되어 죽다 60 éves kora előtt meghal; 월급이 100만원이 ~ A havi bére nem éri el az egymillió vont.

못마땅-하다 형 utálatos, undorító, ellenszenves, visszataszító; ~한 사람 utálatos ember; ~한 말 undorító beszéd; 그 음식이 ~하다 Az az étel undorító.

못살다 동 szegényen él; 그녀는 어린 시절부터 아주 못 산다 A nő fiatal kora óta nagyon szegényen él.; 이 지역에는 못사는 사람들이 많이 거주하고 있다 Ezen a területen sok szegény ember lakik.

못생기다 형 csúnya; 얼굴이 ~ csúnya az arca; 저 여자는 못생겼다 Az a nő csúnya.

못쓰다 동 gonosz, rossz; 사람이 못쓰게 되다 az ember rosszá válik; 너 그러면 못 쓴다 Rossz vagy, ha azt csinálod.

못지않다 형 olyan, mint; A는 B에 못지않게 좋다 A olyan jó, mint B.; 휴식도 일에 못지않게 중요하다 A pihenés is olyan fontos, mint a munka.

못질-하다 동 szegez, szögez

못하다 nem olyan jó; nem tud csinálni

vmit; 남보다 ~ nem olyan jó, mint a másik; 이 꽃은 저 꽃만 ~ Ez a virág nem olyan szép, mint az.; 걷지 ~ nem tud gyalogolni; 읽지 ~ nem tud olvasni; 물이 맑지 ~ a víz nem tiszta; 그는 유능하지 ~ Ő nem tehetséges.

몽당연필 명 rövid ceruza, ceruzacsonk

몽둥이 명 furkósbot, fütykös; ~로 치다 furkósbottal üt

몽땅 부 egyben, egészben, teljesen; ~ 가져가다 egyben viszi el; 그는 부동산 투기로 돈을 ~ 날렸다 Teljesen elvesztette a pénzét az ingatlanspekuláció miatt.

몽상 명 álmodozás, ábrándozás; ~에 빠져 있다 álmodozásba merül

몽상가 명 álmodozó

몽타주 명 (fotó)montázs

묘 명 sír; 가족~ családi sír; 수장~ hullámsír

묘목 명 fiatal fa, facsemete; ~을 심다 facsemetét ültet; 서리로 인해 ~이 죽었다 A fagy miatt tönkrement a facsemete.

묘미 명 szépség, báj, vonzerő; ~를 맛보다 élvezi / értékeli a szépséget; 이것이 낚시의 진정한 ~다 Ez a horgászat igazi szépsége / bája.; 그의 문체에는 말할 수 없는 ~가 있다 A stílusának elmondhatatlan szépsége van.

묘사-하다 동 ábrázol, leír; ~ 명 leírás, ábrázolás, körvonalazás; 감각적 ~ érzékletes ábrázolás; 사실적 ~ valóságos / reális ábrázolás; ~할 수 없는 leírhatatlan; 사실적으로 ~하다 hűen ábrázol / jellemez vkit, hű képet fest vkiről; 전원생활을 ~한 소설 a vidéki életet ábrázoló regény

묘소 명 temetkezési hely

묘역 명 sír területe

묘지 명 temető, sírkert; 공동 ~ köztemető; 국립 ~ nemzeti sírkert, Nemzeti Pantheon (Budapesten); 외국인 ~ külföldiek temetője

묘-하다 형 furcsa, fura; 아주 ~한 느낌이 들다 nagyon furcsán érzi magát; ~한 녀석 furcsa alak; ~한 풍습 fura szokás

무 명 retek; ~김치 retek kimcsi; ~말랭이 szárított retek szeletei; ~채 retek darabkája

무감각 명 érzéketlenség

무거워지다 동 nehezedik, elnehezül, nehézzé válik; 가방이 ~ nehezedik a táska; 옷이 비에 젖으면 무거워진다 A ruha nehezebb lesz, ha átázik az esőben.

무겁다 형 nehéz, súlyos, komoly, lehangolt; 무거운 돌 nehéz kő; 무거운 짐 nehéz csomag; 입이 무거운 사람 hallgatag / szűkszavú ember; 마음이 무거워지다 a lélek elkomorul; 무거운 책임 súlyos felelősség

무게 명 súly; 총 ~ bruttó / teljes súly; 실제 ~ nettó / tiszta súly; 10 킬로그램 ~ tíz kilogramm súly; ~를 정확히 재다 pontosan méri a súlyát

무고-하다 형 bűntelen; ~한 사람 bűntelen ember; ~한 시민 bűntelen lakos

무공해 szennyezetlen; ~ 음식 szennyezetlen étel; ~ 지역 szennyezetlen terület; ~ 환경 szennyezetlen környezet

무관심-하다 형 érzéketlen, érdektelen, közönyös, fásult; ~ 명 közöny, érzéketlenség, érdektelenség; 정치적 ~ politikai közöny; 공동의 ~ közösségi érdektelenség; 나는 사소한 일에는 ~하다 A jelentéktelen dolgok nem érdekelnek.; 현대사회에서 사람은 서로에 대해

~하다 A modern társadalomban az emberek közönyösek egymás iránt.

무관~하다 형 nincs kapcsolat; 나는 그 사건과 ~하다 Velem nincs kapcsolatban az az esemény. Engem nem érint az az esemény.; 그 사고는 그와 ~하다 A baleset nincs kapcsolatban vele.

무궁무진-하다 형 számtalan; ~한 물 végtelen mennyiségű víz; 그 나라에는 ~한 자원이 있다 Az országban számtalan természeti erőforrás van.

무궁-하다 형 határtalan, végtelen; 국가의 ~한 발전을 기원 합니다 Határtalan fejlődést kívánok az országnak! 그에게는 항상 ~한 아이디어가 있다 Neki mindig végtelenül sok ötlete van.

무궁화 명 törökrózsa (mályvacserje); ~는 한국의 국화이다 A törökrózsa a koreaiak nemzeti virága.

무기 명 fegyver; 재래식 ~ hagyományos fegyver; 핵~ atomfegyver, nukleáris fegyver; 대량학살 ~ tömegpusztító fegyver

무기력-하다 형 bágyadt, lankadt, erőtlen; ~ 명 bágyadtság, lankadtság, erőtlenség; 그는 병 때문에 ~해졌다 A betegség miatt bágyadt lett.; 그는 항상 ~하다 Ő mindig bágyadt.

무기물 명 szervetlen anyag, inorganikus anyag

무기질 명 ☞ **무기물**

무기징역수 명 életfogytiglani börtönre ítélt fogoly

무기한 명 korlátlan, határtalan, végtelen; ~ 연기하다 bizonytalan időre elhalaszt vmit, a végtelenségig halogat vmit

무난-하다 형 megfelelő, alkalmas; könynyű; 그 일에는 이 사람이 ~하다 Ez az ember megfelel a munkára.; 그 일로 만원을 벌기는 ~할 것 같다 Könnyűnek tűnik azzal a munkával tízezer vont keresni.

무너뜨리다 동 lerombol, letör, áttör; 담을 ~ lerombolja a falat; 적의 방어선을 ~ áttöri az ellenség védelmi vonalát

무너지다 동 elpusztul, tönkremegy; 비로 둑이 ~ az eső miatt elpusztul a gát; 태풍으로 많은 집들이 무너졌다 A vihar miatt sok ház tönkrement.

무능-하다 형 tehetségtelen, alkalmatlan; ~한 사람 tehetségtelen ember; ~하여 그는 파면되었다 Elbocsátották őt az alkalmatlansága miatt.; 이 사건은 공무원들이 얼마나 ~한 지 보여주었다 Ez az eset megmutatta, hogy mennyire alkalmatlanok a közalkalmazottak.

무늬 명 minta, mintázat; 줄~ csíkos minta / mintázat; 꽃~ virágos minta / mintázat

무당 명 sámán

무대 명 színpad; működési kör, munkaterület; ~에 올리다 színpadra állít vmit; 그는 세계 외교 ~에서 활약하고 있다 A nemzetközi diplomácia területén dolgozik.

무대감독 명 színházi rendező

무대장치 명 díszletezés, díszletek, színpadkép; ~를 하다 díszletezik

무더기 명 csomó, halom; 양파 한 ~에 3,000 원이다 Egy csomó hagyma 3.000 vonba kerül.; ~로 쌓아올리다 halomba rak

무더위 명 fülledtség, tikkasztó meleg

무던히 부 jelentékeny mértékben, tekintélyes arányokban, tetemesen, figyelemre méltóan, számottevően; ~ 애

를 쓰다 összeszedi / megfeszíti minden erejét, minden erejét latba veti

무덤 명 sír; ~을 파헤치다 kiássa a sírt; 그가 한 짓은 스스로 ~을 파는 것과 같다 Tettével mintha a saját sírját ásta volna meg.

무덥다 형 무더운 날씨 fülledt időjárás; 어제는 무더웠으나 오늘은 한결 선선하다 Tegnap fülledt meleg volt, de ma már sokkal hűvösebb van.

무도회 명 bál

무드 명 hangulat, kedélyállapot; 좋은 ~를 조성하다 jó hangulatot teremt

무뚝뚝-하다 형 rideg, merev; ~한 사람 rideg ember

무디다 형 tompa; 무딘 면도날 tompa borotvapenge; 칼날을 무디게 하다 tompává teszi / eltompítja a borotvapengét; 무언가가 쿵하는 무딘 소리와 함께 땅에 떨어졌다 Valami tompa hanggal lezuhant.; 감각이 ~ eltompul az érzék

무럭무럭 부 jól, gyorsan; 나무가 ~ 자라다 gyorsan nő a fa

무려 부 majdnem; ~ 3만의 관중이 야구장에 모였다 Majdnem 30.000 néző gyűlt össze a baseballpályán.

무력 명 fegyveres erő; ~으로 굴복시키다 fegyveres erő lever vmit; ~으로 문제를 해결하다 fegyveres erővel oldja meg a problémát; ~을 과시하다 kimutatja az erejét; ~충돌을 피하다 elkerüli a fegyveres összecsapást; 적의 ~ 도발을 분쇄하다 visszaveri az ellenség fegyveres provokációját

무력감 명 tehetetlenség érzése

무력-하다 형 tehetetlen, képtelen 적의 공격에 ~하다 tehetetlen az ellenség támadása ellen; ~하게 만들다 tehetetlenné tesz, semlegesít

무렵 명 vminek a tája / tájéka; 해질 ~ napnyugta táján; 그 ~ 저는 고교생 이었습니다 Akkortájt gimnazista voltam.

무례-하다 형 udvariatlan, durva, sértő, szemtelen; ~한 짓을 하다 udvariatlan dolgot tesz, udvariatlanul cselekszik; 다른 사람이 말하는 도중에 나가는 것은 ~한 짓이다 Udvariatlan dolog, ha kimegy a másik beszéde közben.; 그의 ~함을 더 이상 참을 수 없다 Már képtelen vagyok tovább tűrni az udvariatlan viselkedését.

무료 명 költségmentesség, díjmentesség; ~로 költségmentesen, ingyen; ~로 보내다 ingyen küld; ~로 제공하다 díjmentesen / ingyen ad; 이 팸플릿은 ~입니다 Ez a prospektus ingyen van.; 6세 미만 ~ 6 évesnél fiatalabb gyermeknek ingyenes a belépés.; ~ 버스 승차권 ingyenes buszjegy; ~ 입장권 ingyenes belépőjegy; ~ 진료소 ingyenes orvosi ellátás

무료-하다 형 unalmas; ~함 명 unalom; ~함을 달래다 elűzi az unalmat

무르익다 동 megérik; 무르익은 벼 érett rizs; 기회가 무르익을 때까지 기다리다 Addig vár, amíg az idő meg nem érik.

무릅쓰다 동 dacol; 위험을 ~ dacol a veszéllyel; 죽음을 무릅쓰고 저항하다 a halállal is dacolva ellenáll; 그는 부모의 반대를 무릅쓰고 그녀와 결혼했다 A szülők ellenállásával dacolva feleségül vette a lányt.

무릇 부 általában; ~ 사람이란 해야 할 본분이 있는 법이다 Általában minden embernek megvan a saját kötelessége.

무릎 명 térd; ~을 베개 삼아 lehajtja a fejét

a térdére; ~을 구부리다 behajlítja a térdét; 물이 ~까지 차다 a víz térdig ér; ~을 꿇다 térdel, térden áll; ~을 치며 기뻐하다 a térdét csapkodva örvendezik; ~ 위에 앉다 vkinek a térdére ül; 아이를 ~에 앉히다 a gyereket a térdére ülteti; 바지의 ~이 닳았다 elkopott a nadrág a térdénél; ~ 관절 térdízület; ~뼈 térdkalács

무리 명 nyáj, csoport, tömeg; 양의 ~ juhnyáj; 열 사람씩 ~를 지어 tíz emberenként csoportosulva

무마-하다 동 megnyugtat, lecsendesít, enyhít; 노여움을 ~시키다 lecsillapítja vkinek a haragját

무면허 명 engedély nélküli; ~ 운전 engedély nélküli vezetés

무명 명 ismeretlenség, névtelenség

무명옷 명 pamutruha

무모-하다 형 vakmerő, meggondolatlan; ~한 시도를 하다 vakmerő kísérletet tesz

무미건조-하다 형 unalmas, száraz; ~한 문체 száraz / unalmas stílus; ~한 생활 unalmas élet; 그의 이야기는 아주 ~하다 A beszéde nagyon unalmas.

무방비 명 védtelenség

무방-하다 형 nem káros, nem ártalmas; 술 담배는 약간 해도 ~할 겁니다 Kevés alkohol és cigaretta nem káros.

무분별-하다 형 meggondolatlan, nem bölcs; ~한 행위 meggondolatlan cselekedet

무사안일 semmiből gondot nem csináló

무사-하다 형 biztonságos, veszélytelen; 이렇게 하는 것이 무사하다 ha így teszel, az biztonságos; 불이 났지만 금고는 무사했다 A tűz ellenére a páncélszekrény / széf biztonságban volt.

무사히 부 veszélytelenül, biztonságosan, minden baj nélkül, szerencsésen; ~ 끝나다 veszélytelenül / biztonságosan végződik; ~ 도착하다 szerencsésen megérkezik, minden baj nélkül megérkezik; ~ 도망가다 szerencsésen elmenekül; 그 문제는 ~ 해결되었다 A probléma minden baj nélkül megoldódott.

무산-되다 동 elmarad; 비 때문에 그 행사는 ~되었다 Az eső miatt elmaradt a rendezvény.

무상출입-하다 szabadon bejön és kimegy

무서움 명 félelem, rettegés, ijedség; ~을 모르는 félelmet nem ismerő; ~을 타다 megijed; ~을 참다 tűri a félelmet; ~이 없다 vakmerő, rettenthetetlen

무서워-하다 동 fél, retteg; 개를 ~하다 fél a kutyától; 지진을 몹시 ~하다 nagyon retteg a földrengéstől

무섭다 형 félelmetes, ijesztő; 무서운 광경 félelmetes látvány; 무서운 영화 horrorfilm; 무서워서 도망치다 félelmében elmenekül; 무서워서 소리치다 félelmében kiabál; 무섭게 하다 megijeszt; 무서움을 느끼다 félelmet érez; 무서운 힘 félelmetes erő; 무서운 속도로 félelmetes sebességgel; 감기 들까 ~ fél a megfázástól, attól fél, hogy megfázik; 무서워 죽을 뻔했다 halálra rémült, holtra vált

무성-하다 형 sűrű; 잎이 ~한 나무 sűrű levelű fa; 풀이 ~하다 sűrű a fű

무소속 명 pártonkívüli; 그 정치인은 ~이다 a politikus pártonkívüli

무속 명 sámánizmus; ~을 연구하다 a sámánizmust kutatja

무수-하다 형 számtalan; ~한 경우에 számtalan esetben; ~히 számtalanul; ~히 여러 번 számtalanszor

무술 명 harcművészet, küzdősport; ~ 사범 harcművészeti mester; ~에 재능이 있다 tehetsége van a küzdősportokhoz

무슨 milyen?; ~ 일 milyen munka; ~ 일로 오셨습니까 Milyen ügyben jött? Mi járatban van?; 그것을 공부해서 ~ 소용이 있겠는가 Mi haszna van, ha azt tanulod?; ~ 일을 그렇게 더디게 하시오 Miért olyan lassan végzi a munkát?; ~ 수를 써서라도 그를 데리고 오게 Bármilyen eszközzel hozza el őt!

ㅁ

무승부 döntetlen; ~ 시합 döntetlen mérkőzés

무시무시-하다 형 szörnyű; ~한 광경 szörnyű látvány; ~한 상황 szörnyű állapot

무시-하다 동 áthág, megszeg, nem törődik vmivel, figyelmen kívül hagy, nem vesz figyelembe, semmibe sem vesz vkit / vmit; 교통신호를 ~하다 nem veszi figyelembe a közlekedési lám- pát; 남의 기분을 ~하다 nem törődik más ember érzelmeivel; 이 문제는 ~할 수 없다 Ezt a problémát nem lehet figyelmen kívül hagyni.; 그는 나의 충고를 ~했다 Nem vette figyelembe a tanácso- mat.; 그는 윗사람에게 ~ 당했다 A fölöttesei semmibe sem vették őt.

무식-하다 형 tudatlan, műveletlen; ~한 탓으로 a tudatlanság miatt; ~을 드러내다 elárulja a műveletlenségét; ~쟁이 tudatlan / műveletlen ember, bunkó

무심코 부 önkéntelenül, szándékolatlanul; 사람들은 ~ …라고 생각한다 önkéntelenül arra gondolnak, hogy...

무심-하다 형 önkéntelen; ~한 행동 önkéntelen viselkedés; ~한 말 önkéntelen beszéd

무언 명 némaság, szótlanság, hallgatás; ~의 반항 néma ellenállás

무언극 명 némajáték, pantomim

무엇 mi; ~이든 bármi, akármi; ~이라 말할 수 없는 kimondhatatlan; 내가 네게 ~을 감추겠니 Mit rejthetek előled? Bármit elmondok neked.; ~이고 하겠습니다 Bármit / Akármit megcsinálok.

무역 명 (kül)kereskedelem; 미국 ~ 대표부 Amerikai Kereskedelmi Képviselet; 세계 ~ 기구 Nemzetközi Kereskedelmi Szervezet; ~에 종사하다 kereskedelemmel foglalkozik; ~을 육성하다 elősegíti a kereskedelmet: 제 7회 서울 국제 ~ 박람회 a hetedik Szöuli Nemzetközi Kereskedelmi Vásár; 종합 ~ 상사 vegyes külkereskedelmi vállalat; ~ 수지 적자 a külkereskedelmi mérleg hiánya; 한미 ~ 협정 Korea és Amerika közötti kereskedelmi megállapodás

무연탄 명 feketeszén, antracit

무예 명 harcművészet, küzdősport; ~에 능한 사람 a harcművészet mestere; ~를 닦다 harcművészetet gyakorol

무용가 명 táncos

무용단 명 táncegyüttes

무용담 명 hőstettek története

무용지물 명 használhatatlan dolog

무용-하다 동 táncol; ~ 명 tánc; ~을 배우다 táncot tanul

무위 명 semmittevés, hiábavalóság, haszontalanság; ~로 끝나다 hiábavalósággal végződik

무위도식-하다 동 haszontalan életet él, nem csinál semmit; ~ 명 semmittevő élet

무의미-하다 형 értelmetlen, semmitmondó; ~한 공부 értelmetlen tanulás; ~한 말 semmitmondó beszéd

무의식 명 öntudatlanság, eszméletlenség; ~적으로 öntudatlanul; ~ 상태에 빠지다 öntudatlan állapotba kerül, eszméletét veszti

무이자 명 kamatmentesség; ~로 돈을 빌려주다 kamatmentesen pénzt ad kölcsön

무인도 명 lakatlan sziget; ~에 도착하다 lakatlan szigetre érkezik

무자비-하다 형 irgalmatlan, kegyetlen; ~한 행위 irgalmatlan cselekedet; ~한 폭력 kegyetlen erőszak

무작정 부 meggondolatlanul, céltalanul; ~ 돈을 쓰다 meggondolatlanul pénzt költ; 그는 ~ 상경했다 Céltalanul jött fel Szöulba.

무장-하다 동 felfegyverez; ~ 명 felfegyverzés; 완전 ~ teljes felfegyverkezés; ~ 경관 felfegyverzett rendőr; 총으로 ~하다 puskával felfegyverez; ~을 해제하다 lefegyverez; 비~ 지대 demilitarizált / fegyverzetmentes övezet

무전기 명 walkie-talkie

무조건 부 feltétlenül; ~ 그에게 말하겠다 feltétlenül elmondom neki

무좀 명 lábgomba, gombás fertőzés, tinea pedis; ~에 걸리다 lábgombás lesz

무죄 명 ártatlanság, bűntelenség; ~를 주장하다 hangoztatja az ártatlanságát; 그는 ~로 석방되었다 Elengedik őt ártatlansága miatt.

무주택자 명 lakás nélküli, hajléktalan

무지-하다 형 tudatlan, műveletlen, járatlan; ~몽매한 백성 tudatlan nép; 자신의 ~를 드러내다 leleplezi a saját műveletlenségét; 나는 컴퓨터에 관해서는 정말 ~하다 Igen járatlan vagyok a számítógéppel kapcsolatban.

무지개 명 szivárvány; ~가 뜨다 megjelenik a szivárvány; 쌍~ páros szivárvány

무질서-하다 형 rendetlen, zűrzavaros, kaotikus; ~ 명 rendetlenség, zűrzavar; 폭동으로 도시는 ~상태에 빠졌다 A lázadás miatt a város kaotikus állapotba került.

무찌르다 동 lekaszál, lekaszabol, legyőz, megver; 적 수백을 ~ lekaszál / lekaszabol több száz ellenséget; 상대를 ~ legyőzi az ellenfelét; 적을 ~ megveri az ellenséget; 우리는 상대팀을 3대 0으로 무찔렀다 Három nullára vertük meg az ellenfelünket.

무차별-하다 형 megkülönböztetés / válogatás nélküli; ~하게 megkülönböztetés / válogatás nélkül, összevissza, nyakra-főre; ~ 폭격 megkülönböztetés / válogatás nélküli bombázás; 통행인에게 ~ 사격을 가하다 összevissza lövi a járókelőket

무참히 부 kegyetlenül, könyörtelenül; ~ 살해하다 kegyetlenül gyilkol

무책임-하다 형 felelőtlen, meggondolatlan; ~하게 felelőtlenül, meggondolatlanul; ~한 사람 meggondolatlan / felelőtlen ember; ~하게 말하다 felelőtlenül beszél

무척 부 nagyon, igen; ~ 덥다 nagyon meleg; 그 소식을 듣고 그녀는 ~ 기뻐했다 A nő nagyon örült, amikor meghallotta a hírt.

무치다 동 fűszerez, ízesít; 나물을 ~ fűszerezi a zöldségeket

무턱대고 부 meggondolatlanul, összevissza, feltétlenül, hevesen; ~ 믿다 feltétlenül hisz

무통 명 fájdalommentesség; ~ 분만 fájdalommentes szülés

무표정-하다 형 kifejezéstelen, semmitmondó; ~한 얼굴 kifejezéstelen arc, pléhpofa, faarc, pókerarc; 그는 어떤 질문에도 ~하게 답했다 Semmitmondóan válaszolt bármilyen kérdésre.

무한정 명 végtelenség, határtalanság; 그는 ~ 얘기를 늘어놓았다 A végtelenségig beszélt.

무한책임회사 명 korlátolt felelőségű társaság, kft.

무한-하다 형 végtelen, határtalan, korlátlan; ~ 공간 határtalan tér; ~한 감사 végtelen hála; ~한 가능성을 지니다 korlátlan lehetősége van vkinek

무한히 부 végtelenül, határtalanul, korlátlanul; 우주는 ~ 넓다 A világegyetem végtelenül kiterjedt / széles.

무형 명 formátlanság, alaktalanság; eszme; 유형~의 손실 a megfogható és megfoghatatlan veszteség; ~ 문화재 szellemi kulturális vagyontárgy; ~ 자산은 평가가 어렵다 nehéz az eszmei vagyonokat megértékelni

무효 명 érvénytelenség, hatálytalanság, semmisség; ~의 érvénytelen, hatálytalan, semmis; 그 투표지는 ~다 a szavazólap érvénytelen; K씨의 당선은 ~가 되었다 Kim úr választási győzelmét érvénytelenítették.; 당신의 여권은 기한이 지났기 때문에 ~이다 Mivel lejárt az útlevele, már érvénytelen.

묵과-하다 동 nem vesz figyelembe, figyelmen kívül hagy, szemet huny, elnéz; 잘못을 ~하다 nem veszi figyelembe a hibát; 이대로 ~할 수는 없다 Nem akarok szemet hunyni efölött.

묵념 명 csöndes ima; 전몰장병들에 대해 ~을 하다 Csöndesen imádkozik a háborúban meghalt katonákért.

묵다[1] 형 idejétmúlt, ósdi, ódivatú, divatjamúlt, nem friss; parlagon van; 케케묵은 생각 idejétmúlt gondolat; 묵은 쌀 nem friss rizs; 묵은 밭 parlagon levő szántóföld, műveletlen szántóföld

묵다[2] 동 éjszakázik, megszáll vhol; 하룻밤 ~ megszáll egy éjszakára; 호텔에 ~ szállodában megszáll

묵비권 명 a hallgatás joga; ~을 행사하다 érvényesíti / gyakorolja a hallgatás jogát; 그 용의자는 ~을 행사하며 범죄의 자백을 거부했다 A tettes a hallgatás jogát gyakorolva megtagadta a vallomást.

묵살-하다 동 (szándékosan) figyelmen kívül hagy, nem akar tudomást venni vmiről; 제안을 ~하다 figyelmen kívül hagy egy javaslatot; 반대를 ~하다 nem veszi tudomásul az ellenvetést

묵인-하다 동 hallgatólagosan elnéz, szemet huny; 이런 부패가 아직까지 ~되다니 참 유감이다 Nagyon sajnálom, hogy ilyen korrupciót eddig még hallgatólagosan elnéztek.; 그들의 행위는 너무나도 악질이어서 ~할 수는 없다 Nem tudjuk behunyni a szemünket, mert a viselkedésük túlságosan etikátlan.

묵직-하다 형 súlyos, nehéz; ~한 지갑 nehéz pénztárca

묶다 동 köt, kötegel; 머리를 ~ kontyba köti a haját; 밧줄을 나무에 ~ kötelet köt a fára; 볏단을 ~ kévét kötegel

묶음 명 csokor, csomó, nyaláb, köteg, batyu; 꽃 한 ~ egy csokor virág; 열쇠 한 ~ kulcscsomó; 서류 한 ~ iratcsomó

문 명 kapu, ajtó, ablak; 들어가는 ~ bejárat; 나가는 ~ kijárat; ~을 두드리다 kopog az ajtón; ~을 열다 kinyitja az ajtót; ~을

꼭 닫으시오 Tessék bezárni az ajtót!

문고 명 (kis) könyvtár; 마을 ~ falusi könyvtár

문고판 명 kisméretű könyv

문고리 명 ajtókilincs; ~를 오른쪽으로 돌리다 jobbra fordítja az ajtókilincset; ~를 걸다 bezárja az ajtókilincset

문구[1] 명 írószer; ~점 írószerbolt

문구[2] 명 mondat; 선전 ~ reklámmondat

문단[1] 명 bekezdés; 새 ~ új bekezdés; 첫 ~을 빼다 kihúzza az első bekezdést

문단[2] 명 irodalmi kör; ~에 이름을 떨치다 hírnevet szerez irodalmi körökben

문둥이 명 leprás, bélpoklos

문맥 명 szövegösszefüggés, kontextus; ~으로 뜻을 파악하다 a szövegösszefüggés alapján felfogja a jelentést; ~에 따라서는 다른 해석도 가능하다 más kontextusban másik jelentése is lehetséges

문맹 명 írástudatlanság, írni-olvasni nem tudás, analfabetizmus; ~의 írástudatlan, műveletlen; ~퇴치 운동 mozgalom az analfabetizmus ellen

문맹률 명 az írástudatlanság aránya, az írni-olvasni nem tudás aránya, az analfabetizmus aránya

문맹자 명 írástudatlan, analfabéta, műveletlen ember

문명 명 civilizáció; 물질 ~ anyagi civilizáció; 서양 ~ a nyugati civilizáció; 외국의 ~을 받아들이다 befogadja a külföldi műveltséget

문명사회 명 civilizált társadalom

문물 명 művelődés; kultúra (문화); 서양의 ~ a nyugati kultúra

문민 명 polgár, civil

문민정부 명 civil kormány

문방구 명 írószer

문벌 명 származás; nemesi család; ~ 좋은 집안에 태어나다 nemesi családban születik

문법 명 nyelvtan; ~적으로 nyelvtanilag; ~에 맞다 nyelvtanilag helyes

문법책 명 nyelvtankönyv

문상객 명 részvétnyilvánító, együttérző személy

문상-하다 동 gyászol, részvétét nyilvánítja vkinek; ~ 가다 gyászolni megy, részvétét nyilvánítani megy

문서 명 okmány, okirat, dokumentum; ~로 정식으로 보고하다 hivatalos írásbeli jelentést tesz; ~ 위조 okirathamisítás; 공~ hivatalos okmány; 극비 ~ szigorúan titkos okirat

문신-하다 동 tetovál; 등에 ~하다 a hátára tetovál

문안 명 vázlat; ~을 작성하다 vázlatot készít; ~ 작성자 vázlat készítője

문안-하다 동 üdvözöl, beteglátogatóba megy; ~ 편지 üdvözlő levél; 병~ 하러 가다 beteget látogatni megy

문예 명 irodalom, szépirodalom, irodalom és művészet; ~란 irodalmi rovat; ~ 부흥 reneszánsz; ~ 사조 irodalmi irányzat

문의-하다 동 érdeklődik; 전화로 ~하다 telefonon érdeklődik; ~했으나 회답이 없다 Érdeklődtem, de nincs válasz.; 자세한 내용은 우체국에 ~하시기 바랍니다 A részletek iránt a postán érdeklődjenek!

문인 명 író, irodalmár

문자 명 betű, írásjel; 대~ nagybetű; 표의 ~ képírásjel, ideogramma, fogalomírás; 표음 ~ hangjelölő / fonetikus írás, fonogramma; ~ 그대로 해석하다 betű szerint értelmez; ~ 그대로 나는 무일푼이

다 A szó szoros értelmében egy fillérem sincs.

문장 명 mondat; ~을 다듬다 szépíti a mondatot; ~ 구조 a mondat szerkezete; ~ 분석 mondatelemzés

문제 명 kérdés, probléma, téma; 주어진 ~ felvetett kérdés, az adott probléma; 당면한 ~ a probléma, amivel szembesülünk; 지엽적인 ~ mellékprobléma; 해결해야 할 ~ megoldandó probléma; 생사의 ~ élet és halál kérdése; 시간의 ~ idő kérdése; 중대한 ~ fontos probléma / téma; ~ 해결 능력 problémamegoldó képesség; ~가 되다 problémává válik; ~에 부딪치다 szembesül a problémával; ~를 일으키다 problémát okoz; ~를 내다 felveti a problémát; 그것은 돈과 시간의 ~다 Az pénz és idő kérdése.; ~는 그가 그만한 돈을 낼 수 있느냐에 있다 Az a kérdés, hogy annyi pénzt ki tud-e fizetni.

문제아 명 problematikus gyerek

문제의식 명 problémaérzékenység

문제작 명 problematikus mű

문제점 명 problematikus pont

문제지 명 kérdőív

문제집 명 feladatgyűjtemény

문중 명 (egész) család

문지기 명 kapus

문지르다 동 dörzsöl; 문질러 없애다 ledörzsöl; 헝겊으로 문질러 광을 내다 száraz ronggyal fényesre dörzsöl

문지방 명 küszöb; ~을 넘다 átmegy a küszöbön, átlépi a küszöböt

문짝 명 ajtószárny; ~을 열어 제치다 kinyitja az ajtószárnyat

문체 명 (irodalmi) stílus; 우아한 ~ elegáns stílus; 그의 소설은 단순한 ~로 써졌다 A regénye egyszerű stílusban íródott.

문체론 명 stilisztika

문턱 명 küszöb; ~에 걸터앉다 leül a küszöbre

문틈 명 ajtórés; ~으로 들여다보다 benéz az ajtórésen keresztül

문하생 명 tanítvány

문학 명 irodalom

문학사 명 irodalomtörténet

문헌 명 dokumentum, jegyzet; 여러 ~을 조사하다 sok dokumentumot átvizsgál

문헌학 명 filológia

문헌학자 명 filológus

문호 명 kapu; ~를 개방하다 kaput nyit vki számára

문화 명 kultúra, művelődés; ~혁명 kulturális forradalom; ~관광부 Kulturális és Turisztikai Minisztérium; ~가 발달하다 fejlődik a kultúra; 국가 간의 ~ 교류를 도모하다 elősegíti az országok közötti kulturális cserét

문화권 명 kultúrkör

문화사 명 kultúrtörténet

문화유산 명 kulturális örökség

문화인 명 kulturált ember

문화재 명 kulturális vagyontárgy; 무형~ szellemi kulturális örökség; 주요 ~로 지정하다 fő kulturális vagyontárggyá nyilvánít

묻다 동 ❶ ragad, tapad; 바지에 진흙이 묻어 있다 sár ragadt a nadrágra ❷ eltemet, elföldel, elás, rejt; 시신을 ~ eltemeti a holttestet; 손수건에 얼굴을 묻고 울다 az arcát zsebkendőbe temetve sír ❸ kérdez, terhel, vmi iránt érdeklődik; 전문가한테 ~ szakembertől kérdez; 성가시게 자꾸 ~ zavarosan, ismételten kérdez; 죄를 ~ bűnnel vádol; 소식을 ~ érdeklődik iránta

묻히다 동 beken, bepiszkít; 구두에 흙을 ~ sárral bepiszkítja a cipőt; 손에 잉크를 ~ tintával bepiszkítja a kezét

물 명 víz; ~이 부족하다 kevés a víz; ~에 담그다 vízbe áztat; ~을 붓다 vizet önt; ~을 엎지르다 kiönti a vizet; 강에 ~이 말라 버렸다 Kiapadt a folyó vize.

물가[1] 명 vízpart; ~에서 a vízparton

물가[2] 명 vminek az ára; ~가 오르다 emelkedik az ára; ~가 내리다 lefelé megy az ára; ~를 올리다 felemeli az árat; ~를 내리다 enged az árból, csökkenti az árat; ~를 안정시키다 megszilárdítja az árat / árrendszert

물갈이하다 동 lecserél; 총회에서 이사진의 ~가 단행되었다 A vezetőséget lecserélték a közgyűlésen.

물감 명 festék; ~을 들이다 befest

물거품 명 buborék; ~이 되다 semmivé válik

물건 명 cikk, tárgy, holmi; 저 상점에서는 여러 가지 ~을 판다 A boltban sokféle cikket árulnak.; 잃어버린 ~들 중에 책이 제일 중요하다 Az elveszített tárgyak között a könyv a legértékesebb.

물결 명 hullám; 잔잔한 ~ lágy hullám; 거센 ~이 치다 nagy hullámokat ver; ~이 일다 hullámzik; ~이 잔잔해지다 elcsendesedik a hullámzás; ~을 거슬러 나아가다 a hullámzás ellenére előrehalad; 사람의 ~ az emberek áramlása

물고기 명 hal; ~를 잡다 halat fog; 이 강에는 ~가 많다 Ebben a folyóban sok hal van.

물귀신 명 vízi démon

물기 명 nedv, nyirkosság; ~를 짜내다 kipréseli a nedvet; ~를 제거하다 víztelenít

물길 명 vízi út

물꼬 명 zsilipkapu; ~를 트다 kinyitja a zsilipkaput

물끄러미 부 bámulva; 얼굴을 ~ 쳐다보다 bámulja vkinek az arcát

물다 동 ❶ harap; 누구의 다리를 ~ vkinek lábát harap; 우리 개는 문다 A kutyánk harap.; 사과를 한 입 베어 ~ egyet harap az almából; 담배를 입에 ~ a cigarettát a szájába veszi / teszi ❷ fizet, kompenzál vmiért, kártérítést ad vmiért; 벌금을 ~ bírságot fizet; 그 꽃병을 깨었으니 너는 값을 물어 주어야 한다 Azt a virágvázát eltörted, ezért meg kell fizetned az árát.

물들다 동 színeződik; fertőződik; 서쪽 하늘이 지는 해로 붉게 물들었다 A nyugati ég a lemenő napfénytől pirosra színeződött.; 그의 셔츠는 피로 물들었다 Az inge vérrel színeződött.

물들이다 동 befest, színez, beszennyez; 머리를 검게 ~ a haját feketére festi; 피로 ~ vérrel beszennyez, vérével befest

물량 명 mennyiség; ~으로 압도하다 nagy mennyiséggel eláraszt

물러가다 동 visszamegy, eltűnik; 당장 물러가거라 Menj vissza rögtön!; 태풍은 물러갔다 Elmúlt a tájfun.

물러나다 동 lemond, visszavonul; 왕위에서 ~ lemond a trónról; 그는 정계에서 물러났다 Visszavonult a politikától.

물러서다 동 visszalép; 한 걸음 ~ egy lépést visszalép; 한 치도 물러서지 않다 nem lép vissza egy tapodtat sem

물러지다 동 puhul; 감이 ~ puhul a datolyaszilva; 과일이 ~ puhul a gyümölcs

물려받다 동 örököl; 아버지 사업을 ~ örökli az apja üzletét; 재산을 ~ örökli a vagyont; 그의 재능은 어머니로부터 물려받

은 것이다 A tehetségét az anyjától örökölte.

물려주다 동 ráhagy vkire vmit, átad vkinek vmit; 재산을 아들한테 ~ a vagyonát ráhagyja a fiára, a vagyonát átadja a fiának

물론 부 természetesen, persze; ~ 그는 경험도 많다 Természetesen sok tapasztalata is van. ~ 나도 가겠다 Persze, én is megyek.

물리 명 fizika; fizikai törvény, természeti törvény; ~적 fizikai; ~ 치료 fizikoterápia; ~적 성질 fizikai természet; 나에게는 ~가 가장 어렵다 Számomra a fizika a legnehezebb.; 그것을 이틀 안으로 끝내는 것은 ~적으로 불가능하다 Fizikailag lehetetlen azt két napon belül befejezni.

ㅁ

물리다 동 ❶ elege van, torkig van, betelik vmivel; 물리도록 먹다 degeszre eszi magát; 단 것도 자주 먹으면 물린다 A sok édesség is elveszi az étvágyat.; 나는 이 그림을 아무리 봐도 물리지 않는다 Sohasem tudtam betelni ezzel a képpel. ❷ hátratol, kitol; 의자를 뒤로 ~ hátratolja a széket ❸ megharapják, megmarják, megcsípik; 나는 어제 모기에 물렸다 Tegnap megcsíptek engem a szúnyogok. ❹ megfizetteti az árat; 깨뜨린 그릇 값을 ~ Megfizetteti az eltört edény árát.

물리치다 동 visszautasít, visszaver, legyőz; 뇌물 주겠다는 제의를 ~ visszautasítja a megvesztegetési ajánlatot; 적을 ~ visszaveri az ellenséget; 선거에서 다른 후보를 ~ választáson legyőzi a másik jelöltet

물리학 명 fizika

물리학자 명 fizikus

물밑 명 víz alja, víz mélye; háttér; 배가 ~으로 가라앉다 víz alá süllyed a hajó; ~ 교섭 háttértárgyalás

물방울 명 vízcsepp

물뿌리개 명 vízpermetező

물살 명 vízfolyás; ~이 센 강 gyors folyású folyó

물새 명 vízimadár

물소리 명 vízfolyás hangja

물약 명 folyékony gyógyszer, szirup

물어뜯다 동 megharap; 다리를 ~ megharapja a lábát

물어보다 동 megkérdez; 길을 ~ megkérdezi az utat

물음 명 kérdés; 다음 ~에 답하시오 Válaszoljon a következő kérdésre!

물음표 명 kérdőjel

물의 명 vita; 그의 발언은 많은 ~를 일으켰다 A megjegyzése sok vitát okozott.

물자 명 áru; ~의 부족 áruhiány; ~를 확보하다 megszerzi az árut; ~를 아낍시다 Takarékoskodjunk az áruval!; 구호 ~를 그 나라에 보냈다 Segélyküldeményt küldtek abba az országba.

물장난-하다 동 vízben játszik; ~ 명 vízi játék

물적 tárgyi; ~증거를 확보하다 megszerzi a tárgyi bizonyítékot

물줄기 명 folyóvíz; ~가 두 갈래로 갈리다 a folyóvíz kettéágazik; ~가 세게 뻗치다 a folyóvíz feltör

물증 명 tárgyi bizonyíték

물질 명 anyag, szubsztancia; ~적 anyagi; ~ 명사 anyagnév; ~ 문명 anyagi civilizáció; ~ 적 원조 anyagi segély; ~적으로 어려운 상태에 있다 rossz anyagi helyzetben van

물질주의 명 anyagelvűség, materializmus

물집 명 hólyag; 손에 ~ 투성이다 csupa hólyag a keze; ~이 터졌다 Kifakadt a hólyag.

물체 명 tárgy, dolog; 미확인 비행 ~ azonosítatlan repülő tárgy, ufó

물통 명 vödör, csöbör

물품 명 árucikk, áru; 기본적인 ~ alapvető árucikk; ~ 목록을 작성하다 árulistát készít

묽다 형 híg; 페인트가 ~ híg a festék; 묽은 국 híg leves

뭇사람 명 emberek, sok ember; ~이 보는 가운데 az emberek szeme láttára; ~ 앞에서 꾸짖다 sok ember előtt szidja

뭉개다 동 zúz, tapos; összegyűr; 불을 밟아 뭉개어 끄다 a lábával tapossa a tüzet és kioltja; 이불을 ~ összegyűri a paplant

뭉치 명 csomag, köteg, csomó; 열쇠 ~ kulcscsomó; 지폐 한 ~ egy köteg bankjegy

뭉치다 동 összefog, összetart; 국가 위기 시에는 모든 정당이 한데 뭉친다 Az ország válsága idején minden politikai párt összefog.

뭉클-하다 형 meghatott; 가슴이 ~해서 아무 말도 안 나왔다 Olyan meghatottságot éreztem, hogy egy szót sem tudtam szólni.

뭍 명 szárazföld; ~에 오르다 szárazföldre lép, partra száll

뮤지컬 명 zenés (víg)játék; ~ 드라마 zenés dráma, musical dráma

미 명 szépség; esztétika; ~적 감각 szépérzék, esztétikai érzék

미간 명 szemöldök

미결 elintézetlen / függő volta vminek; 그 문제는 아직 ~이다 Még nincs megoldása a problémára.; ~서류 elintézetlen okirat, elintézés alatt álló okirat, elintézés alatt álló dokumentum

미결수 명 ítéletre váró fogoly

미관 명 szép kilátás, szépség; 그 건물이 도시의 ~을 해친다 Az az épület elrontja a szép kilátást a városra.

미국 명 Amerika, USA; ~말 amerikai angol (nyelv)

미궁 명 útvesztő, labirintus, zavarodottság; 그 사건은 여전히 ~에 빠져 있다 Az ügy változatlanul zsákutcában van.

미꾸라지 명 csík; ~처럼 빠른 eleven / fürge, mint a csík

미끄러지다 동 csúszik, siklik; megbukik, megvágták; 바나나 껍질에 ~ elcsúszik egy banánhéjon; 빙판에서 미끄러져 넘어지다 elcsúszik a jégen; 벼랑에서 미끄러져 떨어지다 lecsúszik a szikláról; 난간에서 ~ lecsúszik a lépcső korlátján; 어머니는 욕실에서 미끄러지셨다 Az anya elcsúszott a fürdőszobában

미끄럼 명 csúszás, megcsúszás; 빙판에서 ~을 타다 csúszkál a jégen; ~ 방지 장치 csúszásgátló berendezés

미끄럼틀 명 csúszda; ~을 타며 놀다 csúszdázik

미끄럽다 형 csúszós, síkos; 비가 와서 길이 ~ az eső miatt csúszós az út; 빙판길은 미끄러워서 걷기가 어렵다 a lefagyott út síkos, tehát nehéz rajta gyalogolni

미끈-하다 형 formás, jóképű; 다리가 ~한 formás lábú, jó lábú; ~하게 생기다 jóképű

미끼 명 csalétek, csali, csáb-, csapda; 새 ~로 갈다 új csalétekre vált; ~를 물다 bekapja a csalétket; 낚시에 ~를 꿰다

horogra helyezi a csalit; ~에 걸려들다 csapdába esik

미나리 명 japán petrezselyem, kínai zeller

미남 명 jóképű férfi

미납-하다 동 hátralékban van vmivel; ~금액 hátralék összege

미녀 명 szép nő; 절세의 ~ páratlanul szép nő

미니 명 mini, kis, rövid; ~ 스커트 miniszoknya

ㅁ

미달-하다 동 hiány, kevés; 연령 ~의 kiskorú; 정족수에 ~하다 nem elég a határozathozatalhoz, nem határozatképes

미덕 명 erény; 겸양의 ~ a szerénység erénye

미디어 명 tájékoztatási eszközök, média; 매스 ~ tömegtájékoztatási eszközök

미라 명 múmia; ~의 관 múmiakoporsó; ~를 만들다 mumifikál, bebalzsamoz

미래 명 jövő; ~에 a jövőben; ~ 시제 jövő idő; ~에 무슨 일이 일어날 지 알 수가 없다 Nem tudjuk, a jövőben mi fog történni.

미련 명 sajnálkozás, ragaszkodás; …에 ~을 두다 ragaszkodik vmihez; 나는 도시 생활에 ~이 없다 Nem ragaszkodom a városi élethez.; 그는 아무 ~ 없이 회사를 나갔다 Minden sajnálkozás nélkül elment a munkahelyéről.

미로 명 útvesztő, labirintus; ~에 빠지다 útvesztőbe kerül

미루다 동 elhalaszt, áthárít; ítél, következtet; 결정을 ~ elhalasztja a döntést; 회합 날짜를 ~ elhalasztja a találkozás időpontját; 빚을 갚지 않고 ~ elhalasztja a tartozás visszafizetését; 그 문제는 다음 회의로 미루어졌다 A témát a következő gyűlésre halasztották.; 책임을 다른 사람에게 ~ áthárítja a felelősséget a másik emberre; 그의 거동으로 미루어 점잖은 사람인 것을 알겠다 Ha a viselkedése alapján ítélek, látom, hogy ő jó modorú ember.

미리 부 előre, előzetesen; ~ 계획을 세우다 előre tervez; ~ 감사드립니다 Előre köszönöm Önnek!; 돈을 ~ 받다 Előre megkapja a pénzt.; 출발을 ~ 알려 주십시오 Előzetesen elmondja az indulás időpontját.

미모 명 szépség; 그녀는 자신의 ~를 자랑스러워한다 A nő büszke a szépségére.; 나는 그 여성의 ~에 마음을 빼앗겼다 A nő szépsége elvette az eszemet.

미묘-하다 형 kényes; apró; 그 문제는 좀 ~하다 a téma kicsit kényes; 그들 간에는 ~한 의견의 차이가 있다 Köztük apró véleménykülönbség / nézeteltérés van.

미미-하다 형 jelentéktelen, csekély, nem fontos; 홍수 피해가 ~하다 a viharkár jelentéktelen; ~한 수익 csekély haszon

미비-하다 형 hiányos, nem teljes; ~한 점이 많다 sok hiányosság van benne; 서류가 ~하다 az okirat nem teljes.

미사 명 mise; ~ 드리러 가다 misére megy; ~ 보다 misét hallgat 진혼 ~ gyászmise; ~ 시간 miserend

미사일 명 rakéta; ~을 쏘다 kilő egy rakétát; ~기지 rakétabázis; 대륙간 ~ interkontinentális rakéta; 중거리 ~ közepes hatótávolságú rakéta

미생물 명 mikroorganizmus

미생물학 명 mikrobiológia

미성년 명 kiskorúság, éretlenség; ~이다 kiskorú, éretlen

미성년자 명 kiskorú fiú / lány

미성숙 명 éretlenség, tökéletlenség

미세-하다 형 parányi, apró; 금가루의 ~한 입자들 az aranypor parányi részei; ~한 입장차 apró nézeteltérés

미소 명 mosoly; ~ 짓다 mosolyog; 조소 섞인 ~ gúnyos mosoly; 입술에 ~를 띄다 mosoly játszik az ajkán

미숙아 명 koraszülött, korai baba

미숙-하다 형 járatlan, tapasztalatlan; 운전에 ~하다 tapasztalatlan a vezetésben; 아직 스키에 ~하다 még járatlan a síelésben

미술 명 képzőművészet, szépművészet; 현대 ~ modern képzőművészet; 조형 ~ szobrászat; ~ 대학 képzőművészeti főiskola; ~ 전람회 szépművészeti kiállítás

미술관 명 szépművészeti múzeum

미술사 명 művészettörténet

미술품 명 szépművészeti mű

미식가 명 ínyenc

미신 명 babona; ~을 믿다 hisz a babonában; 한국에서 4는 불길한 숫자라는 ~이 있다 A koreai babona szerint a 4-es szerencsétlen szám.

미아 명 elveszett gyerek; ~를 찾다 keresi az elveszett gyereket

미안-하다 동 sajnál, bocsánatot / elnézést kér; ~ 할 것 없다 Nem kell bocsánatot kérned!; 당신의 초청에 응할 수 없어 정말 ~합니다 Sajnálom / Elnézést, hogy nem tudok eleget tenni a meghívásnak!; 더 머물 수 없어 정말 ~합니다 Sajnálom / Elnézést, hogy nem tudok tovább maradni!

미약-하다 형 gyenge, erőtlen, törékeny; ~한 힘이나마 도와 드리겠습니다 A gyenge erőm ellenére segíteni fogok.

미어지다 동 szakad, hasad; 가슴이 미어질 듯한 mintha megszakadna a szív

미역 명 tengeri alga; ~을 따다 összeszedi a tengeri algát

미역국 명 (barna) tengeri algaleves; 한국에서는 생일날 ~을 먹는다 Koreában a születésnapon barna tengeri algalevest esznek.; ~을 먹다 (비유적) megbukik a vizsgán

미완 명 befejezetlenség; ~의 작품 befejezetlen mű; ~성 교향곡 a *Befejezetlen szimfónia*

미용 명 szépség, kozmetika; ~을 위해 다이어트를 하다 a szépségért diétázik

미움 명 gyűlölet, gyűlölködés; 그는 어디를 가나 ~을 받는다 Akárhová megy, mindenhol gyűlölettel találkozik.

미워-하다 동 gyűlöl, utál; 서로 ~하다 gyűlölik egymást; 죄는 ~하되 사람은 ~하지 마라 Utáld a bűnét, de az embert ne!

미의식 명 esztétikai tudat

미인 명 szépség, szép nő; 절세의 ~ páratlanul szép nő; ~ 선발 대회 szépségverseny

미장원 명 kozmetikai szalon

미지 명 ismeretlen hely; ~를 개척하다 felfedezi az ismeretlen helyet

미지근-하다 형 langyos, lagymatag; ~한 물 langyos víz; 양국 간의 ~한 관계 a két ország közti lagymatag kapcsolat

미지수 명 ismeretlen tényező; 그의 능력은 아직 ~이다 A tehetsége még ismeretlen tényező. Még nem ismerték / fedezték fel a tehetségét.

미진-하다 형 hiányos, nem teljes; ~한 부분 hiányos rész; ~한 설명 nem teljes magyarázat

미처 부 előre; 그것까지는 ~ 생각지 못했다 Arra nem gondoltunk előre.; 바빠서 ~ 파티 준비를 못했다 Az elfoglaltságom miatt nem tudtam előre megszervezni a bulit.

미치다[1] 동 megbolondul, megőrül; 미쳐 날뛰다 őrjöng; 이런 날씨에 거기로 가다니 미친 짓이다 Őrültség ilyen időjárásban odamenni!

미치다[2] 동 elér, megfelel; 모든 곳에 손이 ~ mindenhová elér a keze; 기대에 미치지 못하다 nem felel meg az elvárásuknak; 아무도 거기까지는 미처 생각이 못 미쳤다 Senki sem mert ilyen messzire menni.

미터 의 méter; 50~ 달리기 50 méteres futás; 5~ 길이의 물고기 5 méter hosszú hal

미학 명 esztétika; ~적 esztétikai, művészi; ~적 관점 esztétikai nézőpont ~적인 표현 esztétikus kifejezés

미행-하다 동 nyomon követ; ~ 명 követés; ~을 당하다 nyomon követ vkit; ~을 따돌리다 lerázza a követőket; ~자 nyomkövető; 그는 누군가가 자기를 ~하고 있음을 이미 알고 있었다 Már tudta, hogy valaki követi őt.

미혼 명 nőtlenség, hajadon

미화-하다 동 szépít; 자신을 ~하다 szépíti magát; 전쟁을 ~하다 szépnek festi a háborút

미흡-하다 형 elégtelen, hiányos, nem kielégítő; 아직 ~한 점이 있다 van még hiányosság; 그는 기술에는 아직 ~한 점들이 있다 A technikájának még vannak hiányosságai.

민간단체 명 nem hivatalos szervezet

민간인 명 civil, nem hivatalos személy; ~ 복장 civil ruha; ~ 생활 civil élet; ~ 출입 통제 Civileknek tilos belépni!

민감-하다 형 kényes, érzékeny, sértődékeny; 이 식물은 더위에 매우 ~하다 Ez a növény nagyon kényes a melegre.; 딸은 지금 ~한 나이다 A lányom most érzékeny korban van.

민권 명 polgárjog; ~을 주장하다 követeli a polgárjogot; ~을 유린하다 eltapossa a demokráciát; ~ 주의 demokratizmus; ~ 운동 polgárjogi mozgalom

민망-하다 형 zavart, szégyenkező, feszélyezett; 그의 얼굴을 봤을 때 나는 ~했다 Szégyenkeztem, amikor megláttam az arcát.

민방위 명 polgári védelem; ~대 a polgári védelmi alakulat; ~ 훈련 a polgári védelmi gyakorlat

민법 명 magánjog, polgárjog, magánjogi / polgárjogi törvénykönyv; 국제 ~ nemzetközi magánjog; ~에 따르면 a polgárjog szerint

민법학자 명 magánjogi / polgárjogi tudós

민사 명 polgár; ~사건 polgári ügy; ~재판 polgári per

민생 명 közjólét; ~고 közjóléti nehézség; ~의 안정 a közjólét stabilitása; ~안정을 위한 대책이 시급하다 Sürgős a közjólét stabilitására irányuló intézkedés.

민속 명 néphagyomány; ~무용 néptánc; ~공예 népművészet; ~박물관 néprajzi múzeum; ~음악 népzene

민속촌 명 falumúzeum, skanzen

민속학 명 folklór, folklorisztika, néprajztudomány

민속학자 명 folklorista, folklórkutató, néprajzkutató, néprajzos

민심 명 közhangulat; ~이 무너지기 시작하다 elkezd romlani a közhangulat; ~이 바뀌다 változik a közhangulat; ~이 돌아서다 megfordul a néphangulat; ~을 잃다 elveszti a nép rokonszenvét

민영 명 magánigazgatás; 그 공사는 머지않아 ~으로 바뀌게 된다 Az állami részvénytársaság rövid időn belül magánigazgatás alá kerül.

민영화-하다 동 privatizál; ~ 명 privatizáció, privatizálás; 국유 철도는 2000년대에 ~ 되었다 Az állami vasutat 2000-ben privatizálták.

민요 명 népdal

민원 명 polgári beadvány; ~ 봉사실 polgári osztály; ~ 업무 polgári beadványok intézése; ~ 창구 polgári beadványok ablaka

민의 명 közvélemény; ~를 존중하다 tiszteli a közvéleményt; ~를 조사하다 a közvéleményt kutatja

민족 명 nép, nemzet; ~의 이동 népvándorlás; ~ 감정 nemzeti érzelem; ~ 국가 nemzetállam; ~문제 nemzeti kérdés; ~ 음악 népzene, nemzeti zene; ~ 의상 nemzeti viselet, népviselet; ~ 해방 nemzeti felszabadulás; 다~ 국가 soknemzetiségű ország

민족성 명 nemzeti sajátosság

민족의식 명 nemzeti öntudat

민족주의 명 nacionalizmus

민족학 명 etnológia; ~ 학자 etnológus

민주 명 demokrácia, népuralom; ~ 공화국 demokratikus köztársaság; ~ 정치 demokratikus kormányzás; ~적 demokratikus; 반~적 antidemokratikus, demokráciaellenes; 비~적인 nem demokratikus

민주주의 명 demokrácia; 직접 ~ közvetlen demokrácia

민주화-하다 동 demokratizál; ~ 명 demokratizálás; 교육의 ~ az oktatás demokratizálása

민중 명 nép; ~ 예술 népművészet; ~의 소리 a nép szava; ~ 선동 népbutítás

민첩-하다 형 fürge, gyors; ~하게 fürgén, gyorsan; ~한 행동 fürge cselekedet

믿다 동 hisz vminek, bízik, hisz vmiben; (남의 말을) 잘 ~ hiszékeny, naiv; (남의 말을) 잘 믿지 않는 hitetlenkedő, kételkedő; 믿을 만한 사람 megbízható ember; 믿을 만한 보도 megbízható tudósítás / riport; 자기 힘을 ~ bízik az erejében; 그들은 신을 믿고 있다 Hisznek Istenben.

믿음 명 bizalom, hit; ~을 잃다 elveszíti a bizalmat; ~이 약하다 gyenge a hite

밀 명 búza; ~밭 búzamező; ~빵 búzakenyér

밀가루 명 liszt

밀고-하다 동 árulkodik, besúg, informál; 거짓에 대해 ~하다 árulkodik a hazugságról; 공범이 경찰에 ~했다 A bűntárs besúgott a rendőrségnek.

밀다 동 tol, taszít; kimos; 수레를 ~ tolja a szekeret; 탁자를 앞으로 ~ előretolja az asztalt; 때를 ~ kimossa a piszkot

밀도 명 sűrűség; 인구 ~ népsűrűség; 공기 ~ levegő sűrűsége; 그 지역의 인구 ~는 높다 A terület népsűrűsége magas.

밀려나다 동 kitaszítják, kitolják; 그는 사장자리에서 밀려났다 Kitaszították őt az elnöki pozícióból.

밀려들다 동 berohan, beviharzik; 신청자들이 ~ berohannak a jelentkezők; 예금자들이 은행으로 밀려들고 있다 Az ügy-

ㅁ

felek berohannak a bankba.

밀려오다 [동] visszaözönlik; 군중이 ~ a tömeg visszaözönlik

밀리그램 [의] milligramm

밀리다 [동] torlódik, felhalmozódik; elmarad, lemarad; 인파에 ~ lemarad a tömegben; 일이 ~ felhalmozódik a munka; 밀린 일을 끝내야 한다 be kell fejezni a felhalmozódott munkát; 밀린 돈 hátralék; 그는 집세가 반년이나 밀려 있다 Fél évi lakásbérleti díjjal le van maradva.

밀림 [명] sűrű erdő, dzsungel; ~지역 sűrű erdős terület; ~ 속에 사는 동물들 dzsungelben élő állatok

밀물 [명] dagály; ~이 밀려오다 jön a dagály; ~이 나가다 visszavonul a dagály

밀실 [명] titkos hely; ~에서 협상을 하다 titkos helyen tárgyalnak, zárt ajtók mögött tárgyal

밀어내다 [동] kitol, kinyom; 우리는 큰 장롱을 방에서 밀어냈다 Kitoltuk a nagy szekrényt a szobából.; 흔들린 샴페인이 마개를 밀어냈다 A felrázott pezsgő kinyomta a dugót.

밀어붙이다 [동] (neki)szorít; 벽으로 ~ a falhoz szorít; 코너로 ~ sarokba szorít

밀접-하다 [형] szoros; ~한 협력 szoros együttműködés; ~한 연관 szoros összefüggés; ~한 관계에 있다 szoros kapcsolatban áll vmivel/vkivel; 이것은 우리의 삶과 ~한 관계가 있다 Ez az életünkkel szoros kapcsolatban van.

밀집-하다 [동] túlnépesít, túlzsúfol, túlságosan benépesít; 인구 ~ 지역 túlnépesedett terület; 인가가 ~되어 있었다 Túlzsúfoltak a lakóházak.; 한국의 인구는 서울과 그 주변에 ~되어 있다 A koreai lakosság Szöulba és környékére van összezsúfolva.

밀착-하다 [동] közelít vmihez; 렌즈를 꽃에 ~시키다 lencsét közelít a virághoz; 사건을 ~ 취재하다 közelről tudósít az esetről

밀치다 [동] tol, taszít, lök; 밀치고 나아가다 előretol, előretaszít, előrelök; 문을 ~ tolja az ajtót; 어깨로 ~ vállal taszít; 팔꿈치로 ~ könyökkel lök

밀폐-하다 [동] elzár, eltöm, elrekeszt; 진공상태로 ~하다 légmentesen / hermetikusan elzár; ~된 장소 elzárt hely

밀항 [명] potyautazás

밀항자 [명] potyautas

밀회-하다 [동] titokban találkozik; ~ 장소 titkos találkozóhely

밉다 [형] gyűlöletes, utálatos; 미운 놈 utálatos alak; 미운 짓 gyűlöletes cselekedet

및 és, valamint; A, B ~ C도 후보자가 되었다 A, B és C is pályázó / jelölt lett.; 나는 시험에서 물리 ~ 화학과 영어도 100점을 받았다 Fizikából, valamint matematikából és angolból is 100 pontot kaptam a vizsgán.

밑 [명] alatt; 다리 ~을 지나다 elhalad a híd alatt ; ~에서 받치다 alulról támaszt; 책상 오른쪽 ~의 서랍 az asztal jobb alsó fiókja; 산 ~에 a hegy lábánál; 개는 식탁 ~에 몸을 숨겼다 A kutya elbújt az asztal alá.; 그는 나보다 두 살 ~이다 Ő három évvel fiatalabb nálam.; 1만원 ~으로는 팔 수 없습니다 10.000 vonnál olcsóbban nem adhatom el.

밑거름 [명] alapozó trágya; 땅 갈기와 ~하기 talajforgatás és alapozó trágyázás; ~이 되다 feláldozza magát

밑돌다 [동] vmi alatt marad, kevesebb;

올해 쌀 수확은 평년작을 밑돌았다 Az idén aratott rizs mennyisége az átlag alatt maradt.; 반값을 ~ kevesebb, mint féláron

밑동 명 alsó rész; 나무 ~ a fa alsó része, gyökere

밑바닥 명 alj, fenék, a társadalom alja; 냄비 ~ az edény alja; 배 ~ a hajó feneke; 구두의 ~ cipőtalp; 사회 ~으로부터 출세하다 a társadalom aljáról feljebb lép; ~생활 nyomorúságos élet

밑바탕 명 alap, bázis; eredeti természet; 경제의 ~ gazdasági bázis; 성격의 ~이 드러나다 előjön az igazi / eredeti természete

밑줄 명 aláhúzás; ~없이 aláhúzás nélkül; ~을 친 부분 aláhúzott rész

밑천 명 pénzalap, tőke; ~을 뽑다 a befektetett pénzalapnál több pénzt keres; ~이 없으면 장사도 못 한다 Ha nincs tőke, akkor üzletet sem lehet indítani.

밑판 명 fenékdeszka; ~의 두 끝 a fenékdeszka két vége

ㅂ

바 명 dolog, eset; 그는 어찌할 ~를 모른다 Nem tudja, mitévő legyen.; 그것은 네가 알 ~ 아니다 Az nem olyan dolog, amit tudnod kell.

바가지 명 tökkulacs, ivótök; túlhajtott / szélsőségesen / szerfölött magas ár, uzsoraár; zsémbelés; ~로 물을 푸다 vizet merít a tökkulaccsal; ~ 요금 túlhajtott / szélsőségesen / szerfölött magas ár, uzsoraár; ~를 긁다 (feleség) zsémbeskedik

바구니 명 kosár; 시장 ~ piaci kosár; 과일 ~ gyümölcsös kosár

바깥 명 kint, külvilág; ~ 공기를 마시다 beszívja a kinti levegőt; ~ 소식에 어둡다 nem hallja a külvilág híreit

바꾸다 동 változtat, módosít, cserél, átvált, helyettesít; 계획을 ~ megváltoztatja a tervet; 방향을 ~ módosítja az irányt; 테이블의 위치를 ~ változtatja az asztal helyét; 달러를 원화로 ~ dollárt átvált vonra; 의자를 ~ kicseréli a széket; 건강은 무엇과도 바꿀 수 없다 Az egészséget semmivel sem lehet helyettesíteni.

바꿔치다 동 kicserél, helyettesít; 돈을 종이로 ~ pénzt papírral helyettesít

바뀌다 동 változik, módosul; 해가 ~ változik az év; 규칙이 ~ módosul a szabály

바나나 명 banán; ~ 껍질을 벗기다 hámozza a banánt; ~ 한 송이 egy fürt banán

바느질-하다 동 varr; ~ 명 varrás; ~을 잘 하다 jól varr; ~로 생계를 꾸리다 varrásból él; ~거리 varrnivaló; ~삯 varrási költség / díj; ~상자 varródoboz

바늘 명 tű, varrótű; (óra)mutató; ~ 가는 데 실 간다 (속담) Ahová a tű megy, mindig odamegy a cérna is. (a két dolgot nem lehet elválasztani egymástól); ~ 도둑이 소도둑 된다 (속담) Aki tűt lopott, később tehenet fog lopni.; ~에 실을 꿰다 cérnát tűbe befűz; ~에 손가락을 찔리다 tű megszúrja az ujjat; 상처를 여섯 ~ 꿰매다 összevarr egy sebet hat öltéssel; 이 시계에는 ~이 세 개 있다 Ezen az órán három mutató van.

바늘구멍 명 tű lyuka, tű foka

바다 명 tenger; ~ 건너 tengeren túl; ~를 건너다 átkel a tengeren; ~에 뛰어들다 beleugrik a tengerbe; 한국은 삼면이 ~로 둘러싸인 나라다 Koreát három oldalról tenger veszi körül.; 피 ~ vértenger; 주변 일대는 불~가 되었다 Az egész környék lángtengerré vált.

바다가재 명 tengeri rák

바닥 명 padló, lapos felület, fenék; 방~ szobapadló; 손~ tenyér; 호수가 ~까지

말라버렸다 A tó a fenekéig kiszáradt.
바닥나다 동 elfogy; 식량이 ~ elfogy az ennivaló; 휘발유가 ~ elfogy a benzin
바닷가 명 tengerpart
바닷물 명 tengervíz, sós tengervíz
바닷바람 명 tengeri szél
바둑 명 baduk (koreai társasjáték); ~(을) 두다 badukot játszik; ~돌 badukkő
바둑판 명 baduktábla
바라다 동 vágyik, kíván, remél; kér; 행복과 건강을 ~ boldogságra és egészségre vágyik; 세계 평화를 ~ világbékét kíván; 모든 일이 잘 되기를 바란다 Remélem, minden dolgod sikeres lesz.; 진열품에 손대지 마시기 바랍니다 Kérem, ne nyúljanak a kiállított tárgyakhoz!
바라보다 동 néz, bámul; közeledik; 창밖을 ~ kinéz az ablakon; 달을 ~ a holdra bámul; 나이 50을 ~ Közeledik az ötvenedik életévéhez.
바람[1] 명 ❶ szél; hűtlenség; 세게 부는 ~ erősen fújó szél; 회오리 ~ forgószél; ~이 불다 fúj a szél; ~이 자다 elül a szél; 그녀의 긴 머리가 ~에 나부끼다 Hosszú haja lobog a szélben.; ~에 모자가 날렸다 a széltől elrepül a kalap; ~이 빠진 타이어 leeresztett / defektes gumi; 그녀는 남편이 ~ 피우는 것을 알고 있었다 Már tudta, hogy a férje hűtlen. ❷ következtében; 떠드는 ~에 난 그 소리를 듣지 못했다 A kiabálás következtében nem hallottam a hangot.
바람[2] 명 kívánság, vágy; 내 집 마련은 우리의 오랜 ~이었다 A lakásvásárlás régi vágyunk volt.
바람나다 동 hűtlenkedik; 남편이 ~ a férje hűtlenkedik
바람둥이 명 (남자) szoknyavadász, szoknyapecér, (여자) férfifaló; ~ 남자 szoknyavadász férfi; ~ 여자 férfifaló nő
바람직하다 형 kívánatos; helyes; ~한 행동거지 helyes modor; 자네 혼자 거기 가는 것은 ~하지 않다 Nem helyes, hogy egyedül odamenjen.; 암은 정기 검진을 받는 것이 ~하다 Kívánatos, hogy rendszeres időközökben rákszűrővizsgálaton vegyünk részt.
바래다 동 színtelenedik, kifakul; 서서히 색이 ~ lassan színtelenedik; 커튼이 햇빛에 바랬다 A függönyt kiszívta a nap.
바래다주다 동 kísér; 집까지 ~ hazakísér; 여자 친구를 집에 ~ hazakíséri a barátnőjét
바로 부 helyesen, pont egyenesen, közvetlenül, rögtön, éppen, kétségtelenül; ~ 맞히다 helyesen / pontosan eltalál; ~ 서다 egyenesen áll; ~ 집으로 돌아가다 közvetlenül / egyenesen hazamegy; 서울에 도착하는 대로 ~ 전화 주시오 Amikor Szöulba érkezik, rögtön hívjon fel!; ~ 그때에 éppen akkor; 이것은 내가 잃어버린 ~ 그 반지다 Ez kétségtelenül az a gyűrű, amelyiket elveszítettem.
바로잡다 동 helyesbít, kijavít; 행실을 ~ helyesbíti vki viselkedését; 그릇된 생각을 ~ helyesbíti vki téves gondolatait; 틀린 글자를 ~ javítja az elírt betűket
바르다[1] 동 ken, beken; 연고를 ~ gyógykenőcsöt ken vmire / vhova; 빵에 버터를 ~ vajat ken a kenyérre; 손에 크림을 ~ krémmel keni be a kezét
바르다[2] 형 egyenes; helyes; 자세를 바르게 하다 kiegyenesedik, kihúzza magát; 바르게 말을 하다 helyesen beszél
바리케이드 명 barikád; ~를 치다 elbarikádoz vmit, barikádot épít; ~로 봉쇄하

다 barikáddal lezár vmit

바보 명 ostoba, hülye; ~같은 생각 ostoba gondolat; ~같은 소리를 하다 ostobaságot mond; 난 대단히 ~였다 Nagyon hülye voltam.

바쁘다 형 elfoglalt, sűrű; 시험 준비로 ~ El van foglalva a vizsgára való felkészüléssel.; 오늘은 종일 바빴다 El voltam foglalva ma egész nap.; 바쁜 일정 sűrű program

바삐 부 serényen; sietősen, sietve; ~ 일하다 serényen dolgozik; ~ 지내다 sietősen él; 한시 ~ nagyon sietve

바싹 부 teljesen, nagyon; közel; ~ 마른 입술 teljesen kiszáradt ajak; ~ 마르다 teljesen száraz; 가뭄으로 땅이 ~ 말랐다 Az aszálytól teljesen kiszáradt a föld.; 그는 앓고 나서 ~ 말랐다 A betegsége után nagyon lesoványodott.; ~ 앉다 közel ül

바야흐로 부 most már, igazán; ~ 가을이다 Most már ősz van.; ~ 독서의 계절이다 Igazán alkalmas az idő az olvasásra.

바위 명 szikla; 파도가 ~에 부서지다 a hullám nekicsapódik a sziklának; 바위/암벽 등반 sziklamászás

바이러스 명 vírus; 감기 ~ influenzavírus

바이어 명 vásárló; ~와 상담을 하다 tárgyal a vásárlóval

바이올린 명 hegedű; ~의 활 hegedűvonó; ~을 켜다 hegedül

바이트 명 byte, bájt

바지 명 nadrág; ~를 입다 felveszi a nadrágot; ~를 벗다 leveszi a nadrágot; ~를 주름잡아 다림질하다 élére vasalja a nadrágot; ~를 걷어 올리다 felhajtja a nadrágot

바치다 동 ad; magát / életét (oda)adja, feláldozza magát; 뇌물을 ~ lefizet vkit; 나라를 위해 목숨을 ~ az országért feláldozza az életét

바퀴 명 kerék; kör; ~ 자국이 남다 megmarad a kerék nyoma; 공원을 한 ~ 돌다 sétál egy kört a parkban; 그 비행기는 착륙 전에 비행장을 두 ~ 돌았다 A repülőgép két kört tett meg leszállás előtt.

바퀴벌레 명 svábbogár, csótány; ~가 나오는 부엌 svábbogaras konyha

바탕 명 alap; 노란 ~에 푸른 무늬 sárga alapon kék minta; 이 이야기는 작가의 개인적 체험에 ~을 두고 있다 Ez a történet az író személyes tapasztalatán alapul.

박꽃 명 lopótökvirág

박다 동 bever; kirak, ékesít; 못을 ~ szeget bever; 반지에 진주를 ~ gyönggyel kirak / ékesít (gyűrűt)

박동 명 érverés, szívdobogás

박동계 명 érverést jelző készülék, pulzusmérő

박람회 명 kiállítás, bemutató

박물관 명 múzeum

박사 명 doktor, PhD; ~ 논문 doktori disszertáció; ~ 학위를 수여하다 doktori fokozatot adományoz

박살 명 széttörés; ~ 내다 széttör; ~ 나다 széttörik

박수 명 taps; 우레 같은 ~ 속에 falrengető taps közepette; ~로써 맞이하다 tapssal fogad; 그 결의는 ~로 채택되었다 A határozatot tapssal fogadták.

박수치다 동 tapsol

박자 명 ütem; 2~ páros ütem; 발로 ~를 맞추다 ütemre dobol a lábával

박쥐 명 denevér

박차 명 sarkantyú; ~를 가하다 megsarkantyúz; 말에 ~를 가하다 megsarkantyúzza a lovat

박차다 동 erőteljesen kirúg; 자리를 박차고 가버리다 felháborodva elmegy a helyről

박탈-하다 동 elvesz, elcsap, megfoszt; 부정행위로 그는 관직을 ~ 당했다 A tisztességtelensége miatt elbocsátották a hivatali állásból.; 그들은 그의 일체의 권리를 ~했다 Megfosztották őt minden jogától.

박히다 동 beleszúródik, belemegy; 손에 가시가 하나 ~ egy tüske beleszúródik vkinek a kezébe; 발에 유리조각 하나가 ~ egy üvegdarab belemegy a lábába

밖 명 kint, külső; kívül; ~에 나가다 kintre megy; 창~을 내다보다 kinéz az ablakon; 그는 그 ~에 돈도 받았다 Azon kívül pénzt is kapott.; 자네~엔 기댈 사람이 없다 Rajtad kívül nincs olyan ember, akire támaszkodhatom.

반 명 fél; 시작이 ~이다 (속담) A jó kezdés fél siker.; ~나절 negyednap; 한 시간 ~ másfél óra; 한 시 ~ fél kettő; ~씩 나누다 felez vkivel; 적어도 ~은 왔다 Legalább a fele utat megtettük.

반가움 명 öröm; ~ 넘치는 얼굴로 örömtől sugárzó arccal

반갑다 형 örvendezik, örül; 반가운 소식 örömhír; 반가운 손님 kedves vendég; 반갑게 맞이하다 örömmel fogad; 우리는 그의 성공한 소식을 듣고 반가웠다 Örvendeztünk, amikor meghallottuk a siker hírét.; 반갑게도 길에서 옛 친구를 만났다 Örömömre az úton találkoztam egy régi barátommal.

반격-하다 동 ellentámadást indít; 우리 군은 격렬하게 ~을 가했다 A hadseregünk erős ellentámadást indított.

반공 명 antikommunizmus; ~법 antikommunista törvény; ~ 포로 antikommunista hadifogoly

반군 명 lázadó csapat, felkelő csapat; ~의 일원 lázadó csapat tagja; 8,000명의 ~이 도시를 파괴했다 A 8.000 főnyi felkelő csapat feldúlta a várost.

반기 명 a felkelés zászlaja; 환경 단체들은 그 제안에 ~를 들었다 A környezetvédelmi csoportok fellázadtak a javaslat ellen.

반기다 동 örül, örvend(ezik); 반기는 얼굴로 örvendező arccal; 손님을 ~ örvend a vendég miatt, örül a vendégnek

반년 명 félév; ~마다 félévente, félévenként

반달 명 félhold; ~ 모양의 félhold alakú

반달곰 명 félhold foltú medve

반대 명 ellentét, ellenkező, ellenállás; ~ 방향에서 오다 az ellentétes irányból jön; 사실은 그와 정 ~다 A valóság pontosan annak az ellenkezője.; 어둠의 ~는 무엇입니까 Mi a sötétségnek az ellentéte?; ~에 부딪치다 ellenállásba ütközik; ~ 의사를 표명하다 ellentétes véleményt fejez ki; ~ 의견을 가진 분 계십니까 Van valaki, akinek ellentétes véleménye van?

반대편 명 ellenkező oldal, másik oldal; 우리는 달의 ~을 볼 수는 없다 Nem láthatjuk a hold másik oldalát.

반대표 명 nemleges szavazat; ~가 3분의 1이 되다 a nemleges szavazatok száma eléri az egyharmadot

반대-하다 동 ellenez vmit, szemben áll vmivel; 끝까지 ~하다 mindvégig ellenez vmit; 자네가 어느 편을 택하든지 나는

~하지 않겠네 Nem ellenzem, akármelyiket választod.; …와 ~입장에 서다 szemben áll vkivel

반덤핑 명 dömpingellenesség; ~관세 dömpingellenes vámok

반도 명 félsziget; 한~ Koreai-félsziget; 이베리아 ~ Ibériai-félsziget

반도체 명 félvezető; ~ 생산 기술 a félvezető gyártási technológiája; ~ 생산 기업 félvezetőt gyártó vállalat

반드시 부 biztosan, feltétlenül; 우리 팀은 ~ 이긴다 A csapatunk biztosan nyer.; 식사 전에는 ~ 손을 씻어라 Evés előtt feltétlenül mosd meg a kezedet!

반듯-하다 형 tiszteletre méltó; csinos; ~한 집안 tiszteletre méltó család; ~한 용모 csinos ábrázat; 상체를 ~하게 펴다 kiegyenesíti a felsőtestét

반란 명 felkelés; ~을 일으키다 felkelést szít; ~을 진압하다 leveri a felkelést; ~군 felkelő hadsereg; ~부대 felkelő csapat; ~자 felkelő

반론 명 ellenérv; ~을 펴다 ellenérvet hoz fel; 그의 의견에 ~을 제기하는 사람은 없었다 Senki sem hozott fel ellenérvet a véleményével szemben.

반말-하다 동 tegez vkit; ~ 명 tegezés; 요즘에는 많은 아이들이 부모에게 반말을 한다 Mostanában sok gyerek tegezi a szüleit.; 당신 제게 ~하는 겁니까? Ön tegez engem?

반면에 부 ellenben, ám; 노래는 못하지만 ~ 춤은 출 수 있다 énekelni nem tud, táncolni ellenben igen; 싼 ~ 좋지는 않다 Ez olcsó, ám nem jó.

반목-하다 동 ellenségeskedik; ~ 명 ellenségeskedés; 서로 ~하다 ellenségeskedik egymással; 상호 ~이 공공연히 계속되었다 Az egymás közötti ellenségeskedés nyilvánosan folytatódott.

반문-하다 동 visszakérdez; ~ 명 visszakérdezés; 정중히 ~하다 szépen / udvariasan visszakérdez; 항상 ~하다 állandóan visszakérdez

반바지 명 rövidnadrág; ~ 차림의 소년들 rövidnadrágot hordó fiúk

반박문 명 írásos cáfolat

반박-하다 동 (meg)cáfol vmit; ~ 명 cáfolás, cáfolat; 내가 이야기를 끝내자 그들은 일제히 나에게 ~하기 시작했다 Alighogy befejeztem, rögtön elkezdtek megcáfolni.; ~의 여지가 없는 megcáfolhatatlan

반발-하다 동 ellenez vmit; szembeszáll vmivel, szembeszegül vmivel; ~ 명 ellenzés, szembeszállás; 계획에 ~하다 ellenzi a tervet; 명령에 ~하다 szembeszáll a paranccsal

반복-하다 동 ismétel; ~ 명 ismétlés; 항상 ~하다 állandóan ismétli; 지겨울 때까지 ~하다 az unalomig ismétli; ~기호 (음악) ismétlőjel; ~ 연습은 학생들에게 가장 중요하다 A gyakorlat ismétlése a legfontosabb a diákok számára.; 역사는 ~된다 A történelem ismétlődik. A történelem ismétli önmagát.

반봉건 명 félhűbér, félfeudalizmus; ~사회 félhűbéri / félfeudális társadalom

반사광 명 visszavert fény

반사면 명 visszaverő felület

반사적 visszaverődő, visszatükröző; reflexszerű; 나는 ~으로 일어났다 Reflexszerűen felkeltem.

반사-하다 동 visszaver, visszatükröz; ~ 명 visszatükröződés 거울은 빛을 ~한다 A tükör visszaveri a fényt.; 달은 태양빛

의 ~로 빛난다 A Hold azért fénylik, mert visszatükrözi a napfényt.

반성-하다 동 önvizsgálatot tart; ~ 명 önvizsgálat; 우리는 정부의 ~을 촉구한다 Önvizsgálatot kérünk a kormánytól.; 그는 ~의 빛이라고는 없다 Az arcán nincs jele a bűnbánatnak.

반세기 명 fél évszázad

반열 명 rang, osztály, rend; 강국의 ~에 들다 elnyeri a nagyhatalmi rangot

반영-하다 동 visszatükröz; ~ 명 visszatükrözés; 여론을 ~하다 tükrözi a közvéleményt; 이 책은 시대를 ~하고 있다 Ez a könyv tükrözi a korszakot.

반응-하다 동 reagál, visszahat; ~ 명 reagálás, reakció; 자극에 대한 ~ az ingerre adott válasz / reakció; 알칼리성의 ~을 보이다 kimutatja a lúgos reakciót; 우리들의 불평에 대해 그들은 아무런 ~도 없었다 A panaszunkra nem volt semmi reakciójuk.; 신경은 자극에 ~한다 az ideg reagál az ingerre; 그 소식을 듣고 그는 어떻게 ~했습니까? Hogyan reagált, amikor meghallotta a hírt?

반작용 명 ellenhatás; 작용과 ~ hatás és ellenhatás; 그것의 ~으로 이것이 일어났다 Ez annak az ellenhatásából keletkezett.; 작용이 있으면 반드시 ~이 뒤따른다 Ha van hatás, akkor mindig követi ellenhatás.

반장 명 felügyelő; osztálybizalmi diák; 작업 ~ munkafelügyelő; 그는 학교에서 ~에 선출되었다 Osztálybizalmivá választották őt az iskolában.

반전 명 háborúellenesség; ~ 사상 háborúellenes eszme; ~ 운동 háborúellenes mozgalom

반전-하다 동 megfordul; ~ 명 megfordulás; 상황이 ~했다 A helyzet megfordult.

반점 명 folt, petty, pötty; ~이 있다 folt van vhol; ~을 찍다 pettyez

반죽-하다 동 gyúr, dagaszt; 밀가루를 ~하다 gyúrja a lisztet; 빵을 ~하다 kenyeret dagaszt

반증 명 ellenbizonyíték; ~을 제시하다 ellenbizonyítékot bemutat; 검찰 측 증거에 대한 ~을 제시하다 az ügyészi bizonyítékkal szemben ellenbizonyítékot bemutat

반지 명 gyűrű; ~를 끼다 gyűrűz, gyűrűt felhúz; ~를 빼다 gyűrűt lehúz; ~ 자국 gyűrű nyoma; 약지, ~끼는 손가락 gyűrűsujj

ㅂ

반지름 명 rádiusz, sugár

반짝반짝 부 fényesen, ragyogóan; ~ 빛나다 fényesen ragyog; ~ 하는 별 ragyogó csillag; 그녀는 부엌그릇들을 ~ 윤이 나게 닦았다 Ragyogóra mosogatta a konyhai edényeket.

반짝이다 동 fénylik, csillan, csillog; 금처럼 ~ fénylik, mint az arany; aranyként fénylik; 먼 데서 불빛이 반짝인다 messziről világít a fény; 반짝인다고 해서 다 금은 아니다 Nem minden arany, ami fénylik.

반쪽 명 fél; 사과 ~ az alma fele

반찬 명 a rizst mint főételt kiegészítő mellékétel; 맛있는 ~ finom rizshez való étel; ~ 가게 rizshez való ételek boltja; 시장이 ~이다 (속담) Az éhség a legjobb szakács.

반체제 명 rendszerellenesség; ~ 소설 작가 rendszerellenes regényíró; ~ 운동 rendszerellenes mozgalom

반칙 명 szabálysértés; ~으로 30,000원의 벌금을 물다 szabálysértés miatt 30.000

vonra büntetik; 그것은 ~이다 Az szabálysértés.

반-하다[1] 동 beleszeret; bámul; 소녀에게 ~하다 beleszeret egy lányba; 한눈에 ~하다 első pillantásra beleszeret; 인품에 ~하다 bámulja a természetet

반-하다[2] 동 ellenez vmit; 그 조치는 우리들의 이익에 ~한다 Az az intézkedés az érdekeink ellen van.; 그는 자기 의사에 ~하여 학교에 가야했다 Akarata ellenére kellett mennie az iskolába.; 총리는 테러는 국제 사회의 법과 질서에 ~하는 것이라고 말했다 A miniszterelnök kijelentette, hogy a terror ellentétes a nemzetközi joggal és renddel.

ㅂ

반항기 명 dackorszak; 많은 아이들의 경우에 사춘기에 제 2 ~에 들어간다 Sok gyermek esetében a serdülőkorban kezdődik a második dackorszak.

반항심 명 lázadó szellem; …에게 ~을 일으키다 a lázadó szellem áthat vkit; ~이 퍼지다 a lázadó szellem átterjed vkire

반항-하다 동 szembeszáll vmivel / vkivel, nem engedelmeskedik vminek / vkinek, dacol vmivel / vkivel, lázad vmi / vki ellen; ~ 명 lázadás, dac, ellenállás; ~적인 아이 engedetlen / dacos gyerek; 요즘 그녀는 자주 부모에게 ~한다 Mostanában gyakran nem engedelmeskedik a szüleinek.

반향 명 visszhang, hatás; ~을 불러일으키다 visszhangot kelt; 그 뉴스는 대단한 ~을 일으켰다 A hír óriási visszhangot keltett.

반환-하다 동 visszaad; 훔쳐간 도자기를 원 주인에게 ~했다 Az elrabolt vázát visszaadták az eredeti tulajdonosnak.; 너는 빌린 책을 언제 ~할 거니? Mikor adod vissza a kölcsönadott könyvet?

받다 동 kap, részesül; átvesz, fogad; felvesz, felfog; elkap; 연금을 받는 사람 nyugdíjat kapó / átvevő ember; 교육을 ~ oktatásban részesül; 사과를 ~ elfogadja a bocsánatkérést; 뇌물을 ~ csúszópénzt kap; 이 학교는 매년 백 명의 신입생을 받는다 Ez az iskola évente száz új diákot vesz fel.; 주문을 ~ megrendelést kap; 신청서를 ~ átveszi a jelentkezőlapot; 허가를 ~ engedélyt kap; 봉급을 ~ havibért kap; 전화를 ~ felveszi a telefont; 질문을 ~ kérdést kap; 벌을 ~ büntetést kap; 그 소설 작가는 많은 비판을 받았다 A regényíró sok bírálatot kapott.; 공을 손으로 ~ kézzel kapja el a labdát; 빗물을 물통에 ~ Az esővizet egy víztartály fogja fel.

받들다 동 tiszteletben tart; 윗사람을 ~ tiszteletben tartja a feljebbvalót; 스승을 지극히 ~ nagy tiszteletben tartja a tanárát

받아들이다 동 megfogad, megszívlel, befogad, elfogad; 충고를 ~ vki tanácsát megfogadja; 난민을 ~ befogadja a menekülteket; 많은 학자들은 아직 이 이론을 받아들이지 않고 있다 Ezt az elméletet sok tudós még nem fogadja el.

받아쓰다 동 diktál; ~ 명 diktálás; 편지를 ~ diktál egy levelet

받치다 동 feltámaszt, támaszt; 지붕을 ~ feltámasztja a tetőt; 머리를 ~ támasztja a fejet

받침 명 alátét; 글 쓰는 데 ~을 좀 주십시오 Tessék adni valami alátétet a papír alá!

발 명 láb; 머리에서 ~끝까지 tetőtől talpig; ~로 짓밟다 rátapos, széttapos; ~을 밟다 lábra lép; ~을 잘못 디디다 rosszul lép;

~이 아프다 fáj a lába; ~이 저리다 elzsibbad a lába; ~이 빠르다 gyors a lába; 한 ~ 앞으로 나서다 egy lépést előrelép; ~을 끊다 abbahagyja a látogatást

발가락 명 lábujj; 새끼 ~ kis lábujj; 엄지 ~ nagy lábujj

발각되다 동 lelepleződik, kiderül; 음모가 ~ lelepleződik az összeesküvés; 그는 사기를 치려다 발각되었다 Kiderült, hogy csalni akart.

발간-하다 동 kiad, megjelentet; 1,000부를 ~하다 1.000 példányban kiad vmit; 우리는 그 사전을 가을에 ~한다 A szótárt az ősszel jelentetjük meg.

발갛다 형 pirosas, vöröses; 발간빛 pirosas fény; 뺨이 ~ vöröses az arca

발걸음 명 lépés; 가벼운 ~으로 könnyed / könnyű léptekkel; ~을 빨리하다 gyorsítja a lépést; ~을 맞추다 lépést tart vkivel

발견-하다 동 észlel, megtalál, felfedez; 잘못을 ~하다 észleli a hibát; 시체로 ~되다 holtan találták meg; 그것은 나에게 큰 ~이었다 Az nekem nagy felfedezés volt.

발광체 명 világítótest

발광탄 명 világítólövedék

발광-하다 동 fényt sugároz / világít; megőrül, megbolondul; ~ 명 fénysugárzás; megbolondulás, megőrülés; 그는 극도의 공포로 ~했다 A nagy félelemtől megőrült.

발굴-하다 동 kiás; 땅에서 뼈를 ~하다 csontot kiás a földből; 고분을 ~하다 kiás egy régi temetőt

발급-하다 동 kibocsát, kiszolgáltat; 여권을 ~하다 útlevelet kibocsát; 기차표를 ~하다 vasúti jegyet kiszolgáltat

발길 명 lépés; ~을 재촉하다 (meg)szaporázza / (meg)gyorsítja a lépteit; ~을 돌리다 megfordul

발길질 명 rúgás; 강한 ~ erős rúgás

발끈-하다 동 dühöng; 모욕감을 느끼자 그는 ~했다 Dühöngött, amikor sértve érezte magát.

발끝 명 lábujjhegy; 머리끝에서 ~까지 tetőtől talpig; ~으로 걷다 lábujjhegyen jár

발단 명 kiindulópont, kezdőpont; 사건의 ~을 조사하다 az ügy kiindulópontját vizsgálja

발달-하다 동 fejlődik, növekedik; 수영은 신체 각부의 근육을 ~시킨다 Az úszás a test minden egyes részének az izmait fejleszti.; 도시의 급속한 ~ a város gyors fejlődése; 서울은 교통이 ~된 도시이다 Szöul fejlett közlekedésű város.; 열대성 저기압이 태풍으로 ~했다 A trópusi hidegfront tájfunná növekedett.

발돋움-하다 동 lábujjhegyen áll; ~ 명 lábujjhegyen állás; 한 남자가 ~하고 집안을 엿보았다 Egy férfi lábujjhegyen állva benézett a lakásba.

발동-하다 동 elindít, megindít, folyamatba helyez, működésbe hoz; 사법권을 ~하다 elindítja a bírósági eljárást

발뒤꿈치 명 láb sarka; ~가 갈라질 경우에는 a láb sarkának repedezése esetén; 나는 모든 점에서 네 ~도 따라갈 수 없다 Nem tudok versenyezni veled minden dologban.

발등 명 a lábfej felső része, rüszt; ~을 밟다 rálép / rátapos a lábfejre; 우선 ~의 불을 꺼야만 했다 Először egy sürgős dolgot be kellett fejeznem.

발라드 명 ballada; 버르거 미클로시는 헝가

ㅂ

리 ~ 작곡가이다 Varga Miklós a *Magyar ballada* szerzője.; 노래의 한 형식으로 알려진 ~는 중세에 탄생했다 A dal egyik formájaként ismert ballada a középkorban született.

발랄-하다 형 élénk, eleven, vidám, jókedvű; ~한 행동 élénk / eleven cselekedet; ~한 대화 vidám / jókedvű társalgás

발레 명 balett; ~를 배우다 balettet tanul; ~ 무용가 balett-táncos, balett-táncosnő

발레단 명 balettegyüttes

발령-하다 동 bemond, közhírré tesz, közöl; 공습경보가 ~ 중이다 Éppen bemondják a légiriadót.

ㅂ

발맞추다 동 lépést tart vkivel; 발맞추어 가다 lépést tartva megy / vonul; 아이와 발을 / 보조를 맞추다 lépést tart a gyerekkel

발매-하다 동 elad; 책의 ~를 금하다 betiltják a könyv forgalmazását; 그 책은 5,000원에 ~되고 있다 A könyvet 5.000 vonért árulják.

발명가 명 feltaláló

발명품 명 találmány

발명-하다 동 feltalál; ~ 명 feltalálás; 에디슨은 전등을 ~했다 Edison feltalálta az elektromos izzót.; 필요는 ~의 어머니다 A szükség találékonnyá tesz. A szükség nagy úr.

발목 명 boka; ~을 삐다 kificamítja / megrándítja a bokáját; megrándul / kificamodik a bokája

발바닥 명 talp; 머리에서 ~까지 tetőtől talpig; 아주 정직한 talpig becsületes; 남자 중의 남자 talpig férfi

발뺌 명 mellébeszélés, mentség, ürügy; 항상 ~을 하다 mindig mellébeszél; 그는 자기의 잘못을 비서 탓으로 돌리고 ~을 했다 Azt hozta fel a mentségére, hogy a hibát a titkár követte el.

발사대 명 kilövőpálya, indítópálya

발사-하다 동 lő, kilő; ~ 명 lövés, felbocsátás, kilövés; 총을 ~하다 puskával lő; 인공위성을 ~하다 felbocsátja a műholdat; 잠수함에서 미사일이 ~되었다 Kilőtték a lövedéket a tengeralattjáróról.

발산-하다 동 áraszt, sugároz; 향기를 ~ illatot áraszt; 젊음을 ~하다 fiatalságot áraszt; 빛을 ~하다 fényt sugároz

발상 명 ötlet, gondolkodásmód; 그것은 매우 참신한 ~이다 Az nagyon újszerű ötlet.; 한국적인 ~ koreai gondolkodásmód

발상지 명 szülőhely; 고대 문명의 ~는 황하강이나 나일강과 같은 큰 강 유역이다 Az ókori civilizációk szülőhelye olyan nagy folyók környéken van, mint a Nílus és a Sárga folyó.

발생-하다 동 keletkezik, születik; történik; ~ 명 keletkezés; történés; 역 앞에서 차 충돌 사고가 ~했다 A pályaudvar előtt ütközéses baleset történt.; 그 시에 콜레라가 ~했다 Kitört a kolera abban a városban.

발생학 명 örökléstan, genetika

발소리 명 léptek hangja; ~가 들리다 hallatszik a lépés hangja; 그는 ~를 죽이고 방으로 들어왔다 Halk léptekkel jött be a szobába.

발송-하다 동 elküld, felad; 물품을 선편으로 ~하다 az árut hajóval küldi el; 편지를 하나 ~하다 felad egy levelet; 편지를 등기로 ~하다 ajánlva ad fel levelet

발신음 명 tárcsahang, búgó hang

발신지 명 a feladás helye

발신-하다 동 jelzést küld; ~ 명 feladás, küldés; 조난당한 배는 S.O.S를 ~한다 A hajótörést szenvedett hajó segélykérő jelzést küld.

발언-하다 동 beszédet mond, szól, megszólal, hozzászól, beszél; 회의 중에 한 마디도 ~하지 않다 a tárgyalás közben egy szót sem szól; ~ 시간을 제한하다 korlátozza a hozzászólás idejét; 그는 ~의 기회를 잃었다 Elvesztette a hozzászólás lehetőségét.

발원지 명 forrás, eredet; 강의 ~를 찾다 keresi a folyó forrását; 문제의 ~ a probléma eredete

발원-하다 동 ered; 다뉴브강은 독일에서 ~한다 A Duna Németországban ered.; 한강은 태백산맥으로부터 ~한다 A Han folyó a Thebek hegységben ered.

발육-하다 동 nő, növekedik, növekszik; 금년은 일기가 안 좋아서 벼의 ~이 늦다 A rossz időjárás miatt idén a rizs lassan növekszik.

발음-하다 동 kiejt, artikulál; ~ 명 kiejtés, artikuláció; 또렷한 ~ tiszta kiejtés / artikuláció; ~대로의 철자법 kiejtés szerinti helyesírás; 좋은 ~ szép kiejtés; ~ 기관 beszélőszerv, hangképzőszerv; ~ 기호 kiejtési jel; 올바르게 ~하다 pontosan ejt ki vmit; 잘못 ~하다 rosszul / hibásan artikulál

발자국 명 lábnyom; 눈 위에 또렷이 남은 ~ havon pontosan megmaradt lábnyom; ~을 남기다 lábnyomot hagy

발자취 명 eredmény, életpálya; 지난 20 년간의 ~를 회고하다 visszaemlékezik az elmúlt húsz évi életpályájára; 그는 과학 분야에서 위대한 ~를 남겼다 Tudományos területen jelentős eredményt ért el.

발작 명 görcs, roham; ~을 일으키다 görcsöt kap; 기침 ~ köhögési roham; ~을 유발하다 rohamot okoz

발전 명 energiafejlesztés; 원자력 ~ az atomenergia fejlesztése

발전기 명 áramfejlesztő, generátor; 수력 ~ vízi áramfejlesztő

발전소 명 erőmű; 화력 ~ hőerőmű-telep; 원자력 ~ atomerőmű-telep

발전-하다 동 fejlődik; 최근 이 도시는 크게 ~했다 Az utóbbi időben ez a város sokat fejlődött.; 사업을 ~시키다 üzletet fejleszt; 사태는 유리하게 ~했다 A helyzet kedvezően változott.; 사태의 ~을 지켜보다 a helyzet változását / alakulását figyelemmel kíséri; 그는 회사 ~에 크게 공헌했다 Elősegítette a cég fejlődését.; 이 사업은 크게 ~할 가능성이 있다 Az üzletnek nagy fejlődési lehetőségei vannak.

발족-하다 동 létrehoz, alapít; 그 단체는 ~한지 얼마 안 되었다 A szövetség nemrégen jött létre.

발탁-하다 동 kiválaszt; 50명 중에서 두 사람을 ~하다 két embert kiválaszt ötven közül; 그는 과장으로 ~되었다 Választották őt osztályvezetővé.

발톱 명 lábujjköröm (사람); karom (금수); ~으로 할퀴다 karmol; ~을 감추다 elrejti a karmot, visszahúzza a karmot

발판 명 dobogó; 그는 금융계에 ~을 확보했다 Pénzügyi körökben megerősítette dobogós helyezését.

발포-하다[1] 동 kihirdet, érvénybe léptet; ~ 명 kihirdetés; 헌법의 ~ az alkotmány kihirdetése; 대한민국 헌법은 1948년 7월 17일에 ~되었다 A koreai alkotmányt 1948. július 17-én hirdették ki.

발포-하다² 동 lő; ~ 명 lövés; 대포를 ~하다 ágyúval lő

발표-하다 동 hirdet, kihirdet, közöl; 결혼을 ~하다 kihirdetik a házasságot; 투표 결과를 ~하다 kihirdeti a választási eredményt; 중간 ~ időközi közlemény; 성명서를 ~하다 közleményt közzétesz

발-하다 동 áraszt, kibocsát; 향기를 ~하다 illatot áraszt; 태양은 빛과 열을 ~한다 A nap fényt és hőt bocsát ki.

발행인 명 kiadó

발행-하다 동 kiad, kibocsát; ~ 명 kiadás, kibocsátás; 월 ~ 잡지 havi folyóirat; 그 책은 ~이 금지 되었다 Betiltották ennek a könyvnek a kiadását.; 그 책은 언제 ~됩니까 Mikor adják ki a könyvet?; 새 화폐를 ~하다 új bankjegyet bocsát ki

발효-시키다 동 erjeszt; ~ 명 erjesztés; 포도를 ~시키다 bort erjeszt; 이스트로 밀가루 반죽을 ~시키다 lisztgombócot élesztő- vel erjeszt

발효-하다 동 hatályba lép; ~ 명 hatályba lépés; 평화 조약의 ~에 따라 a békeegyezmény hatályba lépését követően; 조약은 내년 1월부터 ~한다 Az egyezmény jövő év januárjában lép hatályba.

발휘-하다 동 felmutat, bebizonyít; ~ 명 felmutatás, bebizonyítás; 마침내 그는 능력을 ~할 수 있는 기회를 얻었다 Végre kapott egy lehetőséget, hogy megmutathassa a képességeit.; 정치가로서의 수완을 ~하다 bebizonyítja politikusi tehetségét

밝다 형 világos; jó, éles; vidám, derűs, ragyogó, rózsás; 밝은 방 világos szoba; 달 밝은 밤 holdvilágos éjszaka; 6시 반인데도 밝은 아직 ~ Fél hét van, de még világos van.; 눈이 ~ jó a látása, jó szeme van; 개는 귀가 아주 ~ a kutyának éles hallása van; 그는 중국 사정에 ~ jól ismeri a kínai ügyeket; 밝은 성격 jó kedélyű; 밝은 미래 derűs jövő; 밝은 표정 ragyogó arckifejezés; 무역의 전망이 ~ ragyogóak a külkereskedelem kilátásai

밝히다 동 meggyújt; (meg)világít, megvilágosít, igazol, megmond, azonosít; 가로등 불을 ~ meggyújtja / felkapcsolja az utcai lámpákat; 자기 입장을 ~ megvilágítja az álláspontját; 이름을 ~ megmondja a nevét; 신분을 ~ személyazonosságát igazolja; 피해자의 신원이 밝혀지지 않았다 Az áldozat személyazonosságát még nem derítették ki.

밟다 동 rálép, rátapos, lenyom; követ, elkövet; elvégez; 남의 발을 ~ rálép a másik ember lábára; 외국 땅을 ~ idegen földre lép; 브레이크를 ~ rátapos a fékre; 액셀러레이터를 천천히 ~ lassan nyomja a gázpedált; 형사로 하여금 뒤를 밟게 하다 detektívvel nyomoztat utána; 절차를 ~ eleget tesz az eljárási rendnek

밤¹ 명 éjszaka, éj, este; 전날 ~ az előző éjszaka; ~이 깊도록 késő estéig; ~이고 낮이고 éjjel-nappal; ~ 늦도록 공부하다 késő estig tanul; 온 ~을 지새워 얘기하다 egész éjszaka beszélget

밤² 명 gesztenye; ~을 따러 가다 gesztenyét szedni megy; ~을 까다 feltöri a gesztenyét

밤나무 명 gesztenyefa

밤낮 명 éjszaka és nappal; 나는 (바빠서) ~이 없다 se éjjelem, se nappalom; ~으로 éjjel-nappal; ~으로 일하다 éjjel-nappal dolgozik

밤새 éjjel; ~ 집에 도둑이 들었다 Éjjel betörtek a lakásomba.

밤새우다 동 ébren van, ébren marad, virraszt; 뜬 눈으로 밤을 새웠다 Egész éjszaka ébren volt nyitott szemmel.; 밤새워 일하다 egész éjszaka virrasztva dolgozik; 환자 곁에서 ~ beteg mellett virraszt; 그들은 카드놀이로 밤새웠다 Egész éjszaka kártyázva virrasztott.

밤샘 명 virrasztás; ~은 건강에 나쁘다 a virrasztás nem egészséges

밤안개 명 éjjeli köd

밤잠 명 éjjeli alvás

밤중 명 mély sötétség, éjfél; ~에 다니다 mély sötétségben jár; ~에 éjfélkor

밤하늘 명 éjjeli ég, esti ég; ~에 별이 반짝이다 az éjjeli égen világít a csillag; 그는 ~에 반짝이는 별을 쳐다보았다 Felnézett az esti égen világító csillagra.

밥 명 rizs; ~ 한 그릇 egy tál rizs; ~을 먹다 rizst eszik; 쥐는 고양이의 ~이다 Az egér a macska eledele.

밥값 명 étkezési költség; ~이 모두 얼마입니까 Mennyi a teljes étkezési költség?

밥그릇 명 rizses edény; 밥을 ~에 담다 beteszi a rizst az edénybe

밥맛 명 étvágy; rizs íze; ~이 있다 jó étvágya van; ~이 없다 nincs étvágya; ~이 좋다 jó a rizs íze

밥상 명 ebédlőasztal; ~ 위에 음식이 있다 az ebédlőasztalon van az étel; ~을 차리다 asztalt megterít; ~을 치우다 leszedi / letakarítja az asztalt

밥솥 명 rizsfőző; 전기 ~ elektromos rizsfőző

밧줄 명 kötél; 세 가닥으로 꼰 ~ háromfonatú kötél; ~을 당기다 kötelet húz

방[1] 명 szoba; 빈 ~ üres szoba; ~이 셋 있는 집 háromszobás lakás; 2인용 ~ kétágyas szoba; ~에 세 들다 szobát bérel; ~을 세주다 szobát kiad

방[2] 명 lövés, ütés; 한 ~의 포성 lövés hangja; 주먹으로 한 ~ 맞다 egy ütést kap ököllel

방세 명 szoba bérleti díja; ~가 한 달에 얼마입니까 Mennyi a havi bérleti díja?

방계 명 oldalági (rokonság); ~의 oldalági; ~ 자손 oldalági leszármazott; ~ 상속자 oldalági örökös; ~회사 leányvállalat

방관-하다 동 ölbe tett kézzel néz, szemlélődő magatartást tanúsít; 수수~하다 összefont karral néz; ~적 태도를 취하다 szemlélődő magatartást tanúsít; 그들이 굶어 죽어가고 있는데 어떻게 ~할 수 있는가 Hogyan maradhatunk közömbösek, amikor éhen halnak?

방귀 명 szellentés, fingás; ~를 뀌다 szellent, fing; ~뀐 놈이 성낸다 Aki szellent, az mondja, hogy büdös van.

방금 부 imént; ~ 우리 앞을 지나간 분은 누굽니까 Ki az, aki imént elhaladt előttünk?

방대-하다 형 nagy tömegű, hatalmas mennyiségű; ~한 자료 nagy tömegű anyag; ~한 정보 hatalmas mennyiségű információ

방도 명 módszer, mód; ~를 찾다 módszert keres; 어찌할 ~를 모르다 nem tudja, mit csináljon

방랑벽 명 kóbor hajlam

방랑자 명 vándor, vándorló; 진정한 ~ valódi vándor; ~의 노래 a vándor éneke

방랑-하다 동 vándorol, bejár; ~ 명 vándorlás; vándorút; 세상을 ~하다 bejárja a világot; ~길에 오르다 vándorútra indul / kel

방류-하다 동 kifolyat; 그들은 수문을 열고 물을 ~했다 Kinyitotta a zsilipkaput és kifolyatta a vizet.

방망이 명 furkósbot, bunkósbot; 요술 ~ varázsfurkósbot; ~ 모양의 bunkósbot alakú

방망이질 명 furkósbottal való ütés, bunkósbottal való ütés; ~을 하다 furkósbottal / bunkósbottal üt

방면 명 terület, tér; körzet, kerület; 문학 ~ irodalmi terület

방면-하다 동 elbocsát, elenged; ~ 명 elbocsátás, elengedés; 죄수를 ~하다 szabadon engedi a foglyát

방문 명 szobaajtó

방문객 명 látogató, vendég; ~을 만나다 látogatókat fogad

방문판매 명 házaló árusítás

방문-하다 동 látogat, meglátogat (vkit), elnéz (vkihez); ~ 명 látogatás, vizit; 공식 ~ hivatalos látogatás; ~(객)이 많은 nagy látogatottságú; 나는 후에 그를 ~하겠다 Később elnézek hozzá.

방바닥 명 padló; 맨 ~ a puszta padló; ~이 차다 Hideg a padló.

방범 명 bűnmegelőzés; ~대원 biztonsági őr, éjjeliőr; ~대책 bűnmegelőző intézkedések; ~대책을 세우다 bűnmegelőző intézkedéseket léptet életbe

방법 명 mód, módszer, eljárás; 가장 좋은 ~ a legjobb módszer; ~을 생각해 내다 módszert fejleszt ki

방법론 명 módszertan

방부제 명 tartósítószer; 식품 ~ élelmiszer-tartósítószer

방불-하다 동 hasonlóságot hordoz; ~하게 하다 emlékeztet valamire; 그 기동 훈련은 실전을 ~케 했다 A hadgyakorlatok valódi háborúra hasonlítottak.

방사선 명 sugárzás, radioaktív sugarak; ~에 노출되다 sugárzásnak van kitéve; ~ 치료를 받다 sugárkezelést kap

방사선과 명 röntgenosztály

방사선학 명 radiológia

방사성 명 radioaktivitás; ~ 낙진 radioaktív csapadék; ~ 동위 원소 radioaktív izotóp; ~ 물질 radioaktív anyag; ~ 원소 radioaktív elem; ~ 폐기물 radioaktív hulladék

방석 명 párna; ~에 앉다 párnára ül

방송국 명 adóállomás, rádióadó, tévéadó; 중앙 / 지방 ~ központi / helyi adó

방송-하다 동 ad (rádión, televízión); ~ 명 rádióadás, tévéadás; (라디오) ~을 듣다 hallgatja a rádióadást; ~ 중이다 élőben, adásban; 강연을 ~하다 rádióban közvetíti az előadást; ~ 기자 rádióriporter; 위성 ~ műholdas adás; 중계 ~ rádióközvetítés, televízió-közvetítés

방수-하다 동 vízállóvá tesz; ~의 vízálló, vízhatlan; ~처리하다 vízállóvá tesz

방식 명 mód, módszer, rendszer, külsőség; ~에 따르다 követi a bevett használati módot; 새로운 분류 ~ új osztályozási rendszer; 그 예식은 일정한 ~에 따라 거행되었다 A szertartást a megszokott külsőségek között tartották.

방심-하다 동 gondatlan, meggondolatlan, elővigyázatlan; ~ 명 gondatlanság, elővigyázatlanság; ~하여 oda nem figyelve; ~은 금물 A gondatlanság a legnagyobb ellenségünk.

방아쇠 명 ravasz; ~를 당기다 meghúzza

/ megrántja a ravaszt
방안 명 terv, elgondolás, mód; ~을 세우다 tervet vázol fel
방앗간 명 malom
방어-하다 동 megvéd, védekezik, megóv, megoltalmaz (vmitől / vmi ellen / vmivel szemben); ~ 명 védelem, védekezés, megvédés, oltalom; 공격에 대비한 ~ támadás elleni védekezés; ~에 나서다 védekező állást vesz fel; 타이틀을 ~하다 megvédi a címet; ~ 수단 védelmi intézkedések; ~ 태세를 갖추다 védelmi intézkedéseket hoz
방언 명 nyelvjárás, dialektus
방언학 명 dialektológia, nyelvjárástan
방언학자 명 dialektológus, nyelvjáráskutató
방역 명 járvány megelőzése, fertőzés megelőzése, fertőtlenítés, karantén; 콜레라가 발생했기 때문에 관계 당국은 즉각 ~ 조치를 취했다 Ahogy kitört a kolerajárvány, a hatóságok azon nyomban megelőző intézkedéseket hoztak.; ~을 하다 lépéseket tesz a járvány megelőzésére
방영-하다 동 sugároz, televízióban sugároz filmet; ~ 명 sugárzás; 지금 뉴스를 ~ 중이다 most híreket sugároznak
방울 명 ❶ csengő, csengettyű; ~ 소리 csengőhang; ~을 울리다 csengőt megszólaltat; 고양이 목에 ~을 달다 csengőt akaszt a macskára ❷ csepp; 눈물 ~ könnycsepp; 빗~ esőcsepp; 이슬 ~ harmatcsepp; 잉크 한 ~ tintacsepp; ~이 떨어지다 cseppekben hullik; 그 순간에 그녀는 눈물 한 ~도 흘리지 않았다 Abban a pillanatban egy könnycseppet sem hullajtott.
방위 명 irány; 나침반으로 ~를 정하다 megállapítja a helyzetét az iránytűvel
방위비 명 védelmi kiadások
방위산업 명 hadiipar; ~을 육성하다 fejleszti a hadiipart
방위-하다 동 véd, őriz; ~ 명 védelem; 정당 ~ jogos védelem; ~군 védelmi erők; 국경의 ~력을 증강하다 megerősíti a határvédelmet
방음실 명 hangszigetelt szoba
방음-하다 동 hangszigetel; ~ 명 hangszigetelés; 나는 ~된 방에서 매일 피아노를 연습한다 Minden nap egy hangszigetelt szobában gyakorolok a zongorán.
방지-하다 동 megelőz; véd; ~ 명 megelőzés, védelem; 범죄 ~ bűnmegelőzés; 소음 ~ zajvédelem; 화재 ~ tűzvédelem; 전쟁 ~에 노력하다 erőfeszítéseket tesz a háború megelőzése érdekében
방청석 명 nézőtér
방출-하다 동 kibocsát, sugároz; ~ 명 kibocsátás, sugárzás; 물건을 ~하다 áruba bocsát
방치-하다 동 elhanyagol, nem fordít figyelmet vmire; 어린이를 ~하다 elhanyagolja a gyereket; 병을 ~하다 elhanyagolja a betegséget
방침 명 irányvonal, terv, elv, cél; ~을 따르다 követi az irányvonalat; 당의 ~을 바꾸다 megváltoztatja a párt irányvonalát; ~을 세우다 megállapítja az irányvonalat, tervet körvonalaz
방탕-하다 형 kicsapongó; ~한 생활을 하다 kicsapongó / elzüllött életet él; ~한 생활을 그만두다 lemond a kicsapongó életről
방파제 명 hullámtörő; ~를 쌓다 hullám-

törőt épít

방패 명 pajzs; 인간 ~ élőpajzs; 법을 ~로 삼다 a törvényt pajzsként használják

방편 명 kisegítő eszköz, kibúvó, kiút, félmegoldás, fortély; 일시적 ~ pillanatnyi eszköz; ~을 쓰다, ~으로 하다 eszközként használ

방학 명 szünet, vakáció; 여름 ~ nyári szünet; 언제부터 봄~이냐 Mikor van a tavaszi szüneted?

방한 명 hideg elleni védelem; ~ 준비를 하다 védelmi intézkedést tesz a hideg ellen; ~용으로는 확실히 모피가 제일이다 a szőrme véd a legjobban a hideg ellen

ㅂ

방해물 명 akadály

방해-하다 동 zavar, akadályoz; ~ 명 megzavarás, akadályozás; 공부를 ~하다 zavarja a tanulást; 교통을 ~하다 zavarja a forgalmat; 영업을 ~하다 zavarja az üzlet menetét; 공무 집행을 ~하다 akadályozza a hivatalos eljárást

방향 명 irány; 같은/반대 ~으로 egyező/ellenkező irányban; ~을 바꾸다 irányt vált; ~을 잃다 elveszti az irányt; ~ 감각을 상실하다 elveszti az irányérzékét; 그의 말이 내 인생의 방향을 결정했다고 말할 수 있다 Mondhatom, hogy a szavai meghatározták az életem irányát.

방향제 명 illatosító szer, illatszer

방향지시기 명 index, irányjelző

방화범 명 gyújtogató

방화벽 명 tűzfal

방화시설 명 tűzvédelmi rendszer; ~을 갖추지 않은 건물 tűzvédelmi rendszer nélküli épület

방화-하다 동 gyújtogat, felgyújt; ~ 명 gyújtogatás; 그 화재는 ~에 의한 것 이었다 a tűzesetet / tűzvészt gyújtogatás okozta; 그는 ~ 혐의로 조사를 받았다 gyújtogatás gyanúja miatt kihallgatják; ~ 용의자 a gyújtogatás gyanúsítottja

방황-하다 동 vándorol, bóklászik; 이곳저곳을 ~하다 egyik helyről a másikra vándorol

밭 명 föld, szántóföld; ~을 갈다 műveli a földet; ~에 나가다 kimegy a földekre

배[1] 명 has; ~가 고프다 éhes; ~가 부르다 jóllakott; 임신해서 ~가 부르다 várandós; ~가 아프다 fáj a hasa; 다른 사람의 성공에 ~ 아파하다 féltékeny / irigy más sikerére; 그 형제는 ~가 다르다 ők féltestvérek; 한 ~에서 낳은 열 마리의 새끼 돼지 tíz kismalac egy alomból

배[2] 명 hajó, csónak; 미국 가는 ~ Amerikába tartó hajó; ~가 항구에 닿다 a hajó megérkezik a kikötőbe; ~를 젓다 evez

배[3] 명 körte

배[4] 명 kétszer, duplán; 값을 ~나 받다 kétszeres árat számol fel; 값의 ~를 치르다 az eredeti összeg kétszeresét fizeti; 3을 몇 ~하면 24가 되느냐 Hányszor 3 az 24?; 나는 받은 친절을 몇 ~로 갚을 것이다 Többszörösen is visszafizetem a kedvességedet.

배격-하다 동 visszautasít, elutasít; 테러리즘을 ~하다 elutasítja a terrorizmust; 외국 제품은 우리의 새 정책에 의해 ~당할 것이다 Az új politikánk értelmében a külföldi termékeket kiszorítjuk.

배경 명 háttér; ~ 음악 háttérzene; 정치적 ~ politikai háttér; 산을 ~으로 해서 사진을 찍다 hegyekkel a háttérben fényképez

배고프다 형 éhes; 배고프게 하다 éhezik; 어린이들을 배고프게 해서는 안 된다 a

gyermekek nem éhezhetnek

배고픔 명 éhség

배관공 명 vízvezeték-szerelő; ~공사 vízvezeték-szerelés

배구 명 röplabda; ~ 코트 röplabdapálya; ~ 선수 röplabdázó

배급-하다 동 ellát, terít; ~ 명 ellátás; 식량~이 줄었다 az élelmiszerellátást csökkentik; 생산물은 도매업자에 의해 소매상에게 ~된다 A nagykereskedők látják el termékekkel a kiskereskedőket.; 영화 ~ 회사 filmforgalmazó cég

배기가스 명 kipufogógáz; ~의 규제 a kipufogógáz szabályozása; ~에 의한 대기오염 a kipufogógázok által okozott légszennyezés

배기다[1] 동 szorít, nyom; 등이 ~ az ülés nyomja a hátam

배기다[2] 동 elbír; 나로서는 더 배겨낼 수 없다 nem bírom tovább

배기량 명 motor lökettérfogata; ~ 1,500cc의 차 1.500 köbcentis autó

배꼽 명 köldök

배꽃 명 körtevirág

배나무 명 körtefa

배낭 명 hátizsák; ~을 메다 / 벗다 felveszi / leveszi a hátizsákot; ~에 넣다 megpakolja a hátizsákot

배낭여행 명 hátizsákos turizmus

배다 동 ázik; beszívódik, beivódik, átitatódik; szokássá válik; 땀이 밴 옷을 입고 átizzadt ruhában; 땀이 셔츠에 ~ az inge úszik a nedvességben; 담배 냄새가 몸에 ~ a dohányszag beivódik a ruhába; 붕대에 피가 배었다 a kötés átitatódott vérrel; 일이 몸에 ~ szokásává / vérévé vált a munka

배달증명우편 명 ajánlott küldemény

배달-하다 동 kézbesít, leszállít, kihord; ~ 명 kézbesítés, leszállítás; 우유 / 신문을 ~하다 tejet / újságot kihord; 그 편지는 잘못 ~되었다 A levelet téves címre kézbesítették.; 우유 ~하는 사람 tejkihordó; 신문 ~하는 사람 újságkihordó

배당률 명 osztalékráta

배당-하다 동 eloszt, jutalékot oszt; ~ 명 osztalék, jutalék; 주식 ~ részvényosztalék; 그 주식의 ~은 5퍼센트이다 öt százalékos osztalékot fizetnek; 금년은 주식의 ~이 적다 Az idén nem sokat hoznak a részvények.; 특별 ~금 bónusz

배드민턴 명 tollaslabda

배란 명 peteérés, ovuláció; ~기 peteérési időszak; ~일 peteérési napok; ~ 촉진제 peteérést elősegítő gyógyszer

배려-하다 동 törődik vkivel, gondoskodik vkiről; ~ 명 törődés; 세심한 ~ gondos törődés; ~해 주셔서 감사합니다 hálás vagyok a törődéséért, köszönöm a törődését; 그는 남의 감정에 대한 ~가 없다 nem törődik mások érzelmeivel

배면 hátsó; ~ 공격 hátbatámadás

배반자 동 áruló, köpönyegforgató

배반-하다 동 elárul, elhagyja az ügyet; ~ 명 árulás; 친구를 ~하다 a barátai ellen fordul

배부르다 형 jóllakott, tele van a hasa; 배부르게 먹다 degeszre eszi magát

배분-하다 동 eloszt; ~ 명 osztás, porciózás; 그 돈은 그들에게 똑같이 ~되었다 a pénzt egyenlően osztották el köztük; 이익을 셋 / 둘이서 ~하다 elosztja a hasznot hármójuk / kettejük között

배상금 명 jóvátétel, kártérítési díj; ~을 지급하다 kártérítést fizet

배상-하다 동 megtéríti a kárt, visszafizet,

ㅂ

kártalanít, kárpótol vkit vmiért; ~ 명 kártérítés; ~을 요구하다 kártérítést követel; 손해를 ~하다 a veszteségeiért kártalanít; 손해 ~을 받기 위해 소송하다 kártérítésért perel

배설-하다 동 kiválaszt; ~ 명 kiválasztás, kiválasztódás; 신장은 신진대사로 인한 노폐물을 ~한다 A vesék kiválasztják az anyagcsere káros anyagait.; ~ 기관 kiválasztó szerv; ~물 kiválasztott anyag

배수 명 többszörös, többes; 9는 3의 ~이다 a kilenc a három többszöröse

배수공사 명 vízelvezetés

배수관 명 vízlevezető csatorna, vízleeresztő cső; 부엌의 ~ konyhai lefolyó

배수-하다 동 leszív, kiszárít; ~ 명 leszívás; 이 도랑은 ~가 잘 된다 az árok jól szívja le a vizet

배신자 명 áruló (hazáé), eláruló (titoké), elcsábító (nőé)

배신-하다 동 elárul, cserbenhagy, (barátot) elcsábít, hűtlenül elhagy; ~ 명 elárulás, cserbenhagyás, elhagyás; 믿었던 친구의 ~ 때문에 그는 사람들을 아주 불신하게 되었다 Egy bizalmas barát árulása okozta, hogy nem bízik az emberekben.

배역 명 kiosztott szerep; ~을 정하다 szerepet oszt a színészekre; ~을 바꾸다 megváltoztatja a szereposztást

배열-하다 동 sorrendbe tesz / állít; ABC 순으로 ~하다 ábécésorrendbe tesz; 그것들은 연대순으로 ~되어 있다 kronológiai rendbe vannak állítva

배영 명 hátúszás; ~ 선수 hátúszó

배우 명 színész; 인기 ~ népszerű színész, sztár; ~를 그만두다 visszavonul a színészi pályáról; 주연 ~ vezető színész

배우다 동 tanul; 그림을 ~ festészetet tanul; 바이올린을 ~ hegedülni tanul; 영어를 미국인에게서~ angolul tanul egy amerikaitól; 그의 글을 읽고 배운 점이 많다 Sokat tanultam az írásaiból.

배우자 명 hitves(társ), házastárs, feleség, férj; 적당한 ~를 고르다 megfelelő társat választ; 그는 좋은 ~를 얻었다 jó felesége / férje van

배웅-하다 동 elkísér, kikísér; 손님을 현관까지 ~하다 elkíséri a látogatót a küszöbig; 그는 아내의 ~을 받으며 김포공항을 떠났다 A gimpo reptérről szállt fel, miután a felesége kikísérte.

배임 명 hűtlen kezelés, hitszegés; ~죄로 기소되다 hűtlen kezeléssel vádolják

배정-하다 동 beoszt; ~ 명 beosztás; 방을 ~하다 szobába beoszt; 일을 ~하다 feladatra beoszt; 그는 자기에게 ~된 일을 마치기 위해 최선을 다했다 Mindent megtett, hogy elvégezze a rá osztott feladatot.

배제-하다 동 kizár; 회담에서 정치문제를 ~하다 kizárja a politikai kérdést a konferenciáról

배지 명 jelvény; 학교 ~ iskolai jelvény; ~를 달다 jelvényt visel

배짱 명 bátorság, vakmerőség; ~이 있다 bátor, vakmerő

배척-하다 동 kiközösít, kitaszít; ~ 명 kitaszítás, kiközösítés; ~당한 사람 kitaszított személy; 모두에게 ~당하다 mindenki által ki van közösítve

배추 명 kínai kelkáposzta

배출-하다 동 elbocsát, kibocsát; ~ 명 elbocsátás, kibocsátás; 가스를 ~하다 gázt bocsát ki; 노폐물을 체외로 ~하다 a káros anyagokat eltávolítja a szervezetből

배치-되다 동 ellentmond vminek; ~ 명 ellentétes; 완전히 사실과 ~되다 ellentmond a tényeknek; 새 시책은 종래의 방침에 ~되는 것이 아니다 Az új intézkedés nem mond ellent a szokásos irányvonalnak.

배치-하다 동 elrendez, elhelyez; ~ 명 elrendezés, elhelyezés; 정원석의 ~가 멋이 있다 A köveket ebben a kertben ízlésesen helyezték el.; 경찰이 길을 따라 ~되었다 Az út mentén rendőrök helyezkedtek el.; 이 방의 가구 ~는 좋다 A bútorok elhelyezése ebben a szobában jó.

배타적 (a másikat) kizáró, nem baráti, kirekesztő

배타주의 명 klikkesedés, klikkszellem

배탈 명 hasmenés; ~이 나다 hasmenése van, elrontja a gyomrát

배포-하다 동 kioszt, eloszt; ~ 명 kiosztás, elosztás; 통지서가 집집마다 ~되었다 az értesítést kiosztották minden háztartásnak; 그들은 행인들에게 전단을 ~했다 a gyalogosoknak szórólapot osztottak

배필 명 pár, házastárs; 천생 ~이다 jól összeillő pár

배합-하다 동 összekever, kombinál; ~ 명 kombináció, keverék; 색의 ~ színkombináció; 약의 ~을 잘못하다 hibát követ el a gyógyszer keverésében

배회-하다 동 kóborol, vándorol; 여기저기를 ~하다 egyik helyről a másikra vándorol; 그는 종종 길거리를 ~한다 gyakran kóborol az utcákon

배후 명 háttér; ~에서 조종하다 a háttérből irányít; ~를 조사하다 megvizsgálja a hátterét

백[1] száz; ~번 százszor; ~ 번째 századik; ~살 먹은 사람 százéves ember; 몇 ~ 명이나 되는 사람들 emberek százai; ~ 단위로 세다 százasával számol

백[2] fehér; ~포도주 fehérbor

백과사전 명 enciklopédia, lexikon

백내장 명 szemhályog

백년 명 évszázad; ~ 가약 életre szóló házassági kötelék; ~ 가약을 맺다 életre szóló köteléket köt

백마 명 fehér ló

백만 millió; ~ 분의 1 지도 egy a millióhoz méretarányú térkép; ~ 장자 milliomos

백발 명 ősz haj; 그는 완전히 ~이 되었다 teljesen megőszült; ~ 노인 ősz öregember

백사장 명 fehér homokos strand

백색 명 fehér szín; ~ 테러 fehérterror

백성 명 nép; 온 ~ az egész nép

백인 명 fehér ember; ~ 지상주의자 a fehér felsőbbrendűség híve

백자 명 fehér porcelán

백조 명 hattyú; ~의 노래 hattyúdal; ~ 의 호수 *A hattyúk tava*

백지 명 fehér papír, üres lap, tiszta lap; ~ 답안을 내다 üres lapot ad be; 지난 일은 모두 잊고 ~ 상태에서 시작해라 Felejtsd el a múltat és indulj tiszta lappal!

백혈병 명 leukémia, fehérvérűség

백호주의 명 a "Fehér Ausztrália" eszméje

백화점 명 áruház

밴드[1] 명 szalag

밴드[2] 명 zenekar

뱀 명 kígyó; ~의 허물 elhagyott / levedlett kígyóbőr; ~에 물려 죽다 kígyómarásba belehal

뱃사람 명 tengerész, matróz; 그는 ~이

되고 싶어한다 tengerész szeretne lenni
뱃전 명 hajóoldal; ~이 기울어지다 a hajó lejt az egyik oldalára
뱉다 동 kiköp, kihány, felköhög; 길에 침을 뱉지 마라 Ne köpködj az utcán!; 가래를 ~ váladékot köhög fel
버겁다 형 túl nagy, túl erős vkinek a képességeihez mérten; 버거운 상대 túl nagy ellenfél; 이것은 그에게 버거운 일이다 ez a munka meghaladja a képes- ségeit
버금 második, következő; 부산은 서울에 ~가는 도시이다 Buszán a második legnagyobb város Szöul után.
버드나무 명 fűzfa; ~의 늘어진 가지 a fűzfa lenyúló ágai
버릇 명 szokás; ~이 붙다 szokást vesz fel; 말을 되풀이하는 ~이 있다 szokása ismételni önmagát; ~이 없어지다 leszokik; ~을 고치다 leszokik vmiről; leszoktat vkit vmiről
버릇없다 형 neveletlen, faragatlan, elkényeztetett; 버릇없는 아이 elkényeztetett gyerek
버리다[1] 동 kidob, eldob, elhagy, elvet; 쓰레기를 ~ eldobja a szemetet; 낡은 생각을 ~ elveti a régi szokást; 남편을 ~ elhagyja a férjét; 과로로 건강을 ~ tönkreteszi az egészségét a túl sok munkával
-버리다[2]; 돈을 다 써~ elkölti a pénzt; 음식을 먹어~ megeszi az ételt; 잊어~ elfelejt; 장갑을 잃어 ~ elveszíti a kesztyűjét; 타~ elég; 다 읽어~ elolvas, végigolvas
버무리다 동 összekever; (양념에) ízesít
버섯 명 gomba; ~을 따다 gombát szed; ~ 구름 (핵폭발의) gombafelhő
버스 명 autóbusz; 장거리 ~ távolsági busz; 통근 ~ ingázó busz; 공항 ~ repülőtéri autóbusz; ~를 타다 felszáll az autóbuszra; ~에서 내리다 leszáll az autóbuszról; ~를 놓치다 lekési a buszt; 역에서 대학까지 15분마다 ~가 다닌다 Az egyetem és a megálló között a busz tizenöt percenként jár.; ~ 노선 busz útvonala
버젓-하다 형 tiszteletben áll vki/vmi, tiszteletnek örvend vki/vmi; ~한 직업 tiszteletnek örvendő munka; ~한 집안 köztiszteletben álló család
버터 명 vaj; ~ 바른 빵 vajas kenyér; 빵에 ~를 바르다 kenyeret vajaz, a kenyérre vajat ken
버튼 명 gomb ☞ **단추**
버티다 동 kitart vmi / vki mellett; elvisel, (el)tűr vmit / vkit; ellenszegül; őriz; 끝까지 ~ a végsőkig kitart; 그는 끝까지 모른다고 버티었다 Kitartott amellett, hogy nem volt tudomása róla.; 입구에는 경관이 버티고 있다 rendőr őrzi a bejáratot; 더 버티지를 못하다 nem tud tovább kitartani
벅차다 형 meghaladja az erejét, erején felül van vmi; 이 일은 나한테 ~ Ez a munka meghaladja az erőmet.; 그녀는 고마운 생각에 가슴이 벅찼다 A hála érzése öntötte el a szívét.
번개 명 villám; ~ 후에는 천둥이 친다 a villámot mennydörgés követi; ~ 같이 빠르다 villámgyors; 그 생각이 ~같이 스쳤다 Egy gondolat villant fel az agyában.
번거롭다 형 bonyolult; 번거로운 일 bonyolult ügyek; 번거로워하다 bonyolultnak találja a dolgot
번뇌 명 fájdalmom, gyötrelem, szenvedés; ~에 시달리다 fájdalom gyötri
번득이다 동 felcsillan, megcsillan, meg-

villan; 눈에 분노의 빛이 ~ a szemében megvillan a harag; 욕망으로 눈이 ~ a szemében felcsillan a vágy

번들거리다 동 얼굴이 땀으로 ~ Az arca izzadságtól fénylik.

번민-하다 동 aggódik, gyötrődik; ~ 명 gyötrődés, bánat; ~ 끝에 병이 나다 betegre aggódja magát; 사랑으로 ~하다 szerelmi bánata van

번성-하다 동 virágzik, virul; gyarapodik; 집안이 ~하다 a családja virágzik / virul

번식-하다 동 szaporodik; ~ 명 szaporodás; 세균의 ~ a baktérium szaporodása; 더운 곳에서는 박테리아가 ~하기 쉽다 A baktériumok gyorsan szaporodnak a melegben.

번역가 명 fordító

번역료 명 fordítói díj

번역-하다 동 fordít, lefordít; ~ 명 fordítás; 틀린 ~ hibás fordítás, félrefordítás; 시의 ~은 어렵다 a verset nehéz fordítani; 그의 소설은 여러 나라 언어로 ~되었다 A regényeit számos nyelvre lefordították.

번영 명 jólét; 공동 ~ közjólét

번지 명 házszám, lakcím; 이 편지는 ~수가 틀렸다 A levél címzésében a házszám téves.

번지다 동 elterjed, szétterjed; 잉크가 종이에 ~ A tinta szétterjed a papíron.; 불이 점점 번졌다 A lángok gyorsan terjedtek.; 그 소문은 삽시간에 온 마을에 번졌다 A szóbeszéd gyorsan elterjedt a faluban.; 작은 소동이 점점 심각한 사태로 번졌다 A kis zavargás végül komoly helyzetté vált.

번쩍 부 könnyedén, erőfeszítés nélkül; 큰 돌을 ~ 들어 올리다 könnyedén felemeli a nagy követ

번쩍이다 동 csillog; 대머리가 ~ csillog a kopasz feje

번쩍-하다 동 megvillan, megcsillan; 햇빛을 받아 거울이 ~했다 A tükör megvillant a fényben.

번호 명 szám; ~를 매기다 megszámoz, számot oszt; ~를 부르다 szólítják a számát; ~순으로 서다 szám szerinti sorrendbe tesz

벌[1] 명 méh; ~에 쏘이다 megcsípi a méh; ~떼 méhraj; ~의 침 méh fullánkja; ~집 méhkas

벌[2] 명 mező, puszta, síkság; 넓은 ~ kiterjedt síkság

벌[3] 명 büntetés; ~을 받다 büntetést kap; ~을 면하다 megússza / elkerüli a büntetést; 그런 짓하면 ~ 받는다 Ha így cselekszel, megbüntetnek.

벌거벗다 동 meztelenkedik

벌겋다 형 piros

벌금 명 (pénzbeli) büntetés, pénzbüntetés; ~ 오만원을 부과하다 ötvenezer vonra bünteti; ~ 오만원을 물다 kifizeti az ötvenezer vonos büntetést; ~ 정도로 그친 것이 다행이다 szerencsés, hogy pénzbüntetéssel megúszta

벌금형 명 pénzbüntetés

벌다 동 keres; megkeres; nyer; 돈을 ~ pénzt keres; 시간을 ~ időt nyer

벌떡 부 gyors mozdulattal; 의자에서 ~ 일어서다 felpattan a székből; ~ 나자빠지다 a hátára esik / csapódik

벌렁 부 ~ 드러눕다 a hátán fekszik; ~ 자빠지다 a hátára esik

벌레 명 bogár, rovar; féreg, kukac, pondró; ~ 먹은 사과 kukacos alma; ~ 소리 rovarzümmögés, bogárzümmögés; ~

가 먹다 megeszik a férgek; ~가 물다 meg- csíp a rovar; 가을이 되면 ~들이 울기 시작한다 ősszel a bogarak zsongani kezdenek

벌리다 동 kinyit, kitár; kinyújt; széttesz; 입을 ~ kinyitja a száját; 날개를 ~ kitárja a szárnyait; 다리를 ~ szétteszi a lábát; 팔을 ~ kitárja a karját

벌벌 부 ~ 떨다 reszket, fél; 해고당할까봐 ~ 떨다 fél, hogy kirúgják / elbocsátják; 놀라서 ~ 떨다 remeg a félelemtől; 그는 온몸을 ~ 떨고 있었다 Egész testében remegett.

벌써 부 már; ~ 열 두 시다 már tizenkét óra van; 준비는 ~ 다 되어 있다 Az előkészületeket már befejezték.; 내가 도착했을 때 그는 ~ 떠나고 없었다 Már elment, mielőtt én megérkeztem volna.

벌어지다 동 szélesedik, kipattan, eltávolodik; 틈이 ~ a szakadék szélesedik; (두 사람) 사이가 ~ eltávolodik egymástól; 밤이 벌어졌다 a gesztenyék kipattantak; 어깨가 떡 ~ széles vállú

벌이 명 kereset; ~가 좋다 jó keresete van

벌이다 동 megnyit, kezd, rendez; 새로운 사업을 ~ új vállalkozásba kezd; 잔치를 ~ fogadást ad; 파티를 ~ bulit rendez, estélyt ad

벌판 명 mező, puszta, föld ☞ 벌[2]

범[1] 명 tigris

-범[2] 명 bűn; bűnöző, tettes; 살인~ gyilkos; 방화~ gyújtogató; 파렴치~ hírhedt bűnöző; 전과 2~이다 már kétszer elítélték

범람-하다 동 megárad; ~ 명 áradás, árvíz; 큰비로 강이 ~했다 A folyó megáradt az esőzések következtében.; 강이 ~하여 온 마을이 물에 잠겼다 A folyó elárasztotta a falut.

범벅 명 zavaros, bonyolult ügy; ~이 되다 összezavarodik; 모든 것이 ~ 이 되었다 minden összezavarodott

범법 명 törvényszegés, törvénysértés; 그들이 하고 있는 것은 ~이 아니다 Amit csinálnak, az nem törvényellenes.; ~행위 illegális cselekedet, törvénysértő cselekedet

범법자 명 törvényszegő

범위 명 terjedelem, hatásterület, hatósugár, korlát; 예산 ~ 내에서 a költségvetésen belül; 내가 아는 ~에서는 amennyire én tudom; 지식의 ~를 넓히다 kiszélesíti a tudásának a határait / terjedelmét; 시험 ~는 10쪽에서 50쪽까지이다 A vizsga anyaga a tizedik oldaltól az ötvenedikig terjed.

범인 명 bűnöző; ~을 은닉하다 bűnözőt rejteget; ~을 쫓다 bűnözőt üldöz; ~이 자수하다 a bűnöző feladja magát; ~은 현장에서 체포되었다 A bűnözőt letartóztatták a tetthelyen.

범죄 명 bűncselekmény; ~의 현장 a bűncselekmény helyszíne; ~의 예방 bűnmegelőzés; ~를 저지르다 bűnt követ el; 음주 운전은 ~행위이다 Az ittas vezetés bűncselekmény.; ~ 수사 bűnügyi vizsgálat; ~ 용의자 gyanúsított; ~ 유형 a bűncselekmény típusa

범죄자 명 bűnöző, bűnelkövető, bűnös

범주 명 kategória, osztály; ~에 넣다 kategorizál

범-하다 동 elkövet vmit; 과오를 ~하다 hibát követ el; 흔히들 벌이 무서워서 죄를 ~하지 않는다 Sok embert a büntetés riaszt vissza a bűn elkövetésétől.

범행 명 bűncselekmény; bűntett; vétség;

끔찍한 ~ szörnyű bűncselekmény; ~을 부인하다 tagadja a bűncselekményt; ~ 시간 a bűntett időpontja; 형사들은 ~ 현장으로 급히 달려갔다 A nyomozók a bűncselekmény helyszínére siettek.

법 명 ❶ törvény, szabály; ~에 맞다 törvényes, legális; ~에 어긋나다 a törvény ellen van, törvényellenes; ~에 따라 처리하다 törvény elé állít vkit; ~을 고치다 módosítja a törvényt; ~을 마련하다 előkészít egy törvényt; ~을 시행하다 végrehajtja a törvényt; ~ 앞에서는 만인이 평등하다 a törvény előtt mindenki egyenlő ❷ mód; 요리~을 가르치다 tanítja, hogyan kell főzni; 직설~ kijelentő mód; 가정~ feltételes mód

법과 명 jogi kar; ~를 나오다 jogot végez; ~ 대학 jogi egyetem

법관 명 jogász, jogi tisztviselő

법규 명 törvények és jogszabályok; 현행 ~ érvényben lévő törvények; ~에 따라 처벌하다 törvény szerint bünteti; 교통~는 꼭 지켜야 한다 Tiszteletben kell tartanod a közlekedési szabályokat!

법당 명 buddhista templom

법도 명 törvény; etikett; ~를 어기다 megszegi a törvényt; 그렇게 하면 ~에 어긋난다 Ha így tesz, törvénysértést követ el.

법령 명 törvény; ~에 의하여 규정되어 있다 meg van szabva a törvényben

법률 명 törvény; ~이 인정하는 törvényes; ~에 어긋나는 törvényellenes; ~을 제정하다 törvényt hoz / alkot; 한국에서는 ~에 의해 문화재를 보호한다 Koreában törvények védik a kulturális javakat

법률가 명 jogász

법률고문 명 jogi tanácsadó

법률사무소 명 ügyvédi iroda

법률상담 명 jogi tanács; ~을 해주다 jogi tanácsot ad

법무부 명 igazságügyi minisztérium

법석 명 hűhó, zaj; ~을 떨다 zajt kelt; 시시한 일로 ~을 떨다 Semmiségek miatt nagy hűhót csap. Sok hűhó semmiért.

법안 명 törvénytervezet; ~을 제출하다 törvénytervezetet benyújt

법원 명 bíróság, törvényszék; ~에 출두하다 megjelenik a bíróságon

법인 명 jogi személy; 재단 ~ alapítvány mint jogi személy

법인세 명 cégadó, társasági adó

법적 jogi; ~ 근거 jogi alap; ~ 조처를 취하다 jogi lépéseket tesz; 그에게는 ~ 책임이 없다 jogilag nem felelős; 그것은 ~으로 인정되어 있다 jogilag elismert; ~ 하자 jogi mulasztás, jogi hiba

법정 명 ❶ bíróság; 사건을 ~으로 끌고 가다 bíróságra viszi az ügyet; 죄인을 ~으로 끌어내다 bíróság elé idézi a bűnöst / tettest; 그 증인은 ~에 출두하지 않았다 a tanú nem jelent meg a bíróságon ❷ jogi irányítás alatt; ~ 대리인 jogi képviselő; ~ 상속인 jogos örökös; ~ 최고형 a törvény alapján kiszabható legnagyobb büntetés

법조계 명 jogi körök, jogászvilág

법치국가 명 alkotmányos állam

법치주의 명 legalizmus

법칙 명 törvény; 자연의 ~ a természet törvénye; 운동의 ~ a mozgás törvénye; 물가는 수요와 공급의 ~에 따른다 Az árak a kereslet és kínálat törvényét követik.

법-하다 형 valószínű, lehet; 그가 올 ~한데 lehet, hogy jön; 비가 올 ~도 하다 lehet, hogy esni fog

법학 명 jog, jogtudomány; ~을 배우다 jogot tanul; ~ 박사 jogász doktor

법학도 명 joghallgató

벗 명 barát, társ; 오랜 ~ régi barát; 진실한 ~ igazi barát, hű barát

벗기다 동 ❶ 옷을 ~ levetkőztet vkit, leveszi vkinek a ruháját ❷ meghámoz, lehánt; 사과 껍질을 ~ almát (meg)hámoz; 나무껍질을 ~ lehántja a fakérget ❸ eltávolít vmit; 녹을 ~ eltávolítja a rozsdát; 담요를 ~ lerántja / lehúzza a takarót; 때를 ~ levakarja a sarat, eltávolítja a piszkot; 가면을 ~ lerántja az álarcot / a maszkot; leleplez vkit, lerántja a leplet vmiről / vkiről

벗다 동 levetkőzik, levesz vmit, levet vmit; tisztáz; 모자를 ~ leveszi a kalapját; 가면을 ~ leveszi az álarcát; 옷을 ~ levetkőzik; 웃통을 벗고 일하다 meztelen felsőtesttel dolgozik; 누명을 ~ tisztázza a nevét; 혐의를 ~ tisztázza a vádakat; 어린 티를 ~ kinő a gyerekkorból

벗어나다 동 megszabadul, kiszabadul, kiesik vki kegyeiből, eltér, eltéved, letér; 가난에서 ~ megszabadul a szegénységtől; 빚에서 ~ kiszabadul az adósság csapdájából; 악습에서 ~ megszabadul a rossz szokásaitól; 재정 위기를 ~ kikeveredik a pénzügyi válságból; 이야기가 주제에서 ~ eltér a tárgytól; 위성이 지구 궤도를 벗어났다 a műhold letért a pályájáról

벙벙-하다 형 elámul; 놀라서 어안이 ~하다 az ámulattól szólni sem tud; 그의 어리석음에 어안이 ~하다 elámul a férfi ostobaságán

벙어리 명 süket; süketnéma; ~ 시늉을 하다 süketnek tetteti magát

벚꽃 명 cseresznyevirág

베 명 lenvászon, gyolcs; ~를 짜다 lenvásznat sző

베개 명 párna; ~를 베다 párnára hajtja a fejét; 팔~를 베다 a kezére hajtja a fejét

베갯잇 명 párnahuzat

베끼다 동 másol; 노트를 ~ jegyzeteket másol

베다[1] 동 베개를 ~ párnára hajtja a fejét

베다[2] 동 vág, levág, kivág, lefűrészel, learat; 나무를 ~ kivág egy fát; 칼에 손가락을 ~ megvágja az ujját egy késsel

베란다 명 erkély

베스트셀러 명 bestseller, a legnagyobb könyvsiker, közönségsiker (könyv), kasszasiker

베이다 동 megvágja magát; 칼에 손가락을 ~ megvágja az ujját késsel

베이컨 명 szalonna

베풀다 동 jótékonykodik, ajándékba ad; 잔치를 ~ ünnepséget rendez; 떠나기에 앞서 그녀는 큰 연회를 베풀었다 indulása előtt nagy fogadást adott; 그는 가난한 사람들에게 자선을 베풀었다 alamizsnát ad a szegényeknek

벨기에 명 Belgium; ~의 belga; ~ 사람 a belga (ember)

벤치 명 pad, kispad; 선수를 ~ 로 불러들이다 a kispadra ülteti a játékost

벼 명 rizs (mint növény); 논에 ~를 심다 rizst ültet (a rizsföldön); ~를 베다 rizst csépel; ~가 잘 자라고 있다 a rizs szépen növekszik

벼농사 명 rizstermesztés; ~ 하다 rizstermesztéssel foglalkozik

벼락 명 villámlás; mennydörgés; ~같은 소리를 지르다 mennydörgő hangon mondja; ~이 떨어지다 villám sújtja

벼랑 명 meredek hegyoldal, szakadék, szirt, szikla; ~끝 a szakadék széle; ~을 기어오르다 a meredek hegyoldalon mászik felfelé; 자동차가 ~에서 바다로 떨어졌다 Az autó a szakadék széléről a tengerbe zuhant.

벼룩시장 명 bolhapiac, zsibvásár

벼르다 동 tervez, szándékozik; 우리는 세계 일주를 벼르고 있다 világ körüli utat tervezünk, világ körüli útra szándékozunk menni

벼슬 명 kormányzati pozíció; ~이 높다 magas kormányzati pozícióban van

벽 명 fal; ~을 칠하다 fehérre festi a falat; ~에 그림을 걸다 képet tesz a falra; ~에 기대다 a falnak támaszkodik / dől

벽난로 명 kandalló

벽돌 명 tégla; 붉은 ~ vörös tégla; ~을 쌓다 téglát rak

벽돌집 명 téglaház

벽면 명 a fal felszíne

벽시계 명 falióra

벽지 명 tapéta; ~를 바르다 (ki)tapétázik

벽화 명 falfestmény, freskó; 고분의 ~ ősi sírkamrafestmények

변[1] 명 széklet; 묽은 ~ puha széklet; ~검사 székletvizsgálat; ~검사를 하다 székletvizsgálatot végez, megvizsgálja vki székletét; ~을 보다 székel

변[2] 명 (수학) oldal; 삼각형의 세 ~ a háromszög oldalai; 정사각형의 네 ~의 길이는 같다 a négyzet oldalai egyformák

변[3] 명 szerencsétlenség, baleset; ~을 당하다 baleset történt vkivel; 무슨 ~이 났나 Mi történhetett?; 이런 ~을 봤나 Nem gondoltam, hogy ilyesmi megtörténhet.

변경-하다 동 megváltoztat, módosít; ~ 명 változtatás, változás, módosítás; 외교 정책의 ~ külpolitikai változás; 항로의 ~ irányváltozás; 날짜를 ~하다 megváltoztatja az időpontot, időpontot módosít

변기 명 WC-csésze; bili; kacsa

변덕스럽다 형 változékony, szeszélyes; 변덕스러운 성격의 사람 változékony természetű ember; 변덕스런 날씨 változékony időjárás; 변덕스런 사람과는 함께 일하기 힘들다 Szeszélyes emberrel nehéz együtt dolgozni.

변동 명 változás, ingadozás; 물가의 ~ árváltozás; ~(이) 없는 változatlan; 채소는 다른 식품에 비해서 가격 ~이 심하다 Más élelmiszerekhez képest a zöldségárak ingadoznak a leginkább.; ~ 환율 lebegő árfolyam, ármozgási ráta

변두리 명 külváros; 서울 ~ Szöul külvárosa; ~에 살다 külvárosban él

변명-하다 동 védekezik, igazolja magát, mentegetőzik, magyarázkodik; ~ 명 kifogás, magyarázat, védekezés, mentegetőzés; 그런 ~은 통하지 않는다 Elfogadhatatlan a mentegetőzése.

변모-하다 동 átalakul, másképp néz ki; ~ 명 átalakulás, változás; 완전히 ~하다 teljes átalakuláson megy át, teljesen átalakul

변변히 부 eléggé, megfelelően; 며칠 동안 ~ 먹지도 못했다 Alig ettem valamit az elmúlt napokban.; 간밤에 ~ 잠도 못잤다 Elég rosszul aludtam az éjjel.

변비 명 székrekedés; 만성 ~ krónikus székrekedés; ~에 걸리다 székrekedése van

변소 명 WC, vécé, illemhely, mosdó,

mellékhelyiség; 공중 ~ nyilvános illemhely; 수세식 ~ lehúzós WC, vízöblítéses vécé, angolvécé; ~에 가다 vécére megy, kimegy a mosdóba

변수 명 (수학) függvény, folyamatosan változó mennyiség

변신-하다 동 vmivé változik; 동화에서는 동물이 흔히 인간으로 ~한다 A mesékben az állatok gyakran emberré változnak.

변조-하다 동 hamisít; ~ 명 hamisítás; 1000 포린트짜리 지폐를 ~하다 ezerforintost hamisít; 공문서를 ~하다 hivatalos iratokat hamisít

변증법 명 dialektika

변증법적 dialektikus

변질 명 minőségromlás

변질-되다 동 megromlik; 더운 날씨에는 식품이 ~되기 쉽다 Az étel a melegben gyorsan / hamar megromlik.; ~된 화장품을 쓰는 것은 위험하다 Veszélyes megromlott kozmetikumot használni.

변천-하다 동 változik; ~ 명 változás; 시대의 ~ az idők változása; 사회의 ~ társadalmi változások

변칙적 rendhagyó, szabálytalan; ~인 방법 rendhagyó módszer

변-하다 동 megváltozik; 마음이 ~하다 megváltozik a véleménye; 얼굴빛이 ~하다 megváltozik az arc színe; 전혀 딴 사람으로 ~하다 Teljesen más ember lett.

변함없이 부 változatlanul, mint mindig

변혁 명 változás, megújulás; 기술상의 ~ technikai megújulás; 급속한 산업화에 따르는 광범위한 사회 ~ a gyors iparosításból eredő széles körű társadalmi változások; 컴퓨터의 출현은 우리 사회에 급격한 ~을 가져왔다 A számítógépek megjelenése döntő változásokat eredményezett társadalmunkban.

변형 명 átalakulás, metamorfózis; 알아볼 수 없을 정도로 ~되다 felismerhetetlenné alakul át

변형문법 명 transzformációs nyelvtan

변호인 명 ügyvéd; ~측 증인 a védelem tanúja

변호사 명 ügyvéd; ~가 되다 ügyvéd lesz; ~를 개업하다 ügyvédi irodát nyit; ~에게 사건을 의뢰하다 ügyvédre bízza az ügyet; ~ 사무소 ügyvédi iroda; ~ 수임료 ügyvédi munkadíj; 고문 ~ jogtanácsos

변호-하다 동 véd, igazol; védekezik; ~ 명 védekezés, védelem; 자기 ~ önigazolás; ~를 의뢰하다 ügyvédet fogad; 사건의 ~를 변호사에게 의뢰하는 것이 낫다 Saját érdekében jobb lenne ügyvédet fogadnia.

변화-하다 동 megváltozik, átalakul; ~ 명 változás, átalakulás, átváltozás; 온도의 ~ hőmérsékletváltozás; 풍향의 ~ szélirányváltozás; ~를 일으키다 változásokat okoz; ~가 없다 változatlan marad; 정세가 서서히 ~하다 a helyzet fokozatosan változik; 이 도시는 지난 10년 동안에 많이 ~했다 Ez a város sokat változott az elmúlt tíz évben.

변환기 명 (전기) konverter, átalakító

변환-하다 동 változik, átalakul; ~ 명 változás, átalakulás; ~이 가능한 változtatható

별 명 csillag; ~빛 csillagfény; ~이 총총한 하늘 csillagos ég; 하늘에 반짝이는 ~ az ég fénylő csillagai; ~을 달다 tábornokká léptetik elő

별개 명 másik; ~의 문제 másik kérdés; 이것과 그것과는 (전연) ~의 것이다 ez az egyik, az a másik dolog; 자네가 말하는 것은 ~의 문제야 Amiről te beszélsz, az egy másik probléma.

별거-하다 동 külön él a házastársától; 코바치 부부는 지금 ~중이다 Kovács és a felesége jelenleg külön élnek.

별것 명 különösség, különböző dolgok

별나다 형 furcsa, excentrikus, bizarr; 별난 취미 bizarr ízlés; 그는 좀 ~ ő egy kicsit furcsa

별다르다 형 egyéb, különleges; 별다른 일 없이 학교를 빠지다 minden különös ok nélkül hiányzik az iskolából; 별다른 일 없으면 놀러 오십시오 Látogasson meg, ha nincs semmi egyéb dolga!

별도 명 külön; 방을 ~로 잡아두다 külön szobát foglal; 5만원의 ~ 수입이 있다 ötvenezer von külön bevétele van; 더 좋은 좌석을 원한다면 ~로 돈을 내야 한다 Külön kell fizetnie, ha jobb helyet szeretne.

별로 부 nem különösen; ~ 좋지 않다 nem különösen jó; ~ 춥지 않다 nem különösen hideg; ~ 할 말도 없다 nincs különösebb mondanivalóm; 나는 멜론을 ~ 좋아하지 않는다 nem különösebben szeretem a dinnyét

별명 명 más név, álnév; becenév; gúnynév; ~을 붙이다 becenevet ad; ~으로 부르다 becenéven szólít vkit

별별 különböző és szokatlan fajták; ~ 경험 különböző tapasztalatok; ~ 음식 különböző ritka ételek; ~ 수단을 다 쓰다 különböző módszerekkel próbálkozik

별빛 명 csillagfény; ~을 받으며 csillagfényben; ~이 밝다 a csillagok fényesen ragyognak

별수 명 más megoldás, más választás; 그를 해고하는 수밖에 ~ 없다 Nincs más választásunk, mint elbocsátani.

별안간 부 hirtelen, váratlanul; ~ 죽다 váratlanul meghal; ~ 환해지다 hirtelen világossá válik; ~ 날씨가 변했다 Az idő hirtelen megváltozott.

별일 명 különleges / furcsa / nevetséges dolog; ~ 없으면 ha nincs különösebb dolga; ~ 다 보겠네 Nevetséges!

별자리 명 csillagkép; 오리온 ~ az Orion csillagkép

별장 명 villa; lak, nyaraló; 여름의 ~ nyári lak, nyaraló; 해변의 ~ tengerparti villa

별장지기 명 villagondnok

별천지 명 másvilág, másik világ

볏짚 명 rizsszalma; ~을 단으로 묶다 rizsszalmát kévébe kötöz; ~으로 지붕을 이다 szalmatetőt épít

병[1] 명 üveg, palack; ~을 비우다 kiüríti az üveget; ~에 채우다 megtölti a palackot

병[2] 명 betegség, kór, baj; 중~ súlyos / komoly betegség; 불치의 ~ halálos betegség; ~에 걸리다 megbetegszik; ~문안을 가다 beteglátogatóba megy; ~이 낫다 meggyógyul; 과로로 ~이 나다 betegre dolgozza magát; ~으로 결근하다 betegség miatt hiányzik (a munkából); ~으로 죽다 betegségben meghal, belehal vmilyen betegségbe; ~을 고치다 betegséget meggyógyít; ~을 예방하다 betegséget megelőz; ~을 옮기다 megfertőz a betegségével vkit

병과 명 fegyvernem, haderőnem; 보병 ~ gyalogság; 포병 ~ tüzérség

병기 명 fegyver, fegyverzet; 재래식 ~ hagyományos fegyverek

병들다 동 megbetegszik

병력[1] 명 fegyveres erő, haderő; 100 만의 ~ egymilliós létszámú fegyveres erő; ~을 감축하다 csökkenti a fegyveres erőket; 그들은 계속해서 ~을 증가시키고 있다 folyamatosan növeli a katonai erejüket / haderőt

병력[2] 명 kórtörténet; 환자의 ~ a beteg kórtörténete; ~을 조사하다 megnézi a kórtörténetet

병리학 명 patológia, kórbonctan

병명 명 a betegség neve; ~을 알아내다 diagnosztizál egy betegséget; 의사가 ~을 밝히지 못하다 az orvos nem tudja diagnosztizálni (a betegséget)

ㅂ

병사 명 katona, közlegény

병사-하다 동 betegségben meghal, belehal vmilyen betegségbe

병상 명 betegágy; 그녀는 ~에 누워 있다 betegen fekszik; ~ 일지 kórlap

병석 명 betegágy; ~에서 일어나다 felkel a betegágyból

병신 명 buta, ostoba, semmirekellő, hülye; ~같은 짓을 하다 hülyét csinál magából

병실 명 kórterem; gyengélkedő; betegszoba

병아리 명 csibe

병역 명 katonai szolgálat; ~을 필한 자 vki, aki teljesítette a katonai szolgálatát, katonaviselt egyén; ~을 기피하다 megússza a katonai szolgálatot, kibújik a katonai szolgálat alól; ~ 기피자 lógós (aki kibújik a katonai szolgálat alól); ~ 면제 felmentés a katonai szolgálat alól; ~ 미필자 nem katonaviselt ember / egyén; ~ 의무 kötelező katonai szolgálat, szolgálati kötelezettség

병역법 명 a katonai szolgálatra vonatkozó törvény

병원 명 kórház, klinika; 소아과 ~ gyermekkórház; 정신 ~ elmegyógyintézet; ~에 입원하다 kórházba kerül; 그녀는 구급차로 ~에 실려갔다 mentő vitte a kórházba

병원차 명 mentő, mentőautó

병적 morbid, beteges; ~으로 betegesen; ~으로 좋아하다 betegesen vonzódik vmihez

병폐 명 gonosz, rossz; 사회적 ~ társadalmi rossz

병풍 명 spanyolfal, paraván; 여섯 폭 ~ hatrészes spanyolfal; ~을 치다 spanyolfalat felállít

병행-하다 동 párhuzamosan folytat; 두 가지 조사를 ~하다 két nyomozást folytat párhuzamosan

볕 명 napfény; ~이 잘 드는 napos; ~에 말리다 napon szárít; 이 방은 ~이 잘 든다 ez a szoba sok napot kap, ez a szoba napfényes / világos

보강-하다 동 erősít; ~ 명 erősítés; 멤버를 늘려서 팀을 ~하다 létszámnöveléssel erősítik a csapatot; 이 교량은 ~이 필요하다 a hidat meg kell erősíteni

보건 명 egészségügy; 세계 ~기구 Egészségügyi Világszervezet (WHO)

보건소 명 egészségügyi központ

보고 명 kincstár, tárház; 지식의 ~ tudástár; 바다는 천연 자원의 ~이다 A tenger a természeti erőforrások tárháza.

보고서 명 írott jelentés, feljegyzés; 연차 ~ éves jelentés; 최종 ~ zárójelentés; ~를 쓰다 jelentést ír

보고-하다 동 jelentést tesz; ~ 명 jelentés; 자세히 ~하다 részletes jelentést tesz; 나는 그 일에 관해 아무런 ~도 받지 못했다

Nem kaptam jelentést arról az ügyről.

보관료 명 letéti díj, őrzési díj

보관증 명 letéti bizonylat, ruhatári jegy

보관-하다 동 megőriz ; ~ 명 megőrzés, letét; ~되어 있다 letétben van; 영수증을 ~하다 megőrzi a számlát; 그가 가지러 올 때까지 짐은 내가 ~하지요 Én őrzöm a poggyászt, amíg nem jön érte.

보금자리 명 fészek, otthon; ~를 만들다 fészket rak; ~를 떠나다 elhagyja a fészket

보급소 명 terjesztő ügynökség

보급-하다 동 ❶ elterjeszt, népszerűsít; 새로운 방법을 ~하다 elterjeszti az új módszert; 텔레비전이 거의 각 가정에 ~되었다 A televízió majdnem minden családban / otthonban megtalálható. ❷ ellát vmivel, utánpótlást biztosít vkinek; ~이 끊어지다 az utánpótlás megszakadt; 충분한 식량의 ~ megfelelő élelmiszerellátás

보기 명 példa, minta; ~를 들다 példát felhoz

보내다 동 ❶ küld, továbbít, elküld, elenged; 소포를 ~ csomagot küld; 그의 집으로 차를 ~ kocsit küld a házához; 답장을 ~ válaszol a levélre; 사람을 ~ vkit elküld vhova; 의사를 부르러 ~ orvosért küld; 학교에 ~ iskolába küld vkit ❷ 시간을 ~ időt tölt; 빈둥거리며 시간을 ~ semmittevéssel tölti az idejét; 그는 독서로 하루를 보냈다 az egész napját olvasással töltötte; 죽을 때까지 즐겁게 ~ boldogan él, amíg meg nem hal; 버스 한 대를 그냥 ~ elengedi a buszt

보너스 명 bónusz, jutalom

보다[1] 동 néz, lát, pillant, tekint; 보시는 바와 같이 ahogy látja; 언뜻 보기에 első pillantásra; 거울을 ~ tükörben nézi magát; 뚫어지게 ~ bámul; 슬쩍 (훔쳐) ~ lopva rápillant / ránéz / rátekint; 무심코 시계를 ~ időnként az órájára pillant / néz; 의심스러운 눈으로 ~ furcsán néz vkit; 잘 ~ jól megnézi; 어디 보자 Hadd lássam!; 그를 어디서 본 듯하다 Mintha már láttam volna valahol.; 그것은 보면 볼수록 아름답다 Minél többet nézem, annál szebbnek látom.; 나는 그렇게 보지 않는다 Én nem így látom.; 영화를 ~ filmet néz; 사무를 ~ üzletet folytat; 아이를 ~ gyermeket ápol / gondoz; 내가 없는 사이에 가게 잘 보아라 Figyelj a boltra, amíg távol vagyok!; 서류를 ~ megvizsgálja az iratokat; (의사가) 환자를 ~ megvizsgálja a beteget; 손해를 ~ kárt szenved; 이익을 ~ hasznot hoz; 시험을 ~ vizsgázik; 소변을 ~ vizel; 자식을 ~ gyereke lesz, gyereket vár; 내가 보기에 그 회사는 믿을 만하다 szerintem a cég megbízható; 손금을 ~ tenyérből jósol; 사회를 ~ elnököl

보다[2] 동 (조동사) úgy tűnik, azt hiszem; 비가 오는가 ~ úgy tűnik, esik; 그는 벌써 왔는가 ~ azt hiszem, már itt van / megjött

보다[3] 동 (조동사) megpróbál, felpróbál; 구두를 신어 ~ cipőt felpróbál; 모자를 써 ~ felpróbálja az új kalapot; 한국 음식을 먹어 ~ megkóstolja / kipróbálja a koreai ételeket

보다[4] (접속사) mint; 이 기차가 저 기차~ 빠르다 Ez a vonat gyorsabb a másiknál. Ez a vonat gyorsabb, mint a másik.; 그는 내가 생각했던 것~ 키가 컸다 Magasabb, mint gondoltam.; 난 그~ 세 살 어리다 három évvel fiatalabb vagyok nála / mint ő.

보답-하다 동 viszonoz; ~ 명 viszonzás; 친절에 ~하다 viszonozza a szívességet

보도 명 járda; 횡단 ~ gyalogos átkelőhely, zebra

보도-하다 동 hírt ad, jelent, tudósít; ~ 명 hír, értesítés, tudósítás; 잘못된 ~를 하다 téves hírt ad; 오늘 신문 ~에 의하면 일본에 대지진이 있었다고 한다 a mai hírek japán földrengésről tudósítanak; ~ 사진 hírfotó; 신문 ~ újsághír

보따리 명 csomag; ~를 싸다 csomagol; ~를 풀다 kipakol

보라색 명 lila szín

보람 명 elégedettség, eredmény feletti elégedettség; 노력한 ~이 없었다 Az erőfeszítései nem jártak eredménnyel.; 공부한 ~이 있었다 A tanulás eredményeket hozott.; 사는 ~을 느끼다 megtalálja az élet értékét / értelmét

보랏빛 명 lila

보루 명 erőd, vár; ~를 구축하다 várat megerősít; erődöt épít

보류-하다 동 halaszt, elodáz, elnapol, eltol, áttesz; ~ 명 halasztás; 다음 회의까지 결정을 ~하다 a döntést a következő értekezletre halasztja, a döntést a következő értekezletig elodázza

보름 명 tizenötödike, két hét; 정월 ~ január tizenötödike; ~ 안에 két hét múlva

보름달 명 telihold

보리 명 árpa

보리차 명 árpatea

보모 명 nővér; nevelő; 유치원 ~ óvónő

보물 명 kincs, érték; ~ 찾기 kincsvadászat

보물섬 명 kincses sziget

보배 명 ékszer, kincs; 어린이는 나라의 ~이다 a gyermekek az ország kincsei

보병 명 gyalogság; ~ 부대 gyalogsági egység / csapat; ~ 학교 gyalogsági akadémia

보복-하다 동 bosszút áll; ~ 명 bosszú; ~의 기회를 노리다 keresi a bosszúállás lehetőségét; 똑같은 수법으로 ~하다 szemet szemért, fogat fogért

보부상 명 házaló

보살 명 ❶ buddhista szent, bódhiszattva ❷ idős, mások által tisztelt buddhista nő

보살피다 동 ápol, támogat, gondoz; 환자를 ~ beteget ápol / gondoz; 그는 나를 친형제처럼 보살펴 준다 testvérként támogat

보살핌 명 gondozás, gondoskodás; 부모의 ~ 속에 성장하다 A szülői gondoskodás jóvoltából felnőnek a gyermekek.

보상금 명 kárpótlás (pénzbeli)

보상-하다 동 kárpótol; ~ 명 kárpótlás; 상해에 대한 ~으로 a sérüléséért kárpótlásul; ~을 요구하다 kárpótlást követel; 그는 나의 손해를 ~하기로 약속했다 Megígérte, hogy kárpótol a veszteségemért.

보석 명 drágakő; ékszer; ~ 반지 kövekkel díszített gyűrű; ~ 상자 ékszerdoboz

보석상 명 ékszerész

보석-하다 동 óvadék ellenében kiengedik; ~ 명 óvadék; ~을 허가하다 óvadékot engedélyez; ~ 보증금을 내다 óvadékot tesz le

보수 명 jutalom, díj, fizetség; 그들은 노력에 대한 좋은 ~를 받는다 nagy jutalmat kapnak erőfeszítésükért

보수적 konzervatív, maradi, ódivatú; ~ 정당 konzervatív párt; ~ 진영 konzervatív tábor

보수주의 명 konzervativizmus, maradiság

보수-하다 동 felújít, tataroz; ~ 명 felújítás, tatarozás; ~ 공사 felújítási munkálatok; 공장의 일부를 ~했다 a gyár egy részét felújították; 부엌은 ~가 필요하다 a konyha felújításra szorul / felújítást igényel

보안 명 biztonság, közrend megőrzése; ~상의 위험 biztonsági kockázat

보안등 명 biztonsági fény / lámpa

보안법 명 biztonsági törvény; 국가 ~ nemzetbiztonsági törvény

보약 명 erősítőszer

보얗다 형 tejfehér, gyöngyfehér; 살결이 ~ tejfehér a bőre

보온병 명 termosz, hőpalack; 이 ~은 보온이 잘 된다 ez a termosz sokáig tartja a meleget

보온-하다 명 melegen tart; ~ 명 hőszigetelés

보완-하다 동 kiegészít; ~ 명 kiegészítés; 상호 ~적인 협력 kiegészítő együttműködés

보유-하다 동 birtokol, bír vmit, rendelkezik vmivel; ~ 명 birtoklás; 핵 ~국 nukleáris erővel rendelkező állam; 핵무기를 ~하다 nukleáris fegyverekkel rendelkezik

보이다 동 ❶ látszik, látható; 고양이는 어둠 속에서도 눈이 보인다 a macskák képesek látni a sötétben; 보이는 곳에서 látható helyen; 안개 때문에 남산이 보이지 않는다 A Námszán nem látszik a ködben.; 거리에는 사람 하나 보이지 않았다 Egy lelket sem lehetett látni az utcán.; 정직해 ~ őszintének látszik; 그 보석은 진짜처럼 보인다 a drágakő valódinak látszik; 남편보다 부인이 퍽 젊어 보인다 A feleség sokkal fiatalabbnak tűnik a férjnél. ❷ mutat, felmutat; megnézet; 증명서를 ~ igazolványt felmutat; 실력을 ~ megmutatja a képességét; 의사에게 ~ megnézeti magát egy orvossal

보자기 명 csomagolóvászon; ~에 싸다 vászonba csomagol

보잘것없다 형 hitvány, említésre sem méltó, értéktelen; 보잘것없는 물건 apróság; 보잘것없는 급료와 작업 환경 hitvány bérek és munkakörülmények

보장-하다 동 biztosít, garantál; ~ 명 biztonság, biztosíték, garancia; 안전 ~ 이사회 Biztonsági Tanács (BT); 언론의 자유를 ~하다 biztosítja a szólásszabadságot; 그의 장래는 ~되어 있다 a jövője biztosított; 그가 성공한다는 ~은 없다 nincs rá biztosíték, hogy sikerrel jár

보전-하다 동 megőriz; pótol; 환경을 ~하다 megőrzi a környezetet; 목숨을 ~하다 megőrzi az életet; 부족분을 ~하다 hiányt pótol

보조 명 iram, lépés; ~를 맞추다 tartja az iramot; ~를 빨리하다 felgyorsítja az iramot

보조개 동 gödröcske; ~있는 얼굴 gödröcskés arc; 그녀는 웃을 때마다 ~가 진다 Gödröcskék jelennek meg az arcán, valahányszor mosolyog.

보조금 명 anyagi támogatás, segély; ~을 주다 anyagi támogatást / segélyt nyújt; 그 산업은 정부로 부터 ~을 받고 있다 Az az iparág a kormánytól pénzügyi támogatást kap.; 생활 ~ segély a megélhetéshez

ㅂ

보조-하다 동 segít, kisegít; ~ 명 segítség; ~적인 수단 kisegítő eszköz; 학비를 ~하다 segít az iskolai költségekben / a tandíjban

보존-하다 동 megőriz, megvéd; fenntart; ~ 명 megőrzés, fenntartás; 잘 ~되어 있다 jól megőrzött; 천연 자원을 ~하다 megőrzi a természeti erőforrásokat; 종족을 ~하다 fajt fenntart

보좌관 명 tanácsadó; 대통령 ~ elnöki tanácsadó

보좌-하다 동 segít, tanácsol; ~ 명 segítség, tanács; 회장을 ~하다 tanácsot ad az elnöknek

ㅂ

보증금 명 letét; ~을 걸다 letétet hagy; ~을 떼이다 elveszti a letétet

보증인 명 kezes; ~을 세우다 kezeskedik vkiért

보증-하다 동 garantál, kezeskedik; ~ 명 garancia, biztosíték, kezesség; ~을 서다 kezességet vállal vkiért; 내가 산 냉장고는 2년간 ~이 된다 Vettem egy hűtőszekrényt két év garanciával.

보직 명 beosztás

보채다 동 zaklat; kér vmit, könyörög vmiért; (어린애가) 과자를 달라고 ~ zaklat vkit süteményekért; 보채는 아이를 달래다 csillapítja / csitítja a síró gyermeket

보초 명 őr, őrség; ~를 교대시키다 őrt felvált; 두 병사가 ~를 서고 있다 két katona őrségben áll; 지휘관은 3명의 ~를 세웠다 A parancsnok három katonát állított őrségbe.

보충-하다 동 pótol, feltölt; ~ 명 pótlás, feltöltés, csere; 결함을 ~하다 pótolja a hiányt

보태다 동 pótol, hozzáad, összead; 모자라는 것을 ~ pótolja a hiányt; 하나에 둘을 보태면 셋이 된다 kettő meg egy, az három; 부업으로 월급에 보탬이 되게 하다 másodállással kiegészíti a fizetését; 그는 늘 말을 보태서 얘기 한다 Ő mindig túloz.

보통 átlagos, megszokott, normális, általános; ~ 이상의 átlagon felüli; 금년 추위는 ~이 아니다 szokatlan hideg van az idén; 우리는 ~ 하루 8시간 일한다 Mi általában nyolc órát dolgozunk egy nap.

보통명사 명 általános főnév

보통선거 명 általános választás

보통학교 명 általános iskola ☞ 초등학교

보트 명 csónak; ~를 젓다 csónakban evez; ~에 타다 csónakba száll; ~ 피플 csónakos emberek

보편성 명 univerzalitás

보편적 univerzális, általános

보편타당성 명 általános értékű

보행 명 járás, séta; ~이 어렵다 nehezére esik a járás

보험 명 biztosítás; ~을 해약하다 lemondja a biztosítást; ~에 들다 biztosítást köt; 나는 생명 ~에 들었다 életbiztosítást kötöttem; 그 집은 2억원의 화재 ~에 들어 있다 a ház kétszázmillió vonra van biztosítva tűzkár esetére; ~ 계약 biztosítási szerződés; ~ 금액 biztosítási összeg; ~료를 지불하다 kifizeti a biztosítást

보험사 명 biztosítótársaság

보호색 명 védőszín

보호자 명 védelmező, protektor

보호-하다 동 megvéd, oltalmaz vkit, gondoskodik vkiről; ~ 명 védelem, gondoskodás; 문화재의 ~ a kulturális javak védelme; 자연 ~의 관점에서 a természetvédelem szempontjából; 국내 산업을 ~하다 megvédi a hazai ipart

복 명 szerencse, boldogság, jószerencse, áldás; ~이 많다 szerencsés; ~을 받다 áldott; ~을 빌다 áldást kér

복구-하다 동 megjavít, helyreállít, visszaállít; ~ 명 helyreállítás, visszaállítás; 철도가 ~되다 a vasúti forgalmat helyreállítják; ~ 공사에 착수하다 helyreállítási munkát kezd

복권 명 lottószelvény; ~이 당첨되다 nyer a lottón; ~을 사다 lottószelvényt vesz

복권-하다 동 rehabilitál; ~ 명 rehabilitáció; 군사독재의 희생자들이 90년대에 ~되었다 A katonai diktatúra áldozatait a kilencvenes években rehabilitálták.

복귀-하다 동 visszatér, visszahelyez, visszaállít; ~ 명 visszatérés; 직장에 ~하다 visszatér a munkába; 이전 지위로 ~하다 visszahelyezik a régi pozíciójába

복도 명 folyosó

복되다 형 szerencsés, áldott

복면 명 álarc, maszk; ~ 강도 álarcos / maszkos rabló; ~을 벗다 leveszi az álarcot

복무-하다 동 szolgál; 군대에 ~ 중이다 katonai szolgálatot teljesít, hadseregben szolgál; ~ 규정 szolgálati szabályzat

복받치다 동 elfut, eltölt, felhalmozódik; 갑자기 슬픔이 복받쳐 올랐다 hirtelen szomorúság töltött el; 분이 ~ elfut a méreg / düh

복사기 명 fénymásoló, sokszorosító

복사-하다 동 sokszorosít, másol; ~ 명 másolat, fénymásolat; 원고를 ~하다 kéziratot másol; 이 사진을 세 장만 더 ~해 주시오 Kérem, készítsen még három másolatot a képről!

복수 명 többes szám; ~ 명사 többes számú főnév; ~형 (문법) többes számú alak

복수-하다 동 bosszút áll vkin vmiért, megbosszul vmit vkin; ~ 명 bosszú; ~할 기회를 노리다 bosszúra szomjazik; ~를 맹세하다 bosszút esküszik

복숭아 명 őszibarack; ~꽃 őszibarackvirág; ~털 őszibarack szőre

복습-하다 동 átismétel vmilyen tananyagot / leckét; ~ 명 ismétlés; 영어를 ~하다 átismétli az angolt

복식 명 kettős, páros; ~ 부기 kettős könyvelés; ~ 경기 páros mérkőzés

복싱 명 ökölvívás, boksz; ~ 경기 ökölvívó mérkőzés, bokszmérkőzés

복안 명 B-terv; ~을 세우다 B-tervet készít

복용-하다 동 bevesz, beszed (gyógyszert); 일정량 이상을 ~하다 túllépi az előírt adagot

복원-하다 동 visszaállít, restaurál, rekonstruál; 본래 모습으로 ~하다 visszaállítja az eredeti állapotot

복잡-하다 형 bonyolult; ~한 절차 bonyolult eljárás; 정부의 개입으로 문제는 한층 더 ~해졌다 A kormány beavatkozása az esetet még bonyolultabbá tette.

복장 명 ruha, ruházat, öltözet, viselet; ~에 개의치 않다 nem érdekli a ruhája; 검소한 ~을 하고 있다 egyszerűen van öltözve

복제-하다 동 klónoz; ~ 명 klónozás; ~ 인간 emberi klón

복종-하다 동 engedelmeskedik, szót fogad; ~ 명 engedelmeskedés; 명령에 ~하다 engedelmeskedik a parancsnak; 부모에게 ~하다 engedelmeskedik a szü-

ㅂ

leinek; 위협하여 ~시키다 fenyegetéssel engedelmessé tesz; 나는 이런 사람에게는 ~하지 않는다 Nem engedelmeskedem ilyen embereknek.

복지 명 jólét; ~ 사회 jóléti társadalom

복직-하다 동 visszahelyez, visszaállít; ~ 명 visszahelyezés; 해고자 ~ az elbocsátottak visszahelyezése; 2개월의 정직이 풀려 그는 지난달 ~했다 Két hónap felfüggesztés után visszahelyezték a régi állásába.

복통 명 gyomorpanasz, hasfájás, hasi fájdalom; ~을 호소하다 hasfájásra panaszkodik; ~이 가라앉다 enyhülnek a gyomorpanaszai

복합비료 명 műtrágya

복합적 összetett, komplex

볶다 동 ❶ pörköl, pirít, süt; 고기를 ~ húst süt / pirít; 기름에 ~ olajban süt ❷ kínoz, nyúz, bosszant; 아이가 어머니를 ~ a gyerek nyúzza az anyját

볶음밥 명 sült rizs

본[1] 명 példa, modell, minta, séma; 종이로 ~을 뜨다 papírból mintát készít

본[2] 명 nemzetség (klán); szülőhely, származási hely; ~이 어디십니까 Honnan származik a családja?

본관[1] 명 főépület

본관[2] 명 a nemzetség származási helye

본능 명 ösztön; 원초적 ~ ősi ösztön; ~에 따라서 행동하다 ösztönösen cselekszik; 자기 보존의 ~을 갖다 önfenntartó ösztönünk van

본능적 ösztönös; ~으로 위험을 감지하다 ösztönösen megérzi a veszélyt

본디 eredeti, eredetileg; ~ 상태로 eredeti állapotban; ~ 착한 사람이다 természeténél fogva jó ember; 깨진 꽃병을 ~ 모습으로 되돌려 놓다 visszaállítja a törött vázát eredeti állapotába

본뜨다 동 minta után készít, követ, másol; 본떠서 만들다 minta után készít vmit; 이 제도는 지금 독일에서 행해지고 있는 것을 본뜬 것이다 Ezt a rendszert egy német minta alapján készítették.

본래 eredetileg, kezdetektől fogva; természeténél fogva; ~ 좋은 것이라도 쓰기에 따라서는 해롭게 된다 Egy eredetileg jó dolog használat közben elromolhat.; 그는 ~ 말이 없는 사람이었다 Természeténél fogva csendes ember volt.

본론 명 fő tárgy; ~으로 들어가다 a fő tárgyra tér; ~에서 벗어나다 eltér a fő tárgytól

본명 명 valódi név; ~을 대다 valódi nevet ad

본문 명 szöveg; ~의 필자 a szöveg szerzője

본받다 동 követi más ember példáját; 그 사람을 본받는 것이 좋겠다 követheted a példáját

본보기 명 modell, példa, minta; ~가 될 만한 행실 példás / példamutató viselkedés; 아무를 ~로 삼다 vkit példaként vesz

본부 명 főiroda; székhely; főhadiszállás; ~는 서울에 있다 a székhely Szöulban van

본사 명 cégközpont

본성 명 valódi természet; ~을 드러내다 kimutatja a foga fehérjét, kimutatja a valódi természetét

본연; ~의 자세 ahogy lennie kell; ☞ **본래**

본의 명 eredeti szándék / akarat; ~ 아니게 손해를 끼치다 akarata ellenére kárt okoz, eredeti szándékától eltérve kárt

okoz
본인 명 az illető, a szóban forgó ember; ~을 만났다 találkoztam a szóban forgó emberrel, láttam az illetőt; 정작 ~은 아무 것도 모른다 Ő maga nem tud semmit erről.; 직접 ~에게서 들은 것이므로 사실임에 틀림없다 Egyenesen tőle hallottam, tehát biztosan igaz.
본점 명 központi iroda
본질 명 valódi természet / lényeg; 문제의 ~ a probléma valódi természete / lényege; 민주주의의 ~ a demokrácia lényege; ~적인 차이 lényegi különbség
볼[1] 명 orca; ~을 비비다 összeérintik az orcájukat; ~이 미어지게 먹다 teletömi a száját étellel
볼[2] 명 szélesség; ~이 넓은 발 lapos, hosszú láb; 이 구두는 나한테 ~이 너무 좁다 ez a cipő túl szoros nekem
볼[3] 명 labda; ~을 던지다 labdát dob
볼거리 명 ❶ mumpsz; ~가 나다 mumpszot elkap ❷ látnivaló; 이 도시에는 많은 ~가 있다 Ebben a városban sok a látnivaló.
볼링 명 teke, bowling; ~하러 가다 tekézni megy
볼링장 명 tekepálya
볼멘소리 명 komor szavak; ~로 대답하다 komoran, mogorván válaszol
볼일 명 elintéznivaló; 급한 ~ sürgős elintéznivaló; ~이 있다 elintéznivalója van, elfoglalt; ~을 보다 ügyet intéz, elintézi a dolgát
볼펜 명 golyóstoll
봄 명 tavasz; 이른 / 늦은 ~에 kora / késő tavasszal; ~이 왔다 eljött a tavasz, beköszöntött a tavasz; ~향기를 느끼다 érzem a tavasz illatát
봄날 명 tavaszidő, tavaszi nap; 화창한 ~ enyhe tavaszi napok
봄바람 명 tavaszi szél
봄비 명 tavaszi eső
봄철 명 tavasz
봉[1] 명 fogtömés; 치아에 ~을 해 박다 fogat betöm
봉[2] 명 adag; 약 한 ~을 먹다 bevesz egy gyógyszeradagot
봉[3] 명 balek, áldozat; ~으로 삼다 balekot csinál vkiből
봉건 feudális; ~ 국가 feudális állam; ~ 제도 feudális rendszer
봉급 명 fizetés, bér; ~을 지급하다 bért kifizet; ~이 오르다 felemeli a fizetést; ~을 많이 받다 sok fizetést kap; ~ 생활자 bérből és fizetésből élő(k)
봉기-하다 동 fellázad, felkel; ~ 명 felkelés, lázadás; 농민의 ~ parasztfelkelés
봉변 명 szerencsétlenség, megaláztatás; 사람들 앞에서 ~을 당하다 nyilvánosan megaláztatott
봉사-하다 동 szolgál; ~ 명 szolgálat, szolgáltatás; 지역 사회에 ~하다 szolgálja a közösséget; ~ 활동을 하다 önkéntes szolgálatot végez
봉쇄-하다 동 lezár, blokád alá helyez; ~ 명 blokád, zár, zárlat; 해상 ~ tengeri blokád; ~를 뚫다 kitör a blokádból; 입구를 ~하다 lezárja a bejáratot; 모든 도로는 ~되었다 valamennyi utat lezárták
봉숭아(꽃) nebáncsvirág
봉우리 명 csúcs; 산~ hegycsúcs
봉인-하다 동 lepecsétel; ~ 명 pecsét; ~을 뜯다 feltöri a pecsétet
봉지 명 papírzacskó; 약 한 ~ gyógyszeradag
봉착-하다 동 szembesül, szembesít; ~ 명

szembesítés, találkozás; 난관에 ~하다 nehézségekkel szembesül

봉투 명 boríték; ~를 뜯다 borítékot kibont / feltép; ~에 넣다 borítékba tesz

뵙다 동 találkozik; 어디서 한 번 뵌 것 같습니다 Úgy tűnik, már találkoztunk valahol.; 이렇게 뵙게 되니 참 반갑습니다 Nagyon örülök, hogy találkoztunk.

부가-하다 동 hozzáad, ráad; ~ 명 hozzáadás, ráadás; ~적인 hozzáadott; ~가치 hozzáadott érték; ~가치가 높은 제품을 생산하다 magas hozzáadott értékű terméket gyárt

부각-하다 동 domborművet vés; 새 무늬가 ~되어 있다 Madárminta van a domborművön.

부검-하다 동 felboncol vkit; ~ 명 boncolás

부계 명 apai vonal / ág; ~ 친족 apai ágon rokon

부고 명 gyászjelentés; nekrológ; ~를 받다 gyászjelentést kap

부과-하다 동 kivet, megállapít; 소득세를 ~하다 jövedelemadót kivet / megállapít; 벌금이 ~되었다 Pénzbüntetést szabtak ki rá.

부귀영화 명 ~를 누리다 gazdag és előkelő életet él

부근 명 környék; ~의 környékbeli; 이 ~에 ezen a környéken; 경찰은 범인을 잡기 위해서 이 ~을 수색하고 있다 A rendőrség ezen a környéken keresi a bűnözőt.

부글부글 부 sisteregve, habozva; ~ 끓고 있다 sisteregve forr

부끄러워하다 동 szégyelli magát, szégyenlős, szégyenkezik; 대답하기를 ~ túl szégyenlős, hogy válaszoljon, szégyell válaszolni; 그 여자는 돈이 없는 것을 부끄러워한다 Az a nő szégyelli, hogy nincs pénze.; 가난은 부끄러워할 게 못 된다 a szegénység nem szégyen; 남들이 보면 부끄럽다 Szégyenlős vagyok, ha mások néznek.; 너는 부끄러울 것이 없다 Nincs miért szégyellned magad.; 그런 짓을 해서 부끄럽다 Szégyellem, hogy ilyet tettem.; 칭찬해 주시니 부끄럽습니다 Szégyellem magam a dicsérete miatt.; 부끄러운 짓 하지 마라 Ne tegyél olyat, amiért szégyenkezned kellene! Igyekezz nem szégyent hozni a nevedre!

부녀 명 apa és lánya

부녀자 명 nő, asszony

부닥치다 동 vmibe ütközik, szembesül vmivel, találkozik vmivel; 난관에 ~ nehézségekbe ütközik; 반대에 ~ ellenségeskedéssel találkozik; 벽에 ~ falnak ütközik / megy

부단-하다 형 folyamatos, állandó, szüntelen; 무슨 일에나 ~한 노력이 중요하다 Minden munkában folyamatos erőfeszítés szükséges.

부단히 부 folyamatosan, állandóan, szüntelenül; ~ 노력하다 folyamatosan erőfeszítéseket tesz, szüntelenül fáradozik

부담-하다 동 viseli a terhet, magára vállalja a terhet; ~ 명 teher, felelősség; (비용을) 자기 ~으로 saját költségére; 비용의 일부를 ~하다 a költségek egy részét magára vállalja / viseli, megosztja a költséget; ~시키다 terhet rak a vállára; 세금 ~을 줄이다 az adóterhet csökkenti; 각자 ~으로 하다 mindenki a sajátját fizeti

부당-하다 형 jogtalan, igazságtalan, meg

nem érdemelt; ~한 요구 jogtalan követelés; ~한 처벌 jogtalan büntetés; ~한 이익을 취하다 jogtalan nyereséget ér el; 나는 ~한 결정에 항의했다 Tiltakoztam az igazságtalan döntés ellen.; ~ 거래 igazságtalan üzlet; ~ 해고 jogtalan elbocsátás

부대[1] 명 had, sereg

부대[2] 명 zsák; 밀가루 ~ liszteszsák; ~에 담다 zsákba rak; ~에서 꺼내다 kivesz vmit a zsákból

부대비용 명 járulékos kiadások

부대시설 명 kiegészítő berendezés

부대끼다 동 vki által gyötört, zaklatott; 빚쟁이에게 ~ a hitelezői gyötrik / zaklatják; 느끼한 음식을 먹어서 속이 ~ gyomorbántalmak gyötrik a nehéz ételek miatt

부도 명 fizetés / beváltás megtagadása; ~가 나다 megtagadják a beváltást; ~를 내다 megtagadja a beváltást; ~ 수표 kifizetetlen csekk

부도덕-하다 형 erkölcstelen; ~한 짓을 하다 erkölcstelenséget követ el

부동산 명 ingatlan; ~을 매매하다 ingatlant ad-vesz; ~ 등기법 ingatlan bejegyzésének szabályai; ~ 소득 ingatlanból származó jövedelem; ~ 투기 ingatlanspekuláció; ~ 투자 ingatlanbefektetés

부동산업자 명 ingatlanügynök, ingatlanközvetítő

부두 명 kikötő, rakpart, rakodópart; (배가) ~를 떠나다 elhagyja a kikötőt; ~에 배를 대다 kikötőbe hajózik

부둥켜안다 동 összeölelkezik

부드럽다 형 puha, lágy; 감촉이 부드러운 puha tapintású; 부드러운 분위기 barátságos hangulat; 부드럽게 말하다 kedves szavakkal beszél, lágyan beszél

부득이 부 akarata ellenére, kényszerből, elkerülhetetlenül; ~한 경우에는 ha elkerülhetetlen; ~한 사정으로 az elkerülhetetlen körülményeknek köszönhetően

부디 부 mindenképpen, minden esetben, kérem; ~ 그에게 안부를 전하거라 Kérlek, add át neki az üdvözletem!

부딪히다 동 beleütközik; 배가 방파제에 부딪혔다 A csónak nekiütközött a mólónak.

부라리다 동 bámul vkit / vkire, dühösen néz vkit / vkire; 그는 말하면서 무섭게 눈을 부라렸다 Dühösen / mérgesen nézett rám, amíg beszélt.

부락 명 falu

부락민 명 falusiak

부랴부랴 부 sietősen; 그 소식을 듣자마자 그는 ~ 현장으로 달려갔다 Ahogy meghallotta a híreket, odasietett.

부러워하다 동 irigyel; 부러워하는 눈초리 irigy tekintet / pillantás; 모두가 그의 행운을 부러워한다 mindenki irigyli a szerencséjét; 사람들은 그를 부러워한다 Az emberek irigylik őt.

부러지다 동 törik, eltörik; 뼈가 ~ eltöri a csontját; 책상 다리 하나가 부러졌다 A szék lába eltörött.

부럽다 irigylésre méltó; 자네의 행운이 참 부럽네 Irigylem a szerencsédet!

부력 명 felhajtóerő

부록 명 függelék, melléklet; 신문의 ~ újság melléklete; ~을 붙이다 függelékkel látja el a könyvet, mellékletet csatol vmihez

부류 명 fajta, osztály, kategória; 다른 ~에 속하다 más csoportba tartozik; 그것들

은 세 ~로 나뉜다 három csoportra oszt-hatók

부르다[1] 동 szólít; hív, felhív, megidéz; elnevez; 이름을 ~ néven szólít; 벨을 울려 하인을 ~ csengetéssel hívja a szolgáját; 전화로 ~ telefonon felhív vkit; 의사를 부르러 가다 orvosért megy; 의사를 부르러 보내다 orvosért küld; 손님을 잔치에 ~ vendégeket hív az ünnepségre; 이것을 동대문이라고 부른다 ezt Dongdemunnak hívják; 부르는 값에 사다 kifizeti a kért árat; 값을 싸게 ~ alacsony árat ajánl; 피아노에 맞추어 노래를 ~ zongorakísérettel énekel; 만세를 ~ hurrát kiált

ㅂ

부르다[2] 동 tele van, jóllakott; várandós; 배가 부르게 먹다 jóllakottra / degeszre eszi magát; 그녀는 임신으로 배가 ~ gyermeket vár, várandós, terhes, áldott állapotban van

부르짖다 동 kiált, ordít; 개혁을 ~ változásokért kiált

부르트다 동 megdagad, felhólyagzik; kisebesedik; 발바닥이 ~ hólyag van a talpán; 손끝이 데어서 부르텄다 Az ujjbegyem felhólyagosodott, mert megégett.; 피곤해서 입술이 ~ a fáradtság miatt a száj kisebesedik

부릅뜨다 동 mérgesen bámul / néz; 눈을 부릅뜨고 mérgesen bámulva; 그는 눈을 부릅뜨고 나를 노려보았다 mérgesen nézett rám

부리 명 csőr; ~로 쪼아 구멍을 내다 csőrrel lyukaszt; 발~ lábujjhegy; 총~ csőtorkolat, csőszáj

부리나케 부 gyorsan, sürgősen, sietve; ~ 돌아오다 sürgősen visszajön; ~ 계단을 내려가다 sietve leszalad a lépcsőn

부리다[1] 동 foglalkoztat, alkalmaz, tart; 하인을 ~ szolgával dolgoztat, szolgát tart

부리다[2] 동 kipakol; 트럭에서 짐을 ~ kipakol egy kamiont / teherautót

부모 명 szülők; ~의 사랑 szülői szeretet; ~를 섬기다 szolgálja a szüleit; 어려서 ~를 여의다 gyerekkorában elveszíti a szüleit

부모님 명 szülők

부문 명 terület, osztály, csoport, szakasz; 생활의 모든 ~ az élet minden területe; 철강 ~에서는 P사가 으뜸이다 Az acélipar területén a P cég a vezető.

부부 명 férj és feleség, házaspár; ~ 동반하여 a feleségével (férjével) együtt; 어울리는 ~ összeillő pár; ~가 되다 férj és feleség lesz; 신혼 ~ friss házasok

부분 명 rész; ~적(인) részleges; ~적으로 részben, részlegesen; 그의 이야기는 단지 ~적으로만 진실이다 a története csak részben igaz; 이 책은 3 ~으로 되어 있다 Ez a könyv három részből áll.

부사장 명 alelnök

부산물 명 melléktermék; 연구의 ~ a kutatás mellékterméke

부산-하다 형 elfoglalt, rohanó, sietős; forgalmas; ~한 거리 forgalmas utca; ~하게 일을 하다 sietősen dolgozik; 사람들이 ~히 드나들다 emberek ki-be rohannak

부상-당하다 동 megsérül, megsebesül, sérülést szenved; ~ 명 seb, sérülés; 심한 ~ komoly sérülés; 팔에 ~을 입다 kézsérülése van; 그는 교통사고로 ~ 당했다 megsérült egy közlekedési balesetben

부상자 명 sérült; ~는 즉시 근처 병원에 수용되었다 A sérültet rögtön a szomszédos kórházba vitték.

부서지다 동 eltörik, szertefoszlik, széttörik; 부서지기 쉬운 törékeny; 부서진 의자 törött szék; 그의 희망은 산산이 부서졌다 A reménye darabokra hullott.

부속-되다 동 csatolva van, vmihez tartozik; 이 병원은 대학에 ~되어 있다 Ez a kórház az egyetemhez tartozik.; ~ 건물 csatolt épület; ~ 기관 csatolt szervezet

부속품 명 alkatrész, tartozék; 자동차 ~ autóalkatrész; 이 컴퓨터에는 여러 가지 ~이 있다 Ennek a számítógépnek számos tartozéka van.

부수다 동 tör; 접시를 ~ tányérokat tör; 창문을 부수고 들어가다 betör az ablakon keresztül

부수입 명 mellékkereset

부스러기 명 töredékek, szilánkok, morzsák; 빵~ kenyérmorzsa

부시다 형 fényes, sugárzó, vakító; 햇빛에 눈이 ~ elvakít a nap; 자동차의 헤드라이트에 눈이 ~ elvakít az autó reflektora

부식-하다 동 korrodálódik, maródik; 산은 금속을 ~시킨다 a sav marja / korrodálja a fémet; 이 금속은 ~이 잘 된다 Ez a fém gyorsan korrodálódik.

부실-하다 형 gyenge, megbízhatatlan; 몸이 ~하다 gyenge egészségű; ~ 공사를 근절하다 tiltja a gyenge minőségű építkezést

부아 명 düh, harag; ~가 나다, ~를 내다 dühbe gurul; 나는 그의 말에 ~가 났다 Feldühítettek a szavai.

부양시키다 동 fellendít, fejleszt; 경기를 ~ fellendíti a gazdaságot

부양-하다 동 ellát, támogatást nyújt; ~ 명 ellátás, támogatás; 가족을 ~할 책임이 있다 kötelessége támogatni a családját

부업 명 mellékállás; 수입이 좋은 ~ jövedelmező mellékállás; ~을 갖다 mellékállása van

부엌 명 konyha; ~에서 일하다 konyhában / konyhán dolgozik

부엌데기 명 konyhalány

부엌일 명 konyhai munka

부여잡다 동 erősen megragad, erősen tart

부여-하다 동 ad, adományoz, felruház; 전권을 ~하다 hatalmat ráruház, hatalommal felruház

부옇다 형 szürke, homályos; 하늘이 먼지로 ~ az ég szürke a portól; 방 안이 담배 연기로 ~ a szoba homályos a dohányfüsttől

부위 명 rész, régió

부유-하다 형 gazdag

부응-하다 동 megfelel, kielégít, betölt; 목적에 ~하다 megfelel a célnak; 기대에 ~하도록 노력 하겠습니다 Mindent megteszek, hogy kielégítsem a várakozásokat.

부인 명 ❶ feleség; ~께 안부 전해 주십시오 Kérem, adja át üdvözletemet a feleségének! ❷ nő, asszony; 중년 ~ középkorú nő; ~ 더 하실 말씀이 있으십니까 Asszonyom, van még valami mondanivalója?

부인과 명 nőgyógyászat; ~ 의사 nőgyógyász

부인-하다 동 tagad, megtagad, nemet mond; ~ 명 tagadás; 사실을 ~하다 tagadja a tényt; 자기 아이임을 ~하다 megtagadja a saját gyermekét; 용의자가 범행을 ~하다 a gyanúsított tagadja a bűncselekményt

부임-하다 동 állást betölt / elfoglal; ~길에 오르다 betölti az állást

ㅂ

부자[1] 명 apa és fia

부자[2] 명 gazdag ember; ~가 되다 gazdag lesz

부작용 명 mellékhatás; 약의 ~ a gyógyszer mellékhatása; ~을 일으키다 mellékhatást vált ki / okoz; ~이 없다 nincs mellékhatása

부잣집 명 gazdag család; ~에 태어나다 gazdag családba születik

부장 명 főnök, osztályvezető; 경리 ~ a könyvelési osztály vezetője

부재 명 hiány, távollét; ~ 중에 távollétében; 삼촌에게 전화했으나 ~ 중이셨다 Felhívtam a nagybácsimat, de nem volt otthon.

부재자 명 távol maradó; ~ 투표 távszavazás

부정관사 명 határozatlan névelő

부정부패 명 korrupció, hatalommal való visszaélés

부정-하다 형 igazságtalan, szabálytalan, tisztességtelen, rossz, piszkos; ~한 돈 piszkos pénz; ~한 방법으로 이기다 tisztességtelenül nyer; 그는 ~한 수단으로 돈을 모았다 tisztességtelenül szerezte a pénzt; ~ 선거 szabálytalan választások

부정형 명 (문법) határozatlan alak

부조리 명 abszurditás, irracionalitás, értelmetlenség, szabálytalanság; ~한 irracionális; ~를 제거하다 megszüntetik az abszurditást

부조화 명 diszharmónia

부족 명 törzs; ~사회 törzsközösség, törzsi társadalom

부족-하다 형 hiányos, elégtelen; ~ 명 hiány; 칼슘의 ~ kalciumhiány; 수면 ~ alváshiány; 자금 ~ forráshiány, tőkehiány; 식량이 ~하다 az élelmiszer nem elegendő / kifogyott; 자원의 ~은 심각한 문제이다 A természeti kincsek hiánya nagy gond.

부주의-하다 형 gondatlan, figyelmetlen; ~ 명 meggondolatlanság; ~ 하게 figyelmetlenül, gondatlanul; 운전사의 ~로 인한 사고 a sofőr gondatlansága miatt bekövetkezett baleset; 내가 정말 ~했다 Ez nagy meggondolatlanság volt tőlem.

부지기수 megszámlálhatatlan, számtalan

부지런-하다 형 szorgalmas, iparkodó

부지런히 부 szorgalmasan, lelkesen, keményen; ~ 일하다 szorgalmasan dolgozik

부진-하다 형 gyenge, depressziós; pangó, stagnáló; ~ 명 pangás, depresszió, stagnálás; 성적이 ~하다 szerény eredményeket mutat; 식욕이 ~하다 gyenge az étvágya; 수출의 ~ az export stagnálása; 실업의 증가는 국내 산업의 ~ 때문이다 A munkanélküliség növekedése a belföldi ipar stagnálása miatt következett be.

부질없다 형 felesleges, haszontalan; 부질없는 생각 haszontalan ötlet; 부질없는 걱정을 하다 feleslegesen aggódik; 부질없는 소리를 하다 butaságokat állít

부차적 másodlagos

부채[1] 명 legyező; ~를 부치다 legyezi magát

부채[2] 명 tartozás, adósság; ~가 많이 있다 nagy tartozása van; ~가 없다 nincs tartozása; ~를 갚다 visszafizeti az adósságot; 10만 원의 ~가 있다 tízezer vonnal tartozik, tízezer von tartozása van

부채꼴 명 legyező alak / forma; ~의 legyezőszerű, legyező alakú

부채질-하다 동 legyez vkit

부처 명 Buddha; ~님 오신 날 Buddha eljövetelének napja

부총리 명 miniszterelnök-helyettes

부총장 명 rektorhelyettes

부추 명 metélőhagyma, snidling

부추기다 동 szít, felbiztat, rábeszél; 싸움을 ~ harcot szít; 증오심을 ~ gyűlöletet szít vkiben

부축-하다 동 felsegít vkit, karjánál fogva segít vkinek; ~하여 일으키다 segít talpra állni vkinek; 숙녀를 차에서 ~해 내리다 kisegíti a hölgyet az autójából

부치다[1] 동 felad, (el)küld; 편지를 ~ levelet felad; 돈을 ~ pénzt küld; 인편에 ~ vkin keresztül küld

부치다[2] 동 부채를 ~ legyez; 불문에 ~ elnéz vmit, átsiklik vmin

부친 명 apa

부침 명 csúcspont és mélység; 인생에는 ~이 있는 법이다 vannak csúcspontjai és mélységei az életnek

부탁-하다 동 kér; megbíz vkit vmivel, rábíz vmit vkire; ~ 명 megbízás, kérés, szívesség; 일을 ~하다 rábízza vkire az ügyet, megbíz vkit az üggyel; 뒷일을 ~하다 megbíz vkit a végrendelete végrehajtásával; ~을 들어주다 teljesíti a kérését; ~을 거절하다 elutasítja a kérését

부패-하다 동 megrohad, megromlik; ~ 명 rothadás, korrupció; ~한 romlott (tej); 여름에는 식품이 ~하기 쉽다 Az étel nyáron hamar megromlik.

부풀다 동 megkel, feldagad, megduzzad, megnő; 빵이 잘 부풀지 않았다 a kenyér nem kelt meg eléggé / megfelelően

부품 명 alkatrész; 자동차 ~ autóalkatrész; ~을 조립하다 összerakja az alkatrészeket

부피 명 méret, terjedelem, tömeg; ~가 큰 méretes, nagy tömegű; ~가 큰 물건 méretes tárgy

부하 명 beosztott, alárendelt (személy); 그는 많은 유능한 ~를 거느리고 있다 sok ügyes beosztottja van

부합-하다 동 megegyezik vmivel; alátámaszt; 아무의 말과 ~하다 megegyezik a történetével; 그의 증언은 사실과 ~한다 A tanúvallomását alátámasztják a tények.

부호 명 jel, kód, szimbólum; 그게 무슨 ~지 Az milyen jel?

부호화-하다 동 kódol; ~ 명 kódolás

부활절 명 húsvét; ~ 달걀 húsvéti tojás

부활-하다 동 feltámad, feléleszt, életre kelt; ~ 명 feltámadás; 군국주의의 ~ a militarizmus feltámadása; 그리스도의 ~ Krisztus feltámadása; ~시키다 feléleszt, feltámaszt; 이전 관계를 ~시키다 feléleszti a régi kapcsolatokat

부회장 명 alelnök

부흥-하다 동 újjászületik, megújul, újraéled; ~ 명 újjászületés, reneszánsz, megújulás; 서울은 잿더미 위에서 ~했다 Szöul újjászületett a poraiból.; 전후 한국의 눈부신 ~은 세계의 이목을 끌었다 Korea háború utáni káprázatos újraéledése az egész világnak feltűnt.

북[1] 명 (악기) dob; ~치는 사람 dobos; ~소리 dobszó; ~을 치다 dobol

북[2] 명 észak; ~의 északi

북극 명 Északi-sark; ~의 arktikus, északi-sarki

북극곰 명 jegesmedve

북극권 명 sarkkör

북극성 명 Sarkcsillag

북극탐험 명 sarki expedíció

북돋우다 동 bátorít, erősít, feltölt; 기운을 ~ erősíti önmagát; 사기를 ~ erősíti a csapatszellemet; 용기를 ~ bátorít vkit

북동쪽 명 északkelet

북두칠성 명 a Nagymedve csillagkép

북반구 명 az északi félteke

북방 명 észak, északi irány; ~의 északi; 그 호수는 서울 ~ 15킬로 지점에 있다 A tó tizenöt kilométerre északra van Szöultól.; ~한계선 északi sarkkör

ㅂ

북방민족 명 északi nép

북부 명 észak, északi rész; ~ 산악 지대 északi hegyvidék

북새통 명 zűrzavar, felfordulás, kavarodás; 수많은 인파로 ~을 이루었다 A nagy tömeg zűrzavart okozott.; 불이 난 ~에 도둑질을 하다 a tüzet követő zűrzavarban / felfordulásban lop vmit

북서 명 északnyugat

북위 명 északi szélesség; 그 당시 그 배는 ~ 15도 서경 31도 해상에 있었다 A hajó akkor az északi szélesség 15. fokán, és a nyugati hosszúság 31. fokán volt.

북적거리다 동 nyüzsög; 북적거리는 거리 zsúfolt utca; 거리는 관광객들로 북적거렸다 Az utcán nyüzögtek a turisták.

북쪽 명 északi oldal; ~의 északi; ~에 északon; ~으로 északra; 시로부터 ~ 20킬로미터 되는 곳에 Húsz kilométerre északra a várostól; 어디가 ~이냐 Merre van észak?

분 명 perc; 2시 15~ negyed három, két óra tizenöt perc; 30~ fél óra, harminc perc; 1시간 30~ egy óra harminc perc, másfél óra; 북위 30도 10~ északi szélesség 30 fok 10 perc; 1시 10~ 전입니다 tíz perc múlva egy; 10~의 1 egy tized

분간-하다 동 megkülönböztet, különbséget tesz; ~하기 어려운 megkülönböztethetetlen; 선악을 ~ 못하다 nem tudja megkülönböztetni a jót a rossztól; 어둠 속에서 사람들 얼굴을 ~하다 megkülönbözteti az arcokat a sötétben

분개-하다 동 mérges, dühös vmire / vkire; 나는 그의 말을 듣고 ~하였다 Szavait hallva dühös lettem.; 사장의 불공평한 처사에 ~하여 그는 사직했다 Az igazgató (cégvezető) igazságtalan lépésein feldühödve lemondott / felmondott.

분계선 명 demarkációs vonal; 군사 ~ katonai demarkációs vonal

분과 명 ág, osztály; 물리학은 자연과학의 한 ~이다 A fizika egy természettudományág.

분규 명 nehézség, komplikáció, baj; ~를 일으키다 bajt okoz

분기점 명 elágazás, kereszteződés

분기-하다 동 elágazik; 이 선로는 여기에서 ~하여 광주에 이른다 Ez a vonal itt ágazik el, és Gvángzsuba megy.

분노-하다 동 dühbe gurul, mérges lesz; ~ 명 düh; ~한 나머지 dühében, mérgében; ~하게 하다 feldühít, felmérgesít vkit

분단 명 helyi ág, csoport; ~ 학습 csoportos tanulás

분단국가 명 megosztott nemzet

분단-하다 동 részekre oszt; ~ 명 megosztottság; 한반도의 ~ a Koreai-félsziget megosztottsága

분담-하다 동 eloszt, feloszt, részt vállal; 비용을 ~하다 elosztja a költségeket; 일

을 ~하다 felosztja a munkát

분량 명 mennyiség; mérték; 많은 ~ nagy mennyiség; ~을 늘리다 növeli a mennyiséget; ~을 재다 leméri a mennyiséget

분류-하다 동 feloszt, osztályoz, csoportosít, válogat; ~ 명 csoportosítás, besorolás; 물품의 ~ javak csoportosítása; 두 종류로 ~하다 két osztályba sorol; 우편물을 ~하다 leveleket válogat

분류학 명 osztályozástan, taxonómia

분류학자 명 a taxonómia tudósa, taxonómos

분리수거 명 szelektív gyűjtés; 쓰레기 ~ szelektív hulladékgyűjtés

분리주의 명 szeparatizmus

분리주의자 명 szeparatista

분리-하다 동 elválaszt, szétválaszt, leválaszt; ~ 명 elválasztás, szétválasztás, szétosztás, szegregáció; 정치와 종교를 ~하다 elválasztja a politikát a vallástól

분립-하다 동 függetlenné válik; A, B, C, D가 ~하고 있다 A, B, C és D függetlenek egymástól.

분만실 명 szülőszoba

분만-하다 동 megszül, világra hoz, életet ad vkinek; ~ 명 szülés; 사내아이를 ~하다 fiút szül

분말 명 por, púder; ~의 poralapú; ~로 만들다 porlaszt

분명-하다 형 tiszta, egyszerű, nyilvánvaló, puszta, világos; ~한 사실 nyilvánvaló igazság; ~해지다 világossá válik; 네가 틀린 것은 ~하다 világos, hogy tévedsz

분명히 부 világosan, nyilvánvalóan, egyértelműen; ~ 하다 világossá tesz, tisztáz; ~ 기억하고 있다 világosan emlékszik; 태도를 ~ 하다 világosan véleményt nyilvánít

분무기 명 spray, párásító

분배-하다 동 eloszt, feloszt; ~ 명 elosztás; 재산을 자녀들에게 균등하게 ~하다 egyenlő részekben felosztja birtokát a gyerekei között; 이익을 ~해 주다 elosztja a nyereséget

분별-하다 동 megítél, felismer; ~ 명 megítélés, bölcsesség, józan ész; 방향을 ~ 못하다 nem ismeri fel a helyes irányt; ~이 있다 okos, értelmes; ~이 있는 tapintatos, diszkrét; ~이 없는 indiszkrét, tapintatlan; ~을 잃다 elveszíti az önuralmát / a józan eszét

분부-하다 동 parancsol, utasít; ~ 명 parancs, utasítás; ~대로 하다 parancsot teljesít

분분-하다 형 komplikált, megosztott; 의견이 ~ megosztott vélemény

분비물 명 váladék

분비-하다 동 kiválaszt; ~ 명 kiválasztás; ~를 돕는 kiválasztó; ~ 기관 kiválasztó szerv

분산-하다 동 szétterít, szétoszt, decentralizál; felbont; ~ 명 decentralizáció; 위험을 ~시키다 szétteríti a kockázatot; 주민을 지방으로 ~시키다 a lakosságot szétosztja az országban; 산업을 지방으로 ~시키는 것이 필요하다 decentralizálni kell az ipart; 빛의 ~ fényfelbontás

분석-하다 동 analizál, elemez, felbont, vizsgál; ~ 명 elemzés, analízis, vizsgálat; 실패의 원인을 ~ 하다 elemzi a kudarc okát; ~한 결과 이것은 비타민 B를 함유하고 있음이 판명되었다 Az elemzés kimutatta, hogy B-vitamint tartalmaz.

분쇄기 명 daráló, őrlő malom

분수[1] 명 (수학) törtszám

분수[2] 명 szökőkút; 이 공원의 ~는 평일에는 물이 나오지 않는다 A szökőkút a parkban hétköznap nem működik.

분신-하다 동 felgyújtja magát; ~ 명 öngyilkosság önégetéssel; ~을 기도하다 önégetést kísérel meg

분실물 명 talált tárgyak; ~ 안내소 talált tárgyak osztálya; ~을 신고하다 bejelenti az elveszett tulajdont

분실-하다 동 (el)veszít, eltűnik; ~ 명 elveszítés; ~된 eltűnt; 금고의 돈이 ~된 것을 알았다 Észrevettem, hogy a széfben levő pénz eltűnt.

ㅂ

분야 명 ág, terület, mező; 연구 ~ kutatási terület; 새로운 ~를 개척하다 új területet nyit meg; 너의 전문 ~는 무엇이냐 Mi a szakterületed?

분양-하다 동 parcelláz; 그 땅은 지금 ~ 중이다 a földet felparcellázva árulják

분업 명 munkamegosztás; 일을 ~해서 하다 megosztja a munkát

분열-하다 동 szétválik, megoszt; felbomlik, szétbomlik; ~ 명 bomlás, felbomlás, szétbomlás, szakadás, hasadás; 세포 ~ sejtosztódás; 정당의 ~ pártszakadás, párt felbomlása; 원자핵 ~ atommaghasadás; 각 파로 ~하다 különböző frakciókra bomlik szét

분위기 명 hangulat; 가정적인 ~ családias hangulat; 어색한 ~ kellemetlen hangulat; ~가 마음에 안 든다 nem tetszik a hangulat

분유 명 tejpor; 아기를 ~로 키우다 a csecsemőt tejporral eteti

분자 명[1] (수학) számláló

분자 명[2] (물리·화학) molekula; ~의 molekuláris; ~ 구조 molekuláris szerkezet

분장사 명 sminkes

분장실 명 öltöző, sminkes szoba

분장-하다 동 sminkel; 여자로 ~하다 nőnek sminkel, nőnek öltözik

분쟁 명 vita; 국경 ~ határvita; 민족 ~ etnikai vita; 학원 ~ iskolai vita; ~을 평화적으로 해결하다 békés eszközökkel rendezi a vitát; 노사 간의 ~은 합의로 해결되었다 A vita a munkások és a vezetés között megegyezéssel megoldódott.; 우리는 강대국 간의 ~에 휘말려들고 싶지 않다 Nem akarunk a nagyhatalmak közti vitába keveredni.

분주-하다 형 elfoglalt, mozgalmas, sietős; ~하게 elfoglaltan, sietősen, mozgalmasan; ~한 생활 sietős / mozgalmas élet

분지 명 medence, völgy; ~를 이루다 medencét formál; ~는 여름에 덥고 겨울에 춥다 A völgyben nyáron meleg, télen hideg van.

분출구 명 lökhajtásos hajtómű

분출-하다 동 kitör, kilövell; ~ 명 erupció, kitörés; 석유가 유전에서 ~하다 az olajkút olajat lövell ki; 화산은 용암을 ~하고 있다 a vulkán lávát lő ki

분포도 명 eloszlási térkép

분포-하다 동 eloszlik; ~ 명 eloszlás, megoszlás; 인구 ~ a lakosság eloszlása; 동식물의 지리적 ~ a növények és az állatok földrajzi eloszlása; 이들 동물은 전 세계에 ~하고 있다 Ezek az állatok világszerte előfordulnak.

분-하다 형 bosszantó; ~하게도 vki bosszúságára; ~해서 눈물을 흘리다 bosszúságában sír; 그의 말을 들으니 ~했다 Amit mondott, feldühített.

분할-하다 동 feloszt, eloszt; ~ 명 felosztás, elosztás; 토지를 ~하여 팔다 felosztva adja el a földet; 인도는 1947년에 ~되었다 Indiát 1947-ben felosztották.; ~ 매입하다 részletre vesz; ~통치 "oszd meg és uralkodj" politika

분해-하다 동 bont, szétszed, szétszerel, összetör; ~ 명 bontás, szétszedés, szétszerelés; 기계를 ~하다 szétszedi / szétszereli a gépet; 시계를 ~하다 darabokra szedi az órát; 물을 산소와 수소로 ~하다 oxigénre és hidrogénre bontja a vizet; 화합물을 원소로 ~하다 vegyületet alkotóelemeire bont

분홍 명 rózsaszín; ~색 옷을 입고 있다 rózsaszínbe öltözik, rózsaszín ruhában van

분화-하다 동 szétágazik; 현대 사회에서는 직업이 다양하게 ~된다 A modern társadalomban a szakterületek szétágaznak.

붇다 동 megduzzad, felduzzad, megdagad; 콩이 물에 불었다 A szójabab megduzzadt a vízben.; 빚이 불어나다 felduzzad az adóssága; 물이 불어난 강 megduzzadt folyó

불 명 tűz, láng; tűzvész; lámpa; ~같은 égő, lángoló; ~붙기 쉬운 gyúlékony; ~이 붙다 a tűz ég, tüzet fog; ~이 나다 tűz üt ki; ~을 내다 tüzet okoz; ~을 끄다 eloltja a tüzet / a lámpát; ~은 부엌에서 났다 A tűz a konyhában ütött ki / keletkezett.; 등잔에 ~을 붙이다 lámpát gyújt; ~을 켜 놓은 채 잠들다 égő lámpa mellett alszik el; ~이 너무 어둡다 túl gyenge a lámpafény; ~이 나갔다 kiégett a lámpa, kialudt a fény; 담배에 ~을 붙이다 cigarettára gyújt; 우리는 낙엽을 모아 ~을 피웠다 Összegyűjtöttük a száraz leveleket, és meggyújtottuk.; 휘발유는 ~이 붙기 쉽다 a benzin gyúlékony / könnyen meggyullad; 방에 ~을 때다 felmelegíti a szobát, (be)fűti a szobát; ~이야! Tűz van!

불가결-하다 형 létfontosságú, nélkülözhetetlen; ~ 명 létfontosság, nélkülözhetetlenség; 공기는 생명에 ~한 것이다 a levegő létfontosságú / nélkülözhetetlen az élethez

불가능-하다 형 lehetetlen; ~ 명 képtelenség, lehetetlenség; ~한 일 lehetetlen dolog / vállalkozás; 그 문제는 해결이 ~하다 lehetetlen megoldani azt a problémát; 여권 없이는 출국이 ~하다 Útlevél nélkül lehetetlen elhagyni az országot.

불가분 명 elválaszthatatlanság; ~의 elválaszthatatlan, elszakíthatatlan; 몸과 마음은 ~의 관계에 있다 A lélek elválaszthatatlan a testtől.; 흡연의 악영향과 폐암은 ~의 관계가 있다 A dohányzás káros hatása és a tüdőrák elválaszthatatlanok egymástól.

불가사의-하다 형 csodálatos, varázslatos; ~ 명 csoda, varázslat, rejtély; 세계의 7대 ~ a világ hét csodája; 생명의 기원은 여전히 ~하다 Az élet eredete változatlanul rejtély maradt.

불가피-하다 형 kikerülhetetlen, elkerülhetetlen; ~한 사정으로 elkerülhetetlen körülmények miatt; 두 나라 사이의 전쟁은 ~하다 A két ország közötti háború elkerülhetetlen.

불가-하다 rossz, helytelen; lehetetlen; 가도 아니고 ~도 아니다 se nem jó, se nem rossz

불감증 명 (의학) érzéketlenség

불거지다 동 előjön, fellép; 문제가 ~ probléma előjön

불결-하다 형 piszkos, koszos; ~ 명 piszkosság; 화장실이 매우 ~하다 A mosdó / WC nagyon piszkos.

불경 명 buddhista iratok

불경죄 명 felségsértés

불경-하다 형 tiszteletlen; ~ 명 tiszteletlenség; ~한 말을 하다 tiszteletlen megjegyzést tesz

불고기 명 bulgogi (koreai húsétel)

불공정-하다 형 igazságtalan, egyenlőtlen; ~ 명 igazságtalanság, egyenlőtlenség; ~한 경쟁 egyenlőtlen verseny

ㅂ

불과 부 csak, csupán, nem több; ~ 10명 nem több, mint tíz fő; ~ 일주일 전에 csak egy hete; 구실에 ~하다 ez csupán kifogás

불교 명 buddhizmus; ~를 믿다 hisz a buddhizmusban

불교도 명 buddhista (hívő)

불구 명 korlátozottság, rokkantság; ; ~가 되다 megrokkan

불구자 명 rokkant személy

불구속 명 nem kényszerítő; ~으로 fizikai kényszerítés nélkül; ~ 입건되다 fizikai kényszerítés nélkül tartják fogva

불구하고 vmi ellenére

불규칙-하다 형 rendszertelen, rendhagyó; ~하게 rendhagyó módon; ~한 생활을 하다 rendszertelen életet él; ~ 변화 (문법) rendhagyó ragozás

불균형-하다 형 kiegyensúlyozatlan; ~한 임금 kiegyensúlyozatlan fizetések; 경제상의 ~을 시정하다 kiegyensúlyozza a gazdasági egyenlőtlenséget

불기소 명 a vád elejtése, vádemelés elhagyása; ~ 하다 elejti a vádat; 그는 ~되었다 Ejtették az ellene felhozott vádakat.

불길 명 láng, tűz; ~이 사납다 hevesek a lángok; ~은 사방으로 번졌다 A tűz minden irányba terjedt.; 그 집은 순식간에 ~에 휩싸였다 A ház pillanatok alatt lángba borult.

불길-하다 형 szerencsétlen, rossz; ~한 예감 rossz előérzet; ~한 예감을 하다 rosszat sejt

불꽃 명 szikra, láng, tűz; ~ 튀다 szikrázik; ~ 튀는 논쟁 parázs vita

불꽃놀이 명 tűzijáték; ~를 하다 tűzijátékot rendez

불끈-하다 동 dühkitörése van; ~하여 felindulásból; 그는 ~하는 성미다 forrófejű

불능 명 lehetetlenség; 해결 ~인 문제 megoldhatatlan probléma; 이 텔레비전은 수리 ~이다 Ezt a tévét lehetetlen megcsinálni / megjavítani.

불다 동 fúj; kifúj, elfúj; 맹렬히 ~ erősen fúj; 바람은 북쪽에서 불어온다 A szél észak felől fúj.; 촛불을 불어 끄다 elfújja a gyertyát; 풍선을 ~ lufit felfúj; 휘파람을 ~ fütyül; 피리를 ~ furulyázik; 죄를 ~ bűnösnek vallja magát

불도저 명 bulldózer; ~로 땅을 밀다 ledózerol

불똥 명 szikra; ~이 튀다 szikrázik

불량-하다 동 rossz, hibás, silány; ~ 명 rosszaság; 품질이 ~ 하다 rossz minőségű; ~ 식품 silány élelmiszerek

불러내다 동 kihív; 그는 나를 정원으로 불러냈다 Kihívott engem a kertbe.

불러들이다 동 behív, magára hoz; 위험을 ~ magára hozza a veszélyt; 그 학생을 불러들이겠느냐 Behívod a hallgatókat?

불러오다 동 behív, hívat; 사무실로 ~ behívja az irodájába; 사람을 보내 ~ hívat vkit, küld vkiért

불러일으키다 동 felkelt; 여론을 ~ felkelti a közvélemény figyelmét

불로장수 명 örök fiatalság; ~약 életelixír

불룩-하다 형 dagadt, duzzadt; ~한 지갑 duzzadt pénztárca; 배가 ~하다 pocakja van, pocakos

불륜 명 affér, erkölcstelen kapcsolat, félrelépés; 그녀의 남편은 ~을 저지르고 있다 A férjének afférja van. A férje félrelép.

불리다[1] 동 vki hívatik, hívják (őt); 선생님에게 불리어 가다 tanár elé hívják, a tanár hívatja

불리다[2] 동 (바람에) fúj, száll; 먼지가 바람에 ~ a por száll a levegőben

불리다[3] 동 ❶ áztat; 쌀을 물에 ~ rizst vízbe áztat ❷ megszedi magát; 공직을 이용하여 자기 배를 ~ megszedi magát a hivatalában ❸ megtöbbszöröz, megsokszoroz; 재산을 ~ megsokszorozza a vagyonát

불만 명 panasz; 나는 전혀 ~이 없다 Nincs mire panaszkodnom.; 그 사람이 내게 ~이 있는지 모르겠어 Kíváncsi vagyok, van-e rám panasza.

불만스럽다 형 nem kielégítő, elégtelen; 불만스러운 결과 nem kielégítő eredmény; 불만스럽게 여기다 elégtelennek tart vmit

불면증 명 (의학) alvászavar, inszomnia, álmatlanság; ~ 환자 alvászavarban szenvedő beteg; ~에 걸리다 alvászavarban szenved

불명 명 ismeretlen, azonosítatlan; 국적 ~의 비행기 ismeretlen repülő; 신원 ~의 시체 azonosítatlan holttest

불모지 명 ugar, műveletlen föld, parlag

불문과 명 francia tanszék

불문율 명 íratlan szabály

불법 명 törvénytelenség; ~적 törvénytelen, illegális; ~으로 illegálisan, törvénytelenül; ~을 저지르다 törvénytelenségeket követ el; 그는 ~적 수단으로 그 정보를 입수했다 törvénytelenül jutott az információhoz; ~ 감금 törvénytelen fogva tartás; ~ 선거 운동 törvénytelen választási kampány; ~ 행위 törvénytelen cselekedet

불변 változatlan, tartós, állandó, megváltoztathatatlan; ~의 법칙 megváltoztathatatlan törvény

불복종 명 szófogadatlanság, engedetlenség

불붙다 동 lángra gyúlik / lobban, tűzre kap; 불붙는 데 키질하다 olajat önt a tűzre; 불붙기 쉽다 gyúlékony

불빛 명 fénysugár; 전등의 ~이 약하다 az izzó gyenge fényt ad; 어둠 속에 ~이 보였다 fény látszott a sötétben

불사르다 동 (el)éget; lángol; 쓰레기를 ~ szemetet éget; 정열을 ~ lángol a szenvedélytől

불사조 명 főnix

불사약 명 elixír

불사-하다 동 feláldozza magát, dacol a halállal; 죽음을 ~하고 적과 싸우다 a halállal dacolva harcol az ellenséggel

불상사 명 botrány

불성 명 Buddha természete

불손-하다 형 arrogáns, kihívó, beképzelt; ~ 명 arrogancia; ~한 태도 kihívó viselkedés; ~하게 arrogánsan

불순물 명 szennyeződés; ~을 없애다 eltávolítja a szennyeződést

불시 váratlan, időszerűtlen, előre láthatatlan; ~에 váratlanul; ~의 공격 váratlan

ㅂ

támadás; ~에 덮치다 váratlanul lecsap vkire

불신감 명 gyanú, bizalmatlanság; ~을 품다 gyanakszik

불신-하다 동 nem bízik, nem hisz vkiben; ~ 명 bizalmatlanság; 사회의 ~ 풍조 a társadalom általános bizalmatlansága; ~을 사다 elveszíti a bizalmat

불심 명 Buddha kegye, szenvedélyek nélküli elme

불쌍-하다 형 szegény, nyomorult, sajnálatos; ~한 고아 szegény árva; ~한 처지 nyomorult állapot; 그가 ~해서 일자리를 주었다 Sajnálatból adtam neki munkát.; ~도 해라 Szegény!

불쑥 부 hirtelen, váratlanul; ~ 나타나다 felbukkan, feltűnik; 어둠 속에서 사람 그림자가 ~ 나타났다 Egy ember bukkant fel hirtelen a sötétben.

불안정-하다 형 ingatag, változó, bizonytalan, instabil; ~ 명 bizonytalanság, instabilitás; ~한 지위 bizonytalan állás; 정국이 ~하다 A politikai helyzet bizonytalan.; 요즘 날씨는 ~하다 Az időjárás változékony manapság.

불안-하다 동 nyugtalan, ideges, zaklatott; ~ 명 nyugtalanság; ~해 보이다 nyugtalannak tűnik; 사회적, 경제적인 ~을 조성하다 társadalmi és gazdasági nyugtalanságot okoz; ~해지다 ideges lesz, nyugtalan lesz; 나는 장래에 대해 ~을 느낀다 Nyugtalan vagyok a jövőm miatt.; 정서 ~ gondterheltség, érzelmi zaklatottság

불어 명 francia nyelv

불어나다 동 növekedik, hízik; 강물이 ~ a folyóvíz mennyisége növekszik; 재산이 열 배로 ~ a vagyon tízszeresére növekszik; 체중이 ~ meghízik

불어넣다 동 belefúj; ösztönöz, lelkesít; 타이어에 공기를 ~ levegőt fúj a gumiabroncsba; 위험한 사상을 ~ veszélyes eszmékkel lelkesít vkit

불완전-하다 형 tökéletlen, hibás, nem teljes; 인간이란 누구나 ~하다 senki sem tökéletes

불우-하다 형 szerencsétlen, nélkülöző; ~하게 자라다 szerencsétlen körülmények között nő fel; ~ 이웃돕기 (모금) 운동 "gyűjtés a nélkülöző szomszédoknak" mozgalom, gyűjtés a bajba jutottak javára

불운-하다 형 szerencsétlen; ~ 명 szerencsétlenség, balszerencse; ~하게(도) vkinek a balszerencséjére; ~ 을 당하다 nincs szerencséje, balszerencsés; ~의 탓이라고 체념하다 elfogadja a balszerencsét / sorsát

불응-하다 동 nem válaszol, elutasít, visszautasít; ~ 명 elutasítás; 초대에 ~하다 visszautasítja a meghívást; 호출에 ~하다 nem jelenik meg az idézésre

불의 명 hirtelenség, váratlanság; ~의 hirtelen, váratlan, véletlen; ~의 사건 váratlan esemény; 그의 ~의 질문에 당황했다 Váratlan kérdése zavarba hozott.

불이익 명 hátrány; ~을 당하다 hátrányt elszenved; ~을 감수하고 사실을 말하다 A hátrány ellenére megmondja az igazat.

불임 steril, terméketlen; ~ 수술 sterilizációs műtét, sterilizáció

불전 명 buddhista iratok

불참-하다 동 hiányzik, nem vesz részt; ~ 명 hiányzás, részvétel hiánya; 그는 마라톤에 ~했다 Nem vett részt a maratoni futáson.

불충분-하다 형 elégtelen, nem elegendő, nem megfelelő; ~ 명 elégtelenség, tökéletlenség; 자금이 ~하다 a tőke nem elég; 조사가 ~하다 a nyomozás / vizsgálat nem elég alapos; 증거 ~으로 무죄가 되었다 Bizonyíték hiányában felmentették.

불친절-하다 형 barátságtalan; ~ 명 barátságtalanság; ~하게 barátságtalanul; 손님에게 ~하다 barátságtalan a vevőkkel; 그 상점은 ~하다 Abban a boltban barátságtalanok (az eladók).

불쾌감 명 kellemetlenség; 다른 사람에게 ~을 주다 kellemetlenséget okoz másoknak

불쾌지수 명 hőmérséklettől és nedvességtől függő kényelmetlenség-érzet indexe / mérője, diszkomfortindex

불쾌-하다 형 kellemetlen; ~하게 kellemetlenül; ~한 냄새 kellemetlen szag

불타다 동 ég, lángol; 목조 건물은 불타기 쉽다 a faházak könnyen lángra lobbannak; 불타는 사랑 lángoló szerelem; 복수심에 ~ bosszúvágytól ég; 증오심에 ~ izzik a gyűlölettől

불태우다 동 eléget

불투명-하다 형 homályos, nem átlátszó, bizonytalan; 앞으로 어떻게 될지 ~하다 nehéz megmondani, hogy mi lesz; ~ 유리 nem átlátszó üveg, tejüveg

불편-하다 형 kényelmetlen, rosszul érzi magát; ~ 명 kényelmetlenség; 몸이 ~하다 nem érzi jól magát; 교통이 ~하다 rossz közlekedésű; 교량이 유실되어서 마을 사람들은 매우 ~하게 되었다 Az elsodort híd kényelmetlenséget okozott a falubelieknek.

불평등-하다 형 egyenlőtlen, diszkriminatív; ~ 명 egyenlőtlenség, megkülönböztetés, diszkrimináció; ~한 대우 egyenlőtlen bánásmód, diszkrimináció; ~ 조약 egyenlőtlen szerződés

불평-하다 동 panaszkodik, panaszol; ~ 명 panasz, zokszó; ~ 한마디 없이 zokszó nélkül; ~을 늘어놓다 panaszkodik vmire; 그는 늘 ~만 한다 Ő állandóan panaszkodik.; 그녀는 자기 남편이 술을 많이 마신다고 ~을 했다 Panaszkodott, hogy sokat iszik a férje.

불필요-하다 형 szükségtelen, felesleges; 변명은 ~하다 felesleges magyarázkodni / mentegetőzni; ~한 지출은 절감해야 한다 Vissza kell fognunk a felesleges költségeket / kiadásokat.

불합리-하다 형 értelmetlen, irracionális, abszurd, logikátlan; ~ 명 értelmetlenség; ~한 세금제도 logikátlan adórendszer; ~한 가격 irracionális ár

불행-하다 형 szerencsétlen, boldogtalan; ~ 명 szerencsétlenség, boldogtalanság; ~하게도 szerencsétlenségére, balszerencséjére; ~한 소식 rossz hírek; ~은 겹쳐 오는 법이다 a baj nem jár egyedül

불허-하다 동 tilt, nem enged, visszautasít; ~ 명 tiltás; 외출을 ~ 하다 nem engedi, hogy kimenjen

불현듯 부 hirtelen; ~ 집 생각이 나다 hirtelen honvágy önti el

불협화음 명 diszharmónia, disszonancia; ~의 disszonáns; 경제 마찰 때문에 양국 관계에 ~이 일어났다 A gazdasági vita disszonanciát okozott a két ország viszonyában.

불화 명 ellentét, széthúzás, viszály; 가정 ~ családi ellentét; 청소년 비행은 흔히

가정 ~에 기인 한다 A fiatalkori bűnözés gyakran a családi viszályokra / ellentétekre vezethető vissza.

불확실성 명 bizonytalanság; 존재의 ~ létbizonytalanság

불확실-하다 형 bizonytalan, megbízhatatlan; ~한 보도 megbízhatatlan jelentés; 나는 그런 ~한 사업에 투자하지 않겠다 Nem akarok bizonytalan üzletbe befektetni.

불황 명 pangás, recesszió; 경제의 ~ gazdasági recesszió; ~을 극복하다 túljut a recesszión; 우리 회사는 ~ 때문에 파산할 지경이다 A recesszió miatt a cégünk majdnem tönkrement. A recesszió miatt a cégünk a csőd szélére került.

붉다 형 piros, vörös; 나뭇잎이 붉게 물들었다 a falevelek vörösre színeződtek; 서쪽 하늘이 저녁놀로 붉게 물들었다 A nyugati ég vöröslik a lenyugvó naptól.

붉히다 동 elpirul; 그녀는 부끄러워서 얼굴을 붉혔다 elpirult a szégyentől

붐비다 동 forgalmas, tömött, zsúfolt; 붐비는 열차 tömött vonat; 입구는 항상 붐빈다 A bejárat mindig zsúfolt. Mindig nagy tömeg van a bejáratnál.; 붐비는 시간 csúcsidő

붓 명 íróecset, ecset; ~을 들다 tollat fog, írni kezd

붓꽃 명 (식물) írisz

붓다[1] 동 önt; 물을 솥에 ~ vizet önt az edénybe; 매달 만원씩 ~ havi tízezer vonos részletekben fizet

붓다[2] 형 megdagad, bedagad; 손가락이 ~ megdagadt az ujja; 눈이 ~ bedagadt a szeme; 다친 팔목이 몹시 부었다 A sérült csukló csúnyán bedagadt.

붕괴-하다 동 összedől, beomlik; ~ 명 beomlás; 제방의 ~ a töltés beomlása; 광산의 갱도가 ~되었다 A bánya menynyezete beomlott.

붕대 명 kötés; ~를 하다 / 감다 sebet beköt; ~를 풀다 leveszi a kötést; ~를 갈아 대다 kötést cserél

붙다 동 ragad; érintkezik; 두 집이 서로 붙어 있다 a házak érintkeznek egymáshoz; 이 열차에는 침대차가 붙어 있다 A vonathoz hálókocsit is kapcsoltak.; 꼭 붙어 앉다 szorosan egymás mellett ülnek; 집안에 붙어 있다 otthon ragad, szeret otthon lenni; 이자가 ~ kamatot hoz; 입학시험에 ~ sikerül a felvételije; 세금이 붙지 않다 adómentes; 싸움이 ~ veszekedés kezdődik

붙들다 동 elfog, elkap; 포로를 ~ elfogja a foglyot

붙박이 명 beépített (bútor); 이것은 ~로 되어 있어서 떼어 낼 수가 없다 be van építve, elmozdíthatatlan

붙박이장 명 beépített szekrény

붙이다 동 ragaszt, csatol, köt; 소포에 꼬리표를 ~ címkét ragaszt a csomagra; 반창고를 ~ sebtapaszt ragaszt a sebre; 벽에 포스터를 ~ posztert ragaszt a falra; 바닥에 타일을 ~ padlót lecsempéz, járólapoz; 조건을 ~ feltételeket csatol vmihez; 싸움을 ~ veszekedést indít; 흥정을 ~ alkut köt; 그는 강아지에게 니키라는 이름을 붙였다 a kutyát Nikinak nevezte el

붙잡다 동 elfog, elkap, letartóztat; 엄마 치맛자락을 꼭 ~ anyja szoknyáját szorosan fogja; 도둑을 ~ letartóztatja a tolvajt, elfogja a tolvajt; 너를 오래 붙잡지는 않겠다 Nem tartalak fel sokáig!

붙잡히다 동 elfogatik, elfogják; (범인이)

아직 붙잡히지 않고 있다 A tettes még szabadon van. A tettest még nem fogták el.

브라운관 명 katódsugárcső

브랜드 명 márka; 유명 ~ híres márka

브랜디 명 brandy

브이티아르 명 videó

블라우스 명 blúz

비[1] 명 eső; 억수같이 퍼붓는 ~ zuhogó eső, mintha dézsából öntenék ~가 오든 안 오든 akár esik, akár nem; ~를 맞으며 걷다 sétál az esőben; ~에 젖다 megázik; 가랑~가 온다 szitál az eső; ~가 올 것 같다 esőre áll az idő; ~가 오락가락 한다 hol esik, hol eláll; ~가 멈췄다 elállt az eső

비[2] 명 söprű, seprű; 빗자루 söprűnyél / seprűnyél; ~로 쓸다 söpör, seper

비[3] 명 (비율) arány, ráta; A와 B의 ~ A és B aránya

비[4] 명 (묘비) sírkő, síremlék; ~를 세우다 síremléket állít

비-[5] nem, -talan, -telen, -tlan, -tlen; ~논리적 logikátlan; ~위생적 nem higiénikus, nem tiszta

비겁-하다 형 gyáva; ~ 명 gyávaság; ~한 짓을 하다 gyáván cselekszik; 그런 소릴 하다니 ~하다 gyávaság azt mondani

비결 명 titok, a nyitja / kulcsa vminek; 건강의 ~ az egészség titka; 성공의 ~은 근면과 정직이다 A siker titka a munka és az őszinteség.

비공개 명 zárt; ~의 zárt; ~ 회의 zárt ülés; ~ 재판 zárt bírósági tárgyalás

비공식 nem hivatalos, informális; ~(적)으로 informálisan; ~ 방문 nem hivatalos látogatás

비과학적 tudománytalan; ~으로 tudománytalanul

비관론 명 pesszimizmus

비관론자 명 pesszimista

비관-하다 동 borúlátó; 인생을 ~하다 értelmetlennek látja az életet; 앞날을 ~하다 borúlátó a jövőjével kapcsolatban, a jövőtől sem vár semmi jót

비교급 (문법) középfok

비교적 부 viszonylag, relatívan; 새로 개점한 저 상점은 값이 ~ 싸다 Az új boltban az áru viszonylag olcsó.

비교-하다 동 összehasonlít; ~ 명 összehasonlítás; ~도 안 될 만큼 összehasonlíthatatlanul; 갑과 ~하면 을이 낫다 A-val összehasonlítva B jobb.; 나는 번역문을 원문과 ~해 보았다 Összehasonlítottam a fordítást az eredetivel.

비굴-하다 형 megalázkodó szolgalelkű; ~ 명 szolgalelkűség; ~한 웃음 megalázkodó mosoly; ~한 태도를 취하다 szolgalelkű magatartást tanúsít

비극 명 tragédia; ~적(인) tragikus; 그가 요절한 것은 이 나라에 있어 크나큰 ~이다 Tragédia az országnak, hogy fiatalon meghalt.

비기다 döntetlen; 비긴 경기 döntetlen meccs; (야구 경기는) 연장전까지 했으나 비겼다 hosszabbítás után is döntetlen maradt

비꼬다 동 elferdít; 비꼬아 말하다 cinikus megjegyzést tesz

비난-하다 동 kritizál, vádol; ~ 명 kritika; ~할 만한 kritizálható; ~의 대상이 되다 kritika tárgya lett; 그들은 지연의 책임이 그에게 있다고 ~했다 Őt vádolták a csúszás miatt.; 친구들 모두가 ~의 눈초리로 나를 보았다 Minden barátom vádlón nézett rám.

비누 명 szappan; 세탁 ~ mosószappan; ~로 손을 씻다 szappannal kezet mos; ~ 거품 szappanhab; ~ 방울 szappanbuborék

비늘 명 pikkely; ~ 모양의 pikkelyszerű; 생선의 ~을 벗기다 megpucolja a halat

비닐 명 (화학) vinil, nejlon

비닐봉지 명 szatyor, nejlontáska

비닐하우스 명 üvegház, fóliasátor

비다 형 üres, szabad, nem elfoglalt; 빈 집 üres ház, lakatlan ház; 빈 깡통 üres konzervdoboz; 빈 병 üres üveg; 머리가 텅 빈 사람 üresfejű ember; 주머니가 비어 있다 üres a pénztárcája; 그를 빈손으로 돌려보냈다 Üres kézzel küldtem el.; 이 자리는 비었습니까 Szabad ez a hely?; 이번 토요일 오후는 스케줄이 비어 있다 E hét szombat délután szabad vagyok.

비단[1] 명 selyem; ~옷 selyemruha

비단[2] 부 nem csak; 그의 이론을 뒷받침해 주는 것은 ~ 이 사실뿐만이 아니다 Nem csak ez a tény támasztja alá az elméletét.

비단뱀 명 piton, óriáskígyó

비둘기 명 galamb; ~는 평화의 상징이다 A galamb a béke jelképe.

비디오 명 videó; 텔레비전 프로를 ~에 녹화하다 a tévéműsort felveszi videóra

비디오테이프 명 videoszalag

비뚤어지다 동 görbül, ferdül, eltorzul; 비뚤어진 코 görbe orr; 그 녀석은 성격이 비뚤어졌다 Annak a fiúnak eltorzult a jelleme.

비례 명 arány; ~ 배분 arányos képviselet; 정~ egyenes arány

비로소 부 csak akkor először, egészen addig, amíg; 그의 설명을 듣고서야 ~ 나는 깨달았다 Nem fogtam fel egészen addig, amíg nem magyarázta el.; 며칠 지나서 ~ 그 사실을 알았다 Csak pár nap után tudtam meg az igazságot.

비록 부 ha, habár, akár, akkor is; ~ 아무리 부자일지라도 akármilyen gazdag is; ~ 네 말이 맞더라도 네가 잘못했다 Ha igazad lenne, akkor is hibáztál.; ~ 굶어 죽을지언정 그에게 청은 않겠다 Ha éheznék is, akkor sem kérnék tőle szívességet.

비롯-하다 동 kezdődik, ered, származik; 이 풍습은 고구려 시대에서 비롯되었다고 한다 Ez a szokás a Kogurjo-dinasztia idejéből származik.

비료 명 trágya, komposzt; 화학 ~ műtrágya; ~를 주다 trágyáz

비리 명 igazságtalanság, jogtalanság; ~를 종식시키다 igazságtalanságot megszüntet

비릿-하다 형 halszagú

비만-하다 형 testes, túlsúlyos, kövér; ~ 명 testesség; ~해지다 testessé válik; 그는 과식으로 ~해졌다 A túl sok evéstől kövér lett.

비명 명 sikoly, sikoltás, ordítás; ~을 지르다 sikoltoz, ordít

비무장 명 demilitarizáció, lefegyverzés; ~ 지대 demilitarizációs zóna, fegyvermentes övezet

비문 명 sírfelirat

비밀 명 titok, titokzatosság; ~의 titkos; 공공연한 ~ nyílt titok; 통신의 ~ levéltitok; ~을 지키다 titkot tart; ~을 누설하다 titkot elárul; ~을 털어놓다 bevallja / elárulja a titkot; 그 조사는 ~ 리에 진행되었다 A nyomozást titokban folytatták.

비밀경찰 명 titkosrendőr; titkosrendőr-

ㅂ

ség

비밀계좌 명 titkos számla

비밀투표 명 titkos szavazás

비바람 명 vihar, szélvihar; ~이 치다 vihar van; 세찬 ~을 무릅쓰고 가다 szembe megy az erős viharral

비법 명 titkos módszer, misztérium; ~을 전수하다 beavatja a titkos módszerbe

비비다 동 kapar, dörzsöl, vakar, kever; 눈을 ~ dörzsöli, vakarja a szemét; 손을 비벼 녹이다 dörzsöli a kezét; 옷의 진흙을 비비어 떨다 lekaparja a sarat a ruháról; 밥을 고기와 ~ rizst hússal kever

비상 명 vészhelyzet, riadó; ~이 걸리다 riasztva van; ~ 직통전화 forródrót

비상사태 명 vészhelyzet, rendkívüli állapot; ~를 선언하다 vészhelyzetet hirdet

비상착륙 명 kényszerleszállás; ~을 하다 kényszerleszállást hajt végre

비서 명 titkár, titkárnő; 그녀는 사장 ~이다 Ő az elnök titkárnője.

비서실 명 titkárság

비석 명 sírkő, síremlék; ~을 세우다 síremléket állít

비스듬-하다 형 ferde; ~히 ferdén; 모자를 ~히 쓰다 ferdén viseli a kalapját; 탑이 한쪽으로 ~하다 A torony egy kicsit ferde.

비슷비슷-하다 형 majdnem ugyanaz, hasonló; 그들의 나이는 ~하다 majdnem egyidősek; 둘의 생김새가 ~하다 A két ember nagyon hasonlít egymásra.

비슷-하다 형 hasonló; ~한 속담 hasonló közmondás; 두 사람의 얼굴이 ~하다 A két ember arca hasonló / hasonlít.

비싸다 형 drága; 비싸게 팔다 drágán árul; 값이 너무 ~ túl drága; 생각했던 것보다 (도) 값이 ~ drágább, mint gondoltam; 비싸게 굴다 vki felvág, túl büszke

비싸지다 동 drágul; 뭐든지 다 비싸졌다 minden megdrágult

비아냥거리다 동 cinikus megjegyzést tesz

비애 명 szomorúság; ~를 느끼다 szomorúságot érez, szomorúnak érzi magát

비약-하다 동 ugrik, emelkedik, gyorsan fejlődik; ~ 명 nagy ugrás, emelkedés; ~적 발전을 하다 ugrásszerűen fejlődik; 그의 의견에는 논리의 ~이 있다 Véleményében van egy logikai ugrás.

비열-하다 형 gonosz, rossz, aljas, gyáva; ~한 짓을 하다 aljasul cselekszik; ~한 수단으로 속이다 aljas módon becsapja

비옥-하다 형 gazdag, termő, termékeny; ~한 땅 termékeny föld; ~해지다 termővé válik; 이곳은 땅이 ~하다 A talaj itt nagyon termőképes.

비용 명 költség; 높은 유통 ~ magas szállítási költségek; 추가 ~ járulékos költségek; ~을 줄이다 csökkenti a költségeket; 결혼은 막대한 ~이 든다 Az esküvő óriási költségekkel jár.; ~은 개인 부담으로 여행했다 Saját költségemre utaztam.

비우다 동 kiürít; elhagy; 병을 ~ kiüríti az üveget; 잔을 ~ kiüríti a poharát; 내가 없는 동안 집을 비우지 마라 Távollétemben ne hagyd el a házat!; 집을 이달 말까지 비워 주시오 A hónap végéig hagyja el a házat!

비웃다 동 kigúnyol, kinevet; 아무의 어리석은 짓을 ~ kigúnyolja a butaságát; 그들은 그를 비겁하다고 비웃었다 Kinevették a gyávaságát.

비웃음 명 gúnyos mosoly; ~을 사다 nevetségessé teszi magát; 그는 ~ 거리가 되었다 gúny tárgyává vált

비위 명 gyomor; ~가 좋다 jó gyomra van; ~가 상하다 undorodik vkitől / vmitől; ~를 거스르다 megbánt vkit; ~를 맞추다 jókedvre derít vkit

비유 명 metafora, párhuzam; ~적으로 metaforikusan; ~적인 표현 metaforikus kifejezés; ~적으로 말하면 metaforikusan mondva, átvitt értelemben mondva; 그 어구는 ~적인 뜻으로 쓰인다 Átvitt értelemben használják ezt a szerkezetet.

비율 명 arány; 3대 1의 ~로 három az egyhez; 남녀 ~은 2대 1이다 A fiúk és a lányok aránya kettő az egyhez.; 대학에 진학하는 여학생의 ~이 높아지고 있다 A főiskolákon továbbtanuló lányok aránya növekszik / nő.

비자 명 vízum

비자금 명 titkos pénzalap; ~을 조성하다 titkos pénzalapot hoz létre

비장 명 (해부) lép; ~은 혈액의 질을 관리한다 A lép szabályozza a vér minőségét.

비장-하다 형 megható, hősies; ~한 최후를 마치다 hősi halált halt; 그는 끝까지 ~한 마음으로 싸웠다 Hősiesen küzdöttek az utolsó emberig.

비정상 명 szokatlanság, rendhagyóság; ~의 szokatlan, rendhagyó, nem normális; 시월 치고는 ~적으로 덥다 szokatlanul meleg október van

비좁다 형 szűk; 이 집은 4인 가족이 살기에는 너무 ~ Ez a ház túl szűk négy személynek.

비준-하다 동 ratifikál, jóváhagy; ~ 명 ratifikálás, jóváhagyás; 조약을 ~하다 szerződést ratifikál, jóváhagyja a szerződést

비중 명 fajsúly (물리); súly, hangsúly, elsőbbség, fontosság; 은의 ~을 재다 megméri az ezüst fajsúlyát; 구리는 철보다 ~이 크다 A réz fajsúlya nagyobb, mint a vasé.; 이 문제에 더 ~을 두어야 한다 Nagy súlyt kell fektetni erre a problémára.; 예산에서 인건비가 차지하는 ~이 크다 A költségvetésben nagy hangsúlyt kaptak a munkaerőköltségek.

비즈니스 명 üzlet, biznisz

비집다 동 félretol, szétnyit; 사람들을 비집고 나아가다 félretolja a tömeget

비참-하다 형 tragikus, szörnyű, sajnálatos; ~한 광경 szörnyű látvány; ~한 죽음을 하다 tragikus halált hal

비추다 동 ❶ megvilágít vmit; 회중전등으로 길을 ~ zseblámpával megvilágítja / bevilágítja az utat; 아무의 얼굴에 불을 ~ megvilágítja vkinek az arcát, vkinek az arcába világít ❷ visszatükröz, tükröződik; 호수가 산 그림자를 비추고 있다 A tóban tükröződnek a hegyek körvonalai.; 자식들은 부모를 비추는 거울이다 A gyermekek tükrök, amelyekben a szülei látszanak.; 전례에 비추어 az előzmények tükrében, az előzmények szerint

비치다 동 fénylik; átlátszik; 속살이 비치는 블라우스 átlátszó blúz; 구름 사이로 햇빛이 ~ A napfény áthatolt a felhőkön.; 이 방은 해가 잘 비친다 Ez a szoba sok fényt kap.

비켜서다 동 félreáll; 좀 옆으로 비켜서라 Állj félre!

비키다 동 kitér, félreáll; 차에서 비켜서다 kitér az autó elől; 그 부인에게 길을 비켜 드리다 félreáll, hogy elengedje a hölgyet

비타민 명 vitamin; ~ C가 많다 C-vitaminban gazdag; ~ 결핍증 vitaminszegény; ~ 과다증 vitamintúltengés, vitamin-túladagolás

비탈 명 lejtő; 오르막 ~ emelkedő; 내리막 ~ lejtő

비탈길 명 lejtős út

비탈지다 형 emelkedik, lejt

비틀거리다 동 támolyog; 비틀거리며 걷다 támolyog, dülöngél

비틀다 동 kicsavar, fordít; 젖은 수건을 비틀어 물을 짜내다 kicsavarja a vizes törülközőt; 팔을 ~ kicsavarja a kezét

비판-하다 동 kritizál, bírál; ~ 명 kritika, bírálat; ~적(으로) kritikusan; 통렬한 ~ durva kritika; 자기 ~ önkritika; 칸트의 순수 이성 ~ Kant: *A tiszta ész kritikája*; ~을 받다 kritizálják, kritikát kap; ~적인 눈으로 보다 kritikusan szemlél vmit

비평가 명 kritikus

비평-하다 동 kritizál, bírál, szemlél: ~ 명 kritika, szemle, jegyzet; 문명에 대한 ~ a civilizáció kritikája; 문예 ~ irodalmi kritika

비품 명 berendezési tárgyak; ~ 목록 a berendezési tárgyak listája

비-하다 동 összehasonlít vmit / vkit vmivel / vkivel; 그 소년은 나이에 ~해 키가 크다 A fiú magas a korához képest.; 세계에 ~할 데가 없다 Nincs senki a világon, akivel össze lehetne hasonlítani.

비핵화 명 atomfegyver-mentesítés; 한반도의 ~ a Koreai-félsziget atomfegyver-mentesítése

비행 명 rossz tett / cselekedet, bűncselekmény; ~을 저지르다 rosszat cselekszik; 청소년 ~의 증가 a kiskorúak által elkövetett bűncselekmények számának növekedése

비행기 명 repülőgép; ~를 타고 가다 repülőgépen utazik; ~에 오르다 felszáll a repülőgépre; ~는 곧 이륙할 것이다 a gép hamarosan felszáll; ~가 추락했다 a repülő lezuhant; ~가 불시착했다 a repülő kényszerleszállást hajtott végre; ~가 활주로에 착륙했다 A repülő leszállt a kifutópályára.; 우리는 ~로 서울에서 런던까지 갔다 Repülővel mentünk Szöulból Londonba.; ~ 승무원 légi személyzet; 뉴욕 행 ~표 New York-i repülőjegy

비행사 명 pilóta

비행장 명 repülőtér, reptér

비행접시 repülő csészealj

비행-하다 동 repül; ~ 명 repülés; ~ 중에 repülés közben; 그는 ~ 경력 5,000 시간의 조종사이다 A pilótának ötezer repülési órája van.; ~ 경로 légifolyosó; ~ 기록장치 feketedoboz

비호-하다 동 védelmébe vesz; ~ 명 védelem, menedék; 범죄자를 ~하다 védelmébe veszi a bűnözőt; 권력의 ~ 아래 있다 a hatalom védelme alatt van

빈곤-하다 형 szegény, nyomorult; ~ 명 szegénység, nélkülözés, hiány; ~에 시달리다 nagy szegénységben szenved; 그의 비평은 상상력의 ~을 여실히 보여주고 있다 A megjegyzései a fantázia hiányát jelzik. A megjegyzései a fantáziája szegénységét jelzik.

빈대떡 명 aranybab-palacsinta; ~을 지지다 aranybab-palacsintát készít

빈도 명 gyakoriság; 단어의 사용 ~ a szó használati gyakorisága, szógyakoriság; ~가 높은 nagy gyakoriságú; 낱말의 사용 ~를 조사하다 megvizsgálja egy szó

ㅂ

használatának a gyakoriságát

빈도수 명 frekvencia, gyakoriság

빈둥거리다 동 lustálkodik, henyél, elüti az időt vmivel; 일정한 직업 없이 빈둥거리고 있다 meghatározott elfoglaltság hiányában csak lustálkodik

빈말 명 üres szó, üres ígéret, vicc; ~이라도 그렇게 말할 수는 없었다 viccnek is rossz

빈발-하다 동 gyakran előfordul; ~ 명 gyakori előfordulás; 철도 사고의 ~ a vasúti szerencsétlenségek gyakori előfordulása

빈번-하다 형 gyakori; ~ 명 gyakoriság; 해마다 이맘때면 화재가 ~하다 Az év ezen időszakában gyakoriak a tüzek.

빈번히 부 gyakran

빈부 명 szegénység és gazdagság; ~의 격차 a gazdagok és nincstelenek közti különbség / szakadék; ~의 격차를 좁히다 csökkenti a gazdagok és szegények közti különbséget

빈손 명 üres kéz; ~으로 üres kézzel; ~으로 보내다 üres kézzel küld el vkit; 옛 친구를 ~으로 찾아갈 수는 없다 Nem látogathatom meg a barátomat üres kézzel.

빈약-하다 형 szegényes, korlátolt; ~한 식사 szegényes étel; ~한 지식 korlátolt tudás; 그의 연설은 내용이 ~했다 Szegényes volt az előadása.

빈자리 명 szabad hely; ~가 없었다 Nem volt szabad hely. ~를 메우다 feltölti a szabad helyeket

빈정거리다 동 kinevet, gúnyol, cinikusan mond vmit; 자못 빈정거리는 투로 말하다 gúnyosan mond vmit

빈칸 명 üres hely, kihagyott hely; 맞는 답을 ~에 적어 넣으시오 Az üres helyre írja be a helyes választ!

빈혈 명 vérszegénység; ~이 되다 vérszegény lesz; ~로 고생하다 vérszegénységben szenved

빌다 동 könyörög, esedezik; imádkozik; 무릎을 꿇고 ~ térden állva könyörög; 쾌유를 ~ imádkozik vki gyógyulásáért

빌딩 명 épület; 고층 ~ magas épület

빌리다 동 kölcsönöz, bérel; kölcsönvesz, segítséget kap; 책을 ~ könyvet kölcsönöz; 돈을 ~ pénzt kölcsönöz; 옷을 빌려 입다 kölcsönkapott ruhát hord; 남의 손을 ~ segítséget kap vkitől

빌미 명 a támadás kiváltó oka / ürügye; 공격의 ~를 제공하다 okot / ürügyet ad a támadásra

빗나가다 동 eltéveszt, eltéved, letér, félremegy; 과녁에서 ~ eltéveszti a célt; 일기 예보가 빗나갈 때도 있다 Az időjárás-előrejelzés néha téved.

빗다 동 fésüli a haját, fésülködik; 잘 빗은 머리 jól fésült haj

빗대다 동 빗대어 말하다 célzást tesz vkire; 그것은 나를 두고 빗댄 말 이었다 Az rám vonatkozó célzás volt.

빗물 명 esővíz; 길에 ~이 넘치고 있었다 Az utcákat elárasztotta az esővíz.

빗물받이 명 esővíztároló

빗방울 명 esőcsepp; ~ 소리 esőcsepp dobolása / hangja; ~이 듣다 esőcseppek hullanak

빗장 명 zár, hevederzár; 문에 ~을 지르다 bezárja a kaput

빙빙 부 ~ 돌다 körbeforog

빙자-하다 동 ürügyet / kifogást talál; ~ 명 kifogás, ürügy; 취직 알선을 ~하여 돈을 사취하다 álláskeresés ürügyével pénzt csal ki

빚 명 tartozás, kölcsön, adósság; ~을 지다 adósságba veri magát, adósságot csinál; ~을 갚다 kifizeti az adósságát; 십 만원의 ~이 있다 százezer vonnal tartozik, százezer vonos adóssága van

빚다 동 gyúr; 경단을 ~ rizssüteménygolyókat gyúr

빚지다 동 adósságba veri magát; 빚지고 도망가다 adósságot hagyva maga után megszökik, megszökik az adóssággal

빛 명 fény, fénysugár; kinézet; 희미한 ~ gyenge fény; ~을 발하다 fényt sugároz; ~이 바래다 fakó; 실망의 ~ csalódott kinézet; 세상에서 ~을 보다 látja a fényt a világban

빛깔 명 szín, árnyalat; 밝은 ~로 그리다 világos színekkel fest; ~과 디자인이 다 좋다 A színek és a dizájn tökéletesek.

빛나다 동 fényes, ragyogó, tündöklő; 하늘에 빛나는 별 az égen ragyogó csillagok; 보석이 햇빛에 ~ a drágakövek ragyognak a fényben

빛내다 동 világít, ragyogóvá tesz, dicsőséget hoz; 이름을 ~ dicsőséget hoz a nevére, a nevét ragyogóvá teszi

빠듯-하다 형 szűk, szűkös; 천 원은 차표를 사기에 ~ Épp, hogy kijön a jegy ezer vonból.

빠뜨리다 동 beejt, beleejt, kicsúszik, kiejt, kihagy; csábít vmire; 모자를 강에 ~ beejti a kalapját a vízbe; 지갑을 ~ elveszíti / elejti a tárcáját; 명단에서 이름을 ~ kihagyja / lehagyja a nevét a listáról; 유혹에 ~ bűnre csábít

빠르다 형 gyors, sebes; 빠른 물살 sebes folyam; 시계가 2분 ~ az óra két percet siet; 눈치가 ~ gyorsan felfogja a helyzetet; 동작이 ~ gyorsan mozog; 이해가 ~ gyors felfogású; 빠르면 빠를수록 좋다 minél előbb, annál jobb

빠져나오다 동 kiúszik, kiszabadul; 손아귀에서 ~ kicsúszik az ujjai közül; 묶은 밧줄에서 ~ kiszabadul a kötelékből; 위험에서 ~ kiszabadul a veszélyből

빠지다[1] 동 beesik, beleesik, belecsúszik, beleszalad; 물에 ~ beesik a vízbe; 진창에 ~ belecsúszik a sárba; 곤경에 ~ sarokba szorítják; 위험에 ~ veszélybe kerül; 유혹에 ~ kísértésbe esik, bűnre csábul; 사랑에 ~ szerelembe esik, szerelmes lesz

빠지다[2] 동 kiesik, kimarad; 초대에(서) ~ kihagyják a meghívásból; 오늘밤 모임에는 빠질 수가 없다 Nem tudok kimaradni a mai találkozóból.; 명부에 그의 이름이 빠져 있다 A neve nincs a listán.; 머리털이 ~ hullik a haja; 타이어의 바람이 빠졌다 a gumiabroncs kilyukadt; 살이 ~ vki lefogy, sovány lesz; 맥이 ~ kiábrándul, elveszti az érdeklődését; 얼이 ~ szórakozott; 학교를 ~ lóg az iskolából

빠짐없이 부 teljesen, kivétel nélkül; ~ 투표하다 kivétel nélkül mindenki szavaz; ~ 조사하다 teljesen kivizsgál

빡빡-하다 형 szűk; ~하여 열리지 않는 서랍 szűk, nehezen nyitható fiók; ~한 일정 szűk határidő

빨강 명 pirosság, vörösség

빨갛다 형 piros, vörös; 빨간 구두 piros cipő

빨개지다 동 elvörösödik, elpirul; 내가 그 소녀의 이름을 대자 그는 얼굴이 빨개졌다 Elvörösödött, amikor a lány nevét említettem.

빨다[1] 동 szív, szop; 젖을 ~ mellet szop; 손을 ~ ujjat szop/szopogat; 사탕을 ~

cukorkát szopogat

빨다[2] 동 mos; 옷을 ~ ruhát mos; 잉크 얼룩은 빨아도 지지 않는다 A tintafolt, akármennyire mosom, nem jön ki.

빨래판 명 mosódeszka

빨래-하다 동 (ruhát) mos; ~ 명 mosás; 이런 종류의 천은 ~가 잘 안 된다 ilyen fajta anyagot nehéz mosni; ~를 널어 말리다 száradni teszi / kiteregeti a mosott ruhát; ~ 집게 ruhaakasztó csipesz

빨랫줄 명 ruhaszárító kötél

빨리 부 gyorsan, sürgősen; 될 수 있는 대로 ~ amilyen gyorsan csak lehet; ~ 대답하다 gyorsan felel; 좀더 ~ 오면 좋을 텐데 Jó lenne, ha egy kicsit korábban jönne.

빨리다 동 szoptat; 어머니가 애기한테 젖을 빨리었다 Az anya szoptatta a gyerekét.

빨아들이다 동 beszív; 연기를 ~ füstöt beszív; 탈지면은 물을 빨아들인다 a vatta beszívja a vizet

빨치산 명 partizán

빳빳-하다 형 határozott, kemény, ropogós, szűk; ~한 새 지폐 vadonatúj bankó; ~한 칼라 keményített gallér

빵 명 kenyér; 버터 바른 ~ vajas kenyér; 잼 바른 ~ lekváros kenyér; ~을 굽다 kenyeret süt; ~에 잼을 바르다 lekvárt ken a kenyérre

빵가루 명 kenyérmorzsa

빼내다 동 eltávolít, kihúz, kivon, kiszabadít, kiválaszt, kihagy; 가시를 ~ eltávolítja a tüskét / halszálkát; 상처에서 총알을 ~ a sebből eltávolítja a golyót; 유치장에서 ~ kiszabadítja a börtönből

빼놓다 동 kihagy, kifelejt, kiválaszt; 큰 것만을 ~ csak a nagyot választja ki; 나만 빼놓고 모두 영화 구경하러 갔다 Elmentek a moziba, és engem kihagytak.; 일요일을 빼놓고는 매일 집에 있다 Mindennap otthon vagyok, kivéve a vasárnapot.; 어려운 부분은 빼놓아도 좋다 Kihagyhatod a nehéz részeket.

빼다 동 kihúz, kivon, elvesz, kihagy, eltávolít; 코르크 마개를 ~ kihúzza a parafadugót; 이를 ~ kihúzza a fogat; 잉크의 얼룩을 ~ eltávolítja a tintafoltot; 명부에서 이름을 ~ kihagyja a nevét a listából; 그는 일요일만 빼고 매일 학교에 간다 Mindennap megy iskolába, kivéve a vasárnapot.; 10에서 5를 ~ tízből ötöt kivon; 어깨의 힘을 ~ a vállát vonogatja; 딸은 어머니를 쏙 뺐다 a lány kiköpött anyja; 꽁무니를 ~ felelősséget elhárít, visszakozik

빼돌리다 동 elrejt, titokban tart; 빼돌려 둔 돈 elrejtett pénz; 아무를 ~ elrejt vkit

빼먹다 동 kihagy; 명부에서 이름을 ~ kihagyja a nevét a listából

빼앗기다 동 elveszik vmijét, ellopják vmijét; 재산을 ~ elveszik a vagyonát; 희망을 ~ elveszik a reményt vkitől, megfosztják a reménytől; 그 사고로 많은 사람이 목숨을 빼앗겼다 A baleset sok életet követelt.

빼앗다 동 elvesz, megvon vmit, megfoszt vmitől; 아무의 권리를 ~ elveszi / megvonja a jogait, megfosztja a jogaitól; 생명을 ~ elveszi az életét

빼어나다 형 kiváló, prominens, kiemelkedő; 빼어난 재주 kiváló képesség, tehetség; 그는 재능이 남보다 ~ Kiemelkedik a többiek közül a képességeivel.

빽빽이 부 sűrűn; 나무가 ~ 들어찬 야산 sűrű erdő; 집들이 ~ 들어서다 sűrűn épült házak

빽빽-하다 형 sűrű, tömött, tömve; 방이 사람으로 ~하다 a szoba tömve van emberekkel

뺨 명 orca; ~을 비비다 összeérintik orcájukat; ~을 때리다 megpofoz vkit, pofon vág vkit

뺨치다 동 pofon vág, túlszárnyal; 그는 배우 뺨칠 정도로 훌륭하게 연기를 했다 Ő olyan csodálatosan jatszott, mint színész.

뻐꾸기 명 kakukk; ~ 소리 kakukkolás; ~가 운다 a kakukk kakukkol

뻔뻔-하다 형 szégyentelen; ~하게 szégyentelenül; ~한 거짓말을 하다 szégyentelenül hazudik

뻔-하다 형 majdnem, alig; 차에 치일 ~하다 majdnem elütötték; 죽을 ~하다 majdnem meghal; 물에 빠질 ~했다 Majdnem beleesett a vízbe.

뻗다[1] 동 terjeszt, terjeszkedik, nyúlik; 나뭇가지는 해가 비추는 쪽으로 뻗는다 Az ágak a nap felé terjeszkednek.; 철도가 그 나라 남단까지 뻗어 있다 A vasút az ország déli részéig terjeszkedik.; 해안 모래톱이 저 멀리 뻗어 있다 A homokos strand a látóhatáron túl terjeszkedik. A homokos strand arra, messzire nyúlik.

뻗다[2] 동 kinyújtózik, kinyújt; 다리를 ~ kinyújtja a lábát; 그 한 방에 그는 뻗어 버렸다 Attól az egy ütéstől kinyúlt.

뻗치다 동 nyújt, kiterjeszt; 수재민에게 구원의 손길을 ~ segítő kezet nyújt az árvízkárosultaknak; 세력을 ~ kiterjeszti erejét

뼈 명 csont; (부러진) ~를 맞추다 összeilleszti az eltört csontot; (말라빠져) ~만 남다 csont és bőr lesz; 추위가 뼛속까지 스미다 a hideg csontig hatol

뼈대 명 csontváz; ~가 단단한 사람 csontos ember; ~가 굵어지다 megcsontosodik

뼈마디 명 ízület; ~가 아프다 fájnak az ízületeim

뼘 명 arasz, arasznyi; ~으로 재다 arasszal mér

뽀얗다 형 hófehér

뽐내다 동 büszkélkedik, felvág; arrogáns; 뽐내며 걷다 felvág vmire; 그것은 뽐낼 것이 못 된다 nincs mire felvágnod, nincs mivel büszkélkedned; 그는 1등상을 탔다고 뽐냈다 Büszke volt az első helyezésére.

뽑다 동 ránt, kihúz, kiválaszt; 권총을 ~ pisztolyt ránt; 못을 벽에서 ~ szöget kihúz a falból; 이를 ~ fogat kihúz; 반장으로 ~ osztálybizalminak kiválaszt vkit

뽑히다 동 ki van húzva, ki van választva, fel van véve; kihúzták, kiválasztották, felvették; 축구 선수로 ~ kiválasztották futballistának; 국회의원으로 ~ beválasztották a parlamentbe

뾰족-하다 형 szúrós, éles, hegyes; ~한 연필 hegyes toll; 부리가 ~한 구두 hegyes orrú cipő

뿌듯-하다 형 tele van; 그녀는 자긍심으로 가슴이 ~했다 Tele volt a szíve büszkeséggel.

뿌리 명 gyökér; 땅속에 ~를 내리다 földbe gyökerezik; 잡초의 ~를 뽑다 gyökerénél fogva kihúzza a gazt; 자기의 ~를 찾다 keresi a gyökereit

뿌리다 동 szétszór, szitál, beterít, locsol; 비가 몇 방울 뿌린다 néhány csepp eső esik, cseperészik az eső; 잔디에 물을 ~ füvet locsol, öntöz; 씨를 ~ szétszórja

ㅂ

a magvat, magot vet; 돈을 ~ szórja a pénzt

뿌리치다 동 elutasít, visszautasít, leráz, elűz; 잡은 손을 ~ elutasítja a kézfogást; 유혹을 ~ elűzi a kísértést

뿐 csak, egyedül; 하루 종일 울 ~이었다 Egész nap csak sírt.; 나는 내 의무를 다했을 ~이다 Nincs más dolgom, csak a kötelességem.; 믿을 사람은 너 ~이다 Csak rád számíthatok, csak benned bízhatok.

뿔 명 szarv, agancs; ~이 있는 szarvval rendelkező

뿔뿔이 부 szét-; ~ 헤어지다 szétszóródik; 경찰을 보자 그들은 ~ 흩어졌다 Amint / Ahogy meglátták a rendőrt, minden irányba szétszóródtak.; 전쟁으로 그의 가족은 ~ 흩어졌다 A háborúban szétszóródott a családja.

뿜다 동 hány, okád, spriccel; (화산이) 용암을 ~ lávát okád

삐걱거리다 동 nyikorog; 삐걱거리는 소리 nyikorgás; 의자가 ~ a szék nyikorog; 이 마룻바닥은 걸으면 삐걱거린다 A padló nyikorog a léptek alatt.

ㅅ

사 명 négy
사각 명 négyszög; ~기둥 négyszögletes oszlop
사각형 명 (수학) négyszög, tetragon; 정~ szabályos négyszög
사건 명 esemény, cselekmény, baleset, ügy, affér, incidens; ~ 전모 az ügy teljes képe; 살인 ~ gyilkossági ügy; ~을 은폐하다 eltussolja az ügyet; 경찰이 그 ~을 수사 중에 있다 A rendőrség nyomozást folytat az üggyel kapcsolatban.
사격장 명 lőtér
사격-하다 동 lő, tüzel; ~ 명 lövés; ~을 개시하다 tüzet nyit
사계절 명 négy évszak
사고 명 baleset, incidens, baj; ~가 나다 baleset történik; ~를 일으키다 balesetet okoz; ~를 방지하다 balesetet megelőz; 그 ~로 30명이 죽었다 A balesetben harminc ember halt meg.
사고력 명 gondolkodás képessége; 나이가 들수록 ~이 떨어진다고는 믿지 않는다 A gondolkodás képessége öregkorban is megmarad.
사고방식 명 gondolkodásmód; 구태의연한 ~ elavult gondolkodásmód
사공 명 révész, hajós
사과 명 alma; ~를 깎다 almát hámoz; ~ 나무 almafa; ~ 식초 almaecet; ~주 almabor; ~ 주스 almalé
사과-하다 동 bocsánatot / elnézést kér; ~ 명 bocsánat, elnézés; ~를 요구하다 bocsánatot követel; ~를 받아들이다 elfogadja a bocsánatkérést; 공개 ~하다 nyilvánosan bocsánatot kér; 무릎을 꿇고 ~하다 térden állva bocsánatért esedezik
사관학교 명 katonai főiskola
사교 명 eretnekség, pogányság; ~의 pogány; ~도 eretnek
사교적 barátkozó; 그는 ~이지 못하다 Ő nem barátkozó típus.
사귀다 동 megismer, megbarátkozik; 친구를 ~ barátot szerez; 나쁜 사람들과 ~ rossz társaságba keveredik; 사람은 그가 사귀는 친구를 보면 알 수 있다 Madarat tolláról, embert barátjáról.
사극 명 történelmi színjáték
사기 명 harci szellem, harci kedv; ~가 떨어지다 lankad a harci szellem; ~를 떨어뜨리다 lanyhul a hadsereg harci kedve; ~를 북돋우다 emeli a harci kedvet
사기꾼 명 csaló
사기-하다 동 csal, hamisít; ~ 명 csalás; ~를 당하다 becsapják; 그는 나한테서 백만 원을 ~쳤다 Kicsalt tőlem egymillió vont.

사나이 명 ember, férfi

사납다 형 durva, erőszakos, rossz, szerencsétlen, gonosz; 사납게 durván, vadul; 사나운 개 vad kutya; 운수가 ~ szerencsétlen

사내 명 férfi; ~ 대장부 férfi, macsó; ~다운 férfias férfi; 멋진 ~ csinos férfi; ~답지 못한 férfiatlan; ~답게 싸우다 férfiasan küzd

사내아이 명 fiúgyerek

사냥꾼 명 vadász

사냥-하다 동 vadászik; ~ 명 vadászat; ~하러 가다 vadászni megy; 4월부터 10월까지는 ~이 금지된다 Áprilistól októberig tilos a vadászat.

사다 동 vesz, vásárol; 싸게 ~ olcsón vesz; 만원에 ~ tízezer vonért vesz; 나는 그녀에게 반지를 사주었다 Gyűrűt vettem neki.; 노여움을 ~ megsért vkit; 의심을 ~ gyanúba keveredik

사다리 명 létra; ~를 놓다 létrát támaszt a falnak; ~를 올라가다 felmászik a létrán; ~를 내려가다 lemászik a létrán

사다리꼴 명 (수학) trapéz

사다리차 명 létrás kocsi

사단 명 (군사) hadosztály; 기갑 ~ páncélos hadosztály; ~을 편성하다 hadosztályt összeállít

사단법인 명 céges személy

사대부 명 nemes, előkelő

사대주의 명 hajbókolás

사돈 명 házasság révén rokonok; ~ 간이 되다 benősül; ~ 집 az apósék háza

사들이다 동 vesz; 대량으로 쌀을 ~ nagy mennyiségben vásárol rizst

사라지다 동 eltűnik, szertefoszlik; 화면에서 ~ eltűnik a képből; 군중 속으로 ~ eltűnik a tömegben; 그의 모든 희망이 사라졌다 szertefoszlottak a reményei

사람 명 ember; ~은 죽게 마련이다 az ember halandó; 서울 ~ a szöuliak; 시골 ~ falusiak, vidékiek; ~은 정직해야 한다 Az ember legyen őszinte!; 자네와 이야기하고 싶어 하는 ~이 있네 Valaki beszélni akar veled.; ~은 누구나 다 결점이 있다 minden embernek van hibája; 적합한 ~을 구하다 megfelelő embert talál a munkára; 의사를 부르러 ~을 보내다 orvosért küld; 우리 집 ~ a nejem, a feleségem

사랑스럽다 형 édes, kedves; 그녀의 사랑스러운 입가에 미소가 떠올랐다 Mosolygott az édes ajkaival.

사랑채 명 előszoba

사랑-하다 동 szeret, vonzódik; ~ 명 szeretet, szerelem, vonzalom; 자식에 대한 부모의 ~ szülői szeretet; 영원한 ~ végtelen szeretet; ~의 손길을 뻗치다 segítő kezet nyújt; ~에 굶주리다 szeretetéhes; ~에 빠지다 beleszeret vkibe; ~을 고백하다 megvallja a szerelmét; 이웃 ~하기를 네 몸과 같이 하라 Szeresd felebarátodat, mint önmagadat!

사려 명 gondolat, megfontolás; ~ 깊은 megfontolt, meggondolt; ~ 깊은 사람 megfontolt ember; ~가 부족하다 hiányzik belőle a megfontoltság

사령관 명 parancsnok

사령부 명 főhadiszállás

사령장 명 írásos parancs; 면직 ~ írásos felmondás, felmentés

사례 명 példa; 그는 몇 가지 구체적인 ~도 제시했다 Néhány konkrét példát is mutatott.

사로잡다 동 élve elfog, elkápráztat; 곰을 ~ medvét élve elfog; 사람의 마음을 사로

잡는 마력이 있다 elkápráztató, bűbájos

사로잡히다 동 elfogatik, foglyul ejtetik; elfogják, foglyul ejtik; 공포에 ~ a félelem foglyul ejti; 형식에 ~ ragaszkodik a külsőségekhez / formaságokhoz

사료[1] 명 történelmi anyagok; 제 2차 세계 대전에 관한 ~를 수집하다 a második világháborúval kapcsolatos anyagokat gyűjt; 그것은 ~를 어떻게 해석하느냐에 달려 있다 Attól függ, hogyan értelmezed a történelmi forrásokat.

사료[2] 명 takarmány; 배합 ~ vegyes takarmány; 마른 풀을 ~로 주다 szénával etet lovat

사리[1] 명 önérdek; ~를 꾀하다 a saját érdekét nézi; 그는 ~만을 좇고 있다 csak a saját érdekét nézi

사리[2] 명 ok, tény, logika; ~에 맞는 tényszerű, logikus; 그는 ~에 밝다 ő okos ember

사리사욕 명 önzés

사립학교 명 magániskola

사마귀[1] 명 szemölcs; 손가락에 ~가 돋았다 szemölcs nő az ujjára

사마귀[2] 명 (곤충) imádkozó sáska

사막 명 sivatag

사막화-하다 동 sivataggá válik; ~ 명 sivatagosodás

사망자 명 halott, elhunyt (személy) ~가 많이 나다 sokan haltak meg

사망-하다 동 meghal, elhuny; ~ 명 halál; ~ 신고서 haláleset hivatalos bejelentése, halotti értesítő; ~ 추정 시각 halál becsült időpontja; 교통사고로 ~하다 közlekedési balesetben meghal

사면 명 négy irány; ~이 바다로 둘러싸인 나라 tenger által körbevett ország; ~에서 공격을 받다 minden irányból megtámadják

사면체 명 tetraéder, négylapú test; 정~체 szabályos tetraéder

사면-하다 동 megbocsát, amnesztiát ad; ~ 명 amnesztia, megbocsátás; 일반 ~ általános amnesztia; 특별 ~ részleges amnesztia

사멸-하다 동 kihal, kipusztul; ~ 명 kihalás; ~직전에 놓여 있다 a kihalás szélén van

사명 명 küldetés, misszió, feladat; ~을 띠다 feladatot bíznak rá; ~을 다하다 teljesíti a feladatot

사명감 명 küldetéstudat; 올바른 교육에 대한 ~과 책임감 a jó oktatással kapcsolatos küldetéstudat és felelősségérzet

사모님 명 hölgy, a tanár felesége

사모-하다 동 vágyódik; tisztel, imád; 그는 내 누이동생을 ~하고 있다 imádja a húgomat; 스승의 덕을 ~하다 tiszteli a mester erényeit

사무 명 irodai feladat, ügymenet; ~적인 üzleti, gyakorlati; ~를 보다 irodai munkát végez; ~를 인계하다 átadja a munkát; 그 대학은 컴퓨터로 ~를 처리하고 있다 Az egyetem számítógépesítette az ügymenetet.

사무국 명 titkárság, iroda (szervezet)

사무소 명 iroda; 법률 ~ ügyvédi iroda

사무실 명 iroda (helyiség)

사무용품 명 irodai kellékek, irodaszer

사무총장 명 főtitkár

사무치다 동 megérinti a lelkét; 가슴에 ~ megérintette a lelkemet; 원한이 뼈에 ~ haragot táplál

사뭇 부 teljesen, egészen; ~ 다르다 teljesen különböző; 한 달 내내 ~ 바빴다 Egészen / teljesen elfoglalt voltam az egész hónapban.

사발 명 porcelánedény

사발농사 명 könyörgés, koldulás

사방 명 négy irány; ~에서 négy irányból; ~이 고요하다 minden csendes; ~에서 사람들이 모여들었다 Minden irányból jöttek az emberek.; 우리 마을은 ~이 산으로 둘러싸여 있다 A falunkat minden irányból hegyek veszik körül.

사범 명 bűncselekmény, bűntény; 경제 ~ gazdasági bűncselekmény; 폭력 ~ erőszakos bűncselekmény; 선거 ~ választási bűncselekmény

사범대학 명 tanárképző főiskola

사법 명 jog, igazságszolgáltatás; ~의 jogi; ~적 해결 jogi megoldás; ~ 기관 jogi gépezet; ~ 당국 jogi hatóságok; ~ 시험 jogi szakállamvizsga

ㅅ

사법부 명 jogi hatóság

사별-하다 동 a halál elválaszt vkit vkitől; 남편과 ~하다 a halál elválasztja a férjétől

사병 명 (군사) közlegény; 일개 ~에서 장군까지 승진하다 közlegényből lesz tábornok

사복 명 civil ruha; ~ 경찰관 civil ruhás rendőr

사뿐히 부 könnyű léptekkel; 담에서 땅으로 ~ 뛰어내렸다 Könnyedén leugrott a falról.

사사건건 부 minden esetben; ~ 반대하다 minden esetben ellentmond

사사-하다 동 tanul, vkinek a tanítványává válik; 다년간 그(분)에게 ~했다 Sok évig tanultam tőle.

사산-하다 동 halva születik; ~ 명 halvaszülés, (el)vetélés

사상[1] 명 eszme, gondolat, ötlet; 그의 ~은 과격하다 radikális eszméket vall; 한국의 헌법은 ~의 자유를 보장하고 있다 Korea alkotmánya biztosítja a gondolat szabadságát.; 그들은 직간접적으로 서구 ~의 영향을 받았다 Őket közvetve vagy közvetlenül a nyugati eszmék befolyásolták.

사상[2] a történelemben; ~ 최대의 전쟁 a legnagyobb háború a történelemben; 그것은 ~ 유례없는 사건이었다 nincs rá példa a történelemben

사상가 명 nagy gondolkodó

사상자 명 halottak és sebesültek; veszteség; 교통사고에서 다행히 ~는 없었다 Szerencsére nem voltak a balesetnek halottai és sérültjei.; 승객 중 20명의 ~가 났다 Húsz utas meghalt vagy megsérült.

사색 명 hullasápadt arc; 얼굴이 ~이 되다 hullasápadttá válik

사색-하다 동 tűnődik, elgondolkodik; ~적 tűnődő; ~에 잠기다 gondolatokba merül; 인생의 의미에 관해 ~해 보는 것도 때로는 유익하다 Jó néha az élet értelmén elgondolkodni.

사생아 명 törvénytelen gyermek; ~로 태어나다 törvénytelenül születik

사생활 명 magánélet; ~에 있어서는 a magánéletben; ~에 간여하다 beleüti az orrát más magánéletébe

사선[1] 명 élet-halál szituáció; ~을 넘다 túlél egy élet-halál szituációt

사선[2] 명 ferde vonal

사설 명 magán; 그 철도는 ~이다 Ez magántulajdonú vasút.

사소-하다 형 triviális, jelentéktelen; ~한 잘못 triviális hiba; ~한 일을 떠벌리다 bolhából elefántot csinál; ~한 일에 화를

내다 felkapja a vizet egy semmiségen

사수-하다 동 élete árán megvéd; 성을 ~하다 Az élete árán is megvédi a várat.

사슬 명 lánc; ~을 풀다 eloldoz vkit a láncról; 개는 ~에 매여 있다 a kutya láncon van

사슴 명 szarvas; ~뿔 szarvasagancs

사신 명 diplomáciai küldött; követ; 각국의 ~ diplomáciai testület; ~을 파견하다 követet küld

사실 명 ❶ tény, realitás, igazság; 명백한 ~ világos tény; 부인할 수 없는 ~ vitathatatlan tény; ~에 반하다 ellentmond a tényeknek; ~을 왜곡하다 tényeket eltorzít; ~은 이렇다 Az igazság az, hogy ... ; 그가 그렇게 말한 것이 ~입니까 Igaz, hogy ezt mondta?; 이것은 지어낸 이야기가 아니라 ~이다 ez megtörtént esemény ❷ 부 biztosan, valóban; ~ 나는 그녀와 거기서 만났다 Valóban találkoztam vele ott.

사실상 부 gyakorlatilag, valójában; 그는 ~ 그 회사의 사장이다 Ő gyakorlatilag a cég vezetője.; 전쟁은 ~ 끝났다 A háború gyakorlatilag véget ért.

사실적 realisztikus, reális; ~으로 묘사하다 reálisan ír le / ábrázol

사실주의 명 realizmus

사십 negyven; ~대에 a negyvenes éveiben; ~전의 negyven alatti; ~이 넘은 negyven feletti

사악-하다 형 gonosz, rossz; ~한 사람 gonosztevő

사양길 명 a hanyatlás útja; ~에 접어들다 a hanyatlás útjára lépett

사양산업 명 hanyatló ipar

사양-하다 동 elutasít, visszautasít; ~ 명 illedelmes elutasítás; ~하지 않고 habozás nélkül; 제의를 ~하다 visszautasítja az ajánlatot / javaslatot; 죄송하지만 ~하겠습니다 Sajnálom, de vissza kell utasítanom.; 그는 총리직을 ~했다 Visszautasította az elnökséget.

사업 명 feladat, munka, vállalkozás, üzlet, ipar; ~에 실패하다 nem sikerül a munkája; ~을 시작하다 vállalkozásba kezd; ~이 잘 되다 jól menő üzlete van; ~이 부진하다 visszaesés van az üzletében

사업가 명 üzletember, vállalkozó

사연 명 az eredeti körülmények; 말 못할 ~이 있어서 rejtett okból; ~은 이러하다 Ez van.; ~을 말해 주시오 Mondja el a teljes történetet!

사옥 명 irodaház

사욕 명 önzés; ~을 버리다 félreteszi az önzését; ~을 채우다 kielégíti a vágyait

사용량 명 felhasznált mennyiség

사용료 명 bérleti díj, használati díj

사용법 명 használati utasítás

사용자 명 felhasználó

사용-하다 동 használ, alkalmaz; ~ 명 használat, alkalmazás; 아주 유효하게 ~하다 nagyon hatékonyan használ vmit; 널리 ~되고 있다 széleskörűen használatos, széles körben használják; 이 표현은 지금 ~되지 않는다 Ez a kifejezés kikopott a használatból.

사원[1] 명 vállalati alkalmazott; 신입 ~ új alkalmazott; ~을 늘리다 növeli az alkalmazottak számát

사원[2] 명 templom

사월 명 április

사위 명 vő; 큰 ~ a legidősebb vő; ~를 맞다 vőt szerez / talál

사윗감 명 vőjelölt, vőnek való; ~을 고르

다 vőt keres; ~으로 훌륭하다 alkalmas vőnek

사유 명 ok

사유림 명 magánerdő

사유재산 명 magántulajdon

사유지 명 magánbirtok

사유화-하다 privatizál, magánosít; ~ 명 privatizáció, magánosítás

사육장 명 tenyészfarm, tenyészgazdaság

사육-하다 동 tenyészt, nevel; ~ 명 tenyésztés; 그는 목장에서 소를 ~ 하고 있다 tehenet tenyészt a farmon

사의[1] 명 hála; bocsánat; ~를 표하다 háláját fejezi ki; 머리를 숙여 정중하게 ~를 표하다 meghajlással fejezi ki őszinte háláját

ㅅ

사의[2] 명 vki szándéka, hogy lemondjon; ~를 표명하다 benyújtja a lemondását

사이 명 távolság; intervallum; kapcsolat; 일정한 ~를 두고 meghatározott távolságban; 책 ~에 편지를 끼우다 levelet tesz a könyvek lapjai közé; 그녀는 많은 학생들 ~에서 선발되었다 sok diák közül választották ki; 나는 그들 ~에 끼여 입장이 난처했다 nem találtam köztük a helyem; 눈 깜짝할 ~에 egy pillanat alatt; 집을 비운 ~에 vki hiányában; 밥 먹을 ~도 없다 nincs időm enni sem; 밤 ~에 비가 왔다 egész éjjel esett; 아버지와 자식 ~ apa és fiú közti kapcsolat; ~가 좋다 jó kapcsolatban van; ~가 가깝다 közeli kapcsolatban van; ~가 벌어지다 a kapcsolat megszakad

사이렌 명 sziréna, síp; 소방차가 요란스레 ~을 울리며 달려갔다 Harsányan szirénázva vonultak a tűzoltóautók.

사이비 명 ál, kvázi; ~ 기자 álriporter; ~ 언론인 álújságíró; ~ 종교 álvallás; ~ 학자 áltudós

사이즈 명 méret; ~가 맞나 입어보다 felpróbál vmit a méret miatt; 와이셔츠 ~가 어떻게 되십니까 Milyen méretű inget kér?

사이클[1] 명 kör

사이클[2] 명 kerékpár; ~선수 kerékpáros

사인 명 a halál oka; ~을 조사하다 vizsgálja a halál okát; ~은 무엇입니까 Mi volt a halál oka?

사인-하다 동 aláír, autogramot ad; ~ 명 aláírás, jel; 투수에게 ~을 보내다 jelez a dobónak; ~ 공세를 받다 autogramkérők üldözik; 서류에 ~하다 aláír hivatalos papírokat; 저자가 책에 ~을 해주었다 A szerző dedikált nekem.

사임-하다 동 lemond; ~ 명 lemondás; 관직을 ~하다 lemond a tisztségéről; 강제로 ~시키다 lemondásra kényszerít

사자 명 oroszlán

사장 명 vállalatvezető, cégvezető, igazgató; ~이 되다 cégvezető lesz

사적[1] 명 történelmi helyszín; történelmi emlék; ~이 많다 történelmi emlékekben gazdag; ~을 보존하다 megőrzi a történelmi emléket

사적[2] ☞ **개인적**; magán, személyes; ~으로 magánjellegűen, nem hivatalosan; ~ 감정 személyes érzelmek; 이것은 ~인 일이다 Ez személyes ügy.

사적유물론 명 történelmi materializmus

사전 명 szótár

사절 명 követ, küldött; ~을 파견하다 küldöttséget küld

사절단 명 küldöttség; 경제 ~을 파견하다 gazdasági küldöttséget küld

사절-하다 동 elutasít, visszautasít; ~ 명 elutasítás, visszautasítás; 면회를 ~하다 visszautasítja a találkozót

사정 명 körülmények, okok, helyzet; 가정 ~ családi körülmények; 주택 ~ lakhatási körülmények; 그 지역의 특수 ~에 비추어 a régió különleges körülményeinek ismeretében; 불가피한 ~으로 elkerülhetetlen körülmények; 가정 ~으로 학교를 그만두다 családi okokból otthagyja az iskolát; 그는 남의 ~을 잘 이해한다 körültekintő mással szemben

사정거리 명 hatótávolság; ~ 안에 hatótávolságon belül; 이 대포의 ~는 10 킬로미터 이상이다 Ennek az ágyúnak a hatótávolsága több mint tíz kilométer.

사정-하다 동 kér; 하룻밤 재워 달라고 ~하다 szállást kér éjszakára; ~했지만 그는 들은 체도 하지 않았다 nem figyelt a kérésemre

사제 명 katolikus pap, plébános, atya

사제관 명 plébánia

사조 명 uralkodó gondolat, uralkodó szellem; 시대 ~ az idő szelleme, korszellem

사죄-하다 동 bocsánatot kér, elnézést kér; ~ 명 bocsánat, elnézés; ~를 요구하다 bocsánatot követel; 무릎을 꿇고 ~하다 térden állva bocsánatért esedezik

사주 명 a sors 4 pillére, év/hónap/nap/óra; ~를 보다 jövendölést kér; ~가 좋다 szerencsecsillag alatt született

사직-하다 동 lemond; ~ 명 lemondás; ~을 권고하다 lemondat vkit; 신병을 이유로 ~하다 betegség miatt lemond

사직서 명 lemondólevél; ~를 내다 benyújtja lemondását; 그의 ~는 수리되었다 elfogadták a lemondását

사진 명 fénykép, fotó; ~을 찍다 fényképez, lefényképez

사진관 명 fotóstúdió

사진기 명 fényképezőgép

사진기자 명 fotós, fotóriporter

사진작가 명 profi fotós

사진첩 명 fotóalbum

사찰 명 buddhista templom; ~에서 buddhista templomban

사찰-하다 동 kivizsgál; ~ 명 vizsgálat; 현지 ~ helyszíni vizsgálat

사창가 명 türelmi zóna, piros lámpás negyed; 경찰이 주기적으로 ~를 단속하다 A rendőrök rendszeresen ellenőrzik a türelmi zónát.

사채 명 uzsora; ~를 쓰다 uzsorát vesz igénybe

사채시장 명 uzsorapiac

사채업자 명 uzsorás

사촌 명 unokatestvér; 친~ első fokú unokatestvér

사춘기 명 kamaszkor, tinédzserkor; ~의 kamasz, tinédzser; ~의 소년 소녀 kamasz / tinédzser fiúk és lányok; ~가 되다 kamasszá válik, kamaszodik, kamaszkorba / tinédzserkorba lép

사치품 명 luxuscikk

사치-하다 형 fényűző; ~ 명 luxus, fényűzés; ~스러운 생활 luxus életmód, fényűző élet; ~를 좋아하는 luxust / fényűzést kedvelő; 옷에 ~를 부리다 élvezi a luxus ruhákat; 그런 ~를 할 여유가 없다 Nem engedhetem meg ezt a luxust.

사타구니 명 ágyék

사태 명 helyzet; 비상 ~ vészhelyzet; ~를 해결하다 megoldja a vészhelyzetet; ~를 완화시키다 enyhíti a vészhelyzetet

사퇴-하다 동 lemond; ~ 명 lemondás; 자

진 ~ önkéntes lemondás; 공직을 ~하다 lemond a tisztségéről

사투리 명 tájszólás, nyelvjárás; 심한 ~를 쓰다 erős tájszólással beszél

사파리 명 szafari

사표 명 lemondás, lemondólevél; ~를 내다 beadja a lemondását; ~를 수리하다 elfogadja a lemondását

사학 명 történettudomány

사학과 명 történeti tanszék

사항 명 cikkely, pont; 주요 ~ fő pontok/cikkelyek

사형 명 halálbüntetés; ~을 선고하다 halálra ítél; ~을 집행하다 halálos ítéletet hajt végre

사형선고 명 halálos ítélet

사형수 명 halálraítélt

사형집행인 명 hóhér

사형폐지 명 halálbüntetés eltörlése

사활 명 élet és halál, élet-halál; 이 기획의 결과에 회사의 ~이 걸려있다 Ezen a projekten múlik a cég sorsa. Ettől a projekttől függ a cég sorsa.; 내게는 그것이 ~의 문제다 Nekem az élet-halál kérdése.

사회 명 társadalom; 봉건 ~ feudális társadalom; ~를 개조하다 átformálja a társadalmat; 그런 사고방식은 오늘날의 ~에서는 통용되지 않는다 Ez a gondolkodás a mai társadalomban idejétmúlt.; ~ 계층 társadalmi réteg

사회당 명 szocialista párt

사회민주주의 명 szociáldemokrácia

사회보장 명 társadalombiztosítás; ~을 받다 társadalombiztosításban részesül

사회자 명 műsorvezető, konferanszié, ceremóniamester, ; ~를 맡아보다 konferál, műsort vezet

사회적 társas, társadalmi; 인간은 ~ 동물이다 az ember társas lény

사회정책 명 szociálpolitika

사회주의 명 szocializmus

사회주의자 명 szocialista

사회학 명 szociológia

사회학자 명 szociológus

사흘 명 három nap, harmadik nap; ~ 걸러 négynaponta; ~ 마다 háromnaponta

삭감-하다 동 csökkent; ~ 명 csökkentés; 예산을 ~하다 költségvetést csökkent

삭다 동 (오래되어) elhord; (음식) megbuggyan; 녹슬어 ~ megeszi a rozsda; 김치가 ~ a kimcsi megbuggyan.

삭막-하다 형 elhagyott, elhagyatott; ~한 풍경 elhagyott/elhagyatott táj

삭이다 동 (음식을) megemészt; lecsillapít; 분을 ~ lecsillapítja a mérgét

삭정이 명 száraz ágak; ~를 잘라 내다 levágja a száraz faágakat

삭제-하다 동 kitöröl, megsemmisít; ~ 명 törlés; 단어 몇 개를 ~하다 kitöröl néhány szót

산 명 hegy; ~ 중턱에 a hegyoldalon; ~에 오르다, ~을 올라가다 felmászik a hegyre, megmássza a hegyet; 한국은 ~이 많다 Korea hegyekkel teli.

산간 명 hegyek között; ~ 벽지에서도 még az eldugott hegyek között is; ~에 살다 a hegyekben él

산골 명 hegyvidék, hegyek; ~에서 자라나다 a hegyekben nő fel

산골짜기 명 völgy

산기슭 명 a hegy lába; 우리는 그 ~에서 야영을 했다 A hegy lábánál táboroztunk.

산길 명 hegyi ösvény; ~을 가다 hegyi ösvényen megy

산나물 명 ehető hegyi növény, ehető vadnövény; ~을 캐다 vadnövényeket szed
산더미 명 halom, rakás; ~같이 많은 nagy kupac; ~같은 숙제 egy tonna házi feladat; ~같다 akkora, mint egy hegy; 빚이 ~같다 nyakig van / úszik az adósságban; 우선 처리해야 할 일이 ~같이 쌓여 있다 Az elintézendő ügyek hegyként tornyosulnak előtte.
산등성이 명 hegygerinc; ~를 따라서 a hegygerinc mentén
산딸기 명 szeder
산뜻-하다 형 tiszta, szép, friss, fényes, világos; ~하게 frissen, szépen; ~하게 차려 입다 szépen öltözött
산림 명 hegyi erdő; ~을 보호하다 védi az erdőt; ~을 가꾸다 gondozza a hegyi erdőt
산마루 명 hegycsúcs, hegytető
산만-하다 형 szétszórt; ~한 독서 szétszórt olvasás; 주의력이 ~하다 nem tud koncentrálni
산맥 명 hegylánc
산모 명 szülőnő
산모퉁이 명 hegynyúlvány
산문 명 próza; ~적(으로) prózai; 운문을 ~으로 고치다 verset prózává alakít
산물 명 termény, gyümölcs; 이 지역 주요 ~은 과일과 차다 A vidék fő terményei a gyümölcs és a tea.; 타협의 ~ kompromisszum gyümölcse
산봉우리 명 hegycsúcs
산부인과 명 szülészet-nőgyógyászat; ~ 의사 szülész-nőgyógyász (orvos)
산비탈 명 hegyoldal
산사 명 hegyi templom
산사태 명 földcsuszamlás; ~로 열차가 불통되었다 A földcsuszamlás megbénította a közlekedést.
산산이 부 darabokra esik szét; ~ 부서지다 darabokra törik; 그 가족은 전쟁으로 ~ 흩어졌다 A család a háborúban szétszóródott.
산산조각 명 szilánk; ~이 나다 szilánkokra törik
산새 명 hegyi madár
산성 명 (화학) savasság; ~의 savas; ~이 되다 savvá lesz
산성비 명 savas eső
산소 명 (화학) oxigén; 혈액에 ~를 공급하다 oxigénnel látja el a vért
산소마스크 명 oxigénmaszk
산속 명 a hegy belseje; ~에(서) a hegyek között; 깊은 ~에 살다 a hegy szívében lakik; ~에서 길을 잃다 eltéved a hegyekben
산수[1] 명 számolás, kalkuláció
산수[2] 명 táj, hegyek és folyamok; ~의 아름다움 a táj szépsége
산수화 명 tájfestmény
산술 명 aritmetika; ~ 계산 aritmetikai művelet
산악지대 명 hegyvidék
산악회 명 hegymászó klub
산업 명 ipar; ~ 개발 ipari fejlesztés; ~ 공해 ipari szennyezés; ~ 도로 ipari út; ~ 디자인 ipari dizájn; ~ 스파이 ipari kém; ~ 자본 ipari tőke; 첨단 ~ csúcsipar; ~을 장려하다 ösztönzi az ipart
산업화 명 iparosítás
산자락 명 hegyalja
산장 명 hegyi ház, villa
산재-하다 동 szétszórva hever; 남해에는 크고 작은 섬들이 ~해 있다 A déli tengeren szigetek vannak szétszórva.
산적 명 hegyi rabló; ~의 습격을 받다 rab-

lók támadják meg

산적-하다 동 felhalmoz; 책상 위에 서류가 ~해 있다 Az asztalon iratok vannak felhalmozva.

산정 명 hegycsúcs; ~이 눈에 덮인 산 hófedte hegycsúcs; 지리산 ~에(서) a Dzsiriszán tetején

산정-하다 동 kiszámol, felbecsül; ~ 명 kiszámolás, felbecslés; 손해액은 3억 원으로 ~되었다 A becsült kár háromszázmillió von.

산줄기 명 hegylánc, hegység

산중 의 hegyek közötti; ~에(서) hegyek között

산지 명 hegyvidék; termelési helyszín; 담배의 ~ dohánytermesztő vidék; 김포는 쌀의 ~로 유명하다 Gimpo híres rizstermesztő vidék.

ㅅ

산책로 명 sétány

산책하다 동 sétál; ~ 명 séta; 나는 아침마다 ~하고 있다 Minden reggel sétálok.

산천 명 természet; 고향 ~ a szülőhelyét körülölelő természet

산출-하다 동 ❶ termel, gyárt, előállít; terem, termeszt; ~ 명 termelés, gyártás, előállítás; termés, termesztés; 그 광산은 양질의 광석을 ~한다 Az a bánya jó minőségű ércet termel.; 그 나라에서는 쌀의 ~이 수요를 웃돌고 있다 Abban az országban a rizs termelése meghaladja a (rizs iránti) keresletet. ❷ (ki)számít, kiszámol; ~ 명 (ki)számítás; ~된 세액 az adó kiszámolt összege

산하 명 hegyek és folyók

산허리 명 hegyoldal; hegynyereg; ~에 있는 집 hegyoldalon fekvő ház, hegyoldali ház; 그 호텔은 ~에 있다 Az a szálloda a hegyoldalon fekszik.

산화물 명 oxid

산화-하다 동 oxigénnel egyesül, oxidálódik; ~ 명 oxidálódás, oxidáció; ~하기 쉬운 금속 könnyen oxidálódó fém; ~란 어떤 물질이 산소와 화합하는 것이다 Az oxidáció valamilyen anyag egyesítése oxigénnel.

살[1] 명 hús; 볼~ orca, pofa; ~이 찐 elhízott; ~이 빠지다 lefogy, veszít a súlyából; ~을 에는 듯한 추위 csontig hatoló hideg

살[2] 명 váz, bordázat, borda; 우산 ~ esernyőváz; 부챗~ a legyező bordája

살[3] 명 nyíl; ~같이 빠르다 olyan gyors, mint a nyíl

살[4] 명 vhány éves; 다섯 ~ 난 사내 아이 ötéves kisfiú; 그는 스무 ~에 죽었다 Húszévesen / Húszéves korában meghalt.

살[5] 명 rossz / gonosz lélek, démon, ártó szellem; ~이 낀 날 baljós / vészjósló nap

살갗 명 bőr; 거친 ~ repedezett bőr

살구 명 sárgabarack, kajszibarack; ~꽃 sárgabarackfa virága; ~씨 sárgabarack magja

살균-하다 동 csírátlanít, fertőtlenít, sterilizál; pasztőröz, pasztörizál; ~ 명 csírátlanítás, fertőtlenítés, sterilizálás; 저온 ~ alacsony hőmérsékleten sterilizálás

살그머니 부 titokban, titkosan, lopva, rejtetten, alattomban; ~ 나가다 lopva kimegy, kilopódzik, kisomfordál; ~ 돈을 손에 쥐어주다 titokban pénzt nyom a kezébe

살금살금 부 osonva, nesztelenül, óvatosan, zaj nélkül; ~ 다가가다 nesztelen léptekkel közel megy; 그는 ~ 그녀의

방으로 기어 들어갔다 Nesztelen léptekkel bement a nő szobájába.

살기 명 éktelen harag; ~를 띠다 éktelen haragra gerjed; ~ 등등하다 ingerültté vált, dühbe jött, fejébe szállt a vér

살다 동 ❶ él; életben marad; 산 교훈 élő tanulság; 사는 기쁨 életöröm; 살아 있는 한 amíg csak él; 오래 ~ sokáig él; 살기 위해 먹다 eszik, hogy életben maradjon; 살아서 돌아오다 élve visszajön; 바쁘게 ~ elfoglaltan él; 어렵게 ~ nehezen / szegényen él; 월 120만원으로 ~ Havonta egymillió-kétszázezer vonból él ❷ lakik; tartózkodik; 사람이 살지 않는 집 lakatlan ház ❸ tölt; 5년간 징역을 ~ ötéves börtönbüntetését tölti; 벼슬을 살고 있다 kormányzati állást tölt be

살리다 동 ❶ megment, kiment; 의사가 죽어가는 환자를 살렸다 Az orvos megmentette a halálos beteget. ❷ feléleszt, magához térít ❸ életerőt ad, megeleveníti ❹ felhasznál, hasznát veszi vminek; 그 경험을 살린다면 당신은 반드시 성공할겁니다 Ha azt a tapasztalatot felhasználja, biztosan sikerrel jár (majd).

살림 명 háztartás, házvezetés; ~ 도구 háztartási eszközök; ~을 나다 önálló / saját háztartást vezet; 신혼부부가 ~을 차리다 az ifjú pár önálló háztartást indít; 월 100 만원으로 ~을 꾸려나가다 havonta egymillió vonból vezeti a háztartást; ~을 잘하다 jól vezeti a háztartást

살며시 부 lopva, titkon, titokban; halkan, csendesen, óvatosan; ~ 도망치다 titokban elmenekült; ~ 자리를 뜨다 csendesen elment; 그녀는 ~ 내 손을 잡았다 óvatosan fogja a kezemet

살모사 명 vipera, áspis(kígyó)

살벌-하다 형 brutális, durva, kegyetlen, szörnyű; ~한 분위기 brutális légkör; 그 때는 폭동 등이 빈번했던 ~한 시대였다 Az az időszak gyakori lázadással teli, durva korszak volt.

살상-하다 명 meggyilkol és megsebesít; 많은 사람들을 ~하였다 sok embert meggyilkolt és megsebesített

살아가다 동 (meg)él; 지식만으로는 세상을 살아갈 수 없다 csak tudásból nem lehet megélni

살아나다 동 feléled, újjáéled, új életre kel; 인공호흡으로 ~ mesterséges lélegeztetéstől feléled; 시든 꽃이 다시 ~ a hervadt virág újjáéled

살아생전 vkinek az életében; ~ 너의 출세를 보고 싶다 Remélem, hogy megélem, hogy sikeres leszel.

살인자 명 gyilkos

살인-하다 동 (meg)gyilkol, (meg)öl; ~ 명 gyilkosság, emberölés; ~ 사건 gyilkossági ügy; ~ 용의자 gyilkosság gyanúsítottja; 청부 ~ bérgyilkosság; 올 여름의 ~적인 더위로 나는 녹초가 되었다 Az idén a nyári gyilkos melegben nagyon legyengültem.

살짝 부 ❶ alattomban, titokban, stikában, lopva, rejtve; ~ 귀띔해 주다 stikában beszél; ~ 만나다 lopva találkozik ❷ gyengén, gyengéden, finoman; ~ 때리다 gyengén ütöget

살찌다 동 hízik, kövéredik

살찌우다 동 hizlal vkit / vmit

살펴보다 동 körülnéz, keres, kutat; 그는 혹시 누가 보는 사람이 없는 가 주변을 살펴보았다 Körülnézett, hátha valaki látja.; 사건의 원인을 ~ keresi az eset okát

살포-하다 동 (meg)permetez; (szét)hint,

ㅅ

elhint, (szét)szór, elszór; ~ 명 permetezés; szétszórás, szórás; 화학 약품의 ~ vegyi anyag szórása; 나무에 살충제를 ~하고 있는 중이다 Rovarirtót szórnak a fákra.

살피다 동 alaposan megnéz, megfigyel, fürkész, széttekint, szemlél, vizsgál; 여론의 동향을 ~ a közvélemény hangulatát figyeli; 주위를 ~ körül- / körbenéz, szétnéz, körbetekint

살해-하다 동 (meg)gyilkol, (meg)öl; ~ 명 gyilkosság, emberölés; 경찰은 에스테르를 ~한 범인을 잡았다 A rendőrség elfogta a bűnöst, aki meggyilkolta Esztert.

삶 명 élet, lét, létezés; ~의 질 életminőség, életszínvonal; ~을 영위하다 életet fenntart, életben van

ㅅ

삶다 동 főz; 달걀을 ~ tojást főz; 흐물흐물하도록 ~ puhára főz

삼 három; 제 ~ harmadik; ~분의 일 harmad

삼가다 동 tartózkodik vmitől; 술을 ~ tartózkodik az ivástól; 차내에서는 담배를 삼가 해 주십시오 Tartózkodjon a dohányzástól az autóbuszon!; 의사는 술과 담배를 삼가라고 말했다 Az orvos azt mondta nekem, hogy tartózkodjak az ivástól és a dohányzástól.; 말을 ~ tartózkodik a beszédtől

삼각 háromszög; trigonális; ~의 háromszögű, háromszögletű, háromszög alakú; (애정) ~ 관계 szerelmi háromszög

삼각형 명 háromszög; 둔각 / 예각 ~ tompaszögű / hegyesszögű háromszög; 역~ kifordított háromszög; 이등변 ~ egyenlő szárú háromszög; 직각 ~ derékszögű háromszög; 정~ szabályos háromszög; ~의 꼭지점 a háromszög csúcsa; ~의 높이 a háromszög magassága; ~의 밑변 a háromszög alapja

삼거리 명 hármas (út)kereszteződés

삼국 명 három királyság; ~ 시대 a három királyság időszaka

삼권분립 명 a három hatalmi ág szétválasztása / függetlenítése

삼다 동 양자로 ~ fiaként adoptál / örökbefogad vkit; 사위로 ~ vővé fogad; 여름은 자연과 벗 삼을 좋은 기회다 A nyár jó lehetőség a természettel való ismerkedésre.; 소일삼아 (csak) időtöltésből; 장난삼아 tréfásan, játékként, játékosan

삼대 명 három nemzedék; ~ 가는 부자 없다 Három nemzedékig visszamenőleg nincs gazdag ember a családban.

삼라만상 명 természet; univerzum, az egész teremtés

삼림 명 erdő, erdőség, rengeteg; ~ 자원 a fa mint természeti erőforrás; ~이 우거진 지역 erdővel sűrűn borított terület

삼면 명 három oldal; ~이 산으로 둘러싸이다 Három oldalról hegyek veszik körül.

삼삼오오 명 két vagy három ember együtt; ~ 떼를 지어 걷다 kettesével vagy hármasával mennek

삼십 harminc; 제 ~ harmincadik; ~대의 사람 a harmincas éveiben járó ember; ~을 갓 넘은 a harmincas évei elején járó ember; 그는 ~대에 죽었다 A harmincas éveiben halt meg.

삼월 명 március (márc.)

삼중 hármas; háromszoros, tripla; ~ 결합 (화학) hármas kötés

삼중고 명 háromszoros nehézség / hátrány

삼차원 명 hármas kiterjedés, három dimenzió; ~의 세계 háromdimenziós világ

삼촌 명 nagybácsi, az apa fiatalabb fiútestvére; 외~ nagybácsi, az anya fiútestvére; 처~ nagybácsi, a feleség apjának a fiatalabb fiútestvére

삼키다 동 lenyel, elnyel, visszatart, elfojt; 침을 ~ nyálat lenyel; 그대로 ~ egészben lenyel; 단숨에 독을 ~ egyszerre lenyeli a mérgét; 파도가 배를 삼켜 버렸다 A hullámok elnyelték a hajót.; 눈물을 ~ visszatartja a könnyeit; 하품을 ~ elfojtja az ásítást

삽 명 lapát, ásó; 모래 한 ~ egy lapátnyi homok; ~으로 땅을 파다 földet ás / lapátol

삽시간 명 nagyon rövid idő, pillanatnyi idő, pillanat; ~에 egy pillanat alatt; 그것은 ~에 일어난 일 이었다 Egy szempillantás alatt történt.

삽입-하다 동 betesz, behelyez, beilleszt; ~ 명 betétel, behelyezés, beillesztés; ~구 beillesztett rész / szöveg

삽화 명 kép, rajz, illusztráció; ~를 넣다 képekkel ellát, rajzzal díszít

상[1] felső, felülső; az első, a legmagasabb; ~하 2권의 소설 kétkötetes regény; ~중하 3권 háromkötetes könyv

상[2] 명 (étkező)asztal; ~을 차리다 asztalt terít; ~을 치우다 asztalt leszed

상[3] 명 arc, arcforma; ~을 찌푸리다 (el)fintorítja az arcát; 그의 얼굴을 보니 장수할 ~이다 az arcformája azt jelzi, hogy hosszú élete lesz

상[4] 명 gyász(olás); ~ 중에 있다 gyászban van, gyászol

상[5] 명 díj; 노벨 평화~ Nobel-békedíj; ~을 받다 elnyeri / megkapja a díjat

상가 명 bolt, üzlet, kereskedés

상감 명 berakás, intarzia; ~ 세공 berakásos munka; ~ 세공 하는 사람 berakást / intarziát készítő asztalos, intarziás; ~을 하다 berakással díszít

상갓집 명 a gyászoló család (háza); ~에 문상 가다 átmegy a gyászoló családhoz és kifejezi a részvétét

상경-하다 동 a fővárosba megy, Szöulba megy; 그는 취직 시험을 보려고 ~ 중이다 állásinterjúra megy Szöulba

상공 명 ég(bolt), mennybolt; magas ég; 1,000미터 ~에서 ezerméteres magasságban; 서울 ~을 날다 Szöul fölött repül

상공회의소 명 kereskedelmi és iparkamara

상관 명 főnök, elöljáró, feljebbvaló, felettes; ~의 명령에 복종하다 engedelmeskedik a főnöknek; ~의 명령을 거역하다 nem tartja be a felettes utasítását

상관관계 명 kölcsönös(ségi) viszony / összefüggés; 인구 증가와 토지 가격의 상승 사이에는 ~가 있다 Kölcsönös összefüggés van a lakosság növekedése és a földárak emelkedése között.

상관없다 ❶ nincs kapcsolatban / összefüggésben vmivel, nem vonatkozik vmire, semmi köze vmihez; 술 담배는 조금 해도 ~ kevés alkohol és dohány fogyasztása nem okoz / jelent gondot ❷ nem érdekel, mindegy, nem számít, nem törődik vmivel; 복장 따위는 아무래도 ~ nem érdekel, hogy mit vesz fel

상관-하다 érintett vmiben; belekeveredik vmibe, foglalkozik vmivel; 그런 일에 ~하고 싶지 않다 nem akarok ilyen

ㅅ

ügyben érintett lenni; 나는 남들이 뭐라고 하든 ~ 않는다 Nem foglalkozom azzal, hogy mit mondanak rólam az emberek.; 당신이 ~할 일이 아니다 Az nem a maga dolga!

상금 명 pénzjutalom, pénzdíj; ~을 주다 pénzjutalmat ad; 그는 1등에 당선되어 100만 원의 ~을 탔다 Elnyerte az első díjat és az ezzel járó egymillió vonos pénzdíjat.

상급 felső, felülső, felsőbb, feljebb / felette levő / álló; nagyobb, magasabb, kiválóbb; ~ 과정 felsőfokú kurzus; ~ 관청 illetékes hivatal, nagyobb jogkörrel rendelkező hivatal

상납-하다 동 kenőpénzt ad / megveszteget, megken; ~ 명 kenőpénz adás, megvesztegetés, megkenés; 매월 백만 원씩 ~ 받다 Havonta egymillió von kenőpénzt kapott.

상냥-하다 형 kedves, barátságos, aranyos, szeretetre méltó; ~하게 kedvesen, barátságosan; 그 간호사는 언제나 환자들에게 ~하다 Az az ápolónő mindig kedves a betegekkel.

상념 명 elgondolás, felfogás, elképzelés; ~에 잠기다 belefeledkezik a gondolataiba

상담원 명 tanácsadó

상담-하다 동 tanácsot / szakvéleményt kér; ~ 명 tanácskérés, tárgyalás; 새 계약에 관한 ~이 이루어졌다 Az új szerződésről szóló tárgyalás befejeződött.

상당-하다 형 tekintélyes, jelentékeny, számottevő, tetemes; helyes, megfelelő, helyénvaló, illő; ~한 보수 elég jó fizetés; ~한 거리 nagy távolság; 이 방면에 ~한 경험이 있는 사람이 필요하다 Szükségem van egy megfelelő emberre, akinek sok tapasztalata van ezen a téren.

상당히 부 nagyon, igazán, elég, eléggé; ~ 비싼 값 nagyon magas ár; ~ 오랫동안 igazán sokáig; ~ 먼 elég messze; 영어를 ~ 잘 하다 elég jól beszél angolul

상대성 명 relativitás; ~ 이론 relativitáselmélet

상대편 명 ellenfél, vetélytárs

상대-하다 동 bánik vkivel, kapcsolatban van vkivel; ~ 명 társ, méltó pár; ellenfél, vetélytárs; 놀이 ~ játszótárs, játszópajtás; 그는 그녀의 훌륭한 결혼 ~이다 Ő méltó párja.; 사람들은 그런 인간을 ~하려 들지 않는다 Az emberek nem akarnak egy ilyen személlyel kapcsolatban lenni.

상류 명 ❶ folyó felső folyása; ~ 지역 a folyó felső folyásának körzete; 이 강의 ~는 폭이 매우 좁다 Annak a folyónak a felső folyása nagyon keskeny. ❷ felsőbb osztályok; ~ 사회 előkelő / úri társaság, előkelő világ, felső tízezer

상륙-하다 동 partra száll; ~ 명 partraszállás; ~을 허락하다 enged partra szállni; 무사히 ~시키다 biztonságosan partra tesz / visz; 남제주 지방에 태풍이 ~했다 A tájfun lecsapott Csedzsu-sziget déli részére.

상무 명 ügyvezető igazgató

상무관 명 kereskedelmi attasé, kereskedelmi küldött

상반기 명 az év első fele, első félév

상반-되다 동 ellentétben áll vmivel, ellentétes értelemben van vmivel; 그의 설명은 사실과 ~된다 a magyarázata ellentétben áll a valósággal; 이론과 실제는 흔히 ~되는 경우가 있다 Az elmélet gyakran ellentétben áll a gyakorlattal.

상반신 명 felsőtest; ~을 쑥 내밀다 előrehajtja a felsőtestét

상복 명 gyászruha; ~을 입고 있다 gyászruhában van, gyászruhát hord / visel

상봉-하다 동 újra összejön; ~ 명 (családi) összejövetel; 이산가족의 ~ az elszakított családok tagjainak találkozása / összejövetele

상부 명 ❶ felső rész ❷ felsőbb hivatal; ~의 지시가 있을 때까지 기다리다 Addig vár, amíg a felsőbb hivatal utasítása megérkezik.

상부상조-하다 동 egymást segítik, kölcsönösen segítdu다; ~ 명 kölcsönös segítség; ~의 정신 a kölcsönös segítség szelleme

상비군 명 állandó hadsereg, reguláris hadsereg

상비약 명 házi gyógyszer

상사[1] 명 főnök, elöljáró, feljebbvaló, felettes; 그는 나의 ~이다 Ő a főnököm.; 회사에 돌아가 ~와 의논 하겠습니다 Visszamegyek a vállalathoz, és megbeszélem a főnökömmel.

상사[2] 명 kereskedelmi vállalat, kereskedelmi cég

상사병 명 szerelmi bánat; ~이 나다, ~에 걸리다 szerelmi bánata van, szerelmi bánattól szenved

상상력 명 fantázia, képzelet, képzelőtehetség, képzelőerő; ~을 발휘하다 szabadjára engedi a képzelőerejét; ~이 풍부하다 élénk a fantáziája

상상-하다 동 elképzel, elgondol; ~ 명 képzelet, fantázia; ~의 세계 fantáziavilág; ~할 수 있는 elképzelhető; 그가 범인이라고는 ~도 할 수 없었다 Nem tudtam elképzelni, hogy ő bűnöző.

상설-하다 동 állandóra létesít vmit; ~ 위원회 állandó bizottság

상세히 부 részletesen, minden részletében, pontról pontra; 목격자는 사건에 관해 ~ 진술했다 A tanú részletesen beszámolt a balesetről.

상소-하다 동 fellebbez; ~ 명 fellebbezés; ~를 취하하다 fellebbezést visszavon

상속법 명 öröklési jog

상속세 명 örökösödési adó

상속인 명 örökös, (jog)utód

상속-하다 동 (meg)örököl; ~ 명 örökség; 그 소녀는 조부로부터 막대한 유산을 ~ 받았다 Az a lány rengeteg pénzt örökölt a nagyapjától.

상수도 명 vízművek, vízvezeték

상승-하다 동 felemelkedik, felszáll; ~ 명 felemelkedés, felszállás; ~ 곡선 emelkedő görbe; ~ 기류를 타다 felszáll a felemelkedő légáramlaton; 물가가 꾸준히 ~하고 있다 az árak folyamatosan emelkednek

상식 명 józan ész; ~적으로 생각하여 a józan ész szerint, józan paraszti ésszel; ~이 있는 사람 józan eszű ember

상실-하다 동 elvesz(í)t, eljátszik; ~ 명 elvesztés, eljátszás; 기억 ~ emlékezetkiesés, amnézia

상어 명 cápa; ~밥이 되다 cápaeledel lesz; ~지느러미 요리 cápauszonyból készült étel

상업 명 kereskedelem, üzlet; ~고등학교 kereskedelmi középiskola; ~의 중심지 kereskedelmi központ; 그는 ~에 종사하고 있다 kereskedelemmel foglalkozik

ㅅ

상여 명 koporsó; ~를 메다 koporsót vállon visz

상여꾼 명 koporsót szállító ember

상영-하다 동 vetít, bemutat; ~ 명 vetítés, bemutatás; 그 극장에서는 지금 무엇을 ~하고 있습니까 Milyen filmet vetítenek a moziban?; 이 영화의 ~ 시간은 2시간이다 Ennek a filmnek a vetítési ideje / időtartama két óra.; 현재 ~중인 영화 jelenleg vetített film

상원 명 felsőház, főrendiház; ~ 의원 felsőház tagja

상위 명 magas tisztség; magas hivatal / pozíció; magas társadalmi helyzet / rang / állás; ~를 차지하다 nagyra értékel / tart

상응-하다 동 alkalmaz, (hozzá)illeszt, érdemes / méltó vmire, megfelel; ~ 명 alkalmasság, rátermettség, megfelelés; 능력에 ~하는 급료 a képességének megfelelő fizetés

상인 명 kereskedő, boltos; 저 녀석은 ~ 근성이 너무 지나쳐서 싫다 Azért nem szeretem őt, mert túlságosan üzleti szemléletű.

상임 명 állandóság, tartósság; ~ 위원회 állandó bizottság; ~ 지휘자 állandó karmester

상자 명 doboz, láda; ~에 든 dobozban levő; ~ 뚜껑 dobozfedél; ~에 넣다 betesz a ládába; ~로 사다 dobozban vásárol vmit; ~를 열다 kibontja a dobozt

상장[1] 명 gyász(kar)szalag, fekete krepp; ~을 달다 gyászkarszalagot vesz fel; 가슴에 ~을 달다 gyászszalagot visel a mellén

상장[2] 명 elismerő oklevél, dicséret, jutalom; 정부는 그녀에게 ~을 수여했다 A kormány elismerő oklevelet adott neki.

상장-하다 동 bevezet (tőzsdén); ~ 기업 tőzsdére bevezetett vállalkozás

상전 명 úr; főnök; ~을 충실히 모시다 hűségesen szolgálja az urát

상점 명 bolt, üzlet; ~을 열다 boltot nyit; 역 주변에 많은 ~이 모여 있다 Sok üzlet van az állomás körül.

상정-하다 동 ❶ beterjeszt, benyújt; ~ 명 beterjesztés; 의회에 ~하다 beterjeszti az országgyűlésnek; 토의에 ~하다 vitára (be)terjeszt; 정부는 추가 예산안을 ~할 것이다 A kormány pótköltségvetést fog benyújtani. ❷ feltételez, (el)képzel, feltesz; ~ 명 feltételezés, feltevés, vélekedés; 우리는 화재가 일어났다고 ~하고 방화 훈련을 했다 Tűzesetet feltételezve gyakoroltuk a tűzoltást.

상종-하다 동 érintkezik vkivel, együtt jár vkivel, kapcsolatban van vkivel; ~ 명 érintkezés; 그런 자들하고는 ~하지 않는다 Nem akarok kapcsolatban lenni ilyen emberekkel.; 유유 ~ Madarat tolláról, embert barátjáról.

상주 명 fő gyászoló (személy)

상주-하다 동 lakik, tartózkodik; állomásozik; ~ 인구 állandó lakosság; 수비대를 그곳에 ~시키기로 결정했다 Úgy döntöttek, hogy állandó helyőrséget állomásoztatnak ott.

상징주의 명 szimbolizmus

상징-하다 동 szimbolizál, jelképez; ~ 명 szimbólum, jelkép; 비둘기는 평화의 ~이다 A galamb a béke szimbóluma / jelképe.

상처 명 seb, sérülés; sebhely, heg; 심한 ~ súlyos sérülés; ~를 입다 sebet kap

/ szerez, megsebesül; 이마에 ~가 있다 seb van a homlokon

상처-하다 동 a felesége meghalt; ~한 사람 özvegyember

상체 명 felsőtest

상추 명 (식물) saláta

상층 명 felső réteg; 하늘의 ~은 공기가 희박하다 A levegő ritka a felső légrétegekben.

상쾌-하다 형 friss, hűs, üdítő; ~한 바람 friss szellő; ~한 아침 friss reggel; 심신을 ~하게 하다 frissíti a testet és szellemet; 잠을 잘 잤더니 오늘 아침은 기분이 ~하다 Jól aludtam, ezért ma reggel nagyon friss vagyok.

상쾌해지다 동 felderül, felvidul; 기분이 상쾌해졌다 a kedvem felderült

상태 명 állapot, körülmény, helyzet; 이런 ~로 가면 ha ez az állapot továbbra is fennáll; 현재 ~로는 이 작품의 연내 완성은 무리다 A mostani helyzetben az év végéig ezt a munkát nem lehet befejezni.; 내 건강 ~는 양호하다 Az egészségi állapotom jó.

상투 명 konty; ~를 틀다 kontyot csinál / tűz / fon

상투적 banális, közhelyszerű, elkoptatott, elcsépelt, elnyűtt; ~인 말을 쓰다 elkoptatott szavakat használ

상표 명 márka, (áru)védjegy; 유명 ~ ismert márka; ~를 등록하다 védjegyet bejegyez(tet); ~를 붙이다 védjegyet ragaszt vmire; ~를 도용하다 márkát (el)lop

상표명 명 márkanév

상품[1] 명 áru(cikk); ~ 가치가 있는 piacképes; eladható; ~이 많다 gazdag áruválasztéka van; ~을 처분하다 árut elad; 그런 ~은 취급하지 않습니다 Nekünk olyan árunk nincs.

상품[2] 명 jutalom; ~을 타다 jutalmat kap; ~을 수여하다 jutalmat ad

상하 명 felső és alsó rész; ~의 fent és lent; ~로 fel(felé) és le(felé); ~ 두 권의 책 kétkötetes könyv; 신사복 ~ öltöny

상-하다 동 elromlik, elront, megromlik; megsért vkit; ~한 고기 romlott hús; 음식이 ~했다 az étel megromlott; 그는 누구의 마음도 ~하게하고 싶지 않았다 Senkit sem akart megsérteni.

상한가 명 a legmagasabb ár

상한선 명 a legfelső határ / fok; ~을 정하다 meghatározza a legfelső határt

상해죄 명 testi sértés; ~로 구속되다 testi sértés vádjával őrizetbe vesz vkit

상향선 명 felszálló ág, fellendülés; 매출액은 ~을 그렸다 az eladási mutatók felszálló ágban vannak

상호 kölcsönös; kölcsönösség, viszonosság; ~ 관계에 기초하여 viszonossági alapon; 회원 ~간의 친목과 복지를 도모하다 a tagok közötti barátságot és jólétet hirdeti

상호계약 명 kölcsönös szerződés

상호관계 명 kölcsönös kapcsolat, összefüggés

상호작용 명 kölcsönhatás

상환-하다 동 bevált, visszaad, visszafizet, megfizet, megad; ~ 명 beváltás, visszafizetés; 외채를 ~하다 visszafizeti a külföldi kölcsönt; 나는 빚을 ~했다 megfizettem a tartozásomat; 장기 국채는 10년 후에 ~ 된다 A hosszú lejáratú államkötvény tíz év után váltható be.; ~기한 beváltási határidő

상황 명 állapot, helyzet; 현재 ~으로는 a

jelenlegi állapotban; ~을 파악하다 ismeri a helyzetet; ~은 호전되고 있다 az állapot javul; ~이 악화되었다 A helyzet rosszabbodott.

상회-하다 동 túlszárnyal; felülmúl; 수출이 수입을 대폭 ~했다 Az export nagy mértékben túlszárnyalta az importot.; 원가를 ~하는 이익 a haszon felülmúlta a költséget

샅바 명 birkózó combkötése

샅샅이 부 mindenhol, minden sarkon: 집안을 ~ 뒤지다 átkutatja az egész házat

새[1] 명 madár; ~가 울다 csiripel a madár; ~를 기르다 madarat tart

새[2] 형 új; ~ 집 új ház / lakás; ~ 차 új autó; 얼마 안 있으면 ~ 학기가 시작 된다 Nemsokára kezdődik az új félév.

ㅅ

새기다[1] 동 ❶ vés, metsz, (meg)farag; 나무에 이름을 ~ nevet fába vés; 그의 말이 마음 깊이 새겨졌다 Megjegyezése mélyen belevésődött a szívembe. ❷ értelmez, interpretál, magyaráz; 올바로 ~ helyesen értelmez

새기다[2] 동 kérődzik; 소가 먹은 것을 새기고 있다 A marha rágódik a visszakérődzött falaton.

새까맣다 형 koromfekete; 새까만 머리 koromfekete haj; 새까맣게 타다 feketére ég / megperzselődik

새끼 명 ❶ szalmakötél; zsinór; ~를 꼬다 kötelet készít ❷ kölyök; (소의) borjú; (말·사슴의) csikó; (개·여우·이리의) kölyökkutya, kiskutya; (고양이의) kismacska, kiscica;; (양의) bárány; (염소의) gida, gödölye; (곰·사자·이리·호랑이·고래의) rókakölyök; bocs; (물고기의) apróhal; (닭) csibe; ~를 배다 vemhes, hasas; ~를 낳다 kölyköt szül, kölykedzik, ellik

새끼발가락 명 kis lábujj

새끼발톱 명 a kis lábujj körme

새끼손가락 명 kisujj

새다[1] 동 virrad, hajnalodik, pirkad, pitymallik; 날이 새기 전에 hajnal előtt

새다[2] 동 beázik, szivárog; 지붕이 ~ a tető beázik; 우리 방은 비가 새서 다 젖었다 beázott a szobánk az esőtől

새댁 명 menyasszony, fiatalasszony

새로 újra, újonnan; ~ 지어진 집 újonnan épült ház; ~ 오신 선생님 új tanár; ~ 출발하다 újraindul

새로워지다 동 megújul

새롭다 형 új, újszerű, friss; 아직도 기억이 ~ frissen él az emlékeimben; 새로운 사상 új eszme / gondolat; 고향으로부터 새로운 소식이라도 들었습니까 Hallott új híreket otthonról?

새벽 명 hajnal, virradat, pirkadat; ~에 hajnalban; ~에 일어나다 virradatkor felkel; 그는 이른 ~에 마을을 떠났다 Kora hajnalban elindult a faluból.

새빨갛다 형 vérvörös; 새빨갛게 단 쇠막대 vérvörösen izzó vasrúd; 석양이 서쪽 하늘을 새빨갛게 물들였다 A lenyugvó nap vérvörösre festette az eget.; 새빨간 거짓말 merő / tiszta / csupa hazugság

새삼스럽다 형 새삼스럽게 말할 필요도 없이 nem kell újra mondani; 새삼스럽게 잊은 일을 꺼내다 újra elővesz egy régen elfelejtett dolgot; 새삼스레 이제 와서 무슨 말이냐 Inkább előbb kellett volna mondanod.

새싹 명 rügy, sarj, bimbó, szem; ~이 나다 rügyezik, sarjad, bimbózik, kihajt; 지난주에 심은 화초가 ~이 돋기 시작했다 A múlt héten ültetett növény kihajtott.

새우 명 apró tengeri rák, garnéla(rák), scampi; 고래 싸움에 ~등 터진다 Verekedésben megsérülnek a kívülállók.

새우다 동 éjszakázik; 밤을 새워 간호하다 egész éjjel ébren ápol vkit; 이야기로 밤을 ~ átbeszéli az éjszakát

새파랗다 형 ❶ elkékül; égszínkék, tengerkék, mélykék; 추워서 손이 새파랗게 얼었다 a hidegtől elkékült a keze ❷ elsápad; 새파랗게 질리다 az arca sápadt lett ❸ zöldfülű, újonc, kezdő; 새파란 애송이가 무엇을 할 수 있단 말인가 Ugyan mit tehet egy zöldfülű?

새하얗다 형 hófehér; 새하얀 웨딩드레스 hófehér menyasszonyi ruha; 산은 눈으로 ~ a hegy fehér a hótól; 그녀의 피부는 눈처럼 ~ a bőre olyan fehér, mint a hó

새해 명 újesztendő, újév; ~가 시작되다 új esztendő kezdődik; 묵은해를 보내고 ~를 맞이하다 búcsúztatja a múlt évet és ünnepli az új évet; ~에 복 많이 받으십시오 Boldog újévet kívánok! (B.ú.é.-k!)

색 명 szín, színezet; ~의 배합 színvegyítés; ~의 조화 színharmónia; 밝은 ~ világos szín; ~이 변하다 elszíntelenedik

색깔 명 szín, színezet; 그 대회는 정치적 ~이 짙다 A gyűlésnek erős politikai színezete van. ☞ **색**

색다르다 형 különös, szokatlan, különleges; 색다른 것 szokatlan dolog, újdonság; 그녀는 색다른 복장을 하고 있었다 Szokatlanul volt öltözve.

색상 명 színárnyalat

색시 명 menyasszony, fiatalasszony; leány, hajadon; pincérnő, mixernő

색싯감 명 feleségnek való

색안경 명 napszemüveg; előítéletes nézet

색종이 명 színes papír; ~를 접다 színes papírból hajtogat

색채 명 szín, színfokozat, színárnyalat; 현란한 ~ színpompás szín; 그 일은 정치적 ~를 띠고 있다 politikai színezete van az ügynek; 그 풍속에는 종교적 ~가 있다 Annak a szokásnak vallásos színezete van.

색출-하다 동 keres, (fel)kutat; 도망자를 ~하다 felkutat egy szökevényt; 경찰이 범인을 ~하다 A rendőrség keresi a bűnöst.

색칠-하다 동 színez, fest; ~ 명 színezés, festés; 그림을 ~하다 rajzot (ki)színez

샌드위치 명 szendvics

샐러드 명 saláta; ~ 드레싱 salátaöntet; ~유 salátaolaj; 야채 ~ zöldségsaláta; ~를 만들다 salátát készít

샐러리맨 명 fizetésből élő ember

샘[1] 명 ❶ (víz)forrás 콸콸 솟는 ~ pezsegve feltörő forrás; ~이 말랐다 a forrás kiszáradt ❷ (해부) mirigy; 눈물~ könnymirigy

샘[2] 명 irigység; ~을 내다 irigyel vkit vmiért / vmi miatt; 그녀는 친구의 행운에 ~이 났다 irigyli a barátnőjét a szerencséje miatt

샛길 명 kerülőút, mellékút; 이 ~로 가면 30분 단축 된다 Ha ezen a mellékúton mégy, nyersz harminc percet.

생 명 élet; 조용히 ~을 마감했다 békésen elhunyt / eltávozott

생각-하다 동 gondolkodik, gondol; megfontol; képzel, vélekedik; hisz, tart;

ㅅ

szándékozik; ~ 명 gondolat, gondolkodás, megfontolás; szándék; 진보적인 ~ haladó gondolkodás; ~에 잠기다 gondolataiba merül / temetkezik; ~만 해도 오싹해진다 A gondolatától is megremeg a testem.; 좋은 ~이 떠올랐다 jó gondolatom / ötletem támadt; 나는 미국 유학을 ~하고 있다 Azon gondolkozom, hogy Amerikában tanulok tovább.; 잘 ~하고 말해야 한다 Fontold meg a mondanivalódat!; 처음에 나는 그녀를 미국 사람이라고 ~했다 Először amerikainak gondoltam őt.; ~하면 할수록 더 모르겠다 Minél inkább gondolkodom, annál kevésbé értem; 사직할 ~은 없다 nem áll szándékában lemondani; 나는 그렇게 할 ~이 없다 nem áll szándékomban, hogy így tegyek / ezt megtegyem; 자네 ~은 어떤가? Mi a véleményed?; 그 노래를 들으니 옛 ~이 난다 A dalt hallgatva a régi szép napok jutnak az eszembe.; 어린 시절이 ~나다 emlékezteti a gyermekkorra; 그의 이름이 ~나지 않는다 nem jut eszembe a neve; 나 역시 그렇게 ~한다 én is úgy / azt gondolom; 일이 ~하는 대로 되지 않는다 A dolgok nem úgy mennek, ahogy gondoltam.; 나는 그가 나이를 훨씬 더 먹었을 것이라고 ~했다 Azt képzeltem / hittem, hogy ő sokkal idősebb.; 고향을 ~하다 a szülőföldjére gondol, hazavágyódik; ~해 보니 나 역시 잘못했다 Visszagondolva be kell vallanom, hogy én is hibáztam.; 나는 그가 사기꾼이 아닌가 ~했다 Gyanítottam, hogy csaló lehet.; 그가 아직 젊다는 것을 ~해 주어야 한다 Figyelembe kell venni, hogy ő még fiatal.

생강 명 gyömbér

생계 명 megélhetés, létfenntartás; ~ 곤란 megélhetési gondok; ~가 어렵다 nehéz a megélhetés; ~를 돕다 segíti a létfenntartást

생계비 명 megélhetési költségek

생글거리다 동 kedvesen mosolyog

생기 명 elevenség, élénkség, lendület, frissesség; ~를 되찾다 visszanyeri elevenségét / lendületét

생기다 동 létrejön, kialakul, (meg)születik; (meg)történik, előfordul, megesik, adódik; 좋은 습관이 ~ jó szokása alakult ki; 비가 와서 군데군데 웅덩이가 생겼다 Az eső miatt itt-ott gödör / kátyú alakult ki.; 그에게 무슨 일이 생겼어 Mi történt vele?; 무슨 일이 생기면 나에게 알려 주시오 Ha valami történik, közölje velem!; 그녀에게 애인이 생긴 것 같다 Úgy látszik, szeretőt talált.; 그 사람 어떻게 생겼어 Hogy néz ki az az ember?

생김새 명 megjelenés, külső; arckifejezés; ~가 좋다 szép külseje van

생년월일 명 születési dátum

생동감 명 elevenség, élénkség, lendület, frissesség

생동-하다 동 megelevenedik, felélénkül; 봄에는 만물이 ~한다 tavasszal minden megelevenedik

생떼 명 makacsság, nyakasság; ~를 쓰다 makacskodik, nyakaskodik

생략-하다 동 kihagy, elhagy; rövidít, kivonatol, megkurtít; ~ 명 kihagyás, kivetés; ~할 수 있는 kihagyható, elhanyagolható; ~ 부호 hiányjel

생리[1] 명 élettan, fiziológia; ~적으로 맞지 않는다 Ösztönösen taszítják egymást.

생리[2] 명 havi vérzés, menstruáció; ~ 중에 있다 most havi vérzése van; ~가 시작되

었다 elkezdődött a menstruációja
생리대 명 (egészségügyi) betét
생리일 명 menstruációs ciklus
생리작용 명 fiziológiai funkció
생리통 명 menstruációs fájdalom / görcs
생리휴가 명 női havi szabadság (cégnél)
생명 명 ☞ **목숨**; élet; ~의 위험을 느끼다 az élete veszélyben forog; 그는 내 ~의 은인이다 az életemet köszönhetem neki; 그는 그 사고로 ~을 잃었다 Abban a balesetben életét vesztette.
생명공학 명 biotechnika
생명과학 명 élettan
생명력 명 életerő; ~이 있는 életképes; 잡초는 강한 ~이 있어서 좀처럼 근절시킬 수가 없다 A gyom életképessége / tűrőképessége erős, ezért nagyon nehéz gyökerestől kiirtani.
생물 명 élőlény, teremtmény; ~의 다양성 biológiai sokféleség / diverzitás; 북극에는 ~이 거의 없다 az Északi-sarkon nincs élőlény
생물체 명 organizmus
생물학 명 biológia; ~적 산소요구량 biológiai oxigénigény / -szükséglet
생방송 명 egyenes adás, élő adás; ~을 하다 élő adást közvetít; 텔레비전으로 ~되다 a tévében egyenes adásban / élőben közvetít
생사 명 élet és halál; sors; ~를 같이하다 részesedik / osztozik vkinek a sorsában; 이것은 그의 ~가 걸린 중대한 문제다 ez élet-halál kérdése
생산력 명 gyártókapacitás; termőképesség; 1일 4,300대의 자동차 ~ naponta 4.300 autó a gyártókapacitás
생산비 명 gyártási / termelési költség; ~를 절감하다 csökkenti a termelési költségeket
생산성 명 termelékenység, termelőképesség; 노동 ~ a munka termelékenysége; ~을 높이다 növeli a termelékenységet
생산자 명 termelő, gyártó, készítő
생산지 명 gyártási hely
생산-하다 동 termel, gyárt, előállít, készít, létrehoz; ~ 명 termelés, gyártás, előállítás, létrehozás; ~ 과잉 túltermelés; ~ 관리 a termelés szabályozása; ~ 수단 termelési eszköz; ~을 줄이다 / 늘리다 a gyártást csökkenti / növeli; 이 공장은 하루 천 대의 자동차를 ~한다 Ez a gyár naponta ezer autót gyárt.
생생-하다 형 friss, eleven, élő, élénk; ~한 기억 friss emlékezet; 그 광경은 지금도 내 마음속에 ~하게 남아 있다 Az a látvány még most is élénken él bennem.
생선 명 hal; ~을 굽다 halat süt; ~을 날로 먹다 halat nyersen eszik
생선회 명 nyers halszelet; ~를 치다 nyers halat szeletekre vág
생선뼈 명 halcsont, (hal)szálka
생성문법 명 generatív nyelvtan
생성-하다 동 létrejön, megszületik; teremt, alkot; ~ 명 (meg)születés; teremtés, alkotás; 우주의 ~ a világ teremtése / születése
생소-하다 형 idegen, ismeretlen, tapasztalatlan, járatlan; ~한 곳 idegen hely; ~한 사람 ismeretlen ember; 나는 시골에서 올라와서 서울은 아주 ~ 합니다 Szöul idegen nekem, mert vidékről jöttem.
생수 명 forrásvíz
생식기 명 nemi szerv, ivarszerv
생신 명 ☞ **생일**
생애 명 élet, életút; ~를 마치다 életét /

életútját befejezi; 암 연구에 ~를 바치다 a rákkutatásnak áldozza / szenteli az életét

생업 명 foglalkozás, hivatás, életpálya

생육기 명 (식물) a növekedés évszaka

생일 명 születésnap, szülinap; ~을 축하하다 születésnapot megünnepel; 내 ~은 8월 15일이다 A születésnapom augusztus tizenötödikén van.; ~ 선물을 하다 születésnapra ajándékoz vmit

생일잔치 명 születésnapi rendezvény

생전 명 egész élet; ~ 처음 egész életében először; 서울에는 ~ 처음이다 Életében először látogatott Szöulba.; 부모님 ~에 효도해라 Addig engedelmeskedj, amíg a szüleid élnek!

생존권 명 élethez való jog; ~을 위협하다 az élethez való jogot veszélyezteti

생존-하다 동 létezik, él; életben marad, fennmarad, fennáll, túlél, tovább él; ~ 명 lét(ezés), meglét; fennállás; 적자 ~ a legrátermettebbek / legalkalmasabbak fennmaradása; ~해 있다 életben marad; 이 섬에는 생물이 ~하고 있지 않다 Ezen a szigeten nem él semmilyen élőlény.

생쥐 명 egér

생채기 명 karmolás; ~가 나다 megkarmolják

생체 명 élő test, organizmus; ~ 실험 élő testen végzett kísérlet

생체학 testtan, szomatológia; ~적인 szomatikus; ~자 szomatológus

생크림 명 tejszínhab

생태 명 ökológia; 곤충의 ~ a rovarok ökológiája

생태계 명 ökoszisztéma, ökorendszer

생태학 명 ökológia; ~적 ökológiai

생판 부 teljesen, egészen; ~ 모르는 사람 teljesen idegen ember; ~ 다르다 egészen más

생활고 명 megélhetési nehézségek

생활보호 명 megélhetési támogatás; 그는 ~를 받고 있다 megélhetési támogatást kap

생활비 명 megélhetési / létfenntartási költségek; 높은 ~ magas megélhetési költségek; ~를 벌기 위해서 일하다 dolgozik a megélhetésért; 서울은 ~가 많이 드는 도시이다 Szöulban magasak a létfenntartási költségek.

생활수준 명 életszínvonal; ~의 향상 életszínvonal-emelés; ~을 낮추다 életszínvonalat csökkent

생활필수품 명 mindennapi (köz)szükségleti cikkek

생활-하다 동 él, megél; ~ 명 élet, létfenntartás; 경제 ~ gazdasági élet; 성~ nemi élet; 사치 ~ pazarló életforma; 원시 ~ őskori élet; 월급으로 ~하다 fizetésből él; 가난한 ~을 하다 szegényen / szegénységben él

생활환경 명 életkörülmények; 보다 나은 ~ jobb életkörülmények

생후 명 születés után; ~ 일주일 만에 죽다 születése után egy héttel meghal; ~ 3개월 된 아기 háromhónapos csecsemő

샤워 명 zuhany; ~를 하다 lezuhany(o)zik

샤워실 명 zuhany(o)zó

샴페인 명 pezsgő; ~ 병을 펑하고 따다 pukkanva nyit pezsgőt; ~ 잔을 치켜들고 축하하다 vkinek a tiszteletére emeli a pezsgőspoharat

샴푸 명 sampon; ~로 머리를 감다 samponnal hajat mos

샹들리에 명 csillár

서 명 nyugat; ~(쪽)의 nyugati; ~풍 nyugati szél

서구 명 Nyugat-Európa; ~ 문명 nyugati kultúra; ~ 사상 nyugati eszmék

서구인 명 nyugati ember

서구적 명 nyugatias

서글퍼지다 동 bánatot / magányosságot érez

서글프다 형 szomorú, bánatos, gyászos, melankolikus

서기[1] 명 Krisztus után (Kr. u.), időszámításunk szerint (i. sz.); ~ 1998년에 az i. sz. 1998. évben ☞ 기원 후

서기[2] 명 titkár, irodai alkalmazott, írnok

서기관 명 követségi titkár; 1등 ~ első titkár

서기장 명 titkárságvezető

서까래 명 szarufa, bárdolt gerenda

서너 néhány, három vagy négy; ~ 번 néhányszor, háromszor vagy négyszer; ~ 개 néhány darab

서넛 néhány, három vagy négy; 일꾼 ~이 필요하다 szükségem van három vagy négy munkásra

서늘-하다 형 hűvös, hideg, friss; ~한 바람 hideg szél; ~한 곳에 두다 hűvös helyre tesz vmit; 놀라서 가슴이 ~했다 elhűltem a csodálkozástól

서다 동 áll; 장이 ~ áll a vásár; 자동차가 ~ megáll az autó; 핏대가 ~ harag miatt elvörösödik; 핏발이 ~ vérben forog; 결심이 ~ határozatot hoz; 거울 앞에 ~ tükör előtt áll; 일렬로 줄지어 ~ sorban áll; 새 정부가 ~ új kormány alakul; 보증을 ~ garanciát vállal vkiért; 보초를 ~ őrségben áll; 증인을 ~ tanúsít, bizonyságot szolgáltat; 날이 ~ a kés éles; 시계가 ~ megáll az óra; 체면이 ~ megőrzi a méltóságát

서두 명 bevezetés, előszó; ~에 싣다 bevezetést ír

서두르다 동 siet; 서둘러 돌아오다 sietve visszajön; 우리는 늦지 않도록 서둘렀다 Siettünk, hogy ne késsünk el.

서랍 명 fiók; ~ 깊숙이 a fiók mélyén / alján; ~을 열다 fiókot kihúz; ~을 닫다 fiókot becsuk / betol

서럽다 형 szomorú, bánatos, bús; 그 말을 들으니 ~ a szavait hallgatva szomorú lettem

서로 부 kölcsönös, egymás; ~ 합의하여 kölcsönös megegyezés szerint; ~ 돕다 egymást segítik; ~ 사랑하다 egymást szeretik; ~ 헐뜯다 egymást becsmérelik

서론 명 bevezetés, előszó; ~으로 bevezetésként, előszóként

서류 명 okirat, hivatalos papírok; 선적 ~ szállítólevél; ~를 제출하다 papírokat benyújt; ~ 가방 aktatáska, diplomatatáska; ~철 iratgyűjtő

서른 harminc; ~ 번째 harmincadik; ~ 살 harmincéves

서리[1] 명 dér, zúzmara; fagy; ~ 피해를 입다 fagykárt szenved; 첫 ~ az év első fagya; ~가 내리다 elfagyaszt, lefagyaszt

서리[2] 명 helyettes; 교장 ~ igazgatóhelyettes; 국무총리 ~ miniszterelnök-helyettes

서리다 동 bepárásodik, párás lesz; 유리창에 김이 ~ az ablak bepárásodott; 노여움이 ~ dühösnek látszik; 원한이 서려 있다 erős bosszúságot érez vki iránt

서면 명 levél, írás; ~으로 írásban, levélben; ~으로 알리다 levélben értesít

서명 명 könyv címe; ~목록 címkatalógus

/ -jegyzék

서명운동 명 aláírásgyűjtő kampány; ~을 벌이다 aláírásgyűjtő kampányt indít

서명-하다 동 aláír vmit, aláírásával ellát vmit; ~ 명 aláírás; 청원서에 ~을 받다 aláírásokat gyűjt a beadványhoz / kérelemhez; 계약에 ~하다 szerződést ír alá; 여기에 ~해 주십시오 Itt írja alá, kérem!

서문 명 bevezetés, előszó; ~을 쓰다 előszót / bevezetést ír

서민 명 nép, közemberek; 물가 상승은 ~의 살림에 바로 영향을 미친다 Az áremelés azonnal hat az emberek életére / megélhetésére.

서방[1] 명 nyugat, nyugati terület; nyugati országok; Nyugat; a nyugati menynyország (a buddhizmusban)

서방[2] 명 férj; 김 ~ Kim úr!

서부 명 nyugati rész

서북 명 északnyugat; ~으로 északnyugat felé

서브 명 adogatás, szerva; ~를 넣다 adogat, szervál; ~를 받다 adogatást fogad; ~권을 얻다 adogatást (el)nyer; 누가 ~할 차례냐 Kinél van az adogatás?

서비스업 명 szolgáltatóipar

서비스-하다 동 kiszolgál, szervizt biztosít, szolgálatára áll vkinek; ~ 명 szolgáltatás; ~ 부문 szolgáltató szektor; ~가 좋다 jó a kiszolgálás; ~개선 a szolgáltatás javítása

서사시 명 eposz, epikus költemény; 영웅 ~ hősről szóló epikus költemény, hősköltemény, hősi ének

서서히 부 lassan, fokozatosan; 그는 ~ 공부에 흥미를 느끼게 되었다 Lassan érdekelni kezdte a tanulás.

서성거리다 동 járkál, csavarog, ténfereg, lófrál; 나는 마음을 가라앉히려고 방안을 서성거렸다 Járkáltam a szobában, hogy összeszedjem magam.; 이 근처에 서성거리지 마라 Ne lebzselj / lófrálj errefelé!

서술어 명 (문법) állítmány

서술-하다 동 leír, ecsetel; ~ 명 leírás

서슴다 동 habozik, tétovázik, vonakodik, késlekedik; 서슴지 않고 tétovázás nélkül; 무슨 짓이라도 서슴지 않을 놈이다 Ő olyan ember, aki habozás nélkül megtesz mindent.

서식 명 forma, formanyomtatvány; 일정한 ~ meghatározott / előírt forma; ~에 기입하다 kitölti a formanyomtatványt

서식-하다 동 él, lakik, tartózkodik; ~ 명 tartózkodás; 숲에 ~하다 erdőben lakik

서신 명 levél; levelezés; ~ 왕래가 있다 levelezik

서약서 명 írásbeli fogadalom / eskü; ~를 쓰다 fogadalmat leír

서약-하다 동 esküszik, esküt tesz vmire, megfogad vmit, szavát adja; ~ 명 eskü, fogadalom; kötelezettségvállalás; ~을 지키다 betartja az esküjét; ~을 어기다 fogadalmat megszeg

서양 명 Nyugat (Európa és Amerika); ~의 nyugati; ~ 문명 nyugati civilizáció

서양식 명 nyugati típus; ~ 사고방식 nyugati gondolkodásmód

서양인 명 nyugati ember, európai ember

서양화 명 nyugati festmény; olajfestmény

서역 명 Kínától nyugatra fekvő ország

서열 명 rang, osztály, rend; ~에 따라 fontossági sorrendben; 당 ~ 제 3위를 차지하다 a párthierarchia harmadik helyét foglalja el

서예 명 kalligráfia, (szép) kézírás; ~의 대가 a kalligráfia mestere

서운-하다 형 szomorú, bús; 그를 보지 못해 ~하다 Szomorú vagyok, hogy nem találkoztam vele.

서울 명 főváros; Szöul; ~로 가다 Szöulba megy

서재 명 dolgozószoba; ~에 틀어박히다 a dolgozószobájába zárkózik

서적 명 könyv; publikáció

서적상 könyvkereskedő

서점 명 könyvesbolt

서쪽 명 nyugat; ~의 nyugati; ~에 nyugaton; 시의 ~에 a város nyugati részén; ~으로 가다 nyugatra megy

서체 명 a kézírás stílusa, a kézírás kinézete

서클 명 szakkör; társaság

서투르다 형 ügyetlen, járatlan, tapasztalatlan, gyenge vmiben; 서투른 솜씨로 ügyetlen kézzel; 서투르게 ügyetlenül, gyengén; 서투른 번역 gyenge fordítás; 바느질이 ~ ügyetlenül varr

석 három; ~ 달 három hónap; ~ 장 három lap

석굴 명 (köves) barlang, grotta

석굴암 명 Szakkurám barlangtemplom

석기 명 kőedény; ~ 시대 kőkorszak; 신~ 시대 újkőkorszak, neolit korszak; 구~ 시대 régi kőkorszak, paleolit korszak

석류 명 (식물) gránátalma

석방-하다 동 szabadon bocsát, elenged; ~ 명 szabadon bocsátás, elengedés; 조건부 ~ feltételes szabadon bocsátás, feltételes szabadlábra helyezés; ~을 위해 교섭하다 szabadon bocsátásért tárgyal; ~을 간청하다 könyörög / esedezik, hogy bocsássák szabadon; 교도소에서 ~되다 börtönből (ki)szabadul

석별 명 nehéz búcsú; ~의 눈물 a búcsú könnyei; ~의 정을 표하다 kifejezi a búcsúzás miatti fájdalmát

석사 명 mester; mesteri fokozat (MA); ~ 과정 mesterkurzus; ~ 논문 szakdolgozat a mesteri fokozatért

석양 명 lenyugvó nap; 서쪽 하늘이 ~을 받아 붉게 빛나고 있다 A lenyugvó nap vörösre festette a nyugati égboltot.; ~빛 a lenyugvó nap sugarai / fénye

석유 명 kőolaj; ~를 연료로 하다 kőolajat használ fűtőanyagként; ~ 탐사를 시작하다 kőolajkutatást kezd; ~ 가격 olajár; ~ 난로 olajkályha; ~ 자원을 개발하다 kitermeli a kőolajtartalékot; ~ 회사 olajtársaság

석재 명 építési kő

석차 명 rangsor; ~가 오르다 a rangsorban feljebb kerül

석탄 명 kőszén, szén; ~을 때다 szénnel fűt; ~을 캐다 szenet bányászik; ~ 매장량 széntartalék

석탄광 명 szénbánya

석탑 명 kőpagoda, kőpalota

석회 명 mész; ~분이 많은 토양 magas / gazdag mésztartalmú talaj; ~를 뿌리다 meszet szór

석회석 명 mészkő

석회질 명 kalcium

섞다 동 kever, vegyít, elegyít; 시멘트에 모래를 ~ a cementbe homokot kever; 파랑과 노랑을 섞으면 녹색이 된다 Ha kéket és sárgát összekeverünk, zöldet kapunk.

섞이다 동 (össze)keveredik, (össze)vegyül, (össze)elegyedik; társaságba jár;

ㅅ

나도 그들 속에 섞여 있었다 Én is a társaságukban / a társaság része voltam.

선 명 ❶ jóság; ~을 행하다 jót tesz ❷ vonal; színvonal; 전화~ telefonvonal; ~을 긋다 vonalat húz; 지출을 그 ~에서 억제하다 a (ki)fizetéseket azon a szinten korlátozza

선각자 명 úttörő; 그는 한국 교육의 ~였다 Ő a koreai oktatás úttörője.

선거-하다 동 választ, szavaz; ~ 명 választás, szavazás; 공명 ~ tiszta választás; 대통령 ~ elnökválasztás; ~를 실시하다 választást rendez / tart; ~에 이기다 választáson nyer; ~에 지다 választáson veszít / vereséget szenved; ~하러 가다 választani / szavazni megy; 대통령 ~에 출마하다 indul az elnökválasztáson; ~ 공약 választási program; ~ 비용 választási költségek; ~ 유세 választási kampány

선고-하다 동 bejelent; (el)ítél, nyilvánít; ~ 명 bejelentés, ítélet; 무죄를 ~하다 ártatlannak nyilvánít vkit; 사형을 ~하다 halálra ítél vkit; 징역 5년을 ~ 받다 Ötévi börtönbüntetésre ítélték.; 의사한테 불치라는 ~를 받다 Az orvos bejelentette, hogy a beteg gyógyíthatatlan.

선교 명 hittérítő munka, hittérítés

선교사 명 hittérítő; ~로 일하다 hittérítőként dolgozik

선구자 명 úttörő, előfutár; ~가 되다 előfutára lesz vminek

선글라스 명 napszemüveg

선녀 명 tündér

선도-하다 동 ❶ vezet, irányít, kalauzol; 유행에 관해 말하면 그녀가 언제나 우리 서클을 ~해 왔다 Ha a divatról van szó, a társaságunkban mindig ő volt a tekintély / a hangadó. ❷ megfelelően vezet, helyesen irányít; 비행 청소년을 ~하다 helyesen irányítja a rossz magaviseletű fiatalokat

선동자 명 lázító, felbujtó

선동-하다 동 uszít, felbujt, szít; ~ 명 uszítás, felbujtás; ~적 bujtogató, lázító

선두 명 a legmagasabb pont, csúcs; ~에 나서다 élen jár; ~에 서다 élre áll; 학생들이 공해 반대 운동의 ~에 섰다 A diákok a környezetszennyezés elleni mozgalom élére álltak.

선뜻 부 szívesen, rögtön, azonnal; ~ 승낙하다 rögtön beleegyezik vmibe, rögtön elfogad vmit; 부탁을 ~ 들어주다 kérést szívesen teljesít; 돈을 ~ 빌려주다 pénzt szívesen kölcsönöz; 나는 그 계획에 ~ 동의할 수가 없다 Nem tudok rögtön / azonnal beleegyezni abba a tervbe.

선량-하다 형 jó, becsületes, tisztességes; ~한 시민 becsületes / törvénytisztelő polgár

선례 명 precedens; ~가 있다 van precedens vmire; ~가 없다 nincs precedens vmire; ~에 따르다 a precedensnek megfelelően; ~를 깨다 felrúgja a precedenst, nem a precedens szerint jár el; 이것에는 ~가 전혀 없다 Erre nincs precedens.

선명-하다 형 tiszta, világos; áttetsző, átlátszó; ~하게 tisztán, világosan; ~한 영상 tiszta / világos kép; 인쇄가 ~하다 a nyomtatás jó minőségű

선물 명 (증권) határidős üzlet, határidős ügylet; ~ 시장 határidős piac, árutőzsde

선물-하다 동 ajándékoz; ~ 명 ajándék; ~을 받다 ajándékot kap; 시계를 ~로 주다 órát ajándékoz; 훌륭한 ~을 주셔서 대단

히 고맙습니다 Nagyon szépen köszönöm a gyönyörű ajándékot!

선박 명 hajó

선박회사 명 hajózási társaság

선반[1] 명 polc, szegély, perem; ~을 매다 polcot feltesz; ~위에 두다 polcra tesz vmit

선반[2] 명 esztergapad; ~으로 깎다 esztergál vmit

선반공 명 esztergályos; ~으로 일하다 esztergályosként dolgozik

선발-하다[1] 동 előbb indul; ~ 명 előbb indulás

선발-하다[2] 동 (ki)választ, (ki)válogat; ~ 명 (ki)választás, (ki)válogatás; ~된 válogatott, kiválasztott; 20명의 지원자 중에서 그녀 한 사람이 ~되었다 A húsz pályázó közül egyedül őt választották ki.; ~팀 válogatott csapat

선배 명 idősebb / öregebb ember, szenior; 그는 나의 대학교 2년 ~이다 Ő két évvel fölöttem járt az egyetemre.

선보다 동 találkozik a kiszemelt jövendőbelijével

선봉 명 előőrs, előhad; ~에 서다 támadás élére áll, támadást vezet

선불 명 előzetes kifizetés; 대금은 ~입니다 Az árat előre kell fizetni.

선비 명 (régi) tudósi fokozat

선사 명 őstörténet; történelem előtti; ~시대 történelem előtti kor

선사-하다 동 ajándékoz vmit; ~ 명 ajándékozás; 자네에게 그것을 ~하지 Azt ajándékozom neked.

선생 명 tanár; 학교 ~ iskolai tanár; 엄한 ~ szigorú tanár; ~이 되다 tanár lett; ~님 tanár úr

선서-하다 동 esküszik, esküt tesz; ~ 명 eskü; 대통령 취임 ~를 하다 elnöki esküt tesz; 법정에서 그는 진실을 말하겠다고 ~했다 Esküt tett, hogy csak az igazságot mondja a bíróság előtt.

선수[1] 명 ~를 치다 elébe vág; ~를 빼앗기다 elébe vágtak, elvesztette a kezdeményezést / előnyt

선수[2] 명 játékos; ~가 되다 játékos lett

선수권 명 bajnokság, bajnoki cím; ~ 대회 bajnoki mérkőzés; ~을 방어하다 bajnoki címet megvéd; ~을 보유하다 bajnoki címet őriz

선심 명 kedvesség, erény; ~ 공세 könnyelmű ígéret

선언-하다 동 nyilatkozik, kihirdet, kijelent, bejelent; ~ 명 nyilatkozat, kihirdetés, kijelentés, proklamáció; 독립 ~ függetlenségi nyilatkozat; 의장이 개회를 ~하다 az elnök megnyitottnak nyilvánítja a gyűlést / kongresszust; 출마를 ~하다 bejelenti indulását a jelölésért

선원 명 matróz; ~이 되다 matróz lett

선율 명 (음악) dallam, melódia; ~적 dallamos; 감미로운 ~ kellemes dallam

선의 명 jóakarat, jóindulat; ~의 jóakaratú, készséges, jóindulatú, jóhiszemű; ~로 jóindulattal, jóakarattal; ~의 경쟁 jóakaratúak versengése

선인 명 elŐd; ~의 발자취를 더듬다 az elŐd nyomdokába lép / nyomdokait követi

선인장 명 kaktusz

선임-하다 동 kinevez, kijelöl, kiválaszt; ~ 명 kinevezés, kijelölés, kiválasztás; 변호인의 ~ jogtanácsosi kinevezés; 그는 재차 위원장에 ~ 되었다 Másodjára is kinevezték / megválasztották őt elnöknek.

선입견 명 előítélet, előre kialakult véle-

ㅅ

mény, elfogultság; ~을 가지다 előítélete van

선장 명 hajóskapitány

선전-하다 동 (el)terjeszt, hirdet, reklámoz; ~ 명 propaganda, hírverés; ~에 넘어가다 a propaganda csapdájába esik; 그 회사는 TV에서 활발히 새 차 ~을 하고 있다 Az a vállalat egy új autót reklámoz a tévében.; 대대적으로 ~하다 széleskörűen reklámoz

선정 명 jó kormány, bölcs uralkodás; ~을 베풀다 bölcsen uralkodik, jól kormányoz

선제 명 kezdés; ~점을 올리다 az első gólt / pontot (meg)szerzi

선조 명 előd, ős; 그의 집은 ~ 대대로 농사를 지었다 A családja nemzedékek óta földműveléssel foglalkozik.

선주 명 hajótulajdonos

선진국 명 fejlett ország; ~ 대열에 끼이다 a fejlett országok közé kerül / jut

선진기술 명 fejlett technika; ~의 도입 fejlett technika bevezetése / meghonosítása

선진적 fejlett, haladó, progresszív

선집 명 válogatott művek, antológia; 한용운 ~ Han Jongun válogatott művei; ~으로 엮다 válogatást készít vkinek a műveiből

선착장 명 rak(odó)part; 배를 ~에 대다 hajót a rakparthoz visz

선처-하다 동 helyesen / bölcsen viselkedik; ~ 명 bölcs bánásmód, helyes viselkedés; ~를 부탁드립니다 Kérem, hogy bölcsen viselkedjen.

선천성 명 veleszületettség

선천적 veleszületett, öröklött; ~으로 veleszületetten; 그는 음악에 ~인 재주가 있다 Veleszületett zenei tehetsége van. Ő született zenész.

선체 명 hajótest; ~가 두 동강이 났다 A hajótest kettétört.

선출-하다 동 kiválaszt, megválaszt; ~ 명 választás; 우리는 그를 의장으로 ~했다 Őt választottuk elnöknek.; 종로에서 ~되다 Csongno választási kerületben választották meg.

선친 명 elhunyt apám, néhai apám

선택-하다 동 választ, válogat; ~ 명 választás, válogatás; ~의 자유 a választás szabadsága; ~적 választásos; ~을 잘하다 jót / jól választ; ~ 과목 választható tantárgy; ~권 a választás joga; ~권이 있다 joga van választani

선포-하다 동 kihirdet, kinyilvánít, kikiált; ~ 명 kiáltvány, nyilatkozat; 계엄령을 ~하다 rendkívüli állapotot kihirdet

선풍기 명 ventilátor; ~ 바람 ventilátor szele; ~를 틀다 bekapcsolja a ventilátort

선-하다 형 élénk, eleven; 그 광경이 아직도 눈에 ~하다 Az a látvány még mindig élénken él az emlékezetemben. Az a látvány még mindig a szemeim előtt lebeg.

선행 명 jótett, jó cselekedet; ~을 쌓다 jótettet jótettre halmoz

선행-하다 동 megelőz, előtte jár / halad / megy; ~ 명 (meg)előzés, előtte járás / menés / haladás; ~ 조건 előfeltétel, nélkülözhetetlen kellék

선호-하다 동 jobban szeret, előnyben részesít, preferál; 남아 ~ 사상 az eszme, hogy a fiúgyerek fontosabb a lánygyermeknél; 그들은 커피보다 녹차를 ~한다 Ők jobban szeretik / preferálják a zöld teát a kávénál.

선회-하다 동 (körbe)forog, kering, köröz; 한 마리의 독수리가 상공에서 ~하고 있다 Egy sas kering az égen.

섣부르다 형 ügyetlen, gondatlan; kockázatos; 섣부른 일 kockázatos dolog

섣불리 부 ügyetlenül, esetlenül, tapintatlanul; gondatlanul, meggondolatlanul; ~ 입 밖에 내다 meggondolatlanul kifecseg vmit; ~ 손을 댈 수 없는 일이다 Erre a dologra nagyon oda kell figyelni.

설 명 újév napja; ~ 연휴 újévi ünnep; ~을 쇠다 újévi ünnepet tart

설익다 nem érett; félig (meg)főtt

설거지-하다 동 elmosogat, elmossa a tányérokat; ~ 명 mosogatás

설계도 명 tervrajz, alaprajz

설계자 명 tervező

설계-하다 동 alaprajzot / tervrajzot készít vmiről, tervez; ~ 명 tervrajz; 도시 ~ a város tervrajza; 이 주택은 ~가 잘못 되어 있다 Ezt a házat rosszul tervezték meg.; 미래를 ~하다 a jövőt tervezi

설교-하다 동 prédikál, igét hirdet; megleckéztet; ~ 명 prédikáció, igehirdetés; megleckéztetés, kioktatás; ~를 듣다 prédikációt hallgat; 신도들에게 하느님 말씀을 ~하다 a hívőknek Isten igéjét hirdeti; 아버지의 ~는 이젠 딱 질색이다 Unom apám erkölcsi prédikációit.

설날 명 újév, az új év első napja

설다 형 nem érett; félig főzött / sült; nem eléggé erjedt; 밥이 ~ a rizs félig főzött, főtlen; 낯이 ~ idegen, nem ismerős

설득력 명 meggyőző erő; ~이 있는 연설 meggyőző beszéd; 자기 견해를 ~ 있게 말하다 Meggyőző erővel mondta el a nézeteit.

설득-하다 동 meggyőz vmiről, rábeszél vkit vmire, lebeszél vkit vmiről; ~ 명 rábeszélés, meggyőzés; 나는 동생이 엉뚱한 생각을 버리도록 ~했다 Lebeszéltem az öcsémet a bolond ötleteiről.

설레다 동 hevesen dobog / ver; ideges, nyugtalan; 가슴이 ~ a szíve hevesen dobog; 내 가슴은 기대감에 설레었다 A szívem a várakozástól hevesen ver.

설령 부 még ha, ám- / habár; ~ 네 말이 사실이라 할지라도 그것은 변명이 되지 못한다 Habár igaz, amit mondasz, ez nem lehet mentség.

설립-하다 동 alapít, létesít, felállít; ~ 명 létesítés, felállítás; cégalapítás; 학교를 ~하다 iskolát alapít; ~을 허가하다 alapítást engedélyez; 본교가 ~된 지 80년이 되었다 Az iskolánk alapítása óta nyolcvan év telt el.

설마 부 nem bizonyos / biztos, nem lehet, lehetetlen; ~ 그런 일은 없을 테지 lehetetlen, hogy ez megtörténjen; ~ 너 혼자 가는 건 아닐 테지 Biztosan nem egyedül mész?; ~ 오늘 비는 안 오겠지 Ma bizonyosan nem esik az eső.

설명-하다 동 magyaráz, értelmez, magyarázatot ad; ~ 명 magyarázat, értelmezés, interpretáció; ~을 요구하다 magyarázatot követel; 이론을 ~하다 elméletet magyaráz

설문 명 kérdőív; ~ 조사 kérdőíves felmérés / vizsgálat

설비 명 felszerelés, berendezés, szerelvény; 난방 ~가 되어 있다 fűtőberendezéssel rendelkezik; 그 호텔은 ~가 좋다 Annak a szállodának a berendezése jó.

설사 부 még ha ☞ **비록**, **설령**

설사약 명 hasmenés elleni gyógyszer, hasfogó

설사-하다 동 hasmenése van, megy a hasa; ~ 명 hasmenés; 심한 ~ heves hasmenés; ~를 하고 있다 hasmenése van

설움 명 szomorúság, bánat, fájdalom; ~이 복받쳐 nagy szomorúságában; 집 없는 ~을 겪다 hajléktalanként nyomorúságosan érzi magát

설익다 동 nem jól átfőzött / átsütött, nem érett, éretlen; 설익은 과일 éretlen gyümölcs

설정-하다 동 alapít, teremt; ~ 명 alapítás, felállítás, létesítés, rendezés; 저당권 ~ jelzálogteher-rendezés

설치다 동 ❶ (잠을) nem jól / rosszul alszik; 간밤에는 잠을 설쳤다 Nem jól aludtam tegnap este. ❷ eláraszt, elözönöl, lerohan; 소매치기들이 설치는 거리 tolvajok által elárasztott út

설치-하다 동 alapít, felállít, létesít; ~ 명 alapítás, felállítás, létesítés; 영사관을 ~하다 konzulátust létesít; 위원회를 ~하다 bizottságot felállít

설탕 명 cukor; ~을 넣다 megcukroz vmit; ~ 가루 porcukor

설혹 부 még ha ☞ **비록**, **설마**, **설사**

설화 명 mese, legenda

섬[1] 명 ❶ zsák; 쌀 ~ rizses zsák ❷ mértékegység

섬[2] 명 sziget; 외딴 ~ magányos / egyedülálló sziget; 그녀는 ~에 살고 있다 szigeten lakik

섬기다 동 kiszolgál vkit, gondját viseli vkinek; 부모를 ~ vigyáz a szüleire, gondját viseli a szüleinek; 신을 ~ istent szolgálja

섬뜩-하다 형 ijedt, (meg)rémült

섬멸-하다 동 megsemmisít, lerombol, elpusztít

섬세-하다 형 ízléses, finom, kifinomult, kecses; ~한 손가락 finom ujjak; ~한 움직임 finom / kecses mozdulat(ok)

섬유 명 textil; rost(szál), szál; ~성의 szálas, rostos; 천연 ~ természetes rostszál

섬유질 명 rostos anyag

섭렵-하다 동 alaposan / széleskörűen olvas; 널리 문헌을 ~하다 alaposan beleássa magát a szakirodalomba

섭리 명 természeti rendszer(ek); 신의 ~ isteni akarat

섭섭-하다 형 szomorú, bús, sajnálkozó; 헤어지기가 ~하다 sajnálkozik az elválás miatt, sajnálja az elválást / a búcsút; 그는 ~한 듯이 떠나갔다 Szomorúan ment el.; ~하지만 사실이다 Sajnálatos, de ez az igazság.; 그가 그런 적은 돈도 빌려 주지 않겠다고 하니 ~하다 Sajnálatos / bosszantó, hogy ilyen csekély összeget sem akar kölcsönadni.

섭씨 명 Celsius beosztású hőmérő; ~ 10 도의 물 tíz Celsius-fokos víz

섭외 명 összeköttetés, rendberakás, megszervezés; 이 행사에서 ~를 좀 맡아 줄 수 없겠습니까 Nem vállalná el ennek a rendezvénynek a megszervezését?

섭취-하다 동 magához vesz, felvesz; ~ 명 felvétel, lenyelés, elfogyasztás; 단백질의 ~ fehérjefelvétel / -bevitel; 영양을 ~하다 tápanyagot felvesz

성[1] 명 harag, düh, méreg; ~을 잘 내다 hajlamos haragra gerjedni, könnyen dühbe jön / gurul; ~을 가라앉히다 haragot elfojt; ~이 나서 얼굴이 빨개지다 mérgében / dühében elvörösödött

성[2] 명 családnév, vezetéknév; ~과 이름

családnév és keresztnév

성[3] 명 nem, szex; 남~ hímnem, 여~ nőnem, 중~ semlegesnem; 연령, ~별에 관계없이 életkorra vagy nemre való tekintet nélkül; ~에 눈뜨다 kinyílt a szeme a szexre

성[4] 명 vár, citadella, fellegvár; ~을 쌓다 várat felépít; ~을 포위하다 várat ostromol

성가시다 형 zavaró, kínzó, kellemetlen, bosszantó; zaklatott; állhatatos, rendületlen; 성가신 일 idegesítő feladat / munka; 성가신 듯이 bosszús tekintettel; 성가시게 조르다 zaklat vkit

성격 명 személyiség, egyéniség, jellem; ~의 차이 jellemek különbsége; ~이 강인한 / 나약한 사람 erős / gyenge jellemű ember; ~이 좋은 사람 jóindulatú ember; 밝은 ~ kedves / vidám személyiség; 어두운 ~ borúlátó személyiség; ~에 맞다 illik a jelleméhez; 형제이지만 ~은 전혀 다르다 Bár testvérek, de a jellemük / személyiségük teljesen eltérő / különböző.; 이 두 문제는 ~을 달리하고 있다 Ez a két probléma egészen más természetű.

성경 명 Biblia, Szentírás; ~ 구절 bibliai kifejezés / szólás; 신약 ~ Újszövetség, Újtestamentum; 구약 ~ Ószövetség, Ótestamentum

성공-하다 동 vmi sikerül vkinek, vki sikert ér el vmiben; ~ 명 siker; 사업에 ~하다 vállalkozásában sikert ér el; 사업의 ~을 위해 축배하다 a vállalkozás sikerére emeli poharát; 그는 하는 일마다 ~했다 minden sikerül neki, amit csinál

성과 명 eredmény, következmény, gyümölcse vminek; ~는 기대 이상이다 az eredmény felülmúlja a várakozást; ~를 거두다 jó eredményt ér el

성곽 명 vár, citadella, fellegvár; erődítmény

성교 명 (nemi) közösülés

성교육 명 nemi felvilágosítás, szexuális nevelés

성금 명 adomány, ajándék; ~을 내다 adományoz, ajándékoz; 불우이웃돕기 ~ adomány a szegény szomszédoknak

성급-하다 형 sietős, gyors, heves; ~하게 sietősen, futólag; ~한 기질 heves / indulatos természet

성기 명 nemi szerv, ivarszerv

성나다 동 háborog, dühöng, tombol; 성나서 haragosan, mérgesen, dühösen; 몹시 ~ dühbe gurul, a plafonon van a méregtől, majd felrobban mérgében; 성나 있다 mérges / dühös / haragos vkire, bosszankodik vmin / vmi miatt; 성난 파도 háborgó tenger, dühöngő / tajtékzó hullámok

성냥 명 gyufa; ~ 한 갑 egy doboz gyufa; ~을 켜다 gyufát gyújt

성냥갑 명 gyufásdoboz, gyufásskatulya

성냥개비 명 gyufaszál

성냥불 명 gyufaláng

성년 명 felnőtt; ~의 날 a nagykorúság napja; 미~자 kiskorú

성년식 명 felnőtté avatás (szertartása)

성능 명 kapacitás, teljesítmény; 고~ 카메라 kiváló teljesítményű fényképezőgép; ~이 좋은 nagy teljesítményű; 그들은 그 엔진의 ~을 검사했다 A motor teljesítményét ellenőrizték.; 기계의 ~ 검사를 하다 A gép teljesítményét tesztelik.

성당 명 katolikus templom

성대-하다 형 nagyszabású; 식이 끝난 뒤에

ㅅ

~한 연회가 있었다 A ceremónia befejezése után nagyszabású fogadás volt.

성령 명 Szentlélek

성립-하다 동 (meg- / ki)alakul vmiből; megvalósít, létrehoz; ~ 명 megszületés, megvalósítás, létrehozás; 연립 내각이 ~되었다 koalíciós kormány alakult; 계약이 ~했다 szerződést kötöttek; 양국 간에 조약이 ~되었다 A két ország közötti szerződés megköttetett.

성명[1] 명 név (családnév / vezetéknév és keresztnév); ~을 사칭하다 hamis nevet / álnevet vesz fel

성명[2] 명 nyilatkozat, (ki)hirdetés, proklamáció; 공동 ~ közös nyilatkozat; 공식 ~을 발표하다 hivatalos közleményt kibocsát; 지지 ~을 내다 támogató nyilatkozatot kiad vki számára

성명서 명 kiáltvány, nyilatkozat

성묘-하다 동 ellátogat ősei sírjához; ~ 명 az ősök sírjának meglátogatása; ~를 위해 귀향하다 hazajön, hogy ősei sírját meglátogassa; ~ 행렬 az ősök sírjánál sorakozó látogatók

성미 명 hajlam, természet, vérmérséklet, kedély; sajátosság, jellem; ~가 까다롭다 nehéz természetű; 그는 ~가 까다롭다 nehéz természete van

성범죄 명 szexuális bűn

성별 명 nemi megkülönböztetés; ~에 관계없이 nemre való tekintet nélkül; 등록 카드에 ~을 기재하시오 A nemét legyen szíves ráírni a regisztrációs kártyára!

성병 명 nemi baj / betegség; ~에 걸리다 nemi betegséget elkap; ~ 예방 a szexuális úton terjedő betegségek megelőzése

성분 명 alkotórész, alkotóelem, tartozék; 약의 ~ a gyógyszer alkotórészei; ~을 분석하다 alkotórészeket elemez; ~ 표시 az alkotórészek feltüntetése

성사-되다 동 sikerül, befejez, megvalósít

성생활 명 nemi élet, szexuális élet

성서 명 Biblia ☞ **성경**

성숙-하다 동 megérik; kifejlődik; ~ 명 érettség, kifejlettség; 때가 ~하기를 기다리자 Addig várjunk, amíg alkalom kínálkozik!

성스럽다 형 szent, megszentelt; 성스러운 곳 szent hely

성실-하다 형 szorgalmas, becsületes, hűséges; ~한 친구 hűséges barát; ~하게 일하다 szorgalmasan / komolyan dolgozik; 그는 ~한 사람이다 ő hűséges / becsületes ember

성씨 명 családnév, vezetéknév

성악 명 éneklés; ~을 배우다 éneklést tanul

성악가 명 énekes

성업 명 virágzó üzlet; ~ 중이다 az üzlet virágzik, virágzó üzletet vezet

성에 명 fagy, dér; ~가 낀 유리창 deres ablak; 냉장고의 ~를 제거하다 hűtőszekrényt leolvaszt

성욕 명 nemi vágy; ~을 만족시키다 kielégíti a nemi vágyát

성우 명 rádiószínész; szinkronszínész

성원 명 tag; 사회의 ~ a társadalom tagja; ~ 미달 nincs meg a szükséges létszám

성원-하다 동 bátorít, támogat; szurkol, buzdít; ~ 명 bátorítás, támogatás, szurkolás, buzdítás; 팬들은 그들이 좋아하는 농구팀에게 ~을 보냈다 A szurkolók buzdították kedvenc kosárlabdacsapatukat. A rajongók szurkoltak kedvenc kosárlabdacsapatuknak.; 당신의 전적인 ~을 부탁드립니다 Kérem a teljes támogatását!

성의 명 becsületesség, őszinteség, nyíltság, hűség; ~ 있는 őszinte, nyílt, hűséges, becsületes; ~를 보이다 a becsületességét mutatja

성인[1] 명 felnőtt; ~이 되었다 felnőtt lett

성인[2] 명 szent; ~같은 szenthez hasonló; 나는 ~군자는 아니지만 그런 비열한 짓은 하지 않는다 Nem vagyok szent, de ilyen aljas dolgot nem tennék veled.

성인병 명 felnőtt betegség

성자 명 ☞ **성인**[2]

성장기 명 növekedési időszak

성장률 명 növekedési ráta

성장요인 명 növekedési tényező

성장-하다 동 növekedik, fejlődik; ~ 명 növekedés; 한창 ~하는 növekedő; ~이 빠르다 gyorsan növekedik; ~이 더디다 lassan növekedik; ~을 촉진하다 növekedést előmozdít; ~ 곡선 növekedési görbe; ~ 호르몬 növekedési hormon; 경제 ~ gazdasági növekedés; 성인으로 ~하다 felnőtt lett

성적 명 (vizsga)eredmény, jegy, osztályzat; 학교 ~ iskolai eredmények; 시험 ~ vizsgaeredmény; 좋은 ~을 올리다 jó jegyet kap, jó vizsgaeredményt ér el; ~이 나아졌다 / 떨어졌다 a jegyei javulnak / romlanak

성적표 명 ellenőrző könyv, index

성지 명 Szentföld; szent hely; ~ 순례 zarándoklat a Szentföldre

성직자 명 pap, lelkész

성질 명 hajlam, természet; ~을 내다 dühös lesz; 비누는 때를 없애는 ~이 있다 A szappannak tulajdonsága, hogy eltávolítja a piszkot / koszt.; 일의 ~ a munka sajátossága; 그 두 문제는 ~이 다르다 A két probléma eltérő természetű / jellegű.

성찬식 명 úrvacsora

성찰-하다 동 visszaverődik, visszatükröződik; önvizsgálatot végez; ~ 명 önvizsgálat

성취-하다 동 bevégez, megvalósít, teljesít, sikerre visz; ~ 명 bevégzés, megvalósítás, teljesítés, siker; 모든 숙원이 ~됐다 Minden reményünk megvalósult.; 소원을 ~하다 kívánságot / óhajt teljesít

성큼 부 ~ 걷다 könnyű léptekkel halad; ~ 다가오다 közvetlenül mellé jön, megközelít

성탄절 명 karácsony

성터 명 ősi vár helye; rom, omladék, várrom

성패 명 siker és kudarc; 일의 ~ a dolog sikere vagy kudarca; ~를 떠나 해보다 megkockáztat vmit, vállalja a kockázatát vminek

성폭력 명 ☞ **성폭행**

성폭행 명 szexuális / nemi erőszak

성품 명 természet; ~이 상냥하다 nyájas természetű

성-하다[1] 형 ép, sértetlen, egészséges; ~한 몸 egészséges test

성-하다[2] 형 átfogóan terjed, virágzik; 전염병이 ~하다 járvány dühöng / tombol; 그 지방에서는 농업이 ~하다 Azon a területen virágzik a földművelés.

성함 명 az ön becses neve, név; ~이 어떻게 되십니까 Szabad a (becses) nevét?, A nevét, legyen szíves!

성행위 명 közösülés; ~를 하다 szeretkezik vkivel

성행-하다 형 divatos, népszerű, gyakori; 도박이 ~하다 A szerencsejáték népszerűvé vált.

성향 명 hajlam, hajlandóság; 소비 ~ fogyasztási hajlam / szokás

성형 명 testi fogyatékosság javítása; ~ 수술 plasztikai műtét; ~ 외과 plasztikai sebészet

성화 명 bántás, zavarás, zaklatás; ~를 부리다 bánt, bosszant, idegesít, zaklat, nyaggat

세[1] 명 bérlés, bérlet; ~를 들다 szobát bérbe vesz; 방을 ~놓다 szobát ad ki; 방을 월 5만원에 ~들다 szobát bérel havi ötvenezer vonért

세[2] 명 adó; díj, tarifa; ~의 부담 adóteher

세[3] 명 három; ~ 남자 három férfi

세간 명 háztartási bútor és eszköz; 그 집은 ~이 많다 Abban a házban sok háztartási bútor és eszköz van.

ㅅ

세계 명 világ; ~ 선수권 világbajnokság; 에베레스트는 ~에서 가장 높은 산이다 Az Everest a legmagasabb hegy az egész világon.; 상상의 ~ képzeletvilág

세계관 명 világszemlélet

세계대전 명 világháború

세계사 명 világtörténelem

세계화-하다 동 nemzetköziesít, globalizál, világiasít; ~ 명 nemzetköziesítés, globalizáció, világiasítás

세공-하다 동 kivitelez, kidolgoz; ~ 명 kivitelezés, kidolgozás; ~이 훌륭하다 gyönyörűen kivitelezett; 보석에 ~하다 drágakövön dolgozik

세관 명 vámhivatal, vámház; ~에 소지품을 신고하다 vámhivatalnál nyilatkozik; elvámoltat vmit; ~을 통과하다 átmegy a vámon

세관검사 명 vámvizsgálat

세관원 명 vámhivatalnok

세균 명 bacilus; 노출되어 있는 상처는 ~에 감염되기 쉽다 A nyílt sebet a bacilusok könnyen megfertőzik.; ~과 바이러스 bacilus és vírus; ~배양 bacilus (ki)tenyésztése

세금 명 adó; ~을 내다 befizeti az adót; ~을 부과하다 adót vet ki vmire; ~을 체납하다 adóhátraléka van; ~을 포탈하다 kihúzza magát az adófizetés alól; ~ 공제 adólevonás; ~ 부담 adóteher; ~ 체납 adóhátralékba kerülés; ~ 포탈 adóelkerülés

세기 명 század; ~의 비극 a század tragédiája; 컴퓨터는 금 ~의 대발명품이다 A számítógép ennek a századnak a nagy találmánya.

세뇌-하다 동 átnevel; ~ 명 átnevelés, agymosás; 그는 교도소에서 ~당했다 Őt a börtönben átnevelték.; ~ 공작 átnevelés; ~ 교육 átnevelést célzó oktatás

세다[1] 형 erős, hatalmas; kemény, merev, feszes; 기운이 무척 ~ rettenetesen erős; 고집이 ~ makacs, konok, önfejű; 배짱이 ~ bátor, merész; 바람이 ~ a szél erős; 화력이 ~ a tűzerő nagy; 술이 ~ nagyivó; 센 물 kemény víz; 터가 ~ a hely baljós; 머리가 ~ ősz a haja

세다[2] 동 számol, (ki)számít; 하나에서 열까지 ~ egytől tízig számol; 돈을 ~ pénzt számol; 하늘에는 별이 셀 수 없을 만큼 많다 Az égen számtalan csillag van.

세대[1] 명 nemzedék, generáció; 새로운 ~ új nemzedék; 젊은 ~ fiatal nemzedék; 아버지와 자식 사이에는 ~ 차이가 있다 Az apa és fia között nemzedéki ellentét van.

세대[2] 명 család, háznép; 열 두 ~가 그 아파트에 살고 있다 Tizenkét család lakik abban a társasházban.

세대교체 명 nemzedékváltás; ~를 부르짖다 nemzedékváltást sürget

세대주 명 családfő

세력 명 erő, hatalom, erősség; ~의 균형 erőegyensúly; ~을 떨치다 uralkodik vki fölött; ~을 확대하다 erőt kiterjeszt, befolyást növel; 태풍은 점차 ~을 더해가고 있다 A tájfun egyre erősödik.

세련되다 형 elegáns, finom, csiszolt; 세련된 말 csiszolt beszéd; 세련된 태도 elegáns, finom viselkedés; 그는 세련된 사람이다 Ő elegáns, finom ember.

세례 명 keresztelés; ~를 주다 megkeresztel vkit; ~를 받다 megkeresztelik, megkeresztelkedik

세례명 keresztnév

세례식 keresztelő (ünnepség)

세로 명 magasság; ~로 függőlegesen, hosszában; ~로 베다 hosszában vág; ~로 쓰다 függőlegesen ír, egymás alá ír

세무 명 adóügy(ek), adózási ügymenet; ~ 공무원 adóhivatali tisztviselő, adóbeszedő; ~ 조사 adóhatósági vizsgálat, adóellenőrzés

세무서 명 adóhivatal

세미나 명 szeminárium; ~를 개최하다 szemináriumot tart vmiről

세밀-하다 형 aprólékos, részletes, alapos, tüzetes

세배-하다 동 újévi köszöntésként meghajlik a felnőttek előtt; ~ 명 újévi köszöntő a felnőttek előtti meghajlással; ~를 가다 tiszteletbeli látogatást tesz újév napján

세뱃돈 명 újévi ajándékként kapott zsebpénz, jelképes összeg (újévkor); ~을 주다 gyereknek újévi ajándékként pénzt ad

세분-하다 동 részekre oszt; ~ 명 részekre osztás; 다섯 조로 ~하다 öt részre oszt vmit

세상 명 világ; társadalom; a nagyközönség, az emberek; élet; 이 ~ ez a világ; 저 ~ a túlvilág; ~에 태어나다 erre a világra születik, világra jön; ~에 나오다 elkezdi a karrierjét, elindul az életben; ~을 놀라게 하다 meglepi a világot; ~을 떠나다 a túlvilágra tér; ~을 모르다 nem ismeri a világot; ~에 Mi az ördögnek? Az Isten szerelmére!; ~의 주목을 끌게 되다 az érdeklődés középpontjába / rivaldafénybe kerül

세상사 명 világi ügyek

세세-하다 형 akkurátus, finom, aprólékos; részletekbe bocsátkozik, részletez; hajszálpontos, precíz, szabatos; körültekintő, megfontolt, gondos

세속 명 világiasság, földi jelleg; ~을 초월하다 felülemelkedik a hétköznapokon

세속적 földi, (e)világi, világias, laikus; ~으로 말하면 ahogy mondani szokás / szokták

세속주의 명 a Holyoake-féle társadalmi erkölcstan; szekularizmus, a felekezeti oktatás ellenzése

세수 명 adóbevétel; ~ 증가 / 감소 adójövedelem-növekedés / -csökkenés

세수수건 명 törülköző

세수-하다 동 megmossa az arcát; 식사 전에 ~하다 étkezés előtt megmossa az arcát

세숫비누 명 (pipere)szappan

세심-하다 형 körültekintő, gondos, óvatos, figyelmes; ~하게 körültekintéssel,

ㅅ

gondoskodással, figyelmességgel; ~ 한 주의를 하다 nagyon figyel vmire / vkire

세습-하다 동 örököl, öröklődik; ~ 명 öröklés; ~ 귀족 öröklődő rang; ~ 재산 örökölt vagyon, örökség; ~권 öröklési jog

세안-하다 동 megmossa az arcát; ~ 명 arcmosás

세우다 동 felállít, felépít, elhelyez; alapít, létrehoz, szervez; teremt; kidolgoz, kialakít; megalapoz; megállít, leállít; 기둥을 ~ felállít egy oszlopot; 사람을 두 줄로 ~ két sorba állítja az embereket; 옷깃을 ~ felhajtja a gallériját; 귀를 쫑긋 세우고 듣다 hegyezi a fülét és hallgatódzik; 회사를 ~ alapít egy vállalatot; 좋은 전통을 ~ jó hagyományt teremt, szokássá tesz vmit; 원칙을 ~ szabályt kialakít / lefektet; megalapoz egy elvet; 차를 ~ meg- / leállítja az autót; 예산을 ~ elkészíti a költségvetést; 공을 ~ véghez visz; 체면을 ~ megőrzi a tekintélyét; 보증인을 ~ kezest hoz / szerez, kezességet vállal; 기강을 ~ fegyelmet tart / fenntart

세월 명 idő; ~이 감에 따라서 az idő múlásával; ahogy telik az idő; ~을 헛되이 보내다 haszontalanul tölti az időt; elfecséreli / elpocsékolja az idejét; ~이 유수 같다 repül az idő

세율 명 adókulcs, vámtarifa; ~을 정하다 illetéket kiszab vmire

세인 명 emberek, közösség, nép; ~의 이목을 피하다 (el)kerüli a nyilvános szereplést / a nyilvánosságot; 이 사건은 ~을 놀라게 했다 Ez az eset meglepte a világot.

세일 명 akció, árkedvezmény, árleszállítás, leárazás, árzuhanás

세제 명 mosószer, tisztítószer.; 중성 / 합성 ~ semleges / szintetikus alapú mosószer

세제개혁 명 adóreform

세제혜택 명 adókedvezmény, adóengedmény; 각종 ~을 주다 különböző adókedvezményeket ad vkinek

세척기 명 mosogatógép

세척제 명 tisztítószer

세척-하다 동 (ki)mos, (ki)öblít; beönt; ~ 명 (ki)mosás, öblítés; beöntés, gyomormosás; 수술 후 상처를 ~하다 kitisztít és bekötöz egy sebet műtét után; 위를 ~하다 kimossa vkinek a gyomrát

세탁 명 ruhamosás

세탁기 명 mosógép

세탁소 명 mosoda, mosókonyha

세탁-하다 동 mos, kitisztít; ~ 명 mosás, tisztítás; ~하러 보내다 mosodába viteti a ruháját; ~해도 줄지 않다 nem megy össze a mosástól

세트[1] 명 készlet, szerviz, sorozat, garnitúra, szett; 커피 ~ kávéskészlet

세트[2] 명 (tenisz) játszma

세포 명 sejt

섹시-하다 형 szexi, vonzó, elbűvölő

센서 명 érzékelő műszer, szenzor

센스 명 érzet, érzés; tudat; érzék; ~가 있다 jó érzéke van vmihez; ~가 무디다 lassú felfogása van, tompa eszű

센티 centi-, centiméter; ~ 그램 centigramm; ~ 리터 centiliter

센티미터 명 centiméter

셀러리 명 zeller

셀로판 명 celofán; ~ 테이프 ragasztószalag

셀로판지 명 celofánpapír

셈 명 számolás

셋 három

셋집 명 kiadó lakás / ház, bérház, bérkaszárnya; ~을 얻다 kibérel egy lakást / házat; ~에 살다 bérelt lakásban / házban lakik

셋째 harmadik

셔츠 명 (속옷) atléta; (와이셔츠) ing; ~ 바람으로 ingben

셔터 명 ❶ (사진기의) exponáló gomb; ~를 누르다 megnyomja az exponáló gombot ❷ (문) redőny, reluxa, roló; ~를 내리다 lehúzza a reluxát; 자동 ~ automata redőny

소 명 marha, tehén; ~를 기르다 teheneket tart, szarvasmarhát tenyészt; ~ 잃고 외양간 고친다 Eső után köpönyeg.; ~꼬리보다 닭 머리 Inkább nagyhal legyen kis vízben, mint kishal a nagy vízben.; ~ 닭 보듯 닭 ~ 보듯 하다 Közömbös lesz a másik iránt.

소각-하다 동 eléget, bedob vmit a tűzbe, eltüzel; ~ 명 elégetés, eltüzelés

소감 명 benyomás, hatás, impresszió; ~을 말하다 kifejezi a benyomásait; 제 소감은 … az a benyomásom / érzésem, hogy...; 이 일에 관해서 몇 마디 ~을 말씀드리겠습니다 Hadd mondjak erről néhány szót!

소강상태 명 átmeneti szélcsend, pillanatnyi fellélegzés, egy csepp nyugalom, tűzszünet; ~가 되다 nyugalomba kerül, lenyugszik; 중동 정세는 ~에 있다 A Közel-Keleten átmeneti nyugalom van.

소개-하다 동 bemutat; talál; közvetít; ~ 명 bemutatás; (추천) ajánlás; (중계) közvetítés; 정식으로 ~하다 hivatalosan bemutatkozik; ~ 받다 bemutatják, bemutatásban részesül; 내 친구 김 군을 ~ 하겠습니다 Engedje meg, hogy bemutassam Önnek a barátomat, Kim urat!; 일자리를 ~하다 munkát talál vkinek

소거-하다 동 eltávolít, kiküszöböl; kitöröl, kivon; ~ 명 eltávolítás, kiküszöbölés; kitörlés, kivonás

소견 명 vélemény, nézőpont; benyomás, impresszió; ~을 묻다 (ki)kéri vkinek a véleményét; ~을 말하다 kifejezi a véleményét vmiről, kifejezi a benyomásait

소경 명 vak (ember); ~이 되다 megvakul, elveszti a szeme világát

소계 명 részösszeg; ~를 내다 kiszámol egy részösszeget; ~는 1만 원이다 A részösszegből marad tízezer von haszon.

소고 명 kis kézi dob

소고기 명 marhahús

소관 명 hatáskör, illetékesség; törvénykezés, igazságszolgáltatás; 교육부 ~사항 az Oktatási Minisztérium hatáskörébe tartozó ügyek; 이 사건은 우리 ~ 밖이다 ez az ügy nem a mi hatáskörünkbe tartozik

소굴 명 barlang, odú, tanya, vacok; 도둑의 / 범죄의 ~ bűnbarlang, bűntanya

소규모 명 kis arány, kis méret; ~로 kis arányokban / méretekben, szerény keretek közt; 그의 사업은 ~로 운영되고 있다 kicsiben működteti az üzletét

소극장 명 kis színház

소극적 passzív, kishitű, óvatos; tétlen, közömbös; ~ 저항 passzív rezisztencia

소금 명 só; ~에 절이다 besóz, sóval tartósít vmit; ~을 뿌리다 megsóz vmit; ~을 치다 megszórja egy kis sóval

소금물 명 sósvíz

소금쟁이 명 vízipók

소급-하다 동 visszamenő / visszaható hatállyal alkalmaz, visszanyúlik; ~ 명 visszamenőlegesség, visszahatás; 법률을 ~해서 적용하다 visszamenő hatállyal alkalmaz egy törvényt; 새 급여는 5월 1일로 ~하여 지급 된다 Az új bértáblázat május 1-től visszamenőleg érvényes.

소꿉 명 játék konyha / evőeszköz; ~장난하다 főzőcskét játszik, főzőcskézik; ~동무 kisgyerekkori barát

소나기 명 zápor(eső); 큰 ~ nagy zápor(eső), felhőszakadás; ~가 오다 zuhog / szakad az eső, zápor(eső) esik; ~를 만나다 elkapott egy nagy zápor(eső)

소나무 명 (식물) fenyőfa; ~ 숲 fenyőerdő, fenyőliget; ~ 잎 fenyőtű, tűlevél

소녀 명 (kis)lány; 10대 ~ tizenéves lány, tinédzser, tinilány

소년 명 (kis)fiú; ~ 소녀 가장 ifjú családfő; ~ 단원 cserkész(fiú), úttörő; ~단 cserkészet, úttörőcsapat; ~ 범죄 fiatalkori bűnözés

소년원 명 javítóintézet

소농 명 kisparaszt, kisbirtokos paraszt

소다수 명 szóda(víz)

소독-하다 동 fertőtlenít, sterilizál; pasztőröz, pasztörizál, gombairtást végez; ~ 명 fertőtlenítés, sterilizáció; pasztörizáció, gombairtás; ~이 된 병 steril üveg; 끓는 물로 ~하다 forralt vízzel sterilizál; 상처를 ~하다 fertőtleníti / megtisztítja a sebet

소동 명 (법석) zavargás, zajongás, felfordulás; zűrzavar; (fel)lázadás, zendülés, felkelés; ~이 벌어지다 lázadás tör ki; ~을 일으키다 zendülést okoz, kavarodást kelt

소득 명 jövedelem, bevétel, kereset; nyereség, haszon, profit; ~ 재분배 jövedelem-újraelosztás; 그는 연 3,000만 원의 ~이 있다 Évi harminc millió von a jövedelme.; ~ 격차 jövedelemkülönbség; ~ 공제 jövedelemlevonás; ~ 분배 jövedelemelosztás; ~ 수준 jövedelemszint; 고~자 magas jövedelmű

소득세 명 jövedelemadó

소득세법 명 személyijövedelemadó-törvény

소등-하다 동 lekapcsolja a villanyt, leoltja a lámpát; ~ 시간 takarodó, lefekvési idő, lámpaoltás; ~ 나팔 takarodó fújása

소라 명 tengeri kagyló

소란-하다 형 zajos; ~ 명 zavargás, zavar; zaj, zajongás; ~한 교실 zajos tanterem; 술에 취해 ~을 피우다 alkohol hatása alatt zűrzavart okoz, berúgva rendetlenkedik

소량 명 kis adag, kis mennyiség; ~ 거래 kis értékű tranzakció; ~ 주문 jelentéktelen rendelés; 물에 ~의 브랜디를 타다 egy kevés pálinkát önt a vízbe

소련 명 Szovjetunió, Szovjet Szocialista Köztársaságok Szövetsége

소령 명 őrnagy

소름 명 libabőr; ~이 끼치다 libabőrös lesz, feláll tőle a szőr (a hátán); ~ 끼치게 하다 megfagyasztja a vért az ereiben, libabőrössé tesz; ~ 끼치는 이야기다 A történettől libabőrös lesz.

소리[1] 명 hang; 벨 ~ csengőhang; 해변에 철썩거리는 파도 ~ hullámverés hangja; 폭포 ~ vízesés dübörgése; 천둥 ~에 놀라

다 megijed a mennydörgéstől; 그는 ~ 없이 몰래 방으로 들어왔다 Hangtalanul belopakodott a szobába.; ~내어 읽다 hangosan felolvas

소리[2] 명 népdal, ballada

소리꾼 명 népdalénekes

소리치다 동 kiabál, kiált, üvölt; 도와 달라고 ~ segítségért kiált

소립자 명 elemi részecske; ~론 elemi részecskék elmélete; ~ 물리학 részecskсketan

소말리아 명 Szomália; ~의 szomáliai; ~ 사람 szomáliai (ember)

소망 명 kívánság, vágy, óhaj; remény, várakozás; ~에 따라 vkinek a kívánságára; 간절한 ~ heves / kitörő vágy; ~을 이루다 megvalósítja a vágyát

소매[1] 명 ruhaujj; ~가 넓은 bő ujjú; 긴 / 짧은 ~ hosszú / rövid ujjú; ~를 걷어 올리다 felhajtja az ingujját; ~를 끌어 당기다 meghúzza az ingujját

소매[2] 명 kiskereskedelem; ~로 팔다 kiskereskedelemben árul, kis mennyiségben ad el; ~ 가격 kiskereskedelmi ár; 그들은 ~로는 팔지 않는다 nem árulnak kiskereskedelemben

소매치기 명 ❶ (사람) zsebtolvaj ❷ (행위) zsebtolvajlás, lopás; ~ 당하다 kirabolják, kizsebelik

소멸-하다 동 kihal, kipusztul, eltűnik, elenyészik; (실효) megsemmisül, elévül; (죄가) lejár, elmúlik, befejeződik, véget ér; ~ 명 kihalás, kipusztulás, eltűnés; semmissé válás, elévülés; befejeződés, lejárás, elmúlás, megszűnés; 계약의 ~ a szerződés megszűnése; ~ 시효 elévülési idő; 자연 ~하다 önmagától megszűnik létezni

소모품 명 fogyasztási cikk, fogyasztási termék

소모-하다 동 fogyaszt, felhasznál, felél, felemészt; kimerít, elpazarol, (el)fecsérel, eltékozol; ~ 명 fogyasztás; kimerítés, elhasználás; pazarlás, eltékozlás; kimerültség; 완전히 다 ~하다 mindenét felélte; 정력을 ~하다 (el)fecsérli az energiáját / erejét

소묘 명 vázlat, skicc

소문 명 mendemonda, pletyka, szóbeszéd, hallomás, híresztelés; 근거 없는 ~ nem megalapozott / kósza híresztelés, hírlapi kacsa; ~을 퍼뜨리다 híresztel, rebesget vmit; ~이 자자하다 Az a hír járja, hogy...

소박-하다 형 egyszerű, átlagos, hétköznapi; ~한 시골 사람들 egyszerű vidéki emberek, jámbor emberek

소방관 명 tűzoltó

소방대 명 tűzoltóság, tűzoltók

소방시설 명 tűzoltó berendezés / felszerelés

소방차 명 tűzoltóautó

소변 명 vizelet, húgy, pisi; ~ 검사 vizeletvizsgálat, vizeletanalízis; ~을 보다 vizel, vizeletet kibocsát, pisil; ~을 참다 visszatartja a vizeletét; ~이 잦다 gyakran megy pisilni

소복-하다 동 gyászruhát visel, feketében van; ~ 명 gyászviselet, gyászruha; ~한 여인 gyászruhás asszony, gyászruhába / feketébe öltözött asszony

소비량 명 fogyasztás mennyisége / mértéke

소비자 명 fogyasztó, vevő, vásárló; ~ 가격 vásárlói / fogyasztói ár; ~ 단체 fogyasztók érdekvédelmi szervezete

ㅅ

소비재 명 fogyasztási cikk, fogyasztói termék

소비-하다 동 (el)fogyaszt, (el)használ; ~ 명 fogyasztás, használat; 그 일에 막대한 정력과 시간을 ~하다 hatalmas energiát és időt használ a munkára; ~ 사회 fogyasztói társadalom; ~ 생활 mindennapi fogyasztói élet; ~ 성향 fogyasztói hajlam

소산 명 termék, termény; eredmény; 다년간에 걸친 노력의 ~ hosszú évek munkájának az eredménye / gyümölcse

소생 명 én; engem; magam

소생-하다 동 feléled, újjáéled, magához tér, új erőre kap; ~ 명 felélededés; ~시키다 visszahoz vkit / vmit az életbe, újjáéleszt, féléleszt

소설 명 regény; 단편 ~ novella; elbeszélés; 중편 ~ kisregény; 추리 ~ bűnügyi / detektívtörténet, krimi

소설가 명 regényíró

소속-하다 동 tartozik vkihez / vhova, kötődik vkihez / vhova; ~ 명 tartozás, kötődés; 그는 그 위원회에 ~해 있다 Ő a bizottság tagja.

소송-하다 동 pereskedik vkivel / vmivel, pert indít vki ellen; ~ 명 per(eskedés), kereset, bírósági ügy, bírósági eljárás; 민사 ~ polgári per; 형사 ~ büntetőper; 이혼~ válóper; 행정 ~ szabálysértési per / eljárás; ~을 기각하다 elutasítja a keresetet; ~을 취하하다 visszavonja / elejti a vádat; 그는 명예훼손으로 그 신문사를 상대로 ~을 제기했다 Rágalmazási pert indított az újság szerkesztősége ellen.; ~ 의뢰인 kliens, ügyfél

소수 명 kisszámú, kisebbség; ~의 사람들 egy kevés ember, néhány személy, egy maroknyi ember; ~ 민족 kisebbség; ~ 의견 a kisebbség véleménye

소스 명 szósz, mártás; ~를 치다 mártással tálal, szószt önt vmire

소스라치다 동 megrémül, megijed, megriad; 비명 소리에 ~ megrémül egy sikolytól

소슬-하다 동 elhagy(at)ott, gyámolatlan, magányos; megborzong; ~한 가을 바람 borzongató őszi szél

소승불교 명 hinayana buddhizmus

소시민 명 alsó középosztály, kispolgár

소시지 명 virsli; 프랑크푸르트 ~ frankfurti virsli

소식 명 hír; információ; levél, üzenet, értesítés; állapotjelentés; ~을 듣다 hírt hall vki felől; ~을 전하다 hírt hoz vkiről vkinek, levelet ír vkinek; ~이 있다 hall vki felől, levelet kap vkitől

소식통 명 jól informált személy, jól értesült személy, bennfentes, beavatott ember; 외교계의 ~ informált / tájékozott diplomáciai forrás; 그는 정계의 ~이다 Jól tájékozott politikai kérdésekben.; 정통한 ~에 의하면 amint jól értesült helyről közlik

소신 명 belévetett hit, bizalom; ~을 말하다 elmondja a véleményét, hangot ad a meggyőződésének; ~대로 밀고 나가다 a hite szerint cselekszik

소실 명 szerető, ágyas; ~ 자식 kitartott szeretőtől született gyerek, házasságon kívüli gyermek, fattyú

소실-하다 동 vmi elpusztul az elemi csapásban; elveszt vmit a természeti csapásban; elég a tűzben, elégeti a tűz; ~ 명 pusztulás, veszteség; 가재도구를 몽땅 ~하다 teljes vagyonát elveszti az elemi csapásban, odaveszett a tűzben mindene; ~을 면하다 megmenti az elemi csapástól az értékeit

소심-하다 형 félénk, gyáva, bátortalan, kishitű, nyúlszívű; aggályoskodó; ~ 명 gyávaság, kishitűség, nyúlszívűség; óvatosság; ~한 사람 gyáva / nyúlszívű ember

소아 명 baba, csecsemő, kisgyerek

소아과 명 gyermekgyógyászat; ~ 의사 gyermekgyógyász, gyermekorvos; ~ 병원 gyermekkórház

소아마비 명 gyermekbénulás, gyermekparalízis

소액 명 kis mennyiség, kis összeg; ~의 돈 kis mennyiségű pénz

소양 명 alaptudás, szellemi képességek, tehetség, tudomány; ~이 없는 gyenge képességekkel rendelkező, csekély tudású; ~이 많은 nagy tudású, tehetséges, kiváló képességekkel rendelkező

소염제 명 gyulladáscsökkentő / gyulladáscsillapító szer

소외감 명 magányosság érzése, elidegenedés; 학급내의 아무도 그에게 말을 걸지 않았기 때문에 그녀는 ~을 느꼈다 Mivel senki sem beszélt hozzá az osztályban, úgy érezte, hogy kiközösítették.

소요 kívánalom, szükséges feltétel / követelmény; ~ 시간 szükséges idő; ~ 시간은 2시간이다 Két órába telik. Két órát vesz igénybe.

소용 명 használat, (fel)használás, alkalmazás; hasznosság, hasznavehetőség; szükséglet; ~있다 hasznos, jó szolgálatot tesz; ~없다 hasznavehetetlen; hiábavaló, hasztalan, haszontalan, szükségtelen; ~ 없는 걱정을 하다 szükségtelen aggodalmat érez

소용돌이 명 örvény, forgatag, kavargás; ~ 치는 물 örvénylő víz, áradat; ~ 속에 휩쓸리다 örvénybe kerül

소원 명 kívánság, óhaj; vágy; ~대로 ahogy vki óhajtja / kívánja; ~을 들어주다 teljesíti vkinek a kívánságát; ~을 성취하다 teljesül vkinek a kívánsága, vki kívánsága valóra válik

소원-하다 동 petíciót benyújt, kérvényez, kérelmez, fellebbez; ~ 명 petíció, kérvény, kérelem, fellebbezés; 당국에 ~하다 petíciót nyújt be a hatóságoknak vmi miatt

소위 부 úgynevezett, állítólagos, tulajdonképpeni

소유격 명 (문법) birtokos eset

소유권 명 tulajdonjog; ~을 갖고 있다 tulajdonjoga van vmire; ~을 이전하다 átruházza a tulajdonjogát vkire

소유욕 명 birtoklás iránti igény; ~이 강한 mohó, kapzsi; pénzsóvár, fösvény

소유주 명 tulajdonos, birtokos; ~가 없는 tulajdonos nélküli; ~가 바뀌다 a tulajdonos megváltozik

소유-하다 동 birtokol, hatalmába kerít vmit, birtokában van; ~ 명 birtok, tulajdon; 그는 많은 토지를 ~하고 있었다 Sok föld volt a birtokában.; 이 집은 누구의 ~입니까? Kinek a tulajdonában áll ez a ház?

소음 명 zaj, lárma, zörgés; 도시의 ~ városi nyüzsgés és lárma, városi hangok; 귀청이 찢어질 것 같은 ~ fülsiketítő lárma; 우리는 갖가지 ~에 시달리고 있다 Nagyon zavarnak minket a különféle zajok.; ~ 공해 zajártalom, zajszennyezés, zajterhelés

ㅅ

소인 명 (어린이) gyermek, gyerek; (난쟁이) törpe; (소인물) pitiáner ember; (겸칭) én, magam, saját magam

소일-하다 동 vmivel tölti az idejét, elüti az időt; ~ 명 időtöltés; 독서로 ~하다 olvasással tölti az idejét; ~거리 időtöltés, szórakozás, kikapcsolódás

소임 명 (직) pozíció, hely, rang; (책임) felelősség; (임무) feladat; (사명) küldetés; ~을 맡다 elfoglalja a munkakörét, felelősséget vállal; ~을 다하다 teljesíti a kötelességét, véghezviszi a feladatát

소자본 명 kis alaptőke

소작 명 földbérlet, föld bérlése; ~ 제도 földbérleti rendszer

소작권 명 bérleti jog

ㅅ

소작농 명 földbérlő

소작료 명 bérleti díj

소장[1] 명 ígéretes fiatalság; 전도가 유망한 ~ 실업가 ígéretes fiatal üzletember; ~파 ígéretes fiatal társaság; fiatalok frakciója / csoportja; ~ 학파 új iskola

소장[2] 명 főnök, igazgató, vezető

소재 명 hollét, hely, fekvés, lokáció; ~를 모르다 vki / vmi hollétét nem ismerik; ~를 알아내다 megtudja vkinek a hollétét

소재지 명 hely, helység; székhely; 그 호텔의 ~를 알려 주시겠습니까 Meg tudná mondani, hol van az a szálloda?; 도청 ~ a megyei hivatal székhelye

소주 명 rizspálinka (Koreában kedvelt szeszes ital)

소중-하다 형 fontos, jelentős, lényeges, nagy jelentőségű; drága, értékes, becses; 목숨보다도 명예를 ~히 여기다 A becsület többet ér számára, mint az élete.; 무엇보다 건강이 ~하다 Az egészség mindennél fontosabb.

소지품 명 személyes dolgok / tárgyak; ~을 조사하다 átvizsgálja a személyes dolgait; 시체의 신원을 그의 ~에서 알아냈다 A holttestet a személyes dolgai alapján azonosították.

소지-하다 동 visel, hord(oz); magánál tart; ~ 명 viselet; 마약의 불법 ~ illegális drogbirtoklás

소진-하다 동 teljesen eltűnik; leég, porrá ég; 화재로 모든 것이 ~되었다 A tűzben minden elpusztult.

소질 명 tehetség, vérmérséklet, alkat; 나는 음악에는 ~이 없다 Nincs tehetségem a zenéhez.

소집-하다 동 összehív, egybehív, felsorakoztat; ~ 명 összehívás; felsorakoztatás; 회의를 ~하다 találkozót / ülést összehív

소쩍새 명 kakukk

소청 동 kérés, kívánság, igény; ~을 들어주다 teljesíti / kielégíti egy személy kérését, szívességet tesz vkinek; ~을 거절하다 elutasítja vkinek a kérelmét

소총 명 puska; kézifegyver, marokfegyver

소추-하다 동 vádat emel, beperel, megvádol, jogi eljárást indít; ~ 명 vádemelés, vádolás, feljelentés, eljárás

소출 명 termés, termék, termény; ~이 많은 igen termékeny, jövedelmező (föld)

소쿠리 명 (fűzfa)vesszőkosár

소탈-하다 형 konvenciókhoz formákhoz nem ragaszkodó, mesterkéletlen, fesztelen (modorú), informális, hétköznapi; 그는 대범하고 ~한 사람이다 Ő egy gondtalan és nyílt szívű személy.

소탕-하다 동 felszámol, megsemmisít; ~ 명 felszámolás, megsemmisítés; 적을 ~하다 felszámolja / kisöpri az ellenséget

소통-하다 동 kommunikál; ~ 명 kommunikáció, kölcsönös megértés; 의사를 ~시키다 megérteti magát; 외국에 나가면 의사 ~의 어려움을 통감 한다 Ha külföldre megyek, rádöbbenek arra, milyen nehéz a kommunikáció.

소파 명 kanapé, pamlag, dívány; ~에 앉다 leül a kanapéra

소포 명 csomag; ~가 왔다 Csomag érkezett.

소폭 명 (폭) kis szélesség; (범위) szűk körű, körülhatárolt; ~의 변동을 보이다 szűk határok között mozog

소품 명 (문장) irodalmi vázlat; skicc, karcolat; (그림·조각) kisméretű festmény / szobor; (연극) kellékek

소풍 명 kirándulás, (gyalog)túra; 교외로 ~ 나가다 kirándul a külvárosba; 학교 ~ iskolai kirándulás

소풍객 명 kiránduló

소프트웨어 명 szoftver, program

소행 명 cselekmény, cselekedet, tett; 이건 도대체 어느 녀석의 ~이냐 Ki az ördög tette ezt?; 이건 그의 ~임에 틀림없다 Bizonyára az ő keze van benne.

소형 명 kisméretű; ~ 비행기 séta- / kisrepülő; ~ 승용차 kisautó

소홀-하다 형 elhanyagol, nem gondoz, nem érdekli vmi, nem törődik vmivel, nem vigyáz vmire; ~ 명 elhanyagolás, hanyagság, gondatlanság, figyelmetlenség, elmulasztás; ~히 figyelmetlenül, gondatlanul, hanyagul; 일을 ~히 하다 elhanyagolja a munkáját

소화 명 emésztés; ~시키다 emészt; ~ 불량 emésztési zavar; ~가 잘 되지 않는 음식 nehezen emészthető étel; ~가 잘 되다 jó az emésztése

소화제 명 emésztést elősegítő szer

소환-하다 동 beidéz; ~ 명 beidézés; ~에 응하다 engedelmeskedik az idézésnek; 증인으로 ~되다 tanúként idézik be, tanúskodni hívják; ~장을 내다 idézést küld ki vkinek

속 명 belső rész, vminek a belseje; legbelső rész; szív; gyomor; 산 ~ a hegy gyomra; 서랍 / 봉투 ~ fiók / boríték belseje; 물 ~ 깊이 mélyen a vízben; 굴 ~에서 살다 barlangban lakik; 배는 바다 ~에 가라앉았다 A hajó a tenger fenekére süllyedt.; ~으로는 a szíve (leg)mélyén; ~으로 웃다 magában mosolyog; ~을 썩이다 aggódik vmiért; ~을 털어 놓다 feltárja magát vkinek, kimondja, amit gondol; ~이 들여다보이는 짓을 하다 átlátszó csalást / szélhámosságot követ el; 그는 ~이 넓은 사람이다 A férfinek nagy szíve van.; ~이 좋지 않다 hányingere van, kavarog a gyomra; 그들은 폭풍우 ~에서 출항했다 A vihar közepén indultak el.

속개-하다 동 folytat, továbbindít, újrakezd; ~ 명 folytatás; 회의는 내일 ~된다 A gyűlés holnap folytatódik.

속기사 명 gyorsíró

속기-하다 동 gyorsír, gyorsírással ír; ~ 명 gyorsírás

속내 명 szándék; állapot, helyzet, körülmény(ek); ~를 들여다보다 a dolgok mögé lát; ~를 알고 있다 bizalmas információja van vmiről

속눈썹 명 szempilla; 긴 ~ hosszú szempilla; 인조 ~ műszempilla

속다 동 becsap, kicsal, rászed; 감쪽같이 ~ könnyű prédájává vált vki (más) trükkjének; 물건을 속아 사다 rászedik vmire a vásárlásakor; 그런 달콤한 말에 나는 안 속는다 Nem dőlök be ilyen hízelgő beszédnek.

속닥거리다 동 halk / fojtott hangon beszél, suttog, sugdos, susog

속단-하다 동 azonnali döntést hoz, elhamarkodottan ítél, elhamarkodott következtetésre jut; ~ 명 elhamarkodott következtetés; azonnali döntés; 성공이 틀림없다고 ~하다 Arra a gyors következtetésre jut, hogy biztosan sikerül.; 그가 우리에게 한 말이 거짓말이라고 ~해서는 안 된다 Helytelen arra a következtetésre jutnunk, hogy amit mondott, hazugság.

속담 명 közmondás, szólás(mondás); ~에 있듯이 ahogy a (köz)mondás tartja, a (köz)mondás szerint

속도 명 sebesség, gyorsaság; (음악) tempó; 경제 ~로 gazdaságos / optimális sebességgel; 무서운 ~로 félelmetes sebességgel; ~가 붙다 / 줄다 sebessége nő / csökken; ~를 조절하다 mérsékli a sebességét; ~를 줄이시오 Csökkentse a sebességet! Lassítson!

속되다 형 vulgáris, ízléstelen, műveletlen; mindennapos, közkedvelt, közönséges; világias, hétköznapi; 속된 말로 하면 közönséges kifejezést használva, hétköznapi nyelven, közönségesen

속력 명 sebesség, gyorsaság; 전~으로 teljes / maximális sebességgel, lóhalálában

속마음 명 vkinek a legbelsőbb érzelmei, a valós szándéka / motivációja; (엉큼한) titkos szándéka / vágya; ~을 털어놓다 kimutatja az igazi szándékát, kitárulkozik; 그는 겉으론 그런 말을 하지만 ~은 다르다 Lehet, hogy a felszínen ezt mondja, de a szíve mélyén mást gondol.

속물 명 sznob; 그는 보기보다 더 ~이다 Sokkal nagyobb sznob, mint amilyennek látszik.; ~ 근성 sznobizmus

속박 명 korlátozás, korlátok közé szorítás, megszorítás, megfékezés, kikötés; ~을 받다 korlátok közé szorul, megszorítás alá kerül, megbéklyózzák; ~을 벗어나다 kiszabadítja magát a korlátok közül, letör minden korlátot

속병 명 belgyógyászati panasz; gyomorgörcs

속보 명 gyorshír, rövid újsághír, rövid rádióhírközlés, rövid rádióhír; 뉴스 ~로 그 사고를 알게 되었다 A gyorshírekben hallottam a balesetről.

속삭이다 동 súg, suttog, susmog; (시냇물·바람 따위가) csobog, suhog, zizeg, zúg; 귀에 (대고) ~ suttog vki fülébe; 서로 ~ sugdolóznak egymással

속상-하다 형 elkeseredik, idegeskedik, nyugtalankodik, lehangol

속설 명 általános vélekedés, közvélemény; néphagyomány, monda, legenda; ~에 따르면 a hagyomány azt tartja, hogy...; a monda szerint

속성 명 (논리) sajátosság; (생물) jellemző, faji sajátosság

속세 명 való világ, mindennapi világ; ~를 버리다 visszavonul a világtól, visszavonultan / elvonultan él

속셈 명 titkos szándék, hátsó szándék; ~이 있다 hátsó szándéka van; ~을 드러내다 kimutatja a titkolt szándékát, kimutatja a foga fehérjét; 그의 ~은 뻔하다 átlátok rajta

속속 부 egymás után, egyik a másik után, sorban; 주문이 ~ 들어왔다 megrendelésekkel árasztottak el; ~ 탈당하다 egymás után elhagyják a pártot

속속들이 부 kívül-belül, alaposan, töviről-hegyire; ~ 썩다 velejéig romlott; ~ 젖다 bőrig ázik; csuromvizes; 사람의 마음을 ~ 알다 kiismer vkit

속수무책 명 tanácstalanság, tehetetlenség; ~이다 fogalma sincs, mit tegyen / mitévő legyen; tanácstalan, hogy mit tegyen

속어 명 szleng, argó; diáknyelv; tolvajnyelv; ~를 쓰다 szlenget használ, tolvajnyelvet beszél

속옷 명 fehérnemű, alsóruházat, alsónemű; ~을 갈아입다 alsóneműt vált

속이다 동 (기만하다) becsap, megcsal, rászed, megtéveszt, megszédít; (거짓말·허위 따위로) hazudik; (가장하다) színlel, szimulál, tettet; (남의) 눈을 ~ becsap vkit, orránál fogva vezet; 자신을 ~ önmagát csapja be, hazudik önmagának; 물건을 속여 팔다 csalással elad vmit; 대학생이라고 ~ egyetemistának adja ki magát

속임수 명 fortély, trükk, furfang, becsapás; ~에 넘어가다 csalás áldozata lesz, becsapják; 이 ~에는 안 넘어간다 Ez a trükk nálam nem működik.

속죄-하다 동 bűnbocsánatot kér, feloldozást kér; ~ 명 bűnbocsánat, feloldozás; 그리스도의 ~ megváltás; 죽음으로써 ~하다 a halállal nyer megváltást / feloldozást; ~양 bűnbak

속출-하다 동 egymás után történik vmi; ~ 명 egymást követő; 부상자가 ~하였다 Egyik ember a másik után sebesült meg.; 비행기 사고가 ~했다 Egymás után történtek a repülőgép-balesetek.

속치마 명 alsószoknya

속타다 동 aggódik, mérgelődik, izgul, idegeskedik; 근심 걱정으로 ~ aggodalmak nyomasztják; 속(이) 타서 병이 나다 belebetegedik az aggodalomba

속태우다 동 aggódik, idegeskedik, nyugtalankodik; aggaszt, izgat; 쓸데없는 일에 ~ értelmetlen dolog miatt nyugtalankodik; 아이가 어머니를 ~ a gyermek aggasztja az anyját; 속 태우지 말고 빨리 가르쳐 줘 Ne csigázz, mondd meg!

속-하다 동 tartozik vhova; 세균은 식물계에 ~한다 A baktériumok a növényvilághoz tartoznak.; 거부권은 대통령 권한에 ~한다 A vétójog az elnök hatáskörébe tartozik.

속행-하다 동 folytat; ~ 명 folytatás; 경기를 ~하다 folytatja a játékot; 회의를 ~하다 az ülést folytatják

속히 부 azonnal, gyorsan, rögtön, mindjárt, hamar, azon nyomban; ~ 대답(을) 하다 azonnal / rögtön válaszol

솎다 동 (ki)gyomlál, gyomtalanít; 무는 솎아 줘야 잘 큰다 A retek csak akkor nő, ha kigyomláljuk.

손 명 kéz; ~이 닿는 곳에 있다 a keze ügyében van; ~에 ~을 잡고 걷다 kézen fogva sétál; ~을 주머니에 넣고 zsebre dugott kézzel; ~을 들다 kezet felemel; ~을 흔들다 integet; 그는 넘어지면서 ~을 짚었다 letenyerel; ~이 모자라다 emberhiány van; 일이 ~에 안 잡히다 nem tud dolgozni; 이제 와서는 더 ~을 쓸 수가 없다 Most már nem tehetünk többet.

손가락 명 ujj; 엄지 ~ hüvelykujj; 집게 ~ mutatóujj; 가운뎃 ~ középső ujj; 약 ~ gyűrűsujj; 새끼 ~ kisujj; ~을 빨다 szopja az ujját

손가락질-하다 동 mutogat; szid, gyaláz; ~ 명 ujjal mutogatás; szidás, gyalázás; ~을 받다 megvetéssel mutogatnak rá; 남을 ~하는 것은 결례다 Nem illik mutogatni.

손금 명 tenyér vonalai; ~을 보다 a tenyér vonalai alapján jósol

손길 명 segítő kéz; 따뜻한 구호의 ~을 뻗(치)다 segítő kezet nyújt

손꼽다 동 számol az ujjain; 손꼽아 기다리다 számolja a napokat, nagyon vár vmit; 그는 그 고을에서 손꼽히는 재산가 중의 한 사람이다 Ő azon kevesek egyike, akik a városban a leggazdagabbnak mondhatják magukat.

손녀 명 lányunoka

손님 명 vendég, látogató; vásárló, vevő, ügyfél; ~을 맞다 vendéget fogad; ~을 접대하다 vendégül lát, megvendégel; 단골 ~ törzsvendég, állandó vevő; ~이 줄다 ügyfelet veszít, csökken a keresete

손대다 동 érint; 손대지 못하게 하다 érintetlen állapotban tart; 손대지 마시오 Érinteni tilos!; 마지막 문제는 손도 대지 못했다 Az utolsó kérdéshez hozzá se tudtam szólni.; 정치에 손을 대다 belekóstol a politikába

손들다 동 ❶ felemeli a kezét; lendíti a kezét; 손들어 Kezeket fel! ❷ legyőzött, megvert; felad, megadja magát; 그 바보 녀석에겐 손들었다 Nem tudom, mit tegyek ezzel a bolonddal.

손등 명 kézfej

손때 명 piszok, kosz, mocsok; ~ 묻은 책 összepiszkolt könyv, gyűröttre olvasott könyv

손목 명 csukló; ~을 잡다 elkapja a csuklóját; ~이 가늘다 vékony csuklójú

손목시계 명 karóra

손바닥 명 tenyér; ~ 만한 땅 tenyérnyi földterület; ~으로 때리다 pofon vág, megpofoz, felpofoz; ~을 들여다보듯 환하다 ismeri, mint a tenyerét

손발 명 végtagok; ~을 묶다 gúzsba köt

손보다 동 javít, felújít, karbantart, korrigál; 자네 만화는 조금 손보면 아주 좋아질 것이다 A rajzaid jobbak lesznek, ha kicsit javítasz még rajtuk.

손뼉 명 taps; ~(을) 치다 (meg)tapsol vkit / vmit; 훌륭한 연주에 ~을 치다 megtapsol egy jó előadást

손상 명 sérülés, sebesülés; kár; 신체 내부의 ~ belső sérülés; ~ 되다 sérült, sebesült; károsult; 명예를 ~시키다 meggyalázza / rágalmazza vki (hír)nevét; 뇌에 ~을 입다 agykárosodást szenved

손색 명 alsóbbrendűség; rossz minőség; ~이 없다 nem rosszabb másnál, kiállja az összehasonlítást bárkivel / bármivel

손수 부 személyesen, saját maga; ~ 만든 saját kezűleg készített

손수건 명 zsebkendő

손수레 명 kézikocsi; ~를 끌다 kézikocsit tol / húz

손쉽다 형 könnyű, egyszerű; 돈을 손쉽게 벌다 könnyen szerez pénzt; 그것이 가장 손쉬운 방법이라고 나는 생각 한다 Szerintem ez a legegyszerűbb módja.

손실 명 veszteség, kár; 인명과 재산의 ~ emberi és vagyoni veszteség; 국가적 ~ nemzeti / országos veszteség; 그의 죽음은 사학계에 큰 ~이다 Halála a történettudomány világának nagy / súlyos vesztesége.

손아귀 명 marok; ~에 넣다 befolyása / ellenőrzése alatt tart vmit, markában tart vmit

손아래 ifjabb, fiatalabb; fiatal, ifjú, ifjúsági; alacsonyabb beosztású; ~ 남동생 öcs; 그는 나보다 2년 ~다 két évvel fiatalabb nálam; (iskolában) két évvel alattam jár; 손아랫사람 alacsonyabb rangú

손위 idősebb / magasabb rang(ú), rangidősség; ~의 누이 nővér; 그는 나보다 두 살 ~다 két évvel idősebb nálam

손익 명 nyereség és veszteség; ~ 계산서 nyereség-veszteség kimutatás; ~ 분기점 nyereség-veszteség metszéspont

손자 명 (fiú)unoka

손잡다 동 kezet fog; szövetséget köt vkivel, szövetkezik vkivel; -와 손을 잡고 kéz a kézben vkivel

손잡이 명 kilincs, fogantyú; (가방 등의) fül, nyél, (칼 따위의) markolat; 문의 ~ ajtókilincs; ~가 부서져 있다 a kilincs el / le van törve

손재주 명 kézügyesség; ~가 있다 ügyes kezű

손전등 명 zseblámpa, kézilámpa

손질-하다 명 javít, megigazít; gondoz; ~ 명 rendbe rakás, megigazítás; ~이 잘 된 / 안된 정원 gondozott / elhanyagolt kert; ~을 잘 하다 jól gondozza; 수염을 매일 아침 ~하다 minden reggel megigazítja a szakállát

손짓-하다 동 int, jelez; hesseget; ~ 명 intés, jelzés; hessegetés; ~으로 가라고 하다 elhesseget; ~하여 부르다 int, hogy jöjjön ide; 앉으라고 ~하다 int, hogy üljön le

손찌검-하다 동 üt, csap; ~ 명 ütés, csapás; 누가 먼저 ~했느냐 Ki ütött először?

손톱 명 köröm; ~ 밑의 때 kosz a köröm alatt, körömpiszok; ~에 때가 끼다 piszkos a körme; ~을 바싹 깎다 tövig levágja a körmét; ~을 빨갛게 칠하다 pirosra festi a körmeit; ~으로 긁다 a körmével megvakar / vakarózik; 그는 양심이라고는 ~ 만큼도 없다 körömnyi lelkiismeret / jóság sem szorult belé; ~ 자국을 내다 a körmével megjelöli

손톱깎이 명 körömvágó olló

손해 명 kár, veszteség, sérülés; 인적 ~ emberveszteség, emberáldozat; ~를 입다 kárt szenved; ~를 배상하다 kompenzálja a kárt, megtéríti a kárt; ~ 배상 kártérítés

손해보험 명 kárbiztosítás; 그는 1만 달러의 ~에 들어 있다 Tízezer dolláros vagyonbiztosítása van.; ~액 kárösszeg

솔 명 fenyő(fa)

솔개 명 vörös kánya

솔깃-하다 동 érdeklődik, figyel; 귀가 솔깃해서 듣다 figyelmesen hallgat; hallgatózik

솔로 szóló; ~ 홈런 hazafutás (baseballban); 피아노 ~ zongoraszóló

솔리스트 명 szólista

솔선-하다 동 példát mutat; ~해서 saját kezdeményezésre; ~수범하다 jó példát állít vki elé

솔솔 부 lágyan, enyhén, finoman; 바람이 ~ 불다 a szél lágyan fúj; 이슬비가 ~

내리다 enyhén szitál az eső

솔잎 명 fenyőtű, tűlevél

솔직-하다 형 őszinte, egyenes, becsületes, tiszta szívű

솔직히 부 őszintén, igazán, tisztán, egyenesen; ~ 말해서 őszintén szólva

솜 명 vatta, kóc; (옷의) bélés, tömés; ~ 같은 구름 bárányfelhők; 귀를 ~으로 틀어막다 bedugja a fülét vattával

솜씨 명 (kéz)ügyesség, jártasság, gyakorlottság, fürgeség; képesség, tehetség; ~를 자랑하다 felvág / kérkedik az ügyességével; 요리 ~가 있다 ügyes a konyhában, konyhatündér

솜털 명 pehely, pihe, finom / tokos toll (madáron); pelyhedző szakáll, legénytoll; molyhosság (növényé), pehely (gyümölcsön); ~이 난 pihés, pehellyel / pihével fedett, bolyhos

솟구치다 동 gyorsan feltör, gyorsan emelkedik

솟다 동 ❶ (샘이) ömlik, felfakad, előtör, feltör, előbuggyan ❷ (높이) felszárnyal, magasba száll, felrepül ❸ (불길이) kigyullad, fellobban, lángra kap / lobban

솟아나다 동 kibuggyan, feltör; kilövell, kispriccel; 눈물이 ~ könnyekben tör ki, könnyekre / sírva fakad

송골매 명 (조류) sólyom

송곳 명 (도래송곳) fúró, (타래송곳) csavarfúró, (쇠·돌을 뚫는) vasfúró; ~으로 구멍을 뚫다 lyukat fúr

송곳니 명 szemfog

송구스럽다 형 nagyon hálás; sajnál, megbán, zavarba jön; 칭찬해 주시니 오히려 송구스럽습니다 zavarba hoz a dicséreted; 공부를 방해해서 참 송구스럽습니다 Elnézést, hogy megzavarom a tanulásban.

송금-하다 동 átutal, befizet; ~ 명 átutalás; 대금을 온라인으로 ~하다 átutal egy összeget (online); 우편환으로 10만 원을 ~하다 postai átutalással befizet százezer vont; ~ 수수료 átutalási díj / költség

송년회 명 szilveszteri parti

송두리째 부 gyökerestül, mindenestül, szőröstül-bőröstül, teljesen, egészben; ~ 파내다 gyökerestül kiás; 노름으로 재산을 ~ 날리다 eljátssza az összes / egész vagyonát

송림 명 fenyőerdő

송별연 명 búcsúvacsora

송별회 명 búcsúest; 우리는 코바치의 ~를 열었다 Búcsúbulit rendeztünk Kovácsnak.

송사리 명 ❶ (어류) fiatal halivadék, apróhal, szeméthal ❷ (하찮은 사람) kisemberek, tucatemberek, jelentéktelen alakok / emberek, hétköznapi figurák

송신기 명 adó(készülék)

송신-하다 동 (le)ad, sugároz, továbbít; ~ 명 adás, sugárzás

송아지 명 borjú; ~를 낳다 borjazik; ~ 가죽 borjúbőr; ~ 고기 borjúhús

송어 명 pisztráng

송이 명 ❶ (과일) fürt; (꽃) szál; 꽃 한 ~ egy szál virág; 포도 한 ~ egy fürt szőlő ❷ (눈) pehely

송장 명 holttest; hulla, tetem

송전선 명 villanyvezeték, 고압 ~ magasfeszültségű vezeték

송전탑 명 villanyoszlop

송진 명 gyanta

송충이 명 hernyó

송치-하다 동 előzetes letartóztatásba helyez vkit, vki előzetes letartóztatását elrendeli; bebörtönöz(tet) vkit; vád alá helyez, felsőbb bíróság elé állít; ~ 명 letaróztatás, bebörtönzés

송판 명 fenyődeszka

송편 명 szongphjan (kifli formájú rizses sütemény, amit fenyőtűkön párolnak az őszi aratási ünnepen)

송환자 명 kitoloncolt, kiutasított

송환-하다 동 visszaküld, hazaküld; kiutasít, kitoloncol; ~ 명 visszaküldés, hazaküldés; kitoloncolás; 포로를 본국으로 ~하다 hadifoglyot hazaküld; 한국에 불법 입국하려 했기 때문에 그녀는 본국으로 ~ 되었다 Mivel illegálisan próbált Koreába belépni, kitoloncolták.

솥 명 edény; kanna; ~을 걸다 kannát a tűzre tesz; 한 ~ 밥을 먹다 egy fedél alatt lakik vkivel

솥뚜껑 명 fedő

쇄도-하다 동 eláraszt, ellep, megrohan, megrohamoz; 주문이 ~하다 elárasztják a megrendelések

쇄신-하다 동 változtat, megújít, (meg)reformál; ~ 명 változtatás, megújítás, reform; 일대 ~을 단행하다 radikális reformot vezet be

쇠 명 (철) vas; (금속) fém; ~로 만든 vasból készült, vasból való

쇠고기 명 marhahús

쇠고랑 명 bilincs; ~을 찬 죄수 megbilincselt fogoly; ~을 차다 bilincsbe verik, letartóztatják

쇠다 동 ünnepel; 설을 ~ ünnepli az újévet.

쇠똥 명 szarvasmarhatrágya, tehénlepény

쇠붙이 명 vasáru, fémáru

쇠뿔 명 bika szarva; ~도 단김에 빼랬다 Addig kell ütni a vasat, amíg meleg.; ~에 받히다 felökleli egy bika

쇠사슬 명 (vas)lánc; (개를 매는) póráz; ~에 매인 죄수 vasra vert fogoly; ~로 매다 láncra ver vkit

쇠창살 명 rács, ketrec, kalitka

쇠퇴-하다 동 hanyatlik, sorvad, romlik; apad, csökken, fogyatkozik; ~ 명 hanyatlás, romlás; apadás, csökkenés; 나이를 먹으면 기억력이 ~한다 A korral romlik az ember memóriája.

쇼 명 előadás, show, műsor; ~를 보러가다 elmegy egy előadásra

쇼윈도 명 kirakat; ~에 진열되어 있다 kirakatban van kiállítva

쇼크 명 sokk(hatás); ~를 받다 sokkot kap; ~를 주다 sokkol vkit

쇼핑-하다 동 (be)vásárol; ~ 명 vásárlás; ~하러 가다 (be)vásárolni megy

수감-하다 동 bebörtönöz, börtönbe zár; ~ 명 bebörtönzés, börtönbe zárás; ~ 중이다 börtönben van

수갑 명 bilincs; ~을 채우다 megbilincsel vkit

수강-하다 동 képzésre / órára / kurzusra jár; gyakorlatra jár; ~ 명 óralátogatás, kurzuslátogatás; ~ 신청 jelentkezés a kurzusra; 제가 두 과목을 ~할 수 있습니까 Felvehetek egyszerre két tantargyat?

수거-하다 동 elszállít, elvisz, összeszed; ~ 명 elszállítás, összeszedés; 쓰레기 ~ 차 szemeteskocsi, kukásautó

수건 명 törülköző; kendő; ~으로 손을 닦다 megtörli a kezét egy törülközővel / kendővel

수건걸이 명 törülközőtartó

수고-하다 동 fáradozik vmiért, szenved; ~ 명 fáradozás, szenvedés; ~를 끼치다 szenvedést okoz; ~한 보람이 있었다 megérte a fáradságot

수공업 명 kézművesipar

수교-하다 동 diplomáciai kapcsolatot épít (ki); ~ 명 baráti / jó viszony, barátság

수구 명 konzervativizmus; ~ 세력 konzervatív erők

수군거리다 동 súg, suttog, sugdos, susmog; 귀에 대고 ~ a fülébe súg vmit

수그리다 동 meghajol

수금-하다 동 behajtja a pénzt; ~ 명 pénzbehajtás; ~하러 다니다 elmegy behajtani a pénzt; ~이 잘 안 되었다 nem megy jól a pénzbehajtás

수급 명 kereslet-kínálat; ~의 균형을 유지하다 keresletet-kínálatot egyensúlyban tart; ~ 계획 a kereslet-kínálat programja; ~ 조절 a kereslet-kínálat szabályozása

수긍-하다 동 beleegyezik vmibe, hozzájárul vmihez, jóváhagy vmit, helyesel; egyetért vmivel / vkivel, megért vmit / vkit; ~ 명 beleegyezés, hozzájárulás; egyetértés, megértés; ~이 가도록 설명하다 kielégítő választ ad; 이렇게 설명하면 쉽게 ~할 수 있을 것이다 Szerintem ez a magyarázat meggyőző.

수기 명 emlékirat; ~를 쓰다 megírja az emlékiratait

수난 명 szenvedés, fájdalom; istenítélet, megpróbáltatás; keresztre feszítés; 그리스도의 ~ passió, Jézus kínszenvedése

수난곡 명 *Passió* (zenemű)

수납 명 bevétel; (은행의) ~ 계원 bankpénztáros; ~액 bevételi összeg

수녀 명 apáca; ~가 되다 apácának áll / megy

수녀원 명 (apáca)zárda; ~ 원장 apácafőnöknő, zárdafőnöknő

수년 명 több / számos év; 그한테서 ~ 동안 소식이 없다 Már évek óta nem hallottam róla.

수놓다 동 hímez

수다 명 fecsegés, csacsogás, pletyka; ~(를) 떨다 fecseg, csacsog, pletykál

수다쟁이 명 csacsogó, locs-fecsi, fecsegő, pletykás, bőven beszélő

수단 명 eszköz; mód; módszer, eljárás; kiút, megoldás; 목적을 위한 ~ célt szolgáló eszköz; 최후 ~으로 végső megoldásként; ~ 방법을 가리지 않다 gátlástalanul alkalmaz eszközöket

수당 명 juttatás, térítés, engedélyezett összeg, pótlék; rendkívüli osztalék, külön juttatás, prémium, nyereségrészesedés; 월급 외로 가족 ~과 별도의 야근 ~이 지급된다 Az alapfizetésen túl még családi és éjszakai pótlékot is fizetnek.

수도 명 főváros; 서울은 한국의 ~이다 Szöul Dél-Korea fővárosa.

수도권 명 fővárosi régió; ~의 교통인구를 분산시키다 szabályozza a tömegközlekedést a nagyvárosi régióban; ~ 재개발 újjáépítés a főváros térségében

수도승 명 szerzetes

수돗물 명 csapvíz

수동 명 kézi vezérlésű, kézzel irányított; ~ 브레이크 kézifék; ~ 펌프 kézipumpa; ~으로 작동하는 기계 kézi vezérlésű gép

수동적 명 passzív; ~으로 passzívan; ~ 태도 passzív magatartás; ~ 저항 passzív rezisztencia

수동태 명 (문법) szenvedő alak

수두룩-하다 형 bő(séges), kiadós, bőven elég; 상점에 물건이 ~하다 a boltok fel vannak töltve áruval; 그런 사람들이 ~하다 Sok ilyen ember van.

수락-하다 동 elfogad, beleegyezik; ~ 명 elfogadás, beleegyezés; 그것은 이의 없이 ~되었다 Egyhangúlag elfogadták.

수량 명 mennyiség; ~을 줄이다 csökkenti a mennyiséget

수렁 명 mocsár, ingovány, posvány, pocsolya; ~에 빠지다 belesüllyed a mocsárba

수레 명 szekér, kocsi; ~를 끌다 szekeret húz

수레바퀴 명 kocsikerék

수력 명 vízi energia, vízi erő; ~을 이용하다 a víz energiáját használja fel

수력발전소 명 vízerőmű, vízi erőmű

수련생 명 tanonc, ipari tanuló; gyakornok; újonc

수련의 명 (의사) bentlakó (segéd)orvos

수련-하다 동 gyakorol, gyakorlaton van; ~ 명 gyakorlás, gyakorlat

수렴-하다 동 összegyűjt, összeszed; ~ 명 összegyűjtés; 여론을 ~하다 (köz)véleményt gyűjt

수렵 명 vadászat

수록-하다 동 összegyűjt, tartalmaz; rögzít, felvesz; 이 사전에는 약 5만 표제어가 ~되어 있다 A szótár kb. 50.000 szócikket tartalmaz.

수뢰-하다 동 kenőpénzt kap vkitől

수리공 명 szerelő

수리비 명 javítási költség / díj

수리-하다 동 javít, megjavít, rendbe hoz, szervizel; ~ 명 javítás, rendbe hozás, szervizelés; 자동차 ~ autójavítás; ~ 중이다 javítás alatt van

수립-하다 동 (meg)alapít, létesít; felállít; létrehoz, kiépít; ~ 명 alapítás, létesítés; 국교를 ~하다 diplomáciai kapcsolatot létesít; 그는 또 세계 신기록을 ~했다 Ismét új világrekordot állított fel.; 계획을 ~하다 megtervez vmit

수매-하다 동 (meg)vásárol, (meg)vesz; ~ 명 (meg)vásárlás, (meg)vétel; 정부의 쌀 ~ 가격 állami rizsfelvásárlási ár

수맥 명 vízér; ~을 찾아내다 vízeret talál

수면[1] 명 vízfelszín; ~에 떠오르다 felemelkedik / feljön a felszínre; felszínre kerül, felbukkan a víz alól; ~에서 3미터 아래 három méterrel a víz alatt

수면[2] 명 alvás, álom; szendergés, szunyunyadozás, szundítás; ~을 충분히 취하다 nagyot / jót alszik

수면제 명 altató (tabletta)

수명 명 élettartam, élethossz; tartósság; 평균 ~ átlagos élettartam; 자동차의 ~ a gépkocsik várható átlagos élettartama; ~이 길다 / 짧다 hosszú / rövid életű; (물건이) tartós / nem tartós; 이 건전지는 ~이 거의 다 됐다 Ez az elem / akkumulátor majdnem teljesen lemerült.

수모 명 sértés, bántalmazás; ~를 당하다 sértést elszenved; ~를 참다 lenyeli a sértést / kellemetlenséget

수목 (élő) fa; ~이 울창한 fás, fákkal borított, fában gazdag, erdős

수목원 명 arborétum

수박 명 görögdinnye; 씨 없는 ~ mag nélküli dinnye

수반 명 vezető (vállalaté, osztályé stb.); igazgató (iskoláé); fej (családé, vállalkozásé stb.); 내각의 ~ kabinetfőnök, miniszterelnök, kormányelnök; 정부의 ~이 되다 elvállalja / átveszi a kormány vezetését

수반-하다 동 kísér vmit, együtt jár vmivel, velejárója, kísérő jelensége vminek

수배자 명 körözött személy / egyén

수배-하다 동 köröz; ~ 명 nyomozás; 경찰은 그 사나이를 전국에 지명 ~했다 A rendőrség feltette a férfit az országosan körözöttek listájára.

수백 több / néhány száz; ~명 több száz ember; ~ 킬로미터 néhány száz kilométer

수백만 több / néhány millió; ~만 명 több millió ember

수법 명 trükk, fortély, módszer; technika, metódus; 똑같은 ~ ugyanaz a régi trükk; 범죄 ~ egy bűnügyben alkalmazott módszer; 흔히 볼 수 있는 사기 ~ klasszikus csalási trükk

수북이 부 púpozott, tele; 사발에 밥을 ~ 담다 telerakja vki tálját rizzsel

수북-하다 형 halomba / kupacba rak; 접시에 포도가 ~하다 A szőlő egy halomban van a tányéron.

수분 명 nedvesség, nyirkosság, páratartalom; lé, nedv; ~이 많은 nedves, nyirkos, vizes, leves, nedvdús; ~을 없애다 eltávolítja a nedvességet vhonnan

수비대 명 (hely)őrség; 국경 ~ határőrség

수비-하다 동 (meg)véd, oltalmaz, óv, őriz, védelmez; ~ 명 védés, védelem, óvás, őrzés; ~를 강화하다 megerősíti a védelmet

수사 명 számnév

수사-하다 동 nyomoz, kivizsgál, megvizsgál; ~ 명 bűnügyi nyomozás; 과학적 범죄 ~ tudományos alapú bűnügyi nyomozás; 경찰은 그 범죄 사건의 원인을 ~ 중이다 A rendőrség vizsgálja a bűncselekmény okait.

수사학 명 retorika, szónokiasság, ékesszólás

수산 명 tengeri termék(ek); ~ 가공품 feldolgozott tengeri termékek

수산물 명 tengeri termék

수산업 명 halászat, tengeri termékek feldolgozása; ~ 협동조합 halászok szövetkezete

수색영장 명 házkutatási engedély

수색-하다 동 razziázik, házkutatást tart; keres, átkutat, átfésül, átvizsgál; ~ 명 keresés, kutatás, nyomozás; 철저히 ~하다 alaposan keres vmit, átfésüli a környéket vkiért

수석 명 vezér, vezető személyiség; a legmagasabb rang / hely; ~으로 졸업하다 első helyen végzett / zárt; 그는 시험에서 ~을 차지했다 Első lett a vizsgán. A legjobb eredményt érte el.

수석대표 명 delegáció vezetője

수석판사 명 főbíró

수선비 명 javítási költség

수선-하다 동 kijavít, megjavít, rendbe hoz; megfoltoz; ~ 명 javítás, rendbe hozás; foltozás; ~하러 보내다 elküld vmit megjavíttatni; 시계를 ~시키다 órát javíttat

수세미 명 dörzsi(szivacs)

수세식 명 angol vécé

수소 명 hidrogén; ~와 화합시키다 hidrogénnel egyesít

수소문-하다 동 vmi után kérdezősködik / érdeklődik; 잃은 아이를 ~하다 eltűnt gyerek után kérdezősködnek

수송-하다 동 szállít, visz; ~ 명 szállítás, elvitel; 육상 / 해상 ~ szárazföldi / tengeri szállítás; 철도 ~ vasúti szállítás; 항공 ~ légi szállítás; 상품이 ~ 중에 파손 / 분실 되었다 Az árucikkek megsérültek / elvesztek a szállításkor.

수수 명 köles, cirok

수수깡 명 kölesszár

수수께끼 명 rejtély, rejtvény, talány, találós kérdés; ~ 같은 rejtélyes, talányos; ~를 풀다 rá talál / rájön egy rejtély nyitjára; 그가 왜 사직했는지 아직도 ~다 Még mindig rejtély számomra, hogy miért mondott le.

수수료 명 kezelési költség, számlavezetési díj, jutalék; ~를 내다 kezelési költséget fizet; ~를 징수하다 jutalékot szed; 송금 ~는 2,000원입니다 2.000 von az átutalás díja.

수수방관-하다 동 karba / ölbe tett kézzel ül; 지금은 ~하고 있을 때가 아니다 Nincs időnk arra, hogy tétlenül üldögéljünk.

수수-하다 형 szerény, egyszerű, nem hivalkodó, visszafogott; ~한 여자 hétköznapi / szerény külsejű nő; ~한 무늬 visszafogott / egyszerű minta; ~한 옷차림을 하고 있다 egyszerűen öltözködik; ~하게 살다 szerény körülmények között él

수술-하다 동 megoperál, megműt; ~ 명 műtét, operáció, műtéti (sebész(et)i) beavatkozás; ~을 받다 megműtteti magát; ~은 성공이었다 A műtét sikeres volt.; ~하기에는 너무 늦다 Már túl késő a műtéthez.; 맹장을 ~하다 vakbélműtétet hajt végre egy betegen

수습생 명 gyakornok, tanonc, újonc, próbaidős

수습-하다[1] 동 tanonckodik, próbaidejét / tanoncidejét tölti; ~ 명 tanoncság, próba; ~ 기간 próbaidő, gyakorlati idő, tanulóidő, tanoncidő; ~ 기자 újságíró-gyakornok; ~ 사원 gyakornok.

수습-하다[2] 동 elintéz, rendez, megbirkózik vmivel, kezel, megold; ~ 명 rendezés, elintézés, megoldás; 사태를 ~하다 megbirkózik a helyzettel; 원만히 ~하다 békés megoldást talál; 일이 너무 복잡해져서 우리로선 ~할 수가 없다 Az ügy túl bonyolulttá vált ahhoz, hogy kezelni tudjuk.

수시 부 különböző alkalmakkor, többször

수신료 명 előfizetési díj

수신-하다 동 üzenetet / levelet kap, üzenet érkezik; ~ 명 üzenet érkezése, üzenet fogadása; ~ 안테나 vevőantenna, jelfogó antenna; 배로부터 긴급 메시지를 ~하다 sürgős üzenetet kap egy hajóról

수심 명 vízmélység; ~을 재다 megméri a víz mélységét; 우리는 ~ 40미터 되는 곳에서 침몰선을 발견했다 Találtunk egy elsüllyedt hajót 40 méter mélyen.

수십 néhány / több tized; ~ 년 néhány / több évtized; ~ 만 명 néhány / több tízezer ember

수압 명 hidraulikus nyomás, víznyomás, folyadéknyomás; ~이 높다 / 낮다 A hidraulikus nyomás magas / alacsony.

수양버들 명 fűzfa, szomorúfűz

수양-하다 동 fejleszti a jellemét, csiszolja az agyát; ~ 명 erkölcsi tartás, lelki tartás; 정신 ~ lelki tartás; ~을 쌓다 építi vkinek az erkölcsi tartását

수업료 명 tandíj

수업-하다 동 órát ad, órát tart; ~ 명 óraadás, óratartás; ~ 일수 a tanítási napok száma; 오늘 ~이 많다 Ma sok órám

ㅅ

van.; 과외 ~ iskolán kívüli tanulás, különóra, magánóra; ~은 몇 시에 시작하고 몇 시에 끝나느냐 Mettől meddig tart az óra?

수없이 부 számtalanul, számosan

수여-하다 동 díjaz, díjat átad; adományoz, odaítél; ~ 명 díjátadás; átadás, kiadás; 학위를 ~하다 diplomát oszt / kiad, tudományos fokozatot adományoz; 그에게 노벨 평화상이 ~되었다 Neki ítélték a Nobel-békedíjat.

수역 명 tengeri övezet, folyami övezet; 경제 ~ tengeri gazdasági övezet

수염 명 (사람의) arcszőrzet; bajusz; szakáll; oldalszakáll, barkó; (동·식물의) pofaszakáll, (harcsa)bajusz; (식물의 잎·줄기의) szál; toklász; kukoricahaj; 염소 ~ kecskeszakáll; ~이 난 szakállas, bajuszos, bajszos; ~을 기르다 bajszot / szakállat növeszt; 두 주 동안이나 ~을 안 깎다 két hete nem borotválkozott; ~이 빨리 자라다 A szakállam gyorsan nő.

수영모 명 úszósapka

수영복 명 úszódressz, úszónadrág

수영선수 명 úszó(nő)

수영장 명 uszoda, úszómedence

수영-하다 동 úszik; ~ 명 úszás; ~을 배우다 megtanul úszni, úszásórákat vesz; ~ 경기 úszóverseny, úszóbajnokság

수예품 명 kézimunka

수요 명 kereslet; 유효 ~ tényleges kereslet; 잠재 ~ potenciális kereslet; ~가 공급을 웃돈다 A kereslet meghaladja a kínálatot.; ~와 공급의 법칙 kereslet és kínálat törvénye

수요일 명 szerda

수요자 명 használó; haszonélvező

수용능력 명 férőhely, befogadóképesség; 이 연주장의 ~은 2천명이다 Ennek a koncertteremnek 2.000 ülőhely a befogadóképessége.

수용소 명 koncentrációs tábor; gyűjtőtábor (menekülteknek)

수용인원 명 megengedhető létszám, a férőhelyek száma

수용-하다 동 ❶ elszállásol, elhelyez, befogad, felvesz; ~ 명 elszállásolás, elhelyezés, befogadás, felvétel; 이 호텔은 약 1,500 명을 ~할 수 있다 Ez a szálloda 1.500 vendéget képes befogadni.; 강당은 천 명을 ~한다 Az előadóterem 1.000 ülőhelyes / férőhelyes.; 부상자는 인근 병원에 ~ 되었다 A sérülteket beszállították a legközelebbi kórházba.; 홍수에 의한 이재민들은 학교에 ~ 되었다 Az árvízkárosultakat az iskolaépületben helyezték el. ❷ elfogad, átvesz, meghonosít; ~ 명 elfogadás, átvétel; 외국 문화의 ~ idegen kultúra átvétele; ~ 태세를 갖추다 felkészült arra, hogy más országok szokásait átvegye

수월-하다 형 könnyű, egyszerű; 자금 문제만 해결되면 그 나머지는 ~하다 Ha megoldódnak az anyagi problémák, a többi csak gyerekjáték lesz.

수위[1] 명 vízszint; ~가 높다 / 낮다 magas / alacsony a vízszint; 위험 ~ veszélyesen magas vízszint

수위[2] 명 őrzés; őr, őrmester; portás, kapus

수위실 명 portásfülke

수유-하다 동 (meg)szoptat; ~ 명 szoptatás

수육 명 főtt marhahús

수은 명 higany, Hg

수의계약 명 közös megegyezés, szabad megegyezés

수익 명 nyereség, profit, haszon; ~을 올리다 hasznot ér el, nyereséget termel; 전람회의 ~은 전부 이 대학에 기부 된다 A kiállítás egész bevételét ennek az egyetemnek adományozzák.; ~ 체감의 법칙 a csökkenő hozam törvénye

수익률 명 a nyereség mértéke, profitráta

수입 명 (개인의) jövedelem; (법인·국가의) kereset, bevétel; (매상) haszon, befolyt összeg, hozam; (입금) bevétel, bevételek; ~과 지출 (국가의) bevételek és kiadások; (개인의) jövedelem és kiadás, bevétel és kiadás; ~이 늘었다 / 줄었다 Nőtt / csökkent a bevétel.; (봉급) Nőtt / csökkent a fizetés.

수입인지 명 illetékbélyeg

수입-하다 동 importál, behoz; (제도·문물의) bevezet, átvesz, meghonosít; ~ 명 import, importálás, behozatal; átvétel, (meg)honosítás; ~을 제한하다 korlátozza a behozatalát vminek.; 그들은 원료를 ~하고 완제품을 수출한다 Behozzák a nyersanyagokat és kiviszik a késztermékeket.; 그 나라는 원유의 50퍼센트를 수입하고 있다 Az ország a nyersolaj 50%-át külföldről hozza be.; ~을 금지하다 megtiltja vminek a behozatalát az országba

수자원 명 vízkincs; ~의 최대 이용 a vízkincs maximális kihasználása

수작 명 kiváló műalkotás, kiemelkedő műalkotás

수작-하다 동 flörtöl, bókol; mézesmázoskodik; 허튼 ~을 하다 elhúzza a mézesmadzagot vkinek az orra előtt

수장-하다 동 tengerbe dob; ~ 명 temetés a tengeren; vízbedobás (halott emberé)

수재 명 zseni, zseniális ember, tehetséges ember, briliáns elme, rátermett diák; 그는 천하의 ~다 Ő világhírű lángész / tehetség.

수재민 명 árvízkárosult

수재품 명 kézzel készített termék

수저 명 kanál; kanál és egy pár evőpálcika; ~ 한 벌 egy garnitúra / készlet kanál és pálcika; ~를 상에 놓다 kanalakat és evőpálcikákat tesz az asztalra

수절-하다 동 hűen kitart elvei / ügyei mellett; hűségesen kitart elhunyt férje mellett; megtartja a szüzességét / tisztaságát; ~ 명 hűséges kitartás a férje mellett

수정란 명 megtermékenyített tojás

수정주의 명 revizionizmus

수정주의자 명 revizionista

수정체 명 szemlencse

수정-하다 동 kijavít, átjavít, korrigál, változtat, módosít; ~ 명 javítás, módosítás, változ(tat)ás; 궤도를 ~하다 kijavítja a röppályát; 원고를 ~하다 kijavít egy kéziratot, korrektúrát csinál; 계획은 약간의 ~이 필요하다 A terv apró változtatást igényel.

수제비 명 (lisztes) galuskával készített leves; ~를 뜨다 tésztadarabkákat / nokedlit tesz a levesbe

수제자 명 a legjobb tanítvány

수조 명 vízgyűjtő, víztároló, víztartály

수족 명 végtag; ~을 못쓰게 되다 mozgásképtelenné válnak a végtagjai; ~처럼 일하다 vki vkinek a jobbkezeként dolgozik; 사고 이후 그는 아버지의 ~이 되어 일했다 Az édesapja támaszává vált a baleset után.

수준 명 szint, színvonal; 지적 ~ intellektuális szint; 문화 ~ kulturális szint; 그들의 문화 ~은 높았다 Magas színvonalú kultúrájuk volt.; ~이 높아지다 magasabb szintet ér el; 이 나라는 생활 ~이 높다 Ebben az országban magas az életszínvonal.; 그의 연구는 세계적 ~에 달해 있다 Világszínvonalat ért el a kutatásával.

수줍다 형 félénk, szégyenlős, szemérmes, visszahúzódó; 수줍어 보이다 félénknek látszik; 수줍어서 말도 못하다 szégyenlős halk szavú

수증기 명 gőz; pára; ~로 되어 증발하다 (el)párolog, elillan; ~를 내다 gőzöl, gőzt bocsát ki; párol

ㅅ

수지 명 jövedelem és költségek; (국가의) bevétel(ek) és kiadás(ok); ~가 맞다 a bevételei és kiadásai egyensúlyban vannak; ~ 맞는 장사 nyereséges üzlet; ~를 맞추다 kiegyensúlyozza a költségvetést; 한국의 무역 ~는 흑자 / 적자이다 Korea külkereskedelmi mérlege pozitív / negatív.

수직 명 függőleges, merőleges; ~으로 függőlegesen; ~으로 만나는 두 직선 két vonal derékszögben metszi egymást

수직선 명 függőleges / merőleges / vertikális vonal

수질 명 a víz minősége / tisztasága; ~ 검사를 하다 a víz minőségét vizsgálja; ~ 관리 vízminőség-ellenőrzés, víztisztaság-ellenőrzés; ~ 오염 vízszenynyeződés, vízszennyezés

수집가 명 gyűjtő

수집-하다 동 összegyűjt, összeszed, felhalmoz; ~ 명 gyűjtés, gyűjtemény; 정보를 ~하다 információt gyűjt; 그녀의 취미는 나비 ~이다 A hobbija a lepkegyűjtés.

수채화 명 akvarell, vízfestmény; 그녀는 ~로 꽃을 그렸다 Vízfestékkel festett virágokat.; ~ 물감 vízfesték

수척-하다 동 lesoványodik, lefogy; 명 soványság; ~한 모습 megviselt arc / alak; 그녀는 걱정 때문에 ~해졌다 Az a nő lefogyott az aggódástól.

수천 több ezer; ~ 명 több ezer ember

수첩 명 jegyzetfüzet, notesz; ~에 적어 두다 leír vmit a noteszébe, feljegyez vmit

수초 명 vízinövény

수축-하다 동 összehúzódik; összemegy; összehúz, összeszorít; leereszt, kiereszt; ~ 명 összehúzódás; összemenés; összehúzás, összeszorítás; leeresztés, kieresztés; 철은 가열하면 팽창하고 식히면 ~한다 A vas melegítésre / hőre tágul, hűtésre / hidegre pedig összehúzódik.

수출업 명 exportüzlet; ~에 종사하다 exporttal foglalkozik

수출업자 명 exportőr

수출품 명 exportcikk

수출-하다 동 exportál; ~ 명 (áru)kivitel, export(álás); ~을 장려하다 támogatja vminek az exportját; ~을 늘리다 növeli a kivitelt; ~ 금지 exporttilalom; ~ 경쟁력 export-versenyképesség; ~ 주도형 경제 exportorientált gazdaság

수취인 명 (어음의) fogadó, átvevő; (화물의) bizományos, címzett; (우편물의) címzett; (보험의) haszonélvező, kedvezményezett; 이 수표의 ~은 나의 숙모이다 A csekk a nagynéném nevére szól.

수치 명 számszerű / szám szerinti / numerikus érték; ~로 나타내다 számszerűen kifejezi az eredményt

수치스럽다 형 szégyenletes, becstelen, gyalázatos, lealázó, tisztességtelen

수컷 명 hím, hímnemű, kan; (새의) kakas, gácsér; 그것은 ~이냐 암컷이냐 Ez hím vagy nőstény?

수탁금 명 megőrzésre átadott pénz, letétbe tett pénz

수탁물 명 egy dolog, ami vki őrizetében van; egy dolog vki felügyelete alatt

수탁-하다 동 rábíz vmit; 그는 공증인에게 유서를 ~했다 A közjegyzőre bízza a végrendelet végrehajtását.

수탈-하다 동 kifoszt, (ki)rabol, elragad, (el)bitorol; ~ 명 kifosztás, rablás; 재화를 ~하다 megfoszt vkit a vagyonától; 원주민들은 그들의 토지를 백인에게 ~ 당했다 A fehér emberek bitorolták az őslakosok földjeit.

수탉 명 kakas

수태-하다 동 (사람) teherbe esik, terhes / állapotos lesz; (동물) megtermékenyül, hasas, vemhes; ~ 명 terhesség, állapotosság; vemhesség, hasasság, megtermékenyültség, fogamzottság; 인공 ~ mesterséges megtermékenyítés; ~ 조절 fogamzásgátlás

수평 명 horizont, térszín; ~으로 vízszintesen, horizontálisan; 지면과 ~으로 a földdel egyenlő; ~이 되게 하다 felszínt elegyenget; ~ 이동 horizontális vándorlás / elköltözés

수평선 명 horizont, látóhatár, szemhatár; vízszintes / horizontális vonal; ~상에 나타나다 megjelenik a horizonton; 멀리 ~까지 뻗어 있다 messze, a látóhatárig ér

수포 명 hab, tajték, buborék; hasz(on)talanság, értelmetlenség; ~로 돌아가다 füstbe megy, semmivé válik, kudarcba fullad; 우리들의 노력은 모두 ~로 끝났다 Minden próbálkozásunk kudarcba fulladt.

수표 명 csekk; ~를 현금으로 바꾸다 csekket bevált; 자기앞 ~ bankutalvány; ~책 csekkfüzet

수프 명 leves; 야채 ~ zöldségleves; ~를 먹을 때는 소리를 내지 마라 Ne szürcsöld a levest!

수필 명 esszé

수필가 명 esszéíró

수학 명 számtan, matematika, mennyiségtan; ~을 잘하다 jó matematikából

수학여행 명 iskolai kirándulás, tanulmányi kirándulás, tanulmányi út; ~ 가다 iskolai kirándulásra megy

수학자 명 matematikus

수학-하다 동 (meg)tanul, tanulmányokat folytat; ~ 명 tanulmányok folytatása, tanulás

수해 명 árvízkatasztrófa, árvízkár; ~를 입다 árvíz sújtja; 큰 태풍으로 많은 집들이 ~를 당했다 Rengeteg ház víz alá került a tájfun / szélvihar miatt.; ~ 방지 árvízmegelőzés, árvízszabályozás

수행 명 (수련) önsanyargató gyakorlatok; önfegyelem; önképzés, magaművelés

수행원 명 kísérő, a kíséret tagja

수행-하다[1] 동 végrehajt, megvalósít, teljesít, végez; ~ 명 végrehajtás, megvalósítás, teljesítés; 그는 직무 ~ 중 순직했다 Kötelességének teljesítése közben halt meg.; 그는 훌륭하게 임무를 ~했다 Nagyon jól végezte feladatát.

수행-하다² 동 (el)kísér, vel ejár, követ; ~ 명 kíséret; 그는 무역 사절단을 ~하여 일본에 갔다 A kereskedelmi küldöttséget kísérte Japánba.

수험생 명 vizsgázó, jelölt

수혈-하다 동 vérátömlesztést ad végre, vérátömlesztést hajt végre; ~ 명 vérátömlesztés; ~을 받다 vérátömlesztést kap; 환자에게 O형의 피를 ~하다 Nullás vércsoportú vért ad egy betegnek.

수호신 명 védőszent, védelmező isten

수호천사 명 őrangyal

수호-하다 동 megvéd, oltalmaz (vmitől), őriz, védelmez; ~ 명 védelem, oltalom, védelmezés

수화기 명 telefonkagyló; ~를 들다 / 놓다 felveszi / leteszi a telefon(kagyló)t

수확기¹ 명 (시기) aratási idény, az aratás ideje, aratáskor

수확기² 명 (기계) aratógép, arató-cséplő gép, kombájn

수확량 명 termés, (termés)hozam

수확-하다 동 arat, szüretel; ~ 명 aratás, szüret, termés; ~이 많다 / 적다 jó / silány termés

숙고-하다 동 (meg)gondol, gondolkodik, (meg)fontol, fontolgat, töpreng vmin, tekintetbe / figyelembe vesz, fontolóra vesz, mérlegel, átgondol; ~ 명 megfontolás, mérlegelés, óvatosság, tanácskozás; 우리는 지금 그 문제를 ~하고 있다 Megfontolás tárgyává tesszük a dolgot. Megfontoljuk a dolgot.; 심사 ~ 끝에 나는 그 제의에 응했다 Kellő mérlegelés / megfontolás után elfogadtam az ajánlatot / javaslatot.

숙녀 명 hölgy, úriasszony, jól nevelt (jó családból való) asszony; ~다운 előkelő hölgyhöz illő

숙달-하다 동 elsajátít, megtanul, jártasságot / gyakorlatot szerez; kitanul; ~ 명 tanultság, jártasság, gyakorlatiasság; 외국어에 ~하다 tökéletesen elsajátít egy idegen nyelvet; 1년 정도로는 영어를 ~ 할 수 없다 Képtelenség egy év alatt rendesen megtanulni angolul.

숙련 명 szakképzettség, gyakorlottság, jártasság, szakszerűség; ~된 gyakorlott, szakképzett, jártas, szakszerű; 미~의 gyakorlatlan, szakképzetlen, járatlan; 그것은 대단한 ~을 필요로 한다 Nagy szakképzettséget igényel.

숙련공 명 szakképzett munkás, szakmunkás,

숙맥 명 (콩과 보리) bab és árpa; (사람) bolond, buta, hülye, ostoba

숙면-하다 동 jól / mélyen alszik, mély álomba merül / zuhan; ~ 명 egészséges (mély) álom; 나는 ~을 못한다 Rossz / éber alvó vagyok.

숙명 명 sors, végzet, rendeltetés; karma; 이렇게 되는 것이 내 ~이다 Ez a végzetem. Ez az én sorsom.

숙명적 fatális, végzetes, elkerülhetetlen; ~적으로 végzetesen

숙모 명 nagynéni, az apa öccsének a felesége

숙박-하다 동 megalszik vhol; megszáll vhol, elfoglal egy szobát; elszállásol; ~ 명 szállás; 민가에서 ~하다 egy magánházban szállásol el; 호텔에 ~을 예약하다 szobát foglal egy szállodában; ~료 / 비 szállodai költségek, szállodai számla; ~료를 치르다 kifizeti a szállodai számlát; 하루 ~비가 얼마입니까 Mennyibe kerül egy éjszaka? Mennyi a szoba ára egy éjszakára?

숙부 명 nagybácsi

숙성-하다 동 (meg)érlelődik, (meg)érik, (be)érik, éretté válik; ~ 명 érés, megérés; ~된 포도주 / 치즈 érett bor / sajt

숙소 명 szállás(hely), lakóhely; vendégfogadó, vendéglő, hotel, szálló, szálloda; ~를 잡다 elfoglalja szálláshelyét; ~를 옮기다 szállást változtat, máshová költözik

숙식비 명 a szállás és ellátás díja; 한 달 ~는 얼마나 됩니까 Mennyit kér egy hónapra a szobáért és ellátásért?

숙식-하다 동 teljes ellátást kap; ~ 명 koszt-kvártély, szállás és ellátás

숙이다 동 lehajtja a fejét, meghajlik; 머리를 숙이고 lehajtott fejjel; 머리를 숙이고 기도하다 lehajtott fejjel imádkozik

숙제 명 ❶ (학교의) házi feladat; ~를 내다 házi feladatot ad; ~를 돌봐주다 segít vkinek a házi feladatában; ~를 하다 megcsinálja a házi feladatát; ~가 너무 많다 Nagyon sok a házi feladat. ❷ (현안) aktuális kérdés; 오랜 ~ régóta fennálló / meglévő kérdés; ~로 남겨 두다 nyitva hagy egy kérdést; jövőbeli döntésre bíz egy dolgot

숙주 명 bacilusgazda; 중간 ~ közvetítő bacillusgazda

숙직-하다 동 éjszakai szolgálatot végez, éjszakai szolgálatban van; ~ 명 éjszakai szolgálat; 나는 어젯밤 ~이었다 Szolgálatban voltam tegnap éjszaka.; 그가 ~일 때 그 사건이 일어났다 Akkor történt az eset, amikor éjszakai szolgálatban volt.

숙청-하다 동 tisztogatást végez, likvidál, kivégez; ~ 명 tisztogatás, (párt)tisztogatási akció, (politikai) tisztogatás; ~ 당한 사람 a tisztogatás áldozata; ~을 시작하다 kezdik a tisztogatást

숙취-하다 동 szenved a másnaposságtól, másnapos; ~ 명 másnaposság, macskajaj

순 ❶ ízig-vérig, velejéig, zsigerileg; ~ 못된 놈 ízig-vérig rossz ember, velejéig romlott ember; ~악질 minden hájjal megkent gazfickó ❷ tiszta, igazi; abszolút, teljes; valódi, vegyítetlen; ~ 이익 tiszta haszon / nyereség; ~ 이론적 문제 egy tisztán elméleti kérdés

순간 명 pillanat, időpont

순간순간 부 állandóan

순간적 pillanatnyi, futólagos, hirtelen

순결-하다 형 tiszta; szeplőtlen, szűzies, szemérmes; ~ 명 tisztaság; szeplőtlenség, szűziesség, szemérmesség; ~한 사랑 igazi / tiszta szerelem; ~을 빼앗기다 elveszíti a szüzességét; ~한 처녀 szűzlány, érintetlen lány

순경 명 (köz)rendőr; őrszemes / posztos rendőr

순교자 명 vértanú, mártír

순교-하다 동 mártírhalált hal, vértanúhalált hal, mártíromságot szenved; ~ 명 mártíromság, vértanúság, vértanúhalál

순금 명 szín(tiszta) arany; ~ 반지 aranygyűrű; ~의 tiszta aranyból való

순대 명 disznóbélbe töltött hurka, amely rizsből, üvegtésztából és disznóvérből készül

순도 명 tisztasági fok; tisztaság; ~를 검사하다 valami tisztaságát vizsgálja

순례자 명 zarándok; ~의 옷차림으로 zarándoköltözetben

ㅅ

순례-하다 동 (el)zarándokol; ~ 명 zarándoklat, zarándokút; 그들은 예루살렘으로 ~의 길을 떠났다 Jeruzsálemi zarándokútra mentek.

순리 명 ésszerűség, indokoltság; ~적(인) ésszerű, racionális, indokolt; ~대로 해결하다 ésszel megold vmit; 그렇게 되는 것이 ~다 Természetes, hogy ennek így / ilyennek kellene lennie.

순면 명 tiszta pamut; ~의 pamutból készült; ~ 제품 száz százalék pamut termék

순박-하다 형 egyszerű, őszinte, naiv, természetes; ~한 시골 노인 egyszerű vidéki öregember

순발력 명 azonnali reakcióképesség, azonnali reagáló képesség

순방-하다 동 sorban látogat; ~ 명 látogatás; 여러 나라를 ~하다 sorra látogat különböző országokat

순배 명 (körbeadja) a borospoharat; 한 ~ egy kör ital; 술잔이 한 ~ 돌다 minden résztevőnél megfordul a borospohár

순백 명 tiszta fehér, hófehér

순번 명 sorrend, turnus; ~을 기다리다 kivárja a sorát

순산-하다 동 problémamentesen szül; ~ 명 problémamentes / könnyű szülés; 아내는 아들을 ~했다 A feleségem könnyen szülte meg a fiunkat.

순서 명 sorrend, turnus; procedúra, eljárás menete; (방법) metódus; (계획) program, események sorrendje; 정해진 ~대로 하다 követi az eljárás menetét; ~가 엉망이다 felborul a sorrend; ~를 바로잡다 kijavítja a sorrendet; 일에는 ~가 있다 Mindenben van valamilyen rend / rendszer.

순수-하다 형 tiszta; eredeti, nem kevert, tömény; ~ 명 valódiság, tisztaság, eredetiség; (칸트의) ~이성비판 *A tiszta ész kritikája* (I. Kant); ~한 사랑 valódi / őszinte szerelem; ~한 동기 őszinte szándék

순시선 명 őrhajó, járőrhajó

순시-하다 동 őrjáratozik; ellenőrzést / ellenőrző körutat tart

순식간 명 röpke pillanat, szempillantás; ~에 먹어치우다 megeszik / felfal vmit egy pillanat alatt; ~에 목조 건물에 불이 붙었다 Egy pillanat alatt lángra kapott a fából készült épület.; 이 모두가 ~에 생긴 일 이었다 Az egész egy pillanat alatt történt.

순위 명 ranglista, sorrend, helyezés; 최우선 ~ megelőző elsőbbség; ~를 정하다 rangsort felállít; 경제 정책은 물가 안정에 최우선 ~를 두고 있다 A gazdaságpolitika előtérbe helyezi az árstabilitást.

순응-하다 동 beilleszkedik, adaptálódik; ~ 명 beilleszkedés, adaptálódás; 시대에 ~하다 úszik az árral; 대세에 ~하다 elfogadja az események menetét / alakulását

순이익 명 tiszta haszon, nettó haszon; 거래에서 백만 원의 ~을 올리다 Egymillió von tiszta haszna van az üzleten.

순전히 부 teljesen, egészen, hiánytalanul, maximálisan

순정 명 tiszta szív, tiszta érzés; ~을 바치다 nekiadja a teljes szívét, szívét-lelkét nekiadja

순조롭다 형 sima, zökkenőmentes, akadálytalan; (날씨가) kedvező; 모든 일이 순조롭게 풀렸다 Minden zökkenőmentesen ment.; 순조로운 날씨 kedvező időjárás

순종-하다 동 engedelmeskedik, szót fogad; ~ 명 engedelmesség, szófogadás; 어른에게 ~하다 engedelmeskedik a felnőtteknek

순진-하다 형 naiv, gyermeteg, mesterkéletlen, egyszerű, jámbor; ~한 생각 egyszerű ötlet / gondolat; ~한 어린이 naiv gyerek

순찰차 명 rendőrségi kocsi, rendőrautó

순찰-하다 동 őrjáratozik, őrjáratot tart, cirkál; ~ 명 őrjárat; ~ 나가다 őrjáratra indul

순탄-하다 형 sima, sík, egyenletes; eseménytelen, csendes, szerencsés, nyugodt; ~한 생활 nyugodt élet; ~하게 자라다 jó körülmények között nevelkedik

순풍 명 hátszél; ~에 돛을 달다 hátszéllel vitorlázik; ~을 받고 달리다 a hajó kedvező hátszéllel halad

순-하다 형 engedelmes, alkalmazkodó, gyengéd, szelíd, jámbor; ~한 아이 engedelmes gyerek; 성질이 ~하다 szelíd természetű; ~한 담배 enyhe cigaretta; 이 술은 ~하다 Ez egy könnyű bor.

순항-하다 동 problémamentes utazást tesz; ~ 명 problémamentes utazás; ~ 중이다 problémamentes utazáson van; 연안을 ~하다 a part mentén halad

순화-하다 동 megtisztít, finomít, nemesít; ~ 명 megtisztulás, finomítás, nemesítés; 우리말을 ~하다 megtisztítja a nyelvünket

순환-하다 동 kering, forog, köröz; ~ 명 (kör)forgás, keringés, körzés; vérkeringés; 혈액은 체내를 ~한다 A vér kering a testben.; 경기 ~ konjunktúraciklus (üzleti körforgás); 빈곤의 악~ a szegénység ördögi köre; 혈액 ~을 좋게 하다 javítja a vérkeringést

순환계(통) 명 vérkeringés; ~ 질환 keringési betegség / probléma

순환도로 명 körút, autópálya-körgyűrű

순환선 명 körforgalmú járat

순회-하다 동 turnézik; őrjáratozik, járőrözik; ~ 명 turné; őrjárat, járőrözés; 지방 ~ vidéki körút; ~ 강연 előadó körút; ~ 공연 vidéki / helyi előadás, tájelőadás; 담당 구역을 ~하다 őrjáratozik a kijelölt körzetben

숟가락 명 kanál; 밥 한 ~ egy kanál rizs; ~으로 뜨다 kikanalaz vmit

술[1] 명 szeszes ital, alkohol; rizspálinka, likőr, bor; 독한 ~ erős bor / szesz; ~로 시름을 달래다 borba / ivásba fojtja bánatát; ~로 몸을 녹이다 az alkohol felmelegít; ~로 밤을 지새우다 egész éjjel iszik, átissza az éjszakát; ~에 취하다 lerészegedik, berúg, becsíp; ~을 따르다 bort tölt / önt vkinek; kitölt egy pohár italt; ~을 삼가다 tartózkodik az ivástól, nem iszik; 그의 입에서는 ~냄새가 풍겼다 Érezni (lehet) rajta az alkoholszagot.

술[2] 명 (숟가락 분량) kanálnyi; 다음에는 소금을 세 큰 ~ 넣으세요 Ezt követően adj hozzá három kanál sót!

술값 명 az ital / italozás ára / költsége; 그는 돈을 ~으로 다 써 버린다 Minden pénzét elissza.

술기운 명 a bor hatása; ~이 돌다 ittas lesz

술꾼 명 iszákos, alkoholista, nagyivó

술렁거리다 동 összezavar, megzavar, felforgat; 그 소식에 온 서울 장안이 술렁거렸다 A hír egész Szöult izgalomba hozta.; 그가 단상에 오르자 청중이 술렁거

렸다 Amikor megjelent a színpadon, a közönség teljesen lázba jött.

술래 명 hunyó; 네가 ~다 Te vagy a hunyó!

술병 명 alkoholmérgezés; ~이 나다 rosszul érzi magát az italtól

술상 명 italos asztal; ~을 차리다 előkészít poharakat az italhoz / italozáshoz, megteríti az italos asztalt

술술 부 ❶ (새는 모양) egyenletesen; 물이 솥에서 ~ 샌다 Egyenletesen folyik a víz a kannából. ❷ (유창히) folyékonyan, magas szinten; gond / probléma / akadály nélkül; 영어를 ~ 말하다 folyékonyan beszél angolul; 어려운 문제를 ~ 풀다 bonyolult problémákat old meg anélkül, hogy bajba kerülne ❸ (막힘없이) gubanc / bonyodalom nélkül; 실이 ~ 풀리다 A cérna a gombolyagból gubanc nélkül letekeredik.

술어 명 (문법) állítmány; ~명사 állítmányi névszó

술자리 명 koktélparti; ~를 마련하다 koktélpartit tart; ~에서 싸움이 벌어지다 koktélpartin verekszik, a banketten verekedés tört ki

술잔 명 borospohár; pálinkáspohár; pezsgőspohár; ~을 돌리다 körbeadja a poharat; ~을 채우다 megtölt egy poharat; ~을 비우다 kiissza a poharát; ~을 부딪치다 koccint vkivel

술집 명 italbolt, kocsma, bár, pub; 어젯밤 친구와 ~을 돌아다니며 마셨다 Kocsmáztunk tegnap az egyik barátommal.

술책 명 csel, fondorlat, trükk, furfang; kelepce, csapda; ~을 부리다 cselhez folyamodik; ~에 넘어가다 / 빠지다 beleesik vkinek a kelepcéjébe / csapdájába

술판 명 koktélparti

술회-하다 동 felidézi / előhívja az emlékeit, visszaemlékezik, visszagondol; ~ 명 emlékfelidézés, visszaemlékezés; megemlékezés; 지난날을 ~하다 visszaemlékszik a régi időkre; 그는 당시에 관해서 다음과 같이 ~했다 Visszagondolva azokra a napokra, a következőket mondta:...

숨 명 lélegzet, légzés; ~을 쉬다 levegőt vesz, lélegzik; ~을 내쉬다 kilélegez, kilehel; ~을 들이쉬다 belélegez, lélegzetet vesz; ~을 거두다 kileheli a lelkét; ~을 죽이고(서) 지켜보다 lélegzetvisszafojtva figyel; ~을 헐떡이다 zihál, levegőért kapkod

숨결 명 lehelet; 그는 ~이 거칠다 rendellenesen lélegzik, kapkodja a levegőt; 이미 시골에서는 봄의 ~을 느낄 수 있다 Vidéken már érezni (lehet) a tavasz leheletét.

숨기다 동 elrejt, eldug, eltitkol, elfed, leplez; eltakar, beborít; eltűntet vmit; 감정을 ~ elrejti az érzelmeit; 사람을 ~ menedéket ad vkinek; 나이를 ~ eltitkolja a korát; 사실을 ~ eltitkol egy tényt; 너는 나에게 무언가 숨기고 있다 Valamit titkolsz előlem.

숨다 동 ❶ elrejtőzik, elbújik; (안 보이게 되다) eltűnik; (피신) menedékhelyet / búvóhelyet talál; 숨은 재주 vkinek a rejtett tehetsége; 나무 뒤에 ~ elrejtőzik a fa mögé ❷ visszavonul, elvonul; 그는 산에 숨어 살고 있다 A világtól elvonulva él a hegyek között.

숨바꼭질 명 bújócska (fogócska)

숨소리 명 a légzés / lélegzés hangja; ~를 죽이다 visszatartja a lélegzetét

숨어들다 동 elrejtőzik, elbujdosik; 지하

로 ~ illegalitásba vonul

숨지다 동 meghal, kileheli a lelkét; 내가 도착했을 때 병자는 이미 숨져 있었다 Amikor megérkeztem, a betegnek már leállt a légzése.

숨통 명 légcső; ~을 끊다 elvágja a torkát vkinek

숫기 명 nyíltság, őszinteség, merészség; ~가 있다 bátor, nyílt, merész, őszinte; ~가 없다 félénk, szégyenlős, bátortalan; ~가 없어서 말도 못하다 túl félénk, hogy megszólaljon

숫자 명 számjegy; 아라비아 ~ arab számok; 두 자리 ~의 물가 상승률 kétszámjegyű áremelkedési ráta; ~상으로 számokban kifejezve; 세 자리 ~ háromjegyű szám; 번호판에는 ~와 문자가 씌어 있다 Egy rendszámtáblán betűk és számok is vannak.

숫처녀 명 szűz lány

숫총각 명 szűz férfi

숭고-하다 형 fennkölt, fenséges, magasztos, patetikus; ~ 명 fennköltség, fenségesség, magasztosság, patetikusság; ~한 이상 fennkölt ötlet / gondolat

숭늉 명 lekozmált rizslé

숭배자 명 bámuló, csodáló, hódoló, udvarló, rajongó, imádó; híve / tisztelője vkinek / vminek

숭배-하다 동 rajong, csodál, hódol; tisztel; (우상) bálványoz; ~ 명 rajongás, csodálat, hódolat, tisztelet, kultusz; bálványozás; 우상 ~ bálványimádás, bálványimádat; 조상 ~ az ősök kultusza / tisztelete

숭상-하다 동 tisztel(etben tart), respektál, nagyra becsül

숭숭 부 ❶ (썰다) durvára; 파를 ~ 썰다 durvára vágja a mogyoróhagymát ❷ (구멍이) tele van lyukakkal; 냄비 바닥에 구멍이 ~ 뚫려 있다 A serpenyő alján mindenütt lyukak vannak.

숭어 명 szürke márna

숯 명 faszén; ~을 굽다 faszenet éget; ~이 되다 elszenesedik; szénné ég

숯덩이 명 egy darab faszén

숱-하다 형 bőséges, gazdag, termékeny; tekintélyes, tetemes; számos, nagyszámú; ~하게 많다 bőségesen van vmije; 이 호수에는 물고기가 ~하게 많다 Ez a tó halban gazdag.; ~한 별들이 맑은 밤하늘에 빛나고 있었다 Csillagok milliói ragyogtak a tiszta égen.

숲 명 erdő(ség); liget, berek, erdőcske; 소나무 ~ fenyőerdő; fenyőliget; ~에 사는 동물 erdei állat

쉬 부 hess!, sss!, sicc!; pszt!, csitt!; ~ 조용히 해라 Pszt! Maradj csendben!

쉬다¹ 동 (목이) bereked; 감기가 들어 목이 ~ a megfázástól rekedt a hangja; 축구 경기 응원 때문에 우리는 목이 쉬었다 Berekedtünk a focimeccsen a hangos szurkolástól.

쉬다² 동 ❶ (휴식) pihen, szünetet tart; szabadságot vesz ki; 그는 3일간 일을 쉬고 있다 Kivette három nap szabadságát.; 쉬지 않고 일하다 megállás nélkül dolgozik; 쉴 새 없이 손님이 오다 Egyik látogató jön a másik után. ❷ (중단) felfüggeszt, megszüntet, félbeszakít; 파업으로 공장이 ~ A gyár felfüggeszti a munkát a sztrájk miatt.

쉬다³ 동 (숨을) lélegzik; 깊이 숨을 ~ mélyet lélegzik, vesz egy mély lélegzetet; 숨을 쉴 틈도 없다 még levegőt venni sincs ideje; 그녀는 안도의 숨을 내쉬었다

ㅅ

A nő megkönnyebbülten sóhajtott fel.

쉬엄쉬엄 부 rendszeres szünetekkel; ~ 일하다 munka közben rendszeresen tart szünetet; 우리는 ~ 산에 올랐다 Hegymászás közben tartottunk néhány pihenőt.

쉬워지다 동 könnyebbé válik vmi

쉰 ötven; ~ 살 ötvenéves; 나이 ~을 바라보다 majdnem betölti az ötvenet, közeledik az ötvenhez

쉼표 명 (음악) szünet(jel); 온 / 2분 / 4분 ~ egész / fél / negyed szünet

쉼터 명 pihenőhely

쉽다 형 könnyű, egyszerű; 쉬운 일 / 문제 könnyű munka / kérdés; 읽기 ~ könnyű elolvasni; 말하기는 쉬우나 행하기는 어렵다 Könnyebb mondani, mint (meg)tenni.; 잘못을 저지르기 ~ könnyű hibát okozni, könnyen hibázhat vki

쉽사리 부 könnyen, könnyedén, egyszerűen; ~ 허락을 얻다 könnyen jut engedélyhez, könnyen kap engedélyt

스냅사진 명 pillanatfelvétel; ~을 찍다 pillanatfelvételt készít vkiről

스님 명 buddhista szerzetes

스러지다 동 eltűnik ☞ **사라지다**

스릴 명 izgalom, borzongás; ~있는 izgalmas, félelmetes; ~을 느끼다 izgalmat érez, megremeg / -borzong vmitől

스며들다 동 áthatol, beleszivárog, átázik; 추위가 뼛속까지 ~ Csontig hatol a hideg.; 물이 스며들지 않는 vízálló, vízhatlan, vízmentes; 비가 지붕으로 스며들었다 Az esővíz átszivárgott a tetőn.

스모그 명 szmog; ~가 심한 túl szmogos; ~ 경보 szmogriadó

스무 húsz; ~번째 huszadik; ~날 huszadik napja; 사과 ~ 개 húsz alma; ~살 된 청년 egy húszéves fiatal férfi; ~고개 barkochba

스물 húsz; (나이) húszéves; ~하나 huszonegy; 아직 ~ 안짝이다 Még mindig serdülőkorban vagyok.

스미다 동 beszivárog, beszívódik, beszűrődik, beivódik

스스로 부 egyedül, személyesen, saját maga erejéből; magától, önként, automatikusan; önszántából, saját akaratából; (ön)maga, (ön-)magát, magának; 그건 그가 ~ 부른 재앙이다 Balszerencsét hozott a saját fejére.; 자기 일은 ~ 해라 Csináld magad! Csináld egyedül a saját dolgodat!; 하늘은 ~ 돕는 자를 돕는다 Segíts magadon, Isten is megsegít!

스승 명 tanár(nő), tanító(nő), oktató, mester

스웨덴 명 Svédország; ~의 svéd; ~말 svéd (nyelv); ~ 사람 svéd (ember)

스웨터 명 szvetter, pulóver

스위스 명 Svájc; ~의 svájci

스위치 명 (villany)kapcsoló; 이것은 저절로 ~가 꺼지게 되어 있다 Kikapcsolja saját magát. Magától leáll.

스치다 동 érintve megy, súrol, súrlódik; vki mellett megy / gyalogol; átsuhan, elsuhan; 소녀는 스쳐 지나가며 나에게 미소를 지었다 A lány rám mosolygott, amikor elmentünk egymás mellett.; 옷깃만 스치는 것도 전생의 인연이다 Még egy véletlen találkozás is egy előző életünkben szerzett karmának köszönhető.

스카우트-하다 동 becserkészik, kinéz vkit vmire, kiválaszt vkit vmire, új tagokat toboroz; 코치는 유망한 선수를 ~하

러 다녔다 Az edző egy ígéretes játékost próbált becserkészni.; 그들은 젊은 인재들을 ~하려고 기를 쓰고 있다 Megtesznek mindent annak érdekében, hogy fiatal tehetségeket toborozzanak.

스캔들 명 botrány; ~에 말려들다 botrányba keveredik; 그 ~은 세상에 쫙 퍼졌다 A botrány az egész világon elterjedt.

스커트 명 szoknya; ~를 길게 하다 hosszabbra hagy egy szoknyát; ~를 입다 / 벗다 felveszi / leveszi a szoknyáját

스케이트 명 korcsolya; ~ 타러 가다 korcsolyázni megy; ~를 타다 korcsolyázik; ~장 korcsolyapálya, műjégpálya

스케이팅 명 korcsolyázás

스케줄 명 időbeosztás, napirend; munkaterv, ütemterv; órarend; menetrend; ~을 짜다 (program)tervet készít vmire / vmihez; 나의 ~은 아주 빡빡했다 Nagyon szoros volt a napirendem.

스케치북 명 vázlatfüzet, vázlatkönyv

스케치-하다 동 (fel)vázol, lerajzol; ~ 명 vázlat, vázlatkép; ~하러 가다 megy lerajzolni vmit

스코어 명 pont, pontszám, eredmény; ~를 기록하다 jegyzi a pontokat, írja az eredményt; 3대 2의 ~로 우리 팀이 이겼다 A csapatunk 3:2-re győzött.

스쿨 명 iskola; ~버스 iskolabusz

스크랩 명 (신문·잡지) újságcikk kivágása; ~(을) 하다 kivág egy cikket az újságból.

스크린 명 képernyő, mozivászon, vetítővászon; ~에 나오다 megjelenik a képernyőn; ~ 쿼터 filmkvóta

스키 명 sí; ~를 타다 (le)síel, sízik; ~를 타고 산을 내려오다 lesíel egy domboldalon; ~를 신다 felveszi / felcsatolja a sí-léceket; ~ 리프트 sílift; ~장 sípálya; 노르딕 ~ sífutás; 알파인 ~ alpesi síelés, lesiklás

스타 명 sztár; ~가 되다 sztárrá válik

스타일 명 stílus; (몸매) alak, forma; 최신 유행의 ~ a legújabb (divat)stílus; ~이 좋다 / 나쁘다 jó / rossz alakja van

스타킹 명 harisnya; 팬티 ~ harisnyanadrág

스타트 명 indulás; ~가 좋다 / 나쁘다 jó / gyenge indulás; ~를 끊다 elindul, elrajtol, elstartol; ~ 라인 rajtvonal; ~ 라인에 서다 rajthoz áll; ~ 신호 startjel, rajtjel

스태프 명 személyzet; ~의 일원이다 tagja a személyzetnek

스탠드[1] 명 lelátó; ~를 메운 관중 a lelátót (tribünt) megtöltő nézők

스탠드[2] 명 állvány

스탠드[3] 명 asztali lámpa, állólámpa

스탬프 명 pecsét, bélyegző; ~를 찍다 (le)pecsételi, pecsétet ráüt vmire

스텝 명 lépés; ~을 밟다 tánclépéseket csinál / tesz, táncol

스튜디오 명 stúdió; 영화 ~ filmstúdió, filmgyár

스튜어디스 명 légiutas-kísérő, légikisasszony, steward

스트라이크 명 strike (baseball); ~ 구간 strike zóna; ~가 되다 strike zónába érkezett (a dobás); 카운트는 원 ~ 투 볼 Az ütő játékosnak van egy strike-ja és két ball-ja.

스트라이크-하다 동 sztrájkba lép, sztrájkol; ~ 명 sztrájk, munkabeszüntetés; ~를 중지하다 abbahagyja a sztrájkot

스트레스 명 stressz, nyomás, feszültség; ~가 많은 sok stresszel járó; ~에 의한 궤양 stressz okozta fekély; ~를 해소하다

ㅅ

oldja a stresszt; ~가 쌓이다 fokozódik / nő a stressz

스파게티 명 spagetti

스파이 명 kém, titkos ügynök, besúgó; 이중 ~ kettős (titkos) ügynök; 산업 ~ ipari kém; ~ 혐의로 체포되다 kémkedés gyanújával tartóztatják le

스페인 명 Spanyolország; ~의 spanyol; ~말 spanyol (nyelv); ~ 사람 spanyol (ember)

스펙트럼 명 színkép, spektrum

스포츠 명 sport; ~를 하다 sportol; ~ 기자 sportújságíró; ~용품 sportfelszerelés

스폰서 명 szponzor; ~를 하다 szponzorál

스푼 명 kanál; ~으로 뜨다 kikanalaz vmit

스프레이 명 spray; ~를 뿌리다 spray-vel befúj vmit

스피드 명 gyorsaság, sebesség; 보통 ~로 normál / átlagos sebességgel; ~를 올리다 / 내다 felgyorsít, felgyorsul; ~를 떨어뜨리다 / 낮추다 csökkenti a sebességet, (le)lassul; 시속 200킬로의 ~를 내다 200 km / óra sebességre gyorsul fel; 일에 좀더 ~를 내라 Kicsit gyorsítsd fel a munkát!; ~광 sebességőrült; ~ 시대 a sebesség kora

스피커 명 hangszóró, hangosbemondó, hangfal; ~로 방송하다 hangosbemondón keresztül közzétesz vmit

슬그머니 부 titokban, lopózva, rejtve; észrevétlenül; ~ 도망치다 titokban elolдalog / elszökik; 그녀는 ~ 자리를 떴다 Észrevétlenül hagyta el a helyét.; ~ 들어오다 belopózik, besomfordál; ~ 다가가다 közel lopakodik vmihez, odalopódzik vmihez, odasomfordál

슬금슬금 부 titokban, lopva; ~ 달아나다 titokban elillan / meglép, meglóg; ~ 훔쳐보다 lopva / a szeme sarkából rápillant

슬기 명 bölcsesség, józan ész / ítélőképesség; ~가 있다 józan ítélőképessége / esze van

슬기롭다 형 bölcs, okos, értelmes; 슬기로운 사람 bölcs ember; 슬기롭지 못하다 esztelen, értelmetlen

슬다 동 (be)rozsdásodik; 쓰지 않아서 녹이 ~ berozsdásodott, mert nem használták

슬라이드 명 dia(film); (üveg)lemez; ~를 끼우다 behelyezi a diát; becsúsztatja / berakja a lemezt

슬럼프 명 válság, hullámvölgy, hanyatlás; ~에 빠지다 válságba jut, hullámvölgybe kerül; ~에서 헤어나다 kijön a válságból

슬리퍼 명 papucs, hátul nyitott szandál; ~로 바꿔 신다 papucsra cserél; ~를 신다 papucsot vesz fel

슬슬 부 ❶ lassan, nyugodtan, nyugodt tempóban; apránként; ~ 일하다 nyugodt tempóban dolgozik; 날씨가 ~ 추워지고 있다 Lassan hűl a levegő.; 눈이 ~ 녹아버렸다 A hó lassan elolvadt. ❷ kedvesen, finoman, gyengéden, nyugtatóan, bájosan; 그는 ~ 구슬리면 말을 잘 듣는다 Ha kedvesen beszélsz vele, bármit megtesz.

슬퍼-하다 동 szomorkodik, bánkódik, búsul, búslakodik; 죽음을 ~하다 bánkódik vkinek a halála miatt; 그는 친구의 불행을 ~하고 있다 Búslakodik a barátja rossz sorsa miatt.; 그저 ~만 하고 있을 때가 아니다 Egyszerűen nincs rá idő, hogy szomorkodj / búslakodj.

슬프다 형 szomorú, bánatos, bús, levert;

ㅅ

슬픈 이야기 szomorú / szívszaggató történet; 슬픈 목소리로 szomorú hangon; 그것을 생각하면 ~ Szomorú erre gondolni.; 그를 생각하면 (나는) 슬퍼진다 Elszomorodom, ha rá gondolok.

슬픔 명 szomorúság, bánat, levertség; 그녀는 자식을 잃고 ~에 잠겨 있다 Elmerült a szomorúságban a gyermeke elvesztése miatt.

슬하 명 gondoskodás, védelem; 부모 ~에서 자라다 szülői gondoskodásban nő fel

습격-하다 동 megtámad, megrohamoz, rajtaüt vkin, lecsap vkire, nekitámad vkinek; ~ 명 támadás, rajtaütés, roham; 불시에 ~하다 meglepetésszerűen támad

습관 명 szokás, második természet; ~적으로 (meg)szokásból, szokásból; ~을 기르다 kialakít egy szokást; ~을 버리다 felhagy egy szokással; 아침식사를 하며 신문을 읽는 것이 그의 ~ 이었다 Szokása volt reggelizés közben újságot olvasni.

습관성 명 hajlamvmire, megszokás, rászokás vmire, hozzászokás vmihez; 이 약은 ~이 될 수 있다 Ez olyan gyógyszer, ami függőséget okozhat.

습기 명 nedvesség, nyirkosság, párásság; ~ 있는 nedves, nyirkos, párás; ~ 찬 공기 párás levegő; ~ 없는 곳에 두다 nedvességtől távol tart

습도 명 nedvességtartalom; a levegő páratartalma, légköri nedvesség; ~를 재다 megméri a levegő páratartalmát; ~가 높다 magas páratartalmat mutat jelez

습득-하다 동 (tökéletesen) megtanul, (teljesen) elsajátít, uralkodik; ~ 명 tanulás, elsajátítás, uralkodás; 3개 국어를 ~하다 kiválóan megtanult három nyelven beszélni; 그는 불과 한 달 만에 자동차 운전 기술을 ~했다 Mindössze egy hónap alatt megtanult autót vezetni.

습성 명 szokás, megszokott életmód; 나방은 빛 주위에 모이는 ~이 있다 A molylepkék a lámpa fénye köré szoktak gyűlni.

습진 명 ekcéma, bőrkiütés

습-하다 형 párás, nedves, nyirkos; ~한 공기 párás levegő

승 명 győzelem; 7~ 3패의 성적으로 7 győzelemmel és 3 vereséggel; 3~ 하다 három játszmát / meccset (meg)nyert

승객 명 utas

승격-하다 동 (rangban) emelkedik; ~ 명 magasabb rangra / szintre emelés; 대학교로 ~하다 egyetemi rangra emelkedik; 공사관을 대사관으로 ~시키다 a kirendeltséget nagykövetségi rangra emelik; 외교 관계를 영사급에서 대사급으로 ~시키다 a diplomáciai kapcsolatokat a főkonzuli szintről nagyköveti szintre emelik

승급-하다 동 (rangban) felemelkedik, előlép; ~ 명 előlépés; ~이 빠르다 gyorsan halad a ranglétrán, gyors előléptetést ér el; ~시키다 előléptet, magasabb posztra helyez vkit

승낙-하다 동 jóváhagy, engedélyez, beleegyezik vmibe; ~ 명 jóváhagyás, engedélyezés, beleegyezés; 구두 ~ szóbeli beleegyezés; 사전 ~ előzetes jóváhagyás; ~을 얻지 않고 vkinek a jóváhagyása nélkül; ~을 구하다 engedélyt kér vmire vkitől; ~을 얻다 megszerzi a jóváhagyást; 조건부로 ~하다 feltételezi a jóváhagyást; 그녀는 아버지께 결혼 ~을 얻었다 Az apa hozzájárult a lánya esküvőjéhez.; 그는 아버지의 ~도 없이 학교를 중퇴했다 Félbehagyta az iskolát az apja beleegyezése nélkül.; 누구의 ~을 받고 한 짓이냐 Ezt ki engedte meg neki?

승려 명 (buddhista) szerzetes; ~가 되다 belép a szerzetesek közé, szerzetesnek áll, belép a rendbe

승률 명 győzelmi arány; 한국 축구팀의 ~이 금년에 더 높아졌다 A koreai futballcsapat győzelmi aránya az idei évben magasabb volt.

승리자 명 a győztes, a nyertes

승리-하다 동 győz, megszerzi a győzelmet; ~ 명 győzelem, diadal, siker, diadal, nyerés; ~의 여신 a győzelem istennője; Niké, Viktória; 현대 과학의 ~ a modern tudomány diadala; 정의의 ~ az igazság diadala; 힘들여 얻은 ~ nehezen megszerzett győzelem; ~를 거두다 győz, nyer, vki diadalra juttat vmit; 팀을 ~로 이끌다 győzelemre vezeti a csapatot; 선거에서 압도적인 ~를 거두다 elsöprő győzelmet aratott a választáson; ~는 우리의 것이다 Miénk lesz a győzelem! Győzni fogunk!; 그 투수는 이번 시즌 15번째의 ~를 기록했다 A csapat dobója az idei szezon 15. győzelmét aratta.; 3대 2로 그 팀의 ~였다 Az a csapat 3:2-re nyert.; 그것은 외교상의 ~였다 Ez diplomáciai siker volt.; ~ 투수 a győztes dobó

승마-하다 동 lovagol; ~ 명 lovaglás; ~하러 가다 lovagolni megy; ~ 바지 lovaglónadrág; ~복 lovaglóruha; ~ 연습 lovaglógyakorlat; ~ 학교 lovasiskola; ~화 명 lovaglócsizma

승무원 명 (비행기의) személyzet, légikísérő; (열차의) vasutas; 그 비행기에는 10명의 ~이 타고 있었다 A légi személyzet tíz fős volt.

승복 명 buddhista viselet

승복-하다 동 elfogad, beismer, beleegyezik; ~ 명 beleegyezés, elfogadás; ~할 수 없는 조건 elfogadhatatlan feltétel; 너의 의견에 ~할 수 없다 Nem tudom elfogadni a véleményedet.

승부 명 meccs, küzdelem, mérkőzés, játék, verseny; ~를 내다 eldöntik a küzdelmet; 무~ holtverseny, döntetlen mérkőzés; 좀처럼 ~가 나지 않았다 Szoros küzdelem / mérkőzés volt.

승부차기 명 (축구) tizenegyesek, tizenegyesrúgások; 경기를 ~로 결정짓다 tizenegyesekkel döntik el a meccset; ~에서 이라크 팀을 5대 4로 이겼다 Tizenegyesekkel öt négyre győzték le az iraki csapatot.

승산 명 lehetőség a győzelemre; ~없는 전쟁 kilátástalan / esélytelen háború; ~이 있다 jó esélye van a győzelemre, esélyes a győzelemre, neki áll a zászló; 내겐 ~이 없다 Esélyem nincs rá. Nem én vagyok az esélyes.; 나의 ~은 반반이다 Ugyanolyan esélyekkel indulok a győzelemért.; 그것은 처음부터 ~이 없었다 Kezdettől fogva esélytelen volt.; ~이 없는 상황이 될 것 같다 Reménytelen helyzetnek látszik.

승선-하다 동 hajóra száll; ~ 명 hajóra szállás; ~시키다 felengedik (az embereket) a hajóra; 그들은 부산에서 하와이 가는 배에 ~했다 Buszánban felszálltak a Hawaiiba tartó hajóra.; 승객 여러분은

9시까지 모두 ~해 주십시오 Kérem kedves utasainkat, hogy 9 óráig fejezzék be a beszállást!

승소-하다 동 pert nyer, megnyeri a pert, az ő javára dönt a bíróság; ~ 명 pernyertes

승승장구-하다 동 akadálytalanul ér el sikert, folyamatosan siket ér el; ~하여 mindig sikeres úton haladva, megállíthatatlanul

승용차 명 személygépkocsi

승인-하다 동 jóváhagy, engedélyez, beleegyezik, hozzájárul, rábólint; elismer, elfogad, hitelesít; ~ 명 jóváhagyás, engedély, beleegyezés, hozzájárulás, elismerés, elfogadás, hitelesítés; ~을 얻어 vkinek a beleegyezésével; ~을 요청하다 engedélyt kér vkitől; ~을 얻다 engedélyt kap vmire; 정식으로 ~하다 hivatalosan jóváhagy vmit; 국회는 예산안을 ~했다 Az országgyűlés elfogadta a költségvetést.; 당신 상사의 ~을 얻어 주십시오 Kérem, szerezze be a főnöke hozzájárulását!; 그 의안은 과반수의 ~을 필요로 한다 A törvényjavaslat elfogadásához egyszerű többség kell.; 전원이 그의 제안을 ~했다 Mindenki elfogadta a javaslatát.; 정식 ~ jog szerinti elismerés; 독립을 ~하다 elismerik a függetlenségét (egy országnak)

승자 명 győztes, nyerő, nyertes; ~ 없는 전쟁 eldöntetlen háború

승조원 명 személyzet

승진-하다 동 előléptet; ~ 명 előléptetés; ~이 빠르다 gyors előléptetésre tesz szert; ~이 늦다 lassan halad az előléptetésben; ~의 길을 막다 / 돕다 akadályozza / elősegíti az előléptetés menetét; 그는 선임인 나를 앞질러서 ~했다 Őt engem megelőzve léptették elő.; 그는 과장으로 ~했다 Osztályvezetőnek léptették elő.

승차-하다 동 beszáll; ~ 명 beszállás; 택시가 ~를 거부하다 a taxisofőr visszautasítja az utast; 모두 ~해 주십시오 Megkérek minden utast, hogy szálljon be!; 우리는 서울역에서 ~했다 A Szöul pályaudvaron szálltunk fel a vonatra.

승패 명 győzelem vagy vereség, eredmény; ~를 겨루다 küzd a győzelemért

시¹ 명 város; 서울~ Szöul városa; ~로 승격되다 városi rangra emelkedik, városi rangot kap; 이 도시는 6월 1일에 ~가 되었다 A település június 1-i hatállyal kapta meg a városi címet.

시² 명 óra; idő; 두 ~ két óra; 6~ 반 열차로 a 6:30-as vonattal; 오전 9~에 reggel kilenc órakor; 지금 몇 ~입니까 Mennyi most az idő? Hány óra van most?; 2~ 20분입니다 Kettő óra múlt húsz perccel.; 5~ 5분 전이다 Öt perc múlva öt óra.; 내일 몇 ~에 올까요 Holnap mikor jöhetek? Mikor jöjjek holnap?

시³ 명 költészet; (운문) költemény; (한 편의 시) vers; 서정~ költészet, líra; ~와 산문 vers és próza; ~를 쓰다 / 짓다 verssel, verset ír / költ vmiről; ~를 낭독하다 verset mond / (el)szaval; 감동을 ~로 표현하다 az érzelmeit / érzéseit versben fejezi ki

시가¹ 명 piaci ár; aktuális / folyó ár; ~의 2할 할인으로 húsz százalékkal a piaci ár alatt, húsz százalékkal olcsóbb a piaci árnál; ~로 쳐서 aktuális áron számolva; 그 땅은 ~ 이상으로 팔렸다 A tel-

ㅅ

ket a piaci ára felett adták el.

시가² 명 a férj szüleinek háza / családja

시가지 명 városi kerület

시각¹ 명 időpont, időszak, időintervallum; 이 ~에 ilyenkor, ilyen tájban; ~을 다투는 문제 égető kérdés; 지금 ~은 2시 30분입니다 Most fél három van.; 그것은 ~을 다투는 급한 일이다 Az ügy nem tűr halasztást.

시각² 명 látás (képessége); szempont, nézőpont, szemszög; ~ 기관 látószerv; ~ 중추 látóközpont; ~을 잃다 elveszti a látását; 부정적인 ~에서 보다 negatív szemszögből lát vmit

시간 명 óra, idő; időpont; 한 ~ egy óra (hossza); 영어 ~ angolóra; 약속 ~ megbeszélt időpont; 정확한 ~ pontos idő; 제 ~에 időben; ~ 당 óránként; ~이 지남에 따라 az idő múlásával / előrehaladtával; ~이 걸리다 időt igényel; ~이 많다 sok ideje van; ~이 모자라다 nincs elég ideje; 책 읽을 ~이 없다 nincs ideje olvasni; ~(이) 가는 줄 모르다 úgy elrepül az idő, hogy észre sem veszi; 일정한 ~에 meghatározott időben; (제) ~에 대다 időben van; ~에 매이다 szorítja / sürgeti az idő; ~에 매이지 않고 szabadon rendelkezem az időmmel; ~을 마련하다 időt szakít vmire

시간표 명 (학교의) órarend

시계¹ 명 óra, (벽시계) falióra, (손목시계) karóra, (회중시계) zsebóra, (자명종) ébresztőóra; ~를 고치다 órát megjavíttat, elviszi az óráshoz; ~를 10분 더 빠르게 가게 하다 előreállítja az órát (tíz perccel); ~를 뒤로 늦추다 visszaállítja az órát; ~를 보다 ránéz / rápillant az órájára, megnézi az óráját; ~의 태엽을 감다 felhúzza az órát; ~를 맞추다 beállítja az órát, pontosítja az órán az időt; ~가 서다 megáll az óra; 이 ~는 10분 빠르다 / 늦다 Ez az óra 10 percet siet / késik.; 네 ~로는 몇 시냐 Nálad hány óra van? A te órád szerint mennyi az idő?; 내 ~는 정확하다 Az én órám pontos.; ~ 방향으로 az óramutató járásával megegyező irányban; ~ 반대 방향으로 az óramutató járásával ellentétesen; ~ 소리 az óra ketyegése, óraketyegés; ~ 수리공 órás, órajavító, óraműves; 시곗줄 óraszíj, óralánc; 뻐꾹 ~ kakukkos óra; 진자(추) ~ ingaóra; 탁상 ~ asztali óra; 탑 ~ toronyóra

시계² 명 látás, látószög, látókép; ~ 비행 vizuális repülés; 계기 비행에서 ~ 비행으로 전환하다 robotpilótáról vizuális repülésre vált ☞ **시야**

시골 명 vidék, falu; ~ 사람 vidéki, falusi; ~ 사투리 vidéki tájszólás; ~ 생활 vidéki / falusi élet; ~ 풍경 vidéki táj(kép); ~ 풍습 helyi / vidéki szokások; ~에서 자라나다 faluban nevelkedik, falusi körülmények között nő fel; ~에서 갓 올라왔다 Most költözött be a faluból a városba.; ~에 가다 vidékre megy; ~에서 살다 vidéken él; ~티가 나다 falusias kinézetű; 아버지는 서울을 떠나 아주 ~로 내려가셨다 Az apám elhagyta Szöult és vidékre költözött.

시골뜨기 명 tanyasi, paraszt

시골집 명 vidéki ház, vidéki lak

시공 명 (물리) tér-idő; ~ 연속체 (4차원) tér-idő kontinuum

시공-하다 동 kivitelez, építési munkálatokat végez; ~ 명 kivitelezés, építési munkálatok; 우리는 그 건축 공사를 ~하

고 있다 Az építési munkálatokat hajtjuk végre.

시구 명 versszak, strófa, stanza

시국 명 helyzet, állapot, viszony; 비상 ~ vészhelyzet, válsághelyzet, krízishelyzet, szükséghelyzet; 혼란한 현 ~ ezek a zavaros idők; ~을 논하다 megvitatja a jelenlegi / fennálló állapotot; 어려운 ~을 수습하다 megoldja / orvosolja a válságos helyzetet; ~ 강연회 helyzetértékelő előadás

시궁창 명 piszkos árok

시금치 명 spenót, paraj; ~ 한 다발 egy csomag spenót

시금치국 명 spenótleves, parajleves

시급-하다 형 égető, sürgető, sürgős, halasztást nem tűrő; ~한 문제 égető / sürgető / sürgős kérdés, halasztást nem tűrő kérdés; 몇 가지 ~한 용무가 생기다 felmerül néhány sürgős ügy

시급히 부 sürgősen, azonnal, halasztást nem tűrően; 문제를 ~ 해결하다 sürgősen / azonnal megold vmit

시기 명 ❶ (때) idő, időszak; (계절) évszak; 시험 ~ vizsgaidőszak; 여행하기에 적당한 ~ utazáshoz megfelelő idő, utazásra alkalmas idő; 매년 이 ~에는 minden évben ilyenkor; ~가 좋다 alkalmas / megfelelő idő vmire / vmihez; 공부하는 데는 지금이 가장 좋은 ~이다 Ez a legjobb / legalkalmasabb idő a tanulásra. ❷ alkalom, lehetőség, esély; időpont; ~를 놓치지 마라 (속담) Addig üsd a vasat, amíg meleg! Jobb ma egy veréb, mint holnap egy túzok.; ~를 기다리다 a megfelelő időpontra / alkalomra vár; ~를 놓치다 kihagy / elveszít egy lehetőséget; ~를 엿보다 keresi a lehetőséget, vár a lehetőségre; ~를 포착하다 meg- ragadja az alkalmat; 무엇에나 ~가 있다 Mindennek megvan a maga ideje.; 지금이 절호의 ~이다 Ez a legmegfelelőbb / legalkalmasabb idő(pont).; 아직 그 ~가 아니다 Még nem jött el az ideje annak. Még nem ért meg rá az idő.

시기-하다 동 féltékenykedik, irigykedik, sárga az irigységtől; ~ 명 féltékenység, irigység; ~하여 féltékenységből, irigységből; 남을 ~하다 féltékeny a másikra; 그는 너의 명성을 ~하고 있다 Irigyli a nevedet.

시꺼멓다 형 ébenfekete, mélyfekete; (마음이) sötét szívű, gonosz szívű; 먼지로 시꺼멓게 되다 elfeketedik a piszoktól; 시꺼멓게 타다 feketére sült / égett

시끄럽다 형 zajos, nyüzsgő, hangos, lármás; 시끄러운 거리 lármás / zajos / nyüzsgő utca; 시끄럽게 떠들다 lármázik, kiabál, zajong, hangoskodik; 어린 아이들이 ~ a gyerekek hangosak; 왜 이렇게 시끄러워 Micsoda zaj!, Micsoda hangzavar!; 교실이 시끄러워 내 목소리가 안 들렸다 Annyira hangoskodott az osztály, hogy nem lehetett hallani a hangom.; 시끄러워 Csend legyen! Maradj csendben!; 라디오 소리가 시끄러워 잘 수가 없다 Olyan hangos a rádió, hogy nem tudok elaludni (tőle).; 이 문제에 관해선 아직도 여론이 ~ Még mindig társadalmi vita tárgya ez a probléma.

시나리오 명 forgatókönyv; ~ 작가 forgatókönyvíró; 그 ~를 한 유명한 작가가 썼다 A film forgatókönyvét egy híres / neves író írta.

시나브로 부 lépésről lépésre, fokozatosan, apránként; ~ 부족분을 만회하였다 Apránként bepótolta a lemaradást.

시나몬 명 fahéj

시내 명 város határon belüli területe, belterület; belváros; ~에서 살다 városban él / lakik; ~를 구경하다 megnézi a várost; ~는 무료로 배달한다 városon belül ingyenes a házhozszállítás.; ~ 거주자 városlakó; ~통화 helyi hívás

시내버스 명 városi busz, helyi járatú busz; ~ 요금 helyi autóbusz-viteldíj; 10번 ~는 시장에서 정차한다 A 10-es, helyi járatú busz a piacnál is megáll.

시냇물 명 patak vize; 급히 흐르는 ~ sebes patak; ~이 바위틈으로 흘러내리고 있었다 Egy kis patak futott le a sziklák között.

시녀 명 szobalány, szolgálólány; 왕비의 ~들은 뒷방에 거주한다 A királynő szobalányai a hátsó szobákban laknak.

시누이 명 sógornő, a férj lánytestvére; ~ 올케 sógornők, testvér felesége és férj lánytestvére

시늉-하다 동 tettet, színlel; utánoz, majmol; ~ 명 tettetés, színlelés; utánzás, majmolás; 귀먹은 ~을 하다 süketnek tetteti magát, úgy tesz, mintha süket lenne; 놀란 ~을 하다 úgy tesz, mintha meglepődne; 우는 ~을 하다 sírást színlel / tettet; 죽은 ~을 하다 halottnak tetteti magát; 앓는 ~을 하다 betegnek tetteti magát; 그녀는 미친 ~을 하고 있다 őrültként viselkedik, őrültnek tetteti magát; 원숭이는 종종 사람 ~을 한다 A majmok gyakran utánozzák az em- bereket.

시다 형 ❶ savanyú, savanykás; 신 사과 savanyú alma; 맛이 ~ savanyú az íze; 시어지다 megsavanyodik ❷ megbotránkoztató, felháborító, szemérem-sértő, elfogadhatatlan; 하는 짓이 눈꼴 ~ utálja nézni, ahogyan mutogatják magukat; 눈이 시어서 뜰 수가 없다 Annyira megbotránkoztató volt, hogy nem tudtam nyitva tartani a szemem.

시달리다 동 szenved, sanyargat, kínlódik, kimerül; 가난에 ~ szegénységben szenved; 남편에게 ~ gyötri / sanyargatja (őt) a férje; 더위에 ~ kánikulától szenved; 빚에 ~ gyötrik az adósságok / tartozások; 만원 버스 안에서 ~ kínlódik a zsúfolt buszon; 밤새 모기에 시달렸다 A szúnyogok gyötörték egész éjjel.

시달림 명 szenvedés, gyötrelem, kínlódás, szorongás

시답잖다 형 nem kielégítő, nem megfelelő

시대 명 idő, kor; 우주여행 ~ az űrutazások kora; 원자력 ~ a nukleáris energia kora; 컴퓨터 ~ a számítógép kora; 내 아버지 ~에는 apám idejében; ~의 변천에 따라 ahogy változik az idő; ~에 역행하다 szembemegy a korral; 그 ~에는 텔레비전이 없었다 Abban az időben a televízió ismeretlen volt.; 그들은 같은 ~의 사람이다 Kortársak voltak.; 컴퓨터 ~에는 많은 업무가 단순해졌다 A számítógépek korában számos munka egyszerűbbé vált.

시대착오 명 anakronizmus, korszerűtlenség; 많은 오래된 학설들은 이미 ~적인 것으로 여겨진다 Sok régi tudományos elmélet már korszerűtlennek bizonyul / minősül.

시댁 명 férj szülőháza, házastárs szülőháza

시도-하다 동 (meg)próbál, (meg)kísérel, kísérletet tesz vmire, próbálkozik, letesztel vmit; ~ 명 próba, próbálkozás, kísérlet; 한번 ~해 보시오 Csak próbáld meg!; 그 ~는 실패로 돌아갔다 A próbálkozás eredménytelenül zárult. A próbálkozás kudarcba fulladt.; 그는 세 번째 ~에서 성공했다 Harmadjára sikerült neki.

시동 명 beindítás, elindítás; ~을 걸다 beindítja a motort; ~ 장치 indító berendezés; 자동차 ~이 어렵게 걸렸다 Az autó nehezen indult be.

시동생 명 sógor (férj öccse)

시들다 동 elfonnyad, elhervad; 시든 채소 fonnyadt zöldség; 꽃이 시들어 버렸다 Hervadtak a virágok.; 꽃에 물을 주지 않으면 며칠 후면 시들어버린다 Ha nem öntözöd a virágot, néhány nap után elhervad.; 인기가 ~ csökken a népszerűsége

시들해지다 동 eltűnik, megszűnik, elgyengül, kialszik

시디 명 CD, CD-lemez; ~ 플레이어 CD-lejátszó

시디롬 명 CD-ROM; ~은 엄청난 자료를 담을 수 있다 A CD-ROM rengeteg adatot képes tárolni.

시래기 명 szárított reteklevél

시럽 명 öntet, szósz, szörp

시력 명 látás; 40살 이상이 되면 ~이 약해진다 40 év felett az ember látása romlik.; ~을 잃다 / 회복하다 elveszti / visszanyeri a látását; ~이 약해지다 gyengül / romlik a látása; 그는 ~이 약해서 지금은 거의 보지 못한다 Annyira romlott a látása, hogy már alig lát.; 새는 개보다 ~이 좋다 A madaraknak élesebb a látásuk, mint a kutyáknak.; ~ 검사 szemvizsgálat, látásvizsgálat

시련 명 nehézség, viszontagság, megpróbáltatás; 가혹한 ~ viszontagságok; 모진 ~을 겪고 있다 nehézségek / viszontagságok sújtják; ~을 극복하다 túljut a viszontagságokon, leküzdi a nehézségeket

시루떡 명 (hagyományos koreai) rizstorta

시름 명 aggodalom, gond, baj, bánat; ~이 많다 sokat aggodalmaskodik; 술로 ~을 달래다 alkoholba fojtja bánatát; 그 소식에 한 ~ 놓았다 A hír hallatán nagy kő esett le a szívemről.

시리다 형 átfagy, lefagy, kihűl; 귀가 아플 정도로 ~ Fájnak a fülei, annyira átfagytak.; 차디찬 바람에 뼛속까지 시렸다 Teljesen kihűtött minket a fagyos szél.

시리즈 명 sorozat; ~로 출판하다 sorozatban publikál / ad ki

시립 önkormányzati, közösségi; 이 학교는 ~이다 Az iskola önkormányzati hatáskörbe tartozik.; ~ 병원 önkormányzati tulajdonú kórház; ~ 도서관 városi könyvtár

시말서 명 bocsánatkérő levél; ~를 처리하다 bocsánatkérő levelet intéz vkihez

시멘트 명 cement; ~를 바르다 bevakol; ~ 공사 betonozási munkálatok; ~ 공장 cementgyár; ~ 믹서 betonkeverő gép; ~는 중요한 건축자재이다 A cement fontos építőipari alapanyag.

시무룩-하다 형 komor; ~한 얼굴 komor arc / tekintet; ~해서 앉아있다 komoran ül; 그녀는 그의 말을 듣고 ~해졌다 A kijelentése hallatán komorrá vált.

시뮬레이션 명 szimuláció; 그 자동차는 ~ 테스트에서 탈락했다 Megbukott az autó a szimulációs teszten.

ㅅ

시민 명 polgár, lakosság, közösségi tag, civil; 경찰은 ~들의 협조를 당부한다 A rendőrség a lakosság segítségét kéri.; 서울 ~ Szöul lakossága / polgárai; ~ 사회 civil társadalom; ~ 운동 polgári kezdeményezés; ~ 회관 közösségi ház

시민권 명 állampolgárság, állampolgári jog; 지난주에 한국 ~을 받았다 A múlt héten megkapta a koreai állampolgárságot.; ~을 부여하다 megadja az állampolgárságot vkinek; 미국 ~을 얻다 amerikai állampolgárságot kap

시발점 명 eredet, indulási hely; 헝가리 민족의 ~은 오랫동안 의문으로 남았다 A magyar nép eredete sokáig kérdéses volt.

시범 명 bemutatás, tesztelés; ~ 경기 bemutató játék; ~ 농장 bemutató gazdaság, mintagazdaság; ~ 지역 tesztterület; 아이들에게 ~을 보여줘라 Mutass példát a kicsiknek!

시베리아 명 Szibéria; ~의 szibériai; ~ 사람 szibériai (ember); ~ 철도 szibériai vasutak; ~에는 거주가 불가능한 지역이 엄청나게 많다 Szibériában hatalmas lakatlan területek vannak.

시부모 명 anyós és após, férj szülei

시비 명 ❶ jó és rossz;; ~를 논하다 megvitatja vminek a jó és rossz oldalát; 그는 이제 ~를 판단할 수 있는 나이다 Elég idős már ahhoz, hogy különbséget tegyen jó és rossz között. ❷ vita, veszekedés; 그들은 무슨 구실로든 ~를 걸 것이다 Valamilyen ürüggyel beléd fognak kötni.

시뻘겋다 형 vörös, lángvörös, bíborvörös; 시뻘겋게 타다 lángvörössé válik, lángvörösen ég / izzik; 석양이 서쪽 하늘을 시뻘겋게 물들였다 A lemenő nap vörösre festette a nyugati eget.

시사 명 aktuális események, aktuálpolitika; ~에 어둡다 nincs tudomása az aktuális eseményekről, nem követi az eseményeket; ~ 평론 kommentárok / hozzászólások aktuális témákhoz

시사-하다 동 javasol, javaslatokat ad; 완전히 새로운 해결책을 ~하다 teljesen új megoldást javasol.

시상식 명 díjkiosztó ünnepség; ~은 오후 4시에 시작 한다 Délután 4 órakor kezdődik a díjkiosztó ünnepség.

시샘 명 féltékenység

시선 명 vkinek a nézése / bámulása / tekintete / pillantása; ~을 피하다 kerüli vkinek a tekintetét; ~을 딴 데로 돌리다 elkapja / elfordítja a tekintetét; 모든 사람의 ~이 그에게로 쏠렸다 Minden tekintet rá szegeződött.

시설 명 létesítmény, intézet, intézmény; felszerelés, ellátás; ~이 좋은 jól felszerelt, jól ellátott; 군사 ~ katonai létesítmény; 저 아파트는 ~이 좋다 Annak a lakásnak szép a berendezése.; 산업 ~ ipari létesítmények; 탁아 ~ napközis gyermekmegőrző intézmények; 하수 ~ szennyvízelvezető rendszer

시세 명 aktuális / jelenlegi ár, piaci ár; 쌀 ~ a rizs piaci ára; 달러 ~ a dollár beváltási / tőzsdei árfolyama; 오늘의 주식 ~는 어떠합니까 Milyenek a mai részvényárfolyamok?

시속 명 óránkénti sebesség; 태풍이 ~ 160 킬로미터로 이동하고 있다 A tájfun 160 kilométeres sebességgel halad.

시숙 명 sógor, a férj fivére; 내 ~들은 다른 도시에 살고 있다 A sógoraim egy másik városban élnek.

시술-하다 동 operál, operációt hajt végre; ~ 명 műtét, operáció; ~은 성공하였고, 환자는 회복되었다 A műtét jól sikerült, a beteg meggyógyult.

시스템 명 rendszer; ~ 공학 rendszertechnika; ~ 분석 rendszerelemzés; ~ 엔지니어 rendszermérnök

시시각각 pillanatról pillanatra, minden pillanatban; ~ 변하다 minden pillanatban változik, pillanatról pillanatra változik; 위험이 ~ 다가오고 있다 A veszély minden pillanattal közeledik. A veszély pillanatról pillanatra egyre közelebb kerül.; 재해 상황이 ~으로 보고되었다 A katasztrófa minden pillanatát tudósítják. Minden pillanatban érkeznek hírek a katasztrófáról.

시시-하다 형 unalmas, buta, semmirevaló / semmitmondó, lapos; ~한 경기 unalmas meccs, lapos játék; ~한 소리를 하다 butaságokat / bolondságokat beszél, összevissza beszél; ~한 이야기였다 Annyira unalmas beszélgetés volt!; ~한 일로 종종 싸운다 Minden apróságon összevesznek.

시식-하다 동 megkóstol; ~ 명 kóstolás; 그 과자를 ~해 보았더니 아주 맛있었다 Megkóstoltuk a süteményt, és nagyon ízlett.

시신 명 holttest, hulla, tetem; 부서진 차 옆에 두 ~이 놓여있었다 Két holttest feküdt az összetört autó mellett.

시신경 명 látóideg; ~의 상처는 매우 위험하다 A látóideg sérülése nagyon veszélyes.

시아버지 명 após, férj apja; 내 ~는 변호사다 Az apósom ügyvéd.

시안 명 kísérleti terv, próba, vázlat; 이 상황에서는 새로운 ~을 준비해야 한다 Ebben a helyzetben új tervet kell készíteni.; ~을 작성하다 tervet készít, kísérleti tervvel áll elő

시야 명 látókör, látóhatár, látómező; kilátás;; ~를 가리다 eltakarja a kilátást, zavarja a kilátást; ~를 넓히다 tágítja / szélesíti a látókörét; ~에 들어오다 látóhatáron belülre kerül, feltűnik (a láthatáron); ~에서 멀어지다 szem elől vész; 해외여행을 하여 그는 크게 ~를 넓혔다 A külföldi útjai szélesítik a látókörét.; 이 건물은 ~가 좋다 Szép a kilátás ebből az épületből.

시어머니 명 férj anyja, nő anyósa; ~는 전업주부이다 Az anyósom háztartásbeli.

시연-하다 동 főpróbát / próbaelőadást tart, bemutat vmit, próbál; ~ 명 próbaelőadás, bemutató, főpróba; 공개 ~ nyilvános bemutató / előadás / próba

시외 명 külváros, kertváros; ~에 살다 külvárosban lakik; ~ 통화 távolsági hívás; ~ 기차 helyiérdekű vasút (HÉV)

시외버스 명 távolsági busz, helyközi busz; ~들은 드물게 운행 한다 A távolsági buszok ritkábban járnak.

시원스럽다 형 egyenes, nyitott, őszinte; élénk készséges, dinamikus, tevékeny, aktív; 문제를 시원스럽게 풀다 elég könnyen megoldja a dolgot / kérdést; 시원스럽게 일하다 készségesen / aktívan / tevékenyen dolgozik; 시원스럽게 말하다 élénken / dinamikusan beszél; 나는 시원스러운 남자가 좋다 Az egyenes / nyílt embereket szeretem.

시원찮다 형 nem kielégítő, elégtelen, gyér, hiányos, gyenge; 시원찮은 대답

ㅅ

hiányos / nem kielégítő válasz; 시원찮은 수입 gyér / szegényes bevétel; 시원찮은 상품 gyenge minőségű áruk; 결과가 별로 ~ Nem vagyok megelégedve az eredménnyel.; 그는 건강이 ~ Nem a legjobb az egészsége. Nem kielégítő az egészségi állapota.

시원-하다 형 hűvös, hűs, hűsítő; ~한 곳에 두다 hűvös helyen tárol / tart vmit; 여기는 ~해서 기분이 좋다 Kellemesen hűvös van itt.; 목욕하고 나면 ~해질 거야 Fel fog frissíteni egy fürdő.; 할 말을 다 해서 속이 ~하다 Most, hogy már elmondtam, amit akartam, jobban érzem magam.

시월 명 október; ~은 수확의 달이다 Október a betakarítás / az aratás hónapja.

시위대 명 tüntetők

시위-하다 동 tüntet; ~ 명 tüntetés; 가두 ~ utcai tüntetés; 반전 ~ háborúellenes tüntetés; 근로자들이 생활비 상승에 항의하는 ~로 시가행진을 했다 A dolgozók kivonultak az utcákra tüntetni a megélhetési költségek emelkedése ellen.

시의 명 megfelelő / alkalmas / jó idő / alkalom; ~ 적절하게 a megfelelő / alkalmas időben

시인 명 költő, (여자) költőnő; 엉터리 ~ rímgyártó, fűzfapoéta; ~ 기질이 있다 költői vénája van, tehetsége van a költészethez

시인-하다 동 jóváhagy vmit, beismer, elismer, helybenhagy vmit, bevall; 비공식적으로 ~하다 nem hivatalosan jóváhagy vmit; 피고는 죄를 ~했다 A vádlott beismerte bűnét.; 내가 잘못이었다는 것을 ~한다 Beismerem, tévedtem.

시일 명 dátum, idő; ~과 장소 idő és hely; ~이 경과함에 따라 ahogy telnek a napok, ahogy múlik / telik az idő; ~이 촉박하므로 mert sürget minket az idő; ~을 정하다 kitűzi a dátumot / napot; ~이 걸리다 időt igényel, időbe telik; ~이 얼마 없다 kis idő van / marad még hátra; ~이 지나면 알게 된다 Idővel megtudod. Majd az idő eldönti.

시작-되다 동 kezdődik, elkezdődik, megkezdődik, (el)indul, beköszönt, kitör; 장마철이 ~되다 elkezdődik az esős évszak; 학교에서는 9월에 수업이 ~된다 Az iskolákban szeptemberben kezdődik a tanítás.; 시합은 제 시간에 ~ 되었다 Időben kezdődik a mérkőzés.

시작-하다 동 kezd, elkezd; nyit; ~ 명 kezdet, kezdés, nyitás; ~이 반이다 (속담) A jó kezdet fél siker / győzelem.; ~을 잘하다 jól kezd / indít / nyit; 일을 ~하다 dolgozni kezd, nekilát a munkának; 웃기 ~하다 nevetni kezd; 영어 공부를 ~하다 elkezd angolul tanulni; 처음부터 다시 ~하다 újrakezd vmit; 무엇부터 ~할까요 Mivel kezdjem?; 매사에 ~이 어렵다 Minden kezdet nehéz.; ~한 것은 끝까지 해라 Tarts ki amellett, amit elkezdtél!; 그녀는 현기증을 느끼기 ~했다 Szédülni kezdett.; 비가 내리기 ~했다 Esni kezdett. Eleredt az eső.

시장[1] 명 polgármester; 현 ~이 다음 선거에서 당선이 유력하다 A jelenlegi polgármester esélyes az új választáson.; 서울 ~ szöuli polgármester, Szöul polgármestere; ~ 부인 polgármesterné; ~ 선거 polgármester-választás

시장[2] 명 piac; ~ 가격 piaci ár; ~ 경제 piacgazdaság; ~ 조사를 하다 piaci felmérést folytat; 자본 ~ tőkepiac; ~에

나오다 piacra kerül, forgalomba kerül; ~을 장악하다 irányítja a piacot; ~을 독점하다 kisajátítja / felvásárolja a piacot; ~을 확장하다 bővíti a piacot, terjeszkedik a piacon; 신제품은 곧 중국 ~에서 판로를 찾아낼 것이다 Az új termékek hamarosan betörnek a kínai piacra.

시장바구니 명 bevásárlókosár

시장-하다 동 éhséget érez; megéhezik

시절 명 időszak, kor, idő; 학생 ~에 iskolás éveiben, iskolás korában; 청년 ~에 fiatalkorában; 그 ~에는 인쇄술이 없었다 A nyomtatás abban az időben még ismeretlen volt.

시점[1] 명 időpont, idő; 이 ~에서 innentől kezdve, mostantól; 현 ~까지 mostanáig, eddig, ezidáig; 그 ~에서는 모든 것이 잘되고 있었다 Abban az időben minden jól ment.

시점[2] 명 szemszög, szempont, nézőpont; 사물을 여러 ~에서 보다 több szemszögből nézi a dolgokat; 정치적 ~에서 보다 politikai szempontból tekint vmire

시정-하다 동 (ki)javít, felülír, megjavít, jobbá tesz, helyesbít; 잘못을 ~하다 hibákat kijavít; 이 제도는 ~할 필요가 있다 Javítani kell ezen a rendszeren.

시제 (문법) igeidő; 현재 / 과거 / 미래 ~ jelen / múlt / jövő idő; ~의 일치 igeidő egyeztetése

시제품 명 prototípus 오늘 현대 ~이 나왔다 Ma mutatták be a Hyundai új prototípusát.

시조[1] 명 alapító, ős, létrehozó, (ős)atya; 인류의 ~ az emberi faj őse; 노동 운동의 ~ a munkásmozgalom atyja; 우리나라에서 서양 의학의 ~ a nyugati orvostudomány atyja hazánkban

시조[2] 명 sidzso (koreai rövid, lírai versforma); ~를 읊다 elszaval egy sidzsót; ~를 짓다 megír egy sidzsót

시조새 명 eredeti madár, első madár

시종 eleje és vége; elejétől a végéig, mindvégig, egész idő alatt; 경기는 ~ 일방적 이었다 Egyoldalú volt a játék az elejétől a végéig. Mindvégig egyoldalú volt a játék.; 그는 ~ 묵묵히 그들의 논쟁을 듣고 있었다 Mindvégig csendben volt / maradt a veszekedésük alatt.

시종일관 부 egyenletesen, következetesen

시주-하다 동 adakozik a buddhista templomnak; ~ 명 adományozó, adakozó, felajánló

시중 명 valós piac; ~ 금리 valós értékű piaci kamat

시중-하다 동 gondoz, kiszolgál, segít vkin; ~ 명 gondozás, kiszolgálás; 병자를 ~하다 gondozza a beteget; 식사 ~을 들다 étkezés közben kiszolgál vkit

시즌 명 évad, szezon; 야구 ~ baseballszezon; 보통 유월에 연극 ~이 끝난다 Általában júniusban véget ér a színházi évad.

시집 명 vki összes versei, versgyűjtemény, vki művei; 근대 ~ modern versek gyűjteménye; 페퇴피 ~ Petőfi összes versei

시집-가다 동 férjhez megy, házasságot köt; ~ 명 férjhezmenetel; férj háza; ~ 갈 나이다 elég idős ahhoz, hogy megházasodjon; 딸을 의사에게 ~보내다 egy orvoshoz adja férjhez a lányát

시집살이 명 házasélet a férj szülőházában; ~에 고생하다 nehéz az élete a há-

ㅅ

zasság óta

시차 명 időeltolódás; időátállás; 서울과 뉴욕은 14 시간의 ~가 있다 Tizennégy órás időeltolódás van Szöul és New York között.; ~로 인한 피로를 회복하는 데 며칠 걸렸다 Beletelik néhány napba, amíg hozzászokik az időeltolódáshoz.

시찰-하다 동 megtekint, megfigyel, látogat; ~ 명 megtekintés, megfigyelés; 현장을 ~하다 megtekinti a színhelyet; 현지를 ~하다 megtekinti vminek a területét; 여러 학교를 ~하다 számos iskolát megtekint; 장관은 지금 수재 지역을 ~ 중이다 A miniszter látogatást tesz az árvízzel sújtott vidéken.

시책 명 intézkedés, eljárás; 정부는 폭동을 진압하기 위한 ~을 강구했다 A kormány intézkedéseket tett, hogy elfojtsa a lázadást.

ㅅ

시청 명 városháza

시청각 명 látás és hallás érzéke, audiovizuális érzékek; ~ 교육 audiovizuális oktatás / tanítás; ~ 교재 audiovizuális anyagok; ~실 audiovizuális terem / szoba, audiovizuális központ

시청료 명 televízió-előfizetési díj

시청률 명 műsorértékelés, nézettségi arány; ~이 제일 높은 TV프로 a legnézettebb tévéműsor; ~을 높이다 növeli a nézettségi szintet; ~ 조사 műsornézettségi felmérést végez

시청자 명 televízióközönség, a tévénézők

시청-하다 동 tévét néz

시체 명 holttest, hulla, tetem, halott; ~를 안치하다 felravatalozzák a holtat; ~를 유기하다 otthagy vhol egy holttestet; ~ 해부 boncolás, holttest felboncolása

시초 명 kezdet, kezdés, megnyitás, elindulás, kiindulópont

시추-하다 동 fúr; ~ 명 fúrás; 석유 ~ olajfúrás; ~선 olajfúró hajó

시치미 명 megjátszott tudatlanság, színlelt ártatlanság; ~를 떼다 játssza az ártatlant / tudatlant; úgy tesz, mintha semmiről sem tudna; ~를 떼고 물어보았다 Megkérdeztem őt, mintha nem tudnék róla.; 그는 ~를 떼고 모른다고 했다 Játszva a tudatlant, mondta: „Semmit sem tudok."

시커멓다 형 mélyfekete, hollófekete; 시커먼 연기가 하늘로 올라갔다 Az ég felé gomolyog a fekete füst.; 마음이 ~ gonosz, rosszindulatú

시큰둥-하다 형 kedvetlen, nemtörődöm, lehangoló; ~한 대답 kedvetlen / nemtörődöm válasz

시큼-하다 savanyú, besavanyodott; ~한 우유 savanyú tej

시키다 동 일을 ~ dolgoztat vkit; 딸에게 노래를 ~ elénekeltet egy dalt a lányával; 피자를 ~ pizzát rendel; 서울 구경을 ~ körbevisz vkit Szöulban; 싸움을 ~ verekedést szít / kezdeményez, verekedésre buzdít; 학생을 유학 ~ elintézi egy diáknak, hogy külföldön tanuljon; 시키는 대로 하다 azt teszi, amit mondanak neki; 나는 그들에게 그 방의 청소를 시켰다 Kitakaríttattam velük a szobát.; 그 일은 저에게 시켜 주십시오 Engedje, hogy én csináljam, kérem!

시판-하다 동 árulni kezd, forgalomba hoz; 이 제품은 어제부터 ~되기 시작했다 Ez a termék még csak tegnap óta kapható.

시퍼렇다 형 ❶ mélykék, tengerkék; 시퍼

렇게 멍들도록 때리다 kékre-zöldre ver vkit ❷ éles, hegyes; 서슬이 시퍼런 날 éles kés, élezett kés

시한 명 határidő; 법적 ~ hivatalos határidő; ~부 동맹 파업에 들어가다 határozott idejű sztrájkba kezd; ~부 인생 meg vannak számlálva a napjai; ~부 환자 halálos / haldokló beteg; ~ 장치는 오후 2시에 맞추어졌다 Az időmérőt délután két órára állították.; 다행히 ~에는 댈 수 있어서 문제되지 않았다 Szerencsére sikerült végeznem a határidőig, úgyhogy egyáltalán nem okoztam gondot.

시한폭탄 명 időzített bomba

시합-하다 동 játszik, mérkőzik, versenyez; ~ 명 játék, játszma, meccs, mérkőzés

시행령 명 végrehajtási rendelet / intézkedés

시행착오 명 próbálgatás, próbálkozás, megpróbáltatás; 인생은 ~의 연속이다 Az élet megpróbáltatások sorozata.; 인간은 ~로 많은 경험을 얻는다 Az ember számos tapasztalatra tesz szert a próbálkozások / megpróbáltatások révén.

시행-하다 동 kivitelez, végrehajt, hatályba lép, kikényszerít, életbe lép, foganatosít; ~ 명 kivitelezés, végrehajtás; ~ 규칙 kivitelezési szabályzat / előírások; ~ 기간 türelmi idő; ~ 기일 kivitelezés időpontja; 법률이 곧 ~ 된다 A törvény azonnal hatályba lép.; 이 법률은 2001년 3월 1일 이후 ~ 된다 A törvény hatálybalépésének ideje: 2001. március 1.

시험관[1] 명 kémcső; ~ 배양 kémcsőtenyészet; ~ 수정 mesterséges megtermékenyítés; ~ 아기 lombikbébi

시험관[2] 명 vizsgázó

시험-하다 동 (le)vizsgáztat vkit; ~ 명 ❶ vizsga, teszt; ~ 감독 vizsga felügyelete; ~ 과목 vizsgatárgy ~ 기간 vizsgaidőszak; ~ 답안지 vizsgalap, tesztlap, vizsgadolgozat; 학년말 ~ év végi vizsga; ~ 공부하다 vizsgára készül, vizsgákkal küszködik; ~을 보다 / 치르다 vizsgázik, vizsgára jelentkezik, vizsgát tesz vmiből; ~ 감독을 하다 felügyel egy vizsgát; ~에 떨어지다 megbukik egy vizsgán; ~에 합격하다 átmegy egy vizsgán; 그 문제는 지난 ~에 나왔었다 Ugyanazt a kérdést tették fel az előző / utolsó vizsgán. ❷ kísérletezik, tesztel, kipróbál; ~ 명 kísérlet, próba; ~ 생산 próbagyártás; 마이크 ~ 중 입니다 Mikrofonpróba!

시효 명 elévülés; ~가 끝나다 letelt / eltelt az elévülési idő; ~ 기간 elévülési idő

식 명 ❶ szertartás, ünnepség; 장례~ temetési szertartás; 결혼~ esküvői szertartás / ceremónia; 세례~ keresztelő szertartás / ceremónia; ~을 거행하다 ünnepséget / szertartást rendez ❷ forma, alak; mód, stílus, így, úgy; 나는 내 ~으로 일한다 Mindent a magam módján csinálok. Mindent úgy csinálok, ahogy én akarom. ❸ kinyilvánítás, kifejezés, (화학) képlet; 물의 분자~ a vízmolekula képlete; ~으로 나타내다 képlettel fejez ki, megfogalmaz

식견 명 ismeret, tudás, tapasztalat, tisztánlátás; nézet; ~이 높은 사람 széles ismeretekkel rendelkező és magas intelligenciájú ember; ~이 있다 megvan a saját / maga véleménye

식곤증 명 bágyadtság, álmosság étkezés

ㅅ

után

식구 명 család, családtag; ~를 부양하다 eltartja a családját; 우리 집은 다섯 ~다 Öten vagyunk a családban.; 그는 나를 한 ~처럼 대한다 Úgy bánik velem, mintha családtag lennék.

식기 명 edény, tál

식기세척기 명 mosogatógép

식다 동 kihűl, elhűl; enyhül, csökken, alábbhagy; 커피가 식겠다 Ki fog hűlni a kávéd!; 식기 전에 먹어라 Edd meg, mielőtt kihűl / elhűl!; 그에 대한 애정이 차츰 식어 갔다 A lány iránt érzett vonzalma / szeretete fokozatosan kihűlt.; 그의 개혁에 대한 열의는 식어버렸다 A megújulás iránti lelkesedése csökkent / alábbhagyott.

ㅅ

식단 명 menü; ~을 짜다 összeállít egy menüt

식당 명 ebédlő, étkező; étterem, vendéglő

식도 명 nyelőcső

식도암 명 nyelőcsőrák

식도염 명 nyelőcsőgyulladás

식량 명 ennivaló, étel, élelem, élelmiszer; 하루 ~ egynapi élelem; 비상 ~ tartalék élelmiszer; ~의 자급자족 önellátó étkezés / élelmezés; ~을 공급하다 élelemmel ellát vkit / vmit; ~을 비축하다 élelmet halmoz fel; ~을 사들이다 élelmet raktároz; 그들은 1주일분의 ~을 갖고 여행을 떠났다 Egyheti élelmet vittek az útra.; ~ 문제 élelmezési probléma; ~ 부족 élelmiszerhiány; ~ 원조 ételosztás, élelmezési segély / segítség; ~ 위기 élelmezési válság

식량난 명 élelmezési gondok

식료품 명 élelmiszer(cikk)

식모 명 konyhai alkalmazott; háztartásbeli alkalmazott, cseléd; ~ 살이 cselédkedés ☞ **가정부**

식물 명 növény, növényzet, növényvilág; 고산 ~ alpesi / hegyi növény; 기생 ~ élősködő / parazita növény; 다년생 / 1년생 ~ évelő / egynyári növény; ~을 채집하다 növényeket gyűjt; ~의 성장에는 햇빛이 필요하다 A növények növekedéséhez napfényre van szükség.; ~ 섬유 növényi rost; ~인간으로 살다 kómában van; ~ 표본 növénytani mintapéldány; (총칭) növénygyűjtemény; 양지 / 음지 ~ napkedvelő / árnyékkedvelő növény

식물성 명 növényi jelleg / tulajdonság; ~ 식품 növényi eredetű élelmiszer; ~ 기름 növényi olaj; ~ 단백질 növényi fehérje

식민지 명 gyarmat; ~ 총독 gyarmati helytartó; ~ 정책 gyarmati politika; 반 ~ 투쟁 küzdelem / harc a gyarmatosítás ellen; 마카오는 전에 포르투갈의 ~였다 Makaó korábban portugál gyarmat volt.; ~로 만들다 gyarmatosít

식별-하다 동 megkülönböztet, diszkriminál; 어둠 속에서 사람들의 얼굴을 ~하다 felismeri az emberek arcát a sötétben

식비 명 étkezés díja; ellátás díja; 방 값에는 하루 한 끼 ~도 포함되어 있다 A szoba árában napi egy étkezés is benne van.; ~로 만 원을 내다 tízezer vont fizet az ellátásért; 매달의 예산 중 ~가 제일 많이 든다 Ételre költök a legtöbbet. Az élelmiszer a legnagyobb havi kiadásom.

식빵 명 kenyér; ~에 잼을 바르다 lekvárt ken a kenyérre

식사-하다 동 étkezik, eszik; ~ 명 étkezés; 간단한 ~ könnyű étkezés; 풍성한 ~ kiadós étkezés; 규칙적으로 ~하다 rendszeresen étkezik; 정해진 시간에 ~를 하다 mindig ugyanabban az időben étkezik, megszokott étkezési ideje van; ~ 준비를 하다 ételt főz, ételt készít; ~를 거르다 kihagy egy étkezést; ~ 중이다 asztalhoz ül, étkezik; ~ 중에 말을 많이 하지 마라 Ne beszélj annyit evés közben!; ~ 예법 étkezési etikett

식생활 명 étrend, táplálkozási mód / stílus; ~을 개선하다 javítja az étrendjét; ~을 보다 즐겁게 하다 fokozza az étkezés élvezetét

식성 명 ízlés, vkinek az ínye; ~에 맞다 megfelel az ízlésének, ínyére való; ~이 까다롭다 kifinomult / különleges ízlése van

식수 명 ivóvíz; 이 우물의 물은 ~로 할 수 없다 Ennek a kútnak a vize nem iható.; ~난에 시달리다 gondokat okoz az ivóvízellátás

식순 명 szertartási rend, ünnepség programja; ~은 초청장에 있습니다 Az ünnepség programja rajta van a meghívón.

식염 명 só

식염수 명 sóoldat

식욕 명 étvágy; ~을 돋우다 felkelti vkinek az étvágyát; ~이 좋다 jó étvágya van; ~이 없어지다, ~을 잃다 elmegy az étvágya; 가을에는 누구나 ~이 좋다 Ősszel mindenkinek jó az étvágya.; ~ 부진 étvágytalanság, étvágyhiány, étvágycsökkenés

식용유 명 étolaj; 우리는 요리에 오직 ~만을 사용 합니다 A főzéshez csak étolajat használunk.

식은땀 명 hideg verejték / veríték; ~을 흘리다 elönti a verejték; ~이 이마에 나다 hideg veríték borítja a homlokát; 몸이 떨리며 ~이 났다 Remegtem, és kivert a víz.

식음 명 evés és ivás, evés-ivás,; ~을 전폐하다 feladja az evést és ivást; lemond az evés-ivásról

식인종 명 emberevők, kannibálok; (비유적) vademberek

식전 ❶ étkezés előtt; ~ 복용 étkezés előtt kell bevenni (pl. gyógyszert) ❷ reggeli előtt, kora reggel

식중독 명 ételmérgezés; ~에 걸리다 ételmérgezésben szenved; ~으로 12명이 병원으로 이송되었다 Ételmérgezéssel szállítottak kórházba 12 embert.

식초 명 ecet; ~를 치다 ecetet önt vmire, beecetez; 샐러드에 약간의 ~를 치면 더 맛이 있다 Tegyél egy kis ecetet a salátára, úgy finomabb!

식칼 명 konyhai kés, konyhakés; henteskés, húsvágó bárd

식탁 명 ebédlőasztal, étkezőasztal; ~에 앉다 asztalhoz ül; ~을 치우다 leszedi az asztalt

식탁보 명 abrosz, asztalterítő

식품 명 élelmiszer; 냉동 ~ fagyasztott élelmiszer; 인스턴트 ~ előfőzött élelmiszer, gyorsan elkészíthető étel; 가공 ~ konyhakész étel; ~ 가공업 élelmiszer-feldolgozó ipar; ~ 공업 élelmiszeripar; ~ 관리법 élelmiszer-ellenőrzési törvény; ~ 위생법 élelmiszer-higiéniai törvény; ~ 첨가물 ételfüggő

식혜 명 rizsből készült koreai híg desszert

식후 étkezés után; ~에 휴식시간을 갖다 sziesztázik étkezés után, rövid pihenőt tart étkezés után; ~ 30분에 복용 Az étkezést követő harminc perc elteltével kell bevenni.; 나는 식후에 30분 정도 휴식을 취한다 Étkezés után szívesen pihenek / sziesztázom egy fél órát.

식히다 동 hűt; lehűt, lefagyaszt, hagy (ki)hűlni, lehűl, lenyugszik, lehűti magát; 얼음주머니로 머리를 ~ egy zacskó jéggel hűti le a fejét; 뜨거운 차를 불어서 ~ fújja a teát, hogy hűljön; 머리를 식히고 생각을 다시 해 보세요 Hűtsd le magad, és gondold végig még egyszer!

신[1] 명 cipő; ~ 한 켤레 egy pár cipő; ~을 신다 felveszi a cipőjét, cipőt visel; ~을 벗다 leveszi a cipőjét; ~을 신기다 ráadja vkire a cipőt; ~을 닦다 kitisztítja / kipucolja a cipőjét; 이 방에서는 ~을 신고 있어도 괜찮다 Ebben a szobában nem kell levennie a cipőjét.; 어떤 사이즈의 ~을 신으십니까 Hányas cipőt hord? Mi a cipőmérete? Mekkora a lába?

신[2] 명 lelkesedés, izgalom, buzgalom; ~이 나다 lelkesedni / érdeklődni kezd, belelkesedik, felbuzdul; ~이 나서 이야기하다 nagy buzgalommal beszél

신[3] 명 isten; (민속) a majom jele

신간 új kiadás / megjelenés; ~ 목록 új kiadások listája; ~ 서적 új könyvek; ~ 소개 könyvismertetés; ~ 소개를 하다 könyvismertetést ír

신경 명 ❶ ideg; ~을 죽이다 eltávolít / megszüntet egy ideget; ~이 날카로운 ideges, érzékeny, ingerlékeny, izgatott; ~을 건드리다 felidegesít vkit; ❷ tapintatosság, aggodalmasság, figyelembe vétel, törődés; ~을 쓰지 않다 közömbös, nem foglalkozik semmivel; 저에게 일부러 ~쓰지 마십시오 Ne törődj / foglalkozz velem!

신경가스 명 ideggáz

신경계 명 idegrendszer; 알코올은 ~에 영향을 미친다 Az alkohol befolyásolja az idegrendszert.

신경과 명 idegklinika, ideggyógyászati osztály; ~ 의사 idegsebész, idegszakorvos, neurológus

신경세포 명 idegsejt, neuron

신경안정제 명 idegnyugtató

신경전 명 ideghábort

신경질 명 ideges; ~이 나게 하다 az idegeire megy, (fel)idegesít vkit; ~을 너무 부리다 túl ideges

신경통 명 idegfájdalom, idegfájás; ~을 앓다 idegfájdalomtól szenved

신경학 명 neurológia, idegsebészet

신고서 명 igazolás, nyilatkozat, bejelentőlap; 원산지 ~ eredetigazolás; 입고 / 선적 ~ raktári / szállítási bejelentőlap

신고-하다 동 bejelent, bevall, nyilatkozik; ~ 명 (be)jelentés, bevallás; 세관 ~ vámnyilatkozat; 소득세 ~ jövedelemadó-bevallás; 사망 ~ haláleset bejelentése; 관청에 ~하다 bejelent vmit egy hivatalnak; 경찰에 도난 ~를 하다 bejelent egy lopást a rendőrségen; 소득을 ~하다 bevallja a jövedelmét; 그는 지난 해의 소득을 낮게 ~했다 Kevesebb jövedelmet vallott be a tavalyi évről.

신곡 명 *Isteni színjáték* (Dante)

신규 új (dolog); ~로 사람을 채용하다 új embert vesz fel; ~ 계정 új számla / betét

신기다 동 felvesz, felhúz, ráad: 아이에게 양말을 ~ felhúzza / ráadja a gyerekre a zoknit

신기록 명 új rekord, új csúcs; ~을 세우다 új csúcsot / rekordot állít fel; 세계 ~ új világcsúcs; 그는 200미터 평영에서 한국 ~을 세웠다 Új koreai rekordot állított fel a 200 méteres mellúszásban.

신기루 명 délibáb; ~가 나타나다 délibáb jelenik meg

신기술 명 a legújabb technológia

신기-하다 형 csodálatos, meglepő, hihetetlen; újszerű, szokatlan; ~하게 여기다 csodál vmit, ámul vmin; (일이) 참으로 ~하기도 하구나 Ez egy hihetetlen nagy csoda.; 비행기 여행도 이제는 그리 ~한 것이 아니다 A repülés már nem jelent újdonságot számára.

신년 명 újév; 근하 ~ Boldog új évet kívánok! (B.ú.é.k!); ~ 초에 az új év kezdetén / elején; 묵은해를 보내고 ~을 맞다 lezárja az óévet és elkezdi az új évet

신년사 명 újévi beszéd

신념 명 hit, meggyőződés, hitvallás; ~이 강한 사람 erős hitű ember; 정치적 ~ politikai hitvallás; ~을 가지다 hinni kezd vmiben; ~을 버리다 feladja a hitét; ~을 잃다 elveszti a hitét, kitér a hitéből; ~에 따라 행동하다 a hite / meggyőződése szerint cselekszik; 그에게는 확고한 ~이 없다 Nem töretlen a hite.; 그녀는 사랑은 모든 것을 극복한다는 ~을 가지고 있다 Úgy hiszi, hogy a szerelem mindent legyőz. Meggyőződése szerint a szerelem mindent legyőz.; 그 말을 듣고 그는 ~이 흔들렸다 Amikor meghallotta azt, megingott a hite.

신다 동 felvesz, felhúz, felpróbál; visel, hord; 구두를 신어 보다 felpróbál egy (pár) cipőt; 스타킹을 신고 있다 harisnyát hord; 양말을 갈아 ~ zoknit cserél / vált; 이 신은 더 신을 수 있다 Ez a cipő még hordható.; 그는 신을 신고 있는 중이다 Felhúzza / felveszi a cipőjét.; 너 새 신 신었구나 Új cipőt viselsz, ugye? Új a cipőd, ugye?

신당 명 új (politikai) párt; ~을 결성하다 új (politikai) pártot alapít

신대륙 명 az Újvilág

신데렐라 명 Hamupipőke

신도 명 hívő, vallási felekezeti tag, istenfélő, egyháztag; vallási gyülekezet, felekezet, egyházközség

신도시 명 új város

신동 명 csodagyerek; 그 아이는 정말 ~이다 Az a gyerek valóban egy csodagyerek.

신랄-하다 동 éles, sértő, bántó, nyers, szúrós, erős, kemény, csípős; ~한 풍자 éles szatíra; ~한 필치 szúrós / nyers írás; ~하게 비평하다 keményen bírál / kritizál, kemény kritikával illet

신랑 명 vőlegény; ~ 신부 menyasszony és vőlegény, friss házasok

신령 명 Szentlélek; ~의 가호 a Szentlélek áldása

신뢰-하다 동 megbízik vkiben, bizalmába fogad vkit, bizalmasává tesz vkit; ~ 명 bizalom, bizalmasság, hitelesség, megbízhatóság; ~ 관계 személyes bizalmi viszony; 국민의 ~를 회복하다 visszanyeri az emberek bizalmát; 그는 ~ 할 수 없다 Nem megbízható ember. Ő nem az az ember, akiben meg lehet bízni.; 그는 사장으로부터 전폭적인 ~를 받고 있다 Az elnök teljes bizalmát élvezi.

신마르크스주의 명 neomarxizmus

신맛 [명] savanyúság, savtartalom

신망 [명] bizalom, tekintély; ~이 있다 élvezi vki bizalmát; ~을 잃다 elveszti vki bizalmát; 세인의 ~을 얻다 megszerzi / elnyeri az emberek bizalmát

신문 [명] újság, napilap, hírlap; 일간 ~ napilap; ~에 내다 az újságban megjelentet vmit; ~에 나다 megjelenik az újságokban; ~에 나지 않게 하다 megakadályozza, hogy leközöljenek vmit; ~에서 대서특필하다 címlapsztorit ír; ~을 배달하다 újságot kézbesít; ~을 구독하다 újságot előfizet, újságra előfizet; ~을 펼치다 kinyitja az újságot; 우리는 세상 돌아가는 일을 ~을 통해서 안다 Az újságból értesülünk a világ történéseiről.

신문값 [명] újság / lap ára; (구독료) előfizetési díj

신문광고 [명] újsághirdetés

신문사 [명] újság kiadóhivatala, szerkesztőség; ~에 근무하다 az újságnál dolgozik

신문지 [명] újságpapír

신문-하다 [동] kihallgat, kérdéseket tesz fel, vallat; ~ [명] kihallgatás; 반대 ~ keresztkérdés; 준엄한 ~을 받다 kemény vallatásban / kihallgatásban részesül

신물 [명] gyomorsavtúltengés, gyomorégés; ~이 올라오다 gyomorégése van; ~(이) 나다 (비유적) ráun vmire / vkire, belefárad vmibe, megcsömörlik, megundorodik vmitől / vkitől

신바람 [명] emelkedett hangulat, lelkesedés, izgatottság

신발 [명] cipő, lábbeli; ~ 제조업자 cipész, suszter; ~ 주머니 cipőzsák; ~을 터시오 Lábtörlés kötelező!, Kérjük, törölje le a lábát belépés előtt! ☞ 신[1]

신변 [명] személyes ügyek / dolgok; ~을 걱정하다 aggódik vki biztonságáért; ~을 정리하다 elrendezi az ügyeit / a dolgait; 그는 ~을 정리한 뒤 자수했다 Miután elrendezte a dolgait, feladta magát a rendőrségen.

신봉-하다 [동] hisz vmiben, követ vmit / vkit; 민주주의를 ~하다 erősen hisz a demokráciában.; 신자들이 교리를 ~한다 A hívők követik az egyház előírásait.

신부[1] [명] katolikus pap, atya; ~가 되다 felszentelnek vkit

신부[2] [명] menyasszony, ara; feleség; ~의상 menyasszonyi ruha; ~감을 고르다 feleséget keres

신분 [명] helyzet, pozíció, rang, beosztás; származás; ~ 보장 a helyzetéből eredő biztosítékok; ~에 걸맞지 않는 행동 a beosztásának nem megfelelő viselkedés; ~의 차이 rangbeli különbség; ~ 여하를 막론하고 a helyzetétől függetlenül; ~을 감추다 titkolja a származását

신분제 [명] kasztrendszer

신분증 [명] személyi igazolvány

신비 [명] rejtély, titokzatosság, rejtélyesség; 생명의 ~ az élet rejtélyei; ~에 싸여 있다 rejtély övezi / fedi / borítja; ~의 베일을 벗기다 lerántja a rejtélyről a leplet

신비롭다 [형] misztikus, rejtélyes, titokzatos, rejtelmes

신비주의 [명] miszticizmus

신빙성 [명] megbízhatóság, hitelesség; ~이 있다 megbízható, hitelt érdemlő

신사 [명] úriember, nemes; ~적인, ~다운 úriemberhez méltó; 그는 전형적인 ~이다 Ő egy tipikus úriember.; 그는 도저히 ~라곤 할 수 없다 Ő aligha úriember.; ~ 숙녀 여러분 Hölgyeim és Uraim!; 그는

~적으로 행동했다 Úgy tesz, mintha úriember lenne.

신사복 명 öltöny

신사화 명 férficipő

신상 명 vkinek az életkörülményei; ~ 문제 vkinek a személyes ügyei; ~ 조사서 személyi lap

신생국 명 új állam, újonnan alakult állam

신생대 명 kainozoikus korszak, kainozoikum

신생아 명 újszülött, csecsemő; ~ 황달 újszülött sárgulása; ~ 사망 csecsemőhalandóság, újszülött-halandóság

신석기 명 neolit kőszerszám; ~시대 neolitikum, újkőkorszak

신선 명 erdei remete; ~처럼 살다 erdei remeteként él

신선로 명 hagyományos koreai étel (hagyományos rézedényben zöldségekből, húsokból és a tenger gyümölcseiből készített étel)

신선-하다 형 friss; új; ~하게 하다 felfrissít; 이 레몬은 ~해 보인다 Ez a citrom frissnek tűnik.; 밖으로 나가 ~한 공기를 마시자 Menjünk ki és szívjunk egy kis friss levegőt!; 그 그림은 참으로 ~한 인상을 주었다 Egészen új benyomást tett rám ez a kép.

신설-하다 동 alapít, alkot, létesít; ~ 명 létesítés, alapítás; 우체국을 ~하다 új postát nyit; 학교를 ~하다 iskolát alapít; 역 근처에 파출소가 ~되었다 Egy új rendőrállomást létesítettek az állomás közelében.

신성-하다 형 szent, (meg)szentelt; ~ 동맹 (역사) Szent Szövetség; ~ 로마제국 a Szent Római Birodalom; ~시 하다 szentnek tart vmit; ~ 불가침의 szent és sérthetetlen; ~을 더럽히다 / 모독하다 megsérti vminek a szentségét; ~한 의무로 여기다 vmit szent hivatásának tekint

신세[1] 명 fáradozás, segítségnyújtás, kisegítés; ~를 지다 lekötelezettje vkinek, hálával tartozik vkinek; ~를 갚다 viszonozza vkinek a segítségét; ~ 많이 졌습니다 Köszönöm a kedvességét! Hálás vagyok a fáradozásaiért!; 그에게 많은 ~를 졌다 Sokat segített nekem. Hálával tartozom neki.; 남의 ~를 지지 않다 ellátja magát, eltartja magát

신세[2] 명 vkinek a körülményei; 딱한 ~ mostoha körülmények; ~ 타령하다 vki a szerencsétlensége miatt bánkódik; 거지 ~가 되다 koldusbotra jut; 그는 부랑자 ~로 전락했다 Hajléktalanná válik.

신세계 명 új világ; (아메리카 대륙) Újvilág

신세대 명 új nemzedék, új generáció

신소재 명 új anyag

신속-하다 형 gyors, fürge; ~히 부 gyorsan, fürgén; 아무의 ~한 회복을 바라다 gyors gyógyulást kíván vkinek; 그는 일을 ~히 해치운다 Gyorsan befejezi a munkáját.

신수 명 testtartás, megjelenés; ~가 훤하다 jó kiállása van, jó testtartása van

신앙 명 vallásos hit; 기독교 ~ keresztény hit; ~의 자유 vallásszabadság; ~(심)이 없는 hitetlen, pogány; ~을 버리다 feladja a hitét; 기독교 ~을 갖게 된 동기는 무엇이냐 Miért éppen a keresztény hitet vallod?; ~ 생활을 하다 vallásos életet él

신앙고백 명 hitvallás

신약 (성서) Újtestamentum, Újszövetség; ~ 시대 az Újszövetség kora

신여성 명 modern nő

신용등급 명 hitelképesség; 국가 ~ az állam hitelképessége

신용카드 명 hitelkártya

신용-하다 동 megbízik vmiben / vkiben, bizalmába fogad vkit, hitelt érdemel vki / vmi; ~ 명 megbízhatóság, bizalom, hitelesség; ~ 있는 사람 megbízható / hiteles ember; ~을 잃다 elveszíti mások bizalmát, elveszti a hitelességét; 아무의 말을 ~하다 elhiszi, amit mond, bízik a szavában; 그의 말이면 다 ~ 한다 Bármit elhiszek, amit mond.; 그는 ~할 만한 사람이 못 된다 Nem olyan (ember), akiben meg lehet bízni. Nem olyan, akire támaszkodni lehet.; 신문 기사를 너무 ~하지 마라 Ne higgy el mindent, amit az újságok írnak / mondanak.; 그 사람의 말을 어디까지 ~해야 할지 모르겠다 Nem tudom, mennyire hihetünk neki.

신원 명 személyazonosság, kilét; életpálya, múlt, (személyi) háttér; származás; ~ 불명의 ismeretlen, azonosítatlan; ~을 밝히다 (남의) igazolja vki személyazonosságát; ~을 숨기다 eltitkolja a személyazonosságát; ~을 조사하다 ellenőrzi vki hátterét; ~을 조회하다 jelentést tesz / beszámol vki hátteréről; 시체의 ~을 확인하다 azonosítja a holttestet, meghatározza egy holttest személyazonosságát; 경찰은 그의 ~을 캐고 있다 A rendőrség megvizsgálja a hátterét / múltját.

신음-하다 동 jajgat, nyög, siránkozik; ~ 명 jajgatás, nyögés; 고통으로 ~하다 nyög a fájdalomtól, jajgat fájdalmában / kínjában; 부상자들이 밤새 고통으로 ~했다 A sérültek egész éjjel jajgattak fájdalmukban.

신의 명 hűség, hitelesség; ~가 있다 hűséges; ~가 없다 hűtlen; ~를 지키다 hű / hűséges marad, megtartja a szavát; ~를 어기다 megszegi a szavát

신인 명 új / felbukkant személy; ~ 가수 új énekes; ~ 선수 élsportoló; ~ 작가 újonnan feltűnt író

신임 명 új kinevezés; ~ 인사를 하다 üdvözlő / köszöntő beszédet tart; ~ 교수 újonnan kinevezett egyetemi tanár

신임-하다 동 bízik vkiben / vmiben, bizalmába fogad vkit; (내각을) bizalmi szavazást tart; ~ 명 bizalom, hitelesség; ~을 얻다 elnyeri / megszerzi vki / vmi bizalmát; 상사의 ~을 잃다 elveszti felettesei bizalmát, elesik felettesei bizalmától,

신입 명 újonnan jött, új tag; ~ 사원 új munkavállaló / alkalmazott; ~자 újonnan jött, újonc, új ember

신입생 명 új hallgató, gólya; ~ 환영회 üdvözlő ünnepség, köszöntő összejövetel, gólyabál

신자 명 hívő; 불교 ~ buddhista hívő; 그는 기독교 ~다 Ő keresztény hívő. A kereszténységben hisz.; 기독교 ~가 되다 keresztény lesz, felveszi a kereszténységet

신작로 명 út, újonnan épített út

신장 명 vese; ~이 나쁘다 veseelégtelenségben szenved, veseproblémái vannak; 인공 ~ művese; ~ 결석 vesekő; ~ 이식 veseátültetés; ~ 투석 vesedialízis

신장-하다 동 terjeszt / kibővít, terjeszkedik; ~ 명 terjeszkedés, bővítés; ~시키

다 erősít, fellendít, felemel, táplál; 세력을 ~하다 (ki)bővíti a hatáskörét; 수출을 ~하다 növeli az árukivitelt; 국위를 해외로 ~하다 a tengerentúlra is kiterjeszti a nemzet jó hírét

신정 명 újév első napja

신제품 명 új termék / készítmény / gyártmány; ~을 소개하다 új terméket bemutat

신조 명 elv; ~를 지키다 hű marad az elveihez, megtartja az elveit; 오직 정직 하나를 ~로 삼다 cselekedeteiben a becsületesség vezérli

신종 명 új típus, új fajta; újonnan felfedezett faj; új változat; ~ 사기 a csalás egy új típusa / fajtája

신주[1] 명 ereklye; ~를 모시다 őrzi / gondozza az ereklyéket

신주[2] 명 új részvény; ~를 배당하다 felosztja az új részvényeket; ~를 공모하다 nyitott ajánlatot tesz új részvények eladására

신중-하다 형 óvatos, megfontolt, elővigyázatos, gondos; ~히 부 óvatosan, megfontoltan, elővigyázatosan, gondosan

신진대사 명 anyagcsere; 인체의 ~ anyagcsere-(folyamatok); 몸은 끊임없이 반복되는 ~를 한다 Az emberi testben folyamatos anyagcsere történik.

신참 명 újonnan kinevezett hivatalnok; új ember, új tag, új beosztott; zöldfülű

신청서 명 jelentkezési lap, jelentkezési nyomtatvány; ~에 필요 사항을 기입하다 kitölti a jelentkezési lapot

신청-하다 동 jelentkezik; folyamodik; kér; ~ 명 jelentkezés, kérvény, kérelem; ~을 수락하다 elfogad egy jelentkezést; 건축 허가를 ~하다 építési engedélyért folyamodik; 나는 학생 비자를 ~하고 싶습니다 Tanulói vízumot szeretnék kérni.; 서면이나 구두로 ~ 할 수 있다 Jelentkezhet levélben vagy személyesen is.; ~ 기한 jelentkezési határidő; ~ 순으로 jelentkezési sorrendben

신체 명 test, testalkat, külső; 건전한 ~에 건전한 정신이 깃든다 (격언) Ép testben ép lélek.; ~의 결함 fizikai elégtelenség, testi hiba; ~의 과도한 노출 túlzott magamutogatás; ~를 단련하다 edzi a testét, testedzést folytat

신축-하다 동 új házat épít; ~ 명 új építkezés; ~ 건물 új épület; ~ 건물 낙성식 új épület átadási ünnepsége; ~한 집 új építésű ház

신춘문예 명 tavaszi irodalmi pályázat

신칸트주의 명 neokantianizmus

신탁-하다 동 megbíz, rendelkezik, letétbe helyez; ~ 명 megbízás, letét, rendelkezés; 재산을 ~하다 vagyonkezelőre bízza a vagyonát; 유언으로 그는 자식들을 위해 재산을 ~하였다 Végakaratában a gyermekei javára rendelkezett.; ~ 은행 letéti bank

신통-하다 형 csodálatos, csodálatra méltó; 이 약은 ~하게 잘 듣는다 Ez a gyógyszer csodálatos hatású azzal a betegséggel szemben.; 어린애가 ~하게 울지 않는다 A gyerek csodálatra méltó módon nem sírt.

신파극 명 új stílusú előadás / színdarab

신하 명 alattvaló, hűbéres, vazallus; ~로서의 예를 취하다 tiszteletét fejezi ki vkinek, leróját a tiszteletét vki előtt

신학 명 hittudomány, teológia, hittan; ~ 박사 hittudományi / teológiai doktor

신학생 명 teológiahallgató

신형 új típus, új modell, új stílus; 최~ 컴퓨터 a legújabb számítógéptípus; 모두 다 ~입니다 Ezek mind a legújabbak / legkorszerűbbek.; ~ 자동차 a legújabb autómodell; 그 공장은 ~ 자동차 생산용으로 설비를 변경했다 Átalakították a gyárat az új autómodellhez.

신호등 명 forgalmi jelzőlámpa; 교통규칙을 위반하고 빨간 ~에 길을 건너다 a közlekedési szabályokat áthágva átmegy a piroson

신호-하다 동 jelez, jelet ad; ~ 명 jelzés; 위험 ~ veszélyjelzés; 호출 ~ hívásjelzés; ~를 무시하고 길을 건너다 figyelmen kívül hagyja a jelzést; ~에 답하다 válaszol a jelzésre; ~로 구조를 청하다 segélykérő jelzést ad le; ~를 못 보다 nem vesz észre egy jelzést; ~를 지키다 betartja a jelzést; ~에 따르시오 (게시) Kövesse a jelzést!; 선원들은 낮에는 깃발로, 밤에는 등불로 ~한다 A tengerészek nappal zászlókkal, éjjel lámpákkal jeleznek.; 녹색 ~로 바뀌면 가도 좋다 Akkor mehetsz / indulhatsz, ha zöldre vált a lámpa.

신혼 명 friss házasság; ~생활 friss házasélet

신혼부부 명 friss házasok / házaspár, ifjú pár; 이 집은 ~에게는 안성맞춤이다 Ez a ház ideális friss házasoknak.

신혼여행 명 mézeshetek, nászút; ~은 어디로 떠날 예정입니까 Hol töltik a mézesheteket? Hova mennek nászútra?; ~은 하와이로 갈 생각입니다 Hawaiira tervezzük a nászutunkat.

신화 명 mítosz, monda, rege, legenda; ~ 시대 mitológiai kor; 건국 ~ államalapítási legenda; ~적 영웅들 mitikus hősök; ~와 전설로 유명하다 legendákból, mítoszokból ismert

신흥재벌 명 feltörekvő iparmágnás

신흥종교 명 feltörekvő vallás / egyház

싣다 동 ❶ megpakol, felpakol; 화물차에 석탄을 ~ megpakolja szénnel a teherautót; 트럭에 목재를 ~ farönköket felpakol a teherautóra, megpakolja fával a teherautót ❷ (le)közöl, megjelentet, hirdet; 광고를 ~ újsághirdetést ad fel, újságban hirdet; 기사를 ~ cikket közöl; 신문에 소설을 ~ megjelentet egy regényt az újságban

실 명 cérna; fonál; 무명~ pamutfonál; 비단~ selyemfonál; ~뭉치 fonálgombolyag; ~을 꼬다 fonalat fon / pödör; ~을 잣다 cérnát sodor; 엉클어진 ~을 풀다 összegabalyodott fonalat kibogoz; 바늘에 ~을 꿰다 befűzi a cérnát; ~을 뽑다 (수술 후에) kiszedi / kiveszi a varratokat; ~처럼 가는 cérnavékonyságú

실감-하다 동 ráeszmél, reálisan látja a dolgokat; ~ 명 érzés, valóságérzet, ráeszmélés; ~ 나게 시를 낭독하다 érzelmekkel teli verset olvas; 나는 자유의 여신상을 보았을 때 미국에 있다는 것을 ~했다 Akkor eszméltem rá, hogy Amerikában vagyok, amikor megláttam a Szabadságszobrot.; 복권에서 300만원이 당첨됐는데 아직도 ~이 나지 않는다 Hárommillió vont nyertem a lottón, de még mindig nem hiszem el.

실권 명 tényleges hatalom, valódi hatalom; ~이 없는 사장 csupán névleges cégvezető; ~을 장악하다 uralma alatt / hatalmában tart vmit; 이 회사의 ~은 그에게 있다 Ő a cég tényleges igazgatója. Ő irányítja ténylegesen a céget.

실격-하다 동 kizárják, kiállítják; ~ 명 kizárás, kiállítás, (meg)bukás; ~ 선수 kiállított játékos; 달리기에서 ~되다 kizárják a futóversenyből; 선수는 반칙 다섯 번이면 ~된다 Öt szabálytalanság után kiállítják a játékost a játékból.; 그는 교사로서는 ~이다 Tanárként megbukott.

실기 명 ❶ tehetség, készség; ~ 시험 tehetség- / készségvizsgálat ❷ edzés, gyakorlás, fejlesztés, javítás; 체육 ~ testedzés; ~ 시험 fizikai teszt, gyakorlati vizsga

실내 명 belső (rész), beltér; ~에서 놀다 a szobában játszik; ~ 온도는 섭씨 25도이다 A hőmérő bent 25 fokot mutat.

실내디자인 명 belső kialakítás, belső elrendezés

실내복 명 otthonka, házi köntös

실내악단 명 kamarazenekar

실내음악 명 kamarazene

실내화 명 szobapapucs, mamusz

실눈 명 összehúzott szem, résnyire nyitott szem; ~을 뜨다 összehúzza a szemét, résnyire nyitja a szemét; ~을 뜨고 보다 összehúzott szemmel néz / figyel

실랑이-하다 동 kötekszik vkivel, alkalmatlankodik; ~ 명 kötekedés, alkalmatlankodás

실력 명 ❶ képesség, tehetség; ~을 기르다 fejleszti / javítja / erősíti a képességét, használja a tehetségét; ~을 충분히 발휘하다 teljes mértékben kihasználja a képességét; ~으로 출세하다 a puszta tehetségével lesz sikeres; 결국은 ~이 이긴다 Hosszú távon az igazi tehetség győz.; 나는 학위보다도 ~을 존중한다 Nagyobbra tartom a valódi tehetséget az egyetemi címeknél. ❷ (행동) tett, cselekvés, harc; ~을 행사하다 cselekszik, harcba kezd, a tettek mezejére lép

실력자 명 erős, befolyásos ember; hatalommal rendelkező ember

실례 명 példa, bemutatás, ábrázolás, illusztráció; ~를 들다 példát felhoz vmire; ~를 들어 설명하다 példával mutat be / ábrázol; 이것은 많은 것 중의 한 ~에 지나지 않는다 Ez csak egy példa a sok közül.; 그 낱말의 용법에 관한 ~를 2, 3개 드시오 Mondjon két-három példát a szó használatára!

실례-하다 동 udvariatlankodik, illetlenkedik, gorombáskodik; ~ 명 udvariatlanság, illetlenség, gorombaság; ~지만 무슨 일로 오셨습니까 Elnézést, milyen ügyben? Bocsánat, segíthetek?; 식사 중에 담배를 피우는 것은 ~이다 Nem szokás / illik az asztalnál rágyújtani.; 먼저 ~하겠습니다 Kérem, bocsásson meg, hogy korábban / hamarabb távozom.; 이만 ~하겠습니다 Attól tartok, most már indulnom kell.; Attól tartok, el kell köszönnöm.; ~지만 이것 좀 김선생님께 건네 주십시오 Elnézést, ha gondot okozok Önnek, de kérem adja át ezt Kim úrnak!

실로 부 valójában, tényleg, igazából, ténylegesen; 그는 ~ 비범한 사람이다 Ő valóban figyelemre méltó ember.; ~ 30년만의 재회였다 Tényleg harminc év után találkoztunk először.; 나는 ~ 어리석은 짓을 했다 Tényleg nagy butaságot követtem el. Valóban nagy bolondságot csináltam.

ㅅ

실록 명 eredeti / valódi felvétel

실루엣 명 körvonal, árnyalak, árnykép

실룩거리다 동 összerándul, rángatózik; 입을 ~ rángatózik a szája; 그녀의 얼굴은 기쁨으로 실룩거렸다 Az örömtől összerándul az arca.

실리다 동 ❶ lehoz, megjelenik; 논설이 신문에 ~ a cikket lehozták az újságban; 그 말은 사전에 실려 있지 않다 Ez a szó nincs benne a szótárban. ❷ berakodik, felpakol; 화물이 트럭에 ~ árut pakol fel a teherautóra

실리콘 명 szilícium

실린더 명 henger

실마리 명 kezdet, első lépés; nyomra vezető jel; 문제 해결의 ~를 잡다 megtalálja a probléma nyitját; 이것이 그의 출세의 ~가 되었다 Ez az első lépés a sikeréhez.; 지문이 범인 체포의 ~가 되었다 Az ujjlenyomat ad okot, hogy letartóztassák a vádlottat.

실망-하다 동 csalódik, csalódott lesz, elcsügged; ~ 명 csalódás; 그 결과에 ~하다 csalódott lesz az eredménytől; 사람에게 ~하다 egy emberben csalódik; ~의 빛을 나타내다 csalódottnak tűnik; 그 사람은 너를 ~시키지 않을게다 Soha nem fogsz benne csalódni.; ~하기에는 아직 이르다 Túl korai még elcsüggedni.; 그는 ~한 나머지 자살했다 Csalódottságában öngyilkosságot követ el.; 내게는 그것이 큰 ~ 이었다 Keserű csalódás volt ez nekem.; 여자 친구가 오지 않아 그는 ~하고 돌아왔다 Csalódottan ment haza, mert a barátnője nem ment el a randira.

실명 명 valódi / valós név; ~ 거래 valódi név használata pénzügyi átutalásnál; ~ 계좌 valódi néven regisztrált számla

실명제 명 valódi nevet előíró rendszer

실무 명 munkagyakorlat, munkavégzés; ~를 배우다 munkagyakorlatot / gyakorlati képzést szerez; ~에 경험이 있다 vannak munkatapasztalatai, tapasztalt munkavállaló; ~에 숙달하다 tapasztalatot szerez munkája során

실무자 명 illetékes személy, vmiért felelős személy

실물 명 valós tárgy; ~같이 보이다 valódinak látszik / tűnik; ~을 보고 실망했다 Csalódtam, amikor a valóságban megláttam.; ~ 크기 모형 életnagyságú modell / makett; ~ 크기로 확대한 사진 életnagyságúra nagyított fénykép

실밥 명 cérnaszál; 치마에 ~이 묻다 egy cérnaszál van a szoknyáján; ~을 뽑다 kiszedi / kivágja a varratot; kiszedi / kivágja a cérnát

실비 명 fogyasztói ár; alapár, valódi ár; ~만 받는 진료소 alapáron kezelő orvosi rendelő; ~로 팔다 beszerzési áron ad el

실상 명 valós helyzet, tényleges állapot, valódi körülmények; 사회의 ~ valós (társadalmi) életkép; ~은 이러하다 Ez a valós helyzet.; 나는 ~을 조사하여 보겠다 Megvizsgálom a tényleges állapotot.

실생활 명 valódi élet; ~에 도움이 안 되다 haszontalan az életben; 지식을 ~에 이용하다 a valódi életben alkalmazza tudását; 학교에서 배우는 대부분의 것은 그다지 ~에 도움이 되지 않는다 Az iskolai oktatás nagy részének nem sok haszna van az életben.

실선 명 folyamatos vonal, záróvonal

실성-하다 동 elmegy az esze, megőrül,

megbolondul; ~ 명 őrültség, bolondság, elmebetegség; ~한 사람 őrült / bolond / elmebeteg ember; 그런 짓을 하다니 ~했나 보다 Őrültség ilyet csinálnia. Bolond, ha ezt teszi.; 슬픈 나머지 그녀는 ~했다 Beleőrült bánatába.

실세 명 valódi hatalom, tényleges befolyás; befolyásos személyiség, nagy hatású / befolyású személy

실소 동 hirtelen feltörő nevetés; ~를 금치 못하다 nem tudja megállni, hogy ne nevessen vkin / vmin

실속 명 valódi haszon / érték; ~ 있는 장사 magas haszonnal járó üzlet; ~만 채우다 valódi értéket hoz létre

실수-하다 동 hibát követ el, elhibáz, elront, elszúr vmit; ~ 명 hiba, botlás, melléfogás, tévedés, csúszás; 말을 ~하다 megbotlik a nyelve, kikotyog vmit; 일을 ~하다 elrontotta / elhibázta a munkáját; 그런 사람의 말을 들은 것이 나의 ~였다 Az én hibám, hogy egy ilyen ember szavára figyeltem.

실습생 명 gyakorló tanár, gyakornok

실습-하다 동 gyakorol, gyakorlatozik; ~ 명 gyakorlás, gyakorlat; ~ 시간 gyakorlati idő

실시-하다 동 végrehajt, kivitelez; ~ 명 végrehajtás, kivitelezés; 신체검사는 내일 ~된다 A fizikai vizsgálat holnap lesz.; 그것은 계획대로 ~될 것이다 A tervek szerint hajtjuk végre.

실신-하다 동 elájul, önkívületi állapotban van; ~ 명 ájulás; transz, önkívületi állapot; ~한 사람처럼 mintha önkívületben lenne, mintha nem lenne magánál; ~ 상태에 있다 transzban / önkívületben / önkívületi állapotban van; 그녀는 ~한 것 같다 Ájultnak tűnik.; 그는 ~할 만큼 놀랐다 Ijedtében majdnem elájult.

실업 명 munkanélküliség; ~ 대책 munkanélküliségi program

실업률 명 munkanélküliségi arány, munkanélküliségi ráta

실업수당 명 munkanélküli segély; ~을 받다 munkanélküli segélyben részesül

실업자 명 munkanélküli; ~를 구제하다 segíti a munkanélkülieket; ~가 늘고 있다 Növekszik a munkanélküliség.

실용성 명 használhatóság, hasznosság; ~이 있는 hasznos, használható; ~이 없는 haszontalan, nem használatra való

실용적 hasznos, használható; 정말 ~이다 Nagy haszna van. Nagyon hasznos.; 그것은 ~이지 않다 Nem jól használható.

실은 부 igazából, valójában, az igazat megvallva; ~ 그 이야기는 사실이 아니었다 Az igazat megvallva, ez a történet nem valódi.; ~ 나는 그 책을 아직 읽지 않았다 Igazából nem olvastam még el a könyvet.; ~ 나도 잘 모른다 Be kell ismernem, keveset tudok róla.

실재 명 létezés, lét; 나는 신의 ~를 믿는다 Hiszek Isten létezésében.; 그가 ~ 인물이었음에는 의심의 여지가 없다 Nem kétséges, hogy ő létező ember.

실적 명 vminek az eredménye / gyümölcse; ~을 올리다 jó eredményeket ér el / szerez; 이 일은 아직 ~이 없다 A munkának még nincs meg a gyümölcse.; ~이 오르지 않아 그들은 애를 먹었다 Mióta nincs eredménye / gyümölcse munkájuknak, nehéz időket élnek.; 우리 회사에서 입사 1년의 영업사원으로 이만큼의 ~을 올린 사람은 없다 Senki sem

ㅅ

ért el ilyen kiváló eredményeket eladóként cégünknél, mint ő az első évben.

실전 명 igazi küzdelem, valódi harc; 많은 ~ 경험을 쌓은 군인 tényleges, valódi harci tapasztalattal rendelkező katona; ~과 같은 맹연습 igazi küzdelem főpróbája

실정[1] 명 rossz kormányzás, gyengekezűség; 오랜 ~에 시달리다 hosszan szenved a rossz kormányzás idején, gyengekezű vezető hatalma alatt szenved

실정[2] 명 aktuális helyzet, valós állapot; ~에 밝다 jártas vmiben, benne van vmiben; ~을 이야기하다 beszámol vkinek az aktuális helyzetről; ~을 조사하다 megvizsgálja az aktuális helyzetet / állapotot; ~을 털어놓다 beszámol vkinek a valós helyzetről; ~을 그대로 진술하다 valósághűen mutatja be a dolgokat; 그는 중국 ~에 훤하다 Jártas Kína aktuális ügyeiben.

실제 명 valóság; gyakorlat; ~ 가치 valós érték; 이론과 ~ elmélet és gyakorlat; 상상과 ~는 딴판이었다 Meglehetősen eltért a valóság attól, ahogyan azt elképzeltem.; 사진에서는 ~보다 크게 보인다 Nagyobb a képen, mint a valóságban.

실제로 부 igazából, valójában, gyakorlatilag, tulajdonképpen; 이 두 가지는 ~ 동일한 것이다 Gyakorlatilag ugyanaz a kettő.; ~ 나는 그것을 보았다 A saját szememmel láttam.; 모든 일은 ~ 당해 봐야 안다 A dolgok tapasztalat útján ismerhetőek meg.; ~ 일어난 대로 이야기해 주시오 Mondd el pontosan, hogy történt!; 그를 위대하다고들 하는데 ~ 그렇더라 Olyan nagyszerű ember, mint amilyennek mondják.

실존주의 명 egzisztencializmus

실종-되다 동 eltűnik, elvész; ~ 명 eltűnés; ~ 신고 jelentés egy személy eltűnéséről; 약 2만 명의 한국 군인들이 한국전쟁 중에 ~ 되었다 A koreai háború során körülbelül 20.000 dél-koreai katona tűnt el.

실종자 명 eltűnt személy

실증적 tényleges, valódi

실증주의 명 pozitivizmus, pozitivista irányzat; 논리적 ~ ésszerű pozitivizmus

실지로 부 gyakorlatilag, a gyakorlatban; ~ 경험하다 gyakorlati tapasztalata van vmiben; 이 도구는 ~ 쓸모가 있었다 Ez az eszköz hasznosnak bizonyult a gyakorlatban.

실질 valós, tényleges; ~ 경제 성장 tényleges / valós gazdasági növekedés; ~ 구매력 tényleges vásárlóerő; ~ 국민 소득 tényleges állami bevétel; ~ 임금 tényleges / valós bevétel

실질적 mérvadó, alapvető, tényleges, lényeges; ~인 원조 mérvadó / lényeges segítség; ~인 합의 tényleges beleegyezés; 둘 사이에는 ~으로 차이가 없다 Gyakorlatilag nincs különbség a kettő között.

실천-하다 동 cselekszik, tesz, gyakorol; ~ 명 cselekvés, tett, gyakorlat; 말만 하지 말고 ~해라 Ne csak mondd, csináld is!

실체 명 vminek a lényege, vminek a valója, vminek a valódi / igazi természete; 사물의 ~를 파악하다 megragadja a dolgok lényegét; ~를 잘 모르다 nem tudja, mi az valójában

실추-되다 동 esik, süllyed, zuhan, csökken; elveszít vmit (tekintélyét); 권위가 ~되다 elveszíti a tekintélyét / befolyását

실컷 부 egészen, teljes egészében / mértékben; ~ 먹다 annyit eszik, amennyit akar; ~ 울다 kisírja a szemét; 인생을 ~ 즐기다 teljes egészében élvezi az életet, (ki)élvezi az élet minden cseppjét; 노래를 ~ 부르다 annyit énekel, amenynyit akar

실크 명 selyem

실탄 명 töltény, lőszer, golyó; 중국은 지난 화요일 대만 해협에서 ~ 사격 군사 훈련을 시작했다 Kína éles lőszerrel gyakorlatozott múlt kedden a Tajvani szorosban.

실태 명 valódi / tényleges állapot / helyzet / körülmények; 부실기업의 ~를 조사하다 a fizetésképtelen cégek valódi helyzetét vizsgálja; 실업자의 ~를 조사하다 a munkanélküliek valódi / tényleges helyzetét vizsgálja

실토-하다 동 beismer, bevall, vallomást tesz; ~ 명 beismerés, bevallás, beismerő vallomás; 모든 것을 ~하다 bevall / beismer mindent

실패-하다 동 megbukik, elbukik; kudarcba fullad; ~ 명 bukás, sikertelenség, balsiker; ~는 성공의 어머니 (속담) A bukás a sikerhez vezető út természetes velejárója.; 사업에 ~하다 megbukik az üzletben; 그의 시도는 모조리 ~로 끝났다 Bármi, amibe belefogott, sikertelenül végződött.; 여러 번 ~한 끝에 성공했다 A siker csak több bukást követően következett be.

실-하다 형 egészséges, erős, jó állapotú; 몸이 ~한 사람 erős testalkatú ember

실행-하다 동 teljesít, kivitelez, végrehajt; ~ 명 tett, cselekedet, megvalósítás, kivitelezés, végrehajtás; ~ 가능한 계획 megvalósítható / kivitelezhető terv; 계약을 ~하다 teljesít egy szerződést / megállapodást; 약속을 ~하다 betartja a szavát, megtartja az ígéretét; 우리들에게 필요한 것은 말이 아니라 ~이다 Nem szavakra, hanem tettekre van szükségünk.

실험실 명 laboratórium

실험-하다 동 kísérletezik, kipróbál, tesztel; ~ 명 kísérlet, kísérletezés, tesztelés; ~적으로 kísérletképpen, próbaképpen; 그 계획은 아직 ~ 단계에 있다 A terv még mindig kísérleti szakaszban van.; 그는 동물에 그 약을 ~했다 Állatokon tesztelte a gyógyszert.; 화학 ~을 하다 kémiai kísérletet hajt végre; 그 안전성은 많은 동물 ~으로 입증돼 있다 Számos állatkísérlettel igazolták biztonságosságát.

실현-되다 동 megvalósul, valóra válik; 그의 오랜 야망은 드디어 ~되었다 A régi álma most végre valóra vált.; 언젠가 당신의 꿈이 ~되기를 빕니다 Remélem, hogy egyszer valóra válnak az álmaid.

실현-하다 동 megvalósít, végrehajt, valóra vált; ~ 명 megvalósítás; 이상을 ~하다 megvalósítja vkinek a tervét; 꿈을 ~하다 valóra váltja vkinek az álmát

실화 명 igaz történet; 이 이야기는 ~입니다 Ez az elbeszélés igaz történeten alapul.

실황중계 명 helyszíni közvetítés

실효 명 gyakorlati hatás; hatékonyság, hatásosság; ~를 나타내다 hatást gyakorol, hatással van vmire; ~가 있다 hatásos, hatékony

실효성 명 vminek a hatása

싫다 동 utál, nem szeret vmit / vkit; 하기 싫은 일 utálatos munka; 보기 싫은 놈 undok fickó; 그를 도와주기가 ~ Nem akarok segíteni neki.; 뱀은 아주 ~ Utálom a kígyókat.; 그런 말 듣기 ~ Egyáltalán nem akarok hallani róla.

싫어하다 동 utál, nem szeret, gyűlöl, undorodik; 싫어하는 것 vmi, amit nem szeret; 담배 냄새를 ~ utálja a dohány szagát; 수학을 ~ utálja a matematikát; 이웃 사람들은 모두 그를 싫어한다 Az összes szomszéd utálja őt.

싫증 명 megunás, ráunás; ~이 나다 belefárad vmibe, megun vmit, ráun vmire, elveszti az érdeklődését vmi iránt; 공부에 ~이 나다 unja a tanulást, belefáradt a tanulásba; 그는 무엇을 하든 ~을 낸다 Mindenre ráun.

심 명 vminek a belseje / szíve / magja, betét; 칼라의 ~을 넣다 gallérbetétet behelyezi

심각-하다 형 komoly, súlyos, mély; ~한 인생 문제 komoly gond az életében; ~한 불황 komoly válság; ~해지다 súlyosbodik; 날로 ~해지는 교통문제의 해결을 위한 방안을 마련하다 A napról napra súlyosbodó közlekedési problémák megoldására tervet dolgoz ki.

심경 명 érzelem, érzelmi állapot; 현재의 ~ vkinek a pillanatnyi érzelmei; ~의 변화를 가져오다 megváltoznak az érzelmei; 현재의 ~을 말씀해 주시겠습니까 Elmondaná, kérem, mit érez most?

심근 명 szívizom; ~ 경색 szívizomszakadás; 급성 ~ 경색 akut szívizomszakadás

심금 명 szív, lélek, érzés, érzelem; ~을 울리다 megérinti vki szívét; 독자의 ~을 울리다 érzékenyen / mélyen érinti az olvasókat, megérinti az olvasók szívét

심기 명 kedv, állapot, hangulat; ~가 불편하다 kedvetlen, rosszkedvű, bánatos

심난-하다 형 nyugtalan vmi miatt, bántja / zavarja vmi; 곧 있을 시험으로 ~하다 nyugtalan a közelgő vizsga miatt

심다 동 ültet; 뜰에 국화를 ~ krizantémot ültet a kertbe; 사람들에게 자신감과 희망을 심어주다 önbizalmat és reményt ad az embereknek; 건강이 무엇보다 중요하다는 것을 그녀의 머릿속에 단단히 심어주었다 Fejébe vertem, hogy az egészség mindennél fontosabb.

심도 명 elmélyültség; ~있는 연구 elmélyült kutatás

심드렁-하다 형 nem hajlandó csinálni vmit / foglalkozni vmivel

심령 명 lélek, szellem; ~ 학자 szellemi kutató; ~ 현상 túlvilági jelenség

심리 명 lélektan, lelkiállapot, pszichológia; 어린이의 ~ gyermekpszichológia; 범죄자의 ~ bűnügyi pszichológia; 그의 ~를 알 수가 없다 Fogalmam sincs, mit gondol valójában.; 이것은 보통 한국 사람의 ~를 잘 나타내고 있다 Ez jól kifejezi / ábrázolja az átlag koreai mentalitását.

심리적 lelki, pszichológiai; ~으로 나쁜 영향을 주다 lelkileg rossz hatással van vkire

심리학 명 pszichológia, lélektan; 일반 ~ általános pszichológia

심리학자 명 pszichológus

심리학적 lélektani, pszichológiai

심문-하다 동 kihallgat, kivizsgál, nyomoz; ~ 명 kihallgatás, kivizsgálás, nyomozás, vizsgálat; 증인 ~ tanúkihallgatás

심미적 esztétikai

심부름 명 megbízás, kérés, szívesség; ~을 하다 szívességet / kérést teljesít, megbízást végrehajt; ~ 좀 해 줄래 Kérhetek egy szívességet?; 그녀는 가게에 ~을 갔다 Szívességből ment el a boltba.

심사 명 jellem, belső tulajdonság; ~가 나쁘다 rosszindulatú, természeténél fogva gonosz, rosszmájú; ~가 나서 비방하다 becsmérel vkit, rossz hírét kelti vkinek; 그가 ~를 부려서 계획이 망쳐졌다 Szándékosan meghiúsította a tervünket.

심사숙고-하다 동 alaposan átgondol, végiggondol vmit,

심사위원 명 zsűri, vizsgáztató, bíró

심사-하다 동 bíráskodik, vizsgál; átnéz, megtekint; ~ 명 vizsgálat, zsűrizés; megtekintés, átnézés, ellenőrzés, átvizsgálás; ~ 중이다 vizsgálat alatt van

심상-하다 형 hétköznapi, átlagos, mindennapos; 이것은 ~치 않은 일이다 Ez nem egy hétköznapi dolog.

심성 명 vkinek a természete

심술 명 önfejűség, makacsság, komiszság; ~을 부리다 önfejűen / makacsan viselkedik; 그는 ~ 궂은 말을 했다 Rosszindulatúan beszélt. Rosszakat mondott rá.

심술쟁이 명 makacs, önfejű, engedetlen, komisz

심신 명 test és lélek; ~ 장애자 (testi vagy lelki) fogyatékos; ~을 단련하다 edzi / ápolja a testét és a lelkét; ~이 모두 건전하다 testileg-lelkileg egészséges / ép; ~이 상쾌해지다 testileg-lelkileg fel van töltődve; 그녀는 ~이 모두 지쳐 있었다 Testileg-lelkileg kimerült.

심심풀이 명 időtöltés, unaloműzés; ~로 책을 읽다 olvasással ütöm agyon az időt; ~로 체스를 두다 sakkozással múlatja az időt; 낚시질은 좋은 ~다 A horgászat jó időtöltés / unaloműzés.

심심-하다 형 unatkozik; ~해 죽겠다 megöl az unalom; 할 일이 없어 ~하다 unatkozom, mert nincs semmi dolgom; ~해서 책을 읽다 unalomból olvas

심야 명 éjfél; 그녀는 ~까지 라디오를 듣고 있었다 Éjszakába nyúlóan hallgatta a rádiót.; ~ 방송 éjszakai adás; ~ 영업을 하는 술집은 한 군데도 없다 Nincs olyan kocsma, ami éjszaka is nyitva tart.

심약-하다 형 érzelgősködő, könnyen elérzékenyülő; ~ 명 érzékeny, érzelgős, gyenge idegzetű

심연 명 vminek a mélye, vminek a legbelsője

심의-하다 동 megvitat, tárgyal, egyeztet, megvizsgál; ~ 명 megvitatás, tárgyalás, megvizsgálás; ~를 거듭한 끝에 számos tárgyalás / megvitatás után; ~ 중이다 napirenden van, tárgyalás alatt áll

심장 명 szív; ~이 약하다 gyenge a szíve; 그 소식을 듣고 ~이 마구 뛰었다 A hír miatt gyorsabban ver a szívem.

심장마비 명 szívroham, szívinfarktus; 그녀는 ~로 죽었다 Szívrohamban halt meg.

심장병 명 szívbetegség, szívpanasz

심장비대 명 (의학) szívnagyobbodás

심장이식 명 szívátültetés, szívtranszplantáció

심장전문의 명 szívspecialista, szívszakorvos

ㅅ

심정 명 szív, lélek, érzés, érzelem; 아무의 ~을 이해하다 / 헤아리다 belelát mások szívébe, megérti az emberek érzéseit; 울고 싶은 ~이다 Sírhatnékom van. Legszívesebben sírnék.

심증 명 erős hit / bizonyosság vmivel kapcsolatban; ~을 갖다 erősen hisz vmit, bizonyos / biztos vmiben; 변호사는 피고가 진범이 아니라는 ~을 가졌다 Az ügyvédnek szilárd meggyőződése volt, hogy a vádlott nem a valódi elkövető.

심지 명 kanóc; ~를 돋우다 felemeli a kanócot

심지어 부 még, mi több, a végén, legvégül, ennél is több; ~ 그녀는 결혼 반지까지 팔았다 Még a jegygyűrűjét is eladta.; ~ 눈까지 오기 시작했다 Legvégül havazni kezdett.; 그는 ~ 제 이름조차 쓸 줄 모른다 Még a saját nevét sem tudja leírni.

심층 명 mélység, elmélyültség; ~ 구조 (언어) mélystruktúra; ~ 기사를 쓰다 elmélyülten ír vmiről

심취-하다 동 rajong vmiért, odáig van vmiért, belebolondul vmibe; ~ 명 rajongás, elhivatottság, odaadás; 서양 문명에 ~하다 rajong a nyugati kultúráért

심통 명 rossz hajlam / beállítottság; ~이 사납다 ferde hajlamú

심판-하다 동 ítélkezik, bíráskodik; ~ 명 ítélet; játékvezető; 최후의 ~ utolsó ítélet; ~을 보다 bíráskodik, irányít, vezet; K씨의 ~으로 오후에 두 경기가 있었다 K úr fog bíráskodni a két délutáni mecscsen.; ~ 결정에 항의해도 소용없다 Nincs értelme a játékvezető ítéletét megkérdőjelezni.

심포지엄 명 szimpózium

심-하다 형 ❶ súlyos, túlzott, erős, kemény, borzasztó; ~한 바람 erős / heves szél; ~한 추위 átható hideg; ~한 노동 kemény munka; ~한 감기 kellemetlen megfázás; ~하게 다치다 súlyos / komoly sérülése van; 이 사업은 경쟁이 ~하다 Kemény verseny folyik ebben az üzletágban. ❷ szigorú, könyörtelen, kegyetlen, zord, durva; ~한 소리를 하다 keményen szól hozzá; 그건 너무 ~하다 Ne légy ilyen kegyetlen!

심해지다 동 rosszabbodik, romlik, rosszra fordul, súlyosbodik

심혈 명 szív és lélek, teljes szív; áldozat, odaadás; ~을 기울이다 szívét, lelkét beleadja vmibe; ~을 기울인 작품 nagy áldozatokkal járó munka, áldozatos munka; ~을 기울여 teljes szívéből

심화-하다 동 vmit elmélyít / erősít / pontosít; ~ 명 elmélyítés, erősítés

심히 부 nagyon, keményen, erősen; ~ 춥다 Nagyon hideg van.

십 tíz; tizedik; ~ 주년 tizedik évforduló; ~분의 일 egy tized

십계 명 tízparancsolat

십년 명 évtized, tíz év; ~이면 강산도 변한다 (속담) Tíz év alatt bármi megváltozhat. Az idő mindent megváltoztat.; ~ 공부 나무아미타불 (속담) Hosszú idő fáradozásai egy szempillantás alatt összeomlanak.; ~마다 tízévenként; 수 ~ 동안 néhány évtizedig; 앞으로 수 ~ a következő néhány évtized

십대 명 tizenéves kor, tinédzser; ~ 소년 tinédzser fiú; ~를 갓 넘어 서다 éppen kilépett a tinédzser korból; ~에 이미 그의 이름이 알려져 있었다 Már tinédzser korában híressé vált.

십분[1] tíz perc; 두 시 ~ tíz perccel múlt két óra

십분[2] tized; ~의 일 egy tized; ~의 구 kilenc tized

십분[3] 부 teljesen, kimerítően, bőségesen, teljes mértékben, egészen; 실력을 ~ 발휘하다 kihasználja minden lapját, mindent belead

십상 éppen, hamar, épphogy, pont; 생선은 날씨가 더우면 상하기 ~이다 Melegben hamar megromlik a hal.; 그 모자가 너에게는 ~이다 Mintha rád szabták volna ezt a kalapot! Ezt a kalapot neked találták ki!

십이월 명 december

십이지장 명 patkóbél

십이지장궤양 명 patkóbélfekély

십이지장염 명 patkóbélgyulladás

십이지장충 명 bányaféreg

십일월 명 november

십자가 명 kereszt; ~에 못 박다 keresztre feszít; ~에 못 박히다 keresztre feszítik; 누구나 자기의 ~가 있다 Mindenkinek megvan a maga keresztje.

십자형 명 kereszt alakú

십장생 명 égöv, ázsiai horoszkóp (12 állatöv)

십중팔구 tízből kilencszer, tízből kilenc esetben; több, mint valószínű; szinte biztos; 이 팀은 ~ 상대를 이길 것이다 Ez a csapat tízből kilencszer megverné az ellenfelét.; ~ 잘 될 것이다 Tízből kilenc eset sikeres.

싱겁다 형 ❶ nem elég sós; ízetlen; (술 · 담배 따위) gyenge ❷ buta, ostoba, unalmas, lapos, lényegtelen; 싱거운 이야기 buta történet, ostobaság; 싱겁게 굴지 마라 Ne légy már (ennyire) buta!

싱그럽다 형 üde; 봄에는 나무들이 ~ Tavasszal a fák üdék.

싱글 명 egyéni játék; 남자 ~ 결승전 férfi egyéni döntő; ~ 경기를 하다 egyénileg játszik; 여자 ~에서 우승하다 megnyeri a női egyénit

싱글베드 명 egyszemélyes ágy

싱싱-하다 형 friss, üde; felfrissült / feltöltődött; ~한 생선 frissen fogott hal; ~한 푸성귀 friss zöldségek; 꽃이 ~하다 A virágok üdék.

싶다 ❶ akar tenni vmit, szándékozik tenni vmit; 제 하고 싶은 대로 내버려 두다 hagyja, hogy úgy csináljon vmit, ahogy ő akarja; 직장을 그만두고 ~ Ott akarom hagyni az állásom. ❷ úgy tűnik, úgy látszik; 비가 올 듯 ~ Úgy tűnik, hogy esni fog.; 그는 올 성싶지 않다 Nem úgy tűnik, hogy (még) jönni fog.

싸구려 명 olcsó áru / termék

싸늘-하다 형 ❶ hűs, hűvös; ~한 바람 hűvös szél; ~해지다 lehűl; 나에 대한 그녀의 태도가 ~하다 Hűvösen viselkedik velem.

싸다[1] 형 ❶ olcsó, alacsony árú; 싼 것이 비지떡 (속담) Olcsó húsnak híg a leve.; 저기는 물건 값이 아주 ~ Nagyon olcsón adják ott a dolgokat.; 더 싼 것은 없습니까 Mutatna nekem egy olcsóbbat?; 다른 곳에선 더 싸게 살 수 있다 Bárhol olcsóbban kapjuk meg ezeket.; 물가가 ~ Az árak alacsonyak. ❷ érdemel vmit, jár neki vmi; 욕을 먹어도 ~ szidást érdemel

싸다[2] 동 csomagol, összecsomagol, bepakol, befed; 보자기에 ~ kendőbe becsomagol; 물건을 신문지로 ~ újságpapírba csomagol; 도시락을 ~ ebédet rak össze; 짐을 다 쌌느냐 Becsomagoltál? Összecsomagoltál? Bepakoltál?

싸다³ 동 똥을 ~ székel, ürít; 오줌을 ~ pisil, vizel, (실수로) bepisil

싸다니다 동 elcsavarog, elkószál, eljárkál, mászkál; 잘 싸다니는 사람 közönséges csavargó; 싸다니기를 좋아하다 szeret elkószálni; 시험이 다가오는데도 그는 매일 밤 싸다닌다 Még a vizsga előtti éjjel is elmegy csavarogni.

싸라기 명 szétmorzsolódott rizs

싸락눈 명 hódara, hópihe

싸리나무 명 rőzse

싸매다 동 körbeteker, beteker; 수건으로 싸맨 머리 kendővel körbetekert fej

싸우다 동 ❶ veszekedik, összetűz, összekap, összevitatkozik; összeverekszik; 사소한 일로 아무와 ~ egy semmiségen összekapnak; 법정에서 ~ bíróságon pereskedik ❷ harcol, küzd, csatázik; 조국을 위해서 ~ harcol a hazájáért; 아군은 고지를 점령하려고 적군과 싸웠다 A csapataink a magaslatért harcoltak az ellenséggel.; 더위와 ~ küzd a meleg ellen; 빈곤과 ~ harcol a szegénység ellen ❸ játszik vkivel / vki ellen; 정정당당히 ~ tisztán játszik, tiszta versenyt folytat

싸움 명 vita, veszekedés, összetűzés; összeütközés, verekedés; ~을 말리다 elsimítja a vitát emberek között; 경찰과 몇몇 시위자들 사이에 ~이 벌어졌다 Volt egy összecsapás a rendőrök és a tüntetők között.

싸움터 명 csatatér, harcmező; ~에 나가다 háborúba / bevetésre megy

싸이다 동 fed, ellep, övez; 수수께끼에 ~ rejtély övezi / fedi; 그 문제는 신비에 싸여 있다 Az ügyet / dolgot rejtély övezi / fedi.; 산들이 안개에 싸였다 Köd lepte be a dombokat.; 그 집은 삽시간에 불길에 싸였다 A ház gyorsan a lángok martalékává vált.

싹 명 rügy, csíra; 나무에 ~이 트다 Kirügyeznek a fák. Rügybe borulnak a fák.; 식물은 봄이 되면 ~이 튼다 Tavasszal kicsíráznak a növények.; 범죄의 ~은 일찍 잘라 버려야 한다 Még csírájában kell elfojtani a bűnözést.

싹트다 동 csírázik, bimbózik; növekszik; 두 사람 사이에 사랑이 싹트기 시작했다 Gyengéd érzések ébredtek mindkettejük szívében.

싼값 명 alacsony ár, akciós ár; ~에 사다 olcsón vesz vmit, jó áron vesz vmit; ~에 팔다 olcsón ad el vmit, akciósan árul; 다른 데 보다 ~에 팔다 olcsóbban árul vmit más üzleteknél

쌀 명 rizs; ~을 씻다 megmossa a rizst; ~로 밥을 짓다 rizst főz; ~을 안치다 felteszi főni a rizst; ~을 주식으로 하다 a rizs a főétel

쌀값 명 rizsár; ~이 오르다 nő / emelkedik a rizsár; ~이 내리다 csökken a rizsár; 정부는 ~의 안정세가 당분간 지속될 것으로 내다보고 있다 A kormány szerint a rizsár stabil marad jó ideig.

쌀농사 명 rizstermesztés, rizstermés; ~가 잘 되다 jó rizstermése van; ~를 짓다 rizst termeszt

쌀뜨물 명 rizsmosáshoz használt víz

쌀밥 명 főtt rizs

쌀쌀-하다 형 hideg, hűs, hűvös; 날씨가 날로 ~해 집니다 Napról napra hűl a levegő.; 그녀는 나를 ~하게 맞이했다 Hűvösen üdvözölt.

쌀알 명 rizsszem

쌈지 명 cigarettatárca; dohánytartó doboz

쌍 명 pár; 꿩 한 ~ fácánpár; 한 ~의 젊은 부부 ifjú pár; ~을 이루다 párosít, párba állít

쌍꺼풀 명 redőzött szemhéj

쌍두마차 명 kétlovas kocsi

쌍방 명 mindkettő; ~의 동의로 közös megegyezés alapján; ~이 다 불행한 것은 아니다 Egyikük boldogtalan.

쌍안경 명 (kétcsövű) távcső / látcső; ~으로 보다 távcsővel néz, távcsövön keresztül néz

쌓다 동 ❶ felhalmoz, felpakol, megpakol; 돌을 ~ köveket pakol fel, köveket halmoz fel; 장작을 ~ tűzifát halmoz fel, tűzifát rak halomba ❷ épít, emel, felhúz; 담을 ~ falaz, falat épít / emel; 한강에 제방을 ~ gátat épít / emel a Han folyó mentén; 그는 착실하게 사업 기반을 쌓았다 Erős alapokra épített fel egy üzletet. ❸ szerez, összegyűjt, felhalmoz, szert tesz; 경험을 ~ tapasztalatot szerez; 엄청난 부를 ~ nagy / tekintélyes vagyont halmoz fel; 그건 오랜 훈련을 쌓은 다음에야 얻을 수 있는 기술이다 Ez az ismeret csak sokévi rendszeres gyakorlás útján szerezhető meg.; 좋은 교사가 되기 위해서는 여러 가지 경험을 쌓아야 한다 Ahhoz, hogy valakiből jó tanár legyen, sok tapasztalatra van szüksége.

쌓이다 동 상위에 그릇이 ~ az asztalon edények vannak felhalmozva; 할 일이 태산같이 쌓였다 Egy halom munkám van.; 눈이 3센티나 쌓였다 Háromcentis hó fedte a földet.; 테이블 위에 먼지가 잔뜩 쌓여 있었다 Vastagon állt a por az asztalon.

쌔근쌔근 부 halk lélegzetvétel; 아기는 ~ 자고 있다 A baba csendesen alszik. ☞ **새근새근**

써넣다 동 beleír, kitölt

써먹다 동 használ; 써먹을 만하다 hasznos, hasznára van vkinek; 써먹을 데가 없다 haszontalan, használhatatlan

써지다 동 ír; 이 만년필은 잘 써진다 Ez a töltőtoll szépen ír.

썩다 동 megromlik, tönkremegy, megposhad; korrupt; 생선이 썩었다 Megromlott a hal.; 기둥이 썩어 간다 Az oszlop el fog korhadni.; 그 정부는 썩었다 A kormány korrupt.; 속이 ~ megnehezíti az életét, elkeseríti vmi

썩이다 동 hagy vmit megromlani, tönkretesz vmit; 음식을 ~ hagyja megromlani az ételt; 그는 취직을 못해 속을 썩였다 Elkeseríti, hogy nem talál munkát.

썰다 동 felvág, feldarabol, felszeletel, felkockáz, felaprít; 얇게 ~ felszeletel vmit; 오이를 ~ uborkát szeletel / gyalul; 잘게 ~ feldarabol, felkockáz; 그는 고기를 큼직큼직하게 썰었다 Felkockázta a húst.

썰렁-하다 형 kissé hűvös / hideg; 방이 ~ Kicsit hűvös van a szobámban.

썰매 명 szánkó, szán; ~를 타다 szánkózik; ~를 끄는 개 szánhúzó kutya

썰물 명 apály, visszahúzódás; 지금은 ~이다 Visszahúzódik a víz.; 오늘은 아침 다섯 시에 ~이 된다 A tenger ma ötkor húzódik vissza.

쏘다¹ 동 csíp, szúr; 벌이 내 팔을 쏘았다

Megcsípett a karomon egy méh.

쏘다[2] 동 (화살을) nyilaz, nyilat lő; (발사) lő, golyót repít vmibe; 몸을 숨기고 총을 ~ rejtekből lő; 화살로 새를 ~ lenyilaz egy madarat; 탄알을 다 쏘아 없애다 ellövi / elhasználja minden lőszerét

쏘다[3] 동 (맛이) csíp, (냄새가) facsar; 혀를 톡 쏘는 요리 csípős étel; 마늘 냄새가 톡 ~ a fokhagymaszag facsarja az orromat

쏘다니다 동 futkos, járkál, mászkál; 이 시간까지 어디를 ~ 왔느냐 Merre jártál? Hol voltál ezidáig / eddig?; 쏘다니지 마라 Ne járkálj / mászkálj el folyton!

쏘아보다 동 bámul, figyel, mereszti a szemét; 그는 나를 쏘아보았다 Indulatosan / Dühösen bámult rám.

쏘이다 동 megcsípett, megszúrt, megmart; 벌에게 ~ megcsípte egy darázs; 벌레에 쏘인 자리가 부었다 Feldagadt a rovarcsípés helye.

쏜살같이 부 gyorsan, mint a nyílvessző; villámgyorsan; villámsebesen; 그는 ~ 방에서 뛰어나갔다 Villámsebesen rohant ki a szobából.

쏟다 동 kiönt, kitölt; 통의 물을 독에 ~ korsóba tölti ki a vödör vizet; 쌀을 자루에 쏟아 넣다 zsákba teszi a rizst; 책상에 잉크를 쏟고 말았다 Kiöntöttem egy kis tintát az asztalra.

쏟아지다 동 ömlik, folyik, dől, árad; 새 유전에서 석유가 쏟아져 나오다 új kútból jön fel az olaj; 상처에서 피가 쏟아져 나왔다 Dőlt a vér a sebből.; 눈이 쏟아지고 있다 Erősen esik a hó.

쏠리다 동 dől, billen, oldalra fordul; összpontosít, rászegezi a tekintetét vkire / vmire; 배가 한쪽으로 쏠린다 A csónak az oldalára fordul / billen.; 모든 사람의 눈이 그에게 쏠렸다 Minden tekintet rászegeződött.; 동정이 그에게 쏠렸다 Együttérzett vele a közösség.

쐐기 명 ék; ~ 모양의 ék alakú; ~를 박다 kiékel; ~ 문자 ékírás

쐬다 동 kiszellőztet; 저녁 바람을 ~ kiszellőzteti magát este; 바람을 잘 쐬게 하다 jól kiszellőztet

쑤다 동 főz, elkészít; 죽을 ~ rizskását főz; 풀을 ~ rizsből enyvet / ragasztót készít

쑤시다 동 piszkál, bökdös, fogdos, nyúlkál; 코를 ~ piszkálja az orrát; 옆구리가 쑤신다 Szúr a dereka.; 다리가 ~ nyilalló fájdalom van a lábában; 온 몸이 쑤신다 Éles fájdalmat érzek az egész testemben

쑥[1] 명 (fekete) üröm

쑥[2] 부 nagyra, hatalmasra; 혀를 ~ 내밀다 nagyra nyújtotta a nyelvét; 그는 배가 ~ 나왔다 nagyra nőtt a hasa, sörhasa van

쑥대밭 명 műveletlen föld, ugar; ~을 만들다 hagyja tönkremenni; ~이 되다 tönkremegy, használhatatlanná válik

쑥스럽다 형 feszélyező, kellemetlen, kínos, zavarba ejtő; illetlen; 지나친 칭찬을 받아 ~ feszélyezi a túlzott dicséret; 대중 앞에서 연설하기는 ~ Feszélyező, ha sok ember előtt kell beszédet mondani.; 쑥스럽게 굴다 illetlenül viselkedik

쑥쑥 부 nagyon gyorsan; ~ 자라다 nagyon gyorsan nő; 무를 ~ 뽑다 egymás után húzza ki a retkeket; 팔이 ~ 쑤신다 Belenyilallt a fájdalom a karomba. Meghúzódott a karom.

쓰다[1] 동 ír, jegyzetel, leír; 신문에 글을 ~ egy újságnak ír; 그는 지금 새로운 소설을 쓰고 있다 Új regényen dolgozik.; 이 낱말은 어떻게 쓰니 Hogyan betűzöd ezt a szót?

쓰다[2] 동 hord, visel; 안경을 ~ felteszi a szemüveget; 그는 모자를 쓴 채 서 있다 Kalapban áll.; 우산을 쓰고 esernyő alatt; 이불을 뒤집어 ~ a fejére húzza a paplant

쓰다[3] 동 pénzt szór, pénzt költ, elhasznál, felél, elfogyaszt; 책에 많은 돈을 ~ rengeteg pénzt költ könyvekre; 한 달에 석탄 1톤을 ~ egy tonna szenet elhasznál havonta; 머리를 ~ használja a fejét; 한 번 쓰고 버리다 egyszeri használat után eldob / kidob vmit; 이 칼은 고기를 자르는 데 쓴다 Húsvágásra használjuk ezt a kést.; 이 솔은 너무 오래 써서 못쓰게 됐다 Ez a kefe a sok használattól tönkrement.; 그들은 새 방법을 쓰기로 의견 일치를 보았다 Beleegyeztek az új módszer alkalmazásába.; 가정부를 ~ bejárónőt tart; 그는 쓸 만한 사람이다 Elég hasznos munkaerő.; 당신 가게에서는 몇 사람을 쓰고 있습니까 Hány alkalmazottja van az üzletében?; 우리는 그 문제에 대해 조속히 손을 써야 한다 Sürgős intézkedéseket kell tennünk az ügyben.; 출세하려고 애를 ~ magasabb beosztás elérésére törekszik; 환자에게 약을 ~ gyógyszert ad be egy betegnek

쓰다[4] 형 keserű; 쓴 경험 keserű tapasztalat; 쓴 약 keserű gyógyszer / pirula; 그 소식에 입맛이 썼다 Elkeserített a hír. Elkeseredtem a hír hallatán.

쓰다듬다 동 simogat, cirógat, végigsimít; 수염을 ~ simogatja a szakállát; 턱을 ~ simogatja az állát; 어린아이를 ~ simogat / cirógat egy gyermeket; 대머리를 ~ simogatja / végigsimítja a kopasz fejét

쓰라리다 형 fáj, hasogat; elkeseredik, fáj / sajog a szíve; 쓰라린 경험을 하다 nehéz időszaka van, keserűségek érik / gyötrik; 가슴이 ~ szívfájdalma van, fáj a szíve vmi miatt; 할퀸 상처가 아직도 ~ Még mindig fáj a karmolás.

쓰라림 명 fájdalom; keserűség, szívfájdalom; 이별의 ~ elválás fájdalma; 가난의 ~을 알다 ismeri a szegénység keserűségét

쓰러지다 동 leomlik, összeomlik, ledől, leborul; 굴뚝이 바람에 ~ a kémény leomlik a széltől; 벼가 바람에 ~ letöri a szél a rizspalántákat; 술에 취해 ~ részegen összeesik; 그녀는 그 소식을 듣자 쓰러졌다 Összeesett a hír hallatán.; 배가 고파 쓰러질 것 같다 összeesik az éhségtől; 쓰러질 때까지 싸우다 haláláig harcol, az utolsó leheletéig küzd; 불경기로 많은 중소기업이 쓰러지고 말았다 A válság miatt számos kisvállalkozás csődbe ment / összeomlott.

쓰레기 명 szemét, hulladék; ~를 버리다 kidobja a szemetet; ~ 분리수거 szelektív hulladékgyűjtő; 재활용 ~ újrahasznosítható hulladék; 음식물 전용 ~ 봉투 étkezési hulladéktároló zsák

쓰레기장 명 szeméttelep

쓰레기통 명 szemetes(láda), kuka

쓰리꾼 명 tolvaj

쓰리다 형 égő fájdalmat érez, égető érzése van; 속이 ~ ég a gyomra ☞ **쓰라리다**

쓰이다 동 használ; 겨울에 석탄이 많이 쓰인다 Nagy mennyiségű szenet használ-

ㅅ

nak el télen.; 맥주 만드는 데 호프가 쓰인다 Sör előállításához használják a malátát.; 이 교과서는 널리 쓰이고 있다 Számos helyen használják a tankönyvet.

쓰임새 명 használat, alkalmazás, használati mód

쓴맛 명 keserűség

쓴웃음 명 elkeseredett / erőltetett mosoly; ~을 짓다 elkeseredetten mosolyog, mosolyt erőltet az arcára

쓸개 명 epehólyag

쓸개즙 명 epesav

쓸다 동 kiseper, végigsöpör; besöpör vmit; 방을 ~ kiseper egy szobát; 판돈을 ~ besöpri az összes pénzt; 전염병이 한 마을을 ~ járvány söpör végig egy falun

ㅅ

쓸데없다 형 felesleges, szükségtelen, értelmetlen; hasztalan, haszontalan; 쓸데없는 걱정을 하다 feleslegesen aggódik; 애써 보았으나 쓸데없었다 Feleslegesen fáradtam.

쓸데없이 부 feleslegesen, hiába, eredménytelenül

쓸리다 동 elsöpörnek vmit; 눈이 바람에 ~ elsöpri a havat a szél

쓸모 명 hasznosság, használhatóság; ~가 많다 nagyon hasznos, nagy haszna van; 그것은 ~가 없어졌다 Használhatatlanná vált.

쓸모없다 형 haszontalan; 쓸모없는 사람 semmire sem való / jó, semmirekellő

쓸쓸-하다 형 szomorú, magányos; üres, kietlen, kihalt; ~한 거리 üres utca; ~한 웃음 szomorú mosoly; ~하게 지내다 magányosan él; 말동무가 없어 ~하다 Magányosnak érzi magát, mert nincs kihez szólnia.; 분위기가 ~하다 Szomorú a hangulat.

씀씀이 명 kiadás, költség, költekezés; ~가 크다 szabadon költekezik, szórja a pénzt; ~가 적다 spórol; garasoskodik, fukarkodik; ~가 헤프다 kifolyik a pénz a kezei közül, szórja a pénzt

씁쓸-하다 형 kesernyés; 인삼은 맛이 ~하다 A ginszeng íze kicsit kesernyés.; ~하게 웃다 keserűen mosolyog, kesernyésen mosolyog

씌우다 동 rátesz, felrak, feltesz; hárít; 아이에게 모자를 ~ sapkát húz a gyerek fejére; 이에 금을 ~ arany koronát rak fel vkinek a fogára; 뚜껑을 ~ ráteszi a fedőt; 테이블에 하얀 식탁보를 ~ fehér abroszt tesz / terít az asztalra; 남에게 책임을 씌우려 들지 마라 Ne próbáld másra hárítani a saját felelősségedet!

씨[1] 명 ❶ mag; ~ 없는 포도 mag nélküli szőlő; 뜰에 ~를 뿌리다 magvakat ültet a kertbe; ~를 받다 felszedi a magvakat; ~를 빼다 kiszedi a magvakat; 이 ~로 재배한 수박은 달다 Az ebből a magból termett görögdinnye édes.; 불화의 ~를 뿌리다 elveti a vita magvát ❷ fajta, vérvonal, származás; ~ 좋은 말 jó vérvonalú

-씨[2] úr, úriember; asszony, úrnő, hölgy

씨눈 명 (식물) csíra(sejt)

씨름-하다 동 megbirkózik; ~ 명 szirum (koreai birkózás); ~을 한 판 하다 szirummérkőzést vív; ~에 이기다 szirummérkőzést nyer; ~대회를 열다 szirummérkőzést rendez; 어려운 문제와 ~하다 megbirkózik egy nehéz feladattal; 책과 ~하다 birkózik a könyvvel

씨알 명 tenyész- / tenyésztésre való tojás

씨암탉 명 tenyésztyúk

씨앗 명 mag, magvak; 배추 ~ káposztamag; 밭에 ~을 뿌리다 elveti a magot a földbe

씨족 명 nemzetség, klán; ~ 사회 nemzetségen alapuló társadalom; ~ 제도 nemzetségi rendszer

씩씩-하다 형 bátor, erős, robusztus, hősies; ~한 남자 robusztus ember; 일을 ~하게 하다 energikusan dolgozik; ~하게 싸우다 hősiesen harcol

씰룩거리다 형 입을 ~ húzgálja a száját; 엉덩이를 ~ a derekát rángatja, pofákat vág

씹다 동 megrág; 껌을 ~ rágózik; 음식을 잘 ~ jól megrágja az ételt / a falatot; 음식을 삼키기 전에 잘 씹어라 Jól rágd meg az ételt, mielőtt lenyeled!

씹히다 동 megrágott; 잘 씹히지 않다 nehezen rágható; 밥에 돌이 ~ ráharap a rizsben lévő kavicsra

씻다 동 mos, elmos, lemos, kimos, tisztít, kitisztít, letisztít, letöröl; 손을 ~ megmossa a kezét; 구두에 묻은 흙을 씻어내다 lemossa a cipőjéről a sarat; 이마의 땀을 ~ letörli az izzadságot a homlokáról / halántékáról; 물 묻은 손을 행주치마에 ~ a kötényébe törli a kezét; 씻을 수 없는 치욕 kitörölhetetlen szégyenfolt; 그 행동으로 그는 이전의 불명예를 씻었다 Ezzel a cselekedetével kitörölte minden szégyenfoltját.

ㅅ

ㅇ

아가 명 ❶ csecsemő, kisgyermek; ☞ **아기** ❷ (딸 · 며느리) aranyos, drága
아가미 명 kopoltyú; ~ 호흡 kopoltyúlégzés
아가씨 명 kisasszony, fiatal hölgy; ~는 어디서 오셨나요 Kisasszony, Ön honnan jött?; 이 ~는 누구지요 Ki ez a fiatal hölgy?
아군 명 a mi (had)erőink, baráti erők, békés erők
아궁이 명 kályha
아귀[1] 명 (어류) ördöghal
아귀[2] (불교) kiéhezett szellem, (사람) kiéhezett ember; ~ 다툼 tusa, élet-halál harc
아기 명 ❶ csecsemő, kisgyermek ❷ (딸 · 며느리) aranyos, drága
아기자기-하다 형 édes, kellemes; csinos; 그는 정원을 ~하게 꾸며 놓았다 Kicsinosította a kertet.; ~한 결혼 생활을 하다 nagyon boldog házaséletet él
아까 부 nemrég, az imént; ~부터 너를 기다리고 있었다 Már egy ideje várok rád.; ~ 말씀드린 그 분 a férfi, akiről nemrég beszéltem; ~ 무엇이라고 말했느냐 Mit mondtál az előbb?
아깝다 형 sajnálatos; 그가 그렇게 일찍 죽다니 참 ~ Sajnálatos módon nagyon fiatalon halt meg.; 그가 이런 절호의 기회를 놓치다니 ~ Sajnálatos, hogy ilyen nagy lehetőséget szalasztott el.; 버리기는 ~ Sajnálnám kidobni.; 나라를 위해서는 목숨도 아깝지 않다 Odaadnám az életem a hazámért.
아끼다 동 ❶ spórol, gazdálkodik, takarékoskodik; 시간을 ~ időt spórol; 돈을 아껴 쓰다 jól gazdálkodik a pénzével ❷ fontosnak tart vmit / vkit, törődik vkivel / vmivel; 사람을 ~ törődik vkivel; 부하를 ~ kedvesen bánik a beosztottjaival
아낌없이 부 szabadon, bőkezűen
아나운서 명 bemondó; 여자 ~ bemondónő
아낙네 명 asszony
아내 명 feleség, vkinek a neje; 사랑하는 ~ hőn szeretett feleség; ~로 삼다 feleségül vesz vkit
아늑-하다 형 kellemes, lakályos, barátságos; 그는 나를 따뜻하고 ~한 방으로 안내했다 Egy meleg és kellemes szobába vezetett be.
아니[1] 부 nem; ~ 땐 굴뚝에 연기 날까 (속담) Nincsen füst tűz nélkül. Nem zörög a haraszt, ha a szél nem fújja.; 편지를 썼니? ~, 나중에 쓸거야 Megírtad a levelet? Nem, majd később fogom.; 돼지고기를 싫어하십니까? ~, 좋아합니다 Nem

szereti a disznóhúst? De, szeretem.

아니[2] mi, micsoda, nahát; ~ 웬 일이냐 Mi szél hozott?; ~ 또 늦었니 Nahát, már megint késel?

아니꼽다 형 rosszul van vmitől / vkitől, émelyeg vkitől / vmitől; felháborító; 보기만 해도 ~ vminek / vkinek a puszta látványától is rosszul lesz; 하는 짓이 ~ felháborító módon viselkedik; 별 아니꼬운 말 다 듣겠네 Hogy mondhatsz ilyen felháborító dolgot?

아니다 nem, sem; 나는 그것에 대해 찬성도 반대도 ~ Sem ellene, sem mellette nem állok / vagyok.; 바보가 아닌 이상 그런 짓은 하지 않을 것이다 Csak egy hülye csinálhat ilyet.; 기적이 아니라면 그녀는 살아나지 못했을 게다 Csak a csoda segíthetett rajta.; 그는 거짓말할 사람이 ~ Sosem hazudna.

아니하다 ne, nem ☞ **않다**

아담-하다 형 kedves, aranyos, meghitt, elegáns, kellemes, lakályos; ~한 방 kellemes / meghitt szoba; ~한 집 lakályos ház

아동 명 gyermek, gyerek, kiskorú, fiatalkorú, ifjúság; 취학 전의 ~ iskolába készülő gyerek; 초등학교 ~ általános iskolás (gyerek); ~ 교육 ifjúsági oktatás; ~ 문학 ifjúsági irodalom; ~ 학대 gyermek bántalmazása

아둔-하다 동 buta, hülye; 그는 ~해서 늘 속는다 Annyira buta, hogy mindig beveszi.

아득-하다 형 távoli, messzi; homályos; 섬이 저 멀리 ~하게 보인다 Messziről lehet látni egy szigetet.; 기억이 ~하다 homályosan emlékszik dolgokra; 내가 런던에 간 것은 ~한 옛날 일이다 Rég volt, amikor Londonban jártam.

아들 명 vkinek a fia; 대를 이을 ~ a fia az örököse; 훌륭한 ~이 있다 nagyszerű fia van

아들딸 명 vkinek a gyermekei, vkinek a fia(i) és lánya(i)

아랑곳-하다 동 törődik, foglalkozik vmivel, figyelmet szentel vminek, beavatkozik vmibe; 그것은 네가 ~할 바가 아니다 Ez nem a te dolgod!; 그것이 네게 무슨 ~할 일이냐 Inkább azzal foglalkozz, ami téged érint!; 그는 남의 기분 따위는 아랑곳하지 않고 하고 싶은 대로 한다 Mások véleményétől függetlenül azt teszi, amit akar.

아래 명 vminek a lábánál, vmi alatt, lent; 층계 ~에서 a lépcső lábánál; ~에서 다섯째 줄 alulról az ötödik vonal; 지평선 ~로 지다 lebukik a horizont alá; 눈을 ~로 내리깔다 lesüti a szemét; 하늘 ~ 새로운 것은 없다 Nincs új a Nap alatt.; 그는 나보다 두 살 ~다 Két évvel fiatalabb. Két évvel alattam jár.; 평균보다 ~ átlag alatt; 스무 살 ~의 사람들 húsz év alattiak

아래쪽 명 le, lefelé ~으로 le, lefelé; ~을 보다 lenéz, lefelé néz; 강의 6백 미터 ~에 다리가 있다 600 méterrel lentebb van egy híd a folyón.

아래층 명 földszint, alsó szint, lent; ~ 방 lenti szoba; ~으로 내려가다 lemegy az alsó szintre; ~에서 기다리다 lent vár

아랫도리 명 alsótest, deréktól lefelé; alsó része vminek

아랫목 명 ahol a legmelegebb a padló (a fűtés miatt)

아랫배 명 alhas, alhasi tájék, has; ~가 아프다 alhasi fájdalma van; ~에 있는

힘을 주다 minden erejével megfeszíti a hasát

아랫부분 명 alsó rész

아랫입술 명 alsó ajak; ~을 깨물다 megharapja az alsó ajkát

아량 명 türelem, elfogadás, nyitottság, széles látókörűség; ~이 없는 szűk látókörű, korlátolt; ~을 보이다 nyitott gondolkodású

아련-하다 형 homályos, elmosódott, pontatlan, halvány; ~한 기억을 더듬다 felelevenít egy homályos emléket; 나무들 사이로 저 멀리 바다가 ~히 보였다 A fák között homályosan látható a tenger.; 멀리 송악산이 ~히 보인다 A Szongakhegy elmosódva látható a távolban.

아령 명 súlyzó; ~ 체조 súlyzózás, súlyzógyakorlat

아롱지다 형 ragyog, tündöklik; 눈물이 뺨에 ~ könnycseppek ragyognak az arcán; 호수물이 ~ a tó vize tündöklik

아르바이트-하다 동 részmunkaidőben dolgozik; másodállásban dolgozik; ~ 명 mellékállás, részmunka; ~를 하고 있다 mellékállása van; ~로 학비를 벌다 tandíjért dolgozik mellékállásban; ~를 해서 번 돈으로 로마 여행을 가다 Rómába utazik a részmunkaidőben keresett pénzéből.; 그녀는 여름방학에 백화점에서 ~를 했다 A nyári szünetben egy áruházban dolgozott.;

아름답다 형 gyönyörű, szép, csodaszép, festői; 아름답게 하다 széppé tesz / varázsol, megszépít; 아름답게 보이다 szép, jól néz ki; 그 도시는 경치가 아름다워서 유명하다 A város híres a csodaszép helyeiről.

아리다 ❶ szúr, csíp, mar; 상처가 ~ szúr a sebe; 연기로 눈이 ~ csípi a szemét a füst ❷ csípős, erős; 맛이 ~ csípős íze van

아리땁다 형 csinos, szép, bájos, bűbájos, vonzó; 아리따운 처녀 vonzó fiatal hölgy

아리송-하다 형 bizonytalan, nem egyértelmű, nem világos, homályos, tisztázatlan, félreérthető; ~한 대답을 하다 nem ad egyértelmű választ, bizonytalanul válaszol; 그는 생각을 분명히 나타내고 있어 그의 의도에 ~한 점은 없다 Egyértelműen fejezi ki magát, és nem hagy semmit tisztázatlanul.

아마 부 talán, valószínűleg, valószínű, alighanem; ~ 그럴지도 모른다 Talán úgy lesz.; ~ 그는 영국인인가 보다 Talán angol. Lehet, hogy angol.; ~ 그는 못 올 겁니다 Valószínűleg nem fog jönni.; 그는 ~ 떠났을지 모른다 Talán már el indult.; ~ 그는 다음 열차로 오겠지 Valószínűleg a következő vonattal jön.

아마도 부 talán, valószínűleg, valószínű, alighanem

아무[1] bár, akár; bárki, akárki; ~라도 좋다 Bárki jó lesz.; ~ 때나 bármikor, akármikor; ~ 때나 오너라 Bármikor meglátogathatsz.

아무[2] sosem, sehol, senki, semmi; ~ 상관도 없다 nincs köze vmihez / vkihez; 그는 ~ 말도 하지 않았다 Nem szólt egy szót sem.; 너처럼 그림을 잘 그리는 사람은 ~도 없다 Senki sem rajzol olyan szépen, mint te.

아무개 명 valaki; valamilyen; ~가 그렇게 말했다 valaki azt mondta, hogy...; 김 ~라는 사람 valamilyen Kim

아무것 명 bármi, akármi; semmi; ~이라도

bármi, akármi; ~도 않고 anélkül, hogy bármit tenne

아무래도 부 ❶ feltétlenül, muszáj, kénytelen, bármi áron; valahogy, akárhogy, bárhogy; ~ 그것은 해야 한다 Muszáj megcsinálnom valahogy.; ~ 내가 가야 겠다 Nincs más választásom, mennem kell. Nem tehetek mást, mint hogy elmegyek. ❷ végül, végső soron, legvégül; ~ 실력이 이긴다 Végül a valódi tehetség győz. ❸ biztosan, nyilvánvalóan,; 그는 ~ 서른 살 이상이다 Biztos, hogy elmúlt harminc.

아무런 semmi, semmilyen; ~ 이유도 없이 ok nélkül, a semmiért; ~ 관계도 없다 semmi köze vmihez, semmi közös nincs bennük; ~ 소용도 없다 semmilyen haszna nincs

아무리 부 akárhogy(an), bárhogy(an); 그는 ~ 보아도 20세 미만이다 Bárhogyan is nézem, még nincs húsz éves.; ~ 해도 그의 이름이 생각나지 않는다 Bármit teszek, akkor sem jut eszembe a neve.; ~ 늦어도 여섯 시까지는 집에 돌아가야 한다 Legkésőbb hat órára haza kell érnem.; 그들이 ~ 힘이 세다 해도 그것은 못 한다 Még a legerősebbek sem tudják megcsinálni.; ~ 자네가 내 친구지만 그건 옳지 않아 Ez nem tisztességes, még akkor sem, ha a barátom vagy. Ez nem szép tőled, még ha a barátom vagy is.; ~ 설명을 해도 그는 못 알아들었다 Mindegy volt, hányszor magyarázom el, akkor sem értette meg / fogta fel.

아무쪼록 부 minden tőle telhetőt, a legtöbbet, a legjobban; ~ 그렇게 해 보겠다 Megteszek minden tőlem telhetőt.

아무튼 부 mindegy mi van / lesz, mindentől függetlenül, bármi legyen is, bármi áron; ~ 이 계획을 포기할 수는 없다 Bármi legyen is, ragaszkodnunk kell ehhez a tervhez.; ~ 시도는 해보는 것이 좋겠다 Bármi legyen is, meg kell próbálnod!

아물다 동 begyógyul, meggyógyul, beforr; 상처가 ~ beforr a seb; 저절로 ~ magától begyógyul / meggyógyul; 상처가 아무는데 평소보다 오래 걸렸다 Az átlagosnál tovább tartott a seb gyógyulása.

아버님 명 atya ☞ **아버지**

아버지 명 apa, atya; (어린이 말) apu; (하나님) Úr; ~쪽의 apai ágon; ~의 유산 atyai örökség; ~를 닮다 az apjára hasonlít; ~를 여의다 apa nélkül maradt, apátlan; 그 ~에 그 아들 Apja fia.; 그녀는 ~뻘 되는 남자와 결혼했다 Olyan férfihoz ment hozzá, aki az apja is lehetett volna.

아부-하다 동 hízeleg; ~ 명 hízelgés; 직원이 상관에게 계속 ~한다 A beosztott folytonosan hízeleg a főnökének.

아빠 명 apu, apuci, apuka, apus

아뿔싸 ó, ajjaj, hopsz, hoppá, upsz, hűha; ~ 노트북을 안 가져 왔네 Fenébe! Otthon hagytam a laptopom.; ~ 그와 도서관에서 만나기로 돼 있었는데 Hűha! A könyvtárban kellene találkoznom vele.

아성 명 áthatolhatatlan erőd, feltörhetetlen vár; 보수주의의 ~ a konzervativizmus erődje

아세톤 명 aceton

아수라장 명 rendetlenség, zűrzavar, válság, káosz

아쉬움 명 sajnálat, sajnálkozás; 이별의 ~ elválás miatti sajnálat

아쉬워하다 동 sajnál, sajnálkozik; 이별을 ~ sajnálkozik a búcsú miatt

아쉽다 동 hiányol vmit, vkinek hiányzik vmi; 이런 때 칼이 없어서 ~ Hiányzik a késem ilyenkor.; 아무 것도 아쉬운 것이 없도록 해주마 Semmiben sem szenvedsz majd hiányt.

아스팔트 명 aszfalt; ~ 포장의 (le)aszfaltozott; ~를 깔다 leaszfaltoz; ~길 (le)aszfaltozott út, műút

아스피린 명 (약) aszpirin; ~을 두 알 먹다 bevesz két aszpirint

아슬아슬하게 부 szorosan, kis híján nem, egy fejjel, hajszállal; ~ 이기다 szorosan győz; ~ 죽음을 면하다 hajszálon múlik a szökése, kis híján nem sikerül megszöknie; ~ 졌다 alig kaptam ki, nehezen kaptam ki; 그는 ~ 당선됐다 Egy hajszállal győzött a választáson.

아시아 명 Ázsia; ~는 제일 큰 대륙이다 Ázsia a Föld legnagyobb kontinense.; ~ 경기 대회 Ázsiai Játékok; ~ 태평양 시대 ázsiai és csendes-óceáni kor; 동북 ~ Északkelet-Ázsia

아씨 명 hölgyem; kisasszony, úrnő

아양 명 kacérkodás, kacérság; hízelgés; ~을 부리다 kacérkodik vkivel, játszik vkivel; ~ 떨며 말하다 csábosan beszél, kacérkodó hangon beszél; 어린 딸이 아버지에게 ~을 부린다 A kislány hízeleg az apjának.

아역배우 명 gyerekszínész, gyerekszereplő

아연 명 cink; ~을 입히다 cinkkel borít be; ~ 도금 (cink) galvanizáció; ~철 galvanizált vas

아연-하다 동 megdöbben, meglepődik, meghökken, elsápad; ~ 실색하다 megdöbbenésében elsápad; 소식을 듣고 ~해하다 meghökken a hír hallatán

아열대 명 szubtrópus; ~ 기후 / 식물 szubtrópusi éghajlat / növényzet

아예 부 soha, egyáltalán nem; 거짓말은 ~ 하지 마라 Soha ne hazudj!; ~ 선생노릇을 할 생각일랑 말게 Soha eszedbe ne jusson, hogy tanár légy!

아옹다옹-하다 동 civakodik, kötözködik vkivel; ellenségeskedik, viszálykodik vkivel; 신혼부부가 ~하면서 산다 Civakodva él a házaspár. Macska-egér viszonyban él a házaspár.

아우 명 vkinek az öccse; vkinek a húga

아우라 명 aura, kisugárzás

아우성 명 kiabálás, kiáltás, visítás, ordítás, sikítás; ~을 치다 kiabál, ordít, visít, sikít

아울러 부 egyben, együtt, összesen; 지혜와 용기를 ~ 가지다 Ő egyszerre bátor és bölcs is.

아이 명 gyermek, gyerek; ~를 낳다 gyermeket szül, gyermeket hoz a világra

아이고 ó, hű, nahát, úgy, jaj; ~ 머리야 Úgy fáj a fejem!; ~ 죽겠다 Ó, meghalok!; ~ 어머니 Jaj, anyám!; ~ 깜짝이야 Istenem, de megijesztettél!

아이디 명 személyazonosság; ~ 카드 (신분증) személyazonosító kártya, személyi igazolvány

아이디어 명 ötlet, elképzelés, gondolat; ~가 풍부한 사람 az ötletek embere; ~를 모집하다 új ötleteket / elgondolásokat kér / vár; ~ 상품 újdonság, új ötlet

아이러니 명 gúny, irónia; 소크라테스적 ~ szókratészi gúny

아이스크림 명 fagylalt, fagyi, jégkrém; ~ 제조기 fagylaltgép

아이스하키 명 jégkorong; ~ 선수 jégkorongjátékos, jégkorongozó

아이템 명 árucikk, termék; cikk; ~의 명세를 적다 árucikket számláz; ~별로 cikkről cikkre

아저씨 명 bácsi

아주 부 teljesen, nagyon, egészen, kifejezetten; ~ 예쁘다 nagyon szép; ~ 관계를 끊다 végleg megszakítja a kapcsolatot vkivel; 그는 ~ 가버렸다 Örökre elment.

아주머니 명 néni

아주버님 명 '아주버니'의 높임말: a férje bátyja

아줌마 명 néni

아지랑이 명 délibáb; gőzölgés, kipárolgás; ~가 일고 있다 Gőzölög a föld a forróságtól.

아직 부 még, még mindig; még csak, még most is; ~ 모자란다 Ez még mindig nem elég.; 페인트칠이 ~ 마르지 않았다 Még nedves a festék.; ~ 끝나지 않았다 Még mindig nincs kész.; ~ 그를 만나본 적이 없다 Még nem találkoztam vele.; 결혼한 지 ~ 반년 밖에 안된다 Még csak hat hónap telt el, amióta összeházasodtunk. Még csak hat hónapja vagyunk házasok.

아직껏 부 eddig, ezidáig, eddig még; ~ 그것은 꿈에 지나지 않는다 Ez még csak egy álom. 이 텔레비전은 ~ 고장 난 적이 없다 Ez a tévékészülék még soha nem romlott el.

아집 명 önzőség, egoizmus, beképzeltség; ~을 버리다 megszűnik önzőnek lenni

아찔-하다 형 megszédül, elszédül; 그 소식을 듣고 순간적으로 ~했다 A hírtől váratlanul megszédültem.

아차 fenébe, francba, az istenit; ~ 우산을 두고 왔군 Fenébe! Otthagytam az esernyőmet!

아첨꾼 명 hízelgő, talpnyaló

아첨-하다 동 hízeleg vkinek, nyalja vkinek a talpát; ~ 명 hízelgés, talpnyalás; ~에 넘어가다 hízelgéssel vágták át; ~을 잘 하다 jól tud hízelegni; 그는 우리에게 무척 ~했다 Folyamatosan hízelgett nekünk.

아치 명 ív; ~형의 íves, ívelt, ív alakú; 공이 높이 ~를 그리다 a labda ívesen repül

아침 명 reggel; ~ 일찍 kora reggel; ~ 일곱 시에 reggel hétkor; ~부터 저녁까지 reggeltől estig, napkeltétől napnyugtáig, egész nap; 3일 날 ~에 harmadikán reggel; 월요일 ~에 hétfő reggel; 어느 여름날 ~ egy nyári reggel; ~이 되다 beköszönt a reggel, kivilágosodik, hajnalodik; ~부터 줄곧 비가 오고 있다 Reggel óta esik.; ~ 기도 reggeli ima; ~ 안개 reggeli köd, hajnali pára; ~ 이슬 reggeli harmat

아침노을 명 pirkadat, hajnal, virradat

아침밥 명 reggeli; ~을 먹다 reggelizik

아카데미즘 명 akadémizmus

아카시아 명 (식물) akác

아카시아꽃 명 akácvirág

아코디언 명 (악기) (tangó)harmonika; ~ 연주자 (tangó)harmonikás

아킬레스건 명 (해부) Achilles-ín; (비유적) vki sebezhető pontja, vki gyenge pontja; 그는 연습 중에 ~이 끊겼다 Elszakadt az Achilles-ina edzés közben.

아트 명 művészet

아파트 명 lakóház, társasház; ~를 빌리다

lakóházat bérel; 대학교 가까이에 있는 ~를 구하다 az egyetemhez közeli társasházat keres; 그는 ~에 살고 있다 társasházi lakásban lakik.; ~ 관리비 lakóház közös költsége; ~ 관리인 házmester; ~ 단지 lakótelep

아파-하다 [동] vkinek fáj vmije; 남의 불행에 가슴 ~하다 a mások szerencsétlensége miatt fáj a szíve

아편 [명] ópium; ~을 피우다 ópiumot szív; ~ 매매 ópiumkereskedelem; ~ 분말 porrá tört ópium; ~ 전쟁 ópiumháború; ~ 중독 ópiumfüggőség; 그는 ~ 중독자다 Ő ópiumfüggő.

아프다 [형] fáj, fájdalmas, fájó; 아파서 울다 fájdalmában sír; 아파서 얼굴을 찡그리다 eltorzul (az arca) a fájdalomtól; 어느 이가 아픕니까 Melyik foga fáj?; 피곤해서 온 몸이 ~ Sajog mindenem a fáradtságtól / kimerültségtől.

아픔 [명] fájdalom, fájás; 이별의 ~ a válás fájdalma; ~을 느끼다 fájdalmat érez; ~을 참다 bírja / tűri a fájdalmat; ~이 가시다 elmúlt a fájdalom.

아홉 kilenc; ~번째의 kilencedik, kilences; ~번째로 kilencedszer

아황산가스 [명] kéngáz

아흔 kilencven; ~번째의 kilencvenedik

악[1] [명] düh, ideg, méreg; ~이 받치다 dühbe gurul; ~을 쓰다 kiabál, ordít, üvölt, sikít; 사람은 ~에 받치면 무슨 일이든 저지른다 Egy dühös ember bármire képes. ☞ **악쓰다**

악[2] [명] rosszaság, bűn; 선과 ~ a jó és a rossz; 사회~ kollektív / társadalmi bűn; ~을 선으로 갚다 a rosszat jóval viszonozza

악감정 [명] rossz gondolat, ellenszenv; ~을 품다 rosszat / ártani akar vkinek; 그는 나에게 ~이 있는 것 같다 Úgy tűnik, hogy nem kedvel engem.

악곡 [명] zenemű, zenei szerzemény

악귀 [명] démon, ördög, gonosz szellem; ~같은 gonosz, ördögi; ~가 들리다 megszállja az ördög

악기 [명] hangszer; ~를 연주하다 hangszeren játszik; ~에 맞도록 편곡하다 hangszerel

악기상 [명] hangszerbolt

악단 [명] zenekar, együttes; ~의 반주 zenekari kíséret

악담-하다 [동] elátkoz, megátkoz, szid; ~ [명] átok, szidás; ~을 하다 megátkoz / elátkoz vkit, átkot szór vkire

악당 [명] gazember, csirkefogó, gonosztevő

악덕 erkölcstelen, gonosz, korrupt; ~ 기업주 korrupt vállalkozó

악독-하다 [형] kegyetlen, brutális; erkölcstelen; ~한 행위 erkölcstelen viselkedés

악동 [명] rossz fiú

악랄-하다 [동] erkölcstelen; kegyetlen, brutális; ~한 행위 kegyetlen bűncselekmények

악령 [명] démon, gonosz szellem; ~에 씌어 있다 megszállta egy gonosz szellem; ~을 내쫓다 kiűzi a démonokat, megtisztít vkit a démonoktól

악마 [명] ördög, démon, gonosz lélek, gonosz szellem, (마왕) sátán; ~를 물리치다 kiűzi a démonokat, megtisztít vkit a démonoktól; ~를 불러내다 megidézi a gonoszt

악마주의 [명] sátánizmus

악명 [명] rossz hír(név); ~이 높아지다 rossz hírű lesz, rossz hírbe keveredik; ~이

높다 rossz hírű, hírhedt

악몽 명 rémálom, lidérc; ~을 꾸다 rosszat álmodik, rémálma van; ~에서 깨어나다 rémálmából felriad; 매일 밤 그는 ~에 시달렸다 Minden éjjel rémálmok gyötörték.; ~과도 같은 하루였다 Rémálom volt ez a nap.

악물다 동 이를 ~ összeszorítja a fogait / fogát; 이를 악물고 고통을 참다 összeszorított fogakkal tűri a fájdalmat

악바리 명 nagyon szívós ember, nagyon éles eszű ember

악법 명 rossz törvény; 비록 ~이라도 법은 법이다 A törvény az törvény, bármilyen kellemetlen is.

악보 명 kotta; ~를 보다 kottát olvas; ~없이 연주하다 kotta nélkül játszik; ~를 보며 연주하다 kottából játszik

악사 명 zenész

악성 súlyos, rosszindulatú; ~ 빈혈 súlyos vérszegénység; ~ 종양 rosszindulatú daganat

악수-하다 동 kezet fog, kezet ráz; ~ 명 kézfogás, kézszorítás; ~를 청하다 kezet nyújt vkinek; 그들은 굳은 ~를 나눈 후 헤어졌다 Egy határozott / kemény kézfogással elváltak.

악순환 명 ördögi kör; 가난의 ~ a szegénység ördögi köre; ~에 빠지다 ördögi körbe ragad, ördögi körbe kerül; 군비 경쟁의 ~을 끊어야한다 Ki kellene lépni a fegyverkezési verseny ördögi köréből.

악쓰다 동 dühében kiabál, sikítozik; 자주 이웃에서 악쓰는 소리가 들린다 Sokszor hallom, hogy a szomszéd dühében kiabál

악어 명 krokodil, aligátor; ~ 가죽 krokodilbőr; ~ (핸드)백 krokodilbőr táska

악역 명 negatív hős, a főhős ellensége; ~을 맡다 negatív hőst játszik / alakít

악연 명 rossz sorskapcsolat; 그 두 사람 사이의 ~이 시작되었다 Rossz sorskapcsolat alakult ki két ember között.

악영향 명 rossz hatás; ~을 미치다 rossz hatással van vmire / vkire; 그 텔레비전 프로는 청소년에게 ~을 끼쳤다 A televízióműsor rossz hatással van a fiatalabb korosztályra.

악용-하다 동 visszaél vmivel, rosszra használ vmit; 권력을 ~하다 visszaél a hatalmával; 남의 이름을 ~하다 visszaél más nevével

악의 명 rosszindulat; 그가 한 말에는 조금도 ~가 없었다 Nem volt semmi rosszindulat abban, amit mondott.; 그는 내게 아무 ~도 품고 있지 않다 Ő nem akar nekem semmi rosszat.

악장[1] 명 tétel (zeneműé); 제 1~ első tétel

악장[2] 명 első hegedűs

악조건 명 hátrány, kedvezőtlen feltétel, rossz körülmény다; ~을 무릅쓰고 a kedvezőtlen körülmények ellenére; 심한 ~ 하에(서) a nagy hátrány ellenére; ~을 극복하다 leküzd vmilyen hátrányt; ~ 속에서 뛰어난 성과를 올리다 kiváló eredményeket ér el a kedvezőtlen körülmények ellenére is

악질 명 rossz természet, gonosz természet

악취 명 rossz szag, kellemetlen szag, bűz, büdösség; ~를 풍기다 bűzlik, büdös, rossz szaga van; ~를 없애다 szagtalanít; ~가 코를 찌른다 Egy rossz szag facsarja az orrát.

악평 명 rossz kritika; ~을 하다 rosszindulatú kritikával illet

악필 [명] csúnya / olvashatatlan kézírás; ~이다 csúnyán ír, csúnya kézírása van

악-하다 [형] gonosz, rossz; ~한 사람 gonosz / rossz ember; ~한 짓을 하다 rosszat tesz; 성질이 ~하다 rossz / gonosz természetű

악화-하다, -되다 [동] rosszabbodik, romlik; ~ [명] rosszabbodás, romlás; ~시키다 elront; 그 나라의 경제 상태는 ~되고 있다 Az ország gazdasági helyzete romlik.

안간힘 [명] ~을 쓰다 visszatartja magát, nem engedi szabadjára az érzéseit; 분을 참느라고 ~을 쓰다 próbálja magába fojtani az ingerültségét

안감 [명] (옷의) bélés

안개 [명] köd; 짙은 ~ sűrű köd; 엷은 ~ vékony ködréteg; ~에 싸인 산 ködborította / -lepte hegyek; ~에 싸인 골짜기 ködlepte völgy; ~ 낀 아침 ködös reggel, ködlepte reggel; ~가 끼다 leszáll a köd; ~가 걷히다 felszáll a köd; 짙은 ~에 싸여 있다 sűrű köd borítja; 런던은 겨울에 ~가 심하다 Londont telente sűrű köd lepi el.; 공항이 짙은 ~에 갇혀서 출발까지 두 시간이나 기다려야 했다 A repteret ellepte a köd, úgyhogy két órát kellett várnunk az indulásra.; ~ 속에 싸이다 ködlepte, ködös, misztikus

안건 [명] téma, tárgy, ügy; napirendi pont; 중요 ~ fontos téma

안경 [명] szemüveg; 테 없는 ~ keret nélküli szemüveg; 도수가 높은 ~ erős / vastag szemüveg; 원시 / 근시용 ~ távollátó / közellátó szemüveg; ~을 쓰다 felteszi a szemüvegét; ~ 너머로 보다 a szemüvege felett néz; ~ 다리 szemüvegszár; ~ 알 lencse; ~ 자국 szemüveg miatti nyomok / foltok (a bőrön)

안경점 [명] szemüvegbolt

안경집 [명] szemüvegtok

안경테 [명] szemüvegkeret

안과 [명] szemészet(tan); szemészeti osztály; ~에 가다 a szemészetre megy

안과의사 [명] szemész, szemorvos: 그의 아버지는 ~다 Az apja szemész.

안구 [명] szemgolyó

안구염 [명] szemgyulladás

안기다 [동] ❶ az ölében tart; 아기가 엄마 품에 ~ a gyerek az anyja ölében van; 자연의 품에 ~ a természet lágy ölén van; 안기어 자다 alszik vkinek az ölében / a karjaiban ❷ odaad; 어머니한테 아기를 ~ odaadja az újszülöttet az anyának; 친구에게 책임을 ~ az összes felelősséget egy barátra ruházza; 선물을 ~ elajándékoz vmit vkinek

안내-하다 [동] kísér, vezet; tájékoztat; ~ [명] kísérés, vezetés; értesítés; 거실로 ~하다 bevezet a nappaliba; 그 소녀는 나를 좌석으로 ~했다 A lány a helyemre vezetett.; 우리는 그의 ~로 연구소를 견학했다 A vezetésével végigmentünk a kutatóintézeten.

안녕 szervusz!, szevasz!

안녕-하다 jó egészségnek örvend; jól van, minden rendben van vele; ~ [명] köznyugalom, béke, közbiztonság; 나라의 ~ 질서를 유지하다 gondoskodik a békéről és rendről az országban; ~하십니까 Jó napot (kívánok)! Hogy van?; ~히 가세요 / 계세요 Viszontlátásra!

안다 [동] ❶ a karjaiban / ölében tart; 우는 아이를 ~ megölel / ölbe vesz egy síró gyermeket; (서로) 부둥켜 ~ megölelik egymást, egymás karjaiba / nyakába borulnak ❷ szemben megy vmivel; 바람을 안고 가다 széllel szemben megy ❸ átvállal, átvesz, levesz vmit vki válláról; 빚을 ~ átvállalja vki más terhét

안달-하다 명 nyugtalankodik, aggódik, türelmetlenkedik; ~ 명 nyugtalankodás, türelmetlenség; ~하여 병이 나다 betegre aggódja magát; 출발을 못해 ~을 하다 türelmetlenkedik az indulás miatt; alig várja, hogy mehessen

안대 명 szemkötő, szemkötés; ~를 하다 be van kötve a szeme, kötés van a szemén

안도-하다 명 megkönnyebbül; ~ 명 megkönnyebbülés; ~의 한숨을 쉬다 megkönnyebbülten felsóhajt; 네가 무사히 도착했다는 말을 듣고 ~했다 Nagy megkönnyebbülés volt hallani, hogy rendben megérkeztél.

안되다 형 ❶ nincs kész; füstbe megy, kudarcba fullad, meghiúsul; 그렇게는 안 될걸 Nem úgy lesz, ahogy hiszed! ❷ (금지) tilos, nem szabad, nem megengedett; 거짓말을 해서는 안 된다 Eszedbe ne jusson hazudni! Ne hazudj!; 개를 차에 태우면 안 된다 Kutyát az autóba bevinni tilos! ❸ (쓸모없다) nem megy, nem fog működni, nem használ; 그 정도 돈으로는 안 된다 Az a pénz nem lesz elég.; 이 기계는 작동이 안 된다 Ez a gép nem működik. ❹ (필요) szükséges, nélkülözhetetlen; 소금은 우리 몸에 없어서는 안 된다 A só nélkülözhetetlen szervezetünk számára. ❺ kell, muszáj, kötelező; 10시까지 돌아오지 않으면 안 된다 Tízig vissza kell érned! 이 집은 수리하지 않으면 안 된다 Ezt a házat fel kell újítani. ❻ (부족 · 미달) kevesebb; vmi alatt; 여섯 살이 안 되는 어린이 hat év alatti gyermek; 월급이 백만 원이 안 된다 A fizetésem kevesebb, mint egymillió von.; 그것은 버스 값도 안 된다 Ez még egy buszjegyre sem elég. ❼ sajnál vmit, sajnálatos; 보기에 안됐다 sajnálatos látni

안락-하다 형 kellemes, kényelmes; ~한 생활 kellemes élet

안마사 명 masszőr; ~를 부르다 masszőrt hív

안마-하다 동 masszíroz; ~ 명 masszázs, masszírozás; ~ 시술소 masszázsszalon; ~를 받다 megmasszírozzák, kap egy masszázst

안면 명 ❶ arc, megjelenés; ~ 경련 arcrángás; ~ 신경 마비 (의학) arcbénulás ❷ ismeretség; 서로 ~이 있다 látásból ismerik egymást, már korábban találkoztak; 나는 그와 ~은 있으나 아직 이야기는 나누어 보지 못했다 Látásból ismerem, de még sosem beszéltem vele.

안목 명 értékelő, értéket látó, minőséget észrevevő szem; 골동품에 대한 ~이 있다 jó szeme van a régiségekhez; 예술가로서의 ~을 기르다 fejleszti a művészi látásmódot / megítélést

안무가 명 koreográfus, tánctanár

안무-하다 동 koreografál, táncot tervez; ~ 명 koreográfia

안방 명 szülői hálószoba

안배-하다 동 eloszt, elrendez; ~ 명 elosztás, elrendezés; 정당들이 정부 요직을 서로 ~한다 A kormányzati posztokat elosztják egymás között a pártok.

안보 명 nemzeti (köz)biztonság; 국가의 ~ 문제 ország (köz)biztonságának a problémái; 국민들의 ~ 의식 biztonságra

ㅇ

vonatkozó közfelfogás

안부 명 hogylét, állapot; ~를 묻다 érdeklődik vki hogyléte felől; ~를 걱정하다 aggódik vki hogyléte miatt; 김 선생에게 ~전해 주십시오 Adja át üdvözletemet Kim úrnak!

안색 명 arcszín; arckifejezés; ~이 좋다 egészségesnek látszik; 아무의 ~을 살피다 próbálja leolvasni vki arckifejezését; 그것을 본 순간 그는 ~이 변했다 Elsápadt, amikor meglátta.; 그는 ~ 하나 바꾸지 않고 그 소식을 들었다 Rezzenéstelen arccal hallgatta a híreket.

안성맞춤 a legalkalmasabb, a legmegfelelőbb, a leginkább jó, igazi; ~의 날씨 megfelelő / alkalmas idő(járás); 그에게 ~의 일 a leginkább neki való munka; 그 사람은 이 일에 ~이다 Ő a legalkalmasabb erre a munkára.

안식교 명 adventisták, adventista felekezet, adventista egyház

안식년 명 kutatóév

안식일 명 pihenőnap, az Úr napja; (zsidó) szombat; ~을 지키다 pihenőnapot tart; ~을 안 지키다 megszegi a pihenőnapot

안식처 명 nyugodt hely, békés hely, oltalom; 종교에 ~를 구하다 megváltást / megnyugvást talál a vallásban

안심-하다 동 megnyugszik, megkönnyebbül; ~시키다 megnyugtat vkit; 그가 그렇게 말하니 ~이 된다 Megnyugtat, amit mond.; 그 소식에 ~이 됐다 Megnyugtatóak voltak a hírek.; 다 잘 될 것이니 ~해라 Nyugodj meg, jól mennek majd veled a dolgok.; 그 사람이면 ~하고 일을 맡길 수 있을 거다 Rábízhatod a munkát. Megbízhatod a munkával.; 틀림없이 합격할 테니 ~해라 Megnyugtathatlak, hogy át fogsz menni a vizsgán.

안쓰럽다 동 szánakozik; 밤낮으로 공부만 하는 한국 학생들이 ~ Szánakozom az éjjel-nappal tanuló koreai diákokon.

안약 명 szemcsepp; ~을 넣다 cseppent a szemébe, szemcseppet használ

안이-하다 형 könnyű, leegyszerűsített; ~하게 생각하다 túl könnyedén veszi a dolgokat

안일-하다 형 unalmas, semmilyen, üres, egyhangú; ~한 생활 leegyszerűsített / egyhangú élet

안장 명 nyereg; ~을 지우다 felnyergel; ~을 풀다 leveszi a nyerget

안전벨트 명 biztonsági öv; ~를 매어 주십시오 (게시) Kapcsolja be a biztonsági övet!

안전사고 명 biztonsági előírások megszegésével okozott baleset

안전성 명 biztonság

안전-하다 형 biztonságos, veszélytelen, biztos; ~ 명 biztonság; biztosíték; ~한 방법 biztonságos módszer; ~한 장소 biztonságos hely; 일신의 ~을 도모하다 csak a saját biztonságával törődik; ~을 위협하다 veszélyezteti vmi / vki biztonságát; ~상의 이유로 창문에 창살을 설치했다 Biztonsági okokból rácsokat helyeztünk az ablakokra.; 이 건물은 지진에 ~하게 설계되어 있다 Ez az épület földrengésbiztos.; ~ 수칙 biztonsági előírások; ~ 유리 biztonsági üveg; 총의 ~장치를 풀다 kibiztosítja a pisztolyt; 아이들에게 교통~에 관해서 가르치는 일은 매우 중요하다 Nagyon fontos megtanítani a gyerekeket a biztonságos közlekedésre.

안절부절-못하다 동 nyugtalankodik, türelmetlenkedik, idegeskedik; ~ 못하는 사람 nyugtalan ember;; 그는 네가 좀처럼 오지 않아(서) ~ 못했다 Idegesített, hogy késtél.

안정 명 ❶ pihenés, nyugalom; ~을 요하다 pihenésre / fekvésre van szüksége; 의사는 그에게 절대 ~을 명했다 Teljes nyugalmat írt neki elő az orvos. ❷ stabilitás; 나라의 정치적 ~ az ország politikai stabilitása

안정감 명 állandóságérzet; biztonságérzet; ~이 있는 biztonságos, állandó

안주 명 kísérő étel, mellékfogás; 이것은 포도주 ~에 좋습니다 Ez kiválóan illik a borhoz.; ~는 무엇이 있습니까 Mit ajánl a bor mellé?; 포도주 ~가 아무 것도 없습니다 Nem tudok semmivel szolgálni a borhoz.

안주인 명 a ház úrnője / asszonya

안주-하다 동 elégedetten él, nyugalomban él, békében él; 현재의 지위에 ~하고 있다 elégedett jelenlegi helyzetével

안중 명 vki szemében; 그의 ~에는 돈밖에 없다 A pénzen kívül semmi másra nem gondol.

안쪽 명 vminek a belseje; ~에서 열다 belülről (ki)nyit; ~에서 자물쇠를 채우다 belülről bezár; 바깥쪽은 녹색이고 ~은 황색이다 Kívül zöld, belül sárga.

안착-하다 명 biztonságban megérkezik, rendben megérkezik; ~ 명 biztonságos érkezés; ~을 알리다 értesít vkit, hogy biztonságban megérkezett

안치다 동 betesz; 솥에 ~ betesz vmit egy edénybe

안타까워하다 동 sajnál; türelmetlenkedik; 정치의 부패를 ~ sajnálja a politika korruptságát; 남의 불행을 ~ sajnálja más szerencsétlenségét

안타깝다 형 sajnálatos, idegesítő; 보기만 하고 만지지 못하니 ~ Fáj a szíve, hogy nézheti, de nem érintheti.; 참 안타깝구나 Annyira sajnálom!

안테나 명 antenna; 접시형 ~ parabola; 실내 ~ beltéri antenna; ~를 세우다 antennát szerel fel vhova; 집집마다 지붕에 TV ~가 세워져 있다 A tévéantennák minden háztetőre fel vannak szerelve.

안팎 명 ❶ külső és belső; ~의 정세 egy ügy külső és belső körülményei; 집의 ~이 깨끗하다 Kívül-belül ki van takarítva a ház. ❷ többé-kevésbé, úgy..., vagy....; 열흘 ~ vagy tíz napja; 1주일 ~으로 úgy egy héten belül; 비용은 백만 원 ~이 들겠다 Úgy egymillió von lesz a költség.

앉다 동 leül, helyet foglal; (새 따위가) rászáll, leszáll; 잠시도 앉아 있을 새가 없다 túl elfoglalt, hogy leüljön; 앉으십시오 Kérem, foglaljon helyet!; 후임으로 ~ elfoglalja vki helyét; 직업상 앉아만 있는 사람에게는 이것이 좋은 운동이 된다 Ez jó gyakorlat az ülőmunkát végzőknek.; 새가 나뭇가지에 앉아 있다 Egy madár rászáll egy ágra.; 나비가 내 손등에 앉았다 Egy lepke szállt a kézfejemre.

앉히다 동 ❶ leültet; 안락의자에 ~ leültet vkit egy fotelbe / karosszékbe; 손님을 상석에 ~ az asztalfőre ültet egy vendéget ❷ kinevez, kijelöl; 시장 자리에 ~ kinevez / kijelöl vkit a polgármesteri székbe

않다 동 nem, sem, ne, se, nincs, sincs; 덥지도 춥지도 ~ Nem is meleg, nem is hideg.; 그 여자는 예쁘지 ~ Ő nem

ㅇ

szép.; 그 사람은 모자를 쓰지 않는다 Nem hord / visel kalapot.; 그런 짓은 하지 않겠다 Ilyet nem csinálok / teszek.; 그는 이틀이나 아무것도 먹지 않고 지냈다 Nem evett két napig.; 누구에게도 지지 ~ legyőzhetetlen, verhetetlen

알 명 ❶ tojás, (hal)ikra; 새~ madártojás; 생선~ halikra, kaviár; ~을 낳다 (tojást) tojik; (물고기가) lerakja az ikráit; ~을 품다 kotlik; ~을 까다 kotlik, (tojást) költ; ~을 깨다 feltör egy tojást ❷ golyó; 눈~ szemgolyó; 안경~ szemüveglencse; 탄~ lövedék; 콩~만 하다 nem nagyobb egy borsónál; 이 포도는 ~이 잘다 Ezen a fürtön kicsik a szőlőszemek.

알갱이 명 mag, szem, bél

알거지 명 szegény, nincstelen; ~가 되다 nincstelenné válik, semmije sem marad, mindent elveszít

알고리즘 명 algoritmus

알다 동 ❶ ismer, tud; tudomása van vmiről; 아는 것이 병 (속담) Jobb, ha nem tud semmit.; 미국을 잘 ~ jól ismeri az USA kultúráját; 전혀 알지 못하다 egyáltalán nem tud / ismer vmit; 아는 체하다 úgy tesz, mintha tudna vmit; 이럴 줄 알았다면 오지 않았을 텐데 Ha tudtam volna, hogy mi lesz (itt), (biztos, hogy) nem jöttem volna. ❷ ért, megért, felfog, követ vmit; 전기의 사용법을 알고 있다 megérti, hogyan kell használni az áramot; 말이 너무 빨라서 무슨 말을 하는 건지 알 수가 없다 Olyan gyorsan beszélsz, hogy nem tudlak követni. ❸ rájön vmire, felismer vmit; 그의 얼굴 표정으로 나를 싫어하는 걸 알았다 Rájöttem az arkifejezéséből, hogy nem kedvel.; 대번에 그것이 위조지폐임을 알았다 Első pillantásra rájöttem, hogy hamis pénz volt.; 친구는 아니고 그저 아는 사이다 Ő nem barát, csak egy ismerős.; 그와는 여러 해 동안 알고 지냅니다 Évekkel ezelőtt ismerkedtem meg vele.; 내가 알 바 아니다 Semmi közöm ehhez.

알뜰-하다 형 rendes, takarékos; ~한 살림 rendes élet; ~한 주부 takarékos háziasszony

알레르기 명 allergia; ~를 일으키다 allergiás lesz vmire, allergiát vált ki vkiben; 나는 꽃가루 ~가 있다 Allergiás vagyok a virágporra. Pollenallergiám van.; ~ 반응 allergiás tünet; ~성 비염 allergiás nátha / orrdugulás; ~성 질환 allergiás betegségek

알려지다 동 ismertté válik

알루미늄 명 alumínium; ~ 새시 alumíniumlemez; ~ 제품 alumíniumáru; ~ 합금 alumíniumötvözet

알리다 동 tudat, tájékoztat, közöl, jelez, szól, jelent, értesít; 일어난 일을 아무에게 ~ tájékoztat vkit az eseményekről / a történtekről; 일주일 전에 ~ egy héttel előre tudat vkivel vmit; 전화로 ~ telefonon tájékoztat vkit vmiről; 나쁜 소식을 ~ (rossz) hírt közöl; 종소리가 새벽을 알린다 jelzi a harang a napkeltét; 될 수 있는 대로 빨리 알려 다오 Mihamarabb tájékoztass! Szólj, amilyen hamar csak lehet!; 이 사건을 경찰에 알렸다 Jelentettem az ügyet a rendőrségen.; 알려 드리지 못한 점 사과 드리겠습니다 Tartozom Önnek egy bocsánatkéréssel, amiért nem szóltam Önnek.; 그는 자신의 결혼을 아무에게도 알리지 않았다 Senkivel sem közölte a házasságát.

알맞다 형 alkalmas, megfelelő; mértékletes, mértéktartó, visszafogott; 알맞은 때에 a legalkalmasabb időben; 알맞은 가격 elfogadható ár; 사과 재배에 알맞은 기후 almatermesztésre alkalmas éghajlat; 네 모자에는 이 리본이 ~ Ez a szalag illik a kalapodhoz.; 술도 알맞게 마시면 약이 된다 A mértékkel fogyasztott bor jó az egészségnek.

알맹이 명 ❶ (과실 속) szem, hús, bél; 땅콩의 ~ mogyoróbél ❷ lényeg, tartalom; ~없는 책 silány tartalmú könyv; ~없는 강연 üres / semmitmondó előadás

알몸 명 meztelenség, ruhátlanság, pucérság; ~이 되다 pucérra / meztelenre vetkőzik

알선-하다 동 közvetít; intézkedik; ~ 명 közvetítés; 일자리를 ~해 주다 segít vkinek munkát keresni / találni

알쏭달쏭-하다 형 bizonytalan, kihámozhatatlan. zavaros; ~한 문제 bizonytalan kérdés; ~한 태도를 취하다 bizonytalankodik; 말의 진의가 ~하다 A szó tényleges jelentése bizonytalan.

알아내다 동 rájön, megtud, felismer; lenyomoz, felkutat, rátalál, felkeres; azonosít; kihámoz; 남의 비밀을 ~ rájön vkinek a titkára; 관용구의 유래를 ~ felkutatja egy szólásmondás eredetét; 소문의 출처를 ~ lenyomozza egy szóbeszéd / pletyka eredetét; 병원체를 ~ azonosítja a vírust; 답을 ~ megoldást talál egy problémára; 경찰은 테러범들의 아지트를 알아냈다 A rendőrség rátalált a terroristák búvóhelyéül szolgáló házra.

알아듣다 동 megért, felfog; felismeri vki hangját, hallás után megkülönböztet; 알아듣도록 설명하다 érthetően elmagyaráz; 농담을 ~ megért egy viccet; 잘못 ~ félrehall vkit; félreért vkit; 알아듣기 힘들다 nehezen hallható; 그는 내 말을 알아듣지 못했다 Nem értette, amit mondtam.; 무슨 소린지 도무지 알아들을 수가 없네 Hát, ez nekem kínai.

알아맞히다 동 jól tippel, kitalál; 그녀는 내가 무엇을 걱정하는지 정확히 알아맞혔다 Kitalálta, mi bajom van.; 어디 누가 알아맞히나 보자 Lássuk, ki tippel jól.

알아보다 동 ❶ kérdez / érdeklődik vmi / vki felől, megtudakol vmit; 호텔에 방이 있나 ~ szoba felől érdeklődik egy szállodában; A씨의 품성에 관하여 전 회사에 ~ érdeklődik A. úr felől a korábbi munkáltatójánál; 사무실에 알아보세요 Kérem, érdeklődjön az irodában!; 나는 범죄 심리에 관한 문헌이 있는지 사서한테 알아보았다 A könyvtárosnál érdeklődtem, van-e kriminálpszichológiai irodalmuk. ❷ meggyőződik, megbizonyosodik, kiismer; 소식의 사실 여부를 ~ meggyőződik a hír valódiságáról ❸ emlékszik vmire / vkire, felismer / megismer vmit / vkit; 이 아이는 벌써 엄마 얼굴을 알아본다 A csecsemő már felismeri édesanyja arcát.; 나를 알아보시겠습니까 Megismersz?

알아주다 동 elismer, megért, átérez; értékel, figyelembe vesz, komolyan vesz; 아무의 진가를 ~ értékeli vki valódi énjét; 그는 한국에서 알아주는 사업가이다 Ő elismert üzletember Koreában.; 제 어려움을 알아주십시오 Próbálja megérteni a nehézségeimet!

알아차리다 동 előre lát, korábban felismer; 경제적 어려움을 ~ előre látják a gazdasági nehézségeket

알아채다 동 rájön vmire, tudomására jut vmi, megtud vmit; 위험이 닥쳐오고 있음을 알아챘다 Felismertem a felém közeledő veszélyt.; 그가 일찍 떠난 것을 알아챘다 Tudomásul vettem, hogy korán elment.

알약 명 tabletta; 두 개의 아스피린 ~ két tabletta aszpirin

알짜 명 a legjobb dolog, vmiből a legjobb; 도둑이 ~만 가져갔다 A tolvaj mindenből a legjobbat vitte magával.

알칼리성 명 lúgosság; ~ 반응 lúgos reakció; ~ 식품 lúgos étel; ~ 토양 lúgos talaj

알코올 명 alkohol, szesz; ~에 담그다 alkoholba áztat, alkoholba márt vmit; ~로 상처를 소독하다 alkohollal kitisztít egy sebet, alkohollal átmos / kimos egy sebet; 공업용 ~ ipari szesz; 에틸 ~ etilalkohol; 혈중 ~ 농도 véralkoholszint

ㅇ

알코올중독 명 alkoholfüggőség; ~이 되다 alkoholfüggőségben szenved

알토 명 alt; ~ 가수 alt énekes

알파 명 alfa; ~와 오메가 vminek az alfája és az omegája; ~선 (물리) alfa sugarak; ~ 입자 (물리) alfa-részecske

알파벳 명 ábécé, betű; ~ 순으로 늘어놓다 betűrendbe állít, betűrend szerint rak sorba

알현-하다 동 meghallgat vkit, fogad vkit; ~ 명 vkinek a fogadása / meghallgatása; 교황은 그에게 ~을 허락했다 A pápa beleegyezett a fogadásába. A pápa meghallgatást engedélyezett neki.

앎 명 tudás, ismeret

앓다 동 ❶ szenved vmiben, megbetegszik; 감기를 ~ megfázásban szenved ❷ terheli / gyötri / kínozza vmi; 많은 빚 때문에 골치를 ~ súlyos adósságok terhelik; 앓던 이 빠진 것 같다 hirtelen megkönnyebbül; 아들 때문에 어머니는 늘 골머리를 앓고 있다 Folyamatos fejfájást okoz a fia az anyjának.

앓아눕다 동 ágyhoz kötött, nyomja a betegágyat

암 명 (의학) rák; 발~ 물질 rákkeltő; ~ 세포 rákos sejt; 직장~ végbélrák; 폐~ tüdőrák; 위~ gyomorrák; 유방~ mellrák; ~ 검진을 받다 rákszűrésre megy; ~으로 죽다 belehal a rákba, rákban hal meg; 식도에 ~이 생겼다 Rák alakult ki a nyelőcsövemben.; 그는 ~에 걸렸다 Rákos. Rákja van.; ~이 그의 온몸에 퍼졌다 A rák szétterjedt az egész testében / szervezetében.; ~은 조기 발견하면 나을 수 있다 Az időben diagnosztizált rák kezelhető. A korai stádiumban diagnosztizált rák gyógyítható

암갈색 명 sötétbarna

암거래 명 feketekereskedelem, zugkereskedelem, feketézés, titkos üzlet, titkos megállapodás; ~를 하다 feketepiacon árul vmit, feketén árul; ~를 단속하다 felkutatja a feketekereskedelmet; 그는 그들과 무언가 ~를 하고 있는 것 같다 Azt gyanítom, hogy ő feketézik velük.; ~ 시장 feketepiac

암기-하다 동 memorizál, bemagol, megtanul; ~ 명 memorizálás, bemagolás, megtanulás; 그는 무엇이든지 ~하고 있다 Mindent memorizál.; 그는 ~를 잘 한다 Kitűnik / Jeleskedik a memorizálásban.

암내 명 ❶ a tüzelő nőstény szaga; ~를

내다 tüzel; 개가 ~를 내다 Tüzel a kutya. ❷ hónaljszag, testszag; 그는 ~가 난다 Bűzlik a teste.

암담-하다 형 rossz, ködös, homályos, bizonytalan; 앞날이 ~하다 Rosszak a kilátások. A jövő homályos.

암모늄 명 (화학) ammónium; 염화 ~ ammónium-klorid

암모니아 명 (화학) ammónia; ~ 냉동법 ammóniás hűtés / fagyasztás; ~ 비료 ammonit; ~수 ammóniavíz; 액체 ~ ammónia folyadék

암반 명 kőzetréteg

암벽 명 sziklafal; 필사적으로 ~을 기어오르다 vakmerően mászik felfelé a sziklafalon; ~ 등반 sziklamászás

암산-하다 동 fejben számol; ~ 명 fejben számolás

암살자 명 merénylő

암살-하다 동 merényletet követ el vki ellen; ~ 명 merénylet; ~을 기도하다 merényletet terveznek vki ellen; ~ 미수 sikertelen / meghiúsult merénylet

암석 명 kő; szikla; ~이 많은 sziklás; ~층 kőzetréteg

암세포 명 rákos sejt

암소 명 tehén

암수 명 nőstény és hím

암시-하다 동 céloz vmire, sugall vmit, jelez, tudat vmit; ~ 명 célzás, sugallat; 그는 그 비밀을 알고 있음을 ~했다 Célzott arra, hogy ismeri azt a titkot.

암자 명 kis buddhista templom / kolostor, remetelak; ~를 짓다 kolostort épít

암컷 명 nőstény; 그것은 ~이냐 수컷이냐 Mi a neme?; ~인지 수컷인지 모르겠다 Nem ismerem a nemét.

암탉 명 tyúk, csirke; (햇닭) jérce; ~이 울면 집안이 망한다 (속담) Egy rikácsoló feleség tönkreteszi az egész családot.

암투 명 eltitkolt háború, leplezett ellenségeskedés / viszály; 그들 사이에는 끊임없는 ~가 벌어지고 있다 Állandó leplezett ellenségeskedés van köztük.

암표 명 feketén vett jegy

암행어사 명 titkos királyi kém

암행-하다 동 titokban jár; ~ 명 titkos utazás / felderítés

암호 명 jelszó, jel, kód; ~로 적다 kódol vmit; ~로 통신을 보내다 kódolt üzenetet küld

암회색 명 hamvas szín, szürkés szín; ~이 도는 hamvas, szürkés

암흑 명 sötétség, feketeség; 불이 다 나가서 우리는 ~ 속에 있었다 Kialudtak a fények, és sötétben maradtunk.

암흑시대 명 sötét kor, sötét időszak; (중세 유럽의) a sötét középkor

압도적 túlnyomó, elsöprő, megsemmisítő; ~ 승리를 거두다 elsöprő győzelmet arat vki felett; ~ 다수로 당선되다 elsöprő / túlnyomó többséggel győz a választáson; 그 법안은 ~ 다수로 가결되었다 Elsöprő többséggel szavazták meg a javaslatot / indítványt.

압도-하다 동 megelőz, jobb vmiben, előnyben van; 이 부문에서는 한국제품이 일본 제품을 시장에서 ~하고 있다 Ezen a területen a Koreában készült termékek megelőzik a Japánban készülteket a piacon.

압력 명 nyomás; ~을 줄이다 csökkenti a nyomást; 증기의 ~을 올리다 emeli a gőznyomást; ~에 굴하다 meghajlik vkinek a nyomása alatt; 타이어의 ~이 정상인가 살펴보다 megnézi / ellenőrzi, hogy jó-e a keréknyomás; 대기 ~ légnyomás

압력솥 명 kukta

압류-하다 동 zár alá vesz, elkoboz, lefoglal; ~ 명 zár alá vétel, elkobzás, lefoglalás; 재산을 ~하다 zár alá veszi vki vagyonát; 물품을 ~하다 lefoglalja vkinek az áruit; ~ 딱지를 붙이다 megjelöli a lefoglalt árukat

압박-하다 동 elnyom; gyötör, kínoz; ~ 명 elnyomás; 가난하고 약한 사람을 ~하다 elnyomja a szegényeket és a gyengéket; 언론의 자유를 ~하다 elnyomja a szólásszabadságot; 여론의 ~으로 정부는 증세 계획을 포기했다 A kormányköznyomásra feladta adóemelési tervét.

압수-하다 동 lefoglal, elvesz, bevon; ~ 명 lefoglalás, elvétel, bevonás; 서류를 ~하다 lefoglalja a papírokat; 면허증을 ~ 당하다 bevonják / elveszik vkinek az engedélyét; 경찰은 밀수입된 향수를 ~했다 A rendőrség lefoglalta a csempészett parfümöket.; ~ 수색 영장 lefoglalási és házkutatási parancs / engedély

압승-하다 동 elsöprő győzelmet arat vki felett; ~ 명 elsöprő győzelem; 총선거에서 K당은 ~했다 A K párt elsöprő győzelmet aratott a választásokon.

압정 명 rajzszög; ~으로 고정시키다 kiszögez vmit; 게시물을 벽에 ~으로 고정시키다 kiszögez egy üzenetet a falra

압축-하다 동 sűrít, kompresszál; ~ 명 sűrítés, kompresszálás; (컴퓨터) tömörítés; ~ 가스 sűrített gáz; ~ 냉동기 kompresszoros hűtő; ~ 천연가스 sűrített természetes gáz; ~ 펌프 kompresszor

앗 Jaj, Istenem!, Atyaúristen, Jézus Mária! Ó, ne!; ~ 큰일 났군 Úristen!; ~ 아파 Áú! Fáj!

앗아가다 동 kitép, elvesz, elrabol; 그는 내 손에서 편지를 앗아갔다 Kitépte a kezemből a levelet.; 흑사병은 수많은 인명을 앗아갔다 A pestis emberek ezreinek életét követelte.

앙갚음-하다 동 megbosszul vmit, visszaad / visszafizet vmit vkinek; ~ 명 bosszú, vminek a visszaadása / visszafizetése; 똑같은 수법으로 ~하다 ugyanazt adja vissza, mint amit kapott; szemet szemért elv

앙금 명 üledék, leülepedett rost, kicsapódott / kivált anyag; (술 따위의) üledék, vminek a sűrűje; ~이 앉아 와인이 맑아졌다 A leülepedés után kitisztult a bor.

앙상-하다 형 csontsovány; ~해지다 csont és bőr lesz, lesoványodik, lefogy; 몰골이 ~한 사람 csontsovány ember, csont és bőr ember; ~한 나뭇가지 lecsupaszodott ágak

앙숙 명 esküdt ellenség; 고양이와 쥐는 ~이다 A macska az egér esküdt ellensége.

앙증맞다 형 kicsinyke, piciny, parányi, ici-pici; 그 개는 ~ A kutya nagyon kicsi / apró / piciny.

앙칼지다 형 éles, szúrós; indulatos, lobbanékony; 앙칼진 말을 하다 szúrós megjegyzéseket tesz; 그녀는 앙칼지게 대답했다 Éles hangon válaszolt.

앙케이트 명 kérdőív; ~ 조사를 하다 kérdőíveket töltet ki; 이 자료는 60명의 대학생을 대상으로 한 ~를 바탕으로 얻은 것이다 Ez az adat hatvan egyetemi hallgató által kitöltött kérdőívből származik.

앙코르 명 ráadás, visszatapsolás; 세 번 ~를 받아 노래하다 három ráadást énekel, háromszor tapsolják vissza; ~를 청하다 visszatapsolják

앙탈 명 káripakodás; ~을 부리다 káripakodik vkire

앞[1] 명 ❶ (전면) vmi előtt, vmi elé, előre, előrébb; 50미터쯤 ~에 úgy 50 méterre előre; ~에 앉다 előre ül; 곧장 ~으로 가세요 Menjen egyenesen előre!; 3시에 도서관 ~에서 기다릴께 A könyvtár előtt foglak várni háromkor.; 그는 우리의 몇 발짝 ~에서 걷고 있었다 Pár lépéssel előttünk ment.; 그의 머리는 ~이 하얗게 세어 있다 Elöl ősz a haja.; 그는 바로 내 눈 ~에서 그런 짓을 했다 A szemem előtt tette.; 만인은 법 ~에 평등하다 A jog előtt minden ember egyenlő. ❷ korábban; ~에서 말한 바와 같이 amint azt már korábban említettük, amint az már korábban említésre került ❸ (눈앞) vkinek a szeme előtt; (시력·시각) látás; 그는 ~을 못 본다 Nem vesz észre vmit, ami az orra előtt van. Ő vak.

앞[2] ❶ (편지 따위의) vkinek címezve; 김씨 ~으로 온 편지 Kim úrnak címzett levél; 네 ~으로 편지가 왔다 Van egy leveled. Jött neked egy levél. ❷ (몫) egyenként, egyesével; 학생 한 사람 ~에 연필 두 자루씩 주었다 Két ceruzát adtam minden (egyes) diáknak. ❸ vkinek a részére; 홍씨 ~으로 어음을 발행하다 csekket ír Hong úr részére

앞가슴 명 mell(kas)

앞구르기 명 előre bukfenc

앞길 명 ❶ vkinek az útja; ~을 가로막다 vkinek az útjában áll; 우리 ~에 숲이 있다 Útban van egy erdő. ❷ a jövője / kilátásai; 나의 ~은 암담하다 Kilátástalan a jövőm.; 당시 한국의 ~은 암담했다 Abban az időben Korea jövője kilátástalannak tűnt.; 나는 저 애의 ~이 걱정된다 Aggódom annak a gyereknek a jövőjéért.; 우리의 ~에는 수많은 어려움이 가로놓여 있다 Számos nehézség vár ránk.

앞날 명 elkövetkezendő idő, jövő; élete hátralévő része; ~을 위해서 돈을 모으다 pénzt gyűjt a jövője érdekében; 먼 ~의 일까지 생각하다 foglalkozik / törődik a távoli jövővel; 아무의 ~을 걱정하다 aggódik vkinek a jövője miatt; 나는 아들의 ~이 걱정 된다 Nyugtalan vagyok a fiam jövője miatt.; ~은 언제나 불확실한 것이다 Sosem lehet tudni, mit hoz a jövő.

앞당기다 동 előrehoz vmit; 결혼 날짜를 사흘 ~ előrébb hozza az esküvőjét három nappal; 예정 시일보다 두 달이나 앞당겨 완성되다 két hónappal a határidő letelte előtt végez

앞두다 동 vmennyi idő van hátra; 열흘(을) ~ tíz napja van még hátra vmire; 시험을 앞두고 학생들은 몹시 바쁜 것 같다 A diákok nagyon elfoglaltnak tűnnek az elkövetkezendő vizsga miatt.

앞뒤 명 elöl és hátul, előre-hátra, elölről-hátulról; ~가 맞지 않는 összevissza, összefüggéstelenül; ~로 움직이다 előre-hátra mozgat vmit; ~가 맞지 않는 변명 gyenge kifogás; 네 말은 ~가 맞지 않는다 Összevissza beszélsz.

앞마당 명 előkert

앞머리 명 homlok

앞발 명 (소·말 따위의) mellső láb; ~질하다 kapar a mellső lábaival

앞부분 명 az eleje, az elülső része

앞서 부 korábban, előzőleg, hamarabb,

ㅇ

előrébb; 예정 시간보다 ~ 출발하다 idő előtt indul, hamarabb / korábban indul; ~ 가십시오 Kérem, menjen előrébb!; 출발에 ~ 그녀에게 감사의 편지를 썼다 Indulásom előtt írtam neki egy köszönőlevelet.

앞서다 동 vki előtt megy, vki előtt halad; vezet, első a sorban; (문화·산업 기술 등이) fejlett; (우선하다) mindennél fontosabb, mindent megelőz, legelső; 앞서서 걷다 vki előtt megy; 앞선 기술 fejlett technológia

앞세우다 동 előre állít, előrébb helyez; fontosabbnak tart, elsőbbséget élvez; 행렬에 악대를 ~ a menet legelejére állítja a zenekart

앞자락 명 az eleje

앞장서다 동 vezet vmit, irányít vmit, vminek az élén áll; 앞장서서 걷다 vminek az élén / elején megy; 유행에 ~ vezeti / diktálja a divatot

앞줄 명 első sor

앞지르다 동 megelőz, vmi / vki elé kerül; átveszi a vezetést, felülmúl vkit; 다른 차를 ~ megelőzi az előtte lévő autót; 적지 않은 후배들이 그를 앞질렀다 Jó néhány, nála fiatalabb férfi lehagyta.

앞집 명 vmivel szemben lévő ház, szembeszomszéd

앞치마 명 kötény; ~를 입다 kötényt vesz fel

애 명 erőfeszítés, megerőltetés; ~를 쓰다 erőfeszítéseket tesz, megerőlteti magát; ~가 타다 aggódik / ideges / izgatott vmi miatt

애간장 명 aggodalom, szív összetörése; 그녀는 아들의 일로 ~을 태우고 있다 Annyit aggódik a fia miatt.; 그 소식을 듣고 ~을 태웠다 Meghasadt a szívem a hír hallatán.

애견 명 öleb, kedvtelésből tartott kutya; ~ 센터 kutyakozmetika

애교 명 csábos, vonzó, bájos viselkedés; ~를 부리다 elbűvölően / bájosan viselkedik; 그녀는 꽤 ~가 있다 Ő nagyon elbűvölő személyiségű.

애국 명 hazafiasság, hazaszeretet; ~ 선열 háborús hős

애국가 명 nemzeti himnusz; 여러분, ~ 제창이 있겠습니다 Hölgyeim és Uraim, énekeljük el együtt nemzeti himnuszunkat!

애국심 명 hazafiság, patriotizmus

애국자 명 hazafi, patrióta

애꿎다 형 ok nélküli, igazságtalan; ártatlan; 애꿎은 사람 ártatlan ember; 애꿎은 동생에게 화풀이 하다 ártatlan kisöccsén tölti ki haragját

애니메이션 명 animációs film, rajzfilm

애당초 a legelső alkalom, legelőször

애도-하다 동 részvétet nyilvánít, kifejezi együttérzését; ~ 명 részvét, együttérzés; 충심으로 ~의 뜻을 표합니다 Kérem, fogadja részvétemet!

애독자 명 könyvbarát; előfizető; rendszeres olvasó; 이 잡지는 ~가 많다 Ennek a lapnak sok a rendszeres olvasója.

애로 명 nehézség, akadály; 자금 부족이 생산의 ~가 되고 있다 A tőkehiány nehézséget / akadályt jelent a termelésben.

애매모호-하다 형 homályos, ködös; kiszámíthatatlan; ~한 말 homályos beszéd

애매-하다 형 ártatlan; ~한 사람을 죽이다 megöl egy ártatlan embert; ~하게 도둑

누명을 쓰다 ártatlanul lopással vádolják; ~하게 꾸중을 듣다 alaptalanul / oktalanul kap szidást

애무-하다 동 simogat, szeretget, ölelget; ~ 명 simogatás, ölelgetés, szeretgetés; 그는 그녀의 얼굴을 사랑스러운 듯이 ~했다 Szeretetteljesen megsimogatta a nő arcát.

애송이 명 éretlen, zöldfülű, taknyos (kölyök); ~인 주제에 그렇게 시건방진 소리 좀 하지 마라 Ne beszélj ilyen pimaszul, te taknyos (kölyök)!

애수 명 szomorúság, bú, bánat, pátosz; ~를 띤 노랫소리 szomorú / gyászos énekhang; 이 샹송 가수가 부르면 노래는 일종의 ~를 띤다 Ha ez a sanzonénekes adja elő, ezek a dalok olyan bánatosan szólnak.

애쓰다 동 ❶ energiát fektet vmibe, erőfeszítéseket tesz, fáradozik; 영어를 배우려고 ~ energiát fektet az angoltanulásba; 애쓴 보람이 없었네 Sikertelen volt minden erőfeszítésem. ❷ szolgálatot teljesít, szolgálatban van; 나라를 위해 ~ szolgálja a hazáját; 애써 주셔서 고맙습니다 Köszönöm a szíves fáradozásait!

애완동물 명 a háziállata, kedvenc állata

애용-하다 동 gyakran használ vmit, szívesen használ vmit; ~하는 만년필 a kedvenc töltőtolla; 국산품을 ~하다 előnyben részesíti a hazai termékeket

애원-하다 동 esedezik, könyörög, kérlel; 죄수는 선처를 ~했다 Az elítélt a büntetés enyhítéséért könyörgött.

애인 명 a szerelme, szeretője, kedvese; 청년에게 이틀 전에 ~이 생겼다 A fiatalembernek két napja új szeretője / kedvese van.

애정 명 szeretet, gyengédség, mély érzelem; ~이 없는 결혼 szerelem nélküli házasság, érdekházasság; 그 아이는 부모의 ~에 굶주리고 있다 Ez a gyerek vágyik a szülői gyengédségre.; 딸에 대한 따뜻한 ~이 편지에 스며있었다 A levele tükrözte lánya iránti mély szeretetét.

애착 명 ragaszkodás, kitartás, kötődés; 나는 이 직업에 아무런 ~도 느끼지 않는다 Egyáltalán nem ragaszkodom ehhez az álláshoz.; 오래 써서 길든 만년필에는 누구나 ~을 느끼는 법이다 Mindenki ragaszkodik ahhoz a töltőtollhoz, amit már hosszú ideje használ.

애처롭다 형 sajnál, szán, megszakad a szíve vkiért; 고아이다 보니 더더욱 애처롭게 느껴진다 Egyre jobban sajnálom az árvákat.

애초 명 a legelső alkalom, a kezdetek kezdete; ~에 kezdetben, eleinte, az elején; ~부터 az elejétől / a kezdetektől fogva

애타다 동 ideges, aggódik, félt vmit / vkit; 어린아이의 병이 낫지 않아서 ~ nagyon aggódik a gyereke nem javuló betegsége miatt; 그는 일이 뜻대로 되지 않아서 애가 탔다 Nagyon ideges volt, mivel a dolgok nem úgy történtek, ahogy várta / szerette volna.; 딸이 자정이 넘어 귀가를 해서 그녀는 애가 탔다 Magán kívül volt az idegességtől, mivel a lánya csak jóval éjfél után jött haza.

애틋-하다 형 együttérző; 나이드신 어머니를 ~한 마음으로 바라본다 Együttérzően nézem az idősödő édesanyámat.

애호가 명 (sportért) rajongó, vmit imádó ember

애호박 명 kisméretű cukkini, kis tök

액(운) 명 sorscsapás, szerencsétlenség, baj, balsors, rossz szellem; ~을 막다 távol tartja a szerencsétlenséget; ~을 물리치다 rossz szellemet elkerget / kiűz; ~을 피하기 위해 그런 일을 한다 Azért csinálnak ilyeneket, hogy elkerüljék a szerencsétlenséget.

액면 명 névérték; 소문을 ~ 그대로 받아들이다 szóról szóra elhiszi a pletykát; ~가로 주식을 사다 névértéken vesz részvényt; ~ 가격 névérték, eredeti ár

액세서리 명 kiegészítők, ékszer; ~를 하다 kiegészítőket hord / visel

액션 명 akció, cselekedet; ~ 영화 akciófilm

액수 명 pénzösszeg; ~로 백만 원쯤 nagyjából / körülbelül egymillió von értékben; 상당한 ~ meglehetősen nagy összeg

액자 명 (kép)keret; ~에 끼우다 bekeretez

액체 명 folyadék; ~의 folyékony; ~ 산소 folyékony oxigén; ~ 압력 folyadéknyomás; ~ 연료 folyékony üzemanyag

액화-하다 동 cseppfolyósít, folyadékká alakít; ~ 명 cseppfolyósítás; 암모니아가 ~되다 Az ammónia folyadékká alakul át.; ~ 석유 가스 cseppfolyósított (propán-bután) gáz; ~ 천연 가스 cseppfolyósított földgáz

앨범 명 ❶ album; ~에 끼우다 beleteszi / belerakja a fotókat az albumba, elhelyezi a fotókat az albumban ❷ (음반) nagylemez, CD

앰블란스 명 mentőkocsi, mentőautó, mentők; ~를 부르다 mentőt hív; 환자를 ~로 운반하다 mentővel elvisz egy beteget

앰프 명 hangfal; 그곳에서는 ~로 볼륨을 잔뜩 올린 록밴드가 연주를 하고 있었다 Egy rockzenekar játszott ott, maximális hangerővel.

앳되다 형 fiatalnak látszik, gyerekesnek látszik

앵두 명 (식물) meggy; ~같은 입술 meggyvörös / meggypiros ajkak

앵무새 명 papagáj

야간 명 éjszaka; 미성년자는 ~에 이런 곳에서 일할 수 없다 Egy kiskorúnak nem megengedett éjszaka ilyen helyen dolgozni.; ~ 영업 (게시) éjszaka is nyitva; ~ 경기 éjszakai mérkőzés / meccs; ~ 경비원 éjjeliőr; ~ 근무 éjszakai műszak; ~ 당직 éjszakai ügyelet; ~ 통행금지 kijárási tilalom; ~ 학교에 다니다 esti iskolába jár

야경 명 éjszakai látkép, éjszakai látvány; 서울의 ~ Szöul éjszakai látképe

야광 fényvisszaverő; ~ 도료 fényvisszaverő festék; ~ 시계 fényvisszaverő óralap

야구 명 baseball; ~ 경기를 하다 baseballmeccset játszik; ~(경기)를 보러가다 baseballmeccsre megy; ~ 경기를 TV로 보다 baseballmeccset néz a tévében; 프로 ~ 선수 profi baseballjátékos

야구장 명 baseballpálya, stadion

야권 명 ellenzéki pártok

야근-하다 동 éjszakai műszakban dolgozik; ~ 명 éjszakai ügyelet, éjszakai műszak; 오늘밤 그는 ~이다 Ma éjszakai szolgálatban van.; 나는 한 달에 몇 번씩 ~을 한다 Havonta néhányszor vállalok éjszakai munkát.; ~ 수당 éjszakai pótlék

야기-하다 동 okoz, előidéz, problémát vet fel, vezet vmihez; 분쟁을 ~ vitát idéz elő, vitához vezet; 그것이 중대한 문제를 ~할지도 모른다 Komoly problémához vezethet.; 운전자의 순간적인 부주의가 심각한 사고를 ~한다 A sofőr pillanatnyi figyelmetlensége komoly balesethez vezethet.; 판결은 거리의 폭동을 ~시켰다 Az ítélet utcai zavargásokhoz vezetett.

야단 명 ❶ felkelés, zavargás, lárma, zaj; ~스럽다 zajos, lármás, nagyhangú, hangoskodó, zajongó; ~ 법석 féktelen tivornyázás, zajos zenebona ❷ kellemetlen helyzet, kínos helyzet, gond, probléma, baj; 참 ~ 났다 Micsoda kellemetlen / nehéz helyzetben vagyunk! A dolgok nagyon rosszra fordultak!; 비가 쉬 안 오면 ~ 나겠는데 Ha nem fog hamarosan esni, nagy bajban leszünk.

야단-하다 동 jól leszid, összeszid vkit; ~ 명 szidás, kioktatás; 게으르다고 아들을 ~치다 összeszidja a fiát a lustasága miatt; 허락 없이 놀러갔다고 ~을 맞았다 Leszidtak, amiért engedély nélkül mentem el szórakozni.; 지각하여 선생님께 ~을 맞았다 A tanár nagyon leszidott, amiért elkéstem.

야당 명 ellenzéki párt; ~ 의석 az ellenzéki pártok parlamenti helye; ~ 의원 az ellenzék tagja

야릇-하다 형 szokatlan, eltérő, különös, furcsa, nem hétköznapi, rejtélyes; ~한 기분이 들다 furcsán érzi magát

야만적 barbár, kegyetlen, civilizálatlan; ~ 행동 kegyetlen cselekedet; ~ 행동을 하다 barbárul / vadul viselkedik

야망 명 céltudatosság, ambíció, nagyravágyás, becsvágy; 그의 시도는 ~이 지나쳐서 결국 실패로 끝나고 말았다 Túlságos nagyravágyása miatt nem sikerült a terve.

야맹증 명 farkasvakság

야무지다 형 kitartó, erős, határozott; 야무진 사람 erős / határozott jellem; 솜씨가 ~ jó a kézügyessége

야박-하다 fukar, szűkmarkú, zsugori; ~하게 굴다 fukarul viselkedik; ~한 세상이다 Szűkmarkúan bánt vele az élet.

야산 명 domb, dombocska

야생 명 vadvilág; 이 식물은 ~이다 Ezek a növények vadon nőnek.; ~ 상태 (동식물) természet adta állapot; ~ 식물 mezei növény, vadon élő növény

야생화 명 vadvirág, mezei virág

야성 명 állatiasság, vadság; ~을 발휘하다 vadságot mutat; ~적인 성질을 잃다 elveszíti a vadságát, megszelídül; 그는 어딘지 ~적인 데가 있다 Van valami vadság / állatiasság benne.

야심 명 erős vágy, becsvágy, nagyravágyás; ~ 만만하다 tele van becsvággyal; 그는 그 지위에 ~이 있다 Erős vágy van benne, hogy megszerezze a beosztást.

야영지 명 kempingezésre / táborozásra használható terület

야영-하다 동 letáboroz, tábort üt; ~ 명 táborozás; kempingezés

야외 명 természet, zöld; 야생 동물을 관찰하기 위해 ~로 나가다 kimegy a természetbe állatokat megfigyelni.; ~ 음악회 szabadtéri koncert

야위다 동 lesoványodik; 야윈 얼굴 elgyötört arc; 병으로 몹시 ~ a betegség legyengíti; 열병으로 ~ felemészti a láz

야유-하다 동 kifütyül, lehurrog; ~ 명 kifütyülés; 연사에게 ~하다 szónokot kifü-

ㅇ

tyül; 그의 말에 ~가 터져 나왔다 A megjegyzését kifütyülés követte.

야자 명 (식물) pálma; ~수 pálmafa; ~열매 kókuszdió

야채 명 zöldség; ~를 가꾸다 zöldséget termeszt; ~를 주다 valamilyen zöldségfélét ad; 농장에서 ~를 가꾸고 있다 A farmon zöldségeket termesztünk.; ~가게 zöldségesbolt

야트막-하다 형 sekély, alacsony, lapos; ~한 언덕 lapos domb

야-하다 형 ragyogó, feltűnő, rikító; hitvány, aljas, silány; ~한 옷 rikító ruha; 옷차림이 ~하다 feltűnően öltözik; 이 옷은 내겐 너무 ~하다 Ez a ruha túl feltűnő nekem.

야합-하다 동 titkos kapcsolatot kezd, titkos viszonya van vkivel; 정당간의 ~ politikai pártok közötti titkos egyesülés

야행성 명 éjjeli bagoly (olyan ember, aki jobban tud éjszaka dolgozni)

약[1] 명 gyógyszer, orvosság, kenőcs; ~을 처방하다 gyógyszert ír fel vkinek; ~을 바르다 kenőcsöt ken; 이 ~은 두통에 잘 듣는다 Ez a gyógyszer fejfájásra való.; 이 ~은 너무 쓰다 Nekem túl keserű ez a gyógyszer.; 이것은 어디에 먹는 ~이냐 Mire jó ez a gyógy- szer?

약[2] 부 körülbelül, közel, mintegy, némiképp, csaknem, majdnem, hozzávetőleg; ~ 이십 분 körülbelül húsz perc; ~ 3천 명의 청중 háromezer fő körüli közönség

약간 부 egy kicsit, néhány, valamenynyire; ~의 돈 egy kis pénz; ~의 설탕 egy kis / kevés cukor; 그것은 ~ 어렵다 Ez egy kicsit nehéz.

약골 명 gyenge testfelépítésű ember

약과[1] 명 mézes kerek alakú sütemány

약과[2] 명 könnyű, egyszerű eset / helyzet; 그것은 ~다 Az könnyű dolog!

약관 명 megegyezés, egyetértés; (조항) feltétel, kikötés, rendelkezés

약국 명 gyógyszertár, patika

약도 명 útvonalterv; 여기서 집까지의 ~를 그려라 Légy szíves, készíts el egy útvonaltervet, ami a házadig mutatja az utat innen.

약력 명 életrajz; vkinek a személyes története nagy vonalakban; (죽은 사람의) emlékiratok

약물 명 gyógyszer(ek); ~에 의한 치료 gyógyszeres kezelés; ~ 중독 gyógyszermérgezés

약물검사 명 doppingvizsgálat

약어 명 egyszerűsített változat, rövidítés

약사 명 patikus, gyógyszertáros, (okleveles) gyógyszerész; ~ 국가시험 államvizsga okleveles gyógyszerészek számára

약소국 명 kis nemzet, kis ország

약속어음 명 kötelezvény, saját váltó; 그는 은행 앞으로 100만 원의 ~을 발행했다 Egymillió von értékű váltót igényelt egy banktól.

약속-하다 동 megbeszél, megígér; ~ 명 megbeszélés, ígéret, eljegyzés; randi; ~ 시간에 a megbeszélt időben; ~한 대로 ahogy megbeszélték, ígéretét betartva; ~을 지키다 betartja a szavát, ígéretéhez hűen; ~을 어기다 ígéretét / szavát nem tartja be; ~을 취소하다 visszaszívja az ígéretét; 그는 ~한 곳에 오지 않았다 Nem jelent meg a megbeszélt helyen.; 그는 꼭 ~을 지킨다 Mindig betartja a szavát.; 그들은 결혼을 ~한 사이다 Eljegyezték egymást.; ~의 땅 (성서) az Ígéret Földje, a Kánaán, a Paradicsom

약수 명 forrásvíz, ásványvíz, gyógyvizek

약수터 명 (víz)forrás

약오르다 동 mérges lesz, megsértődik, megharagszik vkire; 그는 내 말에 약올라 있다 A megjegyzéseim elkeserítették.

약올리다 동 kötekedik, megsért vkit, az idegeire megy, ingerel, gorombáskodik, megőrjít; 욕을 해서 ~ káromkodással felidegesít / megsért

약용 명 orvosi használat; 이 식물은 ~으로 사용 된다 Ezt a növényt orvosi célokra használják.

약용식물 명 gyógynövény

약육강식 명 a dzsungel törvénye; ~의 세계 olyan világ, ahol a dzsungel törvényei érvényesülnek

약자 명 a gyengébb fél, a hátrányos helyzetben lévő fél; ~의 보호 a gyengék védelme; 강자에 대해 ~를 옹호하다 megvédi a gyengéket az erősekkel szemben.

약장수 명 gyógyszerkereskedő

약재 명 gyógyszeralapanyag

약점 명 hátrány, gyengeség, gyenge pont, hiba, hiányosság; 자기의 ~을 극복하다 legyőzi a gyengeségeit

약주 명 rizspálinka

약진-하다 동 hatalmasat lép előre, gyorsan halad; ~ 명 hatalmas előrelépés, nagy lépés előre, gyors haladás

약초 명 gyógynövény, gyógyászati célra használt növény

약탈-하다 동 fosztogat, rabol, zsákmányol, kifoszt; ~ 명 fosztogatás, rablás; 마을을 ~하다 kifoszt egy falut; 그들은 그 도시에서 닥치는 대로 모든 것을 ~했다 Mindent raboltak a városból, amire csak rá tudták tenni a kezüket.

약품 명 gyógyszer(ek), vegyszerek

약-하다 형 gyenge, gyarló, erőtlen, törékeny; ~한 목소리 gyenge / törékeny hang; 이 안경은 도수가 ~하다 Ez a szemüveg (már) gyenge.; 의지가 ~한 사람 gyenge akaratú ember; 몸이 ~하다 törékeny testalkata van; ~한 자를 괴롭히다 bántalmaz / erőszakoskodik a gyengébbekkel; 수학에 ~하다 nem ért a matekhoz; 술에 ~하다 könnyen berúg; 뇌물에 ~하다 könnyen megvesztegethető

약해지다 동 legyengül, alábbhagy; 몸이 ~ rosszabbodik az állapota; 불길이 곧 약해졌다 A tűz gyorsan alábbhagyott.

약혼식 명 eljegyzési buli

약혼-하다 동 eljegyzik.; ~ 명 eljegyzés, jegyesség; ~을 발표하다 eljegyzést kihirdet; 그들 두 사람은 ~한 사이다 El vannak jegyezve.; ~ 반지 jegygyűrű

약화-되다 동 gyengül, legyengül, meggyengül; ~ 명 gyengülés; 왕권이 ~되었다 A királyi hatalom meggyengült.

약화-시키다 동 gyengít, legyengít; lehalkít, tompít; ~ 명 gyengítés; 위기가 국가의 경제를 ~시켰다 A válság legyengítette az ország gazdaságát.

약효 명 gyógyszer hatása, gyógyszer hatékonysága; 이것은 두통에 ~가 있다 Ez a gyógyszer hatékony a fejfájással szemben.

얄궂다 형 furcsa, különös; 얄궂은 날씨 rossz idő; 얄궂은 사람 furcsa személy; 얄궂은 운명 különös sors

ㅇ

얄밉다 형 undorító, idegesítő, utálatos, rosszindulatú; pimasz, szemtelen; 얄미운 소리를 하다 rosszindulatú dolgokat mond; 얄밉게 굴다 idegesítően viselkedik

얄팍-하다 형 ❶ vékony; ~한 방석 vékony ülőpárna; 이 책은 ~한데도 값은 비싸다 Ahhoz képest elég drága ez a könyv, hogy ilyen vékony. ❷ felületes, felszínes; ~한 생각 felszínes gondolkodásmód; 그의 문학 지식은 ~하다 Az irodalmi tudása elég felszínes.

얇다 형 vékony; 얇게 썬 빵 egy vékony szelet kenyér; 고기를 얇게 썰다 vékonyra szeleteli a húst; 사전에는 보통 얇은 종이를 사용 한다 Szótárakhoz általában vékony papírt használnak.; 입술이 ~ keskeny szája van

얇아지다 명 elvékonyodik; 신발 밑창이 ~ elvékonyodik a cipő talpa

얌전-하다 형 ❶ szerény, kedves, nyugodt; ~한 색시 szerény lány; 몸가짐이 ~하다 kedvesen / szerényen viselkedik; 이 애는 참 ~ 하구나 Milyen nyugodt ez a gyerek! ❷ tiszta, szép, jó; 글씨를 ~하게 쓰다 szépen / olvashatóan ír; 옷을 ~하게 입다 jól öltözik

양[1] 명 bárány, birka; (수컷) kos; (암컷) juh; ~의 가죽을 쓴 늑대 báránybőrbe bújt farkas; ~같이 온순하다 olyan szelíd, mint egy bárány

양[2] 명 mennyiség; 많은 ~으로 nagy mennyiségben; ~보다는 질 A minőség számít, nem a mennyiség. A minőség a lényeg.; ~이 많아지면 질이 떨어진다 Amennyit mennyiségben nyerünk, azt elveszítjük minőségben.; ~껏 먹다 annyit eszik, amennyi jólesik

양가 명 mindkét család

양가죽 명 báránybőr

양계업 명 baromfitenyésztés, baromfiipar

양계업자 명 baromfitenyésztő

양계장 baromfitelep

양고기 명 birkahús, juhhús (öreg birkából); (새끼의) bárányhús

양국 명 mindkét ország

양궁 명 íjászat; 세계 ~ 선수권 대회 íjászvilágbajnokság

양념장 명 fűszeres öntet / szósz

양념-하다 동 fűszert tesz bele, megfűszerez; ~ 명 fűszer; fűszerezés; 고기를 ~에 무치다 ízesíti / fűszerezi a húst; ~을 더 하면 맛이 더 좋아진다 Ha több fűszert teszel bele, jobb íze lesz.

양도-하다 동 átruház, áthárít; elidegenít; ~ 명 vminek az átruházása; ~성 예금 증서 beváltható (banki) letétnyugta; ~ 소득세 áthárított jövedelemadó; 권리를 ~하다 jogilag átruház vmit vkire

양동이 명 fémvödör; ~로 물을 긷다 vizet húz vödörrel; ~에 물을 붓다 vizet enged vödörbe

양떼 명 birkanyáj

양력 명 Gergely-naptár; ~ 3월 1일에 a Gergely-naptár szerint március elsején

양로원 명 idősek otthona

양말 명 zokni; 신사용 ~ férfizokni; ~ 한 켤레 egy pár zokni; ~을 신다 zoknit hord / visel; ~을 벗다 leveszi a zokniját

양면 명 mindkét oldal; 레코드판의 ~ a lemez mindkét oldala; 인생의 어둡고 밝은 ~을 보다 az élet rossz és jó oldalát is látja; 물심 ~으로 도와주다 támogat vkit lelkileg és anyagilag is; ~ 인쇄

mindkét oldalra nyomtatás

양민 명 egyszerű emberek, ártatlan emberek; ~ 학살 ártatlan emberek lemészárlása

양반 명 ❶ nemesség; ~으로 태어나다 nemesi származású ❷ ember, vkinek a férje; 주인 ~ a ház ura, tulajdonosa; 기차역 가는 길은 저 ~한테 물으시오 Kérdezze meg azt az embert, hogy hogyan lehet eljutni a vasútállomásra!

양배추 명 káposzta; ~밭 káposztaföld

양보-하다 동 enged, átenged, engedményeket tesz; ~ 명 engedmény; ~를 얻어 내다 engedményt kap vkitől; 노인에게 자리를 ~하다 átengedi a helyét egy idős embernek; 최대한의 ~를 하다 teljes mértékben elfogadja a követeléseket; 우리는 서로 ~해서 합의했다 Mindkét fél engedményeket tett, így meg tudtak egyezni.; 이 점은 도저히 ~할 수 없다 Ebben nem engedhetek / nem tudok engedményt tenni.

양복 명 öltöny, európai öltözködés; ~을 한 벌 맞추다 öltönyt készíttet / varrat; 너에게는 한복보다 ~이 더 잘 어울린다 Az európai öltözködés jobban áll neked, mint a hagyományos koreai.

양복감 명 ruhaanyag

양복장이 명 szabó

양복점 명 öltönyüzlet

양분-하다 동 megfelez, elfelez; 이익을 ~하다 elfelezi a hasznot

양산 명 napernyő; ~을 펴다 napernyőt felállít; ~이 바람에 뒤집혔다 A szél kifordította a napernyőmet.

양산-하다 동 futószalagon gyárt, nagy mennyiségben termel

양상 명 fejezet, megvilágítás, folyamat, szakasz; 새로운 ~을 띠다 új szakaszba ér, más megvilágításba helyezi az ügyet

양상추 명 fejes saláta

양서류 명 kétéltű állat; ~ 동물 a békafélék családjába tartozó állat

양성-하다 동 oktat, képez, nevel, művel, kiképez; ~ 명 oktatás, gyakorlás, képzés; 인재를 ~하다 tehetséges embereket képeznek; 간부를 ~하다 a személyzet néhány tagját vezetővé képezi; 간호사를 ~하다 kórházi ápolókat oktat / képez ki; 그 학교에서는 기술자를 ~하고 있다 Abban az iskolában szakmunkásokat képeznek.

양손 명 mindkét kéz; ~ 가득한 금화 tele van mindkét keze arany pénzérmével; ~을 다 쓰는 mindkét kezét ügyesen / jól használja; ~에 쥐다 mindkét kezében tart vmit

양수 명 magzatvíz; ~가 터지다 elfolyik a magzatvíz

양수기 명 vízpumpa

양수장 명 vízpumpáló állomás

양식[1] 명 józan ész; ~ 있는 사람 józan gondolkodású személy; ~ 있는 행동을 기대하다 elvárja vkitől, hogy józanul / megfontoltan cselekedjen

양식[2] 명 európai stílus; ~으로 꾸민 방 európai stílusban berendezett szoba

양식업 명 (어업) haltenyésztés, állattenyésztés,

양식장 명 tenyésztéssel foglalkozó telep; 굴 ~ osztrigatelep; 진주 ~ gyöngytenyésztéssel foglalkozó telep

양식-하다 동 tenyészt; ~ 명 tenyésztés; ~ 진주 tenyésztett gyöngy; 이 지역은 굴 ~으로 유명하다 Ez a terület az oszt-

ㅇ

rigatenyésztésről híres.

양심 명 lelkiismeret; ~의 가책으로 괴로워하다 rossz lelkiismeret kínozza; ~에 따라 행동하다 a lelkiismerete szerint cselekszik; ~에 호소하다 a lelkiismeretéhez szól; 그는 ~이라곤 손톱만큼도 없다 Egy csepp lelkiismeret sincs benne.; 그는 ~의 가책에 견딜 수 없어 죄를 자백했다 Lelkiismeret-furdalása miatt bevallotta a bűnét.

양심선언 명 a lelkiismeret diadala

양심수 명 elveihez hű fogoly

양심적 lelkiismeretes(en)

양옆 명 mindkét oldal

양옥 명 európai stílusú ház

양육비 명 a gyereknevelés költségei

양육-하다 동 felnevel; ~ 명 neveltetés, nevelés; 그녀는 어렸을 때 할머니에게 ~되었다 Kisgyerekként a nagymamája nevelte.

ㅇ

양자[1] 명 kettő, mindkettő; ~ 택일하다 választ egyet a kettő közül

양자[2] 명 (물리) kvantum; ~ 이론 kvantumelmélet; ~ 물리학 kvantumfizika; ~ 역학 kvantummechanika

양잠 명 selyemhernyó-tenyésztés

양장 명 európai öltözködés; 그녀는 ~이 더 잘 어울린다 Jobban néz ki európai stílusú ruhában.

양조업 명 sörgyártás, söripar, szeszipar; ~자 sörfőző, pálinkafőző, borász

양조장 명 sörfőzde, sörgyár; pálinkafőzde, szeszfőzde

양조-하다 동 sört főz; párol; ~ 명 sörfőzés, (소주·위스키 등의) lepárlás; 맥주는 보리로 ~한다 A sört árpából főzik.

양주 명 külföldi szeszes italok

양지바르다 형 napos, világos; 양지바른 곳에 집을 짓다 napos helyre épít házat; 이 방은 ~ Ez egy világos szoba.

양질 명 jó minőség

양쪽 명 mindkettő, mi- ndegyik, mindkét oldal; ~ 다 나쁘다 Mindketten hibásak.; ~ 다 양보를 안 한다 Egyik sem fogja beadni a derekát.; ~ 다 모른다 Egyikőjüket sem ismerem. Nem ismerem egyiket sem.; ~ 다 불행하다 Egyikőjük sem boldog.; ~ 다 내 것이 아니다 Egyik sem az enyém.; ~의 말을 들은 후에야 판단할 수 있다 Előbb mindkettőjüket meg kell hallgatnod, csak utána mondhatsz véleményt.

양철 명 ónozott vaslemez; bádoglemez

양철가위 명 fémvágó / lemezvágó (olló)

양철지붕 명 bádogtető; ~집 bádogtetős ház

양철통 명 bádogvödör, fémvödör

양측 명 mindkét oldal; 길 ~에 az út mindkét oldalán; ~ 모두에 사상자가 있다 mindkét oldalon vannak áldozatok; ~의 말을 듣다 meghallgatja mindkét felet

양치기 명 pásztor; ~개 terelőkutya, juhászkutya

양치-하다 동 fogat mos; (ki)öblíti a száját; ~ 명 fogmosás, szájöblítés; 소금물로 ~하다 sós vízzel öblöget; 양칫소금 fogtisztító só

양친 명 szülők

양탄자 명 szőnyeg; 두꺼운 ~가 깔린 마루 vastag szőnyeggel borított padló; ~를 깔다 szőnyeggel takar, szőnyeggel borít; 층계에 ~를 깔다 szőnyeggel borítja a lépcsőt

양파 명 hagyma

양편 명 két oldal; 길 ~에 은행나무가 죽 서 있다 Az út mindkét oldalán ginkgo fák vannak ültetve. Ginkgo fasor van az út mindkét oldalán.; 그렇게 하면 ~이 다 만족 하겠다 Mindkét félnek meg fog felelni. Mindkét fél igényeit ki fogja elégíteni.; ~에 다 할 말이 있다 Mindkét oldal mellett szólnak érvek.

양해-하다 동 megegyezik, megért, felfog; ~ 명 megértés; elfogadás, jóváhagyás; megállapodás, megegyezés; ~ 각서 feljegyzés, emlékeztető; 상호 ~ 하에 közös megegyezés alapján; ~를 구하다 vki megértésére vár

얕다 형 ❶ sekély; 얕은 곳에서 헤엄쳐야 한다 Sekélyebb vízben kellene úsznod. ❷ felszínes, felületes; 헝가리 문학에 대해 얕은 지식밖에 없다 A magyar irodalmi tudása eléggé felületes.

어귀 명 bejárat, odavezető út, közlekedés; 강의 ~ folyótorkolat; 동네의 ~ faluhoz vezető út

어근 명 szótő, szógyök

어금니 명 zápfog

어긋나다 동 rosszul jár, elkerül; 모든 일이 어긋난다 Semmi jó nem történik velem.; 네 말은 그의 말과 어긋난다 Az állításod ellenkezik az övével.; 그 결과는 우리 기대에 어긋났다 Az eredmény nem felelt meg a várakozásunknak. Rosszabb eredmény született, mint vártuk.

어기다 동 megszeg, megsért; 약속을 ~ megszegi az ígéretét, nem tartja be a szavát; 법을 ~ megszegi a törvényt; 명령을 ~ nem engedelmeskedik a parancsnak

어김없이 부 feltétlenül, haladéktalanul, biztosan

어깨 명 váll; 처진 ~ görnyedt váll; ~가 딱 벌어진 széles vállú; 총을 ~에 메고 az egyik vállán fegyverrel; ~ 너머로 a válla fölött, a háta mögött; ~에 메다 a vállán visz vmit; ~를 으쓱거리다 vállat von; ~를 두드리다 megveregeti a vállát.; ~에 손을 얹다 vállára teszi a kezét; 내 ~ 좀 주물러 다오 Masszírozd meg a vállam!; ~가 무겁다 nagy felelősséget vállal; ~를 나란히 하다 együtt kiállnak vmiért; 이런 점에서 이 책과 ~를 겨룰 만한 책은 없다 Ebből a szempontból egy könyv sem versenyezhet vele.

어깨동무-하다 동 átkarol vkit; ~ 명 vki átkarolása

어눌-하다 형 artikulálatlanul beszél, motyogva beszél; 말이 ~하다 dadog

어느 ❶ (의문) melyik(et), milyen; 이 중에서 ~ 것을 가지고 싶으세요 Melyiket szeretné?; 홍차와 커피 중 ~ 것을 좋아 하십니까 Melyiket szereti jobban, a teát vagy a kávét?; ~ 요일이 좋으시겠습니까 Melyik nap lenne alkalmas neked a héten? ❷ (한) egy, egy bizonyos, egyes, valamelyik; ~ 날 valamelyik nap, egyik nap; ~ 곳에서 valahol, egy bizonyos helyen ❸ bármelyik(et), akármelyik(et); ~ 모로 보나 minden helyzetben, minden / bármilyen szempontból; ~ 책을 사더라도 값은 한가지다 Bármelyik könyvet is veszed meg, az áruk ugyanannyi.; ~것도 그의 마음에 들지 않는다 Egyik(őjük) sem felel meg neki. Egyik(őjük) sem tetszik neki; ~ 길로 가도 같은 데에 이른다 Bármelyik utat választod, ugyanoda fogsz jutni.

어느새 부 igen hamar, pillanatok alatt, rögtön, szinte rögtön, váratlanul, észrevétlenül; ~ 봄이 왔다 A tavasz számunkra észrevétlenül telt el.; ~ 내 나이

ㅇ

오십이 되었다 Észre sem vettem, hogy ötvenéves lettem / vagyok.; ~ 목적지에 닿았다 Az utazásunk végére értünk, még mielőtt észrevettük volna.; ~ 여름 방학이 다 갔다 A nyári szünidő túl gyorsan eltelt.

어두워지다 동 besötétedik

어두컴컴-하다 형 sötét van; ~한 밤 sötét éjszaka; ~한 길 sötét ösvény

어둠 명 sötétség; ~ 속으로 사라지다 eltűnik a sötétben; ~ 속에서 길을 더듬어가다 sötétben tapogatózik

어둡다 형 ❶ sötét; 어둡기 전에 sötétedés előtt; 바깥은 어두웠다 Sötét volt kint.; 너무 어두워서 잘 볼 수 없다 Túl sötét van ahhoz, hogy jól lássam. ❷ szomorú, borús, komor; 얼굴에 어두운 그림자가 스쳤다 borús a tekintete. ❸ nincs tudomása vmiről; járatlan vmiben; 세상 물정에 ~ keveset tud a világról ❹ rossz, gyenge; 눈이 ~ rossz a látása.; 귀가 ~ rosszul hall, nagyothall.; 늙으면 눈이 어두워진다 A korral együtt romlik a látásunk.

어디[1] ❶ (의문) hol, merre; ~가 아프니 Hol érzed a fájdalmat?; 여기가 어딥니까 Hol vagyunk / vagyok most?; 그가 ~ 갔는지 아무도 모른다 Senki sem tudja, hova mehetett.; 자네 이제까지 ~ 있었나 Hol voltál mostanáig?; 이것은 다른 것과 ~가 다르냐 Hol / Miben különbözik a többiektől?; 그런 남자의 ~가 좋은가 Mit látsz egy ilyen emberben?; 이 소설의 ~가 좋은지 모르겠다 Nem találok semmi jót ebben a regényben.; 그를 ~까지 믿어야 할지 모르겠다 Nem tudom, mennyire bízhatok benne.; 지난번에 ~까지 했던가 Meddig jutottunk a múltkor? ❷ valahogy, valahol, valahova; 분명히 ~서 본 얼굴인데 ~서 보았는지 생각이 안 난다 Biztos vagyok benne, hogy láttam már valahol, de nem emlékszem, hol.; 이 근처 ~에 우체국이 있습니까 Van posta valahol a közelben?; 그는 이 근처 어딘가에 산다 Itt él valahol a környéken.; 장갑을 ~엔가 두고 왔다 Elhagytam a kesztyűmet valahol. ❸ akárhol, bárhol, valahol, valahová, mindenhol; ~를 가더라도 akárhova is mennél; 나는 ~까지나 너를 지지하겠다 A végsőkig kitartok melletted.

어디[2] nos; ~ 산보나 할까 Nos, elmegyünk sétálni?; 우리 ~ 그렇게 하여 보자 Próbáljuk ki úgy!

어떠-하다 형 ❶ hogyan, hogy; mi, milyen; 산책 나가는 게 어때 Mit szólnál, ha elmennénk sétálni?; 내일 떠나는 것이 ~냐 Mit szólnál, ha holnap indulnánk? ❷ valahogy; biztos; 어떻다고 말할 수 없다 Nem tudok róla semmi biztosat mondani.

어떤 milyen; bizonyos, valamilyen, egyik, valaki; bármi; 그는 ~ 사람이냐 Milyen típusú ember? Milyen ember?; ~ 책을 지금 읽고 있니 Milyen könyvet olvasol most?; ~ 이유로 bizonyos okokból; ~ 일이 있어도 bármi megeshet (történhet); 당신을 위해서라면 ~ 일이라도 하겠소 Bármit megtennék érted.

어떻든 부 akárhogyan, mindenesetre, valahogyan; bármi történjék is; 비용 문제는 ~ a kiadások mértékétől eltekintve; 옳고 그름이 ~ 그것은 사실이다 Akár jó, akár rossz, ez az igazság.

어려움 명 nehézség, baj; ~을 극복하다 túljut a nehézségen

어려워하다 동 tartózkodóan viselkedik, tart vkitől; 그는 나를 어려워하는 빛이 있다 Van valami tartózkodó abban, ahogy velem viselkedik.

어렴풋이 부 homályosan, halkan, haloványan; 어렸을 때 일어난 일을 ~ 기억하다 homályosan emlékszik a gyerekkorára;; 가로등 불빛이 안개 속에 ~ 비쳤다 Az utcai fények haloványan világítottak keresztül a ködön.; 종소리가 ~ 들렸다 Egy harang hangja hallható halkan.

어렵다 형 nehéz, bonyolult; 배우기 어려운 말 nehezen tanulható nyelv; 다루기 어려운 연장 nehezen kezelhető eszköz; 어려운 지경에 빠지다 bonyolult / nehéz helyzetbe kerül; 어렵게 지내다 rossz körülmények között él; 라틴어는 배우기 ~ A latint nehéz tanulni.; 그 문제는 대답하기 어려웠다 Arra a kérdésre nehéz volt válaszolni.

어렵사리 부 nehezen, szűkösen, éppen csak; ~ 번 돈 nehezen megkeresett pénz; ~ 시험에 합격하다 nehezen tesz le egy vizsgát; 그는 ~ 목적을 달성했다 Nehezen érte el a célját.

어루만지다 동 simogat; 그 아이는 고양이를 어루만지기를 좋아 한다 A gyerek szereti simogatni a macskát.

어류 명 hal, halfajta

어르다 동 ringat, dajkál, lecsendesít, dédelget; 아기를 안아서 ~ a karjaiban dédelgeti a gyereket

어르신 명 ❶ apád, édesapád; ~께서 집에 계시냐 Édesapád otthon van? ❷ tiszteletre méltó úr; ~께서는 그 사람을 어떻게 생각하십니까 Uram, mit gondol arról az emberről?

어른 명 ❶ idősebb, öregebb; ~을 공경해라 Tiszteld az idősebbet!; ~ 앞에서 그런 말을 하면 못쓴다 Nem kellene így beszélned az idősebbek előtt / jelenlétében. ❷ felnőtt; ~ 티가 나다 kész felnőtt, felnőttes; 그 아이는 ~같이 말한다 A gyerek felnőtt módjára beszél. Úgy beszél a gyerek, mint egy felnőtt.; 그녀는 이제 아주 ~이 되었다 Kis híján felnőtt nő. Kész hölgy.

어른거리다 동 lebeg, lobog, villog, röpköd, átvillan, halványan fénylik; 그림자가 불빛에 어른거렸다 Árnyékok úsztak a fényben.; 그의 모습이 아직도 눈앞에 어른거린다 A képe még mindig itt lebeg az arcom előtt.; 의혹의 빛이 그의 얼굴에 어른거렸다 Kétely futott át az arcán. Kiütközött az arcán a kétkedés.

어리광부리다 동 gyerekesen viselkedik, hízeleg; ~ 명 gyerekes viselkedés, hízelgés; 엄마에게 ~ túlzott kedvességgel fordul az anyjához

어리다[1] 동 눈물이 ~ könnyezik; 그녀의 눈에 눈물이 어리었다 Könnybe lábad a szeme.; 애정 어린 편지 szerelmes levél, érzelgős levél; 정성어린 선물 ajándék jókívánságokkal

어리다[2] 형 fiatal, fiatalos, ifjú; 그는 나보다 두 살 ~ Két évvel fiatalabb, mint én.; 어린 나무 palánta, csemete; 어릴 때 동무 gyerekkori játszótárs; 어릴 때 모습을 간직하다 megmaradnak a gyerekkori vonásai; 나는 어렸을 때 자주 거기에 가곤 했다 Gyerekkoromban jártam oda.; 우리는 어릴 때부터 아는 사이다 Gyerekkorunk óta ismerjük egymást.;

어리둥절-하다 형 döbbent, meghökkent, zavart; 그 급보를 받고 나는 어리둥절했다

A hirtelen jött hír miatti elképedésemben szólni sem tudtam.; 그의 갑작스런 키스에 그녀는 어리둥절해서 그 자리에 서 있었다 A lány döbbenten állt ott, amikor hirtelen megcsókolta.

어리석다 형 buta, esztelen, hülye, ostoba; 어리석은 짓을 하다 hülyéskedik; 그런 사람을 믿다니 자네 참 어리석군 Milyen butaság tőled megbízni egy ilyen emberben!; 어리석게도 나는 승낙했다 Butaságból igent mondtam.; 어리석게도 그는 그런 거짓말을 했다 Butaság volt tőle, hogy ilyen hazugságot mondott.

어린것 명 gyermek

어린아이 명 kisgyerek, kisgyermek; (유아) csecsemő, baba; ~같은 소리를 하다 úgy beszél, mint egy gyerek; gyerekes dolgokat mond; ~를 낳다 megszül egy gyereket; ~를 배다, ~가 생기다 gyereket vár, terhes, várandós; ~가 젖을 먹다 szopik a gyerek, szopja az anyja mellét; ~한테 젖을 먹이다 szoptatja a gyereket; ~를 업다 a hátán viszi a gyerekét; ~를 어르다 ringat egy gyereket; ~같은 짓은 그만둬라 Ne viselkedj gyerekesen!; 그녀에겐 곧 ~가 생긴다 Hamarosan gyereke lesz. Mindjárt szülni fog.

어린이 명 gyerek, gyermek; ~를 위한 방송 ifjúsági műsor, gyerekműsor; ☞ **어린아이**

어린이날 명 gyermeknap

어림없다 형 abszurd, lehetetlen, képtelen; 이 일은 내 힘으로는 ~ Ez a munka messze meghaladja a képességeimet.; 그 물건을 사는 데 천원 가지고는 ~ Mi lehetne annál lehetetlenebb, mint azt gondolni, hogy ezer vonért megveheted azt?; 네가 그걸 하겠다고, ~ Azt mondod, hogy meg fogod csinálni? Az tényleg lehetetlen!

어머나 Ó! Te jó ég! Uram isten! Te jó isten!

어머니 명 anya, édesanya, anyu; ~의 사랑 anyai szeretet; ~ 쪽의 친척 anyaági rokon; 그 형제는 ~가 다르다 anyai féltestvérek; 그녀는 삼남매의 ~이다 Ő háromgyermekes édesanya.; ~날 anyák napja; 필요는 발명의 ~이다 A szükség szüli a feltalálót.

어물 명 hal; ~전 halbolt

어미 명 szóvégződés, rag; ~ 변화 ragozás; 라틴어는 ~ 변화가 많다 A latin nyelvben sokféle ragozás van.

어민 명 halász, halászatból élő ember

어버이날 명 szülők napja

어법 명 szóhasználat; kifejezésmód; nyelvtan; 한국말의 ~ koreai nyelvhasználat; ~에 어긋나다 nyelvtanilag hibás, nyelvtani hibát ejt

어부 명 halász

어불성설 명 logika hiánya, illogikusság, logikátlanság,; ~이다 logikátlan, logikát nélkülöző, oktalan

어색-하다 형 kényelmetlen; zavarban van, kínos szituációba kerül; ~한 침묵을 지키다 zavarában megnémul; ~한 입장에 있다 Kellemetlen helyzetben van.; 사람들 앞에서 연설하기가 어색했다 Elég zavarba ejtő volt a nyilvánosság előtt beszédet tartani.; ~한 웃음 erőltetett mosoly

어서 부 ❶ gyorsan, azonnal; ~ 오너라 Gyere gyorsan!; ~ 대답해라 Azonnal válaszolj!; ~ 일을 해 치웁시다 Siessünk és végezzünk a munkával! ❷ kérem, legyen szíves; ~ 들어오십시오 Jöjjön

/ fáradjon be, kérem!; ~ 이쪽으로 오시지요 Erre tessék.; ~ 많이 드시지요 Kérem, szolgálja ki magát!

어선 명 halászhajó

어설프다 형 pontatlan, hanyag, felületes, igénytelen; 어설픈 지식 felületes ismeret, felületes / felszínes tudás; 일하는 것이 ~ hanyag munkás; 어설프게 일(을)하다 igénytelen / hanyag munkát végez

어수선-하다 형 rendetlen, zavar, zűrzavar, összevisszaság, kellemetlenség, káosz; 방이 ~하다 A szoba rendetlen. A szoba kész romhalmaz / káosz.; ~해지다 rendetlenségbe fordul; 그 당시 나라가 대단히 ~했다 Akkoriban az országban teljes káosz uralkodott.; 그 소식을 듣고 마음이 어수선했다 Összezavarodtam a hírek hallatán.

어순 명 (문법) szórend; ~을 틀리게 하다 szórendi hibát ejt, hibázik a szórendben

어스름 명 alkony, félhomály, szürkület; halvány fény

어슬렁거리다 동 csavarog, kóborol, kószál, sétál(gat); 공원을 ~ egy parkban császkál / sétálgat; 밤에 어슬렁거리며 다니다 éjszaka sétálgat; 수상한 사람 둘이 그 집 부근을 어슬렁거리는 것이 보였다 Két gyanús embert láttak a ház körül ólálkodni.

어업 명 halászat, halászati ipar; 연안 / 원양 ~ tengerparti / mélytengeri halászat; ~에 종사하다 halászattal foglalkozik; ~ 전관 수역 kizárólagos halászterület; 한일 ~ 협정 Koreai-Japán Halászati Megállapodás

어여쁘다 형 csinos, szép, aranyos

어우러지다 동 összhangban van, illik egymáshoz; 뜰에는 온갖 꽃이 어우러져 피어 있다 A kert ragyog a sokféle virágtól, ami ott nyílik.

어울리다 동 ❶ csatlakozik, kapcsolódik; 어린아이와 어울려 놀다 csatlakozik a gyerekek játékához; 그는 남과 어울리지 않는다 Nem közösködik. ❷ illik vkihez / vmihez; hozzáillik, megfelel vminek; 잘 어울리는 부부 összeillő pár; 옷과 잘 어울리는 모자 kalap, ami jól megy / illik az öltönyéhez; 양탄자와 커튼이 잘 어울린다 Szépen összeillik a szőnyeg és a függöny.

어원 명 szó eredete, szó származása, etimológia; ~을 설명하다 megmagyarázza a szó eredetét; 이 말들은 ~이 같다 Ezeknek a szavaknak közös a származásuk.; ~ 사전 etimológiai szótár

어음 명 (경제) váltó, adóslevél; kötelezvény, ígérvény; ~을 발행하다 kötelezvényt ad ki, adóslevelet állít ki; ~으로 지급하다 ígérvénnyel fizet; ~을 거절하다 kötelezvényt elutasít; ~을 할인하다 az adóslevelet a követelés értékénél alacsonyabb áron adja el; ~을 결재하다 kiváltja az adóslevelet; 30일간 유효한 ~ harmincnapos fizetési határidejű kötelezvény.; 다음 달 지급될 ~을 받았다 A következő hónapban esedékes kötelezvényt kaptam.

어이[1] 부 honnan, hogyan; 당신이 모르는데 내가 ~ 알겠소 Honnan tudhatnám, ha maga sem tudja? ☞ **어찌**

어이[2] helló!, hé! hahó!; ~ 기다려 Hé, várj!

어이없다 형 megdöbbent, elképedt, meghökkent; 어이없는 거짓말 szemenszedett hazugság; 어이없이 지다 túl könnyen szenved vereséget; 어이없이 계략

에 빠지다 könnyen csapdába esik, könnyen csőbe húzható, könnyen átverhető; 어이없어 서로 얼굴만 쳐다 볼 뿐 이었다 Mindannyian megdöbbenve bámultuk egymást.

어장 명 halászterület, halászat; 근해 ~ part menti halászat

어정거리다 동 lézeng, kószál, mászkál, sétálgat; 공원을 ~ egy parkban sétálgat / kószál, egy park körül lézeng; 이 밤중에 어디를 어정거리고 있었나 Merre kószáltál ezen az éjszakán?

어제 명 tegnap; ~ 아침 tegnap reggel; ~ 신문 tegnapi újság; ~부터 병이 났다 Tegnap óta beteg vagyok.; 한국을 떠난 것이 ~ 같다 Mintha csak tegnap lett volna, hogy elhagytam Koreát.; 그것은 마치 ~ 일처럼 기억에 생생하다 Úgy rémlik, hogy ez tegnap volt. Úgy tűnik, mintha tegnap történt volna.

어젯밤 명 tegnap éjjel

어조 명 hang, hangszín; ~를 부드럽게 하다 ellágyul a hangja; 그는 아주 진지한 ~로 말했다 Nagyon határozott volt a hangja.; 그녀는 슬픈 ~로 이야기했다 A nő szomorú hangon beszélt.

어족[1] 명 nyelvcsalád; 우랄 ~ uráli nyelvcsalád; 인도 유럽 ~ indoeurópai nyelvcsalád

어족[2] 명 halféle

어중간-하다 형 félkész; határozatlan, döntésképtelen; ~한 태도 határozatlan / döntésképtelen magatartás; 일을 ~하게 하다 félbehagy vmit; ~하게 그만두려거든 처음부터 하지 마라 Inkább el se kezdd, mint hogy félbehagyd!

어지럽다 형 ❶ szédül; 어지러울 정도의 높이 szédítő / szédületes magasság ❷ rendetlen, szét van dobálva / hányva / szórva; 방바닥에는 책이나 서류들이 어지럽게 흩어져 있었다 Könyvek és papírok hevertek szétszórva a padlón.

어지럽히다 동 zavar, feldúl, meghiúsít, összezavar; 가정의 화목을 ~ megzavarja vki otthoni nyugalmát; 경제 질서를 어지럽히는 불법 사업 활동 törvénytelen gazdasági tevékenységek, amelyek zavarják a gazdasági rendet

어질다 형 jóindulatú, jószívű, kegyelmes, könyörületes; 어진 마음 jóindulat, könyörületesség; 어진 임금 jószívű / kegyelmes uralkodó

어쨌든 부 mindenképpen, végtére, mindent egybevetve, összességében; ~ 나는 여기 머물러 있겠다 Mindenképpen itt maradok.; ~ 그를 한 시간 더 기다려 봅시다 Mindenképpen várjunk rá még egy órát!; ~ 저 친구는 좋은 사람이다 Mindent egybevetve, ő nagyszerű ember!; 돈이야 ~ 그는 훌륭한 남편감이다 A pénzt kivéve jó férj lesz belőle.; 그가 어느 방향으로 갔는지 모르나, ~ 이미 돌아갔을 것이다 Nem tudom, merre ment, de mostanra már biztos hazaért.

어쩌다 부 ❶ véletlenül; ~ 손가락을 베다 véletlenül elvágja az ujját; 나는 ~ 그의 집 옆을 지났다 Véletlenül elmentem a háza előtt.; ~ 그를 길에서 만났다 Véletlenül futottam vele össze az utcán. ❷ néha, időnként, hébe-hóba, esetenként; ~ 술을 마시다 hébe-hóba / időnként iszik egyet; 그는 ~ 놀러 온다 Néha meglátogat minket.; ~ 그를 찾아갔는데 그는 집에 없었다 Néha elmentem hozzá, de nem volt otthon.

어쩐지 부 valahogy; nem tudni, miért;

valamiért; ~ 울고 싶은 기분이다 Valahogy most sírni tudnék.; ~ 그 사람은 믿을 수가 없다 Valahogy képtelen vagyok bízni benne.; 저 사람은 ~ 무섭다 Nem tudom, miért, de félek tőle.; ~ 그가 처음부터 의심스러웠다 Nem tudom, hogy miért, de már kezdettől fogva gyanús volt.; 창이 열려 있었구나, ~ 춥더라 Valaki nyitva hagyta az ablakot. Tehát ezért fáztam!

어차피 부 ha már, valahogy; minden esetben, végül is; ~ 언젠가 죽을 몸이다 Előbb-utóbb mind meghalunk.; ~ 해야 한다면 잘 해라 Ha már csinálod, csináld jól!; ~ 늦을 바에야 내일 가도록 합시다 Ha már úgyis elkésünk, menjünk holnap!; ~ 헤어질 바엔 기분 좋게 헤어지자 Ha már búcsúznunk kell, búcsúzzunk barátokként.; ~ 살아날 가망이 없다면 그가 좋아하는 것을 먹도록 해 주자 Ha már semmi reménye sincs az életre, hadd egye, amit szeretne.

어처구니; ~ 없는 값 elfogadhatatlan ár; ~ 없는 거짓말 elképesztő hazugság; ~ 없어 말문이 막히다 döbbenten hallgat, a döbbenettől eláll a szava

어촌 명 halászfalu

어판장 명 halpiac

어학 명 nyelvtanulás; nyelvtudomány, nyelvészet; ~에 재능이 있다 hatalmas nyelvtehetsége van; ~ 실습실 nyelvi labor

어항[1] 명 akvárium

어항[2] 명 halászkikötő

어획고 명 kihalászott halmennyiség, kifogott halmennyiség

어휘 명 szókészlet, szókincs; 이 사전은 ~가 많다 Ez a szótár terjedelmes szókészletet tartalmaz.; 어떠한 사전도 ~ 전부를 수록할 수는 없다 Egyetlen szótár se lenne képes egy nyelv összes szavát lejegyezni.

억 százmillió; 10~ ezermillió, milliárd

억누르다 동 elfojt, elnyom, lenyel, leküzd; 노여움을 ~ elfojtja a mérgét; 눈물을 ~ viszatartja a könnyeit; 웃음을 ~ elfojt egy nevetést / mosolyt; 감정을 ~ elnyomja az érzéseit; 언론의 자유를 ~ elnyomja a szólásszabadságot; 그는 자존심을 억누르고 아무 말도 하지 않았다 Lenyelte az önérzetét, és nem szólt semmit.

억눌리다 동 elnyomott, elfojtott, visszatartott

억대 명 százmillió

억류-하다 동 őrizetbe vesz, elfog, bevisz, fogva tart; ~ 명 őrizetbe vétel; 그녀는 간첩 혐의로 ~되어 있다 Kémkedés gyanújával / vádjával vették őrizetbe.; 경찰은 더 조사하기 위해 그를 ~했다 A további nyomozás érdekében a rendőrség őrizetbe vette a férfit.; ~된 어부 őrizetbe vett halász

억새풀 명 sás

억세다 형 akaratos, kemény; erős, vastag, kemény; durva, szúrós; 손아귀 힘이 ~ erős fogása van; 억센 수염 szúrós / durva szakáll; 이 배추는 ~ Ez egy kemény káposzta.

억압-하다 동 elnyom, korlátoz, tilt; ~ 명 elnyomás, tiltás, korlátozás; ~적 elnyomó, tiltó, korlátozó; ~된 감정 elnyomott érzelmek; 부당한 ~을 가하다 indokolatlan nyomást gyakorol vkire; 언론의 자유를 ~하다 a szólásszabadságot korlátozza / elnyomja

ㅇ

억양 명 intonáció, hanglejtés; 의문문은 마지막에 ~이 올라간다 A kérdések emelkedő intonációval / hanglejtéssel végződnek. A kérdéseknél a mondat végén a hanglejtés emelkedő.

억울-하다 형 alaptalanul / oktalanul vádolják / bántják; ~한 죄를 씌우다 tévesen vádol vkit vmivel; ~한 책망을 듣다 alaptalan / nem megérdemelt szidást kap; 아무를 ~하게 하다 azt az érzést kelti vkiben, hogy rosszul bánnak vele; 그렇게 말하면 내가 ~ 합니다 Nem igazságos velem szemben, mikor ezt mondod.; ~한 마음을 참을 수 없었다 Nem tudtam túllépni azon, ahogy bántak velem.; ~한 사정이 있어 왔습니다 Azért jöttem, hogy beszéljek neked a sérelmemről.

억제-하다 동 elfojt, elnyom, visszafog; gátol; ~ 명 szabályozás, kezelés, irányítás; gátlás; ~할 수 없는 elnyomhatatlan; 감정을 ~하다 elfojtja az érzelmeit; 공무원 수의 증가를 ~하다 visszaszorítja a hivatalnokok számbeli növekedését; 나는 감정을 ~할 수 없었다 Nem tudtam visszafogni az érzéseimet.

억지 명 erőltetés, makacsság, kitartás; ~ 웃음 erőltetett mosoly; ~ 해석 erőltetett értelmezés; ~를 부리다 túlzottan követel vkitől vmit; 아들이 자동차를 사 달라고 ~를 쓴다 A fiam makacsul követeli, hogy vegyek neki autót.

억지로 부 erőszakkal, vki akarata ellenére, kényszerrel; 포도주를 ~ 권하다 bort erőszakol / erőltet vkire; ~ 먹이다 evésre kényszerít vkit; ~ 결혼시키다 házasságra kényszerít vkit; ~ 살아가다 egyik napról a másikra él, tengődik; 돈을 ~ 마련하다 összekapar vmennyi pénzt; 부모는 딸을 ~ 그 남자한테 시집보냈다 a szülők kényszerítették a lányukat, hogy férjhez menjen ahhoz a férfihoz.

억척 명 erő, kitartás, szívósság, tűrés; ~같은 kitartó, kemény, szívós; ~을 부리다 makacs, csökönyös

억측 명 feltételezés, tippelés, találgatás; ~에 지나지 않다 puszta feltételezés; 현 단계에 있어서는 갖가지 ~이 있을 수 있다 Ebben a helyzetben bármilyen feltételezés igaz lehet.

언급-하다 동 említ, utal, hivatkozik; ~ 명 említés, hivatkozás, utalás; 앞서 ~한 a fent említett; 그 책은 주로 공해 문제에 관해 ~하고 있다 A könyv leginkább a szennyezettség kérdésére utal.; 그것은 몇 가지 보기를 ~하는 것으로 충분할 것이다 Ez már elég lesz, hogy pár / néhány példára hivatkozzunk.; 잠깐 ~하다 röviden kitér vmire, felületetesen megemlít vmit

언니 명 idősebb lánytestvér, nővér

언덕 명 domb; emelkedő, domboldal, lejtő; 가파른 ~ meredek emelkedő; ~을 올라가다 felmegy a domboldalon; ~ 지다 dombos, lankás

언동 명 beszéd és viselkedés

언뜻 부 egy pillanat alatt, szempillantás alatt, hirtelen; váratlanul; ~ 생각나다 hirtelen eszébe jut vmi, beugrik, bevillan vmi; 그의 뒷모습이 ~ 보였다 Egy pillanatra megláttam a hátát.; ~ 보아 가짜임을 알 수 있었다 Egy pillantás elég volt, hogy megállapítsam: az hamisítvány.

언론 명 sajtó, média; ~ 기관 média, sajtó; ~의 자유 szólásszabadság, a véleménynyilvánítás szabadsága; ~의 탄압 nyomásgyakorlás a szólásszabadságra, cenzúra; ~의 자유를 침해하다 megsérti a szólásszabadságot; ~의 자유는 헌법으로 보장되어 있다 A szólásszabadság jogát az alkotmány garantálja.

언론인 명 médiumnál dolgozó (ember)

언론사 명 médium

언문 명 onmun, a hangul régi neve

언변 명 beszédkészség, előadókészség, szónoki képesség; ~이 좋다 jó beszédkészsége van; ~이 없는 사람 gyenge szónok

언성 명 hang; ~을 높이다 felemeli a hangját; ~을 높여 말하다 hangosan beszél

언어 명 nyelv; 미국에서 ~가 통하지 않아 고생했다 A nyelvi problémák miatt nehézségeim voltak az USA-ban.; 우리들은 사상을 ~로 표현한다 A nyelv segítségével tudjuk kifejezni gondolatainkat.; 인간만이 ~를 가지고 있다 Csak az ember rendelkezik a beszéd képességével.; ~ 감각 nyelvérzék; ~ 교육 nyelvoktatás; ~ 능력 nyelvi képesség; ~ 불통 kommunikációs nehézség; ~ 습관 nyelvi szokások; ~ 장애 (의학) beszédhiba, beszédzavar; ~ 장애인 beszédhibás, beszédzavaros

언어적 nyelvi

언쟁 명 vita, veszekedés; 그들은 사소한 일로 ~을 하기 시작했다 Egy apróságon kezdtek el veszekedni.

언저리 명 szél, perem; 입 ~에 vkinek a szája szélén

언제 부 ❶ mikor; 서울엔 ~ 왔니 Mikor jöttél Szöulba?; 시험은 ~ 시작됩니까 Mikor kezdődnek a vizsgák?; ~부터 병이 났습니까 Ön mióta beteg? ❷ valamikor, egyszer, a jövőben; máskor, majd egyszer; előbb-utóbb, hamarosan, nemsokára; ~ 한번 다시 뵙고 싶습니다 Remélem, hamarosan ismét láthatom! ❸ egyszer, valaha, valamikor régen; ~ 한번 그를 만난 기억이 난다 Úgy emlékszem, láttam már valamikor.; 그런 일이 ~ 있었는지 알 수가 없다 Nem tudom, mikor történt ilyen. ❹ bármikor, akármikor; 계산은 ~라도 좋습니다 Bármikor / akármikor fizethet.

언제나 부 mindig, állandóan, folyton; 그는 ~ 학교 성적이 좋다 Mindig jól teljesít az iskolában.; 저 녀석은 ~ 불평만 늘어놓는다 Az az ember folyton morog.; 그는 ~ 학교에 지각 한다 Mindig elkésik az iskolából.

언젠가 부 valamikor, egyszer még, majd, a jövőben; valaha, egyszer, múltkor; ~ 또 찾아뵙겠습니다 Majd találkozunk még.; 이것이 ~ 너에게 이야기한 책이다 Ez az a könyv, amiről a múltkor beszéltem neked.; 저분이 ~ 말씀하신 분입니까 Ő az, akiről a múltkor beszéltél?; 저 사람은 ~ 만나본 일이 있는 것 같다 Azt hiszem, egyszer már találkoztam vele.

언짢다 형 rossz, szomorú, szerencsétlen, balszerencsés; 언짢은 소식 rossz / szomorú hírek; 속이 ~ rosszalkodik a gyomra; 너 어디가 언짢으냐 Van valami baj? Rosszul vagy?; 언짢은 얼굴을 하다 szomorúnak látszik; 언짢게 생각하지 말게 Ne gondolj semmi rosszra!; 내 말을 언짢게 여기지 말게 Ne érezd rosszul magad amiatt, amit mondtam!

언청이 명 nyúlszájú

언행 명 szavak és tettek; ~이 일치하다 szavahihető ember; ~을 일치시키다 úgy

ㅇ

/ akként cselekszik, ahogy beszél; 그는 ~이 일치하지 않는다 Nem aszerint cselekszik, amit mond.

얹다 동 felrak, feltesz, felhelyez; 프라이팬을 선반에 ~ feltesz a polcra egy serpenyőt; 지붕에 기와를 ~ tetőt fed, cserepet rak fel; 가슴에 손을 ~ szívére teszi a kezét

얹히다 동 vmire tesz / rak / helyez; 그릇이 선반에 얹혀 있다 Az edények fel vannak téve / rakva a polcra.

얻다 동 szerez, kap, nyer; 인가를 ~ engedélyt kap / szerez; 인기를 ~ népszerűségre tesz szert; 재정 원조를 ~ pénzügyi segítséget szerez; 좋은 점수를 ~ jó jegyeket kap; 병을 얻어 자리에 누웠다 Beteg lettem és ágyban maradtam.

얻어맞다 동 megverik, megütik; 머리를 ~ fejbe verik / vágják; 뺨을 ~ megpofozzák, pofon vágják; 그런 짓을 하면 얻어맞는다 Ha ilyet csinálsz, megverlek.; 신문에서 ~ támadják az újságokban

얼 명 lélek, tudat, szellem; 한국의 ~ Korea szelleme

얼결 zavartság, zavar; ~에 zavarában, pillanatnyi zavarában

얼굴 명 arc, tekintet; arcvonások; ~을 뚫어지게 보다 mereven nézi az arcát; ~을 씻다 megmosakszik, megmossa az arcát; 부끄러워서 ~을 가리다 szégyenlősen eltakarja az arcát; 두 손에 ~을 묻다 a kezeibe temeti az arcát; ~을 맞대고 앉다 egymással szemben ülnek; ~을 못 들다 elszégyelli magát, nem meri megmutatni magát; ~을 붉히다 elvörösödik a haragtól / szégyentől; ~을 찡그리다 grimaszol, fintorog, pofákat vág; 겁이 나서 ~이 파랗게 질리다 falfehér lesz a félelemtől; 네가 무슨 짓을 했는지 ~에 써 있다 Az arcod elárulja, mit tettél.; 요샌 그의 ~을 볼 수 없다 Mostanában ritkábban találkozom vele.; 근심스러운 ~이다 Aggódó a tekintete.; 이 도시에서는 그녀의 ~을 모르는 사람이 거의 없다 Sok ismerőse van a városban.; 그 모임에는 시장도 ~을 내밀었다 A polgármester is megjelent a gyűlésen.

얼굴빛 명 arcszín ☞ **안색**

얼굴형 명 arcforma

얼다 동 fagy, megfagy; 얼어 죽다 halálra fagy; 꽁꽁 ~ keményre fagyott; 고기가 얼어서 딴딴하다 keményre fagyott a hús; 수도가 얼었다 elfagyott a vízvezeték; 연못에 얼음이 얼었다 befagyott a tó; 추위로 몸이 얼었다 Majdnem megfagytam a hidegtől.

얼떨결 명 pillanat zavara / hatása; ~에 a pillanat hatása alatt, pillanatnyi zavarában; ~에 그것을 깜빡 잊었다 Teljesen elfelejtettem a zavarodottságomban.

얼떨떨-하다 형 meghökken, meglepődik, összezavarodik; ~한 얼굴 meghökkent arc, zavarodott arc; 느닷없는 질문에 잠시 ~했다 Egy pillanatig teljesen ledöbbentem a hirtelen kérdéstől.; 잠을 못 자서 정신이 ~하다 Zavart vagyok a kevés alvástól.

얼룩 명 folt, piszok, kosz; 잉크 ~ tintafolt; 커피 ~ kávéfolt; ~ 투성이의 foltos; ~이 지지 않는 kimoshatatlan / eltüntethetetlen folt; 이 ~은 빨아도 안 빠진다 Ezt a foltot nem lehet kimosni.; 비가 새서 천장에 ~이 져 있었다 A plafon foltos a nedvességtől.

얼른 부 azonnal, gyorsan, éppen, hirtelen, rögtön; ~ 가거라 Indulj azonnal!; ~ 대답해라 Azonnal, válaszolj!; ~ 해라 Siess! Gyorsabban!; 그의 이름이 ~ 떠오르지 않는다 Pillanatnyilag nem jut eszembe a neve.; ~ 대답할 수 없었다 Nem tudtam azonnal válaszolni.

얼리다 동 fagyaszt; 얼린 야채 fagyasztott / mirelit; 물을 ~ jéggé fagyasztja a vizet; 생선을 냉동기에서 ~ lefagyasztja a halat a fagyasztóban

얼마 명 ❶ mennyi, mennyibe, milyen áron, mennyiért; 모두 ~ 입니까 Mennyi lesz összesen?; 집세가 ~냐 Mennyi a bérleti díj?; 사과는 ~에 팝니까 Mennyiért adja az almát? ❷ mennyi ideig, milyen hosszan; 여기에 ~ 동안 있을 거니 Mennyi ideig leszel itt?; 그는 ~ 있다가 말했다 Kis idő után megszólalt.; 아버지가 돌아가신 지 ~ 안 된다 Még nem telt el sok idő, mióta az apám meghalt. ❸ mekkora; 돈이 이제 ~ 남지 않았다 Nem maradt nálam sok pénz.; 물은 이제 ~ 남아 있지 않다 Nem sok víz maradt.; 서울에서 인천까지 거리가 ~냐 Mekkora a távolság Incsan és Szöul között? Milyen messze van Incsan Szöultól? ❹ egy része valaminek, néhány; 하루 ~씩 일하다 napról napra valamennyit dolgozik; 수입에서 ~를 저축하다 félretesz valamennyit a fizetéséből

얼마간 명 valamennyi ideig

얼마나 부 ❶ mennyi; 그 양복은 ~ 주었느냐 Mennyibe került az öltönyöd?; 모두 해서 ~ 됩니까 Összesen mennyi lesz?; 돈을 ~ 갖고 계십니까 Mennyi pénze van most?; 회합에 사람이 ~ 왔더냐 Hányan voltak ott a gyűlésen?; 상자에 배가 ~ 남았느냐 Hány körte van még a dobozban? ❷ mióta, mennyi ideig; 중국어를 공부한 지 ~ 됩니까 Mióta tanulsz kínaiul?; 그곳에 ~ 계셨나요 Mennyi ideig maradt ott? ❸ milyen; ~ 크냐 Milyen nagy?; ~ 깊은가 Milyen mély?; ~ 넓으냐 Milyen széles?; ~ 무거우냐 Milyen nehéz?; ~ 두꺼우냐 Milyen vastag?; 한강 길이가 ~ 되는지 아는가 Kitalálod, milyen hosszú a Hán folyó?; ~ 쓴가 Milyen keserű?; ~ 빠르냐 Milyen gyors?; 그가 ~ 열심히 일했던지 이루 다 말할 수는 없다 Nehezen tudnám elmondani, mennyire keményen dolgozott.; 이것을 들으면 그가 ~ 기뻐할까 Milyen boldog lesz, ha ezt meghallja!; 그가 ~ 고생했을까 Mennyit szenvedett!; 그 영화에 ~ 감동했는지 모르겠다 El sem tudom mondani, mennyire lenyűgözött a film!

얼버무리다 동 말을 ~ bizonytalanul / határozatlanul beszél, mellébeszél; 대답을 ~ bizonytalanul válaszol

얼빠지다 동 megbénul, béna; 얼빠진 짓을 하다 bénán viselkedik, ostobaságokat csinál

얼싸안다 동 megölel, átölel, magához húz, magához szorít vkit; 목을 ~ átkarolja a nyakát, vkinek a nyakába ugrik; 그는 소녀를 얼싸안았다 Megölelte / átölelte a lányt.; 기뻐서 그 둘은 얼싸안고 춤을 추었다 Boldogan táncoltak egymás karjában.

얼씨구 Hurrá! De jó! Nahát!; ~ 좋구나 Micsoda öröm!

얼어붙다 동 megfagy, lefagy, befagy, elfagy; 얼어붙은 길 felfagyott utca; 얼어붙은 파이프 befagyott cső; 얼어붙을 듯이 춥다 Dermesztő hideg / Jéghideg van.;

ㅇ

그 기별을 듣고 전신의 피가 얼어붙는 것 같았다 A hír hallatán megfagyott a vér az ereimben.; 강이 얼어붙었다 A folyó felszíne megfagyott. Befagyott a folyó.

얼음 명 jég; ~이 얼다 megfagy, jéggé fagy; ~이 녹다 elolvad a jég; ~을 깨뜨리다 jeget összetör / kásásít; ~으로 차게 하다 jéggel lehűt, jegel; 생선을 ~에 채우다 jegeli a halat; 오늘밤에는 ~이 얼겠다 Fagyni fog éjjel.; ~ 창고 hűtőház; ~통 jeges vödör; ~ 주머니 jeges zacskó; ~ 찜질을 하다 jeges zacskót tesz vmire

얼음물 명 jeges víz

얼음조각 명 jégszobor

얼음조각가 명 jégszobrász

얼추 명 mindjárt, hamarosan, nemsokára, közel (van vmihez); 일이 ~ 다 되다 a munka már majdnem kész; ~ 정오가 다 되어 간다 Mindjárt dél van.

ㅇ

얼큰-하다 형 enyhén csípős, kissé erős; 그는 ~하게 취했다 Becsípett a bortól. Fejébe szállt a bor.

얽매이다 동 leköt, korlátoz, megköti a kezét, szorítja (az idő); 시간에 얽매여 있다 szorítja / sürgeti az idő; 인습에 ~ a hagyományok híve, hű a hagyományokhoz; 일에 ~ leköti / lefoglalja az üzlet; 계약 조건에 ~ kötve van a szerződés feltételei által; 나는 무슨 일에도 얽매이기를 싫어한다 Nem bírom, ha korlátok közé szorítanak.

얽히다 동 belegabalyodik vmibe, összegörcsölődik; 실이 ~ a cérna összegabalyodik; 삼각관계로 ~ Belebonyolódott egy szerelmi háromszögbe.; 밧줄이 발에 얽혔다 A lábaim belegabalyodtak a kötélbe.; 낚싯줄이 해초에 얽혔다 A horgászzsinórom belegabalyodott a hínárba.; 얽힌 것을 풀다 eloldoz, kiköt, elenged

엄격-하다 형 szigorú, kemény, merev; ~히 부 szigorúan, keményen, mereven

엄두 명 merészség; 그들은 올 ~도 못 냈다 Nem mertek jönni.; 그런 일은 ~도 못냈다 Álmomban sem gondoltam volna.; 저항 따위는 ~도 낼 수 없었다 Gondolni sem mer az ellenállásra.; 그녀에게 그것을 알릴 ~가 나지 않는다 Nem merem mondani neki.

엄마 명 anyu, anyuci; 우리 ~와 아빠 anyukám és apukám

엄명 동 szigorú utasítás / parancs, szigorú ellenőrzés / felügyelet; 지휘관의 ~에 의하여 a parancsnok szigorú ellenőrzése / felügyelete alatt; ~을 받다 szigorú utasításokat kap

엄살 명 felnagyítás, túljátszás, túlreagálás; ~을 떨다 felnagyít / felfúj vmit

엄살꾸러기 명 sértődékeny, túlreagáló

엄선-하다 동 alaposan válogat, gondosan kiválaszt; ~ 명 alapos / gondos válogatás / kiválasztás; ~된 gondosan / alaposan válogatott / kiválasztott; 구직자를 ~하다 gondosan választ az állásra pályázók közül

엄수-하다 동 híven engedelmeskedik, megtartja a szavát, parancsot teljesít; ~ 명 hű engedelmesség, feltétlen engedelmesség; 명령을 ~하다 parancsot / utasítást híven teljesít

엄연-하다 형 nyilvánvaló, tagadhatatlan, egyértelmű; ~한 사실 nyilvánvaló / tagadhatatlan tény; ~한 증거 döntő / nyilvánvaló bizonyíték; 주택부족이라는 ~한 사실 a lakáshiány nyilvánvaló ténye

엄연히 부 nyilvánvalóan, egyértelműen, világosan, tagadhatatlanul

엄중-하다 형 pontos, határozott, biztos, merev, adott; ~히 처벌하다 keményen megbüntet vkit; ~한 경고를 하다 komolyan figyelmeztet vkit; ~히 단속하다 szigorú felügyeletet / ellenőrzést gyakorol; ~히 항의하다 erősen ellenez vmit

엄지 명 hüvelykujj, nagylábujj; ~ 손톱 hüvelykujj körme

엄지발가락 명 nagylábujj

엄지손가락 명 hüvelykujj

엄청나다 형 hatalmas, rettentő, óriási; nagyon; 엄청난 사건 hatalmas jelentőségű; 파도가 엄청나게 높다 A hullámok borzasztó magasak.; 그 개구리 엄청나게 큰데 Az a béka rettentő nagy!

엄포 명 blöff, hazugság, üres ígéret / fenyegetés; ~를 놓다 blöfföl, üresen ígérget, üres ígéreteket tesz, üresen fenyegetőzik; 그런 ~는 겁나지 않아 Nem fogok megijedni egy ilyen blöfftől.; 그런 ~에 내가 넘어갈 줄 아느냐 Tényleg azt gondolod, hogy egy ilyen hazugságnak bedőlök?

엄-하다 형 szigorú, kemény, merev, kemény, durva, erős; ~한 규율 szigorú fegyelem; ~한 부모 szigorú szülők; 어린애들한테 ~하다 szigorú a gyermekeivel; ~하게 꾸짖다 szigorúan fegyelmez vkit; 애들을 ~하게 기르다 szigorban neveli fel a gyerekeket

업[1] 명 munka, hivatás, foglalkozás; 평생 의술을 ~으로 하다 orvostudománnyal foglalkozik egész életében

업[2] 명 (불교) karma; 이것은 모두 너의 전생의 ~이다 Ez az egész az előző életedben elkövetett tetteid miatt van.

업계 명 üzleti körök; ~의 거물 vezető / fejes az üzleti életben; ~의 강력한 반대에 부딪히다 nagy ellenállásba ütközik az üzleti életben

업다 동 a hátán cipel, a hátán visz, a hátán hord; 애기를 등에 ~ a hátán visz egy csecsemőt

업무 명 munka, üzlet, feladat; vállalkozás, munkakör; ~용의 üzleti célra; ~상의 사고 / 질병 munkahelyi baleset / megbetegedés; ~상의 부상 munkavégzés során szerzett sérülés; ~를 방해하다 hátráltat / akadályoz vkit az üzletben; ~에 힘쓰다 keményen dolgozik, mindent belead az üzletbe; ~를 게을리 하다 elhanyagolja a munkát; 주요 ~ 계획을 보고 받다 eligazítást / tájékoztatást kap a fő feladatához / munkájához; 지점은 10월부터 ~를 개시 한다 A fiók / képviselet októberben nyit.

업보 명 (불교) előző életünk következményei

업소 명 bolt, üzlet(helyiség)

업신여기다 동 lenéz, alábecsül, lebecsül, semmibe vesz, megvet; 사람을 업신여기는 버릇이 있다 szokása lenézni az embereket; 그는 너를 업신여긴다 Lenéz téged.; 가난하다고 사람을 업신여겨서는 안 된다 Nem szabad lenézni valakit, csak mert szegény.

업자 명 (상인) kereskedő; (제조업자) előállító, gyártó; (실업가) vállalkozó, üzletember; 악덕 ~ csaló kereskedő, uzsorás; 관련 ~를 초청하다 összehívja az érintett kereskedőket; 우리는 단골 ~에게 기계 조립을 부탁했다 Megkértük a szokásos gyártónkat, hogy rakjon össze egy gépet.

업적 [명] eredmény; 뛰어난 ~을 올리다 remek / kiváló eredményeket ér el; 그의 학문적 ~은 크게 인정을 받았다 A tudományos / kutatási eredményei széles körben elismertek.; 이 달의 우리 회사 ~은 좋다 Ebben a hónapban jól ment az üzlet.; 사원 전체의 노력으로 회사의 ~은 크게 올라갔다 A vállalat sokkal jobb eredményeket ért el a dolgozók erőfeszítéseinek köszönhetően.

업종 [명] iparág, tevékenységi kör; ~별 전화번호부 üzleti telefonkönyv, kisokos; ~별 임금 iparágak uralkodó / leggyakoribb fizetései; ~별로 분류하다 iparágak szerint osztályoz

업체 [명] vállalkozás, vállalat; 민간 ~ magánvállalkozás; 부실 ~ veszteséges vállalkozás; 생산 ~ előállító / gyártó vállalkozás

업히다 [동] felveszik vkinek a hátára, vkinek a hátán utazik; 어린애가 엄마 등에 ~ A gyerek az anyja hátán van.

없다 [형] nincs, semmi sincs, nem létezik; hiányzik vmi; 거기에는 아무도 ~ Senki sincs ott.; 그것을 모르는 사람은 ~ Nincs olyan, aki ne tudná.; 있는 것이 없는 것보다 낫다 A valami több, mint a semmi.; 용기가 ~ hiányzik belőle a bátorság; 재수가 ~ balszerencsés; 그녀에겐 자식이 ~ Nincsenek gyerekei.; 그는 그 계획을 실행할 힘이 ~ Nincs elég ereje ahhoz, hogy véghezvigye a tervet.; 그는 오른팔이 ~ Elvesztette a jobb karját.; 방금 책상 위에 둔 책이 ~ Nem lelem / találom a könyvet, amit az imént tettem az asztalra.; 아무리 찾아도 없습니다 Nem találom sehol.; 혐의가 ~ tisztázzák a gyanú alól; 결점이 ~ hibátlan; 앞길에 걸릴 것이 ~ Semmi sem áll az utamba.; 없는 살림 szegény élet, szegénységben élés; 그는 없는 집안에서 태어났다 Szegénysorból származik.; 그는 책 읽기에 정신이 ~ Belemerült egy könyvbe.; 왜 그에게서 편지가 없을까 Vajon miért nem ír?

없애다 [동] ❶ eltüntet, elpusztít, kiirt; 해충을 ~ kiirtja / elpusztítja a kártevő rovarokat; 나쁜 습관을 ~ rossz szokást felszámol; 뜰의 잡초를 ~ kigyomlálja a kertet; 명부에서 이름을 ~ kihúzza vkinek a nevét egy listáról; 빈민굴을 ~ megtisztítja a nyomornegyedet ❷ eltöröl, megszüntet, felszámol; 노예 / 사형 제도를 ~ eltörli a rabszolgaságot / halálbüntetést; 장애물을 ~ megszünteti az akadályokat ❸ tölt; elveszít, elbukik; elkölt, elhasznál, elfecsérel, elpazarol; 시간을 ~ időt tölt; 옷에 많은 돈을 ~ sok pénzt költ ruhákra; 그는 경마로 돈을 없앴다 Elvesztette a pénzét a lóversenyen. ❹ megöl, kiiktat; 방해자들을 ~ megöli azokat, akik az útjában állnak

없어지다 [동] ❶ eltűnik, elvész, hiányzik; 없어진 시계 elveszett / eltűnt óra; 모자가 없어졌다 Elvesztettem a kalapomat. ❷ elhasználódik, elfogy, kifogy, kiapad; 전쟁으로 이 나라의 자원은 다 없어졌다 A háború miatt kiapadtak az ország erőforrásai. ❸ elszáll; 모든 희망이 없어졌다 Minden remény elszállt.

없이 vmi nélkül, anélkül; 예외 ~ kivétel nélkül; 정신 ~ figyelmetlenül; 틀림 ~ kétségtelenül, kétségkívül; 할 수 ~ elkerülhetetlenül, óhatatlanul; 돈 ~ 여행하다 pénz nélkül utazik el; 그 여자 ~는

살 수가 없다 Nem tud nélküle élni.

엇갈리다 동 elkerül; váltakozik, összecserélődik; 마음에 희비가 ~ Öröm és szomorúság váltakozik a szívünkben; 자네 편지와 내 편지가 중도에 엇갈렸다 A leveleink összecserélődtek.; 그를 만나려 하였으나 길이 엇갈렸다 Szerettem volna látni, de elkerültük egymást útközben.

엉거주춤-하다 동 ❶ se nem ül, se nem áll; ~하지 말고 서든지 앉든지 해라 Vagy ülj le vagy maradj állva, csak hagyd abba a kóválygást! ❷ habozik, döntésképtelen; 그는 갈까 말까 잠시 ~했다 Egy ideig habozott, mire eldöntötte, hogy menjen-e vagy sem.

엉겁결에 부 véletlenül, váratlanul, magától; ~ 웃다 magától nevet; ~ 그런 말이 튀어 나왔다 Véletlenül kicsúsztak a szavak a számon.

엉기다 동 ❶ megalvad, megalszik, megdermed, megszilárdul; 엉긴 피 alvadt vér; 우유가 ~ megalszik a tej ❷ belefeledkezik vmibe; 일이 완전히 ~ teljesen belefeledkezik a munkájába

엉덩이 명 fenék, far, hátsó, ülep; ~를 걷어차다 fenékbe rúg vkit; 아이의 ~를 때리다 elfenekel egy gyereket; ~가 무겁다 túl sokáig marad, tovább marad a kelleténél; lusta, lassú; ~가 가볍다 nem marad sokáig; felületes, könnyelmű, csapodár

엉뚱-하다 형 furcsa, szokatlan; váratlan, meglepő; hihetetlen; abszurd, képtelen; ~한 질문을 하다 váratlan / meglepő kérdést tesz fel; ~한 짓을 하다 elég meglepő dolgot tesz; 이야기가 엉뚱해서 좀 의심스러웠다 A története annyira hihetetlen volt, hogy kissé gyanakodni kezdtem.

엉망 명 zűrzavar; ~으로 만들다 összezavarja / elrontja a dolgokat; 폭발 사고 현장은 ~이었다 A robbanás helyszínén nagy volt a zűrzavar.; 장마로 꽃이 ~이 되었다 A virágokat tönkretette a nagy esőzés.

엉성-하다 형 ❶ pontatlan, gyér, gyenge, silány, elnagyolt, összecsapott; durva, nyers; ~한 번역 pontatlan fordítás; ~하게 짜다 nagy szemekkel köt; 편집이 ~하다 gondatlanul szerkesztették meg / állították össze ❷ nem kielégítő, elégtelen; ~한 결과 elégtelen / nem kielégítő eredmény; 일솜씨가 ~하다 rossz / hanyag / gyenge munkaerő; 솜씨가 ~한 ügyetlen, kétbalkezes, suta

엉엉 부 ~ 울다 kisírja a szemét, zokog, bömbölve sír

엉키다 동 összegubancolódik, összegabalyodik, összekuszálódik; 엉킨 머리 csapzott / gubancos haj; 엉킨 실을 풀다 kibogozza az összegabalyodott cérnát, kibogozza a szálakat

엉터리 명 csaló, szélhámos; ócska, vacak; ~ 의사 kuruzsló, sarlatán; ~ 회사 álvállalkozás, fantomcég, hamis vállalkozás; 그는 ~라서 하는 말을 믿어서는 안 된다 Ő egy csaló / szélhámos, egy szavát se hidd el!; 그는 일을 ~로 한다 összecsapott munkát csinál.

엊그제 부 néhány nappal ezelőtt, néhány napja

엎다 동 felfordít; felborít; lefelé fordít, hasra fordít; megdönt, megbuktat; 성이 나서 밥상을 ~ felfordítja / felborítja az asztalt dühében; 사나운 물결이 배를

ㅇ

~ a tomboló hullámok felborítják a hajót; 찻잔을 엎어 놓다 lefordítva rakja el a teáscsészét; 정부를 ~ megdönti a kormányt

엎드리다 동 földön fekszik, hason fekszik, lehasal, földre borul, arccal lefelé fekszik; 임금 앞에 ~ földre borul a király előtt; 엎드려 자다 hason (fekve) alszik; 땅에 납작 ~ elterül a földön

엎어지다 동 hasra esik, elesik, orra bukik; felborít, felborul; 꽃병이 엎어졌다 Felborították / Feldöntötték a vázát.; 배가 엎어져 많은 사람이 죽었다 A hajó felborult, és sokan megfulladtak.; 엎어지면 코 닿을 곳에 있다 nagyon közel van, kőhajításnyira van

엎지르다 동 kiönt, kiborít; kilöttyen; 컵의 우유를 ~ kilöttyen a tej csészéből; 상에 물을 ~ vizet borít ki az asztalra; 엎지른 물은 다시 담지 못 한다 (속담) Késő bánat, ebgondolat.

에나멜 명 zománc

에너지 명 energia; 핵 ~ atomenergia; 태양 ~ napenergia; 열 ~ hőenergia; 운동 ~ mozgási energia; 전기 ~ elektromos energia; ~를 절약 합시다 Takarékoskodjunk az energiával!; ~ 보존 법칙 az energiamegmaradás törvénye; ~ 산업 energiaipar; ~ 위기 energiaválság; ~ 수요 energiaszükséglet / -igény; ~ 절약 운동 energiatakarékossági mozgalom; ~ 정책 energiapolitika; ~ 효율 energia hatásfoka

에너지원 명 energiaforrás

에로스 명 Érosz

에세이 명 esszé, (írásbeli) dolgozat

에스컬레이터 명 mozgólépcső

에스프레소 명 eszpresszó

에어로빅 명 aerobik

에어백 명 légzsák; ~이 터지다 felfújódik a légzsák

에어컨 명 légkondicionáló; ~이 설치된 방 légkondicionált / klimatizált helyiség; ~이 고장 나다 A légkondicionáló nem működik.

에워싸다 동 körbevesz, bekerít; 집을 담이 ~ fallal kcríti körbe a házat; 적을 멀리서부터 ~ messziről bekeríti az ellenséget; 겹겹이 ~ emberek kerítenek / vesznek körbe vkit

에이 명 A, a

에이디 명 időszámításunk szerint (i.sz.), Krisztus után (Kr. u.)

에이즈 명 (의학) AIDS; ~ 환자 AIDS-es beteg, AIDS-es; ~ 바이러스 AIDS-vírus; ~ 바이러스 감염자 HIV-pozitív (beteg), HIV-vírusos személy, HIV-beteg

에잇 A fenébe! A francba!

에티켓 명 etikett, jó modor; 식사의 ~ étkezési etikett, viselkedés az asztalnál; ~을 지키다 betartja az etikettet; ~에 어긋난다 Etikátlan ilyet tenni.

에피소드 명 vicces történés, vicces esemény, vicces dolog; 그에게는 많은 ~가 있다 Sok vicces dolog történt vele.

엑스레이 명 röntgen(sugár)

엑스포 명 expó

엑스트라 명 statiszta; ~ 노릇을 하다 statisztál egy filmben; ~를 고용하다 statisztákat vesz fel

엔 (일본 화폐) jen (기호 ¥); 천 ~ 지폐 ezerjenes

엔고 명 erős jen, emelkedés a jen valuta értékében; ~와 약세 달러 erős jen és gyenge dollár; 요즈음 한 동안 ~가 계속되고 있다 A jen már egy ideje megerősödött.

엔지니어 명 mérnök

엔진 명 motor, gép; ~을 걸다 beindítja / elindítja a motort; ~을 끄다 leállítja a motort; ~이 고장 나다 vmi elromlott a motorban

엘리베이터 명 felvonó, lift; emelő, teherlift; 각층 운행 ~ minden szinten megálló lift; ~가 있는 아파트 liftes társasház; ~를 타고 올라가다 felmegy a lifttel

엘리트 명 elit, értelmiség; (개인) értelmiségi; ~ 의식 értelmiségi öntudat; 그는 ~ 의식이 강하다 Erős értelmiségi öntudata van.; ~ 코스를 밟다 értelmiségi pályán halad

여가 명 szabadidő; ~에 독서 하다 szabadidejében olvas; ~를 이용하다 hasznosan tölti a szabadidejét; 운동할 ~가 없다 Nincs időm sportolni.

여간 부 kicsi, pici, kevés; 그는 ~ 일에는 성내지 않는다 apróságokon / kicsi dolgokon nem szokott megsértődni

여객 명 utas, utazó; ~ 명단 utaslista; ~ 수화물 úticsomag, poggyász; ~ 수화물 보관소 poggyászmegőrző

여객기 명 személyszállító repülőgép; 초음속 ~ szuperszonikus személyszállító repülőgép

여객선 명 utasszállító hajó

여건 명 körülmény, rendelkezésre álló feltétel; ~이 허락하는 한 나는 지금의 일을 계속할 것이다 Addig folytatom a jelenlegi munkám, amíg a körülmények engedik.

여고 명 lánygimnázium, internátus

여고부 명 lánygimnáziumi sportcsapat

여고생 명 lánygimnáziumi diák

여공 명 munkásnő; ~을 모집하다 munkáslányokat keres

여과기 명 szűrő, filter

여과하다 동 szűr; ~ 명 szűrés; 물을 ~하다 szűri a vizet; 불순물을 ~ 해내다 kiszűri a szennyeződéseket

여관 명 koreai stílusú panzió; ~을 경영하다 panziót / szállodát vezet; 나는 어젯밤 시내의 ~에서 묵었다 Múlt éjjel egy panzióban szálltam meg a városban.

여관방 명 panziószoba

여교사 명 tanárnő, tanár néni, tanító néni

여군 명 katonanő, női katona; ~ 부대 női alegység

여권 명 útlevél; 관용 ~ hivatalos útlevél; 단수 ~ egyszeri (útra feljogosító) útlevél; 복수 ~ többszöri (útra feljogosító) útlevél; 외교관 ~ diplomata útlevél; ~을 신청하다 útlevelet igényel; ~을 교부받다 útlevelet kap / szerez; ~에 비자를 받다 beragasztja a vízumot az útlevélbe

여기 itt, ezen a ponton; ~가 어디입니까 Hol vagyunk? Megmondaná, hol vagyunk?; ~다 Itt vagyunk! Ez az a hely.; ~ 있다 Itt van. Tessék. Parancsoljon!; ~ 있어라 Maradj itt!; ~서 멉니까 Messze van innen?; 오늘은 ~까지 합시다 (교실에서) Elég volt mára. Mára ennyi volt.; 너는 ~가 틀렸다 Ebben nincs igazad.

여기다 동 gondol, tart, titulál; tekint; képzel; érez; 나쁘게 ~ rosszat gondol vkiről / vmiről; 심각하게 ~ komolyan vesz / gondol; 귀엽게 ~ kedvesnek tart vkit; 돈을 천하게 ~ semmibe veszi a pénzt; 아무를 바보로 ~ hülyének tart / titulál vkit; 나는 그것을 불행으로 여기지 않는다 Nem úgy tekintek rá, mint balszerencsére.

여기저기 itt-ott, néhol; ide-oda; számos

helyen; mindenfelé, mindenhol, mindenütt; ~ 돌아다니다 ide-oda vándorol; ~ 빚이 있다 mindenfelé tartozik, számos tartozása van; ~ 찾다 mindenütt keres vmit / vkit

여느 hétköznapi, átlagos, megszokott; ~ 날에 hétköznapokon; 그에게는 어딘가 ~ 사람과는 다른 데가 있다 Van benne vmi szokatlan / különleges.

여단 명 (군사) alakulat, dandár; 보병 ~ gyalogos alakulat; ~으로 편성하다 alakulatba rendeződik; ~ 사령부 alakulat parancsnoksága; ~장 dandártábornok, alakulat parancsnoka,

여닫이문 명 tolóajtó

여당 명 kormánypárt; ~ 의원 kormánypárt parlamenti képviselője

여대생 명 egyetemista lány

여덟 nyolc; ~ 번 nyolcszor; ~ 시 nyolc óra; ~ 째 nyolcadik

여동생 명 fiatalabb lánytestvér, húg; 막내 ~ vkinek a legkisebb / legfiatalabb húga

여드름 명 pattanás, mitesszer; ~ 자국 pattanás utáni heg; ~이 나다 pattanások jelennek meg az arcán, kipattogzik az arca; ~ 난 얼굴 pattanásos arcbőr; ~을 짜다 kinyom / eltávolít egy mitesszert

여든 nyolcvan; ~이 넘다 nyolcvan feletti

여러 számos, több, sok; ~ 사람 számos ember, mindenféle ember; ~ 날 비가 오다 napokig esik az eső; ~ 달째 행방불명이다 hónapokig távol van, hónapokig nem találják; ~ 대를 서울에서 살다 Generációk óta Szöulban lakik.

여러모로 부 különböző módokon, számos módon; ~ 생각한 끝에 사임하기로 했다 Különböző szempontokat mérlegelve úgy döntöttem, hogy lemondok.; ~ 감사 합니다 Mindent nagyon szépen köszönök!

여러분 명 önök mindannyian, mindenki; ~ 안녕하십니까 Jó reggelt mindenkinek!; 신사숙녀 ~ Hölgyeim és Uraim!

여력 명 megmaradt erő/energia; ~이 충분히 있다 van elég ereje / energiája vmire; 그에게는 계속해서 달릴 ~이 있었다 Még mindig maradt energiája tovább futni.

여론 명 közvélemény; 국제 ~ nemzetközi közvélemény; ~의 동향 közvélemény irányultsága; ~에 귀를 기울이다 nagy figyelmet szentel a közvéleménynek, figyelembe veszi a közvéleményt; ~을 무시하다 mellőzi a közvéleményt; ~의 추세를 살피다 kitalálja a közvélemény irányultságát

여류 명 nő, női nem, nők; ~ 문학 női irodalom; ~ 문학가 női irodalmárok / tollforgatók; ~ 비행사 pilótanő; ~ 시인 költőnő; ~ 작가 írónő

여름 명 nyár; 초 ~ nyárelő, nyár eleje; ~을 나다 eltölti a nyarat; ~에는 해가 길다 A nyári nappalok hosszúak.; 지독히 더운 ~이었다 Ez szokatlanul forró nyár volt.; ~ 감기 nyári megfázás; ~ 방학 nyári szünet, vakáció

여리다 형 puha, finom, lágy; gyenge, törékeny, érzékeny, sebezhető; 여린 살결 érzékeny bőr

여물다 동 megérik, beérik; 벼 / 보리가 ~ érik a rizs / árpa

여미다 동 begombolkozik, megigazít, rendbe tesz; 옷깃을 ~ nyakig begombolkozik, megigazítja a ruhát

여배우 명 színésznő; ~가 되다 színésznőnek megy / áll; ~ 지망자 leendő színésznő

여백 명 üres hely, szabad hely; ~을 남기다 / 채우다 üresen hagy egy helyet; 책의 ~마다 메모가 가득 적혀 있었다 Minden üres hely a könyvben tele volt a jegyzeteivel.

여벌 maradék, plusz, extra, megmaradt, többlet; 인쇄물을 얼마만큼 ~로 두다 eltesz későbbre néhány példányt; ~이 하나 있다 Van egy extra / plusz. Van még egy (példány).; 나는 ~ 옷이 한 벌도 없다 Nincs nálam váltóruha.

여보 ❶ Helló! Szia! Szervusz! Hé! ❷ Drágám! Édesem! Kedvesem!

여부 명 igen vagy nem; 그 사실 ~는 모르겠다 Nem tudom, hogy igaz-e vagy nem.

여분 명 maradék, megmaradt, felesleg, többlet, plusz, extra, tartalék; ~이 없다 nincs feleslege vmiből; ~의 돈을 가지고 있다 Van egy kis megtakarított pénzem. Maradt még pénzem.

여비 명 útiköltség(ek); ~를 지급하다 kifizeti / állja vkinek az útiköltségét; 미국까지의 왕복 ~는 얼마입니까 Mennyibe kerül egy oda-vissza út Amerikába?; ~는 각자 부담이다 Mindenki maga állja az útiköltségét.

여사 명 ❶ művelt nő, tanult nő ❷ -né, asszony

여사원 명 női alkalmazott

여생 명 élete hátralevő része; ~을 교육에 바치다 egész hátralévő életét az oktatásnak szenteli; 조용히 ~을 보내다 utolsó napjait csendesen tölti

여섯 hat; ~ 째 hatodik

여성 명 nő, nők, női nem; 기혼 ~ férjezett asszony / nő; 미혼 ~ hajadon (lány / nő); ~ 공포증 nőiszony; ~ 교육 nők oktatása; ~ 문제 a női nem problémája; ~ 상위 사회 nők uralta társadalom; ~ 차별 nők diszkriminációja, nemi megkülönböztetés; ~의 사회적 지위를 개선하다 javítja a nők társadalmi helyzetét; 그는 ~들에게 인기가 좋다 Népszerű a nők körében. Nagy népszerűségnek örvend a nők körében.

여성상 명 nőideál

여성적 명 nőies; ~인 남자 nőies férfi, lányos férfi

여신[1] 명 istennő; 사랑의 ~ a szerelem istennője, Vénusz; 자유의 ~상 Szabadság-szobor

여신[2] 명 hitelkeret; 은행의 주 업무는 ~과 수신이다 Egy bank fő tevékenysége a hitelezés és visszafizettetés.; 보다 엄격한 ~ 관리를 받게 하다 a hiteligénylőket komoly ellenőrzés alá vonja; ~ 등급 hitelképesség; ~ 상태 hitelfeltételek; ~ 업무 hitelügyintézés; ~ 한도를 늘리다 bővíti a hitelkeretet

여실히 부 biztos, bizonyosan, bizonyára, valószínűleg

여아 명 lánygyermek, kislány; ~를 분만하다 lánygyermeket szül, kislánynak ad életet

여야 명 kormánypárt és ellenzék

여왕 명 királynő; 빅토리아 ~ Viktória királynő; 사교계의 ~ közvetítőnő, egy társaság befolyásos asszonya; ~ 개미 hangyakirálynő

여왕벌 명 méhkirálynő

여우 명 róka; ~ 꼬리 rókafarok; ~ 모피 rókaprém; ~같이 얄밉다 utálatos, mint egy sunyi róka; ~ 볕이 나다 A nap előbújik pár percre egy borult napon.; ~ 사냥 rókavadászat; ~ 목도리 róka-

ㅇ

prémből készült nyakbavaló, boa

여운 명 ❶ elhalkuló hang; 길게 ~을 남기는 피리 소리 a bambuszfurulya elhalkuló hangja; 연주가 끝난 후에 그 음악의 ~이 마음속에 남았다 Még az előadás után is csengett a zene a fülemben. ❷ maradandó élmény, mély benyomás; érzés, gondolat; 이 시는 ~이 풍부하다 Ez a vers tele van érzésekkel.

여울 명 zúgó

여유 명 (lelki) nyugalom, lélekjelenlét, higgadtság, önuralom; többlet (-idő, -pénz), tér (a cselekvéshez); ~를 갖다 nem veszti el az önuralmát / lélekjelenlétét, uralkodik magán; 항상 마음의 ~를 가지시오 Mindig őrizze meg a nyugalmát!; ~ 자금 pénztöbblet, tőkefelesleg; 생활의 ~가 거의 없다 alig tud megélni, nagyon nehezen él meg; 버스가 떠나기까지는 아직 30분의 ~가 있다 A busz indulásáig még van fél óra.; 나는 바빠서 휴가를 가질 ~도 없다 Az elfoglaltságom miatt szabadságra menni sem volt időm.; …할 여유가 있다 megengedhetem magamnak, hogy...; …할 여유가 없다 nem engedhetem meg magamnak, hogy...

여의다 동 ❶ elveszt vkit, meghal vkije; 어려서 어머니를 ~ gyerekkorában meghalt az anyja ❷ férjhez ad; 딸을 멀리 ~ Messzire adta férjhez a lányát.

여인 명 nő, asszony; ~ 천하 nőuralom; ~의 눈물 asszonykönnyek

여인숙 명 vendégfogadó; ~ 주인 vendégfogadó tulajdonosa / gazdája; ~ 방 vendégfogadó szobája; ~ 창문 vendégfogadó ablaka

여자 명 nő; ~같은 nőies (férfi); ~다운 nőies, asszonyos; ~의 권리 női jog; ~다운 데가 전혀 없다 egyáltalán nem nőies; ~는 남자보다 오래 산다 a nők hosszabban / tovább élnek, mint a férfiak; ~ 고등학교 leánygimnázium; ~ 대학 női főiskola; ~친구 barátnő

여전-하다 형 (meg)szokott, szokásos; ~히 szokásosan; 그는 ~히 가난하다 még mindig szegény, mint szokott

여정 명 útiterv, úti program, túraprogram; 상세한 ~을 짜다 részletes útitervet készít; 하루짜리 ~ egy napos úti program; ~을 마치다 végigcsinálja a túraprogramot

여종업원 명 női alkalmazott

여주인공 명 hősnő, főszereplőnő

여지 명 lehetőség, tér, (férő)hely; 타협의 ~가 있다 / 없다 van / nincs lehetőség a megegyezésre / kompromisszumra; 변명의 ~가 없다 nincs helye mentegetőzésnek; ~없이 패하다 teljes vereséget szenved; 의심의 ~도 없다 kétség sem fér hozzá, nincs ok a kételkedésre

여지껏 부 eddig, mostanáig; ~ 잤다 eddig aludt; ~ 공부했다 mostanáig tanult

여쭈다 동 kérdez, kérdést tesz fel: 또 여쭤 볼 것이 있습니다 van még kérdeznivalóm, még szeretnék vmit kérdezni; 선생님께 ~ kérdést tesz fel a tanár úrnak / tanárnőnek

여탕 명 női fürdő

여태 부 eddig, mostanáig; ~ 그런 사람은 만난 일이 없다 mostanáig nem találkoztam olyan emberrel; ~ 편지를 쓰고 있었다 mostanáig levelet írt; 이런 일은 ~ 없었다 ilyen dolog még nem fordult elő

여파 명 (utó)hatás, következmény; 경제

공황의 ~ a gazdasági válság utóhatása; 지진의 ~ a földrengés következménye
여편네 명 feleség; (férjezett) nő; 이 ~는 매일 잠만 잔다 A feleségem mindig alszik! 그 ~는 항상 소리를 지른다 Az a nő mindig kiabál.
여하-하다 형 bármilyen, akármilyen, bármennyi; ~ 명 milyenség, mérték; ~한 희생을 치르더라도 bármilyen áldozat árán is, bármennyibe is kerül; 성공은 네 노력 ~에 달렸다 A siker az erőfeszítésedtől függ. A siker az erőfeszítésed mértékétől függ.
여하튼 부 végül is, mindenesetre; ~ 그는 위대한 인물이다 végül is ő nagy ember; ~ 전쟁은 이겨야 한다 mindenesetre győzni kell a háborúban, mindenesetre meg kell nyerni a háborút
여학생 명 diáklány; 한 헝가리 ~ egy magyar diáklány
여한 명 régi sérelem; ~이 없다 nem marad régi sérelem; 아직 ~이 남다 még marad régi sérelem
여행기 명 útleírás
여행담 명 úti beszámoló
여행비 명 útiköltség
여행사 명 utazási iroda; 부다페스트에 몇 개의 여행사가 있습니까 Hány utazási iroda van Budapesten?
여행자 명 turista, utazó; ~ 도로 turistaút; ~ 수가 줄어들다 csökken a turisták száma; ~ 보험 utazási biztosítás; ~ 수표 utazási csekk
여행-하다 동 utazik; ~ 명 utazás, túra; 해외 ~ külföldi utazás; 수학 ~ tanulmányút; 신혼 ~ nászút; 단체 ~ csoportos utazás; 배로 ~하다 hajóval utazik; 세계를 ~하다 beutazza / körülutazza a világot; ~을 떠나다 elutazik; ~에서 돌아오다 visszajön / hazajön az utazásból; ~에 지치다 elfárad az utazástól; 세계일주 ~ világ körüli utazás
역[1] 명 pályaudvar, állomás; 서울~ a Szöul pályaudvar; 출발 ~ indulási állomás; 종착~ végállomás, célállomás; ~까지 사람을 전송하다 a pályaudvarig kísér; 대학교에 가려면 어느 ~에서 내려야 합니까 Melyik pályaudvaron kell leszállni, ha az egyetemre akarok menni?
역[2] 명 szerep; ~을 배정하다 szerepet oszt; 햄릿의 ~을 맡아 하다 Hamlet szerepét játssza; 나는 형사 ~을 배정받았다 A nyomozó szerepét osztották rám. A nyomozó szerepét kaptam meg.
역[3] 명 ellenkező, fordított, reciprok; ~으로 ellenkezőleg; ~의 ellentétes, fordított
역겹다 형 émelyítő, undorító, utálatos; 역겨운 냄새 émelyítő szag; 보기만 해도 역겨운 ránézésre is undorító; 역겨운 놈 utálatos alak
역경 명 balszerencse, szerencsétlenség, csapás; ~에 처하다 balszerencse sújtja; ~에 잘 대처하다 jól állja a sors csapásait, nem fog ki rajta a balszerencse; 그는 ~ 속에서 자랐다 Balszerencsés körülmények közepette nőtt fel.
역광 명 ellenfény; ~ 조명 ellenfény-megvilágítás; ~ 필터 ellenfény-szűrő
역기능 명 ellenfunkció, rendellenes működés; 돈의 ~ a pénz ellenfunkciója
역대 명 egymást követő; ~ 왕들 egymást követő királyok; ~ 내각들 egymást követő kormányok
역도 명 súlyemelés; ~ 선수 súlyemelő

역동성 명 aktivitás, mozgékonyság

역동적 aktív, mozgékony; ~인 삶 aktív élet; ~인 역할을 하다 aktív szerepet játszik

역량 명 tehetség, ügyesség, képesség; ~있는 인물 tehetséges ember; ~을 발휘하다 kifejezésre juttatja a képességeit, megmutatja a képességeit; 그 일을 할 만한 ~이 있다 Megvan a képessége / tehetsége ahhoz, hogy azt a munkát elvégezze.

역력-하다 형 nyilvánvaló, tiszta; ~한 사실 nyilvánvaló tény; 그 사실은 그의 얼굴에 ~히 나타나 있다 a dolog az arcára van írva

역무원 명 vasutas, vasúti dolgozó

역부족 명 képességhiány; ~이다 tehetségtelen; 나는 내가 ~임을 잘 안다 Jól tudom, hogy nem megfelelőek a képességeim.

역사 명 történelem; ~적인 történelmi; ~적 사건 történelmi esemény; 세계 ~에 영향을 미치다 befolyásolja a világtörténelmet; 세계 ~에 유례가 없다 nincs példa rá a világtörténelemben; ~에 길이 남다 örökre megmarad a történelemben; ~는 되풀이 된다 a történelem megismétlődik, a történelem ismétli önmagát; ~ 소설 történelmi regény; ~ 시대 történelmi idő; 우리 은행은 50년의 ~를 가지고 있다 A bankunknak 50 éves történelme van.; ~ 언어학 történeti nyelvtudomány

역사가 명 történész

역사서 명 történelemkönyv, történeti írás

역사철학 명 történelemfilozófia

역사-하다 동 munkálkodik; 성령이 ~하다 munkálkodik a szent szellem

역사학 명 történettudomány

역사학자 명 történész

역설 명 ellentmondás, paradoxon; ~적인 ellentmondásnak látszó / tűnő, paradox; ~적으로 들릴는지 모르지만 운동이 건강에 해로울 수도 있다 Lehet, ellentmondásnak tűnik, de a sport káros is lehet az egészségre.

역습-하다 동 ellentámadást indít; ~을 받다 ellentámadás éri; 상대의 말을 받아 ~을 하다 az ellenfél beszédével szemben ellentámadást indít

역시 부 is; 그 계획에는 나 ~ 반대입니다 A tervet én is ellenzem.; 나 ~ 그것을 좋아하지 않는다 Azt én sem szeretem.

역임-하다 동 sikeresen helytáll a különböző beosztásokban; 그는 정부의 여러 요직을 역임했다 Sikeresen helytállt különböző kormányzati beosztásokban.

역장 명 állomásfőnök, állomásvezető

역적 명 áruló; ~으로 몰리다 árulónak bélyegzik

역적질 명 árulás; ~질로 처형되다 Árulás miatt kivégezték.

역전-하다 동 megfordít; ~ 동 megfordítás; 게임을 ~하다 / 시키다 megfordítja a játékot

역전승-하다 동 vesztett helyzetből megszerzi a győzelmet; 우리는 게임에서 3:2로 ~했다 Vesztett helyzetből 3:2-re győztünk a játékban.

역전패-하다 동 nyertes helyzetben kiengedi a kezéből a győzelmet; 게임에서 ~하다 nyertes helyzetből vereséget szenved játékban

역점 명 nyomaték, hangsúly, kiemelés;

~을 두다 nyomatékkal rámutat vmire, kiemel vmit

역조 명 deficit; 무역 ~ deficites kereskedelem, kereskedekmi hiány

역-하다 형 undorító; ~한 냄새 undorító szag; ~한 맛의 undorító ízű

역학 명 dinamika; ~적(인) dinamikus; ~적으로 dinamikailag

역할 명 szerep; 결정적인 ~을 하다 döntő szerepet játszik; 그는 자기의 ~을 훌륭히 해냈다 Nagyszerűen játszotta el a szerepét.

역행-하다 동 hátrafelé mozdul

역효과 명 ellenhatás: ~를 내다 ellenhatást vált ki / okoz

엮다 동 sző, fon; 대나무로 발을 ~ bambuszfüggönyt sző; 서로 얽어서 ~ egymásba fon

연 명 papírsárkány; ~을 날리다 papírsárkányt ereget

연간 명 év, évente; ~ 소득 éves jövedelem; 그 나라의 ~ 무역 적자는 1999년에 200억 달러에 달했다 Az ország 1999. évi külkereskedelmi hiánya elérte a 20 milliárd dollárt.

연거푸 부 egymás után, egymást követően, folytonosan; ~ 질문하다 egymás után kérdez; ~ 다섯 번 이기다 egymást követően ötször győz

연결-하다 동 összekapcsol, összeköt; ~ 명 összekapcsolás, összekötés; 기차에 식당차를 ~하다 rákapcsolják az étkezőkocsit a vonatra; 수화기를 잠시 들고 계세요.. 김씨에게 ~해 드리겠습니다 Tartsa a vonalat! Kapcsolom Kim urat.

연계-하다 동 összekapcsol, hozzáköt, hozzákapcsol; ~ 명 kapcsolat; 경찰은 이 두 사건 사이에 ~가 있음을 발견했다 A rendőrség felfedezte a kapcsolatot / összefüggést a két eset között.

연고[1] 명 kapcsolat, viszony, vonatkozás; 나는 그 회사에 아무런 ~가 없다 Én semmilyen kapcsolatban nem vagyok azzal a céggel.; ~자 a személy, aki kapcsolatban van vmivel

연고[2] 명 kenőcs; 그 ~는 처방전 없이도 살 수 있다 A kenőcsöt recept nélkül is meg lehet vásárolni.

연골 명 porc; ~ 세포 porcsejt; ~ 조직 porcszövet

연관성 명 ☞ **관련성**

연구소 명 kutatóintézet

연구실 명 tanári szoba (교수 개인의); laboratórium (화학 등의)

연구원 명 tudományos kutató, tudományos munkatárs

연구-하다 동 kutat; ~ 결과를 발표하다 előadást tart a kutatás eredményéről; ~ 개발 kutatás-fejlesztés; ~ 교수 kutató professzor; ~ 논문 kutatási tanulmány; ~비 kutatási költség; ~ 시설 kutatási felszerelés; ~ 영역 kutatási terület / ág; ~ 자료 kutatási anyag

연구회 명 tudományos társaság

연극 명 színdarab, színmű, színjáték, dráma; ~을 상연하다 színdarabot előad; 대학에서 ~을 전공하다 drámával foglalkozik az egyetemen; 그 ~은 성공했다 Sikeres volt a színjáték / színdarab.; 그녀는 진짜 우는 것이 아니라 ~이야 A nő nem igazán sír, csak játszik / színészkedik.

연극배우 명 színész, (여자) színésznő

연금 명 nyugdíj, évjáradék; ~으로 생활하다 nyugdíjból él; ~을 타다 nyugdíjat kap; ~ 수령자 nyugdíjas; ~ 제도 nyugdíjrendszer

연금-하다 동 házi őrizetben tart; ~ 명 házi őrizet; 그 정치가는 자택에 ~되어 있었다 Azt a politikust házi őrizetben tartották.

연기 명 füst; ~가 나는 füstölő; 담배 ~ cigarettafüst; 굴뚝에서 ~가 난다 a kéményből füst jön ki; 방 안에 ~가 자욱하다 a szoba tele van sűrű füsttel; 아니 땐 굴뚝에 ~ 날까 (속담) tűz nélkül nincs füst; nem zörög a haraszt, ha nem fújja a szél

연기력 명 színészi tehetség

연기자 명 színész, színművész; előadóművész

연기-하다[1] 동 színészkedik; ~ 명 színészkedés, színészi játék; ~가 훌륭하다 nagyszerű a színészi játéka; 그는 ~를 잘 한다 jól színészkedik

연기-하다[2] 동 elhalaszt, elnapol, kitol; ~ 명 elhalasztás, elnapolás, kitolás; 출발을 다음 주로 ~하다 elhalasztja az indulást a jövő hétre; 판결이 일주일 ~되었다 Az ítélethirdetést egy héttel elnapolták.

연꽃 명 lótusz

연대[1] 명 korszak, idő; ~를 측정하다 megvizsgálja a korszakot; ~ 순의 időrendi, kronológiai

연대[2] 명 ezred; 보병 ~ gyalogos ezred; ~ 본부 ezredhadiszállás, ezredtörzs

연대장 명 ezredes, ezredparancsnok

연대-하다 동 tömörül; ~ 명 tömörülés; 정당들이 ~하다 pártba tömörül; ~하여 egyetemlegesen; ~로 책임을 지다 egyetemlegesen vállal felelősséget

연두색 명 sárgászöld

연락처 명 levelezési cím, értesítési cím

연락-하다 동 kapcsolatot létesít, kapcsolatot teremt; ~ 명 kapcsolat; 긴밀한 ~ szoros kapcsolat; ~이 끊기다 megszakad a kapcsolat; ~을 취하다 kapcsolatot létesít; 그 사건에 관해서는 끊임없이 경찰과 ~을 취하고 있었다 Az esettel kapcsolatban állandóan tartotta a kapcsolatot a rendőrséggel.; 그에게서 아직 아무런 ~도 없다 Még nincs róla / felőle semmi hír.; ~을 끊다 megszakítja az érintkezést / a kapcsolatot

연령 명 (élet)kor; ~에 비하여 a korához képest; ~에 상관없이 kortól függetlenül; ~ 제한 korhatár; 그와 같은 ~ 층의 사람들 vele azonos életkorú emberek

연로-하다 동 idős, koros; ~한 부모를 모시고 있다 eltartja az idős szüleit; ~하여 허리가 굽다 meghajlott a dereka a kortól

연료 명 üzemanyag, tüzelőanyag, fűtőanyag; 고체 ~ szilárd tüzelőanyag; ~를 채우다 üzemanyagot pótol / tankol; 비행기가 ~ 부족으로 불시착했다 Kényszerleszállást hajtott végre, mert elfogyott az üzemanyag.

연료봉 명 핵 ~ nukleáris fűtőanyagrúd

연료비 명 üzemanyagköltség; ~가 적게 드는 차 kevés üzemanyagot fogyasztó autó, takarékos autó

연루-하다 belekeveredik, belesodródik, belebonyolódik; ~ 명 belekeveredés, belevonás; 뇌물 사건에 ~되다 belekeveredik / belesodródik a megvesztegetési ügybe

연륜 명 élettapasztalat, életbölcsesség, évgyűrű; ~이 말해주다 az élettapasztalat beszél belőle

연립 명 koalíció, szövetkezés; ~ 내각 koalíciós kormány; ~ 방정식 szimultán egyenletrendszer

연립주택 명 sorház, társasház

연마-하다 동 csiszol, simáz, simít, políroz; fejleszt, felfrissít, felélénkít; 돌판을 ~하다 lecsiszolja a kőlapot; 기술을 ~하다 szakképzettséget fejleszt; 영어 실력을 ~하다 felfrissíti angol nyelvtudását

연말 명 az év vége; ~에 az év végén; ~까지 az év végéig; ~ 정산 az év végi adóelszámolás

연맹 명 szövetség, liga; ~에 가입하다 csatlakozik a szövetséghez; ~을 맺다 szövetséget köt

연명-하다 동 nehezen tartja fenn magát; nehezen, de megél; 간신히 ~하다 nagy nehezen tartja fenn magát

연못 명 tó, tavacska; ~이 되다 tóvá duzzaszt

연민 명 szánalom, szánakozás; ~을 유발하는 szánalmat keltő; ~을 불러일으키다 szánakozást kelt

연발-하다 동 sorozatban lő, sorozatot lő; egymás után történik; ~식의 sorozatlövő; 실수를 ~하다 egymás után hibázik

연방 명 (állam)szövetség; ~의 szövetségi; ~ 수사국 Szövetségi Bűnügyi Nyomozóhivatal; ~ 이민국 Szövetségi Bevándorlási Hivatal; ~ 재판소 szövetségi bíróság

연배 명 kortárs; 그들은 모두 같은 ~이다 ők mind kortársak

연병장 명 katonai gyakorlótér, katonai gyakorlóterep

연봉 명 éves fizetés; 그의 ~은 500만 포린트이다 Az éves fizetése 5.000.000 forint.

연봉제 명 éves fizetési rendszer; 한국에도 이미 ~가 정착되었다 Koreában is megszilárdult már az éves fizetési rendszer.

연분 명 előre meghatározottság, predetermináltság, sors; ~이 있어 두 사람은 부부가 되었다 A sors köttetett házasságot velük.; 그들은 천생 ~이다 Ők egymáshoz illő házastársak.

연분홍 명 világos rózsaszín

연사 명 előadó, beszélő, szónok; 초청 ~ vendég előadó

연산 명 művelet; 수학 ~ matematikai művelet

연상 명 idősebb volta vkinek, korbeli elsőség; ~의 idősebb; 5살 ~이다 öt évvel idősebb

연상-하다 동 társít, asszociál; ~ 동 társítás, asszociáció; 진화론하면 우리는 자연스레 다윈을 연상 한다 Automatikusan Darwinra asszociálunk, amikor az evolúciós elméletről hallunk.

연설문 명 beszéd szövege; ~을 쓰다 beszédszöveget ír

연설-하다 동 beszédet mond, beszédet tart, szónokol; ~ 명 beszéd, szónoklat; ~을 시작하다 elkezdi a beszédet; ~을 중단시키다 félbeszakítja a szónokot; 메모를 보고 ~하다 kéziratot nézve tart beszédet, papírról szónokol

연설회 명 gyűlés, ahol beszédeket mondanak

연세 명 életkor; ~가 많다 magas életkort ér el; 평균 ~ átlagos életkor

연소자 명 ifjú, kiskorú fiú / lány; ~ 입장 불가 Fiatalkorúaknak tilos belépni!

연소-하다 동 éget; ~ 명 égetés; 완전 ~ teljes égetés; 초를 ~시키다 gyertyát éget

연속성 명 folytonosság, folyamatosság,

állandóság, tartósság; ~의 부재 folytonossági hiány

연속적 folytonos, folyamatos, állandó, szakadatlan; ~ 발전 folytonos fejlődés; ~ 변화 folyamatos változás

연속-하다 동 folytat; ~ 명 folytonosság, folyamatosság, sorozat; ~해서 folytonosan, szakadatlanul, folyamatosan; 불행의 ~ balszerencse-sorozat; 인생은 찬란한 모험의 ~이다 az élete pompás kalandok sorozata

연쇄 명 sorozat, lánc; ~적인 도산 sorozatos csőd; ~ 반응 láncreakció, láncfolyamat; ~ 반응을 일으키다 láncreakciót okoz / indít; 어제 고속버스 4대의 ~적인 충돌로 2명이 죽고 50명이 부상했다 Tegnap négy távolsági busz sorozatos ütközése miatt ketten meghaltak és ötvenen megsérültek.

연수원 명 tanintézet

연수-하다 동 tanul, gyakorol; ~생 tanuló, tanonc, gyakornok; 해외 ~ külföldi tanulás

연습실 명 gyakorlóterem

연습장 명 gyakorlópálya

연습-하다 동 gyakorol; 사격 ~ lőgyakorlat; 무대 ~ színpadi próba; 예행 ~ próba; ~을 시작하다 elkezdi a gyakorlatot; ~이 부족하다 kevés a gyakorlata; 학생들에게 영어 발음을 ~시키다 gyakoroltatja az angol kiejtést a diákokkal

연승-하다 동 egymást követő győzelmeket arat; 4~하다 négy egymást követő győzelmet arat

연신 부 folyamatosan, folytonosan, szakadatlanul; ~ 말하다 folyamatosan beszél; ~ 웃다 folytonosan nevet

연안 명 (tenger)part; ~ 어업 part menti halászat; 시애틀은 태평양 ~에 있다 Seattle a Csendes-óceán partján van.

연애결혼 명 szerelmi házasság

연애-하다 동 szeretik egymást; ~ 명 szerelem; ~ 편지 szerelmes levél; 동성 ~ homoszexuális / egynemű szerelem; 자유 ~ szabad szerelem; ~ 소설 szerelmes regény

연약-하다 형 gyenge, erőtlen, törékeny; ~ 명 gyengeség, erőtlenség, törékenység; ~한 소녀 gyenge / erőtlen lány

연역법 명 következtetéses módszer, deduktív módszer

연역-하다 동 következtet, levezet; ~ 명 következtetés, dedukció; ~적 következtetéses, deduktív; ~적으로 következtetésesen, deduktívan

연연-하다 동 erősen ragaszkodik vmihez; ~ 명 erős ragaszkodás; 지위에 ~하다 erősen ragaszkodik az állás- hoz; 그는 현재의 지위에 ~해 할 사람이 아니다 Ő nem olyan ember, aki erősen ragaszkodik a mostani állásához.

연예계 명 szórakoztató ipar

연예인 명 előadóművész

연유-하다 동 ered, származik, keletkezik; ~ 명 eredet, származás, keletkezés; 그 관습은 중국에서 ~한 것이다 a szokás Kínából ered

연인 명 szerető, udvarló, szerelmese vkinek; ~이 있다 szeretője van; 그녀는 나의 ~이다 A nő az én szeretőm / szerelmesem.

연일 명 mindennap, napról napra, naponta, naponként; ~ 비가 오다 mindennap esik az eső; 그 영화관은 ~ 만원이다 a mozi mindennap tele van / telt házas

연잇다 동 egymás után sorban; 닷새 동안

이나 연이어서 비가 오다 öt napig egymás után / szakadatlanul esik az eső
연작-하다 동 ismételten termeszt; ~ 명 ismételt termesztés; 벼를 ~하다 ismételten rizst termeszt
연장 명 szerszám, felszerelés; 농사에 쓰는 ~ mezőgazdasági felszerelés; 목수의 ~ ácsszerszám
연장전 명 hosszabbítás, hosszabbított játék; ~을 하다 a hosszabbításban játszanak; 결승전이 ~으로 들어가다 a döntőben hosszabbításra kerül sor
연장-하다 동 hosszabbít, meghosszabbít; ~ 명 hosszabbítás; 3미터 ~하다 3 méterrel meghosszabbít; 수명을 ~하다 meghosszabbítja az életet; 대출 기한을 ~하다 meghosszabbítja a kölcsönzés idejét
연재-하다 동 folytatásban közöl; 잡지의 ~물 folyóiratban / sorozatban közölt mű; 그 신문은 희곡을 ~하고 있다 az újságban folytatásban közlik a drámát; 그녀는 신문에 ~하고 있다 A nő sorozatot / folytatásokat közöl az újságban.
연주가 명 előadóművész
연주자 명 zenész, muzsikus
연주-하다 동 játszik, előad; ~ 명 játék, előadás; 피아노를 ~하다 zongorázik; 그녀의 피아노 ~는 매우 훌륭했다 A nő zongorajátéka kitűnő volt.; ~ 여행 hangversenyturné
연주회 명 hangverseny, koncert; ~에 가다 hangversenyre megy; ~에 청중이 많다 a koncerten sok hallgató van
연중 egész év, mindig; 농부들은 ~ 내내 죽도록 일해야 했다 A parasztoknak egész évben sokat kellett dolgozniuk.; ~ 무휴 mindig nyitva van, nonstop
연착-하다 동 elkésik; ~ 명 késés; 폭설로 기차가 한 시간 ~했다 A vonat egy órát késett a rengeteg hó miatt.
연체료 명 késedelmi díj
연체-하다 동 elmarad, késlekedik; ~ 명 elmaradás, késedelm; 집세가 ~되어 있다 el van maradva a lakás bérleti díjával
연초 명 az év eleje; 일반적으로 ~에는 춥다 általában év elején hideg van
연출자 명 rendező
연출-하다 동 rendez; ~ 명 rendezés; 이 극은 한 유명한 극작가가 ~을 했다 Ezt a drámát egy híres drámaíró rendezte.
연탄 명 brikett; ~ 공장 brikettgyár
연탄가스 명 szénmonoxid
연패-하다 동 ☞ **연승하다**
연평균 명 éves átlag; ~ 기온 éves átlaghőmérséklet
연표 명 időrendi tábla, kronológia; 세계사 ~ világtörténeti időrendi tábla / kronológia
연필 명 ceruza; 지우개 달린 ~ radíros ceruza; 끝이 뭉툭해진 ~ tompa végű ceruza; 색~ színes ceruza; ~을 깎다 hegyezi a ceruzát
연필깎이 명 ceruzahegyező
연필심 명 ceruzabél
연-하다 형 puha; világos, gyenge; ~한 고기 puha hús; ~해지다 puhul; ~한 초록빛 világoszöld; ~하게 화장하다 enyhén festi ki az arcát
연하장 명 újévi üdvözlőlap
연한 명 időtartam; 재직 ~ állásban betöltött időtartam; 벌써 ~이 찼다 letelt az időtartam
연합군 szövetséges erők
연합전선 egységes front, egységfront
연합-하다 동 szövetkezik, egyesül, csat-

lakozik; ~ 명 szövetkezés, szövetség, egyesülés; ~해서 egyesülten, szövetségben, szövetségesként; ~하여 적과 싸우다 szövetségesként harcolnak az ellenség ellen

연행-하다 동 elvisz, hurcol; 경찰에 ~되다 be- / elviszik a rendőrök; 경찰이 그 용의자를 경찰서로 ~했다 A rendőrök bevitték a gyanús személyt a rendőrségre.

연회 명 díszebéd, díszvacsora, fogadás, bankett; ~를 열다 fogadást ad / tart

연회장 bankett-terem

연휴 명 egymást követő szünnap(ok); 이틀 ~ két egymást követő szünnap; ~ 기간 동안 여행 가다 az egymást követő szünnapok alatt elutazik

열[1] tíz; ~ 번째 tizedik; ~ 사람 tíz ember; ~ 시 tíz óra; ~ 길 물 속은 알아도 한 길 사람 속은 모른다 (속담) Ismerjük a tíz öl mélységű víz titkait, de nem tudjuk, mi van az egy öl magas emberben.; ~ 번 찍어 안 넘어가는 나무 없다 (속담) Nincs olyan fa, ami tíz fejszecsapás után sem dől ki.

열[2] 명 meleg, hő; láz; mánia; ~을 가하다 melegít; ~효율 hőhatásfok, fajlagos hőteljesítmény; ~이 높다 magas a láza; ~이 있다 láza van; ~을 내리다 leviszi a lázát; 환자의 ~을 재다 megméri a beteg hőmérsékletét; 문학~ irodalomszeretet; 축구~ futballmánia; 부동산 투기~ ingatlanok iránti spekulációs láz

열강 명 nagyhatalom; 서구 ~들 nyugati nagyhatalmak

열거-하다 동 felsorol; 일일이 ~ 할 수가 없다 nem tudja egyenként felsorolni

열광적 lelkes, fanatikus; ~인 박수 lelkes taps; ~인 팬 lelkes szurkoló; ~인 사람 fanatikus ember

열광-하다 동 lelkesedik; 그 젊은 가수에 ~한다 lelkesedik / rajong azért a fiatal énekesért

열기 명 hő; izgalom; ~가 식다 lehűl; 흥분의 ~에 휩싸여 있다 tele van lázas izgalommal

열넷 tizennégy; 여기에는 모두 열네 명의 학생이 있다 Összesen tizennégy diák van itt.

열녀 명 erényes nő

열다 동 kinyit, megnyit, nyit, rendez; 대문을 ~ kinyitja a kaput; 열쇠로 ~ kulccsal kinyit; 가게를 ~ megnyitja az üzletet; 도서관은 여덟 시에 문을 연다 A könyvtár 8-kor nyit.; 후진에게 길을 열어주다 a fiatalabb generációnak lehetőséget ad az előlépésre; 잔치를 ~ lakomát rendez; 동양화 전시회를 ~ keleti festménykiállítást rendez

열다섯 tizenöt; ~ 사람 tizenöt ember; ~ 번째 tizenötödik

열대 명 forró égöv; ~의 forró égövi, trópusi; ~ 기후 trópusi éghajlat; ~ 과일 déligyümölcs; ~야 tikkasztó / fülledt éjszaka

열도 명 szigetcsoport, szigetvilág; 일본 ~ Japán szigetcsoportjai

열두 tizenkét; ~ 학생 tizenkét diák ~ 번째 tizenkettedik

열등감 명 alsóbbrendűségi érzés, kisebbségi érzés; ~을 일으키다 kiváltja az alsóbbrendűségi érzést

열등생 명 tanulásban visszamaradt diák

열등-하다 형 alsóbbrendű (vminél); ~한 바다 생물들 alsóbbrendű tengeri élőlények; ~한 존재 alsóbbrendű lény

열띠다 형 szenvedélyes, heves; 열띤 논쟁

szenvedélyes / heves vita

열람-하다 동 átolvas, olvas; 다시 ~하다 újra átolvas; 도서를 ~하다 könyveket olvas; ~실 olvasóterem

열량 명 hőmennyiség, kalória; ~이 많다 nagy / magas a kalóriatartalma; 그 음식에는 2천 칼로리의 ~이 있다 az étel 2.000 kalóriát tartalmaz

열렬-하다 형 szenvedélyes, odaadó, lelkes; ~한 사랑 szenvedélyes szerelem; ~한 기독교 신자 odaadó keresztény hívő; ~한 환영을 받다 nagy lelkesedéssel fogadnak vkit

열리다[1] 동 kinyílik, megnyílik; (문이) 확 ~ hirtelen kinyílik; 문이 조금 열려 있다 kissé ki van nyitva az ajtó; 그 은행은 아홉 시에 열린다 A bank 9-kor nyit ki.; 전시회는 내일 열린다 A kiállítás holnap nyílik meg.

열리다[2] 동 terem; 사과가 많이 열렸다 Sok alma termett.

열망-하다 동 vágyakozik, vágyódik; ~ 명 vágyakozás, vágyódás; 그들은 자유를 ~하고 있다 szabadságra vágyakoznak

열매 명 gyümölcs; ~를 맺다 gyümölcsöt terem; 저 귤나무는 ~가 너무 많이 열려서 가지가 부러질 것 같다 Úgy látszik, hogy a mandarinfa ága le fog törni, mert túl sok gyümölcs van rajta.; 자네의 노력이 언젠가는 ~를 맺을 걸세 Azt hiszem, hogy az erőfeszítésed valamikor gyümölcsöt fog teremni.

열무 명 kis retek; ~ 김치 kis retek kimcsi

열반 명 nirvána; ~에 들다 a nirvánába kerül

열변 명 szenvedélyes beszéd; ~을 토하다 szenvedélyes beszédet tart

열병 명 lázbetegség; ~으로 고생하다 lázbetegségtől szenved

열사 명 hazafi, honfi; 순국 ~ hazafi, aki az életét áldozza a hazáért

열성 명 lelkesedés, buzgalom; ~을 다해서 조국에 이바지하다 nagy lelkesedéssel szolgálja a hazáját; 강한 ~ erős buzgalom

열성적 lelkes, buzgó

열셋 tizenhárom; 열세 명 tizenhárom személy; 열세 번째 tizenharmadik

열쇠 명 kulcs; ~ 꾸러미 kulcscsomó; ~로 열다 kinyitja a kulccsal; ~로 잠그다 bezárja a kulccsal; ~ 고리 kulcskarika; 자물쇠에 ~를 꽂다 bedugja a kulcsot a zárba; 그가 문제 해결의 ~를 손에 쥐고 있다 a kezében van a probléma megoldásának a kulcsa; 성공의 ~ a siker kulcsa

열심 명 buzgalom, lelkesedés, törekvés; 그의 ~은 아버지로부터 이어받았다 A buzgalmát az apjától örökölte.; 스포츠에 ~이다 lelkesedik a sportért

열심히 부 lelkesen, buzgón; ~ 공부하다 buzgón tanul; 그는 ~ 일 한다 lelkesen dolgozik

열아홉 tizenkilenc; ~ 개 tizenkilenc darab; ~ 번째 tizenkilencedik

열악-하다 형 rossz, szegény; ~한 상황에서 일하다 rossz helyzetben dolgozik; ~한 환경에서 살다 szegényes körülmények között él

열애 명 halálos szerelem, szenvedélyes / forró / tüzes szerelem; 그는 ~ 중이다 halálosan szerelmes vkibe

열어젖히다 동 szélesre tár, kitár; 문을 ~ ajtót szélesre tár

열여섯 tizenhat; ~ 명 izenhat személy;

~ 번째 tizenhatodik

열연-하다 동 lelkesen játszik; ~ 명 lelkes játék; 모든 배우가 ~하다 minden színész lelkesen játszik

열의 명 lelkesedés, buzgóság, rajongás; ~가 없어서 a lelkesedés hiánya miatt; ~를 보이다 buzgóságot mutat; 그들은 그 일에 대한 ~가 대단하다 Nagy lelkesedést mutattak abban a munkában.

열정 명 buzgóság, lelkesedés, hév; 그는 그 일에 ~을 가지고 있다 Nagy buzgósággal veti bele magát a munkába.

열정적 szenvedélyes, heves, lelkes, buzgó; ~ 사랑 szenvedélyes szeretet; ~ 키스 heves csókolózás

열중-하다 동 elmerül vmiben; 독서에 ~하다 elmerül az olvasásban

열차 명 vonat; 야간 ~ esti vonat; 오후 8시 도착 예정의 부산 발 ~ az este 8-kor érkező buszáni vonat; ~를 운행하다 vonatot vezet

열풍 명 erős szél; forró szél; ~이 불다 fúj az erős szél; 사막 쪽에서 ~이 불어오다 a sivatag felől fúj a forró szél

열화 명 lobogó tűz; ~와 같은 박수 olyan taps, mint a lobogó tűz; viharos / tomboló taps, tapsvihar

열흘 명 tíz nap; ~ 동안 tíz nap alatt

엷다 형 halvány, gyenge; 엷은 빛 halvány fény; 엷게 색칠하다 vékonyan fest

염 명 holttest mosdatása és öltöztetése ☞ **염습**

염기 bázis (화학)

염기성 명 bázikusság; ~ 산화물 bázikus oxid

염두 명 ész, emlékezet, figyelem; ~에 두다 észben tart, emlékezetében megőriz, figyelembe vesz

염려-하다 동 aggódik, aggodalmaskodik, nyugtalankodik; 아들의 건강 때문에 ~하다 a fia egészsége miatt aggódik; ~를 끼치다 aggodalmat okoz; ~가 되다 nyugtalankodik; 그 점에 대해서는 ~ 마십시오 Ne aggódjon a dolog miatt!; ~하실 것 없습니다 Nem kell aggódnia.

염병 명 tífusz; ~에 걸리다 tífuszos lett; ~으로 고생하다 tífusztól szenved

염분 명 só, sótartalom; ~을 많이 함유하다 sok sót tartalmaz; 바닷물에는 다량의 ~이 있다 a tengervíznek nagy a sótartalma

염불 명 buddhista könyörgés; ~을 하다 könyörög Buddhának

염산 명 sósav; ~ 칼륨 sósavkálium

염색체 명 kromoszóma; 성~ nemi kromoszóma

염색-하다 동 fest, színez; ~ 명 festés, színezés; 직물 ~공 kelmefestő; 머리 ~약 hajfestő szer, hajfesték

염소 명 kecske; ~가 울다 mekeg a kecske

염원-하다 동 vágyik vmire, óhajt; ~ 명 vágy, óhaj; 오랜 ~ régi vágy; 우리의 간절한 ~이 성취되었다 Az óhajunk megvalósult.

염증 명 gyulladás; ~을 일으키다 gyulladásba hoz, gyulladást okoz

염치 명 szégyenkezés, szégyenérzet; ~가 있다 szégyenérzete van; ~없는 사람 szégyentelen / szemtelen ember; ~ 불구하다 szégyenkezés ellenére csinál vmit

엽기 명 groteszkség, furcsaság; ~적 groteszk, furcsa; ~적인 살인 groteszk gyilkosság

엽서 명 levelezőlap; ~ 위에 글을 쓰다 levelezőlapon ír; 그림~ képeslap

엽전 명 régi koreai sárgaréz aprópénz

엽차 명 (zöld) tea

엿 명 (koreai) karamellás cukorka; ~가래 (koreai) karamellás cukorkadarab; 선로가 ~가락처럼 휘어져 있었다 A sín úgy hajlott, mint egy (koreai) karamellás cukorka.

엿보다 동 megles, kiles; 도망갈 기회를 ~ kilesi a menekülési alkalmat; 그는 집안을 엿보러 왔다 Meglesni jött a lakást.

엿보이다 동 tanúskodik, kimutat; 그의 연설에서 깊은 학식이 엿보였다 A beszéde nagy tudásról tanúskodott.

영[1] 명 nulla; 3 대 0으로 이기다 három nullára győz

영[2] 명 szellem, lélek; ~적 szellemi; ~과 육 lélek és test; 죽은 사람의 ~을 모시다 tiszteli a meghalt ember szellemét

영감[1] 명 öreg férfi; 고집쟁이 ~ makacs öreg férfi; 여보, ~ édes férjem!

영감[2] 명 ihlet; 갑자기 ~이 떠올랐다 hirtelen megszáll az ihlet; 그 음악에서 ~을 얻다 ihletet merít a zenéből

영광 명 dicsőség; 하나님께 ~을 Dicsőség Istennek!; ~스러운 dicsőséges; 이 모임에 참석하게 된 것을 큰 ~으로 생각 합니다 Nagy megtiszteltetés számomra, hogy részt vehetek ezen a gyűlésen.

영구 végleges, örök; ~히 변치 않는 진리 végleges / nem változó igazság; ~ 임대주택 örökbérlet

영구치 명 maradandó fog, csontfog

영국 명 Anglia

영국인 명 angol (ember)

영농 명 földművelés; ~의 기계화 a földművelés gépesítése; 마을의 청년들은 모여서 ~ 경험에 관해 이야기했다 A falusi fiatalok összegyűltek és a földművelési tapasztalataikról beszélgettek.

영농가 명 földműves

영농자금 명 mezőgazdasági kölcsön; ~을 방출하다 mezőgazdasági kölcsönt ad

영락없이 부 biztosan; 내가 허리가 아프면 ~ 비가 온다 Ha fáj a derekam, akkor biztosan esni fog az eső.

영롱-하다 형 kristálytiszta, tündöklő; ~한 유리 kristálytiszta üveg; ~한 호수 물 kristálytiszta tóvíz; ~한 빛 tündöklő fény

영리 명 nyereség, haszon, profit; ~를 생각하지 않다 nem gondol a nyereségre; ~에 급급하다 csak a nyereség érdekel; ~ 단체 nyereséges szervezet; 우리는 단지 ~만을 위해 사업을 하고 있는 것은 아니다 Mi nemcsak a nyereségért foglalkozunk az üzlettel.

영리-하다 형 okos, ügyes, eszes, intelligens; ~해 보이다 okosnak látszik; ~한 체하다 úgy mutatja magát, mintha okos lenne; 그는 ~해서 그런 일은 하지 않는다 Mivel okos, ezért olyat nem csinálna.

영문[1] 명 indok; 아무 ~ 없이 minden indok nélkül; 왜 그런 짓을 했는지 그 ~을 말해라 Mondd meg az indokot, miért csináltál olyan ostobaságot!; ~ 모를 이야기를 지껄이다 se füle, se farka a beszédének; ostobaságokat beszél

영문[2] 명 angol nyelv; angol szöveg; ~으로 쓰다 angolul ír; ~ 해석 angol szöveg fordítása

영문학 명 angol irodalom; ~ 전공자 angol irodalom szakos

영문학과 명 angol irodalom tanszék

영빈관 명 külföldi VIP vendégeket fogadó állami vendégház

영사 명 konzul; ~의 konzuli

영사관 명 konzulátus

영사기 명 vetítőkészülék, projektor

영상 명 kép; TV의 선명한 ~ a tévé tiszta képe

영성 명 szellemiség, lelkiség; ~ 계발 a szellemiség fejlesztése; ~의 관점에서 a lelkiség szempontjából

영세-하다 형 csekély, kisméretű, szegény; ~한 자금으로는 그들과 경쟁할 수 없다 csekély tőkével nem lehet velük versenyezni; ~ 기업 kisméretű vállalat; ~ 농가 kisbirtokos; ~민 szegény lakó

영수증 명 számla; 세금 ~ áfás számla; ~ 주세요 Számlát kérek!

영아 명 csecsemő; ~ 사망률 csecsemőhalandóság; ~ 살해 csecsemőgyilkosság; ~ 살해범 csecsemőgyilkos

영악-하다 형 ravasz, agyafúrt; ~한 놈 ravasz kópé; ~한 아이 agyafúrt gyerek

영안실 명 kórházi halottasház; 시신을 병원 ~에 안치하다 a kórházi halottasházban tartja a holttestet

영양 명 táp; ~ 섭취 táplálkozás; ~이 좋다 jól táplált; ~이 있는 tápláló; ~이 없는 nem tápláló

영양가 명 tápérték; ~가 높은 magas tápértékű

영양분 명 táplálék

영양사 명 élelmezési szakértő, dietetikus

영양소 명 tápanyag

영양제 명 táplálékkiegészítő

영양학 명 táplálkozástudomány

영어 명 angol nyelv; ~를 잘 하다 jól beszél angolul; 이것을 ~로 무엇이라고 합니까 Mi ez / hogy van ez angolul?; ~권 angol nyelvterület; ~ 회화 angol társalgás

영어과 명 angol tanszék

영업-하다 동 üzletet csinál, üzletel; ~ 명 üzlet; ~상의 비밀 üzleti titok; ~을 시작하다 üzletbe kezd; ~시간 nyitvatartási idő; ~ 안내 üzleti ismertető; 저 가게는 일요일엔 ~하지 않는다 Az a bolt vasárnap zárva van.

영역 명 terület; 아무의 ~을 침해하다 megsérti más területét; 그것은 내 연구 ~에 속하지 않는다 Az nem az én kutatási területemhez tartozik.

영예 명 dicsőség; 이보다 더 큰 ~는 없을 것이다 Ennél nagyobb dicsőségem nem lesz.

영웅 명 hős; ~적 행위 hősi tett

영웅전 명 a hős legendája

영원-하다 형 örök, végleges, örökkévaló; ~ 명 örökkévalóság, véglegesség; ~히 véglegesen; ~한 사랑 örök szerelem; ~한 생명 örök élet; 예술은 ~하다 A művészet örök.

영위하다 동 folytat, él; 정상적인 삶을 ~하다 normális életet folytat; 정직한 생활을 ~하다 becsületes életet él

영입-하다 동 behoz, bevesz; 야당의원들을 여당으로 ~하다 ellenzéki képviselőket behoz / bevesz a kormánypártba

영장 명 végrehajtási parancs; 구속 ~ elfogatóparancs; 구속 ~을 발부하다 elfogatóparancsot kibocsát; ~없이는 가택 수색을 할 수 없습니다 Parancs nélkül házkutatást nem lehet végezni.

영재 명 tehetséges ember; ~ 교육 tehetséges emberek különleges oktatása, tehetséggondozás; 그 학교는 많은 ~를 배출했다 Az iskola sok tehetséges embert bocsátott ki.

영정 명 az elhunyt arcképe, az elhunyt

portréja; ~ 주변에 사람들이 앉아 있다 az elhunyt arcképe körül ülnek az emberek

영주 명 földesúr, hűbérúr; ~ 체제 hűbérúri rendszer; ~의 특권 földesúri mentesség

영창 명 katonai börtön; 3일간 ~에 갇히다 Katonai börtönbe zártak be 3 napra.

영토 명 terület; ~의 területi; 타국의 ~를 침범하다 elfoglalja a másik ország területét; ~ 분쟁 területi konfliktus; ~ 주권 területi jog, felségjog

영특-하다 형 rendkívül okos, rendkívül éles eszű; ~한 아이 rendkívül okos gyerek

영하 명 mínusz, nulla fok alatt; 기온이 ~ 5도로 내려가다 Mínusz öt fokra csökkent a hőmérséklet.

영합-하다 동 saját érdekében igazodik vmihez, saját érdekében hozzáigazít vmihez, saját érdekében alkalmazkodik vmihez; ~ 명 igazodás, hozzáigazítás, alkalmazkodás; 남의 의견에 ~하다 saját érdekében igazodik mások véleményéhez; 여론에 ~하다 saját érdekében igazodik a közvéleményhez

영향 명 befolyás, hatás; ~을 주다 befolyásol, hatással bír, hatást gyakorol; 내가 영어를 좋아하게 된 것은 선생님의 ~이 크다 A tanárom olyan nagy hatással volt rám, hogy megszerettem az angolt.; 환경은 사람의 성격에 ~을 준다 a körülmények befolyásolják az ember tulajdonságait

영향력 명 befolyás, összeköttetés, tekintély, protekció; ~을 행사하다 összeköttetést / tekintélyt / protekciót vesz igénybe; 그는 정부에서 ~ 있는 사람이다 Ő befolyásos ember a kormányban.; 그는 커다란 ~을 가지고 있다 Nagy a tekintélye.

영혼 명 lélek, szellem

영화[1] 명 pompa, fényűzés, ragyogás; ~를 한껏 누리다 nagy pompában / fényűzésben él; ~에 도취하다 élvezetet talál a fényűzésben

영화[2] 명 film; ~를 보다 filmet néz; ~를 보러 가다 megy filmet nézni; ~를 상영하다 filmet vetít / lejátszik; ~에 출연하다 filmben szerepel; 그 프랑스 ~는 며칠 전에 TV에서 방영되었다 Azt a francia filmet néhány nappal ezelőtt a tévében játszották / adták / vetítették.

영화감독 명 filmrendező

영화관 명 mozi; 그 ~에서는 지금 어떤 영화를 상영하고 있지 Milyen film megy most a moziban?

영화배우 명 filmszínész

영화제 명 filmfesztivál

옅다 형 világos, halvány; 옅은 푸른 빛 világoskék; 옅은 색 halvány szín

옆 mellett; 그 집 ~ a ház mellett; 서로 ~에 나란히 앉아 있다 egymás mellett ülnek

옆구리 명 oldal; 오른쪽 ~ a jobb oldala; ~를 쿡쿡 찌르다 vkit oldalba bök; ~를 차다 oldalba rúg

옆집 명 szomszéd lakás; ~에 살다 a szomszéd lakásban lakik

예[1] igen; ~, 알겠습니다 Igen, értem.; 야구를 좋아하느냐? ~, 좋아합니다 Szeretsz baseballozni? Igen, szeretek.

예[2] 명 példa; ~를 들면 például; 한국을 ~로 들다 példaként állítja Koreát; 이것은 좋은 ~다 ez jó példa; 그런 ~는 여태까지 없었다 Ilyen példa eddig nem volt.

ㅇ

예감-하다 동 előre érez, megsejt; ~ 명 előérzet, sejtés; 내 ~이 틀리지 않다면 ha az előérzetem nem csal; 불길한 ~ rossz sejtés

예견-하다 동 előre lát; ~ 명 előrelátás; 이렇게 끊임없이 변화하는 세상에서는 1년 앞일도 ~할 수 없다 Ilyen állandóan változó világban egy évre sem lehet előre látni.

예고-하다 동 előre értesít; ~ 명 előre értesítés; ~없이 előzetes értesítés nélkül; 그는 ~없이 해고당했다 Előzetes értesítés nélkül bocsátották el az állásából.

예금주 명 betéti tulajdonos

예금-하다 동 betesz (bankba); ~ 명 (bank)betét; ~을 찾다 felveszi a betétet; 월 5만원씩 ~하다 betesz havonta 50.000 vont; ~ 이자 betéti kamat; ~ 통장 betétkönyv

예기-하다 동 előre lát, előre számít; ~ 명 előrelátás, előre számítás; ~치 않은 előre nem látott, váratlan; ~한 것보다 훨씬 더 좋았다 jobb volt, mint amire számítottunk

예년 명 más év, átlagos év; ~대로 mint más / átlagos év; ~에 비해서 más / átlagos évhez képest; 올 겨울은 ~에 비해 춥다 Az idei tél a más / átlagos évekhez képest még hidegebb.

예능 명 művészet; művészeti tehetség; ~ 교육 művészeti oktatás

예능계 명 művészvilág

예단-하다 동 előre megmond, megjósol, kiszámít; ~ 명 jóslat, jóslás, kiszámítás; ~을 불허하다 előre meg nem mondható

예리-하다 형 éles, hegyes; ~ 명 élesség, hegyesség; 날이 ~한 칼 éles kés; ~한 통찰력을 지닌 éles eszű

예매-하다 동 előre vásárol; ~ 명 elővásárlás; 오늘부터 ~가 시작된다 mától kezdődik az elővásárlás; 표를 ~하다 előre megvásárolja a jegyet

예물 명 nászajándék, esküvői ajándék; ~을 교환하다 vőlegény és menyasszony kicseréli a nászajándékot

예민-하다 형 érzékeny; éles; ~ 명 érzékenység, élesség; ~한 감각 finom érzékenység, nagyfokú érzékenység; 개는 ~한 후각을 가지고 있다 a kutyának érzékeny szaglása van

예방접종 명 védőoltás; ~을 받다 védőoltást kap

예방조치 명 óvintézkedés, védőintézkedés; ~를 강구하다 védőintézkedést alkalmaz; 전염병에 대하여 ~를 취하다 járvány elleni óv- / védőintézkedést alkalmaz

예방-하다 동 megelőz; ~ 명 megelőzés; ~할 수 있는 megelőzhető, elkerülhető; 질병 ~ betegségmegelőzés; 화재 ~ 주간 tűzeset-megelőzési hét; 전염병을 ~ 하다 megelőzi a járványt

예배 명 istentisztelet; ~에 참석하다 istentiszteleten vesz részt; ~는 10시에 시작된다 Az istentisztelet 10 órakor kezdődik.

예보-하다 동 előre jelez; ~ 명 előrejelzés; 지진이 있을 거라고 ~하다 azt jelzi, hogy földrengés lesz; 정확한 ~ pontos előrejelzés; 일기 ~ időjárásjelentés; 일기 ~에 의하면 비가 올 것이다 az időjárásjelentés szerint esni fog az eső

예비 명 tartalék, pót; ~ 연료 tartalék üzemanyag; ~ 타이어 pótkerék; 나는 약간의 ~비를 가지고 있었다 Nekem volt valamennyi pénzem tartalékban.

예비군 명 tartalékos hadsereg; ~을 소집하다 behívják a tartalékos hadsereget

예비금 명 tartalék pénz, félretett pénz

예쁘다 형 szép, csinos; 예쁜 목소리로 szép hangon; 예쁜 꽃 szép virág; 예쁜 소녀 csinos kislány; 장미가 예쁘게 피었다 Szépen virágzott a rózsa.

예사롭다 형 szokásos, szokványos; 예사로운 일 szokásos dolog; 예사롭지 않은 삶 nem szokványos élet; 예사롭게 szokásosan

예산 명 költségvetés; 내년도 ~ a jövő évi költségvetés; ~을 세우다 összeállítja a költségvetést; ~을 초과하다 túllépi a költségvetést; 미리 ~을 충분히 확보하다 előre biztosítja a megfelelő költségvetést; ~ 때문에 충분한 활동을 할 수 없다 a költségvetés miatt nem lehet megfelelően működni

예상-하다 동 előre számít vmire, anticipál, előre lát; ~ 명 előre számítás, anticipálás, előrelátás; 부정적인 반응을 ~하다 negatív reakciókra számít; 미래에 무슨 일이 일어날지 ~ 할 수 있다면 좋을 텐데 Jó lenne, ha előre láthatnánk, mi fog történni jövőre!

예선 명 selejtező, előzetes forduló; 1차 ~ az első selejtező; ~을 통과하다 továbbjut az előzetes fordulóból; ~에서 떨어지다 kiesik az előzetes fordulóból

예속-하다 동 alárendel; ~ 명 alárendelés; A를 B에 ~시키다 alárendeli A-t B-nek

예술 명 művészet; ~적 가치가 크다 nagy a művészi értéke; ~은 길고 인생은 짧다 A művészet örök, az emberi élet mulandó.

예술가 명 művész

예술품 명 műalkotás, műtárgy

예습-하다 동 felkészül; ~ 명 felkészülés; ~하지 않고 학교에 가다 felkészülés nélkül megy iskolába

예식장 명 házasságkötő terem

예약-하다 동 foglal; ~ 명 foglalás; 호텔에 방을 ~하다 szobát foglal a szállodában; ~을 취소하다 lemondja a foglalást; 오늘 저녁 8시에 세 사람 ~을 하고 싶습니다 Három személyre szeretnék helyet foglalni ma este nyolc órára.; 이 좌석은 ~ 되어 있습니다 ez a szék foglalt

예언자 명 próféta, jós, jövendőmondó; (여자) prófétanő, jósnő

예언-하다 동 jósol, jövendöl; ~ 명 jóslat, jövendölés; ~할 수 있는 megjósolható; ~이 이루어지지 않다 a jóslat nem válik valóra; 그의 ~은 적중했다 A jövendölése valóra vált.

예외 명 kivétel; ~없이 kivétel nélkül; ~적으로 kivételesen; 모든 규칙에는 ~가 있다 Minden szabály alól van kivétel. ~가 규칙을 확실하게 만든다 A kivétel erősíti a szabályt.

예의[1] komolyan, megfontoltan; ~ 검토하다 komolyan megvizsgál; ~ 주시하다 megfontoltan vigyáz

예의[2] 명 modor, udvariasság, illem; ~ 바른 jó modorú; ~를 모르는 rossz modorú; ~ 바르게 udvariasan; ~상 szívességből; ~를 지키다 betartja az illemet; 이런 질문은 ~에 어긋난다 az ilyen kérdés ellentmond az illemnek; 친한 사이에도 ~가 있어야 한다 szoros baráti kapcsolatban is be kell tartani a jó modort

예의범절 명 illem, etikett; 아버지는 ~에 매우 까다롭다 Az édesapám nagyon érzékeny az illemszabályokra / etikettre.

예전 명 rég, múlt; ~부터 régóta; ~에 régen; ~에 비해 모든 것이 달라졌다 minden megváltozott a múlthoz képest

예절 명 illem, etikett, udvariasság; ~을 중시하다 fontosnak tartja az illemet; ~을 모르다 nem ismeri az illemet

예정일 명 várható / tervezett időpont; 출산 ~ a szülés várható időpontja

예정자 명 jelölt; 장관 ~ a miniszterjelölt

예정-하다 동 előre elrendez, előre megszab, predesztinál, tervez; ~ 명 előzetes elrendezés, predesztináció, tervezés; ~대로 előzetes elrendezés szerint; ~보다 2일 빨리 a tervnél két nappal korábban; 그는 어제 떠날 ~이었다 Tegnapi indulást tervezett előre.; 나는 그 일을 ~된 시간에 끝내지 못했다 A munkát nem tudtam befejezni a tervezett időn belül.

ㅇ

예지 명 előre tudás, sejtés; bölcsesség, okosság

예찬 명 dicsőítés, magasztalás; 미의 ~ a szépség dicsőítése

예측-하다 동 előre lát, megjósol, jövendöl, előre megmond; feltételez; ~ 명 jósolás, feltételezés; 정확히 ~하다 pontosan megjósol, előre pontosan megmond; 무슨 일이 일어날지 아무도 ~할 수 없었다 Senki sem tudta megjósolni, hogy mi fog történni.

예컨대 például

예탁금 명 betét, bankban elhelyezett pénzösszeg

예탁-하다 동 betesz; ~ 명 betét; 은행에 돈을 ~하다 beteszi a pénzt a bankba

옛 régi; ~ 싸움터 régi csatatér / harcmező; ~ 친구 régi barát

옛날 명 múlt, régi idők; ~에는 régebben, a régi időkben; ~ 옛적에 nagyon régen; (설화) hol volt, hol nem volt; 저것을 보면 ~ 생각이 난다 Amikor azt látom, a múltra gondolok.

옛말 명 régi szó; közmondás, régi szólás; 그 마을의 번영도 이미 ~이 되었다 A falu virágzása már a múlté.

옛이야기 명 régi történet; 이젠 그것도 다 ~가 되었다 Mostanra már az is régi történet lett.

옛일 명 régi dolog, elmúlt dolog; ~을 생각하다 a régi dolgokra gondol

오 öt; ~분의 일 egy ötöd; ~배 ötször

오가다 동 jön és megy; 이 거리는 오가는 사람으로 북적 댄다 Ez az utca tele van jövő-menő emberekkel.

오그리다 형 összehúz; 방 한 구석에 몸을 오그리고 앉다 a testét összehúzva ül a szoba egyik sarkában

오금 명 térdhajlat, térd; ~을 펴다 kinyújtja a térdét

오기 명 makacsság, gőg, kevélység; ~가 나서 makacsul; ~를 부리다 makacskodik

오누이 명 fivér és nővér

오늘 명 ma; 바로 ~ éppen ma; ~부터 mától; ~은 무슨 요일인가 Milyen nap van ma?

오늘날 명 manapság; ~에는 manapság; ~ 한국에는 문맹이 거의 없다 Manapság Koreában alig van írástudatlan ember.

오다 동 jön; 무슨 일로 왔느냐 Milyen ügyben jöttél?; 편지가 왔느냐 Megérkezett a levél?; 너한테 전화가 왔었다 felhívtak téged; 버스가 온다 jön a busz; 비가 ~ esik az eső; 이 병은 대개 과로와 수면 부족에서 온다 Ezt a betegséget általában a fáradtság és a kevés alvás okozza.

오두막 명 kunyhó; 숲속의 ~ erdei kunyhó; ~을 짓다 kunyhót épít

오디오 명 hifitorony

오라버니 명 (lánynak / nőnek) a bátyja

오락 명 szórakozás, mulatás; ~ 프로 (라디오·텔레비전의) szórakoztató műsor; ~으로서 szórakozásul, szórakozásképpen; ~ 장소 szórakozóhely

오락실 명 játékterem

오래 부 hosszú ideig, sokáig; ~ 걸리다 hosszú ideig tart; ~ 살다 sokáig él

오래가다 동 hosszú ideig tart, sokáig tart; 그 유행은 오래가지 않을 것이다 Az a divat nem fog hosszú ideig tartani.

오래다 형 hosszú ideig tartó, régi; 오랜 습관 régi szokás; 오랜 옛날 jó régen; 그를 만난 지 ~ Hosszú ideje, hogy találkoztam vele.; 그가 죽은 지 ~ Hosszú ideje, hogy meghalt.

오래도록 부 hosszú ideig, sokáig; 밤에 ~ 앉아 있다 este hosszú ideig ül; 아버지한테서 ~ 소식이 없다 Hosszú ideje nincs hír az apámról.

오래오래 부 nagyon hosszú ideig; ~ 살다 nagyon hosszú ideig él

오랫동안 부 hosszú ideig, sokáig; ~ 소식이 없다 sokáig nincs hír; 서울에 얼마나 ~ 계실 겁니까 Milyen hosszú ideig marad Szöulban?

오렌지 명 narancs; ~색의 narancsszínű; ~ 주스 narancslé, narancsdzsúsz

오로지 부 csak, csupán, kizárólag; 친구라곤 ~ 너뿐이다 Csak te vagy a barátom.; 그 책임은 ~ 너한테 있다 Kizárólag rajtad van a felelősség. Csak a tiéd a felelősség.

오류 명 hiba, tévedés; ~가 없는 hibátlan, helyes; 문법상의 ~ nyelvtani hiba; ~를 범하다 téved; ~를 바로잡다 tévedést helyesbít / korrigál

오르간 명 orgona; ~ 연주자 orgonista

오르내리다 동 felmegy és lejön; 층계를 ~ lépcsőn felmegy és lejön; 온도가 20도에서 30도 사이를 오르내린다 A hőmérséklet 20 és 30 fok között ingadozik.

오르다 동 felmegy, (물가) drágul, emelkedik, (작품) közzétesznek vmit, (살이) hízik, (출발하다) indul; 산에 ~ felmegy a hegyre; 물가가 ~ felmegy az ár, drágul; 부동산 가격이 급격히 올랐다 Hirtelen emelkedett az ingatlan ára.; 성적이 ~ jobb jegyet kap; 능률이 ~ emelkedik a teljesítmény; 월급이 ~ emelkedik a havi fizetés; 열이 ~ felmegy / felszökik a láza; 기온이 30도로 올랐다 30 fokig emelkedett a hőmérséklet.; 춘향전이 무대에 ~ megjelentetik / közzéteszik Csunhjang történetét; 살이 ~ hízik; 약기운이 ~ elkezdi érezni a gyógyszer hatását; 밤하늘에 불꽃이 솟아올랐다 kilőtték a petárdát az esti égre; 이름이 전화번호부에 ~ a neve szerepel a telefonkönyvben; 유럽 여행길에 ~ európai útra indul; 노여움이 치밀어 ~ méregbe jön, feldühödik

오르막 명 emelkedő; 여기서부터는 아주 가파른 ~이다 innentől kezdve nagyon meredek az emelkedő

오른 jobb; ~발 jobb láb; ~손 jobb kéz; ~쪽/편 jobb oldal; ~팔 jobb kar

오리 명 kacsa; ~가 울고 있다 hápog a kacsa; 새끼 ~ kiskacsa

오리다 동 kivág; 가위로 종이를 ~ ollóval (ki)vágja a papírt; 신문에서 기사를 ~ kivágja a cikket az újságból

오리엔테이션 명 tájékoztatás; 신입생들에게 1주일 동안 ~을 하다 Az új elsőéveseknek egyhetes orientációt / tájékoztatást tartanak.

오리지널 명 eredeti; 사본과 ~을 구별하기 힘들다 a másolatot és az eredetit nagyon nehéz megkülönböztetni

오막살이 명 fűkunyhó; ~를 하다 fűkunyhóban lakik

오만 ötvenezer; számtalan; ~ 포린트 ötvenezer forint; ~ 가지 물건을 팔다 számtalan / sokfajta árut adnak el

오만-하다 형 öntelt, gőgös, dölyfös; ~ 명 önteltség, gőg, dölyf; ~한 태도를 취하다 öntelt cselekedet; ~ 불손한 arcátlan

오목 homorú; ~ 거울 homorú tükör; ~ 렌즈 homorú lencse

오묘-하다 형 rejtelmes, titokzatos; 자연법칙은 참 ~하다 nagyon rejtelmesek a természet törvényei

오물 명 szenny, piszok, mocsok; ~ 처리 시스템 szennytisztító rendszer

오므리다 동 összehúz; 추위로 몸을 오므리다 összehúzza magát a hideg miatt

오밀조밀-하다 형 aprólékos: ~한 구조 aprólékos szerkezet

오발 명 véletlen lövés, véletlen elsülés; 총의 ~을 방지하기 위해서는 안전장치를 해 놓아야 한다 A puska véletlen elsülésének a megakadályozása érdekében a biztosító zárat be kell kapcsolni.

오백 ötszáz; ~ 원 ötszáz von

오븐 명 sütő; ~에 굽다 sütőben süt

오붓-하다 형 kellemes; ~한 시간을 보내다 kellemes időt tölt vhol

오빠 명 (lánynak) a bátyja

오산-하다 동 rosszul számít ki, hibásan számít ki vmit, elszámolja magát, téved, tévesen ítél meg; ~ 명 (계산 착오) rossz / téves számolás, elszámolás, számítási hiba, tévedés; (잘못된 판단) téves megítélés, tévítélet, félreismerés; 덧셈을 ~하다 rosszul számítja ki az összeadást; 그것은 나의 ~이었다 Az én téves megítélésem volt az.; 그의 득표 예상은 큰 ~이었다 Az ő lehetséges szavazatszámítása tévedés volt.

오수 명 szennyes víz, mocskos víz; (하수) szennyvíz; (부엌구정물) piszkos mosdóvíz; 공장의 ~를 정수하다 tisztítják a gyár szennyvizét; ~ 처리 szennyvízkezelés / -tisztítás

오순도순 부 barátságosan, békésen, boldogan; 어린애들이 ~ 놀다 a gyerekek barátságosan / békésen játszanak egymással; 부부가 함께 ~ 살다 férj és feleség boldogan élnek együtt

오십 ötven; ~ 번째 ötvenedik; 나이 ~을 바라보다 közel van az ötven évhez, közel van az ötvenedik évéhez / ötvenedikhez

오싹-하다 형 borzong, reszket; ~ 명 borzongás, reszketés; 두려워서 ~하다 borzong a félelemtől; 생각만 해도 ~하다 reszket a gondolattól

오아시스 명 oázis

오열-하다 동 zokog, jajgat, hangosan sír; ~ 명 zokogás, jajgatás, hangos sírás; ~하기 시작하다 zokogásban tör ki

오염 명 szennyezés, fertőzés; 대기 ~ légszennyezés; 환경 ~ környezetszennyezés; ~된 szennyezett; ~을 제거하다 szennyeződéstől megtisztít; 공기를 ~시키다 szennyezi a levegőt; 대기가 방사능에 의해 ~되다 a légkör radioaktivitással szennyeződik; 그것은 ~된 물에 의해 일어나는 특수한 질병이다 az egy különleges betegség, amit a szennyezett víz okoz; ~ 물질 szennyező anyag; ~ 방지 a szennyezés megelőzése

오염-되다 동 szennyeződik, fertőződik; ~ 명 szennyeződés, fertőződés; 다뉴브 강은 ~되지 않았다 Nem szennyeződött a Duna.; 방사능물질로 ~되다 radioaktív anyagokkal fertőződik

오염-시키다 동 szennyez, megfertőz; 기름이 강을 ~시키고 있다 Az olaj szennyezi a folyót.

오염원 명 szennyező forrás

오월 명 május

오이 명 uborka

오인-하다 동 összetéveszt, félreismer; A를 B로 ~하다 összetéveszti A-t B-vel

오일 명 olaj; benzin; ~ 달러 olajdollár; ~ 쇼크 olajválság, olajsokk; 네 차는 ~ 교환을 해야 한다 Olajat kell cserélned az autódban!

오전 명 délelőtt; ~ 여덟 시 délelőtt nyolc óra; 일요일 ~에 vasárnap délelőtt; ~에는 집에 있다 délelőtt itthon van

오존 명 ózon; ~ 경보 ózonriadó

오존층 명 ózonréteg, ózonpajzs

오죽 부 mennyire; 그 소식을 들으면 ~ 놀랄까 Mennyire csodálkozik majd, amikor hallja a hírt!

오줌 명 vizelet; (비어) pisi, húgy; ~ 누다 vizel, pisil; ~이 마렵다 vizelni akar, pisilni akar; 자다가 ~을 싸다 alvás közben bepisil

오지랖 명 ruha hajtókája; ~이 넓다 gyakran beleavatkozik vmibe

오직 부 csak, csupán, pusztán, kizárólag, egyetlen; ~ 공부만 하다 csak tanul; ~ 한 번의 기회 az egyetlenegy alkalom / lehetőség

오징어 명 tintahal; ~는 먹물을 내 뿜는다 A tintahal tintaszerű anyagot bocsát ki.

오차 명 hiba; 허용 가능한 ~ 한계 megengedett hibahatár; 2 퍼센트 이내의 ~ két százalékon belüli hiba

오케스트라 명 zenekar; ~ 반주와 함께 zenekari kísérettel

오토바이 명 motorkerékpár

오판 명 téves megítélés, téves ítélet; 사고의 심각성에 대한 ~ a baleset súlyosságának téves megítélése

오페라 명 opera; ~ 가수 operaénekes; ~ 하우스 operaház

오피스텔 명 irodalakás (egyszerű, igénytelen lakás, amelyben korlátozottak a főzési, ill. mosási lehetőségek)

오한 명 meghűlés, fázás, hidegrázás, hideglelés; ~이 나다 meghűl, megfázik

오해-하다 동 félreért, rosszul ért, félreismer; ~ 명 félreértés, félreismerés; ~를 일으키다 félreértést okoz; ~를 풀다 tisztázza a félreértést; 나는 그를 부정직한 사람으로 ~했다 Félreismertem őt, amikor nem tartottam becsületesnek.; ~를 받다 félreismernek

오후 명 délután; 오늘 ~ ma délután; ~ 수업 délutáni óra

오히려 부 inkább; 거기 가느니보다 ~ 집에 있는 편이 낫겠다 Inkább itthon maradnék, mint hogy oda menjek.; 이것이 저것보다 ~ 낫다 ez inkább jó, mint az; 고마워하기는커녕 그는 ~ 나를 비난했다 Ahelyett, hogy megköszönte volna, inkább szemrehányást tett.

옥[1] 명 jáde; ~가락지 jáde gyűrű 그 사람은

우유부단한 것이 ~에 티다 A határozatlansága az egyetlen hibája.

옥[2] 명 börtön; ~에 가두다 börtönbe zár

옥상 명 háztető; ~ 정원 tetőkert

옥수수 명 kukorica; ~를 재배하다 kukoricát termel / termeszt; ~껍질 kukoricahéj; ~대 csuhé; ~밭 kukoricaföld

옥신각신-하다 동 civakodik, veszekedik; ~ 명 civakodás, veszekedés; 서로 ~하다 civakodik / veszekedik egymással, hevesen vitatkozik egymással; 아무와 사소한 일을 가지고 ~하다 egy apróság miatt civakodik vkivel

옥외 szabadtér(i), külső, utcai; ~에서 szabadtéren; ~ 경기 szabadtéri játék; ~ 광고판 külső hirdetőtábla; ~ 집회 utcai gyülekezet

옥중수기 명 börtönben írt naplójegyzet

온 egész, összes; ~ 백성 az egész nép; ~ 세상 az egész világ; ~ 종일 egész nap; ~ 사람들이 그를 환영했다 Az összes ember örömmel fogadta őt.

온갖 minden; mindenfajta, mindenféle; ~ 수단 minden eszköz; ~ 위험 mindenfajta veszély; ~ 고생을 다하다 végigszenved mindenféle nehézséget

온기 명 meleg, hő; 이 방에는 아직도 ~가 남아 있다 Ebben a szobában még meleg van.

온난화 명 felmelegedés: 기후 ~ éghajlati felmelegedés; 세계적인 ~ globális felmelegedés

온당-하다 형 helyes, ésszerű, indokolt; ~한 조치 helyes intézkedés; ~한 구실을 대다 ésszerű / indokolt kifogást hoz fel

온대 명 mérsékelt égöv; ~ 식물 mérsékelt égövi növény; ~ 지방 mérsékelt égövi terület

온도 명 hőmérséklet, hőfok; 실내 ~ szobahőmérséklet; 체감 ~ érezhető hőmérséklet; ~를 재다 megméri a hőmérsékletet; ~가 높다 magas a hőmérséklet; ~가 내리다 csökken a hőmérséklet

온돌 명 padlófűtés

온돌방 명 padlófűtéses szoba

온라인 명 online, hálózatba kapcsolt; 은행의 ~ 시스템 a bank online rendszere

온몸 명 az egész test; ~이 멍투성이다 véraláfutásos az egész teste; 그는 ~에 화상을 입었다 megégett az egész teste

온수 명 meleg víz

온수기 명 vízmelegítő

온순-하다 형 szelíd; ~ 명 szelídség; ~하게 szelíden; 양처럼 ~하다 szelíd, mint egy bárány

온실 명 üvegház; ~에서 자라다 üvegházban nő; ~ 재배 üvegházi termesztés; ~ 효과 üvegházhatás

온전-하다 형 ép, sértetlen; ~한 상태 ép / sértetlen állapot; ~한 컵이 남아있지 않다 nem marad sértetlen a pohár

온종일 명 egész nap; ~ 야외에 있다 egész nap kint van; ~ 비가 온다 egész nap esik az eső

온천 명 gyógyfürdő

온통 부 egészen, teljesen, mindenhol; ~ 물에 잠기다 egészen víz alá merül; ~ 그 소문뿐이다 mindenhol csak arról a hírről beszélgetnek

온화-하다 형 (기후 등이) enyhe, mérsékelt; (인품이) szelíd, jámbor; ~한 겨울 enyhe tél; ~한 햇살 enyhe napsugár; ~한 기후 mérsékelt éghajlat; ~한 성격의 szelíd természetű

올[1] 명 szál, fonal; 한 ~씩 szálanként; 머리털 한 ~ egy hajszál; ~이 성긴 durva a szál; 나일론 양말은 ~이 가끔 풀어진다 a nejlonharisnya szemei felfutnak

올[2] 명 ☞ **올해**; idén; ~ 여름휴가 idei nyári szabadság; ~해에 ebben az évben

올가미 명 hurok; kelepce, csapda; ~를 씌우다 hurkot köt, csapdába ejt; ~에 걸리다 kelepcébe / csapdába esik

올라가다 동 felmegy, emelkedik; 비탈을 ~ felmegy az emelkedő úton; 계단을 ~ felmegy a lépcsőn; 연단에 ~ felmegy az emelvényre; 값이 ~ emelkedik az ár, drágul; (학교) 성적이 ~ javul az osztályzat; 기온이 ~ emelkedik a hőmérséklet; (배가) 강을 거슬러 ~ felfelé hajózik a folyón; 시내 곳곳에 고층 건물이 올라가고 있다 A város több helyén magas épületek emelkednek.

올라오다 동 feljön; 서울에 ~ feljön Szöulba; 무대로 올라오십시오 Tessék feljönni a színpadra!

올라타다 동 felül, felszáll; 말에 ~ felül a lóra; 열차에 ~ felszáll a vonatra

올려놓다 동 feltesz; 책을 선반에 ~ felteszi a könyvet a polcra; 손을 탁자에 ~ felteszi a kezét az asztalra

올리다 동 felemel, felhúz, betesz, beleír; 손을 ~ felemeli a kezét; 닻을 ~ felhúzza a horgonyt; 월급을 ~ emeli a havi fizetést; 값을 ~ (fel)emeli az árat; 전화번호부에 이름을 ~ beteszi a nevet a telefonkönyvbe; 새 단어를 사전에 ~ az új szót beveszi a szótárba; 결혼식을 ~ házasságot köt; 약을 ~ feldühít, dühbe hoz, felmérgesít

올림픽 명 olimpia; ~에서 금메달을 따다 az olimpián aranyérmet szerez / nyer

올바로 부 helyesen, pontosan, becsületesen; ~ 행동하다 helyesen cselekszik; ~ 진단하다 pontosan megállapít

올바르다 형 helyes, pontos; 올바른 인식 helyes megértés; 그 말의 올바른 뜻 a szó pontos jelentése

올빼미 명 bagoly; ~가 울다 huhog a bagoly; ~ 새끼 bagolyfióka

올챙이 명 ebihal; ~배 nagy hasú, pocakos

올케 명 lány fivérének a felesége, sógornő

올해 명 idei év; ~는 비가 많이 왔다 az idén sok eső esett; ~도 며칠 남지 않았다 Az idei évből nem maradt sok nap.

옮기다 동 áthelyez, költözik, átmegy, végrehajt, indít, továbbít, lefordít; 가구를 ~ áthelyezi a bútort; 새 집으로 ~ új lakásba költözik; 학교를 ~ iskolát vált, átmegy más iskolába; 결심을 실행에 ~ végrehajtja az elhatározását; 집으로 발길을 ~ lépteit hazafelé irányítja; 감기를 남에게 ~ továbbadja a náthát más embereknek, náthával fertőz meg másokat; 말을 남에게 ~ továbbadja a hallottakat más embereknek, elmondja másnak is; 이 글을 한국어로 옮기시오 Fordítsa le ezt a szöveget koreai nyelvre!

옳다 형 igazságos; helyes, pontos; 옳은 일을 하다 igazságos dolgot csinál; 네 말이 ~ igazad van; 둘 중에 누가 옳은가 Kinek van igaza a kettő közül?

옷 명 ruha; 비~ esőkabát; 속~ fehérnemű; 잠~ pizsama; ~을 입다 felveszi a ruhát; ~을 벗다 leveszi a ruhát; ~을 입혀 주다 felöltöztet; 아이의 ~을 벗겨 주다 levetkőzteti a gyereket; ~을 갈아입다 átöltözik; 그 ~은 너한테 잘 어울린다 Az a ruha jól áll neked.

옷가지 명 ruházat

옷감 명 szövet; 가벼운 ~ könnyű szövet;

ㅇ

~을 마르다 kiszabja a szövetet
옷걸이 명 ruhafogas; 옷을 ~에 걸다 ráakasztja a ruhát a (ruha)fogasra
옷고름 명 koreai népviselet mellen levő szalagja; ~을 매다 megköti a szalagot
옷깃 명 gallér; ~을 여미다 megigazítja a gallért
옷장 명 ruhásszekrény
옷차림 명 felöltözés, öltözet, öltözék; ~이 얌전하다 rendes az öltözete / öltözéke
옹기종기 부 sűrűn; TV앞에 ~ 모였다 Sűrűn összezsúfolódtak a tévé előtt.
기말 명 félév vége, szemeszter vége; ~ 시험 a félév végi vizsga
옹달샘 명 kis forrás, kis kút
옹졸-하다 형 kicsinyes, szűk látókörű; ~한 사람 kicsinyes ember; 생각이 ~하다 szűkös a gondolkodása
옹호-하다 동 véd, támogat; ~ 명 védés, támogatás; 헌법을 ~하다 védi az alkotmányt
와글거리다 동 hangoskodik, zsúfolódik; 와글거리는 사람들 hangoskodó emberek; 광장에는 사람들이 와글거렸다 A téren sok ember zsúfolódott össze.
와락 부 hirtelen, váratlanul; 남의 목을 ~ 껴안다 hirtelen a nyakába borul vkinek; ~ 울음을 터뜨리다 váratlanul zokogásban tör ki
와르르 부 (nagy) robajjal, (nagy) zajjal; 마루에 높이 쌓아 올린 상자들이 ~ 무너졌다 A padlón magasra felhalmozott dobozok nagy robajjal dőltek össze.
와이셔츠 명 ing; ~ 바람으로 egy szál ingben
와인 명 bor; 적색 ~ vörösbor; ~ 글라스 borospohár
와전-하다 동 elferdít, hamisan ír le, helytelenül mutat be; 진실이 ~되다 elferdítik az igazságot; 사실을 ~ 시키다 hamisan írja le a tényt
와해-하다 동 felbomlik, összeomlik, elbukik; ~ 명 felbomlás, bukás, összeomlás; 정당의 ~ politikai párt bukása; 연정이 ~되다 felbomlik a kormánykoalíció; 그의 계획은 모래성처럼 ~되었다 A terve kártyavárként omlott össze.
왁스 명 viasz; ~를 바르다 viaszt felken
완강-하다 형 makacs, merev; ~ 명 makacsság, merevség; ~하게 makacsul; ~히 부인하다 makacsul tagad vmit; ~히 저항하다 mereven ellenáll
완고-하다 동 önfejű, konok, makacs, csökönyös; ~ 명 makacsság, önfejűség; ~한 사람 önfejű / konok ember; ~하게 의견을 고집하다 makacsul kitart a véleménye mellett
완공-하다 동 elkészít, befejez; ~ 명 elkészítés, befejezés; 새 건물을 1년 만에 ~하다 elkészíti az új épületet egy év alatt; 새 교사가 ~ 되다 elkészül az iskola új épülete
완구 명 játék, játékszer; ~상 játékkereskedő; ~ 상자 játékdoboz
완납-하다 동 befizeti az egész összeget; ~ 명 az egész összeg befizetése; 참가비를 ~하다 befizeti az egész részvételi díjat; 나는 세금을 ~했다 Befizettem az adó egészét / teljes összegét.
완두콩 명 borsó
완료-하다 동 bevégez, befejez; ~ 명 befejezés; 과제를 ~하다 bevégezi a feladatot; ~ 시제 befejezett igealak, perfektum
완만-하다 형 lassú, enyhe, fokozatos; ~

명 lassúság, enyheség; ~한 흐름 lassú vízfolyás; ~한 비탈 enyhe lejtő; ~하게 nem meredeken, fokozatosan

완벽-하다 형 tökéletes, hiánytalan; ~ 명 tökéletesség, hiánytalanság; ~하게 tökéletesen; ~을 기하다 a tökéletest tűzi ki célul, a tökéletesség a célja; ~한 사람은 없다 nincs tökéletes ember

완비-하다 동 teljesen felszerel; 주차장이 ~되어 있다 a parkolóhely teljesen fel van szerelve

완성-하다 동 elkészít, tökéletesít, befejez; ~ 명 elkészítés, tökéletesítés, befejezés; 사전을 ~하다 elkészíti a szótárt; 그 일을 ~하다 befejezi a munkát; 그 건물은 가을에는 ~될 예정이다 Azt tervezik, hogy az épület őszre elkészül.

완수-하다 동 teljesít; ~ 명 teljesítés; 책임을 ~하다 teljesíti a kötelességét

완숙-하다 동 teljesen megérlel; ~ 명 teljes érettség, teljes fejlettség; ~한 teljesen érett, megérett; ~한 나이에 접어들다 érett korba lép

완승-하다 동 teljes győzelmet arat; 3:0으로 ~하다 teljes győzelmet arat három nullára

완연-하다 형 nyilvánvaló, kézzelfogható, szemmel látható; 얼굴에 병색이 ~하다 nyilvánvaló a betegség tünete az arcán; 봄기운이 ~ látható / érezhető a tavasz

완장 명 karszalag; ~을 두르다 felteszi a karszalagot

완전무결-하다 형 tökéletes és hibátlan, abszolút tökéletes; 적에 대한 ~한 준비 tökéletes és hibátlan felkészültség az ellenséggel szemben

완전-하다 형 tökéletes, teljes; ~ 명 tökéletesség, teljesség; ~ 범죄 tökéletes bűncselekmény; ~ 연소 teljes égés

완전히 부 teljesen, egészen; ~ 속다 teljesen becsapják; ~ 잊다 teljesen elfelejt (vmit)

완쾌-하다 동 teljesen meggyógyul; ~ 명 teljes gyógyulás; 의사는 그가 ~하는데 반년이 필요하다고 말한다 Az orvos azt mondja, hogy a teljes gyógyulásához fél év kell.

완화-하다 동 enyhít; ~ 명 enyhítés; 교통난을 ~하다 enyhíti a közlekedési nehézségeket; 규제를 ~하다 enyhíti a szabályozást

왈가왈부-하다 동 vitatkozik; 그것은 우리가 ~할 문제가 아니다 Az nem olyan ügy, amiről vitatkoznunk kellene.

왈칵 부 hirtelen, váratlanul, egyszerre; ~ 화를 내다 hirtelen haragra gerjed, váratlanul dühbe gurul; 눈물을 ~ 쏟다 egyszerre könnyekben tör ki, váratlanul könnyekre fakad

왕 명 király; ~을 세우다 királyt trónra ültet; 자본주의 사회에서는 소비자가 ~이다 A kapitalista társadalomban a vevő a király.

왕관 명 korona; ~을 쓰다 felteszi a koronát

왕국 명 királyság, monarchia

왕궁 명 palota

왕권 명 felségjog

왕년 명 múlt; ~의 명성 múltbéli hírnév; 그는 ~의 명투수였다 Ő a múltban híres adogatójátékos volt.

왕래-하다 동 jön és megy, meglátogat vkit, kapcsolatban van vkivel; ~ 명 jövés és menés, jövés-menés, forgalom; ~를 금하다 elzárja a forgalmat;

~가 많다 nagy a forgalom; 이 거리는 차의 ~가 매우 심하다 Ebben az utcában nagyon nagy az autóforgalom.; 그와는 ~가 없다 nincs vele kapcsolatban; 요즘 그와는 편지 ~가 없다 mostanában nem levelezek vele; ~하는 사람 járókelő(k); 두 사람은 서로 ~하는 사이다 A két ember gyakran felkeresi / látogatja egymást.

왕릉 [명] királysír

왕복-하다 [동] oda-vissza utazik, jár, közlekedik, ingázik; ~ [명] oda-vissza utazás; 서울, 인천 간을 ~하는 열차 Szöul és Incson között járó vonat; 회사까지 ~ 3시간 걸린다 a munkahelyre oda-vissza három óráig tart az út; 부산까지의 ~ 요금은 얼마입니까 Mennyibe kerül Buszánba oda-vissza a jegy?; ~ 차표 oda-vissza jegy, retúrjegy

왕비 [명] királyné

왕성-하다 [형] erőteljes, élénk; ~한 성장 erőteljes növekedés; ~한 활동 élénk tevékenység

왕세자 [명] trónörökös, koronaherceg; ~비 a trónörökös felesége

왕실 [명] királyi család

왕위 [명] trón; ~에 오르다 trónra kerül; ~를 물려주다 átadja a trónját; ~에서 쫓아내다 detronizál; ~를 다투다 küzd a trónért; ~ 계승 trónöröklés

왕자 [명] királyi herceg, királyfi

왕정 [명] királyi kormányzás; ~ 복고 a királyi kormányzás visszaállítása, restauráció

왕조 [명] uralkodócsalád, dinasztia; ~의 uralkodócsaládi; 조선 ~ Csoszan dinasztia

왕족 [명] a királyi család (tagjai)

왕후 [명] királyné

왜 [부] miért; ~ 늦었느냐 Miért késtél?; 그가 ~ 그것을 거절했는지 궁금하다 Arra vagyok kíváncsi, hogy miért utasította el azt?; ~ 그렇게 웃느냐 Miért nevetsz annyira?; ~ 그런지 눈물이 자꾸 났다 Könnyeztem, de magam sem tudom, hogy miért.

왜곡-하다 [동] eltorzít, kiforgat, meghamisít; ~ [명] eltorzítás, kiforgatás, meghamisítás; 사실을 ~하다 eltorzítja a valóságot; ~된 해석 kiforgatott értelmezés; 한국에 관한 ~된 역사 기술 a koreai történelem meghamisított / eltorzított leírása; 이것은 사실을 ~한 것이다 ez a tények meghamisítása

왜구 [명] japán kalóz

왜소-하다 [형] apró, pici, törpe, parányi, satnya, kis növésű; ~한 체격의 pici termetű; ~한 아이 satnya gyerek

왜적 [명] japán hódító

외 külső, ~n kívül; ~몽고 Külső-Mongólia; 이러한 원인 ~에 ilyen okokon kívül; 이 ~에는 아무것도 가진 것이 없다 ezen kívül nekem nincs semmim; 독서하거나 산책하는 것 ~에는 아무것도 하는 것이 없다 Az olvasáson és a sétáláson kívül mást nem csinál.

외가 [명] az anya családja; ~ 친척 anyai ágon rokon

외계인 [명] földöntúli lény, földön kívüli lény

외과 sebészet; ~적 치료 sebészeti gyógykezelés; ~ 병동 sebészeti osztály; ~ 수술을 받다 műtétnek veti alá magát; ~ 의사 sebész

외곽 [명] külső; ~ 단체 külső szervezet

외관 [명] külalak, külső megjelenés; 건물의 ~ az épület külseje; ~으로 사람을

판단하지 말라 Ne a külseje alapján ítéld meg az embert!

외관상 külsőleg, látszólag; ~ 거의 차이가 없는 külsőleg alig különböző; ~ 간단한 일 látszólag egyszerű ügy

외교 명 diplomácia; ~상 diplomáciailag; ~적 능력 diplomáciai tehetség; ~ 관계를 수립하다 diplomáciai kapcsolatot létesít; 군인이 정치나 ~에 간섭하는 것은 바람직하지 않다 Nem kívánatos, hogy a katonaság beleszóljon a politikába vagy a diplomáciába.; ~를 잘하다 jó diplomáciát folytat; ~ 단절 diplomáciai kapcsolat megszüntetése; ~ 무대 diplomáciai színtér; ~ 문서 diplomáciai okirat; ~ 사절단 diplomáciai küldöttség; ~ 통상부 Külügyi és Kereskedelmi Minisztérium

외교관 명 diplomata; 그는 ~이 되었다 diplomata lett

외국 명 külföld; ~의 külföldi; ~으로 가다 külföldre megy; ~ 에서 돌아오다 visszajön / hazajön külföldről; ~에서 죽다 külföldön hal meg; ~을 가는 사람들은 해마다 늘고 있다 A külföldre utazó emberek száma évről évre növekedik.

외국어 명 idegen nyelv

외국인 명 külföldi (ember)

외길 명 az egyetlen út; ~을 걸어가다 egyetlen úton gyalogol

외다 동 ☞ **외우다**

외동딸 명 egyetlen lánya

외람되다 형 szemtelen, szerénytelen, öntelt; 외람된 일을 하다 szemtelen dolgot csinál; 외람되오나 제가 그것을 설명 하겠습니다 Szerénytelenségnek tűnik, de megmagyarázom.

외래어 명 idegen szó, jövevényszó

외로움 명 magányosság, elhagyatottság

외롭다 형 magányos, elhagyatott; 외로워하다 magányosnak érzi magát; 외로운 마음 elhagyatottság érzése; 그이가 없어서 무척 ~ Nagyon magányosnak érzem magam, mert ő nincs itt.

외마디 명 egyszeri visítás, egyszeri sikoly; ~ 소리 egyszeri visítás / sikoly; 그는 칼에 맞아 ~ 소리를 지르며 쓰러졌다 Amikor a kard eltalálta, egyet sikoltott és összeesett.

외면 명 külső; ~의 külső; ~ 묘사 a külső ábrázolása

외면-하다 동 elfordítja a tekintetét / fejét; 그는 가난한 사람들을 ~했다 elfordult a szegényektől; 그는 ~하고 질문에 대답도 하지 않았다 Elfordította a fejét, és nem válaszolt a kérdésre sem.

외모 명 külsőség, látszat, külalak; 사람을 ~로 판단하지 마라 Ne ítélj embert a külseje alapján! 그녀는 항상 자기 ~에만 신경을 쓴다 Azt a nőt mindig csak a külseje foglalkoztatta / érdekelte.

외박-하다 동 házon kívül alszik, nem otthon alszik; ~ 명 házon kívüli alvás; 누이동생은 어제 ~했다 A húgom házon kívül aludt tegnap.

외부 명 külső, felszín, külvilág; ~의 külső, felszíni; ~와 단절되다 elszigetelődik a külvilágtól; 비밀이 ~에 새다 kitudódik a titok, felszínre kerül a titok; 그것은 ~ 사람에 의한 범행이다 az külső ember által elkövetett bűncselekmény

외사촌 명 anyai unokatestvér

외삼촌 명 anyai nagybácsi; ~ 댁 anyai nagybácsi lakása

외상¹ 명 hitel; ~으로 hitelbe; ~을 주다

vkinek hitelez, vkinek hitelt nyújt; ~으로 팔다 hitelbe árusít; ~ 거래 hitelügylet

외상² 명 külső sérülés, seb; 그는 교통사고로 심한 ~을 입었다 Súlyos külső sérülést szenvedett a közlekedési baleset következtében.

외상값 명 ☞ **외상¹**

외설-하다 형 trágár; ~ 명 trágárság; ~한 그림 trágár kép; ~한 주제를 얘기하다 trágár témáról beszél

외세 명 külországi hatalom, külhatalom, külső erők; ~에 의존하다 a külországi hatalomhoz ragaszkodik; ~를 배격하다 elutasítja a külhatalmat

외손자 명 fiúunoka, a lányának a fiúgyermeke

외숙모 명 anyai nagybácsinak a felesége

외식-하다 동 étteremben étkezik; ~ 명 étteremben étkezés; 점심은 보통 ~을 합니까 Általában étteremben ebédel?; ~산업 vendéglátás

외신 명 külföldi hírek; ~부 a külföldi hírek osztálya

외아들 명 az egyetlen fia

외양간 명 marhaistálló; 소 잃고 ~ 고친다 Miután elveszíti a marhát, megjavítja a marhaistállót. Eső után köpönyeg.

외연 명 kiterjedés; ~의 범주 a kiterjedés kerete

외우다 동 bemagol, memorizál, kívülről megtanul, szóról szóra megtanul; 시를 ~ bemagolja a verset; 전화번호를 ~ memorizálja a telefonszámot

외유 명 külföldi utazás, külországi túra; ~ 길에 오르다 külföldi utazásra indul; ~에서 돌아오다 visszajön a külföldi útról

외자유치 명 a külföldi tőke vonzása

외적 külső; ~ 증거 külső bizonyíték; ~ 요인 külső tényező

외제차 명 külföldi márkájú autó

외지다 형 félreeső; 외진 마을 félreeső falu; 외진 곳에 있는 오두막 félreeső helyen levő kunyhó

외출복 명 utcai ruha

외출-하다 동 kimegy; ~ 명 kimenet; 새 옷을 입고 ~하다 új ruhában megy ki; ~할 채비를 하다 felkészül az indulásra; ~에서 돌아오다 visszatér az eltávozásról; 그가 왔을 때 나는 마침 ~ 중 이었다 Amikor meglátogatott, éppen nem voltam otthon.

외치다 동 kiabál, kiált; 도와달라고 ~ segítségért kiált; 목이 쉬도록 ~ rekedtre kiabálja magát; 개혁을 ~ reformért kiált

외침 명 kiabálás, kiáltás; 한밤중에 여자의 ~ 소리가 들렸다 éjjel női kiabálás hallatszott; 개혁의 ~ reformért kiáltás

외투 명 kabát, felöltő; ~를 입고 있다 kabátban van; ~를 벗다 leveti a kabátját; ~를 입다 felveszi a kabátját; ~를 입혀주다 felsegíti vkire a kabátot; ~를 벗겨주다 lesegíti vkiről a kabátot

외할머니 명 anyai nagyanya

외할아버지 명 anyai nagyapa

외항 명 külföldi hajózás

외항선 óceánjáró hajó, tengerjáró hajó

외형 명 külső alak, külső megjelenési forma: ~상 külsőleg; 집의 ~ a ház külső alakja

외화 명 külföldi pénznem, valuta; 한국이 보유하고 있는 ~ Korea valutatartaléka; 석유가 그 나라의 유일한 ~ 획득 수단 이었다 A kőolaj volt az ország egyetlen valutaforrása.

외환 명 deviza; ~ 시장 devizapiac; ~ 정책 devizapolitika

왼 bal; ~발 bal láb; ~손 bal kéz

왼손잡이 명 balkezes, balog

왼쪽 명 bal oldal; 길 ~에 az út bal oldalán; ~에서 오른쪽으로 쓰다 balról jobbra ír; ~에 보이는 것이 대궐입니다 Ami a bal oldalon látszik, az a királyi palota.

왼편 명 ☞ **왼쪽**

요강 명 éjjeliedény

요건 명 feltétel, követelmény; 인생에서 건강은 성공의 제일 중요한 ~이다 Az életben az egészség a siker legfontosabb feltétele.

요구-하다 동 követel, (fel)kér; 정당한 ~ méltányos követelés; 총회는 회원 과반수의 ~로 열린다 A közgyűlés a tagok többségének a kérésére nyílik meg.; 그들은 총리에게 사임할 것을 ~했다 Követelték, hogy a miniszterelnök mondjon le.; 그들은 그 계약서에 서명할 것을 ~했다 Azt kérték, hogy írják alá a szerződést.

요금 명 díj, ár; ~ 별납 díjmentes; ~ 인상 díjemelés; 주차 ~ parkolási díj; 전기 ~을 내다 befizeti a villanyszámlát; 주차 ~은 시간당 3,000원이다 a parkolási díj egy órára 3.000 von; 5월부터 공공 ~이 인상 된다 májustól emelkednek a közműdíjak; 1인용 객실의 ~은 얼마입니까 Mennyi az ára az egyágyas szobának?

요기-하다 동 éhséget csillapít, éhséget enyhít; ~ 명 éhség csillapítása; 햄버거로 ~하다 hamburgerrel csillapítja az éhségét

요긴-하다 형 alapvetően fontos; ~한 때에 alapvetően fontos időben; 그것은 우리 일상생활에 ~한 것이다 az alapvetően fontos a mindennapi életünkben

요동-하다 형 bukdácsol, zökken, ring, hánykolódik; ~ 명 (지진의) rengés; (배의) bukdácsolás; (자동차의) zökkenés; 배가 심하게 ~하다 erősen ring / hánykolódik a hajó; 길이 험해서 차가 ~치다 a rossz út miatt zökkent a kocsi

요란-하다 형 lármás, zajos, hangos; ~ 명 zajongás, lármázás, robaj; ~하게 lármásan, zajosan, hangoskodva; ~한 기계 소리 lármás gép hangja; 경보 벨이 ~하게 울리다 A vész- / riasztócsengő nagy zajjal szólalt meg.

요량 명 szándék; ész; tetszés; 어머니를 뵐 ~으로 az anyjával való találkozás szándékával; ~ 없다 hiányzik a józan esze, híján van a józan észnek; 네 ~대로 해라 A tetszésed szerint csináld!

요령 명 ügyesség, módszer; ~ 있는 ügyes; ~ 없는 ügyetlen; ~을 터득하다 megtanulja a módszert; 일단 ~만 알면 그 일은 아주 쉽다 ha ismered a módszert, úgy nagyon könnyű

요리사 명 szakács

요리책 명 szakácskönyv

요리-하다 동 főz; ~ 명 főzés, étel; 한국 ~ koreai étel; 생선 ~ halétel; 일품 ~ egytálétel; 그녀는 ~ 솜씨가 좋다 a nőnek tehetsége van a főzéshez; 이것은 내가 좋아하는 ~이다 Ez az én kedvenc ételem.

요망-하다 동 megkövetel, megkíván; 새로운 혁신을 ~하다 reformot követel meg; 정기적인 정비를 ~하다 rendszeres karbantartást kíván meg

요모조모 명 sok oldala vminek; ~ 따져본 후에 어느 것을 살 지 결정하다 Miután sok oldalról megvizsgálja az árut, el-

ㅇ

dönti, hogy melyiket vásárolja meg.

요사이 부 mostanában, nemrég, minap, a napokban, az utóbbi időben, legutóbb; ~의 mai, nem régi, minapi; 이것은 ~ 흔히 볼 수 없는 책이다 ez mostanában nem gyakran látható könyv

요새 명 erőd, bástya; ~를 구축하다 felépíti az erődöt

요소 명 ❶ karbamid; ~ 화학 비료 karbamid tartalmú trágya ❷ elem; 위험 ~들 veszélyelemek

요술 명 varázs, varázslat, mágia, bűvészmutatvány; ~ 지팡이 varázspálca; ~의 속임수를 설명하다 megmagyarázza a bűvészmutatvány trükkjét; ~을 부리다 bűvészkedik

요약-하다 동 összefoglal; ~ 명 összefoglalás; ~하자면 ha összefoglalom, összefoglalva

요양소 명 szanatórium

요양-하다 동 az egészség visszanyerése céljából pihen, lábadozik, felépül; ~ 명 lábadozás, felépülés; ~을 목적으로 외국으로 가다 felépülése érdekében külföldre megy

요염-하다 형 elbűvölő; ~한 모습 elbűvölő megjelenés

요오드 명 jód

요원 명 (fontos) személyzet; 몇 명의 보안 ~이 필요한가 Hány fős biztonsági személyzet szükséges?; ~의 부족이 반드시 능률의 저하를 가져오는 것은 아니다 A személyzeti létszámhiány nem mindig okoz teljesítménycsökkenést.

요원-하다 형 távol eső, messze, messzi, távoli; 아직 세계평화는 ~하다 még távol van a világbéke; 남북의 화해는 아직 ~하다 a két Korea kiegyezése még messze van.

요인[1] 명 fontos személy, magas beosztású személy; 재계의 ~ a pénzvilág fontos személyisége; 정부 ~ a kormány magas beosztású alakja

요인[2] 명 fontos elem, fő ok; 능력은 성공의 한 ~이다 A képesség a siker egyik fő eleme / összetevője. 무엇보다도 운전자의 부주의가 그 사고의 ~이었다 A sofőr gondatlansága volt a baleset fő oka.

요일 명 nap; 오늘은 무슨 ~입니까 Milyen nap van ma?; ~에 관계없이 방문해 주시오 Látogasson meg a hét bármelyik napján!; 금년 크리스마스는 무슨 ~이지 Milyen napra esik idén a karácsony?

요절-하다 동 fiatalon meghal; ~ 명 korai halál; 그는 30세에 암으로 ~했다 Ő harminc éves korában fiatalon halt meg rák betegségben.

요점 명 lényeg, fontosság; 이야기의 ~ a beszéd lényege; 문제의 ~을 파악하다 felfogja a probléma lényegét; ~만 간단히 말하시오 Csak a lényeget mondja el egyszerűen!

요정 명 tündér; 숲의 ~ erdei tündér; 바다의 ~ tengeri tündér; 물의 ~ vízitündér

요즈음 mostanában, nemrég, minap, a napokban, az utóbbi időben, legutóbb; ~의 mostani, nem régi, minapi; ~의 경향 mostani / kortárs irányzat; ~ 사건 minapi eset; ~ 그 사람을 못 만난다 Mostanában nem találkozom vele.

요지 명 ☞ **요점**

요지부동 명 mozdulatlanság, szilárdság; 그의 결심은 ~이었다 Az elhatározása szilárd volt.

요직 명 magas állás, magas rang; 정부 ~에 있다 magas kormányzati beosztásban dolgozik

요청-하다 동 kér vmit vkitől, felkér vkit vmire; ~ 명 felkérés; 지지를 ~하다 támogatást kér; 그는 연설을 해달라는 ~을 받았다 Felkérték, hogy tartson előadást.

요체 명 lényeg, kulcs; 부지런함이야 말로 성공의 ~이다 A szorgalom a siker kulcsa.

요추 명 ágyékcsigolya; ~ 마취 ágyéki érzéstelenítés

요컨대 egyszóval, összefoglalva, összegezve; ~ 그는 시민의 적이다 Egyszóval, ő a nép ellensége.; ~ 그는 거짓말쟁이다 Összegezve az elmondottakat, ő egy hazug ember.

요통 명 derékfájás

요트 명 jacht; ~를 타다 jachtra száll, jachton utazik

요행 명 szerencse; ~을 믿다 bízik a szerencsében; ~으로 그를 만났다 Szerencsére találkoztam vele.

욕 명 káromkodás; ~을 하다 káromkodik

욕구 명 vágy; 성적 ~ szexuális vágy; ~를 채우다 kielégíti a vágyát; 지적 ~가 강하다 erős a tudásvágya

욕구불만 명 kielégítetlenség

욕망 명 vágy; ~을 억제하다 visszafojtja a vágyat; ~을 일으키다 felkelti a vágyat; ~을 채우다 kielégíti a vágyat

욕설 명 ☞ **욕**

욕실 명 fürdőszoba

욕심 명 kapzsiság; ~에서 kapzsiságból; ~을 부려 kapzsin, mohón; 남의 재산에 ~을 내지 마라 Ne kívánd mohón más vagyonát!

욕심쟁이 명 kapzsi; 그는 매우 ~이다 ő nagyon kapzsi

욕조 명 (fürdő)kád

욕탕 명 fürdő

욕-하다 동 szidalmaz, sérteget, káromkodik; ~ 명 szidalom, káromkodás; ~을 퍼붓다 szidalmakkal elhalmoz; 뒤에서 ~하다 a háta mögött szidalmaz / sérteget; 그는 공개 석상에서 나를 ~했다 Nyilvánosan sértegetett engem.

용 명 sárkány; 일곱 개의 머리를 가진 ~ hétfejű sárkány

용감-하다 형 bátor, merész; ~한 군인 bátor katona; ~한 행동 merész cselekedet

용건 명 ügy; 무슨 ~으로 오셨습니까 Milyen ügyben jött?

용궁 명 a sárkánykirály palotája

용기[1] 명 bátorság; ~ 있는 bátor; ~ 없는 bátortalan, gyáva; ~를 내다 bátorságot merít, összeszedi a bátorságát ~를 불어넣다 bátorságot önt vkibe; ~를 잃다 elbátortalanodik; 나는 아직 그것을 말할 ~가 없었다 Nem volt még a bátorságom, hogy elmondjam azt.; 그는 신념에 따라 행동할 ~가 있다 Megvan a bátorsága ahhoz, hogy a meggyőződése szerint cselekedjék.; 그녀에게 구혼할 ~가 감히 나지 않았다 Nem mertem feleségül kérni a nőt.

용기[2] 명 tartály, gyűjtőedény

용납-하다 동 megbocsát, megenged; ~ 명 megbocsátás, megengedés; ~할 수 없는 megbocsáthatatlan; 이것은 어떠한 이유이든 결코 ~될 수 없는 극히 비인도적인 범죄행위이다 Ez egy olyan embertelen bűncselekmény, amit semmilyen indokkal nem lehet megbocsátani.

용도 명 használhatóság; 다양한 ~의 sokféleképpen használható; ~ 분석 használhatósági elemzés

용돈 명 zsebpénz; 한 달에 오만 원을 ~으로 주다 havonta 50.000 vont ad zsebpénzként; 그는 ~을 벌기 위해 일을 한다 Azért dolgozik, hogy megkeresse a zsebpénzét.

용량 명 képesség, térfogat; 저장 ~ tárolóképesség; 이 통의 ~은 30리터이다 ennek a hordónak a térfogata 30 liter

용모 명 megjelenés, külső; ~ 단정한 사람 csinos külsejű ember; 그녀의 ~가 맘에 든다 tetszik a nő megjelenése

용무 명 dolog, munka, ügy; 그는 급한 ~로 서울에 왔다 Sürgős dolga miatt jött Szöulba.; 나는 해야 할 중요한 ~가 있다 Egy sürgős elvégzendő munkám van.

용법 명 használati szabály; 접속사의 ~ a kötőszó használati szabálya; 그는 나에게 관사의 올바른 ~을 가르쳐 주었다 A névelő használati szabályát tanította nekem.

ㅇ

용변-하다 동 székel, ürít; ~ 명 székelés, ürítés; 병 때문에 힘들게 ~을 보다 betegség miatt nehezen székel, székrekedése van

용병 명 zsoldos; ~ 부대 zsoldoshadsereg

용사 명 katona, harcos, veterán; 참전 ~ a háborúban részt vett katona, háborús veterán; 무명 ~ az ismeretlen katona

용서-하다 동 megbocsát; ~ 명 bocsánat; ~할 수 없는 megbocsáthatatlan; ~를 받다 bocsánatot nyer; 과실을 ~하다 megbocsátja a hibáját; 무릎을 꿇고 ~를 빌다 térden állva kér bocsánatot; 저를 보아 그를 ~해 주십시오 Bocsásson meg neki a kedvemért!

용수 명 vmilyen célra felhasznált víz; 농업 ~ mezőgazdasági célokra használt víz

용수로 명 öntözőcsatorna

용수지 명 víztároló

용암 명 láva; 화산이 ~을 분출하다 a vulkán okádja a lávát; ~층 lávaréteg

용액 명 oldat; 묽은 ~ hígított oldat; 진한 ~ koncentrált oldat

용어 명 szakszó, szaknyelv; 학술 ~ tudományos szakszó; 관청 ~ hivatalos nyelvezet

용역 명 szolgáltatás; 재화와 ~ áru és szolgáltatás; ~ 계약을 맺다 szolgáltatási szerződést köt

용역업체 명 szolgáltató üzem

용왕 명 sárkánykirály

용의 명 gyanú; 그는 절도 ~로 구류되고 있다 Lopás gyanúja miatt őrizetben van.

용의자 명 gyanúsított; 유력한 ~ a fő gyanúsított; 살인 ~ a gyilkosság gyanúsítottja

용의주도-하다 형 gondos; ~ 명 gondoskodás; ~한 계획 gondos terv; ~한 범행 gondosan végrehajtott bűneset

용이-하다 형 könnyű; ~하게 könnyen; 독서가 ~하다 könnyű olvasni; 사용이 ~하다 könnyű használni

용접공 명 hegesztő

용접-하다 동 hegeszt; ~ 명 hegesztés; ~용 마스크 hegesztéshez való védőálarc, hegesztőpajzs; 철판을 ~하다 hegeszti a vaslapot

용지 명 telek, terület; 건축 ~ építkezési terület; ~를 선정하다 telket kiválaszt; ~를 매입하다 telket vásárol

용품 명 eszköz; 생활 ~ háztartási eszköz; 스포츠 ~ sporteszköz

용-하다 형 ügyes; ~한 점쟁이 ügyes jós; (일을) ~하게 잘 처리하다 ügyesen intézkedik; 너 혼자 그 큰일을 하였다니 정말 ~한 걸 Milyen ügyes vagy, hogy egyedül végezted el azt a nagy munkát!

용해-되다 동 felolvad, feloldódik; ~ 명 felolvadás, feloldódás; 설탕이 차에 ~되다 a cukor felolvad a teában; 물에 ~되다 feloldódik a vízben

용해성 명 oldhatóság

용해제 명 oldószer

용해-하다 동 felold, felolvaszt; ~ 명 felolvadás, felolvasztás; 물은 소금을 ~한다 a víz oldja a sót; 이 약은 가래를 ~시킨다 Ez az orvosság oldja a köhögést.

우거지다 동 sűrűn benő, burjánzik; 나무가 우거져 있다 sűrűn be van nőve fákkal, sűrűn befásított; 뜰에 잡초가 우거져 있다 a kertet sűrűn benövik a gyomnövények, a gyomnövények csak úgy burjánzanak a kertben

우기다 동 kitart a véleménye mellett, ragaszkodik vmihez, ráerőszakolja a nézeteit vkire, érvényesíti az akaratát; 그는 자기만 옳다고 우겼다 Kitartott amellett, hogy egyes-egyedül neki van igaza.; 그는 아무 것도 모른다고 우겼다 Kitartóan tagadta, hogy bármit is tudna a dologról.

우대-하다 동 előnyben részesít; 환자를 ~하다 előnyben részesíti a betegeket; 성인보다 아이들을 ~하다 a gyermeket részesítik előnyben a felnőttekkel szemben

우동 명 udong, japán tésztaleves

우두커니 부 üres tekintettel, kifejezéstelenül; ~ 바라보다 üres tekintettel néz; ~ 서 있다 kifejezéstelen arccal áll ott

우둔-하다 ostoba, buta, nehézfejű, bárgyú; ~ 명 ostobaság, butaság; ~한 생각 ostoba ötlet; ~한 사람 buta ember

우등생 명 kitűnő diák, kiváló diák, eminens diák

우뚝 부 magasan, magasra; 산이 ~ 솟아 있다 a hegy magasan emelkedik

우뚝-하다 형 kiemelkedő, kimagasló; ~한 코 kiemelkedő orr

우라늄 명 uránium

우람-하다 형 izmos, fejlett izomzatú; ~한 레슬링 선수 izmos birkózó; ~한 체격의 erős testalkatú

우량 felsőbbrendű, kiváló; ~ 기업 biztos profitot hozó vállalat; ~ 도서 kiváló könyv; ~ 주식 biztos értékpapírok / részvények, elsőrangú részvények

우량아 명 zömök gyerek, testileg fejlett gyerek

우러나다 동 kifőz, kiáztat; 소고기 국이 ~ kifőzi a marhahúst; 녹차가 ~ kiáztatják a zöld teát

우러나오다 동 szívből jön; 진정에서 우러나온 연설 a szív legmélyéről jövő beszéd; 진심에서 우러나오는 감사의 말 a szív legmélyéről jövő köszönetnyilvánítás

우러르다 동 felemeli a fejét; tisztelettel viseltetik, feltekint, felnéz vkire, tisztel vkit; 하늘을 ~ felemeli a fejét az ég felé; 학생이 훌륭한 선생님을 ~ a diák tisztelettel viseltetik a jó tanár iránt

우렁차다 형 erőteljes; 그의 우렁찬 목소리 erőteljes hang; 우렁찬 소리로 국가를 부르다 erőteljes hangon énekli a nemzeti himnuszt

우려내다 동 zsarol; leforráz, kiáztat, lepárol, párlatot készít vmiből; 그는 항상 부모님에게서 돈을 우려낸다 mindig pénzért zsarolja a szüleit; 차를 ~ leforrázza

ㅇ

a teát

우려-하다 동 aggódik; ~ 명 aggódás, aggodalom; 매우 ~할 만한 일 komoly aggodalomra okot adó ügy; 나 때문에 ~하지 않아도 된다 Nem kell aggódnod miattam.

우롱-하다 동 kigúnyol, csúfol, csúfot űz vkiből; ~ 명 kigúnyolás, csúfolás; 친구가 나를 ~했다 A barátom gúnyolt engem.; 그만 ~해라 Elég a gúnyolódásból!; 그 작가의 행위는 전적으로 독자를 ~하는 짓이다 Az író cselekedete csak csúfot űz az olvasókból.

우레 명 mennydörgés; ~와 같은 박수 tapsvihar

우르르 부 halomban, halomra, tömegesen, mind egy csoportban; mind egyszerre, sietősen tolongva; ~ 겹쳐 쓰러지다 egymáson elterülve halomban esnek el; 병아리들이 ~ 달아나다 a csirkék egyszerre mind elszaladnak; 아이들이 학교에서 ~ 몰려나오다 az összes gyerek egyszerre tódul ki az iskolából

우리[1] 명 ketrec (짐승), istálló (가축), akol (양), disznóól (돼지); 토끼 ~ nyúlketrec; 호랑이 한 마리를 ~에 가두다 ketrecbe zár egy tigrist

우리[2] 명 mi; ~ 한국인 mi, koreaiak; ~집 a mi házunk; ~끼리의 이야깁니다만 magunk között szólva

우리나라 명 a mi országunk, hazánk; ~의 무역 az országunk külkereskedelme; ~ 인구 수 az országunk lakosságának száma

우리다 동 kiáztat, benedvesít; 도라지의 쓴맛을 ~ kiáztatja a harangvirág gyökerének keserű ízét

우물 명 kút; 깊게 파서 만든 ~ mélyfúrással készített kút; 두레박으로 ~의 물을 긷다 vödörrel vizet merít a kútból; ~안 개구리 szűk látókörű, az orránál tovább nem látó ember

우물가 명 kút környéke

우물물 명 kútvíz

우박 명 jégeső; ~에 의한 농작물의 피해 mezőgazdasági jégesőkár; ~이 오다 esik a jégeső

우발적 véletlen, előre nem látott; ~으로 véletlenül; ~ 사건 véletlen esemény; 그것은 ~인 사고였다 Az véletlen baleset volt.

우방 명 baráti ország

우산 명 esernyő, ernyő; 머리 위로 ~을 쓰다 esernyőt tart a feje fölé; ~을 펴다 kinyitja az esernyőt; ~을 접다 becsukja az esernyőt; 핵~ atomernyő

우선 부 először is, legelőször, mindenekelőtt; ~ 여러분께 진심으로 감사의 말씀을 드리고자 합니다 Legelőször is szeretném szívből köszönetet mondani önöknek. Mindenekelőtt köszönetemet szeretném kifejezni önöknek.

우선순위 명 fontossági sorrend, prioritás; ~를 정하다 fontossági sorrendet felállít, prioritást megállapít

우선-하다 동 elsőbbsége van, elsőbbséget élvez; ~ 명 elsőbbség; 이 문제들은 다른 것보다 ~해야 한다 Ezeknek a kérdéseknek elsőbbséget kell élvezniük a többiekkel szemben.; 공익은 사익에 ~한다 a közérdek előbbre való a magánérdeknél

우세-하다 형 fölényes, vezető helyzetű; ~ 명 fölény, vezető helyzet; 적에 비해 수에 있어 ~하다 számbeli fölényben van az ellenséggel szemben; 그 후보자

ㅇ

는 처음부터 ~했다 A jelölt kezdettől fogva vezető helyzetben volt.

우송-하다 동 postáz, postán küld; ~ 명 postán küldés; 책을 ~하다 postán küldi a könyvet; 은행 카드는 별도로 ~해 드리겠습니다 Külön levélben postázzuk a bankkártyáját.

우수 명 búskomorság, mélabú, melankólia; ~에 잠기다 búskomorságba esik

우수리 명 visszajáró pénz; ~는 네가 가져라 Tartsa meg a visszajáró pénzt!

우수-하다 kiváló, eminens; ~ 명 kiválóság; ~한 학생 kiváló / eminens diák; ~한 성적을 올리다 kiváló eredményeket ér el, jó osztályzatokat szerez; 최~ 선수 a legjobb játékos

우스꽝스럽다 형 nevetséges, komikus, nevetést érdemlő; 우스꽝스러운 녀석 nevetséges alak; 우스꽝스러운 짓을 하다 kinevetteti magát

우습다 형 ❶ mulatságos, szórakoztató, tréfás; furcsa, szokatlan; 우스운 이야기 mulatságos történet; 우스운 방법으로 furcsa módon ❷ jelentéktelen, apró; könnyű; 이 업무는 우스운 일이 아니다 ez a feladat nem jelentéktelen munka; 이 일은 우습게 여길 일이 아니다 ez nem könnyű feladat

우승-하다 동 bajnokságot nyer; 달리기 대회에서 ~하다 bajnokságot nyer a futóversenyen

우아-하다 형 elegáns, kifinomult; ~ 명 elegancia, kifinomultság; ~하게 elegánsan; 태도가 ~하다 elegáns a viselkedése; ~하게 춤추다 elegánsan táncol

우애 명 (형제의) testvériség; (친구의) barátság

우엉 명 bojtorján

우여곡절 명 kanyargó, kacskaringó; bonyodalom, komplikáció; 많은 ~을 겪은 뒤에 sok kacskaringó után; 많은 ~ 후에 합의에 이르렀다 Sok bonyodalom után jutottak megegyezésre.

우연-하다 형 véletlen; ~ 명 véletlenség; ~히 véletlenül; előre nem látható módon; ~한 사건 véletlen esemény; ~의 일치 véletlen egybeesés; ~히 만나다 véletlenül találkozik vkivel; ~히 듣다 véletlenül hall vmit

우열 명 kiválóság és fogyatékosság, viszonylagos értékek, vmihez viszonyított előnyök és hátrányok; ~이 없는 경주 szoros verseny; ~을 겨루다 fölényre / uralomra tör

우왕좌왕-하다 동 zavarában összevissza bolyong; 출구가 어디인지 몰라서 우리는 ~했다 Összevissza bolyongtunk, nem tudva, merre van a kijárat.

우울증 명 búskomorság, melankólia; ~ 환자 búskomor beteg, melankóliás

우울-하다 형 búskomor, mélabús; ~해지다 búskomor lesz; ~한 사랑 이야기 mélabús szerelmi történet

우월감 명 felsőbbrendűségi érzés; 문화적 ~ a kulturális felsőbbrendűség érzése

우월-하다 형 kiváló, magasabb rendű vminél, felülmúló, uralkodó helyzetű; ~한 지위 magasabb rendű pozíció; ~한 능력의 kiváló képességű

우위 명 fölény, magasabb pozíció; 군사적 ~를 확보하려는 정책 a katonai fölény kivívására irányuló politika; 힘의 ~를 유지하다 fenntartja az erőfölényt (vkivel szemben); 토론에서는 그녀가 처음부터 ~에 섰다 Kezdettől fogva ő volt fölényben a vita során.

우유 명 tej; ~를 팔다 tejet elad; ~를 짜다 tehenet fej; ~병 tejesüveg

우유부단-하다 형 határozatlan, dönteni nem tudó, habozó, tétovázó, ingadozó; ~ 명 határozatlanság, döntésképtelenség, habozás, tétovázás; 그는 ~한 사람이다 Nem tudja elhatározni magát. Ő határozatlan ember.

우익 명 jobboldal (politikában); ~ 단체 jobboldali szervezet; ~ 정치인 jobboldali politikus

우정 명 barátság, baráti viszony; 따뜻한 ~ meleg barátság; 돈독한 ~ szoros / bizalmas barátság

우주 명 űr, világűr, kozmosz; ~ 탐험 űrexpedíció; 인간을 ~에 보내다 embert küld az űrbe

우주과학 명 űrtudomány

우주과학자 명 űrszakértő

우주비행사 명 űrhajós

우주선 명 űrhajó, űrjármű, űrkapszula

우주인 명 földönkívüli, űrlény; űrrepülő, űrhajós, asztronauta; 화성에 사는 ~ a Marson élő űrlény, marslakó; 아폴로 ~ az Apollo űrhajósa

우주항공학 명 az űrhajózás tudománya, asztronautika

우쭐거리다 동 ringatja magát; 기뻐서 ~ örömmel ringatja magát

우체국 명 posta, postahivatal

우측 명 jobb oldal; 길 ~에 az utca jobb oldalán; ~ 통행 Jobbra tarts!; 한국에서는 ~ 통행을 해야 한다 Koreában az út jobb oldalán kell haladni.

우파 명 jobboldali (politikában); ~ 정치인 jobboldali politikus

우편 명 posta, postaszolgálat; ~으로 postán; ~으로 보내다 postán küld, postára ad

우편료 명 postaköltség

우편물 명 postaküldemény

우편엽서 명 levelezőlap

우편함 명 postaláda

우편환 명 postai (pénz)utalvány; ~을 현금으로 바꾸다 beváltja a pénzutalványt

우표 명 bélyeg; ~를 붙이다 bélyeget tesz, bélyeget ragaszt vmire, felbélyegez vmit; ~를 수집하다 bélyeget gyűjt; 이 편지는 얼마짜리 ~가 필요합니까 Menynyi bélyeg kell erre a levélre?

우표수집 명 bélyeggyűjtés

우표수집가 명 bélyeggyűjtő

우호관계 명 baráti kapcsolat, szívélyes kapcsolat; ~를 맺다 baráti / szívélyes kapcsolatot létesít; 세계 각국과 ~를 유지하다 a világ minden országával baráti kapcsolatot tart

우호적 baráti; ~인 대화 baráti beszélgetés

우화 명 tanmese, állatmese, fabula; ~ 작가 tanmeseíró, állatmeseíró; 이솝 ~집 Ezópus fabulái

우회-하다 동 kerülő utat tesz, körbejár, körbemegy, megkerül, kitérőt tesz; ~ 명 kerülő út, kitérő; ~로 elkerülő út; 산을 ~해서 가다 körbejár egy hegyet

운[1] 명 szerencse, sors; ~이 좋다 jó szerencséje van; ~이 나쁘다 nincs szerencséje; ~이 좋으면 ha valakinek szerencséje van, ha valakire rámosolyog a szerencse; ~에 맡기고 해보다 próbára teszi a szerencséjét; 사람의 ~이란 모를 일이다 kiszámíthatatlan az ember szerencséje

운[2] 명 rím; 시행의 ~을 맞추다 rímelteti a verssorokat; ~이 맞는 시 rímes vers

운동권 명 reformkör

운동복 명 sportruha, sportöltözék, tornászöltözék, edzőruha

운동선수 명 atléta, sportember; 여자 ~ atlétanő

운동시설 명 sportfelszerelés

운동신경 명 mozgatóideg

운동원 명 kampányszakértő, választási kortes

운동장 명 (학교) játszótér; (경기장) sportpálya

운동-하다 동 ❶ sportol; edzi magát; ~ 명 sport, edzés, testgyakorlat; 가벼운 ~ könnyű edzés, gyakorlás; ~ 부족 a testmozgás hiánya; 하루에 2시간 ~하다 napi két órát sportol; ~삼아 걷다 edzés céljából gyalogol ❷ kampányol; ~ 명 kampány, mozgalom; 모금 ~ pénzgyűjtő kampány; 금주 ~ antialkoholista mozgalom; 노동 ~ munkásmozgalom

운동화 명 sportcipő, tornacipő, edzőcipő

운명 명 sors, végzet; ~에 맡기다 megadja magát a sorsának, sorsára hagy; ~을 개척하다 alakítja a saját jövőjét, vki sorsát irányítja; ~의 장난 az élet fintora

운명론 명 fatalizmus

운명론자 명 fatalista

운문 명 költészet; ~과 산문 a költészet és a próza

운반-하다 동 szállít, fuvaroz, visz; ~ 명 szállítás, fuvarozás, továbbítás; 철도로 ~하다 vasúton szállít; 박스들을 ~하다 fuvarozza a dobozokat

운석 명 meteorit, meteorkő

운세 명 szerencse, vki szerencsecsillaga; ~가 좋다 szerencsésnek lenni, szerencsés csillagzat alatt születik; ~를 봐 주다 megjósolja vki jövendőjét

운송-하다 동 szállít, fuvaroz, visz, továbbít; ~ 명 szállítás, fuvarozás, továbbítás; 육상 ~ szárazföldi szállítás; 해상 ~ tengeri szállítás; ~ 요금 a fuvarozás díja, fuvardíj; ~ 회사 szállítócég

운수 명 szerencse; ~ 좋은 날 a szerencsés napja; 그는 항상 ~가 좋다 Mindig jó szerencséje van

운영-하다 동 vezet, irányít, működtet; ~ 명 vezetés, irányítás, menedzsment, működtetés; 호텔을 ~하다 szállodát vezet; ~비 működtetési költség

운용-하다 동 működtet, üzemben tart; ~ 명 működtetés, üzemben tartás; 자금을 ~하다 tőkét működtet; 시설을 ~하다 üzemben tartja a felszerelést

운운-하다 동 ezt-azt mond, megemlít; kommentál, bírál, megjegyzéseket tesz; 사람들이 그 스캔들에 대해 ~하다 ezt-azt mondanak a botrányról; 경제 정책에 대해 ~하다 kommentálja a gazdaságpolitikát

운율 명 ütem, mérték; ~이 있는 시 ütemes vers

운임 명 szállítási díj, fuvardíj; 국내 ~ belföldi szállítási díj

운전기사 명 gépkocsivezető, sofőr; 택시 ~ taxisofőr

운전대 명 kormánykerék

운전면허 명 vezetői engedély, jogosítvány; ~를 따다 jogosítványt szerez

운전-하다 동 (autót) vezet, (gépet) működtet, (hajót) irányít; ~ 명 vezetés, működtetés, irányítás; ~을 교대하다 átveszi a kormánykereket; 안전벨트를 매고 조심해서 ~하시오 Vezessen óvatosan, és kapcsolja be a biztonsági övét!; 그는 음주~으로 체포되었다 Ittas vezetés miatt letartóztatták.

운집-하다 동 gyülekezik, csoportosul, összegyűlik; ~한 군중 az összegyűlt tömeg; 광장에는 군중이 ~해 있다 a téren nagy tömeg gyűlik össze

운치 명 elegancia, kifinomultság; ~있는 elegáns, ízléses, kifinomult; ~없는 nem elegáns, ízléstelen; ~있는 카페 elegáns kávéház; ~있는 풍경 ízléses tájkép

운하 명 csatorna, víziút; ~를 만들다 csatornát épít; 파나마 ~ a Panama-csatorna

운항-하다 동 közlekedik, jár; ~ 명 közlekedés; 유럽과 남미를 ~하는 배 Európa és Dél-Amerika között közlekedő hajó

운행-하다 동 jár, működik, működtet; ~ 명 működés, működtetés, forgalom; 지하철은 러시아워에 3분 간격으로 ~된다 Csúcsforgalom idején a metró három percenként jár.; ~ 정지 a működtetés felfüggesztése;

ㅇ

울[1] 명 gyapjú; ~로 된 옷 gyapjú ruha; ~ 이불 gyapjú takaró

울[2] 명 ☞ **울타리**

울다 동 sír, könnyezik, könnyeket hullat; 기뻐서 ~ örömében sír; 큰소리로 ~ hangosan sír; 젖을 달라고 ~ tejért sír; 베개에 얼굴을 묻고 ~ a párnájába sírja el a bánatát

울렁거리다 동 rosszul érzi magát, hányingere van; 배 멀미로 ~ tengeribetegség miatt rosszul érzi magát; 그 냄새를 맡자 속이 울렁거렸다 Rosszul lettem a szagtól.

울리다[1] 동 cseng, megszólal; visszhangzik; 전화가 ~ cseng a telefon; 비상벨이 ~ megszólal a vészcsengő; 언덕들 사이에서 대포 소리가 멀리 울렸다 Az ágyú dörrenése messze visszhangzott a dombok között.

울리다[2] 동 megríkat, könnyekre fakaszt; 어린애를 울리지 마라 Ne ríkasd meg a gyereket!

울부짖다 동 sír, óbégat, jajveszékel, vonít; 멀리서 늑대가 슬프게 울부짖는 소리가 들린다 Halljuk, hogy a távolban gyászos hangon vonít egy farkas.

울분 명 felgyülemlett harag, elfojtott harag, régi sérelem; ~을 참다 uralkodik magán; ~을 터뜨리다 szabad utat enged az elfojtott haragjának

울상 명 síró arc, sírni készülő arc; ~을 하다 sírni készülő arcot vág

울음 명 sírás, könnyezés; ~을 그치다 abbahagyja a sírást; ~을 터뜨리다 könnyekre fakad, könnyekben tör ki; ~을 참다 visszafojtja a sírását

울음소리 명 sírás hangja; 아기 ~가 들리다 hallatszik egy csecsemő sírása

울창-하다 형 burjánzó, sűrű; ~한 식물 burjánzó növény; ~한 숲 sűrű erdő

울타리 명 kerítés, sövény; 대나무 ~ bambuszkerítés; 정원에 ~를 두르다 bekerít egy kertet, kerítéssel veszi körül a kertet; ~를 치다 sövénnyel elkerít

울화 명 felgyülemlett / elfojtott harag; ~가 치밀다 az elfojtott harag kitör

울화병 명 a felgyülemlett frusztráció okozta betegség

움직이다 동 mozdít, mozgásba hoz; mozog, mozdul, működik; 다리를 ~ mozgatja a lábait; 손발이 묶여서 몸을 움직일 수가 없었다 Mivel a keze-lába meg volt kötözve, nem lehetett megmozdítani.; 이 기계를 움직이는 방법은 간단하다 ezt a gépet könnyű működtetni; 움직이면 죽는다 Ne mozdulj, vagy meghalsz!;

이 시계가 움직이지 않는다 ez az óra nem működik

움직임 명 mozdulat, mozgás; ~의 아름다움과 하모니 a mozdulat szépsége és harmóniája; 별들의 ~ a csillagok mozgása

움찔-하다 동 meghátrál; ~ 명 meghátrálás; 외치는 소리에 ~하다 meghátrál a kiabálástól

움츠러들다 동 összekuporodik, összehúzza magát; 일순간에 ~ egy pillanatra összekuporodik; 자신감 부족으로 ~ összehúzza magát az önbizalomhiánytól

움츠리다 동 összehúzza magát; 동굴에 들어가기 위해 몸을 ~ összehúzza magát, hogy bemenjen a barlangba

움켜잡다 동 megragad, megmarkol; 아무의 멱살을 ~ galléron ragad vkit

움켜쥐다 동 összeszorít, megragad, megmarkol; 주먹을 ~ összeszorítja az öklét; 권력을 ~ magához ragadja a hatalmat

움큼 명 maréknyi, marékra való; 한 ~의 쌀 egy maréknyi rizs, 한 ~의 모래 egy marékra való homok

움키다 동 ragad, markol, fog; 밤을 한 움큼 ~ a kezével megragad egy marékra való gesztenyét

웃기다 동 megnevettet, nevetést vált ki, szórakoztat; 익살로 사람들을 ~ megnevetteti az embereket egy tréfával

웃다 동 mosolyog, nevet; 웃는 얼굴 mosolygó arc; 눈물이 나도록 ~ úgy nevet, hogy a könnye is kicsordul; 쓴웃음을 ~ keserűen mosolyog; 킥킥 ~ vihog; 낄낄 ~ kuncog; 껄껄 ~ hahotázik

웃돌다 동 meghalad vmit, több vminél; 평균을 ~ meghaladja az átlagot; 총액이 10억 원을 훨씬 ~ a teljes összeg jóval meghaladja az egymilliárd vont; 올해 수확이 예상을 ~ az idei termés több a vártmennyiségnél

웃옷 명 felsőruházat: ~을 벗다 leveszi a felsőruházatot

웃음 명 nevetés, mosoly; 헛~ üres nevetés; 큰 ~ harsány nevetés; ~을 참다 visszatartja a nevetését

웃음거리 명 nevetség tárgya; 남의 ~가 되다 köznevetség tárgyává válik

웃음소리 명 nevetés hangja; 희미한 ~ halk nevetés hangja

웃통 명 felsőtest; ~을 벗다 leveti a ruhát a felsőtestéről

웅덩이 명 pocsolya, tócsa; ~에 빠지다 beleesik egy pocsolyába

웅변가 명 szónok

웅변술 명 szónoklás, szónoklat fogásai, ékesszólás művészete

웅변-하다 동 szónokol; ~ 명 szónoklat; ~을 토하다 szónoklatot vág ki

웅성거리다 동 zajosan beszélget; 그가 연단에 오르자 장내는 웅성거렸다 Amikor megjelent az emelvényen, a közönség zajosan beszélgetett.

웅얼거리다 동 motyog; 그는 언제나 입속에서 웅얼거릴 뿐 자기 의견을 분명히 말하지 않는다 Mindig motyog, ahelyett, hogy tisztán kifejtené a véleményét.

웅장-하다 형 hatalmas, nagyszerű; ~한 건물 hatalmas épület; ~한 국가 nagyszerű himnusz

웅크리다 동 összehúzza magát; 높이뛰기 전에 몸을 ~ összehúzza magát az ugrás előtt

워낙 부 meglehetősen, nagyon; ~ 성실하다 meglehetősen szorgalmas; 이 문제는 ~ 어렵다 ez a kérdés nagyon nehéz

원[1] 명 von (₩); 천 ~ 짜리 지폐 ezervonos

bankjegy

원² 명 kívánság, remény, vágy, óhajtás; ~을 들어주다 teljesíti vki kívánságait; 평생의 ~을 이루다 megvalósítja legdédelgetettebb álmait, beteljesül a vágya; 모든 일이 ~대로 되었다 Minden úgy történt, ahogyan reméltem.

원³ 명 kör; ~ 형태의 kör alakú; ~을 만들어 서다 körbe áll

원가 명 alapár, költség; ~로 팔다 alapáron ad el; ~를 계산하다 kiszámítja vmi költségét; ~ 절감 költségcsökkentés

원거리 명 nagy távolság; ~에서 사격하다 nagy távolságból lő; ~ 통학 nagy távolságból történő ingázás

원격제어 명 távirányítás; ~ 시스템 távirányítási rendszer

원고¹ 명 felperes, vádló; 그 증거는 ~에게 명백히 불리하다 a bizonyíték egyértelműen a vádló ellen szól; ~측 변호사 a felperes ügyvédje

원고² 명 kézirat, jegyzet, írás, cikk; 자필 ~ saját kezűleg írt kézirat; 잡지에 낼 ~를 요청하다 cikket kér egy folyóirat számára; ~를 채택하다 elfogadja az írását; ~ 없이 연설하다 jegyzet nélkül beszél

원고료 명 kéziratért fizetett pénz, cikkért járó honorárium

원고지 명 jegyzetlap, jegyzetpapír; 200자 ~ 200 betűs jegyzetlap

원근법 명 távlat, perspektíva; ~ 묘사 távlatrajz, perspektivikus ábrázolás

원금 명 tőke; ~과 이자 tőke és kamat

원기 명 életerő, elevenség, energia, életkedv, lendület; ~ 부족 az életerő hiánya; ~가 왕성하다 tele van életkedvvel; ~를 돋우다 felvidít vkit, felélénkít

원년 명 (korszak vagy egy király uralkodásának) első éve

원동력 명 mozgatóerő, kiváltó erő, hajtóerő; alaptényező, motiváció; 사회의 ~ a társadalom hajtóereje; 생산의 ~ a termelés alaptényezői

원두커피 명 őrölt kávé

원두막 명 kunyhó

원래 eredetileg, elsődlegesen, lényegileg, kezdettől fogva; ~대로 úgy, mint mindig; ~부터 az elejétől fogva; ~ 정직한 사람 lényegileg becsületes ember

원로 명 idősebb, nagy múltú öregje vminek

원로원 명 szenátus; a szenátus épülete

원론 명 elmélet, elv; 경제학 ~ a közgazdaságtudomány elve

원료 명 nyersanyag; 나무는 종이의 ~이다 a fa a papírkészítés nyersanyaga; 포도주는 포도를 ~로 한다 a bort szőlőből készítik

원리 명 alapelv, alapigazság; 민주주의의 ~ a demokrácia alapelve; ~를 적용하다 alapelvet alkalmaz

원만-하다 형 harmonikus, békés, szelíd; ~한 해결 békés megoldás; ~한 가정 harmonikus család; 성격이 ~하다 szelíd a természete

원망스럽다 형 neheztelő, helytelenítő; 원망스러운 듯이 neheztelően, helytelenítően; 원망스런 눈초리로 보다 Neheztelő pillantást vetett rá.

원망-하다 동 neheztel, haragot táplál vkivel szemben, ellenszenvvel viseltetik, panasza van vkire; ~ 명 neheztelés, ellenszenv, rosszakarat, gyűlölködés, ellenszenv, sérelem, panasz; 제 자신을 ~하다 neheztel önmagára; 남의 ~을 사

다 kiváltja vki haragját; 하느님을 ~하다 átkozza az eget, haragszik Istenre; 나는 남의 ~을 받을 짓을 한 적이 없다 Semmi olyat nem tettem, ami bárkinek az ellenszenvét kiválthatta volna.

원목 형 nyersfa; 제지용 ~ papírgyártásban használt nyersfa

원문 명 eredeti szöveg; 글자대로 ~에 충실하게 번역하다 szó szerint fordít, szöveghűen fordít

원반 명 diszkosz; ~ 던지기 diszkoszvetés; ~ 던지기 선수 diszkoszvető

원본 명 eredeti (szöveg); 이것이 사본의 ~이다 Ez itt a másolat eredetije.

원산지 명 gyártási hely; ~ 불명의 kétes eredetű; 그 사건은 한국의 일부 중요 수출품에 대한 ~ 문제를 제기시킬 것이다 Az esemény fel fogja vetni Korea egyes vezető exportcikkei számára a gyártási hely kérdését.

원상 명 eredeti állapot; ~으로 복구 하다 helyreállít eredeti állapotába

원색 명 alapszín, színskála alapszíne; 삼~ a három alapszín; ~ 사진 színes fénykép

원서[1] 명 jelentkezési lap, pályázati űrlap; ~를 제출하다 benyújtja a jelentkezési lapot; ~를 접수하다 átveszi a jelentkezési lapot; ~를 작성하다 kitölti a pályázati űrlapot

원서[2] 명 eredeti könyv; ~가 너무 비싸서 그는 복사를 했다 Mivel nagyon drága az eredeti könyv, lefénymásolta.

원성 명 sérelem, panasz; ~을 사다 sérelmet okoz, kiváltja (vki) panaszát

원소 명 elem; 여러 개의 ~로 분해하다 több elemre válik szét; ~ 기호 az elem vegyjele

원수[1] 명 uralkodó, államfő

원수[2] 명 (육군) hadseregtábornok, ötcsillagos tábornok, marsall, (해군) flottatengernagy, flottaadmirális, (공군) a légierő tábornoka

원수[3] 명 ellenség; ~를 갚다 bosszút áll (vkin), kitölti a bosszúját (vkin), (구어) kiegyenlíti a számlát; ~ 지다 ellenséggé válik; 그들은 서로 ~ 지간이다 Ők ellenségei egymásnak. Ellenséges viszonyban vannak.

원숙-하다 형 érett; kiforrott; ~기에 접어들다 érett szakaszba kerül; ~한 사상 kiforrott eszmék

원숭이 명 majom; ~같은 majomszerű

원시 ősi, primitív; ~ 시대 őskor, ősidők; ~ 예술 ősi művészet; ~ 종교 primitív vallás

원시림 명 őserdő

원시인 명 ősember, primitív ember, civilizálatlan ember

원심 명 eredeti döntés; elsőfokú ítélet; ~대로 amint azt eredetileg eldöntötték; ~을 파기하다 felülbírálja az eredeti ítéletet

원예 명 kertészet, kertkultúra, virágkertészet

원예가 명 kertész

원용-하다 동 hivatkozik, idéz; 조항 하나를 ~하다 egy záradékra hivatkozik

원유 명 nyersolaj

원인 명 ok; 직접적 ~ közvetlen ok; 분쟁의 ~ a vita oka; ~ 불명의 ismeretlen okból történő; ~없는 결과란 없다 ok nélkül nincs következmény; ~과 결과 ok és okozat; 과로가 그 사람 병의 ~이다 A betegségének az oka a kimerültség.

원자 명 atom; ~ 폭탄 atombomba; ~ 핵

atommag; ~ 역학 atommechanika; ~ 폭발 atomrobbanás; 산소 ~ az oxigén egy atomja

원자로 명 atomreaktor, atommáglya; ~ 연료 reaktor-fűtőanyag; ~ 누출 사고 szivárgásos baleset egy atomreaktornál

원자력 명 atomenergia, nukleáris energia; ~의 평화적 이용 az atomenergia felhasználása békés célokra; ~ 사고 atomenergiai baleset

원자재 명 nyersanyag; 외국에서 ~를 수입하다 nyersanyagokat importál külföldről

원작 명 eredeti mű; ~자 az eredeti mű szerzője

원장 명 igazgató; 학원 ~ az intézet igazgatója

원전 명 eredeti szöveg; ~을 읽다 az eredeti szöveget olvassa

원점 명 kiindulópont, origó; ~으로 돌아가다 visszatér a kiindulóponthoz; ~에서부터 거리를 재다 a távolságot méri az origótól; ~에서 다시 생각하다 újra átgondol vmit az elejétől kezdve

원정 명 expedíció; túra, látogatás; ~ 경기 idegenben lejátszott mérkőzés

원조 명 eredeti gyártó, kezdeményező, létrehozó, atya, feltaláló; 그 음식의 ~ az étel eredeti gyártója; 국제법의 ~ a nemzetközi jog atyja

원조-하다 동 segítséget nyújt, segélyez, támogat; ~ 명 segítség, segély, támogatás; ~를 주다 segítséget ad, felajánlja a segítséget, segítő kezet nyújt; ~를 요청하다 segítséget kér

원죄 명 eredendő bűn; 아담의 ~ Ádám eredendő bűne

원주 명 a kör kerülete; ~율 a kör konstansa, a kör kerületének és átmérőjének aránya

원주민 명 bennszülött, őslakó; 아프리카 ~들 Afrika őslakói

원천 명 forrás, kútforrás, eredet; 힘의 ~ az erő forrása; 수면이 활동의 ~이다 az alvás cselekvésünk kútforrása

원체 부 ☞ **워낙**

원추 명 kúp; ~형의 kúpos; ~ 곡선 kúpszelet

원칙 명 elv, alapszabály, szabály; ~(적)으로 szabályként, elvben; ~에 반하다 az elvvel ellentétes; ~을 세우다 kialakít egy elvet; 기본 ~ alapelv; ~적으로 동의하다 elvben megegyeznek egymással, egyetértenek

원통 명 henger; ~ 모양의 henger alakú

원통-하다 형 neheztelő, sajnálatos, siralmas; ~ 명 neheztelés, szomorúság; ~한 눈빛 neheztelő pillantás; ~한 죽음 siralmas halál

원하다 동 akar, kíván, vágyik; 원한다면 ha úgy akarja; 원하는 대로 ahogy kívánja; 의사가 되기를 ~ orvos akar lenni; 그것이 바로 내가 원했던 것이다 Éppen erre vágytam. Éppen ezt kívántam.; 돈과 명예 중 어느 쪽을 원하세요 Mire vágyik ön jobban, pénzre vagy dicsőségre?

원한 명 neheztelés, gyűlölet, rosszakarat, ellenszenv; ~에 의한 살인 gyűlöletből elkövetett gyilkosság; ~을 사다 kiváltja az ellenszenvét

원형[1] 명 eredeti forma, modell, öntőforma; ~을 잃다 elveszíti eredeti formáját; A는 B를 ~으로 삼고 있다 B szolgál modellként A-hoz; 문화유산을 ~대로 보존하다 eredeti formájában őrzi meg a kul-

ㅇ

turális örökséget

원형[2] 명 kör alak; ~의 집 kör alakú ház

원형질 명 sejtplazma

원활-하다 형 zökkenőmentes, akadály nélküli, sima; 일이 ~하게 진행되다 zökkenőmentesen megy a dolog

원흉 명 főbűnös; felbujtó, forrás; 그 남자가 범죄의 ~이다 A férfi volt a felbujtó a bűnesetben.; 그 테러의 ~ a terrorcselekmény főbűnöse; 공해의 ~ környezetszennyezés forrása

월 명 hónap; ~ 평균 havi átlag; 매~ havonta, hónaponként

월간 명 havi kiadvány, havonta megjelenő; ~ 잡지 havonta megjelenő folyóirat

월경 명 menstruáció, menstruációs periódus; ~ 중 이다 menstruációja van; ~이 건너뛰다 kimarad a menstruáció

월권-하다 동 hatáskört túllép, hatalmi túlkapást követ el, visszaél a hatalmával; ~ 명 hatáskörrel való visszaélés, hatáskör túllépése; 그런 일을 하는 것은 ~이다 túlléped a hatáskörödet, ha ezt megteszed

월급 명 havi fizetés, havi bér; 많은 ~을 받다 magas havi fizetést kap; ~이 오르다 felemelik a havi fizetést; 그 회사는 최소 ~만 준다 a vállalat csak minimális bért fizet

월급쟁이 명 bérből és fizetésből élő

월남-하다 동 átmegy a határon Délre (Dél-Koreába), Észak-Koreából jön; ~ 동포 észak-koreai menekültek

월드컵 명 világbajnokság; 한국은 2002년에 ~을 일본과 공동 개최하도록 지명되었다 Koreát választották ki arra, hogy 2002-ben Japánnal együtt megrendezze a világbajnokságot.

월등히 부 sokkal, kiemelkedően; ~ 우수하다 sokkal különb; ~ 키가 크다 kiemelkedően magas

월례 명 hó; ~의 havi; ~ 보고 havi jelentés; ~ 회의 havi találkozó

월북-하다 동 Észak felé átkel a határon, Észak-Koreába megy; ~ 명 átkelés Észak-Koreába; ~ 작가 egy író, aki Észak-Koreába ment

월사금 명 havi tandíj; ~을 내다 tandíjat fizet; ~을 면제하다 felment a tandíjfizetési kötelezettség alól

월세 명 havi bérleti díj; 이 집은 ~가 30만원이다 A ház havi bérleti díja háromszázezer von.

월요일 명 hétfő

월일 명 hónap és nap, dátum; 생년~ születési dátum

웬 miféle, milyen; 이 사람 ~ 사람이냐 Miféle ember ez? Ez kicsoda?

웬만-하다 형 meglehetősen jó, elviselhető, elfogadható, kielégítő; 수입이 ~하다 meglehetősen jó jövedelme van; ~하면 사라 Ha elfogadható, vedd meg!

웬일 명 milyen okból, miért, mi miatt; ~이냐 Mire megy ki ez az egész?; ~로 왔는가 Mi hozott téged ide?; ~인지 그가 불쌍하게 여겨졌다 Magam sem tudtam miért, de sajnáltam őt.

웹 명 web, világháló

위[1] 명 felső oldal, felső rész, magasabban levő hely; csúcs, hegycsúcs; ~로 향한 felfelé; 테이블 ~의 전등 tábla feletti fény; ~에서 말한 바와 같이 amiképpen az előbb mondtuk; 언덕 ~의 집 ház a dombon; 비행기가 하늘 ~를 높이 날고 있다 Egy repülőgép repül magasan az égen.; 맨 ~의 a legfelső; ~로부터 셋째 줄 felülről a harmadik sor; 언덕 ~로 올라가다 felmászik a domb csúcsára; 나무 ~에 새가 있다 fent a fán egy madár van; 제일 ~의 누나 a legidősebb nővére; 한 학년 ~다 egy osztállyal feljebb jár; 그는 나보다 한 살 ~이다 egy évvel idősebb nálam

위² 명 gyomor; ~가 아프다 gyomorfájása van, fáj a gyomra; ~가 거북하다 a gyomrára nehezedik; ~점막 az emésztőszervek nyálkahártyája

위³ 명 hely, rang, pozíció; 한국은 연간 자동차 생산 대수가 세계 제 3~이다 Korea a világon a harmadik helyen áll az évente gyártott autók száma terén.

위계 명 rangsor

위계질서 명 rangsorrend, rendfokozatok, protokolláris sorrend

위급-하다 형 sürgős, halaszthatatlan; ~ 명 sürgősség; ~한 상황 sürgős eset; ~한 용무가 있다 sürgős dolga van

위기 명 válság, kritikus helyzet, kritikus pillanat; 정치적 ~ politikai válság; 경제 ~ gazdasági válság; ~에 처하다 válságba kerül; ~를 벗어나다 túljut egy válságon; ~ 관리 válságkezelés

위기감 명 válság érzése

위대-하다 형 nagy, kiváló, nagyszerű, kimagasló, hatalmas; ~한 사람 nagy ember; ~한 음악가 kiváló zeneszerző; ~한 그림 nagyszerű kép; ~한 업적 hatalmas eredmény

위력 명 hatalom, erő; ~적인 erős, hatalmas; ~을 떨치다 gyakorolja a hatalmát; 그 폭탄의 어마어마한 ~이 전쟁에서 증명되었다 A háborúban bebizonyosodott annak a bombának a rettentő ereje.

위령제 명 emlékezési szertartás

위로-하다 동 vigasztal, vigaszt nyújt, megnyugtat; ~ 명 vigasztalás, megnyugtatás; ~의 말 megnyugtató szavak; 병자를 ~하다 vigasztalja a beteget; 나는 뭐라고 ~의 말을 해야 할지 몰랐다 Nem találtam vigasztaló szavakat.

위문 명 részvét; ~ 방문 részvétlátogatás; ~ 편지 részvétnyilvánító levél

위반-하다 동 megsért, megszeg; ~ 명 megsértés, megszegés; 주차 ~ a parkolási szabály megszegése, tilosban parkolás; 법률 ~ törvényszegés; 계약 ~ szerződésszegés; 선거법을 ~하다 megsérti a választási törvényt; 그는 예사로 약속을 ~한다 nem habozik megszegni a szavát; 한 여자 경찰관이 주차 ~을 단속하고 있다 Egy rendőrnő beszámol a parkolási szabálysértésről.

위배되다 동 ellentétbe kerül vmivel; 올림픽 정신에 ~ ellentétbe kerül az olimpia szellemével / eszméjével

위법 명 törvénysértés, törvényszegés; ~을 저지르다 törvénysértést követ el

위벽 명 gyomorfal; ~ 세포 a gyomorfal sejtjei

위병 명 őr, őrszem; ~을 세우다 őrszemet állít; ~ 교대 őrségváltás; ~ 근무를 교대하다 leváltja az őrt

위병소 명 őrház, őrbódé

위생 명 egészségügy, higiénia; 공중 ~ közegészségügy; ~ 관리 egészségügyi ellenőrzés; 그는 ~ 관념이 없다 nincs higiéniai érzéke; 식사 전에 손을 안 씻는 것은 비~적이다 Egészségtelen dolog, ha nem mosol kezet evés előtt.

위선 명 képmutatás; szenteskedés, álszenteskedés, hipokrízis; ~적인 képmutató, kétarcú

위선자 명 képmutató, hipokrita, képmutató módon viselkedik

위성 명 műhold, mellékbolygó; 기상 ~ meteorológiai műhold; ~ 방송 műholdas közvetítés; ~ 중계 műholdas továbbítás; ~ 중계하다 műholdas közvetítés útján mutat be; 달은 지구의 ~이다 a Hold a Föld mellékbolygója; 그 역사적인 행사는 ~으로 전 세계에 중계되었다 A történelmi eseményt műholdas közvetítés útján az egész világban sugározták.

위세 명 hatalom, tekintély, autoritás; ~를 부리다 gyakorolja a hatalmát mások felett

위신 명 tekintély, presztízs, méltóság, becsület; ~을 잃다 elveszíti a tekintélyét / méltóságát; ~을 지키다 megőrzi a méltóságát / presztízsét; ~을 손상하다 megsérti / elhomályosítja a presztízsét; 정부의 ~이 땅에 떨어지다 oda a kormány tekintélye / presztízse

위아래 명 a fent és a lent; ~로 fel és le; ~ 구별 없이 a fent és a lent megkülönböztetése nélkül; 아무를 ~로 훑어 보다 végigmér vkit

위안 명 vigasz, vigasztalás, megnyugtatás; ~을 주다 vigaszt nyújt, megnyugtat; 그에게 아들이 있다는 사실이 유일하게 ~을 주었다 Csak az vigasztalta, hogy van fia.

위안부 명 a hadsereg által alkalmazott prostituált; ~ 문제가 다시 주목을 받고 있다 A hadsereg által erőszakkal toborzott prostituáltak ügyére ismét ráirányul a figyelem.

위엄 명 méltóság, fenség, emelkedettség; ~있는 méltóságteljes; ~을 보이다 megmutatja a méltóságát

위업 명 nagy eredmény, nagy vállalkozás; 세기의 ~ korszakos nagy eredmény; ~을 이루다 nagy munkát végez el sikerrel

위염 명 gyomorhurut, gasztritisz

위용 명 méltóságteljes megjelenés; ~있게 행동하다 méltóságteljesen viselkedik; ~을 보이다 méltóságteljesen jelenik meg

위원 명 bizottság tagja, bizottsági tag; bizottság; ~의 한 사람이다 a bizottság egyik tagja; ~을 임명하다 bizottságot nevez ki

위원장 명 elnök

위원회 명 bizottság; bizottsági ülés; 운영 ~ irányító bizottság; 교육 ~ oktatási bizottság; ~를 조직하다 bizottságot alakít; ~는 지금 그 문제를 심의하고 있다 A bizottság ezt a kérdést vitatja meg.

위인 명 ❶ nagy ember, személyiség; 역사적인 ~ történelmi személyiség / alak ❷ lény, személyiség, jellem, ember; 그는 출세할 ~이 못 된다 Ő nem olyan ember, akinek sikerei vannak az életben.; 새로 부임한 경찰서장은 어떤 ~이냐 Miféle ember az új rendőrfőnök?

위임장 명 megbízólevél, meghatalmazás

위임-하다 동 rábíz, megbíz, megbízást ad, felhatalmaz; ~ 명 megbízás, felhatalmazás; …에게 ~되어 있다 rá van bízva vkire; 권한의 ~ a hatalom megbízása; 전권을 ~하다 teljhatalommal bízza meg, ruházza fel az elnököt

위자료 명 vigaszdíj, tartásdíj; ~를 청구하다 vigaszdíjat követel; 그녀는 그가 헤어

지자고 하자 ~를 요구했다 A feleség azt követelte, hogy a férje, aki el kívánta hagyni őt, fizessen neki tartásdíjat.

위장 명 gyomor; ~ 장애 gyomorrontás

위장병 명 gyomorbaj; ~ 환자 gyomorbajos

위장약 명 gyomorcsepp

위장-하다 동 álcáz; ~ 명 álcázás, álruha; 거지로 ~하다 koldusnak álcázza magát; ~ 전입 hamis tartózkodási bejelentkezés

위정자 명 államférfi; ~는 국민의 소리를 들어야 한다 Az államférfiaknak oda kell figyelniük arra, mit mondanak az emberek.

위조-하다 동 hamisít; ~ 명 hamisítás; 서명을 ~하다 aláírást hamisít; 문서를 ~하다 okiratot hamisít; ~ 지폐 hamisított / hamis bankjegy; 공문서 ~ okirathamisítás

위쪽 명 felső irány; 집을 ~으로 증축하고 싶습니다 A lakást felső irányba szeretnénk bővíteni.

위촉-하다 동 megbíz, felkér; ~ 명 megbízás, felkérés, kinevezés; 그는 운영위원으로 ~ 되었다 Kinevezték az irányító bizottság tagjává.; 그는 연구를 ~ 받았다 Megbízták a kutatás felügyeletével.

위축-되다 동 elbátortalanodik; 상사 앞에서 ~ 되어 그는 아무 말도 못했다 Elbátortalanodott a főnök előtt, és meg sem tudott szólalni.

위층 명 felső szint, emelet; ~으로 올라가다 felmegy az emeletre

위치-하다 동 elhelyezkedik, fekszik, áll; ~ 명 helyezkedés, hely, helyzet, státusz, fekvés; 지리적 ~ földrajzi fekvés; 유리한 ~를 차지하다 kedvező helyzetben van; 학교는 이상적인 ~에 있다 az iskola ideális helyen áll; 일본은 한국의 동쪽에 ~하고 있다 Japán Koreától keletre fekszik.

위탁-하다 동 megbíz, rábíz, felhatalmaz; ~ 명 megbízás, felhatalmazás; ~ 판매하다 megbízás alapján árusít; 집의 매각을 부동산 업자에게 ~하다 megbíz egy ingatlanügynököt a háza eladásával; 이 상품의 판매는 대리점에 ~하고 있다 Rábíztuk ezeket az árukat az ügynökünkre.

위태롭다 형 veszélyes, veszedelmes, kockázatos; 그의 생명이 ~ veszélyben van az élete; 그의 지위가 ~ nagyon kényes / bizonytalan a helyzete

위패 명 emléktábla; 조상의 ~ az ősöknek állított emléktábla

위하다 동 gondoskodik; körültekintően bánik, vki javára tesz vmit; 부인을 극진히 ~ körültekintően gondoskodik a feleségéről

위해 명 sérülés; ~를 가하다 sérülést okoz vkinek, megsebesít vkit; ~를 면하다 sértetlenül megmenekül / megússza

위헌 명 az alkotmány megsértése, alkotmánysértés, alkotmányellenesség; ~적 alkotmányellenes, ellentétes az alkotmánnyal, az alkotmányba ütköző; ~적 조치 alkotmányellenes intézkedés; 그것은 분명히 ~이다 Ez egyértelműen ellentétben áll az alkotmánnyal.

위험-하다 형 veszélyes, kockázatos, nem biztonságos, veszedelmes, veszéllyel járó; ~ 명 veszély, veszedelem, kockázat, kár; ~한 작업 veszélyes munka; ~을 무릅쓰고 nagy kockázat árán, a veszéllyel szembenézve, vállalva a veszélyt; ~에 빠뜨리다 veszélybe sodor vkit, veszélyeztet, kockára tesz; ~ 표지판 veszélyre figyelmeztető tábla

위협적 fenyegető, fenyegetőző, megfélemlítő; ~으로 fenyegetően; ~ 태도를 취하다 fenyegető magatartást tanúsít

위협-하다 동 fenyeget, megrémít, megfélemlít; ~ 명 fenyegetés, megfélemlítés; 그는 나를 죽이겠다고 ~했다 halállal fenyegetett engem; ~하여 fenyegetés útján; ~을 느끼다 fenyegetést érez; ~ 사격 figyelmeztető lövés

위화감 명 össze nem illőség érzése; ~을 느끼다 össze nem illőnek érez vmit; 사회적 ~을 심화시키다 elmélyíti a társadalmi ellentéteket

윗면 명 a felső oldal; ~에 a felső oldalon; 등록 창은 홈페이지 오른쪽 ~에 나타난다 A bejelentkezési ablak a honlap jobb felső oldalán jelenik meg.

윗목 명 tűzhelytől távol eső hely a padlón

윗몸 명 a test felső része, felsőtest

윗물 명 folyó felső folyása, folyó felső vize; ~이 맑아야 아랫물이 맑다 (속담) Ha tiszta a folyó felső folyása, akkor az alsó folyása is az. Amilyen az úr, olyan a szolga.

윗사람 명 idősebb személy, tekintélyesebb személy, magasabb rangú személy; ~에 대한 예절 a magasabb rangú személlyel szemben tanúsítandó viselkedés szabályai

유 명 létezés, birtoklás, tulajdon; 무에서 ~는 생기지 않는다 semmiből semmit nem lehet létrehozni

유가 명 konfuciánus (tudós); konfucianizmust tanuló diák

유가족 명 gyászoló család; 슬픔에 싸인 ~들 a fájdalomtól megtört gyászoló családok; 전몰 장병 ~ háborúban elesett katona családja

유가증권 명 értékpapírok, részvények és kötvények, értékesíthető értékpapír; ~ 시장 tőzsdepiac

유감 명 sajnálat, sajnálkozás, szánalom; ~의 뜻을 표하다 kifejezi a sajnálkozását; 일이 이렇게 되어서 실로 ~입니다 Sajnálom, hogy így kellett alakulniuk a dolgoknak.

유감스럽다 형 sajnálatos, sajnálatra méltó; 유감스러운 사건 sajnálatos esemény; 유감스럽게도 sajnálatos módon; 유감스러운 착오 sajnálatra méltó tévedés

유감없이 부 tökéletesen, teljesen, maradéktalanul, kielégítő módon; 재능을 ~ 발휘하다 a képességeit maradéktalanul kibontakoztatja

유격 명 kommandós rajtaütés, váratlan támadás és utána gyors visszavonulás, gerillatámadás; ~ 훈련 kommandós rajtaütési gyakorlat

유격대 명 kommandós csapat, rohamcsapat, partizánok

유골 명 földi maradvány, (vki) hamvai; ~을 담다 összegyűjti a maradványokat; 아버님의 ~은 외국 땅에 묻혀 있다 Apám hamvai idegen ország földjében nyugszanak.

유골함 명 urna

유공자 명 érdemes ember, értékes ember; 그는 독립 ~이다 Érdemes ember, aki az ország függetlenségéért harcolt.

유공훈장 명 becsületrend, érdemrend

유괴범 명 emberrabló

유괴-하다 동 elrabol, elcsalogat; ~ 명 emberrablás; 어린아이를 ~하다 gyereket rabol; 그녀는 ~되었음에 틀림없다 Min-

ㅇ

den bizonnyal elrabolták a nőt.

유교 명 konfucianizmus; ~ 사상 konfuciánus eszmék

유권자 명 választójoggal bíró személy, választó, szavazópolgár

유기농 명 biotermesztés, organikus földművelés; ~ 기술 biotermesztési technológia; ~ 농법으로 과일을 재배하다 organikus földművelési módszerrel termesztik a gyümölcsöket

유기물 명 szerves/organikus anyag

유기적 szerves, organikus; ~ 구조 organikus rendszer; ~으로 연관되어 있다 szerves összefüggésben van vmivel

유난-스럽다 형 szokatlan, nem gyakori, kivételes, különleges, sajátos, finnyás; ~ 명 szokatlanság, fontoskodás, finynyásság; 올 여름은 ~히 덥다 Ezen a nyáron szokatlanul meleg van.

ㅇ

유년 명 gyermekkor, gyermekévek; 나의 ~ 시절은 행복했다 Boldog gyermekkorom volt.; 그는 ~ 시절을 시골에서 보냈다 A gyermekéveit a faluban töltötte.

유념-하다 동 törődik vmivel, figyel vmire, foglalkozik vmivel; 경고에 ~하다 törődik a figyelmeztetéssel; 너의 충고에 ~하겠다 Figyelek a tanácsodra.

유능-하다 형 tehetséges, jó adottságú; ~한 선생 tehetséges tanár; 난 그가 매우 ~하다고 생각 한다 Nagyon jó adottságúnak tartom őt.

유니폼 명 egyenruha; ~을 입다 egyenruhába öltözik

유달리 부 feltűnően, szokatlanul; ~ 눈에 띄다 feltűnően szembeötlő; 오늘은 ~ 바쁜 날이다 szokatlanul forgalmas nap ez a mai

유대 명 kötelék, kötődés, kapcsolat; 사업상의 ~ üzleti kapcsolat; 정신적 ~ szellemi kapcsolat; 긴밀한 ~를 맺다 szoros kapcsolatba lép / kerül; 상호 ~를 강화하다 fokozza a kölcsönös együttműködést

유도 명 dzsúdó, cselgáncs; ~ 사범 cselgáncsoktató

유도-하다 동 vezet, irányít; ~ 명 vezetés, irányítás; 비행기가 관제탑의 ~에 따라 착륙하다 Az irányítótorony utasításait követve leszáll a repülőgép.; 소방훈련이 시작되면 학생들은 안전한 곳으로 ~된다 A tűzriadó kezdetekor a diákokat biztonságos helyre vezetik.; 도선사가 배를 항구로 ~한다 A révkalauz a kikötő felé vezeti a hajót.

유독 부 egyedül, egyedülálló módon, társtalanul; 그는 키가 가장 커서 학생들 중에 ~ 눈에 띈다 Ő egyedül feltűnő a diákok közül, mert ő a legmagasabb.

유동적 változékony, nem végleges, folyékony; 정세는 아직도 극히 ~이다 a helyzet még mindig igen változékony; 그 문제에 관한 우리들의 생각은 ~이다 Még nem alakult ki a végleges véleményünk erről a kérdésről.

유동체 명 folyékony anyag

유람선 명 kirándulóhajó; 호화 ~ luxus kirándulóhajó

유랑민 명 vándorló törzs, nomád nép

유랑-하다 동 vándorol, kóborol, csavarog; ~ 명 vándorlás, kóborlás, csavargás; ~의 vándorló, kóborló, csavargó, nomád; ~ 극단 vándorszínészek társulata; ~ 생활 vándorélet, csavargó élet, élet száműzetésben

유래-하다 동 ered vmiből, származik vmiből; ~ 명 eredet, (le)származtatás, forrás; ~를 캐다 visszavezet a forrásáig, vizsgálja az eredetet; 나는 이 표현의 ~를 모르겠다 Nem tudom, honnan ered ez a kifejezés. Nem ismerem ennek a kifejezésnek az eredetét.

유력-하다 형 erőteljes, nagy hatalmú, befolyásos, vezető, elsődleges; ~한 신문 befolyásos újság; ~한 용의자 elsődleges gyanúsított; ~한 후보 vezető jelölt; 형사는 그 사건의 ~한 단서를 찾아냈다 A nyomozó talált egy ígéretes / fontos nyomra vezető jelet.

유령 명 szellem, halott szelleme, kísértet; ~같은 szellemhez hasonló; 저 집엔 ~이 나온다고 한다 Azt mondják, hogy kísértetek laknak abban a házban.; ~ 회사 fantomcég, csak papíron létező cég; ~ 회사를 차려놓고 많은 사람들로부터 1억 원 이상을 사취하다 Egy fantomcég útján összesen több mint 100 millió vont csalt ki sok embertől.

유례 명 hasonló példa, párhuzamos eset, precedens, előzmény, irányadó eset; 그것에 대한 ~가 없다 nincs rá precedens; ~가 되다 precedensül szolgál; ~가 없는 példa nélkül álló, példátlan

유료 명 fizető, díjköteles, fizetős; ~ 도로 fizető-autópálya, díjköteles autópálya; ~ 주차장 fizetőparkoló; 나는 그 공원이 ~인줄 몰랐다 Nem tudtam, hogy a park fizetős.

유리 명 üveg

유리문 명 üvegajtó

유리병 명 üveg, palack

유리창 명 üvegablak

유리-하다 형 előnyös, kedvező; ~한 조건 előnyös feltétel; 피고에 ~한 증인 a vádlottnak kedvező tanú; ~한 위치를 차지하다 előnyben van, előnyösebb helyzetben van; 사태는 우리에게 ~하게 전개되었다 A helyzet ránk nézve kedvezően alakult.

유린-하다 동 megsért, letipor; ~ 명 megsértés, letiprás; 인권 ~ megsérti vkinek az emberi jogait; 개인의 자유를 ~하다 lábbal tiporja a személyes szabadság jogát

유망주[1] 명 ígéretes részvény; ~를 고르는 것은 어렵다 nehéz ígéretes részvényt választani

유망주[2] 명 nagy jövőjű ember; 정치 ~ nagy jövőjű politikus

유망-하다 형 ígéretes, reményteljes, fényes, kecsegtető; 전도 ~한 청년 ígéretes jövőjű ifjú, reményteljes fiatalember; ~하지 않다 semmi reménnyel nem kecsegtet

유머 명 humor; ~가 풍부하다 jó humorú, humorban gazdag, humoros; ~ 감각이 있다 van humorérzéke

유명무실-하다 형 csak névleges; ~한 회장 csak névleges elnök; 조약은 이젠 ~하다 Az egyezmény most már csak annyit ér, mint a papír, amelyre írták.; 이 법은 ~하다 Ez a törvény holt betű maradt.

유명-하다 형 híres, nevezetes, ismert, ünnepelt, hírhedt (악명으로); ~한 피아니스트 híres zongorista; ~한 예술가 ünnepelt művész; 세계적으로 ~한 학자 világhírű tudós; ~한 사기꾼 hírhedt szélhámos

유명해지다 동 híressé válik, ismertté válik, hírnevet szerez, ismertté válik a neve, hírhedtté válik (악명으로); 하룻밤 사이에 ~ egy éjszaka alatt híressé válik; 정치가로 ~ politikusként tesz szert hírnévre

유목 명 nomadizmus; ~의 nomád, nomád életmódot folytató; ~ 생활 nomád életforma

유목민 명 nomádok, nomád nép

유무 명 lét és nemlét, létezés, jelenlét; ~가 동시에 존재하지는 않는다 Lét és nemlét egyszerre nem lehetséges.; 출석 ~를 묻다 megkérdezi, hogy jelen lesz-e

유물 명 maradvány, emlék, hagyaték, régiség; 봉건 시대의 ~ feudális maradvány; 석기시대 ~ kőkorszaki régiség

유물론 명 materializmus, anyagelvűség

유물론자 명 materialista, anyagelvű

유발-하다 동 okoz, kivált, előidéz, késztet; ~ 명 indukció, rávezetés; 합병증을 ~하다 bonyodalmakat idéz elő; 그 싸움이 폭동을 ~하였다 a harc okozza a lázadást; 비위생적인 환경이 병을 ~한다 A nem higiénikus körülmények betegséget idéznek elő.

유방 명 mell

유방암 명 mellrák

유배-되다 동 száműzik, száműzetésbe vonul; 그는 섬으로 ~ 되었다 A szigetre száműzték őt.

유배지 명 száműzetés helye

유별나다 형 különleges, szokatlan; 유별나게 굴다 különleges módon viselkedik; 유별난 사람 szokatlan ember

유보-하다 동 fenntart, félretesz, visszatart; ~ 명 fenntartás; 결정을 ~하다 fenntartja a döntést

유복자 명 édesapa halála után született gyermek

유부 명 sült tofu; ~ 국수 metélttészta sült tofuval; ~ 초밥 ecetes rizzsel töltött sült tofu

유부남 명 nős férfi

유부녀 명 férjezett nő

유사성 명 hasonlóság; 약간 ~이 있다 van némi hasonlóság

유사-하다 형 hasonló; ~한 색깔의 hasonló színű; 그것과 ~한 것은 없다 nincs hozzá hasonló; 이와 ~하게 ehhez hasonlóan

유산 명 hagyaték, örökség, hátrahagyott ingóságok; 문화 ~ kulturális hagyaték; 무형의 ~ örökölhető eszmei javak; ~을 남기다 vagyont örökbe hagy, ingóságokat hátrahagy; ~을 가로채다 elfoglalja az örökségét; ~을 물려받다 vagyont örököl; ~을 분배하다 felosztja a tulajdonát; ~ 분할 birtok felosztása; ~ 상속 örökség, örökösödés; 그는 군사 통치의 ~을 근절시키겠다는 공약을 다시 새롭게 하였다 Újfent ígéretet tett rá, hogy felszámolja a katonai uralom örökségét.

유산-하다 동 elvetél, abortál, terhességmegszakítást hajt végre; ~ 명 vetélés, abortusz; 자연 ~ spontán vetélés; 인공 ~ művi vetélés; 임신 3개월째에 ~하다 a terhesség harmadik hónapjában elvetél

유서 명 búcsúlevél, végrendelet; ~를 남기지 않다 Búcsúlevél nem maradt.; ~를 작성하다 végrendeletet készít; ~를 남기고 죽다 érvényes végrendeletet hátrahagyva hal meg

유속 명 áramlat sebessége; ~ 측정 áramlati sebességmérés

유수 명 folyóvíz, folyam; ~의 부족 folyóvíz hiánya; 세월은 ~와 같다 Csak úgy repül az idő!

유수-하다 동 kiváló, kitűnő, vezető, kiemelkedő; ~의 언어학자 kitűnő nyelvész; ~의 기업들 vezető cégek

유순-하다 형 szelíd, engedelmes, jámbor; ~ 명 szelídség; ~한 성격 szelíd természet; ~한 아이들 engedelmes gyerekek

유식-하다 형 intelligens, tanult; ~한 사람 intelligens ember

유실-되다 형 elmos, elvész; 지진으로 댐이 ~되다 a földrengés miatt elvész a gát; 홍수로 약 천호의 가옥이 ~되었다 Az árvíz körülbelül 1.000 házat mosott el.

유심히 부 figyelmesen, óvatosan, figyelemmel, alaposan; ~ 듣다 figyelmesen hallgat; ~ 보다 figyelmesen / alaposan megnéz

유아 명 csecsemő, kisbaba; kisgyerek; ~ 보육 csecsemőgondozás; ~ 살해 gyermekgyilkosság

유아기 명 csecsemőkor

유아원 명 bölcsőde, csecsemőotthon

유언비어 명 álhír; ~를 퍼뜨리다 álhírt terjeszt

유업 명 öröklött vállalkozás; ~을 계승하다 vállalja az öröklött vállalkozást

유역 명 vízgyűjtő medence, vízgyűjtő terület, (folyó)völgy; 한강 ~ a Han folyó medencéje

유연-하다 형 hajlékony, rugalmas; ~성 명 hajlékonyság, rugalmasság; 그녀는 몸이 ~하다 hajlékony / rugalmas teste van; …을 ~하게 만들다 hajlékonnyá tesz vmit 그의 법 해석에는 ~성이 없다 túl mereven értelmezi a törvényt

유예-하다 동 haladékot ad, elhalaszt, felfüggeszt; ~ 명 haladék, halasztás, felfüggesztés; 처형을 ~하다 elhalasztja a kivégzést; 3개월 ~ 기간 후 해고되다 háromhavi haladék után elbocsátják; ~기간 a határidő kitolása / nyújtása

유용-하다 형 hasznos; használható, alkalmas; ~한 충고 hasznos tanács; …에게 ~하다 hasznos vki számára

유원지 명 vidámpark, nyilvános szórakozóhely

유월 명 június

유유상종 Madarat tolláról, embert barátjáról lehet megismerni.

유유히 부 nyugodtan, higgadtan, összeszedetten; ~ 사라지다 nyugodtan eltűnik; ~ 담배를 피우다 higgadtan cigarettázik

유의-하다 동 észben tart, számon tart, figyelmet fordít vmire; figyelmet szentel vminek; 건강에 ~하다 figyelmet fordít az egészségére; 언행에 ~하다 figyelmet szentel a beszédnek és viselkedésnek

유익-하다 형 hasznos, tanulságos, okulással szolgáló, üdvös; ~한 대화 tanulságos beszélgetés; 시간을 ~하게 쓰다 jól gazdálkodik az idejével; 그의 강연은 매우 ~했다 Az előadása nagyon tanulságos volt.

유인-하다 동 csábít, csalogat, vonzást gyakorol; 나쁜 길로 ~하다 rosszra csábít

유일신 명 az egyedüli Isten

유일신교 명egyistenhit, unitarizmus

유일-하다 형 egyedüli, egyetlen; ~한 상속인 az egyetlen utód / örökös; 사고에서의 ~한 생존자 a baleset egyetlen túlélője

유입-하다 동 beömlik, beáramlik; ~ 명 beáramlás, beömlés; 인구 ~ népességbeáramlás; 외국 자본이 ~되다 beáramlik a külföldi tőke

유적 명 maradvány, rom, emlék; 고대 로마의 ~을 찾다 felkeresi az ókori Róma romjait; 이 부근에는 역사적인 ~이 많다 Ez a környék gazdag történelmi emlékekben.

유적지 명 emlékhely

유전 명 olajmező, olajlelőhely; 해양 ~ tengeri olajmező; ~을 개발하다 kiaknáz egy olajmezőt; ~ 탐사 olajkutatás

유전병 명 örökletes / örökölt betegség

유전자 명 gén

유전-하다 동 átöröklődik; ~ 명 átöröklés, átörökítés, genetikai örökség; ~적인 öröklődő; ~적으로 öröklődően; ~적 장애 genetikai károsodás; 부모에게서 병이 ~되다 betegséget örököl a szüleitől

유전학 명 genetika

유전학자 명 genetikus

유조선 명 olajszállító hajó, tankhajó (대형) szupertankhajó, óriás tankhajó

유족 명 gyászoló család; ~ 연금 életben maradt családtag évjáradéka / nyugdíja; ~으로 부인과 두 아이가 있다 Feleség és két gyermek maradt utána.

유죄 명 bűnösség, bűn, vétkesség; ~를 선고하다 elítél; bűnösnek nyilvánít; ~로 결정되다 bűnösnek nyilvánítják

유지 명 vezető személyiség; 지방 ~ helyi vezető személyiség

유지비 명 karbantartási költség; 자동차 1대의 ~는 얼마나 드느냐 Mennyi pénzbe kerül egy autó üzemben tartása?

유지-하다 동 fenntart, karbantart, üzemben tart; ~ 명 fenntartás, karbantartás, üzemben tartás; 평화를 ~하다 fenntartja a békét

유착-하다 동 ragad, tapad, ragaszkodik, összenő; ~ 명 ragadás, tapadás, ragaszkodás; 상호 ~ ragaszkodnak egymáshoz; 수술 후 장의 ~ műtét utáni belső összenövés; 정계와 재계의 ~ korrupt viszony a politikai és üzleti körök között

유창-하다 형 folyékony, sima, könnyed; ~하게 folyékonyan, simán; 헝가리어를 ~하게 말하다 folyékonyan beszél magyarul; 그의 영어가 ~한 데 놀랐다 Meglepődtem rajta, hogy milyen folyékonyan beszél angolul.

유추-하다 동 analógiát keres, analógia útján ismer; ~ 명 analógia útján történő értelmezés, analógia, analogizmus; ~적 analogikus; ~ 해석 analogikus értelmezés; 일부로 전체를 ~하다 analógia útján következtet részről az egészre

유출-하다 동 kiömlik, kifolyik, szivárog; ~ 명 kiömlés, kifolyás, kiáramlás, kiáradás; 두뇌의 ~ agyelszívás; 대량의 원유가 좌초된 유조선에서 ~되었다 Nagy mennyiségű nyersolaj ömlött ki a hajótörést szenvedett tankhajóból.

유치원 명 óvoda; ~ 보모 óvónő; 아이들을 ~에 보내다 óvodába küldi a gyereket

유치장 명 zárka, rendőrségi fogda, fogház; ~에 갇히다 rendőrségi fogdában van bezárva

유치-하다[1] 동 vonz, csábít, meghív; ~ 명 vonzás, meghívás, csábítás; 외국 관광객을 ~하다 külföldi turistákat vonz; 외자를 ~하다 külföldi tőkebefektetést vonz

유치-하다[2] 형 gyerekes, infantilis; ~한 생각 gyerekes ötlet; ~하게 행동하다 gyerekesen viselkedik

유쾌-하다 형 vidám, víg, jókedvű, élvezetes, mulatságos; ~ 명 öröm, élvezet, szórakozás; ~한 대화 vidám beszélgetés; ~한 광경 élvezetes látvány

유태인 명 zsidó

유통시키다 동 forgalomba hoz, terjeszt, nyilvánosságra hoz; 새 화폐를 ~ új érméket hoz forgalomba

유통-하다 동 szellőztet; kering, folyik; kereskedik, elterít, eloszt; ~ 명 szellőzés, szellőztetés; keringés, forgalom, elterjedtség; ~ 질서의 확립 rendteremtés a forgalomban; ~ 경로 elosztási csatorna

유품 명 hagyaték, az elhunyt által hátrahagyott tárgy

유학 명 konfucianizmus

유학생 명 külföldön tanuló diák; 재미 한국 ~ USA-ban tanuló koreai diák; 외국인 ~ külföldi diák

유학자 명 konfuciánus, konfuciánus tudós

유학-하다 동 külföldön tanul; ~ 명 külföldi tanulás; 프랑스 ~ 중에 miközben Franciaországban tanul; ~을 가다 külföldre megy tanulni; ~을 마치고 귀국하다 külföldi tanulás után hazatér; 국비로 외국에서 ~하다 állami ösztöndíjjal tanul külföldön

유한-하다 형 korlátozott, véges; ~ 책임 korlátozott felelősség; ~(책임) 회사 korlátolt felelősségű társaság, kft.

유해 명 holttest, földi maradvány; (유골) hamvak; csontok; ~를 인수하다 átveszi a holttestet; 그의 ~는 고향에 묻혔다 Földi maradványait a szülőföldjén temették el.

유해-하다 형 ártalmas, kártékony, káros; ~ 명 ártalmasság, kártékonyság; ~ 가스 ártalmas gáz; 공중 도덕상 ~하다 ártalmas a közerkölcsre nézve; ~ 물질 mérgező anyag; 요즘은 청소년에게 ~한 TV 프로와 주간 잡지가 많다 Manapság sok olyan tévéműsor és heti magazin van, amely rossz hatással van a fiatalokra

유행가 명 népszerű dal, popdal; ~ 가수 popénekes

유행병 명 járvány, epidémia

유행성 járványos;; ~ 뇌염 járványos agyvelőgyulladás; ~ 눈병 járványos szemgyulladás

유행어 명 divatszó

유행-하다 동 ❶ divatba jön, népszerű lesz, közkedvelt; ~ 명 divat, stílus, hóbort, népszerűség; 최신 ~ a legújabb divat; ~에 뒤지다 elmarad a divat mögött; ~이 지나다 kimegy a divatból ❷ (병·폐단의) járvánnyá lesz; gyorsan terjed, tombol; ~ 명 elterjedtség; 전염병 ~ 지역 járvány sújtotta terület; 그 해 콜레라가 전국에 ~했다 Abban az évben az egész országban tombolt a kolera.; 뇌물이 널리 ~하고 있다 A korrupció széles körben elterjedt.

유혈 명 vérontás; ~ 참사 véres esemény, vérontással járó ügy; ~로 끝나다 vérontással végződik; ~ 사태로 번지다 vérontássá fajul

유형[1] 명 anyagiság, megfoghatóság; ~ 자산 anyagi tulajdon, megfogható értékek; ~ 문화재 megfogható kulturális javak

유형[2] 명 típus, fajta; 동일한 ~ azonos típus

유형무형 명 anyagiság és szellemiség, láthatóság és láthatatlanság; ~으로 그분의 도움을 받았다 Anyagi és szellemi támogatást egyaránt kaptam tőle.

ㅇ

유형지 명 büntetőgyarmat, büntetőtelep, száműzetési hely; 그 섬은 지난 세기에 ~였다 A sziget a múlt század folyamán büntetőgyarmat volt.

유혹-하다 동 kísért, csábít, csalogat; ~ 명 kísértés, csábítás, csalogatás; ~에 빠지다 kísértésbe esik; 돈으로 ~하다 pénzzel csábít; 대도시에는 젊은이들을 파멸로 이끄는 ~이 많다 A nagyvárosokban sokféle kísértés dönti romlásba a fiatalokat.

유화 명 olajfestmény; 시골 풍경을 묘사한 ~ a falu látképét ábrázoló olajfestmény; ~를 그리다 olajjal fest; ~ 물감 olajfesték

유효-하다 형 érvényes; ~ 명 érvényesség; ~한 계약 érvényes szerződés; ~ 기간 az érvényesség időtartama; ~ 기간의 만료(일) érvényességi idő lejárta; ~ 투표 érvényes szavazat; 이 계약은 1년 간 ~하다 Az egyezmény egy évig marad érvényben.

유흥가 명 szórakoztatóközpont

유흥업소 명 szórakozóhely, kikapcsolódási hely

유희 명 szórakozás, játék; ~를 목적으로 szórakozás céljából; ~를 즐기다 élvez egy játékot, szórakozik egy játékkal; 이것은 언어의 ~에 지나지 않는다 ez csak játék a szavakkal

육 hat; 제 ~ hatodik; ~분의 일 (egy)hatod

육각 형 hatszög; ~형의 거울 hatszög alakú tükör

육감 명 érzékiség, testi öröm; ~적 미인 érzéki szépség; 루즈는 ~의 상징이다 A rúzs az érzékiség jelképe.; 그 그림에는 ~을 자극하는 어떤 것이 있다 Abban a festményben van valami érzékiség.

육교 명 felüljáró, gyaloghíd; ~를 통해서 선로를 건너시기 바랍니다 Kérjük az utasokat, hogy a hídon keljenek át a túlsó oldalra!

육군 명 szárazföldi hadsereg; ~의 szárazföldi hadsereghez tartozó; ~ 대장 szárazföldi hadsereg tábornoka; ~ 사관학교 a Szárazföldi Hadsereg Akadémiája

육로 명 szárazföldi út; ~로 szárazföldön, szárazföldi úton; ~로 가다 szárazföldön megy / utazik; ~ 수송 szárazföldi szállítás

육류 명 hús; 1인당 ~ 소비량 egy főre eső húsfogyasztás; ~를 피하다 tartózkodik a húsfogyasztástól

육박-하다 동 közel kerül, közel nyomul; 관중이 500명에 ~하다 a nézők száma közel jár az 500 főhöz; 마감 시간에 ~하다 közel kerül a határidőhöz; 적진에 ~하다 közel nyomul az ellenséghez

육상 명 szárazföld, föld; ~ 운송 szárazföldi szállítás; ~에서 a szárazföldön; ~ 경기 atlétika

육성-하다 동 (fel)nevel; ~ 명 (fel)nevelés; 영재의 ~ tehetséges gyermek nevelése; ~ 재배 felnevel és gondoz, termeszt; 그는 많은 신종 식물을 ~했다 Nagyszámú új növényfajt termesztett.

육성회비 명 iskolai nevelési hozzájárulás

육수 명 marhahúsleves, híg húslé

육식 명 húsevés, állati eredetű táplálék, húsétel; ~의 húsevő; 나는 ~보다 채식을 좋아한다 Előnyben részesítem a növényi táplálékot az állati eredetű táplálékkal szemben

육신 명 test; 그의 ~은 흙으로 돌아갔다 viszszaadták testét a földnek

육십 hatvan; 제 ~ 번째 hatvanadik; ~분의 1 (egy) hatvanad; ~ 살 먹은 사람 hatvanéves ember

육아 명 gyermeknevelés, gyermekgondozás; 그녀는 ~에 전념했다 a gyermeknevelésnek szentelte magát; ~ 수당 gyermekgondozási segély; ~ 휴가 gyermeknevelési szabadság

육아법 명 a csecsemőgondozás művészete, a gyermeknevelés módja

육안 명 szabad szem; ~으로 보이는 곳에 látótávolságban; ~으로 볼 수 있는 별 szabad szemmel látható csillagok; ~으로 보다 szabad szemmel lát

육이오 명 koreai háború; ~의 충격을 겪지 못한 젊은 세대 a fiatalabb generáció, mely nem élte át az 1950–53-as koreai háború traumáját

육중-하다 형 nehézkes, nehéz, súlyos; masszív, testes; ~한 몸 nehézkes test; ~한 걸음 걸이로 nehéz léptekkel; ~한 건물 masszív épület

육지 명 szárazföld; ~에서 멀리 떨어진 távol a szárazföldtől; ~가 보이다 látszik a szárazföld

육체 명 test; ~와 정신 test és lélek; ~적으로나 정신적으로나 testben és lélekben; ~ 노동자 fizikai munkás

육체노동 명 fizikai munka, testi munka; ~을 하다 fizikai munkát végez

육체적 testi, érzéki, fizikai; ~ 즐거움 testi / érzéki öröm; ~ 고통 testi fájdalom, fizikai szenvedés; ~ 결함 testi fogyatékosság; ~ 쾌락 testi élvezet

육포 명 szeletekben szárított marhahús

육회 명 tatár bifsztek, nyers marhahúsból készült étel

윤곽 명 körvonal, vázlat, általános nézet; 얼굴의 ~ az arc körvonala; ~을 그리다 vázlatot rajzol; 그녀의 얼굴은 ~이 뚜렷하다 Nagyon szabályos arcvonásai vannak.

윤기 명 ragyogás, csillogás; 머리에 ~가 있다 csillogó haja van; ~가 없다 hiányzik belőle a ragyogás, színtelennek látszik, fakó arcszíne van

윤달 명 szökőnap hónapja; 금년에는 ~이 끼어 있다 idén van a szökőnap hónapja

윤락가 명 piroslámpás negyed

윤리 명 erkölcs, etika, morál; ~적으로 erkölcsösen, etikusan, morálisan; 그의 태도에는 ~적 판단이 결여되어 있다 A magatartásából hiányzik az erkölcsi ítélőképesség.

윤리학 명 etika, erkölcstudomány, erkölcsfilozófia

윤택-하다 형 gazdag, vagyonos, jómódú; 살림이 ~하다 jómódban él, kényelmes körülmények között él

윤활유 명 kenőolaj, kenőanyag

율동 명 ritmikus mozgás, (gyermek)dal mozgásmintázata; ~ 체조 ritmikus torna

율령 명 törvény, rendelet

율법 명 törvény, parancsolat

융단 명 szőnyeg; ~을 바닥에 깔다 szőnyeget terít a padlóra; ~ 폭격 szőnyegbombázás

융성-하다 형 virágzó, prosperáló; ~한 무역 virágzó külkereskedelem; 그 당시 국운이 ~했다 A nemzet akkoriban virágzott.

융자 명 kölcsön; ~해 주다 kölcsönt nyújt; 조건부 ~ feltételekhez kötött kölcsön; 그는 은행에서 1천만 원의 ~를 받았다

Tízmillió von értékű kölcsönt kapott a banktól.

융통성 명 alkalmazkodóképesség, rugalmasság, hajlékonyság; ~이 있다 alkalmazkodásra képes, rugalmas; ~이 없다 alkalmazkodásra képtelen, merev; 그는 ~이 없는 사람이다 Hiányzik belőle a rugalmasság.

융합-하다 동 összeolvad, ötvöződik, egyesül; ~ 명 összeolvadás, fúzió, ötvöződés; 핵~ magfúzió; 수소 원자가 ~하면 막대한 에너지가 방출된다 a hidrogénatomok fúziójából hatalmas mennyiségű energia szabadul fel; 헬레니즘은 그리스와 동양의 문화가 ~된 것이다 a hellenizmus a görög és a keleti kultúrák ötvözete.

으깨다 동 szétzúz, áttör, morzsol; 호박을 으깨서 파이를 만들었다 Áttörtük a tököt, és pitét készítettünk belőle.

으뜸 명 ❶ első, a legfelső, a legfőbb, a legjobb; 반에서 영어는 그가 ~이다 Az osztályban ő tud legjobban angolul.; 돈 모으는 데에는 장사가 ~이다 A legjobb módszer a pénzkeresésre a vállalkozás. ❷ alap, alapzat, lényeg; ~음 alaphang; 건강은 행복의 ~이다 az egészség a boldogság lényege

으레 부 a szokásos módon, szokás szerint, általában, természetszerűleg, természetesen, rendszerint; 설날 아침에는 ~ 차례를 지내는 법이다 A koreaiak körében szokásos, hogy újév reggelén megtartják az őseikről való megemlékezést szolgáló szertartásokat.; 그는 바깥에 나갈 때면 ~ 개를 데리고 간다 Amikor elmegy hazulról, rendszerint magával viszi a kutyáját.; 그것은 ~ 우리가 할 일이다 Mondanom sem kell, hogy kötelességünk ezt megtenni.

으름장 명 fenyegetés, megfélemlítés, ijesztgetés; ~을 놓다 megfenyeget, megfélemlít, rákényszerít, ijesztget

으스스 부 reszketve, megfagyottan; ~ 춥다 át van fagyva, reszket a hidegtől; 보기만 해도 ~ 몸서리가 쳐진다 Ha csak meglátom, végigfut a hátamon a hideg.

으슥-하다 형 elzárt, sötét és távoli; ~한 곳 elzárt hely; ~한 계곡 sötét és távoli völgy

윽박지르다 동 elhallgattat, (rá)kényszerít (vmire), túlbeszél, túlkiabál; 그는 그녀를 윽박질러 제안을 받아들이게 했다 Rákényszerítette, hogy elfogadja az ajánlatot.

은 명 ezüst; 순~ tiszta ezüst, törvényes finomságú ezüstötvözet; ~도금 ezüstbevonat, ezüsfüst, ezüstözés; ~도금 하다 ezüstöz, ezüsttel bevon; ~가루 ezüstpor, porított ezüst; ~같은 ezüstös

은공 명 szeretet és önfeláldozás, szívesség, érdemek; ~을 잊지 않다 nem felejti el a szeretetét és az önfeláldozását

은그릇 명 ezüst edény

은근-하다 형 csendes; titkos, burkolt; ~한 미소 csendes mosoly; ~한 협박 burkolt fenyegetés

은근히 부 titokban, bizalmasan, csendesen, a szíve mélyén; ~ 걱정하다 a szíve mélyén aggódik

은닉-하다 동 eldug, eltitkol, elrejt, elbújtat; ~ 명 eltitkolás, elrejtés, elbújtatás; 훔친 물건을 ~하다 eldugja a lopott holmit

은둔-하다 동 elzárkózik a világtól, viszszavonul a világtól; ~ 명 elzárkózás, visszavonulás; ~ 생활 elzárkózó / visszavonult élet

은메달 명 ezüstérem

은밀히 부 titokban, bizalmasan; ~ 처리하다 titokban intézkedik egy ügyben

은빛 명 ezüstszín; ~ 모래 ezüstszínű homok

은신처 명 rejtekhely, menedékhely, búvóhely; ~에서 지내다 rejtekhelyen tartózkodik

은어 명 titkos nyelv, zsargon, tolvajnyelv, argó; ~로 말하다 titkos nyelven beszél

은유 명 metafora; ~적으로 metaforikusan, átvitt értelemben; ~적 표현 metaforikus kifejezés

은은-하다 형 nehezen kivehető, homályos; halvány; ~하게 보이다 halványan látható; ~한 종소리가 멀리서 들려오다 Egy halk hang megüti a fülemet a távolból.

은인 명 jótevő, megmentő; 그는 네 생명의 ~이다 Ő a te jótevőd. Ő a megmentőd.

은장도 명 díszített ezüstkés

은총 명 kegyelem, kegy; 하느님의 ~ Isten kegyelme; ~을 입다 kegyet élvez; 하느님의 ~을 빌다 imádkozik Isten kegyelméért

은퇴-하다 동 visszavonul a hivatalától, visszavonul a közéletből; ~ 명 visszavonulás a hivatalától, visszavonulás a közéletből; ~하여 시골에 가다 vidékre vonul vissza; ~ 생활 visszavonult élet; 안락한 ~ 생활 kellemes élet a visszavonulás után; 정계에서 ~하다 visszavonul az aktív politikától

은폐-하다 동 eltitkol, elrejt, eltakar, álcáz; 사실을 ~하다 eltitkolja a tényt

은하 명 csillagrendszer, galaxis

은하계 명 galaktikus rendszer, csillagrendszer; ~ 사이의 여행은 아직 불가능하다 A galaktikus rendszerek közötti utazás még lehetetlen.

은행 명 bank; ~에 예금하다 pénzt helyez el egy bankban; ~에서 돈을 찾다 pénzt vesz ki a bankból; ~ 강도를 하다 kirabol egy bankot; ~ 영업시간 bank nyitvatartási ideje

은행가 명 bankár

은행나무 명 gingko(fa)

은행원 명 bank személyzete, bankhivatalnok

은혜 명 szívesség, jótétemény, jóság; 부모의 ~ tartozásunk a szüleink iránt; 스승의 ~ tanítónk jósága; ~를 갚다 viszonozza a szívességet; 당신의 ~는 결코 잊지 않겠습니다 Sohasem felejthetem el a jótéteményét.

읊다 동 elmond (verset), recitál (verset); 시를 ~ elmond egy verset, szaval

읊조리다 동 éneklő hanghordozással elmond, recitál; 시를 ~ éneklő hanghordozással elmond egy verset

음 명 hang; 높은 ~ magas hang; ~의 고저 hangmagasság; 한자의 (한글) ~ a kínai írásjegyek koreai olvasása

음경 명 pénisz, hímvessző

음계 명 skála; 단~ moll skála; 반~ kromatikus skála; 장~ dúr skála; 5~ pentaton skála; 7~ hét hangjegyű skála

음담패설 명 mocskos történet, trágár beszéd, malackodó történet; ~을 하다 mocskos történeteket mond el, disznó vicceket mesél

음대 명 zeneakadémia, konzervatórium

음란-하다 [형] parázna, buja; ~ [명] paráznaság, bujaság, obszcenitás, bujálkodás, pornográfia; ~한 생각 parázna gondolat; ~한 남자 buja férfi; ~ 비디오 pornográf videofilm

음력 [명] holdnaptár; ~ 정월 초닷새 a holdnaptár szerint január 5.; 이 지방에서는 아직도 ~을 쓰고 있다 errefelé még mindig használják a holdnaptárt

음력설 [명] holdújév

음료 [명] ital, innivaló; 탄산 ~ szénsavas ital; ~로 알맞다 iható, ivásra alkalmas; 뜨거운 ~를 마시고 싶은데요 Szeretnék valami meleg italt inni.

음료수 [명] ivóvíz, iható víz

음모-하다 [동] összeesküszik, intrikál; ~ [명] összeesküvés, intrika, mesterkedés; 암살을 ~하다 gyilkosság céljából összeesküszik; ~에 가담하다 érintett van egy titkos mesterkedésben; 내란 ~죄로 기소되다 felkelés szervezésével vádolják

음미-하다 [동] élvez, ízlelget; ~ [명] élvezés, ízlelgetés; 와인 향기를 ~하다 élvezi a bor illatát; 시를 ~하다 ízlelgeti a verset

음반 [명] hanglemez, lemez; ~을 틀다 lejátszik egy lemezt; ~으로 노래를 듣다 lemezről hallgat egy dalt

음산-하다 [형] nyomasztó, sivár; ~하게 nyomasztóan, siváran; ~한 날씨 nyomasztó időjárás; ~한 분위기 sivár hangulat

음색 [명] hangszín, hangzás; ~이 좋다 gyönyörű a hangszíne, jó hangzása van; 피아노와 바이올린은 ~이 다르다 a zongorának és a hegedűnek eltérő hangzása van

음성 [명] hang; ~을 높이다 felemeli a hangját; ~을 낮추다 halkabbra fogja a hangját; ~ 기관 hangképző szervek; 부드러운 ~으로 lágy hangon

음성학 [명] fonetika; ~적 fonetikus

음성학자 [명] fonetikával foglalkozó nyelvész

음식 [명] étel, élelem; ~을 조심하다 ételre vigyáz; ~에 손도 대지 않다 érintetlenül hagyja az ételt; 이것은 소화가 잘되는 ~이다 ez könnyen emészthető étel; 그 식당은 ~이 좋다 az étterem jó ételeket szolgál fel

음식물 [명] étel, élelmiszer

음식점 [명] étterem, vendéglő, étkezde

음악 [명] zene; ~을 배우다 zenét tanul; ~에 맞추어 춤추다 zenére táncol; ~ 학교 zeneiskola

음악가 [명] zenész

음악계 [명] zenészszakma, zenészvilág

음악당 [명] hangversenyterem, (야외) zenepavilon

음악회 [명] hangverseny, szólóhangverseny; 자선 ~ jótékonysági koncert; 야외 ~ szabadtéri hangverseny; ~를 개최하다 hangversenyt rendez

음양 [명] a világegyetem két fő mozgatóereje, egymást kiegészítő két fő princípium, férfi és nő, nap és hold, fény és árnyék; ~의 화합 a férfi és női princípium harmóniája

음운 [명] fonéma

음운론 [명] fonológia, fonemika

음절 [명] szótag, zenei ütem; ~로 나누다 szótagol, szótagokra bont; ~ 문자 szótagábécé, szillabikus ábécé

음주 [명] ivás, alkoholfogyasztás; ~를 적당히 하다 mértékletesen fogyaszt alkoholt; ~ 운전 ittas állapotban történő gépkocsivezetés; ~ 운전자 részeg gépkocsivezető; ~ 측정기 alkoholszonda; 과한 ~가 그의 건강을 해쳤다 A túlzott alkoholfogyasztás aláásta az egészségét.

음지 명 árnyékos hely, árnyékos terület; ~에서 일을 하다 árnyékos helyen dolgozik

음질 명 hangminőség; 이 음반은 ~이 좋다 ennek a felvételnek jó a hangminősége

음치 명 botfülű

음침-하다 형 nyomasztó, sivár, lehangoló, komor, mélabús; ~한 날씨 nyomasztó időjárás; ~한 방 sivár szoba

음해-하다 동 titokban árt, hátba támad; ~ 명 titokban okozott kár; 선거에서 상대 후보를 ~하다 titokban árt a másik jelöltnek a választáson

음향 명 hang; ~을 흡수하다 hangot tompít; ~장치 hangosító berendezés; 이 강당은 ~효과가 좋다 ennek a teremnek jó az akusztikája

음흉-하다 형 álnok, gonosz; ~한 미소 álnok mosoly; ~한 눈빛 gonosz pillantás

읍 명 község; 여주~ Jadzsu község; ~이 운영하는 község által működtetett, községi; ~에 가다 a községbe megy; ~ 사무소 községi hivatal; ~ 소재지 községi hivatal székhelye

읍내 명 az egész község; 그녀의 미모는 온 ~에 소문이 나있다 Az egész községben híres a szépségéről.

응고제 명 alvasztó; 항~ alvadásgátló

응고-하다 동 koagulál, alvaszt, besűrít, altat; megalvad, besűrűsödik; ~ 명 koagulálás, alvasztás, besűrítés; megalvadás, besűrűsödés; 우유를 ~시키다 altatja a tejet; 혈액이 ~ 되다 a vér megalvad

응급 명 sürgősség, rögtönzés, szükség; ~의 sürgős, rögtönzött; ~ 조치 szükségintézkedés; ~ 조치를 취하다 szükségintézkedéseket hoz; ~ 환자 sürgős beteg

응급실 명 elsősegélynyújtó helyiség, sürgősségi osztály

응급치료 elsősegély; ~를 하다 vkinek elsősegélyt nyújt

응답자 명 válaszoló, válaszadó

응답-하다 동 válaszol, felel, választ ad; ~ 명 válasz; 군중의 환호에 ~하다 válaszol a tömeg üdvözlésére; 질의 ~ kérdés-felelet, kérdésekre adott válasz

응석부리다 형 gyerekeskedik, gyermekként viselkedik, érzelmi húrokat penget; 꼬마가 ~ a kisfiú gyerekeskedik

응시자 명 vizsgázó, vizsgán résztvevő személy

응시-하다 동 bámul, merően néz, keményen néz, rámereszti a szemét; ~ 명 kitartó nézés, bámulás; 차가운 눈초리로 ~하다 hideg pillantással bámul

응어리 명 ❶ merev izom, izommerevség; ~ 지다 megmerevedik, megkeményedik; 어깨에 ~가 생기다 merevnek érzi a vállát ❷ kellemetlen érzés; 마음속에 있는 ~ a szív mélyén levő kellemetlen érzés

응용-하다 동 alkalmaz, átültet a gyakorlatba; ~ 명 alkalmazás; 널리 ~할 수 있는 széles körben alkalmazható; 공식을 ~하다 egy konkrét esetre alkalmazza a formulát; 연구 결과를 산업에 ~하다 a kutatási eredményeket alkalmazza az iparban

응원단 명 szurkolócsapat, szurkolókó-

ㅇ

rus, szurkolók; ~장 a szurkolókórus vezetője, a szurkolótábor vezetője

응원-하다 동 szurkol, bátorít, buzdít, biztat; ~ 명 szurkolás, bátorítás, buzdítás, biztatás; 열렬히 ~하다 lelkesen szurkol, biztat

응접실 명 fogadószoba, társalgó, szalon; ~로 안내하다 bevezeti a fogadószobába

응징-하다 동 megfenyít; ~ 명 megfenyítés; 악인을 ~하다 megfenyíti a gonoszt

응축기 명 sűrítő

응축-하다 동 sűrít; ~ 명 sűrítés; 가스를 액체로 ~하다 folyékonnyá sűríti a gázt

응하다 동 elfogad, beleegyezik, engedelmeskedik, teljesít; 명령에 ~ engedelmeskedik a parancsnak; 의뢰에 ~ teljesíti vki kérését; 기꺼이 당신의 초대에 응하겠습니다 Boldogan elfogadom az ön meghívását.

ㅇ

의좋다 형 jó viszonyban van(nak); 의좋은 부부 egymást szerető házastársak

의거-하다 동 összhangban van, alapul; 헌법에 ~하여 az alkotmánnyal összhangban, az alkotmánynak megfelelően; 자료에 ~하여 az adatok alapján

의견 명 vélemény, nézet; 내 ~으로는 véleményem / nézetem szerint; 반대 ~ ellentétes nézet, ellenkező vélemény; ~의 일치 nézetazonosság, a vélemények egyezése; ~의 충돌 nézeteltérés; ~을 말하다 megmondja a véleményét, kifejti a nézeteit; ~을 같이 하다 ugyanazon a véleményen van, osztja a véleményét; 이 문제에 있어서 우리는 ~이 일치하지 않는다 Ebben a kérdésben nem vagyunk egy véleményen.

의결권 명 szavazati jog, választójog; ~을 행사하다 él a szavazati jogával

의결-하다 동 megszavaz, szavaz, dönt, elhatároz; ~ 명 döntés, határozat; ~ 기관 törvényhozó szerv; 안건을 ~하다 megszavaz egy tervezetet / törvényjavaslatot; 회원들은 회장에 대한 불신임을 ~했다 A képviselők megszavazták az elnök elleni bizalmatlansági indítványt.

의과 명 orvosi fakultás, orvosi kar; ~를 졸업하다 elvégzi az orvosi fakultást

의구심 명 gyanú, kételkedés, gyanakvás, rossz előérzet, balsejtelem; ~을 달래다 elaltatja a gyanút; ~이 있다 balsejtelme van; ~에 사로잡히다 balsejtelem uralkodik el rajta

의기양양-하다 형 diadalmas, diadalittas, győzedelmes; ~한 표정 diadalmas arckifejezés

의논-하다 동 megbeszél, konzultál, értekezik; ~ 명 megbeszélés, konzultáció, értekezlet; ~ 중이다 konzultáció alatt van; 네 처와 ~해 봐라 Beszéld meg a feleségeddel!; 사장님과 ~해 보겠습니다 Megbeszélem az elnökkel.

의대 명 orvostudományi egyetem

의도적 szándékos, céltudatos; ~으로 szándékosan, céltudatosan, előre eltervezve; ~이고 미리 계산된 폭력 행위 szándékos és előre megfontolt erőszakos cselekedet; 나는 그가 ~으로 그렇게 했다고 밖에 생각할 수 없다 Nem tudok másra gondolni, mint hogy szándékosan tette.

의도-하다 동 szándékozik, tervez; ~ 명 szándék, terv; ~대로 a szándéka szerint; ~를 숨기다 leplezi a szándékát; 질문하시는 ~가 무엇입니까 Milyen szándékkal tette fel a kérdést?

의례 명 etikett, udvariassági szabály, szertartás; 외교적 ~ diplomáciai etikett; ~ 규칙 szertartási előírás

의례적 szertartásos, udvariassági, formális; ~인 방문을 하다 udvariassági látogatást tesz; ~인 인사 formális üdvözlés

의뢰인 명 megbízó, ügyfél

의뢰-하다 동 megkér, megbíz, folyamodik; ~ 명 kérés, megbízás; ~를 거절하다 kérést elhárít, kérést elutasít; 중재를 ~하다 közvetítésért folyamodik; 변호사에게 사건을 ~하다 megbízza az ügyvédet egy üggyel; 재산의 관리를 ~하다 rábízza vkire a vagyona kezelését

의료 명 orvosi kezelés, egészségügyi szolgálat; 불법 ~ 행위 felhatalmazás nélküli orvosi kezelés; ~ 기관 egészségügyi intézmény; ~ 기구 orvosi felszerelés; ~ 봉사 egészségügyi szolgálat; ~ 수가 orvosi kezelés díja

의료비 명 orvosi kezelés díja, kezelési költség, orvosi számla

의료진 명 orvoscsoport; 외국에 ~을 파견하다 külföldre küldi az orvoscsoportot

의류 명 ruházat, ruha, ruhadarab; ruházati cikk

의리 명 hűség, lojalitás; ~를 맹세하다 hűséget esküszik; ~가 있는 hűséges; ~를 위해 죽다 a lojalitásból feláldozza az életét

의무 명 kötelesség, kötelezettség, felelősség; ~적 kötelező; ~를 지다 kötelezettséggel tartozik, köteles; ~를 다하다 teljesíti a kötelességét; 납세의 ~가 있는 adóköteles, köteles adót fizetni; ~ 교육 kötelező oktatás

의무감 명 kötelességtudat; 단지 ~으로 pusztán kötelességtudatból

의문 명 kétely, kérdés; ~의 죽음 rejtélyes haláleset; ~을 품다 kételyei vannak, kételkedik; ~ 시 하다 kérdésessé tesz; 사실인지 아닌지가 ~이다 Kérdéses, hogy igaz-e.

의문대명사 명 kérdő névmás

의문문 명 kérdő mondat

의문부호 명 kérdőjel

의문사 명 kérdőszó

의미론 명 szemantika, jelentéstan

의미심장-하다 형 mély értelmű, értelmes, értelemmel bíró, nagy jelentőségű, jelentőségteljes, sokatmondó; ~한 미소 értelemmel bíró mosoly; ~한 얼굴 표정 mély értelmű arckifejezés

의미-하다 동 jelent; ~ 명 jelentés, értelem, jelentőség; 어떤 ~로는 bizonyos értelemben; 이것은 ~가 없다 ennek nincs értelme; ~ 있는 jelentős, jelentékeny; ~ 없는 jelentéktelen, értelmetlen, nem fontos; 이것의 ~는 무엇입니까 Mi a jelentése ennek?; 이것은 무엇을 ~합니까 Mit jelent ez?

의병 명 igazságos ügyért küzdő hadsereg, az igaz oldalon álló hadsereg; ~을 모으다 összegyűjti az igazságos ügyért küzdő hadsereget

의복 명 ruha, öltözék, ruhanemű; ~을 입다 ruhát visel, ruhát felvesz; 좋은 ~을 입은 사람들 jól öltözött személyek; 남루한 ~ kopott öltözék

의부 명 mostohaapa, nevelőapa

의사[1] 명 eszme, gondolat, szándék, kívánság, célkitűzés; ~를 밝히다 megmondja, amit gondol, elárulja / kinyilvánítja a szándékát

ㅇ

의사[2] 명 orvos, doktor, (여자) orvosnő, doktornő; ~를 부르다 orvost hív; ~의 치료를 받고 있다 orvosi kezelés alatt áll; ~가 진찰을 하다 megvizsgálja az orvos

의사소통 명 kommunikáció; egyetértés; 노사 간에 ~이 안 된다 Nincs egyetértés az üzemvezetés és a munkások között.; 세대 간에 ~이 단절되다 Megszűnik a nemzedékek közötti kommunikáció.

의상 명 ruha, ruházat, öltözék; (연극의) jelmez; 민속 ~ népviselet; ~을 입다 ruhát felvesz, felöltözik; ~ 디자이너 ruhatervező

의상실 명 női szabó üzlete, ruhaüzlet, butik

의석 명 mandátum, hely; ~을 차지하다 mandátumot szerez; ~을 보유하다 mandátummal rendelkezik

의성어 명 hangutánzó szó

의술 명 orvostudomány, orvosi gyakorlat, a gyógyítás tudománya; ~의 orvostudományi; ~은 인술이다 Az orvostudomány jótékony tudományág.

의식 명 szertartás, formalitás, rítus, rituálé; ~을 마치다 szertartást végez; 이것은 단지 ~일 뿐이다 ez csak formalitás

의식주 명 élelem, ruha és szállás, létszükséglet

의식-하다 동 tudatában van, tud, tudomással bír; ~ 명 tudat, tudatosság, eszmélet; ~의 흐름 tudatáramlás; ~을 잃다 elveszíti az eszméletét; ~을 회복하다 visszanyeri az eszméletét; 그는 남의 눈을 지나치게 ~한다 túlságosan figyel mások véleményére; 그는 죽을 때까지 ~이 뚜렷했다 Élete utolsó pillanatáig megőrizte az öntudatát.

의심-하다 동 kételkedik, megkérdőjelez, gyanúsít; ~ 명 kétely, bizalmatlanság, gyanú; ~이 없는 kétségtelen, nem kétséges; ~ 없이 kétségtelenül; 뉴스의 사실 여부를 ~하다 kételkedik abban, hogy a híradó igaz; 나는 그를 사기꾼으로 ~했다 Arra gyanakodtam, hogy ő szélhámos.; 배반했다고 ~을 받다 árulással gyanúsítják meg

의아-하다 형 kétes, gyanús, kétséges, kételkedő; ~한 듯이 kételkedve, gyanakodva, hitetlenkedve; ~한 표정 gyanakvó arckifejezés; ~한 눈빛 kételkedő pillantás

의아해하다 동 kételkedik, furcsán néz; 그의 행동을 ~ kételkedik a viselkedésében

의약품 명 gyógyszer, orvosság

의역-하다 동 szabadon fordít, szabad fordításban ad vissza vmit; ~ 명 szabad fordítás; 소설을 ~하다 szabadon fordítja a regényt; 그의 번역은 너무 ~에 치우쳤다고 비난을 받았다 Bírálták az általa készített fordítást amiatt, hogy túl szabad volt.

의연금 동 adomány, hozzájárulás, alamizsna; 수해 ~ az árvízkárosultaknak szánt adomány

의연-하다 형 rettenthetetlen, határozott, eltökélt; ~히 határozottan, szilárdan, merészen, rettenthetetlenül; ~한 태도 rettenthetetlen magatartás; ~한 자세를 보이다 határozottságot mutat; ~히 역경을 견디다 merészen tűri a nehézségeket

의외로 부 váratlanul, a számítások ellenére; 그는 ~ 빨리 왔다 Ő váratlanul korán jött.; 그 선생님은 ~ 엄하다 A tanár a számításunk ellenére szigorú.

의욕 명 akarás, akarat, buzgalom; 삶의 ~ élni akarás, életvágy; ~이 강한 자가 승리를 쟁취 한다 az erős akarat diadalt arat

의욕적 buzgó, lelkes; ~으로 일하다 buzgón dolgozik; ~인 연습 lelkes gyakorlat

의원[1] 명 képviselő, tanácstag; 서울시 ~ a szöuli városi tanács tagja; 도 ~ tartományi tanács tagja; ~ 총회 a képviselők közgyűlése

의원[2] 명 orvosi rendelő, rendelő; 치과 ~ fogorvosi / fogászati rendelő; 감기로 ~에 가다 elmegy az orvosi rendelőbe influenza miatt

의의 명 jelentés, értelem; jelentőség; 그 말의 ~ a beszéd jelentése; ~가 있다 jelentős; 1945년 8월 15일은 한국인에게 ~ 깊은 날이다 1945. augusztus 15-e jelentős dátum a koreaiak számára.

의인 명 igazságos ember, erényes ember, a közösség ügyeivel törődő ember; 현대 사회는 ~이 많지 않다 Nem sok az igazságos ember a modern társadalomban.

의자 명 szék; ~의 팔걸이 a szék karfája; ~에 앉다 széken ül, helyet foglal a széken; ~에서 일어서다 felemelkedik a székről; 학생에게 ~에 앉기를 권하다 székkel kínálja a diákot

의장 명 elnök(nő)

의전 명 protokoll, szertartás

의절-하다 동 megszakítja a kapcsolatot vkivel, kitagad vkit, elválik vkitől; ~ 명 szakítás; kitagadás; házaspár törvényes válása

의젓-하다 형 tiszteletet / tekintélyt keltő, becsületes, méltóságteljes, tisztességes; ~하게 행동하다 méltóságteljesen viselkedik; ~한 어른이 되다 érett felnőtté válik

의정서 명 protokoll, jegyzőkönyv

의제 명 téma, napirendi pont; ~로 삼다 napirendre vesz egy ügyet; ~에 넣다 napirendre tűz / felvesz; ~에서 빼다 levesz a napirendről; ~에 들어 있다 napirenden szerepel / van

의존-하다 동 támaszkodik vkire, függ vkitől ; ~ 명 támaszkodás, függés; 상호 ~ kölcsönös függés; 미국의 국방은 주로 미사일에 ~하고 있다 Védelme érdekében az USA főként rakétákra támaszkodik.

의지 명 akarás, akarat; ~가 강하다 erős akarattal / vasakarattal rendelkezik; 네 ~에 반하는 일은 하고 싶지 않다 Nem szeretek semmit az akaratod ellenére megtenni.

의지-하다 동 ❶ nekitámaszkodik, nekidől vminek; 팔꿈치에 몸을 ~하다 a könyökére támaszkodik ❷ rá van utalva, függ vkitől / vmitől, egy személyhez fordul

의처증 명 a feleség iránt érzett / táplált féltékenység

의탁-하다 동 megbíz, rábíz; ~ 명 megbízás; 딸에게 ~하다 megbízást ad a lányának; 신에게 모든 것을 ~한다 Istenben bízom.

의태어 명 hangutánzó, hangfestő szó

의하여 szerint, alapján; 관례에 ~ szokásjog szerint / alapján; 형법 제 1 조에 ~ a büntetőtörvénykönyv első paragrafusa szerint; 사상은 언어에 ~ 표현된다 A gondolatokat szavakkal fejezzük ki.

의학 명 orvostudomány; ~적으로 orvosilag; 한국의 ~은 현저한 발전을 하였다 Korea figyelemre méltó fejlődést ért el az orvostudományban.; 이 병을 고친다는 것이 현재로서는 ~적으로 불가능하다 A mai orvostudomány nem tudja gyógyítani ezt a betegséget.; ~ 실습생 bentlakó orvostanhallgató, gyakornok

의학계 명 orvosi világ, orvosi körök; ~의 업적 nagy teljesítmény az orvostudomány terén

의향 명 szándék, hajlandóság; ~이 있다 hajlandó vmire, szándékában áll vmi; 지금 결혼할 ~은 없다 Jelenleg nem áll szándékomban megházasodni.

의혹 명 gyanú, kétely, bizalmatlanság, balsejtelem; ~을 품다 kételkedik, gyanús neki vmi; ~을 풀다 a gyanúja / kételye tisztázódik

의회 명 gyűlés, országgyűlés, parlament; ~를 해산하다 feloszlatja a parlamentet / országgyűlést; ~를 소집하다 összehívja az országgyűlést; ~ 민주주의 parlamentáris demokrácia

의회주의 명 parlamentáris rendszer

이[1] 명 tetű, tetvek; ~가 끓다 ellepték a tetvek; ~를 잡다 tetvészkedik

이[2] 명 fog; ~가 좋다 / 나쁘다 jók / rosszak a fogai; ~가 나다 kinő egy fog, fogzik; ~가 아프다 fáj a foga; ~가 흔들리다 mozog egy fog; ~를 빼다 fogat húzat, kihúzatja a fogát; ~를 닦다 fogat mos; 분하여 ~를 갈다 bosszúsan csikorgatja a fogát vmi miatt; ~가 흔들려서 빼야겠다 Mozog az egyik foga, ki kell húzatni.; 이 톱은 ~가 많이 빠졌다 Ennek a fűrésznek sok foga hiányzik.; 그 접시는 ~가 빠졌다 A tányér szélén van egy törés / csorbulás. Csorba a tányér.

이[3] ez, ezek, jelen, mostani, utóbbi; ~ 달 ez a hónap; ~ 세상 ez a világ, ez az élet; ~ 한 달 동안은 참 바빴다 Ebben a hónapban nagyon elfoglalt voltam.; ~ 후 ezután, a jövőben; ~ 외에 ezenkívül; ~와는 반대로 ezzel ellentétben; ~는 곧 azaz, vagyis, ugyanis; ~에 불구하고 mindezért; ~는 그의 무식을 드러낼 뿐이다 Ez csak a tudatlanságát mutatja.

이[4] két, kettő; (제 2) második; ~삼일 két vagy három nap, néhány nap; ~ 삼은 육이다 Kétszer három az hat.

이같이 부 így, ilyen módon, ekképpen; ~ 추운 날은 처음이다 Még sosem láttam / éreztem ennyire hideget.; 그는 ~ 말했다 Így beszélt.

이것 명 ez, ezek; ~으로 ezzel; ~뿐 nem több, ennyi; ~이 인생이다 Ilyen az élet. Ez az élet.

이견 명 nézeteltérés, más vélemény, ellenvetés, tiltakozás; ~을 내세우다 más véleményen van, tiltakozik; ~을 좁히다 csökkenti a különbségeket, megszünteti a nézeteltérést

이곳 명 ez a hely; ~에서 itt, ezen a helyen; ~으로 ide, erre a helyre; ~으로부터 innen, erről a helyről

이국 명 idegen ország / föld / terület, külföld; ~적(인) idegen, külföldi, egzotikus; ~ 땅에서 죽었다 Idegen országban halt meg.

이권 명 érdekek és jogok; engedmények; szerzett érdekeltségek / jogok; ~을 얻다 jogokat szerez; 정치 헌금은 큰 ~을 얻기 위해 주는 경우가 많다 A politikai adományokat gyakran azért adják, hogy fontos érdekeket szerezzenek.

이글거리다 동 lángol; 불꽃이 이글거리며 잘 타오르다 Lobogó lánggal ég. Lángot vet.; 이글거리는 눈동자에서 분노가 이글거렸다 a bosszú lángja ég a szemében

이기 명 kényelmi eszköz; éles eszköz, éles fegyver; 문명의 ~ modern kényelmi eszköz, a civilizáció áldása / vívmánya

이기다 동 győz, legyőz, megnyer, győzelmet arat; 싸움에 ~ győz a harcban, megnyeri a harcot; 선거에 ~ nyer a választáson; 간신히 ~ kis különbséggel nyer; 병에는 어느 누구도 이기지 못한다 Senki sem győzheti le a betegséget.

이기심 명 önzés

이기적 önző, egoista; ~인 행동 önző tett

이기주의 명 önzőség, egoizmus

이기주의자 명 egoista ember

이끌다 동 vezet, irányít, kalauzol; 아이의 손을 ~ gyereket a kezénél fogva vezet; 사람을 바른 길로 ~ a helyes / igaz útra vezet vkit

이끌리다 동 vezetett, irányított; tessékel; megadja magát; 일시적 감정에 이끌리어 múló szenvedély hatása alatt; 호기심에 이끌리어 방안을 들여다 보다 kíváncsiságtól hajtva bekukkant a szobába

이끼 명 moha; ~가 끼다 mohás, mohával lepett; ~ 낀 나무 mohás fák

이날 명 ma, ezen a napon; azon a napon, ugyanazon a napon; a kérdéses napon; 바로 ~ ezen a napon; ~ 오후 ezen a délutánon; ~ 중으로 a mai nap folyamán, még ma; ~에 이르기까지 그의 행방은 묘연하다 A tartózkodási helye a mai napig ismeretlen.

이남 명 délre; Dél-Korea; 한강 ~ a Han folyótól délre; 서울 ~ Szöultól délre

이내[1] 명 a határon belül, nem több mint, nem múlja felül azt; 3일 ~에 책을 돌려주겠다 Három napon belül visszakapod a könyvet.; 당신 연설의 대강을 400 단어 ~로 쓰시오 Írja meg a beszéde összefoglalását / vázlatát maximum 400 szóban!

이내[2] 부 azonnal, rögtön, most; 그는 나를 보자 ~ 달아났다 Elfutott abban a pillanatban, hogy meglátott engem..

이념 명 ideológia; ~이나 정치 체제의 차이를 초월하다 átlép az ideológiai vagy politikai különbségeken; 간디는 죽을 때까지 비폭력 저항의 ~을 지켰다 Gandhi egész életében ragaszkodott az erőszakmentes ellenállás elvéhez.

이념적 világnézeti, ideológiai

이농-하다 동 abbahagyja a gazdálkodást, otthagyja a földet; ~ 명 a gazdálkodás feladása

이뇨 명 vizelés, vizeletkiválasztás; ~ 곤란 vizelési probléma; 수박은 ~ 작용을 한다고 한다 Azt mondják, hogy a görögdinnyének vízhajtó hatása van.

이뇨제 명 vizelethajtó, vízhajtó

이닝 명 (야구) játékrész; 무득점 3~ eredménytelen / pont nélküli harmadik játékrész

이다 동 visz, hord; 물동이를 머리에 ~ vizeskorsót visz a fején

이단 형 eretnekség; ~을 배격하다 az eretnekséget támadja; ~시하다 eretneknek tart

이단자 명 eretnek

이대로 부 változatlanul, így ahogy a dolgok állnak; 책상 위에 책들을 ~ 두어라 Hagyd ezeket a könyveket az asztalon úgy, ahogy vannak!

ㅇ

이데아 [명] idea, eszme

이데올로기 [명] ideológia; ~의 ideológiai; ~의 대립 ideológiai konfliktus

이동-하다 [동] költözik, mozog, utazik, migrál; ~ [명] költözés, utazás, mozgás, migráció; 보급품의 ~ az ellátmány mozgósítása; 차를 ~시켜 주시오 Kérem, parkoljon máshová!; ~ 전화 mobiltelefon; 인구 ~ a népesség / lakosság mozgása

이득 [명] nyereség, haszon, profit; 서로 싸워봐야 누구의 ~도 되지 않는다 Senki sem húz hasznot egy veszekedésből.

이듬해 [명] következő év, jövő év

이따가 [부] később, idővel; ~ 전화를 하겠다 Később felhívlak.; 저녁을 좀 ~ 먹겠다 Egy kicsivel később fogok vacsorázni.

이따금 [부] időről időre, időnként, olykor-olykor, néha; 그는 ~ 찾아온다 Néha beugrik. Időnként beugrik.

이때 ebben az időben / pillanatban, ekkor; ~까지 mostanáig, eddig a napig, ezidáig, a mai napig; 바로 ~ 한 남자가 방으로 들어왔다 Ekkor egy férfi bejött a szobába.; ~까지 이렇게 훌륭한 사람을 본 일이 없다 A mai napig soha nem találkoztam még ilyen nagyszerű emberrel.

이래저래 [부] így is, úgy is; ilyen-olyan módon; ezzel vagy azzal; ~ 손해다 Ezek mind hozzájárulnak a veszteségünkhöz.; ~ 바쁘다 Elfoglalt vagyok ezzel vagy azzal.

이러이러-하다 [형] olyan, ilyen; így-így, úgy-úgy; ~한 사람 / 장소 ez és ez az ember / hely; 이러저러한 경우에는 ~하게 말하라고 가르쳐 주세요 Mondd el, hogy mit kell mondjak egy ilyen vagy olyan alkalommal / szituációban.

이런 ilyen, ilyenfajta, ilyesmi; ~고로 ezért, emiatt; ~ 때에 ilyen időkben, ebben az időben; ~ 재미있는 책은 처음 읽었다 Még sosem olvastam ilyen érdekes könyvet.

이렇다 [형] így van; 그의 이야기는 대강 ~ Az ő története valahogy így hangzik.; 나는 ~할 취미도 없다 Nincs semmiféle különleges hobbim.

이력 [명] a karrierje / múltja / előélete; a háttere

이력서 [명] önéletrajz; 그는 그 회사에 ~를 냈다 Elküldte az önéletrajzát a vállalathoz.

이례적 kivételes, ritka, példátlan, szokatlan, egyedi; 그의 승진은 ~이다 Az előléptetése kivételes.

이론[1] [명] teória, elmélet; ~상 elvileg, elméletileg; ~적 teoretikus, elméleti; 모두가 ~적으로는 대단히 좋다 Mindez nagyon jó elméletben.; ~과 실제는 반드시 일치하지 않는다 Az elmélet és a gyakorlat nem mindig egyezik.

이론[2] [명] eltérő / ellenkező / más vélemény, ellenvetés; ~을 제기하다 közbevet / felhoz egy ellenvetést, ellentmond; 이 일에는 ~이 있을 리 없다 Nem lehet más vélemény erről az ügyről.

이론가 [명] elméleti szakember

이롭다 [형] hasznos, nyereséges, jövedelmező; előnyös, kedvező; jó; tanító, tanulságos; segítőkész; 이로운 조건 előnyös feltételek; 소년들에게 이로운 책 a fiataloknak való könyv

이루다 [동] elér, teljesít, megvalósít; alakít; 이루지 못할 elérhetetlen, megvalósíthatatlan; 뜻을 ~ megvalósítja az akaratát / álmait; 한 가정을 ~ megházasodik; 기암과 노송이 그곳에 절경을 이루었다 A különös kőalakzatok és régi fenyők képe csodálatos látványt nyújt.

이루어지다 동 megvalósul, valóra válik; alakul; 뜻이 ~ megvalósul a célja; 이 대학교는 10개의 단과 대학으로 이루어져 있다 Ez az egyetem 10 karból áll.

이룩-하다 동 létrehoz, alapít, megalkot; elvégez, kivitelez; 큰일을 ~하다 nagy tettet visz véghez; 나라를 ~하다 új államot alapít; 그는 젊어서 무일푼으로 큰 부를 ~했다 Hatalmas vagyonra tett szert a semmiből, amíg fiatal volt.

이륙-하다 동 felszáll, elhagyja a földet, felemelkedik; ~ 명 felszállás; ~ 시간 / 거리 felszállási idő / távolság; ~ 지점 felszállási pont; ~ 활주 felszállópálya, kifutópálya

이르다[1] 동 elér, odaér, célba ér; vmire jut; 결론에 ~ vmilyen következtetésre jut; 목적지에 ~ eléri a célállomását, célba / célhoz ér; 자살하기에 ~ Odáig jut, hogy öngyilkosságot követ el.; 오늘에 이르기까지 mostanáig, eddig a napig, máig; 처음부터 마지막에 이르기까지 kezdettől a befejezésig, elejétől a végéig

이르다[2] 동 ❶ tájékoztat, jelent, informál; 내가 저녁 식사에 늦겠다고 어머니께 일러라 Mondd meg anyának, hogy késni fogok a vacsoráról. ❷ figyelmeztet, jelez, óva int vkit vmitől; 학생들에게 흡연하지 말도록 ~ figyelmezteti a diákokat a dohányzás veszélyeire ❸ rmegmond, besúg vkit; 아버지한테 이르겠다 Megmondalak apának.

이르다[3] 형 korai, idő előtti; 이른 아침 / 봄 kora reggel / tavasz; 아직 시간이 ~ Még korán van.; 이를수록 좋다 Minél előbb, annál jobb.; 네가 독립하기엔 아직 ~ Túl fiatal vagy, hogy a magad lábára állj.

이른바 부 ahogy mondják, ahogy nevezik; úgynevezett; 이러한 남자가 ~ 신사다 Az ilyen férfit szokás úriembernek nevezni.

이를테면 부 ❶ ahogy mondani szokták / szokás, úgymond, úgyszólván; 그는 ~ 살아있는 부처다 Ahogy mondani szokás, ő egy élő Buddha. ❷ például, mond- juk azt hogy...; ~ 사자나 범 같은 맹수 vadállatok, mint például az oroszlán vagy a tigris

이름 명 név; ~을 짓다 nevet ad vkinek, elnevez vkit; ~을 대다 elmondja / felhozza vki nevét; 그 별은 발견자의 ~을 따서 지었다 Ezt a csillagot a felfedezőjéről nevezték el.; ~을 역사에 남기다 bekerül a neve a történelemkönyvbe; 국민의 ~으로 a nemzet nevében; ~이 알려지다 híres, ismert, népszerű

이름나다 동 hírnevet szerez, híres / ismert lesz; 이름난 híres, népszerű, ünnepelt, ismert; (나쁜 뜻으로) hírhedt, rossz hírű; notórius; 정계에서 이름난 사람 egy híresség a politika világában; 이 고장은 피서지로 이름난 곳이다 Ez a helység nyaralóhelyként ismert/híres.

이름표 명 kitűző, névtábla

이리[1] 명 farkas; ~떼 farkasfalka

이리[2] 부 ilyen módon / úton, így, ekképp; erre, erre a helyre, ide; ~ 오십시오 Kérem, erre jöjjenek.; ~ 앉아라 Ülj ide!

이리저리 부 így-úgy, itt és ott, mindenütt; ide-oda, mindenfelé; ~ 돌아다니다 barangol, kóborol, kalandozik, lófrál; ~ 둘러보다 körbenéz, bámul; 책을 ~ 찾다 mindenfelé / mindenütt keresi a könyvet; 배는 ~ 표류하고 있었다 A hajót ide-oda dobálták a hullámok.

이마 명 homlok; 넓은 ~ széles / magas homlok; ~에 땀을 흘리며 verejtékes munkával; ~를 맞대고 의논하다 összedugják a fejüket, bizalmas megbeszélést tartanak

이만저만 부 csak eddig vagy addig a terjedelemig, csak egy bizonyos fokig / mértékig; 더워도 ~ 덥지 않다 Ma meleg van, kétség sem férhet hozzá!; 그는 영어를 해도 ~ 잘 하는 것이 아니다 Ő nemcsak jól tud angolul, de anyanyelvi szinten beszél.; 미인도 ~한 미인이 아니다 felülmúlhatatlanul szép lány

이만큼 부 ekkora, körülbelül ennyi; eddig, ilyen mértékig; 2층에 책이 ~ 또 있다 Ugyanannyi könyvem van az emeleten, mint itt.; ~만 있으면 당분간 용돈은 된다 Ez nekem elég zsebpénz egy ideig.; 어제 낚은 고기는 ~ 컸다 A hal, amit tegnap fogtam, ekkora volt.

이만-하다 형 annyi / akkora, mint ez, ugyanannyi / ugyanakkora, mint ez; ~한 손해는 아무 것도 아니다 Egy ilyen kis veszteség semmit sem számít nekem.; 둑이 ~하면 튼튼하다 A gát most olyan erős, amilyen csak lehet.; 내 책상은 ~하다 Az asztalom ilyen nagy / ekkora.

이맘때 명 ilyenkor, ez idő szerint, ekkor, a nap ezen részében, ez idő tájt; 내년 ~ jövőre ugyanekkor, jövőre ilyenkor; 작년 ~에는 큰비가 왔었다 Tavaly ilyenkor nagy eső volt.; 내일 저녁 ~ 또 와 뵙겠습니다 Holnap este ilyenkor újra eljövök és meglátogatom (önt).

이맛살 명 ráncok a homlokon; ~을 찌푸리다 összeráncolja a homlokát

이면 명 hát, hátsó / másik oldal, túloldal; teljes történet, háttér; a sötét oldal; 도시 생활의 ~ városi élet sötét oldala; ~을 관찰해라 Nézd a másik oldalát vminek!

이모 명 anyai nagynéni

이모저모 명 minden oldala / része / nézete; ~로 생각하다 minden szögből / oldalról megvizsgál egy ügyet

이목 명 szem és fül; nyilvános figyelem, közfigyelem; ~을 끌다 közfigyelmet vonz, magára vonja a figyelmet; ~을 피하다 kerüli a közfigyelmet / nyilvánosságot

이목구비 명 fül, szem, száj és orr; arcvonások, kinézet; ~가 반듯하다 arányos vonásokkal rendelkezik

이미 부 ❶ már, máris; többé / többet nem; ~ 때가 늦었다 Most már túl késő.; 그것은 ~ 끝났다 Már kész(en) van.; Már véget ért / befejeződött; 내가 정거장에 닿았을 때 열차는 ~ 떠나고 없었다 Mire megérkeztem az állomásra, a vonat már elment. ❷ előbb, előtte, előzőleg, imént; ~ 말한 바와 같이 ahogy előzőleg mondtam, amint (már) említettem

이미지 명 kép, elképzelés; ~를 바꾸다 megváltoztatja a róla kialakult képet, megváltoztatja a képét vminek / vkinek; 세상 사람들은 유명인에 대하여 틀에 박힌 ~를 갖고 있다 Az embereknek szilárd / határozott elképzelésük van arról, hogy milyenek a híres emberek.

이민법 명 emigrációs törvény

이민자 명 emigráns, kivándorló; bevándorló

이민족 명 idegen nép, más nemzetiségű nép

이민-하다 동 emigrál, kivándorol; bevándorol; ~ 명 emigráció, kivándorlás; bevándorlás; 우리나라에서 많은 사람이 브라질로 이민을 갔다 Sok ember vándorolt ki Brazíliába az országunkból.

이바지-하다 동 ellát, felszerel, juttat, szolgáltat; hozzájárul, elősegít, közreműködik; 평화에 ~하다 hozzájárul a békéhez; 나라에 ~하다 az országát szolgálja, sokat tesz a hazájáért; 한국의 경제 발전에 ~하다 hozzájárul Korea gazdasági növekedéséhez

이반-하다 동 elfordul vkitől, elidegenül, elhidegül; elszakad, különválik, kilép; ~ 명 elidegenedés, elhidegülés, elfordulás; kivonulás, kilépés, kiválás; 민심은 현 정부에서 ~되어 있다 Az emberek elfordultak a jelenlegi kormánytól.

이발사 명 fodrász, borbély

이발소 명 fodrászüzlet, borbély; ~ 간판 borbélycégér

이방 명 idegen ország, külföldi ország; ~인 idegen, külföldi

이백만 kétmillió

이번 명 most, ezúttal, jelenleg, a jelen időben, ebben az időben; (최근) a mostani, jelenlegi; a következő alkalommal, legközelebb; ~에 오신 선생님 az új tanár; ~ 일요일 következő vasárnap; ~ 여름 방학 az elkövetkezendő nyári vakáció; ~에는 네 차례다 Most te jössz / következel.

이벤트 명 reklámkampány, bemutató, promóció

이변 명 szokatlan / rendkívüli változás, kivételes jelenség; 날씨의 ~ szokatlan időjárásváltozás; 그의 신상에 무슨 ~이라도 있을까봐 두렵다 Attól félek, (hogy) valami rossz történt vele.

이별-하다 동 elválik vkitől, búcsút int vkinek; ~ 명 válás, elválás, búcsú; 눈물의 ~ könnyes búcsút vesz; ~을 아쉬워하다 vonakodik megválni vmitől, vonakodva válik meg vmitől; 친구들과의 ~이 그를 슬프게 했다 A barátaitól való elválás szomorúvá tette.

이부자리 명 matrac, ágybetét; ágynemű, paplan; ~를 펴다 megágyaz; ~를 개다 összehajtja az ágyneműt

이부제 명 kétműszakos iskolai rendszer; ~ 수업의 학교 kétműszakos rendszerrel működő iskola

이분법 명 kettősség, dichotómia

이불 명 paplan, ágytakaró; ~을 덮다 magára tesz egy paplant, betakarózik; ~을 뒤집어쓰다 a fejére húzza a takarót; ~을 덮고 자다 takaró alatt alszik

이빨 명 fog

이사 명 igazgató; meghatalmazott, igazgatósági tag; 상무 / 상임 / 대표 / 전무 ~ ügyvezető / állandó / helyettes / adminisztratív igazgató

이사국 명 nemzetközi szervezet legfelső vezetésében részt vevő tagország; 유엔 안전보장 상임 ~ az ENSZ Biztonsági Tanácsának állandó tagja

이사장 명 igazgatótanács vezetője, főigazgató, vezérigazgató

이사-하다 동 költözik, megváltoztatja a lakhelyét; ~ 명 költözés; ~ 비용 költözés / költözködés költsége; 새 집으로 ~하다 új házba költözik; 시골로 ~하다 vidékre / faluba költözik

이사회 명 igazgatóság, kormányzó / intéző testület, igazgatótanács

이삭 명 kalász; 벼~ rizskalász; 밭에서 ~을 줍다 mezőn kalászt összegyűjt / szed; 보리 ~이 다 팼다 Az árpakalászok már mind megértek.; ~ 줍기 kalász összegyűjtése

이산가족 명 elvált / elválasztott / szétszakított családok; 남북 ~의 교환 방문 cserelátogatás az elválasztott / szétszakított családok között Dél- és Észak-Koreában; ~의 재회를 실현시키다 megvalósítja a szétválasztott családok újratalálkozását

이산화탄소 명 nitrogéndioxid, szén-dioxid

이산화황 명 kén-dioxid

이삿짐 명 bútor / ingóság, amit el kell vinni vkinek a házából költözéskor

이상[1] nem kevesebb mint, vagy több, több mint, felett; 세 시간 ~ több, mint három óra; 50 ~ ötven felett; 상상 ~이다 több, mint amennyit bárki is el tudna képzelni; meghaladja a képzeletet; 그 ~ 말할 것이 없다 Nincs több mondanivalóm.; ~이 그의 연설의 개요다 A fentiek tartalmazzák beszédének lényegét. 그것을 본 ~ 우리에게 말해야 한다 Mivel te láttad, neked kell beszámolnod róla.

이상[2] 명 eszmény, tökély, ideál, példakép; ~과 현실의 조화 az eszmény / álom és a valóság harmóniája; ~에 맞다 megfelel az eszményének / példaképének / ideáljának

이상주의 명 idealizmus

이상주의자 명 idealista

이상-하다 형 szokatlan, különleges, különös, ritka, abnormális; furcsa, bizarr; gyanús, kétes; 머리가 ~하다 őrült, elment az esze

이상향 명 földi paradicsom, utópia

이상형 명 eszményi / ideális típus

이색적 nem a megszokott, különleges, egyedi, szokatlan; ~인 작품 egyedi / ritka / szokatlan mű; 그는 문단에서 ~인 존재이다 Ő különleges személyiség az irodalmi életben.

이서-하다 동 hitelesít, aláír; ~ 명 hitelesítés, aláírás; 여기에 ~해 주면 좋겠습니다 Aláírná ezt a hátoldalon? Lenne szíves hitelesíteni?

이성 명 másik nem, ellenkező nem; ~과 사귈 기회 lehetőség arra, hogy ellenkező nemű emberekkel ismerkedjen meg; ~을 가까이 하다 kapcsolatot teremt az ellenkező nemmel, kapcsolatban van az ellenkező nemmel

이송-하다 동 átvisz, áttesz, átszállít, elvisz; ~ 명 átvitel, áttevés, átszállítás, elvitel; 화물의 ~ teheráru-szállítás

이수-하다 동 befejez egy iskolát, elvégez egy iskolát; ~ 명 befejezés, végzés; 본과를 ~하다 elvégzi a szakot

이순 명 hatvanéves; ~이 되다 megéri a hatvanadik évét

이슥-하다 형 밤이 ~하도록 késő estig; 그는 밤이 ~해서야 집에 돌아왔다 Már késő éjszaka volt, mire hazaért.

이슬 명 harmat, harmatcsepp; 아침 ~ reggeli harmat; ~이 내리다 harmatos, összegyűlik a harmat; 풀밭에 ~이 맺혀 있었다 Harmatcseppek voltak a füvön.; 단두대의 ~로 사라지다 nyaktiló / guillotine által veszíti el az életét

이슬람 명 iszlám; ~의 iszlám, muszlim

이슬람교 명 iszlám, mohamedán vallás

이슬비 명 szitáló eső, szemerkélő eső

이승 명 ez a föld, ez a világ, evilági élet; ~에서 ezen a világon, a földi életben; ~의 괴로움 ennek az életnek a megpróbáltatásai; 그것이 ~과의 마지막 이었다 Ez volt az utolsó találkozásunk a földi életben.

이식-하다 동 átültet, transzplantál; ~ 명 átültetés, transzplantáció; 피부 ~ bőrátültetés; 각막 ~ szaruhártya átültetés; 골수 ~을 받다 csontvelő-átültetést kap; 나는 나무를 정원에 ~했다 Átültettem a fákat a kertben.

이십 húsz; ~(번)째 huszadik; ~분의 일 egy huszad; ~대의 여자 fiatal nő a húszas éveiben, huszonéves fiatal nő; ~세기 a huszadik század

이쑤시개 명 fogpiszkáló, fogvájó; ~로 이를 쑤시다 fogpiszkálót használ

이야기책 명 mesekönyv

이야기-하다 동 beszél, beszélget, társalog; elmesél, elbeszél; elmond, előad; ~ 명 beszéd; mese, történet; ~ 상대 beszélgetőtárs; ~를 시작하다 elkezd beszélni, beszélgetésbe kezd; ~로 밤을 새우다 az egész este folyamán beszél; 혼자만 ~하다 nem hagy mást szóhoz jutni; 영어로 ~하다 angolul beszél; 난 결정할 수 없으니 사장과 ~하는 것이 나을걸세 Nem tudom eldönteni, ezért meg kellene beszélned a cégvezetővel; 이런 계획은 전혀 ~가 되지 않는다 Egy ilyen terv szóba sem jöhet.; 어째 꾸며낸 ~같다 fikciónak / kitalációnak hangzik

이어 부 vmit követően; utána, azután, nemsokára, következőleg; folyamatosan, szünet nélkül; 연~ egyik a másik után, egymás után; 축사에 ~ 건배를 했다 Az üdvözlő beszédet követően pohárköszöntő hangzott el.

이어달리기 명 váltófutás

이어받다 동 örököl, megörököl, átvesz; 아버지의 사업을 ~ átveszi az apja vállalkozását

이어지다 동 össze van kötve, csatlakoztatva van; vezet; 부엌은 식당으로 이어져 있다 A konyha össze van nyitva étkezővel.; 태평양과 대서양은 파나마 운하로 이어져 있다 A Csendes-óceánt és az Atlanti-óceánt a Panama-csatorna köti össze.

이온 명 (화학) ion; ~층 ionoszféra

이온화-하다 동 ionizál; ~ 명 ionizálás

이완-하다 동 elernyed, ellazul; ~ 명 ernyedtség, lazaság

이왕 부 ❶ múlt, régmúlt; ~지사 hajdan, régmúlt, egyszer ❷ már most, hogy...; amíg; ~ 그 일을 시작했으니 다 마치도록 해라 Most, hogy már elkezdted a munkát, próbáld meg befejezni. ❸ abban az esetben, ha...; akkor, ha...

이외 명 ~에 vmit kivéve, azonkívül, kivétel, soron kívül; amellett, ráadásul; 일요일 ~에는 vasárnap kivételével; 그는 월급 ~에 다른 수입이 좀 있다 Van egy kis mellékes keresete a fizetése mellett.; 이곳에는 나 ~에 아무도 없다 Senki sincs itt rajtam kívül.

이용률 명 hasznosítási ráta, felhasználási együttható, hasznosítási együttható

이용법 명 útmutató a használathoz, használati utasítás; 이 기계의 ~을 말해주세요 Mondd el nekem, hogyan kell használni / működtetni ez a gépet!

이용자 명 felhasználó; látogató

ㅇ

이용-하다 동 használ, kezel, működtet; előnyt / hasznot húz vmiből, felhasznál vmit; ~ 명 használat, kezelés; hasznosítás; ~할 수 있는 felhasználható, hasznosítható; 폐품 ~ hulladékhasznosítás, hulladékfelhasználás; 천연 자원을 ~하다 kitermeli / kiaknázza a természeti erőforrásokat; 원자력을 평화적인 목적으로 ~하다 békés célra használja (fel) az atomenergiát; 방학을 ~하다 kihasználja a szabadságát; 남의 무지함을 ~하다 előnyére fordítja / kihasználja vkinek a tudatlanságát

이웃 명 szomszéd; szomszédság; ~의 szomszédos, határos; ~과 잘 지내다 jól kijön a szomszédokkal; 서로 ~해 있다 szomszédok, egymás mellett laknak; ~ 나라 szomszédos / határos ország

이웃사촌 명 jó szomszéd; 먼 친척보다 가까운 이웃이 낫다 Egy jó szomszéd jobb, mint egy távoli testvér.

이웃집 명 szomszédos ház

이원론 명 dualizmus

이월 명 február (febr.)

이유 명 ok, indíték; alap; késztetés, motiváció; kifogás, ürügy; 결석한 ~ ok / indok a hiányzásra; ~ 있는 jól megalapozott; 무슨 ~로 milyen oknál fogva, miért; 다만 가난하다는 ~로 남을 업신여겨서는 안 된다 Nem lenne szabad megvetned egy embert, csak azért, mert szegény.

이윤 명 haszon, profit; 초과 ~ extraprofit, a szokásosat meghaladó nyereség; 상당한 ~을 올리다 jó nagy nyereséget hoz

이율 명 kamatláb; ~을 인하하다 csökkenti a kamatlábat; 연 7푼 5리의 ~로 돈을 빌려주다 évi 7,5 százalékos kamatra kölcsönöz pénzt

이윽고 부 egy idő után, idővel, nemsokára, hamarosan; ~ 그는 병이 나았다 Nem telt sok időbe, mire jobban lett.; 해가 지고 ~ 달이 떴다 A nap lement / lenyugodott, és kis idő múltán megjelent a hold.

이의 명 ellenzés, ellenkezés, tiltakozás; kifogás; ~ 없이 ellenkezés nélkül; ~를 제기하다 ellenez vmit, tiltakozik vmi ellen, kifogásol vmit

이익 명 profit, haszon, nyereség; ~을 보다 profitál, hasznot / nyereséget húz vmiből; ~이 적다 kevés hasznot hoz; 나는 눈앞의 ~만을 말하고 있는 것은 아니다 Nem az azonnali nyereségről beszélek.; 공동의 ~을 증진하다 támogatja a közös érdekeltségeket

이자 명 kamat; 1년 6%의 ~ évi hatszázalékos kamat; 비싼 / 싼 ~로 magas / alacsony kamattal / kamatra; ~를 받고 돈을 꾸어주다 kamatra ad kölcsön pénzt; 5%의 ~로 돈을 빌리다 ötszázalékos kamatra vesz fel pénzt

이자율 명 kamatláb

이적 명 csoda; ~을 행하다 csodát tesz / visz véghez

이적-하다 동 átírat (járművet / autót a saját nevére), átigazol (egyik csapattól a másikhoz); ~ 명 átíratás, átigazolás, regisztrációk átvitele; (프로 선수가) 타이거스로 ~하다 Átigazol a Tigrisekhez.

이전 előző, múltbéli; ~에 egyszer, ezelőtt, előző alkalommal; régebben, a múltban; ~대로 ahogy ezelőtt / korábban; ~에 그를 만난 적이 있다 Láttam már őt ezelőtt / régebben.; 그는 ~에 대학교수였다 Ezelőtt egy egyetemen volt professzor.; 그 조각은 서기 300년 ~의 것으로 여겨지고 있다 A szobor keletkezését az időszámítás szerinti 300 utánra teszik.

이전-하다 동 (사람이) elköltözik, költözik; (양도) átruház, átmegy, átvisz, áthoz, gazdát cserél; ~ 명 költözés; átadás, átruházás; 재산의 ~ tulajdon átruházása; 다음 주소로 ~했습니다 Az alábbi címre költöztünk.

이점 명 előny, érdem; ~을 열거하다 rámutat vminek az előnyére; 이 기계는 운반과 조작이 편리하다는 ~이 있다 Ennek a gépnek az az előnye, hogy könnyű szállítani és kezelni.

이정표 명 mérföldkő

이제 부 most, jelenleg, ebben az időben / pillanatban; ~ 막 épp, most; egy pillanattal ezelőtt; ~까지 mostanáig, ezidáig, máig; ~부터 mostantól, innentől, ettől fogva; 그는 ~ 막 나갔습니다 Épp most ment ki.; 그는 ~ 어린애가 아니다 Ő többé már nem kisfiú.; 그것은 ~ 안 하겠다 Nem csinálom ezt többet / tovább.; ~부터 술을 삼가도록 해라 A mai naptól kezdve tartózkodnod kell a szeszes italok fogyasztásától.

이제껏 부 mindeközben, mindezalatt, mindeddig; ~ 어디 있었는가 Hol voltál (mind)eddig?

이제야 부 most, végre, mostanra

이종 명 unokatestvérek az anyai nagynéni révén

이주-하다 동 költözik; betelepül; kitelepül, emigrál; be- / kivándorol; ~ 명 betelepedés, költözés; 부산으로 ~하다 Buszánba költözik; 그녀는 프랑스에서 미국으로 ~했다 Franciaországból az Egyesült Államokba emigrált.

이중 명 megkettőzés, duplikálás; ~의 kettős, duplikáló; ~으로 싸다 duplán becsomagol; 그것은 ~의 수고가 든다 Kétszeresen nehezíti azt.; ~ 간첩 kettős ügynök; ~ 국적 kettős állampolgárság; ~ 인격 kettős személyiség; kétszínű / álnok / hipokrita (ember)

이중모음 명 diftongus

이지적 intellektuális, értelmi, szellemi; ~인 사람 intelligens / értelmiségi ember

이차 második; másodlagos, másodfokú; 제 ~ 세계 대전 második világháború, II. világháború; 그런 일은 ~적인 문제다 Egy ilyen kérdés, mint ez, csak másodlagos jelentőségű.; ~ 감염 másodlagos fertőzés; ~ 방정식 másodfokú egyenlet; ~ 산업 másodlagos iparágak

이착륙 명 felszállás és leszállás, landolás

이체-하다 동 átutal; ~ 명 átutalás; 그 돈은 아직 ~되지 않은 것 같습니다 Úgy tűnik, a pénzt még nem utalták át.

이치 명 alapelv, törvényszerűség; értelem; 자연의 ~ természeti törvény; ~에 맞는 말 ésszerű szavak; 네 말은 ~에 맞지 않는다 Kevés értelem van abban, amit mondasz.

이타적 önzetlen

이타주의 명 önzetlenség

이탈-하다 동 elszakad, különválik, kilép; otthagy, felmond; ~ 명 kivonulás, kiválás, kilépés, különválás, kiszakadás; felmondás; 그는 과격한 정책에 반대하여 당적을 ~했다 Otthagyta a pártot annak radikális politikája elleni tiltakozásképpen.

이태 명 két év; ~ 동안 két évig

이토록 부 ennyire, annyira; 영어를 가르치기가 ~ 힘든 줄은 몰랐다 Nem is gondoltam, hogy ilyen nehéz angolt tanítani.

이튿날 명 a következő nap, másnap, holnap; ~ 아침 holnap reggel; ~인 3월 10일에 a rákövetkező napon, március tizedikén

이틀 명 két nap; ~ 후에 két nappal később; ~ 걸러 minden harmadik napon

이하 명 ❶ vagy kevesebb; nem több, mint...; 6세 ~는 무료이다 Hatéves vagy fiatalabb gyermekek számára ingyenes. ❷ vmi alatt van, kevesebb vminél; 보통 ~ az átlagos szint alatt; 평년작 ~이다 A termés az átlagosnál is kevesebb.

이항 kéttagú, binominális; ~ 방정식 kéttagú / binominális egyenlet; ~ 분포 binominális eloszlás; ~ 정리 binominális tétel

이해 명 érdek, előny, haszon; ~의 상충 érdekellentét; ~에 관계되다 hatással van vkinek az érdekeire; 이 협정에는 노사 쌍방의 ~가 얽혀 있다 Ez a megegyezés kapcsolódik mind a vezetés, mind pedig a munkások érdekeihez.; ~ 타산 a veszteségek és nyereségek elszámolása

이해관계 명 érdek, érdekeltség, érdekelt állapot; ~가 있다 érdekelt vmiben; 우리 나라는 이 문제에 중대한 ~를 가지고 있다 Az országunk komolyan érdekelt ebben az ügyben.

이해심 명 megértés, szimpátia, figyelmesség, empátia; ~이 부족하다 hiányzik belőle a megértés / empátia

이해-하다 동 megért, felfog; ~ 명 megértés, felfogás; 그는 남의 기분을 ~할 줄 모른다 Hiányzik belőle a mások érzései iránti érzékenység.; 나는 자네 말을 ~할 수 없네 Nem tudlak megérteni.; 문장의 뜻을 ~하다 felfogja egy szövegrész jelentését

이행-하다[1] 동 átvált vmiről vmire, cserél; ~ 명 váltás, csere; 평화 산업으로 ~하다 átvált a békeiparra

이행-하다[2] 동 teljesít, megtesz, kivitelez, megvalósít, végrehajt; ~ 명 teljesítés, megvalósítás, kivitelezés, végrehajtás; 약속을 ~하다 teljesíti / megtartja az ígéretét; 계약을 ~하다 betartja / teljesíti a szerződést; 채무 ~을 게을리 하다 késlekedik a tartozás kifizetésével

이혼-하다 동 elválik, különválik; ~ 명 válás; 협의 ~ közös megegyezéssel kimondott válás; ~율 válási arány; ~ 절차 válási folyamat / eljárás; 그녀는 ~했다 Az asszony elvált.

이황화탄소 명 karbon-diszulfid, széndiszulfid

이후 ezután, innentől, mostantól, ezentúl; a jövőben; az után az idő után, attól fogva; 5년 ~ mához öt évre, mostantól öt évig; 신청은 8월 15일 ~ 접수한다 A jelentkezéseket augusztus 15-től kezdve fogadják el.

익다[1] 동 hozzászokik vmihez, megszokik vmit; 귀에 익은 목소리 ismerős hang

익다[2] 동 érik, megérik; 익은 과일 érett gyümölcs; 너무 익은 사과 túlérett alma; 익지 않은 과일 éretlen gyümölcs

익명 명 névtelenség; ~으로 기고하다 névtelenül ír egy lapba

익사-하다 동 megfullad; ~ 명 fulladásos halál; ~할 뻔하다 kis híján megfullad; ~ 직전의 사람을 구하다 megment egy embert a fulladástól; ~ 사고 fulladásos baleset; ~체 하나가 바닷가로 밀려왔다 Egy megfulladt ember teste sodródott a partra.

익살 명 bohóckodás, bolondozás, tréfálkozás, mókázás, viccelődés; (농담) vicc, poén, tréfa; (유머) humor

익살스럽다 형 vicces, humoros, poénos; 익살스럽게 이야기하다 viccesen beszél; 원숭이가 자전거 타는 것이 참 익살스러웠다 A majom nagyon viccesen nézett ki a biciklin.

익숙-하다 형 hozzá van szokva vmihez, tapasztalt vmiben, gyakorlott vmiben, otthon van vmiben; 나는 이런 일에는 ~하지 못 합니다 Nem vagyok hozzászokva az ilyen dolgokhoz.

익숙해지다 동 hozzászokik; 지금은 이 동네에 익숙해졌다 Mostanra hozzászoktam ehhez a faluhoz.

익히 부 jól, átfogóan, teljesen, alaposan; ~ 알다 jól / alaposan tud

익히다[1] 동 (음식을) főz, forral; átsüt; (과실을) érik, érlel; (발효 식품을) fölöz, erjeszt; 고기를 잘 ~ jól átsüti a húst; 김치를 ~ kimcsit savanyít / erjeszt.

익히다[2] 동 megtanul; gyakorol, edz; 글씨를 ~ a szépírást gyakorolja; 자동차 운전을 ~ megtanul vezetni

인가 명 emberi lakóhely, lakás, ház; ~와 동떨어진 az ember által lakott területektől távol; ~가 없는 elhagyatott, kihalt, lakatlan

인가-하다 동 megenged, engedélyez, felhatalmaz, meghatalmaz, feljogosít; ~ 명 engedély, felhatalmazás, meghatalmazás

인간 명 ember, emberi lény; emberiség; (인물) alak, személy; ~ 중심적인 emberközpontú, antropocentrikus; ~다운 생활 emberhez méltó élet; 그들도 우리처럼 ~이다 Ők is emberi lények, akárcsak mi.; 그것은 ~으로서는 할 수 없다 Ez egy ember számára lehetetlen.; ~ 복제 emberklónozás (embrióké); ~ 소외 elembertelenedés

인간문화재 명 hagyományőrző személy (a nemzeti kulturális vagyon része Koreában)

인간미 명 emberi érintés, emberség, emberiesség; ~가 있는 melegszívű, emberséges

인간성 명 emberi természet; ~이 풍부하다 emberséges, emberi értékekben gazdag

인건비 명 munkaerő-kiadás, munkaerőköltség; ~를 줄이다 csökkenti a munkaerőre fordított kiadásokat

인격 명 egyéniség, egyéni jelleg, személyiség; ~을 존중하다 tiszteli (egy ember) személyiségét

인계-하다 동 átad, átvesz, örököl; ~ 명 átvétel, öröklés; 전임자로부터 사무를 ~받다 átveszi az üzletet az elődeitől; 후임자에게 사무를 ~하다 átadja a vezetést / üzletet az örökösnek / utódnak

인공 명 emberi munka; emberi képesség; művészet; mesterség; 천연과 ~이 잘 조화되어 있다 Tökéletes harmóniában ötvözik a természetet a művészettel.; ~ 수정 mesterséges megtermékenyítés; ~ 지능 mesterséges intelligencia

인공위성 명 műhold; ~을 발사하다 fellő egy műholdat

인공호흡 명 mesterséges lélegeztetés, szájból-szájba történő lélegeztetés; ~

을 시키다 kipróbálja a szájból-szájba lélegeztetést / újraélesztést

인과관계 명 ok-okozati kapcsolat, okság, metonimikus viszony

인과응보 명 megtorló igazság (a keleti kultúrában)

인구 명 népesség; ~가 조밀 / 희박한 지역 sűrűn / szórványosan lakott kerület; ~ 유입을 억제하다 megállítja a népesség beáramlását; 너희 나라의 ~는 얼마나 되느냐 Mennyi az országodnak a népessége?; ~ 조사를 하다 népszámlálást tart; 서울에 ~ 집중을 막다 megelőzi a népesség sűrűsödését Szöulban

인구수 명 a népesség nagysága

인권 명 emberi jogok; ~을 지키다 megvédi az emberi jogokat; ~을 유린하다 eltapossa az emberi jogokat; ~ 선언 az Emberi Jogok Nyilatkozata

인근 명 szomszédság; ~의 szomszédos, határos, közeli; ~의 나라들 szomszédos / határos országok; ~에 a szomszédjában / közelében vminek

인기 명 népszerűség, ismertség; 일시적 / 덧없는 ~ múló / röpke népszerűség; 폭발적 ~ óriási népszerűség; ~ 위주의 언동 kizárólag népszerűség megszerzésére irányuló viselkedés; 세계적 ~ 가수 világszerte népszerű énekes; ~를 얻다 népszerűségre tesz szert; ~를 잃다 népszerűtlenné válik, elveszíti népszerűségét

인기인 명 színpadi csillag, mozicsillag, filmcsillag, sztár; híres ember, ismert személyiség, híresség, celebritás

인기척 명 utalás egy ember ottlétére, egy ember ottlétének jele; 그 집에는 ~이 없었다 Nem voltak a házban életre utaló jelek.

인내심 명 türelem; ~이 없다 türelmetlen; ~이 강한 türelmes, állhatatos, kitartó

인내-하다 동 kitart, eltűr, kibír; ~ 명 tűrés, türelmesség, eltűrés; 나의 ~도 이제 한계에 이르렀다 Elfogyott a türelmem.

인도 명 járda, gyalogút; ~를 걷다 végigsétál a járdán

인도-하다 동 vezet, irányít; 아무를 바른 길로 ~하다 jó útra vezet / térít vkit

인대 명 (해부) ínszalag

인두[1] 명 vasaló; (납땜용) forrasztópáka; ~질 하다 vasal; forraszt

인두[2] 명 garat, torok

인두염 명 torokgyulladás

인력 명 emberi erő, munkaerő; 기술 ~을 양성하다 A szakértőket / munkaerőt kiképezik; ~ 개발 az emberi erőforrások fejlesztése

인력난 명 munkaerő-problémák

인류 명 az emberiség, az emberi nem, az emberek; ~의 az emberiségtől / embertől való, emberi

인류학 명 embertan, antropológia; 문화 ~ kulturális antropológia

인류학자 명 antropológus

인명 명 emberi élet; 많은 ~을 희생하여 nagy emberáldozatok árán; ~을 구조하다 megment egy életet; ~을 경시하다 félvállról veszi az életet, nem veszi komolyan az életet

인문 humán; ~ 과목 humán tárgyak, bölcsészet; ~ 지리 társadalomföldrajz

인문주의 명 humanizmus

인문주의자 명 humanista

인문학 명 bölcsészettudomány, klasszika-filológia

인물 명 ember, személy; tehetséges ember; hős, karakter, személyiség; 위대한 ~ jó / remek ember / elme; 이 소설에는 ~이 잘 묘사되어 있다 A regény karakterei mind jól ábrá- zoltak.; ~ 묘사 emberábrázolás

인민 명 nép, emberek, közönség, nyilvánosság; ~의 권리 polgárjogok; ~ 공화국 népköztársaság; ~ 재판 népbíróság; ~ 주권 népszuverenitás

인부 명 munkás; napszámos, kubikos; 토목 ~ építőmunkás, kőműves

인사 명 társasági ember / személyiség; 거물급 ~ fontos személyiség; 반정부 ~ kormányellenes befolyásos személyiség; 재야 ~ ellenzéki személyiség

인사과 명 személyzeti osztály

인사말 명 üdvözlet, köszönés, megszólítás

인사이동 명 személyzeti átalakulás / átszervezés

인사-하다 동 köszön, köszönt, üdvözöl; tiszteletét teszi, meghajol; ~ 명 üdvözlés, köszönés, köszöntés, bókok; 작별 ~를 하다 elbúcsúzik, búcsút mond; 아침 ~를 하다 jó reggelt kíván, elköszön; ~도 없이 가 버리다 köszönés nélkül elmegy

인삼 명 ginszeng; 한국은 고품질의 ~으로 전 세계에 평판이 나 있다 Korea az egész világon híres a kiváló minőségű ginszengjéről.

인삼차 명 ginszeng tea

인상[1] 명 külső tulajdonságok, kinézet, megjelenés; arcvonások; ~을 보다 ismeri vkinek a személyiségét a külseje / arcvonása alapján

인상[2] 명 benyomás, hatás, impresszió; 깊은 ~을 받다 mély benyomással van rá; 좋은 ~을 주다 jó benyomást tesz vkire, jó benyomást kelt vkinél; 첫~을 말하다 elmondja az első benyomásait (vkiről / vmiről); 서울의 ~이 어떻습니까 Milyen benyomást keltett benned Szöul?

인상적 lenyűgöző, mély benyomást keltő, megkapó, hatásos, hatást keltő

인상파 명 impresszionisták

인상-하다 동 felhúz, felvon; felemel, emelkedik; ~ 명 felhúzás; emelkedés, növelés, növekedés; 기본임금의 ~을 요구하다 a minimálbér növelését / emelését követeli; 운임을 ~하다 emeli a díjat; 가격이 5백 원으로 인상되었다 Az árat felemelték 500 vonra.

인색-하다 형 zsugori, fösvény, fukar, szűkmarkú, garasos; 그는 돈에 정말 ~하다 Nagyon fukar a pénzt illetően.

인생 명 emberi élet, emberi lét / létezés; ~을 비관하다 negatívan / pesszimistán szemléli az életet; ~ 행로 az ember életének a folyamata / pályafutás

인생관 명 életszemlélet; 진지한 ~을 가진 사람 komoly életszemléletű ember

인솔-하다 동 vezet, irányít; ~ 명 vezetés, irányítás; 선생님의 ~ 아래 egy tanár vezetésével; 그는 학생들을 ~하여 소풍을 떠났다 Kirándulni indult a tanítványait vezetve.; ~자 vezető, irányító

인쇄-하다 동 (ki)nyomtat; ~ 명 nyomtatás; ~가 선명하다 tisztán / olvashatóan nyomtatott; ~ 기술 nyomtatási technika; 작은 글자로 ~하다 kis betűtípussal nyomtat; 이 책은 1만 부 ~되었다 Ezt a könyvet tízezer példányban nyomtatták ki.

인수-하다 동 átvesz, átvállal, magára vál-

ㅇ

lal, saját kezelésbe vesz; ~ 명 (el)vállalás; 미안하지만 이 일은 ~할 수 없다 Sajnálom, de nem tudom elvállalni / vállalni ezt a munkát.; 부채를 ~하다 kezességet vállal vkinek a tartozásáért

인스턴트 명 azonnali, rögtöni, közvetlen; ~ 식품 félkész étel; gyorséttermi étel

인습 명 konvenció, szokás, hagyomány; ~적으로 szokás szerint; ~을 타파하다 megszünteti a hagyományokat / szokást

인식-하다 동 tud, meg- / felismer, észlel, megért, felfog; ~ 명 tudatosság, meg- / felismerés, észlelés, megértés; 바르게 ~하다 tökéletesen megért vmit, helyesen látja a dolgokat

인신공격-하다 동 személyes támadást indít / intéz vki ellen; ~ 명 személyes támadás / visszaélés

인신매매 명 emberkereskedelem

인심 명 ❶ az ember lelke / szíve; ~이 좋다 jószívű, nemes lelkű, bőkezű, adakozó, nagylelkű; ~ 쓰다 szívességet tesz vkinek ❷ (민심) közösségi érzület / szellem

인어 명 sellő

인연 명 karma, végzet, sors; kapcsolat, rokonság, kötelék; ~을 맺다 kapcsolatot létesít vkivel

인용-하다 동 idéz, hivatkozik; ~ 명 idézet, hivatkozás; ~할 만한 idézhető; ~ 부호 idézőjel; 밀턴의 한 구절을 ~하다 idéz egy részt Miltontól

인원 명 létszám, az emberek száma; (직원) személyzet; ~이 부족하다 kevés személyzettel rendelkezik, munkaerő híján van; ~을 줄이다 csökkenti az alkalmazottak számát, csökkenti a munkaerőt

인위적 mesterséges; ~으로 가격을 올리다 mesterségesen emeli az árakat

인자-하다 형 jóindulatú, jóakaratú, irgalmas

인장 명 pecsét; pecsétlenyomat; ~을 새기다 pecsétet vés; ~을 위조하다 pecsétet hamisít

인재[1] 명 tehetséges / hozzáértő ember; ~를 등용하다 előlépteti az embereket a tehetségük alapján / érdemeik szerint

인재[2] 명 ember által okozott katasztrófa; 그 사고는 ~로 인한 것 이었다 Emberi mulasztás okozta a balesetet.; 지난 2년여 동안 ~로 인한 대형 사고들이 온 나라를 뒤흔들어 놓았다 Az ember által okozott katasztrófák az egész országot megrázták az elmúlt két év során.

인적 명 emberi nyomok; ~이 드문 elhagyatott / lakatlan hely

인적자원 명 emberi erőforrások; ~을 최고도로 활용하다 a legjobbat hozza ki az emberi munkaerőből

인절미 명 tapadós rizsből készült torta, tapadós rizsből készült sütemény

인접-하다 동 határos, érintkezik, szomszédos; ~ 명 határosság, érintkezés, szomszédság; ~한 나라들 szomszédos / határos országok; 화재는 ~한 공장으로 번져나갔다 A tűz átterjedt a szomszédos gyárra.

인정 명 emberiesség, humanitás, együttérzés, részvét, rokonszenv, szimpátia; ~이 있다 emberséges; ~이 없다 kőszívű; 그를 ~상 해고시킬 수 없었다 Nem volt szívem elbocsátani.

인정-하다 동 el- / beismer, elfogad, beleegyezik; ~ 명 el- / beismerés, beleegyezés; 시인으로서 ~을 받다 költőként elismert; 그가 나보다 뛰어난 것을 ~한다 Elismerem, hogy kiválóbb nálam.

인종 명 az emberi faj; ~적인 faji, etnikai; ~ 차별 faji megkülönböztetés; 유색 ~ színes bőrűek; ~적 편견 faji előítélet, faji gyűlölet, rasszizmus; ~이나 종교를 이유로 사람을 차별해서는 안 된다 Nem különböztethetünk meg valakit a származása vagy vallása alapján.

인증-하다 동 hitelesít, igazol, megerősít; ~ 명 hitelesítés, igazolás, megerősítés

인지과학 명 kognitív tudomány

인지-하다 동 elismer, megismer; ~ 명 elismerés, megismerés

인질 명 túsz; ~로 잡다 túszként fogva tart vkit

인척 명 rokon; 우리는 서로 ~이다 Rokonok vagyunk.

인체 명 az emberi test; ~에 영향을 주다 hatással van az emberi testre; ~에 위해를 가하다 testi sérülést okoz vkinek

인출-하다 동 visszavon, kivesz; ~ 명 kivétel; 은행에서 예금을 ~하다 kiveszi a pénzét a bankból

인칭 명 (문법) személy; 제1 / 제2 / 제3 ~ első / második / harmadik személy; ~ 대명사 személyes névmás

인터넷 명 internet, világháló

인터뷰 명 interjú; 전화 ~ telefonos interjú; 신문 기자와 ~하다 interjút ad egy újságírónak

인터체인지 명 csomópont; 어느 ~에서 호남고속도로로 들어가면 좋겠습니까 Melyik csomópontnál kellene lehajtanunk a Honam autópálya felé?

인터폰 명 házi telefonrendszer

인테리어 명 belsőépítészet, lakberendezés

인파 명 tömeg, sokadalom; ~를 헤치고 나아가다 áttolakodik / átfurakodik a tömegen; 엄청난 ~가 운집했다 nagy tömeg verődött össze: ~로부터 벗어나다 elszakad a tömegektől; ~ 속에 섞이다 a tömeg közé vegyül

인품 명 méltóság, személyiség; ~이 좋다 kellemes személyiséggel rendelkezik

인하-하다 동 csökkent, leszállít, leszorít, leértékel; ~ 명 csökkentés, leszállítás; 가격 ~ leárazás, árkedvezmény; 금리는 내달에 ~된다 A kamatlábak a jövő hónapban csökkenni fognak.; 가격을 ~하다 árat csökkent

인형 명 báb, baba; marionettebábu; ~ 같은 bábu, babaszerű; ~을 가지고 놀다 babákkal játszik, babázik

인화-하다 동 tüzet fog, meggyullad, lángra lobban; ~ 명 meggyulladás, lángra lobbanás; 불꽃이 휘발유에 ~되어 불이 났다 A benzin meggyulladt a szikrától, tüzet okozva ezzel.

일[1] 명 ❶ ügy, dolog; eset, esemény, történés; (사정) körülmények; (사고) baleset, baj, szerencsétlenség; (말썽) gond, baj; 기분 나쁜 ~ kellemetlen ügy; 중대한 ~ fontos ügy; 무슨 ~이 있더라도 bármi történjen; 급한 ~이 있을 때는 veszély esetén; 아주 사소한 ~에 화를 내다 felhúzza magát a legkisebb dolog miatt / a semmiért; 참 이상한 ~이다 Ez valóban furcsa dolog. ❷ munka, feladat; foglalkozás; vállalkozás; kötelesség; 귀찮은 ~ kellemetlen feladat; ~을 끝내다 elvégzi a munkáját; ~을 너무 시키다 agyondolgoztat ❸ tapasztalat; 비행기

ㅇ

를 타 본 ~이 없다 Még sohasem utaztam repülővel.; 중국에 가 본 ~이 있느냐 Voltál már valaha Kínában?

일² egy

일³ 명 nap; 3~ három nap; 5월 2~ május második napja, május másodika

일가 명 ❶ család; ~를 이루다 családot alapít ❷ rokonok; 그는 나의 먼 ~가 된다 Ő távoli rokonom.; ~ 친척 vkinek a rokonai

일가견 명 önálló vélemény, saját vélemény; 그 문제에 관해 그는 ~이 있다 jól értesült a problémával kapcsolatban

일간 명 napi kiadvány, napi szám

일간지 명 napi újság, napi sajtó, napilap

일개 csak, csupán, éppen csak; 나는 ~ 가난한 학생이다 Én csak egy szegény tanuló vagyok.

일거리 명 munka, feladat; ~를 주다 rábíz egy feladatot vkire; 오늘은 ~가 많다 Rengeteg munkánk van mára.

ㅇ

일격 명 egy csapás, egyetlen ütés; ~에 egy csapásra, egy csapással; ~을 가하다 megüt / lecsap vkit

일곱 hét; ~째 a hetedik; ~ 살 먹은 아이 hétéves gyerek; ~ 시 반 fél nyolc

일과 명 mindennapos munka, mindennapos tennivaló; napi lecke; ~를 마치다 megcsinálja / elvégzi a mindennapos munkáját / feladatát; 나는 저녁 식사 후에 산책하는 것을 ~로 삼고 있다 A vacsora utáni séta mindennapos programom.

일관성 명 összefüggés, következetesség; konzisztencia; ~이 없다 / 결여되다 összefüggéstelen, következetlen; 그의 발언에는 ~이 없다 Az állításából hiányzik a következetesség.

일관-하다 동 következetesen csinál vmit, összefüggően csinál vmit; 초지 ~하다 kivitelezi / megvalósítja az eredeti ötletét

일괄-하다 동 összefog, összevon, egyben kezel; ~하여 együttesen, összevonva, egyszerre, egyben; 세 의안이 ~ 상정 되었다 A három törvényjavaslat összevonva került megtárgyalásra.; 그 문제들은 ~ 처리할 수 있다 Azokkal a problémákkal együttesen lehet foglalkozni.; ~ 구입 a szükségletek egyszerre való kielégítése

일광욕 명 napozás; ~을 하다 napozik, napfürdőt vesz

일구다 동 művel, szánt; termővé tesz

일그러지다 동 eltorzul; 고통으로 일그러진 얼굴 fájdalomtól eltorzult arc; 그는 화가 나서 얼굴이 일그러졌다 Az arca eltorzult a dühtől.

일교차 명 napi hőmérséklet-ingadozás, napi hőmérséklet-különbség

일기¹ 명 időjárás

일기² 명 napló; ~를 쓰다 naplót ír / vezet

일기장 명 napló

일깨우다 동 felvilágosít, rádöbbent / ráébreszt vkit vmire, felnyitja vkinek a szemét; 민중을 ~ felvilágosítja a közönséget / embereket; 그의 잘못을 일깨워 주었다 Felhívtam a figyelmét arra, hogy mit csinált rosszul.

일꾼 명 ❶ munkás, dolgozó; bérmunkás, napszámos, kubikos; ~이 많이 모자란다 Iszonyatos munkaerőhiányban szenved. ❷ tehetséges / rátermett ember, jó képességű ember; 그는 사회의 큰 ~이 될 것이다 Ő a társadalom támaszává / pillérévé fog válni.

일념 명 vágy, remény; összpontosított

elme; 만나보고 싶은 ~으로 ég a vágytól, hogy találkozzon vkivel

일다 동 emelkedik, nő, növekszik; (파도가) átcsap, háborog, tombol; 바람이 일 것 같다 Hamarosan feltámad a szél.; 파도가 일고 있다 Háborog a tenger.

일단 부 elsőre, elsőként, pillanatnyilag; abban az esetben, ha; ~ 약속을 하면 지켜야한다 Ha egyszer megígértél valamit, azt be is kell tartanod.; 그 사건은 ~ 끝났다 Pillanatnyilag az ügy le van zárva.; ~ 그의 의견을 들어보자 Elsőként az ő véleményét halljuk.

일대[1] 명 ❶ generáció, nemzedék; kor ❷ az élete; 일생 ~의 실책 a legsúlyosabb hiba, amit az egész karrierje alatt / élete során elkövetett

일대[2] 명 térség, szomszédság, tájék, vidék, környék; 어젯밤 호남 지방 ~에 눈이 내렸다 Múlt éjszaka beborította a hó a Honam vidéket.; 경찰은 주변 ~를 수색했다 A rendőrség átkutatta az egész környéket.

일대기 명 élettörténet, biográfia

일동 명 minden jelenlévő ember; ~을 대신하여 감사의 말씀을 올리고자 합니다 Hadd mondjak néhány szót köszönetképpen mindannyiunk nevében.

일등 명 első osztály, első hely; ~석을 타고 여행하다 első osztályon utazik; (선박의) első osztályú fülkében utazik; 그는 시험에서 ~을 했다 Első lett a vizsgán.; 그녀는 결승점에 ~으로 들어왔다 Elsőként érkezett a célba.

일러바치다 동 elmond, elmesél; árulkodik, besúg; 일러바치는 사람 árulkodó, besúgó; 엄마한테 일러바치지 마라 Ne mondd el anyának! Ne árulkodj anyának!

일러주다 동 tudtára hoz, bejelent, figyelmeztet; megmond, tanácsot ad, utasít; 다음부터 더 조심하라고 그에게 일러주어라 Mondd meg neki, hogy mostantól óvatosabb legyen!; 형은 어머님 병환을 나한테 일러주지 않았다 A bátyám eltitkolta előlem anya betegségét.

일련 명 láncolat, sor, sorozat; ~의 사건 események láncolata / sorozata; ~번호를 붙이다 folyamatosan számoz dolgokat

일류 első osztályú, elsőrendű, a legjobb minőségű, a legmagasabb rangú; ~ 학교 nagy tekintélyű iskola, a legismertebb iskolák

일률적 egységes, egyenlő; ~으로 egységesen, egyenlően, megkülönböztetés nélkül; 7퍼센트의 ~인 승급 egységes 7%-os munkabéremelés; 이 규칙은 ~으로 적용될 수 없다 Ezt a szabályt nem lehet egységesen alkalmazni.

일리 명 igazság, észszerűség; értelem; 네 말에도 ~가 있다 Van igazság abban, amit mondasz.; 그것도 ~는 있다 Van benne valami. Van értelme.

일면[1] 명 felszín, egyik oldal; 이 문제에는 또 다른 ~이 있다 Van egy másik oldala is a problémának / kérdésnek.; 그에게는 완고한 ~이 있다 Van benne egy adag önfejűség / makacsság.

일면[2] 명 az első oldal, címoldal; 그것에 관한 기사가 신문의 ~ 톱에 나왔다 Megjelent egy cikk róla a címoldalon.

일면[3] 명 egyszeri találkozás

일반 mind, általános; nagyközönség; ~적으로 általánosságban véve, általában, szokás szerint, nagyjából, mindent összevéve / összevetve; ~에게 공개하다 megnyit vmit a nagyközönségnek

일반화-하다 동 általánosít; népszerűsít; ~ 명 általánosítás; népszerűsítés

일방적 egyoldalú, aránytalan; ~으로 egyoldalúan, aránytalanul; ~인 승리 aránytalan győzelem, elsöprő győzelem; 조약을 ~으로 파기하다 egyoldalúan visszavon / megszüntet egy megállapodást / egyezményt

일별-하다 동 rápillant, ránéz, pillantást vet vmire

일보 명 egy lépés; ~ 전진 / 후퇴하다 tesz egy lépést előre / hátra; ~도 양보하지 마라 Egy lépést se! Meg ne hátrálj!

일본 명 Japán; ~식 japán stílus; ~식으로 japán stílusban; ~인 japán

일본어 명 japán nyelv

일부 명 egy része vminek; 재산의 ~ egy rész a vagyonból, vagyonrész; 그건 ~ 내 잘못이다 Részben az én hibám.; 그의 이야기는 ~만이 사실이다 Csak részben igaz a történet / mese.

일부러 부 szándékkal, szándékosan, tudatosan; kifejezetten, különösen; 너 ~ 그랬지 Szándékosan tetted, ugye?; ~ 거기에 갈 필요는 없다 Ne vedd a fáradtságot, hogy odamenj!

일부분 명 ☞ **일부**

일사병 명 napszúrás; ~에 걸리다 napszúrást kap

일산화탄소 명 szén-monoxid

일삼다 동 beleveti magát vmibe; belemerül vmibe, vminek szenteli magát, átadja magát vminek; 낚시질을 일삼고 집안을 돌보지 않다 Rákap a horgászatra, és elhanyagolja a családját.

일상 명 mindennap, naponta; 나는 ~의 일들을 일기에 적는다 A mindennapi eseményeket írom le a naplómban.

일상복 명 hétköznapi ruha

일상생활 명 mindennapi élet

일색[1] 명 egy szín; 파랑 ~으로 minden kék színben; 위원회는 민주당 ~이다 A demokraták kisajátították a bizottsági helyeket.

일색[2] 명 szépség; 천하 ~ páratlan szépség

일생 명 élet, élettartam; ~의 소원 egész életen át tartó vágy / vágyakozás; ~에 한 번 egyszer az életben; ~을 바치다 vminek / vkinek szenteli az életét; ~을 편히 지내다 élete végéig kellemesen él, gondtalan életet él

일석이조 két legyet üt egy csapásra

일소-하다 동 elsöpör, eltüntet, elpusztít, kiirt, elűz, elkerget, megszüntet; ~ 명 söprés, megszüntetés, elűzés, kergetés, pusztítás; 적을 ~하다 elűzi / elsöpri az ellenséget

일손 명 ❶ munka; ~을 놓다 abbahagyja a munkát ❷ munkás, munkaerő, dolgozó, bérmunkás; segítség; ~이 모자라다 szűkében van a munkaerőnek, munkaerőhiánnyal küzd; ~이 필요하다 Szükségünk van segítő kezekre.

일순간 명 pillanat, szempillantás, szemrebbenés, szemvillanás; ~에 egy pillanat alatt, egy szempillantás / villanás alatt; ~도 소홀히 해서는 안 된다 Egy pillanatot sem veszthet el / pazarolhat el.

일시 명 ❶ egyszer, hajdan, valamikor, egykor, valaha, egy alkalommal; ~에 ugyanabban az időben, egyidejűleg, egyszerre, ugyanakkor, egy időben vmivel; ~에 두 가지 일을 할 수는 없다

Nem csinálhat két dolgot egyszerre. ❷ pillanatnyilag, ideiglenesen, átmenetileg; 그의 명성도 ~에 지나지 않았다 A hírneve csak pillanatnyi / átmeneti volt. ❸ hirtelen, egyszer; 그는 이 소설로 ~에 유명해졌다 Hirtelen / egy csapásra (hír)nevet szerzett a regényével.; 학생들이 ~에 떠들기 시작했다 A tanulók egyszerre hangosak lettek.

일시불 명 egy összegben való fizetés

일시적 pillanatnyi, ideiglenes, átmeneti, múló; ~ 인기 mulandó / átmeneti népszerűség; ~ 충동에 이끌리다 elragadtatja magát a pillanat hevében; 이 불경기가 ~적 현상이기를 바란다 Remélem, hogy ez a gazdasági válság csak egy múló jelenség.

일식 명 napfogyatkozás; 개기 / 부분 ~ teljes / részleges napfogyatkozás

일신 명 személy; ~상의 문제 vkinek a személyes ügyei / dolgai; ~상의 중대사 vkit személyesen érintő kérdés / ügy; ~의 이해를 돌보지 않고 a saját érdekére való tekintet nélkül, önzetlenül; ~상의 사정으로 사직하다 személyes okokból lemond

일심 명 közös akarat, egységes akarat; 부부로 ~동체가 되다 házasságban egyesülnek

일쑤 명 megszokott gyakorlat, szokásos gyakorlat; 그는 남을 비웃기 ~다 Mindig gúnyos / csúfondáros megjegyzéseket tesz másokra.; 그는 거짓말하기 ~다 Szokása hazudni.

일약 부 egy ugrással, egy csapásra, egyszerre, egy szempillantás alatt; ~ 최고 지위에 오르다 egy ugrással a legmagasabb helyre kerül; 그는 무일푼에서 ~ 백만장자가 되었다 Nincstelenből egy pillanat alatt milliomossá lett.

일어 명 japán nyelv; ☞ 일본어

일어나다 동 ❶ felkel; felébred; 아침 일찍 ~ korán reggel felkel; 병석에서 ~ felkel a betegágyból ❷ feláll, felemelkedik, felegyenesedik; 의자에서 ~ feláll a székről ❸ történik, megesik, bekövetkezik, előfordul, adódik; kitör; 전쟁이 ~ kitör a háború; 신문은 세계에서 일어나는 일을 알려 준다 Az újság tájékoztat minket (arról), hogy mi történik a világban.; 싸움은 오해에서 일어났다 A vita egy félreértésből eredt. ❹ megjelenik, létrejön, kialakul; termel, előállít 별안간 큰 바람이 일어났다 Váratlanul nagy szél támadt.; 물체를 마찰하면 열과 전기가 일어난다 A súrlódás hőt és elektromosságot termel. ❺ virágzik, gyarapodik; 그의 대에 이르러 그의 집안은 크게 일어났다 Az ő idejében a család sikeressé vált.

일어서다 동 ❶ feláll ❷ fellázad, felkel; 압제에 반항해서 ~ felkel / fellázad az elnyomás ellen; 이제야 말로 무기를 들고 일어설 때다 Itt az idő, hogy fegyveresen álljunk ellen!

일요일 명 vasárnap; ~에(는) vasárnap; 지난 / 다음 ~에 múlt / jövő vasárnap; ~에는 학교에 가지 않는다 Nálunk nincs iskola / tanítás vasárnap.; 오늘은 ~이다 Ma vasárnap van.

일용품 명 napi szükségletek, mindennapi használati cikkek

일으키다 동 ❶ felsegít, felállít; 아이가 넘어졌는데도 아무도 일으켜 주지 않았다 A fiú elesett, de senki sem segített neki felállni. ❷ okoz, előidéz, kelt, létre-

ㅇ

hoz; gerjeszt, provokál; 호기심을 ~ felkelti vkinek a kíváncsiságát; 전쟁을 ~ háborút idéz elő, háborút okoz; 말썽을 ~ zavargást gerjeszt; 그의 연설이 물의를 일으켰다 A beszéde / előadása sok vitát generált.; 전기를 ~ elektromosságot generál

일일이 부 külön-külön, egyenként, részletesen; ~ 조사하다 egyenként megvizsgál dolgokat; 모든 사람과 ~ 악수하다 kezet ráz / fog mindenkivel; ~ 설명하다 részletesen magyaráz; ~ 보고하다 teljes egészében közöl / tudósít / közvetít

일임-하다 동 vkinek a gondjára / gondjaira bíz egy ügyet, megbíz vkit egy üggyel; ~ 명 rábízás, ráhagyás; 모든 것을 당신에게 ~하겠습니다 Mindent rád bízok / hagyok.

ㅇ

일자리 명 munka, állás, alkalmazás; 청년에게 좋은 ~ alkalmas / jó munka fiataloknak; ~를 찾다 munkát / állást keres; ~를 잃다 elveszti a munkáját; ~를 얻다 munkát talál / kap

일정 명 napi program, programbeosztás, napirend; 빡빡한 ~ szoros terv, szoros program; ~을 변경하다 módosítja a napi programot

일정-하다 형 változatlan, stabil; (표준의) standard

일제시대 명 a japán megszállás ideje

일제히 부 egyszerre

일조-하다 동 hozzájárul; ~ 명 hozzájárulás

일종 명 faj, fajta, féle; 벼는 풀의 ~이다 A rizs egy fűféle.; 그가 하고 있는 짓은 ~의 배신행위이다 Amit tesz, az egyfajta cserbenhagyás / árulás.

일주일 명 egy hét; ~에 한번 hetente egyszer, egyszer egy héten, heti egy alkalommal; ~간 내내 비가 왔다 Egész héten esett az eső.; ~에 한번 영화 구경을 간다 Hetente egyszer moziba megyek.

일주-하다 동 körbemegy, körutazást tesz, körbeutazik; ~ 명 körutazás, körút; 세계를 ~하다 körbeutazza a világot, világ körüli útra megy; 비행기는 도시 상공을 ~했다 A repülő a város felett körözött.

일지 명 napló

일직선 명 egyenes vonal; ~으로 나아가다 egyenesen megy, egyenes vonalban / légvonalban halad vmerre

일찌감치 부 korábban / hamarabb; ~ 떠나다 a szokásosnál kicsit korábban megy el otthonról; ~ 오면 더 좋다 Minél korábban tudsz jönni, annál jobb.

일찍 부 korán; 아침 ~ kora reggel; ~ 일어나다 korán kel; ~ 자고 ~ 일어나다 Korán fekszik, korán kel.; ~ 죽다 fiatalon meghal; 열차가 10분 ~ 닿았다 A vonat tíz perccel korábban érkezett meg.; 그는 ~ 부모를 여의었다 Fiatalon / korán vesztette el szüleit.

일차 első, primer; elsőfokú, lineáris; ~ 방정식 elsőfokú / lineáris egyenlet; ~ 산업 primer / elsődleges gazdálkodás

일체[1] minden, az egész, az összes; ~ 비용 összköltség, összkiadás; ~의 관계를 끊다 megszakít minden kapcsolatot

일체[2] 명 egy test, egy lélek; egység; ~가 되어 egyként, együtt; ~가 되어 일하다 egy emberként dolgoznak, együttműködik vkivel

일체감 명 egységtudat

일축-하다 동 visszautasít, elutasít, kikosaraz

일출 명 napkelte; ~에서 일몰까지 napkeltétől napnyugtáig, pirkadattól alkonyatig; ~ 시각 napkelte ideje

일치-하다 동 megegyezik, beleegyezik, belemegy; harmonizál, egyezik, összeillik; ~ 명 egyezés, egybeesés; harmónia; 의견의 ~를 보다 megegyezésre jut(nak); 그는 언행이 ~하지 않는다 A szavai nincsenek összhangban a tetteivel. Bort iszik, vizet prédikál.; 양쪽 이야기는 서로 ~한다 A két történet megegyezik.; 동의를 만장 ~로 가결하다 egyhangúlag elfogadnak egy javaslatot; ~ 단결하다 szövetségben működik / cselekszik; ~시키다 egyeztet

일컫다 동 nevez, emleget; 하와이는 흔히 태평양의 낙원이라 일컬어진다 Hawaii-t gyakran a Csendes-óceán paradicsomának nevezik.

일탈-하다 동 eltér, elhajlik; ~ 명 eltérés, elhajlás, deviáció; ~한 행동 deviáns viselkedés; 이 계획은 원래의 목적에서 ~한 것이다 Ez a terv eltér az eredeti célunktól.

일터 명 műhely, munkahely; (사무소) hivatal, iroda

일편단심 명 hű(séges) szív, őszinte szív, odaadó szív; ~으로 섬기다 hűségesen szolgál, odaadással / odaadóan csinál vmit

일품[1] 명 (벼슬) csúcshivatal, hivatalvezető

일품[2] 명 (상품) a legjobb / legkiválóbb minőségű árucikk / termék; 천하 ~ egyedülálló minőségű termék

일품[3] 명 (요리) csúcsminőségű étel; ~ 요리 főfogás

일-하다 동 munkálkodik, dolgozik; (근무) a szolgálatában / alkalmazásában áll; 열심히 ~하다 keményen / szorgalmasan dolgozik; 생계를 위해 ~하다 a megélhetéséért dolgozik

일행 명 csoport, társaság, társulat; ~은 8명 이었다 A társaság nyolc tagból áll. Nyolc tagú a társaság.

일화 명 adoma, anekdota

일회용 명 egyszer használatos dolog, eldobható dolog

일흔 hetven

읽다 동 ❶ olvas; előad, elszaval; (경문을) kántál; 읽고 쓰기 olvasás és írás; 책 / 신문을 다 ~ elolvas egy könyvet / újságot; 신문에서 ~ az újságban olvas vmiről, az újságból értesül vmiről; 책을 ~가 잠이 들다 olvasással álmosítja el magát, olvasással ringatja magát álomba ❷ megért, felfog; 그는 사람의 마음을 잘 읽는다 Jól olvas mások gondolataiban.

읽히다 동 olvastat, rávesz vkit az olvasásra; 많이 읽히는 책 széles körben olvasott könyv; 어린 아이들에게 동화를 ~ ráveszi a gyerekeket, hogy meséket olvassanak; 성서는 어떤 책보다도 많이 읽히는 책이다 A Biblia a legszélesebb körben olvasott könyv.

잃다 동 elvesz(í)t; 이성을 잃은 사람 eszét / értelmét vesztett ember; 어머니를 ~ elveszti édesanyját; 신용을 ~ elveszti a hitelét, elveszti a bizalmát; 시력 / 청력을 ~ elveszti a látását / hallását; 직업을 ~ elveszti a beosztását / az állását; 길을 ~ elveszti az utat, eltéved

잃어버리다 동 elvesz(í)t

임 명 vki szerelme; szeretője; ~을 그리다 hiányolja a szerelmét, hiányzik a szerelme

임관식 명 avató / beiktatási ünnepség

임관-하다 동 meghatalmaz, megbíz, kiküld, kinevez, kirendel; ~ 명 kinevezés; 소위로 ~하다 hadnaggyá nevezik ki

임금[1] 명 király

임금[2] 명 munkabér, munkadíj, fizetés; 명목 / 실질 ~ nominál- / reálbér; 최저 ~ minimálbér; ~을 올리다 emeli a béreket; ~을 지급하다 kifizeti a béreket; ~ 격차 béregyenlőtlenség, bérkülönbség; ~ 노동 bérmunkás; ~ 인상 bérnövekedés, béremelkedés; ~ 인상을 요구하다 béremelést követel

임금제 명 bérrendszer

임기 명 hivatali ciklus, mandátum, vki kinevezésének időtartama, szolgálati idő; 남은 ~ hivatali idejének hátralévő része; ~ 중 szolgálati ideje alatt, hivatali ciklusa alatt; 대통령의 ~는 5년이다 Az elnöki ciklus hossza 5 év.; ~ 만료 hivatali idejének vége

임기제 명 ciklikus választási rendszer

임대료 명 bérleti díj

임대인 명 bérbeadó

임대주택 명 bérelt ház, bérház

임대-하다 동 bérbe vesz, kibérel, kikölcsönöz; ~ 명 bérbevétel, bérlés, kölcsönzés, bérlet; 집을 ~ 하다 kibérel egy házat; ~ 계약(서) bérleti szerződés

임명권 명 kinevezési jogkör

임명장 명 kinevezési okirat

임명-하다 동 kijelöl, kinevez; ~ 명 kinevezés, kijelölés; 그는 주미 대사로 ~ 되었다 Az Egyesült Államok nagykövetévé nevezték ki.; 후임자로 ~하다 utódjává nevez ki vkit, utódjának jelöli (ki) vkit

임무 명 kötelesség, feladat, beosztás, hivatás; ~를 수행하다 teljesíti a kötelességét; ~에 충실하다 híven teljesíti a kötelességét

임박-하다 동 közeledik az ideje, közeleg, küszöbön áll, kopogtat az ajtón; 죽음이 ~하다 a halál kapujában áll, kopogtat a halál

임산부 명 terhes nő, várandós nő

임시 ideiglenes, átmeneti; rendkívüli; ~로 고용하다 ideiglenesen alkalmaz vkit, próbaidőre alkalmaz vkit; ~ 국회 rendkívüli országgyűlési ülés; ~ 정부 ideiglenes kormány

임시직 명 átmeneti pozíció, ideiglenes munka; ~ 직원 ideiglenesen alkalmazott (személy)

임신-하다 동 megfogan, teherbe esik, megtermékenyül; ~ 명 terhesség, másállapot, vemhesség, várandósság; 상상 ~ álterhesség; ~ 6개월이다 hathónapos terhes, 6 hónapja állapotos / várandós; ~시키다 teherbe ejt vkit; ~ 중독(증) terhességi mérgezés / gestosis; ~ 중절 abortusz, terhességmegszakítás, művi vetélés

임야 명 erdők és földek

임업 명 erdőgazdaság, erdészet, fakitermelés

임용-하다 동 kinevez vkit egy pozícióra, kijelöl vkit egy pozícióra; ~ 명 kinevezés, kijelölés

임원 명 tanácstag, vezérkari tag, igazgató, vezető, ügyvezető

임의 명 megítélés, belátás, tetszés; ~로 tetszés szerint, legjobb belátása szerint, ahogy tetszik, ahogy óhajtja; ~의 삼각형 tetszőleges háromszög; ~의 장

소 tetszőleges hely / bárhol; ~ 단체 törvénytelen / törvénybe ütköző szervezet; 경찰관은 그에게 경찰서까지 ~ 동행을 요구했다 A rendőr felszólította, hogy önként menjen be vele a rendőrkapitányságra.

임자[1] 명 tulajdonos; ~없는 gazdátlan, senkihez nem tartozó; 이 자동차의 ~가 누구요 Kié ez az autó?

임자[2] 명 (자네) te, magad; (부부간) édesem, drágám, kedvesem, szívem

임진왜란 명 az 1592-es japán megszállás Koreában

임파 명 nyirok, limfa

입 명 ❶ száj, ajak; 한 ~에 egy harapásra, egy falásra; ~을 다물다 becsukja a száját; ~을 오므리다 összeszorítja az ajkait; 술은 ~에 댄 일도 없다 Soha nem érte alkohol a számat. ❷ beszéd, nyelv; ~이 가볍다 beszédes, bőbeszédű, szószátyár, jól pörög a nyelve; ~이 걸다 fel van vágva a nyelve, mocskos szájú, káromkodó; 남의 ~에 오르다 pletykálnak / fecsegnek róla ❸ (식구) családtag; ~이 많다 sok éhes szájat kell etetnie ❹ (부리) csőr ❺ ízlelés; ~에 맞다 ízletes, vkinek az ínyére való, jóízű

입가 명 száj körüli rész

입가심-하다 (ki)öblíti / (ki)mossa a száját; ~ 명 szájöblítés, szájöblögetés; 약을 먹고 사과로 ~하다 megeszik egy almát, hogy elűzze a gyógyszer ízét

입각-하다 동 helytáll, tényeken alapszik; 사실에 ~하다 valós tényeken alapszik, tényekre alapozott; 그의 의견은 사실에 ~하고 있다 A véleménye valós tényeken alapszik. A nézeteit a tényekre alapozta.

입건-하다 동 őrizetbe vesz; 경찰은 과실치사 혐의로 그를 ~했다 A rendőrség gondatlanságból elkövetett emberölés gyanújával vette őrizetbe.

입구 명 bejárat, bemenet; 터널의 ~ alagút bejárata; ~를 막다 elzárja a bejáratot; ~에서 기다리다 a bejáratnál vár

입국-하다 동 belép az országba, bevándorol egy országba; ~ 명 belépés az országba; bevándorlás; ~을 허가하다 beenged vkit az országba; ~을 거절하다 elutasítja vki belépését az országba

입금-하다 동 befizet; ~ 명 befizetés, 그 돈은 6월 1일까지 ~해야 한다 A fizetési határidő június 1-én jár le.

입김 명 ❶ lélegzet / lehelet párája; 유리창이 사람 ~에 흐려졌다 Az ablaküvegek bepárásodtak az emberek leheletétől.; 그는 언 손에 후후 ~을 불었다 Fújta / Lehelte a fagyos kezeit. ❷ (영향력) befolyás, ráhatás; ~이 세다 nagy befolyása van vmire, nagy ráhatással van vmire / vkire

입다 동 felvesz, felölt, visel, (fel)öltözik; 양복을 ~ öltönyt vesz fel; 양복을 입고 있다 öltönyben van, öltönyt hord / visel; 양복을 입어 보다 öltönyt próbál fel; 군복을 입은 사람 egyenruhás személy; 옷을 잘 ~ jól öltözik; 피해를 ~ sérülést szenved

입단-하다 동 csatlakozik vmihez, belép vmibe; ~ 명 csatlakozás egy szervezethez, szervezetbe / csapatba való belépés

입당-하다 동 belép egy pártba, csatlakozik egy párthoz; ~ 명 pártba történő belépés; 개별 ~ egyénileg lép be a pártba, egyénileg csatlakozik egy párthoz

입대-하다 동 katonának áll, belép a hadseregbe, megkezdi katonai szolgálatát

입덧 명 reggeli rosszullét, terhességi hányinger; ~이 심하다 reggeli rosszulléttel küzd, terhességi hányinger kínozza; ~은 대개 임신 3개월이 지나면 가라앉는다 A reggeli rosszullét a terhesség harmadik hónapjától általában megszűnik.

입력-하다 동 betáplál, bevisz; ~ 명 bemenetel, bevitel; 컴퓨터에 데이터를 ~하다 adatot betáplál a számítógépbe

입맛 명 étvágy; ~에 맞다 ízlik vmi vkinek, ínyére való; ~을 잃다 elmegy az étvágya; ~이 없다 nincs étvágya, étvágytalan; 운동을 좀 하면 ~이 난다 Egy kis mozgástól megjön az étvágyad.

입문-하다 동 beiratkozik egy iskolába; ~ 명 bevezetés; 경제학 ~ bevezetés a közgazdaságtanba; ~서 használati utasítás, felhasználói kézikönyv

입법-하다 동 törvényeket hoz, törvényeket alkot; ~ 명 törvényhozás, törvényalkotás, törvénykezés; ~권 törvényhozó hatalom

입사-하다 동 cég tagja lesz, egy cég tagjává válik, csatlakozik egy vállalathoz; ~ 명 csatlakozás egy céghez, belépés egy cégbe, egy cég tagjává válás; 그는 일류 상사에 ~가 내정되어 있다. Egy vezető kereskedelmi vállalatnál van számára fenntartva hely.; ~ 시험을 통해 채용하다 felvételi vizsga alapján vesz fel / alkalmaz vkit

입상-하다 동 helyezést ér el; ~ 명 helyezés elérése; 일등으로 ~하다 első helyezést ér el; ~자 helyezett

입수-하다 동 megkap, megszerez, beszerez; 그 악보를 ~하기는 어렵다 Azt a kottát nehéz megszerezni.

입술 명 ajak; 얇은 ~ keskeny ajkak; 두툼한 ~ telt ajkak, vastag ajkak; 윗 / 아랫 ~ a felső / alsó ajak; ~을 깨물다 rágja az ajkát / száját

입시 명 felvételi vizsga; ~를 치르다 felvételizik, felvételi vizsgát tesz; 그는 ~에 합격하다 sikerült átmennie a felvételi vizsgán; ~ 준비를 하다 felvételi vizsgára készül

입양아 명 örökbe fogadott gyermek

입양-하다 동 adoptál, örökbe fogad; ~ 명 adoptálás, örökbefogadás

입영-하다 동 katonának áll, belép a hadseregbe, megkezdi katonai szolgálatát; ~ 명 (be)sorozás, toborzás; ~ 중이다 katonai szolgálatot teljesít, katonaként szolgál

입원실 명 kórterem

입원-하다 동 kórházba kerül; ~ 명 kórházba kerülés; ~ 중이다 kórházban van; ~ 환자 kórházi beteg, (benn)fekvő beteg

입자 명 (물리) (elemi) részecske, atom

입장 명 ❶ helyzet, viszony, állapot; 불리한 ~에 있다 hátrányos helyzetben van; 남의 ~이 되어보다 vki helyébe képzeli magát; 나는 그것을 할 수 있는 ~이 아니다 Nem vagyok abban a helyzetben, hogy megtegyem.; 네가 내 ~이라면 어떻게 하겠느냐 Mit tennél, ha a helyemben lennél? ❷ álláspont, vélemény, nézőpont, szemszög; 자기의 ~을 밝히다 tisztázza álláspontját; ~을 달리하다 más / eltérő állásponton van; ~을 고수하다 körömszakadtáig ragaszkodik az álláspontjához; 내 ~ 좀 되어 봐주게 Nézd az én szemszögemből / oldalamról!; 너는 자신의 ~을 분명히 해야 한다 Tisztáznod kellene az álláspontodat!; 하인의 ~으로서 주인을 따를 수밖에 없었다 Beosztottként feltétlenül engedelmeskednem kellett a felettesemnek.

입장료 명 belépési díj, belépődíj, belépti díj; ~를 받다 belépődíjat szed / kér; ~는 얼마입니까 Mennyibe kerül a belépőjegy? Mennyi a belépődíj?

입장-하다 동 belép, bemegy; bebocsát, beenged; ~ 명 belépés, bebocsátás, beengedés; 7세 미만의 어린이는 ~할 수 없습니다 7 éven aluli gyermekeknek belépni tilos!; (선수가) 경기장에 ~하다 belép / bemegy a stadionba

입주-하다 동 beköltözik; 새 집에 ~하다 új házba költözik

입증-하다 동 bizonyítékot ad / szolgáltat, bebizonyít, alátámaszt, megerősít; ~ 명 bizonyítás, megerősítés; 이 약은 암에 효과가 있다고 ~되었다 Ez a gyógyszer hatékonynak bizonyult a rák ellen.; 무죄를 ~하다 bebizonyítja vki ártatlanságát, vki ártatlannak bizonyul

입지 명 elhelyezés, fekvés, helyzet; ~ 조건 elhelyezés feltételei

입찰-하다 동 árajánlatot ad / tesz vmire, licitál vmire; ~ 명 (ár)ajánlat, licit; 공개 ~ nyilvános tender / licit / ajánlat; ~에 부치다 (ár)ajánlatot / licitet kér; 도로 공사의 ~이 행해졌다 Az út megépítésére pályázatot írtak ki.; ~ 공고 ajánlattételi felhívás; ~ 보증금 ajánlattételi biztosíték

입체 명 térbeli alakzat; ~적(인) háromdimenziós; ~적으로 고찰하다 több oldalról is megvizsgál vmit, több szempontból is átgondol egy adott dolgot

입체파 명 (미술) kubizmus

입춘 명 a tavasz első napja; a nap, amely jelzi a tavasz kezdetét a hagyományos koreai naptár szerint (február 3-a, 4-e körül)

입하 명 a nyár első napja; a nyár kezdete; a 24 évszakhatár egyike (május 5-e, 6-a körül)

입학식 명 elsős diákavató, elsőéves diákavató

입학-하다 동 felvételizik, beiratkozik, felvételt nyer; ~ 명 iskolai felvétel; beiratkozás, regisztráció; ~을 허가하다 felvesz / beír(at) vkit vhová; 피테르는 한국 대학에 ~했다 Pétert felvették a Hankuk egyetemre. Péter bejutott a Hankuk egyetemre.; ~시험 felvételi vizsga; 대학 ~시험을 치르다 egyetemi felvételi vizsgát tesz; ~ 허가서 fogadó egyetem igazolása, iskolalátogatási igazolás

입항-하다 동 kiköt, beérkezik a kikötőbe, befut a kikötőbe; ~ 명 kikötés, beérkezés / befutás a kikötőbe; ~해 있다 a kikötőben van, kikötött; 그 배는 어제 ~할 예정이었다 A hajónak tegnap kellett volna kikötnie.; 인천항에 ~하다 az incsoni kikötőbe hajózik be / fut be

입헌 명 alkotmány lefektetése, alkotmányozás; ~ 군주국 alkotmányos monarchia

입헌주의 명 alkotmányosság

입회-하다 동 egy társaság tagjává válik; részt vesz vmin; ~ 명 belépés, részvétel; ~를 신청하다 részvételi igényt nyújt be; 누구든지 ~할 수 있다 A szervezet nyitott mindenki számára.; 증인 ~

ㅇ

하에 egy tanú jelenlétében;

입후보자 명 jelölt; ~ 지명 jelölt nevezése

입히다 동 ❶ felöltöztet; 어린 아이에게 옷을 ~ gyermeket öltöztet; 외투를 입혀주다 felsegíti vkire a kabátját ❷ (거죽에) befed, beborít, burkol; 은을 입힌 술잔 ezüstözött boroskehely ❸ 손해를 ~ kárt / veszteséget okoz vkinek, megkárosít vkit

잇다 동 ❶ (연결하다) hozzákapcsol, csatol, (össze)köt, (össze)fűz, összerak, összeilleszt; 조각을 ~ összerakja a részeket / darabokat ❷ (계승하다) örökébe lép, nyomába / nyomdokaiba lép; 그는 자기의 뒤를 이을 자손이 없다 Nincs, aki továbbvinné a vérvonalát. Nincs utódja.

잇달다 동 ❶ (이어 달다) összeköt, összekapcsol, beköt, egybekapcsol, egybeköt; (össze)told, összevarr, összetűz; 두 헝겊을 ~ összevarr két ruhadarabot ❷ (연달다) egymás után következnek

잇따르다 동 egymás után jönnek; 잇따른 불행 balszerencsék sorozata, csőstül jön a baj; 잇따라 egymás után, egyik a másik után; 잇따라 다섯 번 이기다 öt egymást követő győzelmet arat, ötször győz zsinórban

있다 ❶ van, létezik; 여기 열쇠가 ~ Itt van a kulcs.; 너 어디 있었느냐 Hol voltál idáig? ❷ marad, áll; 너는 여기 있거라 Maradj itt! ❸ múlik, telik; 며칠 ~가 pár nap múlva ❹ (위치하다) elhelyezkedik; fekszik; van; 교회는 마을 한 복판에 ~ A templom a település központjában van. ❺ (내재하다) megillet vkit vmi; 결정권은 이사회에 ~ A döntés joga az igazgatóságot illeti meg. ❻ (소유하다) van vmije, birtokol, rendelkezik vmivel; 아들이 둘 ~ két fia van; 그녀에게는 막대한 재산이 ~ hatalmas vagyona van ❼ (거행되다) (meg)tart, rendez, csinál; 다음 모임은 언제 있느냐 Mikor tartják a következő találkozót / megbeszélést? ❽ (포함하다) tartalmaz, magában foglal vmit; 그 책에는 참고 문헌 목록이 ~ A könyv irodalomjegyzéket / bibliográfiát tartalmaz. ❾ (실재하다) létezik, van; 그런 일이 있을 수 있을까 Hogy lehet ez? Az meg hogy lehet? ❿ (발생하다) (meg)történik; 그 한 해 동안에 많은 일이 있었다 Sok minden történt az alatt az egy év alatt. ⓫ (경험하다) tapasztal, lát, megismer; 그에게 좋은 때가 있었다 Látott már jobb napokat is.; 경주에 가본 일이 있습니까 Voltál már valaha Kjongdzsuban?

잉어 명 ponty

잉여 명 többlet; ~ 가치 értéktöbblet

잉크 명 tinta; ~ 얼룩 tintafolt, tintapaca

잊다 동 hagy; elfelejt, megfeledkezik vmiről; 시계를 잊고 안 가져왔다 Elfelejtettem elhozni a karórámat.; 그는 자기의 약속을 잊어 버렸다 Megfeledkezett az ígéretéről.; 뭐 잊어버리고 온 것은 없니 Biztos, hogy nem hagytál ott semmit?; 나이를 먹으면 잊기를 잘 한다 A korral romlik az ember memóriája.

잊혀지다 동 elfelejtődik, feledésbe merül; 세상에서 ~ emléke feledésbe merül, nyomtalanul eltűnik a világból

잎 명 levél, levélzet; (풀잎) hosszúkás levél; (침엽) tűlevél, (양치류의) páfránylevél; 나뭇~ falevél; ~이 무성한 버드나무 dús / sűrű lombú fűzfa; ~이 다 떨어졌다 A fa levelei mind lehullottak.

ㅈ

자 [명] ❶ vonalzó; mérőszalag; ~로 재다 vonalzóval mér ❷ (길이 단위) koreai hosszmértékegység (1 csá = 30,3 cm); 옷감을 ~로 팔다 méterre árul ruhaanyagot; 이 옷감은 꼭 다섯 ~다 Ennek az anyagnak a hossza pontosan öt csá.

자가당착 [명] önellentmondás

자가용 [명] személyautó, kocsi; ~ 운전사 magánsofőr; 너를 내 ~으로 부산까지 데려다 주겠다 Elviszlek a kocsimmal Buszánba.

자각증상 [명] sajátos tünet, egyedi tünet; 이 병은 환자에게 ~이 드물게 나타난다. Az ebben a betegségben szenvedő pácienseknél ritkán jelentkeznek egyedi tünetek.

자각-하다 [동] ráébred, ráeszmél, rájön, ráismer; ~ [명] ráébredés, ráeszmélés; 자기의 결점을 ~하다 tudatára ébred a hiányosságainak

자갈 [명] sóder, kavics, ballaszt; 길에 ~을 깔다 kavicsot szór az útra

자갈밭 [명] kavicsos föld, köves föld

자개 [명] gyöngyház; ~를 박다 gyöngyházzal berak vmit

자객 [명] bérgyilkos, merénylő, orgyilkos; ~의 손에 쓰러지다 bérgyilkos keze által hal meg

자격 [명] képzettség, képesítés, alkalmasság, minősítés; ~을 얻다 képesítést szerez vmihez / vmire; 회원 ~에 남녀의 제한은 없다. A tagság nem korlátozott nemek szerint / alapján.; 개인 ~으로 magánemberként, a saját nevében, személyesen

자격증 [명] képesítő bizonyítvány, szakmunkás bizonyítvány

자결 [명] önrendelkezés, önállóság; 민족 ~ nemzeti önrendelkezés / autonómia

자결-하다 [동] öngyilkosságot követ el; ~ [명] öngyilkosság; 군중 앞에서 ~하다 Nyilvánosan követ el öngyilkosságot.

자국 [명] nyom, folt; (상처의) forradás, heg; 신발 ~ lábnyom; ~을 남기다 nyomokat hagy maga után

자궁 [명] méh, uterus; ~ 외 임신 méhen kívüli terhesség

자궁암 [명] méhnyakrák

자그마-하다 [형] apró, parányi, pöttöm, elég kicsi, elég kis méretű; 그는 몸집이 ~한 편이었다. Kis / Apró termetű volt.

자극-하다 [동] serkent, sarkall, hajt, stimulál, buzdít; ~ [명] serkentés, ösztönzés, stimulálás; 흥미는 공부하는 데 ~이 된다 Az érdeklődés ösztönzi a tanulást.; 신경을 ~하다 vkinek az idegeire megy vmi; 호기심을 ~하다 felkelti vkinek a kíváncsiságát / érdeklődését

자금 명 tőke; ~ 출처 pénzforrás; ~이 부족하다 tőke híján van, alulfinanszírozott; ~을 대다 tőkével lát el, finanszíroz

자금난 명 tőkehiány, likviditási probléma; ~으로 likviditási problémából / tőkehiányból adódóan; 우리 회사는 ~에 빠져 있다. A cégünk likviditási gondokkal küzd.

자급-하다 동 önerőből csinál vmit, eltartja magát, önellátó; ~ 명 önfenntartás, önellátás; ~률 az önellátás aránya / mértéke; ~하는 önellátó, önfenntartó; 우리는 식량 ~을 위해 노력해야 한다 Meg kellene próbálnunk a magunknak szükséges mennyiségű élelmiszert előállítani.

자긍심 명 büszkeség

자기[1] 명 önmaga, saját maga; ~ 만족 önteltség, önelégültség; ~ 모순 önellentmondás; ~ 실현 önmegvalósítás; ~일처럼 슬퍼하다 Sajátjaként éli meg más bánatát.; ~를 대단한 존재로 생각하다 odáig van magáért, felmagasztalja magát; 그는 기자라고 ~ 신분을 밝혔다 Riporterként mutatta be magát.; 그는 ~ 주장이 강하다 Nagyon / Túl magabiztos.

자기[2] 명 (물리) mágnesesség; ~ 감응 mágneses indukció; ~ 저항 mágneses taszítás / ellenállás; ~ 공명 mágneses rezonancia

자꾸 부 ❶ (되풀이하여) ismétlődően, újra és újra, megint, ismét, visszatérően; 문을 ~ 두드리다 újra és újra kopogtat az ajtón; 같은 실험을 ~ 하다 újra és újra megismétli a kísérletet ❷ (잇달아 · 늘) szüntelenül, szakadatlanul, folyamatosan, egyfolytában; (열심히) buzgón, lelkesen, elszántan, odaadóan; 그는 ~ 나에게 구혼해 왔다 Győzködött, hogy menjek hozzá.

자네 te; ~의 neked; ~ 것 a te vmid, a tied; 어, 자넨가 Ó, te vagy!?

자녀 명 gyerek, utód, leszármazott

자다 동 ❶ (잠을) alszik, (자리가다) lefekszik, aludni megy; 잠을 잘 / 잘못 ~ jól / rosszul alszik; 낮잠 ~ sziesztázik; 늦잠 ~ későig alszik ❷ (물결 · 바람이) megnyugszik, lenyugszik, lecsillapodik, el- / lecsendesül; 바람이 ~ elcsendesül a szél

자동 automatikusan működő / mozgó vmi; ~ 번역기 automata fordítógép; 이 기계는 ~으로 움직인다 A gép magától működik.; 이 문은 ~으로 개폐된다 Ez az ajtó automatikusan nyílik és záródik.

자동문 명 önműködő ajtó

자동차 명 autó, gépkocsi, gépjármű; ~로 가다 kocsival / autóval megy

자두 명 (식물) szilva

자라 명 (동물) ékszerteknős

자라다 동 felnő, felnevelkedik, felcseperedik; 모유로 자란 아이 szoptatott gyerek; 키가 ~ nő / növekszik; 가난하게 ~ szegénységben nő fel; 한국의 무역은 더 자랄 수 있다 Korea kereskedelme még növekedhet.

자랑스럽다 형 büszke vmire; 자랑스럽게 büszkén; 그는 아들이 공부를 잘하는 것이 자랑스러웠다 Nagyon büszke a fia iskolai eredményeire.

자랑-하다 동 dicsekszik, henceg, büszkélkedik, kérkedik vmivel; ~ 명 dicsekvés, hencegés, kérkedés; (얼굴·옷 따위) hiúság; (자찬) felvágás, önteltség; ~거리 büszkeség forrása; 그는 양친의 ~거리였다 Ő volt a szülei büszkesége.; ~할 만한 것은 아니다 Ez nem az, amire büszke (lehet) az ember.; 아버지는 아들을 ~한다 Az apa büszke a fiára.

자력 명 saját erő, erőfeszítés, önerő; ~갱생하다 a saját erejéből áll talpra, a saját erejéből sikerül megmenekülnie; ~으로 a saját erejéből, önállóan, önerőből, önerővel

자료 명 adat(ok), anyag; ~를 제시하다 adatokat szolgáltat; ~ 분석 adatfeldolgozás

자료실 명 kutatói (olvasó)terem; archívum

자루 명 (도구의) fogantyú, fogó, fül; (칼 따위의) markolat, nyél; ~를 끼우다 markolatot / nyelet illeszt / rak vmihez; 식칼 ~가 빠졌다 Lejött a konyhakés nyele.

자르다 동 ❶ (절단하다) felvág, (잘게) vagdal, (토막내다) felszeletel, (톱으로) (le)fűrészel, (얇게) (le)gyalul, (가위로) levág; 사과를 반으로 ~ félbevág egy almát; 손톱을 ~ levágja a körmét ❷ (해고하다) elbocsát, kirúg, felmond ❸ (거절하다) határozottan visszautasít

자리 명 ❶ hely, ülőhely, ülés; ~에 앉히다 leültet vkit; ~를 양보하다 felajánlja vkinek a helyét; ~를 맡아 놓다 foglalja vkinek a helyet; 나는 그 비행기에 ~를 예약했다 Foglaltam helyet a repülőn.; 한 사람 더 들어갈 ~가 있다 Van még egy embernek hely. ❷ (특정한 장소·때) helyszín, megbeszélt hely; 그 ~에서 체포하다 elfog / letartóztat egy tolvajt a tetthelyen ❸ (집터) építés helye, telek; (소재지) székhely, telephely ❹ (위치) pozíció, hely; 경찰서는 도심 중앙에 ~하고 있다 A rendőrőrs a városközpontban van. ❺ (직책·일자리) pozíció, poszt, hely; (빈자리) üresedés, szabad hely / státusz; 그는 그 보험 회사의 좋은 ~에 있다 Egy biztosítási cégnél jó helyen / beosztásban / státuszban van. ❻ (정착) letelepedés; 서울에 ~ 잡다 Szöulban telepszik le. ❼ (흉터) heg, sebhely ❽ (깔개) ülőke, (침구) alvás kellékei; ~를 펴다 megágyaz ❾ (숫자의) számjegy; 네 ~의 수 négy számjegyű szám, négy számjegyből álló szám; 소수점 이하 네 ~까지 구하라 Négy tizedesjegyig számol / kerekít.

자립-하다 동 önállósodik, a saját lábára áll; ~ 명 önállóság; ~하여 önállóan, a saját felelősségére; 그는 아직 ~할 수 없다 Még nem tud önállóan élni.; 부모가 과보호하는 아이들은 ~심이 결여되는 경향이 있다. Azok a gyerekek, akiket a szüleik túlságosan védelmeznek, hajlamosak lehetnek az önállótlanságra.

자릿수 명 számjegyek száma

자막 명 (film)felirat; ~을 넣다 feliratoz vmit

자만-하다 동 felfuvalkodik, henceg, hetvenkedik, kérkedik, dicsekszik; ~ 명 dicsekvés, hencegés, öndicséret; 너무 ~하지 마라! Ne légy öntelt!; 그는 ~심이 강하다. Túl nagy az önbizalma.

자매 명 lánytestvér; ~결연을 맺다 testvéri kapcsolatot alakít ki / létesít; ~ 도시 / 학교 testvérváros / testvériskola; ~와 같은 testvéries

자명-하다 형 magától értetődő, nyilvánvaló, világos, tiszta, egyértelmű; ~한 이치 magától értetődő igazság; 그것은 ~하다 Ez teljesen nyilvánvaló.

자문-하다 동 megkérdez vkit vmiről, tanácsot kér vkitől, konzultál vkivel; ~ 명 tanácskozás, konzultáció, megbeszélés; ~에 응하다 ellátja a kért tanácsokkal és javaslatokkal; 그들은 정부 ~에 응했다 Tanácsot adtak a kormánynak.

자물쇠 명 lakat, zár; ~를 잠그다 bezárja az ajtót; ~를 달다 zárat rak fel, lakatot tesz fel

자발적 명 önkéntesség; ~ 실업 önkéntes munkanélküliség; ~으로 사직하다 önként(esen) lemond; 학생들은 ~으로 교실을 청소했다 A diákok önszántukból kitakarították az osztálytermet.

자백-하다 동 beismer, bevall, megvall, (meg)gyón; ~ 명 beismerés, bevallás, (meg)gyónás; 강요된 ~ kényszer hatására tesz vallomást; 고문으로 ~시키다 kínzással kényszerít ki egy vallomást; 범행을 ~하다 be- / megvallja bűnét

자본 명 tőke, pénzalap; ~론 *A tőke* (Karl Marx gazdaságpolitikai műve); ~ 시장 tőkepiac; ~과 경영의 분리 tőke és irányítás szétválasztása; ~의 축적 tőkefelhalmozódás; 그 회사의 ~금은 2백만 달러이다. A cégnek kétmillió dolláros tőkéje van.

자본가 명 kapitalista, tőkés; ~와 노동자 tőkés és munkás; ~ 계급 tőkésosztály

자본금 명 tőke

자본주의 명 kapitalizmus; ~ 경제 kapitalista gazdaság, tőkés gazdaság

자부-하다 동 magabiztos, büszke; ~심 magabiztosság, büszkeség; 그는 ~심이 강하다 Nagyon magabiztos.; 그는 획기적인 제품을 개발했다고 ~하고 있다 Büszke rá, hogy kifejlesztett egy korszakalkotó terméket.

자비 명 szánalom, szánakozás, irgalom, kegyelem, könyörület; ~심 irgalmas / könyörületes szív; ~를 베풀다 megkönyörül vkin, megkegyelmez vkinek.

자비롭다 형 irgalmas, könyörületes

자빠지다 동 ❶ (뒤로 넘어지다) a hátára esik, hanyatt esik; 빙판 위에 ~ elcsúszik / elesik a jégen ❷ (눕다) lefekszik, leheveredik, elnyúlik; (빈둥거리다) fetreng, lustálkodik, lopja a napot; 늘 자빠져 있지 말고 일 좀 해라 Abbahagyja a naplopást, és nekilát a munkának.

자산 명 tulajdon, vagyon, tőke; ~ 가치 vagyoni érték, a tulajdon értéke; ~과 부채 aktívák és passzívák, vagyon és teher; 당신만큼 ~이 있다면 무슨 일이든 할 수 있다 Ha olyan vagyonos lennék, mint Ön, bármit megtehetnék.

자산가 명 vagyonos ember

자살-하다 동 megöli magát, öngyilkos lesz, öngyilkosságot követ el; ~ 명 öngyilkosság; 권총 ~을 하다 lelövi / agyonlövi magát; 타살이 아니라 ~로 판명되다 Kiderült, hogy az eset öngyilkosság, nem pedig gyilkosság volt.; 그는 목을 매어 ~했다 Felakasztotta magát.; 그는 분신 ~했다 Felgyújtotta magát.; 그녀는 강에 투신 ~했다 A folyóba ugrott, hogy megölje magát.; (축구의) ~골 öngól

자생-하다 동 természetesen nő, spontán módon nő

자서전 명 önéletrajz, biográfia; ~ 소설 önéletrajzi regény; ~을 쓰다 megírja az élettörténetét

자석 명 mágnes; ~의 인력 mágneses vonzás; ~은 철을 당긴다 A mágnes vonzza a vasat.

자성 명 lelkiismeret-vizsgálat, önvizsgálat; ~을 촉구하다 önvizsgálatra utasít vkit

자세-하다 형 részletes, tüzetes, alapos, mélyreható; 시간이 없어 ~한 이야기는 못 한다 Nincs időm részletesen beszámolni (róla).; 이 사전이 다른 사전보다 설명이 ~하다 Ez a szótár részletesebben magyaráz, mint a többi.

자세히 부 részleteiben, alaposan, teljes egészében; ~ 설명하다 részletes magyarázatot ad, részletesen magyaráz

자손 명 leszármazott, utód; ~을 남기다 utódot hagy (maga után)

자수 명 hímzett minta, hímzés; ~실 hímzőcérna, hímzőfonál; ~틀 hímzőkeret

자수-하다 동 feladja / feljelenti magát, önként jelentkezik; ~ 명 feladás; ~를 권유하다 feladást javasol vkinek

자숙-하다 동 önfegyelmet gyakorol, önkontrollt gyakorol; ~ 명 önfegyelem, önkontroll

자습-하다 동 magától tanul, autodidakta módon tanul; ~ 명 önálló / autodidakta tanulás; ~ 시간 szabad foglalkozás (óra)

자식 명 ❶ (아들딸) gyermek, utód; ~이 많다 egy halom / rakás gyereke van, sok gyereke van; ~이 없다 nincs gyermeke, gyermektelen ❷ (욕이나 친근한 뜻으로) kölyök; taknyos gyerek, fickó; 저 ~은 사기꾼이다 Az a fickó egy csaló / szélhámos.

자신 명 önmaga, saját maga; 나 ~ én magam, jómagam; 너 ~ te magad; 자기 ~ saját maga; ~의 생명을 내걸다 kockáztatja a saját életét; 너 ~을 알라 Ismerd meg önmagad!

자신-하다 동 magabiztos / magabízó, önbizalma van; ~ 명 önbizalom, magabiztosság; 확고한 ~을 가지고 teljes önbizalommal; ~있는 태도 magabiztos viselkedés; 나는 이 일을 잘 해낼 ~이 있다 Biztos vagyok ennek a munkának a sikerében.

자아 명 (철학) önmaga, vkinek az egyénisége; (심리) az ego, az Én; ~비판 önkritika, önvád; ~의식 öntudatosság; ~ 실현 önmegvalósítás

자아내다 동 ❶ (실을) cérnát sodor / fon; 고치에서 실을 ~ selyemgubóból selymet sodor ❷ (액체·기체를) kivon, kiszivattyúz ❸ (느낌을) felidéz, kelt; 동정심을 ~ szimpátiát kelt vkiben

자애 명 szeretet, odaadás, gyengédség, jóindulat, jóság; ~로운 szeretetteljes, jóindulatú, kedves; 부모의 ~ szülői szeretet; ~가 넘치다 vki csupa szeretet; ~로운 눈으로 보다 szeretettel néz / tekint vkire

자연 명 természet; ~도태 / 선택 természetes kiválasztódás; ~ 발생 spontán szaporodás; ~ 분만 természetes úton történő (gyermek)szülés; ~ 파괴 a természet romboló / pusztító ereje; ~의 섭리에 따라 a természet törvényei szerint; 과도한 개발로 ~이 파괴되어 가고 있다 Az össze-vissza történő fejlesztések tönkreteszik a természetet.

자연계 명 a természet világa

자연보호 명 természetvédelem, környezetvédelem; 우리는 ~에 더 박차를 가해야 한다 Meg kell sokszoroznunk az erőfeszítéseinket a természet megóvása érdekében.

자연스럽다 형 természetes, nem mesterséges; 파티에서는 자연스럽게 행동해라 Természetesen viselkedj a partin / bulin!

자연스레 부 természetesen

자연재해 명 természeti katasztrófa

자연주의 명 naturalizmus; ~자 naturalista

자연환경 명 természeti környezet

자연히 부 természetesen, spontán, (자동적으로) automatikusan, (저절로) magától, (나도 모르게) önmaga ellenére

자외선 명 (물리) ultraibolya sugár; ~요법 ultraibolya kezelés, ultraibolyásfényterápia

자욱-하다 형 vastag, sűrű, nehéz; ~하게 sűrű fellegekben, vastagon; 방안은 담배 연기로 ~하였다 A szoba homályos volt a cigarettafüsttől.

자원 명 (경제) természetes erőforrások, természeti javak; ~ 개발 az erőforrások / javak kihasználása; ~이 풍부하다 erőforrásokban / javakban gazdag; ~을 개발하다 hasznosítja a természetes erőforrásokat / javakat

자위권 명 az önvédelem joga; ~의 발동 az önvédelem jogának gyakorlása; ~을 주장하다 ragaszkodik az önvédelemhez való jogához, kitart az önvédelemhez való joga mellett

자위대 명 (일본의) japán honvédelmi erő

자유 명 szabadság; ~ 무역지대 szabadkereskedelmi zóna; 언론 / 신앙 / 출판의 ~ sajtó- / vallás- / szólásszabad- ság; 신체의 ~를 구속하다 korlátozza vkinek a szabad mozgását; ~를 박탈하다 megfoszt vkit a szabadságától

자유로이 부 (마음대로) szabadon, korlátlanul; (거침없이) fenntartás / korlátozás / megszorítás nélkül; (편히) könnyedén, egyszerűen

자유롭다 형 szabad

자유민 명 szabad ember, polgár

자유방임 명 be nem avatkozás, (경제) önszabályozó mechanizmus

자유분방-하다 형 szabadelvű; liberális

자유인 명 szabad ember

자유자재 명 szabados; 영어를 ~로 구사하다 Szabadosan beszél angolul.

자유주의 명 liberalizmus

자유형 명 (수영) gyorsúszás

자유화 명 liberalizálás

자율 명 önkontroll, önuralom, önmérséklet; (철학) autonómia; ~ 신경 autonóm ideg; ~적 autonóm, önálló, önrendelkezésű

자음 명 mássalhangzó

자의식 명 öntudatosság; ~이 강하다 nagyon / rendkívül öntudatos

자의 명 önakarat; önkény; ~적으로 önkényesen

자작농 명 független paraszt, szabad paraszt, földdel rendelkező paraszt

자장가 명 altatódal, bölcsődal; ~를 불러서 아이를 재우다 énekel / dúdol egy gyermeknek, hogy elaludjon

자재 명 (alap)anyag; 건축 ~ építőanyag

자전-하다 동 forog, kering; ~ 명 forgás, keringés; 지구는 ~한다 A Föld forog a tengelye körül.; 지구의 ~으로 밤과 낮이 생긴다 A Föld forgása okozza a nappalok és éjszakák váltakozását.

ㅈ

자전거 명 kerékpár, bicikli; ~ 경주 kerékpárverseny; ~ 전용도로 bicikliút, kerékpárút; 경주용 ~ versenybicikli, versenykerékpár; ~를 타다 biciklizik, kerékpározik; ~를 탈 줄 아느냐 Tudsz biciklizni?

자정 명 éjfél

자제 명 gyermek; 명문의 ~ előkelő család gyermeke

자제-하다 동 uralkodik magán, kontrollálja magát; ~ 명 önkontroll, önuralom; ~력/심 az önkontroll képessége; ~력을 잃다 elveszti az önkontrollját/önuralmát; 그는 술을 마시게 되면 ~를 잃고 만다 Elveszti az önuralmát, amikor iszik.

자조 명 önirónia, öngúny; önmaga kigúnyolása; ~적으로 önironikusan

자존심 명 önbecsülés, önérzet; ~이 강한 사람 önérzetes ember; ~을 상하게 하다 megsérti vkinek az önérzetét; 나도 ~은 있다 Nekem is megvan a magam büszkesége.

자주 부 gyakran, sokszor, újra és újra, ismételten; ~ 있는 일 gyakori dolog; 그와는 ~ 만난다 Gyakran találkozom vele.

자주적 önálló, független, autonóm; ~으로 önállóan, függetlenül, autonóm módon; 좀 더 ~인 생각을 가져라 Legyen egy kissé önállóbb a gondolkodásod!

자줏빛 명 lila, ametiszt, bordó; 짙은 ~ mélylila, padlizsán (színű)

자중-하다 동 körültekintően/megfontoltan/óvatosan viselkedik; ~ 명 megfontoltság, meggondoltság; (조심) óvatosság, körültekintés, elővigyázatosság; 앞으로 더욱 ~하겠습니다 Mostantól körültekintőbb leszek.

자지러지다 동 görcsbe rándul; 자지러지게 놀라다 visszahőköl a félelemtől, megretten, visszariad; 자지러지게 웃다 nevetőgörcsöt kap, felszabadultan nevet

자진-하다 동 önként vállalkozik vmire; ~ 명 önkéntesség; ~ 신고 önkéntes beszámoló/bevallás; ~해서 책임을 맡다 önszántából vállalja a felelősséget; 그는 ~해서 사임했다 Önkéntesen lemond/visszavonul.

자질 명 tulajdonság, képesség, sajátság, kvalitás; 그는 여러 가지의 좋은 ~을 가지고 있다 sok jó tulajdonsága/oldala van

자책감 명 lelkiismeret-furdalás; ~을 느끼다 lelkiismeret-furdalása van

자책-하다 동 saját magát hibáztatja, furdalja a lelkiismeret; ~ 명 önvád, önmarcangolás

자처-하다 동 vminek tetteti/mutatja/láttatja magát; ~ 명 tettetés, színlelés; 스스로 예술가임을 ~하다 művésznek tetteti magát; 시인으로 ~하다 költőnek mutatja magát

자체 명 saját maga; ~ 조사 belső vizsgálat; 그 ~의 무게로 쓰러지다 saját súlya alatt összeomlik, nem bírja a saját súlyát; 그 생각 ~가 어리석다 Maga az ötlet abszurd.

자초지종 명 elejétől a végéig, a kezdetektől a végig, a teljes egész, minden részlet; ~을 다 듣다 hallja a teljes történetet; ~을 이야기하다 teljes számadást ad vmiről, feltárja a részleteket

자초-하다 동 magára hozza a bajt, bajba keveri magát, kiteszi magát vminek; 화를 ~하다 szerencsétlenséget hoz magára

ㅈ

자취 명 nyom, bizonyíték, jel; ~를 감추다 elfedi / eltünteti a nyomait; ~도 없다 semmi sem maradt

자취-하다 동 függetlenül él

자치 명 önkormányzás, önkormányzat; autonómia, önállóság; ~ 단체 önkormányzati testület; ~를 요구하는 집회를 갖다 Gyülekeznek, hogy kiköveteljék az önállóságukat.

자치제 명 önkormányzati rendszer

자칫 부 épphogy, majdnem, éppen csak, épp csak, csaknem, alig; ~ 목숨을 잃을 뻔하다 épp csak túlélte, közel járt a halálhoz; ~ 기차를 놓칠 뻔했다 Csaknem / majdnem lekéstem a vonatot.

자칭 명 önjelölt; 그는 ~ 변호사다 Ő önjelölt jogász.

자타 명 maga és mások, (철학) alany és tárgy; 그는 ~가 인정하는 시인이다 Ő általánosan elismert költő.; 그가 뛰어난 역사가임은 ~가 공인하는 바이다 Ő mindenki által elismert történész.

자태 명 személyes megjelenés / alak / külső; 아름다운 ~ gyönyörű forma / alak

자택 명 vkinek a saját otthona / háza / lakása; ~의 주소 otthoni címe; ~에 있다 otthon van; ~에 없다 nincs otthon

자퇴-하다 동 saját döntése / elhatározása alapján elhagyja tisztségét; visszavonul, lemond, abbahagy, félbehagy, felmond; ~ 명 önkéntes visszavonulás; 학교를 ~하다 abbahagyja / félbehagyja / otthagyja az iskolát

자투리 명 maradék; ~ 땅 egy kis maradék föld

자판 명 billentyűzet, klaviatúra

자판기 명 (áru)automata

자폐아 명 autista gyermek

자폐증 명 autizmus

자폭-하다 동 felrobbantja magát, öngyilkos merényletet követ el; ~ 명 öngyilkos robbantás / merénylet; 수류탄으로 ~을 기도하다 megpróbálja gránáttal felrobbantani magát

자필 명 a saját kézírása, autogram; ~ 이력서 kézzel írott önéletrajz; ~로 saját kezűleg; ~원고 kézirat

자학-하다 동 kínozza / gyötri / sanyargatja magát; ~ 명 önkínzás; ~증 mazochizmus

자행-하다 동 készakarva / tudatosan / akarattal / szántszándékkal elkövet; ~ 명 saját vágyainak kielégítése; 폭력행위를 ~하다 erőszakot követ el; 나쁜 짓을 ~하다 bűncselekményt követ el

자화상 명 önarckép; ~을 그리다 önarcképet készít

작가 명 író; 인기 ~ népszerű / kedvelt író

작고-하다 동 meghal, elhuny

작곡가 명 zeneszerző

작곡-하다 동 zenét szerez, zenét komponál; ~ 명 zenei kompozíció; 노래를 ~하다 zenét / dallamot ír egy dalhoz

작금 ezekben a napokban, mostanában, mostanság, az utóbbi időben; ~의 추위 a mostani hideg; ~에 시작된 일은 아니다 Ez nem mostanában történt.

작년 명 tavaly; ~ 여름에 tavaly nyáron; ~ 5월에 tavaly májusban

작다 형 (크기가) kicsi, apró; alacsony; (어리다) kis; (마음이) szűk látókörű; (사소하다) jelentéktelen; (얼마 안 되는) apróság; 키가 작은 사람 alacsony ember; 이 구두는 나한테 너무 ~ Ez a cipő túl kicsi a lábamra.; 옷이 작아졌다

Kinőttem a ruháimat.

작대기 명 ❶ (버팀대) rúd, pózna ❷ (작대기표) hibajel, aláhúzás; 작문에 ~를 긋다 Hibajelet tesz egy fogalmazásba.

작동-하다 동 működik, üzemben van, üzemel; 이 장치는 전기로 ~된다 A berendezés árammal működik.; 이 기계의 ~법을 압니까 Te tudod, hogy működik ez a gép?

작두 명 vágó

작렬-하다 동 felrobban, szétrobban; 공중에서 ~하다 a levegőben felrobban

작문 명 fogalmazás; ~을 짓다 témát kidolgoz, fogalmazást ír; 자유라는 제목으로 ~을 쓰다 fogalmazást ír a szabadságról

작물 명 mezőgazdasági termék / termés / termény; ~이 되지 않았다 Nem volt jó a termés.; 이런 날씨는 ~에 나쁘다 rossz az időjárás a mezőgazdaságnak / terménynek

작별-하다 동 elbúcsúzik, elköszön; ~ 명 (el)búcsúzás, elköszönés; ~ 인사 búcsúszó; 친구와 ~하다 elköszön a barátaitól; ~인사를 하러 가다 megy elköszönni; meglátogat vkit, hogy elköszönjön tőle

작성-하다 동 elkészít, összeállít, írásba foglal, megfogalmaz, megszövegez, kidolgoz; ~ 명 összeállítás, megfogalmazás; 내가 그 서류를 ~하고 그가 서명하였다 Én összekészítem a papírokat, ő pedig aláírja őket.; 유언장을 비밀리에 ~하다 titokban elkészíti a végrendeletét

작심-하다 동 elhatározza / eltökéli magát vmire, megfogad magának vmit, szándékozik / akar tenni vmit, eldönt vmit; ~ 명 elhatározás, határozat, fogadalom, döntés; ~삼일 a fogadás három napig érvényes

작아지다 동 kisebb lesz, összemegy

작업 명 munka; ~ 강도 munkaintenzitás; ~ 환경 munkakörülmények; 그는 ~중에 다쳤다 Megsérült munka közben / során.

작업량 명 az (elvégzett) munka mennyisége

작업반 명 munkabrigád

작업반장 명 brigádvezető

작업복 명 munkaruha; terepruha; egyenruha

작업실 명 munka- / dolgozószoba, műhely

작업장 명 munkahely; műhely

작용-하다 동 dolgozik vmin, működik, funkcionál, hat; ~ 명 működés, funkcionálás, hatás; 동화 ~ az asszimiláció folyamata; 부~ mellékhatás; 상호 ~ kölcsönhatás; ~과 반작용 akció és reakció; 서로 ~하다 kölcsönösen / egymásra hat

작은아버지 명 nagybácsi (az apa öccse)

작전-하다 동 megtervez egy hadműveletet; ~ 명 (군사) hadművelet; ~을 세우다 kidolgozza a hadművelet tervét

작정-하다 동 elhatározza / eltökéli magát, megfogadja magának, szándékozik / akar tenni vmit, eldönt; ~ 명 elhatározás, határozat; szándék; cél; projekt, terv; 나는 그것을 할 ~이다 Meg fogom tenni.; 자동차는 팔기로 ~했다 Eldöntöttem, hogy eladom az autómat.

작품 명 mű, műalkotás; 문학 ~ irodalmi mű / alkotás; 예술 ~ művészeti alkotás; 셰익스피어의 ~을 읽어 보았느냐 Olvastad már Shakespeare műveit?

잔 명 pohár; ~에 술을 따르다 megtölt egy poharat borral; 물을 두 ~ 마시다 két pohár vizet iszik

잔고 명 egyenleg; ~ 증명 egyenlegigazolás, igazolás a számlaegyenlegről, egyenlegértesítés; ~를 전부 인출하다 lenullázza az egyenlegét

잔금 명 hátralék; ~을 치르다 kifizeti a hátralékot

잔돈 명 váltópénz, apró(pénz); 천 원짜리를 ~으로 바꾸다 aprópénzre vált egy ezervonos bankjegyet; ~이 없습니다 Nincs apróm.

잔디 명 pázsit, fű, gyep; ~ 구장 füvesített focipálya; ~깎는 기계 pázsitnyíró, fűnyíró; ~를 깎다 füvet nyír; ~를 깔다 gyepesít, (be)füvesít

잔디밭 명 pázsit, füves terület / rész; ~에 물을 뿌리다 meglocsolja / megöntözi a füvet; ~에 들어가지 마시오 Fűre lépni tilos!

잔뜩 부 ❶ (꽉차게) teljesen, egészen, bőségesen, kiadósan, gazdagon; ~ 마시다 / 먹다 vki teleissza / -eszi magát, pukkadásig / dugig issza / eszi magát; 옷을 ~ 껴입다 rétegesen öltözik, vastagon van felöltözve; 빚을 ~ 지고 있다 sok adóssága van ❷ (몹시) rendkívül, módfelett, szerfelett; ~ 흐린 날씨 rendkívül borús idő

잔류-하다 동 (ott)marad; hátramarad, nem megy el; ~ 명 hátramaradás; ~ 농약 mezőgazdasági vegyszermaradvány; 공습경보가 발령되었는데도 그 건물에 2, 3명의 남녀가 ~해 있었다 A légiriadó után néhány nő és férfi hátramaradt az épületben.

잔소리-하다 동 (불평하다) panaszkodik, morog, zsörtölődik; (꾸짖다) megfedd, (össze)szid, korhol, lehord; ~ 명 panaszkodás, morgás, zsörtölődés, feddés, szidás, korholás; ~꾼 panaszkodó / zsörtölődő ember; 그녀는 늘 아이들에게 ~를 한다 Állandóan zsörtölődik a gyermekei miatt.; 그녀는 늘 남편의 귀가 시간이 늦다고 ~했다 Mindig korholta a férjét, amiért későn jött haza.; ~ 그만해 Elég volt a panaszkodásodból / prédikálásodból!

잔액 명 egyenleg, szaldó; maradék, fennmaradó összeg, többlet, maradvány; 은행의 예금 ~ banki egyenleg; ~을 지불하다 (차액을) kiegyenlíti a számláját, (잔금을) kifizeti a hátralékot

잔업-하다 동 túlórázik; ~ 명 túlórázás, túlóra; ~ 수당 túlórák kifizetése, túlóradíj; ~ 수당을 지급하다 kifizetik neki a túlórát; 어제는 2시간 ~했다 Tegnap két órát túlóráztam.

잔인-하다 형 kegyetlen, embertelen, könyörtelen; ~ 명 kegyetlenség, brutalitás, könyörtelenség; 그런 짓을 하는 것은 ~하다 Kegyetlenség ilyet csinálni / tenni.

잔잔-하다 형 csendes, szelid, lágy; ~한 물결 csendes / szelíd / lágy hullámok; 바람이 점차로 ~해졌다 Elcsendesedik / elül a szél.

잔재 명 maradvány, nyom; 봉건주의 / 군국주의의 ~ a feudalizmus / militarizmus maradványai / nyomai

잔치 명 ünnepély, bankett, parti, ünnepség; 돌~ egyéves gyerek szülinapi partija / zsúrja; 혼인 ~ lakodalom; ~를

열다 / 벌이다 bankettet / ünnepséget rendez; ~가 한창이다 Az ünnepség most érte el a csúcspontját.

잔칫집 명 rendezvényház; 소문난 ~에 먹을 것 없다 Nagyobb a füstje, mint a lángja.

잔혹-하다 형 kegyetlen, embertelen, brutális; ~ 명 kegyetlenség, brutalitás

잘 부 ❶ kielégítően, jól, szépen; ~ 먹다 / 자다 / 살다 jól táplálkozik / alszik / él; 아무에게 ~ 보이다 eléri, hogy vki jó véleménnyel legyen róla; 만사가 생각했던 것보다 ~ 되었다 Minden jobban ment, mint ahogy vártam.; ~ 생각하다 jól átgondol vmit ❷ (많이) sok, rengeteg, nagy tömegű, nagy mennyiségű; (자주) gyakran, sokszor, gyakorta, több ízben; 영화관에 ~ 가다 sokat jár moziba; 비가 ~ 온다 sokat esik; 그는 남하고 ~ 싸운다 Hajlamos arra, hogy összevesszen másokkal.

잘나다 동 ❶ (잘생기다) helyes, jóképű, jóvágású, szemrevaló, fess ❷ (뛰어나다) választékos, remek, kiváló, kitűnő; 잘난 사람 kiváló ember

잘다 형 (크기가) kicsi, apró, parányi, pici, picurka; (인품이) kicsinyes, jelentéktelen; 고기를 잘게 썰다 apró darabokra vágja a húst

잘록-하다 형 karcsú, vékony; elkeskenyedő; ~한 허리 karcsú derék; 조롱박은 허리가 ~하다 a lopótök középen elvékonyodik

잘리다 동 ❶ (끊기다) letörik, levágódik, leszakad, letépődik, (해고되다) kirúgták; 목이 ~ vége van vkinek; lenyakaznak / lefejeznek vkit; el van bocsájtva ❷ (떼이다) elveszít

잘못 ❶ 명 hiba, botlás, tévedés; 인쇄의 ~ nyomdahiba; ~을 범하다 hibát követ el, hibázik, vét; ~을 깨닫다 észreveszi vkinek a hibáit; ~을 사과하다 elnézést kér a hibájáért; 그는 ~해서 다른 기차를 탔다 Tévedésből rossz vonatra szállt. ❷ 부 tévedésből, tévesen, hibásan; ~ 발음하다 hibásan ejt ki vmit; ~ 계산하다 félreszámol, elszámítja magát; 실례했습니다, 제가 사람을 ~ 봤군요 Bocsánat, összetévesztettem!

잘못-되다 동 rosszra fordul, rosszul sül el; 모든 일이 ~되었다 Minden rosszra fordult.

잘못-하다 동 ❶ (…이) rosszat tesz / cselekszik, téved, baklövést követ el, mellétfog; 아무한테 ~하다 méltatlanul bánik vkivel ❷ (…을) helytelenül / hibásan / tévesen cselekszik; 정치를 ~하다 elhibázott politikát folytat

잘살다 동 bőségben / jól él

잘생기다 형 jóképű, helyes, szép, szemrevaló; 얼굴이 ~ helyes arca van

잘-하다 동 ❶ jól / ügyesen / gyakorlottan csinál; (올바르게) helyesen / jót tesz / cselekszik; 음식을 ~하다 jól főz; 계산을 ~하다 jól számol; 그가 그르고 네가 ~했다 Ő tévedett és neked van igazad. ❷ (걸핏하면) sokszor megtesz vmit; 웃기를 ~하다 sokat nevet

잠 명 alvás; 깊은 / 얕은 ~ mély / felszínes alvás; ~을 자다 alszik; ~이 들다 elalszik; ~이 부족하다 nem aludt eleget; ~을 못 이루다 nem sikerül elaludnia

잠그다 동 bezár; 수도를 ~ elzárja a vizet / (víz)csapot; 차 안에 열쇠를 놓고 문을 잠갔다 Kizártam magam a kocsiból.

잠기다[1] 동 záródik, be van zárva; 이 문은

자동적으로 잠긴다 Az ajtó automatikusan záródik.; 책상 서랍이 잠겨 있다 Az asztalfiók zárva van.

잠기다[2] 동 ❶ (물속에) elmerül, elsüllyed, (홍수로) eláraszt; 이 바위는 밀물 때 물속에 잠긴다 A szikla víz alá merül dagály idején. ❷ (목이) bereked; 목소리가 ~ bereked ❸ (생각·습관에) belemerül / belemélyed; 그는 명상에 잠겼다 Belemerült az elmélkedésbe.

잠깐 부 kis ideig, kicsit, rövid időre, pillanatnyilag; ~ 사이 / 동안 egy kis ideig; ~ 기다리십시오 Várjon egy kicsit, legyen szíves!; ~ 뵐 수 있습니까 Beszélhetnénk röviden?; ~ 다녀오겠다 (나갈 때) Mindjárt jövök.

잠결 부 alvás közben / alatt, álomban; ~에 듣다 félálomban hall vmit; ~에 총소리를 들었다 Álmomban hallottam egy puskalövést.

잠꼬대 명 alvás közbeni beszéd; (엉뚱한 말) ostobaság, butaság; ~를 하다 álmában beszél; butaságot beszél, ostobaságot mond; ~하는 버릇이 있는 사람 álmában beszélő, alvabeszélő

잠들다 동 elalszik, elszenderül, elszunynyad; (죽다) meghal; 깊이 ~ mélyen elalszik; 영원히 ~ örök álomba merül; 아기가 울다가 잠들었다 A gyermek álomba sírta magát.

잠바 명 dzseki, cipzáras kabát

잠복-하다 동 ❶ lesben áll; ~ 명 les; ~근무 lesben állás a feladata ❷ rejtőzködik, lappang; ~ 명 (병의) lappang; ~기 lappangó időszak, lappangási idő; 그 병은 ~기가 길다 A betegségnek hosszú lappangási időszaka / ideje van.

잠수함 명 tengeralattjáró

잠시 부 kis / rövid ideig; ~ 동안 kis ideig, egy ideig; ~ 후에 kis idő múltán, kicsit / kicsivel később; ~ 머무르다 rövid ideig marad; ~ 기다려 주세요 Várjon egy kicsit! Tudná tartani egy kicsit?

잠식-하다 동 terjeszkedik, tért hódít; behatol, benyomul; 해외 시장을 ~하다 benyomul a külföldi piacokra

잠옷 명 pizsama, hálóruha, hálóing; ~을 입고 자다 pizsamában alszik

잠자다 동 alszik; 늦도록 ~ sokáig alszik; 잠잘 시간이다 Itt az alvás ideje.

잠자리[1] 명 alvóhely, ágy; ~를 펴다 megágyaz; ~에 들다 lefekszik; ~에서 일어나다 kikel az ágyból, felkel

잠자리[2] 명 (곤충) szitakötő

잠자코 부 (말없이) szó nélkül; (조용히) csendben; (공손히) kérdés nélkül, udvariasan; (무단히) engedély nélkül; ~ 있다 csendben marad; ~ 하라는 대로 해라 Kérdés nélkül tedd, amit mondok!; 뭐라 대답할지 몰라, ~ 있었다 Mivel nem tudtam, mit feleljek, (inkább) csendben maradtam.

잠재력 명 lappangó energia, rejtett erő; ~을 발달시키다 kihozza vkiből a benne rejlő erőt / képességeket

잠재우다 동 hagy aludni vkit; lecsendesít vmit / vkit

잠재-하다 동 lappang, rejtőzködik, rejtett; ~ 명 lappangás, rejtőzködés; ~ 능력 rejtett képességek, lappangó tehetség; ~ 수요 várható kereslet; ~ 의식 tudatalatti; 그들의 사고방식에는 군국주의가 ~하고 있다 A militarizmus ott lappang a gondolkodásmódjukban.; 현대 사회에는 갖가지 위험이 ~해 있다 Mai társadalmunkban sok a rejtett veszély.

잠정적 명 kísérleti, próbaképpeni, ideiglenes; ~ 조치를 취하다 ideiglenes intézkedéseket / lépéseket tesz

잡념 명 zavaró gondolatok; ~을 버리다 megszabadul a zavaró gondolatoktól; 이제는 모든 ~을 버리고 공부에 몰두해야 한다 Most el kell felejtened minden más gondolatot, és bele kell merülnöd a tanulásba.

잡다 동 elkap; elfog, (meg)ragad, letartóztat; (meg)fog; 공을 ~ elkap egy labdát; 도둑을 ~ elfog / elkap egy tolvajt; 권력을 ~ megragadja a hatalmat; 기회를 ~ megragadja az alkalmat; 담보로 ~ elzálogosít, zálogba ad, jelzáloggal terhel; 날짜를 ~ időpontot egyeztet; 일자리를 ~ állást / munkát kap / szerez, talál egy beosztást; 호텔에 방을 ~ szobát foglal egy szállodában; 비용을 5만 원으로 ~ A kiadásokra 50.000 vont szán.; 마음을 ~ összeszedi magát, uralkodik magán; 돼지를 ~ levág egy disznót; 균형을 ~ megtartja az egyensúlyát

잡담-하다 동 trécsel, traccsol, pletykál(kodik), csacsog, cseveg; ~ 명 trécselés, traccs, pletyka, csevegés, csacsogás; ~으로 시간을 보내다 pletykálással tölti az időt, elpletykálják / elbeszélik az időt

잡동사니 명 limlom, kacat, ócskaság

잡목 명 cserjék, bozótok, bokrok; ~숲 cserjés, bozótos

잡무 명 egyéb tevékenység, apró-cseprő feladatok / ügyek, (가정의) ház körüli teendők; ~로 바쁘다 az egyéb teendői miatt elfoglalt; ~를 처리하다 apró-cseprő feladatokat csinál

잡부 명 napszámos, alkalmi munkás; mindenes

잡식동물 mindenevő állat; ~류 a mindenevők osztálya; ~성 mindenevés; ~의 mindenevő

잡아가다 동 bevisz, előállít

잡아끌다 동 (ki)húz, (ki)ráncigál, rángat

잡아내다 동 (결점 등을) beleköt; (밖으로) kivesz, kihúz, kivon, kiemel, kiránt

잡아당기다 동 húz, von; vontat; (갑자기) megránt, kiránt, rángat; 아무의 소맷자락을 ~ a kabátujjánál fogva rángat ki vkit; 그는 밧줄을 세게 잡아당겼다 erősen meghúzza a kötelet; 너무 잡아당기면 끊어진다 El fog szakadni, ha túl erősen húzod.

잡아떼다 동 ❶ (떼내다) leszakít, letép ❷ (부인하다) határozottan letagad(ja); 전혀 모른다고 잡아뗐다 ártatlan képet vág és letagadja, hogy...

잡아먹다[1] 동 ❶ levág / leöl és megeszik vmit; 뱀은 개구리나 쥐를 잡아먹고 산다 A kígyó békákkal, egerekkel és patkányokkal táplálkozik. A kígyó békákon, egereken és patkányokon él. ❷ (시간을) elvesz, elfoglal; 이 일에 꽤 많은 시간을 잡아먹었다 Ennek a feladatnak a befejezésére sok időt fordítottunk.

잡아먹다[2] 동 (괴롭히다) sanyargat, bánt, zaklat, gyötör, kínoz; 그는 나를 잡아먹지 못해 안달이다 Kegyetlenül bánik velem. Sanyargat engem.

잡음 명 ❶ (소음) zaj, hang, (라디오의) recsegés, (레코드의) sistergés, sercegés, (의학) zörej; 라디오에 ~이 들린다 A rádióadást recsegő hang zavarta. ❷ (이의·반대) eltérő vélemény, ellenvetés, kifogás, tiltakozás, panasz, (참

견) szükségtelen kritika / beavatkozás

잡종 명 keverék, hibrid, keresztezett faj(ta); ~을 만들다 keresztez egy fajt egy másikkal, két fajt keresztez egymással

잡종견 명 korcs

잡지 명 folyóirat, magazin; 연 4회 발행의 ~ negyedéves folyóirat; 월 2회 간행의 ~ kéthetente megjelenő folyóirat; ~를 구독하다 előfizet egy folyóiratra; ~를 편집하다 folyóiratot szerkeszt

잡지사 명 folyóirat-szerkesztőség

잡초 명 gaz, gyom, dudva; ~가 우거진 gazos, gyomos, dudvás; ~처럼 생명력이 강하다 szívós, mint a gaz; ~를 뽑다 kigyomlál egy kertet

잡티 명 pattanás, mitesszer

잡화 명 vegyes árucikkek; ~ (상)점 vegyeskereskedés

잡히다 동 megfog, elfog, letartóztat, őrizetbe vesz vkit; 일이 손에 잡히지 않다 képtelen munkához fogni / látni; 경찰관한테 ~ a rendőrség letartóztat vkit; 집을 잡혀서 돈을 꾸다 Jelzáloghitelt vesz fel a házára.; 남한테 흉을 ~ csúfot űznek a hibáiból

잣 명 fenyőmag

잣나무 명 fenyő(fa)

장 명 (해부) belsőségek, zsigerek, belek; ~이 나쁘다 bélproblémái vannak, bélpanaszoktól szenved

장가-가다 동 feleségül vesz, elvesz vkit, megházasodik; ~ 명 házasság, esküvő; ~ 보내다, ~ 들이다 megházasítja a fiát, feleséget talál a fiának

장갑 명 kesztyű; 벙어리 ~ kétujjas kesztyű; 권투 ~ kétujjas bőrkesztyű; 승마·크리켓용 ~ autóskesztyű; 고무 ~ gumikesztyű; ~ 한 켤레 egy pár kesztyű; ~을 끼다 kesztyűt vesz fel / visel

장거리 명 nagy távolság, (사격 등의) hosszú táv; ~ 경주 távfutó verseny

장관[1] 명 csodás látvány, lenyűgöző panoráma; ~을 이루다 csodás látványt nyújt; 천하의 ~이다 egyike a legcsodásabb látványoknak

장관[2] 명 a kabinet tagja, miniszter, kormányzó; 무임소 ~ tárca nélküli miniszter; 외무 ~ külügyminiszter; 국방 ~ nemzetvédelmi miniszter; 그는 ~직을 사임했다 Lemondott a miniszterségről / miniszteri posztról.

장교 명 (hivatásos) tiszt; ~와 사병 tisztek és katonák / közlegények; 고급 / 하급 ~ magas / alacsony rangú tiszt

장구 명 csánggu; homokóra alakú, duplafejű dob középen rögzítve (hagyományos koreai hangszer)

장구채 명 csánggu (dob)ütő

장군 명 ❶ (군사) tábornok, generális, főparancsnok ❷ sakk!, sekk!; ~을 부르다 sakkot / sekket ad

장기[1] 명 különleges képesség, vkinek a tehetsége / erőssége; 너의 ~는 무엇이냐 Miben vagy jó? Miben rejlik a tehetséged? Mi az erősséged?

장기[2] 명 hosszú idő(szak); ~ 계획 hosszú távú terv; 그는 서울에 ~간 체류했다 Hosszú ideig maradt Szöulban.

장기[3] 명 csánggi, koreai sakk; ~를 두다 koreai sakkot játszik; ~판 sakktábla

장기[4] 명 (해부) belső szervek, zsigerek, belsőségek, belek; (의학) ~이식 szervátültetés; ~의 불법 거래 illegális szervkereskedelem

장끼 명 (수컹) fácánkakas

장난감 명 játék, gyerekcsörgő; ~ 가게 játékbolt; ~으로 삼다 játékot űz, viccet csinál, tréfát űz; 너는 ~을 가지고 놀 나이가 아니다 Kinőttél már a játékaidból! Öreg vagy már a játékhoz!

장난-하다 동 játszik; (만지작댐) matat, babrál; (짓궂게) rosszat csinál, bajt kever, trükközik, rosszban sántikál; ~ 명 (놀이) játék, játszma, sport; (못된 짓) csíny, rosszaság, csintalankodás; 운명의 ~ a sors iróniája; 불을 가지고 ~하다 játszik a tűzzel

장날 명 piaci nap, vásárnap

장남 명 elsőszülött / vki legidősebb fia

장내 명 a csarnok belseje; ~에서 csarnokban, a helyszínen

장녀 명 elsőszülött / vki legidősebb lánya

장년층 명 középkorúak, középső korosztály

장님 명 (맹인) vak (ember); (문맹인) írástudatlan, analfabéta; műveletlen, tanulatlan; ~이 되다 megvakul, elveszíti a látását; 눈뜬 ~ műveletlen / együgyű ember

장단 명 ❶ (길이) viszonylagos / hozzávetőleges hossz ❷ (장점과 단점) tehetség és tehetségtelenség, erősség és gyengeség, jó és rossz oldal; (득실) viszonylagos érdemek ❸ (박자) ritmus, ütem; ~을 맞추다 tartja az ütemet / ritmust; 남의 ~에 춤추다 más kezére játszik

장단점 명 erősség és gyengeség, tehetség és tehetségtelenség

장담-하다 동 biztosít, kezeskedik, jótáll, szavatol; ~ 명 biztosíték, kezesség, jótállás, szavatosság; 그것이 사실임을 나는 ~한다 Biztosítom, hogy ez így van. Kezeskedem azért, hogy ez igaz.; 나는 어떻다고도 ~ 못 하겠다 Egyik oldalra sem tudok állni.

장대 명 bambuszrúd; ~높이뛰기 rúdugrás

장도리 명 (망치) kalapács, (노루발) szeghúzó kalapács; ~로 치다 kalapál, kalapácsol; ~로 못을 빼다 szeghúzó kalapáccsal húz ki egy szeget

장독대 명 kifejezetten az agyaghordók tárolására használt hely a ház mögött

장래 명 jövő, jövendő, (전망) kilátás; ~에 a jövőben; 머지않은 ~에 a közeljövőben, nem túl sokára; 이것들은 ~ 너희들이 세상에 나갈 때 크게 도움이 될 것이다 Ezek a dolgok hasznosak lesznek, amikor majd kilépsz a nagyvilágba.

장래성 명 jövőbeli kilátás / lehetőség; jövőbeli kilátás / lehetőség; 이 사업은 ~이 없다 Ennek az üzletnek nincs jövője.

장려-하다 동 bátorít, buzdít; 저축을 ~하다 takarékosságra buzdít; 운동을 ~하다 buzdít a sportra

장례 명 gyászszertartás, temetkezés; ~ 비용 temetkezési költségek; ~ 행렬 gyászmenet; ~를 지내다 megszervezi a temetési szertartást; 그의 부친 ~는 교회에서 행해졌다 Az apja gyászszertartása a templomban zajlott.

장례식 명 gyászszertartás, búcsúztatás; ~에 모인 사람들 a temetésen megjelentek / résztvevők, gyászolók

장롱 명 ruhásszekrény

장르 명 műfaj

장마 명 tartós esőzések, esős évszak; ~ 전선 időszakosan tartó esőzések; 계속되는 ~ hosszan tartó esős időjárás, folyamatos / tartós / állandó esőzés

장마철 명 esős évszak / időszak, tartós esőzések ideje / időszaka; ~로 접어들다 beköszönt az esős idő / évszak

장막 명 függöny, lepel; 철의 ~ vasfüggöny; ~을 치다 függönyt tesz fel; 모든 것이 밤의 ~에 싸이고 말았다 A sötétség leple borított mindent.

장만-하다 동 (meg)vesz, (meg)vásárol, szerez; 집을 ~하다 házat vesz / vásárol; 땅을 잡혀 돈을 ~하다 a földjéért kap pénzt

장면 명 jelenet; látvány; ~이 바뀌다 jelenetet váltanak

장모 명 anyós

장미 명 (식물) rózsa; ~나무 rózsafa, rózsabokor; 들~ vadrózsa; 가시 없는 ~는 없다 Nincsen rózsa tövis nélkül.

장밋빛 명 rózsaszín; ~의 rózsaszínű, rózsapiros, rózsás; ~ 같은 입술 / 빰 rózsás ajkak / arc

장바구니 명 bevásárlókosár

장발 명 hosszú haj, (사람) hosszú hajú ember; ~의 hosszú hajú

장벽 명 (벽) kerítés, fal, korlát; (장애) akadály, gát, korlát; ~을 쌓다 korlátot épít, falat állít; akadályt emel / állít; ~을 없애다 lebont / eltüntet / elhárít egy akadályt

장병 명 tisztek és beosztottak / katonák

장보기 명 (be)vásárlás, vásárolgatás

장본인 명 kezdeményező, alkotó, létrehozó, (értelmi) szerző; 그가 그 음모의 ~이다 Ő az értelmi szerző.

장부 명 üzleti könyv, számlakönyv, napló; főkönyv(elés), nyilvántartás, jegyzék; ~에 기입하다 lekönyvel vmit; ~를 정리하다 elrendezi a könyvelést

장비 명 felszerelés; (군사) felfegyverzés, fegyverzet, katonai felszerelés; ~를 갖추다 felszerel, ellát; betáraz egy fegyvert; 우수한 ~를 갖춘 군함 kiváló felszereltségű hadihajó; 그런 가벼운 ~로 겨울 산에 오르는 것은 매우 위험하다 Nagyon veszélyes dolog ilyen gyenge / hiányos felszereléssel hegyet mászni télen.

장사[1] 명 erős / izmos férfi, valóságos Herkules; 힘이 ~다 Olyan erős, mint Herkules.

장사[2] 명 temetés, temetkezés; halotti tor; ~ 지내다 megszervezi a temetést

장사꾼 명 kereskedő, üzletember; eladó; ~ 기질 kereskedői modor / stílus

장사-하다 동 kereskedik, üzletel vmivel, üzletet köt; ~ 명 üzlet, kereskedelem, (거래) üzletkötés, adás-vétel; ~가 잘 되다 virágzik az üzlete, jól megy a boltja; 무슨 ~하세요 Mivel kereskedsz?; 요새 ~가 시원치 않다 Hanyatlik az üzlet mostanában.

장성 명 tábornok; 육해군 ~ hadi és tengerészeti tábornokok

장소 명 hely; helyiség, helyzet; helyszín; ~를 너무 차지하다 sok helyet foglal; ~를 가리지 않다 anélkül cselekszik, hogy mérlegelné a helyzetet; ~가 좋아서 장사가 잘 된다 Az üzlet elhelyezkedése / fekvése fellendíti a forgalmat.

장수 명 tábornok, főparancsnok, generális

장수-하다 동 sokáig él, hosszú időt él meg, hosszú életű; ~ 명 hosszú élet; 그는 ~하는 집안 출신이다 A családjában a felmenők hosszú életet éltek.; 그는 90세까지 ~를 누렸다 90 éves koráig élt.

ㅈ

장승 [명] totemoszlop, védelmezőt ábrázoló faoszlop; ~같이 크다 olyan magas, mint egy totemoszlop

장시간 [명] sok / hosszú idő; ~에 걸쳐 sok órán át, hosszú időn át

장식 [명] dísz(ítés), dekoráció, ékesség; ~음 (음악) díszítő hang; 무대 ~ színpadi díszlet; ~이 없는 díszítés nélküli; 이 도자기는 단순히 ~용이다 Ez a porcelán csak dísz.

장식적 dekoratív, díszítő

장식-하다 [동] feldíszít, ékesít, dekorál, cicomáz, szépít; 진열장을 ~하다 feldíszít egy kirakatot; 방을 꽃으로 ~하다 virágokkal díszít fel egy szobát

장신구 [명] bizsu, ékszer, csecsebecse

장악-하다 [동] átveszi az irányítást, kezébe veszi a vezetést; ~ [명] elfoglalás, átvétel, meg- ragadás, megszerzés; 정권을 ~하다 átveszi az irányítást

장애 [명] (방해물) akadály, gát, korlát, nehézség; (신체상의) mozgássérült, nyomorék, testi rendellenesség / fogyatékosság; ~ 요소 akadályt létrehozó ok, akadályt képező dolog; 정서 ~ mentális rendellenesség; 언어 ~ beszédzavar; ~를 극복하다 egy akadályt leküzd / legyőz

장애물 [명] akadály, (ugró)gát; ~ 경주 gátfutás, akadályverseny; ~을 제거하다 elhárítja az akadályokat

장애인 [명] fogyatékos (ember); ~ 학교 fogyatékosok iskolája; 시각 ~ látásában fogyatékos személy, látássérült

장엄-하다 [형] méltóságteljes, magasztos, fennkölt, ünnepélyes, patetikus; ~ [명] méltóságteljesség, magasztosság, ünnepélyesség; ~ 미사 (가톨릭) szentmise, ünnepi mise; 의식은 ~하게 거행되었다 Magasztos hangulatban zajlott az ünnepség.

장인[1] [명] após

장인[2] [명] kézműves, mesterember, iparos

장점 [명] erős oldal, előny, erény; ~과 단점 erősség és gyengeség, tehetségesség és tehetségtelenség; 남의 ~을 인정하다 látja a szépet / jót másokban; 그것이 그의 ~의 하나다 Egyike az erősségeinek.

장차 [부] a jövőben, valamikor, egyszer; ~ 어떤 일이 일어날지 아무도 모른다 Senki sem tudja, mi fog történni a jövőben.

장착-하다 [동] fel- / beszerel, összeilleszt; 체인을 ~한 차 hólánccal felszerelt autó

장치-하다 [동] felszerel, berendez; ~ [명] felszerelés, berendezés; 안전 ~ biztonsági berendezés; 이 승강기에는 안전 ~가 달려 있다 Ezt a felvonót biztonsági berendezéssel látták el.

장터 [명] vásár(hely), vásárcsarnok

장티푸스 [명] tífusz; ~ 예방주사 tífusz elleni oltás

장편소설 [명] regény

장-하다 [형] (훌륭하다) nagyszerű, pompás; (갸륵하다) tiszteletre méltó, emlékezetes, dicséretes; (놀랍다) csodálatra méltó, figyelemre méltó; ~한 일을 하다 nagyszerű dolgot visz véghez; 일등상을 탔다니 참 ~하다 Dicséretes, hogy megszerezted az első díjat.

장학금 [명] ösztöndíj; ~을 받다 ösztöndíjat kap

장학사 [명] központi tanfelügyelő, helyi tanfelügyelő

장학생 [명] ösztöndíjas tanuló

장화 [명] csizma; 고무 ~ gumicsizma

장황-하다 [형] hosszadalmas, elnyúló; ~하

게 설명하다 hosszadalmasan magyaráz, elnyújtja / elhúzza a magyarázatot

잦다 형 gyakori, rendszeres, ismétlődő; 최근 철도 사고가 잦았다 Mostanában gyakoriak a vasúti balesetek.; 겨울에는 화재가 ~ Télen gyakran vannak tűzesetek.; 공항을 왕래하는 버스 편이 ~ Gyakran járnak a reptéri buszok.

잦아들다 동 leapad, lecsökken, lenyugszik; (끓어서) elforr, elpárolog, gőzzé lesz, gőzzé válik, elfő

재[1] 명 hamu; ~가 되다 hamuvá válik; 담뱃~를 떨다 hamutálba pöcköli a hamut a cigarettájáról; 많은 집들이 불에 타 ~가 되었다 Sok ház hamuvá / porrá égett.

재[2] 명 hágó, hegyszoros; 무악~ a Muak-hágó; ~를 넘다 áthalad / átmegy a hágón

재간 명 képesség, adottság, tehetség; ~이 있다 képes vmire, tehetséges vmiben; 학식과 ~이 남보다 뛰어나다 Kitűnik a tehetségében és a tudásában is a többiek közül.

재갈 명 zabla, zabola; (사람에게 물리는) szájpecek; 말에 ~을 물리다 felzabolázza a lovat

재개발 명 újjáépítés; ~ 지역 újjáépítési terület

재개-하다 동 újra megnyit / kinyit, újrakezd; 교섭을 ~하다 újra megnyitja a tárgyalásokat; 경기를 ~하다 újrakezdi a játékot, folytatja a játékot; 국회가 ~되었다 Az országgyűlés újból megkezdte munkáját.; 한미 교섭이 ~되었다 Újrakezdődtek a tárgyalások Korea és Amerika között.

재건-하다 동 újjáépít, felújít, újjászervez, újra (meg)alapít; ~ 명 újjáépítés, felújítás, újjászervezés, újra alapítás; ~에 착수하다 nekikezdenek vmi újjáépítésének, belevágnak vmi felújításába; 조국을 ~하다 helyreállítják az ország állapotát, visszaállítjak az ország korábbi jólétét

재검토-하다 동 újravizsgál, újragondol, átgondol, felülvizsgál; ~ 명 újravizsgálás, újragondolás; 그 문제는 ~하도록 하자 Vizsgáljuk csak meg újra az ügyet!; 이 정책은 충분히 ~할 필요가 있다 Alaposan át kell gondolni ezt a politikát / irányvonalat.

재계 명 (금융계) pénzügyi körök / világ, pénzforgalmi piac, pénzpiac; (경제계) gazdasági világ; (실업계) üzleti világ; ~의 위기 pénzügyi válság; ~의 불황 üzleti / gazdasági válság, üzleti élet összeomlása; ~가 활기를 띠다 Mozgás figyelhető meg a pénzügyi világban.

재고 명 raktáron lévő (áru)készlet; ~가 없다 nincs raktáron; ~가 부족하다 szűkös készletekkel rendelkezik

재고-하다 동 újragondol, átnéz, újra (át)vizsgál, meggondolja magát; ~ 명 meggondolás, újra átgondolás, újra átvizsgálás, újbóli átnézés; ~한 후에 újra átgondolva; ~를 요청하다 megkér vkit, hogy gondolja át újra a dolgot; ~의 여지가 없다 Nincs mód az újbóli átgondolásra.

재교육-하다 동 átképez; ~ 명 átképzés; ~을 받다 átképzésen vesz részt

재구성-하다 동 átír, újraír, átalakít

재기불능 명 képtelenség a visszatérésre / felépülésre; ~이다 képtelen felépülni / visszatérni; 그는 가수로서 ~이다 Éne-

ㅈ

kes karrierje végleg befejeződött.

재기-하다 동 visszatér; (회복하다) felépül, újra lábra áll; ~ 명 visszatérés; felépülés; 그는 무대 배우로 ~했다 Színpadi színészként tért vissza.

재난 명 csapás, katasztrófa, (불운) szerencsétlenség, balsors, (사고) baleset; ~을 면하다 megmenekül egy katasztrófától; ~을 가져오다 vonzza a bajt, bajt kever

재능 명 tehetség, képesség, adottság; ~이 있다 tehetsége van vmihez, tehetséges vmiben; ~을 발휘하다 megmutatja a tehetségét; 그녀에게는 음악적 ~이 있다 van tehetsége a zenéhez, jó zenei adottsága van; 나는 어학에 ~이 없다 Alkalmatlan vagyok a nyelvtanulásra.

재다 동 ❶ mér; 자로 ~ lemér egy vonalzóval; 체온을 ~ megméri a lázát; 체중을 ~ megméri a testsúlyát ❷ (평가하다) értékel, felbecsül, megbecsül; (계산하다) kiszámol, kiszámít; (헤아리다) feltételez, megbecsül, számításba vesz vmit; 앞뒤를 ~ figyelembe vesz minden lehetséges körülményt

재단 명 alapítvány; ~ 법인 학교 alapítványi iskola; 우수한 학생을 해외로 보내기 위해 ~이 설립되었다 Egy alapítvány létesült, amelynek célja a kiváló tanulók külföldre juttatása.

재떨이 명 hamutál, hamutartó, hamuzó

재래 múlt, régmúlt, régi idők; ~의 múltbéli, megszokott, régi

재래식 ódivatú; ~ 무기 ódivatú fegyverek

재량 명 belátás, tetszés, elbírálás, mérlegelés; ~에 맡기다 vkinek a tetszésére / belátására bíz vmit, szabad kezet ad vkinek; 재판장의 ~으로 그를 가석방 했다 A bíró saját belátása szerint döntött, és feltételesen szabadlábra helyezte.

재력 명 pénzügyi hatalom; ~이 있는 사람 tehetős / jómódú ember; ~을 과시하다 fitogtatja a gazdagságát

재롱 명 aranyos / cuki / édes viselkedés; ~을 부리다 aranyosan / cukin viselkedik

재롱둥이 명 cuki / aranyos kisbaba

재료 명 (nyers)anyag; hozzávalók, alapanyagok; 풍부한 / 빈약한 ~ gyakori / ritka anyag; ~를 모으다 összegyűjti / összeválogatja az anyagokat; 이 집은 좋은 ~로 세워졌다 Ez a ház jó alapanyagokból készült.

재목 명 fa(anyag), nyersfa, épületfa; fűrészáru; gerenda, szálfa, (통나무) fatuskó, tönk; ~감을 벌채하다 fákat vág ki alapanyagnak; ~을 건조시키다 fát szikkaszt, faanyagot / fűrészárut kiszárít

재무 명 pénzügyek, pénzmozgások; 그는 ~ 담당이다 Ő a felelős a pénzügyekért.

재물 명 javak, vagyon; haszon, anyagi előny; juttatás; ~에 눈이 어두워지다 elvakítja a gazdagság; 남의 ~을 빼앗다 kiforgat vkit a vagyonából

재미¹ 명 ❶ érdeklődési kör; szórakozás; ~를 보다 jól szórakozik; ~를 붙이다 örömét / kedvét leli vmiben; 이것은 ~가 있을 거야 Ez jó móka lesz. ❷ (장사의) előny, elégtétel, (meg)elégedettség

재미² 명 Amerikában való tartózkodás, amerikai tartózkodás; ~ 교포 USA-ban élő koreai; ~ 유학생 az USA-ban tanuló koreai diák; ~ 중에 amerikai tartózkodás alatt / során, mialatt Amerikában

ㅈ

volt

재미없다 형 nem érdekes, érdektelen, sivár, unalmas; 재미없는 소문 szellemtelen szóbeszéd / híresztelés

재미있다 형 érdekes, érdekfeszítő; humoros, vicces; szórakoztató, mulatságos, mulattató, élvezetes; 재미있는 이야기 érdekes történet; 재미있는 사람 humoros ember; 이 책을 아주 ~있게 읽었다 Nagy érdeklődéssel olvastam ezt a könyvet.

재발-하다 동 visszaesik, kiújul; ismételten megtörténik; újraéleszt; ~ 명 kiújulás, visszaesés; ismételt (meg)történés, újraéledés; 병의 ~을 막다 megelőzi egy betegség kiújulását; 그는 병이 ~했다 Újra előjött a baja / betegsége. Kiújult a betegsége.

재배-하다 동 termeszt, termel, művel, nevel; ~ 명 termesztés, (meg)művelés, termelés; 과실을 ~하다 gyümölcsöt termeszt.; 이 지방은 차 ~에 적합하다 Az országnak ez a része alkalmas a teatermesztésre.; 비닐하우스 / 온실에서 야채를 ~하다 zöldségeket termeszt a fóliaházban / melegházban

재벌 명 csebol; ipari-pénzügyi konglomerátum, vállalatcsoport

재봉틀 명 varrógép

재봉-하다 동 (meg)varr; ~ 명 varrás; ~을 잘 하다 jól varr

재분배-하다 újra(el)oszt; ~ 명 újraelosztás; 부의 ~ anyagi javak / előnyök újraelosztása

재빠르다 형 gyors, fürge, mozgékony; 재빠르게 행동하다 gyorsan cselekszik; 손이 ~ fürgék az ujjai; 재빠르게 모습을 감추다 egy pillanat / szempillantás alatt eltűnik

재산 명 tulajdon, vagyon, vagyontárgy; anyagi / fizikai javak, birtok, tőke, ingóságok; ~ 목록 vagyonleltár; ~ 상속 vagyoni örökség; ~ 압류 vagyonelkobzás; ~을 날리다 elveszti a vagyonát; ~을 물려받다 vagyont örököl; 생명과 ~을 보호하다 védelmezi / óvja az életet és tulajdont

재산가 명 jómódú / vagyonos ember

재산권 명 (법) tulajdon(hoz való) jog

재산세 명 vagyonadó

재상 명 miniszterelnök, kormányfő, kancellár

재생산-하다 동 újra előállít, reprodukál; ~ 명 reprodukció

재생-하다[1] 동 ❶ (소생) visszatér az életbe, újjászületik; újranöveszt; ~ 명 újjászületés, visszatérés az életbe; 이 물고기는 몸의 잃은 부분을 ~할 수 있다 Ez a hal képes újranöveszteni teste elvesztett részeit. ❷ (갱생) feléled, újjáéled, megerősödik, felépül; ~ 명 feléledés, regeneráció; megerősödés, felépülés ❸ (폐물의) átalakít, regenerál, megújít, újrahasznosít; ~ 명 újrahasznosítás; ~가능 에너지 újrahasznosítható / megújuló energia

재생-하다[2] 동 visszajátszik, lejátszik; ~ 명 visszajátszás; 녹음을 ~하다 visszajátssza / lejátssza a felvételt

재소자 명 börtöntöltelék, börtönlakó, fogvatartott

재수 명 szerencse; ~가 좋다 szerencsés, szerencséje van; ~가 없다 balszerencsés, nincs szerencséje; 신발을 잃으면 ~가 없다고 한다 A cipő elvesztése balszerencsét jelent.

재수생 명 leérettségizett diák, akinek nem sikerült a felvételi és újra készül a következő felvételire

재수-하다 동 készül az ismételt felvételi vizsgára; 그는 1년 ~하고 희망하는 대학에 입학했다 Egy évig készült a felvételi vizsgára a gimnázium után, és bejutott arra az egyetemre, amelyikre akart.

재앙 명 szerencsétlenség, katasztrófa, balszerencse, csapás, baj, balsors; ~을 당하다 rátalál a balszerencse, csapás sújtja; ~을 피하다 elkerüli a balszerencse; 그녀의 부주의가 ~을 가져왔다 Az elővigyázatlansága okozta a bajt.

재우다 동 elaltat, aludni küld, ágyba küld; szállást ad, elszállásol; 아이를 열 시에 ~ lefekteti a gyereket tíz órakor; 나그네를 하룻밤 ~ elszállásol egy utazót éjszakára

재원 명 anyagi erőforrások, pénzforrások, anyagi javak; ~이 풍부하다 anyagi erőforrásokban gazdag; ~이 부족하다 szűkös anyagiak között él

재작년 명 tavalyelőtt, két évvel ezelőtt

재잘거리다 동 csacsog, fecseg, locsog; 한 시간 동안이나 ~ egy órán keresztül / át fecseg

재정 명 pénzügy; ~ 보증 anyagi biztosíték, kezesség, jótállás; ~ 보증인 kezes, jótálló, garanciát / biztosítékot nyújtó személy; ~이 곤란하다 anyagi nehézségei / problémái vannak; 우리 회사의 ~은 건전하다 A cégünk anyagi helyzete kielégítő.

재정난 명 pénzügyi nehézség

재정학 명 pénzügy(tan)

재조정-하다 동 helyreigazít, megigazít, kijavít, hozzáigazít

재주 명 tehetség, képesség, adottság, ügyesség; 손~ kézügyesség; ~를 충분히 발휘하다 teljes mértékben kihasználja a képességét

재주꾼 명 tehetséges / jó képességű ember; 그는 대단한 ~이다 Ő jó képességű ember.

재즈 명 dzsessz(zene), jazz; ~에 맞추어 춤추다 táncol a jazzre / dzsesszre; ~를 연주하다 jazz (zené)-t játszik

재직-하다 동 betölt egy hivatalt, hivatalban van; ~ 기간 vki hivatali / szolgálati ideje; 그는 본교에 ~한 지 20 년이 된다 Ebben az iskolában dolgozott / tanított 20 évig.; 그 사건은 그의 ~ 중에 일어났다 A hivatali / szolgálati ideje alatt történt (meg) a baj.

재질 명 tehetség, adottság, képesség; ~을 살리다 kihasználja a tehetségét

재차 부 másodszor, másodjára, második alkalommal, újra, megint; ~ 방문하다 másodszorra látogat meg vkit; ~ 시도하다 újra (meg)próbál; tesz egy újabb próbát / kísérletet

재채기-하다 동 tüsszent, hapcizik, prüszköl; ~ 명 tüsszentés, hapcizás, prüszkölés; 연달아 ~하다 tüsszentésroham jön rá, folyamatosan tüsszent

재촉-하다 동 ráerőltet / kényszerít vkit vmire, nyomást gyakorol vkire; 빚을 갚으라고 ~하다 kényszerít vkit, hogy meg- / vissza- / kifizesse a tartozását; 일을 ~하다 sürgeti / sietteti a munkát

재치 명 szellemesség, elmésség, gyors / jó eszű, gyors felfogású; ~가 있다 pörög / jár az esze; ~있는 말을 하다 szellemes / frappáns megjegyzést tesz; 그는 ~있게 그 문제를 수습했다 Megvolt az esze hozzá, hogy megoldja az ügyet.

재킷 명 kabát, dzseki

재탕-하다 동 újra tálal; újra (elő)ad vmit; ~ 명 újra tálalás; újbóli tálalás; újra-adás, újravetítés

재판장 명 a bíróság elnöke, bírói tanács elnöke

재판-하다 동 elítél vkit, ítéletet hoz, ítélkezik vki felett; ~ 명 (판결) ítélet, döntés, határozat, (공판) per, eljárás, tárgyalás; 공정한 ~ igazságos ítélet; ~을 받다 bíróság elé áll / állítják, perbe fogják; ~에 지다 elveszt egy ügyet / pert; ~에 이기다 megnyer egy pert; 그는 살인 혐의로 ~을 받았다 Emberölés vádjával állt bíróság elé.

재편-하다 동 átrendez, újra- / át- / újjá-szervez, átcsoportosít; ~ 명 újraszervezés, átszervezés; 학급을 ~하다 átszervezi / átrendezi az osztályokat; 위원회를 ~하다 újjászervezi a bizottságot

재학 명 iskolába járás; ~ 기간 iskolai tanulmányok ideje, iskolaévek; ~ 증명서 iskolalátogatási igazolás; ~ 중에 az iskolai tanulmányok alatt, diákkorában / -éveiben; 그는 ~ 중에 운전면허를 땄다 Az iskolai tanulmányai alatt szerezte meg a jogosítványát.

재학생 명 iskolás; tanuló, diák, hallgató

재해 명 katasztrófa, szerencsétlenség, csapás; ~대책 megelőző intézkedések a katasztrófahelyzet elkerülésére; 지난 해는 ~가 많은 해였다 Tavaly számos katasztrófa volt / történt.

재현-하다 동 újra megjelenik, felidéz; ~ 명 újra megjelenés, reprodukció; 그 그림은 당시의 생활을 ~하고 있다 A kép felidézi az akkori időket.

재혼-하다 동 újraházasodik, újra megházasodik; ~ 명 újraházasodás, második házasság(kötés); 그녀는 돈 때문에 부자인 상인과 ~했다 Újraházasodott egy gazdag kereskedővel a pénz miatt.

재화 명 (상품) terménytőke, javak; (재산) pénz és vagyon, jólét

재확인-하다 동 újra megerősít, megismétel egy állítást; ~ 명 újramegerősítés, ismételt állítás; 아시아에서 한반도의 전략적 중요성을 ~하다 Újra megerősítik a Koreai-félsziget stratégiai fontosságát Ázsiában.

재활 명 rehabilitáció; ~ 시설 rehabilitációs központ / intézet

재활용-하다 동 újrahasznosít, újrafelhasznál; ~ 명 újrahasznosítás, újrafelhasználás; ~휴지 / 비누 újrahasznosított anyagból készült toalettpapír / szappan

재회-하다 동 újra találkozik; ~ 명 újbóli találkozás / összejövés; 이산가족의 ~ a szétszakított családok (újra) találkozása; ~를 기약하다 megígéri, hogy újra találkoznak; 그는 5년 만에 아버지와 ~했다 Öt éve most látta először az apját.

잽싸다 형 gyors, fürge, mozgékony; 잽싸게 gyorsan, fürgén, mozgékonyan; 잽싸게 달아나다 gyorsan megszökik / elfut

잿빛 명 hamuszürke, szürke; ~이 도는 szürkés, hamuszínű; 그의 얼굴이 ~으로 변했다 Az arca hamuszürke lett.

쟁기 명 eke

쟁기질 명 szántás

쟁반 명 tálca

쟁의 명 vita, viszály; (munkahelyi) sztrájk, munkabeszüntetés; ~행위 sztrájk, munkahelyi ellenállás, munkajogi vita; ~를 일으키다 vitát robbant ki, vitát kezdeményez; ~를 조정하다 vitát közvetít, elsimítja a vitát, közvetít egy vitában

쟁점 명 kényes téma, vitatott pont, vitás kérdés; 법률상의 ~ jogi kérdés; ~을 벗어난 발언 másra tereli a szót

쟁탈전 명 verseny, mérkőzés, küzdelem

저[1] én, (saját) magam, jómagam; ~는 잘 모르겠습니다 Nem igazán tudom, uram!; Nem vagyok benne (teljesen) biztos, uram!

저[2] ❶ az (ott); ~ 사람 az az ember; ~ 집 az a ház ❷ (저것) az a dolog, az a vmi

저간 abban az időben, akkor, azzal az alkalommal; ez az idő, mostanában, napjainkban, a napokban, ekkor; ~의 사정 az eset körülményei

저것 명 az, az a dolog ott, az az ember; 이것 ~ 생각해 보면 mindent figyelembe véve / együttvéve

저격수 명 mesterlövész; orvlövész

저격-하다 동 rálő vmire / vkire; ~ 명 lövés; ~을 당하다 lelőtték

저고리 명 dzsagori, tradicionális koreai kabát / dzseki; ~를 입다 / 벗다 felveszi / leveszi a dzsagorit

저금통 명 persely

저금-하다 동 megtakarít, félretesz, spórol; ~ 명 (돈) megtakarított pénz; (행위) megtakarítás, spórolás, takarékoskodás; ~을 찾다 kiveszi / felveszi a megtakarított pénzét; ~을 다 써 버리다 feléli / elkölti az összes megtakarított pénzét

저기 명 az a hely, ott, amott; 여기 ~ itt-ott; ~까지 egészen odáig; ~있는 저 건물이 도서관이다 Az az épület ott a könyvtár.

저널리스트 명 újságíró

저널리즘 명 újságírás, hírlapírás, zsurnalisztika

저녁 명 ❶ (때) este, est; 다음 날 ~에 másnap / következő este; ~까지는 estére, estig; ~에 귀가하다 estefelé / estére ér haza ❷ (식사) vacsora, vacsi; ~에 초대하다 meghív vacsorára; ~을 먹다 vacsorázik; ~준비는 되었느냐 Kész a vacsora?

저녁놀 명 alkonypír; a lemenő nap fénye, vöröslő napnyugta

저녁밥 명 vacsora

저능아 명 szellemileg visszamaradott gyerek

저당 명 (jel)zálog, teher; 그 집은 크게 ~ 잡혀 있다 a házon sok a teher / hitel; 집을 ~ 잡히다 elzálogosít egy házat, jelzáloggal terheli meg a házat; 토지를 ~잡다 zálogjogot létesít egy földön, a földet elzálogosítja

저런 ilyen, olyan; úgy, mint; úgy, ahogy; ~ 사람 egy ilyen ember; ~일 봤나 Milyen szomorú látvány!; 이런 일 ~ 일로 매우 바쁘다 Nagyon el vagyok foglalva ilyen-olyan dolgokkal.

저력 명 potenciális / rejtett erő, szükséghelyzetben előjövő erő; ~이 있다 (jól) megalapozott ereje van; ~을 보이다 utolsó erejét használja fel; 그는 아직 ~이 있음을 보여 주었다 Még mindig elég erősnek mutatta magát.

저렴-하다 형 olcsó, alacsony árú, nem drága

저리 부 ❶ (저렇게) oly módon, olyan szempontból, úgy, úgyhogy ❷ (저리

ㅈ

로) ott, arra, arrafelé, afelé, amott, amarra; 이리 ~ itt-ott; ~가면 어디입니까 Az az út hova vezet?; ~ 좀 비키시오 Lépjen arrébb, kérem!

저리다 형 ❶ (쑤시다) fáj vmije, fájdalmat érez; 온 뼈마디가 ~ minden egyes porcikájában fájdalmat érez, fáj minden ízülete ❷ elzsibbad, érzéketlenné válik; 한쪽 발이 ~ Elzsibbadt a lábam.; 추위로 손발이 저렸다 A kezeim és a lábaim elgémberedtek a hidegtől.

저마다 부 mindenki, minden egyes ember; ~ 제가 옳다고 한다 Mindenki a maga igazát állítja.; 사람은 ~ 장점과 단점을 갖고 있다 Mindenkinek megvan a maga jó és rossz oldala.

저만큼 부 annyira, úgy, addig a fokig / mértékig; ~만 영어를 하면 좋겠는데 Bárcsak annyira jól beszélnék angolul!

저명-하다 형 eminens, kiemelkedő, kiugró, jeles; ~ 명 hírnév, kiválóság, kitűnőség; ~인사 híres / neves / ismert ember; ~한 학자 elismert tudós

저물다 동 (날이) sötét lesz, besötétedik, (해·계절 등이) véget ér, vége lesz, elmúlik, befejeződik; 날이 저물기 전에 napnyugta / sötétedés előtt; 요새는 일곱 시에 날이 저문다 Hét körül már sötétedik mostanában.; 이 해도 저물어가고 있다 Az év már a vége felé közeledik.

저미다 동 vékonyra vág / szeletel; 고기를 얇게 ~ vékony szeletekre vágja a húst

저버리다 동 ❶ (약속 따위를) megszegi az ígéretét, (기대 따위를) vki elvárásaival ellentétesen cselekszik, nem felel meg vki elvárásainak, (신뢰·충고 따위를) nem fogadja meg vki tanácsát, visszaél vki bizalmával, nem engedelmeskedik; 그는 나와의 약속을 저버렸다 Megszegte a nekem tett ígéretét.; 그는 나의 신뢰를 저버렸다 Visszaélt a beléfektetett bizalmammal. ❷ (돌보지 않다) cserbenhagy, otthagy; 그는 가족을 저버렸다 Cserbenhagyta a családját.

저서 명 (irodalmi) munka, mű, írás; 그는 ~가 많다 Számos könyvet írt.

저속-하다 형 közönséges, útszéli, durva, trágár, vulgáris, alpári; ~ 명 közönségesség, trágárság, vulgaritás; 보는 이로 하여금 눈살을 찌푸리게 하는 원색적이고 ~한 내용의 광고 A hirdetések annyira közönségesek, hogy az olvasók nemtetszését váltják ki.

저수지 명 víztározó; (víz)gyűjtő medence, tároló medence, (víz)tartály, víztároló

저술가 명 író(nő), szerző

저술-하다 동 könyvet ír; ~ 명 írás, vkinek az írásai; 이것은 누구의 ~인지 모른다 Ismeretlen szerzőtől származik.; 그는 많은 ~을 했다 Számos könyvet írt.

저승 명 túlvilág, másvilág, halál utáni világ; ~으로 가다, ~ 사람이 되다 másvilágra kerül, elhagyja ezt a világot, elhagyja a földi létet

저승길 명 Hádészhoz / a pokolba vezető út

저온 명 alacsony hőmérséklet; 일기 예보에 의하면 금년 겨울은 ~일 것이라고 한다 Az időjárás-jelentés szerint a hőmérséklet alacsony lesz ezen a télen.

저울 명 mérleg, (대저울) tolósúlyú mérleg, (천칭) kéttálcás mérleg, (대형 계량기) ipari mérleg, (자동저울) digitális mérleg; ~에 달다 megmér vmit a mér-

ㅈ

legen; ~을 속이다 csal a mérésben

저울질-하다 동 lemér, megmér, mérlegre tesz; mérlegel, fontolóra vesz; ~ 명 lemérés, megmérés; mérlegelés

저의 명 vkinek az eredeti / valódi akarata / szándéka; ~를 간파하다 átlátja vki szándékait; 너의 ~를 알 수 없다 Nem értem, mi a valódi szándékod.

저임금 명 alacsony bérek / fizetés; ~의 일 keveset fizető munka

저자 명 író(nő), szerző; ~ 불명의 névtelen, anonim, ismeretlen; ~임을 주장하다 követeli a szerzői jogot, magát vallja egy mű szerzőjének

저작 명 írás, (저서) irodalmi mű / munka; ~으로 생활하다 a tollából / írásból él

저작권 명 szerzői jog(ok)

저작물 명 irat, (irodalmi) művek; 그에게는 건축에 관한 ~이 많이 있다 Számos könyvet írt az építészetről. Sokat írt az építészet témájában.

저장-하다 동 tárol, raktároz, eltesz, tartalékol, felhalmoz; ~ 명 raktározás, tárolás eltevés, tartalékolás, felhalmozás; ~되어 있다 raktárban tart; 신선식품들은 ~하기 어렵다 A friss élelmiszerek nehezen tartósíthatóak.; 소금에 절여서 ~하다 sóval tartósít és elraktároz

저절로 부 magától, önállóan; 촛불이 ~ 꺼졌다 A gyertya magától elaludt.; 이 문은 ~ 열린다 Az ajtó magától nyílik.

저조-하다 형 pang, hanyatlik, romlik, gyengül; ~한 성적 gyenge eredmények; 시장 경기가 ~하다 Pang a piac.; 거래가 ~하다 A kereskedelem pang.

저주-하다 동 megátkoz, átkozódik, elátkoz; ~ 명 átok, megátkozás, átkozódás, elátkozás; ~받은 (meg)átkozott, elátkozott; 세상을 ~하다 átkozza a világot

저지 명 alacsonyan fekvő terület / síkság; 폭우로 그 지역 내의 ~가 침수되었다 A nagy eső miatt az alacsonyabban fekvő területeket elárasztotta a víz.

저지르다 동 tesz, megtesz, elvégez, elkövet; 잘못을 ~ baklövést követ el, hibát okoz, hibázik, melléfog; 그가 또 무슨 일을 저지를지 알 수 없다 Nem lehet tudni, mit fog ezután tenni.

저지-하다 동 megállít, útjában áll, gátol, akadályoz; 아무의 행동을 ~하다 megakadályoz vkit vmi megtételében; 적의 진격을 ~하다 megakadályozza az ellenség előrehaladását / előrenyomulását

저질 명 rossz / gyenge / alacsony minőség

저쪽 명 ❶ (방향) arra, ott, amott, azon az oldalon, a másik oldalon / irányban; ~에 있는 집 ott lévő ház; ~에 보이는 산 a hegy, amit arrafelé látsz; ~으로 가라 Menj arrébb! ❷ (사람 · 파) a másik csapat / párt, mások; (전화에서) ~에서 무어라고 하는지 들리지가 않는다 Nem hallom, hogy mit mond a vonal másik végén.

저촉-하다 동 ❶ összeférhetetlen, összeegyeztethetetlen, ellentmondó, ellentétes, ellenkező; ~ 명 ellentmondás; 실험 결과는 그들의 이론과 ~되는 것 이었다 A kísérlet eredményei ellentétesek voltak az elméletükkel. ❷ megszeg, áthág; ~ 명 megszegés, áthágás; 법에 ~되다 áthág egy jogszabályt, megszegi a törvényt

저축-하다 동 megtakarít, megspórol, félretesz, összegyűjt; ~ 명 megtakarítás, megspórolás; 큰 금액을 ~하다 nagy megtakarítást ér el; 만일의 경우에 대비해서 ~하다 spórol a rosszabb napokra / időkre; 그는 매월 월급의 20퍼센트를 ~한다 Minden hónapban félreteszi fizetése húsz százalékát.

저택 명 luxusház, rezidencia, palota; 훌륭한 ~을 짓다 pompás / fényűző házat / palotát épít

저하-하다 동 romlik, csökken, hanyatlik, rosszabbodik; ~ 명 romlás, csökkenés, hanyatlás, rosszabbodás; 수준의 ~ a színvonal romlása / hanyatlása; 품질의 ~ minőségbeli roszszabbodás, minőségromlás; 학생들의 학력이 현저히 ~되어 있다 A tanulók iskolai teljesítményének hanyatlása / romlása figyelhető meg.

저항력 명 ellenálló képesség, ellenállási erő, ellenszegülés ereje; ~을 얻다 ellenálló képességet szerez vmivel szemben; 질병에 대한 ~이 있다 magas / jó ellenálló képessége van a betegségekkel szemben; 수면부족으로 감기에 대한 ~이 약해졌다 Az alváshiány miatt gyengült az ellenálló képességem az influenzával szemben.

저항-하다 동 ellenáll, ellenszegül, szembeszegül; ~ 명 ellenállás, szembeszegülés, ellenszegülés; ~하기 어려운 ellenállhatatlan; 공기의 ~을 감소시키다 csökkenti a légellenállást; 공격에 ~하다 ellenáll egy támadásnak, leküzd egy támadást; 운명에 ~하다 küzd / harcol a sors / végzet ellen

저해-하다 동 gátol, akadályoz, feltartóztat, hátráltat; útjában áll, visszatart; 발전을 ~하다 gátolja vmi fejlődését, gátolja a fejlődésben

저희 (우리) mi; minket; bennünket; nekünk; ~(들)의 희망 a reményünk

적 명 ellenség, ellenfél; ~과 싸우다 harcol az ellenség ellen; 많은 ~을 만들다 sok ellenséget szerez; ~을 소탕하다 megtisztítja (az országot) az ellenségtől

적격 명 alkalmasság, rátermettség, megfelelő; 그녀는 이 일에 ~이다 Ő az alkalmas személy erre a munkára.

적국 명 ellenséges ország, ellenséges nemzet

적군파 명 önálló japán ellenzéki fegyveresek

적나라-하다 형 ❶ meztelen, pucér; ~ 명 meztelenség, pucérság; ~하게 옷을 다 벗어버리다 meztelenre vetkőzik; ~한 사실 meztelen igazság ❷ őszinte, nyílt, egyenes; ~ 명 őszinteség, nyitottság, egyenesség; 자신의 기분을 ~하게 이야기하다 nyíltan beszél az érzéseiről

적다[1] 동 leír, beír, lejegyez, feljegyez; rögzít, felvesz vmit, felvételt készít vmiről; 연필로 ~ ceruzával ír; 친구의 주소를 수첩에 ~ leírja egy barátja címét a jegyzetfüzetbe / noteszbe

적다[2] 형 kevés, kicsi, kis mennyiség; (부족하다) nem elég, hiányos, szűkös; 적은 수입 kevés / alacsony / kicsi jövedelem / bevétel; 파티 참석자는 적었다 Kevesen voltak a bulin.; 이 식품은 칼로리가 ~ Ez az étel kevés kalóriát tartalmaz.; 그는 말이 ~ Ő nem éppen a szavak embere. Ő szűkszavú.

적당-하다 형 alkalmas, odaillő, illő, megfelelő, helyénvaló; ~한 분량 megfelelő mennyiség; ~한 때에 egy alkalmas időpontban; ~한 시기를 택하다 kiválasztja a megfelelő időpontot; ~한 운동은 건강에 좋다 A mérsékelt testmozgás jót tesz az egészségnek.

적당히 부 nagyjából, részben, felületesen; ~ 조처하다 nagyjából csinál meg / készít el vmit, hanyag munkát végzett

적대시-하다 동 ellenségeskedik, ellenségként tekint / néz vkire, ellenségesen viszonyul / áll vkihez, ellenségként bánik vkivel

적대적 ellenséges, ellentétes, antagonisztikus

적도 명 az Egyenlítő; ~를 가로지르다 átlépi az Egyenlítőt, átlépi az Egyenlítő vonalát

적립금 명 tartalékalap, pénzalap

적발-하다 동 felfed, feltár, leleplez, napvilágra hoz; 부정 사건을 ~하다 leleplez egy botrányt

적부심사 명 törvényes felülvizsgálat

적성 명 hajlam, adottság, rátermettség; ~과 능력에 맞는 일 vki rátermettségének és képességének megfelelő munka; 성급한 사람은 버스 운전기사로서는 ~이 맞지 않는다 Egy lobbanékony természetű embernek nincs jó adottsága ahhoz, hogy buszvezető legyen.; ~검사를 받다 alkalmassági vizsgán vesz részt

적수 명 ellenfél, riválís, versenytárs, vetélytárs; 나는 도저히 그의 ~가 못 된다 Soha nem lehetek vetélytársa.; 아무리 해 봐도 도저히 자네의 ~는 못 되겠네 Bármit teszek, soha nem lehetek a vetélytársad.

적시다 동 megnedvesít, benedvesít, átitat, megnyirkosít; eláztat, beáztat, bemárt, megmárt; 손을 물에 ~ benedvesíti / bevizezi a kezét, vízbe mártja a kezét

적신호 명 (교통) piros lámpa; (위험) piros jelzés; ~를 보고 차를 멈추다 megáll az autóval a piros lámpánál; ~를 무시하고 길을 건너다 a piros lámpa ellenére áthajt az úton

적십자사 명 Vöröskereszt

적어도 부 legalább; ~ 30분은 걸릴 것이다 Legalább 30 percet vesz igénybe.; ~ 2만 원은 들 것이다 Legalább 20.000 vonba kerül ez neked.; 하루에 ~ 새 단어를 다섯 개는 외워라 Tanulj meg legalább 5 új szót mindennap!

적어지다 동 csökken, fogy, egyre kevesebb lesz

적용-하다 동 alkalmaz vmit, vonatkozik vkire / vmire; ~ 명 alkalmazás; ~의 범위가 넓다 széles körben alkalmazzák; 이 규칙은 어린이에게는 ~되지 않는다 Ez a szabály nem vonatkozik a gyermekekre.; 규칙을 잘못 ~하다 hibásan alkalmaz egy szabályt

적응-하다 동 alkalmazkodik / hozzászokik vmihez, beleszokik vmibe, megszokik vmit; ~ 명 alkalmazkodás, hozzászokás, megszokás, beleszokás; 현재의 일자리에 그는 잘 ~하고 있다 Beleszokott a jelenlegi beosztásába. Megszokta a mostani beosztását.; 이 동물은 추위에 ~하는 능력을 가지고 있다 Ez az állat képes alkalmazkodni a hideghez.; 새 환경에 ~하다 alkalmazkodik az új körülményekhez / környezethez

적의 명 ellenséges érzelem, ellenségeskedés, rosszindulat, gyűlölet; ~가 있는 ellenséges, rosszindulatú; ~를 품다 gyűlöletet táplál vki iránt, rosszindulattal viselkedik vkivel szemben; ~

ㅈ

를 보이다 gyűlöletet tanúsít vkivel szemben

적자 명 anyagi / pénzügyi veszteség / hiány, deficit; ~가 나다 veszteséges, deficites; ~를 메우다 pótolja / kompenzálja a deficitet; ~를 내고 있다 egyre veszteségesebb, deficitessé válik

적잖다 형 nem kevés, nem kicsi

적잖이 부 nem kis számban, nem kevés esetben, nem kis mennyiségben

적재-하다 동 megterhel, rak; 차에 그렇게 (많이) ~하지 말아라 Ne rakd meg annyira a kocsit!

적적-하다 형 magányos, elhagyatott, egyedüli, társtalan; ~하게 지내다 magányos életet él, remeteéletet él; 나는 말벗이 없어서 ~하다 Olyan magányos vagyok, hogy nincs akihez szóljak.

적절-하다 형 illő, méltányos, ésszerű, megfelelő, helyes

적정-하다 형 helyénvaló, alkalmas, megfelelő, illő, méltányos, ésszerű; ~ 명 illendőség, helyesség, ésszerűség, méltányosság; ~한 수단 megfelelő eszközök; ~ 가격을 유지하다 elfogadható szinten tartja az árakat

적중-하다 형 célba talál, beletalál, eltalál; (짐작 등이) jól tippel; (급소 등에) telibe talál; (예언 등이) igaznak bizonyul, beigazolódik; ~ 명 telitalálat; 그의 예언이 ~했다 A jóslata valóra vált. Beigazolódott a jóslata.; 내 추측이 ~했다 Jól sejtettem / gondoltam.

적합-하다 형 illik vmihez, megfelelő, alkalmas; 이 벼는 추운 지방에서 재배하기에 ~하다 Ez a rizsfajta alkalmas a hideg éghajlatú területeken való termesztésre.

적혈구 명 vörös vérsejt / vértest

정확-하다 형 pontos, helyes, egzakt, precíz; ~ 명 pontosság, helyesség, precizitás; 말의 ~한 뜻 egy szó pontos jelentése; ~한 묘사 pontos leírás

적히다 동 felvett, lejegyzett, leírt, rögzített; 의사록에 적혀 있다 a jegyzőkönyvbe fel van véve, a jegyzőkönyv tartalmazza

전[1] 형 egész, teljes; ~ 세계 az egész világ

전[2] ❶ (meg)előző, a legutolsó, megelőző, néhai, korábbi; ~ 총리 az előző / volt miniszterelnök ❷ előtt, ezelőtt, óta, korábban; ~날 밤 az előző / múlt éjjel; 10시 15분 ~ 15 perc / negyedóra múlva 10 óra; 표는 1주일 ~부터 판다 egy héttel előtte eladja a jegyeket ❸ (…하기 전) mielőtt, előtt, megelőzően; 아버지는 내가 태어나기 ~에 돌아가셨다 Az apám meghalt, mielőtt megszülettem.

전갈 명 (동물) skorpió

전갈-하다 동 (szóban) üzen vmit; ~ 명 (szóbeli) üzenet; ~을 전하다 átad egy üzenetet; ~을 받다 üzenetet kap

전개-하다 동 kifejleszt, kiterjeszt; ~ 명 fejlesztés, kibontakozás, kialakulás, kiterjesztés, (군대의) fejlődés; ~부 (음악) téma kibontása; ~식 (수학) kiterjesztés; 사태가 어떻게 ~될지 기다려 보자 Meglátjuk a dolgok alakulását!; 이론을 ~하다 Továbbfejleszti az elméletét.

전격적 azonnali, hirtelen, szempillantás alatti; 국회는 그 법안을 ~으로 통과시켰다 Az országgyűlés rendkívül gyorsan fogadta el a törvényjavaslatot.

전공 명 főtárgy; szak, egyetemi főszak; ~ 분야 fő szakirány / szakterület, tanulmányi specializáció; 대학에서 무엇

을 ~하셨습니까 Milyen szakos volt az egyetemen?

전공과목 명 szaktantárgy

전교 명 az egész iskola

전교생 명 az iskola összes tanulója; ~에게 연설하다 az egész iskolához beszél / szól

전구 명 villanykörte, égő; 백열 ~ izzó(lámpa); 소켓에 ~를 끼우다 Becsavarja az égőt a foglalatba.

전국 명 az egész ország / nemzet; ~적으로 az egész országban, országszerte, országosan; ~적으로 퍼지다 országosan elterjed, elterjed az ország egész területén; ~에서 모이다 összegyűlnek az ország minden tájékáról / részéről / területéről / tájáról; 그 방송은 ~에 중계되었다 Országszerte sugározták a tudósítást.

전군 명 az egész hadsereg, a teljes sereg; ~을 지휘하다 utasítja / irányítja az egész hadsereget, az egész hadseregnek parancsol

전극 명 elektróda, pólus

전근대적 maradi; ~ 사고방식 maradi gondolkodás

전기 명 elektromosság, villamosság, villany(áram)

전나무 명 (식물) fenyő(fa)

전날 명 előző nap, néhány nappal ezelőtt / korábban; 불이 난 ~ 밤에 a tűzeset előtti estén; ~의 약속을 잊지 마라 Ne felejtsd el, mit ígértél előző nap!

전념-하다 동 vmivel behatóan foglalkozik, figyelmét vmire összpontosítja, belemerül; 공부에 ~하다 szívvel-lélekkel összpontosít a tanulásra, a tanulásnak szenteli magát; 그는 일에 ~한다 belemerül / belemélyed a munkájába, a munkája teljesen leköti

전달-하다 동 kézbesít, továbbít, átad; ~ 명 kézbesítés, továbbítás, átadás; 명령을 ~하다 továbbítja a parancsot; 소리의 ~은 빛보다 느리다 A hang lassabban terjed a fénynél.; 그에게 곧 오도록 ~해라 Mondd meg neki, hogy jöjjön azonnal!

전담-하다 동 teljes mértékben felelős vmiért, specializálódik vmire, teljes hatalommal / felelősséggel bír; ~ 명 kizárólagos / speciális felelősség; 소매치기 ~반 zsebtolvajokra specializálódott csapat

전답 명 szántóföld, termőföld

전당포 명 zálogház, zálogfiók; ~에 드나들다 rendszeresen jár zálogházba

전도사 명 hittérítő

전도서 명 (성서) Prédikátorok Könyve

전도-하다 동 hitre térít, hirdeti az igét, terjeszti a hitet; ~ 명 igehirdetés, hittérítés, misszió

전동차 명 elektromos autó, villanyautó

전등 명 villanylámpa; ~을 달다 villanylámpát szerel fel; ~을 켜다 felkapcsolja / felgyújtja a lámpát / villanyt; ~을 끄다 lekapcsolja / leoltja a villanyt / lámpát; 갑자기 ~이 꺼졌다 Hirtelen kiment / elment a világítás / villany.

전락-하다 동 lecsúszik; 3위로 ~하다 lecsúszik a harmadik helyre

전람회 명 kiállítás; ~에 출품하다 kiállít / bemutat egy művet egy kiállításon

전람회장 명 (kiállító) galéria, kiállítóterem

전력[1] 명 az összes / minden ereje, teljes ereje; ~을 다하다 minden tőle telhetőt megtesz; 학생은 공부에 ~을 기울여야만

한다 A tanulóknak minden erejüket a tanulásnak kellene szentelniük. A tanulóknak minden erejüket a tanulásra kellene fordítaniuk.

전력[2] 명 elektromos energia, áram; ~을 공급하다 áramot szolgáltat; 그 기계는 대단히 많은 ~을 소모한다 A gép rengeteg áramot fogyaszt.

전례 명 precedens, előző / korábbi példa / eset; ~를 따르다 követ egy korábbi példát; 이것에 관해서는 ~가 전혀 없다 Sosem történt még ilyen korábban.

전류 명 elektromos áram; 이 선에는 ~가 흐르고 있다 A vezetékben áram van / fut.

전리품 명 hadizsákmány, trófea

전말 명 események folyamata / lefolyása; 사건의 ~을 말하다 részletesen beszámol az esetről

전망 명 kilátás, esély, jövőkép, perspektíva; 앞으로의 ~ jövőbeli kilátás; ~이 좋다 jók a kilátásai; 이 사업은 ~이 좋지 않다 Ennek a vállalatnak nincs jövője.

전망대 명 kilátó(torony)

전면 명 vminek az eleje, vminek az elülső oldala / része, homlokzat; ~을 돌로 장식하다 a homlokzata kővel díszített

전면적 명 egészében, teljesen, gyökeresen, alapvetően; ~인 개정 teljes átváltoztatás / revízió

전멸-하다 동 teljes egészében elpusztították, megsemmisítették; ~ 명 teljes megsemmisülés, el pusztítás; ~시키다 megsemmisít, teljesen elpusztít, kiirt; 우리 부대는 적의 공격을 받고 ~했다 Az egységünk / osztagunk teljes vereséget szenvedett az ellenség támadása következtében.

전무-하다 형 egyáltalán nincs, teljesen hiányzik, nem létezik; 이 계획은 성공할 가망이 ~하다 Ennek a tervnek semmi esélye sincs a sikerre.

전문 명 specialitás, szakirány, szakterület; ~대학 főiskola, alapfokú felsőoktatási intézmény; 너의 ~ 분야는 무엇이지 Milyen szakos vagy? Mire specializálódtál?; ~ 지식 szaktudás, szakismeret

전문가 명 szakember, szakértő

전문의 명 szakorvos; 안과 ~ szemorvos / szemész, szemspecialista

전문화 명 szakosodás, specializáció

전반기 명 első félév

전반전 명 első félidő

전방 명 eleje vminek, elülső területe vminek; frontvonal; 100미터 ~에 száz métert előre; 군대를 ~ 지역 가까이 이동시키다 közel állítja a csapatokat a frontvonalhoz

전보 명 távirat, sürgöny; ~를 치다 táviratot küld, táviratozik; ~로 távirattal, táviratban, sürgönyben; 오르시의 결혼식에 축하 ~를 보냈다 Küldtem egy dísztáviratot Orsinak az esküvőjére.

전복 명 (조개류) tengeri fül(csiga), kaliforniai ehető kagyló; ~죽 tengeri fülcsigából készült zabkása

전봇대 명 villanypózna, villanyoszlop

전부 명 összes, minden rész, egész, minden; (부사적) összesen, mindennel együtt, egészében, teljesen; ~해서 mindent egybevéve, összességében; 이것이 ~냐 Ez minden?; ~해서 얼마입니까 Mennyi lesz összesen?

ㅈ

전사 명 (sor)katona, harcos; 산업 ~ ipari munkás / katona

전사자 명 elesett katona, háborús hős

전산 명 számítógépes adatok számrendszere

전생 명 (불교) vkinek az előző élete, vkinek a korábbi léte; ~의 인연 előző életbeli kötődés; ~의 죄 az előző életben elkövetett bűnök

전선[1] 명 elektromos vezeték, drót, kábel; (전화의) telefonkábel; 강풍으로 ~이 끊어졌다 Az elektromos vezeték elszakadt az erős szél miatt.

전선[2] 명 harcvonal, front; 서부 ~에 a nyugati fronton; 적의 ~을 돌파하다 áttöri az ellenség vonalait

전설 명 legenda, monda; ~적인 legendás, mondabeli; 로빈 후드는 영국의 ~적인 영웅이다 Robin Hood egy legendás angol hős.

전성기 명 fénykor, aranykor; 그의 ~에 a fénykorában

전세 명 befektetett kamatozó letét ház / szoba bérlésére, ami a szerződés megszűnésekor visszajár; ~를 놓다 szobát bérbe ad; ~를 얻다 letéttel / kaucióval bérel házat

전송-하다 동 táviratozik, átküld, elküld; ~ 명 elektronikus továbbítás; 사진을 ~하다 átfaxol / elfaxol egy képet

전수-하다 동 átadja vkinek a szaktudását; ~ 명 szaktudás eltanulása / átvétele; 비법을 ~하다 beavat vkit a rejtelmekbe

전술 명 taktika, stratégia, a háború művészete; ~적으로 taktikailag, stratégiailag; ~을 바꾸다 taktikát változtat; 지연 ~ halogató taktika; 우리들의 요구를 충족시키기 위해서는 다른 ~을 시도할 필요가 있다 Más taktikát kell alkalmaznunk, hogy megvalósítsuk céljainkat.

전승-하다 동 teljes / elsöprő győzelmet arat vmi / vki felett; megnyer / végignyer minden játékot / meccset; ~ 명 teljes / elsöprő győzelem

전시 명 háborús idők / időszak, háború ideje, hadiállapot; ~ 경제 háborús gazdálkodás, hadigazdaság; ~나 평시를 막론하고 akár békében akár háborúban...

전시-하다 동 kiállít; ~ 명 kiállítás; ~실 kiállítóterem; 여러 가지 상품이 ~되어 있다 Több különböző terméket állítottak ki.; 그 화랑에는 인상파의 그림이 ~되어 있다 A galériában impresszionista festmények vannak kiállítva.

전시회 명 kiállítás

전신[1] 명 előd, felmenő; 이 대학의 ~ ennek az egyetemnek az elődje

전신[2] 명 távirat, sürgöny; ~으로 távirattal, táviratban; 폭풍우로 ~이 두절되었다 A távíróvonal megszakadt a vihar miatt.

전신마취 명 teljes érzéstelenítés; ~를 시키다 teljes érzéstelenítést alkalmaz vkin

전신환 명 elektronikus átutalás; ~으로 부치다 elektronikus úton utal át pénzt vkinek

전압 명 elektromos feszültség; 100볼트의 ~ 100 volt(os) feszültségű; 높은 ~ magasfeszültség; 낮은 ~ alacsonyfeszültség; ~을 높이다 növeli a feszültséget

전액 명 (vég)összeg; ~ 부담하다 fedezi az összes költséget, a teljes költséget fedezi; 다음 주에 ~을 지불하겠다 A jövő héten egy összegben fizetek.

ㅈ

전야제 명 előest; ~를 지내다 előestet ünnepel, megünnepli vminek az előestéjét

전업 명 főállás, teljes munkaidejű munka; ~농부 főállású földműves; ~주부 főállású háziasszony; 그는 꽃 재배를 ~으로 하고 있다 Virágkertész főállásban.

전염-되다 동 fertőz; fertőző, ragályos; ~경로 fertőzés módja / útja; 디프테리아는 ~됩니까 A torokgyík / diftéria fertőző / ragályos?; 하품은 ~된다 Az ásítás ragályos.

전염병 명 fertőző / ragályos betegség, járvány; 접촉성 ~ érintkezés útján terjedő fertőzés

전염성 명 fertőzöttség; 그 병은 ~이 매우 강하다 Ez a betegség nagyon fertőző / ragályos.

전용 명 kizárólagos használat; ~회선 magánvonal; 이 승강기는 직원 ~이다 Ez a lift az alkalmazottaknak van fenntartva.; 여성 ~ Csak hölgyeknek.

전용-하다 동 más célra használ (fel) vmit, elsikkaszt; ~ 명 jogosulatlan / más célú használat; 공금을 ~하다 közpénzt elsikkaszt; 자금을 다른 데에 ~하다 pénztőkét más célra fordít

전우 명 fegyvertárs

전원[1] 명 peremváros, előváros, kertváros, külváros; ~ 주택 vidéki ház; ~ 생활을 하다 falusi / vidéki életet él

전원[2] 명 elektromosenergiaforrás, áramforrás; ~을 차단하다 lekapcsolja az áramot; 이 면도기의 ~은 건전지이다 Ez a borotva elemmel működik.

전위 radikális, avantgárd, haladó; ~ 예술 avantgárd művészet; ~파 avantgardisták

전유-하다 동 monopolizál, kisajátít magának, maga rendelkezik vele, kizárólagosan felhasznál

전율-하다 동 remeg, borzong, borzad, irtózik, iszonyodik; ~ 명 borzongás, borzadás, iszonyodás; ~케 하다 megborzongat vkit, megfagyasztja a vért az ereiben; 그 광경을 보기만 하고도 그들은 ~했다 A puszta látványtól kirázta őket a hideg.

전이-하다 동 átterjed, áttétel képződik; ~ 명 áttétel, terjeszkedés; 폐암이 위로 ~된 것 같다 Úgy tűnik, a tüdőrák átterjedt a gyomorra is.; 복부 수술을 해보니 암은 이미 환자의 위에서 간장으로 ~되어 있었다 A hasi műtét során kiderült, hogy a rákos sejtek már átterjedtek a páciens gyomráról a májára.

전임 명 ❶ (사람) vki (hivatali) elődje ❷ a(z) korábbi / előző; ~ 대사 az előző nagykövet

전임자 명 elõd; 당신의 ~는 누구였던가요 Ki volt az Ön elődje? Ki dolgozott itt Ön előtt?

전자 명 ❶ (지난번) régebben, egy korábbi napon ❷ előd, előző, előbbi; ~와 후자 az előd és az utód, előbbi és utóbbi; 그들은 말과 소를 기른다. ~는 승마용이고 후자는 우유를 얻기 위한 것이다 Lovakat és szarvasmarhákat tartanak, az előbbit lovaglásra, az utóbbit a tejéért.

전자계산기 명 számítógép

전자공학 명 elektronika

전자레인지 명 mikrohullámú sütő

전자망원경 명 elektron távcső

전자산업 명 elektronikai ipar; ~을 2000년대의 유망 산업으로 육성하다 Az elektronikai ipart igazán ígéretes iparággá fejlesztik a kétezres években.

전자식 명 elektronikus rendszer; ~ 음주측정기 elektronikus alkoholszonda, szondagép

전자오락실 명 videó játékterem

전자우편 명 e-mail, elektronikus üzenet / levél

전자출판 명 elektronikus kiadás

전자파 명 rádióhullám

전자현미경 명 elektronmikroszkóp

전쟁터 명 csatatér, harctér, küzdőtér

전쟁-하다 동 háborúzik, küzd, harcol; ~ 명 háború, harc; ~고아 háborús árva; 침략 ~ támadó háború; ~에 이기다 megnyeri a háborút; ~에 지다 elveszíti a háborút; ~을 일으키다 kiprovokál / előidéz egy háborút; 중동에서 ~이 일어났다 Háború tört ki a Közel-Keleten.

전전긍긍-하다 동 izgul, fél, retteg, pánikol; ~ 명 izgulás, félelem, rettegés, pánikolás; 그는 추문이 탄로 나지 않을까 ~하고 있었다 Attól félt, hogy kitör a botrány.

전제군주 명 zsarnok, kényúr, despota

전제정치 명 autokratikus állam, zsarnokság, önkényuralom

전제-하다 동 előzetesen feltesz / feltételez vmit, előfeltevéssel él; ~ 명 előfeltétel, előfeltevés; ~ 조건 előfeltétel; 우리는 결혼을 ~로 교제하고 있다 Házasság céljából randevúznak / találkoznak.

전조등 명 (자동차) fényszóró; (기관차) jelzőlámpa

전직 명 korábbi hivatalnok, előd a poszton / állásban; ~ 교사 előző / korábbi oktató

전진 명 előrehaladás, előrenyomulás, előremenet(el), előrevonulás; (구령) Előre!; 군대는 ~을 계속했다 A csapatok folytatták az előrenyomulást / előrevonulást.; ~ 배치된 군대의 수를 증가시키다 Megerősítették a határ menti csapatokat.

전진기지 명 előretolt őrhely / állás

전진명령 명 utasítás / parancs az előrehaladásra; ~을 내리다 parancsot ad az előrenyomulásra; 그들은 ~을 기다리고 있었다 Az előrehaladásra vonatkozó utasításra vártak.

전진-하다 동 előrehalad, előrenyomul, előrevonul, előremegy; 일보 ~하다 (fizikailag) tesz egy lépést előre; (fogalomnál) tesz egy lépést vmi felé

전집 명 vkinek az összegyűjtött / összes művei; 셰익스피어 ~ Shakespeare összes / összegyűjtött művei

전차[1] 명 tank, harckocsi; ~ 부대 páncélos erők, páncélos egység / had

전차[2] 명 elektromos autó; villamos; troli(busz); ~를 타다 felszáll a villamosra / troli(busz)ra

전처 명 vki előző / korábbi felesége, exneje; ~ 소생의 자식 előző házasságából született gyerek, gyerek az előző feleségétől

전철 명 metró, villamos; 수도권 ~ 노선도 fővárosi metró(-vonal) térkép

전철역 명 villamosmegálló, hévmegálló

전체 명 egész, összesség, teljes vmi; ~적으로 egészében, összességében; ~ 합해서 mindent együttvéve / összevetve / összegezve; 이 학급의 학생들은 ~적으로 머리가 좋다 Ennek az osztálynak a tanulói összességében véve okosak.

전체주의 명 totalitarizmus; ~의 totalitárius; ~ 국가 totális / totalitárius állam

전초전 명 előtámadás, bevezető támadás; 총선거의 ~ előválasztás(ok)

전축 명 lemezjátszó, bakelitlejátszó, (라디오 겸용) rádiós lemezjátszó

전출-하다 동 elköltözik, megváltozik a lakcíme, máshová költözik; áthelyezik; ~ 명 (el)költözés; ~ 신고 lakcímváltozás bejelentése; 방계 회사로 ~되다 áthelyezik egy leányvállalathoz

전통 명 hagyomány, tradíció, régi szokás; 오랜 ~ időtálló / tartós hagyomány; ~을 따르다 követi a hagyomány(oka)t / szokásokat

전통문화 명 hagyományos kultúra

전통적 hagyományos(an), tradicionális; ~인 남아 선호 사상 hagyományos nézet, hogy a fiúgyermeknek jobban örülnek, mint a lánynak

전통주의 명 hagyománytisztelet, tradicionalizmus, ragaszkodás a hagyományokhoz

전통주의자 명 a hagyományok tisztelője, hagyományokhoz ragaszkodó, tradicionalista

전투 명 csata, harc, küzdelem, (össze)ütközet; ~ 경찰대 kommandós osztag / csapat, rohamrendőrség; ~를 시작하다 támadást indít, csatát / ütközetet kezd (meg), megindítja a csapatokat

전투기 명 vadászrepülő(gép)

전투력 명 haderő, harcképesség; ~을 상실하다 megbénítja / kimeríti vki haderejét

전파-하다 동 továbbad, továbbterjeszt, elterjeszt; leközöl, közvetít; ~ 명 továbbadás, továbbterjesztés, elterjedés, leközlés, közvetítés, (물리) rádióhullám; ~ 방해로 라디오 청취나 TV프로 시청을 거의 할 수가 없다 A rádióhullámok zavarása miatt alig hallani a rádiót vagy látni a tévét.

전폭적 a(z) egész / teljes vmi; ~으로 egészen, teljesen, a legnagyobb mértékben; ~으로 지지하다 teljes mértékben támogat vkit, minden támogatást megad vkinek; 그녀의 제안에 ~인 동의를 했다 Teljes mértékben egyetértek a javaslataival.

전-하다 동 ❶ (말 · 소식을) tájékoztat vkit vmiről, közöl vkivel vmit, jelentést tesz vkinek vmiről; ~하는 바에 의하면 a jelentések alapján / szerint; 출석할 뜻을 ~하다 jelzi részvételi szándékát ❷ (물려주다) örökít, átad, továbbít, továbbad; 가보를 대대로 ~하다 generációról generációra adják át a családi örökséget ❸ (전수하다) átad, bemutat, megmutat, közöl ❹ (전달하다) (el)visz, (magával) visz / hoz ❺ (열 · 전기 · 빛 따위를) továbbít, közvetít, vezet ❻ (문물을) meghonosít vmit

전학생 명 áthelyezett diák, új diák

전학-하다 동 iskolát vált, átmegy egy másik iskolába; ~ 명 iskolaváltás

전함 명 (군사) csatahajó, hadihajó

전향-하다 동 megváltoztat vmit, felvált vmit; ~ 명 irányváltoztatás, átváltás; 그는 급진파에서 보수파로 ~하였다 Radikálisból konzervatívvá változott.

전혀 부 teljesen, teljes egészében, egészen, mindent egybevéve; ~ 모르는 사람 vadidegen; ~ 다르다 elég(gé) eltérő / más, nem teljesen igaz; ~ 관계가 없다 semmi(féle) kapcsolat nincs vmik / vkik között; 기계에 관해선 ~ 모른다 Semmit sem tudok a gépekről.; 난 ~

상관없다 Semmi közöm hozzá.

전형 명 típus, fajta, minta, példány; 그는 ~적인 학자다 Ő egy tipikus tudós.; 그녀는 ~적인 미인이다 Ő egy mintaszépség.

전화국 명 telefonközpont

전화기 명 telefon(készülék)

전화번호 명 telefonszám

전화요금 명 telefondíj, távbeszélődíj

전화위복 명 a rossz jóra fordulása; Minden rosszban van valami jó.; 이런 경우를 ~이라고 한다 Ez egy tipikus példa arra, amikor a rossz jóra fordul.

전화-하다 동 telefonál, felhív vkit, rácsörög vkire, megcsörget vkit; ~ 명 (telefon)hívás, telefonálás; 화상 ~ videotelefon; ~가 오다 csörög a telefon, (bejövő) hívása van; ~ 잘못 거셨습니다 Rossz számot hívott.; 그는 지금 다른 ~를 받고 있습니다 Most éppen mással beszél.

전환기 명 átmeneti időszak; ~의 문학 a századforduló irodalma

전환점 명 fordulópont; 역사적 ~ történelmi fordulópont, fordulópont a történelemben

전환-하다 동 átalakít, konvertál, (át)vált, átváltoztat, megváltoztat vmit; ~ 명 átalakítás, konvertálás, átváltás, átváltoztatás, megváltoztatás; ~ 사채 átváltható kötvény; 방향을 ~하다 irányt vált, más irányba indul; 기분 ~을 위해 사냥을 가다 a változatosság kedvéért vadászni megy; 군수 산업을 평화 산업으로 ~하다 átalakítja a hadiipart a békeidőkre

전후[1] 명 háború utáni időszak, háborút követő időszak; ~ 세대 a háború után született generáció; ~ 수년간 sok évig a háború után, sok évig a háborút követően

전후[2] 명 vmi előtt és után; előtte és mögötte, elülső és hátulsó, (때의) vmi előtt és után, előtte és utána; 한국 전쟁을 ~해서 우리 사회에 큰 변동이 있었다 Alapvető változáson ment keresztül a társadalmunk a koreai háború idején.; 40세 ~의 남자 negyvenes (éveiben járó) férfi

전후좌우 명 minden irány; 나는 ~를 주의 깊게 둘러보았다 Óvatosan körbenéztem / szétnéztem magam körül.

절 명 (사찰) buddhista templom; ~에 불공 드리러 가다 megy buddhista szertartásra

절감-하다[1] 동 csökkent, levág, rövidít, leredukál, kurtít; ~ 명 csökkentés, levágás, rövidítés; 비용을 ~하다 csökkenti a költségeket

절감-하다[2] 동 belát, rájön, megért, elfogad; 어학의 필요성을 ~하다 beláttam, hogy többet kell foglalkoznom a nyelvvel.

절경 명 pompás / gyönyörű látvány, festői táj; 천하 ~ a világ legcsodálatosabb látványa

절규-하다 동 torkaszakadtából üvölt / kiabál / ordít / ordibál; ~ 명 kiáltás, kiabálás, ordítás, üvöltözés, ordibálás; 피맺힌 ~ fájdalmas kiáltás

절기 명 a 24 szoláris időszak; az évszakok további felosztása

절다 동 biceg, sántít; 왼쪽 다리를 ~ sánta / sántít a bal lábára

절단-하다 동 amputál, levág; elválaszt ~ 명 amputáció, levágás; 다리를 ~하다 amputálnak egy lábat

절대 부 teljes mértékben, abszolút, feltétlen(ül), teljesen, határozottan, kifejezetten; ~ 금하다 kifejezetten megtilt; 명령에 ~ 복종하다 szó nélkül eleget tesz a parancsnak / utasításnak; 그런 일은 ~ 하지 않겠습니다 Esküszöm, hogy nem teszek ilyet többé!

절대군주 명 egyeduralkodó; ~제 abszolút monarchia

절대음감 명 abszolút hallás

절대주의 명 abszolutizmus

절댓값 명 (수학) abszolút érték

절도[1] 명 mértéktartás, visszafogottság, önuralom; ~를 지키다 mértéktartó vmiben, visszafogott vmiben

절도[2] 명 rablás; lopás; tolvajlás, (el)csenés; ~ 혐의로 잡혔다 lopás gyanújával tartóztatták le

절도죄 명 lopás / rablás / tolvajlás bűncselekménye

절로 부 magától

절름발이 명 sánta (ember); 그는 오른발을 심하게 절고 있다 Erősen sántít a jobb lábára.

ㅈ

절망-하다 동 kétségbeesik, felad minden reményt; ~ 명 kétségbeesés, reménytelenség, kilátástalanság; ~적 reménytelen, elkeseredett, kétségbeesett; ~하게 하다 kétségbe ejt vkit, reménytelenségbe űz / hajszol vkit; ~한 나머지 자살하다 kétségbeesésében véget vet az életének; 그의 생존은 이제 ~적인 것 같다 Nincs semmi remény arra, hogy életben van.

절묘-하다 형 nagyszerű, pompás, remek, fenséges

절박-하다 형 (급박함) küszöbön álló, közelgő, közelítő; fenyegető; (긴장 · 심각) súlyos, kiélezett, megfeszített

절반 명 fél, vminek a fele; ~씩 나누다 megfelez, elfelez

절벽 명 szakadék; szikla, sziklafal; ~을 기어오르다 megmászik egy sziklafalat, felmászik egy szakadékban; ~에서 추락하다 lezuhan egy sziklafalról

절실-하다 형 (긴급한) azonnali, sürgős, sürgető, halasztást nem tűrő; (중대한) komoly, fontos

절약-하다 동 takarékoskodik, megtakarít, spórol; (절감하다) csökkent, visszafog; ~ 명 spórolás, takarékoskodás; visszafogás; 우리는 에너지를 ~하여야 한다 Spórolnunk kell az energiával / árammal.; 비용을 ~하다 csökkenti a kiadást

절정 명 csúcs, orom, hegytető; tetőpont, csúcspont, tetőfok; 호경기의 ~ a fellendülés csúcspontja / tetőpontja; ~에 달하다 eléri vminek a csúcsát, csúcsra jut

절제-하다 동 önuralmat gyakorol, visszafogja magát, mértékletes / mértéktartó vmiben, tartózkodik vmitől; ~ 명 mértékletesség, önuralom, mértéktartás, visszafogottság; 술을 ~하다 visszafogottan iszik; 욕망을 ~하다 uralkodik a szenvedélyein, elnyomja a szenvedélyeit

절차 명 eljárás, procedúra, lépés; ~에 따라서 az eljárás alapján; ~를 밟다 követi a szükséges eljárást, megteszi a szükséges lépéseket

절차법 명 perrendtartás, eljárásjog

절충-하다 동 tárgyal vkivel vmiről; ~ 명 tárgyalás, egyeztetés; 그 일은 지금 ~ 중이다 Folyik az ügy tárgyalása. Folynak a tárgyalások az üggyel kapcsolatban.

절친-하다 형 jó barátok vkivel, jóban van vkivel, (jó) baráti viszonyban van vkivel, jól kijön vkivel

절-하다 동 meghajol; pukedlizik; ~ 명 (인사) meghajlás; 공손히 ~하다 udvariasan / mélyen meghajol; 그들은 서로 ~을 하였다 Kölcsönösen meghajoltak egymás előtt.

젊다 형 fiatal; 한창 젊은 때이다 élete virágjában van, virágkorát éli; 나이보다 ~ fiatalabbnak látszik / tűnik a koránál; 마음이 ~ gondolkodásában / lélekben fiatal; 그녀는 젊었을 때 미인이었다 Fiatalkorában (egy) szépség volt.

젊은이 명 fiatal, ifjú, (총칭) fiatalság, ifjúság

젊음 명 fiatalság; ~을 유지하다 megőrzi a fiatalságát, megtartja a fiatalosságát

점[1] 명 jóslás, jövendőmondás, jövendölés; ~을 보다 jövendőmondóhoz fordul / megy

점[2] 명 ❶ (표기) pont; ~을 찍다 megjelöl egy ponttal, pontot tesz vmi mellé ❷ (점수) pont(szám), osztályzat, jegy; eredmény; 60 ~으로 합격하다 60 ponttal átment a vizsgán ❸ (논점) központi kérdés; (관점) szempont, nézőpont, álláspont; 어떤 ~에서는 bizonyos szempontból / értelemben ❹ (수효) darab; 가구 몇 ~ számos bútor(darab), különféle bútorok ❺ (기준) pont; 출발~ kiindulópont, kezdőpont; 소수~ tizedesvessző

점[3] 명 (반점) folt, petty, pötty; (피부) anyajegy; 태양의 흑~ napfolt; 흰 ~ 박힌 검정 개 fekete alapon fehér pöttyös kutya; 구름 한 ~도 없는 하늘에 felhőktől mentes / felhőtlen az ég

점거-하다 동 elfoglal; ~ 명 elfoglalás; 폭도들이 그 건물을 ~했다 A lázadók / forrongók elfoglalták az épületet.

점검-하다 동 ellenőriz, megvizsgál, átvizsgál, szemrevételez; ~ 명 ellenőrzés, vizsgálat, szemrevételezés; 자동차 ~을 받았다 Átnézettem a kocsimat.; 가스 기구를 ~하다 átvizsgálja / ellenőrzi a gázkészüléket; 인원을 ~하다 megszámolja az embereket

점령군 명 megszálló haderő

점령-하다 동 megszáll, elfoglal, hatalmába kerít; ~ 명 elfoglalás, megszállás; ~하에 있다 megszállás alatt van

점선 명 pontozott vonal; ~으로 표시하다 pontozott vonallal jelez

점성가 명 asztrológus, csillagjós

점성술 명 asztrológia, csillagjóslás

점수 명 eredmény, osztályzat, érdemjegy; ~를 매기다 leosztályozza a tanulókat, osztályzatot / jegyet ad vkinek; 좋은 ~를 따다 jó jegyet kap / szerez vmiből

점심 명 ebéd; ~을 먹다 ebédel; ~ 준비가 되었습니다 Kész az ebéd.

점심때 명 ebédidő, dél

점심시간 명 ebédidő, ebédszünet; ~에 ebédidőben, ebédidő alatt

점원 명 eladó, árus

점유권 명 birtokjog; tulajdonjog

점유물 명 birtok, elbirtokolt dolog, birtok tárgya

점유-하다 동 birtokba vesz vmit, elbirtokol vmit, okkupál; ~ 명 elbirtoklás, okkupáció; 시장의 ~율 piaci uralom aránya / százaléka

점잖다 형 jól nevelt, jó modorú, tisztelettudó, tiszteletteljes, illedelmes, jóravaló; 점잖은 사람 igazi úriember; 점잖지 못하다 illetlen, nem tisztelettudó, modortalan; 점잖은 말을 하다 kifinomultan / választékosan beszél

점쟁이 명 jós(nő), jövendőmondó, látnok

점점 부 egyre; fokozatosan, fokonként, lassacskán, apránként, lépésről lépésre; ~ 더 더워지다 egyre forróbb (és forróbb) lesz vmi, egyre forrósodik vmi; ~ 나빠지다 rosszabbodik vmi; 해가 ~ 길어지다 A nappal egyre hosszabb (és hosszabb) lesz.

점진적 fokozatos; ~으로 fokozatosan, lassanként, apránként, lassacskán, lépésről lépésre

점차 부 fokozatosan, lassanként, apránként, lépésről lépésre

점치다 동 jósol vkinek, megmondja vkinek a jövőjét, jövendöl; 카드로 아무의 운을 ~ kártyából jövendöl vkinek

점토 명 agyag; gyurma; ~질 agyagos

점포 명 bolt, üzlet; ~를 열다 megnyit / kinyit egy boltot

점프-하다 동 ugrik, szökken; ~ 명 ugrás, szökkenés

점호-하다 동 névsorolvasást tart, számlálja / megszámolja az embereket; ~ 명 számlálás, névsorolvasás, szemle; ~는 오전 6시이다 Reggel hatkor lesz a szemle.

점화-하다 동 meggyújt, begyújt, alágyújt; ~ 명 meggyújtás, begyújtás, alágyújtás; ~ 플러그 (gyújtó)gyertya; 다이너마이트에 ~하다 meggyújtja a dinamitot

접골원 명 csontkovács

접근-하다 동 megközelít, közelébe kerül / megy, közeledik; (교제) barátkozni próbál vkivel; ~ 명 hozzáférés, megközelítés; ~하기 쉽다 vmit könnyű megközelíteni, könnyű vmihez hozzáférni

접다[1] 동 összehajt, összecsuk, összesodor; 종이를 네 겹으로 ~ negyedbe hajt egy papírt, négybe / négyrét hajt egy papírt; 우산을 ~ összecsukja az esernyőt

접다[2] 동 előnyt ad; 한 수(를) ~ megadja a szükséges előnyt

접대-하다 동 ellátja / szórakoztatja a vendégeket; ~ 명 meleg / szívélyes fogadtatás; ~비 a vendégek fogadásának költségei; 손님을 ~하다 ellátja / szórakoztatja a vendégeket

접속곡 명 (음악) egyveleg

접속사 명 (문법) kötőszó; 등위 ~ mellérendelő kötőszavak; 종속 ~ alárendelő kötőszavak

접속-하다 동 csatlakozik, kapcsolódik, (össze)illeszkedik; ~ 명 csatlakozás, illeszkedés, kapcsolódás; (전기의) elektromos érintkezés, érintkező, (컴퓨터) interfész; ~플러그 (전기) csatlakozó dugó; 이 전선을 저 전선에 ~해 주시오 Csatlakoztasd ezt a vezetéket ahhoz!

접수-하다 동 átvesz, elfogad; ~ 명 átvétel, elfogadás; 원서는 3월 1일부터 ~한다 A jelentkezéseket március elsejétől fogadják (el).

접시 명 tányér, tál; ~를 씻다 elmosogatja a tányért; 음식을 ~에 담아 내놓다 tálalja az ételt

접어들다 동 közel van vmihez, közel jár vmihez; közeledik, beköszönt, elérkezik, elkezdődik; 선거전이 종반에 ~ a választási kampány elérkezik utolsó napjaihoz

접전-하다 동 fej-fej mellett haladnak, szoros harcot vívnak; ~ 명 szoros harc / mérkőzés; (경기에서) 일대 ~을 벌이다 ádáz küzdelmet vívnak; szoros mérkőzést / meccset vívnak

접착제 명 ragasztó, kötőanyag

접촉사고 명 koccanás, kisebb ütközés; ~를 일으키다 meghúz (járművet), (össze)koccan vmivel, nekikoccan vkinek; 나는 출근길에 가벼운 ~를 당했다 Munkába tartva kisebb koccanásom volt.

접촉-하다 동 felveszi a kapcsolatot vkivel, kapcsolatba / érintkezésbe lép vkivel; ~ 명 kapcsolat, érintkezés; 아무와 ~을 지속하다 tartja a kapcsolatot vkivel; 예비 ~을 갖다 előzetes kapcsolatokat alakít ki; 그는 외국인과 ~할 기회가 많다 Számos esélye volt arra, hogy kapcsolatba kerüljön külföldiekkel.

접-하다 동 ❶ (접촉하다) kapcsolatba lép vkivel, felveszi a kapcsolatot vkivel; 많은 사람과 ~하다 felveszi a kapcsolatot sok emberrel ❷ (인접하다) (egymással) határos / szomszédos; 북쪽은 시베리아와 ~해 있다 északon Szibériával határos ❸ (경험하다) tapasztal vmit; (받다) kap, szerez; 급보를 ~하다 sürgős híreket kap

접합-하다 동 egyesít, összeköt, csatlakoztat, összeilleszt, összeér, összekapcsol; ~ 명 csatlakozás, érintkezés, kötődés, egyesítés, (össze) kapcsolódás

젓가락 명 (evő)pálcika; ~ 한 쌍 egy pár (evő)pálcika; 나무 ~ fából készült evőpálcikák; 대부분의 외국인들은 ~을 잘 쓰지 못한다 A legtöbb külföldi ügyetlenkedik az evőpálcikával.

젓다 동 ❶ (섞다) kever, elkever, kavar, felver; 달걀을 ~ felveri a tojást ❷ (노를) evez, lapátol ❸ (손을) int, jelez, mutat; (머리를) megrázza a fejét; 그는 우리에게 잔디밭으로 들어가지 말라고 손을 저었다 Intett, hogy ne lépjünk a fűre.

정 명 ❶ (애정) szeretet, szívbéli érzés; 부모 자식 간의 ~ szülő és gyermek közötti szeretet; 여자한테 ~이 들다 megszeret / megkedvel egy lányt ❷ (인정) együttérzés, szimpátia, lágy érzelmek; ~이 많다 melegszívű, jószívű ❸ (감정) érzelem, érzés

정가 명 fix ár, kötött / adott ár; ~로 팔다 fix / megszabott áron ad el vmit; ~를 3할 할인하다 (el)enged harminc százalékot a (lista)árból

정각 명 pontos idő; 열 시 ~에 pontosan tíz órakor, pontban tízkor; ~ 한 시에 오너라 Pontosan egyre gyere!

정갈-하다 형 takaros, rendes, jó karban levő, karban / rendben tartott; ízléses; ~한 요리 솜씨 ízléses konyhaművészet

정감 명 érzés, érzelem; ~있게 말하다 érzéssel / érzelemtelin beszél

정강 명 politikai elv / meggyőződés, (정당의) pártprogram, politikai hitvallás; 신당의 ~ egy új párt politikai programja

정거장 명 állomás, buszmegálló, autóbusz-állomás; vasútállomás; 다음 ~이 어디냐 Melyik a következő állomás?

정결-하다 형 tiszta és rendes, vegyítetlen, finom; 방을 ~하게 하다 tisztán / rendben tartja a szobáját; 몸을 ~히 하여라 Tartsd tisztán a tested!

ㅈ

정겹다 형 érzelemteljesen viselkedik, kifejezi érzéseit, érzelemdúsan viselkedik

정경 명 jelenet, látvány; 참담한 ~이다 félelmetes / ijesztő látványt mutat / nyújt

정교-하다 형 részletes, szépen kidolgozott, finom, alapos; ~ 명 részletesség, kidolgozottság, finomság, alaposság; 세공은 아주 ~하다 Részletes / Kifinomult a kézimunkája.

정구 명 tenisz

정국 명 politikai helyzet / állapot; ~을 안정시키다 stabil politikai helyzetet teremt; ~이 불안해진다 A politikai helyzet egyre fokozódik.

정권 명 politikai hatalom; 평화적인 ~ 교체 békés politikai hatalomváltás, a politikai hatalom békés átadása; ~을 이양하다 átadja a(z) államirányítást / kormányzást vkinek; 민주당이 ~을 잡고 있다 A Demokrata Párt van hatalmon.

정규 명 szabályosság, szabályszerűség, rendszeresség; törvényesség, jogszerűség; ~의 szabályszerű, szabályos, hivatalos; (합법적) legális, legitim, törvényes; ~ 교육을 받다 szokásos / rendszeres iskolai oktatásban részesül(t)

정글 명 dzsungel, esőerdő, őserdő

정기 명 ❶ lelkierő, szellem, lélek, spiritusz; (만물의 기) minden / összes lény szelleme, a teremtés szelleme / ereje ❷ (정력) energia, vitalitás, erő, lendület; ~가 넘치다 tele van energiával / életerővel

정기간행물 명 időszaki kiadvány, időszakonként megjelenő folyóirat, periodika

정기검사 명 meghatározott időszakonkénti ellenőrzés, rendszeres / szokásos ellenőrzés

정기국회 명 Országgyűlés rendes ülésszaka, rendszeres országgyűlési ülésezés

정기총회 명 szabályszerű / rendszeres közgyűlés / nagygyűlés

정년 명 nyugdíjkorhatár, nyugdíjas kor; ~에 달하다 eléri a nyugdíjkorhatárt; ~으로 퇴직하다 nyugdíjba megy / vonul

정년퇴직 명 nyugdíjazás; ~ 연령을 높이다 (meg)emeli a nyugdíjkorhatárt

정년퇴직자 명 nyugdíjas

정답 명 helyes válasz / megoldás

정답다 형 barátságos, kedves, nyájas, baráti, szeretetteljes, szerető, gyengéd, melegszívű; 정다운 친구 kedves barát; 정답게 jó baráti viszonyban, szeretetteljesen, meleg szívvel; 손님을 정답게 맞다 szeretetteljesen fogadja a látogatót

정당 명 politikai párt; ~정치 pártpolitika; ~조직 pártszervezet; 진보 / 급진 ~ haladó / radikális párt; 새 ~을 만들다 új politikai pártot alakít

정당-하다 형 igazságos, helyes, szabályos, jogszerű, törvényes; 비록 자네가 ~하더라도 그렇게 말하는 게 아니다 Még ha igazad is van, akkor sem mondhatsz ilyet neki.

정도 명 (분량) fok, mérték, (한도) határ, (표준) szint, osztály, kategória, (대략) nagyjából, hozzávetőleg(esen), körülbelül; 어느 ~까지 bizonyos fokig / mértékig; ~를 넘다 átlépi / túllépi a határt / hatáskört; 네 말엔 어느 ~ 진리가 있다 Bizonyos fokig van igazság abban, amit mondasz.; 그녀는 2천만 원 ~의 연

수입이 있다 Az éves bevétele húszmillió von körül mozog / van.

정돈-하다 동 rendbe rak / tesz, sorba rak, helyre tesz; (대열을) igazodik; ~ 명 rendrakás, rendbetétel; ~해 두다 mindent szép / gondos rendben tart; 대열을 ~시키다 sorba állít, sort igazít; 서류를 ~해 두어라 Rakd rendbe / sorba a papírjaidat!; 방을 ~하다 rendbe teszi a szobát

정들다 동 közel(ebb) kerül vkihez, kapcsolatba kerül vkivel, megkedvel vkit; 그는 정든 부모의 곁을 떠나 외국 유학을 떠났다 Szerető szüleit elhagyva ment külföldre tanulni.

정력 명 energia, életerő, vitalitás; (성적인) vkinek a szexuális teljesítőképessége, potencia; ~적인 energikus, életteli, életerős, dinamikus, lendületes; ~을 기울이다 minden energiáját befekteti vmibe; 젊은 까닭에 ~이 왕성하다 Még fiatal, tele van energiával / életerővel.

정력제 명 potencianövelő szer, ajzószer, vágykeltő

정령 명 szellem, lélek; ~설 animizmus, spiritualizmus

정류장 명 megálló; 다음 ~은 어디입니까 Melyik a következő megálló?; 역까지 ~이 몇 군데나 있습니까 Hány megálló van még hátra az állomásig?

정리-하다 동 ❶ (정돈) elrendez, rendbe hoz, rendbe rak / tesz vmit, rendet csinál / teremt, szabályoz; ~ 명 elrendezés, szabályozás; 말하기 전에 생각을 ~하는 것이 필요하다 Fontos, hogy rendezzük a gondolatainkat, mielőtt megszólalunk.; 서랍을 ~하다 rendbe teszi a fiókot ❷ (해소 · 해체) átszervez, újraszervez, átalakít, átrendez; (완불) kifizet, kiegyenlít; ~ 명 átszervezés, újraszervezés, átrendezés, átalakítás; kifizetés, kiegyenlítés; 채무를 ~하다 kifizeti a(z) egész / teljes számláját / adósságát / tartozását ❸ (감원) leszázalékol, lecsökkent, korlátoz; (매각) kiárusít; ~ 명 leszázalékolás, lecsökkentés, korlátozás; kiárusítás

정립-하다 동 stabilizál vmit, stabil helyzetbe hoz vmit; ~ 명 stabil állapot / helyzet; 3국이 ~하다 három ország stabilan áll szemben egymással

정말 명 igazság, valóság; ~같은 거짓말 hihető hazugság; 그 소문은 ~이었다 A pletyka / szóbeszéd beigazolódott.

정말로 부 valójában, igazából, tulajdonképpen; valóban, igazán, tényleg; (놀라서) Igazán? Valóban? Tényleg? Komolyan?; (설마) Ugyan, dehogy! Nem mondod!; 나는 ~ 슬펐다 Tényleg nagyon szomorú voltam.

정맥 명 véna, visszér; 굵은 ~이 불거진 손 nagyon eres kéz, kidagadt eres kéz; ~류 증상을 가지고 있다 visszerei vannak; ~주사 intravénás injekció

정맥류 명 visszértágulat, visszércsomó

정면 명 elülső oldala vminek, vminek az eleje, homlokzat; 트럭과 버스가 ~충돌했다 A teherautó frontálisan ütközött egy busszal.; ~으로 egyenesen, közvetlenül; ~으로 공격하다 szembetámadja az ellenséget; nyíltan támad vkit; ~으로 반대하다 nyilvánosan ellenáll vminek, nyíltan ellenez vmit; 우체국은 정거장의 ~에 있다 A posta pont(osan) az állomás előtt áll.

정문 명 főkapu, főbejárat; ~으로 들어가다

a főkapun megy be

정물화 명 csendélet

정밀-하다 형 pontos, precíz, részletes, aprólékos, alapos

정박-하다 동 lehorgonyoz, kiköt, kidobja a horgonyt; (배를) 묶어 ~시키다 kiköti a csónakot / hajót

정벌-하다 동 meghódít, leigáz, legyőz; ~ 명 meghódítás, leigázás, legyőzés; ~하러 가다 megy hódító útra / hadjáratra; 적을 ~하다 leigázza / legyőzi az ellenséget

정보 명 felvilágosítás, információ, tájékoztatás; ~ 검색 információkeresés; ~ 처리 adatok feldolgozása; ~를 수집하다 információt gyűjt vmivel kapcsolatban; ~를 제공하다 informál, tájékoztat, felvilágosítást ad; ~를 누설하다 információt szivárogtat ki vmiről / vkiről

정보기관 명 hírszerzés és kémszolgálat, titkos szolgálat

정보망 명 hírszerzési hálózat / rendszer, hírszerző hálózat; ~을 깔아 놓다 információs hálózatot kiépít

정보화 명 információ-központúság; ~ 사회 információ-központú társadalom

정복자 명 győztes, hódító

정복-하다 동 meghódít, leigáz, legyőz, hatalma / uralma alá von, elsajátít vmit; ~ 명 hódítás, leigázás, legyőzés, elsajátítás; 자연을 ~하다 leigázza a természetet

정부 명 kormány, kormányzat; (미국의) közigazgatás, (내각) kabinet, minisztérium; ~ 보조금 állami támogatás; 현 ~ a jelenlegi kormány; ~를 수립하다 kormányt alakít; ~의 예산안이 국회를 통과했다 A kormány költségvetési törvényét elfogadta az Országgyűlés.

정비사 명 szerelő, szervizes

정비-하다 동 (수리 · 점검하다) megjavít, megszerel, karbantart, szervizel; (정돈 · 갖추다) felszerel (egy gyárat); berendez / ellát (egy labort); (개선하다) fejleszt, javít; ~ 명 fenntartás, javítás, szerelés; felszerelés, berendezés; ~ 공장 javítóműhely, szerelőműhely; ~ 불량 gyenge karbantartás; 엔진은 잘 ~되어 있다 A motor jól van beállítva.; 도로를 ~하다 utat ja- vít / karbantart

정사 명 szerelmi ügy / viszony, szívügy; 혼외 ~ házasságon kívüli viszony / kapcsolat

정상[1] 명 rendes / normál állapot; ~ 가격 szabványár, rendes / elfogadható ár; 열차 운행은 ~으로 돌아갔다 A vasúti-menetrendet viszszaállították a szokásosra.

정상[2] 명 ❶ (산의) (hegy)csúcs, orom; ~에 오르다 eléri a (hegy)csúcsot, feljut a (hegy)csúcsig; 산 ~에는 1년 내내 눈이 덮여 있다 A hegyet egész évben hó fedi. ❷ (절정) tetőpont, csúcs(pont), zenit; 그녀의 인기는 지금 ~에 있다 A népszerűsége elérte a csúcsot.

정상[3] 명 (수뇌) a feje vminek, fő, igazgató; ~회담 csúcstalálkozó

정색-하다 동 komoly pillantást vet, komoly / higgadt arcot vág; ~하고 남을 나무라다 komoly arccal megfedd vkit vmiért

정서 명 (감정) érzelem, érzés; (분위기) hangulat, légkör; ~가 불안정하다 érzelmileg labilis / instabil; 이국적인 ~ egzotikus légkör / hangulat

정서법 명 helyesírási szabályzat

정선-하다 동 gondosan kiválaszt, válogat; ~ 명 gondos válogatás; ~된 jól választott, gondosan válogatott; 이 도서실에는 ~된 양서가 있다 Ebben a könyvtárban gondosan válogatott könyvek vannak.

정설 명 széles körben elfogadott vélemény / álláspont, megalapozott vélemény / álláspont; (학계의) megalapozott elmélet; ~을 뒤집다 megdönt egy elfogadott elméletet; 비만이 심장병의 원인이 된다는 것이 ~로 되어 있다 Elismert tény, hogy a túlsúlyosság szívelégtelenséghez vezet.

정성 명 igaz / becsületes szív, lelkiismeretesség, odaadás; ~ 어린 선물 szívvel-lélekkel készített ajándék, szívből jövő ajándék; ~을 다해서 키우다 nagy gonddal / odafigyeléssel nevel (fel) vkit / vmit

정성스럽다 형 őszinte, lelkiismeretes, odaadó

정세 명 helyzet, állapot; körülmény, feltétel; ~ 판단 a helyzet értelmezése; 세계의 ~ világhelyzet, a világ állapota; ~의 변화 a helyzet megváltozása, állapotváltozás; ~는 점점 심각해지고 있다 A helyzet egyre fokozódik.; ~를 파악하다 megragadja a helyzetet

정수리 명 feje búbja, fejtető

정숙-하다 형 erényes, erkölcsös; ~ 명 erkölcsösség, erényesség; ~하다는 평판이 있다 híres az erényességéről; ~한 처녀 erényes leány

정식 hivatalos; ~ 계약 hivatalos megegyezés; ~ 재판 hivatalos tárgyalás; ~으로 신청하다 hivatalos jelentkezést nyújt be vmire; 나는 ~으로 피아노를 배우지 않았다 Sosem vettem zongoraleckéket.

정신 명 szellem, elme; (의지) akarat; (근본이념) vminek az alapelve; (민족·사회 등의) szellemiség, erkölcsiség, ethosz; 법의 ~ a törvény szelleme; ~을 잃다 elveszi az eszét; elveszti az eszméletét; ~을 집중하다 összpontosít vmire, (oda)figyel vmire; 기본 ~에 어긋나다 az alapeszmével / alapelvvel ellentétesen cselekszik; 제발 ~ 차리시오! Az Isten szerelmére, szedd már össze magad!; 건전한 ~은 건전한 육체에 깃든다 Ép testben ép lélek.

정신과 명 pszichiátria, elmegyógyászat; ~ 의사 pszichiáter, elmeorvos, elmeszakértő

정신노동 명 szellemi munka

정신노동자 명 értelmiségi dolgozó, szellemi munkás, fehérgalléros

정신력 명 szellemi erő, lelkierő; (환자가) 살고자 하는 ~으로 버티고 있다 csak az élni akarás tartja benne a lelket

정신병 명 elmebetegség, pszichózis

정신병동 명 pszichiátriai intézet, elmegyógyintézet

정신병자 명 elmezavarodott, elmebajos, pszichopata

정신분열증 명 skizofrénia, tudathasadás(os elmezavar); ~ 환자 hasadt tudatú, tudathasadásos

정신연령 명 szellemi fok / érettség; 그는 ~이 어리다 Gyerekesen viselkedik.

정신이상 명 mentális rendellenesség, elmezavar, elmebaj, pszichotikus betegség

정신이상자 명 elmebajos / elmezavaros

ㅈ

személy, pszichopata

정신적 명 lelki, szellemi, mentális; ~으로 lelkileg, szellemileg, lélekben, mentálisan; ~인 타격 szellemi csapás, lelki trauma / sokk

정액 명 ❶ (생리) ondó, ondósejt, sperma, magfolyadék ❷ (순수 액체) kivonat, extrakt(um), párlat, eszencia

정액제 명 fix díjas rendszer, átalánydíjszabás, átalánydíjas árszabás; ~ 요금 fix díj

정연-하다 형 jól szervezett, szabályos, szabályozott, rendszerezett; 모든 것이 질서 ~하다 Minden el van rendezve.

정열 명 szenvedély, buzgalom, lelkesedés, rajongás; ~에 불타다 a szenvedély tüzében ég; ~을 기울이다 szívét-lelkét beleadja vmibe

정열적 heves, szenvedélyes, érzelemteli; 그는 평화의 중요성에 관해 ~으로 이야기하였다 Szenvedélyesen beszélt a béke fontosságáról.

정오 명 dél(idő); ~에 dél(idő)ben

정욕 명 testi / nemi vágy, bujaság, kéjelgés; ~을 억제하다 visszafogja a testi vágyait

정원[1] 명 számbeli korlátozottság, korlátozott férőhely, befogadóképesség; 이 차의 ~은 60명이다 Ez a gépjármű hatvan utas szállítására alkalmas.; 금년은 지원자 미달로 대학이 ~을 못 채울지도 모른다 Lehetséges, hogy az egyetem sem tölti ki a létszámkeretét a jelentkezők alacsony száma miatt.

정원[2] 명 kert; (넓은) park; 옥상 ~ tetőkert; ~을 만들다 kertet épít

정원사 명 kertész

정월 명 január (약자 jan.); ~ 초하루 újév első napja

정월대보름 명 újév első teliholdja

정육점 명 hentesbolt

정의 명 igazság(osság), becsületesség; ~를 위해 싸우다 az igazságért harcol; 법과 ~는 우리 편이다 A törvény és az igazság a mi oldalunkon állnak.

정의감 명 igazságérzet; ~이 강하다 erős / jó igazságérzete van

정의롭다 형 igazságos

정의-하다 동 meghatároz, definiál vmit; ~ 명 meghatározás, definíció; ~를 내리다 meghatározást ad vmihez; ~를 내리기 어렵다 nehéz meghatározni

정자 명 ondó, mag, sperma, (동물의) ondósejt, ondószál, spermium, (식물의) spóra; ~ 은행 spermabank; ~낭 spermogónium; ~ 세포 spermatid; ~ 형성 ondóképződés, spermaképződés

정자나무 명 egy nagy fa, amely árnyékos pihenőhelyet biztosít a faluban

정작 부 való(já)ban, tényleg(esen), sőt, tulajdonképpen; ~ 해보면 어렵다 Akkor jön rá, (hogy) mennyire nehéz, amikor belekezd.

정적[1] 명 politikai ellenfél / versenytárs

정적[2] 명 csend(esség), nyugalom; ~을 깨뜨리다 megtöri a csendet; 무거운 ~이 방안에 감돌았다 Nyomasztó csend lepte el a termet.

정적[3] nyugvó, szilárdsági, statikus, statikai

정전 명 áramszünet, áramkimaradás; 어젯밤은 폭풍으로 ~이 되었다 Múlt éjjel a vihar miatt kiment a biztosíték.; 아, ~이다 Ó, kiment a villany / az áram!; 어젯밤 ~이 있었다 Áramszünet volt nálunk a múlt éjjel.

정전협정 명 fegyverszüneti egyezmény / megállapodás; ~을 체결하다 fegyverszünetet köt

정절 명 szemérmesség, erkölcsösség, tisztaság, erény, erényesség, hűség; ~을 지키다 megőrzi az erényét

정점 명 csúcspont, tetőpont, klimax, zenit; 이것이 그의 인기의 ~이다 ez a népszerűsége csúcspontja

정정당당-하다 형 becsületes, tisztességes; ~ 명 becsületesség, tisztességesség; ~한 승부 becsületes mérkőzés; ~하게 싸우다 tisztességesen játszik, nyíltan és becsületesen küzd

정정-하다[1] 동 kijavít, kiigazít; ~ 명 kijavítás, kiigazítás; 그는 발언을 ~해야만 했다 Ki kellett igazítania a kijelentését.

정정-하다[2] 형 jó erőben van, életerős, magát jól bíró; ~ 명 erőteljesség, jó egészség; ~한 노인 életerős öregember; 그는 90이 넘었으나 아직 ~하다 Már elérte a kilencven évet, de még mindig jó erőben van.

정중-하다 형 udvarias, illedelmes, tiszteletteljes; ~ 명 udvariasság, illedelmesség; ~하게 인사하다 illedelmesen köszön; ~히 대하다 udvariasan bánik vkivel; 돕겠다는 제의를 ~히 거절하다 udvariasan elutasítja vki felajánlott segítségét

정지-하다 동 megáll, megtorpan, leáll, abbamarad; ~ 명 megállás, megtorpanás, felfüggesztés; ~선 megállást jelző vonal; 거래는 지금 ~상태에 있다 jelenleg leállt az üzleti élet; 말이 절벽 앞에서 ~하다 a ló megtorpan a szakadék előtt; 일이 ~되다 abbamarad a munka

정지시키다 동 megállít, véget vet vminek, befejez vmit, felfüggeszt, félbeszakít; 영업을 ~ megállítja / felfüggeszti az üzleti tevékenységet

정직-하다 형 becsületes, tisztességes, őszinte; ~ 명 becsületesség, tisztesség, igazmondás, őszinteség; ~한 말 őszinte beszéd; 이렇게 ~한 사람은 세상에 없다 Ilyen becsületes ember nincs a világon.; ~하게 말하면 őszintén szólva

정진-하다 동 vminek szenteli magát, keményen dolgozik, szorgalmasan dolgozik; 학업에 ~하다 a tanulásnak szenteli magát

정차 명 megállás; ~시간 megállási idő; ~를 명령하다 megállást parancsol

정착-하다 동 letelepszik, letelepedik; ~ 명 letelepülés, letelepedés; ~금 letelepítési költség; ~수당 letelepítési juttatás; 부산에 ~하다 Buszánban telepedik le; 미국에 ~하였다 Amerikában telepedik le; 한국에 민주주의가 ~ 한지 얼마 되지 않았다 A demokrácia csak nemrég eresztett gyökeret Koreában.

정찰기 명 felderítő repülőgép

정찰대 명 felderítőcsoport, őrjárat, felderítők

정찰병 명 felderítő

정찰-하다 동 felderít, őrjáratozik; ~ 명 felderítés, őrjárat; ~ 비행을 하다 felderítő repülést hajt végre; 적진을 ~하다 felderíti az ellenség táborát

정책 명 politika; ~을 쓰다 politikát alkalmaz, politikai módszert alkalmaz; ~을 바꾸다 megváltoztatja a politikáját; 새 ~을 발표하다 új politikát jelent be; 당의 ~에 따르다 követi a párt politikáját

정체 명 vminek az igazi formája, vki valódi jelleme; identitás; ~불명의 azonosítatlan; ~를 드러내다 megmutatja az igazi formáját, leveti az álarcát; ~를 숨기다 álarcot hord, álcázza magát; ~를 파악하다 felismeri a valódi jellemét

정체성 명 öntudat, önazonosság, identitás; ~을 잃다 elveszti az öntudatát; ~을 되찾다 visszanyeri az önazonosságát

정초 명 január eleje; ~에 január elején

정취 명 légkör, hangulat, jelleg, íz, érzelem; 이국적 ~ egzotikus hangulat; 고전적 ~가 있다 klasszikus jellege van; 그의 그림에는 우리의 예술 감각을 자극하는 독특한 ~가 있다 Van valami különleges íz a festményeiben, ami hatással van a művészi érzékünkre.

정치 명 politika, politikai ügy; ~공작 politikai manőverezés, politikai mesterkedés; ~자금 politikai pénzforrás; politikára fordított pénz; ~적 무관심 politikai közöny / apátia; ~적 수완 politikai képesség; ~적으로 이용하다 átpolitizál; ~를 논하다 politikáról beszélget

정치가 명 államférfi, politikus

정치범 명 politikai jogsértés

정치학 명 politikatudomány

정치학과 명 politikatudományi tanszék

정치학자 명 politológus

정탐-하다 동 kémkedik, (ki)kémlel, felderít; ~ 명 kémkedés, felderítés; 누군가 우리를 ~하고 있다 vki kémkedik utánunk

정토 명 Tiszta Föld, (buddhista) paradicsom

정통 명 eredetiség, ortodoxia, legitimitás; 그 식당에서는 ~ 한식을 맛볼 수 있다 Az étteremben megkóstolhatjuk a valódi koreai ételeket.

정통성 명 legitimitás

정통-하다 동 alapos tudással rendelkezik, jól ismer, otthon van vmiben; ~ 명 mindenre kiterjedő tudás, otthonosság; 그는 중국 사정에 ~하다 Jól ismeri a kínai ügyeket.

정평 명 kialakult tekintély, megállapodott vélemény, nyilvános elismertség; ~있는 elismert, elfogadott; 그의 작품의 우수성은 이미 ~이 나 있다 A világ elismeri műve kiválóságát.; 우리 회사 제품의 품질에 대해서는 ~이 나있다 Termékeinknek a minőségük folytán nagy tekintélyük van.

정-하다 동 (el)dönt, megbeszél, választ, kijelöl, meghatároz vmit; ~한 시간에 a megbeszélt időpontban; 법이 ~하는 바에 따라 amint azt a törvény előírja; 날짜를 ~하다 időpontot kijelöl; ~해진 양을 마시다 meghatározott mennyiséget iszik

정해지다 동 eldöntetik, meghatároztatik, eldöntik, meghatározzák; 결혼식 날짜가 정해졌다 Eldöntötték az esküvő napját.; 근로 시간을 얼마로 할지는 법률로 정해져 있다 A törvény meghatározza, milyen hosszú lehet a munkaidő.

정화수 명 hajnalban a kútból merített víz; ~를 놓고 빌다 hajnalban a kútból merített víz előtt imádkozik

정혼-하다 동 eljegyez; ~하다 eljegyzi magát vkivel

정화조 명 fertőtlenítő tartály

정화-하다 동 megtisztít, fertőtlenít, kitisztít, megtisztítja a lelkét; ~ 명 megtisztítás, kitisztítás, purgálás; 공기 ~ 시스템 légtisztító rendszer; 이 장치는 물을 ~한다 Ez a szerkezet víztisztításra szolgál.; 오수는 하수 처리장에서 ~된다

A szennyvizet a szennyvíztisztító üzemben tisztítják.

정확-하다 형 pontos, precíz, helyes; ~ 명 pontosság, helyesség, precizitás; ~하게 pontosan, helyesen; ~한 발음 pontos / helyes kiejtés; ~한 시간 pontos idő; 좀 더 ~히 말하면 pontosabban szólva; ~하게 모른다 nem tudom pontosan

정황 명 körülmény, helyzet, a dolgok állapota; ~증거 a helyzet bizonyítéka; 지금 ~으로는 a dolgok mostani állása szerint, a jelen(legi) körülmények között

젖 명 ❶ tej; 소 ~ tehéntej; 어머니 ~ anyatej; 소의 ~을 짜다 tehenet fej; ~을 달라고 울다 tejért sír; ~으로 기르다 anyatejjel táplál ❷ emlő, (소의) tőgy; 아기에게 ~을 물리다 odaadja az emlőjét / mellét a csecsemőnek

젖가슴 명 mell, emlő, kebel; 풍만한 ~의 telt keblű

젖꼭지 명 mellbimbó

젖내 명 tejszag; ~가 나다 tejszaga van

젖다 동 benedvesedik, (át)ázik, megázik; 젖은 옷 nedves ruha; 비에 ~ megázik az esőben; 땀에 ~ nedves az izzadságtól; 흠뻑 ~ bőrig ázik; 완전히 ~ teljesen átázik

젖먹이 명 szopós gyermek, csecsemő

젖소 명 fejőstehén, tejelő tehén

젖히다 동 hajlít; 허리를 뒤로 ~ meghajlítja a derekát

제각기 부 mindegyik, egyenként, külön-külön; 그 회의에 모인 학생들은 ~ 의견을 말했다 A gyűlésen jelen levő diákok egyenként kifejtették véleményüket.; 우리는 ~ 장점과 단점을 가지고 있다 Mindegyikünknek megvannak az erényei és a hibái.

제거-하다 동 eltávolít, megsemmisít, megszüntet, megsemmisít; ~ 명 eltávolítás, megszüntetés, megsemmisítés; 장애물을 ~하다 eltávolítja az akadályokat; 불안을 ~하다 megszünteti az aggályait / nyugtalanságait; 적을 ~하다 megsemmisíti az ellenséget

제고-하다 동 felemel, növel, javít; ~ 명 felemelés, növelés, javítás; 생산성 ~ a termelékenység növelése; 새로운 기계 설치로 우리 회사 제품의 품질이 크게 ~되었다 Az új gép felszerelése nagymértékben javította termékeink minőségét.

제곱미터 명 négyzetméter

제곱킬로미터 명 négyzetkilométer

제공-하다 동 ad, felajánl, ellát; ~ 명 felajánlás, ellátás, rendelkezésére bocsátás, szponzorálás; 혈액 ~자 véradó; 실업자들에게 일자리를 ~하다 munkahelyet ad munkanélkülieknek; 국가에 의한 지원 ~을 받아들이다 elfogadja az állam által felajánlott támogatást; 나는 그녀에게 신뢰할 만한 시장 정보를 ~해 주었다 Megbízható piaci információkkal láttam el.

제구실 명 vki funkciója, vki feladata, vki kötelessége; ~을 하다 megfelelően ellátja feladatát, teljesíti kötelességét

제국 명 birodalom; 로마 ~ a Római Birodalom

제국주의 명 imperializmus

제국주의자 명 imperialista

제기-하다 동 felvet, indít; ~ 명 felvetés; 소송을 ~하다 pert indít; 그녀는 중요한 문제를 ~했다 Felvetett egy fontos kérdést.

제단 명 oltár

제대로 부 rendben, megfelelően, teljesen, jól, elegendő mértékben; 일이 ~ 되다 jól megy a munka; ~ 읽지도 않고 anélkül, hogy rendesen elolvasta volna; 그는 편지 하나 ~ 못 쓴다 Még egy levelet sem tud rendesen megírni.; 나는 ~ 교육도 못 받았다 Nem részesültem megfelelő oktatásban.

제대-하다 동 elbocsátják a szolgálatból; ~ 명 elbocsátás a szolgálatból, leszerelés a szolgálatból; ~ 군인 leszerelt katona; 병으로 ~하다 egészségügyi okokból elbocsátják a katonai szolgálatból

제도 명 rendszer, intézmény; 현행 ~ a fennálló rendszer; 새로운 ~ új rendszer; 교육 ~ oktatási rendszer; ~를 개선하다 megreformálja a rendszert; 이 지방에는 독특한 가족 ~가 남아 있다 Ezen a vidéken még mindig megtalálható egy sajátos családi rendszer.

제동 명 fékezés, leállítás; ~을 걸다 fékez; ~거리 féktávolság; ~장치 fékrendszer, fékező, leállító berendezés

제때 명 előre meghatározott időpont, megfelelő időpont; 김장은 ~에 해야 한다 Megfelelő időben kell elkészíteni a kimcsit.

제련 명 olvasztás; 금속 ~ 방법 a fém olvasztási módja

제련소 명 olvasztómű

제로 명 nulla

제멋대로 부 tetszése szerint, önkényesen; ~ 굴다 eléri, amit akar; azt teszi, amit akar; úgy cselekszik, ahogy neki tetszik; ~ 글을 해석하다 önkényesen értelmezi a szöveget

제목 명 cím; '자유'라는 ~ 의 책 a *Szabadság* című könyv; ~을 붙이다 címet ad; 책의 ~ a könyv címe

제반 mindenféle, minden; ~ 조건을 협의하다 tárgyal mindenféle feltételekről; ~의 준비를 갖추다 minden előkészületet megtesz

제발 부 Könyörgöm!, Kérem!, Az isten szerelmére!; ~ 떠들지 마시오 Az isten szerelmére, maradjanak csendben!; ~ 문 좀 닫아 주오 Legyen szíves, tegye meg nekem, hogy becsukja az ajtót!; ~ 살려 주세요 Az isten szerelmére, legyen irántam kímélettel!

제방 명 gát, part; ~을 쌓다 gátat épít; ~이 무너지다 átszakad a gát

제법 부 meglehetősen, eléggé; 그림을 ~ 잘 그리다 meglehetősen jól rajzol

제복 명 egyenruha; 학교의 ~ iskolai egyenruha; ~을 입은 egyenruhás, egyenruhát viselő; ~을 입은 경관 egyenruhás rendőr

제본-하다 동 könyvet köt; ~ 명 könyvkötészet; ~이 잘 된 jól bekötött; 나는 석사학위 논문을 ~하게 했다 Beköttettem a szakdolgozatomat.

제비[1] 명 sorsolás, sorshúzás; ~ 뽑다 sorsot húz; ~로 첫 순번을 결정짓자 Sorsoljunk, ki lép először! Dobjuk ki kockán, ki legyen az első!

제비[2] 명 fecske; ~ 한 마리가 왔다고 여름이 온 건 아니다 Egy fecske nem csinál nyarat.

제사 명 megemlékezési szertartás, vallási szertartás, áldozati rítus; 조상에게 ~ 지내다 megemlékezési szertartást tart az ősök tiszteletére; 아버님의 3주기 ~를 지냈다 Apám halálának második

ㅈ

évfordulóján megemlékezési szertartást tartottunk.

제사장 명 áldozópap, pap

제삼국 명 harmadik ország; 그들은 ~으로 망명했다 Ők egy harmadik országba menekültek.

제삼자 명 harmadik személy (fél), kívülálló; 너는 이 문제에 있어서 ~다 Te kívülálló vagy e kérdésben.

제삿날 명 megemlékezés napja, vki halálának az évfordulója

제소-하다 동 pert indít, beperel, bírósági eljárást kezdeményez; ~ 명 beperelés; 계약 위반으로 그를 ~하다 szerződésszegés miatt pert indít ellene

제스처 명 gesztus; 단순한 ~에 불과하다 ez csupán egy gesztus

제시-하다 동 felmutat, bemutat; ~ 명 felmutatás, bemutatás; ~하는 대로 bemutatás szerint; 건물 안에 들어가려면 당신은 신분증을 ~하여야 한다 Önnek fel kell mutatnia az igazolványát, ha be akar menni az épületbe.

제안-하다 동 javasol, ajánlatot tesz, javaslatot terjeszt elő; ~ 명 javaslat, ajánlat; ~을 공개하다 kihirdet egy javaslatot; 아무 조건도 붙지 않은 ~ feltételek nélküli javaslat; ~에 관해 설명하다 megmagyarázza a javaslatot; 그는 모임에서 새 계획을 ~할 것이다 Az értekezleten egy új tervet fog javasolni.; 그녀는 시청에서 만나자고 ~했다 Azt javasolta, hogy találkozzunk a városházán.

제압-하다 동 lever, leüt, elfojt, hatalmába kerít, uralma alá hajt; 경찰이 강도를 ~하다 a rendőr leüti a rablót; 봉기를 ~하다 elfojtja a lázadást

제야 명 szilveszteréj, az év utolsó éjszakája; ~의 종 szilveszteréji harangszó, az óévet elbúcsúztató harangszó

제약 명 gyógyszergyártás; iparilag gyártott gyógyszer; ~ 회사 gyógyszergyártó cég / vállalat

제약-하다 동 korlátoz; ~ 명 korlátozás; 시간을 ~하다 korlátozza az időt; 사회생활에는 갖가지 ~이 있다 A társadalmi életben sokféle korlátozás van.

제어-하다 동 kormányoz, irányít, féken tart; ~ 명 kormányzás, irányítás; ~ 장치 irányító szerkezet; ~하기 쉽다 könnyű irányítani; 기계를 ~하다 kormányozza a gépet; 감정을 ~하다 féken tartja az érzelmet

제왕 명 császár

제왕절개 명 császármetszés; ~를 하다 császármetszést hajt végre

제외-하다 동 kizár, kivételez, kivesz; ~ 명 kizárás, kivétel; 여기 오신 분들은 ~하고 a jelenlevők kivételével; 몇 군데를 ~하고는 번역이 잘되었다 Néhány hibát kivéve a fordítás jó.

제의-하다 동 ajánl, javasol; ~ 명 ajánlat, javaslat; ~에 응하다 elfogadja az ajánlatot; ~를 거절하다 visszautasítja az ajánlatot; 그 문제에 관해 ~하고 싶은 것이 있다 Van egy javaslatom ezzel kapcsolatban.

제일[1] 명 az első; 감기가 걸리면 쉬는 게 ~이다 Amikor megfázik, akkor a pihenés az első.

제일[2] 부 a leg...-bb; ~ 좋은 a legjobb; ~ 깨끗한 옷 a legtisztább ruha; 누가 ~ 키가 크냐 Ki a legmagasabb?

제자 명 tanítvány, követő, tanonc; 소크라테스의 ~ Szókratész követői; ~로 삼다 tanítványául fogad vkit

제작비 명 gyártási költség; 이 영화의 ~는 얼마가 듭니까 Mennyi ennek a filmnek a gyártási költsége?

제작-하다 동 gyárt, készít; ~ 명 gyártás, készítés; 기계를 ~하다 gépet gyárt; 이 영화는 ~에 3년이 걸렸다고 한다 Úgy hallom, három évig tartott elkészíteni ezt a filmet.

제재-하다 동 megszorít, szankciót alkalmaz, büntetést mér vkire, megbüntet; ~ 명 megszorítás, szankció, büntetés; 담배 광고에 대한 ~ a cigaretta hirdetésekre vonatkozó megszorítások; 경제적인 ~ gazdasági szankció; ~를 풀다 feloldja a szankciót; 법규 위반으로 ~를 받다 a jogszabály megsértése miatt büntetést kap; 미국은 이라크에 경제 ~를 가했다 Az USA gazdasági szankciókat alkalmazott Irak ellen.

제적-하다 동 kihúzza vki nevét a listáról, kicsap vkit az iskolából; ~ 명 kihúzás a listáról: 학교에서 ~을 당하다 kihúzzák a nevét az iskolai névlistáról, kirúgják / kizárják az iskolából; 그는 당규 위반으로 당에서 ~ 당했다 Kihúzták a nevét a párt taglistájáról, mert megsértette a pártfegyelmet.

제정-하다 동 kialakít, bevezet, lefektet, hoz; ~ 명 kialakítás, bevezetés; 법률을 ~하다 kialakítja a törvényt; 규칙을 ~하다 szabályt lefektet; 새로운 법령을 ~하다 új törvényt hoz

제조업 명 gyáripar; 헝가리 ~의 역사 a magyar gyáripar története

제조-하다 동 gyárt, készít, termel, előállít; ~ 명 gyártás, készítés, termelés, előállítás; ~원가 gyártási önköltség, előállítási költség; 펄프에서 종이를 ~하다 pépből papírt készít; 신발을 ~ 판매하다 cipőket készít és árul

제지공업 명 papíripar, papírgyártó ipar

제지-하다[1] 동 papírt gyárt, papírt készít; ~ 명 papírgyártás, papírkészítés; ~용 펄프 papírgyártási pép

제지-하다[2] 동 visszatart, megakadályoz; ~ 명 visszatartás, megakadályozás; 나는 페테르가 떠나는 것을 ~하지 못했다 Nem tudtam megakadályozni, hogy Péter elutazzon.; ~를 받다 visszatartják; 경찰은 군중들을 ~할 수 없었다 A rendőrség nem tudta visszatartani a tömeget.

제철소 명 acélmű, vasmű, acélgyár, vasgyár

제철-하다 동 vasat gyárt, acélt gyárt; ~ 명 vasgyártás, acélgyártás; 전통적인 ~ 방법 hagyományos vasgyártási módszer

제쳐놓다 동 félretesz, félrerak, kihagy, külön rak, figyelmen kívül hagy, eltekint vmitől; 비용 문제는 제쳐놓고 a költség kérdésétől eltekintve; 하던 일을 ~ félreteszi, amit éppen csinál; 담임교사를 제쳐놓고 교장과 직접 상의하다 Közvetlenül az igazgatóval tárgyal, átnyúlva az osztályért felelős tanár feje felett.

제출-하다 동 lead, bead, benyújt; ~ 명 leadás, beadás, benyújtás; 리포트의 ~ 기한은 7월 10일이다 A dolgozat beadási határideje július 10.; 증거를 ~하다 bizonyítékot bead; 원서를 ~하다 beadja a pályázatát; 정부는 새 법안을 ~할 것이다 A kormány új törvényjavaslatot fog benyújtani.

제치다 동 ❶ eltakarít, eltesz az útból;

ㅈ

수비를 제치고 골을 넣다 a védőket eltakarítva gólt lő, cselezve megy át a védőkön és gólt lő ❷ megver, legyőz; 경쟁자를 ~ legyőzi a versenytársat ❸ félretesz, félrerak; 만사를 제치고 그녀를 만나러 가다 minden ügyet félretéve elmegy a lánnyal találkozni

제트기 명 sugárhajtású repülőgép

제품 명 termék, áru; 한국 ~ koreai gyártmányú termék; ~을 시장에 팔다 piacra dobja az árut

제-하다 동 kivon, levon; 세금을 임금에서 자동으로 ~하다 az adót automatikusan levonják a bérből; 비용을 다 ~하면 내게 남는 것이 없다 Miután levonom a költségeket, semmi sem marad nekem.

제한-하다 동 korlátoz; ~ 명 korlátozás; ~없이 korlátozás nélkül; ~ 속도 sebességkorlátozás; ~ 구역 korlátozottan látogatható terület; ~ 속도 준수가 교통사고를 방지하는 길이다 A sebességkorlátozások betartása az egyik módja annak, hogy megelőzzük a közlekedési baleseteket.

제후 명 feudális úr; 왕은 ~들의 개인 군대를 요청했다 A király igénybe vette a feudális urak magánhadseregeit.

제휴-하다 동 együttműködik, összhangban cselekszik, összhangban mozog; ~ 명 együttműködés, koalíció, összhang; 기술 ~ műszaki együttműködés; 우리는 B사와 ~하여 새 사업을 시작하기로 결정했다 Úgy döntöttünk, hogy az új üzleti vállalkozásba B céggel együttműködve kezdünk bele.; 이 약은 당사와 A사와의 기술 ~로 개발되었다 Ezt a gyógyszert a közöttünk és az A cég közötti műszaki együttműködés keretében fejlesztettük ki.

조[1] 명 billió

조[2] 명 csoport, csapat; 2인~ kétfős csapat; ~를 짜다 csoportot alkot; 여러 ~로 나누다 csoportokra oszt

조각 명 darab, töredék, szilánk, szelet; 깨진 접시 ~ eltört edény darabja; 헝겊 한 ~ egy darab szövet; 빵 한 ~ egy szelet kenyér

조각가 명 szobrász

조각나다 동 darabokra törik, szilánkokra törik, eltörik; 산산이 ~ sok darabra törik, ízzé-porrá törik; 두 ~ kettétörik

조각도 명 véső, faragókés

조각품 명 szobor, véset; ~을 세우다 szobrot állít

조각-하다 동 szobrászkodik, vés, farag; ~ 명 szobrászat, vésés, faragás; 나무에 ~하다 fába vés; 돌에 사자 모양을 ~하다 kőbe faragja az oroszlán képét

조간(신문) 명 reggeli kiadás, reggeli lap; 오늘 ~의 일면 기사는 무엇입니까 Mi a mai reggeli lap vezércikke?

조개 명 kagyló; ~를 캐다 kiássa a kagylókat

조개껍데기 명 kagylóhéj

조갯살 명 kagylóhús

조건 명 feltétel, kikötés, fenntartás, követelmény; 첫째 ~ az első feltétel; 계약 ~ a szerződés feltételei; 열악한 노동 ~ rossz munkafeltétel다; 필요하고도 충분한 ~ szükséges és elégséges feltétel; 유리한 ~으로 kedvező feltételek mellett; 몹시 까다로운 ~으로 a legnehezebb feltételek mellett; ~을 받아들이다 elfogadja a feltételt

조건반사 명 feltételes reflex; ~를 일으키다 feltételes reflexet alakít ki

ㅈ

조건법 (문법) feltételes mód

조교수 명 tanársegéd, adjunktus

조국 명 vki hazája; ~을 위하여 싸우다 a hazáért harcol

조금 부 kevés, kis mennyiség, valamennyi; 아주 ~ csak nagyon kevés, éppen csak egy kicsi; ~ 더 valamicskével több; ~ 밖에 돈이 없다 csak kevés pénzem van; 그는 친구가 ~ 밖에 없다 csak kevés barátja van; ~ 전에 nem sokkal korábban

조금씩 부 apránként: ~ 상황이 좋아지다 apránként javul a helyzet

조기[1] 명 fekete zászló, félárbocra eresztett zászló; ~를 달다 félárbocra ereszti a zászlót, fekete zászlót tűz ki

조기[2] korai; 대학 ~ 졸업 az egyetem korai elvégzése

조난 명 katasztrófa, baleset, hajótörés; 그들은 산에서 ~을 당했다 A hegyekben katasztrófa történt velük.; 태풍으로 많은 선박이 ~을 당했다 A tájfun miatt sok hajó ment tönkre.

조난구조대 명 mentőcsapat, katasztrófamentő

조달-하다 동 beszerez, megszerez, ellát; ~ 명 beszerzés, megszerzés, ellátás; 자금을 ~하다 megszerzi a pénzt; 정부는 극빈자들을 위해 식량을 ~했다 A kormány élelmiszerrel látta el a szűkölködőket.

조랑말 명 póni, póniló

조력 명 árapály-energia; ~발전 az árapály-energia termelése

조련-하다 동 kiképez, gyakorlatoztat; ~ 명 kiképzés, gyakorlatoztatás; 개를 ~하다 kiképezi a kutyát; 물개를 ~하다 fókát gyakorlatoztat

조례 명 rendelet, előírás; ~를 반포하다 rendeletet bocsát ki; ~를 제정하다 előírást létrehoz

조롱-하다 동 (ki)gúnyol, (ki)csúfol; ~ 명 gúny, (ki)csúfolás; ~당하다 kigúnyolják; 그는 나를 ~했다 Kicsúfolt engem.

조류[1] 명 madarak, szárnyasok; 참새는 ~에 속한다 A veréb a szárnyasokhoz tartozik.

조류[2] 명 árapályáramlat; 이 지역은 ~가 세다 Ezen a területen gyors az árapályáramlat.

조류학 명 ornitológia

조류학자 명 ornitológus

조르다 동 ❶ megszorít, köteléket tesz rá, becsatol, fojtogat, kicsavar; 목을 ~ megszorítja a nyakat; 목을 졸라 죽이다 megfojt ❷ nyaggat, könyörög; 어머니한테 돈을 달라고 ~ pénzért nyaggatja az anyját

조리 명 logika, értelem; ~에 맞지 않는 소리를 하다 összefüggéstelenül beszél, nem logikusan beszél

조리다 동 besűrít, elpárol; 고기를 간장에 ~ marhahúson besűríti a szójaszószt; 생선을 ~ a párolt hal levét sűríti

조리대 명 tálalóasztal, konyhaasztal

조리-하다 동 főz, ételt készít; ~ 명 főzés; 맛있게 ~하다 finoman főz

조림 명 besűrített étel

조립-하다 동 összeállít, összerak, összeszerel; ~ 명 összeszerelés, összerakás, összeállítás; ~식 주택 házgyári ház; 기계를 ~하다 gépet összeszerel; 그의 취미는 모형 비행기 ~이다 Az a hobbija, hogy repülőgépmodelleket rak össze.

조마조마-하다 형 izgul, fészkelődik, feszeng, nyugtalan, ideges, feszült, tű-

ㅈ

kön ül; 그의 아버지가 화내실까 ~하다 Ideges attól a gondolattól, hogy az apja megharagudhat.; 그가 그 비밀을 입 밖에 내지 않을까 몹시 ~했다 Nagyon izgultam attól, hogy kikotyogja a titkot.

조만간 부 nemsokára, előbb vagy utóbb; 이런 종류의 일은 ~ 폭로 되어야 한다 Az efféle dolognak előbb vagy utóbb be kell következnie.; 내각은 ~ 총사퇴할 것이다 A kabinet nemsokára le fog mondani.

조망 명 kilátás; ~이 좋다 szép kilátást nyújt; 이 언덕은 ~이 좋다 Erről a dombról gyönyörű kilátás nyílik.; 나무숲이 ~을 가로막고 있다 a facsoport elzárja a kilátást; ~권 a kilátáshoz való jog

조명-하다 동 megvilágít, bevilágít, kivilágít; ~ 명 megvilágítás, bevilágítás, kivilágítás; ~ 기구 világító felszerelés; ~ 효과 világítási effektus; 화려하게 ~하다 ünnepélyesen kivilágít; 이 교실은 ~이 밝다 Ez az osztályterem jól van megvilágítva.

조모 명 nagyanya

조목 명 cikkely, részlet; ~별로 쓰다 részletez; 이 ~에 해당 하다 ez alá a cikkely alá tartozik

조목조목 부 részletről részletre, darabról darabra; 사고에 대해 ~ 설명하다 részletről részletre megmagyarázza a balesetet

조문 명 szabályzat szövege, rendelet szövege, kitétel, klauzula, cikkely, kikötés; 열 번째 ~에 있는 바와 같이 amint a rendelet X. cikkelyében meg van határozva; 조약의 ~ egy szerződés szövege; 헌법의 ~ az alkotmány rendelkezése; ~에 명기되어 있다 (a törvény) szövegében pontosan meg van határozva; 법령의 주요 ~은 다음과 같다 A rendelet főbb rendelkezései a következők.

조문객 명 részvétnyilvánító, kondoleáló

조문-하다 동 részvétét nyilvánítja, kifejezi a részvétét; ~ 명 részvétnyilvánítás; ~을 받다 fogadja a részvétnyilvánításokat; ~ 사절 részvétnyilvánító küldöttség

조미료 명 ízesítő, fűszer, ízfokozó; 인공 ~ mesterséges ízesítő

조바심 명 türelmetlen vágyakozás; 그가 ~을 내다 türelmetlen vágyakozás él benne

조반 명 reggeli; ~을 들다 reggelizik, megeszi a reggelijét

조부 명 nagyapa

조부모 명 nagyszülők

조사 명 halotti beszéd, gyászbeszéd, búcsúztató; 신부님이 ~를 하다 a pap halotti beszédet mond

조사-하다 동 vizsgál, kivizsgál, megvizsgál; ~ 명 vizsgálat, kivizsgálás, megvizsgálás; ~ 위원회 vizsgálóbizottság; 원인을 ~하다 vizsgálja vminek az okát, keresi vminek az okát; 당국은 사고의 원인을 ~하기 시작했다 A hatóság hozzáfogott a baleset okának kivizsgálásához.

조산아 명 koraszülött csecsemő

조산-하다 동 koraszülött gyermeket hoz világra, idő előtt születik; ~ 명 koraszülés

조상 명 ős, ősapa, előd; ~ 숭배 az ősök tisztelete; ~의 이름을 더럽히다 szégyent hoz az őseire; 이것은 ~의 유물이다 ez ősi ereklye

조서 명 jegyzőkönyv, írásos bizonyíték; 경찰은 용의자의 진술을 ~에 기록했다 A rendőrség jegyzőkönyvbe veszi a gyanúsított vallomását.; 증언을 가지고 ~를 꾸미다 jegyzőkönyvbe veszi a tanúvallomást

조석 명 reggel és este; ~으로는 아직 공기가 쌀쌀하다 reggel és este még hűvös a levegő; 목숨이 ~에 있다 a halál torkában van

조선소 명 hajóépítő műhely, dokk

조선업 명 hajógyártás, hajóépítő ipar

조성-하다 동 felépít, teremt, előkészít, létrehoz; ~ 명 felépítés, teremtés, létrehozás; 택지를 ~하다 házépítési területet előkészít; 공포 분위기를 ~하다 megteremti a rettegés légkörét; 새로운 연구 환경을 ~하다 új kutatási körülményeket teremt

조세 명 adó; ~부담 adóteher; ~징수 adószedés; ~체납 adóhátralék; ~를 납입하다 adót fizet; ~가 면제된 adómentes

조소 명 faragás és szobrászat, szobrászművészet

조소-하다 동 kinevet, gúnyosan nevet, kicsúfol, gúnyol, kigúnyol; ~ 명 gúnyos nevetés, kinevetés, ironikus mosoly; ~를 당하다 kigúnyolják és kinevetik, kicsúfolják és kinevetik; 세인의 ~거리가 되다 köznevetség tárgyává válik

조속히 부 minél hamarabb, amilyen gyorsan csak lehet, a lehető leghamarabb; ~ 새 도서관을 지어야 한다 Minél hamarabb új könyvtárt kell építeni.; 그 문제를 ~ 해결하다 amilyen gyorsan csak lehet, megoldja a problémát

조수 명 segéd, segítő; ~로 일하다 segédként dolgozik, segédkezik

조수석 명 anyósülés, a vezetőülés melletti ülés

조숙-하다 동 korán érik, korán nőni kezd; ~한 koraérett; 그 소녀는 아주 ~하다 a lány nagyon koraérett

조심-하다 동 vigyáz, óvatosan bánik vmivel; ~ 명 elővigyázatosság, vigyázás, óvatosság, éberség; 불~ óvintézkedések tűz ellen; 말을 ~하다 vigyáz a nyelvére; vigyáz rá, mit mond; 속지 않게 ~하다 vigyáz rá, nehogy becsapják; 앞으로는 ~하겠습니다 A jövőben óvatosabb leszek.

조아리다 동 a padlóhoz veri a fejét, földre borulva meghajol, mélyen meghajol; 조아리며 용서를 빌다 a fejét a padlóhoz verve bocsánatot kér

조약 명 szerződés, egyezmény, konvenció, paktum; 평화 ~ békeszerződés; 우호 ~ baráti szerződés; 통상 ~ kereskedelmi szerződés; 비밀 ~ titkos egyezmény; 한국과 헝가리는 통상~을 맺고 있다 Koreának kereskedelmi szerződése van Magyarországgal.; ~에 조인하다 egyezményt ír alá; ~을 지키다 betartja a szerződést

조약돌 명 sóder, kavics

조언-하다 동 tanácsol, tanácsot ad; ~ 명 tanácsolás, tanácsadás; 전문가의 ~ szakmai tanács; ~을 구하다 tanácsot kér; ~을 받아들이다 elfogadja a tanácsot

조용-하다 형 csendes, nyugodt; ~ 명 csend, csendesség, nyugodtság; ~한 목소리로 halk hangon, csendesen; ~한 곳 csendes / nyugodt hely; 쥐 죽은 듯이 ~하다 halálos csendben van

조용해지다 동 elcsendesedik, elhalkul,

lecsendesedik, megnyugszik, lecsillapodik, elcsendesül; 군중들이 갑자기 ~ a tömeg hirtelen elcsendesedik; 음악소리가 ~ elhalkul a zene

조용히 부 csendesen, halkan, békésen; ~ 하다 csendben marad, hallgat; 떠들지 말고 ~ 이야기하자 Most ne izgassuk fel magunkat, hanem beszéljük meg a dolgot nyugodtan!; 좀 ~ 해라 Csendet kérek!

조율-하다 동 hangol, felhangol; ~ 명 hangolás; ~사 hangoló; 반음을 높여 ~하다 fél hanggal feljebb hangol; 이 피아노는 ~을 해야 한다 Ennek a zongorának hangolásra van szüksége.

조이다 동 ❶ megszorít, megfeszít; 가야금의 줄을 ~ megfeszíti a kajagüm (koreai hárfa) húrját; 모든 나사를 다 조였니 Megszorítottad az összes csavart? ❷ nyugtalankodik; 아이들 때문에 마음을 조이지 마라 Ne nyugtalankodj a gyerekek miatt!

조작-하다[1] 동 kezel, működtet; ~ 명 kezelés, működtetés; 기계의 ~을 잘못하다 nem megfelelően kezel egy gépet

조작-하다[2] 동 manipulál; ~ 명 manipuláció; 금융 ~ pénzügyi manipuláció; 선거 ~ választási manipuláció

조장-하다 동 elősegít; ~ 명 elősegítés; 과소비를 ~하다 elősegíti a túlzott fogyasztást

조잡-하다 형 durva, nyers; ~ 명 durvaság, nyerseség; ~한 건물 durván ácsolt épület; ~한 번역 nyers fordítás

조절-하다 동 szabályoz, beigazít, ellenőriz; ~ 명 szabályozás, beigazítás, ellenőrzés; 물가 ~ árszabályozás; 방의 온도를 자동으로 ~하다 automatikusan szabályozza egy szoba hőmérsékletét

조정 명 királyi udvar

조정-하다 동 ❶ döntőbíráskodik, elsimít; ~ 명 döntőbíráskodás; 파업을 ~하다 beavatkozik egy sztrájkba; 의견 차이를 ~하다 nézeteltérést elsimít; 저작권에 관한 분쟁 ~을 신청하다 a szerzői jog fölötti vitát döntőbíróság elé viszik ❷ szabályoz, kiigazít, koordinál, modulál; ~ 명 szabályozás, kiigazítás, koordináció; 가격을 ~하다 szabályozza az árakat; 정부는 수입 억제로 국제 수지를 ~하려고 하였다 A kormány az import korlátozásával próbálta szabályozni a fizetési mérleget.

조종간 명 botkormány

조종사 명 pilóta

조종실 명 pilótafülke

조종-하다 동 vezet, működtet, manőverez, irányít, kormányoz; ~ 명 kormányozás, irányítás, működtetés, manőverezés: ~ 장치 kormányszerkezet; 기계를 ~하다 működtet egy gépet; 그는 경비행기를 ~할 수 있다 El tud vezetni egy kis repülőgépet.; 남편을 마음대로 ~하다 irányítja a férjét

조직-하다 동 szervez, alakít, felállít; ~ 명 szervezet, alakítás, felállítás; ~ 범죄 szervezett bűnözés; ~ 폭력 szervezett erőszak; ~적으로 szervezetten, szervesen; 내각을 ~하다 kormányt alakít; 남극 탐험대를 ~하다 expedíciót szervez a Déli-sarkra; 근로자들은 노동조합을 ~했다 A munkások szakszervezetet alakítottak.

조직화-하다 동 rendszerez, rendszerbe szervez, szisztematizál, strukturál; ~ 명 rendszerezés, szisztematizálás; 군

인들을 ~하다 katonákat rendszerbe szervez; 고도로 ~된 사회 erősen szisztematizált társadalom

조짐 명 tünet, jel, előjel; ~을 보이다 vminek a jeleit mutatja; 경제 위기의 ~들 a gazdasági válság tünetei; 그건 불길한 ~이다 valami rossznak az előjelét hordozza magán; 당분간 비가 올 ~은 안 보인다 Semmi jele annak, hogy mindjárt esni kezdene az eső.

조차 még; 그것은 들은 일 ~ 없다 Még csak nem is hallottam róla.; 그는 제 이름 ~ 못 쓴다 Még a nevét sem tudja leírni.; 그 사람은 만나기 ~ 힘들다 Még találkozni is nehéz vele.

조찬 명 reggeli (étkezés); ~ 회동 reggelivel összekötött találkozó, munkareggeli

조처-하다 동 intézkedik, intézkedést tesz; 이미 ~ 했다 Már intézkedtem.; 곧 ~ 하겠습니다 Majd intézkedni fogunk.

조촐-하다 형 rendes, takaros, gondozott; ~한 외모 rendes megjelenés; ~하게 생기다 takaros, jól néz ki

조치 명 intézkedés; 보완 ~ kiegészítő intézkedés; 후속 ~ utólagos intézkedés

조카 명 unokafivér; ~딸 unokanővér; ~며느리 az unokafivér felesége; ~사위 az unokanővér férje; 그는 내 ~ 뻘이다 Unokafivéri rokonságban áll velem. Ő az unokatestvérem.

조퇴-하다 동 korán hazamegy (az iskolából), a szokásosnál korábban hazamegy (a hivatalából); ~ 명 korai hazamenetel; 두 시간 일찍 ~하다 két órával korábban megy haza

조판-하다 동 (le)gépel; ~ 명 gépelés; 원고는 지금 ~ 중에 있다 A kézirat most gépelés alatt van. A kéziratot most gépelik.

조합 명 ❶ egyesület, céh, szövetség; ~을 만들다 egyesületet szervez; 노동 ~ szakszervezeti szövetség; 어용 ~ a vállalat irányítása alatt álló szakszervezet ❷ kombináció; 숫자들의 ~ számok kombinációja

조합원 명 egyesület tagja

조합장 명 egyesületi elnök

조항 명 cikkely, záradék; ~을 규정하다 beiktat egy cikkelyt; 비밀 ~ titkos záradék; 그 계약에는 많은 ~이 있다 A szerződés számos záradékot tartalmaz.

조형미술 명 képzőművészet; ~ 박물관 képzőművészeti múzeum; ~ 학교 képzőművészeti iskola

조혼-하다 동 korán házasodik; ~ 명 korai házasság; 그는 ~했다 Ő korán házasodott meg.; 이 나라에는 과거에 ~ 관습이 있었다 Ebben az országban régen szokás volt korán házasodni.

조화-하다 동 harmonizál, összhangban van; ~ 명 harmónia, összhang; 색의 ~ színek harmóniája; 성장과 안정의 ~ a növekedés és stabilitás harmóniája

조회 명 reggeli gyűlés; 그 ~는 9시에 시작된다 A reggeli gyűlés 9-kor kezdődik.

조회-하다 동 kérdezősködik, kinyomoz, tájékoztatást kér; ~ 명 kérdezősködés, kinyomozás; 신원을 ~하다 kinyomozza a múltját; 나는 그 건에 관하여 본사에 ~했다 Az anyavállalatnál kérdezősködtem azzal az üggyel kapcsolatban.

족보 명 családfa, leszármazási táblázat, családi leszármazási jegyzék; ~를 캐다 családfakutatást végez; ~를 만들다 megszerkeszti a leszármazási táblázatot

ㅈ

족-하다 형 elegendő; 열 사람이 먹기에 ~한 음식 elegendő ennivaló tíz ember számára; 한마디로 ~하다 egy szó is elegendő

존경-하다 동 tisztel, megbecsül, tiszteletben tart, nagyra becsül, felnéz vkire; ~ 명 tisztelet, megbecsülés; 나의 ~하는 선생님 az én tisztelt tanítóm; ~을 받다 kivívja a tiszteletet, tiszteletben tartják; ~할 만하다 tiszteletet érdemel, tiszteletre méltó; 내가 가장 ~하는 사람은 우리 아버지이다 Az az ember, akit én a legtöbbre becsülök, az édesapám.

존귀-하다 형 előkelő, nemesi; ~ 명 nemesség; ~한 이름 előkelő név; ~한 왕 előkelő király

존대-하다 동 tisztelettel bánik vele, tiszteletben tart; ~ 명 tiszteletteljes bánásmód; 노인들을 ~하다 tisztelettel bánik az idősekkel

존댓말 명 magázás; ~을 하다 magáz

존립-하다 동 létezik, fennmarad; ~ 명 létezés, fennmaradás; ~을 위태롭게 하다 veszélyezteti a létét; 공기가 오염되면 인간은 ~할 수 없다 Ha tovább szennyeződik a levegő, az emberiség képtelen lesz fennmaradni.

존속-하다 동 tovább tart, tovább él, folytatódik; ~ 명 folytatódó létezés, folytatódás; 그 옛 풍습은 오늘날 사회에도 계속 ~되고 있다 A régi szokások tovább élnek a mai társadalomban is.

존엄-하다 형 méltóságteljes; ~ 명 méltóság, fenség; 인간의 ~ emberi méltóság; ~을 손상하다 megsérti a méltóságát; 법의 ~을 지키다 megőrzi a törvény méltóságát

존재론 명 ontológia

존재-하다 동 létezik; ~ 명 lét, létezés; ~ 이유 létjogosultság, a léthez való jog; 은행은 공신력이 손상되면 바로 그 ~ 이유를 잃게 된다 A bankok elveszítik létük értelmét, ha megsértik a megbízhatóság elvét.; 신의 ~ Isten létezése; 그는 이 분야에서는 귀중한 ~이다 Különlegesen értékes személy ezen a szakterületen.; 신은 ~한다 Isten létezik.; 그는 역사적으로는 ~하지 않는 가공인물이다 Ő költött személy, nem történelmi figura.

존중-하다 동 tisztel, megbecsül, értékel, sokra tart; ~ 명 tisztelet, megbecsülés; ~할 만한 tiszteletre méltó; 여론을 ~하다 megbecsüli a közvéleményt; 생명보다도 명예를 ~하다 többre tartja a becsületet, mint az életét

존칭 명 tiszteletet kifejező cím; 장관을 ~ 없이 부르다 a tiszteletet kifejező címe nélkül szólítja meg a minisztert

존함 명 az ön becses neve; ~이 어떻게 되십니까 Mi az ön becses neve, kérem?

졸다 동 szundít; 깜박 ~ elszundít; 청중은 대부분 졸고 있다 a közönség legnagyobb része szundít

졸도-하다 동 elájul, eszméletét veszti; ~ 명 ájulás, eszméletvesztés; 무서워서 ~하다 elájul a félelemtől; 그는 오늘 아침 뇌출혈로 ~했다 Ma reggel gutaütést kapott, és eszméletét vesztette.

졸리다 동 elálmosodik, álmosnak érzi magát; 졸려서 álmosan, álomittasan; 졸려 견딜 수 없다 szenved az álmosságtól

졸업반 명 végzős diákok évfolyama

졸업생 명 diplomás, volt diák, iskolát befejező személy, öregdiák; 4년제 대학 ~의 초임금 pályakezdő diplomás fizetése; 300명의 ~을 내다 300 diák végezte el az iskolát, 300 végzőst bocsátottak ki; 그는 1992년도 ~이다 Ő 1992-ben végzett.

졸업장 명 végbizonyítvány

졸업-하다 동 befejezi a tanulmányait, befejezi az iskolát; ~ 명 tanulmányok befejezése; ~ 논문 szakdolgozat; ~ 시험 záróvizsga; 대학을 갓 ~한 젊은이 friss diplomás; 너는 대학 ~ 후 무엇을 할 생각이냐 Mit szándékozol tenni azután, hogy befejezted egyetemi tanulmányaidat?

졸음 명 álmosság, álomittasság; ~을 물리치다 kidörzsöli a szeméből az álmot; ~운전을 하다 elalszik vezetés közben; 이 알약을 먹으면 ~이 올지도 모릅니다 Ezek a tabletták esetleg álmosságot / aluszékonyságot fognak okozni.

졸이다 동 ❶ besűrít, (el)párol; 고기를 간장에 ~ marhahúson besűríti a szójaszószt ❷ nyugtalanságot érez, aggódik, izgatott lesz, ideges lesz; 낙제할까봐 마음을 ~ nyugtalanságot érez attól, hogy esetleg megbukik; 마음을 졸이며 공중 곡예를 보다 izgatottan nézi a légi akrobatikát

졸작 명 rossz minőségű munka, rossz minőségű mű; 이 시는 ~이다 ez a vers rossz minőségű mű, ez a vers semmit sem ér

졸지에 부 váratlanul, hirtelen; ~ 사고를 당하다 váratlanul balesetet szenved; ~ 거지가 되었다 hirtelen koldus lett

좀[1] 명 moly; 책이 온통 ~이 먹었다 Az összes könyvet megrágták a molyok.

좀[2] 부 ❶ egy kicsit, kissé, néhány, valamelyest, némileg; ~ 피곤하다 némileg fáradt; 나는 영어를 ~ 말할 수 있다 Egy kicsit tudok angolul.; 기분이 ~ 나아졌습니까 Jobban vagy már egy kicsit? ❷ kérem, csupán; 말씀 ~ 여쭈어도 되겠습니까 Elnézését kérem, lenne egy kérdésem. ❸ milyen, mennyi; 그녀가 이것을 들으면 ~ 행복해할까 Milyen boldog lesz, ha meghallja ezt!; 아드님이 여기에 없으니 ~ 쓸쓸하시겠습니까 Milyen szomorú lehet most, hogy a fia nincs itt!

좀도둑 명 besurranó tolvaj, piti tolvaj; 집을 비운 동안에 ~이 들었다 Betört a besurranó tolvaj a házunkba, amikor nem voltunk otthon.

좀도둑질 명 kisebb értékű tolvajlás

좀스럽다 형 szűk látókörű, kicsinyes; 좀스럽게 굴다 szűk látókörűen cselekszik; 좀스런 일 jelentéktelen munka

좀처럼 부 alig, könnyen, könnyedén; 여기에 ~ 오지 않다 alig jön ide; 이런 기회는 ~ 없다 alig van erre esély; 문이 ~ 안 열린다 az ajtó nem nyílik könnyen; 그는 ~ 성내지 않는다 nem könnyen haragszik meg

좁다 형 szűk, kicsiny, korlátozott; 좁은 길 szűk út; 좁은 시야 szűk látókör; 교제 범위가 ~ szűk a baráti köre; 가구가 많아서 방이 ~ a bútorok miatt szűk a szoba; 세상이란 참 ~ Milyen kicsi a világ!; 좁은 마음 kicsinyes gondolkodás

좁쌀 명 köles

좁아지다 동 szűkül, szűkebbé válik; 그 길은 여기서 좁아진다 Az út itt összeszűkül.; 유명 대학 입학의 문이 더욱 ~ Egyre nehezebbé vált felvételt nyerni a híresebb egyetemre.

좁히다 동 leszűkít; 문제의 범위를 ~ leszűkíti a problémakört

종[1] 명 szolga, rabszolga; 계집~ rabszolgalány, rabszolganő; ~같이 부리다 úgy dolgoztat vkit, mint egy rabszolgát; rabszolgaként dolgoztat vkit; ~같이 일하다 rabszolgaként dolgozik; ~노릇하다 rabszolgasorban él

종[2] 명 harang, csengő, ajtócsengő; ~소리 csengő hangja, harangszó; ~을 치다 meghúzza a harangot, megrázza a csengőt; ~을 울려서 묵은해를 보내고 새해를 맞다 harangozással búcsúztatja az óévet és köszönti az újévet

종결-하다 동 befejez / lezár vmit, véget vet vminek; ~ 명 befejezés, lezárás, vég; 전쟁의 ~ a háború vége; 소송을 ~하다 lezárja a pert

종교 명 vallás; ~ 개혁 vallási reformáció; ~ 교육 vallásoktatás; ~ 음악 vallásos zene; ~ 재판 inkvizíció; 신흥 ~ nemrég létrejött vallás; ~를 박해하다 üldözi a vallást; 그들은 각각 ~가 다르다 Más és más hitet vallanak.; 당신의 ~ 는 무엇입니까 Mi a vallása?; 나는 ~가 없다 Vallástalan / Ateista vagyok.

종교계 명 vallásos körök

종기 명 kelés, tályog; 등에 ~가 나다 a hátán kelés van; ~를 절개하다 tályogot megnyit

종달새 명 pacsirta

종렬 명 sor; ~을 이루다 sort alkot; ~로 행진하다 sort alkotva vonul / menetel

종료-하다 동 befejez / lezár vmit, véget vet vminek, véget ér vmi; ~ 명 vég, befejezés, lezárás, lejárat; 점검은 오전 5시가 지나서 ~되었다 A vizsgálat csak reggel 5 órára fejeződött be.

종류 명 féle, fajta, típus, faj; 다른 ~의 másféle; 여러 ~의 물건 sokféle dolog; 이런 ~의 사기 ilyen típusú szélhámosság; ~별로 나누다 fajtánként kategorizál; 온갖 ~의 사람들이 모이다 sokfajta ember gyűlik össze

종말 명 vég; 전쟁도 ~이 가까워지고 있다 a háború nemsokára véget ér; ~에 다다르다 végére ér

종말론 명 eszkatológia

종목 명 árucikk, fajta, cikkely; 영업 ~ árucikk, amit árul egy cég; 운동 ~ sportág; 취급 ~ vmivel foglalkozó cikkely

종사-하다 동 foglalkozik vmivel, (munkát) végez, (üzleti tevékenységet) folytat; 그는 무역에 ~한다 Külkereskedelemmel foglalkozik.

종속절 명 (문법) alárendelt mellékmondat

종속-하다 동 alárendel, alávet; ~ 명 alárendelés, alárendeltség, alávetés, alávetettség; ~ 관계 alá-fölérendeltségen alapuló viszony; ~접속사 alárendelő kötőszó; 홍보과를 판매부에 ~시키다 a hirdetési osztályt az eladási osztály alá rendelik

종신형 명 életfogytig tartó börtönbüntetés

종아리 명 lábikra; 회초리로 ~를 때리다 ostorral rácsap a lábikrájára; ~가 뭉쳐 있다 kemény a lábikra; ~가 굵다 vastag a lábikrája

종알거리다 동 mormog, motyog; 혼자 ~ magában motyog

종양 명 tumor, daganat; 뇌~ agytumor; 악성 ~ rosszindulatú daganat; 양성 ~ jóindulatú daganat

종업원 명 alkalmazott, munkaerő, dolgozó; 이 공장에는 약 200명의 ~이 있다

Körülbelül kétszáz alkalmazott dolgozik ebben a gyárban.

종용-하다 동 rávesz, meggyőz, tanácsol, javasol; ~ 명 rávétel, meggyőzés, tanács, javaslat; 나는 그에게 경찰에 자수하기를 ~했다 Rávettem őt, hogy adja fel magát a rendőrségen.

종이 명 papír; ~ 꾸러미 papírcsomag; ~ 냅킨 papírszalvéta; ~돈 papírpénz; ~ 접기 a papírhajtogatás művészete; ~컵 papírpohár; ~ 한 장 egy papírlap; ~에 적다 papírra vet vmit, papírra leír vmit; ~를 접어 학을 만들다 papírlapból darut hajtogat

종일 명 egész nap; 어제는 ~ 비가 왔다 Tegnap egész nap esett.; 나는 ~ 기다렸다 Egész nap vártam.; 비 때문에 하루 ~ 집에 있었다 Az eső miatt egész nap otthon maradtam.

종자 명 mag; ~식물 magonc

종자돈 명 kezdőtőke

종적 명 nyom, hollét; ~을 감추다 nem hagy nyomot maga után, eltűnik; 그의 ~을 알지 못하다 nem tudják a hollétét

종점 명 végállomás; ~에 다 왔다 Eljutottunk a végállomásig.

종족 명 törzs, faj; ~을 늘리다 elterjeszti a törzset; ~ 보존의 본능 fajfenntartási ösztön

종종 부 időnként, néha; ~ 친구를 찾다 időnként meglátogatja a barátját; ~ 놀러 오십시오 Látogasson el néha hozzánk!

종지부 명 pont; ~를 찍다 pontot tesz

종착역 명 végállomás; 부산은 경부선의 ~이다 Buszán a Gjangbu vonal végállomása.

종파 명 szekta, vallási közösség; ~ 싸움 szekták közötti konfliktus

종합병원 명 kórház, poliklinika

종합-하다 동 összefoglal, szintetizál; ~ 명 összefoglalás, szintézis; ~대학교 tudományegyetem; 이들 각종 보고를 ~하다 összefoglalja ezeket a különböző jelentéseket; ~하면 아마 이렇게 될 것이다 Összefoglalva, ez a következő eredményre vezet...

좇다 동 követ, üldöz; igazodik vmihez; 뒤를 ~ követ vkit; 유행을 ~ követi a divatot; 공자의 가르침을 ~ követi Konfucius tanításait; 그녀는 허황된 꿈만을 좇고 있다 Mindig álmokat kerget.

좋다 형 ❶ jó; 좋은 냄새 jó illat; 좋은 성격의 jó természetű; 집안이 ~ jó a családja; 그는 기억력이 ~ jó emlékezőtehetsége van; 날씨가 ~ szép az idő, jó idő van ❷ jótékony, kedvező; 좋은 환경에서 자라다 kedvező körülmények között nő fel ❸ megfelelő, alkalmas, helyes; 좋을 대로 하다 azt teszi, amit megfelelőnek lát ❹ kiváló, képzett; 영어 실력이 ~ angol nyelvből kiváló ❺ lehet, tud, szabad; 가도 ~ lehet menni; 담배 피워도 좋습니까 Szabad dohányozni?

좋아-하다 동 ❶ szeret, tetszik, szerelmes vkibe, kedvel; ~하든 싫어하든 akár tetszik, akár nem; ~하는 책 vki kedvenc könyve; 음악을 ~하다 kedveli / szereti a zenét; 장미보다 백합을 ~하다 jobban szereti a liliomot, mint a rózsát; 네가 ~하는 가수는 누군가 Ki a kedvenc énekesed?; 그들은 서로 ~하는 사이다 szerelmesek egymásba, kedvelik egymást ❷ örül vminek; 그는 그 말을 듣고 무척 ~했다 Nagy örömmel hallotta ezt.; 그 소식에 모두들 ~했다 Mindenki örült a hírnek.

좌 명 bal, bal oldal; ~측의 bal oldali; 첫 모퉁이에서 ~로 돌아라 Fordulj balra az első saroknál!

좌담회 명 kerekasztal-tárgyalás, megbeszélés, szimpózium; ~를 열다 kerekasztal-tárgyalást folytat, szimpóziumot tart, megbeszélést tart

좌석 명 ülés, ülőhely; ~ 번호 ülés száma; 창쪽 ~ ablak melletti ülés; 복도 쪽 ~ folyosó melletti ülés; ~을 예약하다 ülőhelyet lefoglal

좌우 명 bal és jobb; ~에 a bal és jobb oldalon; ~로 흔들리다 egyik oldaláról a másikra fordul

좌우간 부 akárhogy is, akármi történne is, amúgy is, mindenesetre; ~ 정오까지는 그를 기다리고 있겠다 Akárhogy is, éjfélig várni fogok rá.; ~ 그 문제를 해결해야 한다 Mindenesetre intézkedni kell a problémával kapcsolatban.

좌우-하다 동 irányít, hatással van, befolyásol; 운명을 ~하다 irányítja vki sorsát, eldönti vki sorsát; 신문은 여론을 ~한다 Az újságok befolyásolják a közvéleményt.

좌익 명 balszárny; baloldal, baloldali; 비행기의 ~이 부서지다 eltört a repülőgép bal szárnya; ~ 정당을 창당하다 baloldali pártot alapít

좌절-하다 동 elbátortalanodik; ~ 명 elbátortalanodás; 시험에 떨어져서 나는 ~했다 Elbátortalanodtam, mert megbuktam a vizsgán.

좌측 명 bal oldal; 길 ~에 az út bal oldalán; ~ 통행 Balra tarts!

좌파 명 baloldali, baloldali frakció; ~ 정권 baloldali kormány

좌표 명 koordináta; x ~ x-koordináta; ~축 koordinátatengely

죄 명 bűn, bűncselekmény, bűnösség; ~ 있는 bűnös; ~를 용서하다 bűnt megbocsát, megkegyelmez a bűnösnek; ~를 짓다 bűncselekményt követ el

죄다 동 megszorít, megfeszít; 나사를 ~ megszorítja a csavart; 가야금의 줄을 ~ megfeszíti a kajagüm (koreai hárfa) húrját

죄목 명 bűncselekmény; ~을 열거하다 felsorolja a bűncselekményeket

죄송-하다 동 sajnál vmit, sajnálkozik vmi miatt; ~스럽다 sajnálatos; ~ 명 sajnálat; 공부에 방해를 해서 정말 ~합니다 Nagyon sajnálom, hogy zavarok tanulás közben.; ~합니다만 당신 책을 잃어버렸어요 Sajnálom, de attól tartok, elveszítettem a könyvedet.; 기다리게 해서 ~합니다 Elnézést, hogy megvárattam.

죄수 명 börtöntöltelék, fegyenc; ~를 석방하다 kiszabadítja a börtöntölteléket

죄악 명 bűn, vétek; ~시 하다 bűnnek tekint vmit; 시간의 낭비는 일종의 ~이다 az idő pocsékolása is egyféle bűn; ~에 빠지다 bűnbe esik

죄의식 명 bűntudat; ~으로 고통 받다 bűntudattól szenved

죄인 명 bűnöző, bűnös (미결수), elítélt (기결수)

죄책감 명 bűntudat, rossz lelkiismeret; ~을 느끼다 bűnösnek érzi magát, bűntudata van; ~으로 자살이 일어났다 bűntudat miatt történt az öngyilkosság

주¹ 명 fő, főszerep; ~목적 fő cél; ~된 임무 a fő kötelessége

주² 명 Úr; ~여, 우리에게 자비를 베푸소서 Urunk, könyörülj rajtunk!

주³ 명 állam; 캘리포니아~ Kalifornia állam

주⁴ 명 hét; 그 회사는 ~ 5일 근무제를 도입했다 A cég bevezette az ötnapos munkahetet.

주가 명 részvény ára, tőzsdei árak; ~ 지수 részvények árindexe; ~를 조작하다 manipulálja a részvényárakat; ~가 오르다 emelkedik a részvények ára

주간 명 ❶ hét; ~ 논평 heti áttekintés; 불조심 강조 ~ tűzvédelmi hét ❷ nap; ~에 nappal, napközben; 그 사고는 ~에 일어났다 A baleset napközben történt.

주간지 명 heti magazin, hetilap

주객 명 ❶ vendéglátó és vendég; 피로연에서 ~이 함께 노래를 했다 A lakodalomban a vendéglátó és a vendégek együtt énekeltek. ❷ elsődlegesség és másodlagosság; ~이 전도되다 megváltozik az elsődlegesség és másodlagosság

주거 명 lak; lakás, rezidencia; ~ 공간 lakótér; ~ 지역 lakónegyed; ~ 침입 magánlaksértés; ~를 서울로 옮기다 átköltözik Szöulba

주거비 명 lakásköltségek

주거지 명 lakóhely, lakóterület; 임시 ~ ideiglenes lakóhely

주걱 명 merítőkanál (rizshez); 구두 ~ cipőkanál

주걱턱 명 felfelé görbülő áll, kanálszerű áll, kiugró áll

주검 명 holttest, hulla

주고받다 동 vált, ad-kap, kicserél, cserél, viszonoz; 선물을 ~ ajándékot vált; 인사를 ~ üdvözletet vált, köszönnek egymásnak; 편지를 ~ levelet vált vkivel, levelezik vkivel

주관 명 szubjektivitás; ~식 문제 szubjektív kérdés; ~적인 szubjektív; 면접에서는 시험관의 ~이 개입된다 A vizsgáztatók szubjektív nézetei befolyásolják az interjúkat.

주관-하다 동 vezet vmit, felügyel vmit, felvigyáz; ~ 명 vezetés, felügyelet; 협상을 ~하다 tárgyalást vezet

주교 명 püspök

주권 명 szuverenitás, szuverén tekintély, legfelsőbb hatalom; 국민의 ~을 침해하다 megsérti a nép szuverenitását; ~을 회복하다 visszanyeri szuverenitását

주권국가 명 szuverén állam

주권자 명 szuverén uralkodó, legfőbb uralkodó

주근깨 명 szeplő, májfolt; ~가 많은 학생 sokszeplős diák; ~가 있는 얼굴피부 májfoltos arcbőr

주기 명 periódus, ciklus; 경기의 ~ gazdasági ciklus

주기율 명 periódusos törvény; ~표 periódusos rendszer (kémiai elemek)

주기적 periodikus, ciklikus; 이 현상은 ~인 것이다 ez a jelenség periodikus dolog

-주년 명 évforduló; 10 ~ a tizedik évforduló; 개교 100 ~ az iskola alapításának századik évfordulója

주눅 명 félénkség, bátortalanság; ~이 들다 félénkséget érez, elveszíti bátorságát

주니어 명 fiatalabb évjáratú; ~ 스타일 fiatalra valló stílus

주다 동 ad, ajándékoz, adományoz; 환자에게 약을 ~ gyógyszert ad betegnek; 식물에 물을 ~ vizet ad növénynek; 아기한테 젖을 ~ csecsemőt szoptat; 한 번 더 기회를 주시오 Adjon nekem még egy

ㅈ

esélyt!; 박사 학위를 ~ doktori címet adományoz; 장학금을 ~ ösztöndíjat ad; 몫을 ~ részesedést ad; 영향을 ~ befolyással van vkire; 타격을 ~ csapást mér vkire / vmire

주도권 명 vezetés, kezdeményezés; javaslattételi jog; ~ 싸움 harc a vezető pozícióért, harc a vezetésen belül; ~을 잡다 magához ragadja a vezetést vmiben; ~을 빼앗다 elragadja vkitől a vezető szerepet

주도면밀-하다 형 módszeres, gondos; ~하게 módszeresen; ~하게 준비된 계획 módszeresen kidolgozott terv; 그는 무슨 일에나 ~하다 Nagyon gondosan ügyel mindenre.

주도-하다 동 vezet, átveszi vmi vezetését, magához ragadja a kezdeményezést, élre áll; ~ 명 vezetés, kezdeményezés; ~적 역할을 하다 vezető szerepet játszik; 자동차 산업이 불황 탈피의 ~적 역할을 했다 Az autóipar vezető szerepet játszott abban, hogy sikerült a gazdaságot kiemelni a recesszióból.; 수출 ~형 경제 exportorientált gazdaság; 민간 ~의 경제 magánvállalkozások dominanciájára épülő gazdaság

주둔군 명 állomásozó csapatok vhol, megszálló hadsereg, megszálló erők, helyőrség

주둔-하다 동 állomásozik vhol, marad; ~ 명 állomásozás; 한국에 ~하고 있는 미군 a Koreában állomásozó amerikai csapatok; 군대를 ~시키다 csapatokat állomásoztat vhol

주력-하다 동 összpontosítja az erőfeszítéseit, törekszik, vminek szenteli magát; 수출에 ~하다 az exportra összpontosítja az erőfeszítéseit; 경제 발전에 ~하다 törekszik a gazdasági fejlődésre; ~ 군대 a főerőkhöz tartozó csapatok

주로 부 főleg, többségben; 난 여름을 ~ 바닷가에서 보낸다 Főleg a tengerparton töltöm a nyarat.; 청중은 ~ 여자들이다 A hallgatóság többségében nőkből áll.

주류[1] 명 fő áramlat, fő irányvonal; ~파 vezető frakció, irányadó csoport, hatalmon lévő frakció

주류[2] 명 alkohol; ~ 가격이 오르다 emelkedik az alkohol ára

주름 명 ránc, szarkaláb, gyűrődés, redő; ~치마 rakott szoknya; ~진 ráncos, barázdált, összegyűrődött; 옷에 ~이 가다 össze vannak gyűrődve a ruhái; 얼굴에 ~이 지다 ráncos az arca; 바지에 ~을 잡다 összegyűri a nadrágját; ~을 펴다 kisimítja a gyűrődéseket; ~을 잡다 ráncot vet, redőkbe szed

주름살 명 ránc, redő (a bőrön); 이마에 생긴 ~ ráncok a homlokán

주름잡다 동 uralma alatt tart; 오늘날 세계를 주름잡는 사람들 azok az emberek, akik ma uralmuk alatt tartják a világot

주리다 동 éhezik, vágyik vmire; 애정에 ~ ki van éhezve a szeretetre, vágyik a szeretetre

주막 명 kocsma, ivó; ~을 열다 kocsmát nyit

주말 명 hétvége; ~ 농장 hétvégi farm; ~ 여행 hétvégi utazás; ~ 집 hétvégi ház, víkendház; 시골 친구 집에서 ~을 보내다 vidéki barátjánál eltölt egy hétvégét

주머니 명 ❶ erszény; ~를 차다 erszényt hord (magánál); ~돈 zsebpénz; ~ 사정 pénzügyi körülmény ❷ zseb; ~에 넣다 zsebre tesz vmit; ~에서 시계를 꺼내다

kiveszi az óráját a zsebéből; 손을 ~에 넣고 있다 a zsebében tartja a kezét

주먹 명 ököl; ~만한 돌 ököl nagyságú kő; ~을 쥐다 összeszorítja az öklét; 맨 ~으로 싸우다 puszta ököllel harcol; ~으로 테이블을 치다 az öklével az asztalra üt

주먹밥 명 rizsgolyó

주먹질 명 ököl megrázása; ~을 하다 megrázza az öklét, ökölharcot vív; 마침내 그들은 서로 ~까지 하게 됐다 Végül ökölre mentek egymással.

주먹코 명 pisze orr

주목-하다 동 figyelmet szentel vminek, megfigyel vmit, figyelmet fordít vmire; ~ 명 figyelem, megfigyelés; ~의 대상 közfigyelem tárgya; ~할 만한 figyelemre méltó; 세인의 ~을 끌다 magára vonja az emberek figyelmét; 여기를 ~해 주십시오 Figyeljen ide, kérem!

주무르다 동 ❶ masszíroz; 어깨를 ~ a vállát masszírozza ❷ hatalmában tart vkit; 마음대로 ~ teljesen a hatalmában tart vkit

ㅈ

주무시다 동 alszik; 할아버지께서 방에서 주무신다 A nagyapa alszik a szobában.

주문 명 varázsige; ~을 외다 elmond egy varázsigét

주문-하다 동 rendel, kér; ~ 명 rendelés, kérés; 많은 ~을 받다 sok rendelést kap; ~을 받다 felveszi a rendelést; ~이 줄어들다 csökken a megrendelések száma; 나는 이것을 ~하지 않았다 Én nem ezt rendeltem.; 그건 무리한 ~이다 Ez a kérés túl messzire megy.

주물럭거리다 동 fogdos, masszíroz; 고기를 ~ fogdossa a húst; 아이가 장난감을 ~ a gyerek fogdossa a játékot

주민 명 lakó, lakos, lakosság; ~ 투표 a lakosok szavazása; ~ 투표로 결정하다 a helyi lakosok szavazás útján döntik el; 이 마을의 ~은 모두 200명이다 ennek a falunak összesen 200 lakosa van; ~ 등록증 személyi igazolvány

주방 명 konyha, főzőhelyiség; 음식점의 ~을 손님들에게 개방하다 Megnyitják az étterem konyháját a vendégek számára.

주방용품 명 konyhai eszközök

주방장 명 főszakács, séf

주범 명 főbűnös

주변 명 környék, környezet, külső kerület; ~을 둘러보다 körbenéz a környéken; 그들은 ~ 광경을 보고 놀란다 Csodálkoznak, látván a környék szépségét.; 이 건물 ~에는 가게가 많다 Sok bolt van ennek az épületnek a környékén.

주변국 명 szomszédos ország

주부 명 háziasszony; 그녀는 ~이며 두 아이의 엄마이기도 하다 Az a nő háziasszony, és két gyermek anyja is.

주사 명 injekció; 포도당 ~를 놓다 glükóz-injekciót ad be; 팔에 ~를 맞다 injekciót kap a karjába; 예방 ~ oltás

주사기 명 injekciós fecskendő

주사바늘 명 injekciós tű

주사위 명 kocka; ~를 던지다 kockát vet; ~는 던져졌다 a kocka el van vetve

주산 명 golyós számológéppel történő számolás; ~ 경시 대회 golyós számológéppel számolók versenye

주색 명 alkohol és nők, érzéki örömök; ~잡기 alkohol, nők és szerencsejáték; ~에 빠지다 érzéki örömök rabja lesz

주석[1] 명 ón; ~으로 만들어진 잔 ónból készült pohár

주석[2] 명 jegyzet; 이 책에는 권말에 많은 ~이 있다 Ennek a könyvnek a végén sok jegyzet van.

주선-하다 동 közvetít; ~ 명 közvetítés; 직장을 ~해 주다 munkahelyet közvetít; 아버지의 ~으로 지금의 직장을 얻었다 Az apám közvetítésével kaptam a mostani állásomat.

주소 명 lakcím; 현~ a jelenlegi cím; ~를 변경하다 megváltoztatja a címét; 그는 일정한 ~가 없다 nincs állandó lakcíme

주소록 명 lakcímjegyzék

주술 명 varázslat; ~로 병을 고치다 varázslat útján betegséget meggyógyít

주스 명 lé, nedv, dzsúsz; 오렌지 ~ narancsdzsúsz; 사과 ~ almalé

주식[1] 명 fő táplálék: 아시아 사람들의 ~은 쌀이다 Az ázsiaiak fő tápláléka a rizs.; 옥수수를 ~으로 하다 kukorica a fő tápláléka, kukoricán él

주식[2] 명 részvény; ~ 시세 részvények ára; ~ 배당 részvények osztaléka; ~ 시장 tőzsde

주심 명 fő döntőbíró, fő játékvezető

주야 명 éjjel-nappal; ~로 일하다 éjjel-nappal dolgozik; ~ 교대로 nappali és éjszakai műszakban egymást váltva

주어 명 alany

주역 명 főszerep, vezető személyiség; ~을 맡다 főszerepet játszik; 그가 ~을 맡고 내가 조역이 되었다 Ő játszotta a főszerepet, én pedig a mellékszerepet.

주연배우 명 főszerepet játszó színész

주요-하다 형 elsődleges, fő, fontos; ~ 명 elsődlegesség, fő; ~ 수출품 fő exportcikk; ~ 인물 főszereplő; ~한 요소 fő tényező; ~한 역할을 하다 fontos szerepet játszik

주워듣다 동 hallomásból értesül, véletlenül meghall vmit, a fülébe jut; 남한테 주워들은 지식 másoktól átvett tudás; 남한테서 이야기를 ~ másoktól átvesz egy történetet

주위 명 körülötte, környezet, környék, körméret, kerület, külső kerület; 내 ~에 서있는 사람들 a körülötte álló személyek; ~의 영향을 받다 a környezete hatása alatt áll; 그의 ~에는 사람이 거의 없다 Alig van hozzá közel álló személy.

주유소 명 benzinkút, üzemanyagtöltő állomás

주의 명 elv, doktrína, izmus, vonal; 이런 더러운 속임수는 내 ~에 어긋난다 Elveim ellen van az efféle piszkos trükk.

주의-하다 동 figyel vmire, figyelmet szentel vminek, figyelmet fordít vmire; ~ 명 figyelem, óvatosság, elővigyázatosság; 폭풍 ~보 viharjelzés; 특별한 ~ 사항 különös figyelmet igénylő ügyek; ~를 돌리다 figyelmet fordít vmire; ~를 촉구하다 felhívja vki figyelmét; 계단에서 떨어지지 않도록 ~해라 Vigyázz, nehogy leess a lépcsőről!; ~해 Vigyázat!

주인 명 tulajdonos, gazda, vendéglátó; ~을 섬기다 az urát szolgálja; ~이 바뀌다 új tulajdonosa van; ~ 노릇을 하다 a vendéglátó szerepét játssza

주인공 명 főhős, hős, hősnő (여자); 이 영화의 ~은 소이다 Ennek a filmnek egy tehén a hőse.

주일 hét; 지난 ~ a múlt hét; 일 ~ 동안의 휴가 egy heti szabadság; 연말까지는 아직 3~ 남았다 Még három hét van hátra szilveszterig.

주입-하다 동 befecskendez, beleönt, be-

ㅈ

leömleszt; 정맥에 약을 ~하다 gyógyszert befecskendez vénába

주자 명 futó; 제 1 ~ a váltó első futója

주장 명 kapitány; 페테르가 우리팀의 ~이다 Péter a kapitánya a csapatunknak.

주장-하다 동 állít, kitart vmi mellett, vallja magát vminek, ragaszkodik; ~ 명 ragaszkodás, állítás, kitartás; 권리를 ~하다 kiáll a jogai mellett; 판권을 ~하다 ragaszkodik a szerzői jogaihoz; 무죄를 ~하다 ártatlannak vallja magát; 그는 자기 ~이 강하다 Ő magabiztos ember.

주재-하다 동 tartózkodik vhol, állomásozik; ~ 명 tartózkodás, állomásozás; ~국 tartózkodási ország; ~ 통신원 helyi tudósító; 한국 ~ 미국 대사 az USA-ba akkreditált koreai nagykövet

주저앉다 동 ❶ ledobja magát; 의자에 털썩 ~ ledobja magát egy székre ❷ ott marad, letelepszik; 그는 사직하려다 포기하고 그대로 주저앉았다 Hivatalában maradt, és felhagyott a lemondás gondolatával.

ㅈ

주저-하다 동 habozik, ingadozik, tétovázik; ~ 명 habozás, ingadozás, tétovázás; ~하면서 habozva; ~없이 habozás nélkül; 그는 돈벌이라면 무슨 일이든지 ~하지 않고 한다 Semmit sem habozik megtenni azért, hogy pénzt keressen.; 그는 자기 생각을 ~없이 말했다 Nem habozott megmondani nekem, amit gondolt.

주전자 명 kanna; ~ 뚜껑 kanna fedele; ~에 차를 끓이다 teát forral a kannában; ~를 불에 올려놓다 felteszi a kannát a tűzhelyre

주점 명 bár, kocsma

주정꾼 명 garázda részeg, részeg verekedő

주정-하다 동 részegen dühöng; ~ 명 alkoholos állapotban tanúsított helytelen magatartás, részeg dühöngés; 그는 술을 마시면 ~을 한다 Ha leissza magát, részegen dühöng.

주제[1] 명 ❶ megviselt / rendetlen külső; 차마 이런 ~로 그녀 앞에 나갈 수가 없다 Ilyen rendetlen külsővel nem jelenhetek meg előtte. ❷ (szegényes) helyzet, (képtelen) körülmény; 돈도 없는 ~에 szegényes helyzetben; 지금의 내 ~로는 그런 것을 할 수가 없다 A jelen körül- mények között olyasmit nem tudok megtenni.

주제[2] 명 téma; 그 소설의 ~는 행복한 서울 생활이다 A regény témája Szöul boldog élete.

주제곡 명 egy témához kapcsolódó zene, dal (filmben)

주제넘다 형 elbizakodott, szemtelen, arcátlan; 주제넘게 elbizakodottan, arcátlanul, szemtelenül; 주제넘게 남의 말을 가로채다 arcátlanul a szavába vág

주조-하다 동 önt, pénzt ver; ~ 명 öntés, pénzverés; 인쇄소 활자를 ~하다 nyomdai betűket önt

주주 명 részvényes; 회사의 ~들 a cég részvényesei

주주총회 명 részvényesek közgyűlése

주차난 명 parkolási nehézségek

주차료 명 parkolási díj

주차장 명 parkolóhely

주차-하다 동 parkol; ~ 명 parkolás; ~금지 parkolni tilos; ~ 빌딩 parkolóház; ~ 위반 parkolási szabálysértés; 그 도로가에는 ~할 곳이 없다 abban az utcában nincs parkolóhely; 주요 도로상의 ~는

금지되어 있다 a főbb útvonalakon tilos parkolni

주창-하다 동 pártol, támogat, előmozdít; ~ 명 pártolás, támogatás; 민주주의를 ~하다 demokráciát pártol; 그들은 인종차별의 폐지를 ~했다 A faji megkülönböztetés felszámolását támogatták.

주체 명 az alanya vminek; ~적 független, önálló; ~적 행동 önálló cselekvés; 권리의 ~ jogalany; 북한의 ~ 사상 Észak-Korea "dzsucse eszméje" az önerőre támaszkodás eszméje; ~ 세력 a fő erők; ~ 의식 az önállóság tudata

주체성 명 önállóság; ~을 확립하다 megteremti az önállóságot

주최-하다 동 rendez; ~ 명 rendezés; 한 학교가 그 콘서트를 ~했다 Egy iskola rendezte a koncertet.

주축 명 főtengely; központi személyiség; 자동차의 ~이 부서지다 Eltőrik a kocsi főtengelye; 그는 어린 학생이지만 팀의 ~이 되었다 Bár fiatal diák volt, központi személyiség lett a csapatban.

주춤-하다 동 hátrahőköl, meghőköl; 달리기 도중 개가 갑자기 짖자 그는 ~했다 Futás közben hátrahőkölt, amikor hirtelen ráugatott a kutya.

주택 명 lakás, rezidencia, hajlék, lakóépület, ház; ~ 단지 lakótömb, lakótelep; ~ 문제 lakásprobléma; 가구가 딸린 ~ bútorozott lakás; 빠르게 증가하는 주민들에게 ~을 보장하기는 힘들다 Nehéz lakást biztosítani a gyorsan növekvő lakosság számára.

주택가 명 lakónegyed, lakóövezet; 그 ~에는 식료품점이 없다 A lakónegyedben nincs élelmiszerbolt.

주파수 명 frekvencia; ~ 300헤르츠로 방송하다 a 300 hertzes frekvencián sugároz

주판 명 golyós számológép; ~알 golyó (golyós számológép); ~을 잘 놓다 ügyesen bánik a golyós számológéppel

주해-하다 동 jegyzetekkel lát el, kommentál vmit, jegyzeteket készít; ~ 명 jegyzetek, kommentár, megjegyzés; ~가 있는 jegyzetekkel ellátott; ~서 jegyzetekkel ellátott kiadás, kritikai kiadás

주황 명 narancsszín

죽 명 kása; 쌀로 ~을 쑤다 kását főz rizsből

죽다 동 meghal, elhuny, kileheli a lelkét, búcsút mond e világnak, jobblétre szenderül; 굶어 ~ éhen hal; 암으로 ~ rákban meghal; 교통사고로 ~ közlekedési balesetben meghal; 보고 싶어 ~ meghal a vágytól, hogy láthassa; 죽은 지 3년이 되다 három év telt el a halála óta; 이 나이에 헝가리어를 배우자니 죽을 노릇이다 Az én koromban magyarul tanulni - ez a halálom.; 이 꽃은 물이 없어 죽어가고 있다 Ez a virág haldoklik, mert nem kap vizet.

죽음 명 halál, elhalálozás; ~에 직면하다 szembenéz a halállal; ~을 재촉하다 meggyorsítja vki halálát; ~을 무릅쓰고 élete kockáztatásával

죽이다 동 ❶ öl, megöl, meggyilkol, lemészárol; 그는 세 명을 죽였다 Három embert ölt meg. ❷ visszatart, lehalkít, elnyom; 숨소리를 ~ visszatartja a lélegzetét; 발자국 소리를 ~ lehalkítja a léptei hangját; 기를 ~ elnyomja vki öntudatát

준결승 명 középdöntő, elődöntő

준결승전 명 középdöntő mérkőzés; ~에 진출하다 részt vesz a középdöntő mér-

ㅈ

kőzésen

준공-하다 동 befejeződik (építkezés), elkészül (épület); ~ 명 befejeződés; 그 집의 ~이 가까워지고 있다 Végéhez közeledik a ház építése.; 그 학교 건물은 작년에 ~되었다 Az iskolaépület tavaly készült el.

준마 명 jó ló, gyors ló, fürge ló; ~에 앉다 jó lovon ül

준법 명 törvény betartása; törvénytisztelet; ~ 정신 törvénytisztelő szellem; ~ 투쟁 a törvények betartásával folyó munkaügyi harc, munkalassítások; ~ 투쟁을 하다 munkalassítások alkalmazásával harcol

준비-하다 동 felkészül, előkészül, elrendez vmit vmire, előkészületeket tesz vmire; ~ 명 előkészület, felkészülés, felkészültség; ~ 기간 felkészülési idő; ~ 운동 bemelegítés; ~ 운동을 하다 bemelegít; 시합 ~를 하다 versenyre felkészül; 그는 노후를 잘 ~했다 Jól felkészült öreg napjaira.

준수-하다 동 betart (szabályokat, törvényt); ~ 명 betartás; 법률을 ~하다 betartja a törvényt

준엄-하다 형 szigorú, kérlelhetetlen, pedáns; ~ 명 szigorúság, merevség, pedánsság; ~한 판사 szigorú / kíméletlen bíró; 그 나라에서 신문을 가장 ~하게 검열한다 Abban az országban az újságokat a legszigorúbban cenzúrázzák.

준우승 명 a második legjobb hely elérése; 헝가리는 월드컵에서 두 번 ~을 했다 Magyarország kétszer második helyet ért el a futball-világbajnokságon.

줄 명 ❶ zsinór, zsineg, húr, kötél; ~을 매다 megköti a zsinórokat ❷ húr; 바이올린에 ~을 갈다 újrahúroz egy hegedűt; ~이 끊어지다 elpattan a húr ❸ sáv, vonal; ~을 긋다 vonalat húz ❹ sor; 한 ~로 늘어선 사람들 egy sorban álló emberek; 한 ~로 서다 egy sorban áll ❺ csík; 이 옷은 빨강 바탕에 검은 ~이 있다 Ez a ruha piros színű, fekete csíkokkal. ❻ szint (évek életkorban); 나이가 70~에 접어들다 belép a hetvenes éveibe

줄거리 명 cselekmény, történet; 소설의 ~ a regény cselekménye

줄곧 부 mindvégig, szüntelenül, állandóan, folyamatosan; 그는 ~ 조용히 있었다 Mindvégig csendben maradt.; ~ 눈이 온다 szüntelenül esik a hó; 경찰이 ~ 그를 감시하고 있다 Állandó rendőrségi megfigyelés alatt áll.

줄기 명 törzs, szár; 땅 속 ~ föld alatti szár; 마디가 있는 ~ tagolt szár

줄기차다 형 folyamatos, megszakítatlan, szüntelen; 줄기차게 megszakítatlanul, folyamatosan, szüntelenül; 줄기찬 노력 folyamatos erőfeszítés; 줄기차게 비가 내리다 szüntelenül esik az eső

줄넘기-하다 동 ugrókötelezik; ~ 명 ugrókötelezés; 나는 매일 아침 ~를 한다 Minden reggel ugrókötelezem.

줄다 동 csökken, zsugorodik, veszít a méretéből, kisebb lesz; 체중이 ~ csökken a súlya, veszít a súlyából; 개울물이 ~ apad a patak vize; 금년에는 매상이 줄었다 Az idén csökkent az eladott áruk mennyisége.; 이 옷은 빨면 준다 Ez a ruha összezsugorodik a mosástól.

줄다리기 명 kötélhúzás; ~를 하다 kötélhúzást játszik, kötelet húz

줄무늬 명 csík, sáv; ~ 옷 csíkos ruha

줄어들다 동 csökken, összezsugorodik;

인구가 10만으로 ~ a lakosság 100.000 főre csökken; 줄어들어 거의 없어지다 semmivé zsugorodik

줄이다 동 csökkent, lerövidít; 경비를 ~ csökkenti a költséget; 한 줄로 ~ egy sorra rövidíti le; 수명을 ~ megrövidíti az életét

줄잡다 동 mérsékelt becslést alkot vmiről, alábecsül; 줄잡아서 mérsékelt becslés szerint; 비용이 줄잡아도 만 원은 든다 Mérsékelt becslés szerint 10.000 vonba fog kerülni.; 손해는 줄잡아서 백만 원이다 Mérsékelt becslés szerint a kár egymillió vonra rúg.

줄줄이 부 sorra, egymás után; 요즘 불행한 사고가 ~ 터지고 있다 Mostanában sorra történnek a szerencsétlen balesetek.

줄짓다 동 sorban áll, sorakozik, felsorakozik; 일렬로 ~ sorban áll egymás mellett; 거리에 가게들이 줄지어 있다 a boltok sorban állnak az utcán

줄타기 명 kötéltánc; ~를 하다 kötéltáncmutatványt hajt végre, kötélen sétál; ~ 광대 kötéltáncos

줄행랑 명 elfutás, elmenekülés; ~을 치다 elfut, elmenekül, elrohan

줌 명 maroknyi; 설탕 한 ~ egy maroknyi cukor

줍다 동 felvesz, felszed, összegyűjt, talál; 돈을 ~ felveszi a pénzt; 주운 돈 talált pénz; 예쁜 돌들을 ~ összegyűjti a szép köveket; 길에서 이 단추를 주웠다 Ezt a gombot az úton találtam.

줏대 명 szilárd elv, erős jellem, gerincesség; ~있는 남자 elvhű férfi; ~없는 사람 gerinctelen ember

중[1] 명 buddhista szerzetes; ~이 제 머리 못 깎는다 Az ember nem tudja megvakarni a saját hátát.; 그는 작년에 ~이 되었다 Szerzetes lett tavaly.

중[2] 명 ❶ közép, középső; ~키의 신사 középmagasságú férfi ❷ között, közül; 포도주 ~의 왕 a borok királya, a borok között király; 둘 ~에서 어느 것이 예쁘냐 Melyik a szebb a kettő közül? ❸ mialatt, időközben; 내달 ~에 valamikor a jövő hónapban

중간 명 közép, középút; ~ 시험 szemeszter közepére eső vizsga; ~ 보고 időközi jelentés; 그 학교는 우체국과 병원 ~에 있다 Az iskola a posta és a kórház között van.

중개무역 명 közvetítő kereskedelem

중개인 명 közvetítő

중개-하다 동 közvetít; ~ 명 közvetítés; ~업자 közvetítő; 그의 ~로 이 조건들에 합의했다 Az ő közvetítésével egyeztek meg ezekben a feltételekben.

중견 명 fő része vminek, vmi gerince; ~ 배우 fontos helyet elfoglaló színész, érett színész; 회사의 ~이 되다 a cég gerincét képezi

중계방송 명 külső közvetítés, külső adás; 전국에 ~을 하다 országos közvetítő hálózaton keresztül sugároz adást

중계-하다 동 közvetít; ~ 명 közvetítés, adás; ~탑 átjátszó állomás; ~무역 közvetítő kereskedelem; ~차 közvetítőkocsi; 새 대통령의 취임 연설이 TV로 전 세계에 ~되었다 Az új elnök beiktatási beszédét az egész világon közvetítették.

중고 명 használt (áru), kissé régi, másodkézből való (áru); ~ 가구를 사다 másodkézből vásárol bútort

중고차 명 használt autó

중고품 명 használt tárgy
중공업 명 nehézipar; ~ 공장 nehézipari gyár
중국 명 Kína; ~ 대륙 a kínai szárazföld
중국어 명 kínai nyelv
중국요리 명 kínai étel
중금속 명 nehézfém
중년 명 középkor; vki életének közepe; ~의 középkorban lévő; ~을 넘긴 여인 középkorúnál idősebb nő; ~ 남자 középkorú férfi; ~에 죽다 élete derekán hal meg
중년층 명 középkorú emberek, középkorú generáció
중노동 명 nehéz fizikai munka; ~을 하다 nehéz fizikai munkát végez
중단-하다 동 megszakít, félbehagy, félbeszakít, felfüggeszt, abbahagy; ~ 명 megszakítás, félbehagyás, felfüggesztés; 그는 하던 일을 ~하고 전화를 받았다 Félbeszakította a munkáját, hogy válaszoljon a telefonhívásra.; 강연을 ~하다 abbahagyja az előadást
ㅈ
중대 명 (군대) század
중대장 명 századparancsnok
중대-하다 형 fontos, komoly, súlyos, jelentős; ~ 명 fontosság, súlyosság, komolyság; ~ 사건 nagy fontosságú ügy, komoly dolog, fontos esemény; ~ 성명을 발표하다 komoly bejelentést tesz; 그것은 우리에게는 ~한 문제이다 Az ügy nagy fontossággal bír számunkra.; 그 선거 결과는 주민들의 생활에 ~한 영향을 끼친다 A választás eredménye jelentős hatással van a lakosokra.
중독 명 mérgezés, függőség; ~ 증상 mérgezési tünet; 식~ ételmérgezés; 그는 마약 ~자다 Ő drogfüggő.
중동 명 a Közel-Kelet, a Közép-Kelet; ~ 사태 a közel-keleti helyzet; ~ 전쟁 a közel-keleti háború
중량 명 súly, nehézsúly; ~급 nehézsúlyú kategória; ~급 권투 선수 nehézsúlyú ökölvívó; ~ 초과 túlsúly; ~감이 있다 súlyosnak / nehéznek látszik; 이 기계의 ~은 얼마입니까 Mennyi a gép súlya?
중력 명 gravitáció, gravitációs vonzás, nehézségi erő
중론 명 több ember véleménye; 그것은 ~에 따라 결정합시다 Több ember véleménye alapján döntsünk róla!
중류 명 ❶ folyó középső szakasza; 그 강의 ~는 수심이 깊지 않다 A folyó a közepén nem mély. ❷ középosztály; ~ 가정 középosztálybeli család; ~ 계급 középosztály; 한국 사람들 대부분은 자기가 ~ 계급이라고 생각 한다 A koreaiak legnagyobb része a középosztályhoz számítja magát.
중립 명 semlegesség; ~ 내각 semleges kabinet (kormány); ~적인 태도를 견지하다 semleges álláspontot foglal el; ~을 지키다 semleges marad, megőrzi a semlegességét; ~을 선언하다 kinyilvánítja a semlegességét
중립국 명 semleges állam
중매쟁이 명 házasságközvetítő
중매-하다 동 házasságot közvetít; ~ 명 házasságközvetítés; ~ 결혼 közvetítő által megszervezett házasság; 이웃의 ~로 결혼하다 egy szomszéd közvetítésével házasodik meg
중병 명 súlyos betegség; ~에 걸리다 súlyosan megbetegszik
중복-하다 동 átfedik egymást; ~ 명 átfedés; ~된 átfedett; ~을 피하다 elkerüli

az átfedést

중부 명 középső része vminek, (egy ország) középső része, központ; ~ 전선 középső front; ~ 지방 központi régió

중상 명 súlyos sérülés; 그는 다리에 ~을 입었다 Súlyos lábsérülést szenvedett.; 5명이 부상을 당했는데 그중 1명은 ~이다 Öt ember sebesült meg, ebből egy súlyos sérülést szenvedett.

중생 명 emberiség, minden élőlény, minden teremtmény; ~을 인도하다 vezeti az emberiséget

중성 명 semleges nem, nem nélküliség; semlegesség; ~ 세제 semleges mosószer

중성자 명 neutron

중세 명 középkor: ~ 도시 középkori város

중소기업 명 kis- és középméretű vállalkozás, kis- és középvállalat; 아버지는 ~ 사장이다 Az apám egy vállalatnak a vezetője.

중순 명 hónap középső napjai; 12월 ~에 december közepén; 대략 이달 ~경에 körülbelül a mostani hónap közepén

중시-하다 동 fontosnak tart / tekint vmit, jelentőséget tulajdonít vminek, súlyt fektet vmire; ~ 명 fontosnak tekintés; 가족을 ~하다 fontosnak tartja a családot; 그녀는 문법을 너무 ~한다 Túl nagy jelentőséget tulajdonít a nyelvtannak.; 그리 ~되지 않다 nem tekintik olyan fontosnak

중심 명 ❶ központ, fókusz, gyújtópont, súlypont; 교육의 ~ az oktatás súlypontja; 달은 지구를 ~으로 돌고 있다 a Hold a Föld körül kering ❷ egyensúly; 한 발로 몸의 ~을 잡다 egy lábon egyensúlyoz

중심가 명 főutca

중심선 명 középső sáv

중심지 명 központ, központi hely; 교통의 ~ közlekedési központ; 공업의 ~ ipari központ; 교육의 ~ oktatási központ

중심축 명 főtengely

중앙 명 központ, közép; ~ 난방 központi fűtés; 그 운동장은 학교 ~에 있다 A sportpálya az iskola közepén helyezkedik el.

중얼거리다 동 mormog, morog; 혼자 ~ magában mormog; 그는 중얼거리며 가 버렸다 Magában mormogva ment el.

중역-하다 동 újrafordít, lefordít egy fordítást; ~ 명 másodfordítás, fordításból készített fordítás, újrafordítás; 이것은 톨스토이 작품의 헝가리어번역을 한국어로 ~한 것이다 Ez a Tolsztoj-mű magyar fordításából készített koreai fordítás.

중엽 명 (egy korszak) középső része; 20 세기 ~ a 20. század közepe; 조선조 ~ a Csoszon-dinasztia uralkodásának középső korszaka

중요성 명 fontosság, jelentőség; ~이 있다 van jelentősége; ~을 띠다 fontosságra tesz szert

중요-하다 형 fontos, jelentős; ~ 명 fontosság, jelentőség; 역사상 ~ 사건들 a történelem bizonyos jelentős eseményei; ~한 사람 fontos személy; ~한 역할을 하다 fontos szerepet játszik; 그의 의견은 나에게 중요치 않다 Nincs jelentősége számomra a véleményének.; 이 일은 나에게 매우 ~하다 Ez az ügy nagy jelentőséggel bír számomra.

중위 명 főhadnagy

중장비 명 nehéz felszerelés

중재-하다 동 közvetít, békeközvetítőként lép fel; ~ 명 közvetítés, béke-közvetítés; 갈등을 ~ 하다 közvetít egy vitában; ~를 요청하다 vki közvetítését kéri; 그의 ~로 논쟁이 해결되었다 Az ő közvetítésével sikerült megoldani a vitát.

중절-하다 동 megszakít, félbehagy, félbeszakít; ~ 명 félbehagyás, félbeszakítás, megszakítás; 임신을 ~ 하다 terhességmegszakítást hajt végre

중점 명 hangsúly, nyomaték, fontosság, jelentőség, prioritás; ~을 두다 hangsúlyt fektet vmire, jelentőséget tulajdonít vminek

중지-하다 동 megállít, félbehagy, lefúj, abbahagy; ~ 명 megállítás, félbehagyás; 일을 ~하다 félbehagyja a munkát; 기계의 작동을 ~시키다 megállítja a gép működését; 경기가 ~되었다 Lefújták a mérkőzést; 우리는 그 일을 ~해야 한다 Abba kell hagynunk azt a munkát.

중진 명 stratégiai pozíció birtokosa, befolyásos személy, vezető; tartópillér; 양당간의 ~회담 magas szintű kétpárti tárgyalás

중책 명 komoly felelősség, fontos feladat; ~을 맡다 komoly felelősséget vállal magára

중첩-하다 동 egymásra halmozódik

중추 명 központ, súlypont, gerinc, tartópillér; ~(적인) 역할을 하다 központi szerepet játszik

중추신경 명 központi ideg

중태 명 súlyos helyzet, kritikus állapot, vki betegségének súlyossága; ~이다 kritikus állapotban van; ~에 빠지다 kritikus állapotba kerül, komolyra fordul az állapota; 그는 다쳐 ~이다 Megsebesült, és súlyos állapotban van.

중턱 명 félút, vmi közepe; 산 ~에 집 한 채가 있다 a hegy felé félúton van egy ház; 언덕 ~에서 쉬다 a domb felé félúton pihen

중풍 명 bénulás, paralízis; ~ 환자 paralitikus beteg; 그는 오른쪽 반신이 ~에 걸렸다 A jobb oldala megbénult.

중-하다 형 fontos, komoly, súlyos, kritikus, értékes; ~한 책임 komoly felelősség; ~한 병 súlyos betegség; ~한 위치 kulcsfontosságú pozíció

중학교 명 középiskola; ~에 다니다 középiskolába jár; ~를 졸업하다 elvégzi a középiskolát

중학생 명 középiskolás diák

중형 명 közepes méret; ~의 közepes méretű; ~차 közepes méretű jármű, közepes méretű személygépkocsi

중화학 명 nehéz- és vegyipar

중환자 명 súlyos állapotban levő páciens, súlyos beteg

중흥-하다 동 feléleszt, újraéleszt; ~ 명 felélesztés; 민족 ~의 어머니 a nemzeti újraélesztés anyja

쥐 명 egér, patkány; ~가 시끄럽게 찍찍거리다 az egerek hangosan cincognak; ~도 궁지에 몰리면 위험할 수 있다 A sarokba szorított patkány veszélyes lehet.

쥐구멍 명 egérlyuk; 벽에 ~이 나있다 A falban van egy egérlyuk.; ~에도 볕들 날이 있다 (속담) Forog a szerencse kereke. Egyszer fent (vagyunk), egyszer lent.; 부끄러워서 ~이라도 찾고 싶었다 Legszívesebben elsüllyedtem volna szégyenemben.

쥐꼬리 명 patkányfarok; 검은 ~가 보이다 látszik a fekete patkányfarok; ~만한 월급 alacsony fizetés; ~만하다 nagyon csekély

쥐다 동 markol, összeszorít, (meg)ragad; 주먹을 ~ összeszorítja az öklét; 멱살을 ~ galléron ragad vkit; 권력을 ~ megragadja a hatalmat

쥐덫 명 egérfogó, patkánycsapda; ~을 놓다 csapdát állít a patkányoknak; ~으로 쥐를 잡다 egeret fog az egérfogóval

쥐어뜯다 동 tép; 머리털을 ~ a haját tépi

쥐어박다 동 megüt vkit, vág; 머리를 ~ megüti a fejét; 주먹으로 가슴을 ~ mellbe vág vkit az öklével

쥐어짜다 동 (ki)facsar, (ki)csavar; 빨래를 ~ kimosott ruhát facsar; 젖은 수건을 ~ kicsavarja a nedves törölközőt

즉 부 azaz, vagyis, nevezetesen, tudniillik; 그는 2주 전, ~ 5월 16일에 헝가리로 떠났다 Két héttel ezelőtt, vagyis május 16-án utazott el Magyarországra.; 일을 할 수 있는 사람은 단 한명, ~ 나뿐이다 Ezt a munkát csak egyetlen ember tudja elvégezni, azaz én.

즉각 부 ☞ **즉시**

즉사-하다 동 a helyszínen meghal, szörnyethal; ~ 명 azonnali halál; 사고로 현장에서 ~하다 szörnyethal a helyszínen a baleset során

즉시 부 azonnal, nyomban; ~ 의사를 부르다 azonnal hívja az orvost; 이 문제는 ~ 해결해야 한다 Ezt a problémát nyomban meg kell oldani.

즉위식 명 trónra lépési szertartás, koronázás; ~을 행하다 elvégzi a trónra lépési szertartást, elvégzi a koronázást

즉위하다 동 trónra lép; ~ 명 trónra lépés; 세종대왕은 1418년에 ~했다 Szedzsong király 1418-ban lépett trónra.

즉효 명 azonnali hatás; ~가 있다 azonnali hatással jár; ~가 있는 약 azonnali hatású gyógyszer

즉흥 명 rögtönzésen alapuló szórakozás; ~적인 rögtönzött; 나는 ~적으로 말했는데, 모두 못마땅하게 여겼다 Rögtönöztem, és ez nem tetszett nekik.

즐거움 명 öröm; 시골 생활의 ~ a falusi élet örömei; 인생의 ~과 슬픔을 다 맛보다 megízleli az élet örömeit és szomorúságait is; 휴식이 나의 유일한 ~이다 A pihenés az egyetlen örömöm.

즐거워-하다 동 örül, örvendezik; 다른 사람의 행복을 ~하다 örül a mások boldogságának

즐겁다 형 vidám; 즐겁게 vidáman; 즐거운 생각 vidám gondolat

즐기다 동 élvez vmit, örömét leli vmiben, jól szórakozik vmivel; 독서를 ~ élvezi az olvasást; 나는 가끔 고전음악도 즐긴다 Néha azzal is szórakozom, hogy komolyzenét hallgatok.

즐비-하다 형 sűrűn áll; 길가에 상점들이 ~하다 A boltok sűrűn állnak az utcán. Boltok sorakoznak az utcán.

즙 명 lé; 과일~ gyümölcslé; 오렌지~을 짜다 kicsavarja egy narancs levét; ~이 많은 lédús

증가율 명 növekedési ráta

증가-하다 동 növekszik, nő, emelkedik; ~ 명 növekedés, emelkedés; 인구 ~ a lakosság növekedése; 교통사고가 놀랄 만큼 ~하고 있다 Ijesztően emelkedik a közlekedési balesetek száma.; 지난 몇 년 동안 이 도시를 방문하는 관광객의

수가 요즘 크게 ~했다 Az elmúlt néhány évben jelentősen emelkedett a várost meglátogató turisták száma.

증감-하다 동 növekszik és csökken; ~ 명 növekedés és csökkenés; 수입이 월별로 ~하다 havonta növekszik és csökken a jövedelme

증거 명 bizonyíték; ~ 인멸 bizonyíték megsemmisítése; 범죄의 ~를 숨기려하다 megkísérli elrejteni a bűntett nyomait; ~ 자료 megerősítő bizonyíték; ~를 수집하다 bizonyítékokat gyűjt; 사실을 뒷받침하는 ~를 확보하다 a tényt támogató bizonyítékot szerez; 그는 ~ 불충분으로 석방되었다 Tárgyi bizonyíték hiányában szabadon eresztették.

증거물 명 bizonyíték

증권 명 kötvény, részvényről szóló tanúsítvány, értékpapír; ~ 투자 befektetés értékpapírokba; ~에 손을 대다 részvényekkel spekulál

증권사 명 részvényekkel foglalkozó társaság

증기 명 gőz, pára; ~ 기관 gőzgép; ~ 다리미 gőzvasaló; ~를 발생하다 gőzt fejleszt; ~로 움직이다 gőzzel mozog

증대-하다 동 nő, növekszik, növel; ~ 명 megnagyobbodás, növekedés, növelés; 생산의 ~ a termelés növekedése; 수요가 ~되다 nő a kereslet; 국내 산업의 경쟁력을 ~ 시키다 Növeli a hazai iparágak versenyképességét.

증명서 명 bizonyítvány, tanúsítvány; 출생 ~ születési anyakönyvi kivonat

증명-하다 동 (be)bizonyít, igazol, hitelesít, azonosít; ~ 명 bizonyíték, hitelesítés, megerősítés, igazolás; 무죄가 ~되다 ártatlannak bizonyul; 오류가 있음을 ~하다 bebizonyítja, hogy hibás; 이 사람은 본교에서 수학하고 있음을 ~합니다 Ezzel a dokumentummal tanúsítjuk, hogy ez a személy az iskolánkban tanul.; 이 약은 효능이 있음이 ~되었다 Ez a gyógyszer hatásosnak bizonyult.; 그 이론은 아직 과학적으로 ~되어 있지 않다 Ez az elmélet még nem lett tudományosan (be)bizonyítva.

증발-하다 동 elpárolog, gőzölög; ~ 명 párolgás; 휘발유는 쉽게 ~한다 A benzin könnyen elpárolog.

증상 명 tünet, szimptóma, kórtünet; 자각 ~ szubjektív tünet; 감기와 비슷한 ~으로 고생하다 megfázáshoz hasonló tünetektől szenved

증서 명 bizonyítvány, tanúsítvány, igazolás; 예금 ~ letétnyugta; 결혼 ~ házassági anyakönyvi kivonat, házassági bizonyítvány

증세 명 tünet, szimptóma, kórtünet; 독감 ~로 주사를 맞다 influenzás tünetei miatt injekciót kap; 얼굴에 고혈압 ~가 나타나다 Az arcán látszik a magas vérnyomás kórtünete.

증시 명 értékpapírpiac, értéktőzsde

증식-하다 동 növekszik, elszaporodik, elterjed; ~ 명 elszaporodás, megsokszorozódás, növekedés, elterjedés; 자산이 ~되다 növekszik a vagyon; 쥐가 ~하다 elszaporodnak az egerek

증언-하다 동 tanúsít vmit, tanúvallomást tesz vmiről; ~ 명 tanúvallomás; 목격자의 ~ szemtanú vallomása; 법원에서 ~하다 bíróság előtt tanúskodik; 피고에게 유리한 ~을 하다 a vádlott javára tesz tanúvallomást

증여세 명 adományra kivetett adó; 5%의

~를 납부하다 befizeti az adományra kivetett öt százalékos adót

증여자 명 adományozó

증여-하다 동 adományoz, ajándékoz; ~ 명 adományozás, ajándékozás; 재산을 친구에게 ~하다 a vagyonát a barátjának adományozza

증오-하다 동 gyűlöl, utál vkit; ~ 명 gyűlölet, utálat; 서로를 ~하다 utálják egymást; 그에 대한 ~심을 떨쳐 버리지 못하다 nem tud megszabadulni az iránta érzett gyűlöletétől

증인 명 tanú, szemtanú, tanúvallomást tevő személy; ~ 심문 tanú meghallgatása; 검사 측 ~ a vád tanúja; ~을 소환하다 tanút beidéz; ~으로 세우다 tanúnak szólít

증자-하다 동 növeli a tőke mennyiségét, növeli a részesedését; ~ 명 tőkenövekedés; 그 회사는 금년에 50억원을 ~했다 A cég idén 5 billió vonnal növelte a tőke mennyiségét.

증정-하다 동 ajándékoz, ad; ~ 명 ajándékozás; 선수들에게 꽃다발을 ~하다 csokrot ajándékoz a játékosoknak; ~본 ajándékpéldány, ajándékkönyv; ~식 ajándékozási szertartás

증진-하다 동 elősegít; ~ 명 elősegítés; 수출을 ~하다 elősegíti az exportot

증축-하다 동 kibővít, megnagyobbít (egy épületet); ~ 명 épület kibővítése; ~ 공사 bővítési munkálatok; ~비 épület kibővítésének költsége; 그 건물은 현재 ~ 중에 있다 Az épület kibővítése éppen folyamatban van.

증폭-하다 동 felerősít; ~ 명 felerősítés; 확성기를 통해서 소리가 ~되었다 A hangot hangosbeszélővel felerősítették.

증후군 명 szindróma, tünetegyüttes

-지 명 azóta; 고향을 떠난 ~ 벌써 20년이나 되었다 Már húsz év eltelt azóta, hogy elmentem hazulról.; 여기 오신 ~가 얼마나 됩니까 Milyen régóta van itt?

지각 명 földkéreg; ~ 구조 földkéregszerkezet; ~ 운동 földkéregmozgás

지각력 명 észlelési képesség

지각-하다[1] 동 elkésik, késésben van, késve érkezik; ~ 명 (el)késés; 나는 학교에 ~했다 Elkéstem az iskolából.

지각-하다[2] 동 észlel; ~ 명 észlelés; 가족의 중요성을 ~하다 észleli a család fontosságát

지갑 명 erszény, pénztárca; 가죽 ~ bőrtárca; ~이 두껍다 vastag az erszény; ~을 잃어버리다 elveszíti a pénztárcáját

지게 명 teherhordó háton cipelt fakerete; ~차 villás emelő; ~를 지다 a hátán viszi a teherhordásra szolgáló keretet; 나무들을 ~에 얹다 fát rak a háton cipelt fakeretre

지게꾼 명 teherhordó kuli, málhahordó

지겹다 형 unalmas, untató; 지겨워하다 un vmit, undorodik vmitől, elege van vmiből; 지겨운 일 untató dolog; 지겨워 죽으려하다 halálra unja magát; 매일 같은 일만 하니 ~ Unalmas, hogy mindennap ugyanazzal a munkával foglalkozom.

지경 명 helyzet, körülmény; 죽을 ~이다 nagyon rossz állapotban van; 그 회사는 파산 ~에 있다 A társaság a csőd szélén áll.

지구 명 Föld; ~ 과학 földtudomány; ~ 온난화 a Föld felmelegedése; ~의 공전 a Föld keringése; ~상에 있는 모든 생명 minden élet a Földön; ~는 태양의 주위를

돈다 a Föld a Nap körül kering

지구당 명 párt választókerületi szervezete; ~을 개편하다 újjászervezi a kerületi pártszervezetet

지구력 명 kitartás; ~을 기르다 növeli a kitartását

지구촌 명 világfalu; 현대사회에서 세계는 하나의 ~과 같다 A modern korban a világ olyan, mint egy világfalu.

지그시 부 gyengéden, puhán, finoman; 소녀의 손을 ~ 잡다 gyengéden fogja a lány kezét; 소매를 ~ 잡아당기다 finoman meghúzza a ruhaujját; 눈을 ~ 감다 gyengéden lezárja a szemét

지극-하다 형 rendkívüli, maximális; 그 소녀에 대한 사랑이 ~하다 a lány iránti szerelme rendkívüli

지극히 부 rendkívül, maximálisan; ~ 겸손하다 rendkívül szerény

지근거리다 동 ❶ nyaggat, zaklat; 지근거리며 돈을 달라다 pénzért nyaggat vkit; 지근거리지 말고 나를 가만 내버려 둬라 Ne zaklass, hagyj békén! ❷ 머리 속이 ~ hasogató fájdalmat érez a fejében ❸ 껌을 ~ rágógumit rág

지금 명 ❶ most, jelenleg; ~의 a mostani; ~의 회장 a jelenlegi elnök; 일의 ~ 상태 a dolgok jelenlegi állapota; ~까지 mostanáig; ~부터 mostantól fogva; ~은 벌써 봄이다 Most már tavasz van. ❷ azonnal, mindjárt; ~ 곧 와라 Gyere ide azonnal!

지급-하다 동 fizet, ellát, ad; ~ 명 fizetés, ellátás; ~ 기한이 지나다 túllépi a fizetési határidőt; ~ 능력 fizetőképesség; 오늘이 ~ 기한이지만, 그에게 1주일의 ~ 유예기간을 주겠다 Ma jár le a fizetési határidő, de adok neki egy héti türelmi időt.; ~을 유예하다 felfüggeszti a fizetést; 현금 ~ készpénzzel történő fizetés; 여비를 ~하다 kifizeti vki útiköltségét; 모두에게 우산을 ~하다 mindenkinek esernyőt ad

지긋지긋-하다 형 ❶ fárasztó; 비도 ~하게 온다 fárasztóan esik az eső; 그의 말을 듣는 것은 ~하다 fárasztó őt hallgatni ❷ visszataszító, gyűlöletes; 생각만 해도 ~하다 a puszta gondolata is visszataszító

지긋-하다 형 idős, éltes, tisztes korú; 나이가 ~한 사람 éltes személy

지껄이다 동 fecseg, locsog, cseveg; 알 수 없는 어휘들을 ~ érthetetlen szavakat fecseg; 함부로 ~ gátlás nélkül locsog

지나가다 동 elmegy vmi mellett, elhalad, eljár; 문 앞을 ~ elhalad a kapu előtt; 태풍이 ~ elhalad a tájfun; 지나가는 길에 한번 들르시오 Kérem, ugorjon be valamikor, ha erre jár!

지나다 동 ❶ elmegy vmi mellett, áthalad vmin, elhalad vmi mellett; 부다페스트를 이미 지났습니까 Elhagytuk már Budapestet? ❷ múlik; 지난 일 múltbeli dolog; 지난 일요일에 múlt vasárnap; 오랜 시간이 지났다 sok idő elmúlt azóta; 벌써 여섯 시가 지났다 Már elmúlt hat óra. ❸ túllép, lejár; 기한이 ~ lejár a határidő

지나오다 동 áthalad, elhalad; 숲을 ~ áthalad egy erdőn; 지금 지나온 정거장 이름은 무엇입니까 Mi a neve annak az állomásnak, amelyen az imént haladtunk át?

지나치다 형 ❶ felülmúl, túlságos, túllép vmin, túl messzire megy, túlzásba visz vmit; 지나치게 술을 많이 마시다 túlságosan sokat iszik; 그에게 잔소리를 좀 지나

치게 한 것 같다 Attól tartok, túlságosan megszidtam.; 농담이 좀 ~ Kicsit túlzásba viszed a tréfádat. ❷ elmegy vmi mellett, túlhalad, áthalad; 조는 사이에 세 정거장이나 지나쳤다 Elszunyókáltam, és három megállóval túlhaladtam a célon.

지난날 명 régi idők, a múlt; ~을 생각하다 a régi időkre gondol; ~을 회고하다 visszatekint a múltra

지난번 명 múltkor, utoljára; ~ 그를 만났을 때에 amikor múltkor láttam; ~ 받은 편지 az utoljára kapott levél

지내다 동 ❶ időt tölt, él, boldogul; 하루를 ~ eltölt egy napot; 외투 없이 겨울을 ~ felsőkabát nélkül vészeli át a telet; 하루하루를 어렵게 ~ napról napra tengeti az életét; 지난 여름을 어떻게 지냈느냐 Hogyan telt a nyarad? ❷ megtart, megünnepel; 제사를 ~ az ősök tiszteletére szolgáló szertartásokat hajt végre; 생일을 ~ megünnepli vki születésnapját

지네 명 százlábú (rovar)

지느러미 명 hátúszó, hátuszony; ~가 있는 hátúszós; ~가 없는 hátúszó nélküli

지능 명 szellemi képesség, intelligencia, intellektus; ~ 검사 intelligenciateszt; ~ 검사를 하다 intelligenciateszten esik át; ~ 지수 intelligenciahányados (IQ); ~이 우수한 학생들 jó szellemi képességgel rendelkező diákok; ~이 낮다 gyenge szellemi képességgel rendelkezik

지니다 동 tart, hord, megőriz, fenntart, birtokol; 몸에 권총을 ~ pisztolyt magánál tart; 그는 늘 책을 지니고 다닌다 Mindig magánál hordja a könyvet.

지다[1] 동 ❶ lehull, leesik; 꽃들이 모두 ~ a virágok mind lehullnak ❷ lenyugszik, elsötétül; 지는 달 a lenyugvó hold; 해가 ~ lenyugszik a nap; 해질 무렵 szürkületkor, sötétedéskor; 해가 지고 나서 naplemente után; 해는 동쪽에서 떠서 서쪽으로 진다 a nap keleten kel és nyugaton nyugszik le ❸ kijön (folt), eltávolítják, kiveszik, kimossák; 얼룩이 지지 않다 a folt nem jön ki

지다[2] 동 vereséget szenved, veszít; 경기에 ~ elveszíti a mérkőzést / meccset; 우리는 1대 0로 시합에서 졌다 1:0 arányban vereséget szenvedtünk a mérkőzésen.; 그는 지는 것을 싫어한다 Utál veszíteni.

지당-하다 형 helyes, megfelelő, korrekt; 당신 말도 ~하다 az is helyes, amit mond

지대[1] 명 földbérleti díj; ~가 비싼 magas földbérleti díjú; ~로 생활하다 a földjei bérleti díjából él

지대[2] 명 zóna, terület, övezet, régió; 구릉 ~ dombos terület; 산림 ~ erdős régió

지도 명 térkép, atlasz; 정확한 ~ pontos térkép; 천분의 일 ~ 1:1000-es méretarányú térkép; ~에서 학교를 찾다 az iskolát keresi a térképen

지도력 명 vezetői képesség; 탁월한 ~이 있다 kitűnő vezetői képességgel rendelkezik

지도자 명 vezető; ~가 되다 vezetővé válik

지도층 명 vezető osztály; ~ 인사 a vezető osztályhoz tartozó emberek

지도-하다 동 vezet, irányít, utasításokat ad; ~ 명 vezetés, irányítás; ~ 교수 vezető tanár; ~를 바라다 iránymutatást remél vkitől; ~하는 위치에 있다 vezető pozícióban van

지독-하다 형 kemény, szigorú, szörnyű;

ㅈ

~한 추위 kemény hideg; ~하게 공부하다 keményen tanul; ~한 감기에 걸리다 csúnyán megfázik; 그는 ~한 근시다 szörnyen rövidlátó

지동설 명 heliocentrikus (kopernikuszi) elmélet

지략 명 stratégiai érzék, okosság; ~이 뛰어나다 kitűnő a stratégiai érzéke

지렁이 명 földigiliszta

지레[1] 명 feszítővas; ~로 들어올리다 feszítővassal felemel vmit

지레[2] 부 előre; ~ 걱정을 하다 előre aggódik; ~ 알려주다 előre értesít vkit vmiről

지뢰 명 akna; ~ 탐지기 aknakereső; ~를 설치하다 aknát telepít; ~를 제거하다 aknát szed fel

지뢰밭 명 aknamező

지루-하다 형 unalmas, fárasztó, kimerítő; ~한 강연 unalmas előadás; 길고 ~한 장마 hosszú és kimerítő esős évszak; 이 책은 ~하다 Ez a könyv unalmas.

지류 명 mellékfolyó; 한강과 그 ~ a Han folyó és mellékfolyói

ㅈ

지르다 동 ❶ kiált, kiabál; 비명을 ~ felkiált; 오라고 소리를 ~ kiabál vkinek, hogy jöjjön ❷ keményen megrúg; 골대를 향해 공을 ~ megrúgja a labdát a kapu felé ❸ felgyújt; 집에 불을 ~ felgyújt egy házat

지름 명 átmérő; 반 ~ sugár (köré); ~이 1미터다 az átmérője egy méter

지름길 명 rövidebb út; 성공을 위한 ~ rövid út a sikerhez; 우리는 ~로 왔다 Rövidebb úton jöttünk.

지리 명 földrajz; ~상의 földrajzi; ~적 위치 földrajzi helyzet; 나는 이곳 ~에 어둡다 Idegen vagyok itt. Nem ismerem ezt a helyet.

지리학 명 földrajz, földrajztudomány; 인문 ~ emberföldrajz

지리학자 명 földrajztudós, geográfus

지망-하다 동 jelentkezik, pályázik, választ; ~ 명 jelentkezés, pályázás; 헝가리어과에 ~하다 jelentkezik a magyar szakra; 제 1~ vki első választása; ~하는 직업을 기입해라 Nevezze meg a hivatást, amelyet a legszívesebben választana!

지면 명 föld felszíne, föld; ~에서 1미터 위에 egy méterrel a föld fölött; ~에는 눈이 3미터나 쌓여 있다 három méter magasan borítja a hó a földet; 나는 ~이 흔들리는 것을 느꼈다 Éreztem, hogy remeg a föld.

지명 명 helynév, földrajzi név; ~ 사전 helynévi szótár, földrajzi nevek szótára

지명도 명 vki nevének ismertsége, megbecsültsége; ~가 높은 jól ismert, híres; 우리 회사는 아직 이 지방에서 ~가 낮다 A cégünket nem nagyon ismerik ebben a kerületben.

지명-하다 동 megnevez, kijelöl; ~ 명 megnevezés, kijelölés; ~ 수배 nyomozás a nevezett gyanúsított után; 의장으로 ~하다 elnöki pozícióra jelöl; 후계자를 ~하다 kijelöli az utódját

지목-하다 동 megmutat, rámutat, kimutat, jelez; ~ 명 megmutatás, rámutatás, jelzés; 친구가 갑자기 나를 범인으로 ~했다 A barátom hirtelen rám mutatott, hogy én vagyok a bűnös.

지문 명 ujjlenyomat; ~ 감식 ujjlenyomat azonosítása; ~ 날인 ujjlenyomatvétel; ~을 채취하다 ujjlenyomatot vesz; ~을 남기다 ujjlenyomatot hagy; ~을 찾아내

다 ujjlenyomatot fedez fel

지물포 명 papírbolt

지방[1] 명 kerület, tartomány, vidék, helység, táj; ~ 검찰청 a kerületi ügyészségi hivatal; ~ 공무원 helyi állami alkalmazott, tartományi kormányhivatalnok; ~ 여행 vidéki utazás; ~ 사투리를 심하게 하다 erős tájnyelvi kiejtéssel beszél; ~색 helyi szín; ~ 선거 helyi választás; ~ 자치 helyi autonómia; ~에서 상경하다 vidékről jön fel

지방[2] 명 zsír, zsiradék; ~간 zsíros máj; 식물성 ~ növényi zsiradék; 동물성 ~ állati zsiradék; ~이 많은 음식 zsíros étel

지방분권 명 hatalom decentralizálása

지배인 명 menedzser, igazgató; 호텔 ~ szállodaigazgató

지배자 명 uralkodó

지배적 명 uralkodó; ~인 의견 uralkodó vélemény; ~인 위치에 있는 uralkodó helyzetben levő

지배-하다 동 uralkodik, kormányoz; ~ 명 uralkodás, kormányzás; ~ 계급 uralkodó osztály; 세계를 ~하다 uralkodik a világ felett; ~ 하에 두다 uralma alá hajt

지부 명 kirendeltség

지불-하다 동 fizet, kifizet; ~ 명 fizetés, kifizetés; 전액을 ~하다 az egész összeget kifizeti; 수표로 ~하다 csekkel fizet; 식사 대금을 신용 카드로 ~했다 Hitelkártyával fizettem az étkezésünkért.

지붕 명 tető, háztető; 초가 ~ nádtető; 기와로 ~을 이다 cseréppel fedi be a háztetőt; ~이 새다 beázik a tető; 둥근 ~ kupola

지사 명 kirendeltség, helyi iroda; 해외 ~ tengerentúli kirendeltség

지사제 명 bélhurut elleni szer

지상전 명 szárazföldi háború

지새우다 동 fennmarad éjjelre, ébren tölti az éjszakát; 뜬눈으로 ~ egész éjjel ébren van, egy szemhunyásnyit sem alszik; 하룻밤을 이야기로 ~ az egész éjjelt beszélgetéssel töltik

지서 명 rendőrőrszoba, rendőrőrs

지성[1] 명 teljes őszinteség, feltétlen őszinteség; ~으로 szívvel-lélekkel, teljes szívből, teljes őszinteséggel; ~이면 감천이다 az őszinteség megindítja a mennyet

지성[2] 명 értelmiség, intellektus, intelligencia; 그의 학설은 ~에 호소하고 있다 Az elmélete az intellektusunkra apellál.

지성인 명 értelmiségi, művelt ember

지속성 명 tartósság

지속-하다 동 folytat, kitart, elvisel, fenntart; ~ 명 folytatás, tartam; 관계를 ~하다 viszonyt folytat vkivel; ~적인 tartós, folyamatos; 생명을 ~하는 데에는 공기가 필요하다 A levegő szükséges a létfenntartáshoz.

지수 명 mutatószám

지시-하다 동 mutat, jelez; utasít, irányít, utasításokat ad; ~ 명 kimutatás, jelezés, utasítás, irányítás; ~ 대명사 mutató névmás; ~에 따르다 követi vki utasításait; ~를 기다리다 várja vki utasításait

지식 명 tudás; ~ 계급 művelt társadalmi réteg, értelmiségiek; 최신 ~ naprakész tudás; 단편적인 ~ egyoldalú tudás; ~을 쌓다 tudást felmalmoz; 나는 그 문제에 대해서 전혀 예비 ~이 없다 Nem rendelkezem előzetes ismeretekkel erről a témáról.; 그는 문법 ~이 부족하다 Hiányos a nyelvtani tudása.

지식인 명 értelmiségi, művelt ember

지양-하다 동 elutasít; 황금만능주의를 ~하다 elutasítja az anyagelvűséget

지어내다 동 feltalál, kitalál, létrehoz; 지어낸 말 kitalált történet; 새 말을 ~ létrehoz egy új szót

지엔피 명 nemzeti össztermék (GNP); ~의 6퍼센트를 국방비에 쓰다 a nemzeti össztermék 6%-át védelmi kiadásokra költik

지역 명 terület, régió, zóna, hely, körzet, kerület; ~간 격차 regionális egyenlőtlenség; ~ 주민 helyi lakos; ~별로 regionális csoportok által; 광대한 ~ hatalmas terület; ~에 따라 다르다 területekenként különböző

지역구 명 választókerület

지연시키다 동 halogat, késleltet, halaszt, elhalaszt; 결혼식을 ~ halogatja az esküvőt; 출발을 ~ késlelteti az indulást

지연-하다 동 késik, túllépi a határidőt; ~ 명 késés, halogatás, halasztás; 오래 ~된 hosszú ideje halogatott; 예정보다 2시간이나 ~되어 két órával a menetrendbeli időpont után; 출발이 ~되다 az elindulásban késleltetik; ~ 작전 késleltető taktika

ㅈ

지옥 명 pokol, alvilág; ~같은 pokoli, alvilági; ~에 떨어지다 pokolba / pokolra kerül; ~의 고통을 받다 a pokol kínját szenvedi el

지우개 명 radír; ~로 지우다 kiradíroz

지우다[1] 동 kitöröl, kiradíroz, letöröl, kihúz; 칠판의 글자를 ~ letörli a szavakat a tábláról; 글씨를 ~ kiradíroz szavakat; 옷에 묻은 얼룩을 ~ megtisztít egy foltos ruhát; 이름을 명부에서 ~ kihúz egy nevet a listáról

지우다[2] 동 ❶ megterhel, terhet rak rá; 빚을 ~ adósságot ráterhel vkire; 지게꾼에게 짐 하나를 ~ csomagot rak rá a kulira ❷ megbíz vkit vmilyen feladattal, rákényszerít vkit vmire; 큰 임무를 ~ komoly feladattal bíz meg vkit

지원금 명 támogatási összeg, támogatás (pénzben)

지원병 명 önkéntes katona

지원서 명 írásos pályázat

지원자 명 pályázó, önkéntes

지원-하다 동 ❶ támogat, segít; ~ 명 támogatás, segítség; 적극적인 ~ aktív támogatás; 그는 우리 운동을 ~하고 있다 Támogatja a mozgalmunkat. ❷ önkéntesnek jelentkezik vmire, pályázik vmire; ~ 명 törekvés, kívánság, vágy, pályázat; önkéntesnek való jelentkezés 군대에 ~하다 önként jelentkezik katonai szolgálatra; 입학을 ~하다 felvételi pályázatot ad be egy iskolához

지위 명 státusz, társadalmi helyzet, pozíció, rang; 사회적 ~ társadalmi helyzet; ~에 오르다 elér egy pozíciót; 높은 ~에 있다 magas rangja van; ~를 남용하다 visszaél a pozíciójával

지은이 명 író, szerző

지인 명 ismerős; 부친의 ~ az apám egyik ismerőse; ~이 많다 széles ismeretségi köre van

지장 명 akadály, hátráltató tényező, probléma, nehézség, kényelmetlenség; ~이 없으면 ha nincs akadálya; 공부에 ~이 있다 akadályozza a tanulásban; 책 읽는 데 ~이 없다 Nem okoz számomra nehézséget az olvasás.

지저귀다 동 csiripel, fecseg; 참새가 지저귀는 소리 verébcsiripelés; 참새처럼 ~

csiripel, mint egy veréb

지저분-하다 형 rendetlen, piszkos, tisztátalan, mocskos; ~한 방 rendetlenül hagyott szoba; ~하게 먹다 illetlenül / piszkosan eszik

지적 intellektuális, értelmi, mentális, szellemi; ~ 능력 értelmi képesség; ~ 재산권 szellemi tulajdon (jog); 그는 아무리 봐도 ~이지 않다 Semmilyen tekintetben nem értelmiségi.; 그녀는 매우 ~으로 보인다 Nagyon értelmesnek látszik.

지적-하다 동 kimutat, megmutat, jelez; ~ 명 kimutatás, jelzés; 위에 ~한 바와 같이 mint azt fentebb kimutattuk; 잘못을 ~하다 megmutatja a hibákat

지점 명 kirendeltség; 해외 ~ külföldi kirendeltség; ~을 내다 kirendeltséget nyit

지점장 명 kirendeltség vezetője

지정-하다 동 kijelöl, megnevez, meghatároz, megjelöl, kinevez; ~ 명 kijelölés, meghatározás, kinevezés; 날짜를 ~하다 kijelöl egy napot; 회의의 일시를 ~해 주십시오 Kérem, határozza meg a találkozó napját és időpontját!

지조 명 hűség, megbízhatóság; ~를 지키다 hűségét megőrzi; ~가 없는 állhatatlan, elvtelen

지주 명 földbirtokos, földesúr; ~ 계급 földbirtokosi osztály; 대~ nagybirtokos

지중해 명 Földközi-tenger; ~ 연안의 földközi-tengeri, mediterrán

지지다 동 ❶ olajban süt; 빈대떡을 ~ zöldborsós lepényt olajban süt ❷ megéget; 강도의 등을 인두로 ~ megégetik a rabló hátát tüzes lapáttal ❸ göndörít; 머리를 ~ göndöríti a haját

지지율 명 népszerűségi mutató

지지자 명 támogató

지지-하다 동 támogat vkit; mögötte áll vkinek; ~ 명 támogatás; 국민의 ~를 얻다 élvezi a nép támogatását; 의견을 ~하다 támogatja vki véleményét; 나는 그의 발언을 ~한다 Támogatom, amit mond.

지진 명 földrengés; ~계 szeizmográf

지질 명 geológiai tulajdonság, a talaj jellege; ~조사 geológiai felmérés

지질학 명 geológia, földtan

지참금 명 hozomány; 결혼할 때 딸에게 ~을 주다 hozományt ad a lányának házasságkötéskor

지참-하다 동 hord, visz; 이 편지를 ~한 사람에게 그 책을 전해주십시오 Kérem, adják át a könyvet e levél vivőjének!

지척 명 nagyon rövid távolság; ~지간이다 nagyon közel van, karnyújtásra van; ~을 분간할 수 없을 만큼 안개가 짙었다 A köd olyan sűrű volt, hogy egy centiméterre sem lehetett látni.

지체-하다 동 késik, késleltet, lemaradásban van, túllépi a határidőt; ~ 명 késés, halasztás, halogatás; 업무가 ~되어 있다 a munka lassabban halad a tervezettnél; 사람들은 세금을 ~없이 납부했다 Az emberek késedelem nélkül megfizették az adójukat.

지출-하다 동 kifizet, költ; ~ 명 kiadás, költség, (ki)fizetés; 수입과 ~ bevétel és kiadás; ~이 많다 sok kiadása van; ~을 억제하다 csökkenti a kiadásait; ~이 수입을 초과하다 a kiadások meghaladják a bevételeket; 물가가 올라 ~이 자꾸 늘어 간다 Az emelkedő árak miatt egyre nőnek a kiadásaink.

지층 명 (geológiai) réteg

지치다[1] 동 elfárad, kifárad; 기다리다 ~ belefárad a várakozásba vkire; 지칠 대로 ~ kimerül, kiég; 일에 ~ elfárad a munkától; 너무 지쳐서 아무것도 먹을 수 없다 túl fáradt ahhoz, hogy egyen; 그는 더위에 지친 모양이다 Úgy látszik, kimerült a hőségtől.

지치다[2] 동 korcsolyázik, siklik; 얼음을 ~ korcsolyázik a jégen

지침 명 mutató, indikátor, iránymutató vmihez; vezérelv, vezérfonal; 행동의 ~을 제시하다 vezérfonalat jelöl ki vki számára; 선생님은 나에게 인생의 ~을 가르쳐 주었다 A tanár tanította meg nekem azt az elvet, amely vezérli az életemet.

지침서 명 útmutató könyv

지칭-하다 동 szólít, nevez, megjelöl; 사람들은 의도적으로 그를 "선생"이라고 ~했다 Célzatosan "tanár"-nak szólították.

지켜보다 동 figyelmesen néz, rámered, rajta tartja a szemét; 사태의 진전을 ~ Figyelemmel kíséri az események kibontakozását.

지키다 동 ❶ őriz, védelmez, megvéd; 양떼를 ~ birkanyájat őriz; 나라를 ~ az országot védi; 집을 ~ gondot visel a házra; 이 자리를 좀 지켜주세요 Kérem, tartsa fenn számomra ezt az ülőhelyet. ❷ megtart, betart, engedelmeskedik (szabálynak); követ (szabályt); 중립을 ~ betartja a semlegességet; 약속을 ~ megtartja a szavát; 규칙을 ~ betartja a szabályokat; 법을 ~ betartja a törvényt; 비밀을 ~ titkot tart; 시간을 ~ betartja az időt; 교통 신호를 ~ követi a közúti jelzéseket, betartja a KRESZ-t

지탄-하다 명 bírál, hibáztat, kritizál, felelőssé tesz vkit vmiért; ~ 받다 vmiért őt hibáztatják; 잘못 때문에 ~하다 bírál a hiba miatt; 이것 때문에 누구도 ~해서는 안 된다 ezért senkit sem lehet hibáztatni

지탱-하다 동 fenntart, megtart, megőriz; 건강을 ~해 나가다 vigyáz az egészségére; 그는 자본이 모자라 가게를 더 ~할 수 없었다 Nem tudta tovább vezetni az üzletet, mert kezdett kifogyni a tőkéből.

지팡이 명 (séta)bot; 등산용 ~ hegymászó bot; ~를 사용하다 botot használ; ~를 들고 다니다 bottal jár; ~에 의지하다 botra támaszkodik

지퍼 명 villámzár, cipzár; ~ 달린 villámzáras; ~를 채우다 felhúzza a cipzárját; ~를 좀 채워 주시겠어요 Húzza fel a cipzáramat, kérem!

지평 명 földfelszín, a Föld felszíne

지평선 명 láthatár, horizont; ~ 위에 a láthatáron; ~ 밑으로 가라앉다 a láthatár mögé süllyed; 해가 ~ 쪽으로 기울었다 A nap a láthatár alá süllyedt.; ~ 위로 해가 떠오르다 a nap a horizont fölé emelkedik

지폐 명 papírpénz, bankjegy; ~ 뭉치 bankjegyköteg; ~를 발행하다 papírpénzt bocsát ki; ~를 위조하다 papírpénzt hamisít

지표 명 mutató, indikátor, index; 국가 경제 ~가 금년에 개선되었다 Az ország gazdasági mutatói javultak ebben az évben.

지표면 명 a Föld felszíne, föld felszíne

지푸라기 명 szalmaszál; 물에 빠지면 ~라도 잡는다 A fuldokló ember a szalmaszálba is belekapaszkodik.

지피다 동 tüzel, éget; 아궁이에 불을 ~ tüzel a tűzhelyen

지하 명 ❶ föld alatti, a föld felszíne alatti; ~ 갱도 föld alatti alagút; ~ 주차장 föld alatti parkolóhely; ~ 상가 föld alatti vásárlókomplexum; ~ 차도 föld alatti autóút; ~에 파묻다 föld alá temet ❷ sír, alvilág; ~에 잠들다 sírban nyugszik

지하경제 명 feketegazdaság

지하도 명 föld alatti átjáró, aluljáró

지하수 명 talajvíz

지하실 명 alagsor, pince

지하자원 명 föld alatti erőforrás; ~이 풍부하다 föld alatti erőforrásokban gazdag

지하철 명 földalatti vasút, metró; ~을 타다 földalatti vasútra száll; 나는 ~을 타고 집에 간다 Metróval megyek haza.; ~로 종로역까지 세 정거장을 갔다 Három megállót utaztam a földalattival a Dzsongno állomásig.

지하철역 명 metróállomás

지향 명 szándék, cél, hajlandóság; 미래 ~형의 a jövő felé forduló

지혈법 명 vérzéselállítás módszere

지혈-하다 동 elállítja a vérzést; ~ 명 vérzéselállítás; ~을 위해 붕대로 상처를 묶다 a vérzés elállítása érdekében kötéssel borítja a sebet

지형 명 domborzat, terep; ~도 domborzati térkép

지형학 topográfia

지혜 명 bölcsesség, értelem; 생활의 ~ életbölcsesség; ~없는 ostoba, oktalan; ~를 짜내다 töri a fejét

지혜롭다 형 bölcs; 지혜롭게 bölcsen; 너는 지혜롭게 처리했다 bölcsen tetted, amikor / hogy...

지휘관 명 parancsnok, vezérlő tiszt; ~의 교체 váltás a parancsnokságban

지휘자 명 karmester

지휘-하다 동 parancsnokol, átveszi a parancsnokságot, vezet, vezényel, utasít, irányít; ~ 명 parancs, utasítás; ~를 맡다 átveszi a parancsnokságot; B씨의 ~로 B úr vezényletével; 만사를 그의 ~에 의지했다 Mindenben az ő utasításait követtem.

직각 명 derékszög; ~의 derékszögű; ~을 이루다 derékszögben találkozik vmivel

직각삼각형 명 derékszögű háromszög

직감-하다 동 ösztönösen tud, ösztönösen megsejt, a csontjaiban érez vmit; ~ 명 intuíció, sejtés, ösztönös megérzés; ~적으로 ösztönösen; ~에 의존하다 az ösztöneire hagyatkozik; ~적으로 배우다 ösztönösen tanul

직경 명 átmérő; 관의 ~ a cső átmérője

직계 명 egyenes leszármazás; ~ 가족 családtagok egyenes leszármazás szerint; ~ 존속 egyenes ági felmenő; ~ 혈족 egyenes ági rokonság; ~ 자손 egyenes ági leszármazott

직공 명 munkásember, munkás, (gyári) dolgozó

직관 명 ösztön; ~적으로 느끼다 ösztönösen megérez

직립-하다 동 egyenesen áll (felemelt fejjel); ~ 명 egyenesen állás; ~해서 egyenesen; ~보행하다 egyenesen jár

직면-하다 동 szembenéz vmivel / vkivel, szembekerül, vmi szélén áll; ~ 명 szembenézés; szembekerülés; 불경기에 ~하여 szembenézve az üzleti recesszióval; 위험에 ~하다 veszéllyel kerül szembe; 파산에 ~하다 a csőd szélén áll;

ㅈ

회사는 경영 위기에 ~해 있다 a cég pénzügyi válságban van

직무 명 feladat, hivatal, munka; ~ 규정 hivatali szabály; ~ 분석 munkaelemzés; ~ 유기 a feladat el nem látása; ~정지 felfüggesztés a hivatali teendők alól; ~상의 hivatalos, hivatalból történő; ~를 수행하다 ellátja feladatát, megteszi kötelességét; ~를 게을리 하다 elhanyagolja a munkáját; ~ 분담 a munka felosztása

직물 명 szövet, textil

직분 명 feladat, munka; ~을 다하다 ellátja feladatát; 그는 자기의 ~을 알고 있다 Jól tudja, mi a munkája.

직사각형 명 derékszögű négyszög

직선 명 egyenes vonal; ~ 운동 egyenes vonalú mozgás; ~을 긋다 egyenes vonalat húz; ~으로 늘어서다 egyenes vonalban sorakoznak; 두 점을 ~으로 연결해라 Húzzál egy egyenes vonalat e között a két pont között!

직시-하다 동 szembenéz; 현실을 ~하다 szembenéz a valósággal; 문제를 ~하다 szembenéz a problémával

직언-하다 동 őszintén beszél; kimondja, amit gondol; ~ 명 nyílt beszéd, őszinte beszéd; 충신은 임금에게 ~하기를 꺼리지 않는다 A hű alattvaló őszintén megmondja az igazságot urának.

직업 명 hivatás, foglalkozás, állás, munka; ~적 hivatásos, profi; ~ 군인 hivatásos katona; ~ 여성 dolgozó nő; ~ 윤리 munkaerkölcs; ~이 없는 munkanélküli; ~을 바꾸다 hivatást változtat, állást változtat; ~이 무엇입니까 Mi a foglalkozása?; 나는 ~상 자주 여행을 하여야 한다 A munkám sok utazással jár.

직업병 명 foglalkozási ártalom, foglalkozási betegség

직역-하다 동 szóról szóra lefordít; ~ 명 szó szerinti fordítás; 전체 문장을 ~하다 szóról szóra lefordítja az egész mondatot

직원 명 alkalmazott; (총칭) személyzet, alkalmazottak; ~ 일동 az összes alkalmazott

직위 명 poszt, pozíció, rang; 높은 ~에 있다 magas posztot tölt be; ~에서 해임되다 leváltják a posztjáról

직장 명 munkahely, állás; ~에서 나가라는 압력을 받다 arra kényszerül, hogy lemondjon a munkahelyéről; ~을 자주 바꾸다 gyakran változtatja a munkahelyét; ~을 얻다 állást kap

직접 부 közvetlenül; 편지를 ~ 주다 közvetlenül adja át a levelet; ~ 선거 közvetlen választás

직제 명 hivatal szervezeti felépítése; ~를 개편하다 átalakítja a hivatal szervezeti felépítését

직종 명 foglalkozási kategória; ~별로 foglalkozási kategória szerint

직책 명 munkával járó kötelezettség, hivatali felelősség; ~상 vki pozíciójára való tekintettel

직함 명 pozícióval járó cím, hivatalos titulus; ~ 없이 일하다 cím nélkül dolgozik

직행-하다 동 egyenesen megy vhová; megállás nélkül utazik; ~ 명 megállás nélküli utazás, közvetlen járat; ~ 버스 közvetlen buszjárat; 사고 현장으로 ~하다 egyenesen a baleset helyszínére siet; 열차는 정거하지 않고 ~합니다 A vonat megállás nélkül halad át.

진가 명 igazi érték, valódi érték; ~를 발휘하다 bebizonyítja, mit ér; ~를 인정하다 felismeri vmi értékét

진격-하다 동 előrenyomul, megtámad; ~ 명 előrenyomulás, megtámadás; 적을 향해 ~하다 előrenyomul az ellenség felé

진공 명 vákuum, légmentesség; ~ 청소기 (vákuum)porszívó; ~ 포장 vákuumcsomagolás, légmentes csomagolás; 그 병 속은 ~ 상태다 az üveg belseje vákuum alatt van

진공관 명 vákuumcső, vákuumszelep

진군-하다 동 menetel, előrenyomul; ~ 명 menetelés, előrenyomulás; ~ 나팔을 불다 megfújja a támadás jelét

진귀-하다 형 ritka és értékes, felbecsülhetetlen értékű; ~ 명 vmi értékes volta; ~한 선물 ritka és értékes ajándék; ~한 물건 felbecsülhetetlen értékű tárgy

진급-하다 동 előléptetik; magasabb hivatali kategóriába kerül; ~ 명 előléptetés; ~ 시험 előléptetési vizsga; ~시키다 előléptet vkit vmilyen pozícióba; ~이 빠르다 gyorsan emelkedik a hivatali ranglétrán; 대령으로 ~하다 ezredessé léptetik elő

진단서 명 orvosi diagnózis, orvosi igazolás

진단-하다 동 orvosi diagnózist készít, vizsgál, látleletet készít; ~ 명 diagnózis; 의사의 ~을 받으러 가다 orvosi vizsgálatra megy; 정확하게 ~하다 helyes diagnózist állít fel; 회사의 현황을 ~하다 látleletet készít a cég jelenlegi állapotáról

진달래 명 azálea (virág)

진담 명 komoly beszélgetés; 농담을 ~으로 듣다 komolyan vesz egy tréfát; 이번에는 ~이다 Ezúttal komolyan beszélek.

진돗개 명 Dzsindo szigeti kutya (az egyik koreai kutyafajta)

진동수 명 rezgésszám, a rezgés frekvenciája

진동-하다 동 oszcillál, vibrál, ingamozgást végez, rázkódik, remeg; ~ 명 oszcilláció, vibrálás, ingamozgás; ~을 일으키다 ingamozgást vált ki; ~을 멈추다 megállítja a vibrálást; ~ 시간 a rezgés időtartama; ~을 느끼다 rázkódást érez; ~시키다 rázkódtat; 학교가 심하게 ~하였다 Az iskola hevesen rázkódott.

진딧물 명 levéltetű

진땀 명 ragadós izzadság; ~이 나서 샤워하러 가다 ragadós izzadság miatt zuhanyozni megy; 시험 치르느라 ~을 빼다 átküzdi magát egy vizsgán

진력-하다 동 kemény erőfeszítéseket tesz vmi elérése érdekében; ~ 명 erőfeszítés; 교육 사업에 ~하다 Kemény erőfeszítéseket tesz az oktatás érdekében.

진로 명 pálya, életút; 고등학교 졸업 후에 ~를 선택하다 érettségi után életpályát választ; ~를 가로막다 elállja vki útját; 태풍은 ~를 서쪽으로 바꿨다 A tájfun nyugati irányt vett.

진료비 명 orvosi vizsgálat díja

진료소 명 orvosi rendelő

진료실 명 (orvosi) vizsgáló rendelő

진료-하다 동 orvosi kezelésben részesít, kezel; ~ 명 orvosi vizsgálat és kezelés; ~ 시간 rendelési idő, fogadóóra

진리 명 igazság; 보편적 ~ egyetemes igazság; 그의 말에도 일면의 ~가 있다 Van valami igazság abban, amit mond.

진맥-하다 동 megnézi vki pulzusát, meg-

ㅈ

nézi vki érverését

진면목 명 igazi jellem

진미 명 ínyencség, különleges íz; 계절의 ~ az évad ínyencsége

진보적 haladó, fejlett; ~인 사고를 가진 사람 haladó gondolkozású ember; ~인 사상 haladó eszme

진보-하다 동 előrehalad, fejlődik; ~ 명 előrehaladás, fejlődés; 학문의 ~ tudomány fejlődése; ~를 저해하다 hátráltatja a fejlődést; 착실히 ~하다 egyenletes ütemben előrehalad

진부-하다 형 ódivatú, elavult; ~한 사고방식 ódivatú gondolkodásmód; ~한 표현 elavult kifejezés

진상 명 igazság, valódi tény; ~을 밝히다 feltárja az igazságot; ~조사 위원회 tényfeltáró bizottság

진솔-하다 형 becsületes, őszinte; ~한 사람 becsületes ember; ~한 말 őszinte beszéd

진수 명 lényeg, vmi szelleme, vmi magja; 민주주의의 ~ a demokrácia lényege

진수성찬 명 lakoma, bőséges ételek

진술서 명 (írásos) nyilatkozat; ~를 제출하다 beadja a nyilatkozatot

진술-하다 동 állít, kijelent, nyilatkozatot tesz; ~ 명 nyilatkozat; 허위 ~을 하다 valótlanságot állít; ~을 취소하다 visszavonja a kijelentését; 자기 입장을 ~하다 nyilatkozatot tesz az álláspontjáról; 증인은 피고에게 유리한 ~을 하였다 A tanú a vádlott javára tett vallomást.

진실성 명 igazság, hűség; 보고의 ~을 의심하다 kételkedik abban, hogy igaz a jelentés; 그 이야기는 ~이 없다 a történet valószerűtlen

진실-하다 형 igazi, valódi, őszinte; ~ 명 igazság, tény, valóság, őszinteség; 역사적인 ~ történelmi igazság; ~을 왜곡하다 elferdíti az igazságot; ~을 밝히다 feltárja az igazságot; ~은 이렇든 저렇든 밝혀져야 한다 Az igazságnak így is, úgy is napvilágra kell jutnia.

진심 명 őszinteség, nyíltság; ~ 어린 őszinte, szívből jövő; ~으로 őszintén, szívből; ~으로 성공을 바라다 őszintén reménykedik a sikerben; ~을 밝히다 megnyitja a szívét; ~으로 감사하다 szívből jövő köszönetet mond vkinek

진압-하다 동 elfojt, elnyom, leigáz; ~ 명 elfojtás, elnyomás, leigázás; 폭동을 ~하다 elfojt egy lázadást; 반란은 그날 안으로 ~ 되었다 A lázadást még aznap elfojtották.; 경찰은 시위를 ~했다 A rendőrség elfojtotta a tüntetést.

진언-하다 동 tanácsol, tanácsot ad, javasol; ~ 명 tanács, javaslat; 그는 총리에게 양국 간의 무역 증진에 대해 ~했다 Javaslatot tett a miniszterelnöknek arról, hogy növelni kellene a két ország közötti kereskedelmi forgalmat.

진열대 명 kiállítási helyiség

진열장 명 kiállítószekrény

진열-하다 동 kiállít, bemutat; ~ 명 kiállítás; ~ 되었던 상품들 bemutatott áruk; 화랑에 ~되어 있는 그림 galériában kiállított festmény; 팔려고 ~하다 kiállít vmit eladásra

진영 명 tábor; 동서 양 ~ 간의 긴장 a keleti és nyugati tábor közötti feszültség; 양 ~으로부터 중립을 지키다 mindkét tábortól távol tartja magát

진위 명 valóság vagy valótlanság, igazság vagy valótlanság; ~를 가리다 megkülönbözteti a valóságot a valótlan-

ㅈ

ságtól; ~가 불명하다 Nem tudni, igaz-e vagy sem.

진의 명 valódi szándék, valódi indíték, végső cél; 그의 ~가 무엇인지 알 수 없다 Nem tudom, mi a valódi szándéka.

진입-하다 동 behatol, belép; ~ 명 behatolás, belépés; 시위대가 광장으로 ~했다 a tüntetők behatolnak a térre; ~로 bejárat; 궤도에 ~하다 föld körüli pályára áll

진작 부 korábban, akkor és ott; 넌 ~ 갔어야 했다 Korábban kellett volna elmenned.; 왜 ~ 말하지 않았느냐 Miért nem mondtad akkor és ott?

진저리나다 동 megrázkódik vminek a gondolatától; 매일 같은 일을 한다면 진저리날 것이다 Megrázkódom attól, hogy mindennap ugyanazt csinálom.

진전 명 előrehaladás, haladás, fejlődés; 사건의 ~과 함께 a dolgok haladásával; ~이 빠르다 gyors a haladás; 연구에 ~을 보다 előrehalad tanulmányaiban; 올해는 학문이 큰 ~을 이루었다 A tudományban nagy előrelépésre került sor ebben az évben.

진정 명 őszinteség, komolyság; ~으로 őszintén, igazán, komolyan; 그 말씀은 ~이십니까 Komolyan gondolja, amit mond?

진정서 명 (írásbeli) kérelem

진정제 명 nyugtató (gyógyszer)

진정-하다[1] 동 megnyugszik, lecsendesedik; ~해라 Nyugodj meg!; 그 환자는 약을 먹은 후에 ~ 되었다 Miután bevette az orvosságot, megnyugodott a beteg.

진정-하다[2] 형 valódi, hiteles, igazi; ~ 명 valódiság, hitelesség; ~한 의미에서 a szó valódi értelmében; ~한 사랑 igazi szerelem

진종일 명 egész nap; 어제는 ~ 비가 왔다 Tegnap egész nap esett az eső.; 나는 ~ 기다렸다 Egész nap vártam.

진주 명 gyöngy; ~ 목걸이 gyöngynyaklánc; ~ 조개 gyöngykagyló;; ~ 모양의 gyöngy alakú; 돼지 앞에 ~를 던지다 gyöngyöt szór a disznók elé

진줏빛 명 gyöngyszürke

진지[1] 명 étkezés, étel; ~ 잡수셨습니까 Evett már?

진지[2] 명 katonai tábor, állás; 튼튼한 ~를 구축하다 erős állást épít ki; 적을 ~에서 몰아내다 kiveti az ellenséget az állásából

진지전 명 állóháború

진지-하다 형 komoly; ~한 이야기 komoly történet; 대화가 ~하다 komoly a beszélgetés

진짜 부 valódi; 아주 ~같이 모방하다 Úgy utánozza, mintha valódi lenne.; ~와 가짜를 가리다 megkülönbözteti a valódit a hamistól; 이 조화는 꼭 ~같다 Ezek a művirágok nagyon valódinak tűnnek.

진찰-하다 megvizsgál (beteget); ~ 명 orvosi vizsgálat, diagnózis; ~실 vizsgálószoba; 의사에게 ~ 받으러 가다 orvosi vizsgálatra megy; 너는 ~ 받는 게 좋겠다 Jobban tennéd, ha elmennél orvosi vizsgálatra!

진척-하다 동 fejlődik, előrehalad; ~ 명 fejlődés, előrehaladás; 현저한 ~을 보이다 jelentős fejlődést mutat; 계획을 ~시키다 fejleszti a tervet; 이 일은 많이 ~되었다 Ez a munka sokat haladt előre.

진출-하다 동 előrenyomul vhova, behatol vhova; teret nyer, utat talál vhova,

ㅈ

belép; betör; ~ 명 előrenyomulás, belépés, behatolás; 정계에 ~하다 belép a politikába; 세계 시장으로 ~하다 betör a világpiacra; 결승전에 ~하다 bejut a döntőbe; 최근 여성의 직장 ~이 현저하게 증가했다 A közelmúltban jelentősen emelkedett a dolgozó nők részaránya a munkahelyeken.

진통 명 fájás, fájdalom, szülési fájás; ~을 느끼다 fájást érez; 그녀의 ~이 잦아졌다 Felgyorsultak a szülési fájásai.; 그녀에게 ~이 시작되었다 Elkezdődött a szülési fájása.

진통제 명 fájdalomcsillapító

진퇴 명 előrenyomulás vagy visszavonulás, lemondás az állásról vagy hivatalban maradás; ~를 결정하다 eldönti, hogy lemond vagy nem

진퇴양난 명 dilemma; ~에 빠지다 dilemma előtt áll, sarokba van szorítva, nincs kiútja

진-하다 형 ❶ mély, sötét; ~한 감색 sötétkék; 화장을 ~하게 하다 erősen festi magát ❷ sűrű, erős; ~한 국물 sűrű leves; ~한 차를 끓이다 erős teát főz; ~한 커피 erős kávé

진학률 명 az oktatás következő fázisába kerülő diákok aránya

진학-하다 동 továbbtanul, továbblép az oktatás következő fázisába; ~ 명 továbblépés az oktatás következő fázisába; ~ 지도 továbbtanulási tanácsadás / tanácsadó

진행자 명 szertartásmester, műsorvezető

진행-하다 동 folytat; ~ 명 folytatás; 교섭을 ~시키다 folytatja a tárgyalást; 합의된 프로그램을 ~시키다 folytatja a megbeszélt programot

진행형 (문법) folyamatos alak

진화론 명 evolúció elmélete

진화론자 명 evolucionista

진화-하다 동 átalakul, fejlődik; ~ 명 evolúció, átalakulás, fejlődés; ~적 evolúciós; ~과정을 거쳐서 evolúciós folyamaton keresztül; 다윈은 인간은 원숭이로부터 ~했다고 말한다 Darwin azt mondja, hogy az ember a majomból fejlődött ki.

진흙 명 agyag

진흥 명 előremozdítás, felemelés, bátorítás, elősegítés; 산업의 ~을 꾀하다 elősegíti az ipar fejlődését

질 명 minőség, színvonal; 교육의 ~을 높이다 emeli az oktatás színvonalát; 이 제품은 ~이 좋다 ez a termék jó minőségű; 이쪽 것이 ~이 좀 떨어지는 것 같다 úgy látszik, ez kicsit rosszabb minőségű; 양보다 ~이 중요하다 a minőség többet ér a mennyiségnél

질감 명 anyag tapintása

질곡 명 iga, bilincs; ~에서 벗어나다 lerázza az igát

질그릇 명 agyagedény, cserépedény

질기다 형 rágós, kemény, szívós; 질긴 고기 rágós hús

질다 형 ❶ vizes, ragadós; 밥이 너무 질게 되었다 a rizs túl puhára főtt ❷ sáros, nedves; 비 온 후에 땅이 질어졌다 Az eső után sáros lett a föld.

질량 명 tömeg, anyag mennyisége; ~ 불변의 법칙 a tömegmegmaradás törvénye; 이들 두 물체의 ~은 같다 Ez a két tárgy egyenlő tömegű.

질리다 동 ❶ megundorodik vmitől, megélégel vmit, elege lesz vmiből; 이 일에는 질렸다 Megundorodtam ettől a munkától. ❷ elképed vmitől; 그는 뻔뻔함에 질렸다 Elképedt az arcátlanág láttán.

질문-하다 동 kérdez vmit, kérdést tesz fel vkinek; ~ 명 kérdés; 급소를 찌르는 ~ célzatos kérdés; ~에 대답하다 választ ad egy kérdésre; ~이 있습니까 Van valami kérdése?; 사람들은 그에게 ~ 공세를 폈다 Elárasztották kérdésekkel.

질병 명 kór, betegség; ~의 예방 betegség megelőzése

질산염 명 nitrát

질색-하다 동 megdöbben vmitől, elszörnyed vmitől, rémül; ~ 명 megdöbbenés, elszörnyedés, rémület; 나는 이런 일은 아주 ~이다 Szörnyen undorodom az ilyen dolgoktól.; 터무니없는 값을 불러 ~했다 Elszörnyedtem a rendkívül magas ártól.

질서 명 rend, közrend; ~없이 rendetlenül; 사회의 ~ társadalmi rend; ~가 정연하다 rendben van; szisztematikus; ~를 지키다 rendet tart; ~를 확립하다 helyreállítja a rendet; 사회의 ~를 문란케 하다 megzavarja a közrendet

질소 명 nitrogén; ~ 가스 nitrogéngáz; ~ 비료 nitrogéntartalmú műtrágya

질식-하다 동 megfullad; ~ 명 fulladás; ~사 fulladás okozta halál; ~시키다 fullaszt; 연기 때문에 거의 ~할 것 같았다 Majdnem megfulladtam a füsttől.

질의 명 kérdés, interpelláció; ~응답 kérdés-felelet; 대정부 ~ interpelláció; ~에 답하다 választ ad egy kérdésre; ~ 응답이 있은 후 의안이 표결되었다 Kérdések és válaszok után szavazásra bocsátották a törvényjavaslatot.

질적 minőségi; ~으로 minőségileg; ~으로나 양적으로 mennyiségileg és minőségileg; ~으로 보면 후자가 낫다 minőség tekintetében az utóbbi jobb

질주-하다 동 teljes sebességgel fut, rohan, elszáguld; ~ 명 gyors futás; 차가 ~해 왔다 Egy autó közeledett száguldva.

질책-하다 동 szid, korhol; ~ 명 szidás, korholás; 호되게 ~하다 szidja, mint a bokrot; 나는 그를 몹시 ~했다 Sokat szidtam őt.

질투-하다 동 féltékenykedik, irigyel; ~ 명 féltékenység, irigység; ~가 나서 féltékenységből, irigységből

질환 명 betegség; 심장 ~ szívbetegség

짊어지다 동 ❶ terhet vesz a hátára, terhet cipel; 어깨에 짐을 ~ terhet vesz a vállára; 그녀는 보따리를 짊어지고 있었다 Batyut cipelt a hátán. ❷ magára vállal, feladat hárul rá; 책임을 ~ felelősséget vállal magára ❸ eladósodik; 빚을 많이 ~ súlyosan eladósodik

짐 명 teher, csomag, poggyász; ~을 덜다 megszabadít vkit a terheitől; ~이 되다 terhet jelent vki számára; 마차에 ~을 싣다 megrak egy szekeret; 이 ~을 부치는 데 얼마입니까 Mennyibe kerül elküldeni ezt a csomagot?

짐꾼 명 hordár, teherhordó, kuli

짐삯 명 csomagköltség

짐승 명 állat, vadállat; ~같은 놈 Te vadállat!; 그 녀석은 ~만도 못한 놈이다 Rosszabb, mint egy állat.

짐작-하다 동 saját megítélésére hagyatkozik, találgat; ~ 명 találgatás; ~이 맞다 helyesen találgat; 단지 ~할 수 있을 뿐이다 csak találgatni lehet; 겉으로 보아 그의 나이가 스물은 될 것으로 ~했다 A megjelenése alapján 20 évre becsültem az életkorát.

짐짓 부 szándékosan, készakarva; ~ 냉정한 태도를 취하다 szándékosan közönyös magatartást tanúsít

짐칸 명 poggyászhelyiség

집 명 ❶ ház, otthon, lakás, lakóhely; 초가~ nádtetős ház; ~에 있다 otthon marad; ~에 없다 nincs otthon; ~으로 돌아가다 hazatér; ~을 세주다 bérbe ad egy házat; ~을 비우다 üresen hagy egy házat; 김 선생은 ~에 계십니까 Otthon van Kim úr? 개~ kutyaól; 새~ fészek; 벌~ méhkas ❷ hüvely (kardé), doboz, tok; 칼~ hüvely (kardé)

집게 명 harapófogó, csipesz, fogó; ~로 집다 csipesszel vesz fel; ~로 못을 뽑다 harapófogóval húz ki egy szöget

집게손가락 명 mutatóujj

집계-하다 동 összead, összegez; ~ 명 öszszeadás, összegezés; ~표 összegző lap; ~를 내다 kiszámítja az összeget; 비용을 ~하니까 3,000원 이었다 A kiadások összértéke 3.000 von volt.; 각 지점은 매달 매상을 ~하여 본점에 보고 한다 A cég minden kirendeltsége havonta öszszeadja az előző hónapban eladott áruk értékét, és jelenti az összeget a központi irodának.

집권당 명 hatalmon lévő párt, kormányzó párt

집권층 명 kormányzó réteg

집권-하다 동 hatalomra jut, kezében tartja a hatalmat; 평화적 ~ 연장 a hatalom birtoklásának békés meghosszabbítása; 재~ 하다 újra hatalomra jut; 한 사람에 의한 장기 ~을 막다 megakadályozza, hogy egyetlen személy hosszú időre magához ragadhassa a hatalmat

집기 명 bútordarab; 사무용 ~ hivatali bútordarab

집념-하다 동 kitart a kitűzött cél mellett, erősen kötődik vmihez; ~ 명 szívós céltudatosság; ~이 강한 szívósan kitart a kitűzött célja mellett; 그는 그 프로젝트에 ~을 불태웠다 Nagy energiával dolgozott a projekten.

집다 동 felvesz, felszed; 젓가락으로 ~ evőpálcikával felvesz; 길에 떨어진 돈을 ~ felvesz az utcán egy elejtett pénzérmét; 소금을 한 줌 ~ felvesz egy maréknyi sót

집단 명 csoport, tömeg, kollektíva; ~ 노이로제 kollektív idegesség, neurózis; ~ 식중독 tömeges ételmérgezés; ~ 폭행 tömeges erőszak, lincselés; ~을 이루다 csoportot alkot; 새들은 다양한 이유로 ~ 생활을 한다 A madarak különböző okokból alakítanak kolóniákat.

집단농장 명 kolhoz, mezőgazdasági szövetkezet

집무실 명 hivatal, iroda; 대통령 ~ a köztársasági elnök hivatala

집배원 명 postás

집세 명 lakbér, bérleti díj; ~를 내다 kifizeti a lakbért; ~가 밀려 있다 hátralékban van a bérleti díjjal; 그 집의 ~는 한 달에 50만 원이다 A ház bérleti díja ötszázezer von havonta.; 이 집은 ~가 비싸다 Ennek a háznak magas a bérleti díja.

집안 명 ❶ család, háztartás, egy család társadalmi státusza; ~ 사정 vki családi ügyei; ~ 싸움 családi veszekedés; ~의 otthoni, család; 김씨 ~ a Kim család, Kimék; 좋은 ~에 태어나다 jó családból származik ❷ ház belseje; ~ 공기 lakás levegője; ~에서 기를 수 있는 강아지 házban tartható kutya; ~을 치우다 kitakarítja a házat

집안일 명 házimunka, háztartási ügyek; 주말에는 ~을 한다 hétvégén házimunkát végez

집약-하다 동 egységbe rendez, egységesít, integrál; ~된 integrált; ~되다 egyesül, egybeolvad, integrálódik; 여러 사람의 의견을 ~하다 sok ember véleményét egységbe rendezi

집어내다 동 kivesz; 물속에서 돌을 하나 ~ kivesz egy követ a vízből

집어넣다 동 beledob, betesz; 가방에 서류를 ~ aktatáskába teszi be az okmányokat; 도둑을 교도소에 ~ börtönbe vet egy tolvajt

집어먹다 동 kézzel eszik; 음식을 ~ ételt kézzel eszik

집어치우다 동 félretesz vmit; felhagy vmivel, kilép; 하던 공부를 ~ félreteszi a leckét; 학교를 ~ felhagy a tanulmányaival, otthagyja az iskoláját; 장사를 ~ kilép a vállalkozásából, felszámolja a vállalkozását

집요-하다 형 szívós, kitartó; ~한 저항 szívós ellenállás; ~하게 질문을 하다 kitartóan kérdez

집적거리다 동 ❶ csipkelődik; 아가씨에게 ~ csipkelődik a kislánnyal ❷ beleavatkozik vmibe; 남의 일에 ~ beleavatkozik vki ügyeibe, beleüti az orrát más ügyeibe

집주인 명 háztulajdonos; ~과 계약을 맺다 szerződést köt a háztulajdonossal

집중력 명 koncentrálóképesség; ~을 증진시키다 koncentrálóképességet fejleszt

집중-하다 동 összpontosít vmire, központosít, összevon, koncentrál; ~ 명 koncentrálódás, központosítás; ~ 사격/공격 összpontosított tűz/támadás; 이 일은 ~을 요구한다 ez a munka koncentrációt igényel; ~ 폭격 szőnyegbombázás; ~ 훈련을 받다 központosított képzésben részesül; 주의를 ~ összpontosítja a figyelmét; 권력을 ~시키다 központosítja a hatalmat; 권력은 모두 이들 몇 사람에게 ~되어 있다 Az egész hatalom néhány ember kezében összpontosul.

집집 명 minden egyes ház, házról házra; ~마다 minden házban, házról házra; ~마다 국기가 휘날리고 있었다 A nemzeti zászló ott lengedezett minden házon.

집착-하다 동 hozzátapad vmihez, ragaszkodik vmihez; ~ 명 hozzátapadás, ragaszkodás; 생에 대한 ~ szívós életű; 낡은 관습에 ~하다 ragaszkodik egy régi szokáshoz; 승부에 너무 ~하지 마라 Ne tulajdoníts túl nagy jelentőséget annak, hogyan fejeződik be a játék!

집터 명 házhely, telek; talaj; ~를 닦다 elegyengeti a talajt egy ház számára; ~를 사다 házhelyet vesz

집필-하다 동 ír; ~ 명 írás; ~을 의뢰받다 felkérik, hogy írjon cikket

집합-하다 동 összegyűlik, összegyűjt, gyülekezik; ~ 명 gyűlés, gyülekezet; ~ 명사 gyűjtőnév; ~ 시간 a találkozó időpontja; ~ 장소 találkozóhely; 학생들은 강당에 ~하였다 A diákok összegyűltek az iskola csarnokában.

집행기관 명 végrehajtó szerv

집행-하다 동 végrehajt; ~ 명 végrehajtás; ~ 기일 a végrehajtás időpontja; ~ 영장 végrehajtásról rendelkező írásos parancs; 형을 ~하다 végrehajt egy ítéletet

집회 명 gyűlés, gyülekezet, tömeggyűlés; ~ 신고 a gyűlés bejelentése; ~ 장소 gyülekezési hely; ~의 자유 gyülekezési szabadság; ~에 참석하다 részt vesz egy gyűlésen; 3시부터 ~를 갖겠습니다 Háromkor gyűlést tartunk.

짓궂다 형 zavaró, kellemetlen, zaklató; 짓궂은 장난꾼 tréfamester, másokat beugrató személy; 짓궂게 조르다 nyaggat vkit vmiért, ragaszkodik vmi kívánsága teljesítéséhez

짓누르다 동 ránehezedik, lenyom, súlyos teherként nehezedik; 빚이 그의 마음을 짓눌렀다 Az adósság súlyos teherként nehezedett a lelkére.

짓다 동 készít, előállít; 어머니가 새 옷을 지어 주셨다 Anyám egy új ruhát készített nekem.; 시를 ~ verset ír; 밥을 ~ rizst főz; 많은 사람들이 극장 앞에 줄을 지어 있었다 Sok ember állt sorban a színház előtt.; 여기는 밀농사를 많이 짓는다 Itt sok gabonát termesztenek.; 일의 결말을 ~ lezár egy ügyet; 그들끼리 그 사건을 해결 지었다 Maguk között intézték el az ügyet.

짓밟다 동 ❶ letapos vmit, rátapos vmire; 꽃을 ~ eltapossa a virágot; 불을 짓밟아 끄다 eltapossa a tüzet ❷ megsérti vmi szuverenitását, lábbal tipor vmit, eltipor vmit; 남의 권리를 ~ megsérti vki jogait; 국민의 자유를 ~ lábbal tiporja a nép szabadságjogait

짓밟히다 동 vmit letaposnak; 짓밟혀죽다 halálra tapossák, agyontapossák

징검다리 명 gázlókövek; 개울 위의 ~를 건너다 a gázlóköveken átkel a patakon

징계-하다 동 rendreutasít, megfegyelmez; ~ 명 hivatalos rendreutasítás, fegyelmi büntetés; ~ 위원회에 회부하다 a fegyelmi bizottság elé visz (egy ügyet); ~ 조치를 받다 fegyelmi büntetésnek vetik alá

징그럽다 형 utálatos, visszataszító, undorító; 징그러운 벌레 utálatos rovar; 뱀은 보기에 ~ a kígyók külseje visszataszító

징발-하다 동 rekvirál, begyűjt (hadsereg számára); ~ 명 rekvirálás, begyűjtés; ~되다 rekvirálás alá esik; 전쟁 중에 그 군대 트럭들을 ~했다 A háború alatt a hadsereg rekvirálta a teherautókat.

징벌-하다 동 megbüntet; ~ 명 (meg)büntetés; ~을 받다 büntetést kap, büntető intézkedésnek vetik alá

징병 명 sorozás, besorozás; ~ 검사 alkalmassági vizsgálat sorozásnál; ~ 검사를 받다 sorozás céljából orvosi vizsgálatot végeznek rajta; ~ 기피자 a sorozás alól kibújó személy, lógós; ~ 제도 sorozási rendszer; ~되다 besorozzák, behívják katonának; ~을 면제받다 felmentik a katonai szolgálat alól

징수-하다 동 behajt, beszed, begyűjt; ~ 명 behajtás, beszedés, begyűjtés; ~액 beszedett összeg; 세금을 ~하다 beszedi az adót; 1인당 3,000원의 회비를 ~했다 Személyenként 3.000 von tagsági díjat szedtem be.

징역살다 동 börtönbüntetést tölt, börtönben van; ~ 명 börtönbüntetés; 징역살이 börtönélet; 징역을 받다 börtönbüntetést kap; 징역 2년에 처해지다 kétéves börtönbüntetésre ítélik; 2년간의 징역살이를 마치다 letölti a kétéves börtönbüntetését

징용-하다 동 soroz, rekvirál, lefoglal; ~ 명 sorozás, rekvirálás, lefoglalás; ~자

besorozottak; ~ 해제 rekvirált dolog visszaadása; 중년의 남자들도 군에 ~되었다 Még középkorú férfiakat is besoroztak a hadseregbe.

징조 명 jel, előjel, tünet; 좋은 ~ jó előjel; 열이 있는 것은 병의 ~이다 A láz a betegség jele.

징집-하다 동 besoroz, behív katonának vkit; ~ 명 sorozás; ~ 면제 felmentés a katonai sorozás alól; ~ 영장 behívó; ~ 유예 ideiglenes felmentés a katonai szolgálat alól, halasztás; 대학생의 ~을 졸업 때까지 연기하다 megengedi az egyetemistáknak, hogy tanulmányaik elvégzéséig elhalasszák a katonai szolgálatot

징크스 명 közhiedelem; ~가 있다 van egy közhiedelem arról, hogy...; ~를 믿다 bedől a közhiedelemnek

징표 명 jel

징후 명 tünet, jel, előjel; 폭풍이 닥쳐올 ~ a közelgő vihar jele; 구름은 비가 올 ~이다 A felhők az esőt jelzik előre.; 사태가 좋아질 ~가 충분하다 A dolgok minden jel szerint hamarosan jobbra fordulnak.

짖다 동 ugat; 달을 보고 ~ a holdat ugatja; 짖는 개는 물지 않는다 Amelyik kutya ugat, az nem harap.; 그 개는 낯선 사람만 보면 짖는다 Az a kutya, ha idegent lát, ugat.

짙다 형 sötét, vastag, sűrű, erős, mély, dús; 짙은 갈색 sötétbarna; 짙은 화장 vastag arcfesték; 짙은 안개 sűrű köd; 커피를 짙게 타서 마시다 erős kávét iszik

짚 명 szalma; 볏~ rizsszalma; 밀~ búzaszalma; 밀~ 모자 szalmakalap; ~을 다발로 묶다 kötegekbe köti a szalmát

짚다 동 ❶ megtapint, megtapogat, megérint; 맥을 ~ megtapintja vki pulzusát / érverését; 열이 있나 이마를 ~ megtapogatja vki homlokát, hogy lássa, van-e láza ❷ támaszkodik a kezével; 지팡이를 짚고 다니다 botra támaszkodva jár ❸ sejt, találgat; 그것은 제대로 짚은 추측 이었다 Az szerencsés találgatás volt.

짚신 명 szalmából készült szandál

짜내다 동 ❶ kifacsar, kiprésel; 레몬즙을 ~ levet facsar ki a citromból ❷ töri a fejét; 내 머리로 짜낸 아이디어가 이것이다 Hosszú fejtörés után ezt az ötletet eszeltem ki.

짜다[1] 동 ❶ készít, összerak, összeszerel, épít, alkot; 나무로 찬장을 ~ fából konyhaszekrényt készít ❷ alkot, szervez, komponál; 편을 ~ klikket szervez, frakciót alakít ❸ horgol, köt; 털실로 양말을 ~ gyapjúból harisnyát köt ❹ összeesküsznek, összeszűrik a levet; 서로 짜고 공금을 횡령했다 Összeszűrték a levet, és közösen sikkasztottak a közpénzből. ❺ kitervel vmit; 장래의 계획을 ~ kiterveli a jövőt, a jövőre vonatkozó terveket készít

짜다[2] 동 kifacsar, kiprésel, kicsavar, kivon; 오렌지의 즙을 ~ levet facsar ki egy narancsból; 참기름을 ~ olajat présel ki a szezámmagvakból; 젖은 수건을 ~ kicsavar egy nedves törülközőt

짜다[3] 형 sós; 짠 맛 sós íz; 짠 음식 sós étel

짜릿-하다 형 izgalmas, pikáns; ~한 경험 izgalmas tapasztalat; ~한 이야기 izgalmas történet

짜임 명 struktúra, szerkezet; 소설의 ~ a

ㅈ

regény struktúrája

짜임새 명 szerkezet alakja, összeállítás alakja

짜증 명 bosszúság, kellemetlenség, ingerültség; ~이 나게 하다 bosszant, idegesít, megharagít, kihoz a sodrából; 습한 공기는 ~을 유발한다 A párás levegő kellemetlenséget okoz.; 내 대답에 그는 ~을 냈다 A válaszom kihozta a sodrából.

짜증내다 동 kijön a sodrából, ingerült lesz, dühbe jön; 그는 비가 오면 자주 짜증낸다 Gyakran kijön a sodrából, amikor esik az eső.

짝 명 pár, partner, vki megfelelője; 양말 한 ~ egy pár zokni; ~을 찾다 partnert keres

짝눈 명 nem azonos méretű szemek

짝사랑-하다 동 titokban szeret, távolról rajong; ~ 명 egyoldalú szerelem; 그의 사랑은 ~이었다 Szerelme nem talált viszonzásra.; 언니는 잘 생긴 선생님을 ~하고 있다 Anna titokban szereti a jóképű tanárt.

ㅈ

짝수 명 páros szám; ~의 páros számú; ~의 해 páros évek; ~날은 휴무다 Páros napokon nem vagyunk szolgálatban.

짝짓다 동 párosít, párosul, párba állít; 새를 ~ párosít egy madarat; 둘씩 셋씩 짝지어 오다 kettesével-hármasával jönnek

짝짝이 명 össze nem illő pár; ~ 양말을 신다 össze nem illő zoknit hord; 이 구두는 ~다 ez a két cipő nem illik össze

짠맛 명 sós íz

짠물 명 sós víz, tengervíz

짤막-하다 형 rövid, kurta; ~한 연설 rövid előadás; ~한 꼬리의 개 kurta farkú kutya

짧다 형 ❶ rövid; 짧게 말하면 ha röviden beszélek; 짧은 바지 rövidnadrág, térdnadrág; 사람의 일생은 ~ rövid az élet; 그의 짧은 말 속에는 만감이 교차하는 심경이 담겨 있다 Minden bonyolult érzelme bele van foglalva ebbe a rövid szóba. ❷ válogatós, különcködő; 그녀는 입이 ~ Válogatósan eszik. Finnyás az evésben.

짧아지다 동 rövidül; 겨울에는 해가 짧아진다 télen rövidülnek a napok; 연필이 ~ rövidül a ceruza

짬 명 szabadidő

짭짤-하다 형 sós; ~한 생선 반찬 jól megsózott halétel; ~한 국 sós leves

짱구 명 kidudorodó fej, elöl-hátul kidudorodó fej

째다[1] 동 felvág, feltép, szakít; 그는 칼로 주머니를 쨌다 Késsel felvágta a zsebét.

째다[2] 형 szűk, túl kicsiny; 이 옷은 너무 짼다 Ez az öltöny túl szűk nekem.

째려보다 동 ferde szemmel néz, barátságtalanul néz vkire; 내가 말을 너무 많이 하자 그녀가 째려보았다 A lány barátságtalanul nézett rám, amikor túl sokat beszéltem.

째지다 동 elszakad, hasítják, elvágják; 길게 째진 눈 hosszú, ferde vágású szem

쩔뚝거리다 동 sántikál; 난 다리가 부러져서 쩔뚝거리며 병원으로 갔다 Sántikálva mentem a kórházba, mert eltört a lábam.

쩔쩔매다 동 siettében összezavarodik; elveszíti a fejét; nem tudja, mit tegyen; 바빠서 ~ olyan elfoglalt, hogy azt sem tudja, hol áll a feje; 그는 쩔쩔매며 무엇을 해야 할지 몰라 했다 Siettében összezavarodva nem tudta, hogy mit kell tennie.

쪼개다 동 hasogat, oszt, elvág, elhasít; 둘로 ~ kettéoszt; 도끼로 통나무를 ~ fejszével felhasogatja a fatörzset

쪼그리다 동 lekushad, leguggol, meggörnyed, lekuporodik; 이야기가 오래 계속되자 그는 쪼그리고 앉았다 Lekuporodott, mert sokáig folytatódott a beszélgetés.

쪼다 동 ❶ megcsíp, felcsíp; 새가 콩을 ~ a madár felcsipegeti a babot ❷ vés; 정으로 돌을 ~ vésővel követ vés

쪼들리다 동 nehéz helyzetben van, szorításban él, erős nyomás nehezedik rá, elnyomják; 돈에 ~ pénzszűkében szenved; 가난에 ~ a szegénység szorításában él; 빚에 ~ adósságok gyötrik; 생활이 ~ nehéz élete van, nehezen tud megélni

쪼아먹다 동 csipeget; 닭들이 씨를 ~ a csirkék csipegetik a magokat

쪽[1] 명 egy darab, egy szelet; 마늘 한 ~ egy szelet fokhagyma; 수박 한 ~ egy szelet dinnye

쪽[2] 명 irány, oldal; 우리~ a mi oldalunk; 양~ mindkét fél; 다리 ~으로 가다 a híd felé megy; 길 건너기 전에 양~을 잘 살펴라 Nézz figyelmesen jobbra is, balra is, mielőtt átmész az utcán!; 범인은 서울역~으로 달아났다 A bűnöző a Szöul pályaudvar irányába menekült.

쪽박 명 kis lopótök

쪽빛 명 indigó(kék); ~ 바다 indigókék színű tenger

쪽지 명 cédula, papírszelet, (hátrahagyott) üzenet; ~에 몇 자 적다 néhány szót ír egy cédulára

쫀쫀-하다 형 szűkmarkú, garasos, fukar, zsugori, fösvény; ~한 사람 szűkmarkú / garasos ember

쫄깃-하다 형 finoman rágós, finoman ragacsos, finoman szívós; 고기 음식이 ~하다 finoman rágós a húsétel

쫄딱 부 teljesen; ~ 망하다 teljesen tönkremegy

쫓겨나다 동 kidobják, kicsapják, elbocsátják, kirúgják; 집에서 ~ kidobják a házból; 학교에서 ~ kicsapják az iskolából; 직장에서 ~ elbocsátják az állásából

쫓기다 동 ❶ üldözik; 쫓는 자와 쫓기는 자 üldöző és üldözött; 그는 쫓기고 있다 üldözik őt ❷ elfoglalt, nagyon leterheli (a munkája); 시간에 ~ időhiányban szenved; 나는 언제나 일에 쫓기고 있다 Mindig leköt a munkám.

쫓다 동 elkerget, elhesseget; üldöz, űz; követ; 새를 ~ elhessegeti a madarakat 사냥감을 ~ vadat űz; 도망하는 도둑의 뒤를 ~ üldöz egy menekülő tolvajt; 유행을 ~ követi a divatot; 아무도 그의 학식을 쫓을 수 없다 A tudományos életben nincs hozzá fogható.

쫓아가다 동 üldöz, követ; utolér; 애들이 나비를 쫓아간다 A gyerekek lepkéket kergetnek.; 남이 하는 대로 ~ követi mások példáját, másokat utánoz; 앞서가는 사람을 ~ utoléri az előtte haladó személyt; 그 여자의 요리 솜씨는 아무도 쫓아갈 수 없다 Senki sem veheti fel a versenyt az ő főzőtudományával.

쫓아내다 동 kicsap, elbocsát, kidob, kiküld, kikerget, kirúg; eltávolít; 학생을 학교에서 ~ kicsap egy diákot az iskolából; 하녀를 ~ elbocsátja a cselédlányt

쫓아다니다 동 követ vkit, vki után jár;

여자 꽁무니를 ~ lányok után jár

쫓아오다 동 követ, üldöz; utolér; 나를 쫓아오너라 Kövess engem!; 너무 빨리 걸어서 그는 쫓아오지 못했다 Túl gyorsan mentem, így nem tudott utolérni engem.

쬐다 동 rátűz vmire; 볕이 머리 위에 내리 ~ a nap rátűz a fejére

쭈그리다 동 leguggol, meghajt, kuporog, előrehajol, meggörnyed,; 쭈그린 자세로 guggoló helyzetben; 몸을 ~ testét mélyen meghajtja; 그는 쭈그리고 꽃을 땄다 Lehajolva virágokat szedett.

쯤 부 körülbelül, hozzávetőlegesen, megközelítően; 그는 내 나이~ 된다 Körülbelül annyi idős, mint én.; 500명~의 군중이 모였다 Körülbelül ötszáz fős tömeg gyűlt össze.; 열흘~ 전의 일이다 Körülbelül tíz nappal ezelőtt történt.; 잡지 하나~은 네게 거져 줄 수 있다 Legalább egy példányt ingyen adhatok neked a folyóiratból.; 사과의 말~은 해야 할 게 아닌가 Mindenesetre legalább bocsánatot kell kérned azért, amit tettél!

찌개 명 csige (bográcsgulyáshoz hasonló, párolt koreai étel); 된장 ~ babpasztával készített koreai bográcsgulyás; 생선 ~ halból készített csige; ~ 그릇 csigéhez használt tál

찌그러지다 동 eltorzul, deformálódik; 얼굴이 ~ eltorzul az arca; 차가 사고로 찌그러졌다 A kocsi deformálódott a baleset következtében.

찌꺼기 명 maradék, üledék; 밥 ~ rizsmaradék; 먹다 남긴 ~ ételmaradék

찌다[1] 동 meghízik, súlyt szed fel magára; 그는 너무 살이 쪘다 Nagyon meghízott.

찌다[2] 동 gőzöl, gőzzel főz, párol; 찐 고구마 gőzölt édesburgonya; 감자를 ~ párolja a burgonyát; 찬밥을 ~ hideg rizst gőzzel melegít fel

찌들다 동 ❶ piszkos lesz, piszkolódik; 땀에 찌든 옷 izzadságtól piszkolódott ruha ❷ viseltessé válik, megkeményedik; 살림에 ~ láthatóan megviselik a házi teendők

찌르다 동 átdöf, megdöf, megszúr, beledöf; 바늘로 손가락을 ~ megszúrja az ujját egy tűvel; 단도로 등을 ~ hátba döf vkit egy tőrrel

찌푸리다 동 ❶ borús, felhős; 찌푸린 날씨 felhős idő ❷ grimaszol, összehúzza a szemöldökét; 눈살을 ~ összehúzza a szemöldökét; 그는 고통으로 얼굴을 찌푸렸다 Grimaszolt a fájdalomtól.

찍다 동 rányom; nyomtat; 서류에 도장을 ~ rányomja a pecsétjét egy iratra; 1,000부를 ~ ezer példányt nyomtat ki belőle; 점을 ~ ponttal jelöl meg; 소수점을 ~ elhelyezi a tizedespontot; 사진을 ~ fényképet készít; 영화를 ~ filmfelvételt készít

찔리다 동 átszúrnak vmit, beledöfnek vmibe, a szívéig hatolnak; 손을 ~ megszúrják a kezét; 등을 찔려 죽다 halálos döfések érik a hátán; 그의 말에 가슴이 찔렸다 Lelkifurdalást éreztem annak hallatán, amit mondott.

찜통 명 pároló(edény)

찡그리다 동 fintorog, keserű arcot vág; 어머니가 얼굴을 찡그리고 나를 보셨다 Anyám fintorogva meredt rám.; 그는 고통으로 얼굴을 찡그렸다 Keserű arcot vágott a fájdalomtól.

찡-하다 형 meghatott; 나의 ~한 마음 a

meghatott szívem

찢기다 동 elszakad, eltépődik; 갈기갈기 ~ cafatokra szakad; 그의 옷이 가시 철망에 찢겼다 A ruhája elszakadt a szögesdróton.; 못에 소매가 걸려 찢겼다 Egy szög elszakította az ingujjamat.

찢다 동 elszakít, eltép; 입장권을 둘로 ~ kettészakít egy belépőjegyet; 편지를 갈기갈기 ~ darabokra tép egy levelet; 그는 손수건을 찢어 상처를 감았다 Elszakította a zsebkendőjét, és bekötözte a horzsolást.

찢어지다 동 elszakad, eltépődik; 쉽게 ~ könnyen elszakad; 그 옷을 너무 세게 잡아당기면 찢어진다 Ha túl erősen húzod a ruhát, el fog szakadni.; 이 옷은 좀처럼 찢어지지 않는다 Ez a ruha nem fog elszakadni.; 그는 찢어지게 가난하다 Olyan szegény, mint a templom egere.

찧다 동 őröl, tör; 절구에 쌀을 ~ mozsárban rizst őröl; 벽에 이마를 ~ fejjel megy a falnak; 엉덩방아를 ~ puffanva leesik

ㅊ

차[1] 명 autó, kocsi

차[2] 명 tea; ~를 한 잔 마시다 iszik egy csésze teát; 녹~ zöld tea; 홍~ fekete tea

차갑다 형 hideg, jeges, fagyos; ellenszenves, barátságtalan; 차가운 날씨 hideg idő; 차가운 사람 jégszívű ember; 차가운 태도 hideg hozzáállás; 차가운 눈으로 보다 hideg pillantást vet vkire; 차가워지다 lehűl; 최근에 나를 대하는 그녀의 태도가 차가워졌다 A lány az utóbbi időben fagyos magatartást tanúsított velem szemben.

차고 명 garázs; 자동차를 ~에 넣다 garázsba viszi az autót; 자동차를 ~에 넣어 두다 garázsban tartja az autót

차곡차곡 부 rendezett formában, szépen elrendezve, egyenként, egyik a másik után; 옷을 ~ 개다 szépen elrendezve összehajtogatja a ruhákat; 책을 ~ 꽂다 szép rendben elraktározza a könyveket

차관[1] 명 kölcsön, hitel; 단기 ~ rövid lejáratú hitel; 현금 ~ készpénzben felvett kölcsön; ~을 신청하다 kölcsönért folyamodik; ~을 얻다 kölcsönt kap; ~을 제공하다 hitelt nyújt; 그들은 우리나라에 30억 달러의 ~을 요청했다 Hárommilliárd dollár értékű kölcsönt kértek országunktól.

차관[2] 명 miniszterhelyettes; 교육부 ~ oktatási miniszterhelyettes; ~급의 miniszterhelyettesi rangú; 남북한 간의 ~급 회의 miniszterhelyettesi szintű tárgyalások a két Korea között

차관보 명 államtitkár

차근차근 부 lépésről lépésre, módszeresen, szisztematikusan; 일을 ~ 처리하다 lépésről lépésre intéz el egy ügyet; 복잡한 문제를 ~ 해결하다 módszeres eljárással megold egy bonyolult problémát

차기 명 következő terminus; ~ 대통령 a következő elnöki terminusra megválasztott személy; ~ 정권 a következő politikai hatalom

차남 명 második fiú(gyermek)

차녀 명 második leány(gyermek)

차다[1] 동 ❶ megtelik; 배가 ~ tele van a gyomra; 방에 사람이 가득 ~ tele van zsúfolva emberekkel a szoba; 스케줄이 꽉 차 있다 Az idejét teljesen kitöltik a különböző programok. ❷ megelégedik, megelégszik; 마음에 ~ meg van elégedve

차다[2] 동 ❶ rúg vmit; 공을 ~ labdát rúg; 정강이를 ~ megrúgja vki lábát ❷ csettint; 혀를 ~ csettintget a nyelvével

차다[3] 동 hozzácsatol, visel, hord, bilincsel; 시계를 ~ órát visel; 칼을 ~ kardot visel az oldalán; 쇠고랑을 차고 있다 meg van bilincselve

차다[4] 형 hideg, hűvös; 찬물 hideg víz; 찬바람 hideg szél; 마음이 찬 사람 hideg szívű személy; 차게 한 lehűtött, jegelt; 바깥은 영하의 찬 날씨이다 Fagypont alatti hideg van odakinn.; 뜨거운 여름에는 찬 맥주 한 잔이 제일이다 Semmi sem ér többet, mint egy pohár hideg sör egy forró nyári napon.

차단-하다 동 lezár, meggátol, elszigetel; ~ 명 lezárás, elszigetelés; 교통을 ~하다 lezárja a forgalmat

차도 명 autóút; ~를 횡단할 때는 잘 살피도록 해라 Vigyázz, amikor átmész az autóúton!; 어린 아이가 ~로 뛰어들어 차에 부딪쳤다 Egy gyerek kirohant az autóútra, és elütötte egy autó.

차라리 부 inkább; ~ 가는 것이 좋겠다 Inkább menj el!; 나는 ~ 이편을 택하겠다 Inkább ezt választanám.; 그들은 굴복하느니 ~ 죽음을 택한다 Inkább meghalnak, mintsem engednének.

차량 명 jármű; ~에 의한 수송 járművel történő szállítás; ~ 통행금지 Járművekkel tilos az átjárás!; ~ 등록 járművek nyilvántartásba vétele; ~ 번호판 rendszámtábla

차려입다 동 kiöltözködik, felöltözködik, kiöltözik, kicsípi magát; 화려하게 ~ cifrán kiöltözködik; 차려입은 아가씨들 kiöltözködött lányok; 옷을 ~ kiöltözködik vmihez / vmire

차례 명 ❶ rend, sor, sorrend; ~ 없이 rendetlenül, véletlenszerű sorrendben; ~를 기다리다 várja a sorát; 연주회는 오후 9시부터 프로그램에 따라 ~대로 진행되었다 A hangverseny este 9 órától a műsornak megfelelő sorrendben folytatódott.; ~가 뒤바뀌다 rosszul van összeállítva ❷ idő, forduló; 한 ~ egyszer; 여러 ~ többször; 책을 세 ~ 읽다 háromszor olvas el egy könyvet

차례로 부 egyenként, rendben, sorrendben, sorban, egymás után; 학생들이 ~ 교실에서 나오다 A diákok egyenként kijönnek a tanteremből.

차리다 동 megterít, felkészül, elkészül, elrendez, megnyit, megkezd, létrehoz, felállít; 밥상을 ~ megteríti az asztalt; 점포를 ~ boltot nyit; 의식을 ~ visszanyeri az eszméletét; 속지 않게 정신을 ~ öntudatánál marad, nehogy becsapják; 체면을 ~ megőrzi a látszatot / az arcát

차림 명 öltözék, megjelenés, külső; 단정한 ~으로 rendesen van öltözve; 초라한 ~으로 viseltesen van öltözve; 이런 ~으로는 남 앞에 못 나간다 Nem nézek ki elég jól ahhoz, hogy megmutassam magam.

차멀미-하다 rosszul lesz az autózástól, hányingere van az autózástól; ~ 명 autózás által okozott rosszullét; 그녀는 버스만 타면 ~를 한다 Mindig rosszul lesz, valahányszor buszon utazik.

차명 명 felvett név; ~으로 felvett névvel; ~ 계좌 felvett néven nyitott bankszámla

차별성 명 megkülönböztetés, különbségtétel, különbségtevés

차별-하다 hátrányos megkülönböztetést alkalmaz vkivel szemben, különbséget tesz vkik között; ~ 명 megkülönböztetés, diszkrimináció; 인종 ~ faji megkülönböztetés; ~ 관세 diszkriminatív vámok; ~ 세율 diszkriminatív adó rátája; ~ 임금 differenciált bérezés; ~ 조항 diszkriminatív szabályozás; 그 회사는 사람을 고용할 때 외국인을 ~ 한다 A cég hátrányos megkülönböztetést alkalmaz a külföldiekkel szemben az alkalmazás terén.

차분-하다 형 nyugodt, összeszedett; ~한 태도 összeszedett / nyugodt magatartás; ~한 목소리로 nyugodt hangulatban

차분히 부 nyugodtan, összeszedetten; ~ 생각하다 nyugodtan átgondol vmit

차비 명 viteldíj, úti költség; ~를 내다 kifizeti az úti költséget; 서울까지의 왕복 ~는 얼마입니까 Mennyi a viteldíj Szöulig és vissza?

차석 명 következő ülőhely; ~의 a rangban utána következő; ~자 a második helyezett

차선 명 közlekedési sáv; 4~ 도로 négysávos út; ~을 지키다 a saját sávjában marad; ~을 바꾸다 sávot vált; 서울－대전 간의 고속도로를 8~으로 확장하다 Nyolcsávos úttá bővítik ki a Szöul és Tedzson közötti autópályát.

차세대 명 a következő generáció

차액 명 különbség, különbözet; 양쪽 값의 ~ a két ár közötti különbség; ~을 메우다 pótolja a különbséget; ~을 지불하다 kifizeti a különbözetet

차용-하다 kölcsönöz, kölcsönt kér; ~ 명 kölcsönzés; 돈의 ~을 부탁하다 kölcsönt kér vkitől; 위 금액의 ~을 확인함 Elismerem, hogy kölcsönvettem a fentebb leírt összeget.; ~금 kölcsönvett pénz; ~증 kölcsönről szóló írásos elismervény

차원 명 dimenzió; 다~의 többdimenziós; 4~의 세계 a négydimenziós világ; 나의 견해와 그의 견해는 ~이 다르다 Az én nézetem más szinthez tartozik, mint az övé.

차이 명 különbség, eltérés, aránytalanság, egyenlőtlenség, szakadék; 의견의 ~ nézetkülönbség; 연령의 ~ korkülönbség; 양자 사이에는 아무런 ~도 없다 nincs különbség a kettő között; A와 B의 ~점을 밝히다 tisztázza, miben különbözik A B-től

차장 명 segédrendező; helyettes főnök; 편집 ~ segédszerkesztő; ~ 검사 a főügyész helyettese

차지-하다 동 elfoglal; ~ 명 elfoglalás; 자리를 ~하다 elfoglalja a helyet

차질 명 kudarc, balsiker; ~이 생기다 kudarcot vall, rosszul sikerül vmi; 사업에 ~이 생겼다 Az üzlet rosszul sikerült.; 그 계획은 사소한 잘못으로 ~이 생겼다 Egy csekély hiba miatt a terv kudarcba fulladt.

차차 부 ❶ fokozatosan, apránként, lépésről lépésre; ~ 일에 익숙해지다 fokozatosan hozzászokik a munkához; ~ 높은 지위로 승진하다 lépésről lépésre magasabb pozícióba jut; 해가 ~ 길어진다 a napok egyre hosszabbra nyúlnak ❷ előbb-utóbb, később; ~ 아시게 될 겁니다 Előbb-utóbb meg fogja érteni.; 돈은 ~ 적당한 때에 갚아도 된다 Majd később visszafizeted a pénzt, amikor neked megfelel.

차창 명 autóablak; ~ 밖에 비치는 경치 az autó ablakából nyíló kilátás; ~ 밖을 내다보다 kinéz az autó ablakán

차체 명 karosszéria, járműfelépítmény; ~가 낮은 자동차 alacsony karosszériájú autó

차츰 부 fokozatosan, apránként, lépésről lépésre; ~ 환자의 상태가 좋아지다 apránként javul a beteg állapota

차치-하다 동 magára hagy, félretesz; 농담은 ~하고 Félre a tréfával!

차표 명 vonatjegy; 대구까지 직행 ~를 사다 vesz egy jegyet Teguig; ~를 검사하다 jegyet ellenőriz; ~를 보여 주세요 Kérem a jegyet!; 이 ~는 3일간 유효함 Ez a jegy három napig érvényes.; ~ 자동판매기 jegyautomata

차후 명 ezután, a jövőben; ~로는 더욱 조심해라 A jövőben legyél óvatosabb!

착각-하다 동 félreismer, rosszul mér fel vmit; ~ 명 félreismerés, félreértés, tévedés; 도둑으로 ~하다 tévedésből rablónak néz vkit; 나는 마치 내 방에 있는 듯한 ~에 빠져 있었다 Az volt a téves benyomásom, hogy a saját szobámban vagyok.

착공-하다 동 elkezdi az építkezést; ~ 명 az építkezés megkezdése; 그 공사는 다음주에 ~ 된다 Az építkezés a jövő héten fog kezdődni.

착륙-하다 동 leszáll, földet ér, landol; ~ 명 leszállás, földet érés, landolás; 비행기는 비행장에 무사히 ~했다 A repülőgép biztonságosan földet ér a repülőtéren.; 자동 ~장치 automatikus futómű; ~ 지시기 leszállásjelző; ~ 지점 leszállási pont

착상-하다 동 kitervel, megfogan benne egy terv; ~ 명 ötlet, koncepció, elképzelés; 좋은 ~ jó ötlet; 기발한 ~ újszerű gondolat; ~이 떠오르다 egy ötlet merül fel az agyában

착수-하다 동 (meg)kezd, elindít vmit, belefog, belevág vmibe; ~ 명 kezdet; 일에 ~하다 belefog a munkájába; 계획에 ~하다 hozzáfog egy terv megvalósításához; 그는 새로운 사업에 ~했다 Új vállalkozásba fogott.; 우리는 곧 조사에 ~했다 Azon nyomban vizsgálódni kezdtünk.

착실-하다 형 szorgalmas, hűséges; ~한 학생 szorgalmas diák

착실히 부 hűségesen, szorgalmasan; 일을 ~ 하다 hűségesen végzi a munkáját

착오 명 hiba, tévedés; 뭔가 ~가 있다 valami tévedés van; 시행 ~ próbálkozás során bekövetkezett hiba; 그의 착상은 시대 ~에 지나지 않는다 Az elképzelései anakronisztikusak.

착용-하다 동 felvesz, visel, hord; ~ 명 viselet; 제복을 ~하다 egyenruhát hord; 이 행사에는 예복을 ~해야 한다 Ebből az alkalomból öltönyt kell viselni.

착잡-하다 형 bonyolult, komplikált, fogós; ~한 상황 komplikált helyzet

착취-하다 동 kizsákmányol vkit, kizsarol; kicsikar vmit vkitől / vkiből; ~ 명 pénzkicsikarás, kizsarolás, kipréselés; 식민지를 ~하다 kizsákmányol egy gyarmatot; 고용주가 고용인을 ~했다 A munkaadó kizsákmányolta a munkásait.

착하다 형 jó természetű, rendes, melegszívű, gyengéd szívű; 착한 사람 rendes / jó ember, jó természetű ember; 착한 행동 jótett; 마음이 착한 jószívű; 착한 일을 하다 valami jót tesz; 착하지, 울지 마라 Ne sírj, légy jó fiú!

찬란-하다 형 ragyogó, fénylő, csillogó; ~한 별 fénylő csillag; ~한 보석 ragyogó ékszer; ~하게 빛나다 ragyogóan fénylik

찬물 명 hideg víz; ~을 끼얹다 hideg vizet locsol magára; ~을 한 잔 들이켜다 megiszik egy csésze hideg vizet

찬바람 명 hideg szél, hideg levegő; 살을 에는 듯한 ~ metsző szél; ~을 쐬다 kiteszi magát a hideg szélnek

찬밥 명 hideg rizs

찬사 명 dicséret, dicshimnusz, méltatás; 아낌없는 ~ gáttalan dicséret; ~를 보내다 dicshimnuszt zeng vkiről; 그의 공적은 어떠한 ~로도 다 표현할 수 없다 Az ember nem méltathatja eléggé az eredményeit.

찬성-하다 동 egyetért vmivel, beleegyezik vmibe, beleegyezését adja vmihez; ~ 명 beleegyezés, megegyezés, jóváhagyás, egyetértés; 그의 의견에 ~하다 egyetért a véleményével, elfogadja a véleményét; 그의 제안에 ~하다 egyetért az ajánlatával; ~을 표명하다 kifejezi egyetértését; 나는 전적으로 네 의견에 ~이다 Teljesen egyetértek a véleményeddel.

찬송 명 dicsőítés

찬송가 명 himnusz, zsoltár; ~를 부르다 himnuszt énekel, zsoltárt énekel; ~ 작가 himnuszíró, zsoltáríró

찬스 명 esély, lehetőség; 절호의 ~ tökéletes lehetőség; ~를 잡다 megragadja az esélyt; ~를 엿보다 alkalomra vár; ~를 놓치다 elszalasztja az esélyt; 이것은 일생에 한 번 오는 ~다 Ez életre szóló lehetőség.

찬양-하다 동 dicsőít, dicsér, méltat; ~ 명 dicsőítés, dicséret, méltatás; ~할 만하다 dicséretre méltó; 용기를 ~하다 vki bátorságát dicséri / méltatja; 극구 ~하다 az egekig dicsér; 하나님을 ~하다 dicsérik Istent

찬조-하다 동 támogat, patronál, szponzorál; ~ 명 támogatás, patronálás, szponzorálás; ~ 연설 támogató beszéd; ~ 연설을 하다 beszédet mond egy jelölt támogatására; ~ 출연 vendégként való megjelenés; ~ 출연하다 vendégsztárként jelenik meg

찬찬-하다 형 figyelmes, nagyon gondos, nyugodt, higgadt; 그는 성격이 아주 ~하다 Nagyon nyugodt és figyelmes.

찰기 명 ragadósság; 밥이 ~가 있다 ragadós a rizs

찰나 명 pillanat; 그 ~에 éppen abban a pillanatban; 그가 뚜껑을 여는 ~에 abban a pillanatban, amikor felnyitotta a fedőt; 자동차를 피하는 ~에 éppen amikor kikerült egy autót

찰랑거리다 동 csobban, nyaldos, csapódik, hullámzik; 물결이 해안에 ~ a hullámok nyaldossák a partot

찰흙 명 agyag

참[1] 명 igazság, valóság, tény; ~임을 증명하다 tanúsítja vmi igaz voltát

참[2] 명 pillanat, idő; 이 ~에 ebben a pillanatban

참[3] 부 valóban, igazán, tényleg, nagyon is, biztosan; ~ 좋다 elég jó; ~ 놀랐다 Igazán meglepődtem.; 그는 ~ 훌륭한 인격자다 Ő valóban erényes ember.; 오늘은 ~ 덥다 Szörnyű meleg van ma.; ~ 바보로군 Milyen ostoba!

참가국 명 résztvevő ország

참가자 명 résztvevő

참가-하다 동 részt vesz vmiben, csatlakozik vmihez: ~ 명 részvétel, csatlakozás; 경기에 ~하다 részt vesz egy versenyen; 여름 강습회에 ~하다 csatlakozik a nyári iskolához; 사람들은 그 집회에 ~할 것을 그녀에게 촉구했다 Biztatták, hogy vegyen részt a gyűlésen.

참견-하다 동 beleavatkozik vmibe, beavatkozik, beleüti az orrát vmibe; ~ 명 beleavatkozás; 말다툼에 ~하다 beleavatkozik a vitába; 그는 매사에 ~을 한다 Mindenbe beleüti az orrát.

참고문헌 명 bibliográfia, felhasznált irodalom

참고서 명 segédkönyv

참고인 명 tanúságtevő, igazoló

참고-하다 동 utal, hivatkozik, információt keres; ~ 명 utalás, hivatkozás; 계획을 세우기 전에 여러 사람의 의견을 ~하다 Több embert is megkérdezett, mielőtt kidolgozta a tervét.; 그것에 관해서는 ~할 만한 문헌이 거의 없다 Nagyon kevés irodalomra lehet hivatkozni ezzel kapcsolatban.; ~ 자료 hivatkozási adatok

참관-하다 동 megtekint, felügyel; ~ 명 megtekintés, felügyelés; 강의를 ~해도 되겠습니까 Megtekinthetem az előadást?

참기름 명 szezámolaj

참깨 명 szezám, szezámmag; ~를 빻다 szezámmagot őröl

참나무 명 tölgyfa

참다 동 ❶ elvisel, kibír, eltűr, kitart vmiben; 굴욕을 ~ elviseli a megalázást; 졸음을 ~ kibírja az álmosságát; 참을 수 있는 elviselhető, kibírható; 참을 수 없는 elviselhetetlen, kibírhatatlan; 그는 아픔을 계속 참을 수가 없었다 Nem bírta tovább a fájdalmat. ❷ elfojt, visszafojt, uralkodik magán, visszatartja magát vmitől; 노여움을 ~ elfojtja a haragját; 웃음을 ~ elfojtja a nevetését; 눈물을 ~ visszatartja a könnyeit; 오줌을 ~ visszatartja a vizeletét

참담-하다 형 keserves, szánalmas; ~한 결과 keserves eredmény; 그들의 생활은 참으로 ~했다 Az életük igazán szánalmas volt.

참되다 형 igaz, becsületes, helyes gondolkodású, igazságos; 참되게 becsületesen; 참된 친구 igaz barát; 참된 용기 igazi bátorság; 그이야 말로 참된 학자다 Ő igazi tudós.

참뜻 명 igazi jelentés, valódi szándék; ~을 오해하다 félreismeri vki valódi szándékait; 이것은 그의 ~과 다르다 Ez távol áll a valódi szándékaitól.; 실제로 무슨 말을 하려고 하는지 그의 ~을 잘 모르겠다 Nem ismerem a valódi szándékait, hogy valójában mit akar ezzel mondani.

참말 명 valós állítás, igaz beszéd, az igazság; ~같은 이야기 igaznak tetsző történet, valószerűen hangzó történet; ~로 믿다 igaznak tekint, hitelt ad egy kijelentésnek; 그 소문은 ~인가 Van valami igazság ebben a híresztelésben?; 그 이야기는 어쩐지 ~인 것 같다 A történet valahogyan igaznak tűnik.

참말로 부 valóban, igazán, valójában, ténylegesen, szívből, őszintén; 그의 말은 ~ 이상하다 A beszéde valóban furcsa.

참모 명 tanácsadó, vezérkari tiszt, vezérkar, tanácsos; 김씨의 ~역 Kim úr tanácsadója; ~로서 활동하다 vki tanácsadójaként tevékenykedik; 저 사람은 사장의 ~다 Az az ember az elnök egyik tanácsadója.

참배자 명 szentélyt meglátogató, imádkozó

참배-하다 동 szentélyt meglátogat, imádkozik; ~ 명 szentély meglátogatása, imádkozás; 국립묘지를 ~하다 meglátogatja a Nemzeti Temetőt

참사 명 tragédia, katasztrófa, szörnyű baleset; ~를 일으키다 szörnyű balesetet okoz; 여객기 추락은 대~였다 A repülőgép lezuhanása tragikus baleset volt.

참상 명 szörnyű látvány, nyomorúságos körülmény; 기근의 ~ az éhínség nyomorúsága; 전쟁의 ~ a háború szörnyű jelenetei; ~을 직접 목격하다 A szörnyű látványt a saját szemével látja.

참새 명 veréb; ~떼 verébcsapat; ~처럼 재잘거리다 csiripel, mint egy veréb

참석자 명 jelenlevő, résztvevő

참석-하다 동 megjelenik, részt vesz vmiben, jelen van; ~ 명 részvétel, jelenlét; 회의에 ~하다 részt vesz egy gyűlésen; 많은 친구들이 그의 결혼식에 ~했다 Sok barátja jelent meg az esküvőjén.; 내일 밤의 축하 파티에 ~해 주시겠습니까 Ott lesz az ünnepi partin holnap este?

참선-하다 동 zen meditációt gyakorol; ~ 명 zen meditáció; 그는 벌써 2시간째 ~ 중이다 Már két órája gyakorolja a zen meditációt.

참신-하다 형 újszerű, innovatív; ~한 생각 újszerű ötlet; 소설 주제가 ~하다 innovatív a regény témája

참여-하다 동 részt vesz vmiben; ~ 명 részvétel; 국정에 ~하다 részt vesz az államügyek intézésében; 경영에 ~하다 van beleszólása az irányításba

참외 명 keleti dinnye

참으로 부 igazán, valóban, tényleg, nagyon, eléggé; 그 소년은 ~ 영리하다 Az a fiú valóban okos.; ~ 아름다운 장미다 Milyen gyönyörű rózsa!; 그는 ~ 위대한 정치가였다 Ő valóban nagy politikus volt.

참을성 명 türelem, kitartás, tűrés, állhatatosság; ~이 있다 türelmes; ~ 있게 türelmesen, állhatatosan; 그는 ~있게 기다렸다 Türelmesen várt.; 그는 ~이 없다 Ő türelmetlen.

참작-하다 동 utal vmire, tekintetbe vesz; ~ 명 utalás, megfontolás; 정상을 ~하여 a körülmények tekintetbe vételével; 사정을 ~하다 tekintetbe veszi a körülményeket; 우리들은 그가 아직 어리다는 점을 ~해 주어야 한다 Tekintettel kell lennünk fiatal korára.

참전-하다 동 részt vesz a háborúban, háborúba megy; ~ 명 részvétel egy háborúban, belépés a háborúba; ~하지 않다 nem vesz részt a háborúban; 유엔 측으로 ~하다 az ENSZ oldalán részt vesz a háborúban

참정권 명 választójog, szavazati jog; ~을 주다 választójoggal ruház fel, választójogot ad; ~을 획득하다 választójogot kap; 여성 ~ női választójog

참조-하다 동 utal vmire, hivatkozik; ~ 명 utalás, hivatkozás; 앞 장을 ~하다 utal egy korábbi fejezetre; 제 2장을 ~하시오 Lásd a második fejezetet!; 각주를 ~하시오 Lásd a lábjegyzeteket! 자세한 것은 별지를 ~하여 주십시오 Ha kíváncsi a részletekre, kérjük, nézze meg a mellékelt lapot!

참치 명 tonhal

참패-하다 동 megsemmisítő vereséget szenved, tönkreverik: ~ 명 megsemmisítő vereség; 지난 번 선거에서 나는 상대 후보에게 ~ 당했다 A legutóbbi választás során megsemmisítő vereséget szenvedtem a másik jelölttől!

참-하다 형 szelíd, szerény, mértéktartó; ~해 보이는 szelíd kinézetű; ~한 아가씨 szerény / mértéktartó lány

참호 명 lövészárok; ~를 파다 lövészárkot ás; ~ 생활 élet a lövészárokban

참혹-하다 형 szörnyű, szánalmas; ~한 생활 szörnyű élet; ~한 상태 szörnyű állapot

참회-하다 동 megvallja bűnét, bűnbánatot tart, megbán vmit; ~ 명 megvallás; ~의 눈물 bűnbánó könnyek; ~의 생활 bűnbánó élet; 그녀는 자신의 죄를 신부에게 ~했다 Megvallotta bűneit a papnak.

찹쌀 명 ragacsos rizs; ~ 경단 ragacsos rizslisztből készített gombócok

찹쌀가루 명 ragacsos rizsliszt

찻값 명 teaár

찻길 명 autóút

찻잔 명 teáscsésze

찻집 명 teaház, kávéház

창[1] 명 ablak; ~을 열다 kinyitja az ablakot; ~을 닫다 becsukja az ablakot; ~밖을 내다보다 kinéz az ablakon; ~으로 안을 들여다보다 benéz az ablakon; 도둑은 ~으로 침입했다 A tolvaj az ablakon át jutott be.; 눈은 마음의 ~이다 A szemek az agy ablakai.

창[2] 명 dárda, gerely, lándzsa; ~으로 찌르다 dárdát döf vkibe, gerelyt vet

창가 명 ablak mellett; ~에 앉아있다 az ablak mellett ül

창고 명 raktár, depó (épület); ~에 보관하다 raktároz; ~ 종사자 raktáros

창구 명 ablak, pénztárablak; 등기 우편은 6번 ~입니다 Az ajánlott levelekkel a hatos ablaknál foglalkoznak.; 5번 ~로 가십시오 Kérem, menjen az ötös ablakhoz!; 매표 ~ jegyárusító ablak; 출납 ~ pénztárablak

창녀 명 prostituált, utcalány; ~가 되다 prostituált lesz; ~로 팔리다 eladják prostituáltnak; ~ 생활을 하다 az utcán él, prostituáltként dolgozik

창단 명 alapítás; 팀의 ~ 회원 a csoport alapító tagja

창립-하다 동 létrehoz, megalapít, megszervez, felállít; ~ 명 megalapítás, létrehozás, megszervezés; ~ 30주년을 축하하다 megünnepli az alapítvány létrehozásának 30. évfordulóját; ~ 기념일 a megalapítás évfordulója; 한국 대학교는 1954년에 ~ 되었다 A Hankuk Egyetemet 1954-ben alapították meg.

창문 명 ablak; ~ 밖으로 손이나 얼굴을 내밀지 마라 Ne dugd ki a fejedet vagy a kezedet az ablakon!

창백-하다 형 sápadt, halálsápadt; ~한 얼굴 sápadt arc; ~해지다 sápad, sápadozik; 놀라서 얼굴이 ~하다 sápadt az arca az ijedségtől

창설 명 megalapítás, létrehozás, megszervezés; 군 ~ 50주년 기념 a hadsereg megalapításának az 50. évfordulója

창세기 명 Teremtés (a Biblia első könyve)

창시자 명 alapító, szervező

창안-하다 동 tervez, létrehoz; ~ 명 tervezés, létrehozás; 새로운 사업을 ~하다 új üzletet tervez; 새로운 방법을 ~하다 létrehoz egy új módszert

창업-하다 동 elindít egy vállalkozást: ~ 명 vállalkozás megalapítása; ~한 이래 a megalapítás óta; ~ 10주년을 축하하다 megünnepli az alapítvány 10. évfordulóját; 폐사는 ~된지 50년이 되었습니다

50 év telt el a társaság megalapítása óta.

창유리 명 üveglap, ablaküveg; ~를 깨다 betör egy ablakot; ~를 끼우다 ablakot beüvegez; ~ 닦개 szélvédőmosó

창의력 명 eredetiség, leleményesség, alkotóképesség, kreativitás; ~이 부족하다 hiányzik belőle a(z) eredetiség / találékonyság; ~을 발휘하다 kifejezésre juttatja a találékonyságát / leleményességét; 그녀는 ~이 풍부하다 Kreatív szelleme van.

창의성 명 kreativitás, eredetiség

창자 명 bél, belső szerv; 생선의 ~를 빼내다 kibelez egy halat; ~가 끊어지듯이 배가 아프다 metsző gyomorfájása van

창작-하다 동 teremt, alkot, feltalál, irodalmi művet ír; ~ 명 alkotás, teremtés, termelés, előállítás, produkció, irodalmi mű írása; ~에 종사하다 irodalmi mű írásával foglalkozik; ~을 그만두다 felhagy a regényírással ~욕 alkotási vágy; ~ 활동 alkotótevékenység

창조력 명 teremtőerő

창조성 명 kreativitás

창조자 명 teremtő, alkotó, a Teremtő

창조적 kreatív, alkotó; ~적 예술 alkotóművészet; ~적 발전 alkotási fejlődés

창조-하다 동 teremt, alkot, létrehoz; ~ 명 teremtés, alkotás, létrehozás; 천지 ~의 신화 teremtésmítosz; 천지 ~ 이래 a világ teremtése óta; 하느님이 만물을 ~했다 Minden dolgot Isten teremtett meg.; ~물 teremtmény

창틀 명 ablakkeret

창피-하다 형 szégyenletes; ~ 명 szégyen; ~한 일 szégyenletes dolog; ~를 주다 szégyenbe hoz vkit; ~해서 얼굴을 들지 못하다 elsüllyed szégyenében

창호지 명 ablakpapír

찾다 동 ❶ keres, felkutat, kutat; 실종된 사람을 ~ felkutat egy eltűnt személyt; 셋집을 ~ bérelhető lakást keres; 일자리를 ~ munkát keres ❷ megtalál, felfedez; visszaszerez; 잃어버린 반지를 ~ megtalálja az elveszett gyűrűjét; 잃었던 영토를 ~ visszaszerzi az elveszített területet ❸ meglátogat; 단풍을 보러 설악산을 ~ Meglátogatja a Szorak hegyet, hogy megnézze az őszi leveleket.; 언제쯤 찾아뵐까요 Mikor menjek el hozzá látogatóba?

찾아가다 동 ❶ felkeres, meglátogat 의사를 ~ felkeresi az orvost ❷ visszavesz, visszaszerez 그 학생이 지갑을 찾아갔다 A diák visszavette a pénztárcát.

찾아내다 동 megtalál, kitalál, felfedez, felkutat; 방법을 ~ megtalálja a módját; 보물을 ~ felkutatja a kincset

찾아다니다 동 keres vmit; kutat vmi után; 해결책을 ~ kutat a megoldás után

찾아보다 동 ❶ megpróbál felkutatni; 해결책을 ~ megpróbálja felkutatni a megoldást ❷ elmegy megnézni vmit; 선생님을 가끔 찾아뵈다 néha elmegy megnézni a tanár urat ❸ kikeres; 단어를 사전에서 ~ kikeresi a szót a szótárban

찾아오다 동 meglátogat, felkeres vkit; 그 학생은 일 년에 한 번씩 나를 찾아온다 A diák felkeres engem évenként egyszer.

채[1] 명 vékony csík (zöldségből), felszeletelt, csíkokra vágott zöldségek; 무를 ~치다 retket vékony csíkokra vág

채[2] 부 még nem, csak; 3분도 ~ 못 되어 kevesebb, mint három percen belül;

열 달이 ~ 되지 못하다 még tíz hónap sem telt el; 1킬로도 ~ 못가서 소나기를 만났다 Még egy kilométert sem mentem, amikor elkapott egy zápor.

채권[1] 명 kötvény; ~의 소유자 kötvénytulajdonos; 5푼 이자의 ~ öt százalékos kamatozású kötvény; ~을 발행하다 kötvényeket bocsát ki; ~을 사다 kötvényt vásárol

채권[2] 명 hitel, követelés; 그에 대한 ~이 있다 Követelésem van vele szemben.; ~ 담보 kötelezettséghez tartozó biztosíték

채권국 명 hitelező ország

채권법 명 a kötelezettségekre vonatkozó törvény

채권자 명 hitelező

채널 명 csatorna; ~을 선택하다 csatornát választ; ~을 딴 데로 돌리다 átkapcsol egy másik csatornára; 6번 ~에서는 무엇을 하니 Milyen műsor megy a 6-os csatornán?

채무 명 adósság, pénzügyi kötelezettség; ~를 상환하다 visszafizeti adósságát; ~ 상환비율 adósságszolgálati ráta; 그는 나에게 ~ 이행을 독촉했다 Sürgetett, hogy fizessem meg neki a tartozásomat.

채무국 명 adós ország

채무자 명 adós, kölcsönt felvevő személy, kötelezettséggel tartozó személy

채비-하다 동 felkészül vmire, előkészületeket tesz vmire, előkészül vmire, felszereli magát; ~ 명 előkészület, felszerelés, felkészülés; ~도 없이 felkészülés nélkül; 길 떠날 ~를 하다 előkészületeket tesz az utazásra; 파티를 치를 ~가 다 되었다 Minden elő van készítve a partihoz.

채색-하다 동 színez, fest; ~ 명 színezés, festés; ~한 színezett, festett; 지도에 ~하다 kiszínez egy térképet; 벽을 노랗게 ~하다 sárgára festi a falat

채소 명 zöldség; 붉은 ~ vörös zöldség; ~를 가꾸다 zöldséget termeszt; ~ 요리 zöldségből készített étel; ~ 장수 zöldséges, zöldségárus, zöldségkereskedő; 될 수 있으면 많은 ~를 먹도록 해라 Próbálj annyi zöldséget enni, amenynyit csak lehetséges!

채소가게 명 zöldséges bolt

채소밭 명 zöldségeskert, zöldségekkel bevetett föld

채신 명 modor

채신없다 형 modortalan; ~없이 행동하다 modortalanul viselkedik; ~없이 말하다 modortalanul beszél

채용-하다 동 alkalmaz, felvesz, szolgálatába fogad; ~ 명 alkalmazás, felvétel; 그를 비서로 ~하다 titkárként alkalmaz vkit; 그의 ~ 여부는 며칠 내로 결정될 것이다 néhány napon belül eldől, alkalmazzák-e; ~ 조건 alkalmazási feltétel; ~ 통지 értesítés alkalmazásról

채우다[1] 동 bezár, kulcsra zár; 단추를 ~ begombol; 자물쇠를 ~ bezár egy zárat

채우다[2] 동 ❶ kikerekít, kiegészít, kipótol; 백을 ~ ki- / felkerekít 100-ra; 부족액을 ~ kipótolja a hiányt ❷ kitölt, feltölt, megtölt; 배를 ~ megtölti a gyomrát, teleeszi magát; 병에 물을 ~ megtölt vízzel egy palackot; 임기를 ~ kitölti a hivatali idejét ❸ kielégít, teljesít; 욕망을 ~ kielégíti a vágyát; 정욕을 ~ kielégíti a kéjvágyát

채우다[3] 동 ráerősít vmit vmire; 손목에

시계를 ~ ráerősíti az órát a csuklóra; 수갑을 ~ megbilincsel vkit

채점-하다 osztályoz; ~ 명 osztályzat, rangsorolás; 답안 ~으로 바쁘다 el van foglalva a dolgozatok javításával; 100점 만점으로 ~하다 100-as skálán ad osztályzatot a dolgozatra; ~에 출석을 반영하다 Tekintetbe veszi, milyen gyakran vett részt a diák az órákon, amikor osztályzatot ad neki.

채집-하다 동 gyűjt, összeszed, gyűjteményt állít össze; ~ 명 gyűjtés, összeszedés; 나비를 ~하다 lepkéket gyűjt; 식물을 ~하다 növényeket gyűjt; ~가 gyűjtő

채찍 명 ostor, bot, korbács, lovat hajtó ostor; ~ 소리 ostorcsattanás; ~과 당근 정책 a kalács és korbács politikája; 말을 ~으로 때리다 ostorral megüti a lovat, megostorozza a lovat; ~을 휘두르다 meglengeti az ostort

채취-하다 동 összeszed, összegyűjt, kivon, kibányászik; ~ 명 szedés, gyűjtés, kivonás, kitermelés; 해초를 ~하다 tengeri növényeket gyűjt; 지문을 ~하다 ujjlenyomatot vesz vkitől; 올리브 열매에서 기름을 ~하다 olajat von ki az olívabogyókból

채택-하다 동 kiválaszt, választ, (határozatot) hoz, alkalmaz, elfogad; ~ 명 választék, választás, alkalmazás, elfogadás; 새 방법을 ~하다 új módszert alkalmaz; 그 안건은 투표 결과, 찬성 30, 반대 10으로 ~되었다 A javaslatot 30 igen és 10 nem szavazattal elfogadták.; ~ 원고 elfogadott kézirat

책 명 könyv; ~을 내다 könyvet ad ki; 많은 ~을 읽다 sok könyvet olvas; 그 ~은 품절이다 A könyv már elfogyott.; 넌 정말 ~벌레 같다 Nagy könyvmoly vagy!

책가방 명 könyvtáska

책꽂이 명 könyvespolc

책망-하다 동 megszid, megbírál, megdorgál; vkit hibáztat, felelősségre von; ~ 명 szidás, korholás, dorgálás, hibáztatás; ~을 듣다 megszidják, megdorgálják; 부주의를 ~하다 megszid vkit óvatlansága miatt; 돈을 많이 쓴다고 ~하다 hibáztat vkit a költekezése miatt

책무 명 kötelesség, felelősség; ~를 완수하다 kötelességét teljesíti

책방 명 könyvesbolt; ~을 경영하다 könyvesboltot tart fenn; ~ 주인 könyvesbolt tulajdonosa

책상 명 íróasztal; ~에 앉다 íróasztalnál ül; ~ 위의 서류를 치우다 leveszi a papírokat az íróasztaláról

책상보 명 asztalterítő

책임 명 felelősség, kötelezettség, kötelesség; 사고에 대한 ~ felelősség a balesetért; 전쟁의 ~ háborús felelősség; ~을 지다 felelősséget vállal; ~을 다하다 kötelességét teljesíti; ~을 회피하다 elhárítja magáról a felelősséget; 내 ~은 아니다 Én nem vagyok felelős érte.; ~ 내각 a parlamentnek felelős kormány; ~ 보험 gépjármű-felelősségbiztosítás

책임감 명 felelősségtudat; ~을 느끼다 van benne felelősségtudat; ~이 강하다 erős benne a felelősségtudat; 그는 ~이 전혀 없다 Teljesen hiányzik belőle a felelősségtudat.

책임자 명 felelős (személy)

책자 명 könyvecske, brosúra, pamflet; 선전 ~ propaganda pamflet

ㅊ

책장 명 ❶ könyvespolc, könyvszekrény ❷ egy oldal a könyvből; ~을 넘기다 könyvet lapoz; ~을 뜯다 kitép egy lapot (könyvből)

챔피언 명 bajnok; 수영 세계 ~ az úszás világbajnoka; 헤비급 권투 세계 ~ a nehézsúlyú ökölvívás világbajnoka; ~이 되다 bajnokságot nyer; ~십 bajnokság

챙기다 동 összeszed, összegyűjt, rendbe szed, rendbe rak; 소지품을 ~ összeszedi a dolgait; 서류를 ~ rendbe rakja a papírjait; 일한 뒤에 연장을 ~ a munka befejeztével rendbe rakja a szerszámait

챙피-하다 형 szégyenletes; ~ 명 szégyen; ~한 행위 szégyenletes cselekedet; ~한 일 szégyenletes ügy

처 명 feleség; ~를 얻다 feleségül vesz; ~에게 쥐어 지내는 남편 felesége uralma alatt álló férj, papucsférj

처가 명 feleség szüleinek az otthona, após és anyós otthona; ~살이 하다 felesége szüleinél lakik

처남 명 feleség fivére, sógor

처녀 명 hajadon, szűz; 숫~ szeplőtelen szűz; ~ 시절 hajadon kor; ~ 자리 Szűz (csillagjegy)

처녀막 명 szűzhártya

처녀작 명 a szerző első műve

처단-하다 동 megbüntet; ~ 명 megbüntetés; 엄중히 ~하다 szigorúan megbüntet

처량-하다 형 magányos; gyászos, szomorú; kedvetlen, nyomorúságos, lehangolt; ~한 광경 kietlen táj, kopár látkép, szomorú látvány; ~하게 살다 magányos életet él; ~한 생각이 들다 nyomorúságosan érzi magát; 남편과 사별하니 그녀는 ~한 마음이 들었다 Magára hagyatottnak érezte magát, amikor meghalt a férje.

처럼 ugyanolyan, mint; mintha csak; 아무 일도 없었던 것~ mintha semmi sem történt volna; 자기 자식~ 귀여워하다 úgy szereti a gyereket, mintha a sajátja volna; 대낮~ 밝았다 Olyan világos volt, mintha nappal lett volna.

처리되다 동 elrendeződik; 일이 ~ elrendeződik az ügy

처리장 명 feldolgozóüzem, kezelő- / kikészítőüzem

처리-하다 동 elrendez, feldolgoz, kezel, intéz; ~ 명 üzemvezetés, foglalkozás vmivel, eltávolítás, kezelés, feldolgozás, adatfeldolgozás; 폐기물 ~ hulladékeltávolítás; 열~를 하다 hővel kezel; 제 일을 스스로 ~하다 a saját ügyeit intézi; 나는 그 사건의 ~를 위임받았다 Azzal bíztak meg, hogy fejezzem be ezt az ügyet.

처마 명 eresz; ~의 홈통 ereszcsatorna; ~에서 떨어지는 빗물 az ereszről hulló esőcseppek; ~ 밑에서 잠시 비를 피하다 az eresz alatt keres menedéket az eső elől; ~끝 az eresz pereme

처박다 동 beletaszít, belegyömöszöl; 트렁크에 옷을 ~ ruhákat gyömöszöl egy bőröndbe

처방전 명 recept; ~을 쓰다 receptet ír

처방-하다 동 előír, felír; ~ 명 előírás, recept; ~을 잘못하다 rossz receptet ír fel; ~대로 약을 짓다 a receptnek megfelelően készíti el a gyógyszert; 이 ~으로 약을 조제해 주세요 Kérem, készítsen orvosságot e szerint a recept szerint!

처벌-하다 동 megbüntet vkit, büntetést mér vkire; ~ 명 büntetés; 범죄에 대한

~ bűncselekményért járó büntetés; 엄중하게 ~하다 szigorúan megbüntet; ~받다 megbüntetik; 교통 위반으로 ~받다 megbüntetik a közlekedési szabályok megsértéséért; 그는 증거 불충분으로 ~을 면했다 Bizonyíték hiányában szabadlábra helyezték.

처분-하다 동 elintéz, rendelkezik, megbüntet; ~ 명 elintézés, rendelkezés, intézkedés, büntetés; 재산을 ~하다 rendelkezik a vagyona felől; 관대히 ~하다 elnézően bánik vkivel; 행정 ~을 하다 adminisztratív intézkedést hoz; 징계 ~을 받다 fegyelmi büntetést kap; 차를 ~하다 eladja az autót

처사 명 intézés, viselkedés, cselekedet, magatartás, bánásmód, intézkedés; 매정한 ~ hideg bánásmód; 아내에 대한 그의 ~는 전혀 이해할 수 없다 Egyszerűen nem értem, miért bánik így a feleségével.

처소 명 hely, lakóhely, rezidencia; 임시 ~ ideiglenes lakóhely

처신-하다 동 viselkedik; ~ 명 viselkedés, magatartás; 겸허하게 ~하다 szerényen és visszafogottan viselkedik; 점잖게 ~하다 jól viseli magát; ~이 좋다 jó magaviseletű; 모든 경우에 ~을 잘 하기란 쉬운 일이 아니다 Nem könnyű minden helyzetben megfelelően viselkedni.

처음 명 ❶ kezdet, első; ~부터 끝까지 다 읽다 elejétől végéig elolvas; 이것이 ~이자 마지막이다 ez az első és utolsó; 이 회사도 ~에는 조그마했다 Ez a cég is kicsiny volt kezdetben. ❷ először, első alkalommal; 서울은 이번이 ~입니까 Ez az első látogatása Szöulban?; 그 분을 ~ 만난 것은 3년 전이다 Három évvel ezelőtt találkoztam vele először.

처음에 부 kezdetben; 그는 ~ 행복했지만 나중에는 불행해졌다 Kezdetben boldog volt, de később boldogtalanná vált.

처음으로 부 először, első alkalommal; 너를 10년 전에 ~ 봤다 Tíz éve láttalak először téged.

처자식 명 feleség és gyermek

처절-하다 형 irtózatos, borzalmas; ~한 상황 irtózatos helyzet; ~한 전투 borzalmas csata

처지 명 helyzet, körülmény, álláspont; 지금 ~로는 a jelen körülmények között; 대등한 ~에서 egyenlő eséllyel; 어려운 ~에 있다 kényes helyzetben találja magát; 자기 ~에 만족하다 meg van elégedve a körülményeivel

처지다 동 ❶ lelóg, lecsüng, meghajlik, meggörnyed; 처진 어깨 lelógó vállak; 열매가 많이 열려서 나뭇가지가 축 처져있다 Az ágak lecsüngtek a gyümölcsök súlya alatt.; 위가 ~ lecsüng a has ❷ hátramarad, elmaradozik, lemarad; 혼자만 뒤에 ~ egyes-egyedül ő marad hátra

처참-하다 형 borzasztó, nyomorúságos; ~한 전쟁 borzasztó háború

처첩 명 vki felesége és ágyasa

처치-하다 동 ❶ rendelkezik vmiről, foglalkozik vmivel, bánik vmivel, kezel vkit; ~ 명 rendelkezés, üzemvezetés, intézkedés; 잘못 ~하다 helytelen intézkedéseket tesz; 부상자에게 응급 ~를 취하다 elsősegélyben részesíti a sebesülteket; 그것은 내가 ~하겠다 Gondoskodni fogok róla. ❷ eltávolít, elvisz, megöl; ~ 명 eltávolítás, megölés; 책상을 어디로 ~해야겠다 El kell vinnünk az asztalt valahová.; 그놈을 ~해 버리기로 하자 Öljük meg őt!

처하다 동 ❶ vmilyen helyzetbe kerül, vmilyen helyzettel találja magát szemben; 곤란한 처지에 ~ kellemetlen helyzetben van; 위기에 ~ válságos helyzetbe kerül ❷ elítél vkit, ítéletet szab ki vkire; 사형에 ~ halálra ítél; 5일간의 구류에 처해지다 ötnapi fogva tartásra ítélik

처형대 명 vesztőhely; akasztófa

처형장 명 kivégzőhely

처형-하다 동 büntetést szab ki vkire; kivégez, akasztófára küld (bűnözőt); ~ 명 büntetés; kivégzés; 죄인의 공개 ~ bűnözők nyilvános kivégzése; ~되다 megbüntetik, kivégzik; 살인범은 오늘 교도소에서 ~되었다 Ma felakasztották a gyilkost a börtönben.

척결-하다 동 megsemmisít, kiirt, véget vet; ~ 명 megsemmisítés, kiirtás; 부정부패를 ~하다 megsemmisíti a korrupciót

척도 명 mérce, mérőléc, mutató; 문명의 ~ a civilizáció mutatója; 선악의 ~ erkölcsi mérce; 센티미터는 길이의 ~이다 a centiméter hosszmérték; 시력이 떨어지는 것은 노화의 한 ~이다 a romló látás az öregedés mércéje

척박-하다 형 kopár, terméketlen; ~한 땅 kopár föld

척수 명 gerincagy; ~염 a gerincagy gyulladása; ~ 마비 gerincagybénulás; ~ 마취 a gerincagy érzéstelenítése; ~ 주사 gerincagyba adott injekció

척추 명 gerinc, gerincoszlop; ~ 동물 gerinces állat; 무~ 동물 gerinctelen állat; ~ 마취 gerinc érzéstelenítése; ~염 gerincgyulladás

척-하다 동 színlel; 잠자는 ~하다 alvást színlel; 아픈 ~하다 betegséget színlel

천[1] 명 ruhaanyag, szőttes, textil; ~ 조각 egy darab ruhaanyag; 양복~ öltönyanyag; ~을 끊다 vesz egy darab ruhaanyagot; ~을 짜다 ruhaanyagot sző

천[2] ezer; 수 ~의 (emberek) ezrei; 5~ ötezer; ~만 tízmillió; ~분의 1 egy ezred

천국 명 menny, paradicsom, mennybéli királyság; 지상 ~ földi paradicsom; 보행자들의 ~ a gyalogosok paradicsoma; ~에 가다 a mennybe jut

천당 명 menny, a menny palotája, Paradicsom

천도-하다 동 áthelyezi a fővárost vhová; ~ 명 a főváros áthelyezése; 헝가리인들은 에스테르곰에서 부다로 ~했다 A magyarok áthelyezték a fővárost Esztergomból Budára.

천둥 명 mennydörgés; 멀리서 ~ 소리가 울려왔다 A távolból mennydörgés hallatszott.

천리 명 természeti törvény; ~에 어긋나다 megsérti a természet törvényeit

천막 명 sátor, pavilon; ~을 치다 sátrat ver; ~을 걷다 lebontja a sátrat; ~ 생활 sátorozás

천막촌 명 sátorfalu

천만 tízmillió; számtalan, rendkívül, nagyon; 수~의 több tízmillió; ~금 milliókra rúgó összeg; ~년 tízmillió év, nagyon hosszú idő

천만다행 명 rendkívül szerencsés, jó szerencse; ~으로 szerencsésen, a jó szerencsének köszönhetően; 다친 것이 그만하기 ~이다 Szerencséd volt, hogy nem sebesültél meg súlyosan.; 그를 만

난 것은 ~이다 A jó szerencsének köszönhető, hogy találkoztam vele.

천만에 szóra sem érdemes, nem tesz semmit; 수고해 주셔서 고맙습니다 — ~요 Köszönöm a fáradozását. — Szóra sem érdemes.

천문 명 csillagászat, csillagjóslás; ~을 보다 csillagászati megfigyeléseket végez, horoszkópot készít; ~ 단위 csillagászati egység

천문대 명 csillagászati megfigyelőállomás, obszervatórium

천문학 명 csillagászat

천문학자 명 csillagász

천민 명 alacsony származású személy, alacsony rangú ember

천박-하다 형 felszínes, kellően át nem gondolt; ~한 행동 felszínes viselkedés

천벌 명 az ég büntetése, isteni büntetés, Isten haragja, nemezis; ~을 받다 megbünteti az ég, kiváltja Isten haragját; 이것은 네가 거짓말을 한 ~이다 Ez az ég büntetése rajtad a hazugságodért.

천사 명 angyal; 수호~ őrangyal; 얼굴 표정에 ~같은 데가 있다 valami angyali van az arckifejezésében

천상 명 menny; ~의 mennyei, égi; ~에서 a mennyből, az égből; ~천하에 그런 나쁜 놈은 없다 Az egész világon nincs nála nagyobb gazember.

천생연분 명 a gondviselés által elrendelt házassági kötelék

천성 명 természet, természetes beállítottság, temperamentum; ~의 természetes, velünkszületett; ~이 정직하다 természettől fogva becsületes; ~이 온순하다 szelíd természete van, természettől fogva gyengéd szívű; 습관은 제2의 ~이다 A szokás az ember második természete.

천시-하다 동 lenéz; ~ 명 lenézés; 가난한 사람들을 ~하다 lenézi a szegényeket

천연 명 természet; ~ 그대로의 암석 természetes szikla; ~ 기념물로 지정하다 természeti kincsnek nyilvánít; ~물 természetes anyag; ~ 자원 természeti erőforrások; ~ 자원의 공동 개발 a természeti erőforrások közös fejlesztése

천연가스 명 földgáz; ~ 매장지 földgázmező; 액화 ~ cseppfolyósított földgáz

천연기념물 명 természeti kincs

천연색 명 természetes szín

천인 명 alacsony származású személy, egyszerű ember

천장 명 mennyezet; 둥근 ~ kupola; ~이 낮은 방 alacsony mennyezetű szoba; ~이 높다 magas a mennyezete; ~에 매달려 있다 a mennyezetről függ; ~에 파리가 많이 붙어 있다 sok légy van a mennyezeten

천장등 명 mennyezetvilágítás

천재 명 zseni, lángész; ~적 zseniális; 수학의 ~ matematikai zseni; 그는 ~적인 시인이다 Ő született költő.; 에디슨은 ~란 「1%의 영감과 99%의 노력」 이라고 말했다 Edison meghatározása szerint a zsenialitás "egy százalék ihlet és kilencvenkilenc százalék izzadság".; ~ 교육 a tehetséges gyermekek oktatása; ~ 예술가 nagy tehetségű / született művész

천주교 명 katolikus

천지 명 menny és föld, világegyetem, világ; 둘 사이에는 ~의 차가 있다 egy világ választja el őket egymástól; ~에 그렇게 착한 사람은 없다 Nincs olyan jó ember a világon, mint ő.; 포성이 ~를 뒤흔들었다 az ágyúdörej eget-földet megrenget; ~ 만물 a világmindenség; ~ 창조 a Teremtés; 사람 ~다 zsúfolásig tele van emberekkel; 그 책은 온통 오자 ~다 a könyv tele van sajtóhibával

천천히 부 lassan; ~ 걷다 lassan sétál; 식사를 ~ 하다 lassan eszik; 좀 더 ~ 운전하시오 Vezessen lassabban!; 길이 미끄러우니 ~ 가는 것이 좋겠다 Csúszós az út, jobban teszed, ha lassítasz.; 좀 ~ 똑똑하게 말씀해 주십시오 Legyen szíves, beszéljen lassan és tisztán!

천체 명 égitest; ~를 관측하다 égitesteket figyel meg; ~ 관측 csillagászati megfigyelés; ~ 망원경 csillagászati távcső; ~ 물리학 csillagászati fizika, asztrofizika; ~ 사진 égitest fényképe; ~ 운동 égitestek mozgása

천하 명 az egész ország, az állam, a köz, a föld, a világ, uralkodó hatalom; ~에 둘도 없는 egyedüli, egyedülálló, páratlan; ~에 무적이다 az egész világon nincs vetélytársa; ~에 이름을 떨치다 hírnévre tesz szert a világon; ~를 호령하다 diktál a világnak; 이런 훌륭한 경치는 ~에 둘도 없을 게다 Egyedülálló e hely szépsége.; ~ 명창 világhírű énekes

천-하다 형 egyszerű, alacsony származású, tolakodó, megvetendő, nemtelen; ~한 신분 alacsony státusz; 나는 그 따위 ~한 짓은 않는다 Távol áll tőlem az efféle aljasság.

천하만물 명 a világon minden dolog

철[1] 명 évszak, szezon, idény, a legjobb idő; 나는 ~이 바뀔 때 자주 병에 걸린다 Sokszor megbetegszem, amikor az évszakok változnak.; 사냥~ vadászidény; 버섯은 지금이 제~이다 A gombáknak most van az idényük.

철[2] 명 józan ész, ésszerűség, bölcsesség; ~이 들다 eléri a megfontoltsággal járó életkort, elkezdi megérteni a dolgokat; ~이 없다 esztelen, ostoba; ~없는 짓을 하다 meggondolás nélkül cselekszik; 그는 이제 ~들 나이가 되었다 Már elég idős ahhoz, hogy megjöjjön az esze.

철[3] 명 vas; ~로 된 vas-; ~을 함유한 vastartalmú; ~의 장막 a vasfüggöny

철강 명 acél; ~으로 만들어지다 acélból készül; ~업 acélipar; ~ 제품 acélból készült termék, acélipari termék

철거-하다 동 lebont, felszámol, megszüntet; ~ 명 felszámolás; megsemmisítés, lebontás; szétszedés; 무허가 판잣집 ~ engedély nélkül épített viskók lebontása; 빈민가 ~ nyomornegyedek felszámolása; 장애물을 ~하다 elhárítja az akadályokat; 군사 시설을 ~하다 felszámolja a katonai létesítményeket

철교 명 acélhíd; vasúti felüljáró; ~를 놓다 vasúti felüljárót építenek vmi fölé; ~를 지나가다 átmegy egy acélhídon

철광석 명 vasérc

철근 명 (vas) tartórúd / pillér; ~ 절단기 rúdvágó

철기 명 vas- és fémáru; ~ 시대 vaskorszak

철길 명 vasúti sínpár; ~ 횡단의 위험 vasúti vágányok közötti átjárás veszélye

철도 명 vasút, vasútvonal; ~로 연결되어 있다 vasúttal csatlakozik vmihez; ~편으로 부치다 vasúton küld el vmit; ~를 이용하다 igénybe veszi a vasúti szolgáltatásokat; 여기서 안동까지 ~가 통해 있다 vasút megy innen Andongba; 폭설로 ~가 (일부) 불통되었다 Az erős havazás akadályozta a vasúti szolgáltatást.; 도시에서는 많은 사람들이 ~를 이용해서 출근 한다 Sok ember jár dolgozni vonattal a városokban.

철도공학 명 vasúti gépészet

철도기관사 명 masiniszta, mozdonyvezető

철도망 명 vasúti hálózat

철도병원 명 a vasút kórháza, kórház a vasúti alkalmazottak részére

철도사고 명 vonatbaleset; 어젯밤 ~가 있었다 Vasúti baleset történt múlt éjjel.

철도원 명 vasutas, vasúti alkalmazott

철들다 동 kezdi megérteni a dolgokat

철망 명 drótháló; ~친 창 dróthálós ablak; ~을 치다 dróthálóval von be vmit

철문 명 vaskapu

철봉 명 nyújtó; vasrúd, vasbot; ~을 하다 nyújtón gyakorol, szertornázik

철부지 명 csak egy gyerek; 아직 아무 것도 모르는 ~다 Csak egy gyerek, aki még azt sem tudja, mit beszél.; ~가 한 짓이니 용서하십시오 Bocsásd meg a viselkedését, ő csak egy gyerek!; ~ 노릇을 하다 gyerekesen viselkedik; 나이 삼십인데도 아직 ~다 Bár már harmincéves, egy csepp esze sincs.

철사 명 drót, huzal; ~로 된 drótból készült; ~로 묶다 összedrótoz

철새 명 költöző madár, vándormadár

철수-하다 동 kivon, evakuál, eltávolít; ~ 명 visszavonás, evakuálás, eltávolítás; ~ 명령 kitelepítési parancs; 군대를 ~시키다 kivonja a csapatokat vhonnan; 군대의 ~를 거부하다 visszautasítja a hadsereg kivonását; 캠프를 ~하다 tábort bont; szedi a sátorfáját

철야 명 egész éjszakás virrasztás / ébrenlét, éjszakázás; ~로 회의를 하다 egész éjszakás megbeszélésen volt; ~ 운행 éjszakai szolgálat; ~ 작업 éjszakai munka; ~ 작업하다 egész éjjel dolgozik

철없다 형 gyerekes; figyelmetlen, meggondolatlan; 철없는 짓을 하다 gyerekesen viselkedik

철자법 명 helyesírási szabályok

철저히 부 teljesen, alaposan, kimerítően; ~ 연구하다 alaposan tanulmányoz; ~ 이해하다 teljesen megért; ~ 조사하다 alaposan megvizsgál; ~ 증명하다 teljesen bebizonyít vmit; 자기 뜻을 ~ 이해시키다 teljes mértékben megérteti magát vkivel; 우리들은 차후 이 문제를 ~ 밝힐 것이다 Alaposan megvizsgáljuk majd ezt a problémát.

철제 명 vasáru, fémáru

철조망 명 drótakadály; ~을 둘러 친 건물 drótakadályokkal körülvett épület; ~을 치다 drótakadályokat létesít a hely körül; ~을 뚫다 átszakítja a drótakadályokat; ~에 걸리다 belegabalyodik a drótakadályba

철창 명 rácsos ablak; börtönrács; ~에 갇히다 börtönbe / rács mögé juttat; ~에서 신음하다 rács mögött tengődik; ~ 생활 rács mögötti élet

철책 명 vaskerítés, vasrácsozat; ~으로 보호하다 vaskorlátokkal véd vmit; ~을 두르다 vaskerítést állít vmi köré; ~을 쳐서 사람을 못 들어오게 하다 drótkerítéssel tartja távol az embereket

철판 명 vaslap, vaslemez; 총알이 ~을 뚫다 a golyó átmegy a vaslemezen

철폐-하다 동 visszavon, eltöröl, megszüntet, eltávolít, hatálytalanít; ~ 명 eltörlés, eltávolítás, megszüntetés; 소

비세를 ~하다 fogyasztási adókat töröl el; 법률을 ~하다 hatályon kívül helyez egy törvényt; 제한을 ~하다 megszorítást / korlátozást von vissza

철-하다 동 iktat, irattároz; 서류를 ~하다 irattározza a papírokat, iktatja a dokumentumokat; 신문을 ~해 놓다 irattárban tartja az újságokat

철학 명 filozófia; ~적 사색 filozófiai elmélkedés; ~적으로 생각하다 filozofikusan átgondol vmit; 동양 ~ keleti / orientális filozófia; 법~ jogfilozófia; 분석 ~ analitikus filozófia; 실존 ~ egzisztenciális filozófia, egzisztencializmus; 실증 ~ pozitivizmus; 그는 낙천적인 인생 ~을 가지고 있다 optimista / pozitív életfelfogása van

철학과 명 filozófia tanszék

철학자 명 filozófus; ~ 같은 filozofikus, bölcselkedő

철회-하다 동 visszavon, eltöröl, megvon, megtagad; ~ 명 visszavonás, eltörlés, megvonás, kiiktatás; eltávolítás, lerombolás, lebontás; 소송을 ~하다 felad egy pert; 사표를 ~하다 visszavonja a felmondását; 약속을 ~하다 visszavonja az ígéretét; 네가 한 말을 ~하면 나도 하겠다 Ha visszavonod, amit mondtál, én is azt teszem.

첨가-하다 동 hozzáad, mellékel, illeszt, csatol; 추신을 ~하다 utóiratot illeszt vmihez; 이 소시지에는 방부제가 ~되어 있다 Ez a kolbász tartósítószert tartalmaz.

첨단 명 hegy, él, csúcs; 유행의 ~ nagyon divatos / stílusos

첨단과학 명 high-tech tudomány

첨단기술 명 csúcstechnológia; ~의 도입 csúcstechnológia bevezetése; ~의 개발 csúcstechnológia fejlesztése

첨부-하다 동 csatol, mellékel; hozzáfűz; ~ 명 csatolmány, melléklet; hozzáfűzés; 책에 색인을 ~하다 tárgymutatóval egészít ki egy könyvet; 원서에 사진을 ~하여 제출하다 elküldi a fényképes jelentkezését; 가격표를 ~하다 mellékeli / csatolja az árlistát; ~ 사진 mellékelt fénykép; ~ 서류 csatolt / mellékelt iratok

첨예-하다 형 éles, radikális; 이 점에 대해서는 의견이 ~하게 대립하고 있다 Ezen a ponton a vélemények élesen eltérnek.

첩 명 ágyas, kitartott nő, szerető; ~을 두다 szeretőt / ágyast tart; ~이 정실로 들어앉다 vki ágyasa törvényes feleséggé válik; ~의 소생이다 szeretőtől / balkézről születik, házasságon kívül születik

첩경 명 egyszerűbb megoldás, rövidebb út; 학문에는 ~이 없다 Nem vezet sima út a tudáshoz. A bölcsek köve nem létezik.; 성공의 ~ rövidebb út a sikerhez; 영어를 배우는 ~ gyors út az angoltudás megszerzéséhez; 경제적 안정을 이루는 ~ rövidebb út a gazdasági stabilitáshoz

첫 első, új, kezdő, kezdeti; ~ 글자 szó kezdőbetűje; ~아이 elsőszülött gyerek

첫걸음 명 első lépés, kezdő lépés; ~을 내딛다 megteszi az első / kezdő lépést

첫날 명 első nap, nyitónap; 학년의 ~ a tanév első napja

첫눈 명 első pillantás / látás; ~에 들다 az első pillantással elbűvölte, első pillantásra elbűvölődött; ~에 반하다 első látásra beleszeret vkibe

ㅊ

첫머리 명 kezdés, kezdet, nyitó rész, az első rész; ~에서 끝까지 elsőtől az utolsóig, elejétől a végéig; 연설 ~에 성경의 한 구절을 인용하다 Egy bibliai idézettel kezdi a beszédét.; 네 이름이 명단 ~에 나와 있다 A lista elején van (feltüntetve) a neved.

첫발 명 első lépés vmi felé, kezdő lépés; ~을 내딛다 megteszi az első lépést, elindul; ~을 잘못 디디다 rosszul kezd

첫사랑 명 első szerelem; ~에 빠지다 először esik szerelembe, először lesz szerelmes; ~에 실패하다 elveszti az első szerelmét

첫선 명 az első nyilvános bemutató / kiállítás / megjelenés; 전국에 ~을 보이는 신형 텔레비전 új tévékészülék / televíziókészülék-modell, amely először kerül az országos kereskedelmi hálózatba

첫인사 명 első köszöntés

첫인상 명 első benyomás; ~이 좋다 jó első benyomást tesz vkire / kelt vkiben; 좋지 않은 ~을 남기다 rossz / kellemetlen első benyomást kelt

첫째 명 az első, első számú, az első hely; elsődleges, a legelső, vezető; ~가는 부자 a legvagyonosabb ember; ~로 오다 vki elsőnek érkezik; 성공에는 건강이 ~이다 az egészség a legalapvetőbb dolog a sikerhez.; 그는 달리기에서 ~를 했다 Ő volt / lett az első a futóversenyen.

청각 명 hallás, hallóérzék, hallás érzéke; ~을 잃다 elveszti a hallását, megsüketül; ~이 예민하다 érzékeny / kifinomult a hallása; 앞을 못 보는 사람들은 보통 ~이 좋은 법이다 Általában azoknak az embereknek, akik nem látnak, kifinomult a hallásuk.; ~ 기관 hallószerv; ~ 신경 hallóideg; ~ 장애 hallási fogyatékosság, halláskárosodás

청개구리 명 levelibéka

청결-하다 형 tiszta; ~ 명 tisztaság, rend, ápoltság; ~한 부엌 tiszta konyha; ~하게 닦다 tisztára töröl vmit; ~히 하다 tisztán tart vmit

청구권 명 jog a követelésre; ~을 포기하다 lemond a követeléséről vki javára

청구서 명 írásba foglalt igény; költségtérítési igénylőlap; ~를 내다 benyújtja a költségtérítési igénylőlapot; ~를 쓰다 költségtérítési igénylőlapot állít ki; 지급 ~ csekk (fizetéshez)

청구인 명 igénylő, követelő, kérelmező

청구-하다 동 kér, követel, igényel; ~ 명 kérés, követelés, igénylés; 손해 배상 ~ kártérítési igény; 지급을 ~하다 kifizetést igényel / követel vkitől; ~를 받아들이다 elfogad egy követelést; ~를 거절하다 visszautasít / elutasít egy kérést; ~를 철회하다 visszavonja a követelését

청년 명 fiatal (ember); 20세의 ~ a húszas éveiben járó fiatal; 전도유망한 ~ ígéretes ifjú / fiatal; 그(녀)의 아들은 훌륭한 ~이 되었다 A fia remek fiatalemberré vált / érett.

청년기 명 ifjúkor, serdülőkor

청동 명 bronz; ~의 bronzból való; ~색의 bronzszínű, bronzbarna; ~ 세공 bronzművesség; ~ 주물 bronzöntvény

청동기 명 bronzáru, bronzeszköz

청동기시대 명 bronzkor

청량음료 명 üdítő, frissítő (ital)

청력 명 hallás képessége; ~이 좋다 érzékeny hallása van; ~을 잃다 elveszti a hallását, károsodik a hallása; 나이 탓으

로 ~이 쇠퇴했다 A korral gyengül a hallásom.; ~ 검사 hallásvizsgálat

청렴-하다 형 becsületes, tisztességes, feddhetetlen; ~ 명 becsületesség, tisztesség, feddhetetlenség; ~한 사람 feddhetetlen ember; 모든 공직자의 ~도를 조사하다 felmérést végez, hogy mennyire feddhetetlenek a kormányhivatalnokok

청록색 명 zöldeskék, türkiz

청룡 명 zöld sárkány

청문회 명 bizottsági meghallgatás; ~를 열다 meghallgatást tart

청바지 명 (kék) farmer; ~를 입다 farmert visel; 그(녀)는 ~를 입고 있었다 farmerban volt; 그들은 모두 ~를 입고 나왔다 Mindannyian farmerban jelentek meg.

청부 명 megbízás; ~로 a megbízás szerint / alapján; ~를 주다 megbízást ad vkinek

청부살인 명 bérgyilkosság; ~자 bérgyilkos

청사 명 kormányhivatali épület

청사진 명 terv, tervezet, vázlat; ~을 만들다 vázlatot készít egy tervhez; 선진 조국의 ~을 제시하다 benyújt egy tervezetet, amely a fejlett ország státuszának elérésére irányul; 아직 ~ 단계에 있다 még csak vázlatszinten van

청산-하다 동 kifizeti az adósságait, számvetést készít, felszámol, kiegyenlít; ~ 명 kiegyenlítés, kifizetés, felszámolás, törlesztés; 빚을 ~하다 kifizeti / rendezi az adósságait; 과거를 ~하고 새 출발하다 leszámol a múlttal és új életet kezd; 그와의 관계를 ~하다 szakít vkivel

청색 명 kék szín, kék; 짙은 ~ sötétkék

청색증 명 színtévesztő

청소기 명 tisztítógép; 진공 ~ porszívó; 양탄자를 진공 ~로 청소하다 kiporszívózza a szőnyeget

청소년 명 fiatalemberek, fiatalok, ifjúság, a fiatal generáció; ~ 대상 문학 ifjúsági irodalom; ~층 új / fiatal generáció; ~ 선도 위원회 Ifjúságvédelmi Hivatal; 요즘 흉악한 ~ 범죄가 급증하고 있다 A fiatalkori bűntettek száma az utóbbi időben jelentősen megnövekedett.

청소부 명 takarító(nő), bejárónő

청소차 명 szemeteskocsi, kukáskocsi

청소-하다 동 takarít, tisztít; ~ 명 takarítás; ~ 도구 tisztítóeszközök, takarítóeszközök; 도로 ~ utcaseprés; 집안을 ~하다 kitakarítja / kitisztítja a házat; 부엌을 깨끗이 ~할 생각이다 Alaposan ki fogom takarítani a konyhát.

청약-하다 동 előjegyez; ~ 명 előjegyzés; ~금 (elő)jegyzési díj

청원서 명 írott petíció, írásba foglalt petíció

청원-하다 동 kérelmez, jelentkezik, igényel, kérvényez; ~ 명 petíció, jelentkezés, kérvény, kérelem; ~을 기각하다 elvet / elutasít egy kérvényt; ~법 petíció benyújtásának törvénye; 정부에 ~서를 제출하다 kérvényt terjeszt elő / nyújt be a kormánynak; ~ 심의 위원회 kérvényeket elbíráló bizottság

청음 명 tiszta hang, zöngétlen mássalhangzó

청자 명 halványzöld színű porcelán; ~색의 tengerkék, mohazöld; ~ 향로 halványzöld tömjénfüstölő; 고려~ a Korjo dinasztia korából származó mázas porcelán

청중 명 közönség, hallgatóság, nézők;

~을 열광시키다 fellelkesítette a közönségét; 그의 연설에 ~이 많았다 a beszédének nagy közönsége akadt; ~이 점차 줄어들었다 a közönség sorai megritkultak; ~의 우레와 같은 박수가 터져 나왔다 Viharos tapsot váltott ki a közönség soraiból.

청중석 명 nézőtér, auditórium

청첩장 명 esküvői meghívó

청춘 명 fiatalság, az élet tavasza / kezdete; ~의 fiatal, ifjú; 꽃다운 ~ virágzó ifjúság; ~의 피 ifjonti hév, friss vér; ~의 피가 끓다 ifjonti tűzben ég; ~을 즐기다 élvezi a fiatalságát; 아까운 ~이 다 갔다 elmúlt a fiatalsága / ifjúsága

청취자 명 hallgató

청취-하다 동 hallgat vkit / vmit; ~ 명 hallgatás, megfigyelés; 라디오로 ~하다 hallja a rádióban; 증언을 ~하다 meghallgatja vkinek a tanúvallomását; 판사는 목격자의 증언을 ~했다 A bíró meghallgatta a szemtanú vallomását.; 라디오로 그(녀)의 연설을 ~했다 A rádióban hallottam / hallgattam a beszédét.

청탁-하다 동 kér vkit, hogy intézzen el vmit; megbíz vkit vmivel; ~ 명 kérés, könyörgés, kérlelés; ~을 거절하다 visszautasítja / elutasítja vkinek a kérését; ~을 들어주다 teljesíti vkinek a kérését; ~의 편지를 쓰다 levelet ír, amiben kér egy szívességet; 일자리를 하나 얻어 달라고 ~하다 megkér vkit, hogy szerezzen neki / számára munkát

청-하다 동 kér, könyörög, esdekel vmiért; 기부를 ~하다 adományt kér vkitől; 도움을 ~하다 segítséget kér vkitől; 편지를 써달라고 ~하다 megkér vkit egy levél megírására / megfogalmazására; 허가를 ~하다 engedélyt kér vkitől

청혼-하다 동 megkéri vkinek a kezét; ~ 명 házassági ajánlat; 김씨 집에 ~하다 feleségül kéri Kim úr lányát; 돈을 노리고 ~하다 a pénzéért megkéri vkinek a kezét; ~을 거절하다 visszautasítja vkinek a házassági ajánlatát, kikosaraz vkit

청홍 명 piros-kék; ~실 piros-kék selyemfonal; ~ 치마 piros-kék szoknya

체 명 szita, rosta, szűrő; ~로 치다 átmegy vmi a szitán / szűrőn; 모래를 ~로 쳐서 자갈을 골라내다 kirostálja a kavicsot a homokból

체격 명 fizikum, testalkat, testfelépítés; 튼튼한 ~ erős testalkat; ~이 좋다 erős alkatú; 요즘 아이들은 ~이 좋다 A gyermekek manapság jó fizikummal rendelkeznek.

체결-하다 동 megköt; ~ 명 megkötés; 동맹 조약의 ~ szövetség (meg)kötése; 조약을 ~하다 egyezséget / szerződést köt; 계약이 ~되다 megkötésre kerül a szerződés; 두 나라는 평화 조약을 ~하고 동맹국이 되었다 A két ország megkötötte a békeegyezményt / békeszerződést és szövetségesekké váltak.

체계 명 rendszer, szervezet; 사상 ~ gondolati rendszer; 그것은 이론 ~가 뚜렷한 학설이다 Ez világos / érthető rendszerű elmélet.

체계성 명 rendszeresség, rendszerezettség

체계적 rendszeres; ~으로 rendszeresen

체계화-하다 동 rendszerez; ~ 명 rendszerezés; 학문 연구에는 이론의 ~가 필요하다 A tudományosság érdekében muszáj rendszerezni az elméleteket.

체구 명 test; termet; fizikum, alkat, felépítés; ~가 건장하다 erőteljes felépítésű; ~가 당당하다 kiváló fizikummal rendelkezik; ~가 왜소하다 kis termetű, gyenge alkatú

체급 명 súlycsoport; ~ 제한 súlyhatár

체내 명 test belseje; ~에 a szervezetben, a testen belül; ~의 당분 vércukor; 외과 의사는 그의 ~에서 총알을 빼내었다 A sebész kivette a golyót a testéből.; ~ 기생충 bélféreg, parazita; ~ 수정 belső megtermékenyítés

체념-하다 동 felad / abbahagy vmit, felhagy vmivel; átadja / megadja magát a sorsának, elfogadja a helyzetet; ~ 명 feladás, abbahagyás, felhagyás; 가망 없다고 ~하다 kétségbeesésében / reménytelenségében felad vmit; (환자가) 살아날 수 없는 것으로 ~하다 átengedi a beteget a halálnak; 실종 / 사망한 것이라고 ~하다 eltűntnek / halottnak tekint vkit; 어쩔 수 없다고 ~하다 aláveti magát az elkerülhetetlennek, elfogadja az elkerülhetetlent

체력 명 fizikai erő, állóképesség; ~을 검사하다 felméri vkinek a fizikai erejét; ~을 기르다 fejleszti vkinek a fizikai erejét; ~을 회복하다 visszanyeri az erejét; 그는 ~이 강하다 Ő hatalmas fizikai erővel rendelkező férfi.; 요즘 나는 현저하게 ~이 떨어짐을 느낀다 Úgy érzem, hogy az elmúlt napokban jelentősen legyengültem / csökkent az erőm.; ~ 테스트 fizikai erőnléti vizsgálat / teszt

체류-하다 동 tartózkodik vhol, marad, megszáll vhol; ~ 명 tartózkodás, maradás, megállás, pihenő; 미국(에) ~ 중에 amerikai tartózkodása alatt, amíg Amerikában van; 오랫동안 / 잠깐동안 ~하다 hosszú / rövid ideig tartózkodik vhol; 호텔에 ~하다 megszáll egy hotelben; ~ 기간 tartózkodási idő

체면 명 presztízs, becsület; látszat; ~이 깎이다 elveszti a presztízsét; ~을 중히 여기다 törődik a presztízsével; 당신 ~에 그런 일을 할 수 없소 Méltóságodon aluli lenne ilyet tenni.; 사람이 ~이 있어야지 Legalább egy kis tartás lehetne benned.

체액 명 testnedv, váladék, ondó; ~ 병리학 humorális patológia

체온 명 (test)hőmérséklet, testhő; láz; ~을 재다 megméri a lázát; ~을 유지하다 tartja a testhőjét; ~이 높다 / 낮다 magas / alacsony láza van; ~이 오르다 / 내리다 felmegy / leesik a láza

체온계 명 hőmérő; 항내 ~ rektális hőmérő; ~를 흔들어 수은을 내리다 lerázza a hőmérőt

체육 명 testedzés, testnevelés, tornagyakorlat, torna; ~을 중시하다 fontosságot tulajdonít a testnevelésnek; ~ 고등학교 testnevelés tagozatos gimnázium; ~ 교사 testnevelő tanár, sporttanár; ~ 특기생 sportösztöndíjas; ~학과 testnevelés tanszék; 한국 ~ 대학 Hankuk Testnevelési Főiskola

체육관 명 tornaterem, tornacsarnok, sportcsarnok, edzőterem; 잠실 ~ Csamsil sportcsarnok

체제 명 szerkezet, rendszer, szervezet; uralkodó osztály / réteg; 경제 ~ gazdasági szerkezet; 정치 ~ politikai rendszer, rezsim; 군대의 ~를 개혁하다 a hadsereg szervezetét fejleszti

체제전환 명 rendszerváltás

체조-하다 동 tornázik, edz; ~ 명 gimnasztika, tornaedzés; 기계 ~하다 szertornázik; 맨손 ~ saját testsúllyal végzett gyakorlatok; ~ 경기 tornaverseny; ~ 선수 tornász

체중 명 súly; ~ 감소 súlyvesztés; ~을 재다 leméri a súlyát; ~을 오른쪽 발에 싣다 a jobb lábára helyezi a testsúlyát; ~이 늘다 hízik, felszed pár kilót; ~이 줄다 fogy, leadja a kilóit; ~이 얼마나 됩니까 Mennyi a súlyod?

체중계 명 mérleg

체증 명 gyomorrontás, emésztési zavar; torlódás; ~이 있다 gyomorrontástól / emésztési zavartól szenved; ~ 환자 rossz emésztésű páciens; 교통 ~ forgalmi torlódás, dugó

체질 명 fizikai alkat, szervezet; genetikai hajlam vmire; 암에 걸리기 쉬운 ~의 사람 genetikailag hajlamos a rákra; ~이 약하다 gyenge felépítésű; 나는 감기에 걸리기 쉬운 ~이다 Hajlamos vagyok megfázni / a megfázásra.; 그건 내 ~에 맞지 않는다 Ezt nem bírja a szervezetem.; 이 회사는 ~을 개선할 필요가 있다 Ez a cég szerkezeti átalakításra szorul.

체취 명 testszag; szag, kipárolgás; sajátos személyiség; ~가 나다 testszagot áraszt; ~가 심하다 erős testszaga van; 이 작품에서는 저자의 ~가 느껴진다 A regény visszaadja a szerző sajátos személyiségét / egyéniségét.

체크무늬 명 kockás minta, sakktáblaszerű minta; ~ 블라우스 kockás blúz

체크-하다 동 ellenőriz, (meg)vizsgál; ~ 명 vizsgálat, ellenőrzés

체포-하다 동 elfog, letartóztat, őrizetbe vesz; ~ 명 elfogás, letartóztatás; 아직 ~되지 않고 있다 még nem tartóztatták le; ~에 순순히 응하다 ellenállás nélkül megadja magát; ~ 영장 letartóztatási parancs; ~ 영장을 발부하다 letartóztatási parancsot ad ki vki ellen; 살인 혐의로 ~하다 letartóztatnak vkit emberölés gyanúja miatt

체-하다 동 színlel, tetteti magát; 놀란 ~하다 meglepettséget színlel; 모른 ~하다 úgy tesz, mintha nem tudna / értene vmit; 들리지 않는 ~하다 tetteti, hogy nem hall vkit; 못 본 ~하다 úgy tesz, mintha nem látna / nem venne észre vmit; 학자인 / 부자인 ~하다 tudósnak / gazdagnak tetteti / mutatja magát; 잠자는 ~하자 Tettessük azt, hogy alszunk!

체험-하다 동 (személyesen) tapasztal; ~ 명 személyes tapasztalat; ~으로 알다 tapasztalatból tud; ~을 말하다 elmondja a saját tapszatalatait / élményeit; 직접 ~하다 saját bőrén tapasztal (meg) vmit

체형 명 testalkat; 표준 ~ átlagos testalkat

첼로 명 cselló, gordonka; ~ 연주자 csellista, gordonkás

쳇바퀴 명 szita kerete; 다람쥐 ~ 돌 듯하다 mókuskerékben van, vég nélkül ismétli ugyanazt a dolgot.

쳐다보다 동 felnéz; bámul; 얼굴을 ~ bámul vkinek az arcába; 하늘을 ~ felnéz az égre; 위를 쳐다보면 한이 없다 Ne legyél nagyravágyó!

쳐들다 동 felemel; felmutat; megmutat, rámutat; 고개를 ~ felemeli a fejét; 무거운 돌을 ~ felemel egy nehéz követ

쳐들어오다 동 visszavág, ellentámadásba kezd / lendül

쳐부수다 동 elpusztít, szétver, szétrombol, szétroncsol

초[1] 명 másodperc, pillanat; 1~의 몇 분의 1까지 정확한 시계 óra, amely képes a másodperc tört részét mutatni; ~를 다투는 문제다 egy pillanatot sem vesztegethet; 천분의 1~ milliszekundum; 백만분의 1~ mikroszekundum

초[2] 명 ecet; ~를 치다 ecettel ízesít (ételt); ~에 버무리다 elkeveri ecettel; ~에 절인 (음식) ecetes savanyúság

초가을 명 kora ősz

초가집 명 szalmatetős ház, nádtetős kunyhó

초겨울 명 a tél kezdete, kora tél

초경량 명 pehelykönnyű, pihekönnyű

초고속 명 szupersebesség, ultrasebesség; ~의 szupergyors; ~ 열차 szupergyors vonat, gyorsvasút; ~ 정보 통신망 információs szupersztráda-hálózat

초과-하다 동 meghalad, túllép; ~ 명 többlet, fölösleg; ~ 소득 többletbehozatal; 규정 중량을 ~하다 meghalad / túllép egy meghatározott súlyt; 수요가 공급을 ~하다 a kereslet meghaladja a kínálatot; 정원을 ~하다 meghaladja a meghatározott létszámot; 제한 연령을 ~하다 meghaladja a korhatárt; 제한 시간을 ~했으니, 질문을 끝내 주십시오 Azonnal be kell fejezned a kérdésed, mert már így is túllépted az időkorlátot.

초기 명 korai szakasz, kezdeti fokozat; ~의 kezdeti, kezdő, kiinduló; 18세기 ~에 a XVIII. század elején / kezdetén; 문명의 ~ a civilizáció korai szakasza; 이 병은 ~에 치료하면 낫는다 Ez a betegség (még) gyógyítható, ha korai szakaszban / stádiumban kezelik.

초대 első; első generáció; ~ 대통령 az első elnök; ~ 왕 dinasztia első királya / alapítója

초대권 명 meghívókártya

초대장 명 meghívó; ~을 보내다 meghívót küld vkinek

초대-하다 동 meghív, megkér; ~ 명 meghívás; ~를 받다 vkitől meghívást kap; ~에 응하다 elfogad egy meghívást; ~를 사절하다 visszautasít egy meghívást; 결혼식에 ~하다 meghív vkit egy esküvőre; 저녁 식사에 ~하다 meghív vkit vacsorára; 선약이 있어서 ~에 응하지 못해 유감입니다 Sajnálom, hogy már egy korábban megbeszélt program miatt nem tudom elfogadni a (kedves) meghívását.; ~ 작가 meghívott író

초등 alapfokú; ~ 교육 alapfokú oktatás; ~ 교육을 받다 elvégzi az általános iskolát

초등학교 명 általános iskola; ~는 의무교육이다 kötelező az elemi oktatás / általános iskola; ~ 교사 általános / elemi iskolai tanár; 한국에서는 6세에 ~에 들어간다 Koreában a gyerekek hatévesen mennek iskolába.

초라-하다 형 kopott, rongyos, viseltes, szakadt; ~한 음식 szegényes étel; ~한 집 ócska ház; 행색이 ~하다 szegényesen néz ki, kopottas / viseltes a megjelenése

초래-하다 동 vmihez vezet, vmit okoz / eredményez; 뜻밖의 결과를 ~하다 nem várt eredményt szül, nem várt eredményhez vezet; 실패를 ~하다 bukáshoz vezet, bukást okoz

초로 명 érett kor; ~의 신사 érett korú úriember

초록 명 zöld; ~을 띤 zöldes; ~으로 뒤덮인 산들 zöld növényzettel borított hegyek; ~을 칠하다 zöldre fest egy ajtót

초록빛 명 zöldes fény

초목 명 fák és növények, fű és fák; 산천~ a természet

초면 명 első találkozás; ~의 사람 idegen, ismeretlen; 그와는 그때가 ~이었다 Az volt az első alkalom, hogy találkoztunk.

초반 명 kezdet, korai szakasz; 선거는 아직 ~이다 A választási kampány még csak kezdeti szakaszában van.; 그 시합의 승패는 ~에 결정되었다 A meccs / mérkőzés eredménye már az elején eldőlt.

초보 명 kezdő szint, alapszint; 산수의 ~ számtani alapok; 그의 체스는 아직 ~다 még mindig csak kezdő a sakkban; 그의 연구는 아직도 ~ 단계이다 Még csak a tanulmányai kezdetén jár.; ~ 영어 alapfokú angol

초보자 명 kezdő, újonc, zöldfülű; ~를 위한 kezdőknek

초봄 명 kora tavasz; 이 스웨터는 ~에 입기 좋다 Ez a pulóver jó kora tavaszi viselet.

초빙-하다 동 meghív, behív; ~ 명 meghívás; 우리 호텔은 그를 총지배인으로 ~했다 A szállodánk kinevezte az általános ügyvezetői posztra.; 그는 버클리 대학의 한국문학 객원교수로 ~되었다 Meghívták, hogy előadást tartson a koreai irodalomról mint vendégprofesszor a Berkeley Egyetemen.

초상 명 portré, arckép

초상집 명 gyászoló ház, gyászoló család

초상화 명 portré; portréfestés; ~를 그리다 portrét fest / rajzol; 화가에게 ~를 그리게 하다 portrét készíttet egy festővel

초소 명 őrhely, ellenőrzési pont / hely

초순 명 a hónap első tíz napja; 시월 ~에 kora októberben

초안 명 fogalmazvány, tervezet, vázlat; 법안의 ~ törvény tervezete

초야 명 félreeső hely, eldugott vidék; ~에 묻혀 살다 eldugott vidéken él

초여름 명 kora nyár, nyár eleje

초연 명 első (nyilvános) előadás; premier

초연-하다 형 felülemelkedik vmin, elfordul a világi dolgoktól; 돈 문제에 ~하다 felülemelkedik az anyagiakon

초엽 명 a kezdetekben, a korai napokban / években; 20세기 ~에 a XX. század elején

초원 명 füves vidék, puszta pampák; szavanna; sztyepp

초월-하다 동 felülemelkedik, meghalad; ~ 명 felsőbbrendűség, transzcendencia; ~적 transzcendens; ~ 함수 transzcendens függvény; 돈 문제를 ~하다 felülemelkedik az anyagi problémákon; 생사를 ~하다 nem törődik vele, hogy az életét kockáztatja

초음파 명 ultrahang (hullámok); ~ 발생기 ultrahang-generátor; ~ 진단 ultrahangos vizsgálat; ~ 태아 성감별 a magzat nemének meghatározása ultrahanggal

초인종 명 bejárati csengő; ~을 누르다 megnyomja a csengő gombját / csengőt; ~을 울리다 csenget; ~ 소리가 나다 csengetnek; 필요하실 땐 이 ~을 누르세요 Csengessen / nyomja meg a csengőt, ha azt akarja, hogy kinyissam!

초저녁 명 kora este; ~에 잠이 들다 este korán elalszik

초점 명 fókusz, gyújtópont; lényeg; ~이 없는 fókuszálatlan; ~을 맞추다 egy adott tárgyra fókuszálja a szemüvegét, beállítja a lencsék fókuszát; 문제의 ~에 접근하다 megérti a dolog lényegét; 말의 ~을 흐리다 nem a lényegről beszél

초조-하다 동 nyugtalan, izgatott, türelmetlen; aggódik; 시험 결과를 몰라 ~해 하다 aggódik a vizsga eredménye miatt

초창기 명 első szakasz, kezdeti napok

초청장 명 meghívó (levél)

초청-하다 동 meghív, behív; ~ 명 meghívás; 강사를 ~하다 meghív egy előadót; 각국 대표를 평화회의에 ~하다 Minden országból hívtak egy képviselőt a békekonferenciára.

초췌-하다 동 sovány, nyúzott; ~한 얼굴 nyúzott arc

초콜릿 명 csokoládé, egy szelet / tábla csokoládé; ~색 csokoládészínű, sötétbarna

초판 명 első kiadás; ~은 일주일도 안 되어 다 팔렸다 Az első kiadás kevesebb mint egy hét alatt elfogyott.; ~으로 5천부를 찍다 5.000 példányban kinyomtatja egy könyv első kiadását

초혼 명 első házasság

촉각 명 tapintásérzék, tapintóérzék; ~의 tapintható, kézzelfogható; ~ 기관 tapintó szerv

촉감 명 a tapintás érzéke; ~이 좋다 simának érez; ~이 좋지 않다 kellemetlen érintésű, durvának érződő

촉구-하다 동 sürget, ösztönöz; ~ 명 sürgetés, ösztönzés; 대답을 ~하다 választ sürget; 반성을 ~하다 komoly reagálást sürget; 주의를 ~하다 vkinek a figyelmét ráirányítja egy dologra

촉진제 명 katalizátor

촉진-하다 동 előmozdít, elősegít, meggyorsít, siettet, sürget; serkent, katalizál; ~ 명 buzdítás, ösztönzés, sürgetés; 식욕을 ~하다 serkenti / stimulálja az étvágyat; 무역을 ~하다 serkenti a külkereskedelmet; 식물의 성장을 ~하다 serkenti / gyorsítja a növény fejlődését

촉촉-하다 형 nedves, vizes, nyirkos; 이슬에 ~이 젖다 nyirkos a harmattól, nedvessé válik a harmattól

촌 명 vidék, falu, község; ~에서는 보기 드문 vidéken ritkán megtalálható / előforduló; ~구석에서 살다 távoli / eldugott vidéken él

촌놈 명 falusias, egyszerű, vidéki; 나는 말하자면 서울 ~이다 Én, hogy úgy mondjam, egyszerű / hétköznapi szöuli vagyok.

촌락 명 község, falu

촌수 명 rokonsági fok; ~가 멀다 / 가깝다 távoli / közeli rokonság; ~를 따지다 feltérképezi a rokonság fokát

촌스럽다 형 vidékies, falusias; divatjamúlt, ódivatú, idejétmúlt; 촌스럽게 차려 입다 ódivatúan öltözik / alulöltözik

촌지 명 ajándékként adott pénz

촌티 명 vidékiesség, falusiasság; ~가 나다 vidékies / falusias megjelenésű; 그 처녀는 아직 ~를 벗지 못하고 있다 A lány még nem vetkőzte le a vidékiességét.

촘촘-하다 형 sűrű; 모를 ~하게 심다 a rizspalántákat sűrűn ülteti

촌평 명 tömör áttekintés / megjegyzés, visszatekintés; ~을 가하다 rövid visszatekintést ad

ㅊ

촛불 명 gyertyafény; ~을 켜다 meggyújt egy gyertyát, gyertyát gyújt; ~을 끄다 elfújj egy gyertyát; ~이 다 되어가다 leég a gyertya

총 명 puska, lőfegyver, pisztoly; 22구경 ~ 22-es kaliberű fegyver; ~을 겨누다 megcéloz vmit / vkit, lövésre készen tartja a fegyvert; ~을 들이대고 납치하다 fegyverrel elrabol vkit; ~을 메다 vállára vesz egy puskát; ~을 쏘다 elsüt egy fegyvert, lő a puskával; 받들어 ~ Fegyverrel tisztelegj!; 세워 ~ Fegyvert lábhoz!; 다발~ géppisztoly (automata fegyver); 쌍발~ duplacsövű fegyver; 연발~ tölténytáras puska

총각 명 agglegény, nőtlen ember

총각김치 명 erjesztett kínai retek

총계 명 teljes összeg, végösszeg; ~하여 összesen, teljes egészében, együttvéve; ~를 내다 összead, összegez; ~가 얼마나 됩니까 Mennyi a teljes összeg? Mennyi a végösszeg?

총괄-하다 동 összefoglal, összegez, általánosít; ~ 명 általánosítás, összefoglalás, összegzés; ~하여 általában, egészében, együttesen, közösen

총기 명 kézifegyver; ~ 단속 fegyverellenőrzés; ~ 사고 lőfegyverrel történő baleset; ~를 휴대한 강도 fegyveres rabló

총력 명 teljes erő, együttes erő, teljes gőz; ~을 기울이다 minden erejét beveti; 우리는 ~을 다해 이 난국을 타개해야 한다 Minden erőnket felhasználva kell túljutnunk ezen a nehézségen.

총력전 명 totális háború

총론 명 általános ismertetőjel, általános összegzés; 민법 ~ bevezetés a polgári jogi tanulmányokba; ~에서 각론으로 들어가다 rátér / áttér az általánosságokról a részletekre

총리 명 miniszterelnök; általános kormányzás; 그는 3년간 ~ 자리를 지켜오고 있다 Három évig ült a miniszterelnöki székben.; ~ 공관 miniszterelnöki rezidencia

총리실 명 miniszterelnöki hivatal

총명-하다 형 okos, intelligens, értelmes; jó emlékezőtehetsége van; ~한 사람 eszes / okos / értelmes ember

총무 명 általános ügyek; menedzser; 원내 ~ frakcióvezető; ~부장 általános ügyvezető

총무과 명 általános ügyekkel foglalkozó osztály

총생산 명 össztermék

총선 명 parlamenti választás; ~에서 승리하다 megnyeri a parlamenti választásokat

총수 명 főparancsnok, vezető

총수요 명 összkereslet

총알 명 golyó, töltény, lőszer, lövedék; ~ 구멍 lövésnyom; ~에 맞다 eltalálja egy golyó; ~을 다 쏘다 az utolsó töltényig tüzel; ~을 재다 fegyvert tölt; ~이 미치는 곳에 lőtávolon belül; ~이 벽을 꿰뚫다 a golyó átmegy a falon; ~은 다행히 스치기만 하고 명중하지 않았다 Szerencsére a golyó csak súrolta, nem találta el.

총영사관 명 főkonzulátus

총액 명 teljes összeg; 수출 ~ összes kivitel / export; 예산 ~ a költségvetés teljes összege

총장 명 rektor, egyetem elnöke; főparancsnok; ~에 취임하다 elvállalja a rektori posztot / az elnöki pozíciót

총재 명 elnök; vezérigazgató; 당~ pártelnök; 부~ alelnök; 명예 ~ tiszteletbeli elnök

총체 명 egész; ~적으로 egészében véve; 그의 연설은 ~적으로 평가하여야 한다 Egészében véve kell értékelnünk a beszédét.

총칼 명 lőfegyver és kard; haderő; ~로 다스리다 lőfegyverrel és karddal / erőszakkal kormányoz

총학생회 명 diákönkormányzat

총회 명 közgyűlés, plenáris ülés; 정기 / 임시 ~ rendes / rendkívüli ülés; ~에 부치다 vitára bocsát egy ügyet az ülésen

촬영-하다 동 fényképez, fotóz; filmet forgat; ~ 명 fényképezés, fotózás; filmforgatás; 그 영화 ~은 7월 초에 개시될 예정이다 A filmforgatás kezdetét július elejére tervezik.; ~ 금지 Fényképezni tilos!; ~ 감독 filmrendező; ~ 기사 operatőr; ~ 대본 forgatókönyv; 영화 ~소 filmstúdió; ~ 속도 forgatási sebesség; ~ 시간 forgatási idő; 영화를 ~하다 filmet vesz fel; 사진을 ~하다 fényképet készít vkiről, lefényképez vkit

최고 명 a legmagasabb; 세계 ~의 산 a világ legmagasabb hegye; 물가 지수는 ~에 달했다 Az árindex új csúcsot ért el.; 어제는 올여름 ~의 더위였다 Tegnap volt a legmelegebb ezen a nyáron.; 그는 차의 속도를 ~로 올렸다 A maximumra növeli a kocsi sebességét.; ~ 경영자 vezérigazgató; 가격을 ~ 한도로 인상하다 a maximumig emeli az árat

최고급 명 a legmagasabb osztály; ~의 a legmagasabb osztályú; 우리 회사의 제품은 ~에 끼인다 A termékeinket a legjobbak között tartják számon.

최고봉 명 a legmagasabb (hegy)csúcs

최고조 명 tetőfok, csúcspont; ~에 달하다 eléri a tetőpontot; 해외여행 붐은 이제 ~에 달했다 A külföldre utazási láz elérte a csúcspontját.; 연극은 그 장면에서 ~에 달했다 A színdarab abban a jelenetben érte el a tetőpontját. Az a jelenet volt a színdarab tetőpontja.

최근 명 a legközelebbi; a legfrissebb; ~에 mostanában; ~의 유행 a legújabb divat; ~ 3년간 az elmúlt három évben; ~에 출판된 책 nemrég / újonnan publikált könyv; ~에 언제 그를 만나셨나요 Mikor láttad utoljára?

최다 명 a legtöbb; 홈런의 ~ 기록 a legtöbb hazafutás rekordja (baseball); ~ 승리 투수 a legtöbb győzelemmel rendelkező dobójátékos (baseball)

최단 명 a legrövidebb; ~ 거리 a legrövidebb út / távolság

최대 명 a legnagyobb; ~의 업적 a legnagyobb teljesítmény; 세계 ~의 유조선 a legnagyobb tartályhajó a világon; ~ 다수의 ~ 행복 a lehető legnagyobb boldogság a lehető legtöbb ember számára; 우리들은 최소의 노력으로 ~의 능률을 올리려고 한다 Megpróbáljuk a lehető legkisebb erőfeszítéssel elérni a lehető legnagyobb hatékonyságot.; ~ 공약수 a legnagyobb közös osztó

최대한 명 maximum; ~의 능률을 내다 maximális hatékonyságot mutat; ~의 노력을 하다 maximális erőfeszítést tesz; 휴일을 ~으로 이용하라 Maximálisan használja ki a szabadidejét!; 건축비는 ~ 5천만 원이다 Az építkezés maximális költsége nem haladhatja meg az ötvenmillió vont.

최루가스 명 könnygáz

최루탄 명 könnygázgránát

최상급 명 felsőfok; a legmagasabb fok; a legmagasabb osztály

최선 명 teljes erő; ~의 노력 maximális erőfeszítés; teljes erőbedobás; ~을 다하다 teljes erőbedobással csinál vmit; 이것이 영어를 통달하는 ~의 방법이다 Ez a legjobb módszer az angol nyelv tökéletes elsajátítására.

최소한 명 a legkisebb, minimum; minimális; ~의 legkisebb; ~으로 하다 minimalizál; ~ 5년은 걸리다 legalább öt évet vesz igénybe; 비용을 ~으로 줄이다 a minimumra csökkenti a költségeket; 그들은 피해를 ~으로 막았다 A minimumra csökkentette a kárt.

최신 명 vadonatúj

최악 명 a legrosszabb; ~의 경우에는 a legrosszabb esetben; ~의 경우에 대비하다 felkészül a legrosszabbra; ~의 사태를 극복하다 túl van a legrosszabbon

최우선 명 prioritás, elsőbbség

최우수 명 kitűnő, a legjobb; ~ 선수 a legjobb játékos

최장 명 a leghosszabb

최저 명 a legkisebb; a legalacsonyabb

최적 명 a legmegfelelőbb, a legalkalmasabb, optimális; ~의 규모 optimális méret; 그는 그 일에 ~의 인물이다 Ő a legalkalmasabb ember a munkára.; 이곳은 산책하기에 ~의 장소다 Ez a legmegfelelőbb hely a sétára.; ~ 기준 optimális szabvány; ~ 속도 optimális sebesség; ~ 온도 optimális hőmérséklet; ~ 조건 optimális feltételek

최전선 명 frontvonal, az első vonal

최종 명 a legutolsó, befejező

최첨단 명 high-tech

최초 명 kezdet; eredet; kezdő, a legelső; ~에 legelőször, mindenekelőtt

최하 명 a legalacsonyabb; a legrosszabb; a legalsó; ~ 가격 a legalacsonyabb ár; ~ 등급 a legalacsonyabb fok(ozat)

최후 명 utolsó; végső; ~의 결정 az utolsó / végső döntés; ~의 만찬 az utolsó vacsora; ~의 일격 az utolsó ütés; a végső csapás; ~까지 저항하다 az utolsó csepp véréig ellenáll; ~에 누가 이길는지는 두고 볼 일이다 még nem lehet tudni, ki fog győzni a végén; ~에 웃는 자가 승리자다 Az nevet, aki utoljára nevet.; ~의 순간에 우리를 저버리다니 그 사람답다 Várható volt tőle, hogy az utolsó pillanatban lebuktat minket.; ~ 통첩을 보내다 ultimátumot ad; 비참한 ~를 맞이하다 tragikus véget ér

추가-하다 동 hozzáad, mellékel; kiegészít; pótol; 또 ~하실 것 뭐 없습니까 Van hozzáfűznivalója?; 우리는 ~로 3점을 올려 승리를 확실히 했다 További három pont megszerzésével biztossá tettük a győzelmünket.; ~ 경정 예산 pótköltségvetés; ~ 시험 pótvizsga; ~ 주문 kiegészítő rendelést ad le; 부록을 ~하다 függelékkel egészít ki vmit; 식사를 2인분 더 ~하다 még két személy részére rendel ételt

추구-하다 동 keres, kutat vmi után; ~ 명 keresés; 진리를 ~하다 az igazságot keresi; 행복을 ~하다 boldogság után kutat 그는 지위와 권력을 ~하는데 일생을 보냈다 Az egész életét a rang és a hatalom megszerzésének szentelte.

ㅊ

추궁-하다 동 firtat, keményen szorongat vkit a válaszért; ~ 명 kihallgatás, vallatás; 범인은 ~을 피하려고 거짓말을 했다 A bűnöző hazudott, hogy elterelje a gyanút.; 우리는 그 행위에 대해 그의 책임을 ~할 것이다 Rá fogjuk venni, hogy felelősséget vállaljon a tettéért.

추기경 명 bíboros; ~ 회의 bíborosok gyülekezete

추남 명 csúnya férfi

추녀 명 csúnya nő

추다 동 táncol; 남의 장단에 춤을 ~ úgy táncol, ahogy más fütyül

추대-하다 동 vezetőnek jelöl vkit; 협회는 김박사를 총재로 ~했다 A társaság elnökének jelölték Dr. Kimet.

추락사 명 zuhanás okozta halál; ~를 하다 halálra zúzza magát

추락-하다 동 (le)zuhan, (le)esik, bukik; ~ 명 zuhanás, bukás; 바다로 ~하다 lezuhan a tengerbe; 비행기가 들판에 ~했다 Egy repülő zuhant le a mezőn.

추려내다 동 kiválogat, szétválogat; 나쁜 사과를 ~ kiválogatja a rossz almákat; 마을의 장정을 ~ a daliás falubeli férfiakat szemeli ki.

추리다 동 választ, szelektál; átszűr, kiszűr; 우편물을 목적지 별로 ~ kiválogatja a leveleket a rendeltetési helyük szerint; 추려서 말하다 körvonalaz; 20명의 후보자 중에서 3명만 추렸다 Csak hármat választottak ki a húsz jelölt közül.

추리력 명 érvelő képesség

추리소설 명 detektívregény

추리-하다 동 következtet, levezet; ~ 명 következtetés, levezetés; 하나하나 ~해 나가다 követi a logikai sort; 뛰어난 ~로 사건을 해결하다 vkinek a briliáns okfejtése alapján oldja meg az ügyet; 귀납 / 연역 ~ induktív / deduktív levezetés

추모-하다 동 tisztelettel adózik egy elhunyt személy emlékének; ~ 명 tisztelettel adózás; 은사를 ~하기 위하여 기념비를 세우다 emlékművet avatnak / szentelnek a szeretett tanár emlékének

추방-하다 동 száműz, kitilt, kiutasít; eltávolít, tisztogat; ~ 명 száműzés, kiutasítás; tisztogatás; 빈곤의 ~ a nyomor száműzése; ~된 몸 száműzött; ~을 당하다 száműznek vkit; 국외로 ~하다 száműzik / kiutasítják az országból; 이들 불법 입국자를 국외로 ~하는 것이 국제법에 위반된다고 생각하십니까 Ön szerint nemzetközi jogilag jogellenes az, hogy kiutasítják az illegális bevándorlókat?

추분 명 őszi napéjegyenlőség

추상 absztrakt, elvont, metafizikai; ~적으로 말하다 elvontan beszél; ~ 명사 elvont főnév

추상화 명 elvonatkoztatás, absztrakció

추석 명 Csuszak, a koreai hálaadás napja (amely a holdnaptár szerinti 8. hónap 15. napjára esik); 우리는 ~에 성묘를 하기 위해 고향에 간다 Hazamegyünk a szülővárosunkba, hogy tiszteletünket tegyük az őseink sírjai előtt Csuszak alkalmából.

추세 명 tendencia, trend, irányzat; 시대의 ~ a kor tendenciája; 여론의 ~ a közvélemény irányultsága; 일반적 ~ általános tendencia; 증가 ~에 있다 emelkedő trendet mutat

추수-하다 동 arat, begyűjt, betakarít, (le)szüretel, leszed; ~ 명 aratás, begyűjtés, betakarítás, szüret, szedés; 파

종에서 ~까지 ültetéstől aratásig; ~에 바쁘다 az aratás lefoglal vkit; ~ 감사절 a hálaadás napja

추스르다 동 összeszed és a helyére tesz vmit; letisztáz, helyrehoz, elsimít; 일을 ~ helyrehoz vmilyen dolgot; 짚을 ~ összeszedi a szalmát és összerendezi

추악-하다 형 ronda, undorító, csúnya, csúf; visszataszító, förtelmes, felháborító, gyalázatos

추억-하다 동 visszaemlékezik, visszatekint, visszagondol; ~ 명 emlék, emlékezés, visszagondolás, visszatekintés, visszapillantás; 슬픈 ~ szomorú emlék; 어린 시절의 ~ vkinek a gyermekkori emlékei; ~에 잠기다 belemerül a múltba; 지난 시절을 ~하게 하다 emlékeztet vkit a régi időkre; 이 공원은 우리의 ~을 간직하고 있다 Ez a park emlékeket rejt számunkra.

추워지다 동 lehűl az idő

추월-하다 동 megelőz; ~ 명 előzés; 공업 생산에서 다른 모든 나라들을 ~하다 megelőzi minden más állam ipari termelését; 그(녀)는 선두에 있는 사람을 ~하여 맨 앞으로 나섰다 Megelőzte az élen állót, és átvette a vezetést.; 우리나라는 자동차 생산에서 일본을 ~할 것이다 Az országunk meg fogja előzni Japánt az autógyártásban.; ~ 금지 Előzni tilos!; ~ 금지 구역 előzési tilalom alatti útszakasz; ~ 차선 belső sáv

추위 명 hideg; 갑작스러운 ~ hirtelen hideg; 심한 ~ erős / zord hideg; 살을 에는 듯한 ~ csípős / átható hideg; ~에 떨다 reszket a hidegtől; ~를 견디다 bírja a hideget; ~를 이기려고 체조를 하다 tornázik, hogy leküzdje a hideget; ~에 익숙해지다 hozzászokik a hideghez; 올 겨울 ~는 유별나다 Példátlan hideg van idén télen.; ~가 풀렸다 Enyhült a hideg.

추이 명 múlás, haladás, változás; 시대의 ~ az idő múlása; 사태의 ~를 지켜보다 figyeli az események alakulását

추장 명 vezető, törzsfőnök

추적-하다 동 kutat, nyomoz; követ; ~ 명 üldözés; nyomozás; ~ 조사 nyomkövető tanulmány; 신문들은 정치 자금의 흐름을 ~하고 있다 A sajtó megpróbálja nyomon követni a politikusokhoz áramló pénzeket.

추정-하다 동 feltételez vmit, következtetést von le; ~ 명 feltevés, feltételezés, értékbecslés; 사실의 ~ tény feltételezése; ~에 의하면 úgy becsülik, hogy...; 네가 말하는 것은 단지 ~에 불과하다 Amit mondasz, az csak merő feltételezés.; 피해 총액은 약 5억원으로 ~된다 A kár összértékét ötszázmillió vonra becsülik.; ~ 가격 feltételezett / becsült érték; 유죄로 ~하다 feltételezi vkinek a bűnösségét

추종-하다 동 vkinek a nyomdokaiba lép; utánoz, követ vkit; ~ 명 vki életfelfogásának, hitvallásának a követése; utánzás; 그 나라의 외교 정책은 미국을 ~하고 있다 A külpolitikát tekintve az ország Amerika nyomdokaiban jár.; 타의 ~을 불허하다 páratlan, felülmúl másokat; 그(녀)의 연기는 타의 ~을 불허한다 Felülmúlhatatlan az előadása.

추진력 명 hajtóerő

추진-하다 동 továbbvisz, halad; előmozdít, fejleszt; ~ 명 hajtóerő; 그들은 나의 충고를 무시하고 그 계획을 ~했다 A tanácsomat figyelembe nem véve foly-

ㅊ

tatták tervüket.

추천서 명 ajánlólevél

추천작가 명 sikeres szerző, sokak által ajánlott író

추천-하다 동 ajánl, javasol; ~ 명 ajánlat, javaslat; 유력한 ~ mérvadó ajánlat; 그(녀)는 교수 ~으로 교사로 취직했다 Megkapta a tanári posztot a professzora javaslatára.; 너라면 기꺼이 ~하겠다 Örömmel javasollak téged!

추첨권 명 sorsjegy, tombola

추첨번호 명 sorsjegyszám, tombola száma

추첨-하다 동 kisorsol; ~ 명 sorsolás, húzás; ~으로 순번을 정하다 kisorsolja a sorrendet; ~에 떨어지다 nem nyerő számot húz ki; ~으로 정하다 sorsolással dönti el, hogy ki csinálja; 내일 준결승의 대진 ~이 있다 Holnap tartják a középdöntő sorsolását.

추출-하다 동 kivon, kinyer, kiemel; kijelöl; ~ 명 kivonat; mintavétel; 올리브 열매에서 귀중한 기름이 ~된다 értékes olaj vonható ki az olívából; ~ 검사 szúrópróbaszerű vizsgálat; ~물 kivonat; 사탕수수에서 설탕을 ~하다 cukornádból cukrot von ki

추측-하다 동 feltételez, sejt, vél, vmiből / vmiről következtet vmire; ~ 명 feltevés, feltétel, feltételezés; ~에 맡기다 a sejtésére / megérzésére bíz vmit; ~에 지나지 않다 ez puszta feltételezés; ~해서 말하다 feltételezések alapján beszél; 선거의 결과를 ~하다 előre sejti a választás eredményét; 사실에서 결과를 ~하다 egy konkrét tényből következtet az eredményre

추태 명 szégyenteljes viselkedés; illetlen látvány; megbotránkoztató helyzet; ~를 부리다 vki szégyenletesen viselkedik, csúnya jelenetet rendez; ~를 드러내다 megmutatja botrányos természetét

추-하다 형 csúnya, csúf; nem való, nem illő, helytelen; szégyenletes; ~한 얼굴 csúf arc; ~한 짓 illetlen viselkedés; ~하게 굴다 szégyenletes módon viselkedik

축 명 tengely; pillér; henger, görgő, dugattyú; 수평~ horizontális tengely; 수직~ vertikális / hosszanti tengely, hosszúsági öv; 지구는 그 ~을 중심으로 24 시간에 1회전 한다 A Föld 24 óránként fordul körbe a tengelye körül.

축가 명 köszöntőének; 결혼 ~ mennyegzői ének / dal

축구 명 futball, foci, labdarúgás; ~를 하다 futballozik, focizik; ~ 경기 / 시합 futballmeccs, labdarúgó-mérkőzés; ~ 선수 futballjátékos, focista; ~장 futballpálya; ~팀 futballcsapat; 그는 ~를 잘 한다 Ő jó focista. Jól focizik.

축구공 명 futball-labda, focilabda

축농증 명 orrsövényferdülés

축대 명 domb, gát, töltés; ~를 쌓다 töltést / gátat épít, gátat emel; ~가 무너지다 összeomlik egy védőgát

축복-하다 동 megáld; ~ 명 áldás; 그대에게 ~이 있기를 Isten áldjon!; 두 사람은 양친과 친구들의 ~을 받으며 결혼했다 A szülők és a barátok áldásával házasodtak össze.

축사 명 köszöntő, ünnepi beszéd; ~를 하다 jókívánságokat mond az ünnepségen; ~를 낭독하다 felolvassa a jókívánságait

축산 명 állattenyésztés; ~ 농가 állattenyésztéssel foglalkozó gazda; ~ 시험장 állattenyésztési kísérleti gazdaság

축산물 명 állattenyésztésből származó termékek; ~ 가공 처리법 haszonállat-feldolgozási törvény

축산학 명 állattenyésztéstan; ~과 állatgazdálkodási tanszék

축소-하다 동 csökkent, megnyirbál; ~ 명 csökkentés, összevonás; 군비의 ~ hadikiadások csökkentése; 예산의 ~ költségvetés csökkentése; 군비를 ~하다 csökkenti a hadikiadásokat; 인원을 ~하다 csökkentik az alkalmazottak számát

축원-하다 동 imádkozik, könyörög; ~ 명 ima, könyörgés; 세계 평화를 ~하다 a világbékéért imádkozik; 신의 은총을 ~하다 az Isten kegyelméért imádkozik

축이다 동 megnedvesít, párásít; megmárt, vízbe tesz, áztat; 목 / 입술을 ~ megnedvesíti a torkát / ajkait; 수건을 축여서 이마에 대다 nedves törülközőt rak valakinek a homlokára

축재-하다 동 vagyont / pénzt felhalmoz; ~ 명 pénz felhalmozása, felhalmozott vagyon; 부정 ~자 tiltott módon meggazdagodó személy; 정부는 부패 공무원의 부정 ~ 재산을 몰수하기 위해 국가의 권한을 강화하는 관련법 개정을 고려하고 있다 A kormány azt fontolgatja, hogy felülvizsgálja azokat a meglévő törvényeket, amelyek a korrupt köztisztviselők jogtalanul megszerzett vagyonának az elkobzásáról intézkednek.

축적-하다 동 felhalmoz, összegyűjt, elraktároz; ~ 명 felhalmozás, felhalmozódás; 자본의 ~ tőke felhalmozása; 장기간에 걸친 농약의 체내 ~ mezőgazdaságban használt vegyi anyagok hosszú távú felhalmozódása a szervezetben; 자본~론 a tőkefelhalmozás elmélete; 지식을 ~하다 tudást halmoz fel; 에너지를 ~하다 energiát halmoz fel

축전 명 ❶ üdvözlő távirat; ~을 보내다 / 치다 üdvözlő táviratot küld ❷ ünnepség, megemlékezés; 기념 ~ emlékünnep; 50주년 기념 ~을 올리다 az ötvenedik évforduló alkalmából ünnepséget rendez

축전기 명 kondenzátor

축전지 명 elem, akkumulátor

축제 명 fesztivál, ünnepély; 노래와 춤의 ~ énekes-táncos ünnepség; ~를 지내다 ünnepséget tart, ünnepel

축조-하다 동 épít; ~ 명 építkezés

축축-하다 형 vizes, nedves, nyirkos; ~한 공기 nyirkos levegő, párás levegő; 옷이 ~하다 nedvesnek érzem a ruháimat; 등골에 땀이 ~하다 a háta nedves az izzadságtól; 땅이 비에 젖어 ~하다 nedves a föld az esőtől; 밤이슬을 맞아 ~하다 nedves / nyirkos az éjjeli harmattól; ~하고 퀴퀴하다 nyirkos és dohos; 장마 때에는 모든 것이 ~하다 Az esős évszakban mindenhova behatol a nyirkosság.

축하-하다 동 gratulál, megünnepel; ~ 명 jókívánság, gratuláció; ~ 인사를 하다 gratulál vkinek; ~ 공연 ünnepi előadás; ~ 연설 ünnepi beszéd; 생일을 ~합니다 Isten éltessen!; 졸업을 ~하다 gratulál vkinek a diplomájához; 합격을 ~하다 gratulál, hogy sikerült a vizsga

춘분 명 tavaszi napéjegyenlőség

춘추 명 ❶ életkor; ~가 어떻게 되십니까 Tisztelt uram, szabadna tudnom a korát? ❷ *A tavasz és ősz krónikája* (Konfucius); ~의 필법 Konfucius irányelvei

ㅊ

a krónikák megírását illetően
춘추복 명 tavaszi és őszi ruha
출가-하다 동 elmegy otthonról; szerzetes lesz; ~ 명 elköltözés (otthonról); szerzetessé válás
출간-하다 동 megjelentet, kiad; ~ 명 kiadás, kiadvány
출고-하다 동 árucikkeket elszállít egy raktárból; ~ 명 a raktáron lévő áru házhoz szállítása; ~ 가격 előállítási ár; ~ 상품 a raktárból elszállított áruk; ~ 전표 szállítási bizonylat
출구 명 kijárat, átjáró; kivezető szakasz; áruszállítás a kikötőből; 거리로 나가는 ~ utcára nyíló kijárat; ~를 모르겠다 Nem találom a kijáratot.; 그는 둘러보며 ~를 찾았다 Körülnézett kijáratot keresve.; 비상 ~ vészkijárat, tűzlépcső
출국-하다 동 elhagy egy országot; ~ 명 ország elhagyása; ~ 수속 külföldre utazók reptéri hivatalos elintézendő ügyei
출근길 명 út a munkahelyre
출근-하다 동 munkába megy; munkába indul otthonról ~ 명 munkába járás; ~이 이르다 korán bemegy dolgozni; 그는 오전 9시에 ~한다 reggel kilenctől dolgozik; 오늘은 오후 ~이다 Ma délutános vagyok.; 나는 매일 버스로 ~한다 Mindennap busszal járok dolgozni.; ~ 시간 a munkaidő kezdete
출두-하다 동 megjelenik a bíróságon; ~ 명 megjelenés; 자진 ~ önkéntes megjelenés; ~를 요구하다 igény vkinek a megjelenésére / jelenlétére; 임의 ~를 요구하다 vkit önkéntes megjelenésre kérnek; 몸소 ~하다 személyesen jelenik meg
출력 명 kimenet; teljesítmény; ~ 8만 킬로와트의 수력 발전소 olyan vízi erőmű, amely nyolcvanezer kilowatt elektromosságot állít elő; ~ 500마력의 모터 500 lóerő teljesítményű motor; ~이 작다 kis teljesítményű; 이 엔진의 ~은 500마력이다 Ez egy 500 lóerős motor.; ~ 장치 kimeneti eszköz, kiviteli eszköz
출마-하다 동 jelöltként indul; ~ 명 jelöltség vmilyen tisztségre; ~를 선언하다 kihirdeti vkinek a jelöltségét vmire; ~를 포기하다 lemond a jelöltségről; 시장 선거에 ~하다 a polgármesteri címért indul; 서울에서 ~하다 jelölteti magát Szöulban; 대통령 후보로 ~하다 pályázik az elnökségre
출발점 명 kiindulási hely; rajtvonal; (육상 경기에서) ~에 서다 a rajtvonalnál áll
출발-하다 동 indul, elindul; ~ 명 elindulás; ~ 준비를 하다 felkészül az indulásra; 버스는 9시에 서울을 이미 ~했다 A busz már kilenckor elindult Szöulból.; 열차는 3번 플랫폼에서 ~한다 A vonat a harmadik vágányról indul.; 나는 금요일로 ~을 늦추었다 Péntekre halasztottam az indulásomat.; ~ 날짜가 임박하다 Közeledik az indulásom napja.; ~ 신호 indító jelzés; 하루 일찍 ~하다 egy nappal korábban indul
출범-하다 동 kihajózik, elvitorlázik; ~ 명 kihajózás, kiindulás, elindulás; ~ 명령 hajózási parancs; ~일 a kihajózás napja
출산-하다 동 (gyereket) szül; ~ 명 szülés; ~ 예정일 a szülés előre látható időpontja; ~ 촉진제 a szülést megindító injekció; ~ 휴가 szülési szabadság; 그녀는 사내아이를 ~했다 Kisfiút szült.; 그의 아내는 다음 주 ~ 예정이다 A felesége jövő hétre várja a babát.

ㅊ

출생-하다 동 (meg)születik; ~ 명 születés; 갓 ~한 아이 újszülött; ~ 연월일 születési idő; ~ 신고 újszülött regisztrálása; ~지 születési hely; ~ 증명서 anyakönyv, születési anyakönyvi kivonat; ~ 신고하다 bejegyzik vki gyerekének a születését

출석부 명 névsor

출석요구서 명 beidézés

출석-하다 동 jelen van, megjelenik; részt vesz; ~ 명 jelenlét, részvétel; ~ 요청 igény / kérés vkinek a megjelenésére vonatkozóan; 오늘 우리 반은 전원 ~이다 Az osztályunk ma teljes létszámmal jelen van.; 자네 꼭 ~해 줘야겠네 ragaszkodom a jelenlétedhez; ~하지 않다 hiányzik az iskolából; ~ 카드 jelenléti ív

출세욕 명 becsvágy, sikeréhség, sikerre éhezés

출세-하다 동 előbbre jut az életben, karriert csinál; ~ 명 előrejutás, előléptetés, siker; ~할 기회를 놓치다 elszalasztja a lehetőséget, hogy előrébb jusson az életben; ~가 빠르다 gyorsan előrejut a világban; ~에 방해가 되다 vmi / vki egy személy sikerének az útjában áll; 그는 아들이 ~하는 것을 보지 못하고 죽었다 Nem élhette meg, hogy nagy / sikeres ember legyen a fiából.

출시-하다 동 lerántják a leplet, bemutatják a legújabb modellt

출신 명 eredet, származás, szülőhely; 군인 ~ leszerelt katona; 대학 ~ diplomás / egyetemet végzett ember; 양반 ~ 이다 előkelő származású; 우리 회사 사장은 농민 ~이다 A cégünk vezetője parasztcsaládból származik.

출연료 명 fellépés / fellépti díja

출연-하다[1] 동 pénzt adományoz / felajánl; ~ 명 pénzadomány, segítségnyújtás; 자선기금에 많은 돈을 ~하다 sok pénzt ajánl fel a jótékonysági alapnak

출연-하다[2] 동 fellép (színházban), szerepel (a tévében); ~ 명 vkinek a megjelenése a színpadon; 국립 극장에 ~하다 fellép a nemzeti színház színpadán

출입구 명 kijárat és bejárat

출입국 명 kivándorlás és bevándorlás; ~ 관리소 bevándorlási hivatal

출입금지 Belépni tilos!, Tilos az átjárás!; 미성년자 ~ 18 év alattiaknak tilos a belépés!

출입문 명 bejárat, kijárat; ☞ **출입구**

출입증 beléptető kártya, azonosító igazolvány; ~을 보이다 belépéskor felmutatja az igazolványát

출입-하다 동 járkál; meglátogat; ~ 명 járkálás; meglátogatás; 사람의 ~이 많다 sok ember jön-megy; 선박의 ~이 잦다 nagy hajóforgalom van; ~을 허락하다 beengednek vkit egy helyre; ~을 금하다 kitilt vkit vhonnan; 그는 바깥 ~을 잘 안 한다 Ő otthon ülő típus.; 미성년자는 그곳에 ~하지 못한다 A hely tiltott a kiskorúak számára.

출자-하다 동 befektet, pénzel vkit / vmit; ~ 명 befektetés, pénzügyi finanszírozás; 공동 ~ közös befektetés; közös tőke; ~액 befektetett pénzösszeg; 주식에 ~하다 tőzsdére viszi a pénzét; 광산에 ~하다 bányászatba fekteti a pénzét; 그는 신규 사업에 많은 돈을 ~했다 Egy új vállalkozásba fektette sok pénzét.

출장-하다 동 részt vesz, indul, versenyez; ~ 명 részvétel, elindulás (versenyen);

경기에 ~하다 részt vesz egy versenyen; ~을 취소하다 lemondja a részvételt egy versenyen; ~ 선수 induló versenyző; ~ 자격 részvételi jogosultság; 그 선수는 ~ 정지를 당했다 a játékos el van tiltva / ki van állítva

출전-하다 동 részt vesz (sportversenyen); ~ 명 részvétel (sportversenyen)

출제-하다 동 összeállítja a vizsgakérdéseket, kérdéseket tesz fel egy vizsgával kapcsolatban; 이번 시험은 교과서에서 ~될 것이다 A következő vizsga kérdéseit a tankönyvből fogják feltenni.; ~ 경향 a kérdések iránya; ~ 범위 a vizsga anyagának terjedelme; 선생님은 어려운 문제를 몇 개 ~했다 A tanár adott pár nehéz kérdést.

출처 명 eredet, forrás; 뉴스의 ~ hírforrás; ~가 확실하다 megbízható forrás; autentikus, biztos forrásból való; ~를 밝히다 elárulja / felfedi a forrását; 그 보도의 ~는 분명치 않다 A jelentés bizonytalan forrásból való.; 이 구절의 ~는 성서다 A kifejezés a Bibliából való.; 그 돈의 ~를 알고 싶다 Szeretném tudni, honnan származik ez a pénz.

출토물 명 régészeti lelet

출퇴근-하다 동 munkába megy és hazajön

출판사 명 könyvkiadó

출판업 명 könyvkiadás; ~을 시작하다 kezd könyvkiadói tevékenységbe

출판-하다 동 kiad, megjelentet; megjelenik; ~ 명 kiadás; 한정 ~ korlátozott kiadás; 그 책은 벌써 ~되었다 A könyv már megjelent.; 그 책은 갓 ~되었다 Most jelent meg a könyv.; ~ 목록 a kiadott könyvek listája; ~ 윤리 kiadói etika; ~ 부수 példányszám; ~비 a kiadás költségei; ~ 허가 engedély egy könyv kiadásához; ~ 협회 kiadók szövetsége; 논문을 모아서 ~하다 tudományos dolgozatokat gyűjt össze és ad ki; 자비로 ~하다 saját erőből kiad egy könyvet

출품작 명 pályázati mű

출품-하다 동 beküldi egy versenyre, pályáztatja egy versenyen

출하-하다 동 árut terjeszt / szállít, piacra visz; ~ 명 árueladás; 화물을 서울역에서 ~하다 A Szöul pályaudvarról elszállítják az árukat.; 오늘은 야채의 ~량이 적었다 Kevés volt a mai zöldségszállítmány.

출항 명 kihajózás; ~을 허가하다 engedélyt ad egy hajónak; ~ 준비를 하다 felkészül a kihajózásra; ~ 명령 kihajózási utasítás

출현-하다 동 megjelenik, feltűnik; ~ 명 megjelenés; kilépés; 컴퓨터의 ~ a számítógép megjelenése

출혈-하다 동 vérzik; ~ 명 vérzés; ~이 심하다 erősen vérzik; ~ 과다로 죽다 belehal a vérveszteségbe; ~을 멈추다 / 막다 megállítja / elállítja a vérzést; 새로운 사업을 하려면 얼마간의 ~은 각오해야 한다 Fel kell készülnünk bizonyos veszteségekre, ha új üzletbe fogunk.

춤 명 tánc; 어깨~ válltánc; 엉덩이~ csípőtánc; ~을 추다 táncol; 음악에 맞추어 ~을 추다 zenére táncol; 남의 장단에 ~을 추다 Úgy táncol, ahogy más fütyül.

춥다¹ 동 fázik; 그렇게 얇게 입고 춥지 않느냐 Nem fázol meg ebben a vékony ruhában?

춥다² 형 hideg; 추운 날씨 hideg idő; 추워서 떨다 reszket / remeg / vacog a hidegtől; 오늘 아침은 살을 에는 듯이 ~ Szúrós / csípős hideg van ma reggel.

충격 명 sokk, lendület, löket; ~에 견디는 ütésálló; ~을 받다 sokkol, meg van döbbenve; 그의 죽음은 정계에 커다란 ~을 주었다 A halála hatalmas megdöbbenést váltott ki a politikai körökben.; 폭발의 ~은 수 킬로미터 사방에서 감지되었다 A robbanás hullámai kilométerekkel arrébb is érződtek.; ~ 요법 sokkterápia (kezelés); ~파 lökéshullám

충고-하다 동 tanácsol, tanácsot ad, javasol; figyelmeztet, int; ~ 명 tanács; figyelmeztetés; intés; ~에 따르다 követi / megfogadja vkinek a tanácsát; ~를 명심하다 megtartja vki tanácsát; ~를 무시하다 figyelmen kívül hagyja vki tanácsát; 한 가지 ~할 것이 있다 Szeretnék neked egy tanácsot adni.; 의사의 ~로 그는 술을 끊었다 Az orvos tanácsára felhagyott az ivással.; 건강에 주의하라고 ~하다 Azt tanácsolja neki, hogy vigyázzon az egészségére.

충당-하다 동 pénzösszeget fordít vmire, beruház, pénzt szán vmire; 기금을 교사 건축에 ~하다 iskolaépületek építésére szánt tartalékalap; 저금을 빚 갚는 데 ~하다 tartozástörlesztésre fordítja a megspórolt pénzét

충돌-하다 동 ütközik, karambolozik; veszekedik; összecsap; ~ 명 karambol, ütközés; veszekedés, összecsapás; 2중 / 다중 ~ kettős / többszörös karambol; 두 대의 차가 서로 ~하다 két kocsi összeütközik (egymással); 정면 ~하다 frontálisan ütközik / karambolozik vmivel; 그의 차는 건널목에서 열차와 ~했다 A vasúti átkelőnél elcsapta az autóját egy vonat.; 의견의 ~ vélemények ütközése; 국경에서의 양군의 ~ összecsapás két fegyveres erő között az országhatárnál

충동 명 ösztönzés, késztetés, rávezetés; 성적 ~ szexuális késztetés / ösztönzés; 여행하고 싶은 ~ vágy az utazásra; ~을 느끼다 ösztönzést érez vmihez, késztetést érez vmire; 일시적 ~에 이끌리다 a pillanat hevében cselekszik; ~을 억제하다 elnyom egy vágyat, ellenáll a kísértésnek; ~ 구매 felesleges dolgok vásárlása; ~ 구매를 하다 mániákusan vásárol

충동적 ösztönös; ~인 사람 ösztönlény; ~ 행동 ösztöncselekvés; 젊은이는 노인보다 더 ~이기 쉽다 A fiatalok hajlamosabbak ösztönösebben viselkedni, mint az idősebbek.

충동질-하다 동 ösztönöz, buzdít, rábír, rávesz; 둘이 싸우게 ~하다 két embert arra buzdít, hogy verekedjenek; 그는 그(녀)를 ~해서 가출하게 했다 Ráveszi, hogy elmenjen otthonról.

충만-하다 형 tele van; 원기가 ~하다 tele van életerővel, tele van energiával

충분-하다 형 elég, elegendő, kielégítő, megfelelő; ~한 보수 kielégítő fizetés / jövedelem; ~한 식량 elégséges / kielégítő ellátás; ~한 이유 kielégítő / kiadós okok; 이 음식은 두 사람 몫으로 ~하다 Az étel elég két embernek is.; ~히 설명하다 teljes körűen leír / elmagyaráz; ~히 이해하다 tökéletesen megért vmit; 돈은 ~히 있다 elég pénze van

충성-하다 형 hűséges, tiszteletteljes; ~ 명 hűség, tisztelet, hódolat; ~스럽다 hűséges, tiszteletteljes; ~스럽게 hűsé-

ㅊ

gesen, tiszteletteljesen; 나라에 ~하다 hű / hűséges a hazájához, tiszteleg a hazája előtt; ~ 선언 hűségeskü

충신 명 hűbéres, lojális alattvaló; ~ 노릇을 하다 hűségesen szolgál; ~은 두 임금을 섬기지 않는다 Egy hű alattvaló nem szolgál két királyt.

충실-하다 ❶ teljes, bőséges; ~ 명 teljesség, gazdagság, bőség, tökéletesség; 책의 내용이 ~하다 A könyv nagyon gazdag tartalmú. ❷ hűséges, lojális, megbízható; 직무에 ~하다 hű a kötelességeihez / feladataihoz; 원문에 ~하다 hű marad az eredeti szöveghez, kitart az eredeti szöveg mellett; 그는 주인에게 ~한 하인이다 Ő egy gazdájához hű / lojális / megbízható szolga.

충전기 명 töltő

충전-하다 동 árammal feltölt; ~ 명 feltöltés; 자동차 배터리를 ~하다 feltölti az autó akkumulátorát (árammal); ~ 전지 feltöltéshez használatos elem / akkumulátor; 재~ utántöltés

충족-하다 동 kielégít, teljesíti az igényeket; bepótol vmit; ~ 명 teljesítés; 조건을 ~시키다 megfelel a követelményeknek / feltételeknek

충치 명 lyukas / szuvas fog; ~를 빼다 kihúzatja a lyukas fogát; ~를 치료하다 szuvas / lyukas fogat kezel; ~를 예방하다 megvédi a fogat a szuvasodástól

충혈-되다 동 눈이 ~되다 bepirosodik a szeme

취객 명 részeg ember

취급-하다 동 kezel vkit, bánik vkivel; foglalkozik, kereskedik; használ; ~ 명 kezelés, bánás; 어린애 ~을 하다 gyerekként bánik vkivel, gyerekként kezel vkit; ~ 설명서 használati útmutató; 조심스럽게 ~하다 figyelemmel / óvatosan kezel; ~ 주의 Kezelje óvatosan!; 저희는 그런 상품은 ~하지 않습니다 Mi nem foglalkozunk ilyen típusú / fajta áruval.

취기 명 részegség, ittasság; ~가 돌다 ittas lesz, berúg, spicces lesz, becsíp; ~가 깨다 magához tér a részegségből / ittasságból

취득-하다 동 megvesz, vásárol; beszerez; ~ 명 beszerzés, bevásárlás; 재산의 ~ vagyonszerzés; ~ 가격 beszerzési ár, vételár; 부동산 ~세 ingatlanadó; 운전면허를 ~하다 megszerzi / megkapja a vezetői engedélyt

취미 명 ízlés, érdeklődési kör, hobbi, időtöltés; 고상한 ~ kifinomult ízlés; 별난 ~ az egyedi / furcsa / különös dolgok iránti ízlés / hajlam; ~로 사진을 찍어보다 kipróbálja a fotózást mint hobbit; ~로 우표를 모으다 hobbiból bélyegeket gyűjt; ~가 사람마다 다르다 Mindenkinek különböző hobbija van.; 그는 요즘 그림에 ~를 붙이기 시작했다 Elkezdett érdeklődni a festészet iránt.

취사 명 főzés, konyhai munka; 그는 자신이 직접 ~를 한다 Magára főz.; ~ 당번 konyhai szolgálatot teljesítő katona; ~ 도구 konyhai eszközök; ~ 설비 főzéshez használatos felszerelés

취사장 명 konyha; tábori konyha

취소-하다 동 visszavon, eltöröl, lemond; ~ 명 visszavonás; 면허(증)의 ~ engedély visszavonása; ~ 소송 semmisségi per; 기사의 ~를 요구하다 Követeli, hogy vonják vissza az újságban megjelent állítást.; 주문 / 예약을 ~하다 lemond egy rendelést / foglalást; 계약을 ~하다

ㅊ

felbontja a szerződést

취약-하다 형 gyenge, törékeny

취업률 명 foglalkoztatottsági arány / százalék

취업-하다 동 ❶ munkába áll, dolgozni kezd, állást szerez; ~ 명 munkába állás, állásszerzés; 해외 ~ külföldi munkavállalás; ~ 알선 munkaközvetítés; ☞ 취직하다

취임사 명 székfoglaló beszéd

취임식 명 eskütétel, beiktatási ceremónia

취임-하다 동 hivatalba lép, elfoglalja hivatalát; ~ 명 hivatalba lépés; 대통령으로 ~하다 elnökként beiktatták; ~ 선서를 하다 leteszi a hivatali esküt; 신임 교육부 장관은 내일 정식으로 ~한다 Az új oktatási miniszter hivatalosan holnap foglalja el hivatalát.

취재원 명 hírforrás (személy), tudósító

취재-하다 동 anyagot / információt gyűjt cikkhez; ~ 명 anyaggyűjtés, információgyűjtés; ~ 경쟁 hírközlési verseny; ~ 여행을 떠나다 anyaggyűjtő / ténykereső útra megy egy cikk megírásához; 사고를 현지 ~하다 a helyszínről tudósít egy balesetről

취지 명 cél, mondanivaló, lényeg, célzat; 독립 선언서의 ~ a Függetlenségi Nyilatkozat lényege; 연설의 ~ beszéd mondanivalója; 질문의 ~는 무엇입니까 Mi a kérdése lényege?; 본 회의 설립 ~는 빈민 구제에 있다 Azzal a fő céllal alakult meg ez a társaság, hogy enyhítsen a szegények helyzetén.; 그것은 법의 ~에 어긋나게 된다 Ez pedig a törvény céljával / lényegével ellentétes lenne.

취직-하다 동 állást szerez, alkalmazzák vmire / vmiként; ~할 기회 munkalehetőségek; ~을 부탁하다 munkát kér vkitől; ~을 알선하다 segít vkinek munkát találni; ~시키다 alkalmaztat / felvetet vkit vhova, bekerül vhova vki által; 그(녀)는 여행사에 ~해 있다 Egy utazási irodában van alkalmazásban.; ~ 지망자 állásra jelölt / pályázó; 신문사에 ~하다 egy újságnál kerül alkalmazásba

취침-하다 동 aludni megy; ~ 명 lefekvés, alvás; ~ 중 alvás közben; ~ 전에 lefekvés előtt; 일찍 ~하다 korán lefekszik; ~ 중 화재가 났다 Tűz ütött ki, mialatt aludtunk.; ~ 시간 alvásidő; 내 ~ 시간은 11시이다 11 órakor szoktam lefeküdni.

취-하다[1] 동 intézkedik, viselkedik, követ, (ki)választ; 입장을 ~하다 állást foglal vmi mellett, véleményt nyilvánít; 조치를 ~하다 lépést / intézkedést tesz; intézkedik; 강경한 태도를 ~하다 határozottan viselkedik; 많은 것(들) 중에서 하나를 ~하다 egyet választ a sok közül; 제일 좋은 것을 ~하다 a legjobbat választja ki; 많은 이문을 ~하다 szép kis hasznot húz belőle; 싸우려는 자세를 ~하다 támadó pózt vesz fel; 휴식을 ~하다 kipiheni magát

취-하다[2] 동 lerészegedik, berúg, illuminált állapotba kerül; ~하여 alkohol hatása alatt, alkoholos befolyásoltság alatt; 맥주에 ~하다 berúg a sörtől, be van rúgva a sörtől; 거나하게 ~하다 be van csípve, fejébe szállt az ital; ~해 쓰러지다 kidőlt az italtól; ~해서 이성을 잃다 elbódult az alkoholtól, elbódította az alkohol; ~해서 잠들다 ájulásig issza magát; 음악에 ~하다 belefeledkezik a zenébe; 행복에 ~하다 mámorító boldogság tölti el; 마약에 ~하다 elkábítja magát drogokkal / kábítószerekkel

취향 명 ízlés, tetszés; hajlam; 옷에 대한 ~ öltözködési ízlés, ízlés az öltözködésben; ~에 맞다 megfelel a tetszésének, megtetszik neki

측근 명 az őt körülvevő személyek, vkinek a környezete; 총리 ~에 의하면 a miniszterelnököt körülvevő személyek szerint; ~에 아무도 없다 senki sincs körülötte

측면 명 oldal; nézőpont, szemszög; profil; 건물의 ~ épület oldala / fala; ~을 방어하다 a csapat / sereg oldalát védi; 적의 ~을 공격하다 oldalba támadja az ellenséget; ~에서 돕다 közvetve segít vkinek; 기계의 왼쪽 ~을 벽에 고정시키시오 Rögzítse a gép bal oldalát a falhoz!; 명랑한 ~만을 보이다 csak a mosolygós oldalát mutatja; 사태를 다른 ~에서 보다 a helyzetet más szemszögből nézi

측은-하다 형 szánalmas, sajnálatra méltó

측정-하다 동 mér, megmér, felmér, lemér, kimér; ~ 명 mérés, felmérés; ~을 잘못하다 rosszul mér meg vmit, elmér vmit; ~값 lemért / megmért / kimért érték; ~ 장치 mérőeszköz, mérőkészülék; 거리를 ~하다 leméri a távolságot vmihez; 속력을 ~하다 meghatározza vmi gyorsaságát / sebességét

층 명 ❶ réteg, osztály, szint; 노동자~ munkásosztály; 사회의 최하~ a legalacsonyabb társadalmi réteg; 사회의 중간~ a társadalom középosztálya; 지식~ értelmiségi réteg; 갖가지 연령~의 사람들이 그 토론에 참가하였다 Különböző korosztályúak vettek részt a vitában.; 석탄~ (kő)szénréteg, kőszéntelep ❷ szint, emelet; 9~짜리 빌딩 kilencemeletes / -szintes épület; 지하 2~ második mélyföldszint / alagsor; 사무실은 몇 ~에 있습니까 Hányadik emeleten van az iroda?

층계 명 lépcső(fok); lépcsősor; ~ 위 / 아래에서 a lépcsősor tetején / alján; 마지막 ~ utolsó lépcsőfokok; 가파른 ~ meredek lépcsősor; ~를 오르다 felmegy a lépcsőn; ~를 내려가다 lemegy a lépcsőn; ~를 헛디디다 rosszul lép a lépcsőn; ~에서 미끄러지다 megcsúszik a lépcsőn; ~를 한 번에 두 단씩 올라가다 kettesével veszi a lépcsőfokokat

층위 명 földréteg; tengely

치과 명 fogászat, fogászati ügyelet; fogorvosi rendelő; ~에 가다 fogorvoshoz megy; ~ 기공 fogtechnikus; ~ 기구 fogászati eszközök; ~용 드릴 fogfúró; ~ 치료 fogászati kezelés

치과대학 명 fogorvostudományi egyetem

치과의사 명 fogorvos, fogász, szájsebész; ~의 진찰을 받다 fogorvoshoz fordul, megvizsgáltatja magát egy fogorvossal

치과학 명 fogorvostudomány

치근거리다 동 zaklat, zavar, idegesít; 여성에게 ~ nőket zaklat

치다[1] 동 ❶ üt, megüt; ver, csap; 공을 ~ megüti a labdát; 세 시를 ~ elüti az óra a hármat; 못을 벽에 ~ szeget ver a falba; 머리를 ~ fejen vág vkit; 볼기를 ~ elfenekel vkit; 얼굴을 ~ felpofoz vkit, arcon csap vkit; 타이프를 ~ beírja a gépbe, csattogtatja az írógépet; 종을 ~ megüt egy harangot, megkongatja a harangot; 헤엄을 쳐서 강을 건너다 átúszik egy folyón, keresztülúszik egy folyón; 물장구를 ~ lábtempózik vízben; 푸드득거리며 날개를 ~ suhogtatja / csattogtatja a szárnyát; 꼬리를 ~ csóválja a farkát; 종종걸음을 ~ apró léptekkel megy; tipeg-topog ❷ vet, rak; 그물을 ~ kiveti a hálóját; 모기장을 ~ szúnyoghálót tesz / rak fel, szúnyoghálót akaszt fel; 줄을 ~ kötelet feszít ki, elzár / lezár egy területet; 천막을 ~ sátort ver fel; 울타리를 ~ bekerít / körbekerít egy házat ❸ vág; 목을 ~ levágja a fejét vkinek / vminek; lefejez vkit, lefejeztet; 가지를 ~ visszametsz egy ágat; 채를 ~ apróra vág ❹ megtámad, támadást indít; 불시에 적을 ~ meglepetésszerű / hirtelen támadást indít; 성을 ~ várat ostromol ❺ 크게 소리를 ~ odakiált, üvölt; 호통을 ~ teljes hangerővel ráförmed; 살려 달라고 소리(를) ~ segítségért sikít / kiált; 뺑소니를 ~ megszökik, meglép, elmenekül; 밑줄 친 부분 aláhúzott rész; 점을 ~ megjósolja a jövőt; 운전면허 시험을 ~ leteszi a vezetői vizsgát; 이자까지 쳐서 beleértve a kamatot is; 집값을 5천만 원으로 ~ ötvenmillió vonra értékeli a házat; 결석자는 불합격으로 친다 Azokra, akik távol maradnak, úgy tekintünk, mintha megbuktak volna a vizsgán.; 전보를 ~ táviratot küld

치다² 동 megszór, rárak; 소금을 ~ sót tesz az ételbe, megsózza az ételt; 샐러드에 소스를 ~ ráönti a szószt a salátára; 고기에 후추를 ~ borsot szór / hint a húsra; 기계에 기름을 ~ olajat ken / visz fel egy gépre; megken / megolajoz egy gépet; 음식에 독을 ~ megmérgezi az ételt

치다³ 동 tenyészt, nevel, tart; 누에를 ~ selyemhernyókat tenyészt / szaporít; 닭을 ~ tyúkokat tart; 돼지를 ~ disznókat tart / tenyészt; 벌을 ~ méheket tart; 하숙을 ~ panziót vezet / tart fenn

치대다 동 kiradíroz, megdörzsöl; gyúr; 빨래를 ~ dörzsöli / súrolja szennyest; 반죽을 ~ tésztát gyúr

치료법 명 gyógymód; 확실한 ~ hatásos gyógymód; 민간 ~ népi gyógyászat; 암에는 아직 확실한 ~이 없다 Még nem találták meg a rák biztos ellenszerét.

치료비 명 kezelési költség, kezelés díja

치료-하다 동 meggyógyít, kezel vkit; ~ 명 orvosi kezelés; 물리 ~ fizikoterápiás kezelés; 전기 ~ elektrosokk-terápia; 상처를 ~하다 sérülést kezel; 응급 ~를 하다 elsősegélyben részesít; 이를 ~받다 kezelteti a fogait; 그 ~는 효과가 좋았다 A kezelés hatásos volt.; 이 병은 빨리 ~하지 않으면 안 된다 Ez a betegség sürgős kezelést igényel.

치료학 명 terapeutika, gyógykezelés, a gyógyászat tudománya

치르다 동 ❶ fizet; 밥값을 신용 카드로 ~ hitelkártyával fizet az étkezésünkért ❷ végigcsinál vmit, keresztülmegy vmin; 감기를 ~ meg van fázva; 홍역을 ~ kanyaróban / rubeolában szenved; nehéz időszakon van túl, keserves tapasztalatokat szerzett; 손님을 ~ vendégül lát

치마 명 szoknya; ~의 주름 egy ránc a szoknyán; ~를 입다 szoknyát hord; ~를 벗다 leveszi / leveti a szoknyáját; ~바지 szoknyanadrág

치마폭 명 szoknya bősége

치맛자락 명 szoknya szegélye / széle; ~을 걷어잡다 felfogja a szoknya szélét; ~을 끌다 maga után húzza a szoknyát

치명적 halálos, végzetes, gyilkos; ~(인) 타격을 주다 halálos csapást / ütést mér vkire; ~(인) 실수를 저지르다 végzetes / fatális hibát követ el

치밀-하다 형 részletekbe menő, részletes; alapos; ~한 조사 alapos nyomozás.; 그는 ~한 사람이다 Ő nagyon aprólékos / precíz ember.

치솟다 동 felszökik, megugrik, felszáll; 하늘 높이 ~ az egekbe szökik; 물가가 천정부지로 ~ felszöktek az árak.; 불길이 치솟았다 Felcsaptak a lángok.

치아 명 fog ☞ **이빨**

치안 명 közbiztonság, közrend; ~을 유지하다 fenntartja a közrendet / közbiztonságot; ~을 어지럽히다 megzavarja / megbontja a közbiztonságot; 이 지역은 ~이 좋다 Ez biztonságos környék.

치안당국 명 végrehajtó hatalom; rendőr-főkapitányság

치약 명 fogkrém

치열-하다 형 éles, heves, szoros, intenzív; ~한 경쟁 éles verseny; 나날이 ~해지다 egyre hevesebbé válik vmi

치욕 명 szégyen, sértés, megalázás, gyalázat; 심한 ~ szörnyű szégyen / sértés; 국가적 ~ nemzeti szégyen; ~을 참다 lenyel egy sértést / sérelmet; 나는 지금까지 이런 ~은 겪은 일이 없다 Még sosem szégyenítettek meg ennyire.

치우다 동 ❶ elhord, eltüntet, eltakarít, visszatesz vmit a helyére; 밥상을 ~ leszedi az ebédlőasztalt; 의자를 ~ visszateszi a székeket a helyükre; 읽던 책을 ~ félreteszi a könyvet, amit olvas; 잡동사니를 ~ eltakarítja az útból a szemetet; 어린애가 장난 못하게 칼을 치워라 Rakd el a késeket a gyerekek elől! ❷ kitakarít, rendbe hoz / rak; 어수선하게 늘어놓은 방을 ~ kitakarít / rendbe hoz egy rendetlen szobát; 부엌을 ~ rendbe rakja a konyhát

치우치다 동 ❶ dől / borul vmi felé; 약간 서쪽으로 치우친 곳에 kicsit nyugatra / nyugatabbra vmitől; 벽이 동쪽으로 ~ a fal kelet felé dől ❷ hajlik vmi felé, húz vmi irányába; túlságosan elfogult vmivel szemben; 치우친 생각 elfogult gondolat vkivel / vmivel szemben; 감정에 ~ elragadják az érzései; 치우치지 않다 elfogulatlan

치유-하다 동 gyógyít, begyógyít, helyreállít; kigyógyul; ~ 명 gyógyulás, begyógyulás, felépülés, helyreállás; ~할 수 없는 gyógyíthatatlan; 상처는 곧 ~될 것이다 A seb hamarosan / nemsokára begyógyul.

치장-하다 동 feldíszít, dekorál, kicicomáz; kicsinosítja magát, kicicomázza magát; kifesti magát, kisminkeli magát; ~ 명 díszítés, dekoráció; előkészület, készülődés, megjelenés; sminkelés; 잔뜩 ~하고 나서다 teljesen kicsípve / felcicomázva megy el; 방을 그림으로 ~하다 képekkel díszít / dekorál egy szobát; 집을 ~하다 feldíszíti a házát, kicsinosítja a házát

치중-하다 동 hangsúlyt fektet vmire, jelentőséget tulajdonít vminek, értékesnek nyilvánít vmit; 교육에 ~하다 nagy jelentőséget tulajdonít az oktatásnak; 외모에 너무 ~해서는 안된다 Nem kellene akkora hangsúlyt fektetned a külsődre.

치즈 명 sajt; ~ 덩어리 egy darab sajt; ~를 얹은 빵 sajtos szendvics; ~버거 sajtburger; ~ 케이크 sajtos sütemény; ~ 크래커 sajtos keksz

치켜들다 동 felkap, felemel, felvesz; 칼을 치켜들고 a feje fölé emeli a kardját; 큰 돌을 ~ felemel / felvesz egy nagy követ

치통 명 fogfájás; ~이 심하다 nagyon fáj a foga; 주사를 맞았더니 ~이 좀 가라앉았다 Az injekció csillapította valamenynyire a fogfájást.

친고죄 명 a sértett magánindítványára indítható büntetőeljárás az adott bűncselekmény esetében

친교 명 szoros barátság, bizalmi kapcsolat, baráti viszony; ~를 맺다 összebarátkozik vkivel; ~를 맺은 사이다 baráti viszonyban / kapcsolatban van; ~를 끊다 megszakítja a barátságot vkivel; ~를 도모하다 erősíti vkivel a barátságot

친구 명 barát, haver, pajtás, cimbora, koma, ismerős; 술~ ivócimbora; 학교 ~ osztálytárs, iskolai barát, iskolatárs, évfolyamtárs, csoporttárs; 고난을 함께 하는 ~ barát a bajban is; ~를 사귀다 (össze)barátkozik; 사람은 사귀는 ~를 보면 알 수 있다 Madarat tolláról, embert barátjáról.; 이 세상에 믿을 만한 ~는 많지 않다 Ezen a világon kevés megbízható barát van.; ~는 얻기보다 잃기가 쉽다 Könnyebb elveszteni, mint találni egy barátot.; 어려울 때의 ~야 말로 참된 ~다 Bajban ismerszik meg a barát.

친근감 명 bensőségesség, ragaszkodás; 어버이와 자식 간의 ~ ragaszkodás szülő és gyermek között; ~을 느끼다 erősen ragaszkodik vkihez / vmihez; 같이 살면 ~도 생기는 법이다 Minél régebb óta élünk együtt, annál bensőségesebb a kapcsolatunk.; 그(녀)의 행동에 ~을 느꼈다 Közvetlennek éreztem a viselkedését.

친동생 명 vér szerinti fiatalabb testvér, édesöccse vkinek

친딸 명 vér szerinti lány, valódi lány, édeslánya vkinek

친목 명 barátság; baráti / jó viszony; 상호의 ~을 꾀하다 ápolja a baráti viszonyt / barátságot; 이 모임의 주된 목적은 회원 상호간의 ~을 도모하는 데 있다 A fő célja ennek az összejövetelnek, hogy elősegítsük a kölcsönös barátságot társaságunk tagjai között.

친목회 명 baráti találkozó / összejövetel; baráti társaság / közösség; ~를 열다 baráti összejövetelt tart

친미 명 az USA híve / pártfogója, Amerika-barát

친밀감 명 bensőséges

친밀-하다 형 bizalmas, meghitt, szoros, intim; ~한 사이다 nagyon jó / bizalmas / közeli viszony vkivel; 서로 ~하게 사귀다 szoros barátságban van vkivel, szoros a barátságuk; 함께 ~하게 지내다 meghitten / szoros kapcsolatban élnek együtt; ~해지다 összebarátkozik vkivel

친부모 명 vér szerinti szülők, édesszülők, valódi szülők; ~처럼 돌보아 주다 szülői ragaszkodással törődik vkivel, szülői gyöngédséggel gondoskodik vkiről; ~보다 양부모가 낫다 A nevelőszülő jobb, mint a valódi szülő.

친분 명 meghittség, barátság, bizalmasság, ismeretség; ~이 있다 ismeretségben áll vkivel, bizalmas / meghitt viszonyban van vkivel, jóban van vkivel; ~이 없다 nincs baráti viszonya / kapcsolata vkivel; ~이 생기다 megismerkedik vkivel, ismeretséget köt vkivel

친선 명 baráti viszony, jó viszony; 주변 국가들과의 ~ baráti viszony a környező országokkal; 국제 ~에 기여하다 elősegíti a nemzetek közötti baráti viszonyt; 양국의 ~을 강화하다 A két nemzet közötti baráti viszonyt / kötelékeket erősíti.; ~ 경기 barátságos meccs / mérkőzés / játék; ~ 방문 baráti látogatás; ~ 사절로 미국에 가다 az Egyesült Államokba megy baráti küldöttséggel; ~ 조약 barátsági egyezmény / szerződés

친숙-하다 형 ismeretségben áll, meghitt / szoros viszonyban van vkivel / vmivel; ~한 사람 jó ismerős, barát; 아무와 ~한 사이다 baráti viszonyban áll vkivel; ~해지다 összeismerkedik vkivel, megismer vkit

친아들 명 vér szerinti fiú, édesfiú

친아버지 명 vér szerinti apa, édesapa; ~ 같은 사랑 atyai / apai szeretet

친일 명 Japán híve / pártfogója / szimpatizánsa, japánbarát

친일파 명 Japán hívei / pártfogói / szimpatizánsai / támogatói

친절-하다 형 kedves, jószívű, jóindulatú, jóakaratú, jó; ~ 명 kedvesség, jóakarat, jószívűség, jószándék; ~한 마음에서 jóakaratból, jószándékkal; ~을 가장하여 a jóság leple alatt, jóindulatot tettetve / színlelve; ~을 베풀다 kedves vkihez, jószívű vkivel, jót tesz vkivel; ~에 보답하다 viszonozza a szívességet; ~을 거절하다 visszautasítja vkinek a kedvességét; (남의) ~을 이용하다 kihasználja vkinek a jóindulatát / kedvességét / jószívűségét; ~하게 안내해 주셔서 고맙습니다 Nagyon kedves öntől, hogy kalauzolt.; 그는 원래가 ~하다 Kedvesnek született.

친정 명 nő / feleség szülőháza; ~에 가다 hazamegy a (valódi) szüleihez

친정어머니 명 nő / feleség édesanyja

친정집 명 nő / feleség szülőháza

친족 명 (vér)rokon; ~ 관계 vér és házasság szerinti rokonság; ~ 회의를 열다 családi tanácskozást / megbeszélést / gyűlést tart

친지 명 közeli ismerős; ~가 많다 széles az ismeretségi köre, széles ismeretségi köre van

친척 명 (vér)rokon(ság); 일가 ~ vér és házasság szerinti rokonság; 가까운 / 먼 ~ közeli / távoli rokon; 왕가의 ~이다 a királyi család rokona; 서로 ~처럼 지내다 olyan mintha a rokona lenne, olyan mintha egy család lennének; 먼 ~보다 가까운 이웃이 낫다 Jobb egy jó szomszéd, mint egy távoli rokon.; 그는 내 어머니 쪽으로 ~이다 anyai ágon rokonom

친-하다 형 bizalmas, közeli, meghitt, szoros, baráti; ~한 친구 közeli barát, kebelbarát; ~해지다 összebarátkozik vkivel, (jobban) megismer vkit; ~한 사이에도 예절은 있어야 한다 Még barátok közt is fontos az udvariasság.; 그에겐 어딘가 ~하기 어려운 데가 있다 Van benne valami, ami elijeszti / elriasztja a barátságos közeledéseket.

칠 hét; a hetedik; ~번 버스 hetes busz

칠십 hetven; 제 ~의 a hetvenedik; ~대의 노인 hetvenéves, hetvenes (ember)

칠월 명 július

칠판 명 tábla (iskolában); 분필로 ~에 쓰다 szavakat ír krétával a táblára; ~을 닦다 letörli / lemossa a táblát; ~ 지우개 szivacs, táblatörlő

칠-하다 동 fest; lakkoz; 갓 ~한 frissen festett; 다시 ~하다 átfest; 벽에 페인트를 ~하다 lefesti a falat; 지도에 색을 ~하다 színekkel megkülönböztet földrajzi helyeket a térképen; 새까맣게 / 회색으로 ~하다 koromfeketére / szürkére fest; ~해서 지워 버리다 átfest (jelzőtáblát); újrafest; 색이 짙게 ~해져 있다 A színt vastag rétegben vitték fel.; 문이 새로 ~해져 있었다 Az ajtó frissen volt festve.

칠흑 명 koromfekete; koromfekete sötétség; ~ 같은 밤 koromsötét éjszaka; ~ 같은 어둠 vaksötétség, teljes sötétség

칡덩굴 명 borostyán, nyílgyökér; ~에 엉키다 belegabalyodik a nyílgyökér indáiba

침[1] 명 köpés; ~을 뱉다 köpköd, leköp; 입의 ~이 마르다 kiszárad a szája; ~이 마르도록 칭찬하다 agyondicsér vkit; ~을 튀기며 이야기하다 köpködve beszél, próbálja megértetni magát / próbál elmagyarázni vmit; 아무에게 ~을 뱉다 szembeköp vkit; 손가락에 ~을 묻혀 책장을 넘기다 benyálazza az ujját azért, hogy továbblapozzon; 바닥에 ~ 뱉지 마시오 A földre köpni tilos!

침[2] 명 tövis, méhcsípés; tű; akupunktúra; óramutató; ~으로 쏘다 megcsíp (méh); ~을 맞다 akupunktúrás kezelés alatt áll; 삔 발에 ~을 놓다 kificamodott bokát akupunktúrával kezel

침공-하다 동 megtámad, megszáll (országot, népet); ~ 명 katonai megszállás, invázió, támadás; 그 해 북한군은 대거 남한 ~을 개시했다 Abban az évben az észak-koreai hadsereg teljes erővel megkezdte Dél-Korea megszállását.

침대 명 ágy, fekhely; 접이식 ~ összecsukható ágy, összehajtható pótágy; (침대차의) 상단의 / 하단의 ~ felső / alsó ágy (hálókocsiban); ~ 겸용 소파 kanapé; ~ 커버 takaró, pléd

침대차 명 hálókocsi

침략자 명 támadó fél

침략-하다 동 inváziót indít, megtámad, lerohan; ~ 명 invázió, agresszió, támadás; 영토 ~ területi támadás / agresszió; 전체주의의 ~을 저지하다 megállítja a totalitarizmus támadását; ~을 피하기는 매우 어려웠다 Nagyon nehéz volt elkerülni a harcot / támadást.; ~ 전쟁 inváziós háború; ~ 행위 inváziós tett / cselekedet; 무력 ~ fegyveres invázió; 이웃 나라를 ~하다 betör egy szomszédos országba

침례 명 baptistaként való megkeresztelkedés; ~교도 baptista; ~교회 baptista egyház; ~식 keresztelő; ~를 베풀다 vízben megkeresztel

침몰-하다 동 elsüllyed, víz alá merül, elmerül; ~ 명 elsüllyedés, víz alá merülés; 배와 함께 ~하다 elsüllyed a hajóval együtt; 배에 구멍을 뚫어 ~시키다 léket vágva elsüllyeszt; ~선을 인양하다 kiemel egy elsüllyedt / elsüllyesztett hajót

침묵-하다 동 hallgat, nem beszél; ~ 명

hallgatás, hallgatagság, csend; 무거운 ~ kínos hallgatás; ~을 지키다 befogja a száját; tartja a száját, csendben marad; ~을 깨(뜨리)다 megtöri a csendet; 어색한 ~이 한동안 계속되다 kínos hallgatás folyik; 나는 그의 ~을 무언의 승낙이라고 생각했다 A hallgatását beleegyezésnek vettem.; ~은 금이다 Hallgatni arany.

침상 명 ágy, hálóhely

침수-되다 동 elönti a víz, beömlik a víz (a hajóba); ~ 명 árvíz; ~된 화물 elázott áru; 배가 ~되어 침몰했다 A hajó léket kapott, és elsüllyedt.; 500호 이상의 집이 ~되었다 Több mint ötszáz házat sodort el a víz.; ~ 가옥 elárasztott / elöntött házak; ~ 지역 ártér, vízzel elárasztott / elöntött terület

침식-하다 동 lemos (sziklát, földet, folyópartot); ~ 명 erózió; 토양 ~ földomlás, termőföld pusztulása / eróziója; 빙하의 ~ jeges erózió / mállás / lepusztulás; 비 / 바람에 의한 ~ esőerózió, szélerózió; 바닷물이 육지를 ~하고 있다 A tenger elmossa a talajt / homokot.; 비바람에 ~되어 그 곳은 급사면이 되었다 A szél és az eső erodáló / eróziós hatása miatt meredek lejtő jött létre.; ~ 작용 erózió, eróziós hatás

침실 명 hálószoba

침엽수 명 tűlevelű fa

침엽수림 명 tűlevelű erdő

침울-하다 형 depressziós, rosszkedvű, komor, lehangolt

침입자 명 behatoló, betörő

침입-하다 동 betör, behatol; ~ 명 betörés; 가택 ~ jogtalan belépés / behatolás; 남의 땅에 ~하다 területsértést / birtokháborítást követ el vki ellen; 적의 전차 부대가 동부 지방으로 ~했다 Az ellenséges harckocsizó / páncélos alakulatok megrohanták a keleti tartományokat.; 어젯밤 그(녀)의 집에 도둑이 ~했다 Egy betörő / tolvaj behatolt a házába múlt éjszaka.

침전물 명 üledék, alj, seprő, visszamaradt anyag

침전-하다 동 leülepedik; ~ 명 üledékképződés; 불순물을 ~시키다 Leülepíti a szennyeződéseket.

침착-하다 형 nyugodt, higgadt, hidegvérű, magán uralkodni tudó; 몹시 ~하다 hidegvérű

침체-하다 동 pang, stagnál; ~ 명 stagnálás, pangás; ~된 시장 stagnáló piac; ~된 분위기 unott / nyomott hangulat; ~되어 있다 pang, áll, mozdulatlan, stagnál; 아직도 ~의 늪에서 헤어나지 못하고 있다 még nem került ki a pangás / mozdulatlanság ingoványából; 경기가 ~되어 있다 A gazdasági helyzet pang.

침침-하다 형 ❶ sötét, homályos; felhős, borús; ~한 방 homályos szoba, gyengén megvilágított szoba, világítatlan szoba; ~한 곳에서 félhomályban, gyenge fényben; 전등이 ~하다 A villany(fény) tompa / gyenge. A villany már csak gyenge fénnyel ég.; 눈이 ~하다 homályos tekintet / látás; 나이를 먹으면 눈이 ~해 진다 A látás a korral romlik.

침탈-하다 동 rabol, fosztogat; ~ 명 rablás, fosztogatás

침통-하다 형 szomorú, siralmas, gyászos; ~한 어조로 szomorú / gyászos hangon; ~한 얼굴로 szomorú tekintettel; 왜 그리 ~한 얼굴을 하고 있는가 Miért vágsz ilyen komor / szomorú képet?

침투-하다 동 behatol, beszivárog; ~ 명 beszivárgás, ozmózis; 무장 간첩의 ~ fegyveres ügynökök beszivárgása egy országba; 고무에는 액체가 ~하지 못한다 A gumin nem szivárognak át a folyadékok.; 그 새로운 사상이 사람들 마음에 ~했다 Az új eszmék beszivárogtak az emberek gondolataiba / elméjébe.; ~ 작전 behatolási hadművelet

침해-하다 동 megsérti a jogokat / törvényt / szabályokat; ~ 명 szabály- / törvénysértés; 특허권 ~ szabadalom megsértése; ~할 수 없는 megszeghetetlen, megsérthetetlen; 사생활을 ~하다 megsérti vki privát dolgait; 나는 기득권을 ~당하고 싶지 않다 Nem akarom, hogy az érdekeltségeimet megsértsék.; 그것은 저작권 ~이다 Ez kiadói / szerzői jogbitorlás.; 그의 행위는 인권을 ~하는 것이다 A tette / cselekedete emberi jogokat sért.

칫솔 명 fogkefe; 매 식후마다 ~질을 하시오 Moss fogat minden étkezés után!, Mosd meg a fogaidat minden étkezés után!

칭찬-하다 동 megdicsér, bókol; ~ 명 dicséret, bók; ~을 받다 megdicsérik, dicséretet kap; ~할 만하다 dicséretet érdemel; 그는 나를 매우 ~했다 Nagyon megdicsért engem.; 그의 행위는 이루 다 ~할 수 없을 정도다 A tettét / cselekedetét nem lehet eléggé dicsérni. A cselekedete felülmúlhatatlan.; 우리는 그의 용기를 ~했다 Dicsértük a bátorságát. Csodáltuk a bátorságáért.

칭-하다 동 nevez, hív, címez; 장비라 ~하는 사람 egy férfi / ember, akit Csangbinak hívnak; 소위 심리 소설이라 ~하는 것 azokat (a szövegeket) nevezzük lélektani regényeknek, amelyek...; 친척이라 ~하다 rokonként mutatkozik be; 스스로 대가라 ~하다 mesternek tüntette fel magát

칭호 명 cím, rang; név; fokozat, cím; 명예 교수의 ~ professzor emeritus / nyugalmazott professzori cím; ~를 주다 címet / rangot adományoz vkinek

ㅋ

카드 명 kártya; lap; ~ 판독기 kártyaleolvasó; ~에 의한 분류 kártyákkal való osztályozás; ~식으로 정리하다 rendezi / feldolgozza az adatokat egy kártyarendszerben; ~를 철하다 kártyákat iktat; ~에 적어 두다 leír / lejegyez vmit egy kártyára; ~ 번호 kártyaszám; ~색인 kártyaindex; 신용 ~ hitelkártya; 신청 ~ jelentkezési lap; 크리스마스 ~ karácsonyi üdvözlőlap; ~를 섞어 치다 megkeveri a kártyákat; ~로 점을 치다 kártyából jósol

카메라 명 kamera, fényképező(gép); ~ 앵글 kameraszög; ~를 찰칵 찍다 lenyomja a fényképezőgép gombját; ~에 담다 fotózik, fényképez; ~를 어깨에 메고 a vállára támasztja a kamerát; 그들은 손님들과 함께 ~ 앞에서 포즈를 취했다 Pózoltak a kamerának a vendégekkel.; 디지털 ~ digitális fényképezőgép / kamera

카메라맨 명 fotós; 신문사의 ~ sajtófotós

카세트 명 kazetta; 나는 그 라디오 프로를 ~에 녹음했다 Felvettem a rádióműsort egy kazettára.; ~ 녹음기 kazettás magnó / magnetofon; ~ 테이프 kazetta

카운터 명 pénztár; recepciós pult; bár, pult; ~에 앉다 a pultnál ül; 귀중품을 ~에 맡기다 megőrzésre beadja az értékeit / értéktárgyait a pénztárba

카페 명 kávézó; kávéház

카페인 명 koffein; ~을 함유하지 않은 koffeinmentes; ~을 제거하다 kivonja / eltávolítja a koffeint a kávéból; ~ 없는 것으로 주세요 Koffeinmentes kávét kérek.; 알약으로 된 ~ / ~ 알약 koffeintabletta

카펫 명 szőnyeg; ~을 깔다 szőnyeggel borítja be a padlót, szőnyeggel burkol (padlót); ~ 청소기 szőnyegseprű

카피 명 másolat; ~를 뜨다 másol; 이 서류를 두 장 ~해 주십시오 Készítsen két másolatot erről a dokumentumról / okmányról!

카피라이터 명 reklámszövegíró

칸 명 ❶ mező; hely; szoba területét mérő mértékegység; 알맞은 전치사를 써서 빈 ~을 채워라 Töltse ki az üresen hagyott helyeket a megfelelő elöljárószavakkal / prepozíciókkal! ❷ válaszfal; 방의 일부를 ~으로 막다 leválaszt egy részt a szobából, elkülönít egy részt a szobából

칸막이 명 spanyolfal, válaszfal; ~를 하다 szét- / elválaszt, elkülönít; 방을 ~해서 둘로 하다 kettéválaszt egy szobát, két részre oszt egy szobát; ~벽 válaszfal

칼 명 kés; kard; tőr; 부엌~ konyhakés;

asztali kés; szeletelőkés; halszeletelőkés; bicska; gyümölcskés; 다목적 ~ multifunkciós / univerzális kés; 면도~ borotva; 주머니~ zsebkés; 날이 시퍼렇게 선 ~ nagyon éles kés; ~이 안 들다 nem vág jól a kés; ~로 베다 késsel vág; ~로 저미다 felszeleteli a húst.; 숫돌에 ~을 갈다 megélez egy kést egy fenőkövön; ~가는 사람 köszörűs; ~에 손가락을 베다 megvágja / megsebzi az ujját egy késsel; ~로 찌르다 leszúr vkit egy tőrrel; ~을 뽑다 kiránt / előhúz egy kardot; 적의 ~에 맞아 죽다 az ellenség kardjától hal meg

칼국수 명 metélt, amit konyhakéssel szaggatnak ki

칼끝 명 kés hegye, kard hegye

칼날 명 kés éle, kard éle

칼라 명 gallér, ingnyak

칼로리 명 kalória; 2,50 ~의 음식 2,50 kalóriányi étel; ~가 높다 magas a kalóriája, magas kalóriatartalmú; ~가 높은 음식 kalóriadús étel; 하루 평균 2,000 ~를 섭취해야 한다 átlagban naponta 2.000 kalóriát kell fogyasztani; ~ 계산 kalóriaszámolás; ~ 섭취량 kalóriabevitel; ~ 함유량 kalóriatartalom

칼바위 명 éles szikla

칼슘 명 kalcium; ~을 함유하다 kalciumot tartalmaz; ~ 주사 kalciuminjekció

칼자루 명 kés nyele, kard markolata; ~를 쥐다 a markolatánál fog egy kardot; kezében tartja a gyeplőt, ő dirigál

칼집 명 kés tokja, kardhüvely

캄캄-하다 형 ❶ koromsötét, borús; ~한 밤 koromsötét éjszaka; ~한 앞날 borús kilátások; 앞날이 ~하다 Borúsnak tűnik a jövő. ❷ rosszul tájékozott, tudatlan, tájékozatlan; 세상일에 ~하다 semmit sem tud a világról, nem ismeri a világ dolgait; 주식 시장에 관해 ~하다 semmit sem tud a tőzsdéről

캄캄해지다 동 borússá válik, sötét lesz, kilátástalanná válik; 우리는 캄캄해지기를 기다렸다 A teljes sötétségre vártunk.

캐내다 동 ❶ ás, felás; 나무뿌리를 ~ kiássa a gyökereket ❷ kiszed, felfed; kitalál; megtalál; 진상을 ~ felfedi az igazságot

캐다 동 ❶ ás, kiás, szed; 감자를 ~ kiássa a burgonyát; 금을 ~ aranyat ás ki, aranyat bányászik; 나물을 ~ ehető növényeket szed össze; 석탄을 ~ szenet bányászik; 약초를 ~ orvosi gyógynövényeket szed ❷ kutat, firtat, megvizsgál; 근원을 ~ felkutatja egy dolog eredetét; 비밀을 ~ titkot firtat, kinyomoz egy titkot; 사건의 진상을 ~ a dolgok igaz mivolta iránt érdeklődik

캐러멜 명 karamella

캐리커처 명 karikatúra

캐릭터 명 karakter, személyiség; szereplő; ~ 산업 népszerű karaktereket kitaláló iparág; ~ 상품 népszerű karaktert ábrázoló termék

캐묻다 동 kíváncsiskodik, kérdezősködik; kifaggat, érdeklődik; 시시콜콜(히) ~ érdeklődik egy ügy minden részlete iránt, kifaggat vkit egy ügy minden egyes részletéről

캐치프레이즈 명 kampánymondat; szólam, klisé

캔 명 doboz; 맥주 ~ sörösdoboz

캔버스 명 vászon; ~틀 vászonfeszítő

캠퍼스 명 campus; ~에서 a campuson; 대학 ~ főiskolai / egyetemi campus

캠페인 명 kampány; 에이즈 예방 ~ kampány az AIDS megelőzéséért; ~을 벌이다 kampányol; 판매 촉진 ~을 벌이다 kampányt folytat az eladások növelése érdekében.

캠프 명 kemping; ~ 용품 kempingfelszerelés; ~장 kempingezésre kijelölt terület; ~ 파이어 tábortűz; ~를 치다 felállítja a sátrat

커녕 nemhogy; 칭찬은 ~ 꾸지람만 들었다 Nemhogy megdicsért volna, inkább szidott.; 그는 영어는 ~ 우리말도 잘 못한다 Nemhogy angolul nem tud, még az anyanyelvét sem tudja jól / rendesen.

커닝 명 puskázás, csalás; ~ 페이퍼 puska; ~을 하다 puskázik, csal; ~을 하다 들키다 puskázáson kapják

커다랗다 형 óriási, hatalmas, kolosszális; 커다란 손실 óriási veszteség; 커다란 잘못 hatalmas hiba; 집을 커다랗게 짓다 hatalmas házat épít

커뮤니케이션 명 kommunikáció; 매스 ~ tömegkommunikáció; ~의 단절 kommunikációs szünet; 언어는 ~의 주요한 수단이다 A nyelv a kommunikáció egyik fő eszköze.

커미션 명 jutalék, részesedés; 1할의 ~을 받다 valaminek az eladásából 10% jutalékot kap

커브 명 kanyar; ív; ~를 돌다 beveszi a kanyart, kanyarodik; 급~를 틀다 éles kanyart vesz az útkereszteződésben; ~길에서 고속으로 달리는 것은 위험하다 veszélyes nagy sebességgel kanyarodni; ~를 던지다 ívesen dobja a labdát

커지다 동 megnő, növekedik, növekszik, felnő; 양이 ~ megnő a mennyisége; 세력이 ~ megerősödik, növekszik a befolyása; 문제가 커졌다 A probléma súlyosbodott.; 이 마을은 최근에 커졌다 A falu az utóbbi időben megnőtt.

커튼 명 függöny; ~을 올리다 felemeli a függönyt; ~을 내리다 leengedi a függönyt; ~을 치다 elhúzza a függönyt; ~을 젖히다 arrébb húzza a függönyt; ~레일 függönyrúd / -tartó; ~콜 kitapsolás a függöny elé

커플 명 pár, páros; 잘 어울리는 ~ összeillő páros

커피 명 kávé; ~를 끓이다 kávét főz; ~를 한 잔 마시다 egy csésze kávét iszik; ~를 블랙으로 마시다 feketekávét iszik; ~에 크림과 설탕을 타서 마시다 A kávéját tejszínnel és cukorral issza.; 아이스 ~ jegeskávé

커피숍 명 kávézó

커피잔 명 kávéscsésze; ~ 세트 kávéskészlet

컨디션 명 kondíció; állapot, forma; (몸의) ~이 좋다 jó kondícióban van, jól érzi magát; ~이 나쁘다 rosszkedvű, rossz formában van; (몸의) ~을 조절하다 rendbe hozza a fizikai állapotát, formába hozza magát; (선수가) ~을 되찾다 visszanyeri a formáját; (선수의) ~을 회복케 하다 újra formába hoz vkit; 그의 ~은 최상이다 a legjobb formájában van

컨테이너 명 konténer; ~ 부두 rakodópart, kirakodóhely; ~ 수송 konténeres szállítás; ~ 트럭 konténerszállító teherautó; ~ 열차 konténerszállító vonat

컨트롤-하다 irányít, vezet, kontrollál; ~ 명 kontroll, irányítás, vezetés; ~ 타워 irányítótorony; 공 ~이 좋다 / 나쁘다 jól / rosszul vezeti a labdát

컬러 명 szín; ~ 사진 színes fotó / fénykép

컴컴-하다 형 sötét, komor, homályos, bo-

ㅋ

rús; 아직 ~한 새벽에 a reggeli homályban

컴퓨터 명 számítógép; ~ 게임 számítógépes játék; ~ 그래픽 számítógépes grafika; ~ 기술 számítógépes technológia; ~ 바이러스 számítógépes vírus; ~ (바이러스) 백신 vírusirtó, antivírus; ~ 범죄 számítógépes bűncselekmény; ~ 언어 programozási nyelvek; ~ 정보 처리 체계 elektronikus adatátviteli rendszer; ~ 제어 장치 számítógép-vezérlő rendszer; ~ 해커 hekker; 데이터를 ~에 입력하다 adatot visz be számítógépbe; 정보를 ~로 처리하다 adatokat dolgoz fel számítógép segítségével; ~로 정보를 검색하다 számítógépet használ egy adat keresésére; 개인용 ~ személyi számítógép; 음성 인식 ~ hangfelismerő számítógép; 아날로그 / 디지털 ~ analóg / digitális számítógép

컵 명 csésze, teáscsésze, kávéscsésze; bögre, (üveg)pohár; kupa; mérőedény / pohár; 물 한 ~ egy pohár víz; ~ 하나 분량 egy pohárnyi (mennyiség); 물을 여러 ~ 마시다 több / sok pohárnyi vizet iszik

케이블 명 kábel; ~ 부설 kábelelhelyezés / -felszerelés / -fektetés; ~ 크레인 kábeles daru; ~잭 kábelcsatlakozó; ~ 접속 kábeles csatlakozás; 해저 ~ tenger alatti kábel; 광섬유 해저 ~ víz alatt futó üvegszálas vezeték

케이블카 명 sikló, függővasút

케이스[1] 명 tok, tartó; ~에 넣어 두다 tokban tartja a szemüvegét; 포도주를 ~에 담다 tartóba / ládába / rekeszbe pakolja a borosüvegeket; 담배 ~ cigarettatartó

케이스[2] 명 eset, esemény, történés; 이것은 특수한 ~이다 Ez szokatlan eset.; ~ 스터디 esettanulmány

케이크 명 torta, sütemény; 결혼식 ~를 자르다 felszeleteli az esküvői tortát; 생일 / 크리스마스 ~ szülinapi / karácsonyi torta

켜다 동 ❶ felkapcsol, felgyújt; meggyújt, begyújt; bekapcsol; 난방을 ~ felkapcsolja a fűtést; 램프를 ~ felgyújtja a lámpát; 전등을 ~ felkapcsolja a világítást; 성냥을 ~ meggyújtja a gyufát; 촛불을 ~ gyertyát gyújt; 라디오를 켠 채 두다 bekapcsolva hagyja a rádiót ❷ játszik vmin; 바이올린을 ~ hegedűn játszik; ❸ fűrészel; 통나무를 널빤지로 ~ deszkákat fűrészel egy fatönkből; 켜기 쉽다 / 힘들다 könnyen / nehezen fűrészel; 하품을 하며 기지개를 ~ ásítva nyújtózik

켤레 pár; 구두 한 ~ egy pár cipő; 양말 두 ~ két pár zokni; ~로 팔다 párosával árul vmit

코 명 ❶ orr; ormány; 들창~ fitos / pisze orr; 매부리~ kampós orr; 뾰족~ hegyes orr; ~주부 duzzadt, piros orr; ~먹은 소리를 하다 orrhangon beszél; ~가 막히다 el van dugulva az orra; ~를 후비다 piszkálja az orrát ❷ orrfolyás; ~를 풀다 kifújja az orrát; ~를 흘리다 folyik az orra; ~를 훌쩍이다 szuszog, szipog; ~ 묻은 돈 gyermek zsebpénze

코골다 동 horkol; 코고는 소리 horkolás; 코고는 사람 horkoló ember; 드러눕자 곧 코를 골기 시작하다 ahogy elalszik, rögtön / egyből horkolni kezd

코끝 명 orr hegye

코끼리 명 elefánt; ~ 같은 elefántszerű; 흰 ~ albínó elefánt; 암 / 수~ nőstény

ㅋ

/ hím elefánt; ~의 코 elefánt ormánya

코너 명 sarok; külön pult (részleg)

코너킥 명 szöglet(rúgás)

코드 명 kód

코딱지 명 orrváladék, takony; ~가 생기다 összegyűlik az orrváladék; ~를 후비다 piszkálja az orrát

코미디 명 komédia, vígjáték; 나는 비극보다 ~를 좋아한다. Jobban szeretem a vígjátékot a tragédiánál.

코미디언 명 komikus színész

코믹 명 komikus; képregény; ~한 nevetséges, tréfás, vicces, komikus

코뼈 명 orrcsont

코스 명 ❶ útvonal, pálya; 하이킹 ~ gyalogos útvonal; ~를 선택하다 útvonalat választ; ~를 바꾸지 않다 megtartja az eredeti útvonalát ❷ kurzus, tanfolyam, képzés; 박사 학위 ~ doktori tanfolyam / képzés; 프랑스어 ~를 택하다 francia nyelvű képzésben vesz részt ❸ fogás; 다섯 ~의 식사 ötfogásos vacsora

코스모스 명 kozmosz

코웃음 명 gúnyos / megvető mosoly / kacaj; ~을 치다 ironikusan nevet, gúnyosan / csúfondárosan kinevet

코치 명 edzés; edző; 야구 ~ baseballedző; 야구팀 ~를 하다 baseballcsapatot edz

코트 명 kabát, dzseki; ~를 입다 / 벗다 fel- / leveszi a kabátot; ~를 입고 있다 kabátot visel

코피 명 orrvérzés; ~가 나다 orrvérzése van, vérzik az orra

콘돔 명 óvszer, kondom, gumi

콘서트 명 koncert; ~를 열다 koncertet ad; ~홀 koncertterem

콘크리트 명 beton; ~ 건물 betonépület; ~ 기초 공사 betonalap építése; ~ 포장 betonjárda; 아직 굳지 않은 ~ friss beton; ~를 하다 betonoz

콤플렉스 명 összetett, komplex; kisebbségi komplexus; ~를 없애다 megszabadít vkit a kisebbrendűségi / kisebbségi komplexusától; 그는 대학 출신자에게 ~를 느낀다 Kisebbségi komplexusa van a diplomásokkal szemben.

콧구멍 명 orrlyuk; ~을 벌름거리다 mozgatja az orrát

콧날 명 orr íve; ~이 서다 egyenes orra van

콧노래-하다 dúdol; ~ 명 dúdolás; ~를 부르며 일하다 dalokat dúdol munka közben

콧대 명 orrnyereg; ~가 높다 büszke vmire; gőgös, arrogáns, felfuvalkodott, magasan hordja az orrát, beképzelt; ~가 세다 magabiztosan viselkedik / kötekedik; ~를 꺾다 megszégyenít vkit, leszállít vkit a magas lóról, lehűt vkit; 한 밑천 생기자 그는 요즘 ~가 세어졌다 Mostanában nagyon arrogáns lett a vagyon miatt, amihez hozzájutott.

콧등 명 orrnyereg

콧물 명 orrváladék, takony; ~을 닦다 megtörli az orrát; ~을 흘리다 folyik az orra; ~을 훌쩍거리다 szipog

콧소리 명 orrhang; ~로 말하다 orrhangja van, orrhangon beszél

콧수염 명 bajusz; ~을 기르다 bajuszt növeszt

콩 명 bab; szójabab, borsó, veteménybab; ~밭에서 팥이 나랴 (속담) Kutyából nem lesz szalonna.; ~ 심은 데 ~ 나고 팥 심은 데 팥 난다 (속담) Ki mint vet, úgy arat.; 푸른 / 검은 ~ zöld / fekete szó-

ㅋ

ja; 커피~ kávébab; 볶은 ~ pörkölt bab; 땅~ földimogyoró; ~을 볶다 babot pirít / süt; ~을 물에 담가 불려 두다 babot áztat vízben

콩나물 명 babcsíra; ~ 교실 túlzsúfolt osztályterem; ~시루 csíráztató edény (babhoz); ~시루 같다 össze van zsúfolva

콩나물국 명 babcsíraleves

콩팥 명 vese; ~이 나쁘다 veseproblémája van

쾌감 명 kellemes érzés, eksztázis, élvezet; orgazmus

쾌거 명 lenyűgöző teljesítmény; 근래의 ~이다 mostanában ez volt a leginkább lenyűgöző teljesítmény; 그(녀)는 3개의 대회에 연속 우승하는 ~를 이루었다 Briliáns teljesítményt nyújtott a három egymást követő versenyen való győzelmével.

쾌락 명 kéj, élvezet, öröm; 인생의 ~ az élet élvezetei / örömei; 육체적 ~ érzéki élvezetek, testi örömök; ~에 빠지다 átadja magát az élvezeteknek; ~의 추구 gyönyörök keresése / hajhászása

쾌락주의 명 hedonizmus, epikureizmus; ~자 hedonista, epikureus

쾌재 명 jó hírek; örömhír, örömteli értesítés; ~를 전하다 jó hírt közöl vkivel

쾌적-하다 형 kellemes, barátságos, élvezetes, kényelmes; ~한 온도 / 조건 kellemes hőmérséklet / körülmények; 따뜻하고 ~한 방 meleg és kényelmes szoba; ~한 여행 kellemes út; 소풍 가기에 ~한 날씨 kellemes / barátságos idő a kirándulásra

쾌청-하다 형 napfényes, barátságos, kellemes; ~한 날씨 napfényes idő; 다행히 그 날은 ~했다 Szerencsére az idő nagyon jó volt azon a napon.

쾌활-하다 형 vidám, jókedvű, derűs, élénk, könnyű szívű; ~한 사람 jókedvű / derűs / vidám ember

쾌히 부 örömmel, szívesen; készségesen, önkéntesen; ~ 승낙하다 készségesen beleegyezik vmibe, önkéntesen hozzájárul vmihez; 부탁을 ~ 들어주다 szívesen eleget tesz vki kérésének

쿠데타 명 puccs; 무혈 ~ vérontás nélküli puccs; ~를 일으키다 puccsot hajt végre; ~를 모의하다 puccsot szerveznek a kormány megbuktatására; ~ 음모를 적발하다 felfed egy puccstervet

퀴즈 명 vetélkedő, kvíz; 텔레비전 ~ 프로 tévés vetélkedő; 그(녀)는 TV의 ~ 프로에 나왔다 Szerepelt a tévés kvízműsorban.

크기 명 nagyság, méret; mennyiség; terjedelem; ~에 따라서 a méretnek megfelelően; 중간 정도 ~의 közepes (mérsékelt) méretű; 방의 ~ szoba mé- rete; ~가 다르다 különböző méretűek; 같은 ~이다 egyező méretű; ~는 어느 정도로 할까요 Milyen méretben készítsem el?

크다 형 ❶ nagy, súlyos; 상당히 큰 meglehetősen nagy, nagyon nagy; 큰 인물 nagy ember; 큰 잘못 hatalmas / súlyos hiba; 큰 책부터 작은 책의 순서로 늘어놓다 méret szerinti csökkenő rendbe rakja a könyveket; 야심이 ~ nagy ambíciói vannak; 큰 수수께끼로 남다 Ez nagy rejtély maradt.; 소년은 나이에 비해 ~ Magas a fiú a korához képest. ❷ hangos; 큰 소리로 말할 수는 없지만 bár nem tudom hangosan mondani, ...; 큰 소리쳐 미안하다 Ne haragudj, hogy kiabáltam! ❸ jószívű, nagylelkű; 손이 ~ nagylelkűen adakozó, bőkezű

크레용 명 kréta; ~으로 그리다 skiccet készít krétával; ~화 krétarajz

크레파스 명 pasztellkréta

크리스마스 명 karácsony; ~ 캐럴 karácsonyi ének; ~를 축하합니다 Boldog karácsonyt!; ~ 선물 karácsonyi ajándék; ~실 karácsonyi bélyeg; ~ 이브 karácsonyeste; ~ 파티 karácsonyi összejövetel / parti; ~ 휴가 karácsonyi ünnepek

크리스천 명 keresztény

크림 명 ❶ krém; tejszín; 생~ máz; friss krém; ~빵 krémes fánk; ~ 소스 tejszínes szósz; ~ 치즈 krémsajt ❷ arckrém, kézkrém; 면도(용) ~ borotvahab; 손에 ~을 바르다 bekrémezi a kezét

큰길 명 főút; ~을 활보하다 parádézik / peckesen lépdel végig az úton

큰딸 명 a legidősebb lány

큰소리 명 hangos beszéd; kiáltás, kiabálás; ~로 도움을 청하다 segítségért kiált; 그렇게 ~로 말하지 마라 Ne beszélj olyan hangosan!; 좀 더 ~로 말해 주시오 Kérlek, beszélj egy picit hangosabban!; 그는 항상 ~치지만 아무도 믿지 않는다 Mindig nagyot mond, ezért senki sem hisz neki.; ~치는 사람 hetvenkedő (ember), nagyot mondó, hencegő; ~만 탕탕 치다 mindig üresen fecseg

큰아들 명 a legidősebb fiú

큰아버지 명 nagybácsi, nagybáty, apa idősebb fiútestvére

큰아이 명 a legidősebb gyerek

큰언니 명 a legidősebb lánytestvér

큰오빠 명 a legidősebb fiútestvér

클래식 klasszikus; ~ 음악 klasszikus zene / komolyzene

클럽 명 klub; ~에 가입하다 klub tagjává válik, csatlakozik egy társasághoz; ~을 조직하다 klubot alapít; ~ 하우스 klubház, klubhelyiség; ~ 활동 klubtevékenység; ~ 회비 klubtagdíj; ~ 회원 klubtag

클렌징 명 tisztítás

클리닉 명 klinika

큼직하다 형 nagyméretű; ~한 글씨로 쓰다 nagyobb betűkkel ír; ~한 집 elég nagy ház; 일간 신문에 ~한 광고를 내다 nagy hirdetést tesz egy napilapba

키 명 magasság; ~가 보통인 사람 közepes magasságú személy; ~가 크다 / 작다 magas / alacsony; ~가 거의 같다 majdnem ugyanolyan magasak; ~를 재다 megméri vkinek a magasságát; ~를 비교하다 összeméri magát vkivel; 그는 ~가 나보다 3 센티미터나 크다 Ő három centiméterrel magasabb, mint én.; 그는 ~가 작은 편이다 Az átlagmagasságnál alacsonyabb.

키다리 명 nyurga, hórihorgas

키보드 명 billentyűzet

키스-하다 동 megcsókol, megpuszil; ~ 명 csók, puszi; 여자와 ~하다 megcsókol egy lányt; 입술에 ~하다 szájon csókol vkit; 이별의 ~를 하다 búcsúcsókot ad vkinek

키우다 동 felnevel; kiképez; fejleszt, megművel; 아이를 훌륭히 ~ jóra nevel egy gyereket; 손수 돌보아 ~ saját maga neveli a gyereket; 국내 산업을 ~ fejleszti a hazai ipart; 재능을 ~ fejleszti vkinek a képességeit; 인재를 ~ támogatja a tehetséges embereket 아이를 우유 / 모유로 ~ szoptat / anyatejjel táplál egy gyereket; 동물을 ~ állatokat tenyészt; 식물을 ~ növényeket termeszt

킥 명 rúgás; ~을 잘하다 jól rúg, jó a lövése

킬로 명 kilogramm / kiló; kilométer; kiloliter; kilowatt; 시속 2 백 ~ 200 kilométeres sebesség

킬로그램 명 kilogramm

킬로미터 명 kilométer

킬킬거리다 동 kuncog

ㅌ

타격 명 ütés, rúgás; sokk; sérülés, kár; 심한 ~을 받다 súlyos ütést kap; 그의 사업은 그 화재로 큰 ~을 입었다 Az üzlete súlyos károkat szenvedett a tűzben.; 수도권의 교통망은 태풍으로 큰 ~을 받았다 A tájfun súlyosan károsította a közlekedést Szöulban és Szöul körül.

타결 명 egyezség, megegyezés; ~ 조건 a megegyezés feltételei; ~점 megegyezési pont; ~을 보다 megegyezésre jut vkivel; 정치적 ~을 모색하다 politikai egyezségre törekedik; 교섭은 원만하게 ~되었다 A tárgyalások eredményeként békés és kielégítő egyezségre jutottak.

타고나다 동 született; 타고난 문장가 született író; 타고난 병 veleszületett betegség; 타고난 교사이다 tanárnak született; 타고난 장사꾼이다 született kereskedő; 좋은 팔자를 ~ szerencsés csillagzat alatt születik; 타고난 악인은 없다 senki sem születik gonosznak

타국 명 külföld; ~의 külföldi, idegen; ~땅에서 죽다 külföldön elhunyt

타내다 동 kap; juttatásban részesül; 정부로부터 보조금을 ~ anyagi támogatást kap a kormánytól; 어머니한테서 용돈을 ~ zsebpénzt kap az anyjától

타다[1] 동 ég, lángol; 활활 타고 있는 불 lángoló tűz; 화재로 많은 사람이 타 죽었다 Sok ember égett halálra a tűzben.; 새까맣게 ~ szénné égett; 밥이 타서 솥 바닥에 눌어붙었다 A rizs megégett és az edény aljára ragadt.; 햇볕에 탄 얼굴 napbarnított arc; 바짝 탄 입술 kiszáradt száj; 애가 ~ aggódik vmiért, ideges vmi miatt; 온 산이 단풍으로 (불)타는 듯하다 Az egész hegy lángvörös az ősz színeitől.

타다[2] 동 száll, felszáll vmire; 배를 ~ hajóra száll; 비행기를 ~ repülővel megy vhová; 그 여객기에는 한국인 관광객이 많이 타고 있었다 Sok koreai turista volt a gépen.; 목말을 ~ vkinek a vállán ül, a vállán visz vkit; 산을 ~ megmászik egy hegyet; 혼잡한 틈을 타 달아났다 A zűrzavart kihasználva elmenekült.

타다[3] 동 vízben felold, hozzáad, hozzákever; 물감을 ~ festéket old fel vízben; 물을 ~ vizet ad vmihez; oldatot hígít vízzel; 설탕을 ~ (meg)édesít, cukrot ad vmihez; 술에 독을 ~ mérget tölt az italba

타다[4] 동 kap, szerez; kitüntet, jutalmaz; 월급을 ~ fizetést kap; kifizetik; 졸업장을 ~ diplomát kap; 아버지한테서 용돈을 ~ zsebpénzt kap az apjától; 연금을 ~ nyugdíjat kap.; 노벨상을 ~ Nobel-díjat kap

타다[5] 동 érzékeny vmire, hamar elkap

vmit (betegséget); 간지럼을 ~ csiklandós; 부끄럼을 ~ szégyenlős; 여름 더위를 ~ érzékeny a nyári hőségre; 추위를 ~ (túl)érzékeny a hidegre

타당-하다 [형] megfelelő, alkalmas, elegendő, helyes; ~성 [명] alkalmazhatóság, kivitelezhetőség, alkalmasság

타도-하다 [동] megbuktat, felszámol (politikai rendszert); ~ [명] bukás, megbuktatás; 정부를 ~하다 megbuktatja a kormányt

타동사 [명] (문법) tárgyas ige, tranzitív ige

타락-하다 [동] züllik, erkölcsileg leromlik; ~ [명] korrupció, romlottság, lealacsonyítás; ~한 인간 züllött, erkölcsileg romlott ember; ~한 종교 romlott vallás; ~시키다 lezülleszt, romlásba dönt; 도박은 인간을 ~시킨다 A szerencsejáték tönkreteszi az embert.

타령 [명] nóta; koreai népdaltípus; vkinek a kedvenc kifejezése / szava; 그는 언제나 돈~이다 A "pénz" az egyik kedvenc szava.

타살 [명] emberölés, gyilkosság; idegenkezűség; ~의 혐의가 있다 gyilkosság gyanúja áll fenn.; 아무래도 ~ 같다 Szerintem a látottak alapján gyilkosság történt.; 그의 시체가 발견되자 경찰은 ~로 단정했다 Amikor holtan találták, a rendőrség azt a következtetést vonta le, hogy emberölés történt.

타성 [명] szokás; 지금까지의 ~으로 bevált szokástól vezérelve; 그(녀)는 ~으로 그 일을 계속하고 있는 데 불과하다 Csupán megszokásból folytatja a munkát.

타악기 [명] ütős hangszer; ~의 반주로 ütős kísérettel; ~ 연주자 ütős hangszeren játszó zenész

타오르다 [동] fellángol; 기름 탱크가 순식간에 타올랐다 Az olajtartály rögtön kigyulladt.

타원형 [명] ovális

타월 [명] törölköző, törülköző; ~로 닦다 végigtöröl törölközővel; ~걸이 törülközőtartó ☞ **수건**

타의 [명] vki más akarata, más szándék; titkos cél, rejtett szándék; ~가 없다 nincs hátsó szándéka; ~가 없음을 보이다 kimutatja, hogy nincs hátsó szándéka; 그의 외유는 ~에 의한 것이었다 Nem önszántából utazott külföldre.

타이르다 [동] tanácsol, tanácsot ad; rábeszél, meggyőz; próbál rábeszélni vkit vmire; 공부에 매진하라고 ~ azt tanácsolja vkinek, hogy keményen tanuljon; 잘못을 ~ rávilágít a hibájára; 그릇된 행동을 ~ felemlegeti a hibáit; 아무리 타일러도 막무가내다 Minden tanácsom lepergett róla.

타이어 [명] autógumi, abroncs; ~ 공장 autóabroncsgyár; 고무 ~ abroncs; 예비 ~ pótkerék; 닳아빠진 ~ kopott autógumi; 스노우 체인을 한 ~ hólánccal felszerelt autógumi; ~ 자국 keréknyom; ~에 펑크가 나다 kidurran a kerék, defektet kap; ~를 갈다 kereket cserél; ~에 바람을 넣다 felfújat egy kereket; ~에 스노우 체인을 달다 hóláncot felszerel

타이틀 [명] cím, bajnokság; ~ 매치 címmérkőzés; ~을 다투다 világbajnoki címért versenyez; ~을 지키다 megvédi a címet; ~을 차지하다 címet szerez / megnyer egy bajnokságot; ~을 잃다 elveszti a címét; ~ 보유자 bajnok, címvédő bajnok

타인 명 mások, más emberek; idegen, külföldi, kívülálló; ~ 앞에서 a többiek jelenlétében, mások előtt; ~은 어떤지 모르겠으나 részemről, nem tudom mások mit gondolnak, de ...; ~처럼 굴다 idegenként viselkedik; ~ 취급을 하다 úgy bánik vkivel, mint egy idegennel

타일 명 csempe; 욕실에 ~을 깔다 / 붙이다 kicsempézi a fürdőszobát; ~ 공장 csempegyár

타일공 명 csempéző

타임 명 idő; időkérés, szünet

타임머신 명 időgép

타임아웃 명 időkérés, szünet; ~을 청하다 időt / szünetet kér

타임캡슐 명 időkapszula;

타임테이블 명 menetrend, órarend, időbeosztás

타입 명 típus; fajta; 상인 / 학자~의 사람 kereskedő- / tudósfajta; 내가 좋아하는 ~의 여자 az a típusú lány, aki tetszik nekem; 난 저런 ~의 남자가 싫다 Nem szeretem az ilyen típusú férfiakat.

타자 명 ütő (baseball); 다음 ~ a következő ütő; 왼손 ~ bal kézzel ütő; 1번 ~ az első ütő

타자기 명 írógép

타자수 명 gépíró(nő)

타작-하다 동 csépel; ~ 명 cséplés; 벼를 ~하다 rizst csépel

타제석기 명 pattintott kőszerszámok

타파-하다 동 megsemmisít, elpusztít, eltüntet

타협-하다 동 megegyezik, egyezséget / kompromisszumot köt; ~ 명 egyezség, megegyezés, kompromisszum; ~안 kompromisszumos terv / javaslat; ~적인 태도를 보이다 hajlandóságot mutat a kompromisszumra; 두 당파 간에 ~이 성립됐다 Megegyezés született a két egymással ellentétben lévő párt között.; ~의 여지가 없다 nincs lehetőség kompromisszumra

탁구 명 asztalitenisz, pingpong; ~를 치다 asztaliteniszezik, pingpongozik;; ~ 선수 pingpongjátékos; ~ 시합 pingpongverseny

탁구공 명 pingponglabda

탁구대 명 pingpongasztal

탁구채 명 pingpongütő

탁아소 명 bölcsőde; 요즈음 아이들을 ~에 맡기고 직장에 나가는 젊은 부부들이 늘고 있다 Manapság egyre több fiatal szülő van, aki úgy megy dolgozni, hogy bölcsődében hagyja a gyerekét.

탁월-하다 형 kiváló; felülmúl vmit; 인물, 역량이 모두 ~하다 Felülmúl másokat mind jellemben, mind képességben.

탁자 명 asztal; 둥근 ~ kerekasztal; 4인용 ~ négyszemélyes asztal; ~에 마주 앉다 az asztal két végére ülnek; ~에 둘러앉다 körülülik az asztalt; ~에 놓다 asztalra tesz vmit

탁-하다 형 piszkos, mocskos, szennyes; iszapos; ~한 공기 szennyezett levegő; ~한 물 iszapos / sáros víz; 우물이 ~해졌다 A kút iszapos lett.; ~한 목소리 rekedt hang

탄광 명 szénbánya; ~ 노동자 szénbányász

탄광업 명 szénbányaipar

탄광주 명 szénbánya-tulajdonos

탄광촌 명 bányavidék

탄력 명 rugalmasság, ruganyosság; ~ 있는 rugalmas, ruganyos; ~ 없는 rugalmatlan; 이 낡은 고무줄은 ~이 없다 Ezeknek a régi gumiszalagoknak nem sok

ㅌ

rugalmasságuk maradt.; ~적인 태도를 취하다 rugalmasan viszonyul vmihez; 현 상황에서는 이들 규칙이 ~적으로 적용되어야 한다 Jelen esetben ezeket a szabályokat rugalmasabban kellene alkalmazni.

탄력세율 명 változó adóráta

탄산가스 명 széndioxid

탄생시키다 동 létrehoz, alkot

탄생-하다 동 születik; ~ 명 születés; 새로운 클럽의 ~ új klub születése; ~을 축하하다 üdvözletét küldi vkinek a születése / vminek a létrehozatala / vminek az alapítása alkalmából

탄성 명 felkiáltás; ~을 지르다 felkiált; 장엄한 폭포의 광경에 저절로 ~이 터져 나왔다 Látva a lenyűgöző vízesést, akaratlanul felkiáltottunk csodálkozásunkban.

탄소 명 szén; ~를 함유한 széntartalmú; ~를 제거하다 széntelenít; ~와 화합시키다 szénnel vegyít

탄소봉 명 szénrúd

탄수화물 명 szénhidrát; ~이 적은 식이요법 alacsony szénhidráttartalmú diéta

탄식-하다 동 sóhajtozik, siránkozik, jajgat; ~ 명 sóhaj, siránkozás, jajgatás; ~으로 날을 보내다 sóhajtozással telnek a napjai; 자신의 불운을 ~하다 siratja a szerencsétlenségét; 정계의 부패를 ~하다 jajgat a politikai körök korrupciója miatt

탄압-하다 동 elnyom, elfojt, sanyargat; ~ 명 elnyomás, sanyargatás, elfojtás; ~적(인) sanyargató, elnyomó; ~ 정책 elnyomó politika / intézkedés; ~을 받다 el van nyomva; 그 운동은 치안 방해로 ~을 받았다 A mozgalmat elfojtották a köznyugalom megsértése miatt.; 자유는 결코 ~되어서는 안 된다 A szabadságot soha nem szabad elnyomni.; 언론의 자유를 ~하다 elnyomja a szólásszabadságot

탄탄-하다 형 erős, tömör, szilárd, vaskos; robusztus, erős, izmos; ~한 집 szilárdan felépített ház; ~한 체격의 남자 erős testfelépítésű ember; szilárd felépítésű ember; ~하게 만들어져 있다 erősre épített; 모양은 어떻든 ~하게 되어 있다 Nem feltétlenül szép, de erős / tartós.

탄핵-하다 동 elküld / lemondat vkit vmilyen bűn miatt; 판사는 뇌물을 수수하고 ~을 받았다 A bírót lemondatták / elküldték vesztegetés miatt.

탈[1] 명 maszk, álarc; ~을 쓰다 maszkot visel, eltakarja az arcát, álszenteskedik, színlel; 위선의 ~을 쓴 사람 bárány-bőrbe bújt farkas, képmutató, álszent, hipokrita; ~을 벗다 leveszi az álarcát, megmutatja valódi színeit, kiderül a valódi személyisége, kimutatja a foga fehérét

탈[2] 명 baleset, kellemetlen esemény; baj, gond, probléma; akadályozás, gátlás, megszakítás; 별 ~이 없는 한 ha semmi sem gátol; ~ 없이 진행되다 gond nélkül halad / működik; 일에 ~이 생기다 probléma / gond van az üggyel; 몸에 ~이 나다 megbetegedik

탈당-하다 동 kilép, kiválik a pártból, otthagyja a pártot; ~ 명 kilépés, visszavonulás; 그는 당을 ~했다 Kilépett a pártból.; ~ 신고서 (írott) lemondási nyilatkozat; ~자가 속출했다 Egymás után léptek ki a pártból a tagok.

탈락-하다 동 kimarad, kiesik, nem jut

/ kerül be vhova; ~ 명 megbukás, kiesés; 예선에서 ~하다 selejtezőn kiesik; 많은 선수들이 경기에서 ~했다 Sok futó esett ki a versenyből.

탈바꿈-하다 동 átalakul, (meg)változik, átváltozik, alakot vált

탈법 명 szabálytalanság, törvénytelenség

탈선-하다 동 kisiklik, kizökken, kiugrik, letér, lecsúszik; eltér, elhajlik; ~ 명 kisiklás, eltérés, elhajlás; elkalandozás, elkóborlás; 열차가 ~하다 kisiklik a vonat; ~ 학생 lezüllött / elzüllött diák, rossz útra tért diák

탈세-하다 동 adót csal; 명 adócsalás; ~의 수단 adócsalás módja; ~ 혐의로 수사하다 adócsalás gyanújával vizsgálatot indít vki ellen; ~의 증거 찾아내다 bizonyítékot talál az adócsalásra; 그 회사는 ~ 혐의가 있다 A cég / vállalat adócsalás gyanújába keveredett.

탈옥수 명 szökevény

탈옥-하다 동 megszökik / kiszökik / kiszabadul a börtönből; ~ 명 szökés (a börtönből); ~을 기도하다 megpróbál megszökni a börtönből, szökést tervez; 그는 ~했다 Megszökött a börtönből.

탈의실 명 öltöző

탈주병 명 katonaszökevény, dezertőr

탈주-하다 동 (ki)szökik, megszökik, kiszabadul, kimenekül, elmenekül; ~ 명 szökés, szabadulás, kimenekülés, kiszabadulás; ~를 기도하다 szökést tervez, szökni próbál; ~ 계획 szökési terv

탈진-하다 동 kimerült, kifogyott, elfogyott, kiapadt; ~ 명 kimerülés, kifogyás, elfogyás, kiapadás; 오랜 병 끝이라 그는 ~감을 느꼈다 Hosszú betegsége után fizikailag és szellemileg is kimerültnek érzi magát.

탈출구 명 kijárat, menekülési útvonal

탈출-하다 동 kiszabadul / kiszökik / kijut vhonnan, megszökik / meglóg vhonnan; ~ 명 menekülés, szökés; 적국을 ~하다 megszökik az ellenséges földről; 비행기에서 낙하산으로 ~하다 ejtőernyős ugrást hajt végre repülőből; 집단으로 ~하다 tömeges szökést visz véghez

탈춤 명 maszkabál, álarcosbál; 봉산 ~ hagyományos koreai maszkabál: Bongszan maszkabál

탈취-하다 동 elvesz, elfog, elkap, elránt, elhúz, bitorol, elragad; elbirtokol, elvesz, elfoglal; 남의 소유물을 ~하다 elveszi más tulajdonát; 왕위를 ~하다 bitorolja a trónt; 요새를 ~하다 elfoglalja / beveszi a várat / erődöt

탈퇴-하다 동 kilép, visszavonul vhonnan / vmiből; visszalép vmitől; ~ 명 kilépés, kiválás, elállás; 그는 노조에서 ~했다 Kilépett a szakszervezetből.; 그는 그 협회를 ~하기로 결정했다 Úgy döntött / határozott, hogy kilép a szövetségből.; ~서를 내다 írásbeli felmondást nyújt be egy szövetséghez

탈피-하다 동 vedlik, hullajtja a szőrét; kinő vmi; ~ 명 vedlés, állat szőrének hullása; 누에는 ~할 때마다 자란다 A selyemhernyó minden vedléssel növekszik.; 구태에서 ~하다 kinő vmiből, megtöri a hagyományokat

탈환-하다 동 visszafoglal, visszavesz, visszaszerez, visszanyer; ~ 명 visszafoglalás, visszavétel, visszaszerzés, visszanyerés; 요새를 ~하다 visszavesz

/ visszafoglal egy erődöt

탐구-하다 동 vizsgál, kutat, tanulmányoz; ~ 명 vizsgálat, kutatás, tanulmányozás; ~심 kutatási képesség / hajlam; 과학의 ~ tudományos kutatás; 과학적 ~에는 상상력이 불가결하다 A tudományos kutatáshoz elengedhetetlen a képzelőerő.; 암의 원인을 ~하다 vizsgálja a rák lehetséges okait, a rákkeltő anyagokat vizsgálja

탐내다 동 mohón vágyik vmire, nagyon akar vmit, áhítozik vmi után, megőrül vmiért; 돈을 ~ pénzőrült, pénzmániás; 남의 것을 ~ a másét kívánja; 남의 재산을 ~ más vagyonára vágyik; 그는 명예를 / 돈을 탐내지 않는다 Nem a hírnév / pénz után áhítozik.; 남의 것을 탐내지 마라 Ne kívánd, ami a másé!

탐사-하다 동 megfigyelést végez; ~ 명 megfigyelés, vizsgálat, kutatás; 석유를 ~하다 olaj után kutat, olajat keres

탐색-하다 동 keres, kutat vmit, nyomoz vmi után; érdeklődik vmi után / iránt, megvizsgál, szondáz; ~ 명 nyomozás, keresés, kutatás, vizsgálat; 경찰은 범인을 ~중이다 A rendőrség az elkövető után nyomoz.

탐스럽다 형 vonzó, csábító, kívánatos; étvágygerjesztő; 탐스러운 과일 étvágygerjesztő gyümölcs; 탐스러운 꽃 gyönyörű virág

탐욕 명 fösvénység, kapzsiság, fukarság, mohóság, sóvárgás

탐욕스럽다 형 fösvény, fukar, kapzsi, mohó, pénzéhes, zsugori, irigy

탐욕스레 부 kapzsin, fukarul, mohón, zsugori / fösvény módon, irigyen

탐정 명 nyomozó, detektív; ~이 뒤를 밟다 követi egy nyomozó, detektív nyomoz utána; ~을 도중에 따돌리다 leráz egy nyomozót, átveri a nyomozót / detektívet, csőbe húz egy nyomozót; 사설 ~ magánnyomozó, magándetektív

탐정소설 명 detektívtörténet, detektívregény

탐탁-하다 형 kívánatos, kellemes, szeretetre méltó; ~하지 않은 nemkívánatos, elégtelen, nem kielégítő; ~하지 않은 인물 nemkívánatos személy; 색깔이 ~하지 않다 Nem az én ízlésemnek való szín.; 그와의 동행은 별로 ~스럽지 않다 Nem (igazán) vagyok hajlandó vele menni. Vonakodom attól, hogy vele menjek.

탐-하다 동 vágyik vmire, sóvárog vmi után, (meg)kíván vmit; 폭리를 ~하다 túlzott profitra vágyik

탐험가 명 felfedező

탐험-하다 동 kutat, felderít, felfedez, expedícióra indul; ~ 명 kutatás, felderítés, felfedezés, expedíció; 북극 ~에 나서다 antarktiszi expedícióra indul, antarktiszi felderítő útra megy; 무인도를 ~하다 felfedez egy lakatlan szigetet; ~ 비행 felderítő repülés, kutatórepülés; 우주 ~ űrkutatás, űrexpedíció

탑 명 torony; pagoda; emlékmű; ~을 세우다 tornyot épít; 공든 ~이 무너지랴 A kemény munka sosem felesleges.; 돌~ kőemlékmű, kőszobor; 오층~ ötszintes pagoda

탑승-하다 동 beszáll, bejut; ~ 명 beszállás; ~구 beszállókapu; 비행기에 ~하다 repülőre száll, felszáll a repülőre; 배에 ~하다 felszáll a hajóra; ~시키다 beszállít vkit; ~자 명단 utasnyilvántartás, utaslista

탓 명 hiba, vétkesség, felelősség, szemrehányás; következmény(ek); ~으로 돌리다 elkönyvel vminek, betudja vminek, rákeni vmire, hibáztat / okol vmit / vkit vmiért; 네 ~ 내 ~ 할 것 없다 Nem kellene egymást hibáztatnunk.; 나이 ~으로 허리가 굽다 kortól (meg)görnyedt; 출석자가 적은 것은 날씨 ~이다 A rossz időjárás miatt van kevés résztvevő.

탓-하다 동 okol / hibáztat vkit vmiért, ráken vmit vkire, megró, elítél, megdorgál; 자신을 ~하다 magát hibáztatja / okolja vmiért

태 명 méhlepény (és magzatburok); ~를 자르다 elvágja a köldökzsinórt

태교 명 magzatoktatás; ~에 좋다 jó hatással van a magzatra

태권도 명 taekwondo; 세계 ~ 연맹 Taekwondo Világszövetség; 국제 ~ 연맹 Nemzetközi Taekwondo Szövetség

태극기 명 koreai nemzeti zászló

태도 명 viselkedés, viselkedésmód, attitűd, modor; 단호한 ~로 határozott viselkedéssel; 우호적인 ~로 barátságos modorral / viselkedéssel; ~를 바꾸다 megváltoztatja a viselkedését; 애매한 ~를 취하다 fenntartja kételkedő álláspontját; 오만한 ~를 취하다 gőgös viselkedést vesz fel; 요즘 그 사람 ~가 이상하다 Mostanában máshogy viselkedik.

태동 명 magzatmozgás, a magzat mozgása; közelgő tevékenységek jelei

태만-하다 형 gondatlan, hanyag, nemtörődöm, figyelmetlen; ~ 명 gondatlanság, hanyagság, figyelmetlenség, nemtörődömség; nem teljesítés, mulasztás; 직무를 ~히 하다 hanyag / nemtörődöm a kötelezettségeit illetően

태반[1] 명 nagyobb rész / adag; többség, tömeg; ~은 többnyire, nagyrészt, legtöbbször, jórészt; ~의 경우 az esetek többségében; 일이 ~ 끝났다 A munka / feladat már majdnem készen van.; ~의 학생은 그 운동과 관련해서 무관심했다 A diákok többsége közömbös volt a mozgalommal kapcsolatban.; 그는 생애의 ~을 외국에서 보냈다 Élete nagyobb részét külföldön töltötte.

태반[2] 명 méhlepény; ~의 méhlepénnyel kapcsolatos, méhi

태산 명 magas hegy, óriási dolog; 할 일이 ~ 같다 még olyan sok teendője van; annyi mindent kell még csinálnia; ~같이 믿다 minden bizalmát belefekteti vmibe; 갈수록 ~이다 Egyik balszerencse a másik nyomában jár.

태생 명 szülés, születés, eredet, származás; 비천한 ~이다 alacsony származású; 그는 서울 ~이다 Szöulból származik.

태생학 명 embriológia

태생학자 명 embriológiával foglalkozó tudós, embriológus

태세 명 testtartás, póz, beállítás; felkészültség, készenléti állapot; 할 ~에 있다 készen van, elkészült, fel van készülve vmire, megfelelő állapotban van vmihez; ~를 갖추다 befejezi / megteszi az előkészületeket, felkészül; 전투~를 갖추고 있다 harckészültségben van; 방어~를 취하다 védekező állást vesz fel, védekező pozícióba áll

태아 명 embrió, magzat, (még) meg nem született gyermek, születendő gyermek; ~의 성감별 magzati nemmegha-

ㅌ

tározás; ~ 교육 magzatoktatás

태양 명 nap; ~ 순환기 napciklus; ~ 흑점 napfolt; ~ 광선 napsugarak, a nap sugarai; 인공 ~ 광선 mesterséges sugarak;

태양계 명 naprendszer

태양광 명 napsugár

태양신 명 napisten

태양열 명 nap hője, a napsugarak hője, a nap melege; ~을 이용하다 hasznosítja a nap hőjét; ~을 이용한 온수 수영장 napenergiával fűtött uszoda; ~ 주택 napelemes ház; ~ 집열기 napkollektor

태어나다 동 megszületik, világra jön, napvilágot lát; 태어난 곳 születési hely, szülőváros; 태어난 집 szülőház; 태어날 때부터 születéstől fogva; 내가 태어난 이래 amióta megszülettem, születésem óta; 맏아들로 ~ legidősebb fiúnak született; 가난한 집에 ~ szegény családba születik; 시각 장애인으로 ~ vaknak születik; 팔자 좋게 ~ szerencsés csillagjegyben születik, szerencsés csillagzat alatt születik

태연-하다 형 nyugodt, zavartalan, higgadt, összeszedett; ~하게 죽음에 임하다 nyugodtan / bátran néz szembe a halállal; 아무 일도 없던 것같이 ~히 앉아 있다 (olyan) nyugodtan ül, mintha mi sem történt volna; 그는 그 비보를 듣고도 ~하였다 Megtartotta a nyugalmát a rossz hírek ellenére.

태우다[1] 동 eléget, tűzbe vet, elhamvaszt; 집을 ~ leégett a háza; 쓰레기를 ~ szemetet éget; 시체를 ~ eléget egy holttestet; 나는 그 편지를 태워 버렸다 Elégettem azt a levelet.; 다리미질 하다가 셔츠를 ~ megperzsel egy inget vasalás közben; 밥을 ~ odaégeti a rizst; 속을 ~ égeti a gyötrelem, aggódik, gyötrődik

태우다[2] 동 megkocsikáztat, elvisz autón, felvesz vkit a kocsira / vonatra; 손님을 ~ felvesz egy utast; 어린애를 목말 ~ vállán visz / cipel egy gyermeket; 말에 ~ lóra tesz / ültet vkit, feltesz / felültet vkit egy lóra; 그(녀)를 집까지 태워 주었다 Hazavittem. Hazafuvaroztam.

태자 명 trónörökös; ~궁 trónörökös palotája; ~비 trónörökösnő

태초 명 a világ kezdete; ~에 a világ kezdetén

태평양 명 Csendes-óceán; ~ 전쟁 csendes-óceáni háború; ~ 연안 국가 csendes-óceáni országok; ~ 횡단 비행 Csendes-óceánon túli repülés

태평-하다 형 békés, nyugodt, csendes; ~ 명 teljes béke, nyugalom, zavartalan béke; ~천하 békés világ; ~한 세상에 békeidőben; ~한 얼굴 gondtalan arc; 그는 만사에 ~이다 Könnyen veszi a dolgokat.

태풍 명 tájfun, forgószél tengeren; ~의 눈 a tájfun szeme, a tájfun központja; ~이 북상하다 észak felé közeledik a tájfun; ~이 발생하다 tájfun alakul ki.; ~이 급속히 발달했다 A tájfun gyorsan nőtt / erősödött.; ~이 제주도에 접근하고 있다 A tájfun közeledik Csedzsu-sziget felé.; ~은 남해안에 상륙할 것이다 A tájfun érinteni fogja Korea déli partjait.

태풍경보 명 tájfunjelzés, tájfunfigyelmeztetés

태풍권 명 tájfun sújtotta térség / terület; ~에 있다 tájfun által veszélyeztetett térségben / területen van

택시 명 taxi, bérkocsi; 개인 ~ magántaxis, tulajdonos által vezetett taxi;

~를 멈춰 세우다 leállít / megállít egy taxit; ~를 불러주시오 Hívjon / Kérjen egy taxit!; ~미터 taxióra; ~ 승차장 taxiállomás; ~ 요금 fuvardíj, taxiviteldíj, szállítási díj; ~ 운전사 taxis, taxisofőr; ~ 회사 taxitársaság

택지 명 (építési) telek, lakóhely; ~를 조성하다 előkészíti a telket, alkalmassá tesz egy területet az építkezésre; ~ 개발 építési telek kialakítása; ~ 분양 építési telkek árusítása / eladása

택-하다 동 kiválaszt, válogat; 길일을 ~하다 kiválaszt egy alkalmas / megfelelő napot; 셋 가운데 하나를 ~하다 kiválaszt egyet a három közül; választ egyet a háromból; 그의 작품 중에서 최고의 것을 ~하다 kiválasztja a legjobb munkáját; 불명예보다 차라리 죽음을 ~하다 inkább a halált választja, mintsem hogy szégyenbe kerüljön; 목사는 성경에서 한 구절을 ~했다 A lelkész kiválasztott egy szakaszt a Bibliából.

탤런트 명 tévés személyiség, televíziós személyiség; 프로듀서는 새로운 ~를 찾고 있다 A producer új tévés / televíziós személyiségeket keres.; 그(녀)는 유명한 TV ~이다 Ő jól ismert tévés / televíziós személyiség.

탯줄 명 köldökzsinór; ~ 잡듯 하다 erősen tart, erősen megfog / megragad vmit

탱크 명 tank, harckocsi, páncélos; tartály, víztartály, víztároló; 기름 ~ benzintartály, benzintank; 고압 ~ magasnyomású tartály ~ 용량 tartály űrtartalma / térfogata

탱크로리 명 tartálykocsi

터 명 telek, föld, hely; helyiség, tér; színtér, aréna, csarnok; 빈~ üres telek / föld; 빨래~ mosóhely; 싸움~ csatatér, csatamező, háború színhelye; 일~ munkahely; 장~ piactér, a piac helye; 절~ templomkert; 집~ háztelek, építési telek; ~를 차지하다 területet / helyet foglal el; ~를 닦다 előkészíti a telket vmire / vmihez, lerakja az alapot vmihez

터널 명 alagút; 해저 ~ víz alatti alagút; ~을 뚫다 alagutat fúr, átfúr; ~로 들어가다 lemegy / bemegy egy alagútba; ~에서 나오다 kijön egy alagútból; 500미터 전방 ~ Alagút 500 méter múlva. 500 méterre innen alagút.; ~ 개통 alagút megnyitása; ~ 공사 alagútásási munkálatok

터놓다 동 kitár, kinyit; (le)enged; egybenyit; megszüntet; 두 방을 하나로 ~ egybenyit két szobát; 물꼬를 ~ megnyit egy zsilipet; 둑을 ~ áttör / átszakít egy gátat; 흉금을 터놓고 이야기하다 bizalmas / meghitt beszélgetést folytat; 그(녀)는 누구하고나 터놓고 이야기한다 Nyíltan / őszintén beszél akárkivel.; 그는 마음을 터놓을 수 있는 사람이다 Ő olyan (típusú) ember, akinek meg tudok nyílni.

터득-하다 동 megért, felfog; megragad, megfog; elsajátít, megtanul; 요령을 ~ kitanulja vminek a csínját-bínját; 진리를 ~ megért egy igazságot

터뜨리다 동 eltör, széttör; kiszakít, szétszakít; kiereszt; felrobbant; 둑을 ~ áttöri a gátat; 풍선을 ~ kihasít / kiszakít egy léggömböt / lufit; 노여움을 ~ kiereszti a dühét / haragját; 다이너마이트를 ~ dinamitot felrobbant; 울분을 ~ kitör belőle az elfojtott düh; 샴페인을 ~

ㅌ

eldurrant egy pezsgőt, kibont egy pezsgőt; 울음을 ~ sírásban / könnyekben tör ki, könnyekre fakad; 웃음을 ~ nevetésben tör ki, kitör belőle a nevetés

터무니없다 형 alaptalan, megalapozatlan, indokolatlan; furcsa, meseszerű, lehetetlen, képtelen, ésszerűtlen; mértéktelen, túlzásba esett; 터무니없는 값 (el)túlzott ár, túlságosan nagy / magas ár; 터무니없는 거짓말 istenverte hazugság, igen nagy hazugság; 터무니없는 계획 kivitelezhetetlen terv; 터무니없는 요구 aránytalan / túlzott követelés; 터무니없는 소문 alaptalan pletyka / híresztelés; 터무니없는 소리를 하다 furcsa / különös / abszurd dolgokat mond; 터무니없는 의심을 하다 ártatlanul gyanúsít, alaptalanul vádol

터미널 명 (busz)pályaudvar, végállomás; terminál; 버스 ~에 있는 백화점 buszpályaudvari áruház

터전 명 telek, alap; 넓은 ~ óriási / hatalmas telek; ~을 잡다 elfoglal / megszerez egy telket; 이것이 우리 생활의 ~이다 Ez a megélhetésünk alapja.

터지다 동 kitör, megtörténik; reped(ezik), (el)szakad, szétszaggat, lerombol, összeomlik; 전쟁이 ~ kitör a háború; 홍수로 댐이 터졌다 Az árvíz áttörte / átszakította a gátat.; 봉투가 ~ elszakad a boríték; 수도관이 얼어 ~ a vízvezeték megfagy és eltörik; 종기가 곪아 ~ kiszakad / szétdurran egy hólyag; 입술이 ~ kireped / kirepedezik vki szája; 밤송이가 ~ feltörik a gesztenye héja; 울화통이 ~ kitör belőle a düh, dühbe gurul; 코피가 ~ vérzik az orra

터치-하다 동 kapcsolatban van / áll vmivel / vkivel, köze van vmihez / vkihez, érintkezésben van vmivel / vkivel; 명 érintés, tapintás; 네트에 ~하다 megérinti a hálót; 나는 그 문제에 ~하고 싶지 않다 Nem akarom, hogy közöm legyen a dologhoz.; 그 건에 대해서는 일체 ~하지 마라 Nem kellene foglalkoznod / törődnöd az üggyel.

턱[1] 명 áll, állkapocs (csont); 위~ felső állkapocs; ~을 쓰다듬다 megdörzsöli az állát; ~을 내밀다 kiugrik az álla, kiakasztja az állát / állkapcsát; ~으로 가리키다 mutat vmire az állával; 손으로 ~을 괴다 a tenyerébe támasztja az állát; ~을 받치고 이야기를 듣다 az állát a kezére téve / támasztva hallgatja a beszédet; ~을 당기고 가슴을 펴라 Állat fel, mellet ki!

턱[2] 명 lakoma, megvendégelés, kiadós étkezés; 한~내다 megvendégel vkit, vendégül lát vkit, fizet vkinek; 술을 한~내다 meghív vkit egy italra

턱뼈 명 állcsont, állkapocscsont

털 명 szőr, szőrzet; hajzat; pihe; ~이 있는 szőrös; ~이 없는 szőrtelen, csupasz, sima; lekopasztott; 겨드랑이 ~ hónaljszőr(zet); 그의 다리에 ~이 나기 시작했다 Elkezdett nőni a szőr a lábán. Elkezdett szőrösödni a lába; 닭의 ~을 뜯다 megkopaszt egy csirkét, csirkét kopaszt

털가죽 명 bunda, szőrme, irha; ~ 제품 szőrme, prém, bunda

털다[1] 동 leráz; leüt; letakarít, kitakarít, (le)tisztít, kitisztít, lekefél, leseper, lesöpör; 신발에 묻은 눈을 ~ leveri / lerázza a havat a cipőjéről; 옷에 묻은 눈을 ~ lesepri a havat a ruhájáról; 먼지를 ~

eltakarítja / letakarítja a piszkot / koszt; 구두 속의 모래를 ~ lerázza a homokot a cipőjéről; 담뱃재를 ~ leüti a hamut a cigijéről, leveri a cigihamut

털다² 동 kirabol, kifoszt, elcsen; 금고를 ~ feltör egy széfet / páncélszekrényt; 은행을 ~ kirabol egy bankot, betör egy bankba; 소매치기가 주머니를 ~ a zsebtolvaj kiüríti mások zsebeit

털어놓다 동 ❶ kiürít, kiráz; 상자 속의 물건을 ~ kirázza / kiszórja egy doboz tartalmát; 호주머니를 ~ kiüríti a zsebeit ❷ kitárulkozik vkinek, megnyitja a szívét, bizalmába fogad vkit, kimutatja az érzéseit; 털어놓고 말하면 őszintén szólva; 마음속을 ~ kitárja a szívét vkinek; 모든 것을 ~ bevall / beismer mindent; 비밀을 ~ rábíz vkire egy titkot

털양말 명 gyapjúzokni

털옷 명 gyapjúkabát, irhabunda

털보 명 dús hajú, bozontos, szőrmók

텁텁-하다 형 ízetlen, rossz ízű, pocsék az íze; ~한 된장국 sűrű és ízetlen hagyományos koreai szójabableves; 입이 ~하다 kellemetlen / pocsék ízt érez a szájában

텃밭 명 konyhakert, veteményes(kert); ~을 가꾸다 családi fogyasztásra termeszt zöldséget

테 명 perem, szél, káva, szegély, keret; 무~ 안경 keret nélküli szemüveg; 금~ 안경 aranykeretes szemüveg; ~가 넓은 모자 széles karimájú kalap

테니스 명 tenisz; ~공 teniszlabda; ~ 라켓 teniszütő; ~를 하다 teniszezik; ~ 경기 teniszmérkőzés; ~ 선수 teniszező; ~ 코트 teniszpálya; ~화 teniszcipő

테두리 명 határ, szél, perem; karima, perem, szegély, szél, keret; 검은 ~ fekete szegély; gyászkeret, gyászszegély; ~를 두르다 bekeretez, szegélyez, beszeg; 법의 ~ 안에서 a törvényes kereteken belül; ~를 정하다 megszabja vminek a határait / kereteit; 법의 ~를 벗어나다 átlépi a törvény határait

테러 명 terror, rettegés, rémuralom; ~ 습격 terrortámadás; ~의 희생이 되다 a terrorizmus áldozatául esik; ~ 조직 terrorszervezet; ~ 집단 terrorista csoport; ~ 행위 terrorcselekmény, terrorista tevékenység

테러리스트 명 terrorista

테러리즘 명 terrorizmus

테스트-하다 동 tesztel, megpróbál, próbára tesz vkit / vmit, megvizsgál; ~ 명 teszt, próba, kísérlet, ellenőrzés, vizsga, elemzés; 성능 ~ teljesítményvizsgálat; 음성을 ~하다 teszteli / felméri / vizsgálja a hangját; ~ (를) 받다 próbának / tesztnek veti alá magát

테이블 명 asztal; ~에 둘러앉다 asztal körül / köré ülnek, körülülik az asztalt; ~을 사이에 두고 앉다 vkivel szemben ül az asztalnál; ~ 매너 asztali etikett

테이블보 명 (asztal)terítő, abrosz

테이프 명 szalag; papírszalag; hangrögzítő szalag, hangszalag; 골인 지점의 ~ célszalag; ~를 끊다 átszakítja a (cél)szalagot, elvágja a szalagot; ~에 녹음하다 kazettára / szalagra / videóra vesz, felvételt készít vmiről

테크닉 명 technika, módszer; 연주의 ~ játéktechnika, zongorajáték-technika; ~이 뛰어나다 kitűnő a technikája

텍스트 명 szöveg; ~ 편집 szövegszerkesztés; ~ 처리 szövegfeldolgozás; ~

파일 szöveges fájl; ~ 편집기 szövegszerkesztő

텐트 명 sátor

텔레비전 명 televízió, tévé; televíziókészülék, tévékészülék; 19 인치 ~ 19 hüvelyk képátlójú televízió; ~을 보다 tévét néz; ~을 켜다 bekapcsolja a tévét; ~에 출연하다 tévéműsorban szerepel; ~ 앞에서 떠날 줄 모르다 odaragadt a tévé elé, rátapad a tévékép- ernyőre; ~ 드라마 tévésorozat, tévés drámasorozat; ~ 시청자 tévénéző; 컬러 ~ színes tévé / televízió

토기 명 agyagedény, agyagáru; ~의 파편 (agyag)cserép

토기장이 명 agyagedényműves, fazekas

토끼 명 nyúl; ~ 고기 nyúlhús; ~ 사냥 nyúlvadászat; 두 마리 ~ 잡으려다가 하나도 못 잡는다 Aki sokat markol, keveset fog.

토끼굴 명 nyúlüreg

토끼장 명 nyúlketrec

토대 명 alap, alapzat, alapozás; ~를 굳히다 megszilárdítja az alapot; ~를 쌓다 felépíti az alapot, felhúzza az alapzatot; 실지 체험을 ~로 소설을 쓰다 valós élményeire alapozva ír regényt; 적은 자본을 ~로 장사를 시작하다 kis (alap)-tőkéből indít vállalkozást; 종교는 신앙을 ~로 한다 A vallás a hiten alapszik.

토로-하다 동 kimutat, kifejez, feltár, felfed; 기탄없이 의견을 ~하다 szabadon / őszintén fejezi ki véleményét

토론-하다 동 (meg)vitat, (meg)tárgyal, vitatkozik; ~ 명 vita, vitatkozás; 활발한 ~ heves / élénk / szenvedélyes vita; 많은 ~ 끝에 hosszas vitatkozás / tárgyalás után; ~에 들어가다 vitába száll, vitázni kezd; ~에 부치다 vitára bocsát egy kérdést; ~에 참가하다 csatlakozik a vitához, beleszól a vitába; 자유 ~ nyitott tárgyalás / megbeszélés

토론회 명 tárgyalás, (vita)fórum; 공개 ~ nyitott / nyílt fórum; TV ~ televíziós vita; 대통령 후보의 ~ elnökválasztási vita

토마토 명 paradicsom; ~ 소스 paradicsomszósz, paradicsommártás; ~ 주스 paradicsomlé; ~ 케첩 ketchup

토막 명 darab, szelet, darabka, falat, szem; ~나다 darabokra törik; ~내다 / 치다 felvág, felszeletel, feldarabol, széttördel; 고등어 한 ~ makrélaszelet; 나무 한 ~ fadarab; ~ 시체 feldarabolt holttest; ~극 kis drámai előadás, rövidjáték

토목 명 mérnöki munka, közmunkák, mélyépítés; ~(사업)을 일으키다 közmunkára vállalkozik

토목공사 명 általános mérnöki munkálatok, közmunkák, mélyépítés

토목공학 명 általános mérnöki / építőmérnöki tudományok

토박이 명 őslakos; ~의 helyi lakos, odavalósi; 서울 ~ született szöuli, ízig-vérig szöuli, Szöulba valósi

토벌군 명 büntető alakulat / osztály

토양 명 talaj, föld; 메마른 ~ száraz / terméketlen talaj; 벼농사에 적합한 ~ rizstermesztésre alkalmas talaj; ~ 오염 talajszennyezés, talajszennyezettség

토요일 명 szombat

토의-하다 동 vitázik, vitatkozik, megvitat vmit, tanácskozik / tárgyal; ~ 명 vita, tárgyalás, megbeszélés, tanácskozás; ~를 끝내다 lezár egy vitát / megbeszélést, tárgyalást berekeszt; ~에 들어가다 vitát nyit, megnyitja a tárgyalást / megbeszélést; ~에 부치다 vita tárgyává tesz, vitát kezdeményez / javasol vmiről; 열띤 ~를 벌이고 있다 heves / kemény vita alatt van / áll

토인 명 őslakos, bennszülött

토종 명 őshonos / helyi / hazai faj(ta); ~ 딸기 őshonos / hazai eper; ~닭 őshonos / hazai tyúk

토지 명 föld, talaj; telek, birtok, ingatlan; ~ 개혁 földreform; ~ 대장 / 등기부 ingatlan-nyilvántartás, telekkönyv, kataszter; ~ 측량 földmérés(tan); ~를 놀려 두다 földet műveletlenül / kihasználatlanul hagy, nem műveli a földet; ~를 매매하다 ingatlannal / telekeladással foglalkozik; 그는 집을 지으려고 그 ~를 샀다 Azért vette meg a földet / telket, hogy házat építsen rá.; ~ 가격 telekár, földár, ingatlanár; ~ 거래 föld- eladás

토착 명 őslakosság, telepesek; ~의 bennszülött, őshonos, őslakos; ~ 동식물 őshonos növények és állatok; 담배는 한국 ~ 식물이 아니다 A dohány Koreában nem őshonos növény.

토착민 명 bennszülött(ek), őslakó(k)

토-하다 동 hány, okád, öklendezik; kibocsát, kiáraszt, kiliheg; 먹은 것을 ~하다 kihányja, amit megevett; 피를 ~하다 vért öklendezik; 그는 전부 ~해 버렸다 Kiürítette a gyomrát.; 저 화산은 끊임없이 검은 연기를 ~하고 있다 A vulkán folyamatosan fekete füstfelhőket bocsát ki.; 열변을 ~하다 szenvedélyesen beszél, ékesszóló beszédet tart

톡톡히 부 keményen, alaposan; ~ 꾸짖다 keményen leszid / összeszid; ~ 책망을 듣다 alaposan megszidják, jól összeszidják; 이문을 ~ 남기다 nagy hasznot húz

톱 명 fűrész; 내릴~ hasítófűrész; 양날~ kétélű fűrész; 외날~ egyélű fűrész, kézifűrész; 둥근~ körfűrész; ~으로 켜다 fűrészel, hasítófűrésszel vág

톱니 명 fűrész fogai; fűrészfog; ~ 모양의 fogazott, fűrészfogú, csipkézett (szélű), recés; ~ 세우는 기계 fűrészélező, élezőgép; ~를 세우다 beállít egy fűrészt

톱니바퀴 명 fogaskerék; 두 개의 ~가 맞물다 a két fogaskerék egymáshoz / egymásba illeszkedik

톱질-하다 동 fűrészel; ~ 명 fűrészelés; ~하는 사람 fűrészelő (ember / munkás)

통감-하다 동 ellenőriz, felülvizsgál, vezényel, vezet, irányít;

통계 명 statisztika, statisztikai adat(ok), számszerű állítás; ~상(으로) statisztikailag, statisztikában, statisztika alapján; ~를 내다 statisztikát készít vmiről; ~를 표로 나타내다 táblázatba foglalja a statisztikai adatokat; ~에 의하면 여자는 남자보다 오래 산다 A statisztika azt mutatja, hogy a nők tovább élnek, mint a férfiak.; ~ 연감 statisztikai évkönyv; ~ 자료 statisztikai adat(ok); ~ 전문가 statisztikus, statisztikai szakértő; ~ 조사 statisztikai felmérés / kutatás; 인구 ~ népszámlálás, népességi statisztika

통계학 명 statisztikatudomány

통계학자 명 statisztikus, statisztikai szakértő

통고-하다 동 értesít, figyelmeztet, üzen; int, óv, felszólít; 사전에 ~하다 előre / előzőleg értesít vkit, előre szól vkinek

통곡-하다 동 hangosan sír / zokog, jajong, nyavalyog, siránkozik; ~ 명 sírás-rívás, siránkozás, jajgatás, jajongás, nyavalygás; 그(녀)는 아이를 잃고 ~하고 있었다 Az elvesztett gyermeke miatt jajongott / jajgatott.

통과-하다 동 áthalad, átmegy, átjut; ~ 명 átmenés, átjárás, átszállítás, tranzit; 법안을 ~시키다 törvényjavaslatot elfogad / megszavaz; 법안이 만장일치로 국회를 ~하다 az országgyűlés egyhangúan megszavaz egy javaslatot; 세관을 ~하다 átmegy / átjut a vámon; 시험에 ~하다 átmegy a vizsgán; 기차는 서지 않고 역을 ~했다 A vonat megállás nélkül keresztülhaladt az állomáson.

통관-하다 동 átmegy, átjut; ~ 명 vámkezelés, vámolás, vámvizsgálat; ~ 사무소 vámhivatal, vámiroda

통근-하다 동 irodába jár / megy; munkába / dolgozni megy, ingázik; ~ 명 hivatalba / irodába járás, ingázás; 매일 열차로 ~하다 vonattal jár (be) dolgozni; 회사는 ~하기에 편한 거리에 있다 A cég (könnyen) elérhető távolságban van. A cég könnyen megközelíthető.; ~ 시간 a munkahely- re / munkába jutás / utazás ideje; ~ 열차 munkásvonat; ~ 지옥을 완화하기 위해 전철의 운행 횟수를 늘린다고 한다 Hallom, több vonatjáratot indítanak, hogy könnyítsenek az ingázók jelenlegi / mostani helyzetén.

통나무 명 fahasáb, farönk; ~를 널로 켜다 felhasogatja a fát, felhasogat / feldarabol egy farönköt; ~로 뗏목을 만들어 강 하류로 보내다 farönktutajt úsztat le a folyón

통나무배 명 facsónak, kenu, fatörzsből vájt csónak

통나무집 명 faház

통념 명 általánosan elismert / elfogadott elmélet, közismert elmélet / felfogás; 사회 ~ társadalmilag elfogadott elmélet / eszme, közös társadalmi vélemény; 그 생각은 일반적인 ~이다 Az az eszme általánosan elfogadott.

통로 명 átjáró, folyosó, út; útvonal, nyom; ~측의 좌석 ülőhely a folyosón; ~를 내다 megnyit egy átjárót; ~에도 사람이 가득했다 Még a folyosók is zsúfolva / tele voltak emberekkel.; 비밀 ~ titkos / rejtett folyosó / átjáró

통보-하다 동 közöl, tájékoztat, tudtul ad, értesít; ~ 명 közlés, jelentés, beszámoló, tájékoztatás; 경찰에 ~하다 értesíti a rendőrséget

통산-하다 동 összead, összegez; beleszámít, belevesz, beleért; ~ 명 végeredmény, végösszeg; ~하여 a végösszegben; 미결일수 30일을 ~한다 A (letöltendő) börtönbüntetés időtartama tartalmazza a harmincnapos előzetes fogva tartást.

통상 부 általában, rendszerint, általánosan, normális esetben, szokás szerint, normálisan; ~ 우편 közönséges / rendes posta / levél

통상조약 명 kereskedelmi egyezmény / szerződés/ megállapodás; ~을 맺다 kereskedelmi szerződést köt

통신 명 híradás, kommunikáció, közlés, jelentés; információ, közlemény; ~ 공학 híradástechnika; ~ 대학 levelező képzés / tagozat / szak, távoktatás; 정보 ~부 Informatikai és Hírközlési Minisztérium; 지금 그 지방과의 ~은 불가능하다 A kommunikáció azokkal a területekkel jelenleg lehetetlen.; ~ 기술 kommunikációs / hírközlés(i) technika; ~ 두절 kommunikációs / hírközlési szünet; ~ 사업 kommunikációs szolgáltatás; ~ 수단 kommunikációs eszközök; ~ 위성 kommunikációs műhold; ~ 장비 (tele)kommunikációs felszerelés

통신망 명 kommunikációs / hírközlési hálózat

통신비 명 hírközlési költségek / kiadások, postaköltség

통신사 명 hírügynökség; 연합 ~ Yonhap Hírügynökség

통역사 명 tolmács

통역-하다 동 tolmácsol, fordít; ~ 명 tolmácsolás, fordítás,; ~을 통해 이야기하다 tolmácson keresztül tárgyal / beszél, tolmács segítségével beszél; ~일을 보다 tolmácskodik, tolmácsol vkinek; ~을 좀 해주게 Fordítana nekem, kérem! Tudna nekem tolmácsolni?

통용-하다 동 forgalomban van; elfogadják; 여기는 영어가 ~된다 Itt beszélnek angolul.

통일-하다 동 egyesül, egyesít; összpontosít; ~ 명 egyezés, egyesítés; ~ 국가 egységes / egyesült nemzet; 다양성 속에서 ~을 찾다 egyezést / egységet keres a különbözőségben; ~의 길은 아직도 멀다 Az egyesülésig még hosszú az út.; ~부 Egyesítési Minisztérium; 나라를 ~하다 egyesít egy nemzetet; 정신을 ~하다 minden figyelmét vmire összpontosítja

통장 명 betétkönyv, takarékkönyv

통제-하다 동 szabályoz, felügyelet / ellenőrzés alatt tart, felügyeletet gyakorol vmi / vki felett; ~ 명 felügyelet, szabályozás; 물가 ~ árszabályozás; ~ 구역 korlátozott / ellenőrzött terület; ~ 범위 ellenőrzési / felügyeleti hatáskör; 엄격한 ~를 실시하다 szigorú ellenőrzést gyakorol vki / vmi felett; ~를 강화하다 szigorítja / megerősíti az ellenőrzést vki / vmi felett; ~를 해제하다 megszünteti a felügyeletet / ellenőrzést vmi / vki felett

통조림 명 konzerv, tartósított / tartós étel; ~을 따다 kinyit / felbont egy konzervet, levágja egy konzerv(doboz) tetejét; ~ 공장 konzervgyár; 쇠고기 ~ dobozos marhahús, marhahúskonzerv; 연어 ~ lazackonzerv

통증 명 fájdalom, fájás, gyötrelem, kín, szenvedés, nyilallás; 격심한 ~ súlyos / erős fájdalom; 따끔따끔 쑤시는 ~ szúró fájdalom, szúrás; 옆구리의 ~ fájdalom az oldalában; ~을 느끼다 fáj vmije, fájdalma van, fájdalmat érez; ~을 없애다 megszünteti / elűzi / elmulasztja a fájdalmat; ~을 완화시키다 / 가라앉히다 csillapítja / enyhíti / könnyíti a fájdalmat, enyhít a fájdalmán; ~을 참다 bírja / elviseli / tűri a fájdalmat; ~이 더하다 erősödik / nő a fájdalom; ~이 멎다 megszűnik a fájdalom

통지서 명 értesítés, bejelentés, közlés, tájékoztatás

통지표 명 (iskolai) ellenőrző könyv

통지-하다 동 értesít vkit vmiről, emlékeztet vkit vmire, közöl vkivel vmit, tájékoztat vkit vmiről, tudat vkivel vmit, ismertet vkivel vmit; ~ 명 értesítés, utasítás, tájékoztatás; ~대로 értesítés szerint; 추후 ~가 있을 때까지 to-

ㅌ

vábbi utasításig; 계약 만기 ~ értesítés a szerződés / megegyezés lejártáról; 미리 ~하다 előre / előzetesen / előzőleg / korábban értesít vkit vmiről; 검사 결과는 7일 이내에 우편으로 ~해 드립니다 Egy héten belül levélben értesítjük a vizsgálat eredményéről.

통째(로) 명 egyben, teljesen, teljes egészében, maradéktalanul; ~ 굽다 egyben sült, egészben sütött; 뱀은 먹이를 ~ 삼킨다 A kígyók egyben nyelik le áldozataikat.; 생선을 ~ 먹다 megeszik egy egész halat

통찰력 명 belátás, meglátás; ~이 있다 betekintése van vmibe, belelát vmibe; 그는 예리한 ~이 있는 사람이다 Éleslátású ember. Jó meglátásokkal rendelkező ember.

통치권 명 szuverenitás, szuverén hatalom

통치자 명 uralkodó

통치-하다 동 kormányoz, irányít, uralkodik, igazgat, vezet; ~ 명 uralom, uralkodás, irányítás, vezetés, kormányzás; ~ 기관 állami szervek, kormányszervek; ~ 행위 kormányzati cselekvés; 왕은 그 나라를 20년간 ~했다 A király húsz évig uralkodott az országban.; 영국 왕은 군림하지만 ~하지 않는다 Az angol uralkodó uralkodik, de nem kormányoz.

통쾌-하다 형 a legelragadóbb, rendkívül elbűvölő; 그거 참 ~하다 Milyen elragadó és örömteli!

통통-하다 형 pufók, pufi, duci, molett, telt; (몸이) ~해 보인다 pufóknak látszik

통틀어 부 mindent egybevéve, összesen, mindösszesen, együttesen, összeadva; ~ 말하면 mindent egybevéve, összeadva; ~ 얼마냐 Ez mennyi összesen? Mennyit számít fel / kér az egészért?

통폐합 명 vminek az egyesülése és megszüntetése / eltörlése

통-하다 동 vezet, átfut, áthalad; 해안으로 ~하는 길 tengerpartra vezető út; 안뜰로 ~하는 작은 문 házi kerthez / kiskerthez vezető kis kapu; 금속류는 전기가 ~한다 A fémek vezetik az áramot.; 말이 서로 ~하지 않다 nem tudnak egymással kommunikálni / beszélni; 중매인을 ~해서 청혼하다 közvetítőn keresztül házassági ajánlatot tesz

통학-하다 동 iskolába jár; ~ 명 iskolába járás; 도보로 ~하다 gyalog jár iskolába; 자택에서 ~하다 otthonról jár iskolába; 그는 열차로 ~하고 있다 Vonattal jár iskolába.

통합-하다 동 egyesít, összefoglal, egységesít, összehoz, összekapcsol; ~ 명 integráció, egységesítés, egyesítés; 국민 ~의 상징 a honpolgári összetartás jelképe; 여러 의견들을 ~하다 különböző / különféle véleményeket egységesít; 지금 두 개의 도시를 ~하려는 계획이 진행중이다 Tervezik, hogy összevonnak most két várost.

통행금지 명 forgalom felfüggesztése; kijárási tilalom; Az út le van zárva.; Forgalom elől elzárt terület.; Behajtani tilos!; 도로를 ~시키다 lezár egy utcát, forgalom elől lezár egy utcát; 야간 ~를 실시하다 kijárási tilalmat rendel el; 제차 ~ Járművel behajtani tilos!; ~ 구역 forgalom elől elzárt terület; ~ 시간 kijárási tilalom ideje

통행세 명 úti vám, utazási vám, átutazó

vám

통행-하다 동 jár; átmegy, áthalad, keresztülmegy, keresztülhalad; ~ 명 átjáró / átjárás, átmenés; forgalom; ~할 수 없는 산길 járhatatlan hegyi út; ~권 áthaladási engedély; ~을 막다 lezárja / elzárja az utat a forgalom elől; ~을 방해하다 megakadályozza a forgalmat; 이 도로는 좁아서 차가 ~하지 못한다 Ez az út olyan keskeny, hogy az autók nem tudnak rajta áthaladni.

통화 명 pénz, pénznem, valuta, fizetőeszköz; ~ 정책 pénzügyi politika, monetáris politika, fiskális politika; ~ 제도 pénzrendszer, valutarendszer

통화량 명 pénzkészlet; ~의 증가 pénzkészlet növekedése

통화료 명 hívásdíj, tarifa, telefonhívás díja; 시외 ~ távolsági hívás díja

통화-하다 동 telefonon beszél / beszélget, telefonon beszél meg vmit; ~ 명 (telefon)hívás, telefonos beszélgetés; 시내 ~ helyi hívás; ~ 중 foglalt vonal / szám; ~ 중일 때는 조금 후에 다시 거십시오 Ha foglalt a vonal, kérem, próbálja meg később!

퇴거-하다 동 távozik, eltávolít, kiürít, elbocsát; ~ 명 kiürítés, távozás, eltávolítás, elbocsátás; ~시키다 kitesz / elűz / elküld vkit vhonnan; ~를 통보하다 felszólít vkit a távozásra; felszólít / utasít vkit, hogy hagyja el a helyiséget; ~ 명령 eltávolítás elrendelése; ~ 신고 elbocsátási jelentés

퇴근-하다 동 hazamegy a munkából / munkahelyről; ~ 시간 záróra

퇴원-하다 동 elhagyja a kórházat, elengedik a kórházból, hazaengedik a kórházból; ~ 명 kórház elhagyása, elbocsátás a kórházból, hazaküldés a kórházból; ~ 환자 elbocsátott beteg; ~을 명하다 hazaküldik / elbocsátják a kórházból; ~하기에는 이르다 még korai hazaengedni; 그는 곧 ~할 것입니다 Hamarosan kikerül a kórházból.

퇴임-하다 동 távozik a posztról; nyugdíjba megy / vonul; 임기 만료로 ~하다 elhagyja a posztját, miután lejárt a mandátuma; 그(녀)는 건강상의 이유로 ~했다 Egészségi okokból távozott / lemondott a posztjáról.

퇴장-하다 동 távozik, elmegy, kimegy; kivonul; ~ 명 távozás, elmenetel; 모두 ~할 때까지 amíg mindenki elmegy / távozik; 심판은 선수에게 ~을 명했다 A bíró felszólította a játékost, hogy hagyja el a pályát.; 그는 반칙으로 ~당했다 Szabálytalanság miatt kiállították.; 무대에서 ~하다 lemegy a színpadról, elhagyja a színt / színteret

퇴직금 명 végkielégítés

퇴직-하다 동 nyugdíjba megy / vonul, lemond, visszavonul; ~ 명 nyugdíjazás, nyugalmazás; visszavonulás, lemondás; 일신상의 사정으로 ~하다 személyes okokból felmondja az állását; 그는 ~ 권고를 받았다 Azt tanácsolták neki, hogy vonuljon vissza.; Azt javasolták, mondjon le.; 그는 무능하다는 이유로 강제 ~당했다 Hozzá nem értése miatt visszavonulásra kötelezték / késztették.; ~ 공무원 nyugdíjazott / visszavonult közalkalmazott; ~ 연금 öregségi nyugdíj

퇴진-하다 동 távozik hivatalából, lemond posztjáról, kilép a munkahelyéről, lemond az állásáról, otthagyja az állását; ~ 명 távozás, lemondás; 곧 ~할 총리 a nemsokára távozó miniszterelnök

퇴치-하다 동 meghódít, legyőz; kiirt, elpusztít, felszámol; 괴물을 ~하다 elpusztít / legyőz egy szörnyet; 쥐를 ~하다 patkányt irt, kiirtja a patkányokat; 말라리아를 ~하다 kiirtja / felszámolja a maláriát; 가난과 질병을 ~하다 felszámolja a betegséget és a nyomort

퇴폐(적) 명 hanyatló, erkölcstelen, demoralizált, romló, lezüllő; ~ (유흥)업소 erkölcstelen szórakozóhely

퇴폐주의 명 dekadencia; ~자 dekadens személy

퇴학-하다 동 kilép az iskolából, otthagyja az iskolát, nem fejezi be az iskolát / tanulmányait; ~ 명 kilépés az iskolából, iskola otthagyása; iskolából való elbocsátás; 가정 형편으로 ~하다 családi okok miatt hagyja ott az iskolát; ~시키다 eltanácsol; 그는 병 때문에 대학을 중도에서 ~했다 Betegség miatt hagyta ott az egyetemet a diploma előtt.

투고-하다 동 leközöl vmit egy újságban, cikket ír egy újságba

투기 명 spekuláció, kockázat; vállalkozás, vakmerőség; ~적인 kockázatos, spekulatív; 부동산 ~ ingatlanspekuláció; ~꾼 hivatásos spekuláns; ~로 큰 손해를 보다 nagyot bukik a spekuláció során; ~ 목적으로 사다 spekulációs céllzattal vesz házat

투덜거리다 동 morog, dünnyög, dörmög; nyafog, elégedetlenkedik, panaszkodik; 대우가 나쁘다고 ~ panaszkodik a kezelést illetően, panaszkodik alulfizetettsége miatt; 그는 밤낮 ~ folyton / állandóan vergődik / nyafog; 그는 혼자 투덜거리며 가버렸다 Magában morogva elment.

투명-하다 형 tiszta, világos, átlátszó, áttetsző, nyílt; ~ 명 áttetszőség, átlátszóság, tisztaság, világosság; 무색 ~한 színtelen és átlátszó; ~ 인간 láthatatlan ember

투박-하다 형 esetlen, ügyetlen, alkalmatlan, durva, nem kecses; ~한 그릇 cserépedények, nem finoman megmunkált edények; ~한 손 durva kezek

투사 명 harcos, küzdő, bajvívó; 노동 운동의 ~ munkásmozgalmi harcos, a munkásmozgalom harcosa; 자유의 ~ szabadságharcos

투수 명 dobó(játékos) (baseball); 승리 ~ nyertes dobó; 구원 ~ váltó dobójátékos; ~를 교체하다 lecseréli a dobójátékost; 주전 ~ ász dobó(játékos)

투시경 명 átvilágító (készülék / lámpa)

투입-하다 동 beruház; belead, bead, beletesz; rábíz, elrendel; kigondol, tervez, elképzel; ~ 명 hozzájárulás, bedobás, beruházás, betétel; 회사 주식에 가진 돈을 몽땅 ~하다 egy cég részvényeibe fekteti minden / az összes pénzét; 미국은 그 전투에 2개 보병 사단을 ~했다 Az Egyesült Államok két gyalogos hadosztályt vetett be a háborúban.

투자자 명 befektető

투자-하다 동 beruház vmibe, befektet vmibe; ~ 명 befektetés, beruházás; ~ 신탁 befektetési bizalom; 광산에 거액을 ~하다 sokat fektet / ruház be egy bányába; ~로 수익을 얻다 jó hasznot húz egy befektetésből; 국내 시장을 외국의

직접 ~가 가능하도록 개방하다 megnyitja a külföldi közvetlen befektetőknek a hazai / belföldi piacot; ~ 계획 beruházási terv; ~ 성향 befektetési készség / hajlandóság; ~ 시장 befektetési / beruházási piac; ~ 은행 befektetési bank / pénzintézet; 개인 ~ egyéni beruházás / befektetés; 공공 ~ közberuházás; 민간 ~ magánberuházás

투쟁-하다 동 harcol, küzd vmiért, küzdelmet vív; ~ 명 harc, összetűzés, csatározás, küzdelem, konfliktus, ellentét, hadakozás; 노사간의 ~ harc a munkáltató és munkavállaló között; 인종간의 ~ faji (alapú) harc; ~적인 harcos; ~ 본능 harci ösztön; ~ 의식 harci tudat; 인간은 선사시대 이래 자연과 ~해왔다 Az ember ősidők óta harcol / küzd a természettel.

투정-하다 동 mérgelődik vmi miatt, morog vmiért, vergődik, elégedetlenkedik, nyafog; ~ 명 morgás, dörmögés, elégedetlenkedés, dünynyögés, vergődés, nyafogás, mérgelődés; 시계를 사달라고 ~하다 nyafog vkinek, hogy vegyen neki egy órát; 음식 ~ panaszkodik az ételre / ennivalóra

투지 명 harci szellem, küzdőszellem; ~를 보이다 harci kedvet mutat; ~를 잃다 elveszti a harci szellemet; ~에 불타다 harci lázban ég

투표권 명 szavazati jog / jogosultság; ~을 행사하다 gyakorolja a szavazati jogát; ~을 주다 vkit szavazásra jogosultnak minősít, szavazónak / szavazópolgárnak minősít vkit; ~을 빼앗다 megfoszt vkit a szavazati jogától

투표소 명 szavazóhelyiség

투표율 명 szavazati arány

투표일 명 a szavazás napja

투표-하다 동 megszavaz vmit / vkit, szavaz / voksol vmire / vkire, leadja a szavazatát vmire; ~ 명 szavazás, voksolás; ~하러 가다 elmegy a szavazásra; 보수당 후보에게 ~하다 a konzervatívokra adja le szavazatát / voksát; 사안을 ~에 부치다 szavazásra bocsátja a kérdést; ~에 이기다 megnyeri a szavazást; ~로 결정하다 szavazással határoz meg vmit, szavazással dönt vmiben; ~로 뽑다 szavazással választanak meg vkit / vmit; ~구 választókerület; ~ 용지 szavazócédula; ~ 참관인 szavazási tanú; 투표가 끝나면 ~함은 봉인된다 A szavazás lezárása után a (szavazó)urnát lepecsételik.; 신임 ~ bizalmi szavazás; 직접 ~ közvetlen szavazás

투표함 명 szavazóurna

투피스 명 kétrészes kosztüm / ruha

툭하면 부 a legkisebb provokációra; a legkisebb jelre, azon nyomban; ok nélkül; ~ 싸우다 a legkisebb provokációból is verekedést generál / csinál / szít; 너는 ~ 나를 욕한다 Minden alkalmat megragadsz, hogy sértegess.

퉁명스럽다 형 rideg, udvariatlan, barátságtalan; 퉁명스럽게 답하다 ridegen / udvariatlanul válaszol; 그(녀)는 언제나 나에게 퉁명스럽게 군다 Mindig olyan rideg velem.

튀기다 동 elpöccköl, elfricskáz; felcsap, lecsap, összecsap(kod), lefröcsköl, lelocsol; 손가락으로 ~ elpöccköl / elfricskáz vmit az ujjával; 발로 물을 ~ felcsapja a vizet a lábával; 흙탕물을 ~ vkit lecsap sárral; 침을 튀기며 이야기하다 köpködve beszél; 닭을 기름에 ~ csirkét süt (ki) olajban

튀김 명 sült étel; 굴~ sült osztriga; ~ 기름 sütőolaj

튀다 동 pattog, szikrázik; szökken, szökell; (le)fröcsköl, összefröcsköl; 공이 잘 ~ jól pattog a labda; 장작이 타면서 ~ pattogott a tűzifa, ahogy égett; 불똥이 ~ szikrát szór, szikrázik; 얼굴에 침이 ~ lefröcskölte a nyálával vkinek az arcát; 도둑이 ~ a tolvaj elmenekül / meglép / megszökik

튀어나오다 동 kiugrik, kiszökken; kirohan; kifakad; kitűnik; kiáll; 튀어나온 kinyújtó, kiemelkedő, kiugró, kinyújtható; 거리로 ~ kirohan az utcára; 방에서 ~ kirohan a szobából; 집을 ~ kirohan a házból; 잠자리에서 ~ kiugrik az ágyból; 우리 속에서 ~ kitör egy ketrecből

트다 동 ❶ kihajt, sarjadzik, kipattan, felpattan; 싹이 ~ kihajt, kirügyezik; 뽕나무가 파릇파릇 싹이 트기 시작했다 Tovább nyitogatják zsenge zöld leveleiket az eperfák. ❷ kirepedezik, kicserepesedik; 튼 손 kirepedezett kezek; 추우면 살갗이 잘 튼다 Hideg időben a bőr gyakran kicserepesedik. ❸ 두 방을 터서 하나로 하다 egybenyit / összenyit két szobát; 은행과 거래를 ~ számlát nyit egy bankban

트랙 명 (út-)sáv, út(vonal), útirány, (verseny)pálya, vágány, pálya(test); ~ 경기 futószámok (atlétikában)

트럭 명 teherautó, teherkocsi; 장거리 운행 ~ nagyobb szállításokra alkalmas teherkocsi; ~으로 운반하다 teherkocsival szállít; ~ 운전수 teherautó-sofőr; 군용 ~ katonai teherautó

트렁크 명 bőrönd, útitáska, utazóláda; csomagtartó

트레일러 명 pótkocsi, utánfutó; ~ 하우스 mobil ház

트림-하다 동 böfög; ~ 명 böfögés; 아기가 ~하다 böfög a gyerek

트이다 동 ❶ tárul; kiderül; 하늘이 ~ kiderül az ég; 위로 올라가자 근사한 경치가 눈앞에 트였다 Ahogy feljebb másztunk, csodálatos látvány tárult a szemünk elé. ❷ szabadelvű, liberális gondolkodású; 생각이 트인 사람 liberális gondolkodású ember, nyíltszívű társ

트집 명 gáncs; ~을 잡다 gáncsoskodik vkivel, gáncsot vet vkinek; 말을 ~잡다 hibát lel vkinek a szavaiban

트집쟁이 명 gáncsoskodó, szőröző ember

특권 명 kiváltság, előjog, különleges jog vmire; ~이 있는 kiváltságos; 국회의원의 ~ a parlament előjoga; 여성의 ~ női kiváltság; ~을 부여하다 kiváltsághoz juttat vkit; ~을 가지다 előjoga van vmihez; ~을 누리다 előjogot / kiváltságot élvez; ~을 잃다 előjogot / kiváltságot elveszt

특권층 명 kiváltságos osztály

특급 명 elsőrangú, a legmagasabb, különleges minőségű, kiemelkedő tulajdonságú; ~ 포도주 a legmagasabb / legjobb minőségű bor; ~품 elsőrangú cikk; kiváló minőségű márka; ~ 호텔 ötcsillagos hotel

특기 명 kiváló képesség (tehetség, ügyesség); specialitás; 마술이 나의 ~ 중 하나이다 A mágia az egyik specialitásom.

특례 명 kivétel / különleges eset (példa); ~법 különös mentesítő törvény; ~에 따

라서 a kivételes esetnek megfelelően
특별-하다 형 sajátságos, különleges, kivételes; ~히 부 külön, különösen, főleg, kiváltképpen, elsősorban, rendkívül; ~히 이렇다 할 이유가 없다 nincs különösebb oka; ~히 주의하다 külön figyelmet szentel vminek; ~ 위원회 különleges / átmeneti bizottság; ~한 이유 különleges ok; ~한 호의로 különleges jóindulatból; ~한 취급을 하다 különleges bánásmódban / előnyben részesít vkit
특산물 명 különleges termék; helyi különlegesség, helyi jellegzetesség; 이 지방의 주요 ~ ennek a körzetnek a főbb termékei
특색 명 jellegzetesség, sajátosság, különlegesség, jellemző tulajdonság, jellemző vonás; ~을 발휘하다 feltárja egy jellemző tulajdonságát; 이 작품에는 시대적 ~이 잘 나타나 있다 Ez a mű tisztán mutatja a korszakra jellemző vonásokat.; 그의 문체는 명료함이 ~이다 A stílusát világosság / letisztultság jellemzi.
특성 명 jelleg, különleges tulajdonság, jellegzetesség, különlegesség, vonás, egyéni / jellemző sajátosság; 국민적 ~ nemzeti jelleg; ~을 갖다 vminek a jellemzőivel bír; ~을 나타내다 tulajdonságot megjelenít; ~을 살리다 a legjobban kihasználja a tulajdonságait; 탄력성은 고무의 ~이다 A rugalmasság a gumi egyik jellemzője.
특수-하다 형 különös, különleges, sajátságos, megkülönböztető, egyedi; ~(성) 명 különösség, sajátosság; ~ 교육 speciális oktatás; ~ 효과 különleges effektusok / hatások; ~ 훈련 különleges kiképzés; ~한 예 különleges példa; ~한 방법으로 különleges módon
특유 명 jellegzetes, jellemző, egyedi, különleges; ~의 맛 különleges íz; ~의 아름다움 egyedi szépség; 이 지방 ~의 풍습 egy adott területre jellemző szokás; 이런 표현법은 영어 ~의 것이다 Ezek tipikus angol kifejezések.
특이-하다 형 egyedülálló, rendkívüli, különleges
특정-하다 형 különös, különleges; ~ 범죄 가중 처벌법 a kiterjesztett büntetőtörvénykönyv különleges bűntettekre vonatkozó részének áthágása; ~인 specifikus személy ~ 목적 / 분야에 쓰이도록 지정된 금액 különleges célokra / területekre szánt pénz
특종 명 exkluzív hírek, kizárólagos, jó fogás, merítés; ~을 내다 exkluzív hírt hoznak nyilvánosságra vmiről
특질 명 különleges tulajdonság, vonás, minőség; 웃음은 인간만의 ~인가 A nevetés kizárólag emberi vonás?
특집 명 különleges kiadás, melléklet; ~을 내다 különleges kiadványt készít; 우리는 주택 문제의 ~을 기획하고 있다 (Újság)mellékletet tervezünk a lakásproblémákról.; 신년 ~호 különleges januári kiadvány
특징 명 különleges vonás, megkülönböztető tulajdonság; ~적인 megkülönböztető, különös; 성격의 두드러진 ~ vkinek a jellemző / szembeötlő tulajdonsága; ~ 있는 목소리 sajátos hang; ~ 있는 얼굴 egy arc különleges vonásokkal; ~이 없는 átlagos, közönséges, jellegtelen; 이 마을 사람들은 소박하고 겸손한 것이 ~이다 Ennek a falunak a

lakóit egyszerűség és szerénység jellemzi.

특징짓다 동 jellemez, megkülönböztet

특출-하다 형 kiemelkedő, kimagasló, feltűnő, kiváló, kitűnő; ~한 인물 kiemelkedő személyiség

특파원 명 (különleges) tudósító; 로이터 한국 ~ a *Reuters* koreai tudósítója; 타임스지의 극동 ~ a *Times* közel-keleti (különleges) tudósítója

특허 명 szabadalom, pátens, koncesszió; ~를 출원하다 szabadalomért folyamodik; ~를 얻다 / 따다 jóváhagy egy szabadalmat, szabadalmaztat vmit; ~를 얻은 발명 szabadalmaztatott találmány; ~가 나오다 szabadalom van garantálva vkinek; ~ 출원 중이다 Most folyamodunk szabadalomért.; ~ 변리사 사무소 szabadalmi jogász irodája; ~ 출원 szabadalmi kérvény

특허권 명 szabadalmi jog; ~을 보유하다 / 얻다 szabadalmi jogot birtokol / szerez; ~을 침해하다 megszegi a szabadalmi jogot; 이건 ~ 침해가 된다 Ez a szabadalom megsértését jelenti.; ~ 침해로 말썽이 나지 않도록 각별히 조심해야 하겠습니다 Bizonyosodjunk meg arról, hogy nem fog szabadalmi jogba ütközni.

특허법 명 szabadalmi jog, szabadalmi törvény

특허청 명 szabadalmi hivatal

특허품 명 szabadalmazott termék

특혜 명 kedvezményes / különleges bánásmód; ~를 받다 kedvezményes elbánást kap; ~ 금리 kedvezményes kamat; 세제 ~ adókedvezmény, adókiváltság

특히 부 különösen, leginkább, mindenekfelett, mindenekelőtt; ~ 중대한 일 különösen fontos dolog; ~ 막내아들을 사랑하다 különösen szereti a legfiatalabb fiút; 이것이 ~ 중요하다 Ez különösen fontos.; 외국어, ~ 영어의 지식은 필수적이다 Néhány idegen nyelv ismerete, az angolé különösen, alapvető.; ~ 이 사실에 주목해 주시기 바랍니다 Különösen szeretném felhívni a figyelmét erre a tényre.

튼튼-하다 형 egészséges, erős, markos; tömör, kemény; testes, vaskos; tartós; ~히 부 erősen, keményen, kitartóan szívósan; ~한 기초 szilárd alap; 국방을 ~히 하다 megerősíti a nemzet védelmét; 몸을 ~히 하다 edzi / erősíti a testét; 짐을 ~히 묶다 a csomagot erősen átköti

튼튼해지다 동 egészségessé / erőssé válik

틀[1] 명 ❶ keret; 사진~ képkeret; 자수~ hímzőkeret; 창~ ablakkeret, ablakszárny; ~에 끼우다 bekeretez egy képet ❷ forma, öntőforma, minta, mátrix, kocka; ~에 부어 뜨다 formába önt; ~에 박힌 konvencionális, sztereotipikus, elcsépelt, modoros; ~에 박힌 말 közhely, klisé, megszokott kifejezések; ~에 박히지 않은 konvenciókhoz nem ragaszkodó, nem megszokott, mesterkéletlen

틀[2] 명 gépezet, gép; 재봉~ varrógép; 솜~ csörlő, gyapotmagtalanító gép

틀다 동 csavar, sodor; elfordít; bekapcsol; feltűzi a haját; változik; elmozdul, fordul; 가스를 ~ meggyújtja a gázt; 수도꼭지를 ~ megnyitja a csapot; 라디오를 ~ bekapcsolja a rádiót; 전축을 ~ bekapcsolja a magnót; 머리를 틀어 올리다 feltűzi a haját; 핸들을 왼쪽으로 ~ balra fordítja a volánt / kormányt

틀리다 동 ❶ téves, hibás, rossz; vmiben téved, hibát követ el; 틀린 생각 téves elképzelés; 계산이 ~ a számítás hibás; 맞춤법이 ~ a helyesírás hibás / rossz; 판단이 ~ rosszul ítél meg; 틀리지 않고 하다 hibátlanul elvégez / megcsinál vmit; 일기 예보가 또 틀렸다 Az időjárás-jelentés megint tévedett.; 편지의 주소가 틀렸다 Ez a levél rosszul volt címezve. ❷ összeveszik vkivel, nincs jóban vkivel; 서로 틀려 말을 하지 않다 Összevesztek egymással, és nincsenek beszélő viszonyban. ❸ leromlik, megbukik, kudarcba fullad, nem sikerül; 일은 다 틀렸다 Vége a játéknak. Minden elveszett.; 이 사업도 이젠 틀렸다 Ez az üzlet a végét járja.; 그 환자는 이제 틀렸다 A beteg állapota reménytelen.

틀림 명 hiba, tévedés, ellentmondás; 내 기억에 ~이 없다면 ha az emlékezetem nem csal; 그의 말은 ~이 없다 Amit mond, az helyes.; 내 눈에는 ~이 없다 Csalhatatlan szemeim vannak.

틀림없다 형 ❶ korrekt, helyes, pontos, hibamentes; biztos, bizonyos, kétségtelen; 틀림없는 계산 pontos számítás / számolás; 틀림없는 사람 megbízható / szavahihető ember; 그의 판단에 맡겨 두면 틀림없을 게다 Nyugodtan rábízhatjuk ezt a döntést.; 자넨 그 사실을 들었음에 ~ Biztos hallottál róla.; 그 소문은 정말임에 ~ A szóbeszédnek igaznak kell lennie.

틀림없이 부 egészen biztosan, kétségtelenül; nyilvánvalóan, magától értetődően; 돈을 ~ 돌려주다 egészen biztosan visszaadja a pénzt; 일을 ~ 하다 hiánytalanul végrehajt egy feladatot; ~ 아버지의 필적이다 Semmi kétség, ez az apám kézírása.; ~ 이렇게 되리라고 생각했다 Ez pont az, amire számítottam.

틀어막다 동 ❶ eldugaszol, bedug, betöm; 구멍을 흙으로 ~ földdel tölt fel egy gödröt; 솜으로 귀를 ~ vattát töm a fülébe ❷ fékez, gátol, akadályoz, megállít; 입을 ~ hallgatásra kötelez vkit; 돈으로 입을 ~ megveszi vkinek a hallgatását

틀어박히다 동 bezárkózik, elzárkózik, bent marad; visszavonul; 집에만 틀어박혀 있는 사람 otthonába zárkózott személy; 시골에 틀어박혀 살다 visszavonultan él vidéken; 온종일 방에만 ~ egész nap a szobájában van

틈 명 ❶ nyílás, rés, hasadék; elidegenedés, elhidegülés; 문~ rés az ajtón; 바위~ repedés a sziklában; ~으로 엿보다 átles a nyíláson; 둘 사이에 ~이 생기다 elhidegülnek egymástól ❷ hely, tér; 한 사람도 들어갈 ~이 없다 nem maradt hely egyetlen embernek sem ❸ szabadidő; 갈 ~이 없다 nincs ideje elmenni vhova; ~을 내다 talál rá időt; ~ 있을 때 akkor, amikor vki ráér / szabadideje van; 책 읽을 ~이 없다 nincs idő olvasni; 그는 놀 ~이 거의 없다 Nem nagyon van ideje szórakozni. ❹ lehetőség, esély, alkalom; ~이 있을 때마다 minden alkalommal, amikor csak lehetséges; ~을 보다 csak az esélyre vár, hogy megtegyen vmit; ~을 노리다 keresi a megfelelő alkalmat; 도망칠 ~이 없다 nem lát rá esélyt, hogy megszökjön

틈바구니 명 szűk hely két dolog között; 두 사람의 ~에 끼이다 be van szorítva két ember közé; 나는 양쪽의 ~에 끼어서 입장이 매우 난처하다 Kínos helyzetben vagyok a két érdekelt fél között.

틈새 명 nyílás, rés, hasadék; ~ 시장 szűk érdekeltségű termékek piaca

틈타다 동 megragadja az alkalmat, kihasznál vmit; 혼란을 ~ hasznot húz a zűrzavarból; 적은 어둠을 틈타 전진했다 Az ellenség előrenyomult az éjszaka leple alatt.

틈틈이 부 minden szabad percben, amikor csak ideje van, amikor csak teheti; ~ 꽃을 가꾸다 virágokat nevel a szabadidejében; ~ 공부하다 minden egyes szabad percében tanul; 이것은 ~ 해서 될 일이 아니다 Ez nem olyan munka, amit a szabadidődben meg tudnál csinálni.

티[1] 명 ❶ részecske, szemcse, porszem; 눈에 ~가 들다 van vmi porszem a szemében ❷ folt, pötty; hiba; 옥에 ~ egyetlen szépséghibája vminek; 그는 우유부단한 것이 옥에 ~다 (비유적) A határozatlanság az egyetlen hibája az egyébként tökéletes jellemének.

티[2] 명 kinézet, viselkedés; 군인 ~가 나는 katonás; 양반 ~가 나다 Van egy kis úriemberes jelleg benne.; 시골 ~가 나다 vidékinek néz ki; 그는 학자 ~가 난다 Van benne vmi tudósra jellemző (tulajdonság).

티끌 명 ❶ por, porszem; ~이 앉다 összegyűlik a por, por lepi el; 집안에는 ~ 하나 떨어져 있지 않다 Egy szem kosz / por sincs az egész házban. ❷ rész, részecske, atom, darab; 양심이라곤 ~만큼도 없다 Egy szem lelkiismeretesség sincs benne; 그(녀)는 ~만큼의 상식도 없다 Egy csepp józan esze sincs.; ~ 모아 태산 Sok kicsi sokra megy.

티셔츠 명 póló

티스푼 명 teáskanál; ~ 하나의 설탕 egy teáskanálnyi cukor

티켓 명 jegy

팀 명 csapat; 홈 ~ hazai csapat; ~에 들다 egy csapat tagja lesz, beveszik a csapatba; ~ 강화를 위해 젊은 선수를 많이 기용하다 sok fiatal játékost alkalmaz, hogy erősítse a csapatot.; 우리들은 같은 ~이다 Csapattársak vagyunk!; ~플레이 csapatjáték

ㅍ

파 명 póréhagyma, újhagyma, mogyoróhagyma, zöldhagyma

파격적 kivételes, példátlan, rendkívüli; szokatlan; ~ 승진 kivételes / soron kívüli előléptetés; ~인 대우를 받다 élvezi a kivételesen jó bánásmódot; ~인 값으로 팔다 hihetetlen áron ad el vmit

파견-하다 동 elküld, felad, elszállít; akkreditál, megbízólevéllel ellát; ~ 명 elküldés, feladás, elszállítás; ~ 교수 vendégprofesszor; 대표를 ~하다 képviseletet delegál / küld; 우리는 현지에 조사단을 ~했다 Vizsgálóbizottságot küldtünk a helyszínre.

파고들다 동 belerág, belevág, beleás; 문제를 ~ beleássa magát egy problémába; 두 손을 묶은 밧줄이 살을 파고들었다 A kötél, amellyel meg voltak kötve a kezei, belevágott a húsába.

파괴-하다 동 elpusztít, lerombol; tönkretesz; ~ 명 elpusztítás, összeomlás, lerombolás; 가정의 평화와 행복을 ~하다 tönkreteszi a családi békét és nyugalmat; 한 마을을 완전히 ~하다 a földig rombol egy falut; 토네이도로 마을의 집들이 수십 채 ~되었다 A tornádó számtalan házat elpusztított.; ~ 공작 / 행위 felforgató tevékenység

파국 명 katasztrófa, vég, összeomlás; ~에 직면하다 szembesül a csőddel; ~으로 몰고 가다 katasztrófához vezet; 그의 경영 관리 실패는 회사를 ~으로 몰고 갔다 A cég vezetésével kapcsolatos kudarcai a cég összeomlásához vezettek.

파내다 동 kiás felás, előás, kiváj, kikotor; 땅에서 ~ kiás vmit a földből; 광산에서 금을 ~ aranyat ás bányában; 감자를 ~ kiássa a krumplit; 나무뿌리를 ~ kiássa a fa gyökereit; 무덤을 ~ sírt ás

파다 동 ❶ ás, kiás, kiváj, kiüregel, kivés; 구멍을 ~ kiás egy lyukat; 굴을 ~ alagutat kiás; 참호를 ~ lövészárkot ás; 땅을 ~ földet ás; 모래를 ~ homokot ás; 우물을 ~ kutat ás ❷ vés, farag; 묘비에 이름을 ~ a sírkőre vési vkinek a nevét; 도장을 ~ pecsétet vés

파다-하다 형 széles körben beszélt / tárgyalt, széles körben ismert, elterjedt hír; 그가 이혼했다는 소문이 ~하다 Az a szóbeszéd járja, hogy elvált a feleségétől.; 그가 자살했다는 소문이 ~하다 Az a hír járja, hogy öngyilkosságot követett el.; 사장이 곧 사직하리라는 소문이 ~하다 Az a hír járja, hogy a vállalat elnöke nemsokára le fog mondani.

파도 명 hullám; ~ 소리 a hullámok hangja; ~치는 대로 a hullámok szeszélyének kitéve; ~가 자다 csillapodnak a hullámok; ~를 타다 meglovagolja a hullámokat; ~를 헤치고 나아가다 keresztülhasít a hullámokon; ~에 휩쓸리다 elmossák a hullámok; ~가 바닷가로 밀려 온다 A hullámok kicsaptak a partra.; ~가 높다 magasak a hullámok

파동 명 hullámzás, hullámmozgás; ingadozás; ~설 hullámelmélet; 가격 ~ áringadozás; 경제 ~ gazdasági válság; 정치 ~ politikai zűrzavar; 증권 ~ részvénypiaci válság

파란 명 hullámok; probléma, baj, háborgás, zavargás; hányattatások; 가정의 ~ családi gondok; ~ 많은 생애 eseménydús élet; ~을 일으키다 nyugtalanságot / zavart kelt; 그는 ~만장한 생애를 보냈다 Az élete tele volt hullámzó időszakokkal.

파란색 명 kék (szín)

파랑 명 a kék, kékség; 초록빛을 띤 ~ nílusi kék

파랑새 명 kék madár

파랗다 형 ❶ kék, azúr, zöld; 파란 하늘 kék ég; 파란 풀 zöld fű; 파란 눈의 소녀 kék szemű lány; 파랗게 칠하다 kékre fest ❷ sápadt, halvány, fakó; 파랗게 질린 얼굴빛 sápadt arcszín; 놀라서 파랗게 질리어 elsápad az ijedségtől

파렴치-하다 형 szégyentelen, aljas, becstelen, erkölcstelen, arcátlan; teljesen szégyentelen lesz

파르스름-하다 형 kékes, zöldes; kékeszöldes árnyalata van; nagyon sápadt / fakó

ㅍ

파리[1] 명 légy; ~를 쫓다 elhessegeti a legyeket; ~가 윙윙 거린다 körös-körül legyek zümmögnek; ~잡이, 끈끈이 légypapír; ~똥 légyköpés, légypiszok; ~채 légycsapó; 여름에는 장사가 안 돼 ~를 날린다 Gyenge az üzlet nyáron.

파리[2] 명 Párizs; ~ 사람 párizsi ember

파마 명 tartós hullám

파면-하다 동 elbocsát, elküld, kirúg; ~ 명 elbocsátás, elküldés; ~당하다 vkit kirúgnak az állásából; 그는 부정행위로 ~당했다 Elbocsájtották, mert valami becstelenséget követett el.

파멸-하다 동 összeomlik, tönkretesz, elpusztul, megsemmisül; ~ 명 tönkremenetel, nyomor, pusztulás, romlás, megsemmisülés, elbukás; ~의 원인이 되다 annak az oka, hogy vki tönkremegy; ~을 초래하다 tönkretesz vkit, tönkreteszi magát; 아무를 ~시키다 csődbe visz vkit; 술이 그의 ~을 가져왔다 Az ivás tette tönkre.

파문 명 hullámzás, gyűrűzés; szenzáció, feltűnés, kihatás; ~을 일으키다 nagy feltűnést / szenzációt kelt; 정계에 ~을 던지다 szenzációt váltott ki a politikai életben; 그 보도는 온 나라 안에 큰 ~을 일으켰다 A hírek nagy izgalmat okoztak az országban.

파묻다 동 temet, eltemet, elföldel, elhantol; eltitkol, eltussol; 땅 속에 깊이 ~ vmit mélyen a földbe temet; 시체를 ~ eltemeti a hullát; 두 손에 얼굴을 파묻고 a kezeibe temeti az arcát; 가슴 속 깊이 파묻어 두다 eltemeti magában

파묻히다 동 eltemetik, elrejtik; 눈에 ~ hó által elfedve, hó alá temetve; 시골구석에 ~ el van temetve vidéken; 일에 ~ nyakig beletemetkezik a munkába.; 그 사건은 어둠 속에 파묻혔다 Eltussolták az ügyet.

파벌 명 klikk, frakció; 여러 ~로 갈라지다

különböző frakciókra szakad szét; 어느 정당에나 ~이 많다 Minden politikai pártban sok / számos frakció van.

파병-하다 동 csapatokat indít, hadsereget küld; ~ 명 erők / csapatok bevetése; 해외로 ~하다 a tengeren túlra küld csapatokat

파산-하다 동 csődbe megy; becsődöl; ~ 명 csőd, fizetésképtelenség, vagyonbukás; ~법 csődtörvény; ~ 신청 csődeljárásra vonatkozó kérelem / kérvény; ~ 절차 csődeljárás; ~ 상태에 있다 csődhelyzetben van; ~ 선고를 받다 csődre vonatkozó határozatot kap; ~ 지경에 이르다 közel áll a csődhöz; ~시키다 csődbe visz vkit

파생-하다 동 vmi származik, ered vhonnan; képződik vmiből; ~어 származékszó; 명사에서 ~된 형용사 főnévből képzett melléknév

파손-되다 동 megsérül, károsodik; ~ 명 kár, sérülés, törés; ~된 sérült; ~되기 쉬운 törékeny ~되어 있다 törött, rossz állapotban van; 태풍으로 가옥들의 ~이 컸다 A tájfun komoly károkat okozott a házakban.

파수꾼 명 őr, őrszem

파시즘 명 fasizmus

파악-되다 동 megértik, felfogják

파악-하다 동 megragad, megért, felfog; ~ 명 megértés, felfogás, megragadás; 문장의 뜻을 ~하다 megragadja a mondat lényegét; 한국 문화의 본질을 명확히 ~하다 Tiszta rálátása van a koreai kultúra lényegére.; 그는 사태를 잘 ~하지 못한 것 같다 Rosszul méri fel a helyzetet.

파업-하다 동 sztrájkol; ~ 명 sztrájk; ~을 중지하다 félbehagy / befejez egy sztrájkot; 직공들은 임금 인상을 요구하며 24시간 ~했다 A dolgozók huszonnégy órás sztrájkba kezdtek a magasabb bérekért.; 총~ általános sztrájk; ~권 sztrájkjog

파운드 font, fontsterling; 5 ~ 지폐 öt fontos bankjegy; ~로 팔다 fontért árusít; ~를 평가 절하하다 leértékeli a fontsterlinget

파워 명 hatalom, erő; ~ 게임 támadójáték (sport), erődemonstráció (politika); ~ 브레이크 szervófék

파이프 명 ❶ cső, vezeték; 수도 ~ vízvezeték; ~로 물을 끌어오다 keresztülvezeti a vizet a csövön; ~ 라인 csővezeték ❷ pipa; cigarettatartó; ~에 불을 댕기다 meggyújtja a pipáját; ~를 피우다 szív a pipából; ~의 재를 떨다 kiveri a hamut a pipából; ~를 청소하다 kitisztítja a pipát

파일 명 fájl

파일럿 명 pilóta; 테스트 ~ tesztpilóta; ~ 램프 jelzőlámpa; ~ 팜 kísérleti farm; ~ 플랜트 kísérleti üzem / telep

파장 명 hullámhossz

파출부 명 bejárónő

파출소 명 rendőrállomás

파탄 명 bukás, törés; 인격의 ~을 가져오다 törés következik be vkinek a személyiségében.

파트너 명 partner; 댄스 ~ táncpartner; 나는 이따금 그(녀)의 ~가 되어 춤을 췄다 Én lettem a táncpartnere.

파티 명 buli, parti; találkozó; gyűlés; ~에 잘 나가는 사람 bulira (gyakran) járó ember; ~를 열다 partit ad

파편 명 törött darab; töredék; szilánk, forgács, szálka; cserépdarab; 수류탄의

~ gránátszilánk; 깨진 꽃병의 ~ törött váza darabjai; 발에 ~이 박혔다 szilánk ment a lábába; 유리 ~ törött üveg darabjai

파-하다 동 befejez, végez; véget ér; vminek vége van; felad vmit, lemond vmiről; 회의를 ~하다 befejez egy megbeszélést; 혼담을 ~하다 lemondja az esküvői megbeszéléseket; 나는 늘 연회가 ~하기 전에 나온다 Mindig otthagyom a banketteket, mielőtt még véget érnének.

파행 명 bicegés, sántítás; ~적 sántító, bicegő

파헤치다 동 kiás, felás, feltúr; kivizsgál, megragad; 문제를 근본부터 ~ a gyökerénél ragadja meg a problémát; 도로가 몇 군데 파헤쳐져 있다 Néhány helyen fel van túrva az út.

파혼-하다 동 felbontja az eljegyzést

판[1] 명 helyzet, szituáció; körülmények; pillanat, alkalom; kör, játszma, forduló; 레슬링 한 ~ egy menet a birkózásban; 막~에 az utolsó pillanatban; 두 ~ 이기다 megnyer két játszmát; 체스 한 ~을 두다 egy parti sakkot játszik; 카드놀이 한 ~ 벌여볼까 Mit szólsz egy kártyapartihoz?

판[2] 명 deszka, tábla; palánk; lap; lemez, korong; 목~ fatábla; 철~ vaskorong, acélkorong, vaslap; 체스~ sakktábla

판가름-하다 동 elítél, ítéletet mond; ítélkezik; 두 사람 사이의 다툼은 아직 ~이 나지 않았다 A köztük folyó vita még nem rendeződött / ért véget.

판결문 명 ítélet szövege; ~을 읽다 felolvassa az ítéletet

판결-하다 동 döntést hoz; eldönt; ~ 명 ítélet; bírói döntés; bírósági döntés; ~을 내리다 ítéletet hoz; 불리한 ~을 내리다 kedvezőtlen ítéletet hoz; ~을 번복하다 visszavon egy döntést

판국 명 helyzet; tényállás, a dolgok állása

판단-하다 동 megítél; dönt; ért, megért; értelmez; ~ 명 döntés, megítélés; becslés; 나의 ~으로는 megítélésem szerint; 공정한 ~을 내리다 igazságos ítéletet hoz vmi felett; ~을 그르치다 rosszul ítél meg vkit; 겉모양을 보고 ~하다 külső megjelenés / kinézet alapján ítél meg vkit

판도 명 hatáskör; ~를 넓히다 kiterjeszti a hatáskört

판독-하다 동 megfejt, dekódol, kibetűz; ~ 명 olvasás; megfejtés, dekódolás, megfejtés; ~하기 힘든 megfejthetetlen, nehéz megfejteni; 그 문서는 ~할 수 없다 Azt a dokumentumot nem lehet értelmezni / megfejteni.

판례 명 jogi precedens; ~를 인용하다 precedensre hivatkozik; 새로운 ~를 만들다 új precedenst teremt; ~법 esetjog, bírói döntésen alapuló jog

판로 명 piac, üzlet; ~를 개척하다 piacot nyit vmihez; 그것은 어디에 내놓아도 ~는 있다 Mindenhol találhatunk rá piacot.

판매-하다 동 elad, kereskedik vmivel; ~ 명 kiárusítás, kereskedés, forgalomba hozatal; ~원 eladó; 그는 빵을 제조 ~하고 있다 Süt és árusít is kenyeret.

판명-되다 동 világossá válik; kiderül; felismer, ráismer; 그 서류는 위조임이 ~되었다 Arról a dokumentumról kiderült, hogy hamis.; 그의 소재는 아직 ~되지 않았다 A holléte ismeretlen.

판별-하다 동 megkülönböztet, különbséget tesz; ~할 수 있는 megkülönböztethető; 진짜와 가짜를 ~하다 megkülönbözteti a valódit a hamisaktól

판사 명 bíró; bíróság; 배석 ~ helyettes bíró; 재판은 그 ~의 주재로 개정되었다 A tárgyalást megnyitották a törvényszéki bíró elnökletével.

판사-하다 동 dönt egy ügyben; ~ 명 ítélet; döntés; 판사는 그에겐 그런 돈을 청구할 권리가 없다고 ~했다 A bíró kijelentette, hogy nincs joga az adott összeget követelni.

판소리 명 phanszori; ~는 1인극 비슷한 한국 특유의 한 예술 형태이다 A phanszori egy különleges / sajátos egyszereplős koreai művészeti forma, amely a monodrámához hasonlít.

판유리 명 üveglap; síküveg, táblaüveg, üvegtábla

판이-하다 형 teljesen különbözik vmitől, homlokegyenest ellenkező; 이 두 물질은 서로 ~한 성질을 갖고 있다 Ez a két anyag eléggé különböző tulajdonságokkal rendelkezik / bír.

판자 명 fadeszka, fatábla, parketta, deszkázat, padló; ~ 조각 egy kis darab deszka; ~벽 deszkafal

판잣집 명 deszkabódé, viskó

판정-하다 동 dönt, ítél; ~ 명 döntés; ítélet; ~을 내리다 döntést hoz; ~으로 이기다 pontozással győz; 그는 심판의 ~에 따랐다 Elfogadta a bíró döntését.

판지 명 karton, kartonpapír

판촉-하다 동 fellendít; ~ 명 reklám, promóció, az eladások növelése; ~을 위해서는 광고에 더 많은 돈을 써야 한다 Több pénzt kellene fordítanunk reklámra, hogy fellendítsük az eladásokat.

판판-하다 형 egyenes, sík, sima, lapos; ~히 egyenesen, simán; ~한 땅 lapos talaj / föld; 땅을 ~히 고르다 elegyengeti a földet

판화 명 fametszet, fa-nyomóforma; rézmetszet; rézkarc; kőnyomtatás

판화가 명 fametszetkészítő művész

팔[1] 명 kar; alkar; felkar; 오른 / 왼 ~ jobb / bal kar; ~로 끌어안다 karjával átölel; 두 ~로 잡다 két kézzel megfog vmit; ~에 완장을 두르다 karszalagot visel; 아이를 ~에 안고 있다 gyermeket tart a karjaiban; ~(짱)을 끼다 kart karba ölt vkivel

팔[2] nyolc; a nyolcadik; ~분의 일 egynyolcad

팔꿈치 명 könyök; ~의 관절 könyökízület; ~로 쿡 지르다 megtaszítja a könyökével

팔다 동 elad, árul, árusít; 한개 5백원에 ~ 500 vonért árulja darabját

팔다리 명 végtagok (karok és lábak); ~가 없는 végtag nélküli; ~를 쓰지 못하게 되다 Nem tudja többé használni a végtagjait.

팔뚝 명 csuklórész (a csuklóízület felett)

팔리다 동 잘 ~ nagyon kelendő, gyorsan fogy; jó üzletet csinál; 그것은 값이 싸서 잘 팔렸다 Jól fogyott az alacsony ára miatt.; 노는 데 정신이 팔려 공부는 뒷전이다 Túlságosan elfoglalja a szórakozás, és ezért a tanulás háttérbe szorul.

팔목 명 csukló

팔백 nyolcszáz

팔십 nyolcvan

팔아먹다 동 elad, árul; 헐값으로 ~ fillérekért ad el; 명예를 ~ (pénzért) árulja a becsületét

팔월 명 augusztus; ~ 한가위 a nyolcadik hónap 15. napja a holdnaptár szerint, az őszközépi (aratás-hold) fesztivál
팔자 명 végzet, sors, rendeltetés; ~가 좋다 szerencsés; ~가 사납다 balsorsú, szerencsétlen; 사람 ~ 알 수 없다 senki sem tudja előre megmondani a sorsát
팔자걸음 명 lúdtalpas járás
팔짱 명 kar; ~을 끼다 összefont karokkal
팔찌 명 karkötő, karperec; ~를 끼다 karkötőt visel
팥 명 vörösbab, adzuki bab, indiai bab; ~고물 pépes vörösbab (rizstorta bevonatához használják)
패 명 ❶ csoport; társaság; banda; 우리 ~ a csoportunk, a csapatunk; 그런 ~들과는 어울리지 마라 Ne keveredj ilyen népséggel! ❷ cserép; kártya; ~가 좋다 jó lapjai vannak
패거리 명 társaság, csoport, banda, klikk
패권주의 명 hegemonizmus
패기 명 lelkierő, ambíció; ~가 만만하다 tele van ambícióval; 그는 ~가 있다 nagy lelkiereje van
패다 동 keményen megüt, elver; 몹시 ~ péppé ver vkit
패망-하다 동 tönkremegy, megsemmisül; ~ 명 veszteség, rom
패배-하다 동 veszít, elveszt; ~ 명 vereség; ~를 인정하다 beismeri a vereséget; 총선거에서 ~하다 elveszti / elveszíti az általános választásokat
패션 명 divat; 최신 ~ a legutóbbi divat; ~을 만들어내다 divatot teremt; ~ 디자이너 divattervező; ~ 산업 divatipar; ~ 잡지 divatlap
패션모델 명 divatmodell
패소-하다 동 elveszt egy pert, elveszt egy jogi ügyet; 피고 ~의 판결이 나왔다 Az ítélet az alperest sújtotta.
패스트푸드점 명 gyorsétterem
패스-하다 동 ❶ átmegy, megfelel vmin; 시험에 ~하다 vizsgán átmegy; 물건이 검사에 ~하다 az áru megfelel a vizsgálaton / ellenőrzésen ❷ továbbít, passzol; 공을 ~하다 labdát továbbít / passzol; 카드를 ~하다 kártyalapot passzol / eldob
패싸움 명 bandaháború; ~을 하다 csoportokban harcol
패인 명 vereség oka; 연습 부족이 그의 ~이었다 Az edzés hiánya okozta a vereséget a meccs során.; 이번에 ~은 상대를 얕잡아 본 데 있다 Ez alkalommal a vereségünket annak köszönhetjük, hogy lebecsültük az ellenfél képességeit.
패전-하다 동 kikap, vereséget szenved, legyőzik; ~ 명 elveszített csata / háború / mérkőzés; ~의 혼란 속에서 a háború elvesztését követő zűrzavarban; ~국 vesztes / legyőzött nemzet; ~ 투수 vesztes dobójátékos (baseball)
패-하다 동 veszít, kikap; 경기에서 ~하다 sportversenyen vereséget szenved; 1 대 5로 ~하다 1:5-re kap ki a játékos / versenyző
팬 명 rajongó; 야구~ baseballrajongó
팬티 명 bugyi, alsónadrág
팻말 명 hirdetőtábla
팽개치다 동 megdob, kidob; levág; abbahagy; elhagy; 책을 책상 위에 ~ levágja a könyvet az asztalra; 하던 일을 ~ befejezetlenül hagyja / félbehagyja a munkáját; 직장을 ~ otthagyja az állását
팽이 명 játékcsiga, búgócsiga; ~채 játékcsiga felhúzózsinege; ~를 돌리다 játékcsigát / búgócsigát hajt

팽창-하다 동 kiterjed, növekszik, kitágul; ~ 명 növekedés; 인구의 급격한 ~ a népesség számának gyors megnövekedése; 통화 ~ valutainfláció; 금속은 열을 가하면 ~한다 A fémek hőre tágulnak.; 가스가 열을 받아 ~한다 A gáz hő hatására kitágul.

퍼내다 동 kikanalaz, felhúz, kimer; 배의 물을 ~ vizet mer ki a csónakból; 우물물을 ~ vizet húz fel a kútból

퍼덕거리다 동 csapkod, libeg; 새가 날개를 ~ madár csapkodja a szárnyait

퍼뜨리다 동 elterjeszt, propagál, népszerűsít; 소문을 ~ elterjeszt egy pletykát; 헛소문을/유언비어를 ~ valótlan híreket terjeszt, hamis pletykát terjeszt; 그(녀)가 소문을 퍼뜨린 것 같다 Úgy tűnik, ő terjeszti a pletykát.

퍼렇다 형 kék, azúr

퍼레이드 명 felvonulás, díszszemle, parádé; 자동차 ~ autófelvonulás; ~를 펼치다 díszszemlét rendez/tart

퍼붓다 동 önt, ráönt; ömlik, zuhog, záporozik; 온갖 욕설을 ~ mindenféle sértést kiabál vkire; 질문을 ~ kérdésekkel bombáz vkit 비가 억수같이 퍼붓는다 Úgy esik az eső, mintha dézsából öntenék. Szakad az eső.

퍼센트 százalék; 20~의 할인 húsz százalékos leértékelés; 문맹자는 인구의 몇 ~나 되느냐 A lakosság hány százaléka írástudatlan/analfabéta?

퍼즐 명 rejtvény, fejtörő

퍼지다 동 elterjed, szétterjed, terjeszkedik; 뿌리가 ~ a gyökerek terjeszkednek; 햇살이 ~ Hétágra süt a nap.; 독이 온몸에 퍼졌다 A méreg szétterjedt a szervezetében.; 그 소식은 삽시간에 퍼졌다 A hír futótűzként terjedt.; 그 전염병은 순식간에 마을에 퍼졌다 A járvány pillanatok alatt elterjedt a faluban.

퍽 부 nagyon, meglehetősen, borzalmasan, szörnyen; ~ 재미있다 nagyon érdekes; ~ 컸구나 Milyen nagyra nőttél!

펄럭이다 동 leng, lobog; 깃발이 바람에 ~ lobog a zászló a szélben

펌프 명 pumpa, szivattyú; ~로 물을 퍼내다 kipumpálja a vizet; ~로 자전거 타이어에 공기를 넣다 pumpával felfújja a biciklikereket

페달 명 pedál; 자전거 ~을 밟다 pedálozik a biciklin

페스트 명 pestis, dögvész; bubópestis, fekete halál

페이지 명 oldal, lap; 500 ~의 책 ötszáz oldalas könyv; ~를 넘기다 könyvben lapoz, odalapoz; 5 ~를 펴시오 Nyissátok ki a könyveteket az ötödik oldalon!

페인트 명 festék; 곳곳에 ~가 벗겨졌다 A festék imitt-amott lemállott.; 방에 ~칠을 하다 kifesti a szobát

펜 명 toll

펴내다 동 kiad, közzétesz, megjelentet; 책을 ~ kiadja a könyvet

펴다 동 kitár, kinyit, kinyújt, kitart; kidülleszt; 날개를 ~ kitárja a szárnyait; (쥐었던) 손바닥을 ~ kinyitja a tenyerét; 지도를 ~ kinyit egy térképet; 몸을 ~ kinyújtózik; 팔을 ~ kinyújtja a karját

펴지다 동 kisimul; 옷의 주름이 ~ kisimultak a ráncok a ruháján; 이마의 주름이 ~ kisimultak a ráncok a homlokán

편 명 ❶ oldal; csapat, párt; 우리~ a mi oldalunk, pártunk; 자기~으로 끌어들이다 maga mellé állít vkit ❷ ellátás, szolgáltatás, kényelem; 기차 ~으로 갑니다 Vonattal megyek.; 이곳은 교통 ~이 좋다 Jók itt a közlekedési lehetőségek. ❸ 그는 나이에 비해 늙은 ~이다 Idősebbnek tűnik a koránál. Többnek látszik a koránál.

편견 명 előítéletes / elfogult vélemény, elfogultság, előítélet; 인종적 ~ faji előítélet; ~ 없는 nem előítéletes, nem elfogult, pártatlan, nem részrehajló; ~을 가지다 vmiről elfogult véleménye van; előítélete van vkivel szemben; ~을 버리다 félreteszi az előítéleteit

편달-하다 동 ostoroz, bátorít; ösztökél ~ 명 bátorítás, sürgetés; ~해 주십시오 Szükségem van a további tanácsaira és bátorítására.; 저의 성공은 당신의 지도 ~ 덕분입니다 A bátorításának és segítségének köszönhetem a sikeremet.

편도선 명 mandula; ~염 mandulagyulladás; ~ 수술 mandulaműtét

편두통 명 migrén, erős fejfájás; ~이 있다 migrénje van, migréntől szenved

편리-하다 형 kényelmes, hasznos, alkalmas; ~ 명 kényelem, célszerűség, hasznosság; könnyebbség, kedvezmény; 지하철을 이용하면 ~하다 Az a kényelmes számodra, ha a metrót használod.; 도로가 좁은 도시에서는 자동차보다 자전거가 ~하다 A bicikliket sokkal könnyebb használni, mint az autókat olyan városokban, ahol az utak keskenyek.

ㅍ

편법 명 kisegítő megoldás, kiskapu (vmely cél eléréséhez); ~을 찾다 kiskaput keres

편성-하다 동 létrehoz (osztályt), alapít, összeállít (programot); 초보자를 위한 반을 ~하다 kezdő osztályt hoz létre; 추가 경정 예산을 ~하다 átdolgozott pótköltségvetést készít

편승-하다 동 megragadja az alkalmat vmire; csatlakozik vmely diadalmaskodó mozgalomhoz; 업자들은 철도 운임의 인상에 ~하여 가격을 올렸다 A termelők előnyt kovácsoltak a vasúti viteldíjak emelkedéséből, és megemelték az árakat.

편안-하다 형 békés, nyugodt; kényelmes, gondtalan; 마음이 ~하다 nyugodt, gondtalan; 이 의자는 ~하다 Ez a szék kényelmes.

편안히 부 békében, békésen, nyugodtan, kényelmesen, kényelemben; ~ 지내다 békében él, kényelemben él; jól él; 그들은 연금으로 ~ 살고 있다 Kényelmes nyugdíjas életet élnek.

편의 명 kényelem; ~상 a kényelem kedvéért; 모든 ~를 제공하다 minden kényelmet megad vkinek; 사용자의 ~를 위하여 상세한 설명서가 첨부되어 있다 Részletes utasításokat csatoltak a felhasználók kényelme érdekében.; 사서는 ~상 약어를 많이 사용한다 A könyvtárosok a könnyebbség érdekében sok rövidítést használnak.

편의점 명 nonstop, éjjel-nappali bolt / üzlet

편의주의 명 opportunizmus, megalkuvás

편입-하다 동 magába foglal, besoroz; ~ 명 magába olvasztás, besorozás; 그는 전문대학에서 4년제 대학으로 ~했다 Átment a kétéves főiskoláról egy egyetemre.; ~생 máshonnan átjött diák.; ~시험 átjelentkezést engedélyező teszt

편지-하다 동 levelet ír; ~ 명 levél; levelezés, levélváltás; 17일자 ~ 17-i (tizenhetedikei) (dátumú) levél, levél 17-i dátummal; ~를 쓰다 levelet ír vkinek; ~를 주고받다 leveleznek (egymással), levelet váltanak; ~를 부치다 felad egy levelet, postára ad egy levelet; ~를 받다 levelet kap vkitől; ~를 뜯다 felbont egy levelet; ~ 봉투 levél- boríték; ~통 postaláda, levelesláda; 연애 ~ szerelmes levél

편집-하다 동 szerkeszt; ~ 명 szerkesztés; ~ 마감 szerkesztői lapzárta; ~부 szerkesztőség, szerkesztői iroda; ~장 főszerkesztő; 그(녀)는 대학신문을 ~하고 있다 Ő egy egyetemi lap szerkesztője.

편차 명 eltérés, különbség, elhajlás; 표준 ~ szabályos / irányadó eltérés

편찬-하다 동 összeállít, szerkeszt; ~ 명 szerkesztés; 이 책은 잘 ~되어 있다 Ezt a könyvet nagyszerűen állították össze.; 그 사전은 지금 ~ 중에 있다 A szótár szerkesztés alatt áll.

편-하다 형 kényelmes, megfelelő; ~하게 könnyen, könnyedén, egyszerűen, gond nélkül; 발이 ~한 신 kényelmes cipő; 마음이 ~하다 gondtalan; 교통이 ~하다 a közlekedés jó / kényelmes

편향 명 hajlam, hajlandóság vmire / vmi felé; hajlás

편협-하다 형 szűk látókörű, korlátolt, kicsinyes, maradi; ~한 생각을 갖고 있다 szűk látókörű nézetei vannak vmiről

펼치다 동 kitár, kiterjeszt, elterjeszt, kibővít, kibont, széttár; 책을 ~ kinyit egy könyvet; 지도를 ~ széthajtogat / szétbont egy térképet; 새가 날개를 펼쳤다 A madár kitárta szárnyait.

평가-하다 동 (fel)értékel, becsül; ~ 명 értékelés, becslés, felbecsülés; ~ 기준 értékelési alap; 과대 ~하다 túlbecsül, túlértékel, felülértékel; 사람을 겉모양으로 ~하다 a megjelenése alapján ítél meg vkit; 아무의 능력을 높이 ~하다 nagyra becsüli / értékeli vki képességeit

평균 명 átlag; középút, egyensúly; ~의 átlag; 연~ éves átlag; ~ 이상이다 átlagon felüli; ~ 수명 átlagéletkor, átlagos élettartam

평균대 명 gerenda (szertornában)

평년 명 normál / átlagos év; átlagos év; 기온은 ~과 같다 Átlagos a hőmérséklet.

평등-하다 형 egyenlő, pártatlan; 만민은 법 앞에 ~하다 A törvény előtt minden ember egyenlő.; ~ 명 egyenlőség, pártatlanság; ~한 권리 egyenjogúság; 사람을 ~하게 대하다 megkülönböztetés / diszkrimináció nélkül bánik az emberekkel

평론가 명 kritikus, bíráló, kommentátor

평론-하다 동 kritizál, bírál, kommentál, megjegyzést tesz vmire; ~ 명 kritika, bírálat; megjegyzés, kommentár; 영화를 ~하다 bírálja a filmet

평면 명 sík felszín, vízszintes felület; ~의 sík, vízszintes; ~도 alaprajz

평민 명 közember, egyszerű ember; köznép; ~으로 태어나다 egyszerű embernek született

평방미터 명 négyzetméter, m^2

평범-하다 형 hétköznapi, átlagos; középszerű; jellegtelen; 그의 얼굴은 ~하다 Semmi különleges sincs az arcvonásaiban.

평상복 명 hétköznapi viselet

평상시 명 szokásos időszak, rendes / normális idők; szokásosan, normális esetben; ~보다 일찍 일어나다 a szokottnál korábban kel fel

평생 명 egész élet, teljes élet; 한 ~ az élettartama, az egész élete, az életútja; 암 연구에 ~을 바치다 egész életét a rák tanulmányozásának szenteli; ~을 독신으로 지내다 egész életében egyedül él; ~ 학습 élethosszig tartó tanulás

평소 명 megszokott / rendes kerékvágás, szokványos idők, átlagos idők; ~에 szokásos időkben; általában, megszokott módon; 그에게는 ~와 다른 점이 없었다 Semmi szokatlan / különös nem volt vele.

평안-하다 형 békés, nyugodt, csendes; ~ 명 béke, nyugalom, csend, csendesség; 부모님께서는 ~하시냐 Jól vannak a szüleid?

평야 명 alföld, puszta

평온-하다 형 békés, nyugodt, csendes; ~ 명 béke, csend, csendesség, nyugalom; 이내 ~을 되찾았다 Azonnal visszaállt a béke.

평의회 명 igazgatósági ülés, gyűlés, konferencia, tárgyalás

평이-하다 형 könnyű, egyszerű, sima (ügy); ~ 명 könnyűség, egyszerűség; ~하게 könnyen, egyszerűen, simán

평일 명 hétköznap; átlagos / közönséges napok; ~에는 hétköznapokon, átlagos / közönséges napokon

평준화-하다 동 kiegyenlít, (el)egyenget, (ki)simít; ~ 명 kiegyenlítés, egyengetés, (ki)simítás

평지 명 síkság, alföld, sík terület / vidék

평탄-하다 형 sima, csendes, nyugodt, egyenletes, békés, sík; ~ 명 simaság, egyenletesség; nyugodtság, békesség; ~한 인생 csendes / nyugodt / eseménytelen élet; 그의 일생은 ~했다 A megszokott kerékvágásban zajlott az élete.

평판 명 hírnév, hír; népszerűség; ~이 나쁘다 rossz híre van, rossz hírű, népszerűtlen; ~이 좋다 elismertsége van; 그는 여성들 사이에서 ~이 좋다 Jó híre van a nők körében.

평평-하다 형 sík, vízszintes, egyenes; átlagos, hétköznapi

평하다 동 kritizál, bírál, jellemez, megjegyzést fűz vmihez

평행봉 명 korlát (szertorna)

평행사변형 명 parallelogramma

평행선 명 párhuzamos vonalak

평행-하다 형 párhuzamos; ~ 명 párhuzam(osság); 도로가 철도와 ~하게 나 있다 Az út párhuzamosan fut a vasúti sínnel.

평형 명 egyensúly; ~을 유지하다 kiegyensúlyoz, egyensúlyban tart / marad

평형감각 명 egyensúlyérzék

평화 명 béke; harmónia, összhang; 마음의 ~ lelki nyugalom; ~적 정권 교체 békés hatalomváltás, békés kormányváltás; ~를 깨뜨리다 megzavarja a békét; ~를 유지하다 fenntartja a békét; ~적 통일을 모색하다 keresi a békés egyesülés módjait / lehetőségeit

평화롭다 형 békés, nyugodt, harmonikus; 평화롭게 살다 békében él, békés életet él

평화협정 명 békeszerződés, békekötés

폐[1] 명 tüdő: 오른쪽 ~가 나쁘다 A jobb tüdeje rossz / beteg.

폐[2] 명 kellemetlenség, baj, gond; ~를 끼쳐 미안합니다 Sajnálom, hogy ennyi gondot okoztam önnek.

ㅍ

폐결핵 명 tüdővész, tuberkulózis, gümőkór; ~에 걸리다 tüdővészben szenved

폐경기 명 változókor

폐교 명 iskola megszüntetése / bezárása / felszámolása

폐기물 명 kiselejtezett / leselejtezett anyag, szemét, hulladék; 플라스틱 ~ műanyag szemét / hulladék; 방사성 ~ 처리는 지금 커다란 사회 문제가 되어 있다 A radióaktív hulladékok kezelése aktuális társadalmi probléma.

폐기-하다 동 felszámol, kiselejtez, elvet vmit; ~ 명 eltörlés, megszüntetés; 오래된 서류를 ~하다 régi iratokat kiselejtez; 이런 낡은 것들은 이제 모두 ~할 시기이다 Ideje volna már leszámolni ezekkel a régi dolgokkal.

폐단 명 jogtalanság, baj; ~을 없애다 jogtalanságot orvosol; 거기에는 여러 가지 ~이 따른다 Sok bajjal / rosszal jár.

폐렴 명 tüdőgyulladás

폐막식 명 záróünnepség, záróünnepély

폐막-하다 동 lezár / befejez vmit, véget vet vminek; ~ 명 függöny legördülése, vége; 공연은 9시에 ~된다 Az előadás kilenckor ér véget.

폐쇄-하다 동 bezár, kizár; ~ 명 zárás, kizárás; ~ 사회 zárt társadalom; ~ 회로 zárt áramkör; 공장을 ~하다 bezár egy gyárat

폐수 명 szennyvíz; 생활 ~ háztartási szennyvíz; 공장 ~에 의한 환경오염 a gyárak szennyvize által okozott / előidézett környezetszennyezés

폐암 명 tüdőrák

폐업-하다 동 bezárja a boltot; kilép / kiszáll az üzletből; ~ 명 üzlet megszüntetése, vállalkozás befejezése / abbahagyása

폐인 명 nyomorék ember; 그의 아들은 전쟁에서 ~이 되었다 A háborúban lett nyomorék / béna a fia.

폐지-하다 동 felszámol; eltöröl, megszüntet, hatályon kívül helyez; ~ 명 megszüntetés, eltörlés, hatálytalanítás; 노예 제도를 ~하다 eltörli / felszámolja a rabszolgaságot; 그 법률은 1년 전에 ~되었다 A jogszabályt egy éve hatályon kívül helyezték.

폐품 명 selejt árucikkek, kiselejtezett dolgok, használhatatlan dolgok; ~이 되다 használhatatlanná válik

폐해 명 baj, ártalom; 그는 흡연의 ~를 강조했다 Hangsúlyozta a dohányzás káros / ártalmas hatásait.

폐허 명 rom; ~가 되다 romba dől, rommá válik, romos lesz

폐활량 명 tüdőkapacitás, tüdőtérfogat

폐회식 명 záróünnepség

폐회-하다 동 ülést berekeszt, lezár, befejez; ~ 명 berekesztés, lezárás, zárás; ~를 선언하다 elrendeli a gyűlés / tanácskozás berekesztését

포 명 ágyú; tüzérség, ágyúpark

포개다 동 felpakol, egymásra pakol / rak, felpolcol; 포개서 쌓지 마시오 Nem rakható más alá! Rápakolni tilos!; 담요를 여러 장 포개서 덮고 자다 több takaróréteg alatt alszik

포고령 명 rendelet, ediktum

포괄-하다 동 belevesz, beleért, beszámít, átfog; ~ 명 beszámítás, beleértés, bevétel, lefedés, átfogás; ~적 átfogó, széles körű, mindenre kiterjedő; 이들 문제에 관한 ~적인 의견을 요청한다 Át-

ㅍ

fogó véleményt várunk ezekről a problémákról.

포근-하다 형 puha és kényelmes, pihe-puha, bolyhos; enyhe, meleg; ~한 이부자리 puha és kényelmes ágynemű; ~한 날씨 enyhe éghajlat

포기-하다 동 felad, lemond; elhagy; megadja magát; 첫날에 시험을 ~하다 az első napon feladja a vizsgázást

포도 명 szőlő; ~ 한 송이 szőlőfürt, egy fürt szőlő; ~를 재배하다 szőlőt termeszt

포도밭 명 szőlőültetvény

포도상구균 명 staphylococcus, gömb alakú kórokozók

포도주 명 bor; 백~ fehérbor; 적~ vörösbor

포로 명 hadifogoly, fogoly, rab; ~가 되다 foglyul ejtette az ellenség, fogságba ejtette az ellenség; ~ 교환 fogolycsere

포르노 명 pornográfia, pornó; ~ 사진 pornográf kép, pornókép

포물선 명 parabola; ~을 그리다 parabolát rajzol

포박-하다 동 elfog és megkötöz, elkap

포병 명 tüzér; tüzérség; ~ 기지 tüzérségi bázis / tábor

포부 명 ambíció, vágyakozás, vágyódás; terv; 그는 큰 ~를 가지고 있다 Nagy tervei / vágyai vannak.; 새 시장은 기자 회견에서 그의 ~를 이야기했다 A sajtókonferencián az új polgármester kifejtette ambiciózus programját.

포상-하다 동 díjat ad vkinek, díjat oszt ki vkinek; ~ 명 díj, jutalom; 그는 시의 발전에 이바지했다는 이유로 ~을 받았다 Díjat kapott a város fejlesztésében való közreműködéséért.

포섭-하다 동 megnyer magának vkit, a saját oldalára állít vkit; ~ 명 vki megnyerése, maga mellé állítása; ~ 공작을 하다 kieszel / kitalál vmit arra, hogy a saját oldalára állítson vkit; 뇌물로 남을 ~하다 megvesztegetéssel vesz / bír rá vkit vmire

포수 명 vadász; tüzér

포스터 명 plakát, poszter; 영화 ~ filmplakát; ~를 붙이다 felragaszt / kifüggeszt / kiragaszt plakátot; kiplakátol; ~를 떼어내다 letakarítja / leszedi a plakátokat

포스트모던 명 posztmodern

포악-하다 동 kegyetlen, brutális, durva, szörnyű, borzalmas, erőszakos; ~ 명 durvaság, szörnyűség, kegyetlenség, brutalitás; ~한 짓을 하다 kegyetlenséget / durvaságot követ el

포옹-하다 동 megölel; összeölelkezik; ~ 명 ölelés; 서로 ~하다 megölelik egymást, összeölelkeznek

포용력 명 türelmesség, elnézőség, tolerancia; ~이 있는 사람 elnéző (nagylelkű / nemes szívű) személy

포용-하다 동 eltűr, tolerál; 갖가지 다른 의견들을 ~하다 eltűri / tolerálja a különböző véleményeket

포유류 명 emlősök

포장마차 명 fedett kocsi, fedett vagon

포장지 명 csomagolópapír

포장-하다 동 ❶ csomagol; ~ 명 csomagolás; ~이 잘 되어 있다 jól be van csomagolva; 이 라디오를 선물용으로 ~해 주세요 Legyen szíves, tegyen díszcsomagolást erre a rádióra! ❷ burkol; ~ 명 burkolás, burkolat; 콘크리트로 ~하다 betonnal burkolja az utat; ~ 공사 útburkolati munká(k) / munkálat(ok); ~ 도로 kikövezett út

포주 명 kerítő, bordélyház-tulajdonos, strici, futtató

포착-하다 동 megragad, felfog; 기회를 ~하다 megragadja az alkalmat / lehetőséget

포크 명 villa; 한 벌의 나이프와 ~ egy készlet kés és villa

포크레인 markológép

포탄 명 ágyúgolyó; ~ 연기 ágyúfüst; 적에게 ~을 퍼붓다 ágyútüzet zúdít az ellenségre

포함-하다 동 tartalmaz, magában foglal; beleért, magában foglal; 모든 비용을 ~해서 minden költséget magában foglalva; 이 술은 알코올이 15% ~되어 있다 Ez az ital tizenöt százalék alkoholt tartalmaz.

포환 명 súly(golyó); ágyúgolyó; ~을 던지다 súlyt dob, eldob egy súlyt

포환던지기 명 súlylökés; ~ 선수 súlylökő

폭 명 ❶ szélesség; 이 강의 ~은 얼마인가 Milyen széles ez a folyó?; ~ 넓은 의견을 수렴하다 széles körű véleményt gyűjt vmiről ❷ darab; tekercs; 그 경치는 마치 한 ~의 그림을 펼쳐 놓은 것 같다 A látvány olyan, mintha egy feltekert festményt / képet kiterítettek volna.

폭격-하다 동 bombáz; ~ 명 bombázás, bombatámadás; 도시를 무차별 ~하다 vakon bombáz egy várost

폭동 명 felkelés, lázadás; ~을 일으키다 lázadást szít; ~을 진압하다 lever / elnyom / elfojt egy lázadást; 교도소 안에서 ~이 일어났다 Lázadás tört ki a börtönben.

폭등-하다 동 meredeken emelkedik, élesen / hirtelen / gyorsan emelkedik; ~ 명 hirtelen emelkedés; ~하는 물가 (fel)szárnyaló árak, felszökő árak; 물가가 ~했다 Megugrottak / Felszöktek az árak.

폭락-하다 동 erősen esik / merül / hanyatlik / csökken / gyengül; ~ 명 hirtelen zuhanás / esés; 주가의 ~ nagy zuhanás / esés a részvényárakban

폭력 명 erőszak, kegyetlenség; ~을 행사하다 erőszakot alkalmaz; 조직 ~ egy bűnszervezet által elkövetett erőszak

폭력배 명 huligán; ~의 단속을 강화하다 megszigorítja a huligánok ellenőrzését

폭로-하다 동 leleplez, fényt derít vmire, feltár, napvilágra hoz; ~ 명 felfedés, leleplezés, feltárás; 비밀을 ~하다 kifecsegi / kibeszéli vki titkát; 자기의 무지를 ~하다 elárulja a tudatlanságát

폭발-하다 동 felrobban, kirobban, kitör; 보일러가 ~했다 Felrobbant egy kazán / bojler / forraló.; 화약통이 ~했다 Felrobbant a puskaporos hordó.; 평소의 울분이 ~했다 A bennük felgyűlt harag kitört / előtört (belőlük).

폭설 명 erős hóesés / havazás; ~ 지역 erős havazással érintett térség; ~에 파묻히다 betemette egy hófúvás / hótorlasz

폭소 명 kitörő nevetés, előtörő / harsány nevetés; ~가 터졌다 Kacagásban tört ki.

폭염 명 a nyár perzselő forrósága, kánikula

폭우 명 felhőszakadás, nagy esőzés, szakadó eső; ~로 피해를 입다 megsérült a nagy esőzésben

폭주-하다 동 vigyázatlanul fut, vakmerően vezet,

폭탄 명 bomba; ~을 투하하다 lebombáz,

bombát dob; ~ 선언 megdöbbentő nyilatkozat

폭파-하다 동 felrobbant, kirobbant; ~ 명 robbanás; 다이너마이트로 암석을 ~하다 dinamittal robbant fel egy sziklát; 다리를 ~하다 felrobbant egy hidat

폭포 명 vízesés, zuhatag; 나이아가라 ~ Niagara-vízesés; ~처럼 쏟아지다 özönlik / zúdul, mint a vízesés

폭풍 명 erős szél, szélvihar; ~의 진로 viharzóna; ~이 지나갔다 Elmúlt / Elment a vihar.

폭풍우 명 vihar; felhőszakadás, zivatar; ~로 파괴된 vihar okozta kárt / károkat szenvedett; ~가 맹위를 떨쳤다 Megvadult / Eldurvult a vihar.; ~가 그쳤다 Lement / Elment a vihar.

폭행-하다 동 erőszakot követ el vkin, bántalmaz vkit; ~ 명 erőszak, támadás, sérelem / sértés, bántalmazás; ~을 행사하다 erőszakot alkalmaz vkivel szemben; 시체에는 ~의 흔적이 보이지 않았다 A holttesten nem találhatóak erőszak nyomai.

표 명 ❶ jegy, szelvény, kupon; szavazat; jel, jelölés; ~ 파는 곳 jegyiroda, jegypénztár; 왕복~ oda-vissza jegy, retúrjegy; ~를 끊다 / 사다 jegyet vesz / szerez; ~를 검사하다 a jegyet ellenőrzik; 한 ~를 던지다 leadja a szavazatát / voksát vkire; 물음~ kérdőjel; 감사의 ~(시)로 hálája / nagyrabecsülése / elismerése jeléül

표결-하다 동 leadja a szavazatát vkire, szavaz vkire; ~ 명 szavazat, szavazás; ~에 부치다 szavazásra bocsát; ~을 요구하다 szavazásra szólít fel

표기-하다 동 betűz, leír; ~ 명 írás; átírás, transzkripció; 한글을 로마자로 ~하다 a koreai betűket latin betűkre írja át

표류-하다 동 sodródik, áramlik, halad vmi felé; sodródott; ~ 명 áramlás, sodródás; 배는 바람과 파도에 운명을 내맡긴 채 ~하고 있었다 A hajó a szél és a hullámok szeszélyeinek kitéve sodródott.; 물결치는 대로 ~하다 a hullámok szeszélyeinek kitéve sodródik

표면 명 felszín, felület, homlokzat; külső; ~ 장력 felületi / felszíni feszültség; 거울의 ~ tükör felszíne; ~(적)으로는 külsőleg, a felszínen, felületesen, látszólagosan

표명-하다 동 kifejez, bejelent, kinyilatkoztat; ~ 명 kifejezés, kinyilatkoztatás; 사의 ~ lemondási szándékának bejelentése; 소신을 ~하다 kifejezi a hitét

표방-하다 동 vminek vallja magát; átvesz egy eszmét; 인도주의를 ~하다 pártolja a humanista eszméket

표백-하다 동 kifehérít, színtelenít; ~ 명 (ki)fehérítés, színtelenítés; ~제 fehérítő, színtelenítő

표범 명 leopárd, párduc

표본 명 mintapéldány, mintadarab; modell, példakép, mintakép; ~ 조사 mintavizsgálat; 알코올에 담아 놓은 ~ mintapéldány alkoholban megőrizve; 그는 한국 애국자의 훌륭한 ~이었다 Ő mintaképe / példaképe volt a koreai hazafiaknak.

표상-하다 동 jelképez, szimbolizál, képvisel; ~ 명 jelkép, ábra; szimbólum

표시-하다 동 jelez, (meg)mutat, jelöl; ~ 명 jel, jelölés, jelzés; 포장지에는 상품의 제조장소가 ~되어 있다 A csomagolás

ㅍ

megmutatja, hogy hol készült a termék.; 온도계는 온도를 ~한다 A hőmérő jelzi a hőmérsékletet.

표어 명 jelmondat, jelige, mottó, szlogen, jelszó

표음문자 명 hangjelölő írás, fonetikus írás

표의문자 명 fogalomjelölő írás, ideografikus írás

표절-하다 동 plagizál, ollóz; ~ 명 plágium

표정 명 arckifejezés, megjelenés; ~을 짓다 arcot vág; ~이 굳어지다 megmeredik az arckifejezése; ~ 없는 얼굴 kifejezéstelen arc

표제 명 cím, fejszöveg; felirat, képaláírás; ~를 달다 címet ad vminek, képaláírást / feliratot ír vmihez; 부~ alcím; ~ 음악 programzene

표제어 명 szótári címszó

표준 명 szabvány, sztenderd, norma, ismérv; ~을 정하다 megszabja / kijelöli a szabványt

표준어 명 köznyelv, sztenderd nyelv

표준화 명 szabványosítás; 자동차의 부품을 ~하다 szabványosítja egy gépkocsi alkatrészeit

표지 명 ❶ (könyv)kötés, (könyv)borító; 책에 ~를 달다 beköt egy könyvet ❷ jel, jelölés, jelzés; 교통 ~ közlekedési jelzőtábla

표출-하다 동 kifejez; 감정을 ~하다 kifejezi az érzéseit

표하다 동 kifejez, kinyilvánít, kimutat, kitár; 유감의 뜻을 ~ sajnálkozását fejezi ki; 불만을 ~ elégedetlenségét fejezi ki; 조의를 ~ részvétet nyilvánít vkinek

표현주의 명 expresszionizmus

표현-하다 동 kifejez, jelent, képvisel; ~ 명 kifejezés; ~의 자유 a kifejezés szabadsága; 그 경치는 말로 ~할 수 없을 만큼 아름다웠다 Szavakkal ki sem fejezhető volt a látvány.

푯대 명 oszlop, jelzőtábla, jelzés

푯말 명 oszlop, jelzőtábla, jelzés; ~을 세우다 felállít egy jelzőtáblát

푸근-하다 lágy, puha, kényelmes; ☞ **포근하다**

푸념-하다 동 panaszkodik, morog vmi miatt, zsörtölődik; ~ 명 hiábavaló panasz / panaszkodás

푸다 동 merít; kiszed, kimer, kivesz; 두레박으로 물을 ~ vödörrel vizet merít egy kútból / forrásból; 삽으로 ~ lapáttal felszed; 양동이로 모래를 ~ vödörbe homokot szed; 독에서 쌀을 ~ rizst vesz ki egy edényből; 그릇에 밥을 ~ rizzsel tölt meg egy edényt

푸르다 형 ❶ kék, azúrkék, tengerzöld / tengerkék, óceánkék; 푸른 하늘 kék ég; 푸른 대나무 zöld bambusz; 신록의 푸른 산들 frissen zöldellő hegyek ❷ éles; 서슬이 ~ éles éle van, éles széle / pereme van

푸르스름-하다 형 kékes, zöldes; kékkel színezett, kékkel árnyalt

푸른색 명 kék / zöld szín(ű)

푸릇푸릇 부 itt-ott zöld, helyenként zöld, itt-ott kék, helyenként kék; 풀이 ~ 돋아나다 itt-ott kizöldellik a fű; 얼굴에 ~ 멍이 들다 az arcán itt-ott látszik az ütés nyoma

푸짐-하다 형 termékeny, terjedelmes, sok van belőle, bőséges

푹 부 mélyen (alszik); teljesen, teljes mértékben, tökéletesen; nyugodtan; ~ 자다 jól / alaposan kialussza magát; ~

쉬다 alaposan / teljesen kipiheni magát; (발이) 수렁에 ~ 빠지다 mélyen beragad a sárba; ~ 가라앉다 mélyre süllyed; 뜨거운 목욕물에 몸을 ~ 담그다 megnyugszik egy forró fürdőben; 모자를 ~ 눌러쓰다 a szeméig lehúzva hordja a kalapját; ~ 끓이다 jól megfőz, felfőz; (고기를) ~ 삶다 húst alaposan megfőz; ~ 젖다 átázik, teljesen átázik, bőrig ázik, elázik; 고개를 ~ 숙이다 lehorgasztja a fejét

풀¹ 명 ragasztó, ragasztószer; ~이 잘 먹은 szépen / alaposan kikeményített; 종이에 ~을 바르다 papírra ragasztót ken; 옷에 ~을 먹이다 ruhát (ki)keményít; ~로 붙이다 megragaszt valamit; ~을 쑤다 pépet készít / csinál

풀² 명 fű, növény, fűszernövény; gaz, gyom; ~ 한 포기 fűszál; ~이 난 땅 füves terület; 뜰의 ~을 뽑다 kigazolja a kertet; ~을 먹인 소 fűvel táplálkozó / etetett tehén; 나는 ~ 위에 드러누웠다 Lefeküdtem / Ledőltem a fűbe.

풀다 동 kibont, kiköt, kiold; levesz; leenged, kihajt; felold, megszüntet, eltöröl, megold, feloszlat; 밧줄을 ~ kötelet kibont; 구두끈을 ~ kiköti / kioldja / kibontja a cipőfűzőjét; 꾸러미를 ~ felbont egy csomagot; 외투의 단추를 ~ kabátot kigombol; 매듭을 ~ csomót kibont; 금지령을 ~ eltörli a tilalmat; 봉쇄를 ~ megszüntet / felold egy blokádot; 교도소에서 풀어주다 börtönből kienged; 마침내 그들은 인질을 풀어주었다 Végül elengedték a túszokat.; 물에 소금을 ~ sót old fel vízben; 물감을 ~ festéket / hajfestéket felold; 잠을 자서 피로를 ~ kipiheni a fáradtságot alvással; 울적한 기분을 ~ eloszlatja a szomorúságot; 혐의를 ~ tisztázza magát a gyanú alól; 방정식을 ~ egyenletet megold; 암호문을 ~ kódot megfejt; 갈증을 ~ szomjat olt; 사람을 풀어 범인을 찾다 embereket küld egy bűnöző felkutatására; 코를 ~ kifújja az orrát

풀리다 동 kibomlik, kioldódik, kilazul, kigombolódik; kicsavarodik; megenyhül; 머리가 ~ kibomlik a haja; 설탕이 잘 ~ a cukor szépen elolvad; 언 땅이 곧 풀릴 것이다 A talaj hamarosan kiolvad.; 노여움이 ~ megenyhül a haragja; 우리들의 감정 대립은 좀처럼 풀리지 않았다 A köztünk lévő érzelmi ellentét nem enyhült.; 추위가 풀렸다 Enyhült a zord hideg.; 그의 기분이 이제 풀렸다 Már megenyhült a (rossz) hangulata.; 문제가 ~ a probléma meg van oldva; 뻐근한 어깨가 ~ Enyhült a feszültség a vállaiban.

풀무 명 fújtató, fúvógép, légzsák; ~질하다 fúj a fújtatóval / fúvógéppel

풀밭 명 füves mező, rét; ~에 누워 뒹굴다 lefekszik a fűbe

풀뿌리 명 fűgyökér, tősgyökeres

풀숲 명 fű, bozót, bozótos erdő

풀어내다 동 kibogoz, tisztáz; megold, megfejt, kitalálja a megoldást; 수수께끼를 ~ megold egy rejtélyt; 힘든 문제를 ~ megfejt egy bonyolult kérdést; 엉킨 실을 ~ kibogozza az öszszekuszált / összegabalyodott szálakat

풀어지다 동 megpuhul; 국수가 ~ a zabkása megpuhul

풀이-하다 동 megmagyaráz, értelmez; ~ 명 magyarázat, értelmezés, megfejtés

풀잎 명 fűszál; ~ 피리를 불다 fűvel sípol

ㅍ

풀칠 명 kenőcs felkenése; 입에 ~을 하다 megteremti a létminimumát, megteremti a kenyérre valót

품[1] 명 mell, öl; 지갑을 ~에 넣다 az ingmellébe / ingzsebébe rak egy pénztárcát; 어린애를 ~에 안고 가다 az ölében hord / tart egy csecsemőt

품[2] 명 munka; 하루 ~ egy napi munka; ~을 팔다 bérért dolgozik, napszámosként dolgozik

품격 명 méltóság, előkelőség; ~이 있다 méltóságteljes, kifinomult, előkelő

품다[1] 동 a mellén hord / tart; megölel, magához ölel; 가슴에 비수를 ~ tőrt hord az ingmellében / ingzsebében; 어린애를 가슴에 ~ az ölében tart egy gyereket;

품다[2] 동 희망을 ~ reményt kerget; 원한을~ haragot táplál vki ellen, neheztel vkire, ellenszenves vkivel; 암탉에게 알을 품게 하다 tyúkot ültet a tojásokra

품목 명 árucikk; 주요 제조 ~ a gyártás fő árucikkei, az előállítás vezető darabjai; 수출 ~ a kivitel / export árucikkei

품사 명 szófaj

품삯 명 napszámos bére / fizetsége; ~을 주다 kifizeti a bért, fizet a munkáért; ~을 받고 일하다 napszámban dolgozik

품성 명 tulajdonság, jellemvonás; ~이 좋은 사람 nemes jellemű férfi; ~이 훌륭하다 tiszta / remek / csodálatos jelleme van

품위 명 méltóság; ~를 떨어뜨리다 elveszti a méltóságát; ~를 지키다 megőrzi / megtartja a méltóságát; 그는 ~ 있는 신사이다 Ő méltóságteljes úriember.

품절 명 készlethiány; ~이 되다 nincs raktáron, elfogyott, kifogyott; 물건이 ~되어 미안 합니다 Sajnálattal kell közölnöm, hogy az árucikk elfogyott.

품종 명 fajta; ~ 개량 fajtanemesítés; 개량된 ~의 토마토를 생산하다 nemesített paradicsomfajtát termeszt; 이 가게에는 여러 ~의 백합이 있다 Ebben az üzletben többféle liliomfajtát árulnak.

품질 명 minőség; ~이 좋다 jó minőségű; ~을 개량하다 javítja a minőséget; ~ 관리 minőségi ellenőrzés; ~ 보증 minőségi garancia

품팔이 명 (napi) bérért dolgozik; elszegődik napszámosnak, beáll napszámosnak; ~꾼 napszámos

품평-하다 동 értékel, minősít, véleményt mond; ~ 명 (áru)minősítés, értékelés

품평회 versenykiállítás; 농산물 ~ mezőgazdasági kiállítás

품행 명 viselkedés, hozzáállás; ~이 단정하다 jó magaviseletű, illedelmes; ~이 나쁘다 rossz modorú, rossz magaviseletű, illetlen

풍경 명 táj; jelenet; látvány, kilátás; 거리의 ~ utcai jelenet; 산의 ~ hegyi tájkép, hegyes tájkép; 이 근처는 ~이 좋다 A környék nagyon kellemes látványt nyújt.

풍경화 명 tájkép

풍경화가 명 tájképfestő

풍금 명 orgona, harmónium; ~을 치다 orgonál, orgonán játszik

풍기다 동 (szagot) terjeszt / ereszt; (szag) terjed, száll; bűzlik; 장미의 향기가 ~ Rózsák illata száll a levegőben.; 하수도가 악취를 풍긴다 bűzlik a csatorna

풍년 명 a bőség éve, jó terméssel záruló év; ~을 축하하다 jó / kitűnő aratást ünnepel; 금년은 ~이 들 것이다 Kitűnő aratásunk lesz idén.; 눈이 많이 오면 ~이 든다 Ha télen sok hó esik, akkor jó termés várható.

풍문 명 pletyka, szóbeszéd, mendemonda; ~을 퍼뜨리다 pletykát terjeszt; 이것은 단지 ~에 지나지 않는다 Ez puszta / merő szóbeszéd.

풍미 명 ízletesség, íz; ~가 있는 finom, ízletes, jóízű; ~가 없는 ízetlen, nincs íze, jellegtelen az íze; 이 술에는 독특한 ~가 있다 A bornak van egy sajátos jellegzetes íze / zamata.

풍미-하다 동 elsöpör, irányít, elnyom, eltipor, eláraszt; 천하를 ~하다 uralja / vezeti / irányítja az egész világot

풍부-하다 형 gazdag, sok, bőséges; 경험이 ~하다 gazdag tapasztalatokkal rendelkezik; 내용을 ~하게 하다 gazdagítja a tartalmat; 천연 자원이 ~하다 gazdag természeti kincsekben / erőforrásokban; 쿠웨이트는 석유가 ~하다 Kuvait olajban gazdag ország.; 그는 교사로서의 ~한 경험을 쌓았다 Számos tapasztalatot szerzett tanárként.

풍선 명 (játék) léggömb, lufi; ~을 불다 felfúj egy léggömböt; ~을 띄우다 elereszt egy léggömböt; ~을 터뜨리다 kilyukaszt / kihasít egy léggömböt; ~이 터졌다 kipukkant a léggömb

풍성-하다 형 gazdag, sok, bőséges, dús; ~한 수확 bőséges aratás; ~한 검은 머리 dús fekete haj

풍속 명 szokás, népszokás; erkölcsi elvárások; ~을 어지럽히다 lerontja a közerkölcsöt, rontja a morált; 로마에 가면 그 로마의 ~을 따라야 한다 Ha Rómában vagy, viselkedj úgy, mint a rómaiak.

풍속소설 명 zsánerregény

풍속화 명 életkép, zsánerkép, zsánerfestészet

풍수 명 fengsuj, geomantia, földjóslás; földjós, a fengsuj tudója

풍수지리설 명 a geomantia, a fengsuj elmélete

풍습 명 szokás, viselkedés; ~에 따르다 szokást megtart / betart; 이 지방에는 아직 옛날 ~이 남아있다 Néhány régi szokás még mindig létezik ezen a vidéken.; 나는 이 고장 ~에 익숙지 못하다 Én nem vagyok hozzászokva az itteni szokásokhoz.

풍요롭다 형 gazdag, bőséges; 풍요로운 사회 gazdag társadalom

풍자-하다 동 kigúnyol, szatirizál; ~ 명 gyanúsítgatás, gunyorosság; 사회에 대한 통렬한 ~ keserű szatíra / gúnyvers a társadalomról; ~ 문학 szatíra; ~ 소설 gunyoros történet, szatirikus regény; ~시 gúnyos vers, gúnyirat

풍자화 명 karikatúra, vicces torzkép

풍조 명 irány, irányzat, divathullám; 세상 ~ a kor irányzata; ~를 따르다 követi az irányzatot / irányt

풍족-하다 형 bőséges, gazdag; 재정이 ~하다 pénzügyileg erős, jómódú

풍차 명 szélmalom; ~ 발전기 szélkerék hajtású generátor; ~ 펌프 szélszivattyú

풍토 명 régió természeti sajátosságai, éghajlat; ~의 helyi jellegű; éghajlati; ~에 익숙해지다 hozzászokik az éghajlathoz / körülményekhez

풍토병 명 helyileg elterjedt betegség

퓨즈 명 biztosíték; ~가 끊어지다 elégett / kiment egy biztosíték; ~를 갈다 kicserél egy biztosítékot

프라이팬 명 serpenyő, nyeleslábas, tepsi

프랑스어 명 francia nyelv

프로 명 ❶ profi ember; profi viselkedés; profi sportoló; ~로 전향하다 profi / hivatásos lesz; ~ 의식 profi szellemiség; ~ 축구 profi futball; ~ 팀 profi csapat ❷ százalék

프로그래머 명 számítógép-programozó

프로그래밍 명 programozás

프로그램 명 program; terv; ~대로 진행되다 folytatja, ahogy az be volt ütemezve; terv szerint halad; 컴퓨터의 ~을 만들다 számítógépes programot ír, programoz

프로듀서 명 producer

프로모터 명 kezdeményező, támogató

프로젝트 명 projekt, terv

프로펠러 명 légcsavar, hajtócsavar, propeller; ~를 돌리다 megforgat egy propellert / légcsavart; ~ 소리 propeller / légcsavar suhogása

프로필 명 oldalnézet; rövid életrajz

프롤레타리아 명 a munkásosztály tagja, proletár; proletariátus; ~ 독재 proletárdiktatúra; ~ 혁명 proletárforradalom

프린터 명 nyomtató, printer

프린트 명 kinyomtat; nyomtatás; nyomtatott példány

플라스틱 명 műanyag; ~ 제품 műanyagból készült áru

플래카드 명 plakát, transzparens; ~를 들고 행진하다 transzparenseket tartva felvonul

플레이오프 명 rájátszás

피 명 vér

피고 명 vádlott; ~석 a vádlottak padja

피곤-하다 형 fáradt, kimerült, megviselt; ~(함) 명 fáradtság, kimerültség, megviseltség; 서 있어서 ~하다 fáradt lesz az állástól

피골 명 csont és bőr; ~이 상접하다 csupa csont és bőr lesz

피나다 동 vérzik

피난민 명 menekült

피난처 명 menedékhely, óvóhely

피난-하다 동 elmenekül, menedéket talál; ~ 명 menekülés; menedék; 그들은 우리 집으로 ~을 왔다 A mi házunkban kerestek menedéket.

피다 동 kivirágzik, kinyílik; 얼굴이 ~ kivirágzik az arca

피동사 명 szenvedő ige

피디 명 rendező, programigazgató

피라미드 명 piramis; ~ 모양의 piramis alakú; ~식 판매방식 (üzletben) piramis rendszer, hálózati kereskedelem

피력-하다 동 kifejt, kifejez; 수상은 그의 정치적 의견을 ~했다 A miniszterelnök kifejtette a politikai nézeteit.

피로 명 fáradtság, kimerültség; 육체적 / 정신적 ~ fizikai / szellemi fáradtság; 몇 시간의 잠으로 ~가 풀렸다 Néhány óra alvás enyhítette a fáradtságomat.

피로연 명 lakoma, bankett; 결혼 ~ esküvői lakoma / fogadás

피리 명 furulya, fuvola, síp; ~를 불다 játszik a furulyán, fújja a furulyát; ~ 소리 a furulya hangja

피망 명 paprika (spanyol)

피부 명 bőr; 흰 / 거무스름한 ~의 világos / sötét bőrű; 예민한 ~의 érzékeny bőrű

피부과 bőrgyógyászat; ~ 의사 bőrgyógyász

피부색 명 bőrszín

피상적 felszínes, sekélyes; ~ 견해 felszínes nézet; 그는 상황을 너무 ~으로 분

석한다 túl felszínesen vizsgálja a helyzetet

피서객 명 nyaraló

피서지 üdülőhely, nyaralóhely

피서-하다 동 nyaral; ~ 명 nyaralás; 설악산으로 ~가다 a Szorak-hegyhez megy nyaralni

피아노 명 zongora; ~를 치다 zongorázik, zongorán játszik; ~에 맞춰 노래하다 zongorakísérettel énekel

피안 명 a túlvilág, a másvilág

피어나다 동 불꽃이 ~ fellángol; 꽃이 ~ virágzik, kivirágzik

피우다 동 꽃을 ~ kivirágzik, virágba borul; 불을 ~ tüzet gyújt; 난로에 불을 ~ meggyújtja a tüzet a kályhában; 냄새를 ~ illatozik; 소란을 ~ felfordulást csinál / okoz; 바람을 ~ viszonya van vkivel

피의자 명 gyanúsított; 살인 사건의 ~ a gyilkosság gyanúsítottja

피임-하다 동 védekezik a terhesség ellen, fogamzásgátlót szed; ~ 명 fogamzásgátlás, születésszabályozás; ~ 기구 fogamzásgátló eszköz / készülék; ~약 fogamzásgátló (tabletta)

피지 명 faggyúváladék; ~선 faggyúmirigy

피차 명 te és én; mindkét oldal; egymás; ~ 우리는 다툴 필요가 없다 Egyikünknek sincs szüksége arra, hogy veszekedjünk.

피-하다 동 elkerül, félreugrik, kitér vmi elől; kibújik vmi alól; 남의 눈을 ~하다 elkerüli az emberek tekintetét; 위험을 ~하다 elkerüli a veszélyt; 법망을 ~하다 kikerüli a törvényt; 책임을 ~하다 kitér a felelősség elől

피해 명 kár, károsodás, veszteség; ~가 크다 súlyos kár ér vmit, súlyos veszteségei vannak; 홍수로 ~를 입다 kárt szenved az árvíz miatt; 태풍으로 쌀농사는 큰 ~를 입었다 A rizstermelés súlyos károkat szenvedett a tájfun miatt.; 태풍은 엄청난 ~를 가져왔다. A tájfun óriási kárt okozott.

피해망상 명 üldözési mánia

피해액 명 kárérték

피해의식 áldozati mentalitás

피해자 명 elszenvedő, áldozat

피혁 명 bőr; ~ 공업 bőripar; ~ 제품 bőráru

핀 명 tű; 넥타이~ nyakkendőtű; 머리~ hajtű; 안전~ biztosítótű; 머리를 ~으로 고정하다 tűkkel rögzíti a hajat

핀잔 명 dorgálás, feddés, megrovás; ~을 주다 megszid, megdorgál, megfedd, megró; ~을 듣다 megdorgálják, leszidják

필기시험 명 írásbeli vizsga

필기장 명 jegyzetfüzet, notesz

필기체 명 folyóírás; kurzív betű

필기-하다 동 leír, jegyzetel; ~ 명 leírás, jegyzet; 강의를 ~하다 jegyzetel az előadáson

필름 명 film; 한 통의 ~ egy tekercs film; 네 사진기에 ~이 들어 있느냐 Van film a fényképeződben?; 컬러 / 흑백 ~ színes / fekete-fehér film

필사적 명 kétségbeesett, elkeseredett; ~으로 노력하다 kétségbeesetten igyekszik; ~으로 일하다 úgy dolgozik, mintha az élete függene tőle

필수과목 명 kötelező (tan)tárgy

필수적 kötelező; szükséges

필수품 명 szükséges cikkek, szükségletek; TV는 현대 가정의 ~이다 Egy televíziókészülék szükséges cikk egy modern családban.

필시 부 biztosan, bizonyára, kétségtelenül; 나는 그녀가 ~ 아주 만족할 거라고 확신해 Nagyon elégedett lesz, biztos vagyok benne.

필연 명 szükségszerűség, elkerülhetetlenség; ~으로 elkerülhetetlenül, szükségszerűen; 그것은 역사의 ~이다 Az is egy a történelem szükségszerűségei közül.

필요-하다 형 szükséges; kell; ~ 명 szükség; 이런 일에는 용기가 ~하다 Bátorságra van szükség az ilyen munkához.; 그는 언제나 ~ 이상으로 돈을 많이 갖고 있다 mindig több pénze van, mint amennyire szüksége lenne; ~는 발명의 어머니 a szükség a felfedezések anyja; ~ 조건 szükséges feltételek

필자 명 szerző, író; 이 소설의 ~는 젊은 여성이다 Ennek a regénynek a szerzője egy fiatal hölgy.

필적 명 kézírás, kézírás stílusa; ~을 분석하다 a kézírását elemzi; 이 ~은 나의 것이 아니다 Ez a kézírás nem az enyém.

필적감정인 명 írásszakértő, grafológus

필적-하다 동 versenyez, verseng, vetélkedik; ~ 명 rivális, ellenfél, versenyző, vetélytárs; 그와 ~할 만한 인물은 이제 없을 것이다 Sohasem lesz méltó ellenfele.

필치 명 ecsetvonás; 가벼운 ~로 egy könnyű ecsetvonással

필터 명 szűrő, filter; ~가 있는 / 없는 담배 szűrős / szűrő nélküli cigaretta; 자외선 / 적외선 ~ ultraviola / infravörös szűrő

필통 명 tolltartó, írószertartó

필히 부 feltétlenül, biztosan; ~ 그 편지를 보내라 Feltétlenül add fel a levelet!

핏빛 명 vérvörös; ~으로 물들다 vérvörösre van festve

핏줄 명 ér, véna, artéria; vérrokonság, leszármazott, utód

핑계 명 kifogás, ürügy; ~없는 무덤 없다 (속담) Kifogás mindig van.; 그럴듯한 ~ elfogadható kifogás; 그것은 ~에 지나지 않는다 Az csak puszta kifogás.; 그는 요리조리 ~를 대고 일을 게을리 한다 kihúzza magát a munka alól ilyen-olyan ürüggyel

ㅎ

하강-하다 동 leereszkedik, leszáll; ~ 명 leereszkedés, leszállás; 비행기가 서서히 ~하고 있다 a repülőgép fokozatosan leereszkedik

하객 명 köszöntő, gratuláló személy

하구 명 a folyó torkolata

하급 명 alacsony(abb) osztály; ~ 관리 alacsony szintű tisztviselő; ~ 관청 alárendelt / alsóbb szintű hivatal; ~ 법원 alsófokú bíróság

하기는 부 de, mindazonáltal, habár; valóban, igazán, tényleg; ~ 예외도 있지 Mindazonáltal vannak kivételek.

하나 egy; csak egy, egyetlenegy; 그 중 ~가 검고 나머지는 희다 egy fekete és a többi fehér; 이 서류는 ~도 틀린 데가 없다 Egyetlen hiba sincs ebben a dokumentumban.; 나는 아우가 ~ 뿐이다 Egyetlen testvérem van.; ~에서 열까지 elejétől a végéig, minden részletében; ~만 알고 둘은 모른다 mindent csak a saját szemszögéből ítél meg

하나님 명 Isten

하나하나 부 egyenként, egyesével; részletesen, kihagyás nélkül; 법안을 ~ 토의하다 egyenként megtárgyalják a törvényjavaslatokat

하녀 명 szolgálólány, cselédlány; ~를 두다 cselédlányt tart

하느님 명 Isten, az Úr, a Mindenható, a Mennyek ura, az Alkotó; ~의 말씀 az Úr szava; ~의 은총 Isteni áldás / kegyelem; 우리는 ~께 맹세한다 Istennek esküszünk; ~께 빌다 imádkozik Istenhez

하늘 명 ❶ ég; ~ 높이 magasan az égben; 푸른 / 맑은 / 흐린 ~ a kék / tiszta / felhős ég; ~로 날아오르다 felszáll az égbe ❷ Isten; ~은 스스로 돕는 자를 돕는다 (속담) Segíts magadon, az isten is megsegít.; ~에 계신 우리 아버지 Miatyánk, ki vagy a mennyekben.

하늘나라 명 mennyek, mennyország, paradicsom

하다 동 tesz, csinál, végez, cselekszik, cselekedik; 할 수 있는 데까지 해보다 megtesz mindent; 못된 짓을 ~ rossz dolgot cselekedik; 한 잔 더 하시겠습니까 Kérsz még egy pohárral?; 나는 담배를 못 합니다 Én nem dohányzom.; 영어로 그것을 뭐라고 합니까 Hogy mondják ezt angolul?; 그는 전에 초등학교 교장을 했었다 Ő régen általános iskolai igazgató volt.

하단 명 alsó rész

하락세 명 hanyatló / csökkenő tendencia; ~를 보이다 hanyatló / csökkenő tendenciát mutat

하락-하다 동 lezuhan, leereszkedik, csökken; ~ 명 csökkenés, zuhanás; 급격한 ~ meredek csökkenés; 주가가 ~하고 있다 Az értékpapírok árai csökkenőben vannak.; 그의 인기가 ~했다 A népszerűsége zuhant.

하루 명 egy nap; ~걸러 minden második nap; 십년이 ~ 같다 A tíz év mintha egy nap lett volna.; ~가 다르게 좋아지다 Napról napra jobb lesz.

하루속히 부 minél hamarabb

하루아침 명 hirtelen, nagyon hamar, gyorsan, pillanatok alatt, rövid időn belül; ~에 유명해지다 híressé válik hirtelen; ~에 부자가 되다 hirtelen meggazdagodik, pillanatok alatt gazdaggá válik

하루종일 egész nap; ~ 걸리다 egy egész nap kell / szükséges vmihez

하루하루 명 napról napra, egyik nap a másik után; ~의 생활 napról napra történő élet; ~ 미루다 egyik napról a másikra halaszt vmit

하룻밤 명 부 egy éjszaka; egész éjszaka; ~ 사이에 egyetlen éjszaka alatt; ~을 묵다 megszáll vhol egy éjszakára; ~을 이야기로 지새우다 végigbeszél egy éjszakát

하류[1] 명 folyó alsó része / szakasza; 한강 ~에 a Han folyó alsó szakaszán

하류[2] 명 alsó osztálybeli emberek

하마 명 víziló

하마터면 부 majdnem, hajszál híján, kis híján; 나는 ~ 죽을 뻔했다 Kis híján meghaltam.; 나는 ~ 트럭에 치일 뻔했다 Éppenhogy megmenekültem attól, hogy elüssenek egy teherautóval.

하모니카 명 harmonika; ~를 불다 harmonikázik, játszik a harmonikán

하물며 부 még több; arról nem is beszélve, hogy...; 이웃도 도와야 하거늘 ~ 부모를 돌보지 않아 되겠느냐 Ha segíthetsz a szomszédaidnak, akkor mennyivel inkább segítened kellene a szüleidnek!; 쌀 살 돈도 없는데 ~ 옷 살 돈이 있으랴 Semmi pénzem sincs rizsre, ruhákra még annyi sem.

하반기 명 második félév

하반신 명 a deréktól lefelé terjedő testrész, alsótest, altest

하복 명 nyári kosztüm, nyári egyenruha, nyári viselet; 이것은 ~으로 좋다 ez jó nyári viseletnek

하부구조 명 alépítmény, alapozás

하산-하다 동 lemászik egy hegyről; ~ 명 lemászás

하소연-하다 동 panaszkodik; kér; 억울하다고 ~하다 panaszkodik az igazságtalanság miatt; 동정해 달라고 ~하다 kéri vkinek a jóindulatát / együttérzését

하수 명 szennyvíz; ~가 넘치다 kiárad a szennyvíz

하수공사 명 csatornázás, szennyvízmunkálatok

하수구 명 szennycsatorna

하수도 명 szennycsatornarendszer

하수인 명 samesz (유대어, templomszolga), vkinek a jobbkeze

하숙비 명 a szállás (és ellátás) díja, albérleti díj; 나의 ~는 식비까지 합해서 월 30만원입니다 Havonta háromszázezer vont fizetek a szállásért és az ellátásért.

하숙생 명 albérlő

하숙-하다 동 albérletben él; ~ 명 albérlet; ~을 바꾸다 cseréli az albérletet

하순 명 a hónap utolsó harmada; 5월 ~경

에 május vége felé, május utolsó részében

하얗다 형 fehér, hófehér; 그의 머리가 ~ hófehér a haja; 내가 일어났을 때, 대지는 눈으로 하얬다 Amikor felébredtem, a föld fehér volt a hótól.

하여간, 하여튼 부 bárhogyan, akárhogyan; ~ 사실이다 Hiszed vagy sem, ez tény.

하염없이 부 semmittevéssel, szabadon; végtelenül; ~ 세월을 보내다 semmittevéssel tölti az időt; ~ 눈물을 흘리다 szabad utat enged a könnyeknek

하오 명 délután; ~ 늦게 késő délután

하옥-하다 동 bebörtönöz, börtönbe zár; ~ 명 bebörtönzés

하원 명 alsóház; ~ 의원 alsóház tagja

하위 명 alacsony(abb) rang; ~로 떨어지다 alacsonyabb rangba kerül

하의 명 az alsó testen hordott ruhadarab

하인 명 szolgáló, inas; ~을 두다 szolgálót tart

하자 명 hiányosság, hiba; ~ 없는 hibátlan, hiánytalan

하지 명 nyári napforduló

하지만 부 de, azonban, habár, mégis, noha; ~ 그건 너무 심한 요구가 아닌가 De az túl nagy kérés lenne, nemigaz?; 그는 부자이긴 ~ 행복하지는 않다 Gazdagnak ugyan gazdag, de boldogtalan.; 나는 읽기는 ~ 쓰지는 못 한다 Tudok ugyan olvasni, de írni nem.

하직-하다 동 elhagy, eltávozik, elbúcsúzik; 이 세상을 ~하다 elhagyja ezt a világot

하찮다 형 lényegtelen, jelentéktelen; kis jelentőségű; 하찮은 일 nem jelentős munka, jelentéktelen dolog; 하찮게 여기다 nem tartja sokra / nagyra

하천 명 folyó, patak

하청 명 alvállalkozás; ~을 주다 alvállalkozásba ad vmit vkinek; 우리는 그 회사의 ~공사를 맡고 있다 Alvállalkozói munkát kaptunk a vállalattól.; 그 건축가는 그 일을 그에게 ~ 주었다 Az építész alvállalkozásba adta neki a munkát.

하체 명 derék alatti testrész, alsótest

하층민 명 alsó oszálybeli ember(ek)

하품-하다 동 ásít; ~ 명 ásítás; ~을 참다 elnyom egy ásítást, lenyel egy ásítást; 자꾸 ~을 하다 ásítozik; 신문을 읽으며 ~하다 ásítozik az újság felett

하필 부 miért

학 명 daru, darumadár

학과 명 tanszék; 한국어 ~ koreai nyelvi tanszék

학교 명 iskola; ~가 파한 후 iskola után; ~에 가다 iskolába megy; ~에 다니다 iskolába jár; ~에 들어가다 felveszik egy iskolába; ~에서 제적되다 kicsapják (az) iskolából; ~를 그만두다 / 중퇴하다 abbahagyja az iskolát; ~를 설립하다 létrehoz / alapít egy iskolát; ~를 졸업하다 befejezi az iskolát, lediplomázik

학교장 명 iskolaigazgató

학급 명 iskolai osztály; ~ 담임 osztályfőnök; ~을 편성하다 összeállít egy osztályt; 두 ~으로 나누다 két osztályra osztja a diákokat

학기 명 félév, szemeszter; ~중 félév közben; ~말 / 초에 félév végén / kezdetén; ~말 시험 záróvizsga

학년 명 tanév, osztály; évfolyam; ~말에 tanév végén; 나는 오는 3월에 2~이 된다 Másodéves leszek következő márciusban.; 너는 몇 ~이냐 Hányadik osztályos

/ évfolyamos vagy? Hányadéves vagy?

학년도 명 tanév

학대-하다 동 bántalmaz, kegyetlenül / rosszul bánik vkivel: ~ 명 bántalmazás, rossz bánásmód, kegyetlenség; 정신적 ~ szellemi / mentális kegyetlenség; 동물을 ~하다 kegyetlen az állatokkal szemben; 모든 포로들은 ~를 받았다 Az összes hadifogoly kegyetlen bánásmódban részesült.

학도병 명 olyan tanuló, aki katonaként harcolt a koreai háborúban

학력 명 végzettség, iskolázottság; ~ 사회 olyan társadalom amelyben számít az iskolázottság; 고졸 또는 동등 이상의 ~이 있는 자 középiskolai vagy magasabb végzettséggel rendelkezők

학문 명 tudomány; ~의 자유 tudományos szabadság; 사회학은 사회 현상을 다루는 ~이다 A szociológia olyan tudomány, amely a társadalmi jelenségekkel foglalkozik.

학문적 tudományos

학벌 명 tudományos szektarianizmus / klikkrendszer; ~의 폐해 a tudományos szektarianizmus negatív hatása

학부 명 egyetemi kar, egyetemi fakultás

학부모 명 a tanulók szülei; ~들 중 일부는 아이들의 공부를 위해 모든 것을 한다 A tanulók szüleinek egy része mindent megtesz azért, hogy a gyereke tanulhasson.

학부장 명 dékán

학부형 명 ☞ **학부모**

학비 명 tandíj; 그는 ~를 벌려고 일 한다 dolgozik, hogy ki tudja fizetni a tandíjat

학사 명 oktatási ügyek

학사학위 명 BA fokozat

학살-하다 동 mészárol, elpusztít; ~ 명 mészárlás; 집단 ~ tömegpusztítás; 수백 명의 주민들이 ~당했다 A lakók százait mészárolták le.

학생 명 tanuló, diák; ~ 할인 diákkedvezmény

학생증 명 diákigazolvány

학설 명 elmélet; 새 ~을 세우다 új elméletet állít fel

학술 명 tudományos; ~ 논문 tudományos értekezés, tudományos esszé; ~ 단체 tudományos társaság

학술원 명 tudományos akadémia; 헝가리 ~ Magyar Tudományos Akadémia (MTA); ~ 회원 a Tudományos Akadémia tagja

학습 명 tanulás; ~ 능력 tanulási képesség; ~ 사전 diákszótár

학식 명 képzettség, tanultság, műveltség; ~과 경험이 있는 사람 a tanulás és tapasztalás embere

학업 명 tanulmány; tanulás; ~ 성적 iskolai eredmények; ~을 게을리 하다 elhanyagolja a tanulást; ~을 마치다 befejezi a tanulmányait

학용품 명 tanszer

학우 명 iskolatárs, diáktárs, osztálytárs, évfolyamtárs

학원 명 oktatási intézmény; felkészítő / előkészítő iskola; 영어 ~ angol nyelviskola

학위 명 tudományos fokozat; ~ 논문 doktori értekezés, diplomamunka, mesterképzés szakdolgozata; ~를 받다 tudományos fokozatot szerez; 그는 작년에 문학박사 ~를 땄다 Tavaly irodalomtudományi doktori fokozatot szerzett.

학자 [명] tudós, kutató; 탁월한 ~ kiemelkedő tudós

학자금 [명] tandíj, tanulási költség

학장 [명] dékán, igazgató

학적부 [명] iskolai / főiskolai nyilvántartás; ~에 이름을 올리다 bekerül a neve az iskolai nyilvántartásba; ~에서 이름을 빼다 kikerül a neve az iskolai nyilvántartásból

학점 [명] kredit; 2~ 짜리 불어 강의를 수강하다 felvesz egy francia kurzust két kreditért; ~이 모자라다 kevés kredittel rendelkezik (a diplomához)

학칙 [명] iskolai szabály; ~을 어기다 megszegi az iskolai szabályokat

학파 [명] tudományos csoportosulás / iskola; 에피쿠로스 ~ Epikurosz iskolája; 두 ~로 갈라지다 két különböző iskolára bomlik

학회 [명] tudományos társaság; konferencia; ~에 참석하다 elmegy a konferenciára

한[1] [명] megbánás; harag, keserűség, gyűlölet; 천추의 ~ tartós / állandó / maradandó bánat; ~을 품다 vkire neheztel, vkivel szemben haragot táplál; ~ 많은 일생을 보내다 könnyekkel és bánattal teli életet él

한[2] [명] addig, ameddig a határok engedik; amíg, ameddig csak...; 내 힘이 닿는 ~다 하겠습니다 Meg fogok tenni mindent, ami az erőmből telik.; 가능한 ~ amennyire csak lehetséges, 내가 아는 ~ amennyire én tudom

한[3] ❶ egy; ~ 개 egy darab; ~ 사람 egy ember; ~ 집 걸러 minden második ház ❷ ugyanaz; 둘은 ~ 집에서 산다 ketten ugyanabban a házban laknak ❸ közép; ~여름 a nyár közepe; ~밤중에 az éjszaka közepén ❹ körülbelül (kb.); ~ 열흘 körülbelül tíz nap; ~ 20명이 행방불명이다 körülbelül húsz ember hiányzik

한가롭다 [형] szabadidőt / pihenőidőt tart; 한가로운 때 szabadidejében; 한가롭게 거닐다 sétálgat

한가운데 [명] vminek a kellős közepe; 방 ~ 눕다 a szoba kellős közepén hever; 서울 ~에 가게를 내다 üzletet nyit Szöul szívében

한가위 [명] a holdnaptár nyolcadik hónapjának 15. napja, a Holdtölte fesztivál

한가지 [명] egyfajta; 벼는 풀의 ~다 A rizs a fűfélék egy fajtája.; 이 ~로 그의 진정한 모습을 알 수 있다 Ez az ügy kihozza belőle az igazi énjét.

한가-하다 [형] ☞ **한가롭다**

한갓 [부] csak; ~ 시간의 문제 csak idő kérdése; 그것은 ~ 핑계에 불과하다 Ez egy egyszerű kifogás, semmi több.

한강 [명] a Han folyó

한겨울 [명] a tél közepe

한결 [부] feltűnően, rendkívül, szokatlanul; különösen; 변화로 ~ 아름답게 되었다 A változás sokkal szebbé tette.

한결같다 [형] változatlan, állandó, következetes, konzisztens; 한결같은 태도 következetes magatartás; 나의 의견은 ~ Még mindig ugyanazon a véleményen vagyok.

한결같이 [부] ugyanúgy, következetesen, változatlanul; 차별 철폐를 ~ 옹호하다 következetesen támogatja a diszkrimnáció megszüntetését

한계 [명] határ; 인간 능력의 ~ az emberi

képesség határai; ~를 정하다 határokat szab vminek; ~를 넘다 túlhaladja / túllépi a határát vminek; ~를 느끼다 felismeri a határokat

한국 명 Korea, Koreai Köztársaság; ~전쟁 koreai háború; ~말로 무어라 합니까 Hogy mondják ezt koreaiul?

한국말 명 a koreai nyelv

한국어 명 a koreai nyelv

한군데 명 hely; 책을 ~ 쌓다 felhalmozza a könyveket egy helyen; 이 책을 파는 데가 ~ 있다 Van egy üzlet, ahol ezt a könyvet árulják.

한글 명 hangul, a koreai ábécé; ~날 a hangul emléknapja; ~ 맞춤법 hangul helyesírás; ~ 전용 a hangul kizárólagos használata

한기 명 hideg levegő; rázkódás, hidegrázás; ~가 나다 hidegrázása van, borzong

한길 명 út; ~ 복판에서 az utca közepén; 집이 없어 ~에 나앉게 되다 ki van dobva az utcára

한꺼번에 부 egyszerre, egy időben; egyben, egészben; ~ 두 가지 일을 하지 마라 Ne próbálj két dolgot csinálni egyszerre!

한껏 부 teljes mértékben, végsőkig, a legnagyobb mértékben; 인생을 ~ 즐기다 teljes mértékben élvezi az életet

한나절 명 fél nap; 그는 ~이나 잠을 잤다 Egy fél napot átaludt.

한낮 명 dél; délben, napközben; ~의 태양이 작열하는 속에서 일하다 a déli napsütésben dolgozik

한낱 부 csak, pusztán; 그는 ~ 허풍쟁이에 지나지 않다 Ő csak egy dicsekedő / hetvenkedő.

한눈 명 első látás; ~에 반하다 első látásra beleszeret vkibe

한도 명 határ, keret; 5만원을 ~로 하여 50.000 vonos határig; ~를 넘다 átlépi / túllépi a határokat; 100만원 ~ 내에서 생활하다 egymillió vonos keretből él; 신용 ~ hitelkeret

한동안 명 egy ideig, kis ideig, kevés ideig; ~ 머물다 egy ideig marad; ~ 쇠고기 값은 내리지 않을 것이다 a marhahús ára még egy ideig nem fog lejjebb menni

한두 egy vagy kettő; ~번 egyszer vagy kétszer; ~ 사람 egy vagy két személy; ~번이 아닌 nem egyszeri, ismételt

한때 명 egyszer, valamikor; 가족의 단란한 ~ otthon boldogan töltött idő; 즐거운 ~를 보내다 kellemes időt tölt vhol; 그 모자는 ~ 유행했다 Az a kalap egyszer divat volt.

한랭전선 hidegfront; ~이 남하했다 A hidegfront déli irányba előrenyomult.

한문 명 kínai írás; klasszikus kínai nyelv, a kínai nyelv ókori változata; ~으로 쓰여 있는 책 klasszikus kínai nyelven írott könyv

한물 명 szezon; csúcsidő, főidő; ~ 지나다 / 가다 szezonját múlt, idejétmúlt; 이미 그는 ~ 갔다 Már megélte a legszebb napjait.

한민족 명 a koreai nép; a kínai han nép

한바퀴 명 egy kör, egy forduló; ~ 돌다 fordulatot tesz, körüljár vmit, tesz egy kört a medencében; 연못을 ~ 돌다 körüljárja a tavat

한반도 명 a Koreai-félsziget; ~에서의 평화와 안정의 유지 a béke és stabilitás fenntartása a Koreai-félszigeten; ~에

서의 긴장을 완화하다 enyhíti / csökkenti a feszültséget a Koreai-félszigeten

한밤 명 éjfél, az éjszaka közepe; 나는 ~에 소방차의 사이렌 소리에 잠이 깼다 Az éjszaka közepén / éjfélkor egy tűzoltóautó szirénázására ébredtem.

한밤중 명 éjfél(kor); 모두 잠든 ~에 éjfélkor, amikor mindenki alszik

한방 명 keleti gyógynövény / gyógyszer / orvosság; ~ 치료 keleti orvosi kezelés

한번 명 egyszer; ~에 egyszerre, egy csapásra; 단 ~ egyszer és mindenkorra; 나는 일주일에 ~ 극장에 간다 Hetente egyszer elmegyek moziba.; ~에 두 가지 일을 하지마라 Ne próbálkozz két dologgal egyszerre!; 내가 ~ 해 보지요 Hadd próbáljam meg!; ~쯤 유럽 여행을 하고 싶다 Szeretnék legalább egyszer elmenni egy európai körutazásra.

한복 명 hagyományos koreai viselet / ruházat; ~을 입고 있다 koreai ruhát visel / hord

한복판 명 a pontos közepe, vminek szíve; 서울 ~ Szöul szíve; 과녁 ~을 맞히다 pontosan a közepén találja el a céltáblát

한사코 부 életre-halálra, makacsul, kitartóan, hajthatatlanul; ~ 반대하다 makacsul ellenáll

한산-하다 형 nyugalmas, zavartalan; pangó; ~ 명 nyugalom, zavartalanság; pangás; 이 시간에는 교통이 ~하다 a forgalom jelentéktelen ebben az időszakban; 거래가 아주 ~했다 A kereskedelem nagyon pang.

한술 명 egy kanálnyi / harapásnyi étel; ~ 뜨다 vesz egy kanálnyi ételt; ~ 더 뜨다 túljár vkinek az eszén

한숨 명 lélegzetvétel; szünet, pihenés; ~ 돌리다 rövid szünetet tart; ~ 돌리고 합시다 Pihenjünk egy kicsit és kezdjük újra!; 깊이 ~을 쉬다 mély lélegzetet vesz

한시름 명 nagy aggódás, nagy izgalom / gond; 모두들 ~ 놓았다 Mindenki fellélegzett megkönnyebbülésében.

한시적 ideiglenes, átmeneti, időszakos

한식 명 koreai konyha / étel

한심-하다 형 sajnálatos; reménytelen, szégyenletes, szégyenteljes; ~ 명 szánalom, sajnálat, reménytelenség; 내 자신을 ~하게 여기다 Szégyellem magamat (azért, amit tettem).

한약 명 keleti orvosság / gyógyszer / gyógynövény

한없다 형 korlátlan, határtalan, végtelen; 한없이 korlátlanul, határtalanul, végtelenül; 한없는 가능성을 내포하다 korlátlan lehetőségekkel rendelkezik vmihez; 욕심은 ~ a kapzsiság / vágy nem ismer határokat.

한여름 명 nyárközép, nyár közepe; ~에 a nyár közepén; 산중의 절에서 ~을 보내다 a hegyekben lévő templomban tölti a nyarat / nyár közepét

한움큼 maroknyi, maréknyi, öklömnyi; ~의 쌀 egy maroknyi / maréknyi rizs; ~ 쥐다 megmarkol vmit

한의사 명 keleti gyógyászattal foglalkozó orvos, keleti orvos

한의학 명 keleti orvoslás, keleti gyógyászat

한자 명 kínai írásjegy; ~로 쓰다 kínai írásjeggyel ír

한잔-하다 동 iszik egyet / egy kortyot; ~ 명 egy csésze; egy pohár; 차 ~ egy csésze tea; 그는 ~만 마셔도 얼굴이 빨개

진다 Bár csak egy pohárral iszik, az arca máris kivörösödik.; 우리는 ~하면서 그 문제를 이야기했다 Egy pohár ital mellett megbeszéltük a dolgot.

한적-하다 형 csendes, nyugodt; elhagyott; ~한 장소 csendes / nyugodt hely

한정사 명 determináns

한정치산 명 látszólagos alkalmatlanság

한정-하다 동 korlátoz, behatárol; feljogosít; ~ 명 korlátozás, behatárolás; 그들의 활동은 좁은 범위에 ~되어 있다 A tevékenységeik szűk területre vannak szorítva.

한줌 명 egy marék; ~의 쌀 egy marék rizs

한지 명 koreai papír

한차례 명 egy alkalom, egyszer, egy menet; kis ideig, rövid időre; 담당 구역을 ~ 돌다 egyszer megteszi a kötelező köröket; ~ 소나기가 왔다 Egy kis ideig záporeső esett.

한참 명 hosszú idő; ~ 있다가 대답하다 hosszú idő után válaszol

한창 명 부 tetőpont, csúcspont; ~ 일할 나이 aktív korosztály; ~ 때 élete csúcspontja, élete legjobb napjai, a legjobb időszak; 딸기는 지금이 ~이다 az epernek most van a szezonja.; 이미 봄이 ~이다 Már javában tavasz van.

한철 명 évszak, időszak, szezon

한층 부 több, még nagyobb, annál inkább; ~ (더) 노력하다 még nagyobb erőfeszítéseket tesz; 나는 그가 막내라서 ~ 더 귀엽다 Ő a legfiatalabb gyerekem, ezért egy fokkal jobban szeretem.

한탄-하다 동 megbán, sirat, sajnál; ~ 명 megbánás, siratás, sajnálás, szánalom; 자식 없음을 ~하다 bánja, hogy nincs gyereke; 이처럼 책임 있는 자리에 있는 사람이 그런 짓을 했다니 아주 ~할 일이다 Nagyon sajnálatos dolog, hogy egy ilyen felelősségteljes pozícióban lévő ember ilyet tett.

한턱내다 동 megvendégel, meghív vkit

한파 명 hideghullám; ~가 전국에 닥치다 Egy hideghullám éri el az egész országot.

한판 명 kör, játszma; ~ 승부 egyetlen körből álló verseny; 바둑을 ~ 두다 játszik egy játszma padukot

한패 명 csapattag, pajtás, cimbora; cinkos; ~가 되다 csapattag lesz, vkik közé keveredik; 분명히 그도 ~이다 Biztosan ő is egy a csapatból.

한편[1] 명 egy oldal, egy út, egy irány; ~에 치우치다 egyoldalú lesz

한편[2] 부 ugyanakkor, egyrészt; mindamellett; 그는 회사에서 일하는 ~ 집에서 영어를 개인교수 한다 Otthon magánórákat ad angolból, mindamellett vállalatnál dolgozik.

한평생 명 부 egész élete; egész életében, élethosszig(lan); ~ 독신으로 지내다 egyedülálló marad egész életében; 나는 ~ 그날을 잊지 않을 것이다 Amíg csak élek, nem fogom azt a napot elfelejteni.

한푼 명 pénzdarab; fitying, fillér; 동전 ~ egy / egyetlen pénzdarab; ~의 값어치도 없다 egy fityinget sem ér; ~없는 빈털터리가 되다 teljesen pénztelenné válik; ~도 쓸 수 없다 egyetlen fityinget / fillért sem költhet

할머니 명 ❶ nagymama, nagyanya, nagyi ❷ idős asszony, öregasszony

할미꽃 명 kökörcsin

할부 명 részletfizetés; 차를 ~로 사다 részletfizetéssel / részletre vásárol autót

할부상환 törlesztés

할아버지 명 ❶ nagyapa, nagyi ❷ idős ember, öregember

할애-하다 동 részt ad vmiből vkinek; 지면을 ~하다 helyet ad vminek / vmi számára; 시간을 ~하다 pár percet szakít vkire

할인-하다 동 árengedményt ad; ~ 명 árengedmény; ~율 az árengedmény mértéke; 50%의 ~ ötven százalékos árengedmény

할퀴다 동 (meg)karmol; 손톱으로 얼굴을 ~ megkarmolja vkinek az arcát a körmeivel; 전쟁이 할퀸 자국 a háború pusztításának a nyoma

핥다 동 (meg)nyal, nyalogat; 접시를 깨끗이 ~ tisztára nyalja a tányért; 고양이가 발을 ~ a macska a mancsait nyalogatja

함구-하다 동 hallgat, csendben marad; befogja a száját, visszafogja a nyelvét; ~ 명 hallgatás, csendben maradás

함께-하다 동 megoszt vmit vkivel, osztozik, részt vesz vmiben, részesedik; 기쁨을 ~하다 osztozik a másik örömében

함대 명 hajóhad, flotta; ~ 사령관 flotta parancsnoka

함락-하다 동 elbukik, elesik, elveszik; bevesz, elfoglal; ~ 명 elbukás, elesés, vesztés; 요새를 ~시키다 bevesz egy erődítményt / erődöt; 로마는 ~되었다 Róma elbukott / elesett / elveszett.

함몰-하다 동 besüllyed, lesüllyed, besüpped, lesüpped; ~ 명 süllyedés, süppedés; bemélyedés; 도로의 ~ (장소) az úttest besüppedése / besüllyedése; 도로가 지진 때문에 ~되었다 Az út megsüllyedt / besüppedt a földrengés miatt.

함박눈 명 nagy hópehely; ~이 내리다 a hó nagy pelyhekben hull

함부로 부 durván, indokolatlanul, oktalanul; faragatlanul, feleslegesen; 말을 ~ 하다 durván / faragatlanul beszél; 종이를 ~ 쓰다 pazarolja a papírt, feleslegesen használja a papírt

함석 명 cink, bádog; ~ 지붕 bádogtető; ~집 bádogtetős ház; ~판 bádoglemez, fehér bádog; ~을 입히다 cinkel, cinkez; ~으로 지붕을 덮다 bádoglemezekkel fedi be a tetőt

함성 명 kiáltás; 승리의 ~ győzelmi kiáltás; ~을 올리다 / 지르다 kiáltást megereszt

함수 명 függvény; ~의 függvényre vonatkozó

함유량 명 tartalom; 알코올 ~이 높다 magas az alkoholtartalma

함유-하다 동 tartalmaz; 금을 ~하다 aranyat tartalmaz

함정[1] 명 csapda, kelepce; ~에 빠지다 beleesik egy csapdába, csapdába esik

함정[2] 명 hadihajó

합 명 összeg, végösszeg; ~을 구하다 megállapítja az összeget; 2와 2의 ~은 4이다 Kettő meg kettő az négy.

합격자 명 sikeres jelölt, sikeres jelentkező

합격-하다 동 leteszi a vizsgát, levizsgázik; ~ 명 sikeres vizsga, siker egy vizsgán; 전 과목에 ~하다 minden tárgyból átmegy a vizsgán; 대학 ~을 축하하다 Gratulál az egyetemi felvételi vizsga sikeréhez.

합계-하다 동 végösszeget számol; ~ 명 összeg, végösszeg; ~하여 összesen, összességében; 비용은 ~해서 8만 원이 되었다 A kiadások összege / összessége 80.000 von lett.

합당-하다 형 illik, megfelelő, alkalmas vmihez / vminek; 그 경우에 ~한 예 arra az esetre illő példa; ~한 가격으로 megfelelő áron

합동-하다 동 összefog; ~ 명 összefogás; ~결혼(식) csoportos esküvő; 우리는 ~해서 사태를 수습했다 Összefogással megpróbáltuk megmenteni a helyzetet.

합류-하다 동 egybefolyik; összefolyik; csatlakozik; 두 개의 강이 이 지점에서 ~한다 A két folyó ezen a ponton találkozik.; 우리들은 중도에서 일행과 ~했다 Útközben csatlakoztunk a csoporthoz.

합리성 명 racionalitás, ésszerűség

합리적 racionális, ésszerű, indokolt; 그는 ~으로 생각 한다 ésszerűen gondolkozik

합리주의 명 racionalizmus

합리화-하다 동 racionalizál, ésszerűsít; ~ 명 racionalizálás, ésszerűsítés; 자기 행위를 ~하다 ésszerűbbé teszi a viselkedését

합법성 명 törvényesség, legalitás, legitimitás; 그는 그 절차의 ~을 문제 삼았다 Megkérdőjelezte az eljárások törvényességét.

합법적 törvényes, legális, legitim; 나는 ~ 수단으로 하겠다 Törvényes eszközökkel fogom csinálni.; 그 파업은 ~이다 A sztrájk törvényes.

합병증 명 szövődmény, komplikáció; ~이 생기다 komplikáció / szövődmény lép fel

합병-하다 동 összeolvad, egyesít; ~ 명 összeolvadás, egyesítés; H사와 M사는 작년에 ~했다 A H és az M vállalat tavaly összeolvadt.; 몇 개의 작은 회사가 ~하여 큰 조직이 되었다 Néhány kisebb üzleti vállalat egy nagy szervezetté olvadt össze.

합본-하다 동 a példányokat egy kötetté fűzi össze; ~ 명 (magazin) példányok egy kötetté összefűzve; 일 년 분의 ~ éves kiadás (magaziné)

합산-하다 összead, hozzászámol; ~ 명 összeadás; 총 비용은 ~하면 10만 원 이상이 된다 Az összes kiadás meg fogja haladni a 100.000 vont, ha mindent hozzászámolunk.

합성어 명 összetett szó

합성-하다 동 összetesz, összeállít, összemontázsol; ~ 명 összeállítás, összetétel, szintézis; ~ 사진 összemontázsolt fotó / kép; ~ 수지 szintetikus anyag; 고무는 석유로부터 ~하여 만든다 gumit készít kőolajból szintézis útján

합세-하다 동 egyesíti az erőket; szövetséget köt vkivel, csatlakozik vmihez; 반정부운동에 ~하다 csatlakozik a kormányellenes kampányhoz

합숙훈련 명 edzőtábor; ~을 하다 edzőtáborban edz / lakik

합심-하다 동 egyetértésben van; ~ 명 egyetértés; 서로 ~해서 일하자 Dolgozzunk összhangban!

합의제 명 képviseleti / parlamenti / tanácsi rendszer; ~ 법원 testületi bíróság

합의-하다 동 konzultál, megtárgyal; egymással megegyezik; ~ 명 konzultálás, konzultáció, megtárgyalás; kölcsönös megegyezés; ~ 이혼 kölcsönös megegyezésen alapuló válás; ~ 아래 별거하다 kölcsönös megegyezés alapján kü-

ㅎ

lön él

합장-하다¹ 동 imára kulcsolja a kezét

합장-하다² 동 együtt temet, együtt tesz sírba; ~ 명 együtt temetés; 부인과 남편을 ~하다 együtt temetik a feleséget a férjével

합주단 명 együttes, zenekar

합주-하다 동 összhangban játszik; ~ 명 koncert

합창단 명 kórus, énekkar; 혼성 ~ vegyes kórus

합창-하다 동 kórusban együtt énekel; ~ 명 kórus, karének; ~곡 kórusmű, kardal, énekkari mű

합치다 동 egyesít, összeköt, összekapcsol; összead, hozzáad, összeszámol; 종이를 두 장 ~ összetűz két papírt; 힘을 합쳐서 일하다 együtt dolgoznak egyesített erővel; 이 나라는 독일과 프랑스를 합친 것만큼 크다 Ez az ország akkora, mint Németország és Franciaország együtt(véve).; 3과 6를 ~ hármat (hozzá)ad a hathoz

합치-하다 동 megegyezik vmivel, összhangban van / áll vmivel; ~ 명 megegyezés; 우리의 희망에 완전히 ~하는 제안 az ajánlat, amely teljes mértékben kielégíti a kívánságainkat

합판 명 rétegelt falemez, lemezelt falábla, furnérlemez

합-하다 동 egyesít; 힘을 ~하다 kooperál, egyesíti az erőket; 힘을 ~해서 어려움을 이겨내자 Egyesítsük erőinket, hogy megoldhassuk a nehézségeket!

항간 명 széles kör, társaság; ~에 떠도는 얘기 széles körben tárgyalt téma; ~에 떠도는 소문 pletyka, amely körbemegy a társaságban

항거-하다 동 ellenáll, ellenez, fellázad, felkel vmi ellen, ellenszegül; 독재 정부에 ~하다 felkel a diktatórikus kormány ellen; 권위에 ~하다 lázad a hatóság ellen

항고-하다 동 fellebbez; ~ 명 fellebbezés; 피고는 그 판결에 대해 즉시 ~했다 A vádlott azonnali fellebbezést nyújtott be a határozat ellen.

항공 명 repülés, légi közlekedés; ~ 관제탑 irányítótorony; 민간 ~ polgári légi közlekedés / forgalom

항공권 명 repülőjegy

항공기 명 repülőgép; ~ 승무원 repülőszemélyzet; ~ 정비사 repülőgép-szerelő

항공사 명 légitársaság, légiforgalmi társaság

항공요금 명 repülési díj, repülőjegy ára

항공우편 명 légiposta; ~으로 편지를 보내다 légipostán küld egy levelet

항구 명 kikötő; ~를 떠나다 elhagy egy kikötőt, kihajózik / kifut a kikötőből; ~에 도착하다 elér egy kikötőt, beér a kikötőbe

항구도시 명 kikötőváros

항구적 huzamos, folytonos, tartós

항로 명 útvonal, útirány; légi útvonal, repülővonal; ~변경 irányváltoztatás; ~이탈 eltérés a légi útvonaltól; 정기 ~ szokásos útvonal; ~를 바꾸다 megváltoztatja az irányát

항만 명 kikötő

항목 명 pont, tétel; cikkely, paragrafus, záradék; 문제를 3개 ~으로 나누다 felosztja a problémát három pontra

항문 명 végbélnyílás, ánusz; ~ 괄약근 (végbél / anális) záróizom

항문과 명 proktológia

항변-하다 동 kifogásol, tiltakozik, megcáfol; védi (saját) magát, kifogást emel; ~ 명 tiltakozás, kifogás(olás), óvás; megcáfolás

항복-하다 동 megadja magát; meglengeti a fehér zászlót; ~ 명 megadás; 무조건 ~을 요구하다 feltétel nélküli megadást követel; 무조건 ~하다 feltétel nélkül megadja magát

항상 부 mindig; 아침마다 ~ 산책을 나가다 reggelente mindig sétálni megy; 그는 ~ 그렇게 말을 했다 úgyszólván mindig azt mondta; 우리들은 ~ 최악의 경우에 대비하고 있어야 한다 Mindig fel kell készülnünk a legrosszabbra.

항소-하다 동 fellebbez; fellebbezést ad be vmi ellen; ~ 명 fellebbezés; ~를 기각하다 elutasít egy fellebbezést; ~를 철회하다 visszavonja a fellebbezést; 판결에 불복하여 ~하다 fellebbez egy döntés ellen

항아리 명 köcsög, korsó

항암제 명 rák elleni gyógyszer

항의-하다 동 tiltakozik, panaszt / kifogást emel vmi ellen; ~ 명 tiltakozás, kifogásolás; ~ 데모 tiltakozó demonstráció; 엄중한 ~를 제기하다 határozott tiltakozást jelent be; 그들은 발전소 핵발전소 건설에 ~한다 Az atomerőmű építése ellen tiltakoznak.

항일 명 Japánnal szembeni ellenállás; ~ 운동 Japán-ellenes mozgalom; ~ 투쟁 Japán-ellenes harc

항전-하다 동 harcol vki ellen; ~ 명 vmi elleni harc; 필사적으로 ~하다 élet-halál harcot folytat

항쟁-하다 동 harcol / küzd vmi ellen; ~ 명 harc, küzdelem

항체 명 antitest, ellentest, ellenanyag

항해사 명 navigációs tiszt

항해-하다 동 hajón utazik, hajózik, vitorlázik; ~ 명 hajózás, navigáció, tengeri utazás; ~중 이다 kihajózik, kint van a tengeren; ~를 계속하다 folytatja a tengeri utazást; 태평양을 ~하다 a Csendes-óceánon hajózik

해[1] 명 nap; napsugár, napfény; ~가 지기 전에 mielőtt a nap lemegy / lenyugszik; ~가 뜨다 a nap felkel; ~가 저물 때 돌아오다 napnyugtakor jön vissza; ~는 동쪽에서 떠서 서쪽으로 진다 A nap keleten kel fel és nyugaton nyugszik.; ~가 짧아지다 a napok rövidülnek; ~가 길어지다 a napok hosszabbodnak

해[2] 명 év; 올 ~ ez az év; 지난 ~ múlt év, tavaly; ~마다 minden évben, évente, évről évre; ~가 지남에 따라 ahogy telnek az évek

해[3] 명 kár, ártalom, sérülés, bántalom; ~가 되는 káros, ártalmas, mérgező; 그것은 너에게 ~가 안 된다 Az nem fog ártani neked.

해결-하다 동 megold, megfejt, elrendez egy ügyet; ~ 명 megoldás, megfejtés; 조속히 ~해야 할 문제 sürgősen megoldandó probléma; 분쟁을 ~하다 lerendez egy vitát; 그 일은 평화롭게 ~되었다 az ügy békésen rendeződött; 시간이 그 문제를 ~한다 Az idő majd megoldja a problémát.

해고-하다 동 elbocsát, felmond, kirúg; ~ 명 elbocsátás, felmondás, kirúgás; 한 달 전에 ~ 통지를 보내다 / 하다 egy hónappal előtte felmondási értesítést küld / ad vkinek; 직원을 ~하다 elbocsát egy alkalmazottat; 즉각 ~당하다 azonnali felmondást kap

해골 명 csontváz; ~처럼 수척하다 csontig lesoványodik / lefogy, csont és bőr lesz

해괴-하다 형 furcsa, szörnyű, iszonyú; ~ 명 botrány, szörnyűség; ~한 소문 szörnyű pletyka; ~망측하다 rendkívül furcsa

해군 명 haditengerészet

해내다 동 elvégez, kivitelez, megcsinál; 일을 혼자서 ~ egyedül elvégez egy feladatot; 나는 해내겠다고 결심했다 Eldöntöttem, hogy megcsinálom / végrehajtom.

해님 명 napocska, nap atya; Napisten

해답 명 megoldás; 시험 문제의 ~ megoldások egy tételsorhoz

해당-하다 동 valamilyen csoportba tartozik; vonatkozik, megfelel; ~ 사항 vonatkozó adat; 석 달 월급에 ~하는 보너스 három hónapnyi fizetéssel megegyező bónusz / jutalom; 한국말로 '세배'에 딱 ~되는 헝가리어는 없다 Nincs olyan magyar szó, amely a koreai szót, a szebe-t pontosan kifejezné / visszaadná.

해독 명 kár, káros hatás; ~을 끼치다 kárt tesz vmiben, káros hatást fejt ki

해독-하다 동 feltör, megfejt, dekódol; ~ 명 feltörés, dekódolás; ~하기 어려운 megfejthetetlen; 나는 필기체를 어렵게 ~할 수 있었다 Nehezen tudtam kiolvasni a firkálását.

해돋이 명 napkelte; ~ 전에 napkelte előtt; ~를 구경하다 látja a napfelkeltét

해동-하다 동 kiolvaszt; ~ 명 kiolvasztás; 요리하기 전에 ~하다 kiolvad főzés előtt

해득-하다 동 felfog, megért; ~ 명 felfogás, megértés; ~이 빠른 gyors felfogású; ~이 어려운 nehezen érthető / tanulható

해로 명 tengeri útvonal; ~로 부산에 가다 tengeren utazik Buszánba

해롭다 형 káros, ártalmas; 농작물에 해로운 káros a növényekre; 몸에 ~ ártalmas az egészségre; 술은 건강에 ~ az ivás káros az egészségre

해류 명 tengeri áramlat, óceáni áramlat; ~를 타다 meglovagol egy óceáni áramlatot

해마다 부 minden évben, évről évre, évenként, évente; 수입은 ~ 증가 한다 az import évről évre emelkedik; ~ 이맘때면 눈이 오기 시작 한다 Az évnek ebben az időszakában mindig elkezd havazni.

해맑다 형 fehér és tiszta, ártatlan

해명-하다 동 tisztáz; megmagyaráz, kifejt; ~ 명 magyarázat, kifejtés; ~을 요구하다 magyarázatot követel vkitől; 그 사고의 수수께끼는 아직 ~되지 않고 있다 Annak a balesetnek a rejtélye még mindig nem oldódott meg.

해몽-하다 동 megfejt egy álmot; ~ 명 álomfejtés

해묵다 동 évekig elhúzódik; 해묵은 논쟁 évekig tartó vita, hosszú idei elhúzódó vita

해물 명 tenger gyümölcsei, tengeri termék

해바라기 명 napraforgó; ~기름 napraforgóolaj

해박-하다 형 széleskörűen művelt; ~ 명 széles körű műveltség; ~한 지식 szerteágazó tudás

해발 명 tengerszint; 그 산은 ~ 3천 미터이다 A hegy 3.000 méterrel a tengerszint felett van.

해방-하다 동 felszabadít; ~ 명 felszabadítás; 노예를 ~하다 felszabadít egy rabszolgát; 빈곤으로부터 ~시키다 felszabadítja az embereket a szegénységből; 헝가리는 1945년에 ~되었다 Magyarország 1945-ben szabadult fel.; 나는 마침내 일에서 ~되었다 Végre megszabadultam a munkámtól.; ~군 felszabadító hadsereg; 여성 ~ 운동 a nők felszabadítási mozgalma

해변 명 tengerpart; ~으로 나가다 kimegy a tengerpartra; ~을 산책하다 sétál a tengerparton

해병대 명 tengerészgyalogság

해부-하다 동 felboncol; elemez, analizál; ~ 명 boncolás, halottszemle, tetemvizsgálat; 사람의 심리를 ~하다 elemzi egy ember pszichológiáját; ~ 결과 살인으로 판명되었다 A boncolás megállapította, hogy gyilkosság történt.

해빙-하다 동 felolvad; ~ 명 felolvadás; 남부 지방에서 ~이 시작되었다 A jég elkezdett olvadni a déli körzetekben.

해산물 명 tenger gyümölcsei, tengeri termékek; ~이 풍부하다 gazdag tengeri termékekben

해산-하다[1] 동 feloszlat; ~ 명 feloszlatás; 집회를 ~하다 feloszlat egy gyűlést; 군중을 ~시키다 feloszlatja a tömeget; 국회는 ~되었다 az országgyűlést feloszlatták

해산-하다[2] 동 szül; ~ 명 szülés; 다음달에 ~할 예정이다 a következő hónapban fog szülni

해상 명 tenger; ~ 무역 tengeri kereskedelem; ~을 장악하다 uralja a tengert, rendelkezik a tenger feletti uralommal; ~에서 폭풍을 만나다 viharba kerül a tengeren

해석-하다 동 értelmez, interpretál; ~ 명 értelmezés, magyarázat; 그는 나의 말을 나쁘게 ~했다 rosszul értelmezte a szavaimat

해석학 명 analitika

해설서 명 kézikönyv

해설자 명 kommentátor, hírbemondó

해설-하다 동 értelmez, magyaráz; ~ 명 értelmezés, magyarázat

해소-하다 동 megold, megszabadul; felbont, megoldódik; ~ 명 megoldás, felbontás; 주택 문제를 ~하다 megoldja a lakásproblémát; 교통 체증 문제를 ~하다 megoldja a közlekedési dugók problémáját; 스트레스를 ~하다 megszabadul a stressztől

해수 명 tengervíz, sós víz; ~가 들어오는 것을 막다 megakadályozza a tengervíz bejutását vhová

해수욕 명 tengeri fürdőzés; ~을 하다 fürdik a tengerben

해수욕장 명 fürdőhely; tengerparti üdülőhely

해안 명 tengerpart; ~ 경비 tengerparti védelem; ~에(서) a tengerparton, a tenger mellett; ~으로 파도가 치다 partra mosódik

해안선 명 partvonal

해약-하다 felbont, érvénytelenít, sztorníroz; ~ 명 felbontás; ~금 felbontási díj; 정기 예금을 ~하다 felbont egy rögzített számlát / lekötött betétet; 보험 계약을 ~하다 érvénytelenít egy biztosítási szerződést

해양 명 tenger, óceán; ~ 개발 óceáni fejlesztés; ~ 과학 tengerkutatás(tan), oceanográfia; ~ 관측선 felmérő / kutató hajó / tutaj; ~성 기후 óceáni éghajlat; ~ 오염 tenger szennyezettsége

해양학 명 tengerkutatás(tan), oceanográfia

해열제 명 lázcsillapító, láz elleni gyógyszer

해외 külföld; ~ 공관 diplomáciai iroda egy külföldi országban; ~ 여행을 자유화하다 liberalizálja a külföldi utazásokat; 군대를 ~에 파견하다 hadsereget külföldre küld; 우리 회사는 각종 전자 제품을 ~로 수출하고 있다 A vállalatunk különböző elektronikai készülékeket exportál / szállít külföldre.

해운 명 tengeri szállítás / fuvarozás; 그 지역은 ~상 많은 자연적 이점을 지니고 있다 Az a körzet sok természetes előnnyel / adottsággal rendelkezik a tengeri szállítás számára.

해운업 명 tengeri fuvarozó üzlet; hajózási vállalat

해이-하다 형 hanyag, pongyola; ~ 명 hanyagság, pongyolaság; 생각이 ~해지다 a gondolkodása hanyaggá válik; 기강이 ~하다 a fegyelem gyengül

해임-하다 동 elbocsát / felment vkit az állásából, felmond, állásától megfoszt; ~ 명 elbocsátás, felmentés, felmondás; 대통령은 교육부 장관을 ~했다 Az elnök elbocsátotta az oktatási minisztert.

해적 명 kalóz, tengeri rabló; ~ 행위 kalózkodás; ~질을 하다 kalózkodik; ~이 설치는 바다 kalózokkal fertőzött tenger

해적선 명 kalózhajó

해적판 명 kalózverzió / -másolat

해전 명 tengeri harc, haditengerészeti csata, tengeri háború, flottaháború

해제-하다 동 lefúj, leállít, kikapcsol; 무장 ~ lefegyverzés, leszerelés; 경보를 ~하다 lefúj egy riadót; 쌀 가격의 국가 통제를 ~하다 megszünteti a rizsár állami szabályozását; 공습경보를 ~하였다 A légvédelmi szirénát leállították / kikapcsolták.

해직-시키다 동 felmond, elbocsát vkit vhonnan; ~ 명 felmondás, elbocsátás, elküldés; ~되다 felmond neki az állásból, elbocsátja a pozíciójából ☞ **해임하다**

헤어지다 동 elválik, szétválik; 헤어진 아내 elvált feleség

해질녘 명 naplemente, napnyugta, alkonyat, esthajnal; ~에 naplementekor, napnyugtakor, alkonyattájt, alkonyat táján

해체-하다 동 szétszed, szétszerel; lebont, lerombol; feloszlat; ☞ **해부**; ~ 명 szétszedés, szétszerelés; lebontás, lerombolás; feloszlatás; boncolás; 기계를 ~하다 egy gépet darabjaira (szét)szed; 그 건물은 ~되었다 Az épületet lerombolták.

해충 명 ártalmas / kártékony rovar, kártevő, féreg; ~의 피해 rovarkár, kártevők okozta kár; ~을 제거하다 kiirtja a kártékony rovarokat

해치다 동 (meg)károsít vkit, árt; megrongál, elront, tönkretesz vmit; 과로로 건강을 ~ túlhajszolja magát, ezzel tönkreteszi az egészségét; 미관을 ~ elrontja vminek a szépségét, elcsúfítja a látványt

해치우다 동 megcsinál, véghezvisz, végrehajt, végez; megöl, meggyilkol; legyőz, megver; 상대를 간단히 ~ könnyen legyőzi az ellenséget / ellenfelet

해탈-하다 동 megszabadul az evilági kötöttségektől, szent életű lesz; ~ 명 megszabadítás; 사바 / 번뇌에서 ~하다 megszabadul a földi javak kötelékéből

해프닝 명 esemény, történés

해-하다 동 károsít, megsért; ~할 뜻을 품다 rosszindulattal viselkedik vkivel szemben

핵 명 atommag; gyümölcsmag; lényeg; belseje, veleje, fontos része vminek; ~ 개발 magfizikai / nukleáris fejlesztés; 시민권 운동의 ~ a polgárjogi mozgalom központi alakja

핵가족 명 szűk család; 두드러진 ~ 추세 a szűk családmodell az irányadó

핵무기 명 atomfegyver, nukleáris fegyver, nukleáris haditechnika; ~ 보유국 nukleáris fegyverrel rendelkező ország; ~의 개발 nukleáris fegyverek fejlesztése

핵반응 명 nukleáris reakció

핵심 명 alapvető fontosság, értékes rész, fontos rész; (요점) lényeg, mondanivaló, csattanó; 문제의 ~을 파악하다 eljut a dolog lényegéig: 그의 말은 ~에서 벗어나 있다 Az érvelése nem tartozik a tárgyhoz.

핵심부 명 középpont

핵연료 명 nukleáris üzemanyag, magfűtőanyag; 사용된 ~의 재처리 az elhasznált nukleáris fűtőanyag újrahasznosítása / újrafeldolgozása

핵전쟁 nukleáris háború, atomháború; ~의 위협을 줄이다 mérsékeli / csökkenti egy atomháború veszélyét; 인류를 ~에 의한 절멸에서 구하다 Megóvja az emberiséget a az atomháború okozta megsemmisüléstől.

핸드백 명 kézitáska

핸드볼 명 kézilabda

핸드폰 명 mobiltelefon, mobil

핸들 명 kormány, volán; nyél; fogantyú, forgatógomb, kilincs; 차의 ~을 잡다 a volánnál / kormánynál ül; ~을 우 / 좌로 꺾다 jobbra / balra fordítja a kormányt

핸디캡 명 hátrány, akadály, fogyatékosság; ~을 주다 hátrányból indul; 그는 학력이 없는 것이 ~이다 hátráltatja vmiben az iskolai végzettség hiánya

핼쑥-하다 형 rossz színben van, rossz színe van, sápadtnak látszik; ~한 얼굴 sápadt / halvány / színtelen arc; 몹시 ~해지다 halálsápadttá válik, halálsápadt lesz

햇곡식 명 idei gabonatermés

햇병아리 명 csibe; kezdő, újonc, járatlan / tapasztalatlan ember, tejfölösszájú, zöldfülű; ~ 기자 kezdő / gyakornok újságíró / tudósító / riporter

햇볕 명 napsugár, napfény; ~에 napon, napfényben; ~을 쬐다 napozik, napfürdőzik, napkúrázik; ~에 탄 얼굴 lebarnult / napbarnította arc; ~에 말리다 napon szárít; 그 집은 남향이라 겨울에도 ~이 잘 든다 A déli fekvésű házba még télen is besüt a nap.

햇빛 명 napsugár, napsütés, napfény; 강렬한 ~ erős / ragyogó / vakító napsütés; ~을 가리다 megvéd vmit a naptól, (le)árnyékol; ~을 보다 napvilágot lát, napvilágra kerül; 그 책은 결국 ~을 보지 못했다 A könyv végül nem jelent meg.

햇살 명 napsugár, napfény; 부드러운 ~

enyhe napfény; ~이 퍼지다 a nap szórja / ontja sugarait; ~을 받다 sütkérezik a napon, napfürdőzik

행각 명 zarándokút; túrázás; 사기 ~을 하다 csalást követ el vki ellen, rászed / becsap vkit

행군-하다 동 menetel, felvonul; ~ 명 menet, menetelés, vonulás

행동-하다 동 cselekszik, viselkedik; ~ 명 cselekedet, cselekmény, cselekvés, viselkedés; 단독으로 ~하다 vmitől függetlenül cselekedik, önállóan cselekszik; 신중히 ~하다 óvatosan cselekszik; 제멋대로 ~하다 saját akarata szerint cselekszik mindenben; ~의 자유를 속박하다 korlátozza vki mozgásterét, megköti vkinek a kezét; ~이 수상하다 gyanúsan viselkedik; ~ 거지 viselkedés, magatartás; ~ 양식 viselkedésmód

행락객 명 üdülő, kiránduló, nyaraló

행랑 명 cselédszoba; ~ 살이 cseléd / szolga élete

행렬 명 sor, sorban állás; felvonulás, körmenet, parádé; mátrix; 가장 ~ jelmezes felvonulás; ~을 지어가다 felvonul, parádézik

행방 명 vki holléte; ~을 감추다 elrejtőzik, elbújik, eltűnik; ~을 알아내다 rájön egy személy hollétére

행방불명 명 elveszett, eltűnt, hiányzó; 승무원 중 7명은 ~으로 보도되었다 A légiutas-kísérők közül hetet eltűntként tartanak nyilván.; 그 전투에서 ~된 병사는 5명 이었다 Az ütközetben eltűnt katonák száma öt.

행보 명 ~를 멈추다 félbeszakítja / megszakítja az útját; 발길이 향하는 대로 ~를 옮기다 arra megy, amerre a lába viszi

행복-하다 형 boldog; ~ 명 boldogság; ~하게 살다 boldogan él, boldog életet él; ~을 빌다 sok boldogságot kíván; 건강한 몸으로 일할 수 있는 것보다 ~한 것은 없다 Nincs jobb annál, mint amikor egészséges vagy és dolgozhatsz.

행사 명 rendezvény, program, ünnepség, ünnepély; 연중 ~ az év rendezvényei / programjai; 이것은 우리 학교의 가장 큰 ~ 중 하나이다 Ez az egyik legnagyobb rendezvény, amit az iskolánk tart / szervez.

행사-하다 동 él a törvény adta lehetőségekkel; alkalmazza a törvényt; ~ 명 alkalmazás, felhasználás, (jog)gyakorlás, használat; 무력을 ~하다 fegyveres erőszakot követ el, fegyveres erővel támad; 묵비권을 ~하다 él a hallgatás jogával; 투표권 을 ~하다 szavazati jogát gyakorolja

행성 명 bolygó

행세-하다 동 kiadja magát vminek, tetteti magát vminek; ~ 명 tettetés; 남편 ~를 하다 férjnek adja ki magát; 주인 ~를 하다 tulajdonosnak adja ki magát

행실 명 viselkedés, magatartás, magaviselet; ~이 나쁘다 illetlenül / neveletlenül / rosszul viselkedik; ~을 조심하다 gondos / figyelmes / óvatos a viselkedésében

행여 부 véletlenül, történetesen, esetleg, net(al)án, talán; ~ 꿈이 아닌가 몸을 꼬집어 보다 Megcsípi magát, hogy biztos legyen abban: nem álmodik.

행운 명 jószerencse; ~의 여신 a szerencse istennője; ~을 빌다 sok szerencsét kíván vkinek; 자기의 ~을 감사하다 megköszön vmit a szerencsét hozó csillagoknak

행운아 명 szerencsés fickó, a sors kegyeltje, a szerencse fia

행위 명 cselekvés, cselekedet, akció, tett; viselkedés, magatartás; 정당한 ~ jogos / igazolható / indokolható / törvényes cselekedet; 잔학 ~ kegyetlen cselekedet / tett; 공무원의 부정 ~를 조사하다 A kormányhivatalnokok szabálytalanságait vizsgálja.

행위자 명 cselekvő, cselekedet végrehajtója,

행인 명 járókelő, gyalogos; ~의 발길이 끊어졌다 Elhagyatott / kihalt volt az utca.

행적 명 életében elért eredményei, életének vívmányai

행정 명 közigazgatás, államigazgatás, adminisztráció, államapparátus; ~ 소송 közigazgatási per; ~ 수도 közigazgatási székhely; ~ 조처를 취하다 közigazgatási intézkedéseket / szabályozást kényszerít ki

행정부 명 kormány, végrehajtó hatalom

행정학 명 közigazgatás, államigazgatás

행주 명 mosogatórongy, konyharuha, törlőruha, törlőrongy; ~를 치다 törlőronggyal (le)töröl; ~질 (le)törlés egy konyharuhával; ~ 치마 kötény

행진-하다 동 menetel, parádézik, felvonul; ~ 명 menetelés, parádé, felvonulás; 거리를 ~하다 felvonul az utcán; ~곡 menetdal, katonadal, induló; 군대 ~곡 katonai induló; 결혼 ~곡 nászinduló

행차-하다 동 díszmenetben részt vesz; látogatást tesz vkinél; ~ 명 díszmenet, díszszemle; látogatás

행패 명 illetlen viselkedés, helytelen magatartás, neveletlenség, rosszalkodás; ~를 부리다 rosszalkodik, neveletlenkedik

행-하다 동 (meg)csinál, cselekedik, (meg)tesz; kivitelez, végrehajt, véghezvisz; 기적을 ~하다 csodát tesz 과감한 개혁을 ~하다 drasztikus reformot hajt végre; 생각한 것을 실제로 ~하다 átvisz / átültet a gyakorlatba egy eszmét / elképzelést

행해지다 동 átvitték a gyakorlatba; érvénybe / hatályba lép, hatályba léptetik; végbemegy, megtart; 이 의식은 지금도 행해지고 있다 A rítus / szertartás a mai napig érvényben van / érvényes.

향 명 füstölő, tömjén; ~을 피우다 tömjént éget, tömjénez

향교 명 régi helyi iskola

향긋-하다 형 illatozik

향기 명 illat, aroma; 꽃~ virágillat; 좋은 ~가 나다 jó / kellemes illata van, kellemes illatot áraszt; ~가 좋다 illatos, aromás, jó illatú

향기롭다 형 illatos, jó / kellemes illatú, aromás

향락 명 élvezet, kéj; ~적인 szórakozni vágyó, élvezkedő, kéjsóvár; ~에 빠지다 hajszolja az élvezeteket, beleveti magát az élvezetekbe

향락업소 명 szórakozóhely

향락주의 명 hedonizmus

향로 명 füstölő, tömjénégető, tömjénező (eszköz)

향방 명 irány, útirány; ~을 모르다 fogalma sincs a helyes irányról

향배 명 állásfoglalás, álláspont; ~를 정하다 / 분명히 하다 meghatározza / tisztázza álláspontját vmivel kapcsolatban

향불 명 égő tömjén; ~을 피우다 tömjént éget

향상-하다 동 fellendül, fejlődik, javul, előrelép; ~ 명 fellendülés, fejlődés, javulás, előrelépés; 여성의 지위 ~ előrelépés a nők társadalmi helyzetében; 생활수준의 ~ az életszínvonal növekedése; 노인 복지를 ~시키다 az idős emberek boldogulását / jólétét segíti elő; 그의 영어 실력은 크게 ~했다 Rendkívüli módon javult az angol (nyelv)-tudása.

향수[1] 명 illatszer, parfüm, kölni(víz); ~를 뿌리다 parfümöt fúj vmire; 그는 그녀가 사용한 ~를 정확히 알아맞췄다 Tökéletesen eltalálta, hogy a nő milyen parfümöt használ.

향수[2] 명 honvágy, nosztalgia; ~를 느끼다 honvágyat érez, nosztalgiázik, hazavágyódik; ~에 젖다 honvágytól szenved; 이 노래는 나를 ~에 젖게 한다 Nosztalgiázni kezdtem a dal hallatán.

향수병 명 nosztalgia; ~에 걸린 사람 nosztalgiára hajlamos ember

향유-하다 동 élvez; ~ 명 élvezet; 인권의 ~ az emberi jogok élvezete / gyakorlása

향응 명 szórakoztatás, vendéglátás; 후보자는 유권자들에게 호화로운 ~을 베풀었다 A jelölt a szavazókat pazar ellátásban részesítette.

향토색 명 sajátos (helyi) színezet / szín; ~ 짙은 sajátos színekben gazdag

향-하다 동 vminek az irányába fordítja a fejét; vmi felé tart / halad / irányul; szembefordul, szemben áll; 위를 ~하다 felfelé néz; 창문은 뜰을 ~해 있다 Az ablak a kertre néz.; 서울을 ~하여 가다 Szöul felé / irányába megy; 적을 ~해 돌격하다 rajtaüt az ellenségen; 서로 마주 ~하여 서다 szemtől szemben állnak; 그녀는 식탁을 사이에 두고 남편과 마주 ~해 앉았다 A férjével szemben / átellenben ült le az asztalhoz.

향후 명 ezentúl, a jövőben, mától fogva, mostantól kezdve; a továbbiakban; ~ 수주일 간 mostantól pár hétre; ~ 수개월 간 mostantól pár hónapra

허가-하다 동 megenged; jóváhagy, engedélyt ad; engedélyez, bevonul; ~ 명 engedélyezés; engedély, jóváhagyás; bejutás, bevonulás; 입국 ~ belépési engedély; 건축 ~ építési engedély; 마침내 ~가 나왔다 Végül a jóváhagyás megérkezett.; 그 식당은 식중독을 일으킨 이유로 영업 ~를 취소당했다 Az étterem működési engedélyét ételmérgezés miatt visszavonták.; 사냥은 ~제이다 A vadászat engedélyhez kötött.; ~증 engedély, írott jóváhagyás

허겁지겁 ☞ **허둥지둥**

허공 명 üres / tiszta ég / levegő; ~을 응시하다 a semmibe bámul; ~에 매달리다 a levegőben lóg

허구 명 kitaláció, koholmány, kiagyalt dolog; 그 이야기는 순전히 ~이다 A történet színtiszta kitaláció.

허기지다 동 (배가 고파) kimerült az éhségtől, éhesen marad, éhezik; (마음이) éhezik / szomjazik / vágyódik vmire, sóvárog vmi után

허깨비 명 (환영) hallucináció, érzékcsalódás, képzelődés, rémkép, agyrém, káprázat; (유령) kísértet, árny, fantom; gonosz szellem, manó, kobold

허다-하다 형 számos, sok, gyakori; 그런

예가 ~하다 Számos ilyen példánk van.; 그런 일은 ~하다 Az efféle dolog elég gyakran megtörténik.

허덕이다 동 sínylődik, vmi gyötri / bántja / kínozza; 생활고에 ~ szegénységben sínylődik, gyötri a szegénység

허둥지둥 부 sietősen, kapkodva, rohanva, sebtében, fejvesztve; ~ 달아나다 kapkodva elsiet, fejvesztve elmenekül; 그는 ~ 정거장으로 달려갔다 Fejvesztve rohant az állomásra.

허락-하다 동 (meg)enged / engedélyez vkinek vmit, hozzájárul vmihez, jóváhagy vmit; odaadja magát egy férfinak; ~ 명 engedés, jóváhagyás, hozzájárulás; ~없이 engedély / hozzájárulás nélkül; 결혼을 ~하다 engedélyezi vkinek a házasságot; 외출을 ~하다 megengedi vkinek, hogy elmenjen; 여자가 몸을 ~하다 átengedi / átadja magát egy férfi ölelésének

허름-하다 형 kopott, rongyos, elnyűtt, elhasznált, viseltes

허리 명 derék; ~가 가는 karcsú / vékony derekú; ~가 굽다 görbe a háta, görnyedt a háta, görbe hátú; ~를 굽혀 인사하다 mély meghajlással köszönt; 물은 내 ~까지 찼다 A víz a derekamig ért.; ~둘레 derékbőség, csípőbőség

허리띠 명 öv, derékszíj, nadrágszíj; ~를 매다 beköt / megköt egy övet; ~를 풀다 kiold / kiköt egy övet

허리춤 명 a nadrág derekának a belseje / belsejében; ~에 감추다 bedug / betűr vmit a nadrágba; 지갑을 ~에 넣다 pénztárcát dug a nadrágja derekába / nadrágjába

허리통 명 derékméret, derékbőség, derékméretvétel; ~이 굵다 széles / vaskos csípője van

허망-하다 형 értelmetlen, hiábavaló, megbízhatatlan

허무주의 명 nihilizmus; ~자 nihilista.

허무-하다 형 jelentéktelen, haszontalan, hiábavaló; ~ 명 jelentéktelenség, hiábavalóság, haszontalanság; ~감 jelentéktelenség érzése / érzete; 인생은 ~한 것이다 Az élet egy üres álom.

허물[1] 명 bőr, páncél, fedőréteg; 매미의 ~ a kabóca levedlett páncélja; ~을 벗다 (vmely állat) levedli a bőrét

허물[2] 명 (과실) botlás, rossz tett, helytelen cselekedet, tévedés, baklövés; (흠) hiba, hiányosság, fogyatékosság; ~을 눈감아 주다 elnézi vki hibáit / rosszaságát, szemet huny vki rosszasága felett

허물다 동 lerombol, elpusztít, ledönt; 돌담을 ~ lerombol / ledönt egy kőfalat

허물어지다 동 összeomlik, összedől, ledől; 터널이 허물어져 노무자 10명이 생매장되었다 Tíz munkást temetett el élve az alagútomlás.

허물없다 형 bizalmas / barátságos viszonyban van vkivel; nyílt, egyenes, őszinte, becsületes; 허물없는 친구 őszinte barát, egyenes beszédű barát; 허물없이 fenntartás / korlátozás nélkül

허벅지 명 a comb húsos belső része

허브 명 gyógynövény, fűszernövény

허비-하다 동 pazarol, költekezik, pocsékol, tékozol; ~ 명 pazarlás, költekezés, pocsékolás, tékozlás; 돈을 ~하다 tékozlóan költi a pénzt, elpocsékolja a pénzét; 시간을 ~하다 elpazarolja az idejét, lopja a napot

허사 명 hiábavaló kísérlet, felesleges

próbálkozás; 그에게 탄원했지만 ~였다 Könyörögtem neki, de hiába, nem ment.; 그의 노력이 ~가 되었다 Dugába dőltek a próbálkozásai. Füstbe mentek a tervei.

허세 명 hetvenkedés, kérkedés; ~를 부리다 hetvenkedik, szájhősködik, kérkedik

허송-하다 동 lopja a napot, naplopással / haszontalanul tölti az idejét, lustálkodik; ~ 명 naplopás, lustálkodás, haszontalan időtöltés

허수아비 명 madárijesztő; (비유적) bábu, báb; 그는 회장이라 해도 ~나 마찬가지다 Ő csak bábelnök. Ő csak névlegesen elnök.; 사장은 그저 ~에 지나지 않는다 Az elnök csak egy bábu.

허술-하다 형 ❶ kopottas, rongyos, ócska, elnyűtt; 옷차림이 ~하다 rongyosan öltözik ❷ gondatlan, figyelmetlen, hanyag, nemtörődöm, pongyola; ~한 금융 정책 hanyag pénzügyi / költségvetési politika; 대통령은 경비가 ~해서 저격당했다 Az elnököt lelőtték, mert nem volt megfelelő védelme.

허약-하다 형 gyenge, erőtlen, törékeny, vézna; (병약하다) beteges; ~ 명 gyengeség, törékenység; betegesség; ~ 체질 gyenge alkat / szervezet; ~한 사람 vézna ember; 몸이 ~하다 gyenge egészségi állapotban van

허영 명 hiúság; ~ 때문에 hiúsága miatt, hiúságból; ~에 차다 tele van hiúsággal

허영심 명 hiúság,; ~이 강한 hiú, teljesen beképzelt, hencegő, dicsekedő, dicsekvő; ~에 이끌리어 a hiúsága hajtja, hiúságból; ~을 만족시키다 kielégíti a hiúságát

허용-하다 동 (meg)enged, engedélyez, engedélyt ad, elfogad, tolerál; ~ 명 engedély, elfogadás, tolerancia; ~ 범위 elfogadható terület / hatáskör; ~ 시간 megengedett / megadott idő; 이것은 관용으로 ~되어 있다 Szokás szentesítette.

허우적거리다 동 vergődik, ficánkol; küszködik, erőlködik; 물에서 헤어나려고 ~ hadonászik / kalimpál a levegőben, hogy kimásszon a vízből; 고양이가 강물에 빠져 허우적거리고 있었다 Egy macska beleesett a folyóba, és azon küszködött, hogy kimásszon.

허울 명 (külső) megjelenés; ~뿐이다 Nem olyan jó, mint amilyennek látszik.

허위 명 hazudozás, gazság, álnokság, hamisság, kétszínűség; (논리) téves következtetés, hamis érvelés, álokoskodás, szofizma, téveszme; ~ 진단서 hamis orvosi diagnózis; 그의 진술은 ~였다 A kijelentése hamisnak bizonyult.

허전-하다 형 magányosnak érzi magát; üresnek érzi magát, hiányát érzi vminek / vkinek, hiányol vkit; 친구가 가고 나니 ~하다 A barátom elment, és én magányos vagyok.; 책상이 없어지니 방이 ~하다 Most, hogy az asztalt elvitték, üresnek tűnik nekem a szoba.

허점 명 rés, nyílás; kibúvó, kiskapu, menekülési lehetőség; 법의 ~을 찌르다 visszaél egy kibúvóval a törvényben

허탕-치다 동 hiába próbálkozik, kár megpróbálni, akár meg se próbálja; ~ 명 hiábavaló / haszontalan erőfeszítések

허탈감 명 reménytelenség, csüggedés, levertség, lehangoltság

허탈-하다 형 levert, letört, lehangolt, lesújtott

허풍 명 nagyzolás, hencegés; ~ 떨다 henceg, nagyzol; 그는 ~만 떤다 Nagyzoló ember.; 그가 한 말에는 ~이 많다 Amit nekünk mondott, az csak süket duma.

허-하다 형 gyenge, törékeny; 몸이 ~하다 gyenge szervezete van

헌 형 régi, ócska, használt, viseltes; ~ 옷 használt ruha, régi ruha; ~ 차 használt autó

헌금-하다 동 pénzt adományoz vmire / vkinek, pénzt felajánl, anyagilag hozzájárul vmihez; ~ 명 adományozott / felajánlott pénz, anyagi hozzájárulás

헌법 명 alkotmány, alkotmányos jogszabály; ~ 개정 az alkotmánymódosítás, az alkotmány felülvizsgálata; ~ 기관 alkotmányos intézmény; ~ 학자 az alkotmányjog tudósa, alkotmányjogász; 성문 / 불문 ~ írott / íratlan alkotmány; ~을 수호하다 védelmezi az alkotmányt; ~을 제정하다 létrehozza az alkotmányt; 표현의 자유는 ~에 보장되어 있다 A szólásszabadság az Alkotmányban rögzített alapjog.

헌병 명 (tábori) csendőr; ~대 tábori csendőrség

헌신-하다 동 vminek / vkinek szenteli magát, feláldozza magát vmiért / vkiért, beleveti magát vmibe; ~ 명 önfeláldozás, odaadás; ~적인 odaadó, önfeláldozó; 사업에 ~하다 az üzletnek szenteli magát; 그녀는 평생을 빈민 구제에 ~했다 Az egész életét annak szentelte, hogy segítsen a szegényeken.

헌장 명 (alapító) okirat, alapokmány, alkotmánycikkely; 유엔 ~ az Egyesült Nemzetek Alapokmánya, az ENSZ Alapokmánya

헌혈-하다 동 vért ad; ~ 명 véradás; ~자 véradó

헐값 명 potom / alacsony ár, rendkívül alacsony ár; ~에 팔다 alacsony áron elad, áron alul ad el, potom pénzért ad el egy dolgot; ~에 사다 potom áron / nagyon olcsón szerez meg egy dolgot

헐겁다 형 laza, nem szoros; 나사가 좀 ~ A csavar egy kicsit meglazult.

헐다[1] 동 ❶ lerombol, ledönt, elpusztít; 집을 ~ lerombol egy házat ❷ (돈을) felvált; 만원짜리를 ~ felvált egy 10.000 von értékű bankjegyet

헐다[2] 형 ❶ elhasználódik, elkopik; 옷이 ~ elhasználódik a ruha ❷ begyullad, érzékennyé válik; 상처가 헐었다 A seb begyulladt.

헐떡이다 동 zihál, liheg, levegő után kapkod, fulladozik, nehezen lélegzik; 헐떡이며 말하다 lihegve beszél, zihálva elmond vmit; 무거운 짐을 지고 ~ nehéz súly / teher alatt liheg; 그 여자 아이는 숨을 헐떡이며 말했다 A kislány zihálva beszélt.

헐뜯다 동 (meg)rágalmaz, becsmérel, rosszakat mond vkiről; 뒤에서 남을 ~ rosszakat mond vkiről a háta mögött

헐렁-하다 형 laza, bő, túl nagy vmihez; 신이 ~하다 laza a cipő a lábán, lötyög rajta a cipője; 구멍이 커서 쐐기가 ~하다 A lyuk túl nagy, és a csavar lötyög / mozog benne.

헐레벌떡 부 lihegve és fújtatva; ~ 달려가다 lihegve és fújtatva szalad

헐리다 동 le van rombolva, darabokra van szedve; 집이 ~ a ház le van rombolva

ㅎ

헐벗다 형 le van csupaszodva, meg van fosztva a leveleitől; 헐벗은 산 csupasz / kopár hegy

험난-하다 형 durva és nehéz, rögös, tele van veszéllyel; ~ 명 veszély, veszedelem, nehézség, durvaság, keménység; ~한 길 tüskés ösvény; (산길) meredek / rögös hegyi út; 앞길이 ~하다 Rögös út / életpálya vár ránk.

험담-하다 동 rosszakat mond vkiről, rágalmaz, becsmérel, gyaláz(kodik), mocskol; ~ 명 rágalom, rágalmazás, becsmérlés, gyaláz(kod)ás, mocskolódás; ~을 잘 하는 사람 pletykafészek; rosszmájú, rágalmazó

험상궂다 형 durva kinézetű, harapósnak látszik / látszó, rossz arcú; 험상궂은 얼굴을 하다 haragosan / fenyegetően néz

험악-하다 형 (위험) veszélyes, veszedelmes; (길이) meredek, göröngyös, egyenetlen, rázós; (사태가) súlyos, kritikus, feszült; (날씨가) viharos, rossz, zord; ~한 분위기 kínos légkör; ~한 얼굴 fenyegető / dühös / haragos tekintet / pillantás; ~한 태도 udvariatlan viselkedés

험-하다 형 meredek, göröngyös, egyenetlen, rázós; (날씨 등이) viharos, rossz, zord; (얼굴표정) baljós, mogorva, marcona, zord, ádáz; ~한 산길 meredek / rázós hegyi út

헛간 명 fészer, pajta, szín; magtár, csűr; viskó

헛걸음 명 felesleges / hiábavaló út; ~하다 feleslegesen tesz meg egy utat, tartozott az ördögnek egy úttal

헛기침 명 torokköszörülés, krákogás; ~하다 köszörüli a torkát, krákog

헛돌다 동 farol, megcsúszik; üresen jár, nem halad

헛되다 형 hiábavaló, hatástalan, haszontalan, eredménytelen; 헛된 노력 hiábavaló erőfeszítés; 헛되이 죽다 hiábavalóan / céltalanul hal meg; 더 이상 기다려 보았자 헛된 일이다 Nincs értelme tovább várni.

헛디디다 동 félrelép, megbotlik, el- / megcsúszik, elveszti a lába alól a talajt, kicsúszik a talaj a lába alól; 발을 헛디뎌 계단에서 굴러 떨어졌다 Megcsúsztam és leestem a lépcsőn.

헛소리 명 haszontalan / fölösleges beszéd, üres szavak, ostoba beszéd, csacska beszéd; (고열에 시달려 나오는) félrebeszélés, eszelős kijelentés; ~(를) 하다 önkívületben beszél, ostobaságokat mond, butaságokat beszél, csacskaságokat mond; (잠꼬대) álmában beszél; 그는 높은 열에 시달려 뜻 모를 ~를 하고 있었다 Mialatt lázas volt, önkívületi állapotba került és furcsa dolgokat mondott.

헛소문 명 alaptalan szóbeszéd, hamis szóbeszéd, üres pletyka; ~을 퍼뜨리다 hamis pletykát terjeszt

헛수고-하다 동 hiábavaló erőfeszítéseket tesz; ~ 명 hiábavaló / haszontalan erőfeszítések; ~로 돌아가다 az erőfeszítései hiábavalónak bizonyulnak; 공연한 ~하지 말게 Felesleges tűt keresni a szénakazalban!

헝겊 명 ruha egy darabja; ~ 조각 egy kis ruhadarab, rongy, cafat, ruhafoszlány

헝클어지다 동 összekuszálódik, összebonyolódik; 헝클어진 머리 csapzott /

kócos haj; 헝클어진 것을 풀다 kiszabadul egy bonyolult ügyből, megold / tisztáz egy bonyolult ügyet

헤딩-하다 동 fejel; ~ 명 fejelés, fejes; ~으로 슛을 성공시키다 az ellenfél hálójába / kapujába fejeli a labdát

헤매다 동 barangol / kószál vhol, körbesétál; 아무를 찾아 산중을 ~ átfésüli a hegyeket egy személy után; 할 일이 없이 종일 거리를 ~ egész nap a városban kószál és nem csinál semmit; 생사지경을 ~ élet és halál között lebeg; 어쩔 줄 몰라 ~ tanácstalan, hogy mit tegyen

헤아리다 동 mérlegel, megfontol, fontolóra vesz; kiismer, kipuhatol, elképzel; 마음을 / 가슴속을 ~ kiismer vkit, kipuhatolja vkinek az érzéseit, olvas vkinek a gondolataiban; 결과를 ~ kiszámolja az eredményt; 그러한 예는 헤아릴 수 없이 많다 Számos ilyen / hasonló eset van.

헤어나다 동 túljut, megmenekül, megszabadul, kiszabadul, utat tör magának; 헤어날 길 없다 nincs kiút; 난관 / 어려움에서 ~ megmenekül a bajból, megtalálja a kiutat a kellemetlen helyzetből

헤어스타일 명 (divatos) hajviselet, frizura, frizuradivat

헤어지다 동 ❶ (흩어지다) szétfut, szétszalad, szétszóródik, eloszlik ❷ (이별하다) elbúcsúzik, különválik, szeparálódik, felbomlik; elválnak az útjaik, elidegenednek egymástól; (이혼하다) elválik vkitől, elválaszt; 헤어진 아내 elvált feleség; 드디어 헤어질 날이 왔다 Végül elérkezett a búcsúzás napja.; 헤어진 지 10년이나 됩니다 Tíz éve, hogy utoljára láttalak.

헤엄치다 동 úszik

헤집다 동 felfelé fordít, felhajt, felás, megforgat, kifordít; kapirgál; 닭이 흙을 ~ a csirke kapirgálja a földet

헤치다 동 átfurakodik; félrelök, szétszakít, szétválaszt, átvergődik vmin; 군중을 헤치고 나아가다 átfurakszik a tömegen, utat tör magának a tömegen át; 배가 물결을 헤치고 나아갔다 A csónak csak úgy hasította a hullámokat.

헤프다 형 nem tartós, könnyen elkopik, hamar elhasználódik; 이 비누는 ~ Ez a szappan nem tart sokáig.; 돈을 헤프게 쓰다 eltékozolja a pénzét

헬기 명 ☞ **헬리콥터**

헬리콥터 명 helikopter; ~로 운반되다 helikopterrel szállítják

헷갈리다 동 összezavarodik; összekeveredik; 머리가 헷갈린다 Kezdek összezavarodni.; 두 글자의 뜻이 ~ a két szó jelentése összekeveredett

헹구다 동 (ki)öblít, öblöget; 빨래를 ~ kiöblíti a ruhát

혀 명 nyelv; ~가 잘 돌아가다 pereg a nyelve; ~를 내밀다 kinyújtja / kiölti a nyelvét vkire; ~를 차다 csettint a nyelvével, elkezd cöcögni; ~를 깨물다 megharapja a saját nyelvét; 고추가 매워 ~가 얼얼하다 Az erős paprika csípi a nyelvemet.

혀끝 명 a nyelv hegye

혁대 명 (bőr) öv; ~고리 csat; ~를 졸라매다 / 늦추다 összehúzza / meglazítja az övét

혁명-하다 동 forradalmasít, forradalmat csinál, forradalmat robbant ki; ~ 명 forradalom, forradalmi felfordulás /

felkelés; ~가 forradalmi dal; ~군 forradalmi hadsereg; 반 ~의 ellenforradalmi; ~을 진압하다 leveri a forradalmat; 그 나라에 ~이 일어났다 Kitört a forradalom az országban.

혁신-하다 동 megújít, helyreállít, renovál, megjavít, (meg)reformál; ~ 명 reform, helyreállítás, renoválás, újítás; ~ 세력 haladó (gondolkodású) erő; ~적인 újító, haladó; 정치의 ~ politikai reform; 회사는 많은 기술을 ~했다 A cég jelentős technikai fejlődésen ment át.

현- jelenlegi, aktuális, mostani, pillanatnyi; ~ 내각 a jelenlegi kormány; ~ 대통령 a jelenlegi / mostani köztársasági elnök

현 명 húr

현관 명 bejárat, főbejárat; előcsarnok, előtér, hall; ~으로 들어가다 a főbejáraton lép / megy be; 손님을 ~까지 배웅하다 az ajtóhoz kíséri a látogatót

현관문 명 főkapu

현금 명 készpénz; ~ 가격 készpénzes ár; ~ 거래 / 매매 készpénzügylet; ~ 인출 카드 bankkártya; ~으로 거래하다 készpénzre cserél; (수표를) ~으로 바꾸다 készpénzre váltja a csekket; ~으로 지불하다 készpénzzel fizet; 우리는 많은 ~이 필요하다 Rengeteg készpénzre van szükségünk.

현기증 명 szédülés, szédelgés; ~이 나다 szédül, szédeleg, forog vele a világ, kóvályog a feje; 일어설 때 ~이 나다 forog vele a világ, amikor feláll

현대 명 jelenkor, jelen, modern idők, korunk; ~는 정보화 사회이다 Korunk az információs társadalom kora.; ~ 의학으로도 고치지 못하는 병이 많다 Rengeteg olyan betegség létezik, amelyet még a modern orvostudomány sem képes meggyógyítani.; ~ 문학 kortárs irodalom

현대사 명 jelenkori történelem

현대인 명 a jelenkor embere; modern ember

현대적 korszerű, modern, a legfrissebb, legutóbbi; ~으로 újszerű stílusban, korszerű mintákat követve; 그녀의 의상 디자인은 ~인 감각으로 만들어졌다 A ruhája a legújabb stílusnak megfelelően készült.

현대화-하다 동 modernizál, újít, frissít, korszerűsít; ~ 명 modernizálás, újítás, korszerűsítés; 완전히 ~하다 teljesen korszerűsít; ~하지 않으면 사업은 손해를 보게 된다 Az üzlet / cég veszteséges lesz, hacsak nem korszerűsítik.

현란-하다 형 ragyogó, pompás, briliáns, túl díszes, káprázatos

현명-하다 형 bölcs, okos, józan eszű, éles eszű, eszes, megfontolt, körültekintő

현모양처 명 bölcs anya és jó feleség

현미경 명 mikroszkóp; 고배율의 ~ sokszoros nagyítású mikroszkóp; ~으로 검사하다 megvizsgál vmit a mikroszkóppal

현상[1] 명 jelenség; 물리적 ~ fizikai jelenség; 언어 ~ nyelvi jelenségek; 자연 ~ természeti jelenség; 사회 발달에 있어서의 일시적 ~ egy múló jelenség a társadalom fejlődésében

현상[2] 명 a jelenlegi állapot / helyzet, a dolgok jelenlegi állása, a jelenlegi körülmények; ~을 유지하다 fenntartja / megőrzi a status quo-t, megtartja a dolgokat a jelenlegi állapotukban; 농촌의

~을 개선하다 javítja a mezőgazdaság állapotát

현상[3] 명 díjért folytatott verseny; (상품·상금) díj, jutalom; 소설의 ~ 모집 díjért folyó regénypályázat; ~붙은 felajánlott díjjal; ~을 걸다 felajánl egy díjat

현상금 명 jutalompénz, díj; 범인 체포에 ~ 2백만 원을 걸다 Kétmillió vont ajánlottak fel annak, aki kézre keríti a bűnözőt.

현상학 명 fenomenológia, jelenségek tana

현세 명 ez a világ / élet, a jelenkor; ~주의 világias gondolkodás, szekularizmus; ~의 / 적인 evilági, földi; ~와 내세 ez a világ és az elkövetkező; ~에서는 ezen a világon, ebben az életben

현수막 명 (극장의) (felvonás végi) függöny; (광고용) zászló, lobogó; (플래카드) plakát, falragasz, feliratos tábla; ~을 내걸다 plakátot kifüggeszt

현숙-하다 형 bölcs és erényes; ~ 명 női bölcsesség és erény, női tökéletesség

현실 명 valóság, valódiság, realitás; 엄한 인생의 ~ az élet rideg / kemény valósága; ~적(인) reális, valószerű, gyakorlatias, praktikus, földön járó; ~로 되다 valósággá válik; ~에 맞는 계획을 세우다 a valós körülményeknek megfelelően tervez; ~에 맞지 않다 nincs összhangban a valósággal; ~에서 도피하다 elmenekül a valóság elől; ~을 직시하다 szembenéz a valósággal; 이상과 ~을 혼동해서는 안 된다 Ne keverd össze az álomvilágot a valósággal!

현실성 명 megvalósíthatóság; 네 계획에는 ~이 없다 A terved nem megvalósítható.

현실주의 명 valószerűség, realizmus, aktualizmus; ~자 realista, a valószerűség / realizmus híve

현실화-하다 동 megvalósít, valóra vált, materializál, aktualizál; (금리·환율 따위의) a reális szinthez igazít vmit; ~ 명 megvalósítás, materializálás, aktualizálás; 원 달러 환율을 ~하다 a realitásnak megfelelő szinthez igazítja a von-dollár valutaárfolyamot

현안 명 elhúzódó kérdés, elintézetlen / megoldatlan kérdés / probléma; 양국간의 ~ 문제 megoldatlan probléma a két ország között; 그 문제는 아직 ~으로 남아 있다 A kérdés továbbra is nyitva van.

현역 명 aktív (katonai) szolgálat; (휴직에 대한) szolgálatban lévő dolgozó / munkás; ~ 군인으로 복무했다 aktív katonai / hadi szolgálatot teljesített; ~ 선수 aktív játékos; 2개월의 훈련 후 ~에 편입되다 kéthónapos kiképzés után aktív állományba lép / kerül; 그는 아직 ~이다 Még aktív állományban van.

현장 명 helyszín; (건축) építkezés színhelye / területe; (야외 조사) terep, gyűjtőhely; ~ 감독 munkafelügyelő, munkafelvigyázó, munkavezető; ~ 검증 helyszíni szemle; ~ 조사 a helyszínen végzett nyomozás / vizsgálat; 사고 ~에 달려가다 odasiet a baleset helyszínére; ~에서 잡히다 a helyszínen tartóztatják le; 충돌한 차의 운전자는 ~에서 즉사했다 A balesetet szenvedett autó sofőrje a helyszínen meghalt.

현재 명 jelen idő; (부사적) most, jelenleg; ~까지 mostanáig, a jelenig, a mai napig; 나는 ~의 일에 만족하고 있다 Meg vagyok elégedve a jelenlegi munkámmal.; 이 일에 관해서는 ~까지 아무 것도 알려져 있지 않다 A mai napig semmit nem lehetett tudni erről.

현저-하다 형 jelentős, feltűnő, észrevehető, figyelemre méltó; ~한 차이 feltűnő különbség vmiben; 인구의 ~한 증가 észrevehető népességnövekedés

현존-하다 동 létezik, fennáll; fennmarad; ~ 명 létezés, fennállás; fennmaradás; 이 절은 우리나라에 ~하는 가장 오래된 목조 건축물의 하나이다 Ez az országunkban még meglévő legrégibb faszerkezetes templomok egyike.

현주소 명 jelenlegi lakcím

현지 명 helyi; ~ 법인 helyi leányvállalat; ~ 시간으로 오후 3시 (한국 시간으로 일요일 새벽 4시) helyi idő szerint délután 3-kor (koreai idő szerint vasárnap hajnalban 4-kor); ~인 helyi lakos, az adott helyen élő ember; ~ 채용 helyi foglalkoztatottság; 그는 ~에서 고용되었다 Helyben alkalmazták.

현직 명 a jelenlegi hivatal / szolgálat, hivatalban lévő személy; (형용사적) hivatalban lévő, jelenlegi, mostani; ~ 대통령 a hivatalban lévő köztársasági elnök; ~에 머물다 vkit meghagynak a jelenlegi posztján / hivatalában, munkában marad; ~에서 물러나다 nyugdíjba megy a hivatalából

현찰 명 készpénz; ~로 지불 / 계산하다 készpénzzel fizet; 수표를 ~로 바꾸다 beváltja a csekket készpénzre

현행 명 (형용사적) jelenlegi, forgalomban lévő, érvényben lévő; ~ 교과서 forgalomban lévő tankönyvek; ~ 규정 hatályban lévő szabályok, fennálló szabályok; ~ 맞춤법 a jelenlegi helyesírási szabályzat; ~법의 적용을 받다 alá van rendelve a hatályban lévő törvényeknek; 지하철의 운임은 ~대로이다 Nem lesz / várható változás a metrójegy árában.

현행범 명 tetten ért bűnöző; ~으로 잡히다 a bűnözőt a bűnelkövetés közben elfogták; ~으로 체포하다 a bűnelkövetőt tetten érték

현행법 명 a hatályban lévő / hatályos törvény

현혹-하다 동 elbűvöl, elcsábít, elkápráztat, megigéz, elvarázsol; ~ 명 csábítás, elkápráztatás, megigézés, elvarázsolás; 돈에 ~되다 elvakítja a nyereségvágy; 달콤한 말에 ~되지 마라 Ne dőlj be a csábító / mézesmázos szavaknak!

현황 명 a jelenlegi állapot / helyzet; 우선 우리 제품의 각 생산 라인의 ~을 알고 싶다 Először is érdekelne, hogy hol állnak az egyes termékcsoportjaink (a rangsorban).

혈관 명 véredény, ér; ~ 협착 / 폐색 érszűkület; ~ 확장제 értágító szer; ~ 경화 érelmeszesedés; 피는 ~을 통해 체내를 흐른다 A vér ereken áramlik a testben.

혈기 명 (기운) életerő, vitalitás; (격하기 쉬운) heves vérmérséklet; (젊음의) ifjonti hév / életerő; ~가 왕성하다 tele van fiatalos energiával; heves vérmérsékletű fiatal

혈뇨 명 véres vizelet

혈변 명 véres széklet / ürülék

혈색 명 arcszín; ~이 좋은 사람 egészséges bőrű / jó megjelenésű személy; ~이 좋다 üde arcszíne van, jól néz ki, rózsás az arca; ~이 나쁘다 sápadtnak látszik, rosszul néz ki, nincs színe

혈압 명 vérnyomás; 고 / 저 ~ magas / alacsony vérnyomás; ~이 높다 / 낮다 magas / alacsony vérnyomása van; ~이 정상인 사람 normális vérnyomású ember; ~을 재다 (남의) megméri vkinek a vérnyomását; (자기의) megméreti a vérnyomását; 이 약을 복용하면 ~이 내려갈 겁니다 Ez a gyógyszer csökkenteni fogja a vérnyomását.

혈액 명 vér; ~ 검사 vérvizsgálat; ~ 검사를 하다 megvizsgálja a vért; ~ 순환 vérkeringés, véráramlás; ~ 암 (백혈병) fehérvérűség, leukémia; ~ 은행 vérbank; ~형 vércsoport; RH식 ~형 Rh vércsoport; ~형을 검사하다 megvizsgálja vkinek a vércsoportját; 운동을 하면 ~ 순환이 잘 된다 A testmozgás javítja a vérkeringést.

혈연 명 vérségi kötelékek, vérrokonság, vérségi kapcsolat; ~ 관계에 있다 vérrokonságban van

혈육 명 vkinek a húsa és vére, vkinek az utódja; 슬하에 일점 ~이 없다 teljesen gyermektelen

혈족 명 vkinek a vérrokona, vér szerinti rokon; ~ 관계 vérrokonság, vér szerinti kötelék, vérségi kapcsolat

혈통 명 (le)származás, családfa, felmenő / lemenő ág; pedigré; 아버지 / 어머니 쪽의 ~ apai / anyai ág; ~이 좋은 개 törzskönyvezett kutya; ~이 좋다 (동물이) jó törzsből / vérvonalból származik; (사람이) jó családból jön, jó családból való; 그 ~은 지금 끊어져 버렸다 Kihalt a vérvonal.

혐오-하다 동 utál, gyűlöl, undorít, undorodik vmitől, idegenkedik, ellenszenvet érez; ~ 명 undor, utálat, utálkozás, gyűlölet, ellenszenv, idegenkedés; ~감을 품다 gyűlöl, undorodik, utál; 그는 그 광경을 ~의 눈으로 보았다 Undorral / Ellenszenvvel nézte a jelenetet.

혐의 명 gyanú; vád(emelés); 살인 ~로 구속되다 gyilkosság gyanúja miatt letartóztatták; ~를 두다 gyanúba kever vkit, rátereli a gyanút vkire; 절도 ~를 받다 tolvajlás / lopás gyanújába keveredik

혐의자 명 gyanús személy; gyanúsított

협동농장 명 termelőszövetkezet, mezőgazdasági termelőszövetkezet, tsz (téesz)

협동조합 명 szövetkezet; ~에 가입하다 csatlakozik a szövetkezethez

협동-하다 동 szövetkezik, egyesíti az erőit; ~ 명 szövetkezés, erőegyesítés; ~하여 együttműködésben vkivel, együttesen vkivel, vkinek a részvételével, együttesen

협력자 명 együttműködő partner, munkatárs, kolléga

협력-하다 동 együtt dolgozik vkivel, együttműködik vkivel, összejátszik vkivel, szövetkezik vkivel; ~ 명 együttműködés, összejátszás, együttmunkálkodás; 경제 ~ gazdasági együttműködés; 상호 ~ kölcsönös együttműködés; 긴밀히 ~해서 하다 szoros együttműködésben dolgozik vkivel, vállvetve dolgozik vkivel; ~ 관계를 더욱 강화하다 tovább erősíti az együttműködést

협박-하다 동 megfélemlít, megfenyeget;

ㅎ

~ [명] fenyegetés, veszély, zsarolás; ~ 전화 fenyegető telefonhívás; ~하여 megfélemlítve, megfenyegetve; ~에 의한 자백 kényszer hatására tett vallomás, kikényszerített / kierőszakolt vallomás; 죽인다고 ~하다 halállal fenyeget vkit

협상-하다 [동] egyezkedik vkivel, tárgyal vkivel; ~ [명] egyezkedés, tárgyalás; (협정) megegyezés; ~ 중이다 tárgyalásokat folytat vkivel; ~을 시작하다 tárgyalásba kezd vkivel; ~은 결렬됐다 A tárgyalások kudarcba fulladtak.

협소-하다 [형] (면적이) kicsi, kis; (폭이) keskeny, szűk; (좁고 답답하다) bezártság érzése; (한정되다) korlátozott

협약-하다 [동] belemegy / beleegyezik vmibe; ~ [명] beleegyezés, megegyezés, paktum; ~서 írásos megegyezés; 단체 ~ kollektív szerződés; ~을 맺다 megállapodást / szerződést köt vkivel

협의-하다 [동] megbeszél vmit vkivel, megbeszélést tart; ~ [명] megbeszélés, konzultáció, tárgyalás; ~ 중이다 megbeszélésen van; 충분히 ~하다 teljesen megbeszél vmit; 이 문제는 내일 회의에서 ~될 것이다 A holnapi megbeszélésen vitatják meg ezt a problémát.

협정-하다 [동] megegyezik vkivel, megállapodást köt vkivel, megegyezést / szerződést köt vkivel; ~ [명] megállapodás, megegyezés, szerződéskötés; ~서 írásbeli megegyezés / megállapodás / szerződés; 정보 통신 ~ információs és telekommunikációs szerződés / megállapodás; 통상 ~ kereskedelmi paktum / megállapodás; 핵실험 금지 ~ atomcsendegyezmény; ~서를 작성하다 szerződést előkészít; ~에 의하여 a szerződés szerint, a szerződésnek megfelelően; ~에 조인하다 szerződést ír alá; ~을 깨다 / 폐기하다 szerződést felbont / érvénytelenít; ~이 이루어지다 megállapodásra jut vkivel; 한미 간에 군사 ~이 성립되었다 Korea és Amerika katonai megállapodást kötött.

협조-하다 [동] együttműködik vkivel; vkivel / vmivel összhangban cselekszik; ~ [명] együttműködés, kooperáció; (조화) harmónia; (타협) egyeztetés; 보다 긴밀한 ~체제 szorosabb együttműködési rendszer; 이 문제의 해결에는 노사 간의 ~가 불가결하다 A munkások és a vezetés közötti megegyezés / egyeztetés elengedhetetlen ahhoz, hogy megoldják ezt a problémát.

협주곡 [명] verseny(mű); 바이올린 ~ hegedűverseny

협회 [명] társaság, társulat, egylet, egyesület, szövetség; ~를 조직하다 alapít / létrehoz egy egyesületet

혓바닥 [명] (혀의 윗면) a nyelv elülső része; (혀) nyelv; ~ 모양의 nyelvszerű; ~으로 핥다 lefetyel a nyelvével, nyal(ogat); ~을 내밀다 kiölti / kinyújtja a nyelvét vkire

헛소리 [명] félrebeszélés; érzelemkitörés; ~를 하다 beszél álmában; 무슨 ~를 하는 거냐 Te, miről beszélsz?

형[1] [명] idősebb fiútestvér, báty; 맏~ vkinek a legidősebb fiútestvére, bátyja; 매 / 자~ sógor, vki nővérének a férje; ~수 sógornő, vki bátyjának a felesége; ~만 한 아우 없다 A fiatalabb testvér sosem lesz egyenlő az idősebbel!

형[2] [명] ❶ (모형) modell, prototípus; (주

물) forma, minta, séma; 신~ 자동차 új autómodell ❷ (양식) stílus, típus, mód; 요즈음 이런 ~의 코트가 유행하고 있다 Ez a fajta / stílusú kabát jött divatba.

형[3] 명 büntetés, ítélet; 종신~을 선고하다 életfogytiglanra ítél; ~의 집행 ítéletvégrehajtás; ~을 선고하다 kihirdeti az ítéletet; ~의 집행을 유예하다 az ítéletvégrehajtást elhalasztja / felfüggeszti; 징역 5년~에 처하다 5 év kényszermunkára ítélik

형광등 명 neon(cső), fénycső

형국 명 ❶ (형세) szituáció, helyzet ❷ (관상) megjelenés; (풍수지리) elhelyezés

형님 명 báty, fivér

형무소 명 börtön, fogház

형벌 명 büntetés-végrehajtás, büntető intézkedés; ~에 처하다 elítéli a vádlottat, vmire ítél vkit; ~을 받다 bűneiért elnyeri büntetését

형법 명 (법) büntetőtörvény, büntetőjog; büntető törvénykönyv, Btk.; ~상의 범죄 bűncselekmény, bűntett

형부 명 sógor, az idősebb lánytestvér férje

형사 명 ❶ (사건) büntetőjogi ügy / eset, bűnügy; ~ 소송중이다 büntetőperben áll vkivel; ~ 소송을 걸다 bűnvádi eljárást indít / tesz folyamatba vki ellen; ~법원 büntetőbíróság ❷ (사람) nyomozó, detektív; ~가 나를 미행하고 있다 Egy nyomozó követ engem.

형상 명 figura, forma, alak

형상화-하다 동 formáz, kialakít

형성기 명 kialakulási időszak, vmivé válás időszaka; 인격 ~ a személyiséget meghatározó időszak

형성-하다 동 (ki)alakít, formál, készít, formát / alakot ölt: ~ 명 (ki)alakulás, képződés, keletkezés; (meg)alakítás, létrehozás, alapítás; 천체의 ~ az univerzum születése; 인격 ~ személyiségfejlődés, jellemformálás; ~되다 formálódik, alakul

형세 명 (정세) helyzet, tényállás, folyás, alakulás; (전망) kilátások, perspektíva, lehetőségek; (형편) körülmények; (풍수) elhelyezés; ~가 불리하다 a helyzet nem kedvező vkinek; ~를 관망하다 figyelemmel kíséri a dolgok alakulását

형수 명 sógornő, az idősebb fivér felesége

형식 명 forma, formaság, formalitás; ~ 논리 formális logika; 논문 ~으로 egy tanulmány formájában; 어떤 ~으로든지 bármilyen formában; ~을 갖추다 eleget tesz a formai követelményeknek; ~에 구애되다 kitart amellett, hogy az előírásoknak megfelelően történjen vmi; ~을 중시하다 tiszteli a szabályokat / a szokásokat

형식적 formális; szokásszerű, hagyományos, konvencionális; felületes

형식주의 명 formalizmus

형용사 명 melléknév; ~적인 melléknévi

형이상학적 természetfölötti, metafizikai

형제 명 testvér; rokon; (동포) honfitárs; 이복 / 배다른 ~ féltestvér, mostohatestvér; ~가 몇이 되느냐 Hány testvéred van?

형제간 명 testvériség, testvéri kötelék

형제자매 명 fivérek és nővérek

형질 명 ❶ (형태와 성질) jellemző / jellegzetes alak és természet / jelleg ❷ (유전적인) jellemvonás, jellegzetesség, tulajdonság; ~ 세포 vérsejt; ~ 전환 (유전) átalakítás, átalakulás

형체 명 forma, alak, test; ~를 갖추다 alakot ölt, megtestesül

형태 명 forma, alak; ~를 바꾸다 átalakul, átalakít, átváltoztat

형태론 명 alaktan, morfológia

형태소 명 morféma

형태심리학 명 alaklélektan

형편 명 ❶ (경과) menet, folyamat, (le)folyás; kialakulás, kifejlődés, kibontakozás; (결과) kimenet(el), következmény, (vég)eredmény; (사정·형세) állapotok, helyzet, körülmények; ~상 a körülményekre való tekintettel; 가정 ~으로 családi okok miatt ❷ (살림살이의) vkinek az anyagi helyzete; ~이 넉넉하다 bőségesen el van látva vmivel; ~이 아주 말이 아니다 rossz anyagi helyzetben van

형편없다 형 (비참하다) szerencsétlen, nyomorult; (시시하다) jelentéktelen, komolytalan, silány, hitvány, használhatatlan; (망쳐지다) elrontott, lerombolt; (지독하다) borzalmas, félelmetes, rettenetes; 불경기로 사업이 ~ A gazdasági válság visszavetette / lelassította a vállalkozásunkat.

형편없이 부 (몹시) leírhatatlanul, szörnyen, rettenetesen, iszonyúan, szigorúan, keményen; (가차없이) irgalmatlanul, ridegen, kíméletlenül, könyörtelenül, határozottan; (아주) teljesen, egészen, nagyon; ~ 고생하다 szörnyen szenved vmitől, rengeteg nehézségen megy keresztül; 비 때문에 꽃이 ~ 되었다 Az eső nagy pusztítást végzett a virágok között.

형평 명 egyenlőség, méltányosság, jogosság, igazságosság; ~ 원칙에 어긋나다 ellenzi a méltányosság alapelvét; ~의 원칙을 무시하다 semmibe veszi a méltányosság alapelvét

형형색색 명 sokféleség, változatosság, különbözőség, különféleség

혜택 명 szívesség; (이익) előny; (자애) jóindulat, irgalom; 문명의 ~ a civilizáció előnyei / jótéteményei; ~을 주다 előnyben részesít, vmi / vki javára dönt, szívességet tesz vkinek; 전 국민이 고루 문화 ~을 누릴 수 있도록 하다 minden állampolgárnak lehetővé teszi, hogy egyenlően részesülhessen a kulturális javakból

호각 명 síp; ~을 불다 sípol

호감 명 jóindulat; jóakarat; jó benyomás; ~이 가는 vonzó, imádnivaló, bájos, tetszetős; ~을 사다 elnyeri vkinek a jóindulatát; ~을 주다 jó benyomást tesz vkire, jó benyomást kelt vkiben; 나는 그녀에게 ~을 가지고 있다 Jóindulattal viseltetem iránta.

호강-하다 동 gyöngyélete van, úgy él mint Marci Hevesen, nagystílűen él, nagystílű életet folytat; előnyös helyzetben van

호걸 명 kiváló / rendkívüli személyiség, nagyszerű alak / figura, bátor / hősies alak; 그에겐 ~다운 데가 있다 Hősiesen viselkedik.

호국 명 haza védelme; ~ 정신 elhivatottság az országa védelme iránt

호기 명 kiváló lehetőség, jó esély, jó alkalom; ~를 기다리다 kivárja a jó lehetőséget; ~를 포착하다 megragadja / kihasználja az adandó lehetőséget

호기심 명 kíváncsiság; ~에 이끌리어 hajtotta a kíváncsiság, kíváncsiságból tesz vmit; 아이들은 ~이 많다 A gyerekek tele vannak kíváncsisággal.

호도-하다 동 elkendőz, szépítget, időt nyer; 잘못을 ~하다 elkendőzi vkinek a hibáját, szemet huny vki hibája felett; 그는 결코 사실을 ~할 사람이 아니다 Ő az utolsó, aki szemet hunyna a dolog felett.

호되다 형 súlyos, kemény, durva, nyers, komoly; 호된 비평 maró / durva kritika; 이런 호된 추위는 처음이다 Még sosem volt ilyen komoly megfázásom.; 호되게 꾸짖다 durván leszid, jól összeszid vkit

호두 명 dió(fa); ~까기 (도구) diótörő; ~껍질 dióhéj; ~를 까다 diót tör

호들갑 명 hűhó; ~을 떨다 nagy hűhót csap, nagy felhajtást rendez; ~ 떨지 마라 Ne csapj nagy felhajtást!

호랑이 명 tigris; (비유적) félelmetes / ijesztő ember; ~ 담배 먹던 시절에 (volt egyszer) réges-rég; Hol volt, hol nem volt...; ~도 제 말하면 온다 Ne fesd az ördögöt a falra!

호령-하다 동 utasítást / parancsot ad; (큰 소리) ordít, kiált; ~ 명 parancs; vezényszó; ordítás, kiáltás; 천하를 ~하다 az egész világnak parancsol; uralma alatt tartja az egész világot 부하를 ~하다 kiabál az alattvalójával

호루라기 명 síp

호르몬 명 hormon; ~ 결핍증 hormonális elégtelenség; ~ 장애 hormonális zavar, hormonzavar; 남성 / 여성 ~ férfi / női nemi hormon

호리다 동 (홀리다) elcsábít, megkísért; elvarázsol, elbájol, elbűvöl; (속이다) félrevezet, megtéveszt; 돈으로 여자를 ~ lányt pénzzel elcsábít

호모 명 homoszexualitás; homoszexuális; (남자) meleg, (여자) leszbikus; (속어) homokos

호박 명 (식물) (sütő)tök; cukkini

호박꽃 명 tök virága; cukkini virága

호비다 동 piszkál, túr; 귓속을 ~ fülét piszkálja vmivel; 코를 ~ orrát túrja

호소-하다 동 panaszkodik, panaszt tesz, fellebbez, kérelmez; folyamodik vmiért vkihez, fordul vkihez; ~ 명 panaszkodás, kérelem, fellebbezés; 건전한 이성에 ~하다 a józan észhez fellebbez; 누구에게 도움을 ~하다 segítségért folyamodik vkihez

호송-하다 동 fedez, (őrökkel) kísér, őrizet alatt / kísérettel küld; ~ 명 fedezet, kíséret; ~차 rabszállító kocsi; 수송선을 ~하다 járműoszlopokat kísér; 범인은 열차로 서울까지 ~되었다 A vádlott rendőri fedezettel / kísérettel vonaton utazott Szöulba.

호수 명 tó; ~의 tavi; 호숫가 tópart

호시탐탐 부 a megfelelő alkalomra várva; állandó ellenségeskedéssel; 그들은 ~ 공격의 기회를 노리고 있다 Csak a lehetőségre várnak, hogy megtámadhassanak.

호신술 명 önvédelmi harctechnika

호응-하다 동 örömmel fogad vmit, válaszol / reagál egy kérésre, egyetértésben cselekszik vkivel; ~ 명 (부름에 응함) elfogadás; (기맥상통) válaszolás, válaszadás; (문법) (수·격·성·인칭의 일치) egyezés; 시제의 ~ ige-idő-egyeztetés; 술어 동사는 주어의 인칭과

수에 ~한다 Az állítmány egyezik az alannyal számban és személyben.

호의 명 (선의) jóakarat; (친절) udvariasság, kedvesség, szívélyesség, előzékenység; (우의) barátság; (알선) szíves segítség / közbenjárás; ~로, ~적으로 jóindulatúan, kedvesen, jóindulatból, barátságosan; ~에 보답하다 meghálál / viszonoz vkinek egy szívességet; ~를 보이다 rokonszenvet mutat vki iránt; 그의 ~에서 나온 충고는 도리어 악의로 해석되었다 Rossz néven vették a jóhiszemű tanácsát.

호인 명 jó természetű / jóindulatú / lágyszívű személy, jó és őszinte ember; 그는 ~이지만 소심한 사람이다 Ő jószívű, de félénk ember.

호적 명 családi / anyakönyvi nyilvántartás; ~ 등본 / 초본 másolat vkinek a családfájáról / a családi nyilvántartásról; ~법 Családi Nyilvántartási Törvény; ~에 올리다 feljegyzi / beíratja vkinek a nevét a családi nyilvántartásba; ~에서 빼다 kitörölteti vkinek a nevét a családi nyilvántartásból; ~을 조사하다 megvizsgálja vki családi nyilvántartását

호전적 harcias; ~인 언사를 쓰다 harcias retorikát használ

호전-하다 동 jóra fordul, megjavul, jobbá válik; ~ 명 jóra fordulás, megjavulás, jobbá válás; 식량 사정의 ~ az élelmezési viszonyok javulása; 그녀의 병세는 ~되었다 Az állapota jelentősen javult.

호조 명 kedvező / javuló tendencia, kedvező fordulat / alakulat; ~를 보이다 kedvező tendenciát mutat

호주[1] 명 Ausztrália, Ausztrál Nemzetközösség

호주[2] 명 a család feje, családfő, családapa; ~ 상속권 örökösödési rendszer / jog; ~ 상속인 örökös; ~와의 관계 vkinek a rokoni kapcsolata a családfővel

호주머니 명 zseb; ~ 사정 pénzügyi / anyagi helyzet; ~ 사정이 나쁘다 kevés pénzzel rendelkezik, üres a zsebe; 뚜껑 달린 ~ patnis zseb; ~가 없는 zseb nélküli; ~를 뒤지다 kutat / keresgél / kotorászik / matat vkinek a zsebében; ~에 넣다 beletesz a zsebébe; ~에서 꺼내다 előhúz a zsebéből; ~가 두둑하다 sok pénzzel rendelkezik, tele van a zsebe; 그는 두 손을 ~에 찌른 채 서 있었다 Mindkét kezét zsebre dugva állt.

호출-하다 동 (oda)hív, kihív; (전화로) felhív, megcsörget; (법정으로) beidéz; ~ 명 hívás; (소환) idézés; 그녀를 전화로 ~하여 그의 말을 전해 주었다 Felhívtam a nőt telefonon és átadtam az üzenetét.; 원고 / 피고를 ~하다 a(z) felperest / alperest (a bíró elé) beidézi

호칭 명 név; elnevezés, megnevezés, megjelölés; (편지 따위의) megszólítás; ~하다 nevet ad vkinek / vminek, (el)nevez; megnevez

호텔 명 szálloda, szálló, hotel; ~에 묵다 megszáll egy szállodában; ~ 예약을 해 놓았습니다 Elintéztem a szállodai elhelyezését.; ~ 산업 szállodaipar; ~업자 szállodás; ~ 매니저 szállodavezető; ~ 종업원·직원 szállodai alkalmazott

호통-치다 동 hevesen kikel vki / vmi ellen, lehord, letol, megszid, leteremt; ~ 명 letolás, szidás; 일을 빨리 하라고 ~치다 megszid vkit, hogy az gyorsan végezze el a munkát; 상사가 갑자기 나에

게 ~쳤다 A főnököm egyszer csak leteremtett engem.

호화-롭다 형 ragyogó, pompás, nagyszerű, pazar, fönséges, fényűző; (구어) sikkes, elegáns, fess, flancos, puccos; ~ 명 nagyszerűség, ragyogás, pompa, fényűzés, luxus; ~ 생활 pazarló élet; ~로운 가구로 장식된 집·주택 pazar berendezésű lakás, luxuslakás; ~롭게 살다 nagy luxusban él; 국세청은 정당한 수입원이 없이 ~ 생활을 하는 사람들에게 추가적인 무거운 소득세를 부과했다 A Nemzeti Adóhivatal további jövedelemadót rótt ki azokra a személyekre, akik pazarló életmódot folytatnak létező / meglévő jövedelemforrás nélkül.

호환성 명 átjárhatóság, kompatibilitás, szabványszerűség

호황 명 boldogulás, jólét, jómód, fellendülés, virágzó / jó konjunktúra, prosperitás; ~과 불황의 순환 a fellendülés és hanyatlás körforgása; 그의 사업은 ~이다 vállalkozása / üzlete fellendül; 경기가 ~이다 a(z) kereskedelem / ipar / gazdasági élet virágzik; 한국의 자동차 산업은 ~이다 A koreai autóipar fellendülőben van.

호흡곤란 명 nehéz légzés, fulladás, légzési zavarok

호흡기 명 légzőszervek

호흡-하다 동 lélegzik; ~ 명 ❶ (숨) légzés, lélegzet; 인공 ~ mesterséges lélegeztetés; ~이 곤란하다 légzési nehézségekkel küzd, nehezen lélegezik; 코로 ~하다 orron keresztül lélegzik; 그의 ~이 멎었다 Leállt a légzése. ❷ (장단) ritmus, ütem; összhang, harmónia, egyetértés; 그는 완벽한 ~으로 연주했다 tökéletes ritmusban / összhangban játszott vkivel; 그들은 ~이 잘 맞는다 jól kijönnek egymással; 그 사람과는 ~이 잘 맞지 않는다 Nem jövök ki jól vele.

혹[1] 명 (병적인) daganat, duzzanat; (군살) kinövés, bütyök, csomó, bőrkeményedés; (부딪쳐서 생긴) púp, dudor; (나무의) csomó, görcs; (낙타의) púp; 얼굴 오른쪽에 ~이 있다 Daganat van az arca jobb oldalán.

혹[2] 부 (혹간) néha, ritkán, időről időre, időnként, alkalomadtán; (혹시) talán, lehetséges, esetleg; (또는) vagy, vagy pedig, vagy... vagy; ~ 틈이 있으면 책을 읽는다 Időnként könyvet olvasok, amikor van időm.; 이달 ~은 내달에 (vagy) ez a hónap, vagy a következő

혹독-하다 형 szigorú, kemény, rideg, nyers, kérlelhetetlen, kegyetlen, zord; ~한 추위 kemény / zord hideg; ~한 비평 kemény / szigorú kritika

혹시 부 talán, lehetséges, esetleg, abban az esetben, ha, feltéve; ~ 비가 오면 ha esne, eső esetén; ~ 그가 올지도 모르겠다 Lehet, hogy eljön.

혹-하다 동 szerelmes vkibe; beleesett / belebolondult vkibe; rajong vkiért; kijátszanak / becsapnak vkit, félrevezetnek vkit, átvernek vkit; 무당의 말에 ~하다 egy sámán jóslata félrevezet vkit

혼 명 szellem, kísértet; ~이 담긴 lelkesítő / lélekkel teli; ~이 나가다 a lélek elhagyja a testet

혼나다 동 ❶ (놀라다) halálra rémül, megrémül, megijed, megborzad ❷ (곤란을 겪다) keserűen megtapasztal vmit, rossz tapasztalatot szerez, bajlódik vkivel / vmivel ❸ (꾸지람을 듣다) dorgálásban / megrovásban részesül; 아버지한테 ~ kemény szidást kap az apjától

혼내다 동 ❶ (놀래다) megrémiszt vkit, megijeszt vkit, halálra rémít vkit ❷ (꾸짖다) megbüntet vkit, nagyon megfizet vki vmiért, móresre tanít vkit; 그를 단단히 혼내 줘야지 Ezért még meglakol / megfizet!

혼돈 명 káosz, zűrzavar, összevisszaság, fejetlenség; ~ 상태에 빠뜨리다 kaotikus állapotot idéz elő, zűrzavarba taszít vmit

혼동-하다 동 összetéveszt / összekever / felcserél vmit vmivel; ~ 명 összetévesztés, összekeverés, felcserélés; 남의 이름을 ~하다 neveket összekever / összetéveszt; 자유와 방종을 ~하다 összetéveszti a szabadságot a szabadossággal

혼란-하다 동 összezavarodik, zavarban van, zűrzavarba kerül, pánikba esik, bepánikol; ~ 명 zavar, káosz, zűrzavar, felfordulás; 정치적 ~ politikai káosz / zűrzavar; 사회적 ~을 조장하다 társadalmi viszályt / zavart kelt; 국민 경제는 인플레로 ~해졌다 A nemzetgazdaság kizökkent a menetéből az infláció miatt.

혼령 명 szellem, lélek

혼례 명 házasságkötés, esküvő, menyegző; ~를 치르다 házasságot köt, esküvőt tart; ~에 초대받다 meghívják egy esküvőre; ~에 참석하다 elmegy egy esküvőre

혼례식 명 esküvői / házassági szertartás

혼미-하다 동 zavaros, zavarban levő, megzavarodott, összezavart; ~ 명 zavar(odottság), megzavarodás; (의학) kábulat, bódulat, érzéketlenség; ~해지다 nincs magánál, zavarba jön, megzavarodik, összezavarodik; 정계는 매우 심한 ~ 상태에 있다 A politikai körök komoly zavarban vannak.

혼사 명 házasságkötés, esküvő, menyegző, lakodalom

혼수 명 hozomány

혼신 명 teljes erő; ~의 힘을 다하여 teljes erővel, az összes erejét felhasználva, minden erejét megfeszítve

혼연 부 teljesen, egészen, tökéletes harmóniában; ~ 일체가 되다 harmonikus egészet alkot

혼인-하다 동 házasságra lép, házasságot köt vkivel; ~ 명 házasság; ~ 미사 nászmise, esküvői szertartás; ~ 신고 házasság bejelentése, házassági anyakönyvi kivonat; ~ 잔치 esküvői fogadás / lakodalom

혼자 부 egyedül, egymagában; saját magáért; ~ 남다 egyedül marad; ~ (몸이) 되다 magára marad; 공부는 ~하지 않으면 안 된다 Egyedül kell tanulnod.; 아기는 이제 ~ 걸을 수 있다 Ez a gyerek most már tud egyedül járni.

혼잡-하다 형 zsúfolt, nyüzsgő; ~ 통행료 torlódási díj, dugódíj; 아침 / 저녁의 ~한 시간 a reggeli / esti csúcsforgalmi időszak; 교통의 ~을 완화하다 forgalmi torlódást / dugót enyhít; 도시의 거리는 ~하다 A városok utcái túlzsúfoltak.

혼잣말 명 magában beszélés, magánbeszéd, monológ; 그녀는 자주 ~을 한다 Gyakran magában beszél.

혼탁-하다 형 sáros, szennyes, zavaros; ~ 명 sárosság, szennyesség, zavarosság; ~한 공기 szennyezett levegő; ~한 세상 zavaros / korrupt világ

혼합-하다 동 (össze)kever, kavar, vegyít, elegyít; ~ 명 keverés, kavarás, vegyítés, elegyítés; ~물 keverék, vegyület, ötvözet, elegy, oldat; ~하기 쉬운 keverhető, könnyen keverhető; ~하기 어려운 nem vegyíthető; 물과 기름은 ~되지 않는다 Olaj és víz nem vegyül.

혼혈 명 kevert vérű (egyed), etnikai keverék

혼혈아 명 kevert vérű gyermek, kevert vérű, félvér; mulatt

홀 명 egyedülálló, szingli; ~몸 egyedülálló férfi / nő

홀가분-하다 형 fesztelen, könnyed, keresetlen; tehermentes, meg nem terhelt vmivel; 몸이 / 마음이 ~하다 szabadnak és könnyűnek érzi magát; ~한 기분으로 könnyű szívvel; 시험이 끝나 마음이 ~했다 Nagy kő esett le a szívemről, amikor véget ért a vizsga.

홀랑 부 pucér, meztelen; 옷을 ~ 벗다 pucérra / meztelenre vetkőzik

홀로 부 egyedül, magában, önállóan; ~ 싸우다 egyedül verekedik / küzd

홀로되다 동 özveggyé válik, megözvegyül

홀리다 동 megszállott lesz vmi által; beleszeret vkibe; elcsábították, becsapták, átverték; 귀신에게 ~ megszállja egy démon; 마치 무엇에 홀린 사람처럼 mintha démon szállta volna meg

홀몸 명 (단신) egyedülálló, magában / egyedül élő, magányos(an álló), magában álló; (독신) nőtlen; hajadon; ~으로 지내다 egyedül él; nem házasodik meg

홀수 명 páratlan szám

홀아비 명 özvegyember

홀어머니 명 özvegy(asszony)

홀연히 부 hirtelen, váratlanul, egyszer csak

홀쭉이 명 hórihorgas személy

홀쭉-하다 형 karcsú, sudár, vékony, nyúlánk; sovány, lesoványodott; ~한 사람 sudár / vékony / karcsú személy; 근심으로 ~해지다 lesoványodik a sok gondtól

홈경기 명 hazai meccs / mérkőzés

홈쇼핑 명 teleshop

홈페이지 명 honlap, weboldal

홍당무 명 sárgarépa, vörös retek; 얼굴이 ~가 되다 elvörösödik, elpirul, fülig pirul

홍두깨 명 (다듬이질의) fából készült henger, amit ruhasimításra használnak; mángorló; 아닌 밤중에 ~ (비유적) csapás a semmiből; váratlan csapás

홍보 명 közönségszolgálat, közönségkapcsolatok, (köz)kapcsolatszervezés, propaganda, PR

홍수 명 áradás, árvíz; ~ 지역 elárasztott / elöntött terület / kerület; 우편물의 ~ (비유적) leveláradat; ~와 가뭄이 없는 비옥한 땅 termékeny föld, amely mentes árvíztől és aszálytól; ~로 유실되다 elragadja / elmossa az árvíz

홍차 명 (fekete) tea; 설탕을 넣은 ~ tea cukorral

홍합 명 éti kagyló

홑 명 (한겹) egy oldal, egyetlen réteg; ~이다 egyrétegű, egyoldalú

화[1] 명 harag, düh, méreg; 벌컥 ~를 내다 dühbe gurul, haragra gerjed, indulatba jön; 그는 어떤 일에도 ~을 내지 않는다

ㅎ

sose sértődik meg vmitől / vmin; ~가 치밀었다 dührohamom volt, felment bennem a pumpa; 홧김에 남편에게 대들었다 Dührohamában ráförmedt a férjére.

화² 명 gond, rossz dolog, baj; nehézség, kellemetlenség; (불행) balszerencse, szerencsétlenség, balsors, csapás; (재난) baleset, katasztrófa; ~를 면하다 megmenekült a katasztrófától; ~를 자초하다 magára hozza a bajt, bajba sodorja magát

화³ kedd ☞ **화요일**

화가 명 festő(művész)

화근 명 a gonoszság gyökere, a gond forrása(i); ~을 없애다 eltávolítja a gonosz gyökerét; 도리어 ~이 되었다 A pokolba vezető út jó szándékkal van kikövezve.

화급-하다 형 minden percben bekövetkezhető, küszöbön áll, sürgős szükség van rá, égetően szükséges; ~ 명 sürgősség, sürgős szükség; végső eset, végszükség; ~한 경우에는 sürgős esetben, végszükség esetén; szükséghelyzetben

화기애애-하다 형 egyetértő, békés, harmonikus; ~한 가정 harmonikus otthon / család, egy boldog otthon

화끈거리다 동 forróságot érez, lüktet a forróságtól; 화끈거리는 얼굴로 égő arccal, elpirult arccal; 신열로 얼굴이 ~ az arca tüzel a láztól; 열기로 뺨이 ~ kipirul az arca a meleg levegőtől; 온몸이 ~ tüzel a teste; 나는 부끄러워서 얼굴이 화끈거렸다 Égett az arcom zavaromban.

화끈-하다 형 hirtelen forróság önti el

화나다 동 megharagszik, feldühödik, megdühödik; 화나게 하다 feldühít, felbosszant, felmérgesít, provokál; 이런 하찮은 일들 때문에 우리는 간혹 화난다 Ilyen csekélységek miatt haragszunk néha.

화내다 동 megharagszik, feldühödik, kijön a sodrából, dühbe jön, indulatba jön; 걸핏하면 ~ könnyen megharagszik; 자네가 화내는 것도 당연하다 Joggal lehetsz mérges miatta.

화단 명 virágágy

화두 명 beszélgetés témája

화랑 명 művészeti galéria, műcsarnok

화려-하다 형 díszes, cifra; ~한 옷 díszes ruha; ~한 장식 cifra díszítés

화력 명 hőenergia, tűzerő; ~ 증강 a tűzerő növelése; ~을 줄이다 csökkenti a tüzet; 적보다 ~이 우세하다 tűzerőben felülmúlja az ellenséget

화력발전 명 hőenergia fejlesztése

화력발전소 명 hőerőmű

화면 명 képernyő; ~이 사라지다 eltűnik a képernyő; ~이 어둡다 sötét a képernyő

화목-하다 형 harmóniában élnek egymással, békében élnek egymással; 그 가족은 ~하게 살고 있다 A családtagok harmóniában élnek egymással.

화물 명 teherszállítmány, teheráru; ~ 수송 teherszállítás; ~ 열차 tehervonat; ~을 나르다 teherszállítást folytat; 철도의 파업으로 역에는 많은 ~이 쌓여 있다 A vasúti sztrájk miatt sok teheráru halmozódik fel az állomáson.

화물선 명 teherhajó, teherszállító hajó

화물차 명 teherautó, tehervagon

화방 명 műterem (festőművészé), galéria; festészeti anyagbolt; ~에서 물감을

사다 a festészeti anyagboltban veszi a festéket

화백 명 művész, festőművész

화병 명 (virág)váza

화분 명 virágcserép; ~에 심은 화초 egy cserép virág, cserepes virág

화산 명 tűzhányó, vulkán; ~관측소 vulkanológiai megfigyelőállomás; ~학 vulkanológia; ~학자 vulkanológus; ~활동 vulkanikus tevékenység; ~의 폭발 vulkánkitörés; ~이 폭발하다 kitör a tűzhányó

화살 명 nyíl, nyílvessző; 비처럼 쏟아지는 ~ nyílzápor; ~이 과녁을 맞히다 a nyíl eltalálja a célpontot; ~처럼 빠르다 gyors, mint a nyíl; ~은 이미 시위를 떠났다 Az események kikerültek az irányításunk alól.

화살촉 명 nyílhegy, nyíl hegye

화살표 명 nyíl

화상 명 égési seb, perzselődés; ~을 입다 megég, megperzselődik; ~으로 물집이 생기다 hólyag, fel van hólyagosodva a bőre

화석 명 kövület, megkövesedett maradványok, megkövesedés, fosszilizáció; 동물의 ~ megkövesedett állat; ~ 연구 kutatás kövületek után

화신 명 megtestesülés, megszemélyesítés; 부처님의 ~ a testet öltött Buddha; 탐욕의 ~ a kapzsiság mintaképe

화실 명 műterem (festőművészé)

화약 명 puskapor, robbanóanyag, (lő)-por; ~을 폭발시키다 robbanóanyagot felrobbant

화염병 명 gyújtópalack

화요일 명 kedd

화장실 명 mosdó, vécé; 지금 ~은 비어 있습니다 A mosdó pillanatnyilag üres.

화장장 명 krematórium, halotthamvasztó

화장지 명 vécépapír

화장품 명 kozmetikai cikk

화장-하다[1] 동 kozmetikázza az arcát, arcfestéket és púdert tesz fel, kikészíti magát, kifesti az arcát; ~ 명 arckozmetika, szépségápolás, arcfesték és púder; 짙은 ~ vastag rétegű arcfesték és púder; ~을 고치다 rendbe hozza az arcán a festéket; ~을 약하게 하다 kevés arcfestéket használ; 어머니는 ~을 거의 안 하신다 Az anyám alig festi ki az arcát.

화장-하다[2] 동 elhamvaszt, hamuvá éget; ~ 명 elhamvasztás; 불교신자들은 죽으면 일반적으로 ~을 한다 A buddhisták általában elhamvasztják a holttestet.

화재 명 tűz; 누전으로 인한 ~ rövidzárlat okozta tűz; ~가 나다 tűz üt ki; ~를 당하다 tűzkárt szenved; ~로 전소되다 leég

화제 명 beszélgetés tárgya, beszélgetés témája; ~의 인물 a hírekben szereplő ember; ~가 풍부하다 sokféle téma van; ~를 돌리다 témát vált

화창-하다 derült, derűs; ~한 날씨 derült idő; ~한 봄날 derült tavaszi nap

화초 명 virágos növény, virág; ~를 가꾸다 virágos növényeket termeszt; ~를 화분에 심다 cserépbe ültet virágokat

화톳불 명 örömtűz, máglya; ~을 놓다 örömtüzet gyújt

화폐 명 pénz, valuta, érme; ~가치 a pénz értéke; ~개혁 valutareform, pénzreform; ~경제 pénzre épülő gazdasági rendszer; 위조 ~ hamis pénz; ~가치가 오르다 nő vminek a pénzben kifejezett értéke

화폭 명 rajzpapír, festővászon; ~에 그림을 그리다 rajzpapírra rajzol vmit

화풀이-하다 동 kitölti a mérgét vkin, kitölti a haragját; ~ 명 kiadja magából a mérgét; 죄 없는 사람에게 ~하다 vétlen személyen tölti ki a haragját; 그는 아내한테 ~를 했다 A feleségén töltötte ki a mérgét.

화학 명 vegyészet, kémia; ~ 무기 vegyi fegyverek; ~ 반응 kémiai reakció; 무기 ~ szervetlen kémia

화학자 명 vegyész, kémikus

화학조미료 명 mesterséges ízesítő

화합물 명 vegyület

화합-하다 동 összhangban van vmivel, békében él vkivel; ~ 명 harmónia, béke; 국민의 ~과 단결 nemzeti megbékélés és egység

화해-하다 동 kibékül, kompromisszumot köt; ~ 명 kibékülés, kompromisszum; ~할 수 없는 kibékíthetetlen; 그는 A와 B를 ~시키는 데 성공했다 Sikerült kibékítenie egymással A-t és B-t.

화형-하다 máglyán megéget; ~ 명 máglyán való megégetés; ~을 당하다 máglyán megégetik

화환 명 koszorú; ~을 바치다 megkoszorúz; ~은 사양합니다 A koszorúk mellőzését kérjük!

확고-하다 형 szilárd, határozott, kemény, rendíthetetlen; ~ 명 szilárdság, határozottság, keménység, rendíthetetlenség; ~한 신념 szilárd meggyőződés; 조국에 대한 ~한 충성심 a haza iránti rendíthetetlen hűség

확대-하다 동 nagyít, felnagyít, kinagyít, bővül, terjed; ~ 명 kinagyítás, felnagyítás, bővülés, terjedés; ~ 해석 tág értelmezés; ~되고 있는 소프트웨어 시장 a szoftvertermékek bővülő piaca; 사진을 ~하다 kinagyítja a fényképet

확률 명 valószínűség, valószerűség; 눈이 올 ~은 30퍼센트이다 harminc százalékos valószínűsége van annak, hogy havazni fog.; 이 사업에서 성공할 ~은 높다 Nagy a valószínűsége annak, hogy ebben az üzletben sikerrel járunk.

확립-하다 동 létrehoz, felépít, megalapoz; ~ 명 létrehozás, felépítés, megalapozás; 기초를 ~하다 alapot hoz létre; 이 이론은 아직 학문적으로 ~되어 있지 않다 Ez az elmélet még nincs tudományosan megalapozva.

확보-하다 동 biztosít, gondoskodik, rendelkezik, lefoglal; ~ 명 biztosítás; 교두보를 ~하다 biztosítja a hídfőt; 식량을 ~하다 gondoskodik az élelem beszerzéséről; 좌석을 ~하다 lefoglalja a helyet

확산-하다 동 terjeszt, áraszt; ~ 명 terjesztés, terjedés; 핵 ~ 방지조약 atomsorompó-egyezmény; 핵무기의 ~을 막다 meggátolják a nukleáris fegyverek elterjedését; 행복을 ~시키다 boldogságot áraszt

확신-하다 동 biztosra vesz, szilárdan hisz, meg van győződve vmiről; ~ 명 meggyőződés, szilárd hit, biztosítás; ~을 갖다 bízik vmiben, biztos vmiben, biztosra vesz vmit; ~하고 있다 meg van győződve vmiről; 우리 팀이 이길 것을 ~한다 Biztosra veszem, hogy a mi csapatunk fog győzni.

확실-하다 형 biztos, kétségtelen, megbízható; ~하다 (az) biztos, hogy; ~한 소식 biztos / megbízható hír

확연-하다 형 egyértelmű, tiszta, bizonyos; ~한 차이 egyértelmű különbség; ~한 사실 tiszta igazság

확연히 부 egyértelműen, minden bizonnyal, határozottan; 둘 사이의 차이를 ~ 알아차릴 수 있다 Minden bizonnyal megállapíthatjuk a kettő közti különbséget.

확인-하다 동 megerősít vmit, ellenőriz, bizonyít, azonosít vmit / vkit, összevet vmit vmivel; ~ 명 ellenőrzés; megbizonyosodás, hitelesítés, azonosítás, egyezés; 풍문을 ~하다 megerősít egy hírt; 이것의 사실 여부가 ~되다 megbizonyosodik róla, igaz-e ez; 신원을 ~하다 ellenőrzi a személyazonosságát; 그의 죽음은 아직 ~되지 않고 있다 Még nem erősítették meg a halálhírét.

확장-하다 동 kiterjeszt, kibővít, megnagyobbít, megnövel, felnagyít; ~ 명 kiterjesztés, terjeszkedés, megnövelés, kibővítés; 길을 ~하다 kiszélesít egy utcát; 사업을 ~하다 kibővíti üzleti tevékenységét; 도로가 현재의 4차선에서 6차선으로 ~되다 a mostani négy sávról hat sávra szélesítik ki az utat

확정-하다 동 döntést hoz, végleges elhatározásra jut, eldönt, megerősít; ~ 명 döntés, megerősítés; ~적인 eldöntött, végleges, határozott, kialakult; ~된 사실 eldöntött tény; 아직 ~돼 있지 않다 még nincs róla végleges döntés; 날짜가 ~되면 알려 주겠다 Értesíteni foglak, mihelyt döntés születik az időpontról.

환각 명 hallucináció, képzelődés, képzelt látvány; ~제 hallucinogén, képzelődést okozó szer; ~에 시달리다 hallucinációktól szenved

환갑 명 60. születésnap; 어머님은 금년에 ~을 맞으셨다 Anyám idén lett hatvanéves.

환경 명 környezet, körülmény; ~ 보호 környezetvédelem; 교육 ~ oktatási környezet; 사회적 ~ társadalmi környezet; ~이 좋다 kellemes szomszédságban él; 좋은 ~에서 자라다 kedvező környezetben nő fel

환경오염 명 környezetszennyezés

환급-하다 동 visszatérít, visszaad, visszafizet, visszajuttat; ~ 명 visszatérítés, visszaadás, visszafizetés, visszajuttatás; 세금의 일부가 ~되었다 Az általam befizetett adó egy részét visszatérítették.

환기-하다 동 szellőztet, friss levegőt enged be; ~ 명 szellőztetés, légcsere; ~가 잘 되는 jól szellőző; ~를 위해 창문을 열다 Kinyitja az ablakokat, hogy beengedje a friss levegőt.

환담-하다 동 kellemes beszélgetést folytat, beszélget; ~ 명 kellemes beszélgetés; 그와 차를 마시면서 꽤 오랫동안 ~을 나누었다 Teázás közben hosszú, kellemes beszélgetést folytattam vele.

환대-하다 동 szívélyesen fogad, melegen fogad; ~ 명 szívélyes fogadtatás; 그녀는 가는 곳마다 ~를 받았다 Mindenütt, ahova ment, meleg fogadtatásban volt része.

환부 명 beteg testrész, a betegség helye; ~를 치료하다 ellátja a beteg testrészt; ~에 약을 바르다 gyógyszeres kezelésben részesíti a beteg testrészt

환산-하다 동 átszámít, átvált; 포린트를 달러로 ~하다 átszámít forintot dollárra

환상 명 fantázia, képzelet, ábránd,

ábrándkép, illúzió, álmodozás; ~을 품다 álmodozik, fantáziál; 깨어진 ~ szétzúzott illúzió; ~에서 깨어나다 felébred ábrándjaiból; ~에 빠지다 ábrándokat kerget

환상곡 명 (zenei) fantázia, ábránd; 헝가리 ~ magyar fantázia / ábránd

환상적 fantasztikus, álomszerű; ~ 분위기 fantasztikus légkör

환송식 búcsúünnepség

환송-하다 ❶ visszaküld, hazaküld, hazatelepít; ~ 명 visszaküldés, hazaküldés, hazatelepítés; 이민자를 ~하다 hazaküldi az emigránst ❷ elbúcsúzik, szívélyesen elbúcsúzik; ~ 명 búcsúzás, búcsúztatás, elbúcsúzás; 모두가 그를 ~했다 Mindenki szívélyesen elbúcsúzott tőle.

환심 명 kegy; ~을 사다 vki kegyeit keresi, elnyeri vki kegyét, behízelgi magát vki kegyeibe, megkedvelteti magát vkivel; 아가씨의 환심을 사기 위해 꽃을 주다 virágot ad, hogy elnyerje a lány kegyeit

환영-하다 동 melegen fogad, kedvező fogadtatásban részesít, üdvözöl; ~ 명 fogadtatás, meleg fogadás, üdvözlés; ~사 üdvözlő beszéd; ~을 받다 melegen, kedvezően fogadják, meleg fogadtatásban részesül; 쌍수로 ~하다 tárt karokkal fogad vkit; ~합니다 Isten hozta!; 그런 사람은 어디를 가나 ~ 받는다 Az ilyen embert minden bizonnyal mindenütt szeretettel fogadják.

환원-하다 동 dezoxidál, visszajuttat, visszatérít, helyreállít, helyreállíttatik; ~ 명 visszajuttatás, visszatérítés, helyreállítás, restauráció, dezoxidáció, dezoxidálás; 회사의 이익을 사회에 ~하다 visszajuttatja a cég profitját a társadalomnak; 재산을 사회에 ~하다 visszatéríti a vagyont a társadalomnak

환율 명 valutaárfolyam; ~인상 árfolyamemelkedés; ~을 안정시키다 stabilizálja a valutaárfolyamot; ~은 매일 변동된다 az árfolyam napról napra változik

환자 명 beteg, páciens; ~를 진찰하다 megvizsgálja a beteget; 저 의사에게는 ~가 많다 Az orvosnak nagy pacientúrája van. Az orvosnak sok betege van.

환전-하다 동 átvált; ~ 명 pénzváltás; 공항에서 10달러를 포린트로 ~했다 A repülőtéren tíz dollárt forintra váltottam át.

환절기 명 fordulópont egy évszakban; ~에는 몸을 따뜻하게 유지해야 한다 az évszak fordulópontján melegen kell tartani a testet

환청 명 hallucináció; ~으로 시달리다 hallucinációtól szenved

환하다 형 ❶ világos; 환한 방 jól megvilágított szoba, napos / napsütötte szoba; 날이 환하게 밝다 derült hajnallal kezdődik a nap; 밖은 아직도 ~ kint még mindig világos van; 시세에 ~ jól ismeri a piaci árakat ❷ nyílt, tiszta, akadálytalan; 환히 보이다 jól lehet látni, szabad kilátás nyílik rá

환호성 명 örömkiáltás hangja, éljenzés hangja

환호-하다 동 éljenez, örömében kiáltoz; ~ 명 éljenzés, ováció; ~속에 hangos éljenzés közepette, hangos ováció közepette; 크게 ~하다 óriási ovációban részesítik

환희 명 (nagy) öröm, eksztázis; ~의 눈물을 흘리다 örömkönnyeket hullat

활 명 íj; ~을 쏘다 íjjal lő, nyilaz; ~시위를 당기다 meghúzza az íj húrját

활개 명 ❶ vki karja; ~치다 kidüllesztett mellel jár, páváskodik ❷ madár szárnyai

활기 명 elevenség, élénkség, vitalitás, aktivitás; ~찬 élénk, életerős, aktív; ~를 띠다 megelevenedik, felélénkül, aktivizálódik; 온 도시는 ~를 띠고 있다 az egész város élénk

활달-하다 형 társaságkedvelő, extrovertált; ~한 성격 társaságkedvelő természet; 그 아가씨는 항상 ~하다 A kislány mindig extrovertált.

활동-하다 동 tevékenykedik, mozgásban van, aktivitást mutat; ~ 명 tevékenység, aktivitás; ~가 aktív személy, cselekvőkész ember, aktivista; ~ 무대 cselekvési terület; 클럽 ~ klubtevékenység; ~적 aktív, energikus, cselekvőkész; ~을 개시하다 mozgásba jön, működésbe lép, működni kezd, akcióba lép

활력 명 energia, vitalitás, életerő; 침체된 수출에 ~을 주다 a stagnáló exporttevékenységnek vitalitást ad; ~이 넘치는 젊은 아가씨 életerős fiatal leány

활력소 명 életerő, tetterő, energia

활로 명 kiút, egérút, menekülési út; ~를 찾다 kiutat talál, lehetőséget talál a túlélésre; 그들은 예상치 못했던 분야에서 하나의 ~를 찾아냈다 Váratlan oldalon találták meg a menekülési utat.

활발-하다 형 élénk, eleven, életteli, dinamikus, aktív; ~ 명 élénkség, elevenség, életteliség, aktivitás; ~한 활동 élénk tevékenység; 아침에는 시황이 ~했다 Reggel nagy élénkség volt a piacon.

활발히 부 élénken, aktívan, dinamikusan, elevenen; ~ 살아가다 élénken él; ~ 움직이다 aktívan mozog

활성화-하다 동 aktivizál, felélénkít; ~ 명 aktivizálás; 세계 경제를 ~하다 felélénkíti a világgazdaságot

활약-하다 동 aktivitást mutat, aktív szerepet játszik; ~ 명 aktivitás; 정계에서 ~하다 aktív szerepet játszik a politikában; 그 시합에서 대~을 하다 aktivitást mutat a játékban / meccsen

활엽수 명 széles levelű fa

활용-하다 동 gyakorlatban hasznosít, alkalmaz, kiaknáz, ragoz (nyelvtanban); ~ 명 alkalmazás; gyakorlati hasznosítás; 최대한으로 ~하다 a lehető leghatékonyabban hasznosít; 동사를 ~하다 igét ragoz

활자 명 nyomdai fémbetű; ~본 nyomtatott könyv; ~ 인쇄 nyomtatás, tipográfia; ~화 되다 nyomtatásba kerül, kinyomtatják, publikálják; 작은 ~는 눈에 해롭다 Az apró szedésű nyomtatott szöveg olvasása árt a szemnek.

활짝 부 széles körben, tisztán, kiterjedten, nagymértékben, teljesen; ~ 개다 kitisztul; ~ 열다 tágra nyit, kitár; ~ 핀 장미 teljesen kinyílt rózsa

활주로 명 kifutópálya

활황 명 aktivitás, élénkség, prosperitás; ~을 띠다 az aktivitás jeleit mutatja, élénk üzleti tevékenységet folytat, fellendül

홧김 명 düh; ~에 dühében

황금 명 arany; ~의 arany-, aranyból való / készült; ~알을 낳는 거위 aranytojást tojó liba

황금빛 명 aranyszínű, aranysárga

황급히 부 sietve, siettében, futtában; ~ 돌아오다 sietve visszatér; ~ 앉다 sietve leül

황당-하다 형 esztelen, zavaros, nevetséges; ~한 사건 esztelen / nevetséges esemény; 그는 ~해 하며 나를 쳐다보았다 Zavartan nézett rám.

황량-하다 형 kopár, elhagyatott, sivár, kietlen, vad; ~한 벌판 kopár / elhagyatott síkság; ~하고 바람이 휘몰아치는 황무지 elhagyatott, szélfútta ugar

황무지 명 meg nem művelt föld, ugar, kopár, terméketlen földterület; ~를 개간하다 művelés alá fogja az addig meg nem művelt földet; 그 땅의 대부분이 아직 ~이다 A terület nagyobb része még mindig nincs megművelve.

황색 명 sárga; ~으로 칠하다 sárgára fest

황소 명 bika; ~ 자리 a Bika (csillagkép); ~처럼 열심히 일하다 olyan szorgalmasan dolgozik, mint egy bika

황야 명 vadon, ember nem lakta, meg nem művelt terület; ~를 헤매다 a vadonban kóborol, a vadont járja

황제 명 császár; ~자리에 오르다 trónra lép; 신성 로마 ~ a német-római császár

황태자 명 trónörökös (herceg); trónutód; ~를 책봉하다 bejelenti a trónörököst

황토 명 lösz, lösztalaj; ~색 agyagsárga

황폐-하다 동 romba dől, elpusztul, kihal; 도시가 ~해지다 romba dől a város

황혼 명 alkony, szürkület; ~에 az esti homályban, alkonyulatban, napnyugtakor; ~이 지다 leszáll az esti sötétség; 인생의 ~기에 az emberélet alkonyán, az emberélet estéjén

황홀-하다 형 elbűvölt, elragadtatott, elvarázsolt; ~ 명 eksztázis, elragadtatás, transz; ~해지다 el van bűvölve; 그녀를 ~하게 바라보다 bűvöli a nőt, megbűvölten nézi a nőt

횃불 명 fáklya; ~ 행렬 fáklyásmenet; ~을 들다 fáklyát visz a kezében

회[1] 명 szeletelt nyers hal

회[2] 명 forduló; 제 1~전 az első forduló; ~를 거듭함에 따라 ahogyan a játék előrehalad

회갑 명 60. születésnap; ~연 a 60. születésnapi bankett

회개-하다 동 megbán, bűnbánatot tanúsít; ~ 명 bűnbánat, megbánás; ~하면 죄가 없어진다 a megbánás eltörli a bűnt; 전혀 ~하지 않다 semmi megbánást nem mutat

회견-하다 동 nyilatkozik a sajtónak, interjút ad; ~ 명 interjú; 기자 ~ sajtókonferencia; 기자 ~을 하다 sajtókonferenciát tart, nyilatkozik a sajtónak

회계 명 ❶ számvitel, elszámolás, számlázás, könyvelés; ~ 보고 számviteli jelentés ❷ könyvelő, pénzügyi felelős; 공인~사 bejegyzett könyvelő; 그는 클럽의 ~를 맡고 있다 Ő vezeti a klub könyvelését.

회고-하다 동 visszaemlékezik, visszatekint; ~ 명 visszaemlékezés, visszatekintés; ~해 보면 visszaemlékezve; 과거를 ~하다 visszatekint a múltba

회관 명 gyűlésterem, közösségi épület, klubház; 마을 ~에 많은 사람이 모여있다 Sok ember gyülekezik a falu gyűléstermében.

회교 명 iszlám

회귀-하다 동 visszatér; ~ 명 visszatérés; 연어는 태어난 곳으로 ~한다 A lazacok visszatérnek az ívási helyükre.

회담-하다 동 tárgyalást folytat, társalog, megbeszélést folytat; ~ 명 tárgyalás, megbeszélés, találkozó; 4자 ~ négyhatalmi találkozó, négyhatalmi tárgyalás; 비공식 ~ nem hivatalos tárgyalás; ~을 중단하다 lezárja a tárgyalást

회답-하다 동 válaszol, választ ad, felel; ~ 명 válasz, felelet; 편지 ~을 하다 válaszol a levélre; ~을 기다리겠습니다 Várom a válaszát.

회랑 명 kerengő, folyosó

회백색 명 hamuszín; ~의 hamuszínű

회복-하다 동 visszaszerez, visszakap, visszanyer, helyreállít; kipihen vmit, felépül (betegségből); ~ 명 helyreállítás, visszaszerzés; felépülés, kilábalás, ~실 lábadozó szoba; 국토를 ~하다 visszaszerez egy elvesztett területet; 명예를 ~하다 helyreállítja a becsületét; 시력을 ~하다 visszakapja a látását; 그는 ~할 가망이 없다 Nincs rá remény, hogy felépül.

회부-하다 동 továbbít, átküld, átutal, átpasszol; 도둑을 재판에 ~하다 a rablót továbbküldi a bíróság elé

회비 명 tagsági díj; ~를 거두다 beszedi a tagsági díjat; ~를 내다 befizeti a tagsági díjat; 그는 ~를 미납했다 Még nem fizette be a tagsági díjat.

회사 명 cég, vállalat; ~법 vállalati törvény, cégekre vonatkozó törvény; ~에 다니다 cégnél dolgozik, cég alkalmazásában áll; ~를 설립하다 létrehoz egy céget

회사원 명 cég alkalmazottja, vállalati dolgozó, irodai dolgozó, fehérgalléros munkás

회상-하다 동 visszatekint, visszaemlékezik, visszagondol, felidéz; ~ 명 emlékezés, felidézés, visszatekintés; 어린 시절의 ~ a gyermekkorra való visszatekintés; 과거를 ~하다 visszaemlékezik a múltra

회색 명 hamuszín, szürke szín; ~의 hamuszínű, szürke, hamuszürke; ~ 옷을 입다 szürke ruhába öltözik

회색빛 명 szürke, hamuszínű

회수-하다 동 visszavon, kivon a forgalomból, bevon; ~ 명 visszavonás, bevonás; 불량품을 ~하다 visszavonja a hibás terméket

회신-하다 동 megválaszol egy levelet, válaszlevelet ír; ~ 명 válasz, felelet; 우표를 첨부하고 주소를 쓴 ~용 봉투 felbélyegzett, saját magunknak címzett boríték

회오리 명 forgatag, forgó; ~바람 forgószél

회원 명 tag; ~ 명부 taglista, a tagok névsora; ~제 tagsági rendszer; ~의 자격 tagfelvételi követelmény; 이 골프장은 ~제로 운영 된다 Ez a golfpálya tagsági rendszer alapján működik.; 본회는 ~이 100명이다 A társaságnak száz tagja van.

회원국 명 tagország

회원권 명 tagsági igazolvány, tagkönyv

회의 명 ülés, értekezlet, konferencia; ~록 értekezleti jegyzőkönyv; ~를 소집하다 összehív egy konferenciát; ~를 열다 ülést rendez; 그 문제에 관해서 지금 ~중이다 Éppen most beszélik meg ezt a kérdést.

회의실 명 ülésterem, konferenciaterem

회의-하다 동 kételkedik; ~ 명 kétely, kételkedés, szkepszis; ~론 szkepticizmus; ~적으로 보다 szkeptikusan lát vmit; 인생에 대한 ~로 고민하다 az élettel kapcsolatos kételyei kínozzák

회장[1] 명 elnök; ~이 되다 elnökké választják, elnök lesz belőle; ~ 노릇을 하다 elnököl egy tanácskozáson

회장[2] 명 ülés helye, találkozóhely

회전축 명 forgási tengely

회전-하다 동 forog, kering, körben forog, körbefordul; ~ 명 forgás, keringés, fordulat; ~ 목마 körhinta, karusszel; ~ 무대 forgószínpad; ~문 forgóajtó; ~율 a tőke forgásának mértéke; 180도 ~하다 180 fokkal elfordul; 자금 ~을 촉진하다 felgyorsítja a tőke megforgatását; 지구는 태양의 주위를 ~한다 A Föld kering a Nap körül.; 머리 ~이 빠르다 éles elméjű, gyors felfogóképességű

회초리 명 ostor, pálca; ~로 때리다 megostoroz, pálcáz, megbotoz; ~를 맞다 megbotozzák

회충 명 bélféreg

회칙 명 társaság szabályai, törvényhozó testület szabályai; ~에 세부항목을 추가하다 részleges kiegészítést told hozzá a társaság szabályaihoz

회포 명 vki bensője, vki legbenső gondolatai; ~를 풀다 kiönti a szívét

회피-하다 동 elkerül, kitér, kibújik; ~ 명 elkerülés, kitérés, kibújás; 책임을 ~하다 elkerüli a felelősséget, kibújik a felelősség alól; 분쟁에 말려드는 것을 ~하다 távol tartja magát mások vitájától

회한 명 sajnálkozás, megbánás, bűnbánat; 그는 ~의 눈물을 흘렸다 A megbánás keserű könnyeit ontotta.; 뼈저린 ~ mély sajnálat

회화 명 festmény, festészet, kép; ~를 배우다 festészetet tanul; 벽에 많은 ~ 작품들이 걸려있다 a falon sok festmény lóg

회화-하다 동 beszélget, társalog; ~ 명 beszélgetés, társalgás; 영어 ~ angol nyelvű társalgás; 영어 ~를 잘하다 jól beszél angolul

획기적 korszakalkotó, korszakos; ~인 발견 korszakalkotó felfedezés

획득-하다 동 megszerez, megkap, elnyer; ~ 명 megszerzés, beszerzés, birtokba vétel; 권리를 ~하다 jogot szerez; 금메달을 ~하다 aranyérmet nyer

횟수 명 gyakoriság, előfordulás száma; 출석 ~ jelenléti gyakoriság; 그는 요즘 결석 ~가 잦아졌다 Mostanában gyakrabban hiányzott.

횡단보도 명 gyalogátkelőhely, zebra

횡단-하다 동 átkel, átvág; ~ 명 átkelés, átvágás; 배를 타고 ~하다 átkel hajón; ~면 átvágott oldal; 대륙~철도 transzkontinentális vasútvonal; 비행기로 대서양을 ~하다 átrepüli az Atlanti-óceánt

횡령-하다 동 sikkaszt; ~ 명 sikkasztás; 그는 ~죄로 기소되었다 sikkasztással vádolták; 돈을 ~하다 pénzt sikkaszt; 정부 재산을 ~하다 sikkasztja az államvagyont

횡설수설-하다 동 összevissza beszél, értelem nélkül beszél; ~ 명 összevissza beszéd, értelmetlen beszéd; ~하는 대답 elkalandozó válasz

횡포 명 erőszak, zsarnoki elnyomás, zsarnokság, durva bánásmód; 군부의 ~ katonai zsarnokság; ~를 부리다 kegyetlenül elnyom, zsarnokoskodik, durván bánik vkivel

횡행-하다 동 gyakori, elterjedt, el van árasztva, uralkodó, domináló; ~ 명

gyakoriság, elterjedtség; 건달들이 ~하는 거리 huligánoktól nyüzsgő utca; 큰 도시에는 범죄가 ~한다 A nagyvárosban elterjedt a bűnözés.

효과 명 hatás, hatékonyság, eredmény; ~가 있다 hatékony, hatást fejt ki, hatást gyakorol; ~가 없다 hatástalan, nem hatékony; ~를 거두다 jó eredménnyel jár; 이 약은 배멀미에 즉각적인 ~가 있다 Ez a gyógyszer azonnali hatással van a tengeribetegségre.; 처벌도 그에겐 별 ~가 없었다 A büntetésnek alig volt hatása rá.

효능 명 hatás, hatékonyság; 치료의 ~ gyógymód hatékonysága; ~이 나타나다 hatékonynak bizonyul, hatással jár

효도-하다 동 odaadással tiszteli a szüleit, odaadóan szereti a szüleit; ~ 명 fiúi szeretet; ~를 하고 싶어 할 때는 이미 늦는다 Mire feltámadna benne a fiúi szeretet, már késő.

효력 명 hatás, hatékonyság, gyógyhatás, érvényesség; ~이 있다 hatásos, hatékony, hatással van; 그 계약은 5년간 ~이 있다 a szerződés öt évig érvényes; 법률과 동일한 ~을 갖다 törvényerővel bír; 비준을 거치고 ~을 발생하다 ratifikálással lép életbe

효성 명 fiúi szeretet, szülők iránti szeretet; ~이 지극하다 odaadó szeretettel viseltetik szülei iránt; ~을 다하다 teljesíti kötelességét szülei iránt

효소 명 enzim, erjesztőanyag; 박테리아 ~ bakteriális enzim

효용 명 hasznosság, használhatóság, hatás, haszon; ~ 가치 használhatóságban rejlő érték; 한계 ~ korlátozott mértékű használhatóság; 이 백신은 작년에 유행한 독감에 ~이 있었다 Ez a vakcina hatásos volt a tavalyi influenzajárvánnyal szemben.

효율 명 hatékonyság; ~을 높이다 növeli a hatékonyságot; 이런 더위에서는 ~적으로 일할 수 없다 Ilyen melegben nem tudunk hatékonyan dolgozni.

효자 명 odaadó fiú, jó fiú

후 명 később, azután, a jövőben, (vmi megtétele) után, azt követően; 며칠 ~에 néhány nap múlva, néhány nappal később; 도착하고 2, 3일 ~에 néhány nappal megérkezése után; 그 ~에 azután, azt követően; 점심 먹은 ~에 떠나자 Ebéd után induljunk el!

후각 명 szagérzékelés, olfaktorikus érzékelés; ~이 뛰어나다 jó a szagérzékelése; 미각과 ~은 밀접한 관계가 있다 Az ízérzékelés és szagérzékelés szoros kapcsolatban áll egymással.

후계자 명 örökös, utód; 누가 당신의 ~가 됩니까 Ki lesz az örököse?

후광 명 dicsfény, glória; 머리에 ~이 비치다 a fejét dicsfény övezi

후두 명 gége; ~염 gégegyulladás; ~ 결절 nyakszirtdudor

후덕-하다 형 erényes, bőkezű, nagylelkű; 그는 ~한 사람으로 지역사회의 유지였다 Erényes ember volt, a közösség vezetője.

후려치다 동 megüt, megver, leüt, megpofoz, megkorbácsol; 주먹으로 ~ ököllel megüt; 채찍으로 ~ megkorbácsol, megostoroz

후반 명 második fél; ~전 második félidő (játékban); ~전에 들어가다 megkezdődik a második félidő; 18세기 ~에 a XVIII. század második felében; 그는

일생의 ~을 고향 마을에서 지냈다 Élete második felét a szülőfalujában töltötte.

후방 명 hátsó rész; ~에 hátul, vmi hátsó részében; 적의 ~을 습격하다 hátba támadja az ellenséget

후배 명 fiatalabb vkinél; 학교 ~ alacsonyabb osztályba járó iskolatárs; 그는 나보다 3년 ~다 Három osztállyal alattam tanult.

후보 명 ❶ jelölt; ~로 세우다 jelöltet állít; 그는 차기 회장의 가장 유력한 ~이다 Ő a következő elnökválasztás legesélyesebb jelöltje. ❷ helyettesítés, pótlás; ~ 선수 pótjátékos

후보자 명 jelölt, pályázó

후비다 동 piszkál; 코를 ~ az orrát piszkálja

후세 명 utókor, jövendő generáció; ~에 전하다 átadja az utókornak; 이름을 ~에 남기다 megörökíti a nevét az utókor számára; 그의 충성스러움은 ~의 귀감이 될 것이다 A hűsége példaként fog szolgálni az eljövendő generáció számára.

후속 명 követés, utódlás; ~ 조치 utólagos intézkedés; 이 열차는 만원이므로, ~ 열차를 이용해 주십시오 Ez a vonat megtelt, kérjük, várják meg a következőt.

후손 명 utód, leszármazott, örökös; ~에게 전하다 az utódjára hagy vmit

후송-하다 동 visszaküld, evakuál; ~ 명 visszaküldés, evakuálás; ~ 환자 evakuált beteg; 부상으로 본국으로 ~되다 rokkantként hazaküldik

후예 명 utód, leszármazott, örökös; 명문의 ~ egy neves család leszármazottja

후원-하다 동 támogat, támogatásban részesít, támogatást nyújt, szponzorál; ~ 명 támogatás, szponzorálás; 경제적으로 ~하다 pénzzel támogat, pénzügyi támogatást nyújt; 정부의 ~을 얻다 a kormány támogatását élvezi

후유증 명 utóhatás; 그의 부상은 완쾌되었지만 추워지면 ~으로 통증이 있다 Bár a sebe begyógyult, utóhatásként még mindig fájdalmat érez, ha hideg van.

후일 명 későbbi nap, jövő; ~에 egy későbbi napon, a jövőben

후임 명 utód; ~으로 뽑히다 vele töltik be az üres állást; ~을 찾을 때까지 기다려 주십시오 Kérjük, várjon, amíg találunk valakit, aki betöltheti a helyét.

후자 명 utóbbi; 전자와 ~ az előbbi és az utóbbi; ~의 경우에는 az utóbbi esetben; 전자가 ~보다 낫다 az előbbi jobb, mint az utóbbi

후진 명 vkinél fiatalabb személy, a fiatalabb generáció, epigon, utánzó; ~들을 위해 길을 열어주다 helyet ad a fiatalabbaknak

후진국 명 elmaradott ország, fejletlen ország

후진성 명 elmaradottság, fejletlenség, hátramaradottság; ~을 탈피하다 kiemelkedik az elmaradottságból

후진-하다 동 hátrafelé megy, farol, tolat; ~ 명 hátrafelé haladó mozgás, farolás; ~ 금지 Tilos tolatni!

후천성 명 szerzett; ~병 szerzett betegség; ~ 면역 결핍증 szerzett immunhiányos tünetcsoport, AIDS

후추 명 bors, fekete bors; ~를 치다 megborsoz, borsot szór vmire

후춧가루 명 őrölt bors

후퇴-하다 동 hátrafelé megy, visszavonul, visszaesik; ~ 명 visszavonulás, visszaesés, regresszió; 작전상 ~ stratégiai visszavonulás; 1보 ~하면 반드시 2보 전진하기로 하자 Fogadjuk el azt a szabályt, hogy sosem hátrálunk egy lépést sem anélkül, hogy egyidejűleg nem teszünk két lépést előre.; 그 국가의 경기 ~는 오래 지속될 것이다 az ország recessziója sokáig fog tartani

후-하다 형 szívélyes, jószívű, kedélyes; nagylelkű, bőkezű; ~한 대접 szívélyes fogadtatás, meleg fogadtatás; ~한 보상 bőséges jutalom; 점수가 ~하다 nagylelkűen osztályoz

후회-하다 동 szán, megbán, sajnál; ~ 명 sajnálat, sajnálkozás, megbánás, bánat; 전혀 ~하지 않다 semmi megbánást nem mutat; 게을렀음을 ~하다 bánja a lustaságát; 일을 저질러 놓고 보니 ~가 막심합니다 Szörnyen sajnálom, amit tettem.

훈계-하다 동 figyelmeztet, fedd; ~ 명 figyelmeztetés, feddés; 엄하게 ~하다 határozott figyelmeztetésben részesít; 학생의 부주의를 ~하다 megfedd egy diákot óvatlansága miatt

훈련-하다 동 kiképez, gyakorlatozik; ~ 명 kiképzés, gyakorlat; 잘 ~된 jól képzett; ~을 강화하다 intenzívebbé teszi a kiképzést; 전문가로서의 기술을 몸에 익히려면 여러 해에 걸친 ~이 필요하다 Több évi gyakorlásba telik, mire szakértő lesz belőle.

훈민정음 명 koreai nemzeti írás

훈장[1] 명 (falusi) tanító, iskolamester

훈장[2] 명 érem, kitüntetés, rendjel; 문화 ~ kulturális érdemrend; ~을 수여하다 kitüntet, kitüntetésben részesít

훌륭-하다 형 nagyszerű, szép, jóképű, kiváló; tiszteletre méltó, értékes, dicséretre méltó; elegendő, megfelelő; ~히 jól, kiválóan, nagyszerűen, pompásan; ~한 솜씨 nagy tehetség; ~한 뜻 becsületes szándék; 그가 자신의 잘못을 인정했다는 것은 ~한 일이다 Dicséretre méltó, hogy elismerte a hibáját.; 이 집은 내가 살기에 ~하다 Nekem megfelel ez a ház arra, hogy itt lakjak.

훑다 동 hántol; 벼를 ~ rizst hántol

훑어보다 동 tetőtől talpig végignéz, kutató pillantást vet, vizsgálgatja vki arcát; gyorsan átolvassa (az oldalt), átfutja (a kéziratot, újságot); 아무를 위아래로 ~ végigmér vkit, tetőtől talpig végignéz vkit; 서류를 대충 ~ átolvassa az iratot

훔쳐보다 동 egy lopott pillantást vet, lopva ránéz; 얼굴을 슬쩍 ~ lopva egy pillantást vet vki arcára; 그는 옆에 앉은 학생의 답안지를 훔쳐보았다 Lopva rápillantott a mellette ülő diák dolgozatára.

훔치다[1] 동 feltöröl, feltakarít; 걸레로 마루를 ~ feltörli a padlót felmosóronggyal; 엎지른 물을 ~ feltörli a kiömlött vizet

훔치다[2] 동 ellop, eltulajdonít; 돈을 ~ pénzt ellop

훗날 명 jövő, későbbi nap, másnap; ~에 a jövőben, később, egy későbbi napon; ~의 많은 화근을 남기다 sok későbbi bajnak veti el a magvát

훤-하다 형 ❶ széles, nyitott, nyílt, kiterjedt; ~히 트인 전망 nyílt kilátás ❷ világos; ~하게 동이 튼다 A hajnal kezdi kivilágosítani az égboltot. ❸ jóképű, csinos; 얼굴이 ~하게 생기다 szép, csinos arca van ❹ jól ismer, járatos, sokat tud; 그 방면에는 ~하다 járatos a területen

훨씬 부 sokkal, jóval, nagymértékben, jelentős mértékben; ~ 좋은 물건 sokkal jobb cikk; 이것이 저것보다 ~ 크다 ez sokkal nagyobb annál; 그녀는 언니보다 ~ 미인이다 Sokkal szebb, mint a nénje.

훼손-하다 동 kárt okoz, megrágalmaz, megrongál, megsebesít; ~ 명 rágalmazás, becsületsértés, kár, sérülés; 새 고속 도로가 그 지방을 ~시켰다 A vidéknek sokat ártott az új autópálya.

휘감다 동 körbeteker, ráköt; 부러진 다리에 붕대를 ~ bekötöz egy eltört lábat

휘날리다 동 repül, úszik a levegőben, sodródik a széllel; 깃발이 바람에 ~ a zászló úszik a levegőben a szél miatt

휘다 동 meghajlik, meggörbül, elkanyarodik, elhajlik; meghajlít, meggörbít; 열매 무게로 휜 가지 a gyümölcsök súlyától meghajló faág; 철근을 ~ meghajlít egy vasrudat

휘돌다 동 megkerül, pörög, megfordul; 곶을 ~ megkerül egy hegyfokot

휘돌리다 동 pörget; 공을 ~ pörgeti a labdát

휘두르다 동 körbeforgat, meglóbál, dobál; teljesen a hatalmában tart; 권력을 ~ gyakorolja a hatalmát; 팔을 ~ dobálja a karját, csapkod a karjával; 주먹을 ~ az öklét rázza

휘말리다 동 belekeveredik, belesodródik, bajba keveredik; 권력 싸움에 ~ belekeveredik egy hatalmi harcba; 전쟁에 ~ belesodródik egy háborúba

휘몰아치다 동 erősen fúj, végigsöpör; 그 일대는 온종일 강풍이 휘몰아쳤다 Egész nap erős szél fújta a környéket.

휘발유 명 benzin, gázolaj; 가짜 ~ hamisított benzin

휘어지다 동 meggörbül, meghajlik; 철사가 ~ meggörbül a drót; 종이가 ~ meghajlik a papír

휘젓다 동 felkever, lóbál, megzavar; 팔을 휘저으며 걷다 karjait lóbálva sétál; 아무의 마음을 휘저어 놓다 megzavarja vki lelki nyugalmát

휘청거리다 동 megtántorodik, tántorog, dülöngél; 강타를 얻어맞고 ~ megtántorodik egy súlyos ütéstől

휘파람 명 fütty; ~을 불다 fütyül, füttyent; ~을 불어 알리다 füttyjelet ad

휠체어 명 tolószék

휩싸이다 동 borul; 안개에 휩싸인 탑 ködbe borult torony; 불길에 ~ lángba borul; 어둠에 ~ sötétbe borul

휩쓸다 동 elsodor, magával sodor, tisztára seper, magával ragad, kisöpör, száguld, elmos; 질병이 유럽 전체를 ~ A betegség végigsöpör egész Európán.; 홍수가 온 들판을 휩쓸었다 Az áradás elmosta a földet.; 폭풍이 마을을 휩쓸었다 A vihar átszáguldott a falun.

휴가 명 szabadság, szünidő; vakáció; 일년 동안의 특별~를 받다 egyévi rendkívüli szabadságot kap; ~를 해변에서 보내고 있다 a tengerparton tölti a szabadságát; 사흘 ~를 얻다 kivesz három nap szabadságot; 그는 ~중이다 szabadságon van

휴가철 명 szabadságolási időszak

휴게소 명 pihenőhely

휴게실 명 pihenőhelyiség, társalgó

휴대-하다 동 magával visz, hord; ~ 전화 mobiltelefon, hordozható telefon; ~용 hordozható, kézi; 무기를 ~하다 fegyvert hord; 이 사전은 ~가 편리하다 Ezt a szótárt az ember könnyen magával tudja hordani.; 운전자의 면허증 ~는 의무 사항이다 Minden vezető köteles magával hordani a jogosítványát.

휴머니즘 명 humanizmus, emberiesség

휴식처 명 pihenőhelyiség

휴식-하다 동 pihen, szünetet tart, kifújja magát, kikapcsolódik; ~ 명 pihenés, szünet; ~ 시간 szünet, megszakítás; 긴 ~을 갖다 hosszú pihenőt tart; 5분간의 ~ ötperces szünet; 우리 학교는 정오에 한 시간의 ~ 시간이 있다 A mi iskolánkban délben van az egyórás szünet.

휴양소 명 üdülő

휴양시설 명 kikapcsolódásra szolgáló berendezés

휴양지 명 kikapcsolódásra szolgáló hely, pihenőhelyként szolgáló hely

휴양-하다 동 pihen, kipiheni magát; ~ 명 pihenés, relaxálás; 그는 병으로 일 년 간 ~했다 Betegség miatt egy évig pihent.

휴업-하다 동 zárva van, felfüggeszti működését, bezár, leáll; ~ 명 bezárás, leállítás; 오늘 그 은행은 ~이다 Ma zárva van a bank.; 첫째, 셋째 일요일은 ~이다 A hónap első és harmadik vasárnapján zárva tart.

휴일 명 munkaszünet, szabadnap, szabadság; ~ 근무 munkaszünet idején végzett munka; 매주 일 회 ~을 갖다 minden héten kivesz egy szabadnapot

휴전선 명 fegyverszüneti vonal

휴전-하다 동 beszünteti a hadicselekményeket, fegyverszünetet köt, felfüggeszti a hadicselekményeket, tűzszünetet köt; ~ 명 tűzszünet, fegyverszünet, a hadicselekmények felfüggesztése; ~ 협정 fegyverszüneti egyezmény, tűzszüneti egyezmény; ~ 회담 fegyverszüneti tárgyalás, tűzszüneti tárgyalás; ~ 협정을 맺다 tűzszüneti egyezményt köt; ~ 상태를 유지하다 betartja a tűzszünetet

휴지[1] 명 szünet, megszakítás, felfüggesztés, leállás, pihenés; ~부 pihenés, szünet

휴지[2] 명 papírhulladék, papírszemét; vécépapír, papírzsebkendő; ~를 줍다 felveszi a papírhulladékot; ~를 버리지 마시오 Szemetelni tilos!

휴지통 명 szemétkosár, papírkosár; ~에 넣다 papírkosárba dob

흉 명 ❶ sebhely; ~이 있는 얼굴 sebhelyes arc ❷ hiba, hátrány; ~을 잡다 kipécézi vki hibáit

흉기 명 támadó fegyver; ~를 지니다 támadó fegyvert hord

흉내-내다 동 utánoz, majmol, követi vki példáját, imitál vmit; ~ 명 utánzás, imitáció, mimikri; 앵무새는 사람의 말을 ~낸다 A papagájok utánozzák az emberi beszédet.

흉년 명 rossz termésű év; ~으로 인해 a rossz termésű év miatt; 금년에는 쌀이 ~이 들었다 Ebben az évben rosszul termett a rizs.

흉보다 동 rosszat mond, becsmérel, bírál; 뒤에서 ~ vkiről rosszat mond a háta mögött

흉악-하다 형 kegyetlen, gonosz, brutális, durva; ~ 명 kegyetlenség, gonoszság, durvaság; ~범 megátalkodott bűnöző; ~한 짓 gonosztett, gaztett

흉측-하다 형 undorító, utálatos, szörnyű, nagyon csúnya; ~한 얼굴 undorító arc;

~한 얼굴 표정 utálatos arckifejezés

흉터 명 sebhely; 그의 뺨에 ~가 있다 Sebhely van az arcán.; 상처는 나아도 ~는 남는다 A sebhely a seb begyógyulása után is megmarad.

흉-하다 형 csúnya, rossz benyomást keltő, szemsértő; ~한 얼굴 csúnya arc; 배가 나와서 그는 보기 ~하다 Csúnyán néz ki a pókhasával.

흐느끼다 동 zokog, szipog, halkan sír; 유족들 사이에서 흐느끼는 소리가 들렸다 A gyászolók közül zokogás hallatszott.

흐려지다 동 ❶ felhősödik (az ég), felhős lesz (az égbolt), beborul (az ég); 하늘이 갑자기 흐려졌다 Az ég hirtelen beborult. ❷ elhomályosodik; 입김에 안경이 흐려졌다 A leheletem miatt elhomályosodott a szemüvegem. ❸ sápad; 갑자기 그녀의 안색이 흐려졌다 Hirtelen elsápadt az arca.

흐르다 동 ❶ folyik; 한강이 도심을 ~ A Han folyó keresztülfolyik a városon.; 얼굴에 땀이 ~ izzadság folyik végig az arcán; 눈물이 그 여자의 뺨을 흘러내렸다 Könnyek folytak végig az arcán. ❷ elhalad, elmúlik; 그로부터 10년이 흘렀다 Tíz év múlt el azóta. ❸ hajlamos, beleesik, elragadják; 극단으로 ~ szélsőségekbe esik ❹ fénylik; 얼굴에 기름기가 ~ zsírosan fénylik az arca

흐리다 형 felhős; 흐린 날씨 felhős idő

흐름 명 áramlás, folyás; ~이 빠른 강 gyors folyású folyó; 공기의 ~ a levegő áramlása; 의식의 ~ tudatfolyam

흐릿-하다 형 borús, homályos, halvány; 날씨가 ~하다 borús az idő; 안개 속에 등불이 ~하다 a ködben homályosan látszik a fény; 그날 일은 그저 ~하게 기억날 뿐이다 Csak homályosan emlékszem arra a napra.

흐뭇-하다 형 megelégedést keltő, szívmelengető, kellemes, örömteli, élvezetes; 부모는 아들의 성공에 ~해 한다 A szülőket örömmel tölti el a fiuk sikere.; 그것은 보기에 ~한 광경 이었다 Kellemes látvány volt.

흐트러지다 동 rendetlen lesz; 바람에 머리가 ~ a széltől rendetlen lesz a haja, összeborzolódik a haja a széltől

흑백 명 fekete-fehér; ~ 영화 fekete-fehér film; 그는 ~ 논리로 사건을 말하고 있다 Fekete-fehéren mond véleményt az eseményről.

흑사병 명 pestis, fekete halál

흑색 명 fekete szín, fekete; ~ 설탕 fekete cukor

흑색선전 명 fekete propaganda, rosszindulatú propaganda

흑인 명 fekete (ember), néger

흑자 명 kereskedelmi mérleg nyereség oldala, nyereséges kereskedelmi mérleg; ~ 예산 nyereséges költségvetés; ~로 전환되다 nyereségessé válik; 우리는 백만 원이 ~다 Egymillió von többletünk van.

흑해 명 Fekete-tenger

흔들거리다 동 ringatózik, leng; 등불이 바람에 흔들거린다 A lámpa leng a szélben.

흔들다 동 lenget, csóvál; 깃발을 ~ zászlót lenget; 꼬리를 ~ csóválja a farkát; 손을 ~ int a kezével; 어깨를 잡아 ~ megrázza vki vállát; 흔들어 깨우다 felráz vkit álmából

흔들리다 동 rázkódik, remeg, inog, leng, lobog, mozog; 불꽃들이 바람에 ~ a lán-

ㅎ

gok lobognak a szélben; 이가 ~ mozog a fog; 결심이 ~ meginog elhatározásában, tétovázik

흔적 명 nyom; ~을 남기지 않다 nem hagy nyomot maga után; ~을 없애다 minden nyomot eltüntet; 도둑이 창으로 들어왔다는 것을 ~들이 말해준다 A nyomok azt mutatják, hogy a betörő az ablakon át hatolt be.

흔쾌히 부 szívesen; 제가 ~ 도와 드리겠습니다 Szívesen segítenék.

흔하다 형 bőséges, bővelkedő, gyakori; 그런 물건들은 ~하지 않다 Az efféle dolgok korántsem gyakoriak.; 돈이 ~하다 Bőven van pénz.

흔히 부 gyakran, gyakorta, általában, általánosan, rendszerint; ~ 쓰이는 말 gyakran használt szó; 이런 일들은 ~ 있는 일이다 az ilyesféle dolgok általában megesnek; 그런 실수는 ~ 젊은이들이 범한다 A fiatalok hajlamosak az efféle hibák elkövetésére.

흘겨보다 동 szemrehányóan rámered vkire, oldalvást néz, a szeme sarkából néz, ferde szemmel néz; 그는 화가 나서 나를 흘겨보았다 Szemrehányóan meredt rám.

흘기다 동 oldalpillantást vet, szúrós szemmel néz, rámered, ellenségesen néz; 무섭게 ~ ádázul mered, éles pillantást vet; 그녀는 샘이 나서 나에게 눈을 흘겼다 Irigykedő oldalpillantást vetett rám.

흘러가다 동 folyik, ömlik; 강이 바다로 ~ tengerbe folyik / ömlik a folyó; 그 때로부터 20년이라는 세월이 흘러갔다 Húsz év múlt el azóta.

흘러나오다 동 kifolyik, kiömlik, kiárad, kiszivárog; 상처에서 피가 흘러나왔다 Vér ömlött ki a sebből.

흘러내리다 동 lefolyik, leesik, lehull, leömlik; 눈물이 그녀의 얼굴에 흘러내렸다 Könny folyt le az arcán.

흘러넘치다 동 áramlik; 그 홍수로 강물이 흘러 넘쳤다 Az árvíz miatt erősen áramlott a folyó vize.

흘리다 동 ❶ kiönt 눈물을 ~ könnyeket hullat, sír; 땀을 ~ izzad; 코피를 ~ vérzik az orra; 전쟁에 이기고자 많은 피를 흘렸다 Rengeteg vért áldoztak, hogy megnyerjék a háborút. ❷ elveszít; 돈을 ~ pénzt elveszít

흙 명 föld, talaj, sár, agyag; ~을 파다 felássa a földet

흙탕물 명 sáros víz; ~을 뒤집어 쓰다 be van fröcskölve sárral; ~을 튀기다 sarat fröcsköl

흙투성이 명 besározódás; ~가 되다 be van sározódva

흠 명 repedés, hiba, karcolás, szépséghiba, hiányosság; ~이 있다 megkarcolódott, megrepedt; ~없는 사람은 없다 Nincs olyan ember, akinek nincs hibája.; 성급한 것이 그의 ~이다 Az a hibája, hogy elkapkodja a dolgokat.; 나의 비서는 너무 유능해서 ~ 잡을 데가 없다 A titkárnőm olyan jól dolgozik, hogy semmi hibát nem találok a munkájában.

흠뻑 부 bőségesen, teljesen, egészen, bőrig; ~ 젖다 bőrig ázik, teljesen átnedvesedik; 땀을 ~ 흘리다 teljesen elborítja az izzadság

흠잡다 동 hibát keres; 방이 좁은 것을 ~ elégedetlen a szobával, mert kicsinyelli; 흠잡을 데가 없다 hibátlan, semmi kívánnivalót nem hagy maga után

흠집 명 hiba; ~이 있는 hibás; repedt, megkarcolt; ~이 있는 가구 hibás bútor

흡사-하다 형 egyforma; éppen olyan, mint; erősen hasonlít vmire; sokban megegyezik vmivel; 아주 ~하다 éppen egyformák; pontos mása vminek; úgy hasonlítanak egymásra, mint két tojás; 용모가 아버지와 아주 ~하다 Nagyon hasonlít az apjára. Tökéletes mása az apjának.

흡수-하다 동 magába szív, felszív; ~ 명 felszívás; 공기로부터 수분을 ~하다 párát szív magába a levegőből; 피부를 통해 체내로 ~되다 a bőrön át szívódik fel a szervezetbe

흡연구역 명 dohányzásra kijelölt terület

흡연실 명 dohányzószoba

흡연-하다 동 dohányzik, cigarettázik, pipázik, elszív egy cigarettát; ~ 명 dohányzás; ~자 dohányos, dohányzó (személy); 여기서는 ~을 금하고 있다 Itt tilos a dohányzás! Dohányozni tilos!; ~은 당신의 건강에 해롭다 A dohányzás ártalmas az egészségre.

흡입-하다 동 beszív, belélegez; ~ 명 beszívás, belélegzés; ~관 szívócső; 산소를 ~하다 beszívja az oxigént; 코카인을 ~하다 kokaint szív fel

흡족-하다 형 elegendő, kellő mennyiségű, bőséges; ~히 kellő mértékben, elégséges mértékben, kellően, eléggé, bőségesen; ~해 보이다 elégedettnek látszik

흥 명 mulatság, vidámság, öröm, izgatottság; ~에 겨워 vidámságban, lelkesedéstől hajtva; ~을 돋우다 hozzájárul a vidámsághoz, növeli a vidámságot; 그의 말 때문에 ~이 깨졌다 A megjegyzése elrontotta az örömüket.

흥겹다 형 vidám, örömteli; 흥겹게 vidáman, örömtelien; 흥겹게 놀다 örömtelien szórakozik

흥나다 동 felvidul, izgatott lesz; 흥이 나면 시를 읊곤 했다 Amikor felvidulok, verseket szoktam szavalni.

흥미 명 érdeklődés; ~있는 érdekes; ~를 가지다 érdeklődést tanúsít, érdeklődik; ~를 잃다 elveszíti az érdeklődést; 이런 것들은 나에게 아무 ~도 없다 Engem nem érdekelnek az efféle dolgok.

흥분-하다 동 izgatott lesz, felforr a vére; ~ 명 izgatottság, stimuláció; ~하여 izgatottan, izgatottságában; ~을 가라앉히다 lecsillapítja vki izgatottságát; 그 뉴스는 사람들을 크게 ~시키고 있다 A hír nagy izgalmat kelt az emberek között. A hír felizgatja az embereket.

흥얼거리다 동 dúdol (dallamot), magában énekelget; 모두가 그의 노래를 흥얼거리고 있다 Mindenki az ő dalait dúdolja.

흥정-하다 동 alkudozik; ~ 명 alkudozás; 값을 ~하다 alkudozik vkivel vmilyen áru ára felett

흥-하다 동 gyarapszik, virul, virágzik, prosperál, fejlődik; 나라가 ~하다 felvirágzik az ország; ~하는 집안 prosperáló család; 장사가 ~하다 fejlődik az üzlet

흥행-하다 동 előad (üzleti célból), előadást mutat be, bemutat, műsorra tűz, műsoron tart; ~ 명 előadás, bemutatás; ~에 성공하다 közönségsikert arat

흩날리다 동 elfúj vmit, szétszór vmit minden irányban (a levegőben); 바람이

꽃잎을 ~ a szél elfújja a virágszirmokat

흩뜨리다 동 szétszór, szétoszlat, összekócol, rendetlenné tesz vmit; 휴지 조각을 ~ papírdarabkákat szór szét

흩어지다 동 szétszóródik, szétszóratik, feloszlik, szétszóródik; 가족이 사방으로 ~ a család szétszóródik; 땅 위에 낙엽이 흩어져 있다 A földön szét vannak szóródva a levelek.

희곡 명 dráma, színdarab; ~적 drámai; ~ 작가 drámaíró, színműíró

희귀-하다 형 ritka, ritka értékes; ~ 명 ritkaság; ~한 물건 ritka tárgy; ~한 현상 ritka / különleges jelenség

희극 명 komédia, vígjáték, bohózat; ~ 배우 komikus színész; ~적 komikus

희끗희끗-하다 형 őszül, deressé válik; 머리가 ~한 사람 őszülő hajú ember; 그의 머리가 ~해지기 시작 한다 Már kezd őszülni a haja.

희다 형 fehér; 백설같이 흰 hófehér; 흰 눈 fehér hó

희롱-하다 동 zaklat, játszik, ugrat vkit; ~ 명 zaklatás, ugratás, nevetségessé tétel; 여자를 ~하다 ugrat egy nőt; 성 ~ szexuális zaklatás

희망-하다 동 remél, reménykedik, vágyik, kíván, vágyakozik; ~ 명 remény, kívánság, vágy; ~대로 ahogy vki kívánja, vki kívánsága szerint; ~에 찬 젊은이 reményteljes ifjak; ~을 달성하다 beteljesíti vágyait; ~을 주다 reményt kelt vkiben; 그녀의 ~은 배우가 되는 것이다 Az a vágya, hogy színésznő legyen.

희미-하다 형 homályos, halvány; ~ 명 homályosság; ~하게 homályosan, halványan; ~한 광선 halvány fény; 그 시절의 일은 그저 ~하게 기억날 뿐이다 Csak halványan emlékszem azokra a napokra.

희박-하다 형 ritka; ~ 명 ritkaság; ~한 산소 ritka oxigén; 높은 산꼭대기에는 공기가 ~하다 A magas hegy csúcsán ritka a levegő.

희생자 명 áldozat; ~들의 유가족 az áldozatok családjai; 호텔 화재로 많은 ~가 생겼다 A szállodatűz sok emberéletet követelt.

희생-하다 동 áldozatot hoz, feláldoz vmit; ~ 명 áldozat, önfeláldozás; 많은 ~의 대가로 nagy áldozatok árán; 무엇에 ~되다 áldozatul esik vminek; 나는 어떤 ~을 치르더라도 그것을 해낼 생각이다 Akármilyen áldozat árán, de véghezviszem.

희석-하다 동 felhígít, felvizez; ~ 명 felhígítás, felvizezés; ~액 felvizezett folyadék; ~한 felhígult

희소성 ritkaság, szűkösség

희소식 명 jó hír; 너에게 전해 줄 ~이 있다 Nagyon jó híreim vannak a számodra.

희열 명 öröm, elragadtatás, eksztázis; ~을 느끼다 örömöt érez

희한-하다 형 különleges, szokatlan, egyedülálló, furcsa; ~한 일 szokatlan dolog; ~한 사람 különleges ember

흰색 명 fehér

히스테리 명 hisztéria; ~의 hisztérikus; ~적으로 hisztérikusan; ~를 일으키다 hisztérikus rohamot kap

힘 명 ❶ erő, energia; ~으로 erővel, erőszakkal, kényszerrel: ~이 있다 erős; ~을 내다 erőt fejt ki; 여론의 ~ a közvélemény ereje ❷ segítség, segély, segítségnyújtás; ~이 되어 주는 친구는 자네뿐일세 Te vagy az egyetlen barátom,

ㅎ

akitől segítséget kérhetek. ❸ nyomaték, hangsúly; ~을 주어 말하다 nyomatékkal említ ❹ erőfeszítés, megerőltetés; 자기 ~으로 saját erőfeszítéséből, saját erejéből ❺ eszköz, erőforrás; 나한테는 자식들을 대학에 보낼 ~이 없다 Nekem nincsenek tartalékaim arra, hogy egyetemen taníttassam a fiamat.

힘겹다 형 fárasztó, nehéz; 힘겨운 삶 a fárasztó élet; 그것은 나에게 있어서 힘겨운 일이다 Az nehéz munka számomra.

힘껏 부 teljes erőből; ~ 당기다 teljes erőből húz

힘들다 형 nehéz, fárasztó; 힘든 일 nehéz munka; 일자리를 구하기가 ~ nehezen tud állást találni

힘들어-하다 동 nehézségeket él át; 경제위기로 많은 사람이 ~한다 A gazdasági válság miatt sok ember nehézségeket él át.

힘들이다 동 erőfeszítéseket tesz, megerőlteti magát, fáradozik; 내가 힘들인 것이 성공으로 나타났다 Erőfeszítéseim sikerrel jártak.

힘세다 형 erős, erőteljes; 그이는 힘이 세다 Nagy ereje van.

힘쓰다 동 beleadja az erejét, megteszi, ami tőle telik; fáradozik; erőfeszítéseket tesz; 학업에 ~ fáradozik a tanuláson; 어학 공부에 ~ minden erőt belead a nyelvtanulásba

힘없이 부 erőtlenül, gyenge hangon; 그는 질문에 ~ 대답했다 Erőtlenül válaszolt a kérdésre.

힘주다 동 összpontosítja erejét, nyomatékot helyez vmire, hangsúlyoz vmit; 힘주어 말하다 hangsúlyozva mond

힘줄 명 izom; ~이 굵은 팔 izmos kar; ~이 당기다 meghúzódnak az izmai

힘차다 형 erőteljes, energikus; 힘찬 연설 erőteljes előadás

부 록

나라이름

정보통신용어

나라이름

한국어 (영어)	헝가리어	그 나라 사람
가나 (Ghana)	Ghána	ghánai
가봉 (Gabon)	Gabon	gaboni
가이아나 (Guyana)	Guyana	guyanai
감비아 Gambia	Gambia	gambiai
과테말라 Guatemala	Guatemala	guatemalai
그레나다 Grenada	Grenada	grenadai
그루지야 Gruziya	Grúzia	grúz
그리스 Greece	Görögország	görög
기니 Guinea	Guinea	guineai
기니 비사우 Guinea-Bissau	Bissau-Guinea	Bissau-guineai
나미비아 Namibia	Namíbia	namíbiai, namib
나우루 Nauru	Nauru	naurui
나이지리아 Nigeria	Nigéria	nigériai
남아프리카공화국 South Africa	Dél-Afrika	dél-afrikai
네델란드 Netherlands	Hollandia	holland
네팔 Nepal	Nepál	nepáli

한국어 (영어)	헝가리어	그 나라 사람
노르웨이 Norway	Norvégia	norvég
뉴질랜드 New Zealand	Új-Zéland	új-zélandi
니제르 Niger	Niger	nigeri
니카라과 Nicaragua	Nicaragua	nicaraguai
대만 Taiwan	Tajvan	tajvani
대한민국 South Korea	Koreai Köztársaság (Dél-Korea)	dél-koreai
덴마크 Denmark	Dánia	dán
도미니카 Dominica	Dominika	dominikai
독일 Germany	Németország	német
라오스 Laos	Laosz	laoszi
라이베리아 Liberia	Libéria	libériai
라트비아 Latvia	Lettország	lett, lettországi
러시아 Russia	Oroszország	orosz
레바논 Lebanon	Libanon	libanoni
레소토 Lesotho	Lesotho	lesothoi
루마니아 Rumania	Románia	román
룩셈부르크 Luxemburg	Luxemburg	luxemburgi
르완다 Rwanda	Ruanda	ruandai

한국어 (영어)	헝가리어	그 나라 사람
리비아 Libya	Líbia	líbiai
리투아니아 Lithuania	Litvánia	litván
리히텐슈타인 Liechtenstein	Liechtenstein	liechtensteini
마다카스카르 Madagascar	Madagaszkár	madagaszkári
마셜 Marshall	Marshall-szigetek	Marshall-szigeteki
마케도니아 Macedonia	Macedónia	macedón, macedóniai
말라위 Malawi	Malawi	malawi
말레이시아 Malaysia	Malajzia	malajziai, maláj
말리 Mali	Mali	mali
몰타 Malta	Málta	máltai
멕시코 Mexico	Mexikó	mexikói
모나코 Monaco	Monaco	monacói
모로코 Morocco	Marokkó	marokkói
모리셔스 Mauritius	Mauritius	mauritiusi
모리타니 Mauritanie	Mauritánia	mauritániai
모잠비크 Mozambique	Mozambik	mozambiki
몰도바 Moldova	Moldova	moldován, moldvai
몰디브 Maldives	Maldív-szigetek	maldív, maldív-szigeteki

한국어 (영어)	헝가리어	그 나라 사람
몽고 Mongolia	Mongólia	mongol
미국 U.S.A	Amerikai Egyesült Államok	amerikai
미얀마 Myanmar	Mianmar	mianmari
바하마 Bahama	Bahama-szigetek	bahamai
바레인 Bahrain	Bahrein	bahreini
바누아투 Vanuatu	Vanuatu	vanuatui
방글라데시 Bangladesh	Banglades	bangladesi
바베이도스 Barbados	Barbados	barbadosi
바티칸 Vatican	Vatikán	vatikáni
베네수엘라 Venezuela	Venezuela	venezuelai
베트남 Vietnam	Vietnam	vietnami
벨로루시 Belarus	Fehéroroszország (Belarusz)	fehérorosz, belorusz
벨기에 Belgium	Belgium	belga
벨리즈 Belize	Belize	belize-i
베냉 Benin	Benin	benini
부탄 Bhutan	Bhután	bhutáni
북한 North Korea	Koreai NDK (Észak-Korea)	észak-koreai
볼리비아 Bolivia	Bolívia	bolíviai
보스니아 헤르체코비나 Bosnia & Herzegovina	Bosznia-Hercegovina	bosznia-hercegovinai

한국어 (영어)	헝가리어	그 나라 사람
보츠와나 Botswana	Botswana	botswanai
브라질 Brazil	Brazília	brazil
브루나이 Brunei	Brunei	brunei
불가리아 Bulgaria	Bulgária	bolgár
부르키나파소 Burkina Faso	Burkina Faso	Burkina Fasó-i
부룬디 Burundi	Burundi	burundi
바누아투 Vanuatu	Vanuatu	vanuatui
사우디아라비아 Saudi Arabia	Szaúd-Arábia	szaúd-arábiai
산마리노 San Marino	San Marino	San Marinó-i
상투메프린시페 Sao Tome and Principe	São Tomé és Príncipe	São Tomé és Príncipe-i
서사모아 Western Samoa	Nyugat-Szamoa	nyugat-szamoai
세네갈 Senegal	Szenegál	szenegáli
세이셸 Seychelles	Seychelles-szigetek	Seychelles-szigeteki
세인트루시아 Saint Lucia	Saint Lucia	Saint Lucia-i
세인트빈센트 그레나딘 St. Vincent and the Grenadines	Saint Vincent és Grenadine-szigetek	Saint Vincent és Grenadine-szigeteki
세인트크리스토퍼 네비스 St. Christopher and Nevis	Saint Kitts és Nevis	Saint Kitts és Nevis-i
소말리아 Somalia	Szomália	szomáliai, szomáli
솔로몬 Solomon Islands	Salamon-szigetek	Salamon-szigeteki
수단 Sudan	Szudán	szudáni

한국어 (영어)	헝가리어	그 나라 사람
수리남 Surinam	Suriname	suriname-i
스리랑카 Sri Lanka	Srí Lanka	Srí Lanka-i
스와질란드 Swaziland	Szváziföld	szváziföldi
스웨덴 Sweden	Svédország	svéd
스위스 Switzerland	Svájc	svájci
스페인 Spain	Spanyolország	spanyol
슬로바키아 Slovakia	Szlovákia	szlovák
슬로베니아 Slovenia	Szlovénia	szlovén
시리아 Syria	Szíria	szír(iai)
시에라리온 Sierra Leone	Sierra Leone	Sierra Leone-i
싱가포르 Singapore	Szingapúr	szingapúri
아랍에미리트 United Arab Emirates	Egyesült Arab Emírségek	egyesült arab emírségekbeli
아르메니아 Armenia	Örményország	örmény
아르헨티나 Argentina	Argentína	argentin
아이슬란드 Iceland	Izland	izlandi
아이티 Haiti	Haiti	haiti
아일랜드 Ireland	Írország	ír
아제르바이잔 Azerbaizhan	Azerbajdzsán	azerbajdzsáni
아프가니스탄 Afghanistan	Afganisztán	afgán
안도라 Andorra	Andorra	andorrai

한국어 (영어)	헝가리어	그 나라 사람
알바니아 Albania	Albánia	albán(iai)
알제리 Algeria	Algéria	algériai
앙골라 Angola	Angola	angolai
앤티가 바부다 Antigua and Barbuda	Antigua és Barbuda	Antigua és Barbuda-i
에리트레아 Eritrea	Eritrea	eritreai
에스토니아 Estonia	Észtország	észt
에콰도르 Ecuador	Ecuador	ecuadori
에티오피아 Ethiopia	Etiópia	etióp(iai)
엘살바도르 El Salvador	Salvador	salvadori
영국 United Kingdom	Nagy-Britannia	angol
예멘 Yemen	Jemen	jemeni
오만 Oman	Omán	ománi
오스트레일리아 Australia	Ausztrália	ausztrál(iai)
오스트리아 Austria	Ausztria	osztrák
온두라스 Honduras	Honduras	hondurasi
요르단 Jordan	Jordánia	jordán(iai)
우간다 Uganda	Uganda	ugandai
우루과이 Uruguay	Uruguay	uruguayi
우즈베키스탄 Uzbekistan	Üzbegisztán	üzbég
우크라이나 Ukraina	Ukrajna	ukrajnai, ukrán

한국어 (영어)	헝가리어	그 나라 사람
이라크 Iraq	Irak	iraki
이란 Iran	Irán	iráni
이스라엘 Israel	Izrael	izraeli
이집트 Egypt	Egyiptom	egyiptomi
이탈리아 Italy	Olaszország	olasz
인도 India	India	indiai
인도네시아 Indonesia	Indonézia	indonéz(iai)
일본 Japan	Japán	japán
자메이카 Jamaica	Jamaica	jamaicai
잠비아 Zambia	Zambia	zambiai
적도기니 Equatorial Guinea	Egyenlítői-Guinea	egyenlítői-guineai
중국 China	Kína	kínai
중앙 아프리카 공화국 Central African Republic	Közép-afrikai Köztársaság	közép-afrikai
지부티 Djibouti	Dzsibuti	dzsibuti
짐바브웨 Zimbabwe	Zimbabwe	zimbabwei
차드 Chad	Csád	csádi
체코 Czech	Csehország	cseh
칠레 Chile	Chile	chilei
카메룬 Cameroon	Kamerun	Kameruni
카보베르데 Cape Verde	Zöld-foki-szigetek	zöld-foki-szigeteki

한국어 (영어)	헝가리어	그 나라 사람
카자흐스탄 Kazakhstan	Kazahsztán	kazah
카타르 Qatar	Katar	katari
캄보디아 Cambodia	Kambodzsa	kambodzsai
캐나다 Canada	Kanada	kanadai
케냐 Kenya	Kenya	kenyai
코모로 Comoros	Comore-szigetek	comore-szigeteki
코스타리카 Costa Rica	Costa Rica	Costa Rica-i
코트디부아르 Cote d'lvoire	Elefántcsontpart	elefántcsontparti
콩고 공화국 Republic of Congo	Kongói Köztársaság	kongói
콜롬비아 Colombia	Kolumbia	kolumbiai
쿠바 Cuba	Kuba	kubai
쿠웨이트 Kuwait	Kuvait	kuvaiti
크로아티아 Croatia	Horvátország	horvát
키르기스스탄 Kyrgyzstan	Kirgizisztán	kirgiz
키리바시 Kiribati	Kiribati	kiribati
키프로스 Kypros	Ciprus	ciprusi
타이 Thailand	Thaiföld	thaiföldi
타지키스탄 Tadzhikistan	Tádzsikisztán	tádzsik
탄자니아 Tanzania	Tanzánia	tanzániai
터키 Turkey	Törökország	török

한국어 (영어)	헝가리어	그 나라 사람
토고 Togo	Togo	togói
통가 Tonga	Tonga	tongai
투르크메니스탄 Turkmenistan	Türkmenisztán	türkmén
투발루 Tuvalu	Tuvalu	tuvalui
튀니지 Tunisia	Tunézia	tunéziai
트리니다드토바고 Trinidad and Tobago	Trinidad és Tobago	Trinidad és Tobagó-i
파나마 Panama	Panama	panamai
파라과이 Paraguay	Paraguay	paraguayi
파키스탄 Pakistan	Pakisztán	pakisztáni
파푸아뉴기니 Papua New Guinea	Pápua Új-Guinea	pápua új-guineai
팔라우 Palau	Palau	palaui
페루 Peru	Peru	perui
포르투갈 Portugal	Portugália	portugál
폴란드 Poland	Lengyelország	lengyel
프랑스 France	Franciaország	francia
피지 Fiji	Fidzsi-szigetek	fidzsi-szigeteki
핀란드 Finland	Finnország	finn
필리핀 Philippines	Fülöp-szigetek	Fülöp-szigeteki
헝가리 Hungary	Magyarország	magyar

정보통신용어

한국어 영어	헝가리어
CD CD (CD-ROM)	CD, Kompaktlemez
CD-R CD-R (CD-Recordable)	írható CD
CD-RW CD-RW (CD-ReWritable)	újraírható CD
CD-롬 드라이버 CD-ROM Driver	Kompaktlemez (CD) olvasó
CPC (클릭 당 비용) CPC (Cost per click)	kattintás költsége
DNS DNS	domainnév-rendszer
DVD 드라이버 DVD driver	DVD-meghajtó
IP 주소 IP address	IP-cím
USB 메모리 USB flash drive	pendrive, USB kulcs
Windows 탐색기 Windows Explorer	Windows Intéző
가상 메모리 Virtual memory	virtuális memória
개인용 컴퓨터 PC (Personal Computer)	személyi számítógép
검색 Search	keresés
검색엔진 Search engine	keresőmotor
검색엔진 최적화 SEO (Search Engine Optimization)	keresőoptimalizálás
게임 Game	játék

한국어 영어	헝가리어
고급 Advanced	speciális
고속 인터넷 High-speed internet	nagysebességű internet
고정 IP 주소 Fstatic IP address	fix IP-cím
광대역 인터넷 Broadband internet	szélessávú internet
근거리 통신망 LAN	Helyi hálózat
기능키 Function key	funkcióbillentyűk
내문서 My Documents	saját mappa
냉각팬 Cooling fan	hűtő ventilátor
네트워크 Network	Hálózat
네트워크 연결 Network connection	Hálózati kapcsolat
네트워크 카드 Network card	hálózati kártya
네티켓 (인터넷 상의 에티켓) Netiquette	netiquette (hálózati illemtan)
노트북 Notebook	hordozható számítógép, notebook
뉴스그룹 Newsgroups	hírcsoportok
다운로드 Download	Letöltés
데이터 Data	adat
데이터베이스 Database	adatbázis
도메인 명, 도메인 네임 Domain name	domain név
도움말 Help	Súgó
동축 케이블 Coaxial cable	koax(iális) kábel

한국어 영어	헝가리어
드라이버 Driver	meghajtó
레이저 프린터 Lazer printer	lézernyomtató
로그아웃 Log-out	Kijelentkezés
로그인 Log-in	Bejelentkezés
마우스 Mouse	egér
메뉴 Menu	Menü
메모리 Memory	memória
메인보드 Mother board (Main board)	alaplap
메일 (이메일, 전자메일) 주소 E-mail address	e-mail cím
모니터 Monitor	monitor, képernyő
무선 Wireless	vezeték nélküli
무선 공유기 Wireless router	vezeték nélküli router
무선 인터넷 Wireless internet	vezeték nélküli internet
미러 서버 Mirror server	tükör szerver
바로가기 Shortcut	parancsikon
바로가기 키 Shortcut key	billentyűparancs
바이러스 Virus	vírus
바이트 Byte	bájt
바탕화면 Desktop	Asztal
바탕화면 배경 Wallpaper	asztali háttér(kép)

한국어 영어	헝가리어
방문 Visit	látogatás
방화벽 Firewall	tűzfal
배너광고 Banner advertising	szalaghirdetés
백 스페이스 Back space	backspace, vissza
백업 Backup	biztonsági mentés
버튼, 키 Button	gomb
범용직렬버스 USB (Universal Serial Bus)	univerzális soros busz
보안 Security	biztonság
복사 (파일, 문장) Copy	Másolás
복사기 Duplicator	fénymásoló
복합기(프린터) Multifunction printer	multifunkcionális nyomtató
브라우저 Browser	böngésző
블로그 Blog	blog
비디오 카드 Videocard	videókártya
비밀번호 Password	Jelszó
사운드 카드 Soundcard	hangkártya
삭제 Delete	Törlés
설정 Settings	Beállítások
설치 Install	Telepítés
세션 Session	szakasz, menet

한국어-헝가리어 사전
KOREAI-MAGYAR KÉZISZÓTÁR

초판 인쇄 2012년 2월 1일
초판 발행 2012년 2월 30일
책임집필 : 박수영
발 행 자 : 박 철
발 행 처 : 한국외국어대학교 출판부
130-791 서울시 동대문구 이문로 107
전화 : (02)2173-2495~7
팩스 : (02)2173-3363
홈페이지 : http://press.hufs.ac.kr
전자우편 : press@hufs.ac.kr
출판등록 : 제6-6호(1969. 4. 30)
편집 : 한국외국어대학교 출판부
Chief Contents Creator 정재원 (02)2173-2494
제작 : 네오프린텍(주) (02)718-3111
ISBN 978-89-7464-706-3 11790 정가 45,000원

유럽연합 회원국
(Az Európai Unió tagországai)

- Magyarország(헝가리)
- Ausztria(오스트리아)
- Belgium(벨기에)
- Bulgária(불가리아)
- Ciprus(키프로스)
- Csehország(체코)
- Dánia(덴마크)
- Észtország(에스토니아)
- Finnország(핀란드)
- Franciaország(프랑스)
- Görögország(그리스)
- Hollandia(네덜란드)
- Írország(아일랜드)
- Lengyelország(폴란드)
- Lettország(라트비아)
- Litvánia(리투아니아)
- Luxemburg(룩셈부르크)
- Málta(몰타)
- Nagy-Britannia(영국)
- Németország(독일)
- Olaszország(이탈리아)
- Portugália(포르투갈)
- Románia(루마니아)
- Spanyolország(스페인)
- Svédország(스웨덴)
- Szlovákia(슬로바키아)
- Szlovénia(슬로베니아)